全本全注全译丛书

中华经典名著

王天海　杨秀岚 ◎译注

说苑 上

中华书局

图书在版编目(CIP)数据

说苑/王天海,杨秀岚译注. —北京:中华书局,2019.12
(2024.7 重印)
(中华经典名著全本全注全译丛书)
ISBN 978-7-101-14207-5

Ⅰ.说… Ⅱ.①王…②杨… Ⅲ.①笔记-中国-西汉时代②《说苑》-译文③《说苑》-注释 Ⅳ.K234.106.6

中国版本图书馆 CIP 数据核字(2019)第 245068 号

书　　名	说　苑(全二册)
译 注 者	王天海　杨秀岚
丛 书 名	中华经典名著全本全注全译丛书
责任编辑	周　旻　舒　琴
装帧设计	毛　淳
责任印制	管　斌
出版发行	中华书局
	(北京市丰台区太平桥西里38号　100073)
	http://www.zhbc.com.cn
	E-mail:zhbc@zhbc.com.cn
印　　刷	北京盛通印刷股份有限公司
版　　次	2019年12月第1版
	2024年7月第5次印刷
规　　格	开本/880×1230 毫米　1/32
	印张 36⅝　字数 1000 千字
印　　数	23001-26000 册
国际书号	ISBN 978-7-101-14207-5
定　　价	95.00 元

目录

上册

前言 …………………………………………… 1

叙录 …………………………………………… 1
卷一　君道 …………………………………… 5
卷二　臣术 …………………………………… 75
卷三　建本 …………………………………… 120
卷四　立节 …………………………………… 164
卷五　贵德 …………………………………… 203
卷六　复恩 …………………………………… 257
卷七　政理 …………………………………… 309
卷八　尊贤 …………………………………… 369
卷九　正谏 …………………………………… 442
卷十　敬慎 …………………………………… 500

下册

卷十一　善说 ………………………………… 555
卷十二　奉使 ………………………………… 611

卷十三　权谋 …………………………………… 654
卷十四　至公 …………………………………… 718
卷十五　指武 …………………………………… 757
卷十六　谈丛 …………………………………… 800
卷十七　杂言 …………………………………… 863
卷十八　辨物 …………………………………… 928
卷十九　修文 …………………………………… 996
卷二十　反质 …………………………………… 1082
《说苑》辑佚 ……………………………………… 1131

前　言

一、《说苑》作者刘向简介

(一)刘向生平

《说苑》(本作《新苑》)作者刘向,原名更生,字子政,为西汉皇室宗亲,汉高祖刘邦异母弟楚元王刘交的第四代孙,故其本传亦列在《汉书·楚元王传》中。关于他的生卒年,史无明载,故一直甚有争议。大致有以下四说:一是叶德辉、吴修、王先谦认为生于汉昭帝元凤四年(前77),卒于汉哀帝建平元年(前6);二是钱大昕、钱穆等人认为生于元凤二年(前79),卒于汉成帝绥和元年(前8);三是姚振宗认为卒于绥和二年(前7);四是周寿昌认为卒于汉成帝元延四年(前9)。此四说所依据的原始材料都是《汉书·楚元王传》所附刘向本传,学界通行采用第一说,本文亦从之,即刘向生于公元前77年,卒于公元前6年。

刘向历仕汉宣、元、成三朝,一生坎坷,几次入狱,仕途起落沉浮,终身不得志。

汉宣帝地节四年(前66),以其父刘德拥立之故,更生年十二即任为辇郎。神爵四年(前58)既冠,以品行修伤擢为谏大夫。宣帝五凤二年(前56)因献家藏淮南王刘安《枕中鸿宝苑秘书》,"言黄金可成",但是"费甚多,方不验",吏劾"铸伪黄金,系当死"。幸得其兄阳城侯刘安民以侯爵采邑半数入国为之赎罪，宣帝"亦奇其材，得逾冬减死论"。后一年又征受《穀梁春秋》，讲论"五经"于石渠阁。甘露三年（前51）复拜为郎中给事黄门，迁散骑谏大夫给事中。

汉元帝初元元年（前48），以其宗室忠直，明经有行，擢为散骑宗正给事中，与萧望之、周堪等辅朝政。后因反对宦官弘恭、石显与外戚专权，两次上书，两次下狱，免为庶人。闲置十余年不用。

汉成帝建始元年（前32），弘恭、石显等宦官被诛，更生方能再次进用，更名为向。以故九卿召拜为中郎，使领护三辅都水。数奏封事，迁光禄大夫。当时成帝精于诗书，喜观古文，诏刘向领校中五经秘书。故采取诗书所载贤妃贞妇，兴国显家可法则，及孽嬖乱亡者，序次为《列女传》八篇，以戒天子；及采传记行事，撰《新序》《说苑》凡五十篇奏之。数上疏言得失，陈法戒。书数十上，以助观览，补遗阙。

刘向还上封事极谏成帝元舅阳平侯王凤秉政专国权，然而成帝却对他说："君且休矣，吾将思之。"阳朔二年（前23），任刘向为中垒校尉而已。成帝也曾多次想用刘向为九卿，但为外戚王氏居位者及丞相、御史所嫉恨，故身居列大夫官职前后三十余年，终不得升迁。年七十二卒。刘向有三个儿子，皆好学：长子伋，以《易》教授，官至郡守；中子赐，九卿丞，早卒；少子歆，承其家学，最为知名。（此所引皆见于《汉书·楚元王传》所附刘向本传。）

（二）刘向的学术著作

刘向幼承庭训，在经学、诸子、辞赋方面均有深湛的学养，其秉承家族兼容并蓄的学术传统，治学如海纳百川，不囿于门户之见，务在融会贯通，择善从之，自成一家之见，可谓"通人"。据《汉书·楚元王传》称："向为人简易无威仪，廉靖乐道，不交接世俗，专积思于经术，昼诵书传，夜观星宿，或不寐达旦。"刘向又喜言五行灾异之说，并据以讽谏当朝政治。其学问渊博，曾奉诏整理五经秘书、诸子诗赋近二十年，对古籍的整理保存做出了巨大贡献。撰成《别录》二十卷，为中国最早的目录学著作。又集合上古以至秦汉符瑞灾异之记,推衍行事,以类相从,撰成《洪范五行传》十一篇,为中国最早的灾异史。文学上以辞赋和散文见长,《汉书·艺文志》载有其赋三十三篇,今多散佚,唯存《九叹》系拟屈原《九章》之作,在追念屈原之辞中寄托身世之感。其散文今存部分奏疏和点校古籍的叙录,其文叙事简约,论理畅达,从容不迫,对唐宋古文家有一定影响。他采集前代史料轶事,撰成《说苑》《新序》《列女传》,为魏晋小说的先声。其著作《五经通义》有清人马国翰辑本,《山海经》系其与其子刘歆共同编订。原有文集已佚,明人辑为《刘中垒集》。据《汉书·艺文志·诸子略·儒家》载"刘向所序六十七篇",另有《说老子》四篇,但流传至今的仅《新序》《说苑》《列女传》三种而已。另有一部文言神怪小说《列仙传》,旧题为刘向撰,但一般认为出自汉魏方士的伪托。

(三)刘向的历史贡献

刘向是西汉后期的博学大家、古文献学家,他在经学、史学、文学、历学等方面也都取得了很高的成就。刘向在中国古代文献学史上最重大的贡献在于:他主持汉朝中秘的校书活动长达二十年,在此次规模空前的文献考查和古籍校理工作中,整理出多达五百余家、一万余卷先秦至西汉的典籍;并且在校书实践中,刘向创立了一套较为合理的典籍校雠流程,体现了古文献学诸多分支学科(如版本学、校勘学、目录学、辨伪学、图书编纂学等)基础框架的初步建立。刘向校书活动促使中国古代的典籍流传和文献学史进入一个新的时代。下面分别从"版本学与校勘学"及"目录学与辨伪学"方面对刘向的历史贡献略加评述。

1.关于版本学与校勘学

刘向校书重视底本的鉴别与选定,并以此为从事校勘工作的重要原则之一,为后世版本学的建立打下了基础。刘向校书不仅要面对数量极其庞大而又杂乱纷繁的中秘藏书,还有多方征集的民间与私人藏书,主要目的在于为王朝提供可靠的、完整的、可用的典籍文献。刘向的第一步工作就是分类、鉴别、选择图籍。因为图籍来源的不同、载体的不同、内容的差异,尤其是同一种典籍传本的不同,使底本的选定成为了刘向校书之基础和前提工作。应该说明,版本学的出现是在雕版印刷兴盛以后,然而刘向已经很注意古籍不同传本的汇集,并有意加以审查,并从中选定底本。这也可以说,后世版本学的先声是由刘向开创的。

刘向在校书实践的基础上,重视对书面错误产生的类型和原因的查考,创立了一整套校勘方法和工作流程,强调了对校勘成果的利用和处理,从而肯定了校勘学在整个文献学学科中不可或缺的重要地位。他在校勘学上的成就,可以总结为五点:第一,广备众本,互相参校;第二,校订字句,补缺去重;第三,分别次序、定著篇章;第四,条别篇目,更造新书;第五,确定书名、撰写叙录。如他在《战国策叙录》称:"本字多误脱为半字,以'赵'为'肖',以'齐'为'立',如此字者多。"《晏子叙录》称:"中书以'夭'为'芳','又'为'备','先'为'牛','章'为'长',如此类者多。"《列子叙录》称:"或字误以'尽'为'进',以'贤'为'形',如此者众。"又称:"中书多,外书少。章乱布在诸篇中。"班固《汉书·艺文志·六艺》曰:"刘向以中古文校欧阳、大小夏侯三家经文,《酒诰》脱简一,《召诰》脱简二。率简二十五字者,脱亦二十五字,简二十二字者,脱亦二十二字,文字异者七百有余,脱字数十。"又曰:"刘向以中《古文易经》校施、孟、梁丘经,或脱去'无咎''悔亡',唯费氏经与古文同。"又曰:"(《孝经》)经文皆同,唯孔氏壁中古文为异。'父母生之,续莫大焉','故亲生之膝下',诸家说不安处,古文字读皆异。"

对于校勘,刘向早有经典论述:"雠校,一人读书,校其上下得缪误,曰校;一人持本,一人读书,若怨家相对,曰雠。"(《文选·魏都赋》李善注引《风俗通义》)于此,刘向确立了校正图书流传中的文字错误是谓"校雠"这一重要定义,并且一直为后世所沿袭。中国传统文献学亦因此被称为"校雠学"或"校勘学"。陈垣在《元典章校补释例》中提出的"对校""本校""他校""理校"的古书校法四例,无疑是从刘向校书叙录中总结出来的。因此,刘向又是历史上第一个确立"校雠"(校勘)概念并对其做出清晰界定的人。

2.关于目录学与辨伪学

刘向校书在编成新本之后,必将每书的篇题另行抄写在"叙录"之中。后人汇集各书的"叙录"所编成的《别录》,就是现在所知最早的群书提要目录。他为古籍整理本撰写的"叙录",也开启了后世"辨章学术,考镜源流"的优良传统,所以章学诚《校雠通义》称其为"后世目录之鼻祖"。此外,刘向还建立了一套从辨伪方法、作伪原因到伪书具体处理的认识体系,也有开创传统古籍辨伪学的意义。

汉成帝时,刘向受命参与校理宫廷藏书,每校完一书后就写一篇简明的内容提要即"叙录",后汇编成《别录》。"叙录"内容包括:书目篇名、校勘经过、著者生平思想、书名含义、著书原委、书的性质、评论思想、史实是非等,并剖析学术源流和书的价值。部序之前,类目之后皆有统计,全书最后还有总计。其子刘歆据此"叙录"删繁就简,编成《七略》。《别录》与《七略》二书至唐代已佚,今据《汉书·艺文志》可考见其梗概。

刘向《别录》与刘歆的《七略》共同建立了一套全书有"总序"、大类有"大序"、小类有"小序"、每书有"提要"的序列,构建起集天下百家之学剖析学术源流的庞大体系,成为了中国古代目录学著作的典范。《别录》是中国第一部有书名、有解题的综合性的分类目录书,凡二十卷。刘向编校整理新书完成后,为了阅读的方便和防止图书散佚,开始将每书的篇题另行抄写在"叙录"之中,即所谓的"条其篇目",并且明确地将其称为"目录"(《七略》有"《尚书》以青丝编目录"之语可证),从此确立了中国图书学史上重视篇目编制的传统体例,这就深化了人们对目录学重要性的认识。

刘向撰写的"叙录"不仅包括全书的篇章次第、该书的各种版本状貌和校雠过程,还评述作者的生平、学术渊源和所存之时代,并对史书所记有关内容进行补订和辨误,并且评价该书的内容,包括解释书名、所记之事的起讫,以及书的主旨、体例和价值等。因此中国古代目录之学,无论是"目"(主要指篇目)的编制,还是"录"(主要指提要)的撰写,均始自刘向,所以后世称其为"目录学之鼻祖"是不无根据的。

"辨伪学"是指考证古籍书名、作者和内容真伪及著作年代的研究工作。中国古代的作伪与辨伪早在先秦时已经出现,孟子所谓:"尽信《书》,则不如无《书》,吾于《武成》,取二三策而已矣。仁人无敌于天下,以至仁伐至不仁,而何其血之流杵也?"(《孟子·尽心下》)即是对《尚书》所记载的武王伐纣"血流漂杵"一事的史实提出怀疑。伪书的出现有其社会背景和历史原因,作伪的程度也各有不同:有的伪题作者和书名,有的时代混淆,有的在内容上真假杂糅等等。因此刘向的辨伪工作包括两方面内容:一是关于古籍文献名称、作者、著作年代真伪等的考辨;一是关于书籍内容如事实、论说真伪等的考辨。刘向辨书之伪,多在所撰叙录中。如《晏子叙录》称:"又有复重,文辞颇异,不敢遗失,复列以为一篇;又有颇不合经术,似非晏子言,疑后世辩士所为者,故亦不敢失,复以为一篇。"《列子叙录》称:"《穆王》《汤问》二篇,迂诞恢诡,非君子之言也。至于《力命》篇一推分命,《杨子》之篇唯贵放逸,二义乖违,不似一家之书。"后来班固《汉书·艺文志》自注中凡称"其语浅薄,似依托者也""其文似后世语""其言浅薄,皆依托也"等辨伪之语,亦当本于刘向《别录》、刘歆《七略》。但是建立一套关于辨伪方法、作伪原因,及伪书的情况、伪书的处理的认识体系却是自刘向开始。

由上可知,刘向在版本学、校雠学、目录学、辨伪学,乃至图书编纂等几个方面的开拓之功与创新贡献,都大大超越前人,初步构建了中国古文献学的基本框架。刘向的贡献标志着这门学科的发展从此进入了一个新的历史阶段。所以我们应当充分肯定:刘向不愧是中国古文献学学科的奠基人。

二、《说苑》简介

(一)《说苑》的成书与流传

《说苑》的成书经过可以从刘向所写的《说苑叙录》中找到答案。其言曰:

> 护左都水使者光禄大夫臣向言:所校中书《说苑杂事》,及臣向书、民间书,诬校雠,其事类众多,章句相溷,或上下谬乱,难分别次序。除去与《新序》复重者,其余者浅薄不中义理,别集以为《百家》。后令以类相从,一一条别篇目,更以造新书十万言以上。凡二十篇,七百八十四章,号曰《新苑》,皆可观。臣向昧死谨上。

由此可知,《说苑》成书过程十分清楚,大致可分为三个步骤:第一步是采集群书,相互参校。刘向取中书旧藏《说苑杂事》、个人藏书以及民间献书进行校定整理,这就是广收众本、竭泽而渔。第二步是选择整理,删重去杂。凡与《新序》重复以及浅薄不合义理的篇章,另集为《百家》。第三步是更造新书,确定书名。将筛选出来的资料"分别次序"、"以类相从"、"条别篇目",分卷编目、撰写新书十万余言,并确定书名为《新苑》。经过刘向的整理、重编、删定和补充,原先的《说苑杂事》经过整理,焕然一新,故上奏成帝以作"谏书"之用(清人谭献云:"以著述当谏书",见《复堂日记》卷六)。

《说苑》的写作时间,南宋咸淳元年(1265)镇江府学刻元明递修本题为"鸿嘉四年三月己亥护左都水使者光禄大夫臣刘向上",今存南宋本《新序》题为"阳朔元年二月癸卯护左都水使者光禄大夫臣刘向上",据此可知,两书进呈的时间是《新序》在前,《说苑》在后,中间相距七年。但是《新序》的篇卷分类和标目不甚合理,全书十卷,《杂事》就占了五卷,另有《善谋》两卷,《刺奢》《节士》《义勇》各一卷,不仅分类不够明确,而且各类之间的篇幅比例也不太协调。因此,刘向在编成《新序》之后,面对采集到的大量文献与资料,深感《新序》这一部书的容量太小,言不足以尽其意,而且体例上也多有不足,于是删除与《新序》重复以及"浅薄不中义理"的篇章,重新分类编排,并进一步规范与完善体例,终于在《说苑杂事》的基础上完成新书《新苑》。自班固《汉书·艺文志》著其书名为《说苑》以后,《新苑》之名随之湮灭无闻。

《说苑》一书从汉至隋唐,各史艺文志均见著录,《日本国见在书目录》亦著录为二十卷。到宋初王尧臣等编《崇文总目》时,《说苑》已经散佚,仅存五卷。此后不久,曾巩校理皇家藏书,从士大夫家搜求到十五篇,经过补充整理,大体上恢复了原书旧观。晁公武《郡斋读书志》认为卷二十《反质》是曾巩析十九卷《修文》作上下两篇,以足二十篇之数。但是陆游《渭南文集》卷二十七《跋说苑》引北宋李德刍云:"馆中《说苑》二十卷,而阙《反质》一卷。曾巩乃分《修文》为上下,以足二十卷。后高丽进一卷,遂足。"可见后来传世的仍是足本。敦煌石室文献中有《说苑·反质》篇残卷,起自"秦始皇既兼天下"一则,迄至卷末,内容与今传本相同,仅文字小异。这是今传《说苑》为足本的一个有力佐证。

《说苑》一书自曾巩校理厘定之后,宋代《说苑》有两个版本系统流传下来:一是黄丕烈所藏北宋本,页22行,行20字,白口。此本流入海源阁再入大连图书馆,后不知所终。据程翔说:"该刻本连同其他几种海源阁藏宋刻本现藏于莫斯科国家图书馆。"(程翔评注《说苑》导言)今上海图书馆所藏元大德七年(1303)云谦刻本应该是此本的翻刻本,国家图书馆所藏明钞本也是源于此本(《四部丛刊》影印明钞本亦同)。二是南宋咸淳元年(1265)镇江府学刻元明递修本,页18行,行18字,白口间黑口。此本由国家图书馆收藏,现有影印本行世。明、清两代《说苑》刻本很多,但是雕版刊印都不出宋代这两个版本系统。

(二)《说苑》的整理与研究

对《说苑》进行校勘疏证的,据现存资料所知,元代以前还没有注本。明代黄从诚有《说苑旁注评林》,那只是一本评点式的著作,而且对正文做了删节,参考价值不大。第一个完整的注本是日人关嘉的《说苑纂注》一书,向宗鲁《说苑校证·叙例》认为它"文理乖剌,事实疏舛","至于《纂注》训义,率取之俗缪字书,动成创痏";其后日人桃源藏还有《说苑考》问世。清人有卢文弨的《群书拾补·说苑》,其著非全文校注,乃是逐篇择句校勘文字、事典,创见颇多;卷后附有所采《说苑佚文》24则。清人陈寿祺有《说苑校本》,孙诒让有《札迻·说苑》。朱骏声的《说苑校评》几乎袭用卢文弨《说苑拾补》,参考意义不大。近代以来,赵万里、刘文典、陈邦福皆有《说苑斠补》,而刘文典之《说苑斠补》略胜于赵、陈二书。向宗鲁有《说苑校证》,赵善诒有《说苑疏证》,朱季海有《说苑校理》,金嘉锡有《说苑补正》,左松超有《说苑集证》,其中最具学术价值的是向宗鲁的《说苑校证》。向宗鲁《校证》广采前人成果,意在校勘文字讹误,极少出注,且于校勘或每章之后注明互见文献的出处,有很高的参考价值。左松超的《说苑集证》晚出,资料采集丰富,能够兼有《校证》与《疏证》的特点,搜集《说苑佚文》多达63条。

以注译形式全文整理《说苑》的,以中国台湾卢元骏《说苑今注今译》为较早(初版1977年),虽经再版与修订,但注释多不确而时有谬误,当注未注之处仍多;译文亦多生硬牵强,不堪卒读。王锳先生与笔者二人合作的《说苑全译》,1992年由贵州人民出版社出版,其书各卷皆有题解、原文、注释、译文与按语。限于该丛书体例的要求,其注释与校勘均简明扼要,未做深究。又因当时写作分工的缘故,王锳先生负责撰写前言与书稿的审读;至于该书的题解、原文校勘、注释与译文均由笔者完成,其中的失误与疏漏亦当由笔者负责。1994年岳麓书社出版钱宗武的《白话说苑》,全文今译而略有注释;其他还有一些选译、选注本,影响不是很大,可以略而不论。2018年,商务印书馆出版了程翔评注的《说苑》(此前程翔已有《说苑译注》,北京大学出版社2009年版),该书的特点是每卷之前亦有题解,每卷之后还有评析;其注释与译文大多参考、袭用二王本《说苑全译》,极个别地方也有新注补充。

对于《说苑》的学术研究,清代以前仅仅是一些评点式的议论,注重其史实与人物事件、年代的考订。从二十世纪八十年代开始,研究《说苑》的论著陆续问世。如徐复观的《两汉思想史》中有专章研究刘向的《新序》《说苑》,该文对研究刘向著作有较大影响。1989年中国台湾出版的许素菲《说苑探微》,可能是专书研究《说苑》的第一部;2000年有谢明仁的《刘向〈说苑〉研究》;2005年徐兴无的《刘向评传》也有专章评论《说苑》。2011年专书研究《说苑》的有王启敏的《刘向〈新序〉〈说苑〉研究》和徐建委的《〈说苑〉研究——以战国秦汉之间的文献累积与学术史为中心》。此二书都是在原博士论文的基础上扩展充实而成,前者着重对刘向二书的思想内容与编撰形式的研究;后者则注重于《说苑》与先秦文献累积的研究。研究刘向及《说苑》的各种论文约三百多篇,其中大多数是硕士、博士学位论文。其中武汉大学梅军的硕士学位论文《说苑研究》具有一定参考价值,澳门大学邓骏捷对刘向的研究用力也很勤,有系列著作与文章问世。

(三)《说苑》内容与历史价值

《说苑》的主要内容,是依据先秦至汉初流传的典籍所载轶事和论说编撰而成。其中年代、史事与传世文献之文字多有不同,应该是经过刘向的改写或因资料来源不同所致,即所谓"更以造新书十万言以上"。因此不能认为《说苑》与他所编校的先秦典籍《战国策》《国语》之类等同,而应确定其为刘向的"编撰"之作。

《说苑》二十卷,各卷皆有标题,依次编排为:君道、臣术、建本、立节、贵德、复恩、政理、尊贤、正谏、敬慎、善说、奉使、权谋、至公、指武、谈丛、杂言、辨物、修文、反质。每卷前面的几条,一般都用提纲挈领的论说或相关的轶事来点明卷题,并揭示该卷的思想内容。凡是以论说方式点明卷意的,应该都出自刘向的手笔。

刘向的思想倾向和学术观点无疑是属于正统儒家的。不过《说苑》所采用的材料却不仅限于儒家之言,而是"兼综九流,牢笼百家"(向宗鲁《说苑校证·叙例》),只要能为其所用,即使是"街谈巷议""道听途说"的小说家言也可纳入其中。这固然与他"以著述当谏书"的撰述目的有关,陈古事以讽今;不过更重要的原因,是因为当时的思想潮流、学术大势使作者与时俱进。西汉自汉武帝重用董仲舒以来,罢黜百家,独尊儒术,在学术思想上进行了统一。董仲舒对他以前的儒学做了巨大的加工改造,他把儒家与阴阳家、法家、墨家、名家以至原来儒家内部孟、荀两个支派统一起来,融为一体,形成了最适合西汉政治需要的一套哲学理论和政治主张,这就是被称为新儒学的今文经学。刘向作为西汉末叶的儒门学者,正是在这种新儒学的熏陶之下成长起来的,因此在他编撰的《说苑》中,常常援引其他各派的学说主张,收录有其他学派代表人物的言论事迹,也是毫不足怪的,而贯穿全书的中心思想仍然是孔孟之道。

《说苑》全书充分体现了刘向以儒家为主兼容百家的政治思想和伦理思想。在政治思想方面,他继承和发展了自尧、舜、周公、孔、孟以来敬天保民的传统,主张最高统治者应该实行清静无为、德刑并用、举贤任能、反腐倡廉、重教促学的理政措施;在个人道德品质修养上,强调修身立节、贵德复恩、忠孝直谏、敬慎至公、修文反质,必以先圣贤王为榜样。

刘向亲历西汉后期宦官与外戚专权的弊政,他身为皇室宗亲,当然要为维护刘姓皇权不遗余力。在多次正面进谏不成之后,他就进献《新序》《说苑》这样的著作为谏书,希望皇帝采纳以实现国泰民安的政治理想。所以《说苑》前三卷便以《君道》《臣术》《建本》作为全书总纲,以历代圣君贤臣为榜样,强调做人与治国的根本。

所谓"君道",其实质就是君王应该具备的品质与统治臣民、治理国家的法术。其内容可以归纳为三个方面:一是君主应该具备的德行;二是君主必须重贤使能,纳谏去谗;三是君主应该掌握"德主刑辅"的权术。刘向认为圣明的君主,应该具有仁爱而博大的胸怀,能够"大道容众,大德容下";他应该谦恭有礼、谨言慎行、虚心纳谏、严于责己;他具有远见卓识,能够知人善任、居安思危,像古代圣君尧、舜、禹、汤一样在臣民中享有崇高的威望。

所谓"臣术",就是要求臣子做"道德仁义"之臣,并警示他们"行六正则荣,犯六邪则辱"。作为贤臣,则应该具有忠君爱国、清廉节俭、正直不阿的品质;能够见微知著、防患未然;能够奉使善说、权谋辨物、至公理政;能够遇事尽心竭力,功成不居,在关键时刻敢于犯颜直谏。在君臣关系方面,要求国君能兼听独断、尊贤下士、信赏必罚;臣下则应感恩图报、尽心尽职,为君为国不惜献出一切。

所谓"建本",是指做人要以"孝亲强学"为根本,治国要"以民为本"。如3.25则管仲对齐桓公说:"君人者以百姓为天。"奉行这种政治便要求国君崇俭抑奢、轻徭薄赋、任贤去佞,颁布的法令要宽缓而稳定;要求官吏秉公执法、清廉自守。这样,百姓就能够饱食暖衣、安居乐业,阶级矛盾得到缓和,国家的长治久安才有希望。

其后各卷便是从各个方面阐明如何修身做人与如何执政理国的,而《谈丛》《杂言》二卷则集中论述修身治国的主张。

特别是《谈丛》一卷,完全是采集古代文献、诸子语录、民间谚语中名言警句汇编整理而成。此卷所采格言名句在思想内容方面比较庞杂,既重申了前十五卷所阐明的主张,也蕴含了后四卷所要论述的观点。概言之,目的仍在阐明并强调应该如何修身治国。总之,其内容丰富,蕴含哲理,文字精练,形式独特,是人生经验与智慧的高度结合,也是中华传统文化中值得传承的宝贵的精神财富。

《杂言》全卷记述孔子及其弟子言行的多达38则,其他各则也大都编辑了孔孟关于修身的轶事。其中也吸取老子思想,以突出"君正则百姓治,父母正则子孙孝慈"的儒家主张。孔子把"仁"作为最高的道德原则、道德标准和道德境界。他把整体的道德规范集于一体,形成了以"仁"为核心的伦理思想结构,包括孝、弟(悌)、忠、信、礼、义、廉、耻、仁、爱、和谐等内容,所以他说"仁者好合人,不仁者好离人"。时至今日,仁爱仍然是构成和谐社会的核心要素。

此上二卷皆以儒家的道德仁义、忠孝诚信为体,以老、庄、墨、名、法诸家为用,目的仍在阐明并强调修身治国的重要性。

最具现实意义的莫过于第十四卷《至公》,其中主张"天下为公"的思想,是自古以来仁人志士追求的理想。这只有在"大同社会"才有可能实现。但是大公无私、公而忘私、公正廉明、因公废私、秉公执法等优良品行,一直是中华民族与人类文明所共有的精神财富。而大公无私、公正廉明的美德,在中华民族世代传承与长期历史积淀中更是闪烁着它不灭的光辉。它不仅为古代某些优秀的人物所身体力行,也为后世的人们树立了一种崇高的道德规范。

《说苑》虽然是刘向献给皇帝的一部谏书,但是其历史价值却不容忽视。近现代以来研究《说苑》历史价值的论著主要集中于其文献价值、文学史价值、思想价值等方面。关于《说苑》的思想价值,上文在述其主要内容时已略有论析,下面仅对其文献价值、文学史价值分别予以撮要评述。

《说苑》的文献价值历来为人们所重视。这主要体现在文献校勘价值、典籍辑佚价值、历史资料价值等方面。

首先是它的史料价值与校勘价值。由于刘向身负校书重任,又有得天独厚的优越条件,他编撰《说苑》时取材广泛,能够充分采用大量的历史文献,上自周秦经史诸子,下及汉人杂著,由此给人们研究探讨历史提供了许多珍贵的材料。其采引儒家文献有《周易》《诗经》《尚书》《论语》《孟子》《尔雅》《韩诗外传》《孔子家语》、三礼,史书有《春秋》三传、《晏子春秋》《战国策》《国语》《史记》,诸子有老庄、《列子》《管子》《尸子》《文子》《墨子》《荀子》《韩非子》《吕氏春秋》《贾子新书》《淮南子》《春秋繁露》等三十多种。程翔评注《说苑》导言称"刘向编撰此书,广采群书,遍引百家,查有实据的文献资料达46种",而梅军硕士学位论文《说苑研究》统计《说苑》引书共28种,其中引经书244条,史书52条,子书

219条，合计515条。《说苑》采记的史事逸闻，大多可与现存典籍互相印证，"其中十之八九还可在现存典籍中探寻源流，互相参证"（屈守元《说苑校证·序言》）。有的记事与《史记》《左传》《国语》《战国策》《管子》《晏子春秋》《荀子》《韩非子》《吕氏春秋》《淮南子》等书相出入，这对深入考寻与研究先秦汉初历史者足资参考。比如9.8则"茅焦谏秦始皇迎太后"、14.14则"鲍白令之谏秦始皇禅让天下"、20.7则"侯生谏秦始皇奢侈失本"三条，此三人冒死极谏秦始皇，且出语逆龙鳞而犯险，秦始皇皆反躬自省而赦免之。这与正史惯称秦始皇残暴不仁完全不同，也为后世全面认识秦始皇提供了别样的资料。刘向时代去秦不远，这些史实资料应该具有相当的真实性。

又如14.21则"孔子为鲁司寇，听狱必师断"，孔子断案时虚心征求多人意见，集思广益，所表现的司法民主精神更是难能可贵，这在我国法制史上应该是最具现实借鉴意义的光彩之笔。

《说苑》还记载了许多有关天文、地理、考古、礼乐和度量衡制度等方面的资料，保存了不少关于西汉后期政治历史和统治思想的内容，也反映了刘向的政治见解和主张。因此，《说苑》还是研究刘向及西汉社会形态、政治制度的重要资料。所以，我们可以通过《说苑》所采编的材料，与诸子、史书做文字上的对勘，还能印证诸子、史书的史实，以补充正史之不足。

其次是它的文献辑佚价值。秦初焚书以后，先秦古籍大多亡佚。但《说苑》博采群书，因而后世已失传古籍，往往还能从中得见一二，吉光片羽，尤为可贵。清人马国翰《玉函山房辑佚书》就充分利用了《说苑》的辑佚价值。仅以《汉书·艺文志》中儒家类为例，马氏就辑出《漆雕子》《宓子》《景子》《魏文侯书》《李克书》《甯越子》《鲁连子》《河间献王书》的部分佚文。还有《子思子》《尹文子》《师旷》《伊尹》等：如《汉书·艺文志》所载道家《伊尹》五十一篇、小说家《尹子说》二十七篇，今均散失，而在《说苑·君道》及《臣术》卷中却有"伊尹论政"四则，疑出于其书;又如《汉书·艺文志》儒家类有《河间献王》八篇,《隋志》已不著录,而本书《君道》与《建本》卷却载有"河间献王论治民之道"四则,应为其佚文无疑;《汉书·艺文志》小说家类有《师旷》六篇,也早已散佚,而《君道》卷开篇所载师旷关于"人君之道"的议论,即可能出自《师旷》六篇佚文。此类例子,还可找到不少。因而《四库全书总目》称:"然古籍散佚,多赖此以存。"

(四)《说苑》的文学史价值

近年来研究《说苑》的论文尤以研究其文学价值的文章居多,这是《说苑》本身的特质所决定的。屈守元先生认为:"把《说苑》看成是带有一定古典小说集性质的书,这是符合中国小说发展的历史实际的。"(屈守元《说苑校证·序言》)陈墨姝的硕士学位论文《论刘向〈说苑〉的文学价值》就将其在文学史上的价值概括为三点:以史为鉴编撰成书,完善"说类"体例形式,提升"说类"文学性。

笔者认为《说苑》的文学史价值主要体现在以下方面:

一是取材广泛、规模宏大。屈守元先生说:"《说苑》的取材十分广博,上自周秦经子,下及汉人杂著,'以类相从,一一条别篇目'(见《序录》),很像后代的类书。"(屈守元《说苑校证·序言》)前文已述《说苑》充分采用了大量的历史文献,涉及先秦以来经史、诸子、传闻轶事和民间谚语寓言,并且有计划地进行整理编排,"更以造新书十万言以上"。《说苑》之前的类似文献《晏子春秋》《韩诗外传》、诸子载籍,其内容含量与文字规模皆不能与之相提并论。以"说体"为主的故事集专著,只有洋洋大观的《说苑》可以独领秦汉风骚。

二是承先启后、完善"说体"。"说体"是对先秦以讲述故事阐明主旨的叙事文本的统称,是针对先秦两汉著述中记录、汇集、援用先秦故事而发现和界定的一个概念,也是考察先秦文学的全新视角。廖群认为:"今见《说苑》是从原《说苑》中选出来编纂的,原《说苑》很可能多为先秦'说体'故事的汇集,材料来自先秦的传说文本。"(廖群《上海博物馆叙事简与先秦"说体"研究》,中南民族大学学报2016年第1期。)秦汉经史如《左传》《国语》《国策》《史记》等所载史实就是记叙说事的典范,《论语》也有"道听途说"的成语,墨子最早把用于论辩的故事称为"说",而庄子则明确提出了"小说"的概念。在《韩非子》里的《说林》《储林》,更是"说体"故事储备之林。《孔子家语》《晏子春秋》《吕氏春秋》《韩诗外传》《淮南子》诸书,也无一不是《说苑》借鉴与采用的渊薮。故徐建委说:"刘向校书改变了多数先秦乃至西汉古籍的流传形态,是先秦古文献由'开放性'文本向'闭合性'文本过渡的主要转折点。"(徐建委《战国秦汉间的"公共素材"与周秦汉文学史叙事》,中山大学学报2012年第6期。)《说苑》承其源、续其流,以专书形式集中呈现了"说体"的样貌与功能,故《说苑》实开魏晋南北朝笔记小说之先河,对《世说新语》诸书有很大影响。所以说《说苑》在我国文学史特别在笔记小说发展史上占有承先启后的重要地位。

三是论叙结合、体式多样。《说苑》的体裁很特别,以记叙历史故事为主体,又兼及经典议论。采编的故事大多有情节、情境、背景、悬念及人物对话等要素,描写刻画的形象真切、事件清晰、人物生动,具备了后世小说的雏形。尤其是对话体的应用,丰富了后世叙述表达的风格。《说苑》在议论时讲求章法,层次分明,语言运用上灵活自如,注重修辞,常用比喻、类比,也重视押韵、对仗等,这些既是受到汉赋的影响,也对后世的骈文形成了巨大的影响。《说苑》第十六卷《谈丛》就汇集了格言、警句、民谚85则。这些格言、警句、民谚,语言通俗,譬喻形象,含意深刻,富于哲理。因此,《说苑》是论叙结合,将历史故事、传闻轶事、民间寓言加工修改而撰成的体式多样、别具一格的专书。

三、本书撰写凡例

(一)底本与校勘

本书选用国家图书馆2017年10月影印宋本《说苑》为底本,以《四部丛刊》影明钞本、向宗鲁《说苑校证》（中华书局1987年版）参校。凡底本中可以确定为讹字、脱字、衍字、倒字的，皆在原文中径改。它本异文有特殊意义的，一般只在注释中加以说明。凡参考或引用前人校勘成果中的正确意见，辩证后如有采纳，也在原文上径改，并于首次标出该论著作者及全称，其后则用姓名或省称。

凡古今字和通假字均保留，异体字和俗体字视具体情况一般改成通用字，字形以《现代汉语词典》第七版为准，如有保留则在注释中加以说明。凡繁简字体转换时，对一些专有名词，如人名、地名、名物制度等约定俗成的异体字予以保留。由于文字异同造成事件有出入，皆断其是非，在原文中改正，并在注释中或题解中简要说明。

（二）分段与注释

本书采取每一则原文为一小节，每小节先注释原文再译文的方式。原文基本上依照底本划分段落，有的地方也采纳卢文弨校本或向宗鲁《说苑校证》的段落划分；为便于读者阅读，对一些较长或过于零散的段落，笔者据文意重新分段或合并。全书原文共分为723则，皆按卷次独立编排序号。

原文注释序号置于每个句子句末标点符号前。着重注释人物、事件、名物制度、历史典故等，并对生字难词注音后解释。在采用古今有典型性的评论与注释时，引文力求简洁。如有笔者论断，在注释中以"天海按"的形式出现，以与所引用文献的论著者相区别。凡每小节最后一个注释序号置于句末标点符号之后者，都以"天海按"的形式说明该段文字本于或互见于何种文献。

凡注释内容第一次出现时出注，原则上不重复出注。由于本书篇幅较大，皆在首次或最主要处详注，凡再见处简注，必要时以"参见某则"的形式互见。

注音主要依据《现代汉语词典》第七版为准，如果必须用反切或其他方式注音时，则在注释中加以说明。注词主要参考《汉语大词典》《汉语大字典》《王力古汉语字典》；人名、地名、官制等主要参考臧励和《中国人名大词典》《中国地名大辞典》（上海书店1980年版）、龚延明《中国历代职官别名大辞典》（上海辞书出版社2006年版）；历史纪年主要以方诗铭《中国历史纪年表》（上海辞书出版社1980年版）和沈起炜《中国历史大事年表》（上海辞书出版社1983年版）为参考。

（三）题解与译文

本书每卷原文之前加题解，对本卷内容进行总括式介绍。即概括本卷的主要内容及历史与现实价值，或本卷存在的主要历史问题、争议之处及笔者的意见；或本卷需要特别提请读者注意之处等。

本书译文原则上以直译为主，意译为辅。力求语言流畅，表达清晰，能够准确传达原文意思，并体现原文的风格意境。

（四）主要参考文献

本书对《说苑》原文校勘，主要参考文献有两类：

一是校勘疏证类，如清代的卢文弨、王念孙、孙诒让、俞樾等，日人关嘉的《说苑纂注》，其中尤以卢文弨《说苑拾补》影响甚大。近代以来，有刘文典的《说苑斠补》，向宗鲁的《说苑校证》，金嘉锡的《说苑补正》，赵善诒的《说苑疏证》，左松超的《说苑集证》，朱季海的《说苑校理》等。其中以向宗鲁的《说苑校证》最具参考价值，左松超的《说苑集证》资料采集较为丰富，亦略有采用。

二是全本注释译文类，如卢元骏的《说苑今注今译》，王锳、王天海的《说苑全译》，程翔的评注《说苑》。

对《说苑》一书的思想内容研究，主要参考论著有徐复观的《两汉思想史》中的《刘向〈新序〉〈说苑〉的研究》专章，许素菲的《说苑探微》，谢明仁的《刘向〈说苑〉研究》，徐兴无的《刘向评传》，徐建委的《〈说苑〉研究——以战国秦汉之间的文献积累与学术为中心》，王启敏的《刘向〈新序〉〈说苑〉研究》，邓骏捷的《刘向校书考论》等。

（五）附录

本书附录有《说苑》辑佚，辑有佚文72则。主要是根据卢文弨的《说苑拾补》、赵善诒的《说苑疏证》、台湾左松超的《说苑集证》三家辑佚文编排整理而成。

本书的文字录入以及多次校读工作，由我的学生杨秀岚女士认真完成，这极大地减少了书稿的手民之误。编辑周旻、舒琴两位女士作为本书的责编，在组稿、审稿、校读等方面付出了艰辛的劳动，特此表示谢忱。

王天海

2019年2月28日

叙　录①

护左都水使者光禄大夫臣向言②：

所校中书《说苑杂事》③，及臣向书、民间书，诬校雠④，其事类众多，章句相溷⑤，或上下谬乱，难分别次序。除去与《新序》复重者⑥，其余浅薄不中义理⑦，别集以为《百家》⑧。复令以类相从⑨，一一条别篇目，更以造新书十万言以上⑩。凡二十篇，七百八十四章⑪，号曰《新苑》⑫，皆可观。

臣向昧死谨上⑬。

【注释】

① 此叙录原列于国家图书馆藏宋咸淳元年镇江府学刻元明递修本（即宋本）曾巩序言之后、目录之前，无标题。现据姚振宗《七略佚文》题名为《说苑叙录》。向宗鲁《说苑校证》所加标题为《说苑奏序》，其按语云："自何良俊本以下，俱脱此奏。明钞本、经厂本有。"

② 左都水使者：官名。西汉治水之官，原分散在太常、少府、水衡都尉、三辅（指京城附近地区）各部门，官名都叫都水长、丞。汉武帝始设左右都水使者，总领水官。光禄大夫：官名。大夫为皇帝近臣，分为中大夫、太中大夫、谏大夫，无固定员数，亦无固定职

务,依皇帝诏命行事。汉武帝太初元年(前104)改中大夫为光禄大夫,秩比二千石,为掌议论之官,大夫中以光禄大夫最显要。

③中书:皇宫中的藏书,又作中秘书。《汉书·儒林传·孔安国》:"成帝时求其古文者,(张)霸以能为《百两》征,以中书校之,非是。"颜师古注:"中书,天子所藏之书也。"《说苑杂事》:此为汉朝官中收藏书名。一说为中秘所藏文献资料,此说不确。

④诬校雠:卢文弨校曰:"案《论语》:'焉可诬也。'《汉书·薛宣传》作'可忱'。苏林曰:'忱,同也,兼也。'晋灼曰:'忱,音诬。'疑此'诬'亦与'忱'同。严灵峰《刘向〈说苑叙录〉研究》说:"'诬校雠',《说文》:'诬,加也。'按《礼记·曾子问》:'故诬于祭也。'郑玄注:'诬,犹妄也。'乃'妄加校雠'之意,犹云不自量力,忝为校雠也。"天海按,据上下文意而言,此"诬校雠"即"忱校雠",兼校雠,即同时相互校雠。当以卢文弨之说为确。

⑤相溷(hùn):即相混。溷,混乱,混杂。

⑥《新序》:书名,西汉刘向撰。原本三十卷,至北宋初仅存十卷。后经曾巩搜辑整理,厘为十卷。内《杂事》五卷,《刺奢》一卷,《节士》一卷,《义勇》一卷,《善谋》二卷。采集舜、禹时代至汉代史事和传说,分类编纂,所记史事与《左传》《战国策》《史记》等颇有出入。《新序》成书在《说苑》之前,据蒋刻宋本《新序》题为:"《新序》,阳朔元年二月癸卯上。"而《说苑》宋本题为:"鸿嘉四年三月己亥上"。阳朔元年为汉成帝九年,即公元前24年,鸿嘉四年为汉成帝十七年,即公元前17年。《说苑》完成后进上,当在《新序》进上之后七年。

⑦其余浅薄不中义理:原文"余"下有"者"字。卢文弨校曰:"疑衍。"此说可从,译文从之,据删。

⑧《百家》:小说类书名。《汉书·艺文志》小说家类亦有《百家》书名。

⑨复令以类相从：原文"复"作"后"。卢文弨校曰："'后'下当有脱文。"孙诒让《札迻》曰："以文义校之，'后'当为'复'字之讹，下无脱文。"天海按，"后"字繁体为"後"，"复"字繁体为"復"，二字形近，故译文从孙说径改。

⑩新书：原文作"新事"。孙诒让《札迻》曰："'新事'当作'新书'。凡向所奏书，校订可缮写者为'新书'。《荀子》目录载向奏题'新书'，是其证也。"天海按，孙说可从，径改。译文并从此说。

⑪七百八十四章：此为刘向原本《说苑》所分，后世校印本则颇有不同。如严可均《书〈说苑〉后》认为今本《说苑》"凡六百三十九章"，加上《群书拾补》佚文二十四章，"都计六百六十三章，视向叙少一百二十一章，非完书也"。而向宗鲁《说苑校证》则分为740章，辑有佚文44章，合计正足784章之数。赵善诒《说苑疏证》依卢文弨所校，则分为844章，辑有佚文33章。左松超《说苑集证》分为684章，辑有佚文63章。本书则析为723则，辑有佚文72则。

⑫《新苑》：此应为《说苑》本名，自《汉书·艺文志》著录为《说苑》后，历代著录相沿成习，已经替代《新苑》之名而通行。

⑬昧死：冒死，不避死罪。谨上：此二字原文无，卢文弨校曰："当有'谨上'二字。"依刘向校群书叙录体例，此二字当有，否则句意欠安，此据补。

【译文】

护左都水使者光禄大夫臣刘向上奏：

所校宫中藏书《说苑杂事》，并及臣刘向藏书、民间藏书，同时相互校雠，其载事类别众多，文章词句相互混淆，有的上下错乱，难以分别次序。除去与《新序》复重的内容，其余内容浅薄不合儒家道义伦理的，别集以为《百家》。再按其类别各相归属，一一分列篇目，重新撰写新书十万言以上。共计二十篇，七百八十四章，取名为《新苑》，皆可观览。

臣刘向冒死敬上。

卷一

君道

【题解】

此卷共采集夏、商、周至春秋战国时期君王轶事46则。之所以以"君道"命名,就是为了说明君王应该懂得的治国治民之道,其实质就是君王应该掌握的统治臣民、治理国家的法术。其内容可以归纳为以下三个方面:

一、君主应该具备的德行

这一部分用了本卷二分之一以上(27则)篇幅来说明做君王必须"正其身以正其国,正其国以正天下"的道理。具体要求是:君王要有大德能够容下;要清静无为,省刑爱民;要文武俱行,恩威并用;要行善道、重教化;要言而有信,言出必行;要关心民瘼,严于责己。

儒家一贯以尧、舜、禹、周文王、周武王、周公为标榜,"关心民瘼,严于责己"是君王德行的集中表现,并由此体现出儒家极力推崇的民本思想。尧以天下为己任,百姓的冷暖饥寒、万众的生存发展,都是尧牵心挂怀的大事。哪怕只有一人受饥寒、犯罪过,他也归咎于自己,从而确立广施恩德、先宽容而后教育的仁义之政,实现不用赏罚人民就得到治理的局面。这固然是儒家的美化之词,但也确实为后世统治者提供了仁政爱民的范例。其中最有积极意义的还是那些不迷信灾异祥瑞、不诿过而责己的故事。古代帝王没有不借助于天命神灵来维护自己政权的，因而一旦出现天灾人祸，政治动乱，也大多向上天祈祷以消灾避难。难得的是，本卷连用了 11 个故事（1.21—1.31）来说明英明的君王当灾异出现时，不是塞责诿过，文过饰非，而是严于责己，改善政治。

二、君主应该重贤使能、纳谏去谗

治理国家离不开人才，这是从古至今历代统治者都十分重视的大事。这一部分采集故事 15 则，占了本卷三分之一的篇幅。其中以商汤、周武王、齐桓公、燕昭王举贤成功为例，反对不以法度而凭个人意旨用人的弊端；指出明君不仅应该广开求贤之路，而且要"得贤敬士""不能独断"。最感人的是作为明君贤相典型的齐景公与晏子的故事。如 1.19 则讲齐景公虽然信任并依靠晏子改善政治，但晏子仍然以齐桓公广用人才而取得霸业之事，委婉批评他不能任用贤人，而想任用像高缭一样追求仕禄的人。所以当齐景公闻知晏子的死讯后，立即停止在外地的游乐，如丧考妣，匆匆赶回国都。路上他认为车行太慢，竟然四次下车，边跑边哭，前往奔丧（1.39）。甚至在晏子死后十多年，齐景公仍然念念不忘晏子的直言劝谏。英明的君主不仅能够礼贤下士，更重要的是能够纳谏去谗。楚文王临终遣走奸佞之臣申侯，赵简子将佞臣栾激沉河，都是痛恨奸臣的极致；魏文侯将师经直言进谏、撞击自己的琴悬挂于城门作为纳谏的警戒；这些无不给后世君主树立了重贤使能、纳谏去谗的榜样。

三、君主应该掌握的权术

君主治国之道离不开如何掌权用权，故在位的统治者必须掌握帝王之术。虽然儒家反对玩弄阴谋权术，但是主张君主必须牢牢控制大权，运用智慧才能治理好国家。这一部分内容不多，只用了四个故事来说明君主掌权的关键在于用人，大权不能旁落的道理。

刘向采编以上文献轶事，多以儒家说教为主，也杂以道家之言，间参以申韩之术，当然是为最高统治者提供历史借鉴。

1.1 晋平公问于师旷曰①:"人君之道如何?"对曰:"人君之道:清净无为,务在博爱,趋在任贤②;广开耳目,以察万方;不固溺于流俗③,不拘系于左右;廓然远见④,踔然独立⑤;屡省考绩⑥,以临臣下⑦。此人君之操也⑧。"平公曰:"善!"

【注释】

①晋平公(?—前532):姬姓,名彪。春秋时晋国国君,前557—前532年在位。前552年,同宋、卫等国结盟,再度恢复晋国的霸业。师旷:字子野,冀州南和(今河北邢台南和)人。春秋时晋国主乐太师,生而目盲,博学多才,尤精音乐,善弹琴,辨音力极强。以"师旷之聪"闻名于后世。
②趋(cù):通"促"。急速,急促。
③固溺:固执,拘泥。
④廓然:开阔远大貌。
⑤踔(zhuō)然:高超卓绝貌。
⑥屡省(xǐng)考绩:经常检查考核官吏的政绩。
⑦临:以上制下,驾驭。
⑧操:把握,掌握。

【译文】

晋平公向师旷问道:"如何掌握做国君的方法?"师旷回答说:"做国君的方法是:要清静无为,务必做到博大仁爱,急于任用贤能;广开耳目,以此明察各方面的情况;不拘泥于世俗的偏见,不受左右人的约束和羁绊;目光远大,见解卓越独到;经常检查考核官吏的政绩,以此驾驭臣下。这就是做国君要掌握的方法。"晋平公说:"好!"

1.2 齐宣王谓尹文曰①:"人君之事何如?"尹文对曰:"人

君之事,无为而能容下。夫事寡易从,法省易因②,故民不以政获罪也。大道容众,大德容下,圣人寡为而天下理矣。《书》曰:'睿作圣③。'诗人曰④:'岐有夷之行,子孙其保之⑤。'"宣王曰:"善!"⑥

【注释】

① 齐宣王(前350—前301):妫姓,田氏,名辟疆。战国时齐国国君,前319—前301年在位。尹文(约前360—前280):尊称尹文子。战国时齐国隐士,名家学派哲学家,与宋钘齐名。《汉书·艺文志》载有《尹文子》一篇。

② 因:因循,遵守。

③ 睿作圣:宽容就能成为圣人。语见《今文尚书·洪范》。睿,字当作"容"。朱季海《说苑校理》(以下简称《校理》)曰:"寻陈寿祺辑《尚书大传·洪范五行传》云'思心之不容,是谓不圣',注:'容当为睿,睿,通也。'是伏生所传今文《尚书》'睿'正作'容'。"天海按,容,《汉书·五行志》引《传》云:"容,宽也……言上不宽大包容臣下,则不能居圣位。"

④ 诗人曰:以下引诗见《诗经·周颂·天作》。

⑤ 岐有夷之行,子孙其保之:岐山有平坦的道路,子孙应该保住它。此用岐山平坦宽阔的道路比喻周文王宽容清平的政治。岐,岐山,在今陕西岐山县东北。周文王率领周人从此崛起。夷,平坦。行,道路。

⑥ 天海按:《韩诗外传》卷三所载与此文略同,但只称《传》曰,不言为尹文语。

【译文】

齐宣王对尹文说:"国君的政事应该怎么办?"尹文回答说:"国君的政事,清静无为又能够宽容臣民。政事减少了,就容易顺从;法令简省了,就容易遵守,所以百姓便不会因为政事而犯罪。大路宽广以容纳众人,美德博大能包容天下臣民,圣人少做纵欲扰民的事,天下就能得到治理了。《书》上说:'宽容就能成为圣人。'诗人也说:'岐山有平坦的道路,子孙应该保住它。'"齐宣王说:"好。"

1.3 成王封伯禽为鲁公①,召而告之曰:"尔知为人上之道乎?凡处尊位者,必以敬下②;顺德规谏,必开不讳之门,蹲节安静以藉之③。谏者勿振以威④,毋格其言⑤,博采其辞,乃择可观。夫有文无武,无以威下;有武无文,民畏不亲;文武俱行,威德乃成。既成威德,民亲以服;清白上通,巧佞下塞;谏者得进,忠信乃畜⑥。"伯禽再拜受命而辞⑦。

【注释】

① 成王:姬姓,名诵。周成王继位时年幼,由周公旦辅政,平定三监之乱。伯禽:姬姓,名禽,字伯禽,伯是其排行,尊称禽父。周公旦长子。当时周公旦受封鲁国,但因周公旦要在镐京辅佐周成王,故伯禽代其受封鲁国。伯禽在位四十六年去世。公:公爵,西周诸侯封爵中的第一等。

② 以:犹"能",能够。

③ 蹲(dǔn)节:即"撙(zǔn)节"。谦退,节制。《礼记·曲礼上》:"是以君子恭敬、撙节、退让以明礼。"孙希旦集解云:"有所抑而不敢肆谓之撙,有所制而不敢过谓之节。"蹲,通"撙"。谦退。向宗鲁注:《荀子·仲尼篇》:'主尊贵之,则恭敬而僔。'注:'"僔"与"撙"同,卑退也。'"撙""蹲""僔"并通。"藉(jiè):慰藉,抚慰。

④ 振:震慑。向宗鲁《说苑校证》(以下简称《校证》)云:"振与震同。"

⑤格:拒,排斥。

⑥畜:养。引申为培养。

⑦再拜:古代的一种礼节。拜了又拜,表示恭敬。

【译文】

成王封伯禽为鲁公,召见并告诫他说:"你可知做国君的道理吗?凡是身居高位的人,一定要能够恭敬地对待下属:遵循道德与正言劝诫,必须打开毫无忌讳的进谏大门,谦让宁静地抚慰进谏的人。对于进谏的人不要动用威势震慑他们,也不要拒绝他们的进言;要广泛采纳他们的意见,从中选取可用的。如果只有文治而无武功,就不能威慑臣民;只有武功而没有文治,臣民就会畏惧而不亲近;文治武功同时并行,威望与德政就会建立。威望与德政已然成就,臣民就会亲近和服从;清白正直的人向上升迁,奸佞小人就会贬逐在下;进谏的人能得到进用,忠直诚信的人就会被培养。"伯禽向成王行再拜之礼,接受封命后辞别而去。

1.4 陈灵公行僻而言失①,泄冶曰②:"陈其亡矣!吾骤谏君,君不吾听,而愈失威仪。夫上之化下,犹风靡草③,东风则草靡而西,西风则草靡而东,在风所由,而草为之靡。是故人君之动不可不慎也。夫树曲木者,恶得直影④?人君不直其行、不敬其言者,未有能保帝王之号、垂显令之名者也⑤。《易》曰⑥:'夫君子居其室出其言,善则千里之外应之,况其迩者乎?居其室出其言,不善则千里之外违之,况其迩者乎?言出于身,加于民;行发乎迩,见乎远。言行,君子之枢机⑦。枢机之发,荣辱之主。君子之所以动天地,可不慎乎?'天地动而万物变化。《诗》曰⑧:'慎尔出话,敬尔威仪,无不柔嘉⑨。'此之谓也。今君不是之慎⑩,而纵恣焉,不亡必弑。"灵公闻之,以泄冶为妖言而杀之。后果弑于徵舒⑪。

【注释】

①陈灵公行僻而言失(yì):陈灵公在位时荒淫无道,竟然与大夫孔宁、仪行父三人共通于夏姬,并在朝中公开炫耀所得夏姬的亵物,互相取笑。事见《左传·宣公九年》。陈灵公(? —前599),妫姓,陈氏,名平国。春秋时期陈国国君。前613—前599年在位。失,通"佚"。放纵不羁。

②泄冶(? —前600):春秋时期陈国大夫。因极力劝诫陈灵公,陈灵公默许孔宁、仪行父二人将他杀死。

③犹风靡草:好像风吹草伏一样。靡,倒,伏。参见《论语·颜渊》:"季康子问政于孔子曰:'如杀无道,以就有道,何如?'孔子对曰:'子为政,焉用杀?子欲善,而民善矣。君子之德风,小人之德草。草上之风,必偃。'"

④恶(wū):疑问词,哪。

⑤显:显赫。令:善,美好。

⑥《易》曰:以下一段话引自《周易·系辞上》。

⑦枢机:枢为户枢,机为弩牙。二者主管门和弩的开发启动。此比喻事物的关键所在。

⑧《诗》曰:以下引诗见《诗经·大雅·抑》。

⑨柔嘉:安顺美好。

⑩不是之慎:即"不慎是"。不谨慎地对待这些问题。

⑪后果弑于徵舒:前599年,陈灵公复往夏姬家,夏姬之子夏徵舒不堪其辱,射杀了陈灵公。徵舒(? —前598),妫姓,夏氏,名徵舒。又称夏徵舒。父为夏御叔,祖父为陈宣公之子公子少西。徵舒弑杀灵公后自立为陈侯,前598年被楚庄王所杀。

【译文】

陈灵公行为邪僻而且言语放纵,大夫泄冶说:"陈国该要灭亡了!我多次劝诫国君,国君不听我的,而且越来越丧失了威仪。国君在上教化下面的臣民,就好像风吹草伏一样。吹东风草就倒向西,吹西风草就倒向东;在风所经过的地方,草就随风而倒。所以国君的举动不能不谨慎。如果树立弯曲的木头,哪能有端直的影子?国君不能端正自己的行为,不能谨慎自己的言语,就不能保有帝王的称号,流传显赫而美好的名声。《易》上说:'国君居住宫室发号施令,好的,就会使千里之外的人响应你,何况近处的人呢?国君居住宫室发号施令,不好的,就是千里之外的人也会违抗你,何况近处的人呢?言语出于自身,施行于百姓;行为发生在近处,能够显现于远方。言行是国君的关键所在。关键的发动,是荣辱的主宰。国君之所以感动天地,能够不谨慎吗?'天地感动,万物就会发生变化。《诗》上说:'你出言要谨慎,威仪要恭敬,没有什么不安顺美好。'说的就是这个道理。如果国君不谨慎地对待自己的言行,反而纵欲恣肆,不亡国也一定会被臣下杀死。"陈灵公听到了这些话,认为泄冶是散布妖言而杀了他。后来,陈灵公果真被夏徵舒杀死。

1.5 鲁哀公问于孔子曰①:"吾闻君子不博②,有之乎?"孔子对曰:"有之。"哀公曰:"何为其不博也?"孔子对曰:"为其有二乘③。"哀公曰:"有二乘则何为不博也?"孔子对曰:"为行恶道也④。"哀公惧焉,有间曰:"若是乎,君子之恶恶道之甚也⑤!"孔子对曰:"恶恶道不能甚,则其好善道亦不能甚。好善道不能甚,则百姓之亲也亦不能甚。《诗》云⑥:'未见君子,忧心惙惙⑦。亦既见止,亦既觏止⑧,我心则悦。'《诗》之好善道之甚也如此!"哀公曰:"善哉!吾闻君子成人之美,不成人之恶⑨。微孔子⑩,吾焉闻斯言也哉⑪!"⑫

【注释】

①鲁哀公(前521—前467):姬姓,名将,春秋时期鲁国国君,前494—前467年在位。
②博:通"簙(bó)"。古代一种两人对局的游戏,与下棋相仿。《韩非子·外储说左下》:"齐宣王问匡倩曰:'儒者博乎?'曰:'不也。'王曰:'何也?'匡倩对曰:'博贵枭,胜者必杀枭,杀枭者,是杀所贵也。儒者以为害义,故不博也。'"
③二乘:古代博戏中的黑白二道。
④恶道:险道,邪恶之道。恶,凶险,邪恶。
⑤恶(wù)恶(è):前"恶",厌恶之意;后"恶",邪恶、凶险之意。
⑥《诗》云:以下引诗见《诗经·召南·草虫》。
⑦惙惙(chuò):忧虑不安。
⑧觏(gòu):相遇,结交。
⑨吾闻君子成人之美,不成人之恶:此二语为名言典故,见《论语·颜渊》:"子曰:君子成人之美,不成人之恶,小人反是。"朱熹集注:"成者,诱掖奖劝,以成其事也。"
⑩微孔子:微,非,没有。孔子,《孔子家语·五仪解》作"吾子"。这里是二人对话,作"吾子"为长。
⑪斯:这样的。指示代词。
⑫天海按:此文亦见《孔子家语·五仪解》,略异。

【译文】

鲁哀公问孔子说:"我听说君子是不对局博戏的,有这样的事吗?"孔子回答说:"有这样的事。"哀公又问:"为什么他们不博戏呢?"孔子回答说:"因为博戏有黑白二道。"哀公再问:"有黑白二道那为什么就不博戏呢?"孔子回答说:"因为会走邪路啊!"哀公对此感到震惊,过了一会儿他才说:"像这样的话,君子是特别地厌恶走邪路啊!"孔子对他说:"不能特别地厌恶走邪路,也就不能特别地喜好走正路。不能特别地喜好走正道,那么百姓也就不会特别亲近他。《诗》上说:'没有见到君子,我忧心惶惑。既然已经见到,又与他结交,我心里十分喜悦。'《诗》里也是如此特别地喜好正道啊!"哀公说:"好啊!我听说君子成全人的美德,不助长人的恶行。没有孔子,我哪能听到这番言论啊!"

1.6 河间献王曰①:"尧存心于天下②,加志于穷民,痛万姓之罹罪③,忧众生之不遂也④。有一民饥,则曰:'此我饥之也。'有一人寒,则曰:'此我寒之也。'一民有罪,则曰:'此我陷之也。'仁昭而义立,德博而化广,故不赏而民劝⑤,不罚而民治。先恕而后教⑥,是尧道也⑦。"

【注释】

① 河间献王:汉孝景帝第三子刘德(前171—前130)。景帝二年(前155)封为河间王,见《史记·五宗世家》。刘德热心于典籍文献的收集与整理,现今影响很大的《毛诗》和《左传》,就是因刘德的整理而留传后世。河间,郡、国名。汉高祖置郡,文帝时改为国。治所在乐城(今河北献县东南)。

② 尧:名放勋。传说中远古帝王。初居于陶,后迁居唐(今山西临汾),故称陶唐氏,史称唐尧。见《史记·五帝本纪》。

③ 罹(lí):遭遇。

④ 不遂:不能顺利成长。遂,顺利,通达。引申为顺利成长。

⑤ 劝:鼓励,受到鼓励。

⑥ 恕:推己及人,设身处地先为他人着想。

⑦ 是:此,这。指示代词。

【译文】

河间献王刘德说:"唐尧存心治理天下,用心对待穷人,痛心百姓遭罪,担忧民众不能顺利成长。有一人受饥,他就说:'这是我使他挨饿的。'有一人受寒,他就说:'这是我使他受冻的。'有人犯了罪,他就说:'这是我害了他。'唐尧仁爱之心昭明,道义确立,他的德泽大而教化广,所以不用奖赏百姓也受到鼓励,不施刑罚民众也能治理。先宽容然后施以教化,这就是唐尧治理天下的道理啊!"

1.7 当舜之时①,有苗氏不服②。其所以不服者,大山在其南,殿山在其北③,左洞庭之波④,右彭蠡之川⑤,用此险也⑥,所以不服。禹欲伐之⑦,舜不许,曰:"谕教犹未竭也⑧。"究谕教焉⑨,而有苗氏请服。天下闻之,皆非禹之义⑩,而归舜之德⑪。⑫

【注释】

① 当舜之时:舜,姚姓(一作妫姓),名重华,号有虞氏。传说中唐尧之后的古代帝王。史称虞舜。见《史记·五帝本纪》。天海按,此则原文连上,现依向宗鲁《校证》另起。
② 有苗氏:我国古代部族名,亦称三苗,尧舜时居住在长江中游以南一带地方,约今江西、湖北、湖南、安徽等地。传说舜时被迁到三危。有,词头语。
③ 大山在其南,殿山在其北:大山,同"太山"。即今泰山,在有苗氏之北。殿山,《战国策·魏策一》与《韩诗外传》卷三均作"衡山"。衡山,在今湖南衡阳境内,本在有苗氏之南。这里的"南""北"两字互换方妥。
④ 洞庭:即洞庭湖。在今湖南境内,与湖北接壤。

⑤彭蠡：古代湖名，又名鄱阳湖。在今江西境内。
⑥用此：以此，凭此。
⑦禹：姒姓，名文命。原为夏族部落首领，舜时治洪水有功，继舜为部落联盟首领。禹死后，其子启建立了中国历史上第一个奴隶制国家，即夏朝，故史称夏禹或大禹。
⑧谕教犹未竭也：宣传教化还没有竭尽全力。谕教，宣示教化。谕，告诉，使知道。竭，尽全力。
⑨究：穷尽，详尽。
⑩非：指责，认为不对。
⑪归：归附，归服。
⑫天海按：《韩诗外传》卷三，《战国策·魏策一》《史记·孙子吴起列传》所载与此文略同。

【译文】

当虞舜在位的时候，有苗氏不肯归服。他们之所以不肯归服，是由于泰山在他们北边，衡山在他们南边，左有洞庭湖波涛，右有彭蠡大泽，他们凭仗这些天险，所以不肯归服。大禹想要讨伐他们，虞舜不同意，他说："宣示教化还没有竭尽全力。"由于详尽地宣示了教化，因而有苗氏请求归服。天下人知道了这件事，都认为大禹不义，而归服虞舜的德政。

1.8 周公践天子之位①，布德施惠，远而逾明。十二牧，方三人②，出举远方之民③。有饥寒而不得衣食者，有狱讼而失职者④，有贤才而不举者，以入告乎天子。天子于其君之朝也⑤，揖而进之，曰："意朕之政教有不得者与⑥？何其所临之民，有饥寒不得衣食者，有狱讼而失职者，有贤才而不举者也？"其君归也，乃召其国大夫告用天子之言⑦。百姓闻之，皆喜曰："此诚天子也，何居之深远，而见我之明也？岂可欺哉？"故牧者，所以辟四门、明四目、达四聪也⑧。是以近者亲之，远者安之。《诗》曰⑨："柔远能迩，以定我王⑩。"此之谓矣。⑪

【注释】

①周公践天子之位：武王死后，其子成王年幼，由周公摄天子政。《韩非子·难二》："周公旦假为天子七年。"周公，姓姬，名旦，文王之子，周武王之弟，亦称叔旦。封邑为周，故又称周公旦。谥号为文，又称为周文公。践，踏上，登上。

②十二牧，方三人：全国设置十二州牧，分为四方，每方三人。牧，古代州的行政长官。《尚书·尧典》："咨十有二牧。"相传尧舜时全国分为十二个州，各州长官便称为牧。向宗鲁《校证》云：《白虎通·封公侯篇》：'唐、虞谓之牧何？尚质，使大夫牧诸侯，故谓之牧。旁立三人。'"天海按，《韩诗外传》卷六作"王者必立牧，方二人"，赵怀玉校云："三人，旧作'二人'，讹。案：方三人，四方故十二人。"

③出举：外出考察。

④失职：失去常业，失所。《周礼·地官·大司徒》："十曰以世事教能，则民不失职。"孙诒让正义："职，谓四民之常职。"

⑤君：诸侯国君。朝：古代诸侯大夫拜见天子叫朝。

⑥意：也许，可能。朕：第一人称代词，我。得：得当。

⑦告用：告以。

⑧辟四门、明四目、达四聪：开四方之门，明察四方，了解四方情况。此语出自《尚书·舜典》："舜格于文祖，询于四岳，辟四门，明四目，达四聪。"

⑨《诗》曰：以下引诗见《诗经·大雅·民劳》。

⑩柔远能迩,以定我王:安抚远方,亲善近邻,以此使我王安宁。

⑪天海按:《韩诗外传》卷六与此文略同,但不认为是周公之事。

【译文】

周公旦登上天子之位,颁布德政,施行恩惠,越是边远的地方,就越是显明。他任命十二州牧,每方委派三人,外出考察远方的百姓。是否有人挨饿受冻而得不到衣食,是否有人因打官司而流离失所,是否有贤才而没被举荐,将这些情况入朝向天子禀告。天子在那些国君朝觐时,便拱手作揖使他们上前,问道:"是我的政令教化有不得当的地方吗?为什么你们管辖下的百姓有人挨饿受冻而得不到衣食,有人因打官司而流离失所,有贤才而没被举荐呢?"那些国君回去后,便召集本国的大夫,把天子的话告诉他们。百姓知道这件事后,都高兴地说:"这真是天子啊!想不到远居深宫中,却能明察我们的情况。难道可以欺骗他吗?"之所以设置州牧,是用来打开四方之门、明察四方情况、通达四方意见的。这样就能够使邻近的百姓亲附,边远的百姓安乐。《诗经》上说:"安抚远方,亲善近邻,使王室安宁。"说的就是这种情况啊!

1.9 河间献王曰:"禹称民无食则我不能使也,功成而不利于人,则我不能劝也。故疏河以导之九岐①,凿江通于九派②,洒五湖而定东海③。民亦劳矣,然而不怨苦者,利归于民也。"④

【注释】

①河:黄河。向宗鲁《校证》云:"此文'以导之'下脱'九岐'二字,'凿江'下脱'而'字,当依《贾子》《淮南》补。"九岐:即"九岐",九个支流。《淮南子·要略》高诱注:"河水播岐为九,以入海也。"

天海按,此则原文连上,现依向宗鲁《校证》另起。
②江:长江。九派:江西九江境内长江一段的九个支流。
③洒(shī):通"釃"。疏导分散水流。明钞本及《困学纪闻》引此作"釃"。五湖:泛指太湖流域一带的湖泊。定:倾注。萧绎《金楼子》作"注"。东海:我国东部大海,长江、钱塘江、瓯江、闽江等四大水系是注入东海的主要江河。
④天海按:此文或为《河间献王书》佚文。《淮南子·要略》所载文与此略同。

【译文】

河间献王说:"大禹说过:百姓没有吃的,我就不能驱使他们;成就功业而不利于人民,我就不能鼓励他们。所以他疏通黄河以九个支流来引导它,开凿长江与九个支流相通,疏导五湖之水注于东海。百姓也确实劳累,然而却不怨恨叫苦,就在于利益都归于百姓。"

1.10 禹出见罪人,下车问而泣之。左右曰:"夫罪人不顺道①,故使然焉。君王何为痛之至于此也?"禹曰:"尧、舜之人,皆以尧、舜之心为心。今寡人为君也,百姓各自以其心为心,是以痛之也。"《书》曰:"百姓有罪,在予一人②。"③

【注释】

①不顺道:不走正路。顺,循,遵循。《释名·释言语》:"顺,循也,循其理也。"
②百姓有罪,在予一人:语见《尚书·泰誓中》,但"罪"作"过"。天海按,《韩诗外传》卷三、本书《贵德》篇5.6则"罪"皆作"过",且以此为周公语。《墨子·兼爱》认为是武王祀泰山语,《论语·尧曰》亦认为是周武王语。

③天海按:《吴越春秋·无余外传》亦记此事,但认为是大禹南巡苍梧时事。

【译文】

大禹出巡遇见犯罪的人,便停下车询问并为他哭泣。左右的人说:"那罪人不走正路,所以使自己成了这个样子。君王为何要为他伤痛成这样呢?"大禹说:"尧、舜时候的人,都能把尧、舜的心当成自己的心。如今我作为君王,百姓各自以自己的想法行事,因此我为他感到痛心。"《尚书》上说:"百姓有了罪过,责任在我一人。"

1.11 虞人与芮人质其成于文王①。入文王之境,则见其人民之让为士大夫;入其国②,则见其士大夫让为公卿。二国者相谓曰③:"其人民让为士大夫,其士大夫让为公卿,然则此其君亦让以天下而不居矣。"二国者,未见文王之身,而让其所争,以为闲田而反④。孔子曰:"大哉文王之道乎!其不可加矣!不动而变,无为而成,敬慎恭己而虞、芮自平⑤。故《书》曰:'惟文王之敬忌⑥。'此之谓也。"⑦

【注释】

①虞人与芮(ruì)人质其成于文王:虞、芮两国相邻,因争土之事曾向周文王请求评判。事见《史记·周本纪》《诗经·大雅·绵》。虞,古国名。周文王时诸侯国,在今山西平陆北。芮,古国名。周文王时诸侯国,在今陕西大荔朝邑城南。质其成,即质成。求人评定是非。毛传:"质,成也;成,平也。"文王,即周文王,姬姓,名昌。周武王之父。商末周族领袖,商纣王时封为西伯,亦称西伯昌。

②国:国都,诸侯国的都城。

③二国者:虞、芮二国的使者。
④闲田:古代以土地封国,封余之田叫作闲田。也指无人耕种之田。
⑤敬慎恭己:恭敬谨慎,严格约束自己。
⑥惟文王之敬忌:意即"敬畏文王"。语见《尚书·康诰》。
⑦天海按:此文又见《诗经·大雅·绵》毛传、《孔子家语·好生》及《文选·西征赋》注引《尚书大传·略说》等。

【译文】

虞、芮两国的人为争田界事向周文王请求评判是非。两国所派使者进入周文王的辖境后,就看见那里的人民推让做士大夫;进入周文王的国都,就看见那里的士大夫推让做公卿。两国的使者相互议论说:"这里的人民推让做士大夫,这里的士大夫推让做公卿,那么这里的国君也就会推让天下而不自居其位了。"两国的使者还没有见到文王本人,就互相让出他们原先所争的土地,把它作为空闲的土地,然后各自返回。孔子说:"文王的道德真伟大!那真是无以复加了!他无所举动就能改变事物,无所作为事情就能成功。他只是恭敬谨慎,严于律己,就使虞、芮两国的争端自然平息。所以《书》上说:'人们都敬畏周文王。'说的就是这种情况。"

1.12 成王与唐叔虞燕居①,剪梧桐叶以为珪而授唐叔虞②,曰:"余以此封汝。"唐叔虞喜,以告周公。周公以请③,曰:"天子封虞耶?"成王曰:"余一与虞戏也。"周公对曰:"臣闻之,天子无戏言,言则史书之,工诵之④,士称之。"于是遂封唐叔虞于晋⑤。周公旦可谓善说矣,一称而成王益重言⑥,明爱弟之意,有辅王室之固⑦。⑧

【注释】

①唐叔虞:姬姓,名虞,周武王姬发之子,周成王姬诵同母弟,亦称叔虞、太叔,字子于。因封在唐国,史称唐叔虞。唐叔虞为西周诸侯国晋国始祖。燕居:退朝闲居。

②珪(guī):古代帝王、诸侯所执的长形玉版,上圆或尖,下方,作为信符。

③周公以请:周公因此事请求拜见。

④工诵之:乐工唱诵它。

⑤晋:本应为唐。叔虞死后,其子改唐为晋。

⑥一称:一说。益重言:更加注重自己的言语。

⑦有:通"又"。固:根本。

⑧天海按:此文又见于《吕氏春秋·重言》,《史记·晋世家》"周公"作"史佚"。"桐叶封弟"后来成为典故,其本意为警戒统治者应该"君无戏言","言出必行"。但自唐柳宗元《桐叶封弟辩》指其虚妄起,后人多有辨其诬者,认为与史实不符。如梁玉绳、杨伯峻、李孟存等皆有文辨析"桐叶封弟"之说不可信。

【译文】

成王与弟弟叔虞在一起闲耍,成王把梧桐叶剪成玉珪形状授给叔虞说:"我用这个来分封你。"叔虞听了很高兴,把这件事告诉了他们的叔父周公旦。周公旦因此请求拜见成王,他说:"天子您封了虞吗?"成王说:"那是我偶尔与虞开的玩笑。"周公对成王说:"我听说天子没有戏言,说出话来史官要记载它,乐工要唱诵它,士大夫要宣扬它。"于是,成王就把晋国封给叔虞。周公旦可谓是善于进言的人了,他一说就使成王更加注重自己的言谈,既表明了爱弟的心意,又辅助了王室的根本。

1.13 当尧之时,舜为司徒①,契为司马②,禹为司空③,后稷为田畴④,夔为乐正⑤,倕为工师⑥,伯夷为秩宗⑦,皋陶为大理⑧,益掌驱禽⑨。尧体力便巧⑩,不能为一焉。尧为君而九子为臣,其何故也?尧知九职之事,使九子者各受其事,皆胜其任,以成九功⑪,尧遂成厥功⑫,以王天下。是故知人者⑬,主道也;知事者,臣道也。主道知人,臣道知事,毋乱旧法,而天下治矣。⑭

【注释】

①当尧之时,舜为司徒:司徒,官名。《周礼》六官之一,称为地官大司徒,掌管土地、户籍与教化之事。天海按,此则原文连上,现依向宗鲁《校证》另起。

②契(xiè):子姓,名契,字又作"卨"。传说为其母吞玄鸟卵所生。被帝尧封于商(今河南商丘)主管火正,其部族以地为号称"商族",契成为商族始祖,是商朝建立者商汤的先祖。后世尊称其为"商祖""火神"。司马:官名。商周设置。《周礼》六官之一,称为夏官司马,掌军政和军需之事。

③司空:官名。西周时设置。《周礼》六官之一,称为冬官司空,掌管水土工程之事。

④后稷:姬姓,名弃。古代周族的始祖。传说其母姜嫄踩踏巨人足迹而生,《史记·周本纪》作帝喾之子。尧舜时为农师,周族人认为他是开始种稷和麦的人。田畴:本意为耕熟的田地,此处引申为管理农事的官。

⑤夔(kuí):传说为尧舜时的乐官之长。乐正:官名。西周设置,为乐官之长。

⑥倕:传说中尧舜时巧匠,字又作"垂"。工师:官名。春秋时齐、鲁等国设置,掌管百工及手工制作的官职。

⑦伯夷:《尚书·尧典》:"帝曰:'俞,咨,伯,汝作秩宗。'"《国语·郑

语》说他是"礼于神以佐尧"的人,非周武王时不食周粟的伯夷。秩宗:官名。主郊庙祭祀之官。郑玄曰:"主秩序尊卑。"

⑧皋陶(gāo yáo):偃姓,也称咎繇。皋陶出生地有两个说法,一说为山西洪洞皋陶村人,一说为山东曲阜人。皋陶姓氏也有两个说法,文献记载皋陶为偃姓,一说可能为嬴姓。传说在舜、禹时期任士师、大理官,负责氏族政权的刑罚、监狱、法治。皋陶被聘任为掌握刑法的官后,又被大禹选为继承人,并协助禹处理部落事务。据传其封地为皋城(今安徽六安),所以皋陶卒后葬之于六(lù)。大理:官名。掌刑狱。尧、舜时称作"士"或"士师",秦时设置执掌刑狱的官名叫廷尉,汉景帝中元六年(前144)始改秦代廷尉为大理。

⑨益:即伯益。一作翳,又作伯翳、柏益。嬴姓,称大费。大业的儿子,颛顼曾孙(另一种说法为玄孙)。传说尧舜时东夷部落首领,嬴姓各族的祖先,善于畜牧和狩猎。驱禽:指狩猎。驱,此指主管狩猎的官职。

⑩便巧:灵便敏捷。

⑪九功:即六府三事之功。《尚书·大禹谟》"九功惟叙",孔颖达疏:"养民者使水、火、金、木、土、谷此六事惟当修治之,正身之德,利民之用,厚民之生,此三事惟当谐和之。"

⑫厥:其,他的。

⑬知:执掌,主持,掌管。下"知"同此。

⑭天海按:此文《长短经·大体篇》《傅子》皆引用。

【译文】

在尧主持天下的时代,舜做掌管土地和户籍的司徒,契做掌管军政赋税的司马,大禹做掌管水土工程的司空,后稷做掌管耕作的农官,夔做掌管礼乐教化的乐官,倕做能工巧匠的总管,伯夷做掌管宗庙祭祀的秩宗,皋陶做掌管刑狱的大理,益做掌管狩猎的官。尧身体轻便灵巧，不能承担其中任何一件事。可是尧成为君王，而这九人却做他的臣子，那是什么原因呢？尧懂得执掌九种职务的事情，任命这九个人各自承担他们的职事，并且他们都能胜任，完成了"六府三事"之功，尧终于成就了他的功业，因此称王天下。所以掌管人是君主之道，掌管具体事务是臣子之道。君主之道是掌管人，臣子之道是掌管事务，不要打乱了旧有的法制，这样天下就太平了。

1.14 汤问伊尹曰①："三公九卿、二十七大夫、八十一元士②，知之有道乎？"伊尹对曰："昔者，尧见人而知，舜任人然后知，禹以成功举之。夫三君之举贤，皆异道而成功，然尚有失者，况无法度而任己直意用人③，必大失矣。故君使臣自贡其能，则万一之不失矣④。"⑤

【注释】

①汤：即商汤，又名成汤。子姓，名履，又名天乙、大乙。汤用伊尹执政灭夏而建立商朝。伊尹：伊姓，名挚，一说尹是官名。夏朝末年生于空桑，因其母居伊水之上，故以伊为氏。传说他是商汤妻子陪嫁的奴隶，后被汤任以国政，助汤灭夏而建立商朝。

②三公九卿：古代辅佐君王的最高官员。周朝三公为太师、太傅、太保。《尚书·周官》："立太师、太傅、太保，兹惟三公，论道经邦，燮理阴阳。"九卿是古代中央政府的九个高级官职，位在三公之下，大夫、士之上。周朝以少师、少傅、少保、冢宰、司徒、宗伯、司马、司寇、司空为九卿。大夫：古代官名，位在九卿之下，士之上。元士：又称列士。古代官名，位在大夫之下。《礼记·王制》："天子之元士视附庸。"孔颖达疏："按《周礼》注：'……天子之士所以称元者，异于诸侯之士也。'"天海按，此官制见于《周

礼》，商汤时未必确立，乃后人以周制推测而已。

③直意：顺心，如意，主观意愿。

④万一之不失：不失万一，万无一失。

⑤天海按：《汉书·艺文志》"道家类"有《伊尹》五十一篇，"小说家类"有《伊尹说》二十七篇，或以为此文是《伊尹》佚文。

【译文】

商汤问伊尹："三公九卿、二十七大夫、八十一元士，掌握这些人选有什么方法吗？"伊尹回答说："从前唐尧是见到了人就能了解他，虞舜是任用后就能了解他，大禹是以做出的功绩来举荐他。这三个君主举用贤才，方法不同都能成功，然而还是有失误的时候，何况不依法度而任由自己主观意愿去用人，必定会有重大的失误。所以君主要让臣下自己贡献出他的才能，这样就万无一失了。"

1.15 王者何以选贤？夫王者得贤才以自辅，然后治也。虽有尧、舜之明，而股肱不备①，则主恩不流，化泽不行。故明君在上，慎于择士，务于求贤，设四佐以自辅②，有英俊以治官。尊其爵，重其禄，贤者进以显荣，罢者退而劳力③，是以主无遗忧，下无邪慝④。百官能治，臣下乐职；恩流群生，润泽草木。虞舜左禹右皋陶，不下堂而天下治⑤，此使能之效也。

【注释】

①股肱：大腿和胳膊，用来比喻君王所依靠的重臣。天海按，此则原文连上，现依向宗鲁《校证》另起。

②四佐：四个辅佐。《尚书大传》："古者天子必有四邻：前曰疑，后曰丞，左曰辅，右曰弼。"

③罢(pí):行为不端,缺德少义。《国语·齐语》:"罢士无伍,罢女无家。"

④邪慝(tè):奸恶。

⑤虞舜左禹右皋陶,不下堂而天下治:虞舜左右有禹和皋陶辅佐,不用离开朝堂天下就能治理。堂,古代殿堂通称,堂即殿,引申为朝堂。老子讲"无为而治",儒家讲"垂拱而治",古代以此比喻统治者无欲无求、身心安逸,却能使天下太平。按,此二语又见《尚书大传》《大戴礼记·王言》,"堂"作"席"。

【译文】

做君王的为什么要选用贤才呢?君王只有得到贤才来辅佐自己,才能治理天下。不然的话,即使有尧、舜那样的英明,而不配备股肱重臣,那么君王的恩德就不能传布,教化惠泽就不能施行。所以英明的君王居于上位,应谨慎地挑选官吏,务必求得贤才,设置疑、丞、辅、弼四位大臣来辅佐自己,有才智超群的俊逸之才来管理百官。要使他们的爵位尊贵,给他们优厚的俸禄;进用贤才并使他们显赫荣耀,黜退行为不端的人并让他们从事劳作。这样,君王就不会留下忧患,臣民中就不会有奸邪之人。百官能理事,臣下乐于职守,恩泽遍布众生,滋润草木。从前,虞舜左右有禹和皋陶辅佐,不下殿堂而天下得到治理,这就是任用贤能的功效啊!

1.16 武王问太公曰①:"举贤而以危亡者,何也?"太公曰:"举贤而不用,是有举贤之名,而不得用贤之实也②。"武王曰:"其失安在?"太公望曰:"其失在君好用小善而已,不得真贤也。"武王曰:"好用小善者何如?"太公曰:"君好听誉而不恶谗也。以非贤为贤,以非善为善,以非忠为忠,以非信为信。其君以誉为功,以毁为罪;有功者不赏,有罪者不罚;多党者进③,少党者退④;是以群臣比周而蔽贤⑤,百吏群党而多奸;忠臣以诽死于无罪,邪臣以誉赏于无功;其国见于危亡⑥。"武王曰:"善。吾今日闻诽誉之情矣。"⑦

【注释】
①武王:即周武王,姬姓,名发。周文王姬昌与太姒的次子,西周王朝的开国君主。文王去世后,姬发继位,号为武王,尊其父西伯昌为文王。继承父志,重用太公望、周公旦、召公奭等人治理国家,周国日益强盛。后来武王联合庸、蜀、羌、髳、卢、彭、濮等部族,进攻商纣朝歌,是为牧野之战。殷商大败,纣王自焚于鹿台,殷商灭亡。周王朝建立,定都镐京(今陕西西安西南)。太公:姜姓,吕氏,名尚,一名望,字子牙,有太公之称,亦称太公望。因其先祖辅佐大禹平水土有功被封于吕,故以吕为氏,也称吕尚。西周初年为"师"(武官名),辅佐文王、武王灭商有功,封于齐,为西周齐国的始祖。
②用贤之实:用,原文作"真",径改。《六韬·文韬·举贤》作"用贤之实",可证。
③多党:赞成朋党。多,赞成,赞赏。下文"多奸"义同。
④少:指责朋党。少,轻视,指责。
⑤比周:互相勾结之意。《论语·为政》:"子曰:君子周而不比,小人比而不周。"朱熹集注:"周,普遍也;比,偏党也。"
⑥见于危亡:向宗鲁《校证》曰:"'见'当作'免',形近而误,上又脱'不'字。《六韬》作'则国不免于危亡',可证。"天海按,见,同"现"。且因无"不"字,故其义亦通。
⑦天海按:此文本《六韬·文韬·举贤》,武王作"文王",文略异。

【译文】
周武王问太公望说:"举拔贤能而又危亡,这是为什么呢?"太公说:

"举拔贤能却不能任用,只有举贤的虚名,而得不到用贤的实效。"周武王又问:"那过失在哪里呢?"太公望说:"那过失在于君王不过好用小才罢了,不能得到真正的贤才。"武王再问:"好用小才的会怎么样?"太公望回答说:"君王好听赞颂而不厌恶谗言。把不贤的人当作贤人,把不善的人当作善人,把不忠的人当作忠臣,把不诚信的人当作诚信的人。那样的君王认为称誉他的人有功,说他坏话的人有罪;有功的人得不到奖赏,有罪的人不被惩罚;赞成朋党的人得到升迁,指责朋党的人被黜退;因此群臣相互勾结而压制贤才,百官拉帮结派而称许奸臣;忠臣无罪也因为受诽谤而死,奸臣无功也因为吹捧受到奖赏;这样国家就会出现危亡的征兆。"周武王说:"好,我今日知道诽谤与赞誉的实情了。"

1.17 武王问太公曰:"得贤敬士,或不能以为治者,何也?"太公对曰:"不能独断。以人言断者①,殃也。"武王曰:"何为以人言断②?"太公对曰:"不能定所去,以人言去;不能定所取,以人言取;不能定所为,以人言为;不能定所罚,以人言罚;不能定所赏,以人言赏;贤者不必用③,不肖者不必退,而士不必敬。"武王曰:"善!其为国何如④?"太公对曰:"其为人恶闻其情,而喜闻人之情;恶闻其恶,而喜闻人之恶。是以不必治也。"武王曰:"善!"

【注释】

①以人言断:以他人之言决断。
②为:通"谓"。
③不必:未必,不一定。
④为国:治国。

【译文】

周武王问太公望说:"得到贤才礼遇贤士,有的还是不能以此治理好国家,为什么呢?"太公回答说:"是因为君王不能独立果断。依靠他人的意见做决断的,这是祸殃。"武王又问:"什么叫依靠他人意见做决断?"太公回答说:"不能决定自己应该除去什么,以别人的意见除去;不能决定自己应该选取什么,以别人的意见选取;不能决定自己应该做什么,以别人的意见去做;不能决定自己应该惩罚谁,以别人的话去惩罚;不能决定自己应该奖赏谁,以别人的意见去奖赏;贤能的人不一定受到信用,不贤的人不一定被黜退,而贤士也不一定会受到礼遇。"武王说:"对!那样的君主治国将会怎样呢?"太公回答说:"他的为人是厌恶知道自己的实情,而喜欢知道他人的实情;厌恶听到自己的缺点,而喜欢听到别人的缺点。因此这种人未必能治理国家。"武王说:"讲得好。"

1.18 齐桓公问于甯戚曰①:"管子今年老矣②,为弃寡人而就世也③。吾恐法令不行,人多失职④,百姓疾怨,国多盗贼,吾何如而使奸邪不起,民足衣食乎?"甯戚对曰:"要在得贤而任之。"桓公曰:"得贤奈何?"甯戚对曰:"开其道路,察而用之,尊其位,重其禄,显其名,则天下之士骚然举足而至矣⑤。"桓公曰:"既以举贤士而用之矣,微夫子幸而临之,则未有布衣屈奇之士踵门而求见寡人者⑥!"甯戚对曰:"是君察之不明,举之不显,而用之疑;官之卑,禄之薄也。且夫国之所以不得士者,有五阻焉:主不好士,谄谀在傍,一阻也;言便事者⑦,未尝见用,二阻也;壅塞掩蔽,必因近习⑧,然后见察,三阻也;讯狱诘穷其辞⑨,以法过之,四阻也;执事适欲⑩,擅国权命,五阻也。去此五阻,则豪俊并兴,贤智来处;五阻不去,则上蔽吏民之情,下塞贤士之路。是故明王圣主之治,若夫江海无不受,故长为百川之主;明王圣君无不容,故安乐而长久。因此观之,则安主利人者,非独一士也。"桓公曰:"善!吾将著夫五阻①,以为戒本也。"

【注释】

①齐桓公(?—前643):姜姓,吕氏,名小白。春秋时期齐国国君,前685—前643年在位。齐桓公任管仲为相,推行改革,实行军政合一、兵民合一的制度,齐国逐渐强盛。前679年,齐桓公与诸侯在鄄(juàn)地(今山东鄄城北)盟会,齐桓公从此成为诸侯霸主。甯戚:姬姓,甯氏,名戚,卫国人,早年怀经世济民之才而不得志,因家贫为人拉车,到齐国喂牛于车下,扣牛角而唱歌,受到齐桓公的召见,拜为大夫。后长期任齐国大司田,为齐桓公主要辅佐者之一。

②管子(?—前645):姬姓,管氏,名夷吾,字仲,谥敬,颍上人(今属安徽)。春秋初期政治家,辅助齐桓公成为春秋时代的第一个霸主。是中国古代著名的经济学家、哲学家、政治家、军事家。

③为:或,或许。就世:终于人世,指死亡。《国语·越语下》:"先人就世,不穀即位。"

④失职:失所,失业。《周礼·地官·大司徒》:"十曰以世事教能,则民不失职。"

⑤骚然举足:纷纷骚动、举步前往的样子。

⑥布衣屈奇:平民中有奇特才能的人。布衣,指未做官的平民。屈奇,音义同"崛崎(jué qí)"。奇特,异于常人。踵(zhǒng)门:亲自上门。踵,本指脚后跟,此指至,到。

⑦便事:便民利国之事。

⑧近习:君主宠爱亲信的人。《后汉书·皇甫规列传》:"后遭奸伪,威分近习,畜货聚马,戏谑是闻。"李贤注:"近习,诸侯幸亲近小

人也。"

⑨讯狱：审讯狱案。诘(jié)穷：深穷治罪,用深文周纳的方法治人于罪。

⑩执事适欲：办事的官吏徇私纵欲。执事,《国语·吴语》："王总其百执事。"这里指专权的官吏。

⑪著：写下,记住。

【译文】

齐桓公向宵戚问道："管子如今已经年老了,或许要离开我而辞世了。我恐怕法令不能推行,人民多会流离失所,百姓痛苦怨恨,国内盗贼多行。我怎样做才能使奸佞邪恶不会兴起,并使百姓丰衣足食呢？"宵戚回答说："关键在于能得到贤士并且任用他们。"齐桓公问："怎样才能得到贤士？"宵戚答道："广开进贤的道路,考察后信用他们,使他们的地位尊贵,俸禄优厚,名声显赫,那么天下的贤士就会纷纷动身来到这里了。"齐桓公说："我已经举拔贤士并任用他们了,可是除了先生您幸而光临外,还没有具有奇异才能的平民亲自上门来求见我。"宵戚回答说："那是国君您考察人才不明确,举用人才不显赫,而使用人才又有疑虑,委任的官职太低,给他们的俸禄太少。再说国家之所以不能得到贤士,有以下五种阻碍：君主不喜欢贤能之士,又有谄谀的人在身旁,这是第一种阻碍；谈便民利国之事的人,不曾被任用,这是第二种障碍；耳目被堵塞,遇事受蒙蔽,一定要依靠左右亲信才能了解下情,这是第三种阻碍；审理案件深究治罪,施用刑罚超过法度,这是第四种障碍；手下管事的人为了私欲,专断国政滥施权柄,这是第五种阻碍。除去这五种障碍,那么英豪俊杰就会同时出现,贤才智士就会来此安居；这五种障碍不消除,那么对上就会蔽塞官吏和百姓的实情,对下就会堵塞引进贤士的道路。由此可见,圣明的君王治国,好比那大江大海无所不受,因此能长久成为天下河流的主宰；圣明的君王无所不容,就能安乐而国运长久。由此看来,那使君王安定,有利于人民的人,不只是一个贤士啊！"

齐桓公说:"好!我必将记住这五种障碍,把它作为鉴戒的根本。"

1.19 齐景公问于晏子曰①:"寡人欲从夫子而善齐国之政。"对曰:"婴闻之,国具官而后政可善②。"景公作色曰:"齐国虽小,则何为不具官乎?"对曰:"此非臣之所复也。昔先君桓公身体堕懈,辞令不给,则隰朋侍③;左右多过,刑罚不中,则弦章侍④;居处肆纵,左右慑畏,则东郭牙侍⑤;田野不修,人民不安,则甯戚侍⑥;军吏怠,戎士偷⑦,则王子成父侍⑧;德义不中,信行衰微,则管子侍⑨。先君能以人之长续其短,以人之厚补其薄;是以辞令穷远而不逆,兵加于有罪而不顿⑩;是故诸侯朝其德而天子致其胙⑪。今君之失多矣,未有一士以闻者也,故曰未具。"景公曰:"善!吾闻高缭与夫子游⑫,寡人请见之。"晏子曰:"臣闻为地战者不能成王,为禄仕者不能成政。若高缭与婴为兄弟久矣,未尝干婴之过,补婴之阙⑬,特禄仕之臣也,何足以补君?"⑭

【注释】

①齐景公(?—前490):姜姓,吕氏,名杵臼。春秋时期齐国国君,前547—前490年在位。晏子(?—前500):名婴,字仲,谥平,齐夷维(今山东莱州高密)人。前556年,其父晏弱死后,继任齐卿,历仕灵公、庄公、景公三世,是春秋时期著名政治家、思想家、外交家。有《晏子春秋》一书记载他的言论和生平事迹。

②具官:配备应有的官员。《史记·孔子世家》:"古者诸侯出疆,必具官以从,请具左右司马。"

③隰(xí)朋(?—前645):姜姓,谥成。齐桓公时大夫。多智善辩,

与管仲、鲍叔牙等辅佐齐桓公,助齐桓公成就霸业。管仲病重时荐他自代,与管仲同年死。《管子·小匡》记管仲曰:"升降揖让,进退闲习,辨辞之刚柔,臣不如隰朋,请立为大行。"侍:侍奉,这里指辅佐。

④弦章:即宾胥无,或作宾须无,字子旗,春秋时齐人,齐桓公时用为治狱之官。《管子·小匡》记管仲曰:"决狱折中,不杀不辜,不诬无罪,臣不如宾胥无,请立为大司理。"

⑤东郭牙:齐桓公时大夫。东郭牙是齐国著名的谏臣,由管仲所推举。《管子·小匡》记管仲曰:"犯君颜色,进谏必忠,不辟死亡,不挠富贵,臣不如东郭牙,请立以为大谏之官。"

⑥甯戚:春秋时期卫国人。齐桓公时大夫。《管子·小匡》记管仲曰:"垦草入邑,辟土聚粟,多众,尽地之利,臣不如甯戚,请立为大司田。"

⑦戎士偷:战士贪生怕死。戎士,战士。偷,苟且偷生。

⑧王子成父:姬姓,名成父,又作城父。周桓王第二子,后以爵系为氏,为琅琊王氏始祖。原为东周都城洛邑王城的城父(城邑令),故尊称为"王子成父"。因避"子克之乱"奔齐,齐桓公时为大司马,善治军。《管子·小匡》记管仲曰:"平原广牧,车不结辙,士不旋踵,鼓之而三军之士视死如归,臣不如王子城父,请立为大司马。"天海按,有人以上文隰朋、弦章(宾胥无)、东郭牙、甯戚、王子成父五人并称为桓公时期的"五杰"。

⑨管子:即管仲。

⑩顿:困顿,挫败。

⑪胙(zuò):古代祭祀时供献的肉。天子祭祀后把这种肉赐给诸侯,以示宠信。

⑫高缭:《晏子春秋》作"高纠",生平未详。

⑬阙:过失。

⑭天海按:"景公曰善"以上之文见《晏子春秋·内篇谏上》,以下见《晏子春秋·内篇杂上》,篇首有"景公谓晏子曰"六字。观文气,应是刘向有意将此二文合并处理。

【译文】

齐景公问晏婴说:"我想要听从先生的意见改善齐国的政治。"晏婴对他说:"我听说,国家官员必须配备好,而后政治才可以改善。"景公生气说:"齐国虽小,怎么会没有配备应有的官员呢?"晏子回答说:"我的回答不是这个意思。从前,先君齐桓公身体懒散懈怠、辞令不适当时,就有隰朋辅佐他;身边的人多有过失,刑罚不适当,就有弦章辅佐他;在内宫恣意放纵,左右人感到害怕恐惧,就有东郭牙谏止他;农田不整治,人民不安定,就有宁戚辅佐他;军官懈怠,士兵怕死,就有王子成父辅佐他;不符合道德仁义,信誉品行下降,就有管仲辅佐他。先君能用别人的长处弥补自己的短处,用别人的深厚弥补自己的浅薄。因此他的号令传达到很远的地方也不会有人违抗,对有罪的人用兵讨伐而不会遭受挫折;这样诸侯都前来朝贺他的盛德,天子也把祭肉赏赐给他。现在国君您的过失很多,却没有一个人告诉您,所以说官员未配备好。"景公说:"好!我听说高缭与先生有交往,请您帮助我见见他。"晏婴说:"我听说为了土地而进行战争的不能成就王业,为了俸禄而当官的不能取得政绩。这高缭与我称兄道弟很久了,从未指责过我的过失,补正过我的失误,只不过是为了俸禄官职的臣子罢了,怎么能够来辅佐君主呢?"

1.20 燕昭王问于郭隗曰①:"寡人地狭人寡,齐人取蓟八城②,匈奴驱驰楼烦之下③,以孤之不肖,得承宗庙④,恐危社稷,存之有道乎?"郭隗曰:"有,然恐王之不能用也。"昭王避席曰⑤:"愿,请闻之。"郭隗曰:"帝者之臣,其名臣也,其实师也;王者之臣,其名臣也,其实友也;霸者之臣,其名臣也,其实宾也;危国之臣,其名臣也,其实虏也。今王将东面⑥,目指气使以求臣⑦,则厮役之材至矣;南面听朝⑧,不失揖让之礼以求臣,则人臣之材至矣;西面等礼相亢⑨,下之以色,不乘势以求臣,则朋友之材至矣;北面拘指⑩,逡巡而退以求臣⑪,则师傅之材至矣。如此,则上可以王,下可以霸,唯王择焉。"燕王曰:"寡人愿学而无师。"郭隗曰:"王诚欲兴道⑫,隗请为天下之士开路。"于是燕王常置郭隗上坐,南面。居三年,苏子闻之⑬,从周归燕;邹衍闻之⑭,从齐归燕;乐毅闻之⑮,从赵归燕;屈景闻之⑯,从楚归燕。四子毕至,果以弱燕并强齐⑰。夫燕、齐非均权敌战之国也,所以然者,四子之力也。《诗》曰⑱:"济济多士,文王以宁。"此之谓也。⑲

【注释】

① 燕昭王(?—前279):姬姓,名职,燕王哙之庶子。又称燕昭襄王或燕襄王。前311—前279年在位。郭隗(wěi):战国中期燕国人。燕国大臣、贤者。为燕昭王谋士,拜为上卿。

② 取蓟(jì):原文作"削取",今依向宗鲁《校证》据卢文弨引《史记·乐毅列传》张守节正义删改。蓟,地名。周武王封尧之后代于此。其后燕并蓟,作为燕都。其城西北有蓟丘,因而得名,故址在今北京西南。

③ 楼烦:北狄的一支,约在春秋之际建国,其疆域大致在今山西西北部的保德、岢岚、宁武一带。另一说以古楼烦国不是戎狄之国,而是周天子所封诸侯,为子爵。楼烦人以游牧为生,精于骑射,东与燕赵为邻。

④ 宗庙:祖宗的神庙。这里指继承祖先的事业。

⑤ 避席:离开座位,表示恭敬。古代人席地而坐,避席,即起身离座

表示敬意。"避席"下,原文脱"曰"字,此据文例补。
⑥东面:古代宾主相见以西为宾,以东为主。宾客在西而面东,主人在东而面西,以宾位为尊。见《大戴礼记·武王践阼》。
⑦目指气使:用眼色和气势驱使人。形容权势者的骄横傲慢。后又作"颐指气使"。
⑧南面:古代以坐北朝南为尊位,故天子、诸侯见群臣,或卿大夫见僚属,都坐北朝南,面对臣下。故南面为君,北面为臣。
⑨等礼相亢:以同等礼节对待。
⑩北面:位在南而面向北。拜人为师也称北面。《汉书·于定国传》:"定国乃迎师学《春秋》,身执经,北面备弟子礼。"拘指:即句指,接受老师句读方面的指点。《淮南子·修务训》:"弟子句指而受。"
⑪逡(qūn)巡:迟疑徘徊,欲行又止。这里指退让谦恭。
⑫王诚欲兴道:向宗鲁《校证》云:"'兴道'《史记正义》作'与霸王同道',与上相应,于文为长。今本盖脱'霸王同'三字,因改'与'为'兴'耳。"
⑬苏子:即苏代,苏秦之弟,战国时纵横家。东周洛阳(今属河南)人。初事燕王哙,又事齐湣王。还燕,遇子之之乱,复至齐、至宋,燕昭王召为上卿,曾劝说燕昭王联秦伐齐。
⑭邹衍(约前305—前240):战国时齐国临淄(今属山东)人。阴阳家代表人物,著有《邹子》一书,《汉书·艺文志》归入阴阳家,《永乐大典》等将其列入道家部。今不传。其主要学说是五行学说、"五德终始说"和"大九州说",他又是稷下学宫著名学者,因他"尽言天事",当时人们称他"谈天衍",又称邹子。他活动的时代后于孟子,与公孙龙、鲁仲连是同时代人。
⑮乐(yuè)毅:子姓,乐氏,名毅,中山灵寿人,魏将乐羊后裔,战国时期杰出的军事家。燕昭王时任乐毅为亚卿,拜上将军,率军破

齐,连下七十余城,辅佐燕昭王振兴燕国,受封昌国君。

⑯屈景:《战国策·燕策一》《史记·燕召公世家》《新序·杂事》中记此事皆有剧辛,而无苏子、屈景二人。

⑰以弱燕并强齐:前284年,乐毅率燕军攻破齐都临淄,齐湣王死,除莒、墨二城外,齐地为燕、秦、赵、魏、楚等国所得。并,兼并,吞并。

⑱《诗》曰:以下引诗见《诗经·大雅·文王》。

⑲天海按:《战国策·燕策一》《新序·杂事》记此事,文多异。事又略见《史记·燕召公世家》和《乐毅列传》。

【译文】

燕昭王向郭隗问道:"我的国家土地狭窄,人口稀少,齐国已攻取我蓟地八座城池,匈奴已进犯到邻国楼烦附近,以我这样的不贤,能够继承祖先的事业,恐怕会危及国家,要保存国家,有什么办法吗?"郭隗说:"有的,但是恐怕君王您不能采用啊!"燕昭王起身离座说:"我愿意采用,请您告诉我。"郭隗说:"帝王的臣子,他名义上是臣子,其实是帝王的老师;国君的臣子,他名义上是臣子,其实是国君的朋友;霸主的臣子,他名义上是臣子,其实是霸主的宾客;危国之君的臣子,他名义上是臣子,其实是奴仆。如果大王您自作西宾,凭权势颐指气使地寻求臣佐,那么奴仆一类的人才就会来到;如果您以君主身份,临朝听政,不失宾主揖让恭谦的礼节来寻求臣佐,那么做臣子的人才就会来到;如果您作为东主,以平等的礼节相待,礼贤下士,不凭仗权势来寻求臣佐,那么像朋友一样的人才就会来到;如果您像弟子接受老师指点一样,以卑躬退让的态度来寻求臣佐,那么能做老师的人才就会来到。这样,那就上可以行王道,下可以图霸业,全凭大王您选择了!"燕王说:"我很愿意学习却没有老师。"郭隗说:"大王诚心想要复兴王霸之道,我请求为天下贤士开路。"于是燕王经常请郭隗上坐,南面听朝。过了三年,苏代听说这件事,便从东周来到燕国;邹衍听说这件事,便从齐国投奔燕国;乐毅听说这件事,便从赵国来到燕国;屈景知道这件事,便从楚国奔赴燕国。这四位贤士全都来到燕国,终于以弱小的燕国兼并了强大的齐国。燕国与齐国本来不是势均力敌的国家,之所以能做到这一步,是由于这四个贤士的效力。《诗经》上说:"有众多威仪之士,文王就因此安宁。"说的就是这样的事。

1.21 楚庄王既服郑伯,败晋师①,将军子重三言而不当②。庄王归,过申侯之邑③。申侯进饭,日中而王不食。申侯请罪,庄王喟然叹曰:"吾闻之:其君贤者也,而又有师者王;其君中君也,而又有师者霸;其君下君也,而群臣又莫若君者亡。今我下君也,而群臣又莫若不穀④,不穀恐亡。且世不绝圣,国不绝贤,天下有贤而我独不得,若吾生者,何以食为!"故战服大国,义从诸侯⑤,戚然忧⑥,恐圣知不在乎身⑦,自惜不肖,思得贤佐,日中忘饭,可谓明君矣。⑧

【注释】

①楚庄王既服郑伯,败晋师:前597年,楚庄王攻郑,围之三月,晋军未及救援,郑襄公肉袒牵羊谢罪,献城降楚。庄王与郑讲和。晋先轸率军来救,被楚打得大败。楚庄王(?—前591),芈(mǐ)姓,熊氏,名旅(一作侣、吕),谥庄,又称荆庄王,出土战国楚简作臧王。春秋时期楚国国君,前613—前591年在位。前597年,楚庄王大败晋国后称霸,为春秋时代五霸之一。郑伯(?—前587),即郑襄公,姬姓,郑氏,名坚。春秋时期郑国国君,前604—前587年在位。

②子重(?—前570):芈姓,熊氏,名婴齐,字子重。他是楚庄王之弟,楚共王的叔父,春秋时期楚国令尹。

③申侯：楚申邑大夫，《荀子·尧问》《韩诗外传》卷六皆作申公巫臣。据《历代疆域表》，申为侯爵，故巫臣亦得称侯。巫臣，屈巫，字子灵，春秋时期楚国大夫。曾谏止楚庄王与子反娶夏姬，而后却自娶夏姬，潜逃晋国，楚人怒而灭其族。巫臣乃自晋使吴，教吴用兵乘车，与中原诸国往来，与晋约伐楚。申，西周封国，姜姓，前688年为楚所灭。故地在今河南南阳。邑：古代大夫的封地。

④不榖：不善，古代王侯自称的谦辞。《老子》三十九章："故贵以贱为本，高以下为基。是以侯王自谓孤、寡、不榖。"

⑤从：使……顺从。

⑥戚然：警惕不安的样子。

⑦圣知：圣明与才智。知，同"智"。

⑧天海按：《荀子·尧问》《吕氏春秋·骄恣》《吴子·图国》《新书·先醒》《韩诗外传》卷六、《新序·杂事》，皆载有此事而文字略有不同。此文多用《新书》。

【译文】

楚庄王已经降服了郑襄公，打败了晋国的军队，将军子重多次进言而不恰当。庄王回师楚国，路过申侯的封地。申侯向庄王进献饮食，到了正午庄王还没吃。申侯便向庄王请罪，庄王长叹一声说："我听说：那君主是贤明的君主，又有老师辅佐的就可以称王；那君主是中等的君主，也有老师辅佐的就可以称霸；那君主是下等的君主，而群臣又不如君主的就要败亡。现在我就是那下等的君主，而群臣又不如我，我恐怕国家要危亡了。再说世上不会断绝圣人，国内不会断绝贤士。天下有贤人而偏偏我不能得到，像我这样活着的人，还吃什么饭！"由此看来，能以战争降服强大的国家，能以道义使诸侯顺从，还忧虑不安，唯恐圣明才智不在自身，叹惜自己的不才，想要得到贤人的辅佐，到中午也忘记了吃饭，可称得上是明君了。

1.22 明主者有三惧①：一曰处尊位而恐不闻其过；二曰得意而恐骄；三曰闻天下之至言而恐不能行②。何以识其然也？越王勾践与吴人战③，大败之，兼有九夷④。当是时也，南面而立，近臣三，远臣五⑤，令群臣曰："闻吾过而不告者其罪刑⑥。"此处尊位而恐不闻其过者也。昔者，晋文公与楚人战⑦，大胜之，烧其军⑧，火三日不灭，文公退而有忧色，侍者曰："君大胜楚，今有忧色，何也？"文公曰："吾闻能以战胜而安者，其唯圣人乎！若夫诈胜之徒⑨，未尝不危也，吾是以忧。"此得意而恐骄者也⑩。昔齐桓公得管仲、隰朋，辩其言，说其义⑪，正月之朝⑫，令具大牢⑬，进之先祖。桓公西面而立，管仲、隰朋东面而立。桓公赞曰⑭："自吾得听二子之言，吾目加明，耳加聪，不敢独擅，愿荐之先祖。"此闻天下之至言而恐不能行者也。⑮

【注释】

①明主：《韩诗外传》卷七作"明王"，前有"孔子曰"三字。惧：警戒。
②至言：至理名言，最好的言论和道理。
③勾践（约前520—前465）：又作"鸠浅""句践"。春秋战国之际越国国君，前496—前465年在位。前494年为吴王夫差所败，几乎亡国，后卧薪尝胆，奋发图强，前473年攻破吴都，迫使夫差自尽，灭吴称霸，成为春秋时期最后一位霸主。
④九夷：我国古代东方九种少数民族部落。《淮南子·齐俗训》："越王勾践……霸天下，泗上十二诸侯皆率九夷以朝。"
⑤近臣三，远臣五：远近称臣降服的很多。臣，称臣降服。三、五，表示多数。
⑥刑：杀。《战国策·魏策一》："刑白马以盟于洹水之上。"

⑦晋文公(前697或前671—前628):姬姓,名重耳。春秋时期晋国国君,前636—前628年在位。城濮之战大胜楚军,成为春秋五霸中继齐桓公之后的第二位霸主,与齐桓公并称"齐桓晋文"。

⑧军:营垒。

⑨诈:通"乍"。突然。

⑩此得意而恐骄者也:此字原文脱"者"字,据向宗鲁《校证》依上下文例补。

⑪辩其言,说其义:采用他们的意见,欣赏他们的议论。辩,治。这里是采纳的意思。《说文解字》:"辩,治也。"说,同"悦"。喜悦。这里是欣赏的意思。义,通"议"。议论,建议。

⑫正(zhēng)月之朝:古代农历每年正月要朝拜天地、祭祀祖宗。

⑬太牢:太牢。古代祭祀,牛、羊、豕三牲具备谓之太牢。

⑭赞:古代祭祀时宣读祭告文辞叫"赞"。

⑮天海按:此文与《韩诗外传》卷七所载略同。

【译文】

英明的君主有三种警戒:一是居高位时恐怕不知道自己的过失,二是得意时恐怕骄傲自满,三是听到天下至理名言时唯恐不能实行。为何知道他们会这样呢?越王勾践与吴国交战,大败吴国,兼并了九夷。在那时,他南面称霸,附近和远方称臣的都不少。他对群臣下令说:"知道我的过错而不告知我的人,他的罪该被处死。"这就是身居高位而怕不知道自己过失的例子。从前,晋文公与楚国交战,大胜楚国,焚烧了楚军营垒,大火三天三夜没有熄灭。晋文公退朝之后,脸上带有忧虑的神色,侍者问他:"您大胜楚军,现在却面有忧色,这是为什么呢?"晋文公说:"我听说能因战胜而安宁的,那恐怕只有圣人吧!至于突然取胜的人,没有不危亡的,我因此而忧虑。"这就是得意时而恐怕骄傲的例子。从前齐桓公得到管仲、隰朋,采用他们的意见,欣赏他们的议论。到正月上朝祭祀,便命令准备牛、羊、豕三牲,进献先祖。齐桓公为主人站东面西,管仲、隰朋为宾站西面东,齐桓公祭告说:"自从我能听到这两个人的言论,我的眼睛更加明亮,听力更加敏锐,不敢独自占有,愿将此进献给先祖。"这就是听到天下的至理名言而唯恐不能实行的例子。

1.23 齐景公出猎,上山见虎,下泽见蛇。归,召晏子而问之曰:"今日寡人出猎,上山则见虎,下泽则见蛇,殆所谓之不祥也①?"晏子曰:"国有三不祥,是不与焉②。夫有贤而不知,一不祥;知而不用,二不祥;用而不任,三不祥也。所谓不祥,乃若此者也。今上山见虎,虎之室也③;下泽见蛇,蛇之穴也;如虎之室④,如蛇之穴,而见之,曷为不祥也⑤?"⑥

【注释】

①殆:大概。
②不与焉:不在其中。与,参与,干预。这里引申为加入、归入的意思。
③室:居室。这里指老虎所居之地。
④如:往,到。下"如"字同此。
⑤曷:疑问代词,怎么。
⑥天海按:此文所记之事又见《晏子春秋·内篇谏下》,文略同。

【译文】

齐景公出外打猎,上山遇见老虎,下到大泽又遇见大蛇。齐景公回去后,召见晏子并问他:"今日我出去打猎,上山见到老虎,下到大泽又遇见大蛇,这大概就是所说的不祥之兆吧?"晏子说:"国家有三种不祥,这些都不在其中。有贤士而不了解,这是一不祥;了解了又不能任用,这是二不祥;用了他却又不信任,这是三不祥。人们所说的不祥,就是这三种情况。如今您上山遇见老虎,那是老虎居住之地;下泽遇见蛇,那是蛇的洞穴所在。往老虎居住的地方去,到蛇的洞穴之处去,而且看见了虎和蛇,怎么说是不祥呢?"

  1.24 楚庄王好猎,大夫谏曰:"晋、楚敌国也,楚不谋晋①,晋必谋楚,今王无乃耽于乐乎②?"王曰:"吾猎将以求士也,其榛藂刺虎豹者③,吾是以知其勇也;其攫犀搏兕者④,吾是以知其劲有力也;罢田而分所得⑤,吾是以知其仁也。"因是道也,而得三士焉⑥,楚国以安。故曰"苟有志则无非事者"⑦,此之谓也。⑧

【注释】

①谋:图谋,算计。
②无乃:相当于"莫非""恐怕是",表示委婉测度的语气。耽:沉溺。
③榛藂(cóng):灌木丛生。
④攫(jué):抓获,格斗。犀:犀牛。兕(sì):《说文解字》:"如野牛而青,象形。"
⑤田:打猎。
⑥三士:指孙叔敖、司马子反、将军子重三人。天海按,本书8.2则:"楚庄王用孙叔敖、司马子反、将军子重,征陈从郑,败强晋,无敌于天下。"
⑦苟:假若,如果。
⑧天海按:此文见《晏子春秋·内篇谏下》,文略异。又见楚史《梼杌》,文略同。

【译文】
  楚庄王喜好打猎,大夫劝谏他说:"晋国和楚国是敌对的国家,即使楚国不想图谋晋国,晋国也必定要图谋楚国。现在大王恐怕是太沉迷在游乐中吧？"楚庄王说："我打猎是为了寻求贤士。那敢于在荆棘丛中刺杀虎豹的人，我因此知道他的勇猛；那能抓住犀牛并与猛兕搏斗的人，我因此知道他的强劲有力；打完猎后公平分配所获猎物，我因此知道他的仁义。"通过打猎这个方法，楚王得到了三个贤士，楚国也因此安定。所以说"如果有志向，没有做不成的事情"，说的就是这样的事情。

1.25 汤之时，大旱七年①，洛坼川竭②，煎沙烂石。于是使人持三足鼎祝山川③。教之祝曰④："政不节耶？使人疾耶⑤？苞苴行耶⑥？谗夫昌耶⑦？宫室营耶⑧？女谒盛耶⑨？何不雨之极也！"盖言未已而天大雨。故天之应人，如影之随形，响之效声者也⑩。《诗》云⑪："上下奠瘗，靡神不宗⑫。"言疾旱也⑬。⑭

【注释】

①大旱七年：《管子·权数》及《荀子·王霸》并载："汤七年旱。"《庄子·秋水》："汤之时，八年七旱。"

②洛坼川竭：洛川枯竭。洛为别名，川为共名，洛川即今河南洛河。"洛坼川竭"与下文"煎沙烂石"相对应。

③三足鼎：古代三脚炊器，常用于重大祭祀活动。祝：用祭辞向神灵祷告，祈求福佑。

④祝：此指古代祭祀时祝赞词的人。《说文解字》："祝，祭祝赞词者。"

⑤疾：生病，痛苦。

⑥苞苴(jū)：裹鱼肉的草包，用苇或茅。古代赠人礼物，必加包裹，因此称所赠礼物为苞苴。引申为贿赂。《荀子·大略》杨倞注："货贿必以物苞裹，故总谓之苞苴。"这里指用财物行贿。苞，通

"包"。苴,包裹。
⑦谗夫昌:进谗言的人盛行。昌,盛行。
⑧营:营造,建造。
⑨女谒:通过宫廷中受宠的女人进行干求与请托。
⑩响:回音。效:随,跟着。
⑪《诗》云:以下引诗见《诗经·大雅·云汉》。
⑫上下莫瘗(yì),靡神不宗:上下祭奠天地,掩埋供品,没有神明不受尊重。瘗,埋葬。靡,无,没有。宗,尊敬。
⑬疾旱:大旱灾。疾,急剧而猛烈。
⑭天海按:此文所载与《荀子·大略》文字略同。

【译文】

商汤的时候,大旱了七年。洛河的水枯竭了,沙子被煎烤,石头也被烤烂了。于是商汤命人拿着三足鼎向山川祷告,令祭师祈祷说:"是因为我的政令不适度吗?是我使百姓遭受痛苦了吗?是贪贿盛行了吗?是进谗言的人昌盛了吗?是因为宫殿的营造吗?是因为裙带风盛行了吗?为何天旱不雨到了极点!"祷告的话还没说完,天就降下了大雨。所以上天对人事的感应,好像那影子伴随形体,回音跟随声音一样。《诗经》上说:"上下祭奠天地,掩埋供品,没有神明不受尊重。"说的就是大旱时的事情。

1.26 殷太戊时有桑、穀生于庭①,昏而生②,比旦而拱③,史请卜之汤庙④,太戊从之。卜者曰:"吾闻之,祥者福之先者也,见祥而为不善,则福不生;殃者祸之先者也,见殃而能为善,则祸不至。"于是乃早朝而晏退⑤,问疾吊丧,三日而桑、穀自亡。⑥

【注释】

①殷太戊：子姓，名密，又称大戊。殷王。太戊在位时期，勤政修德，治国抚民，任用伊陟（伊尹子）、巫咸治国政，复兴殷王朝，各诸侯归顺，商朝再度兴盛。太戊死后，庙号中宗，葬于太戊陵（今河南内黄亳城）。桑、穀(gǔ)生于庭：古代迷信，认为桑、穀二树共生于庭院为不祥之兆。穀，木名。即楮树，又称构树。落叶乔木。皮可制桑皮纸。

②昏：黄昏，日暮，天刚黑。

③比旦：到天亮。拱：双手合抱的直径。

④史：官名，在王的左右掌法典和记事。卜：古人用火灼龟甲取兆，以预测吉凶。汤庙：商汤的祖庙。

⑤晏：晚，迟。

⑥天海按：此文与《史记·殷本纪》《汉书·郊祀志》《论衡·感类篇》《孔子家语·五仪解》等所记略同。《吕氏春秋·制乐》《韩诗外传》卷三则以为成汤之事。

【译文】

殷商太戊的时候，有桑树和穀树生长在庭院。黄昏时才长出来，到天亮时就长到一抱粗。史官请求到商汤的祖庙里去占卜，太戊依从了这个办法。占卜的人说："我听说，吉祥之物是福佑的先兆，见到吉祥之物而不做好事，那么福佑就不会产生；害人之物是灾祸的先兆，看见害人之物而能做好事，那么灾祸就不会降临。"于是，太戊便勤于政事，早早上朝很晚退朝，关心百姓疾苦，吊唁死者。三天后，那庭中的桑树和穀树就自己枯死了。

1.27 高宗者，武丁也①，高而宗之②，故号高宗。成汤之后，先王道缺③，刑法违犯④，桑、穀俱生乎朝，七日而大拱⑤。武丁召其相而问焉⑥。其相曰："吾虽知之，吾弗得言也。闻诸祖己⑦:'桑、穀者,野草也⑧,而生于朝,意者国亡乎⑨?'"武丁恐骇,饬身修行⑩,思先王之政,兴灭国,继绝世,举逸民,明养老⑪。三年之后,蛮、夷重译而朝者七国⑫,此之谓存亡继绝之主,是以高而尊之也。⑬

【注释】

①武丁:子姓,名昭,庙号高宗。殷王,在位五十九年。夏商周断代工程将武丁在位时间定为前1250—前1192年。武丁在位时期,勤于政事,任用刑徒出身的傅说及甘盘、祖己等贤人辅政,励精图治,国家强盛,史称"武丁中兴"。

②高:地位崇高。宗:尊崇。

③缺:缺失,败坏。

④刑法违犯:刑法被违背破坏。本书10.11则作"刑法弛"。

⑤大拱:大于双手合围的直径。即一抱粗。

⑥相:古代官名,百官之长,相当于后世的宰相。《吕氏春秋·举难》:"相也者,百官之长也。"

⑦闻诸祖己:《尚书大传》《论衡·异虚篇》作"问诸祖己",其意似长。祖己,武丁时贤臣,曾劝武丁修德。

⑧野草:野外所生草木。《孔子家语·五仪解》作"野木"。古时草木并称。

⑨意:猜想,料想。者:语助词,表句中停顿。

⑩饬身修行:约束自身,检点行为。

⑪明养老:此三字后《尚书大传》有"之礼"二字,《论衡·异虚篇》有"之义"二字,原文疑脱二字。明,显明,明确。养老,古礼,对年老而贤德的人要按时享以酒食,表示尊敬和礼待。《论语·尧曰》:"兴灭国,继绝世,举逸民,天下之民归心焉。"

⑫蛮、夷:古代泛指华夏中原民族以外的部族。重(chóng)译:辗转

翻译。

⑬天海按：此文本《尚书大传》，又见《汉书·五行志》。本书10.11则与《论衡·异虚篇》《无形篇》二篇，也与此文所记略同。

【译文】

高宗就是商王武丁，地位崇高而被推崇，所以称为高宗。商朝自成汤以后，先王治国之道缺失，刑法也遭到违背破坏，朝廷中长出桑树与穀树，到第七天就比双手合抱还要粗。武丁召见国相并问他是什么原因。国相说："我即使知道这原因，我也不能说。但从祖己那里听说：'桑树与穀树是野外生长的树木，却生长在朝廷之中，料想国家快灭亡了吧？'"武丁震惊恐骇，于是约束自己，检点行为，追思先王的政绩，使灭亡的诸侯国复兴，使断绝祭祀的贵族得到继承，举用避世隐居的贤人，彰明尊老敬贤的礼节。三年以后，边远地区的蛮夷部族几经转译通话后，前来朝拜的就有七国之多。这就是所说的能够复兴灭亡的国家，使断绝祭祀的世家贵族得以继承的君主，因此后人推崇他并且敬重他。

1.28 宋大水①，鲁人吊之②，曰："天降淫雨，豯谷满盈，延及君地，以忧执政，使臣敬吊。"宋人应之曰："寡人不佞③，斋戒不谨④，邑封不修⑤，使人不时⑥，天加以殃，又遗君忧⑦，拜命之辱⑧。"君子闻之曰⑨："宋国其庶几乎⑩！"问曰："何谓也？"曰："昔者夏桀、殷纣不任其过⑪，其亡也忽焉；成汤、文、武知任其过，其兴也勃焉。夫过而改之，是犹不过也，故曰其庶几乎。"宋人闻之，夙兴夜寐，早朝晏退，吊死问疾，勠力宇内⑫。三年，岁丰政平。向使宋人不闻君子之语⑬，则年谷未丰，而国家未宁。《诗》曰⑭："弗时仔肩，示我显德行⑮。"此之谓也。⑯

【注释】

①大水:发洪水。

②吊:吊问,对有丧事或受到灾祸的人表示哀悼慰问。

③不佞:无才无德,古人谦辞。

④斋戒:古人在祭祀前沐浴更衣,不饮酒,不吃荤腥,不与妻妾同寝,整饬身心,以示虔诚。

⑤邑封:诸侯的封国与领地。

⑥不时:不按时节,没有节制。

⑦遗(wèi):给予,使。

⑧拜命之辱:拜谢吊问,有劳关照。命,吊问之辞。《左传·庄公十一年》:"秋,宋大水。公使吊焉,曰:'天作淫雨,害于粢盛,若之何不吊?'对曰:'孤实不敬,天降之灾,又以为君忧,拜命之辱。'"杜预注:"谢辱厚命。"

⑨君子:《韩诗外传》卷三作"孔子",《左传》作"臧文仲"。此文多采自《韩诗外传》卷三,应以"孔子"为是,译文从此。

⑩庶几:也许可以,表示推测。

⑪夏桀:姒姓,名癸,一名履癸,谥桀,史称夏桀。夏朝最后一个国王,暴虐荒淫,是历史上有名的暴君。都于斟鄩(今河南洛阳),为商汤所灭。殷纣:子姓,名受,谥纣。世称殷纣王、商纣王,也称帝辛。商朝最后一个国王,夏商周断代工程认为他在位时间为前1075—前1046年。前1046年,牧野之战中,周武王率领诸侯联军击败商军,他见大势已去,便躲进鹿台(在今河南鹤壁),自焚而死,商朝灭亡。不任其过:不承担自己的过错。

⑫勠(lù)力:勉力,尽力。

⑬向使:从前如果。

⑭《诗》曰:以下引诗见《诗经·周颂·敬之》。

⑮弗时仔肩,示我显德行:辅佐我担当重任,指示我显明德行。弗,

通"弼(bì)"。辅弼。时,通"是"。即此。仔肩,负担,责任。郑玄笺:"佛,辅也。时,是也。仔肩,任也。"

⑯天海按:事见《左传·庄公十一年》,文多异,与《韩诗外传》卷三"传曰"文略同。

【译文】

宋国发生大水灾,鲁国派人慰问说:"上天下了很久的雨,谿沟河谷都涨满了,漫延到您的领地,因此执政大臣担忧。派使臣前来表示衷心的慰问。"宋君回答他说:"我无才无德,斋戒不谨慎,封地未整治好,使用民力不按时节,上天降给我灾祸,又使贵国国君担忧。拜谢吊问,有劳关照。"孔子知道这件事后说:"宋国也许有希望了吧!"有人问道:"为什么这样说呢?"孔子说:"从前夏桀、殷纣不肯承担自己的过错,他们灭亡得很快;成汤、周文王、周武王懂得承担自己的过错,他们兴盛得也就很快。有了过错只要能改正,这就等于没有过错,所以说宋国也许是有希望的。"宋君听到这些话后,很早就上朝,很晚才退朝,吊唁死去的臣民,慰问患病的百姓,尽力于国内的政事。过了三年,年成丰收,政治清平。先前假若宋君没有听到孔子的那番话,那么年成将不会丰收,并且国家也不会安宁。《诗经》上说:"辅佐我担当重任,指示我显明德行。"说的就是这样的事情。

1.29 楚昭王有疾①,卜之,曰:"河为祟②。"大夫请用三牲焉③,王曰:"止。古者先王割地制土④,祭不过望⑤。江、汉、睢、漳⑥,楚之望也,祸福之至,不是过也;不穀虽不德⑦,河非所获罪也。"遂不祭焉。仲尼闻之曰:"昭王可谓知天道矣,其不失国,宜哉!"⑧

【注释】

①楚昭王(约前523—前489):芈姓,熊氏,名壬,又名轸、珍。春秋时楚国国君,前515—前489年在位。楚昭王是楚国的一位中兴之主。

②河为祟(suì):是河神在作怪。河,此指黄河之神,即河伯。祟,鬼怪或指鬼怪害人。

③三牲:猪、牛、羊。古代用猪、牛、羊三牲祭祀祖宗、神灵,以示隆重。

④割地制土:古代天子分封土地和奴隶。

⑤望:古代祭祀山川的总称。遥望而祭,故称望。《左传·宣公三年》:"望,郊之属也。"黄河不在楚国境内,所以楚昭王说"祭不过望"。

⑥江、汉、睢、漳:楚国境内的四条江河名,即长江、汉水、睢水、漳水。

⑦不穀:不善,古代君王的谦称。

⑧天海按:此文见《左传·哀公六年》《孔子家语·正论解》及《韩诗外传》卷三;又见《史记·楚世家》,文字稍异。

【译文】

楚昭王有病,占卜的人说:"这是黄河神在作怪。"大夫们请求用牛、羊、猪三牲来祭祀黄河神。楚昭王说:"罢了。古时候先王割地分封,祭祀也从不超过境内能望见的山川。长江、汉水、睢水、漳水,都是楚国望祭的对象,祸福的到来,不会越过它们;我虽无才无德,也不是黄河神能够降罪的。"于是不去祭祀黄河神。孔子知道这件事后说:"昭王可以说得上是懂得天理的人了,他不丧失国家,是应当的啊!"

1.30 楚昭王之时,有云如飞鸟夹日而飞三日,昭王患之,使人乘驲东而问诸太史州黎①。州黎曰:"将虐于王身②,

以令尹、司马说焉③,则可。"令尹、司马闻之,宿斋沐浴④,将自以身祷之焉⑤。王曰:"止。楚国之有不穀也,由身之有匈胁也⑥;其有令尹、司马也,由身之有股肱也。匈胁有疾,转之股肱,庸为去是人也⑦!"⑧

【注释】

①驲(rì):古代驿站所用的传车、驿马。《说文解字》:"驲,驿传也。"《左传·文公十六年》:"楚子乘驲,会师于临品。"杜预注:"驲,传车也。"太史:史官名。《列女传》作"周史",《左传》《史记》俱作"周太史"。州黎:人名。生平事未详。

②虐:侵害,加害,祸害。

③以令尹、司马说焉:让令尹、司马代替您解脱这个灾祸。令尹,官名。春秋战国时楚国所设,为楚国的最高官职,掌军政大权。司马,官名。楚国的司马平时主管征收军赋、武器保管、士卒训练等,兼管军事建筑事务,战时则作为令尹的助手领兵出征,令尹不出则司马为统帅。说,通"脱"。解脱,免除。

④宿斋沐浴:古代举行祭祀等礼仪的前一夜就必须斋戒沐浴,以示恭敬。

⑤自以身祷之焉:以自身替代楚昭王求神消灾。祷,祈祷,求神消灾。

⑥由:通"犹"。如同,好像。匈胁:胸腹。匈,同"胸"。

⑦庸:岂,难道,反诘副词。庸,原文作"痛"。向宗鲁《校证》曰:"《史记》作'庸去是身乎',《列女传》作'庸为去是身乎',文意并同。'庸'犹'讵'也。"今据改。也:读为"耶"。

⑧天海按:此事又见《左传·哀公六年》,文多异;又见《史记·楚世家》《列女传·楚昭越姬》,文略同。

【译文】

楚昭王的时候,天上有云像飞鸟一样夹着太阳飞了三天,楚昭王为此担忧,命人乘驿车去东方向太史州黎询问这件事。州黎说:"此将祸害大王之身,让令尹、司马二人代替您解脱这个灾祸,就可以避免。"令尹、司马二人知道此事后,前一天夜里便斋戒,沐浴净身,祈求神灵要以自身代昭王受祸。昭王说:"罢了。楚国有我,犹如人身有胸胁一样;楚国有令尹、司马,犹如人身有大腿和胳膊一样。胸胁有病,转移到大腿和胳膊,难道说疾病就离开了这人的身体吗?"

1.31 邾文公卜徙于绎①,史曰:"利于民,不利于君。"君曰:"苟利于民,寡人之利也。天生蒸民而树之君②,以利之也。民既利矣,孤必与焉③。"侍者曰:"命可长也④,君胡不为?"君曰:"命在牧民⑤,死之短长⑥,时也。民苟利矣,吉孰大焉⑦。"遂徙于绎。⑧

【注释】

① 邾文公(? —前614):曹姓,名籧篨(qú chú),子爵。在位五十二年,曾三次迁都,最后迁至绎。邾,周武王时封颛顼之后在邾,即邾国,后改称邹,地在今山东邹城一带。到了邾文公所处的时代,大国争霸,邾国夹在齐、楚、宋、鲁之间,因北边与鲁国接壤,长期为鲁国附庸。战国时被楚宣王所灭。绎:通"峄"。峄山,又名邹山,在今山东邹城东南。《左传·文公十三年》"邾文公卜迁于绎",杨伯峻注:"在峄山之阳,俗误为纪王城。"

② 蒸民:众民。蒸,同"烝"。众。向宗鲁《校证》改作"烝民",其实不必。

③ 与:参与,在其中。

④命可长:生命可以延长。
⑤命在牧民:我的生命在于养育百姓。牧民,养育百姓。《左传·文公十三年》正作"命在养民"。
⑥死之短长:死亡时间的早晚。
⑦吉孰大焉:哪一个吉利比这大。
⑧天海按:此文所记之事又见《左传·文公十三年》,文小异。

【译文】

邾文公占卜要迁都到峄山,太史说:"这有利于人民,但不利于君主。"邾文公说:"如果有利于人民,也就是我的利益。上天生下万民并为他们立了国君,是为了有利于他们。老百姓既然得到了利益,那我的利益也必然在其中。"他的侍从说:"不迁都可以延长寿命,您为何不这样做呢?"邾文公说:"我的生命在于养民,死亡的早晚,在于时间。人民如能得到利益,有哪一个吉利比这大?"终于迁都到峄山。

1.32 楚庄王见天不见妖①,而地不出孽②,则祷于山川曰:"天其忘予欤③?"此能求过于天④,必不逆谏矣⑤。安不忘危,故能终而成霸功焉。⑥

【注释】

①见天不见妖:见上天不显示怪异。前一"见"为"看见",后一"见"同"现"。妖,怪异。
②地不出孽:大地不出现灾祸。孽,灾害,妖祸。
③天其忘予欤:上天难道忘记我了吗?
④过:责备,谴责。
⑤逆谏:反对别人的劝诫。
⑥天海按:此文见《春秋繁露·必仁且知》,又见《论衡·谴告篇》,文有异。

【译文】

　　楚庄王见上天未显示怪异,地上也没有出现灾祸,于是就向山川祈祷说:"上天难道忘记我了吗?"这样能够向上天请求谴责过错,一定不会反对谏言。安定时不忘记危亡,所以最终能成就霸王的功业。

　　1.33 汤曰:"药食先尝于卑①,然后至于贵;药言先献于贵②,然后闻于卑③。"故药食尝乎卑,然后至乎贵,教也;药言献于贵,然后闻于卑,道也。故使人味食然后食者④,其得味也多;使人味言然后闻言者⑤,其得言也少。是以明上之于言⑥,必自他听之,必自他闻之,必自他择之,必自他取之,必自他聚之,必自他藏之,必自他行之⑦。故道以数取之为明,以数行之为章⑧,以数施之万物为藏。是故求道者不以目而以心,取道者不以手而以耳。⑨

【注释】

①药食:治病的饮食。
②药言:规诲劝诫的言论。《史记·商君列传》:"苦言,药也;甘言,疾也。"
③然后闻于卑:原文"卑"误作"乎",依照上下文例,本应作"卑",他本正作"卑",此据改。
④味:品味,品尝,选择。
⑤味言:品评、选择言论。像辨味一样去辨别他人的言论,即对言论进行选择。
⑥是:原文作"子",此据明钞本改。明上:明王,明主。于:原文脱此字,向宗鲁《校证》曰:"今案文例补。《贾子》作'明上之于言也',正有'于'字,可证。"此据补。

⑦"必自他听之"七句：此七个"他"字，非第三人称，应皆作"也"字。向宗鲁《校证》案："'也'与'他'古通用。……此文'他'读为'也'。"天海按，此说可从。"也"字，此作语间助词。"他"作三身代词始于唐。

⑧章：显明，显著。

⑨天海按：此文见于贾谊《新书·修政语上》，文略异。

【译文】

商汤说："药物饮食让卑贱的人先尝，然后进献给尊贵的人；规诫的言论先进献给尊贵的人，然后才让卑贱的人知道。"因为药物饮食由卑贱的人先尝，然后才进奉给尊贵的人，那是教训；规诫的言论先奉献给尊贵的人，然后才让卑贱的人知道，那是道理。所以让人品尝食物然后才吃的人，他得到的滋味也多；让人选择言论然后才听取言论的人，他得到的言论也少。因此英明的君王对于言论，必定要亲自听取，必定要亲自知道，必定要亲自选择，必定要亲自收取，必定要亲自汇聚，必定要亲自收藏，必定要亲自实行。所以道理因多次择取而清楚，以多次实行而显明，以多次施加万物而保存。因此寻求道理的人不是用眼而是要用心，获得道理的人不是用手而是用耳。

1.34 楚文王有疾①，告大夫曰②："管饶犯我以义，违我以礼③，与处不安，不见不思；然吾有得焉，必以吾时爵之④。申侯伯⑤，吾所欲者劝我为之，吾所乐者先我行之⑥。与处则安，不见则思；然吾有丧焉⑦，必以吾时遣之。"大夫许诺，乃爵管饶以大夫，赠申侯伯而行之⑧。申侯伯将之郑，王曰："必戒之矣，而为人也不仁⑨，而欲得人之政⑩。毋以之鲁、卫、宋、郑。"不听，遂之郑。三年而得郑国之政，五月而郑人杀之⑪⑫。

【注释】

① 楚文王(？—前675)：芈姓，熊氏，名赀。春秋时楚国国君，前689—前677年在位。文王，《新序·杂事》作"共王"。

② 大夫：《新序·杂事》作"令尹"。

③ 管饶犯我以义，违我以礼：向宗鲁《校证》曰："此文'犯、违'字即'范、围'之借。"天海按，"犯我以义，违我以礼"，即"以义冒犯我，以礼违背我"，正与文意合。不必以假借解之。管饶，生平事未详。《新序·杂事》作"管苏"，《吕氏春秋·长见》作"苋谱"。

④ 以：即"为"。时：及时。爵之：封他爵位。

⑤ 申侯伯：《左传·僖公七年》："初，申侯，申出也，有宠于楚文王。文王将死，与之璧，使行，曰：'惟我知女，女专利而不厌，予取予求，不女疵瑕也。后之人将求多于女，女必不免。我死，女必速行。无适小国，将不女容焉。'既葬，出奔郑，又有宠于厉公。"本文所载，亦即此事。

⑥ 先我行之：先为我准备好。

⑦ 丧：丧失，过失。

⑧ 行之：让他离开。

⑨ 而：你。代词。

⑩ 而欲得人之政：原文无"而"字，据明钞本补。

⑪ 三年而得郑国之政，五月而郑人杀之：向宗鲁《校证》案："《左传》文王之卒在庄十九年，申侯见杀在僖七年，则申侯居郑已历二十二年矣，'三年、五月'之说，疑未足据。"天海按，此二句本于《吕氏春秋·长见》："三年而知郑国之政也，五月而郑人杀之。"据《左传·僖公七年》云："七年春，齐人伐郑……夏，郑杀申侯以说于齐。"可知郑国人杀申侯应在鲁僖公七年（前653）夏五月。又据《左传·僖公七年》所载，楚文王死后，申侯即入郑而有宠于郑厉公。本文所言"三年而得郑国之政，五月而郑人杀之"，就是说

申侯入郑三年后执政,同年五月被杀。《左传·庄公十九年》载楚文王在前675年夏六月卒,则申侯入郑三年被杀,推之应在前672年夏五月被杀。那么本文与《吕氏春秋》所记申侯死之年,就与《左传·鲁僖公七年》所记相差十九年。故《校证》对此说有疑。然《说苑》之文本为广采文献汇编而成,其人名、事件、时代、地望等,难免有相互龃龉之处,不足怪也。

⑫天海按:此文所载之事见《吕氏春秋·长见》,又见于《左传·僖公七年》。

【译文】

楚文王有病,告诉大夫说:"管饶为了礼义冒犯、违背我,与他相处感到不安,不看见他也不会想他;但是从他那里我得到益处,一定要为我及时封他爵位。申侯伯这个人,凡是我有什么欲望都鼓励我去做,凡是我所喜欢的都先为我安排,与他相处感到安逸,见不到他就会想他;但是我因此有了过失,一定要替我及时打发他离开。"大夫答应照办,就以大夫的爵位封给管饶,赠送财物给申侯伯而送他离开。申侯伯将要到郑国去,楚文王对他说:"一定要戒除你的毛病,你做人不讲仁义,又想取得别人的政权。不要以此前往鲁、卫、宋、郑等国。"申侯没有听从,还是到了郑国。三年后,申侯就掌握了郑国的政权。当年五月,郑国人就杀掉了申侯。

1.35 赵简子与栾激游①,将沉于河②,曰:"吾尝好声色矣,而栾激致之;吾尝好宫室台榭矣,而栾激为之;吾尝好良马善御矣③,而栾激求之。今吾好士六年矣,而栾激未尝进一人,是进吾过而黜吾善也④。"⑤

【注释】

①赵简子(?—前476):原名赵鞅,又名志父,亦称赵孟。晋国大

夫。他是春秋后期晋国赵氏的首领,为赵氏宗主约六十年。韩、魏、赵三家分晋之后,被赵国定为开国君主。栾激:赵简子幸臣。《吕氏春秋·骄恣》作"鸾徼"。

②将沉于河:文意不明,《吕氏春秋·骄恣》作"赵简子沉鸾徼于河",可知所沉者为上文的栾激。

③善御:善于驾车的人,即优秀车夫。

④进:促进,增加。黜:摈弃。

⑤天海按:此文见《吕氏春秋·骄恣》,文字略有不同。

【译文】

赵简子与栾激一起出游,要将他沉入黄河,并说:"我曾经喜好音乐美色,栾激就为我找到;我曾经喜好宫室与亭台楼阁,栾激就替我修造;我曾经喜好良马和好车夫,栾激就为我寻求。如今我喜好贤士已六年了,可是栾激未曾进荐过一个人,这是增加我的过错而摈弃我的长处啊!"

1.36 或谓赵简子曰:"君何不更乎①?"简子曰:"诺。"左右曰:"君未有过,何更?"君曰:"吾谓是诺②,未必有过也,吾将以求来谏者也③。今我却之④,是却谏者,谏者必止,我过无日矣⑤。"

【注释】

①更:变更,改正。

②吾谓是诺:我做的这个承诺。谓,通"为"。

③以求:原文作"求以",据文意,径乙。

④今我却之:如果我拒绝他的意见。今,假设,如果。

⑤无日:不知何时。即不久,随时。

【译文】

有人对赵简子说:"您为什么不改正呢?"简子说:"好的。"左右的人问他:"君主您没有过错,要改正什么呢?"赵简子说:"我做了这个承诺,未必是我有过错,我是想要以此寻求前来进谏的人。如果我拒绝了他的意见,就是拒绝进谏的人,进谏的人必定会止步不前,那么我的过错随时都会发生。"

1.37 韩武子田①,兽已聚矣,田车合矣②,传来告曰③:"晋公薨④。"武子谓栾怀子曰⑤:"子亦知吾好田猎也,兽已聚矣,田车合矣,吾可以卒猎而后吊乎?"怀子对曰:"范氏之亡也⑥,多辅而少拂⑦。今臣于君辅也,鼎于君拂也⑧,君胡不问于鼎也?"武子曰:"盈,而欲拂我乎⑨?而拂我矣,何必鼎哉!"遂辍田⑩。⑪

【注释】

①韩武子:晋国有两位韩武子。一位是春秋早期的韩万,姬姓,晋国公族。他是曲沃庄伯(?—前716)的异母弟,曲沃武公(?—前677)的叔父。曲沃武公伐翼,万为御戎,俘翼侯,封万于韩原,遂为韩氏。谥武子。他是晋国韩氏家族的始祖。另一位是春秋末期晋国韩氏宗族首领韩启章(?—前409),是与赵、魏二家共灭知伯的韩康子的儿子。天海按,此二人从年代上说都与下文栾怀子(?—前550)的生活年代不符。田:打猎。

②田车:狩猎的车队。

③传:驿使。

④晋公:韩万时期的晋公为曲沃武公(?—前677),姬姓,名称。曲沃本为晋国小宗,前678年,曲沃武公杀死晋侯缗,取代大宗据

有晋国,并以珍宝贿赂周釐王,周釐王便封其为晋国国君,列位诸侯,曲沃武公改称晋武公。韩启章时期的晋公为晋幽公(？—前416)。薨(hōng):诸侯死称薨。

⑤栾怀子(？—前550):姬姓,栾氏,名盈,一作"逞"(避西汉惠帝讳),谥怀,称栾怀子。春秋时期晋国大夫,晋平公时为下卿。晋国栾氏宗族的首领。

⑥范氏之亡:前497年,晋国六卿发生了一次大兼并,知、韩、魏、赵四家联合驱逐了范、中行二家。后范、中行二家虽欲卷土重来,但被击败,最终于前490年被彻底清除出晋国。此事距栾盈之死已五十余年。

⑦辅:辅佐。拂(bì):通"弼"。矫正,直言劝诫。《孟子·告子下》:"入则无法家拂士,出则无敌国外患者,国恒亡。"

⑧畾(léi):姓字生平不详。

⑨而:你。

⑩辍(chuò):停止。

⑪天海按:此文所载人和事多与史实不合。

【译文】

韩武子狩猎,野兽已被驱赶到一起了,狩猎的车队也已经围了,这时驿使来报告说:"晋公去世了。"武子对栾怀子说:"你也知道我喜欢狩猎,现在群兽已经聚集,猎车已经合围了,我可以打完猎之后再去吊唁吗?"怀子对他说:"范氏的灭亡,是因为辅佐的人多,而直言劝诫的人却很少,现在我对你是辅佐的人,畾对你是直言劝诫的人。你为何不问畾呢?"武子说:"盈啊,你想要劝谏我吗?你已经劝谏我了,何必再问畾啊!"于是便停止了打猎。

1.38 师经鼓琴①,魏文侯起舞②,赋曰③:"使我言而无违④。"师经援琴而撞文侯⑤,不中,中旒⑥,溃之⑦。文侯谓左右曰:"为人臣而撞其君,其罪如何?"左右曰:"罪当烹⑧。"提师经下堂一等⑨,师经曰:"臣可一言而死乎?"文侯曰:"可。"师经曰:"昔尧、舜之为君也,唯恐言而人不违;桀、纣之为君也,唯恐言而人违之;臣撞桀、纣,非撞吾君也。"文侯曰:"释之,是寡人之过也。悬琴于城门,以为寡人符⑩;不补旒,以为寡人戒⑪。"⑫

【注释】

①师经:战国时期魏文侯的乐师。《万姓统谱》:"古若掌乐之官曰师,因以为氏。"
②魏文侯(前472—前396):姬姓,魏氏,名斯,一名都。战国时魏国开国君主,前445—前396年在位。前403年,韩、赵、魏三家分晋,被周威烈王正式承认为诸侯。
③赋:吟咏,朗诵。
④见:被,表被动。
⑤援:操持,拿着。
⑥旒(liú):古代冠冕下垂的流苏。旒用五彩丝绳串联五彩玉珠,按朱、白、苍、黄、玄的顺次排列,每旒长十二寸,间距一寸。天子之冕十二旒,诸侯之冕九旒,上大夫之冕七旒,下大夫之冕五旒。见《周礼·夏官·弁师》。冕旒为礼冠中最贵重者,顶有延,前有旒,故曰"冕旒"。相传冕旒制起于黄帝,至周代始完备。古时帝王、诸侯、卿大夫参加盛大祭祀所服用。
⑦溃:冕旒上的玉珠溃散、毁坏。
⑧烹:古代用鼎锅将人煮死的一种酷刑。
⑨一等:一级台阶。

⑩符:古代君王用以传达命令、调兵遣将的凭证。这里指魏文侯将师经撞击过他的琴作为自己有过错的凭证。
⑪戒:警戒。
⑫天海按:事亦见《韩非子·难一》《淮南子·齐俗训》,但都以为是晋平公与师旷之事。《太平御览》所引《史记》与此文略同。

【译文】
师经为魏文侯奏琴,魏文侯起舞,吟诵道:"让我说的话不要被人违背吧!"师经便操起琴去撞击魏文侯,没击中,撞在文侯冠冕的玉串上,把玉串给撞散了。魏文侯对左右臣僚说:"做臣子的撞击他的君主,该如何治罪?"左右的臣僚说:"罪当用大鼎烹死。"于是将师经拖下朝堂。刚下了一级台阶,师经说:"我可以说一句话再死吗?"魏文侯说:"可以。"师经说:"从前尧、舜做君王,唯恐自己说话没人违抗;桀、纣做君王,唯恐自己的话被人违抗;我撞击的是桀、纣暴君,并没有撞我的君主。"魏文侯说:"放了他,这是我的过错。把这张琴悬挂在城门上,用它作为我有过错的凭证;那冕冠的玉串也不要修补,用它作为我的警戒。"

1.39 齐景公游于菑①,闻晏子卒,公乘舆素服驲而驱之②,自以为迟,下车而趋③。知不若车之速,则又乘。比至于国者④,四下而趋⑤,行哭而往矣⑥。至,伏尸而号曰:"子大夫日夜责寡人⑦,不遗尺寸⑧,寡人犹且淫佚而不收⑨,怨罪重积于百姓⑩;今天降祸于齐国,不加寡人,而加夫子,齐国之社稷危矣!百姓将谁告矣⑪!"⑫

【注释】
①齐景公游于菑(zī):原文"菑"误作"萎"。此据向宗鲁《校证》依

《晏子春秋·外篇》改。菑,通"淄"。即淄河,在今山东境内。
②乘舆素服:乘车用白色丧服装饰。驲:驿站,驿车。此指逢驿换马。驱之:驱车前往。
③趋:快走,小跑。
④比:及,等到。国:国都,京城。
⑤四下而趋:四次下车赶路。此写齐景公急于奔丧的心情。
⑥行哭:边走边哭。
⑦责:要求,督促。
⑧尺寸:比喻细小、微少的事物。
⑨淫佚(yì):纵欲放荡。佚,放逸,恣纵。
⑩重(chóng)积:累积,多积。
⑪谁告:即"告谁",宾语前置。
⑫天海按:此文又见《晏子春秋·外篇》《韩非子·外储说左上》,文字略有不同。

【译文】

齐景公在淄河上游玩,听说晏婴去世了,齐景公用白色丧服装饰乘车,每逢驿站换马急驱前行。他自认为车行慢,就下车快跑。下车后又知道不如乘车快,就又登上车。等他到达都城时,已经四次下车快跑,他边走边哭前往奔丧。到了灵堂,便伏在晏婴的尸体上哀号说:"先生您日夜督促我,没有遗漏细微的事物,我还是放纵自己不知收敛,怨恨和罪过累积到百姓身上。如今上天降灾祸给齐国,不施加给我,反而加祸于先生,看来齐国的政权恐怕危险了!百姓将求告谁呢?"

1.40 晏子没,十有七年①,景公饮请大夫酒,公射出质②,堂上唱善③,若出一口。公作色太息④,播弓矢⑤。弦章入⑥,公曰:"章,自吾失晏子,于今十有七年,未尝闻吾过不善⑦。今射出质,而唱善者若出一口。"弦章对曰:"此诸臣之不肖也,知不足以知君之不善⑧,勇不足以犯君之颜色。然而有一焉,臣闻之:'君好之,则臣服之;君嗜之,则臣食之。夫尺蠖食黄则其身黄⑨,食苍则其身苍。'君其犹有食谄人言乎⑩?"公曰:"善。今日之言,章为君,我为臣。"是时海人入鱼,公以五十乘赐弦章⑪。章归⑫,鱼乘塞涂⑬,抚其御之手曰:"曩之唱善者⑭,皆欲若鱼者也⑮。昔者,晏子辞赏以正君,故过失不掩;今诸臣谄谀以干利⑯,故出质而唱善如出一口。今所辅于君,未见于众,而受若鱼,是反晏子之义,而顺谄谀之欲也⑰。"固辞鱼不受。君子曰:"弦章之廉,乃晏子之遗行也⑱。"

【注释】

①晏子没,十有七年:据《史记·齐太公世家》载,晏婴卒于前500年,齐景公卒于前490年,晚晏婴十年卒。此言齐景公在晏子卒后十七年之事,或传闻之误。没,通"殁"。死亡。有,通"又"。

②质:箭靶,标的。《荀子·劝学》:"是故质的张而弓矢至焉。"杨倞注:"质,射侯。的,正鹄也。"

③唱善:叫好。

④作色太息:变了脸色而叹息。

⑤播:丢弃,舍弃。刘向《九叹·思古》:"播规矩以背度兮,错权衡而任意。"

⑥弦章:春秋时齐国人,齐景公时贤士。天海按,此非齐桓公时之弦章,或同名者。本书8.15则亦记景公时弦章事,未知是否为同一人。

⑦过不善:过错与不好的地方。

⑧知不足以知君:前一"知"同"智",后一"知"为"知道"。

⑨尺蠖(huò)：属于节肢动物，昆虫纲，鳞翅目，尺蛾科昆虫幼虫统称。尺蠖身体细长，行动时一屈一伸，好像人们用尺量布一样，故名。

⑩君其犹有食谄人言乎：原文无"食"字，此据向宗鲁《校证》引《晏子春秋》《群书治要》补。

⑪乘(shèng)：车辆。一车四马为一乘。

⑫章归：弦章回去。"章"字原文无，向宗鲁《校证》："《御览》引《晏子》重'章'字，今据补。"今据《校证》补。

⑬涂，同"途"。道路。

⑭囊(nǎng)：从前，过去。

⑮若：这些。

⑯干利：求取利益。

⑰顺：顺从，迎合。

⑱遗行：遗传下来的好品行。

【译文】

晏婴死后十七年，齐景公请诸位大夫饮酒，并以射箭助兴。齐景公箭射出了箭靶，厅堂上的人都齐声叫好，像出自一人之口。齐景公变了脸色，叹息一声，抛弃了弓和箭。这时大夫弦章进来了，齐景公对他说："弦章，自从我失去晏婴，至今已有十七年了，从未听到有人指出我的过错和不好的地方。今天射箭出了箭靶，而喝彩的就像出自一人之口。"弦章对齐景公说："这是众臣的不才，他们的智慧不能够察知君主的不足之处，他们的勇气也不足以冒犯君主的脸色。然而有这样一句话，我听说：'君主喜好的，那么臣子就服用它；君主爱吃的东西，那么臣子也会喜欢吃它。尺蠖吃了黄色的东西，它的身体就变成黄色；吃了黑色的东西，它的身体就变成黑色。'君主您还是有时爱听谄谀之人的话吧？"齐景公说："好。凭今天这番话，你是国君，我是臣下。"当时海边渔民进献鲜鱼，齐景公就用五十车鱼赏赐弦章。弦章回去时，鱼车塞满了道路。他拍着赶车人的手说:"先前那些叫好的人,都是想要这些鱼的人。从前晏婴以拒绝赏赐来匡正君主,所以君主有什么过失从不遮掩;现在这些臣子以谄媚阿谀来求取利益,所以君主箭射出靶,反而还齐声叫好,如出一人之口。现在我对君主有所辅佐,但还没有在众人中见效,却要接受这些鱼,这就违背了晏婴的正义,而迎合了谄谀之人的贪欲。"他坚决地拒绝这些鱼,不接受赏赐。君子说:"弦章这样廉洁,乃是晏婴遗留的好品行啊。"

1.41 夫天之生人也,盖非以为君也;天之立君也,盖非以为位也①。夫为人君,行其私欲而不顾其人,是不承天意,忘其位之所以宜事也②。如此者,《春秋》不予能君而夷狄之③,郑伯恶一人而兼弃其师④,故有"夷狄不君"之辞⑤。人主不以此自省惟⑥,既以失实,心奚因知之⑦?故曰:"有国者不可以不学《春秋》。"此之谓也。

【注释】

① "夫天之生人也"四句:天海按,以上四句《荀子·大略》作"天之生民,非为君也。天之立君,以为民也",与此意义相同。盖,句首语气词,表判断。

② 宜事:适宜之事,应该做的事。

③ 予:赞许,赞同。《荀子·大略》:"言味者予易牙,言音者予师旷。"夷狄:古称东方少数部族为夷,北方少数部族为狄。一般泛指野蛮落后的部族。这里是名词的意动用法,意即"把……看作夷狄"。

④ 郑伯恶一人而兼弃其师:据《左传·闵公二年》:"郑人恶高克,使帅师次于河上,久而弗召。师溃而归,高克奔陈。"即指此事。郑伯,此指郑文公(?—前628),姬姓,郑氏,名踕。春秋时期郑国

国君,前672—前628年在位。

⑤夷狄不君:连夷狄都不会认他做君主。不君,不以他为君主。

⑥自省(xǐng)惟:自我反省、思考。省,反省。惟,思考。

⑦奚因:何由。奚,疑问词,犹"何"。因,由。

【译文】

上天生出人,并非要让他来做君主;上天设立君主,并非为他设立君位。作为人民的君主,实行他的私欲而不顾及他的人民,这是不秉承上天之意,忘记了在他的位置上应该做的事情。像这样的人,《春秋》不会赞同他能做君主,而只会把他当作夷狄一样的野蛮人。郑文公厌恶一个人,就连他所率领的军队也一并抛弃,所以有"连夷狄也不会认他做君主"的说法。做君主的不以此自我反省思考,就已经失去君主的实质了,他内心何由知道这个道理? 所以说:"掌有国家的人不能不学习《春秋》。"说的就是这样的事情。

1.42 齐人弑其君①,鲁襄公援戈而起曰②:"孰臣而敢杀其君乎?"师惧曰③:"夫齐君治之不能,任之不肖,纵一人之欲,以虐万夫之性④,非所以立君也。其身死,自取之也。今君不爱万夫之命,而伤一人之死,奚其过也! 其臣已无道矣,其君亦不足惜也。"⑤

【注释】

①齐人弑其君:前548年,因齐庄公与崔杼妻子通奸,崔杼杀死齐庄公。事见《左传·襄公二十五年》。天海按,此则原文连上,现依向宗鲁《校证》另起。

②鲁襄公(? —前542):姬姓,名午。春秋时鲁国国君,前572—前542年在位。

③师惧：春秋时鲁国乐官。

④虐：残害。性：性命。

⑤天海按：此文与《左传·襄公十四年》师旷所论卫国逐其国君的事实相似。

【译文】

齐国人杀死了他们的国君，鲁襄公便拿着戈站起身说："哪有臣子敢杀死自己君主的呢？"师惧说："那齐国国君治国无能，任用的臣子无才无德，放纵个人的私欲，来戕害万人的性命，不是应该立为国君的人。他自身死亡，是自己造成的。如果您不爱惜万人的性命，而只伤痛一个人的死亡，这是多么错误啊！齐国的臣子已经不守臣道，那齐君也不值得惋惜。"

1.43 孔子曰："文王似'元年'，武王似'春王'，周公似'正月'①。文王以王季为父②，以太任为母③，以大姒为妃④，以武王、周公为子，以泰颠、闳夭为臣⑤，其本美矣⑥。武王正其身以正其国，正其国以正天下。伐无道，刑有罪⑦，一动而天下正⑧，其事正矣！春致其时，万物皆及生；君致其道，万人皆及治。周公戴己⑨，而天下顺之。其诚至矣。"⑩

【注释】

①"文王似'元年'"三句：此三句赞美文、武、周公创始的西周王业。因《春秋》开头一句是："元年，春，王，正月。"这里利用此文做比喻。

②以：同"有"。古音"有"读作"以"，故"以"可训为"有"。见王引之《经词衍释》。王季：姬姓，名历，季是排行，所以称季历，尊称王季、周王季，周太王古公亶父的末子，文王之父，周武王和周公旦

之祖父。

③太任:又称大任。任姓,商朝时期西伯季历之正妃。周文王姬昌之母。

④大姒(sì):有莘氏之女,周文王之妻,武王母,也称文母。妃:配偶。

⑤泰颠:周初贤臣,先仕文王,后佐武王灭商。一作太颠。闳夭:周初贤臣,先仕文王,后佐武王。二人都是西周开国功臣。

⑥本:事物的根基或主体。

⑦伐无道,刑有罪:讨伐无道昏君,处置有罪之人。

⑧一动而天下正:原文无"而"字,此据向宗鲁《校证》依《孔子家语》补。

⑨戴:通"载"。向宗鲁《校证》曰:"戴,载,古字通。"《孔子家语·致思》:"周公载己行化。"王肃注:"载,亦行也。"

⑩天海按:此文又见《孔子家语·致思》,但多有不同。

【译文】

孔子说:"周文王好似第一年,周武王好似第一春,周公好似第一月。文王有王季为父亲,有太任为母亲,有大姒为配偶,有武王、周公为儿子,有泰颠、闳夭为臣子,他的根基是好的。周武王先整治自身然后整治国家,整治国家后再整治天下。讨伐无道的昏君,惩处有罪的人,一有举动天下就得到整治,他的事业光明正大!春天按时来到,万物都能及时生长;君王实行王道,万民都能得到治理。周公能够自己实行,因而天下的人都归顺他。那是因为他的诚信极高。"

1.44 尊君卑臣者,以势使之也。夫势失则权倾,故天子失道,则诸侯尊矣;诸侯失政,则大夫起矣;大夫失官,则庶人兴矣。由是观之,上不失而下得者,未尝有也。

【译文】

君主尊贵而臣子卑贱,那是因为权势地位使之这样。如果地位丧失,那权力也就倾覆,所以天子丧失了道统,诸侯就尊贵了;诸侯丧失了政权,大夫就崛起了;大夫丧失了官位,平民就兴盛了。由此看来,在上的不丧失权位而在下的能够得到权势,是未曾有过的事情。

1.45 孔子曰:"夏道不亡。商德不作①;商德不亡,周德不作;周德不亡,《春秋》不作。《春秋》作,而后君子知周道亡也。"故上下相亏也,犹水火之相灭也,人君不可不察。而大盛其臣下②,此私门盛而公家毁也,人君不察焉,则国家危殆矣。管子曰:"权不两错,政不二门③。"故曰:"胫大于股者难以步,指大于臂者难以把。"本小末大,不能相使也。

【注释】

① 德:气运。原为五行学说中所称四季的旺气,后又附会为一朝一代的气运。
② 而:如。表假设。大盛:使……强大昌盛。使动用法。
③ 权不两错(cù),政不二门:《管子·明法》作"威不两错,政不二门"。错,通"措"。措置,施行。

【译文】

孔子说:"夏朝的道统不丧失,商朝的气运就不会兴起;商朝的气运不衰亡,周朝的气运就不会兴起;周朝的气运不衰亡,《春秋》所写时代就不会开始;《春秋》的时代一开始,然后君子就知道周朝的道统衰亡了。"所以上与下相互损害,犹如水与火相互消灭,作为君王不可不明察。如果使臣下强大昌盛,这就会使私门盛大而导致公室毁灭,君王不明察此事,那国家就危险了。管仲说:"权力不能由两处执掌,政令不能出自二门。"所以说："小腿粗过大腿的人难以举步,手指大过手臂的人难以把握。"主体小而枝末大,就不能驱使它。

1.46 司城子罕相宋①。谓宋君曰："国家之危定②,百姓之治乱,在君之行赏罚也③。赏当则贤人劝,罚得则奸人止。赏罚不当,则贤人不劝,奸人不止。奸邪比周,欺上蔽主,以争爵禄,不可不慎也。夫赏赐让与者④,人之所好也,君自行之;刑罚杀戮者,人之所恶也,臣请当之。"君曰："善,子主其恶,寡人行其善,吾知不为诸侯笑矣⑤。"于是宋君行赏赐,而与子罕刑罚。国人知刑戮之威,专在子罕也,大臣亲之,百姓附之。居期年⑥,子罕逐其君而专其政。故曰："无弱君而强大夫。"《老子》曰："鱼不可脱于渊,国之利器不可以借人⑦。"此之谓也。⑧

【注释】

①司城子罕:姓乐,名喜,字子罕,春秋时期宋国人,在宋平公(前575—前532年在位)时以贤而有才,秉国政。位列六卿。司城,官名。春秋时宋国为避宋武公之名,改司空为司城。

②危定:危亡安定。《韩诗外传》卷七作"安危",《淮南子·道应训》亦作"安危"。

③之行:原文作"行之",此据向宗鲁《校证》依《韩诗外传》卷七改。

④让与:礼让与推举。与,通"举"。选拔。《礼记·礼运》："选贤与能,讲信修睦。"

⑤知:同"智"。机智,聪慧。

⑥期(jī)年:满了一周年。

⑦鱼不可脱于渊,国之利器不可以借人:引自《老子》三十六章。利

器,锐利的武器,此比喻国家权力。借人,转借给他人。《老子》作"示人"。

⑧天海按:此文与《韩非子·二柄》及《外储说右下》《淮南子·道应训》《韩诗外传》卷七所载略同,又见《史记·李斯列传》。

【译文】

宋国子罕做了宋国国相。他对宋君说:"国家的安危,百姓的治乱,全在君主所施行的赏罚。奖赏适当,贤人就会得到鼓励;刑罚恰当,坏人就会被禁止。赏罚不适当,好人就得不到鼓励,坏人也不能禁止。奸佞和邪恶的人勾结成党,欺瞒尊长,蒙蔽君主,以此争夺爵位俸禄,不能不谨慎啊!那赏赐与礼让推举之类的事,是人们所喜好的,君主您自己行施它;惩处杀戮之类的事,是人们所厌恶的,我请求担当它。"宋君说:"好,你就主管人们所厌恶的事,我施行人们所喜好的事,我的智慧就不会被诸侯所取笑了。"于是宋君施行赏赐之权,而让子罕专主刑罚。国都的人知道刑杀的威权专掌在子罕手中,大臣亲近他,百姓归附他。过了一年,子罕就赶走了宋君而独揽宋国政权。所以说:"不要削弱君主而使大夫强大。"《老子》上也说:"鱼儿不能离开深渊,国家的权柄不能转借他人。"说的就是这样的事情。

卷二

臣术

【题解】

此卷共采辑商汤至春秋战国轶事与文献25则。所谓臣术，就是作为人臣要走的道路，必须掌握的原则、方法与策略。同时，也涉及人臣应该具备的才能与应坚守的节操。

第一至第三则是全卷的纲领。第一则总说为臣之术在于"行'六正'则荣，犯'六邪'则辱"。其要旨不外劝勉为人臣者要能见微知著，防患于未然；要能尽忠尽职，辅佐君王立功显业而不自傲居功；要勤政守礼、廉洁简朴；要敢于犯颜直谏；要忠直不阿。凡此就是"六正"。对贪禄营私、阿谀逢迎、嫉贤妒能、文过饰非、专权误国、结党害主的奸佞之臣，就斥为"六邪"。标榜贤臣应处"六正"之道，不行"六邪"之术，方能治国安邦，生享尊荣，死受哀思。第二、三两则，记商汤与伊尹的对话，旨在说明朝廷除了必须健全"三公、九卿、大夫、列士"的官僚体制外，选择大臣要首先确立"道德仁义"的标准，选择"道德仁义"之臣，这实际上是对第一则总纲的补充。

什么才是贤臣？本卷第四则用孔子与子贡的对话说明：出力最多的并非贤臣，只有引进贤人的才是贤臣。其后便用春秋战国时期的多个贤臣为例，如齐景公有晏子，秦穆公有百里奚，楚国有屈春，魏文侯有李克、季成子、翟黄，赵简子有董安于等，他们都是进贤安国、勤政爱民的社稷之臣。特别值得一提的是,本卷集中选用了齐景公与晏子的轶事6则,极力赞誉晏子忠直敢谏、克己奉公、辞赏节俭、散财爱民等美德,为社稷之臣树立了榜样。在树立忠君、进贤、勤政作为贤臣标杆的同时,本卷也对那些无助于国家人民利益,只会欺上瞒下、保守俸禄的佞臣进行谴责,指出不仅要驱赶他们,而且还要处以刑罚。

要做贤臣,首先要学会做人。2.20则中孔子教导子贡所讲"为人下者,其犹土乎"(做人要像泥土一样默默无私奉献,而不自居其功)的道理,更是千古名言,对培养人的高尚道德品质,至今仍然有着积极的启发意义。

本卷直接标明引用文献的有2则,即2.23则引《尚书·泰誓》和2.24则引《礼记·王制》。

其《泰誓》曰:"附下而罔上者死,附上而罔下者刑,与闻国政而无益于民者退,在上位而不能进贤者逐。"这无疑是要对欺上瞒下、尸位素餐的乱臣贼子采用最严厉的制裁。

其《王制》曰:"假于鬼神、时日、卜筮以疑于众者,杀也。"在几千年的封建社会中,统治者无不假借鬼神、灾异、祥瑞、巫筮来欺人惑众,奴役人民,此文无异于暗夜中清扫愚民迷信的文明之光。

本卷多有国君的轶事掺入,如果归在卷一《君道》篇也未尝不可。不过我国古代的政治家、思想家历来注重明君贤臣的遭际遇合,"君道"与"臣术"实际上是一个问题的两个方面,很难截然划开。这两卷完全可以相互参阅。

2.1 人臣之术①,顺从而复命②,无所敢专;义不苟全③,位不苟尊,必有益于国,必有补于君,故其身尊而子孙保之。故人臣之行有"六正""六邪",行"六正"则荣,犯"六邪"则辱。夫荣辱者,祸福之门也。何谓"六正""六邪"?"六正"

者:一曰萌芽未动④,形兆未见⑤,昭然独见存亡之机,得失之要,预禁乎未然之前⑥,使主超然立乎显荣之处,天下称孝焉⑦;如此者,圣臣也。二曰虚心白意⑧,进善通道,勉主以礼义,谕主以长策,将顺其美⑨,匡救其恶;功成事立,归善于君,不敢独伐其劳;如此者,良臣也。三曰卑身贱体⑩,夙兴夜寐,进贤不解⑪;数称于往古之行事⑫,以厉主意⑬;庶几有益,以安国家社稷宗庙;如此者,忠臣也。四曰明察幽,见成败,早防而救之,引而复之;塞其间绝其源⑭,转祸以为福,使君终以无忧;如此者,智臣也。五曰守文奉法,任官职事⑮,辞禄让赐,不受赠遗;衣服端齐,饮食节俭;如此者,贞臣也。六曰国家昏乱,所为不谀⑯,然而敢犯主之严颜⑰,面言主之过失,不辞其诛;身死国安,不悔所行;如此者,直臣也。是为"六正"也。"六邪"者:一曰安官贪禄,营于私家,不务公事;怀其智、藏其能,主饥于论、渴于策,犹不肯尽节;容容乎与世沉浮⑱,上下左右观望;如此者,具臣也⑲。二曰主所言皆曰善,主所为皆曰可;隐而求主之所好,即进之以快主之耳目⑳;偷合苟容㉑,与主为乐,不顾其后害;如此者,谀臣也。三曰中实颇险㉒,外貌小谨㉓,巧言令色,又心嫉贤;所欲进则明其美而隐其恶,所欲退则明其过而匿其美;使主妄行过任,赏罚不当,号令不行;如此者,奸臣也。四曰智足以饰非,辩足以行说,反言易辞而成文章㉔;内离骨肉之亲,外妒乱朝廷;如此者,谗臣也。五曰专权擅势,持抔国事㉕,以为轻重于私门㉖;成党以富其家,又复增加威势,擅矫主命,以自贵显;如此者,贼臣也;六曰谄主以邪㉗,坠主不义㉘;朋党比周,以蔽主明;入则辩言好辞,出则更复异其言语;使白黑无别,是非无间,伺候可推,因而附然㉔;使主恶布于境内,闻于四邻;如此者,亡国之臣也。是谓"六邪"。贤臣处"六正"之道,不行"六邪"之术,故上安而下治;生则见乐,死则见思,此人臣之术也。

【注释】

① 术:道路。许慎《说文解字》:"术,邑中道也。"引申为方法,策略。

② 复命:完成使命后回报。

③ 义不苟全:坚持正义,不苟且保全自己。苟,随便,勉强。

④ 萌芽:原文作"萌牙",此据明钞本改。芽、牙二字可通。

⑤ 形兆未见:迹象征兆未显现。见,同"现"。

⑥ 未然:原文作"不然"。《北堂书钞》《群书治要》引此,作"未然",于义为长,此据改。

⑦ 孝:泛指一切孝敬父母、尊重长辈的伦理行为。《孝经·开宗明义章》:"夫孝,德之本也。"

⑧ 虚心白意:形容心怀坦荡,没有私心杂念。《庄子·人间世》:"虚室生白,吉祥止止。"

⑨ 将顺:奉行顺从。将,奉行。《诗经·大雅·烝民》:"肃肃王命,仲山甫将之。"

⑩ 卑身贱体:降低自己的身份地位。

⑪ 解:通"懈"。懈怠。

⑫ 数称于往古之行事:此句原文作"数称于往古之德行事",向宗鲁《校证》引《群书治要》《长短经》《太平御览》《贞观政要》等均无"德"字,此据删。

⑬ 厉:同"励"。勉励。

⑭塞其间(jiàn)：堵塞漏洞。间，空隙，空子。

⑮任官职事：胜任官位，职掌事务。任、职，在这里同义，均作动词。

⑯不诔：原文作"不谏"，向宗鲁《校证》据《群书治要》等书所引，疑"谏"当作"诔"，今据改。

⑰严颜：盛怒，威严。"严"字原文无，向宗鲁《校证》据《群书治要》《长短经》《贞观政要》补，今据补。

⑱容容：庸庸碌碌，随众附和。

⑲具臣：备位充数，不称职守之臣。

⑳快主之耳目：原文脱"之"字，此据向宗鲁《校证》引诸书补。

㉑偷合苟容：奉承迎合别人，苟且容生。偷，苟且。

㉒中实颇险：内心充满邪僻阴险。中，内心。颇，偏颇，邪僻。

㉓外貌：原文作"外容貌"，此依向宗鲁《校证》据《群书治要》所引删"容"字。

㉔反言易辞：言辞反复变幻。易，改易。文章：此指礼乐制度。《礼记·大传》："考文章，改正朔。"郑玄注："文章，礼法也。"孙希旦集解："文章，谓礼乐制度。"

㉕持抔(póu)国事：把持国事。抔，捧，把。

㉖轻重：偏义复词，此取"重"义。

㉗诒主：原文作"诒言"，此据向宗鲁《校证》引《群书治要》《春秋繁露》改。

㉘坠：义同"陷"，使动用法。《春秋繁露·五行相胜》正作"陷主不义"。

㉙伺候可推，因而附然：窥视可推卸之机，便将责任归附他人。然，同"焉"。

【译文】

做人臣的道义：要顺从君主并及时回报，什么都不能专断，坚持原则而不苟且保全自己；在上位不妄自尊大，一定要对国家有好处，对君主有补益，这样不仅自身尊贵而且子孙也能保住地位。所以，人臣的操行有"六正""六邪"，实行"六正"就会享受荣耀，触犯"六邪"就会自寻耻辱。那荣耀与耻辱，就是祸与福的门户。什么是"六正""六邪"？所谓"六正"：一是事物的萌芽未发，行迹与征兆还未显现，只有他能清楚地看见存亡的时机，掌握得失的关键，在事态变化之前预先制止，使君主能够超脱地居于显贵尊荣的位置，天下的人都称誉他是有道德的人；像这样的人，就是圣明之臣。二是心胸坦荡，进善言通正道；用礼义来勉励君主，用良策来晓谕君主；奉行顺从君主的美德，匡正补救君主的恶行；大功告成，事业确立，都归功于君主，不敢独自夸耀自己的功劳；像这样的人，就是贤良之臣。三是降低自己的身份地位，早起晚睡，举荐贤士从不懈怠；常常称引古代圣君贤王的行为事迹，以激励君主的意志；希望能够有所补益，以此安定国家政权、君主的宗庙；像这样的人，就是忠心之臣。四是能明察幽微小事，预见成败，早做防备进行补救，引导事物恢复原貌；堵塞漏洞，杜绝根源，将祸患转变为福佑，使君主最终能无忧无虑；像这样的人，就是智慧之臣。五是能够遵守礼仪奉行法制，胜任官位职事，推让俸禄赏赐，不收受礼物馈赠；衣冠端庄整齐，饮食节俭；像这样的人，就是忠贞不贰之臣。六是当国家政治混乱时，他不做阿谀逢迎的事，却敢于触犯君主的威严，当面直言君主的过失，不怕被诛杀；即令自身死亡，只要能使国家安定，也不后悔自己的所作所为；像这样的人，就是正直之臣。这就是"六正"。"六邪"有：一是安享官爵贪恋俸禄，钻营私事不务公事；隐藏自己的智慧才能，当君主迫切需要意见和对策时，仍然不肯尽做臣子的职责；庸庸碌碌地随世俗沉浮，遇事左顾右盼；像这样的人，就是滥竽充数之臣。二是对君主所说的一律称好，对君主所做的完全赞同；暗中探求君主的嗜好，即刻进献给君主以满足君主耳目的娱乐；苟且迎合以求安身，与君主寻欢作乐，不顾及其后患；像这样的人，就是阿谀谄媚之臣。三是内心充满邪僻险恶，外表却小心谨慎，花言巧语媚态悦人，却又嫉贤妒能；他想要进用的人,就宣明那人的好处而隐瞒其恶行;他想要斥退的人,就宣扬那人的过错而掩盖其美德;使君主胡乱行事错误任用,赏罚不当,号令不能施行;像这样的人,就是奸佞之臣。四是他的机智能够文过饰非,辩才能够进行游说,言辞反复变幻而形成礼法制度;在内离间亲人骨肉,在外嫉贤妒能扰乱朝廷;像这样的人,就是谄谀之臣。五是专揽权势,把持国家大事,以此加强私人派系,结成朋党使自己家族富有;又继续增加自己的威势,擅自篡改君主的命令,使自己尊贵显赫;像这样的人,就是乱臣贼子。六是用邪僻之事谄媚君主,陷君主于不义;结党营私,排斥异己,以此蒙蔽君主的明察;入朝就巧言善辩,出朝就改变其言辞,颠倒黑白,不论是非;窥视可推卸之机,便将责任归于君主;使君主恶名传布于国内,传到四周邻国;像这样的人,就是亡国之臣。这就是"六邪"。贤臣处在"六正"的道路上,不走"六邪"之路,所以在上的君主安定而在下的百姓太平。他活着时能享受安乐,死后就会被人们思念,这就是人臣应走的道路。

2.2 汤问伊尹曰:"三公、九卿、大夫、列士①,其相去何如②?"伊尹对曰:"三公者,知通于大道③,应变而不穷,辩于万物之情④,通于天道者也⑤。其言足以调阴阳⑥,正四时⑦,节风雨⑧;如是者,举以为三公。故三公之事,常在于道也。九卿者,不失四时,通沟渠⑨,修堤防,树五谷,通于地理者也⑩;能通不能通,能利不能利⑪;如此者,举以为九卿。故九卿之事,常在于德也⑫。大夫者,出入与民同众⑬,取去与民同利⑭;通于人事,行犹举绳⑮,不伤于言;言足法于世⑯,不害于身;通于关梁⑰,实于府库⑱;如是者,举以为大夫。故大夫之事,常在于仁也⑲。列士者,知义而不失其心⑳,事功而不独专其赏㉑;忠正强谏㉒,而无有奸诈;去私立公,而言有法度；如是者，举以为列士。故列士之事，常在于义也。故道德仁义定，而天下正㉓。凡此四者，明王臣而不臣㉔。"汤曰："何谓臣而不臣㉕？"伊尹对曰："君之所以不名臣者四：诸父臣而不名㉖，诸兄臣而不名㉗，先王之臣臣而不名，盛德之士臣而不名，是谓大顺也㉘。"㉙

【注释】

①三公：古代中央三种最高官衔的合称。周朝三公为太师、太傅、太保。九卿：古代中央政府的九个高级官职，位在三公之下，大夫、士之上。周朝以少师、少傅、少保、冢宰、司徒、宗伯、司马、司寇、司空为九卿。大夫：位在九卿之下，士之上。列士：又称元士。

②相去：相互间的区别、距离。这里指所列职官之间的职能区别。

③知：同"智"。智慧。大道：人世间根本规律。

④辩：通"辨"。辨别，区分。

⑤天道：天地间自然规律。

⑥调阴阳：协调阴阳之气。日为阳，月为阴。这里指协调昼夜阴晴的变化。

⑦正四时：正确掌握四季规律。

⑧节风雨：节制风雨变化。

⑨通沟渠：原文作"通于沟渠"，向宗鲁《校证》认为"于"字涉上文"通于大道"而衍，且《北堂书钞》等所引均无"于"字，当删。今据删。

⑩地理：原文作"地里"，此据《四库全书》本、《万有文库》本、《校正》本改。

⑪能利不能利：第一个"利"字作动词，生利，利于。

⑫德：此为福、利之意。《礼记·哀公问》："孔子侍坐于哀公，哀公曰：'敢问人道谁为大？'孔子愀然作色而对曰：'君之及此言也，百姓之德也！'"郑玄注："德，福也。"

⑬众：日人关嘉《说苑纂注》疑此字或为"乐"字之误，《帝王世纪》作"象"；译文暂作"乐"字解。

⑭取去：取舍。

⑮举绳：弹墨线。这里比喻为准绳。绳，木工用作取直的墨线。

⑯言足法于世：原文作"言之于世"，此据向宗鲁《校证》引《北堂书钞》改。法，被效法、做榜样的意思，动词，表被动。

⑰关梁：关口和桥梁，指水陆交通必经之处。

⑱府库：官府储存钱粮财物兵甲的仓库。

⑲仁：仁爱。又通"存"。《礼记·仲尼燕居》："郊社之义，所以仁鬼神也。"注："仁，犹存也，凡存此者，所以全善之道也。"

⑳义：道义，行为准则。心：同"性"。人的本性。

㉑事功：事业成功，这里用作动词。

㉒忠正：原文作"忠政"，此据明钞本径改。"政"与"正"通。

㉓正：定，稳定。《周礼·天官·宰夫》："岁终则令群吏正岁会，月终则令正月要。"郑玄注："正，犹定也。"

㉔臣而不臣：身为臣而不以他为臣。原文作"臣而不名"，向宗鲁《校证》认为此文有脱误，改此"名"为"臣"，此从之。

㉕臣而不臣：此第二个"臣"字旁，原文批有小字"名"。

㉖诸父：古代天子对同姓诸侯称为"诸父"。

㉗诸兄：所有同宗族之兄长。

㉘大顺：天下太平。此指根据封建礼教法制治理天下而达到的社会安定境界。《礼记·礼运》："天子以德为车，以乐为御；诸侯以礼相与；大夫以法相序；士以信相考；百姓以睦相守；天下之肥也，是谓大顺。"

㉙天海按:《白虎通义·王者不臣》及《封公侯》两篇有文与此略同。马国翰《玉函山房辑佚书》收入《伊尹书》佚文。

【译文】

商汤问伊尹:"三公、九卿、大夫、列士,这些职位有什么区别?"伊尹回答说:"位居三公的人,他的智慧应通晓人世间根本规律,能应付各种变化而不会陷入困境;能够分辨万事万物的真情实状,通晓天地自然的规律;他的言论能够调理阴阳之气,正确掌握四季气候规律,节制风雨阴晴;像这样的人,可以推举为三公。所以三公的职事,常在于掌握根本规律。位居九卿的人,是不错过春夏秋冬四时,能疏通沟渠,修筑堤防,种植五谷,通晓地理的人。他能疏通别人所不能疏通的,能获得别人不能获得的利益;像这样的人,可以推举为九卿。因此九卿的职事,常在于谋利造福。位居大夫的人,出入与民同乐,取舍与民同利,通晓人情世故;他的行为犹如墨线一样端正,在言辞方面不会有失误;他的言论可以为世人效法,绝不会有害自身;他能开通关塞桥梁,充实国家府库;像这样的人,可推举他为大夫。所以大夫的职事,常常在于仁爱。作为列士,要懂得道义而不丧失本性,事业成功却不独自享受赏赐;忠贞正直极力强谏,而没有奸诈之心;杜绝私门,扶持公室,言谈符合法度;像这样的人,可推举为列士。因此列士的职事,常常在于行事符合正义。所以道德仁义确定了,天下就能稳定。大凡这四种人,圣明的君王以他们为臣,却不称他们为臣。"商汤问:"什么叫以他们为臣却不称他们为臣呢?"伊尹回答说:"君王不称为臣的人有四种:众父辈作臣的不称为臣,众兄长作臣的不称为臣,做过先王大臣的不称为臣,有高尚道德的贤士不称为臣。这就是天下太平啊!"

2.3 汤问伊尹曰:"古者所以立三公、九卿、大夫、列士者,何也?"伊尹对曰:"三公者,所以参王事也①;九卿者,所以参三公也;大夫者,所以参九卿也;列士者,所以参大夫也。故参而有参②,是谓事宗③,事宗不失,外内若一。"④

【注释】

①参王事:原文作"参五事",形近至误,此据向宗鲁《校证》依卢文弨说改。参,参与,引申为辅佐的意思。

②有:通"又"。

③事宗:做事的主旨。

④天海按:向宗鲁《校证》称此文亦见《五行大义》引《帝王世纪》,马国翰以为《伊尹书》佚文。

【译文】

商汤问伊尹说:"古时候之所以设立三公、九卿、大夫、列士的职位,是为什么呢?"伊尹回答说:"三公,是用来辅佐君王参与国事的;九卿,是用来辅助三公的;大夫,是用来辅助九卿的;列士,是用来辅助大夫的。因此辅助中又有辅助,这就是国事的宗旨。国事的宗旨没有缺失,那么朝内朝外就像一个整体。"

2.4 子贡问孔子曰①:"今之人臣孰为贤?"孔子曰:"吾未识也②。往者,齐有鲍叔③,郑有子皮④,贤者也。"子贡曰:"然则齐无管仲,郑无子产乎⑤?"子曰:"赐,汝徒知其一⑥,不知其二。汝闻进贤为贤耶,用力为贤耶?"子贡曰:"进贤为贤。"子曰:"然。吾闻鲍叔之进管仲也,闻子皮之进子产也,未闻管仲、子产有所进也。"⑦

【注释】

①子贡(前520—?):复姓端木,名赐,字子贡,一作子赣,以字行。春秋末年卫国人。孔子门生,孔门十哲之一。子贡以言语闻名,

利口巧辞,善于雄辩。孔子曾称其为"瑚琏之器",曾历仕鲁国、卫国。他还善于经商,富致千金。

②识:识别,知道。

③鲍叔:即鲍叔牙。春秋时齐国大夫。他知管仲有才干,齐国内乱,管仲获罪于齐桓公,鲍叔牙则力荐桓公任管仲为齐国国相,最终管仲辅佐齐桓公成就霸业。鲍叔牙以知人重友称于世,后世常以"管鲍之谊"形容莫逆之交的好友。

④子皮:罕虎(？—前529),姬姓,罕氏,名虎,字子皮。春秋时郑国上卿,掌国政,知子产贤,授之以政。

⑤子产(？—前522):姬姓,公孙氏,名侨,字子产,又字子美,谥成,称公孙侨、公孙成子,史籍一般称子产。春秋时期郑国著名政治家、思想家。郑简公时为卿,辅佐郑简公、郑定公、郑声公二十余年。时晋楚两国争霸,郑国弱小,处于两强之间,子产从中周旋,得保郑国无事。子产死后,孔子称他为"古之遗爱"。

⑥徒知:只知。

⑦天海按:此文见《韩诗外传》卷七、《孔子家语·贤君》。

【译文】

子贡问孔子说:"如今的臣子中谁是贤人?"孔子说:"我不知道。从前,齐国有鲍叔牙,郑国有罕虎,他俩是贤人。"子贡说:"那么齐国就不算管仲,郑国就不算子产吗?"孔子说:"赐啊,你只知其一,不知其二。你听说是引进贤人的为贤呢,还是出力的为贤呢?"子贡说:"引进贤人的为贤。"孔子说:"对。我听说鲍叔牙引进了管仲,子皮引进了子产,没有听说管仲、子产引进过什么贤人。"

2.5 魏文侯且置相①,召李克而问焉②,曰:"寡人将置相,置于季成子与翟触③,我孰置而可?"李克曰:"臣闻之:贱不谋贵④,外不谋内⑤,疏不谋亲⑥。臣者疏贱,不敢闻命⑦。"文侯曰："此国事也，愿与先生临事而勿辞。"李克曰："君不察故也，可知矣。贵视其所举⑧，富视其所与⑨，贫视其所不取⑩，穷视其所不为⑪。由此观之，可知矣。"文侯曰："先生出矣，寡人之相定矣。"李克出，过翟黄⑫。翟黄问曰："吾闻君问相于先生，未知果孰为相？"李克曰："季成子为相。"翟黄作色不说曰⑬："触失望于先生。"李克曰："子何遽失望于我⑭？子之言我于子之君也⑮，岂与我比周而求大官哉⑯？君问相于我，臣对曰：'君不察故也。贵视其所举，富视其所与，贫视其所不取，穷视其所不为。由此观之，可知也。'君曰：'出矣，寡人之相定矣。'以是知季成子为相。"翟黄不说曰："触何遽不为相乎？西河之守⑰，触所任也；计事内史⑱，触所任也；王欲攻中山⑲，吾进乐羊⑳；无使治之臣㉑，吾进先生；无使傅其子，吾进屈侯鲋㉒。触何负于季成子㉓？"李克曰："不如季成子。季成子食采千钟㉔，什九居外一居中㉕，是以东得卜子夏、田子方、段干木㉖。彼其所举，人主之师也；子之所举，人臣之才也。"翟黄逡然而惭㉗，曰："触失对于先生㉘，请自修然后学。"言未卒，而左右言季成子立为相矣。于是翟黄默然变色，内惭不敢出，三月也。㉙

【注释】

①魏文侯（？—前396）：姬姓，魏氏，名斯，一名都。战国时魏国开国君主，前445—前396年在位。前403年，韩、赵、魏三家分晋，被周威烈王正式承认为诸侯。

②李克：即李悝（前455—前395）。战国时期的政治改革家，曾任魏文侯相，主持变法，编有《法经》一书。

③季成子:公孙季成,魏氏,字季,魏文侯之弟。翟触:名黄,一作璜。出生于狄族,战国初期辅佐魏文侯,帮助其灭中山国,爵至上卿。为魏文侯推荐不少栋梁之才,使魏国大治。
④贱不谋贵:卑贱者不为尊贵者谋划。
⑤外不谋内:外臣不为宫内事谋划。
⑥疏不谋亲:关系疏远者不为亲近者谋划。
⑦闻命:听命,从命。恭敬之辞。
⑧所举:举荐的人。
⑨所与:结交的人。
⑩所取:不愿拿的东西。
⑪穷:处于困境。所不为:不愿做的事情。
⑫过:经过,拜访。
⑬作色不说:脸上变色不高兴。说,同"悦"。
⑭何遽:犹言"如何""怎么",表示反问。
⑮子之言:三字原文脱,此据向宗鲁《校证》依卢文弨校语补。
⑯比周:相互勾结。
⑰西河之守:西河郡的郡守。西河郡指今陕西东部邻近黄河的大荔、澄城、韩城等一带地区,当时属魏。
⑱计事内史:官名。春秋时沿西周官制,掌管著作简策、策命及爵禄废置等事。
⑲中山:周代诸侯国名。春秋末年戎人所建,初都于今河北定州,后迁灵寿。前406年曾为魏国所破,后复国;前296年为赵武灵王所灭。
⑳乐羊:一作乐阳。战国时期魏国将领,乐毅先祖。乐羊初为魏相翟璜门客,后因大败中山国而成名。封于灵寿(今属河北),子孙遂世居于此。
㉑无使治之臣:没有能够使国家得到治理的大臣。

㉒屈侯鲋:复姓屈侯,名鲋,一作附。战国时魏国人。有贤名。魏文侯时翟璜荐为文侯子之傅。

㉓负:输,不如。

㉔食菜千钟:比喻俸禄丰厚。菜,通"采"。指采邑。《四部丛刊》本正作"采"。钟,为古代一种量器,容六斛四斗。

㉕什九居外一居中:十分之九的时间在外,很少时间在家中。

㉖卜(bǔ)子夏(前507—?):卜商,字子夏。春秋末年晋国温地(今河南温县)人,一说卫国人。孔子弟子,以文学著称,位列孔门十哲,曾为莒父宰。为人"好与贤己者处"。孔子死后,相传子夏曾在西河讲学,《诗》《春秋》等书,均是由他所授;李悝、吴起都是他的弟子,魏文侯尊以为师。田子方:名无择,字子方。魏国人。以子贡为师,道德学问闻名诸侯。传言魏文侯曾慕名聘他为师,执礼甚恭。段干木:战国时魏人。少贫且贱,师事子夏,高尚不仕。魏文侯出过其庐,必凭轼示敬。后为魏文侯师。

㉗迮(zé)然:局促、困窘的样子。

㉘失对:对答不当。

㉙天海按:此文又见《韩诗外传》卷三、《史记·魏世家》所载,略同。

【译文】

魏文侯将要设置国相,召见李克向他询问这件事,说:"我将要设置国相,在季成子与翟触二人之间选择,我安排谁才合适呢?"李克说:"我听说:卑贱的人不能为尊贵的人谋划,外臣不能为君主谋划内事,关系疏远的人不能为关系亲近的人谋划。我是个疏远而卑贱的人,不敢接受您的旨意。"魏文侯说:"这是国家大事,我希望与先生共同面对,请不要推辞。"李克说:"可知这是因为您没能详察。显贵时要看他所推举的人,富有时要看他所结交的人,贫贱时要看他不拿取什么,穷困潦倒时要看他不做什么。从这些方面来观察他,就可以知道了。"魏文侯说:"先生您出去吧,我的国相已经确定了。"李克出宫后,便去拜访翟黄。翟黄问他："我听说国君向先生询问国相的事,不知道结果谁做国相？"李克说："季成子做国相。"翟黄变了脸色不高兴地说："我对先生您很失望。"李克说："您怎么就对我失望呢？您曾经向您的国君进言推荐我,难道是想与我勾结而谋求大官吗？国君向我询问国相的事,我回答说：'这是因为您没能详察。显贵时要看他所推举的人,富有时要看他所结交的人,贫贱时要看他不拿取什么,穷困潦倒时要看他不做什么。从这些方面观察他,就可以知道了。'国君说：'你出去吧,我的国相已确定了。'我因此知道季成子将做国相。"翟黄不高兴地说："我为何就不能做国相呢？西河郡守是我推荐而任命的,计事内史是我推荐而任命的；国君想要攻打中山国,我就举荐了乐羊；没有能使国家得到治理的大臣,我就引荐了先生您；没有师傅能辅导国君的儿子,我就引荐了屈侯鲋。我怎么就不如季成子呢？"李克说："您不如季成子。季成子俸禄千钟,可他十分之九的时间在外,十分之一居住在京城中,因此从东方得到卜子夏、田子方、段干木三人。他所推举的这些人,是国君的老师；您所推举的人,只是作臣子的人才。"翟黄局促不安并惭愧地说："我的应对不当,请让我修养自己的德性后向先生学习。"话未说完,左右的人便报告说季成子立为国相了。于是翟黄默不作声而脸色大变,他内心羞惭,有三个月不敢出门。

2.6 楚令尹死①,景公遇成公乾曰②："令尹将焉归③？"成公乾曰："殆于屈春乎④？"景公怒曰："国人以为归于我。"成公乾曰："子资少⑤,屈春资多。子义获⑥,天下之至忧也⑦,而子以为友；鸣鹤与刍狗⑧,其知甚少,而子玩之。鸱夷子皮日侍于屈春⑨,损颇为友⑩,二人者之智足以为令尹,不敢专其智,而委之屈春,故曰政其归于屈春乎！"

【注释】

①令尹：官名。春秋战国时楚国所设，为楚国最高官职，对内主持国事，对外主持战争，总揽军政大权于一身。

②景公：生平事迹不详。成公乾：生平事迹不详。

③焉归：即"归焉"，归于哪一个。

④殆：大概。屈春：楚国大夫。生平事迹不详。

⑤资：资助，凭借。

⑥子义获：意即您好获取。义，利，好也。《左传·昭公三十一年》："不为义疚。"洪亮吉诂："义，亦利也。"天海按，"子义获"，原文作"于义获"，此据《四库全书》本、《万有文库》本及向宗鲁《校证》改。

⑦至忧：最大的忧患。

⑧刍狗：用草扎成的狗，古代祭祀时使用。

⑨鸱夷子皮：生平事迹不详。春秋时越国范蠡曾用此化名，但此人非范蠡。

⑩损颇：生平事迹不详。

【译文】

楚国令尹死后，景公遇见成公乾说："令尹这个职位将属于谁？"成公乾说："大概属于屈春吧！"景公发怒说："国都的人都认为该属于我。"成公乾说："你的资助少，屈春的资助多。你好获取，这是天下最大的忧患，而你却与它为伴；鸣鹤与刍狗，它们什么也不知道，而你却爱赏玩它们。鸱夷子皮每天都伺候在屈春身边，与损颇为友，这二人的智慧完全能够当令尹，却不敢以他们的智慧独专，而托付给屈春。所以说政事也许将归于屈春吧！"

2.7 田子方渡西河，造翟黄①。翟黄乘轩车②，戴华盖③，黄金之勒④，约镇簟席⑤。如此者，其驷八十乘⑥。子方望之,以为人君也。道狭,下抵车而待之。翟黄至而睹其子方也,下车而趋⑦,自投下风⑧,曰:"触。"田子方曰:"子与!吾向者望子⑨,疑以为人君也,子至而人臣也,将何以至此乎?"翟黄对曰:"此皆君之所以赐臣也,积三十岁,故至于此。时以闲暇,祖之旷野⑩,正逢先生。"子方曰:"何子赐车舆之厚也?"翟黄对曰:"昔者,西河无守,臣进吴起而西河之外宁⑪;邺无令⑫,臣进西门豹而魏无赵患⑬;酸枣无令⑭,臣进北门可而魏无齐忧⑮;魏欲攻中山,臣进乐羊而中山拔;魏无使治之臣,臣进李克而魏国大治。是以进此五大夫者,爵禄倍,以故至于此。"子方曰:"可。子勉之矣。魏国之相不去子而之他矣⑯。"翟黄对曰:"君母弟有公孙季成者,进子夏而君师之,进段干木而君友之,进先生而君敬之。彼其所进师也、友也、所敬者也。臣之所进者,皆守职守禄之臣也,何以至魏国相乎?"子方曰:"吾闻身贤者,贤也;能进贤者,亦贤也。子之五举者尽贤,子勉之矣,子终其次也。"⑰

【注释】

①造:到,去。引申为拜访。翟黄:人名。即翟璜。
②轩车:一种曲辕有幡(fān)的车,古代为诸侯大夫所乘。
③戴华盖:车上遮有伞盖。华盖,古代贵族车上的伞盖。
④勒:马络头,有嚼口的叫勒,没有的叫羁。
⑤约镇簟(diàn)席:丝绳栓美玉压住竹席。约,丝绳。镇,玉镇,玉石所制压席的用具。簟席,垫在座位上的竹席。
⑥驷:古代一车套四马,故又称驷车。
⑦趋:急步小跑,古代礼节,以示恭敬。

⑧自投下风：自居下方，表示谦恭。下风，风的下方。

⑨向：刚才，先前。

⑩徂：徂，往，到。原作"祖"，形误。此据向宗鲁《校证》径改。

⑪吴起(？—前381)：战国时卫人。初在鲁国为将，后仕于魏，魏文侯任为西河守，遭陷害而逃奔楚国，助楚悼王变法。楚悼王死，变法失败，被贵族杀害。他是战国初期著名的政治家和军事家，世传《吴子》一书继承和发展了《孙子兵法》的有关思想，在历史上曾与《孙子兵法》齐名，并称为"孙吴兵法"，为历代兵家所重视。

⑫邺：故城在今河北临漳西南，河南安阳北。令：战国时县的行政长官。

⑬西门豹：复姓西门，名豹。魏文侯时任邺令，是著名的政治家、水利家。褚少孙补《史记·滑稽列传》中记载他治邺的政绩。

⑭酸枣：战国时魏地，地近齐国，因多产酸枣得名，故城在今河南延津西南。

⑮北门可：复姓北门，名可。生平事迹不详。

⑯之他：往别处，归于他人。意即属他人。

⑰天海按：此文所记之事又见《韩非子·外储说左下》。

【译文】

田子方渡过黄河，前往拜访翟黄。翟黄乘坐高车，车上装有伞盖。用黄金作马络头，用丝绳拴美玉压住竹席，像这样四匹马拉的车就有八十辆。田子方从远处望见车队，以为是国君的车仗。由于道路狭窄，他下车紧靠着车厢等待车队先过。翟黄到后看到那是田子方，他下车就快步小跑，自拜下方说："我是翟黄。"田子方说："是您啊！我先前望见您的车，还怀疑是国君呢，您到了我才知道是个臣子，您为什么会如此阔绰呢？"翟黄回答说："这都是国君赏赐我的，积累了三十年，所以至于这样。因为时间有空闲，到旷野来走走，正好遇见先生。"田子方说："为什么赏赐给您这样多的车辆呢?"翟黄回答说:"从前,西河没有郡守,我引荐了吴起后,西河之外就安宁了;邺城没有县令,我引荐了西门豹后,魏国就没有赵国的侵扰;酸枣没有县令,我引荐了北门可,魏国就不用担心齐国的进攻;魏想要攻取中山国,我举荐了乐羊,中山就被攻下;魏国没有治国大臣,我举荐李克,魏国就得到很好的治理。是因为举荐了这五个大夫,国君就给我加倍的爵禄,所以至于现在这样。"田子方说:"可以啊。您努力去做吧。魏国的相位不会离开您而属于他人了。"翟黄回答说:"国君有同母弟公孙季成,他举荐了子夏,国君就拜为老师;举荐了段干木,国君就与他成为朋友;举荐了先生您,国君对您十分恭敬和礼遇。他所引荐的都是国君的老师、朋友,及国君所礼敬的人。而我所引荐的人,都是安守职位和俸禄的臣子,凭什么能得到魏国的相位呢?"田子方说:"我听说自身贤明的人就是贤士,能引进贤能的人也是贤士。您五次推举的都是贤才,您努力去做吧,您最终会在季成子之后做国相的。"

2.8 齐威王游于瑶台①,成侯卿来奏事②,从车罗骑甚众。王望之,谓左右曰:"来者何为者也?"左右曰:"成侯卿也。"王曰:"国至贫也,何出之盛也?"左右曰:"与人者有以责之也③,受人者有以易之也④,王试问其说。"成侯卿至,上谒曰⑤:"忌也。"王不应,又曰:"忌也。"王不应,又曰:"忌也。"王曰:"国至贫也,何出之盛也?"成侯卿曰:"赦其死罪,使臣得言其说。"王曰:"诺。"对曰:"忌举田居子为西河⑥,而秦、梁弱⑦;忌举田解子为南城⑧,而楚人抱罗绮而朝;忌举黔涿子为冥州⑨,而燕人给牲⑩,赵人给盛⑪;忌举田种首子为即墨⑫,而于齐足究⑬;忌举北郭刁勃子为大士⑭,而九族益亲⑮,民益富。举此数良人者,王枕而卧耳,何患国之贫哉?"⑯

【注释】

① 齐威王(前378—前320):妫姓,田氏,名因齐,又作婴齐。前356—前320年在位。瑶台:美玉砌成之台,极言其华丽,为齐国王宫内游玩之处。

② 成侯卿:即邹忌。一作驺忌,尊称驺子。战国时齐国人。齐威王时,以鼓琴游说齐威王,尊为上卿,被任相国,讽喻威王进贤纳谏,亲附万民,修订法令,整饬军容政纪,使齐国逐渐富强。封于下邳(今江苏邳州西南),号成侯,故名成侯卿。后又事齐宣王。

③ 责之:诘问他,要求他。

④ 易之:与之交易。此指用同等价值回报。

⑤ 上谒曰:拜见说。曰,原文作"田"字,此据明钞本径改。

⑥ 田居子:本书8.35则作"田居",说他曾任齐国将领。西河:黄河沿岸地区,在齐国境内,与上文魏国的西河非同一地。

⑦ 梁:即魏国,前361年魏惠王迁都大梁,魏亦称作梁。

⑧ 田解子:即檀子。齐威王时贤臣。事迹见《史记·田敬仲完世家》。南城:春秋时鲁国武城邑,后称为南城,故城在今山东费县西南。

⑨ 黔涿子:即黔夫。齐威王时贤臣。事迹见《韩诗外传》卷十、《史记·田敬仲完世家》。冥州:《史记·田敬仲完世家》记此事作"徐州"。

⑩ 牲:牺牲,祭祀所用的家畜。

⑪ 盛(chéng):祭祀时装在容器中的黍稷等祭物。

⑫ 田种首子:即种首。齐威王时贤臣。事见《韩诗外传》卷十、《史记·田敬仲完世家》,均作"种首"。即墨:齐邑,故城在今山东平度东南。

⑬ 足究:其义未详。《史记·田敬仲完世家》作:"吾臣有种首者,使备盗贼,则道不拾遗。"据此且解作"盗贼不起,社会安定"。

⑭北郭刁勃子：北郭为复姓，刁勃为名。《战国策·齐策六》作"貂勃"，本书卷十二《奉使》作"刁教"(12.18)，均记为齐襄王时人，未知是否为同一人。大士：官名。即大理，主管刑狱。

⑮九族：同宗九代亲属，上至高祖，下至玄孙。

⑯天海按：本文所记与《韩诗外传》卷十、《史记·田敬仲完世家》略同，但《外传》记为齐宣王与魏惠王会猎时的对话，《史记》则记为齐威王与魏王会猎时的对话。

【译文】

齐威王在瑶台游玩，成侯卿邹忌前来禀奏国事，随从车马罗列众多。齐威王在台上望见，问左右的人说："来人是做什么的？"左右的人回答说："是成侯卿。"齐威王说："国家贫穷极了，为什么他出行排场这样盛大？"左右的人说："给予别人东西的人有权利来责问他，接受别人东西的人有义务来报答。大王不妨试问他，看他怎么解说。"成侯卿来到瑶台，上前参拜说："我是邹忌。"齐威王不理他，他又说："我是邹忌。"威王还是不理他。邹忌又说："我是邹忌。"齐威王说："国家极贫，你为什么出行排场这样盛大？"成侯卿说："请先赦免臣的死罪，让我能够说明理由。"齐威王说："好吧！"成侯卿说："我举荐田居子治理西河，而秦、魏两国的势力被削弱；我举荐田解子治理南城，而楚国人便抱着罗绮来朝拜；我举荐黔涿子治理冥州，燕国就贡献祭祀用的牲畜，赵国就贡献祭祀的黍稷；我举荐田种首子治理即墨，就使齐国盗贼不起，社会安宁；我推举北郭刁勃子作大理，宗族就更加亲善，百姓更加富足。我举荐了这几个贤良的人才，大王您可以高枕而卧了，何必担心国家会贫穷呢？"

2.9 秦穆公使贾人载盐①，征诸贾人，贾人买百里奚以五羖羊之皮②，使将车之秦。秦穆公观盐，见百里奚牛肥，曰："任重道远以险，而牛何以肥也？"对曰："臣饮食以时，使之不以暴；有险，先后之以身③，是以肥也。"穆公知其君子也，令有司具沐浴，为衣冠与坐，公大悦。异日，与公孙支论政④，公孙支大不宁⑤，曰："君耳目聪明，思虑审察，君其得圣人乎？"公曰："然。吾悦夫奚之言，彼类圣人也。"公孙支遂归，取雁以贺⑥，曰："君得社稷之圣臣，敢贺社稷之福。"公不辞，再拜而受。明日，公孙支乃致上卿以让百里奚，曰："秦国处僻民陋，以愚无知，危亡之本也。臣自知不足以处其上，请以让之。"公不许，公孙支曰："君不用宾相⑦，而得社稷之圣臣，君之禄也⑧；臣见贤而让之，臣之禄也。今君既得其禄矣，而使臣失禄，可乎？请终致之⑨。"公不许，公孙支曰："臣不肖而处上位，是君失伦也⑩；不肖失伦，臣之过；进贤而退不肖，君之明也。今臣处位，废君之德，而逆臣之行也，臣将逃。"公乃受之。故百里奚为上卿以制之⑪，公孙支为次卿以佐之也⑫⑬。

【注释】

①秦穆公(？—前621)：一作秦缪公。嬴姓，名任好。春秋时秦国国君，前659—前621年在位。被《史记索隐》等书定为春秋五霸之一。贾(gǔ)人：商人。

②百里奚：姜姓，百里氏，名奚，一作傒，字子明。一说百氏，名奚，字里。原为虞国大夫，虞亡时被晋俘虏，作为陪嫁之臣送入秦国。后出走至楚为楚人所获，又被秦穆公用五张公黑羊皮赎回，任为大夫，故又称"五羖大夫"。后与蹇叔、由余等帮助秦穆公建立霸业。羖羊：黑色公羊。

③先后之以身：以自身置于危险的前后。

④公孙支：一作公孙枝，嬴姓，名支，字子桑。春秋时秦国大夫。曾向秦穆公举荐过孟明，能知人举善。

⑤不宁：不平静，激动。

⑥取雁以贺：古时常用大雁作贺礼，故云。

⑦宾相：即"傧相"。此指引荐之人。迎宾称傧，赞礼称相。《周礼·秋官·司仪》："掌九仪之宾客摈相之礼，以诏仪容辞令揖让之节。"

⑧禄：福。

⑨致之：归还官职。致，致仕，即退休。

⑩伦：通"抡"。选择。

⑪上卿：古代官名。春秋时，周朝及诸侯国分为上、中、下三卿。战国时作为爵位的称谓，一般授予国君礼敬的大臣或贵族。制之：裁断国政。制，裁断。之，代国政。

⑫次卿：次于上卿的中卿。

⑬天海按：《吕氏春秋·慎人》所记为公孙支了解百里奚在秦穆公之前，此其推荐百里奚时所言，与本文不同，但记载让位的事大体不差。

【译文】

秦穆公命商人运盐，要征召很多商人，商人用五张黑色公羊皮买下百里奚，让他赶盐车到了秦国。秦穆公察看盐车时，见百里奚驾车的牛很肥壮，便问他说："装载很重，道路遥远而艰险，但这牛为什么这样肥壮呢？"百里奚回答说："我按时给它们饮水喂食，不用暴力驱使它们，凡遇到艰险的地方，我自身在它们的前后照料，因此它们才这样肥壮。"秦穆公由此知道他是一个君子，便命令有关部门为他准备沐浴，更换衣帽，与他共坐交谈，穆公大喜。不久后，秦穆公与公孙支讨论国政，公孙支很不平静，他说："国君您耳目聪明，思虑审慎明察，大概是得到了圣人吧？"秦穆公说："是这样。我欣赏百里奚的言论，他就是类似圣人的人。"公孙支于是回去,取来大雁向秦穆公表示祝贺,说:"国君得到了治国的圣臣,请让我祝贺国家的福运。"穆公没有推辞,拜了两拜就接受了贺礼。第二天,公孙支要辞去上卿职位并让给百里奚,说:"秦国所处的位置偏僻,百姓见识简陋,又愚昧无知,这是国家危亡的本源。我自知不能够居于上卿之位,请将上卿职位让给百里奚。"穆公不答应。公孙支说:"国君您没有侯相的举荐,就得到了国家的圣臣,这是您的福气;我见到贤人而让位给他,这是我的福气。如今大王您已经得到这样的福气了,却使我失去福气,这样可以吗?我要坚决辞去这个职务。"穆公还是不答应。公孙支又说:"我不贤而居上位,是您选择人才的失误;我不贤而选择失当,是我的过错;举荐贤人而斥退不贤的人,是您的英明。如今我仍处在原有的职位上,是毁坏了您的美德,又违背了我的行为操守,所以我将要逃亡国外。"穆公于是接受了他的请求。由此百里奚作为上卿来治国理政,公孙支作为中卿来辅佐他。

2.10 赵简主从晋阳之邯郸①,中路而止。引车吏进问:"君何为止?"简主曰:"董安于在后②。"吏曰:"此三军之事也③,君奈何以一人留三军也?"简主曰:"诺。"驱之百步又止,吏将进谏,董安于适至。简主曰:"秦道之与晋国交者,吾忘令人塞之。"董安于曰:"此安于之所为后也。"简主曰:"官之宝璧④,吾忘令人载之。"对曰:"此安于之所为后也。"简主曰:"行人烛过年长矣⑤,言未尝不为晋国法也,吾行忘令人辞且聘焉。"对曰:"此安于之所为后也。"简主可谓内省外知人矣哉,故身佚国安⑥。御史大夫周昌曰⑦:"人主诚能如赵简主,朝不危矣。"

【注释】

①赵简主:即赵简子。晋阳:春秋时晋邑。春秋末年,晋国上卿赵简子家臣董安于在今山西太原晋源附近悬瓮山东侧,晋水北岸修筑晋阳城,后曾作为赵国的统治中心。最早出现在史书中的年代是前497年。邯郸:古都邑,前386年赵敬侯迁都于邯郸,故址在今河北邯郸。

②董安于(? —前496):又作"董阏于",平阳翼城(今属山西)人。春秋时晋国正卿赵鞅心腹家臣,古代晋阳城的始创者。前497年,荀寅、范吉射将作乱攻赵鞅。安于以告赵鞅,劝先发难。次年,梁婴父欲以先发难罪讨赵氏。安于为使赵氏免祸,自缢而死。

③三军:西周军制,天子六军,诸侯大国三军,一般称上中下三军。也有称左中右、前中后三军的。

④宝璧:美玉。

⑤行人:官名,掌朝觐聘问。烛过:人名。春秋时在晋国担任行人的官职,余事未详。

⑥佚:安乐。

⑦御史大夫:官名。秦代始置,负责监察百官,代表皇帝接受百官奏事,管理国家重要图册、典籍,代朝廷起草诏命文书等。西汉沿置,御史大夫与丞相、太尉合称三公。周昌(? —前192):西汉沛(今江苏沛县)人,秦时为泗水卒史。从刘邦起兵破秦。刘邦称帝后,为御史大夫,封汾阴侯。周昌耿直敢言,刘邦欲废太子,他直言谏止。后为赵王刘如意相,刘如意为吕后所杀,周昌自觉辜负刘邦,郁闷不乐,三年后去世,谥号悼。

【译文】

赵简子从晋阳到邯郸去,走到半路就停了下来。引导车队的官吏上前问道:"您为何要停车呢?"简子说:"因为董安于还在后面。"官员说:"这是三军的大事,您为何因为一个人而滞留三军呢?"简子说:"那好吧。"驱车走了百十步又停了下来,引车的官吏正要进行劝谏,董安于正好赶到了。赵简子对董安于说:"秦国的道路与晋国连接的地方,我忘了命人堵塞它。"董安于说:"这就是我落后的原因啊。"简子又说:"官府的美玉,我忘了派人带上它。"董安于回答说:"这也是我留在后面的原因啊。"简子又说:"行人烛过已经年迈了,他的话没有不被晋国所取法的,我走的时候忘了派人向他辞行并问候他。"董安于回答说:"这也是我留在后面的原因啊。"赵简子可以说得上是对内能自我反省,对外又能知人了,所以他身心安乐而又使国家安定。御史大夫周昌说:"君主果真能像赵简子一样,那朝政就不会有危机了。"

2.11 晏子侍于景公,公曰①:"朝寒,请进热食。"对曰:"婴非君之厨养臣也②,敢辞。"公曰:"请进服裘。"对曰:"婴非君田泽之臣也③,敢辞。"公曰:"然,夫子于寡人奚为者也?"对曰:"社稷之臣也。"公曰:"何谓社稷之臣?"对曰:"社稷之臣,能立社稷:辨上下之宜④,使得其理;制百官之序,使得其宜;作为辞令,可分布于四方。"自是之后,君不以礼不见晏子也。⑤

【注释】

① 公曰:此二字原文脱,依向宗鲁《校证》据《晏子春秋·内篇杂上》补。

② 厨养臣:职掌供奉御膳之厨官。

③ 婴非君田泽之臣也:原文脱"君"字,依向宗鲁《校证》据上文例及《晏子春秋·内篇杂上》补。田泽之臣,执掌耕种渔猎之官。"服裘"之事当为典衣之臣职责,故俞樾曰:"服裘自有典衣,非田泽之臣所当进,'田泽'二字误也,《晏子·杂篇》作'婴非君茵席之

臣也,敢辞'。疑此文亦当作'茵席'。"茵席,铺垫的东西,褥垫、座席。指侍奉于皇帝身边的近臣。译文从此说。

④辨上下之宜:区别上下尊卑的准则。宜,与"义"同。《晏子春秋·内篇杂上》正作"别上下之义"。

⑤天海按:此文又见《晏子春秋·内篇杂上》。

【译文】

晏子侍立在齐景公身旁,景公说:"早上寒冷,请给我进热食吧。"晏子回答说:"我不是您负责膳食的臣子,恕不遵命。"景公又说:"请给我拿件皮衣吧。"晏子回答说:"我不是您负责衣冠的臣子,恕不遵命。"景公说:"这样的话,先生您对我来说是干什么的呢?"晏子回答说:"我是国家的大臣。"景公问:"什么叫国家的大臣?"晏子回答说:"国家的大臣,能够建立国家政权;区别上下尊卑的准则,使他们恰当合理;能够制定百官的等级次序,使他们都得到适宜的职位;制作文书命令,能够颁布到天下四方。"从此以后,齐景公凡事都要合乎礼节才召见晏子。

2.12 齐侯问于晏子曰①:"忠臣之事其君何若?"对曰:"有难不死,出亡不送②。"君曰:"裂地而封之,疏爵而贵之③,君有难不死④,出亡不送,可谓忠乎?"对曰:"言而见用,终身无难,臣何死焉?谋而见从⑤,终身不亡,臣何送焉?若言不见用,有难而死之,是妄死也;谋而不见从⑥,出亡而送,是诈为也⑦。故忠臣者,能纳善于君,而不能与君陷难者也!"⑧

【注释】

①齐侯:《晏子春秋·内篇问上》作"景公",即齐景公。

②出亡:出逃。

③疏爵:分赐爵位。《史记·黥布列传》:"疏爵而贵之。"

④君有难不死：原文"君"作"吾"，此依向宗鲁《校证》引卢文弨说改。

⑤谋：谋划，谋略。向宗鲁《校证》引《新序·杂事》等书改作"谏"。天海按，上文"言而见用"已经包含谏言在内，如果这里又用"谏"字，意义必重复，故不改。

⑥谋而不见从：原文"谋"作"谏"，依上文，当作"谋"，径改。刘文典《说苑斠补》云："谏，当为'谋'字之误。"

⑦诈为：狡诈虚伪的行为。为，读作"伪"，《晏子春秋·内篇问上》《论衡·定贤篇》均作"伪"。

⑧天海按：此文又见《晏子春秋·内篇问上》，《新序·杂事》及《论衡·定贤篇》亦载此事。

【译文】

齐景公问晏子说："忠臣事奉自己的君主该是怎样的呢？"晏子回答说："君主有难不殉死，君主出逃不送行。"齐侯说："君主割地封赏他，分赐爵位使他显贵。君主有难不殉死，出逃不送行，可以说是忠臣吗？"晏子回答说："如果臣下进言被采用，君主就会终身无难，臣子又何必去殉死呢？臣下的谋略被听从，君主就终生不会出逃，臣子又何必去送行呢？如果进言不被采用，君主有难而去殉死，那就是胡乱送死；有谋划而不被君主听从，君主出逃而去送行，那就是奸诈虚伪的行为。所以作为忠臣，是能够将善言善行进献给君主采纳，而不能与君主陷入灾难的人。"

2.13 晏子朝，乘弊车①，驾驽马②，景公见之，曰："嘻，夫子之禄寡耶？何乘不任之甚也③？"晏子对曰："赖君之赐，得以寿三族④，及国交游，皆得生焉。臣得暖衣饱食，弊车驽马，以奉其身，于臣足矣。"晏子出，公使梁丘据遗之辂车乘马⑤,三返不受。公不悦,趣召晏子⑥。晏子至,公曰:"夫子不受,寡人亦不乘。"晏子对曰:"君使臣临百官之吏,臣节其衣服饮食之养⑦,以先齐国之人⑧,然犹恐其侈靡而不顾其行也。今辂车乘马,君乘之上,臣亦乘之下,民之无义⑨,侈其衣食,而不顾其行者,臣无以禁之。"遂让不受也。⑩

【注释】

①弊车:破旧之车。弊,坏,破旧。

②驽马:疲弱之马。驽,指劣马,走不快的马。

③不任:不相当,不适合。

④寿三族:保有三族。寿,保。《国语·楚语下》韦昭注:"寿,保也。"三族,说法不一,或指父族、母族、妻族;或指父、子、孙三代。《周礼·春官·小宗伯》:"掌三族之别,以辨亲疏。"郑玄注:"三族,谓父、子、孙。"

⑤梁丘据:复姓梁丘,名据。春秋时齐景公之嬖大夫。深受齐景公的赏识,后受封地于山东梁丘(今山东成武),以封地为姓,为梁丘姓始祖。辂(lù)车乘(shèng)马:即大车驷马。辂车,高大之车,古代天子诸侯所乘。乘马,又称驷马。古代战车一乘四马,故以乘为四的代称。

⑥趣(cù):通"促"。急速,立即。

⑦臣节其衣服饮食之养:原文脱"臣"字,此据卢文弨引《晏子春秋·内篇杂下》补。养,给养,供养。

⑧先:领先,做榜样。

⑨无义:不守礼义。此指没有正确的行为准则。

⑩天海按:此文又见《晏子春秋·内篇杂下》,文略异。

【译文】

晏子上朝,乘坐的是破旧的车子,驾车的是弱劣的马。齐景公看见他这样,就说:"嘻,先生您的俸禄少吗?为何乘坐这样破旧不堪的车子呢?"晏子回答说:"依靠君主的赏赐,能够保住我们三族衣食,以及国内的交游,都能靠此生存了。我能够得到暖衣饱食,破旧的车和弱劣的马,以此来奉养自身,对于我来说就足够了。"晏子出朝后,景公命大夫梁丘据送给晏子高车驷马,被晏子多次退回拒不接受。齐景公不高兴,立即召见晏子。晏子来到后,景公便说:"先生不接受我送的车马,那我也就不再乘车了。"晏子对他说:"君主您命我管理文武百官,我节省衣服饮食之类的供养,以此为齐国人做个榜样,即使这样,还恐怕他们奢侈靡费而不顾自己的品行。如今有高车驷马,君主在上乘坐它,臣子我在下也乘坐它,人民中那些没有正确的行为准则,在衣食方面奢侈浪费而不顾自己品行的人,我就没有办法来禁止他们。"最终他辞让车马而没有接受。

2.14 景公饮酒,陈桓子侍①,望见晏子,而复于公曰:"请浮晏子②。"公曰:"何故也?"对曰:"晏子衣缁布之衣③,麋鹿之裘④,栈轸之车⑤,而驾驽马以朝,是隐君之赐也。"公曰:"诺。"晏子坐⑥,酌者奉觞而进之,曰:"君命浮子。"晏子曰:"何故也?"陈桓子曰:"君赐之卿位,以尊其身;宠之百万,以富其家。群臣之爵,莫尊于子,禄莫厚于子。今子衣缁布之衣,麋鹿之裘,栈轸之车,而驾驽马以朝,则是隐君之赐也。故浮子。"晏子避席曰:"请饮而后辞乎⑦?其辞而后饮乎?"公曰:"辞然后饮。"晏子曰:"君赐卿位,以显其身,婴不敢为显受也,为行君令也;宠之百万,以富其家,婴不敢为富受也,为通君赐也。臣闻古之贤君⑧,臣有受厚赐而不顾其国族,则过之⑨；临事守职，不胜其任，则过之。君之内隶⑩，臣之父兄，若有离散在于野鄙者，此臣之罪也；君之外隶⑪，臣之所职，若有播亡在四方者⑫，此臣之罪也；兵革不完，战车不修，此臣之罪也。若夫弊车驽马以朝，意者非臣之罪也⑬！且臣以君之赐，臣父之党无不乘车者，母之党无不足于衣食者，妻之党无冻馁者；国之简士⑭，待臣而举火者数百家⑮。如此为隐君之赐乎？彰君之赐乎？"公曰："善，为我浮桓子也⑯。"⑰

【注释】

①陈桓子：妫姓，陈氏，名无宇，谥号桓，故称陈桓子。陈与田古音近，陈氏入齐后又称田氏，故史书又作田桓、田桓子。《晏子春秋·内篇杂下》此处正作"田桓子"。周武王灭商之后，封妫满于陈，建都宛丘（今河南淮阳附近）。至陈厉公之子陈完因国内政变，于前672年入齐，事齐桓公。陈完传五世至陈桓子，陈氏（田氏）开始强大。陈桓子承袭父亲陈文子担任家族首领。历仕齐灵公、庄公、景公三代。

②浮：罚酒。《淮南子·道应训》高诱注："浮，罚也。"

③衣（yì）缁（zī）布之衣：穿着黑布衣服。第一个"衣"字，动词，穿衣。缁，黑色。

④麋鹿之裘：指用粗糙的兽皮做成的皮衣。麋鹿，兽名，鹿属，俗称四不像。

⑤栈轸之车：即栈车，用竹木编成的简陋之车。

⑥晏子坐：此三字原文脱，此据向宗鲁《校证》引《晏子春秋·内篇杂下》补。

⑦辞：说辞，解说。

⑧古之贤君：原文脱"君"字。向宗鲁《校证》引卢文弨云："下云'则

过之',自指君言,'君'字当补'臣'字之上。"此据补。

⑨过之:处罚他的过错。

⑩内隶:国都内所属臣民。

⑪外隶:国都外所属,即全体臣民。

⑫播亡:流浪逃亡。

⑬意者:意,想来,估测之词。原文作"主者",据《晏子春秋·内篇杂下》改。

⑭国之简士:国都倨傲的游士。简,倨傲。《晏子春秋·内篇杂下》作"閒士"。《吕氏春秋·骄恣》曰:"骄则简士。"高诱注:"简,傲也。"

⑮举火:生火做饭。

⑯桓子:是陈无宇卒后的谥号,齐景公不当在其生前称呼其谥,应从《晏子春秋·内篇杂下》作"无宇"为是。

⑰天海按:此文见《晏子春秋·内篇杂下》,文略异。

【译文】

齐景公饮酒,陈桓子在旁陪侍。陈桓子老远望见了晏子,就禀告景公说:"请您罚晏子饮酒。"景公问:"这是什么缘故呢?"陈桓子回答说:"晏子穿着黑布衣服,粗劣的兽皮外衣,乘坐竹木制成的栈车,又驾着劣弱的马来上朝,这是要隐瞒君主对他的赏赐。"景公说:"好吧。"晏子到来坐下之后,敬酒的人捧着酒杯向晏子进酒,说:"国君有命要罚您饮酒。"晏子问:"什么原因呢?"陈桓子说:"国君赐给您上卿职位,使您的身份尊贵;给您俸禄百万以示恩宠,使您的家室富有。群臣的爵位,没有谁比您尊贵,俸禄也没有谁比您优厚。如今您穿着黑布衣服和粗劣的兽皮外衣,乘坐竹木制成的栈车,又驾着劣弱的马来上朝,这就是隐瞒君主的赏赐,所以要罚您饮酒。"晏子离开座位起身说:"是让我饮酒之后解说呢,还是解说之后再饮酒呢?"景公说:"解说后再饮酒。"晏子说:"国君赐给我卿位,使我的身份显荣,但我不敢为了显荣而接受,是为了奉行国君的命令;

受国君恩宠而得钱百万,使我的家室富有,我不敢为了财富而接受,是为了使国君的恩赐能够通达。我听说古代的贤明君主,臣下有领受优厚赏赐而不顾国家公族的,就处罚他;遇事株守官职,不能胜任其职责的,就责罚他。国君宫内所属臣子的父兄,假若有流离失散在荒野僻远之地的,这是我的罪过;国君宫外所属,臣下职责管辖之人,假若有漂泊流亡在四面八方的人,这也是我的罪过;武器甲胄不坚固,战车未修整好,这也是我的罪过。至于说乘破车劣马来上朝,想来不是我的罪过!况且我凭借国君的赏赐,我的父系亲属没有不乘车的,母系亲属也没有不丰衣足食的,妻族也没有受冻挨饿的;国都倨傲的游士,等待我烧火做饭的就有数百家。像这样是隐瞒国君的赏赐呢,还是彰显国君的赏赐呢?"齐景公说:"说得好,替我罚无宇饮酒。"

2.15 晏子方食,君之使者至,分食而食之①,晏子不饱。使者返,言之景公,景公曰:"嘻!夫子之家若是其贫也!寡人不知也,是寡人之过也。"令吏致千家之县一于晏子,晏子再拜而辞曰:"婴之家不贫,以君之赐,泽覆三族,延及交游,以振百姓②,君之赐也厚矣,婴之家不贫也。婴闻之:厚取之君而厚施之人,是代君为君也③,忠臣不为也;厚取之君而藏之,是筐箧存也④,仁人不为也;厚取之君而无所施之,身死而财迁于他人,是为宰藏也⑤,智者不为也。婴也闻为人臣进不事上以为忠,退不克下以为廉⑥,八升之布⑦,一豆之食足矣⑧。"使者三返,遂辞不受也。⑨

【注释】

①分食而食(sì)之:分食物让他吃。前一"食"为名词,食物;后一"食"为动词,给食物吃。

②振：赈济。
③是代君为君：原文无"是"字，此据向宗鲁《校证》引《晏子春秋·内篇杂下》补。
④箧（qiè）：小竹箱。
⑤于他人，是为宰藏也：此八字原文脱，此据向宗鲁《校证》引《晏子春秋·内篇杂下》补。是为宰藏，这就是专管收藏。宰，官名。殷商始置，原掌管家务与奴隶，后为侍从君王左右之臣。西周沿置，掌王家内外事务，又在王左右参预政务。春秋时各国均设置，多称为"太宰"，总管内朝事务和财务。又古代卿、大夫掌管内务之家臣也称"宰"。此处指主管、专管。
⑥克：克扣。
⑦八升之布：很粗糙的布。布八十缕为升。
⑧一豆：即一盘。豆，古代食器，初以木制，形似高脚盘。
⑨天海按：此文所记之事又见《晏子春秋·内篇杂下》，文字略有不同。

【译文】

晏子正在吃饭的时候，国君的使者到了，晏子便将食物分给使者吃，晏子因此没有吃饱。使者回去后，把这件事告诉了齐景公，景公说："哦，晏子的家里竟是这样的贫困！我不知道，这是我的过错啊。"于是便命令官吏将一个千户县的赋税全部给予晏子，晏子拜了两次推辞说："我的家境不贫困，靠君主的赏赐，恩惠遍及父、母、妻三族，还延伸到我的朋友，并以此赈济百姓。君主的赏赐是丰厚的，我的家不贫穷。我听说过这样的话：从君主那里取得很多财物又大量施舍给别人，是代替君主自己做君主，忠臣是不会做的；从君主那里得到很多财物而储藏起来，这就像筐与箱保存东西一样，仁德的人是不会做的；从君主那里得到很多财物而没有什么地方施用它，自己死后财物又转移给他人，这是专管收藏，聪明的人是不会做的。我还听说，做臣子的进朝时不以侍奉上司来表现忠诚,退朝时不以克扣下属来表示廉洁。粗布衣服,一盘食物就足够了。"使者奉命往返三次,晏子最终推辞没有接受。

2.16 陈成子谓鸱夷子皮曰①:"何与常也②?"对曰:"君死吾不死,君亡吾不亡。"陈成子曰:"然子何以与常③?"对曰:"未死去死④,未亡去亡,其有何死亡矣!"

【注释】

①陈成子:妫姓,陈氏,名恒,一名常,卒谥成,故称陈成子。陈与田古音近,陈氏入齐后又称田氏。前485年陈恒设计弑杀齐悼公,立齐简公,和阚止分任齐国的左右相。前481年,陈恒发动政变,杀死阚止和齐简公,拥立齐简公之弟为国君,是为齐平公。之后,陈恒独揽齐国大权,尽诛鲍、晏诸族。鸱(chī)夷子皮:人名。范蠡曾化名鸱夷子皮,但此处之鸱夷子皮必非范蠡,乃属陈恒一党,其事未详。本书"鸱夷子皮曰侍于屈春"(2.6),亦非范蠡,也与此"鸱夷子皮"不同,疑为又一"鸱夷子皮"。
②与:亲附,跟从。这里有襄助的意思。常:此陈成子自称其名。
③与常:原文作"为常",此据《四库全书》本及上文改。
④去(qū):消除。下同此。

【译文】

陈成子对鸱夷子皮说:"你如何襄助我呢?"子皮回答说:"君主死于难我不会殉死,君主出逃我不会出逃。"陈成子说:"那么,你将如何襄助我呢?"子皮回答说:"没有死难时能消除死难,未出逃时能避免出逃,哪会有什么死难与出逃呢?"

2.17 从命利君谓之顺,从命病君谓之谀①;逆命利君谓之忠,逆命病君谓之乱。君有过,不谏诤,将危国殒社稷也。有能尽言于君②,用则留之,不用则去之③,谓之谏;有能尽言于君④,用则可生⑤,不用则死,谓之诤;有能比知同力⑥,率群下相与强矫君,君虽不安,不能不听,遂解国之大患,除国之大害,成于尊君安国,谓之辅;有能亢君之命⑦,反君之事,窃君之重⑧,以安国之危,除主之辱,攻伐足以成国之大利,谓之弼。故谏诤辅弼之人,社稷之臣也,明君之所尊礼,而暗君以为己贼⑨;故明君之所赏,暗君之所杀也。明君好问⑩,暗君好独;明君上贤使能而享其功,暗君畏贤妒能而灭其业。罚其忠而赏其贼,夫是之谓至暗,桀、纣之所以亡也。《诗》云⑪:"曾是莫听,大命以倾⑫。"此之谓也。⑬

【注释】

①病:害,侵害,与"利"相对而言。

②有:如果,假设连词。尽言:《荀子·臣道》作"进言"。

③用则留之,不用则去之:二"之"字,向宗鲁《校证》删之,此不必删,可也。

④有能尽言于君:此句原文本无,此依向宗鲁《校证》所引《荀子·臣道》补。《荀子·臣道》作"进言",此依上文,仍作"尽言"。

⑤用则可生:向宗鲁《校证》据《荀子·臣道》疑"生"字为衍文。

⑥比知:即比智,意指团结一心。比知,原文作"比和",《荀子·臣道》作"比智"。疑形近致误,此据改。

⑦亢:同"抗"。《荀子·臣道》正作"抗"。

⑧重:指重权。《韩非子·说难》:"则以为卖重。"王先慎集解:"重,即权也。"

⑨暗君:昏暗的国君。己贼:自己的敌人。

⑩问:询问。向宗鲁《校证》据《荀子·臣道》"故明主好同",认为"同"与"独"为对文,疑"问"字为"同"之讹。天海按,"问"字亦可作"询问"解,意亦通。
⑪《诗》云:以下引诗见《诗经·大雅·荡》。
⑫曾是莫听,大命以倾:不肯听从忠言,国运因此倾亡。大命,指国家命运。
⑬天海按:此文又见《荀子·臣道》,文字有异。又,此则原文连上,现依向宗鲁《校证》据日人关嘉《说苑纂注》本另起。

【译文】

服从命令有利于君主叫顺从,服从命令有害于君主叫谄谀;违背命令有利于君主叫忠臣,违背命令有害于君主叫乱臣。君主有过错而不规谏,将会危害国家丧失政权。如果能够对君主尽到言责,君主采用就留下,不采用就离去,这就叫谏;如果能对君主尽到言责,君主采用就可生,不采用就殉死,这就叫诤;如能团结齐心协力,率领群臣一起强力纠正君主,君主虽不安宁,也不能不听从,于是解除国家的大患,消除国家的大害,在尊显君主安宁国家上获得成功,这就叫辅;如果能够违抗君主的命令,反对君主做的错事,借用君主的权柄,来安定国家解除危难,清除君主的耻辱,攻战征伐能够使国家获得很大的利益,这就叫弼。所以能做到谏、诤、辅、弼的人,是国家的重臣,是英明君主所尊重礼待的,昏暗的君主却认为是自己的敌人;因此明君所赏赐的人,却是昏君所杀害的人。明君好征询意见,昏君好独断专行;明君尊贤使能就能坐享成功,昏君畏贤妒能就使事业灭亡。惩罚忠臣而赏赐奸贼,那就叫昏聩到极点,这正是夏桀、商纣灭亡的原因。《诗经》上说:"不肯听从善言,国运所以倾亡。"说的就是这种情况。

2.18 简子有臣尹绰、赦厥①,简子曰:"厥爱我②,谏我必不于众人中;绰也不爱我,谏我必于众人中。"尹绰曰:"厥也爱君之丑③,而不爱君之过;臣爱君之过,而不爱君之丑。"孔子曰:"君子哉,尹绰!面訾不面誉也④。"⑤

【注释】

①简子:即赵简子。尹绰、赦厥:皆赵简子家臣。《吕氏春秋·达郁》高诱注:"厥,赵厥,赵简子家臣也;铎,尹铎,亦家臣也。"向宗鲁《校证》案:"《通鉴外纪》七用此文(兼用《吕览》)。'赦厥'作'郄厥'。"
②爱:顾惜,尊重。
③丑:羞耻。
④面訾:当面批评,指责。面誉:当面称赞,夸奖。
⑤天海按:此文与《吕氏春秋·达郁》略同,但彼文无孔子评语。

【译文】

赵简子有家臣尹绰和赦厥,简子说:"赦厥尊重我,必然不会在众人之中劝诫我;尹绰不尊重我,他总是在众人之中劝诫我。"尹绰说:"赦厥顾惜的是您的羞耻,而不顾惜您的过错;我顾惜的是您的过错,而不顾惜您的羞耻。"孔子说:"尹绰是君子啊!他能当面批评人而不当面奉承人。"

2.19 高缭仕于晏子①,三年无故②,晏子逐之。左右谏曰:"高缭之事夫子三年,曾无以爵位,而逐之,其义可乎?"晏子曰:"婴,仄陋之人也③,四维之然后能直④。今此子事吾三年,未尝弼吾过,是以逐之也。"⑤

【注释】

①高缭:此人其他事迹不详,于《晏子春秋》中三见,皆作"高纠",本书《君道》与此处两见,皆作"缭",应为同一人。仕于晏子:此指在晏子那里做家臣。

②三年无故:此四字原文无,此据向宗鲁《校证》引《北堂书钞》补。无故,没有过错。

③仄陋:狭窄简陋。此指地位卑微的人。

④四维:古代统治者把礼、义、廉、耻叫"四维",《管子·牧民》:"四维张则君令行。"在本文用作动词,即"用四维来匡正"的意思。维,结物的大绳。也象征能使事物固定下来的意志或力量。

⑤天海按:此文见《晏子春秋·内篇杂上》及《外篇》,与《外篇》相近。

【译文】

高缭在晏子那里做家臣,三年都没有过错,晏子赶走了他。左右的人劝谏说:"高缭侍奉先生三年,过去又没有给他什么爵位,却要赶走他,这于道义可行吗?"晏子说:"我是卑微的人,要用礼、义、廉、耻四维来匡正自己然后才能行直道。如今这个人为我做事三年,未曾补正过我的过错,因此要赶走他。"

2.20 子贡问孔子曰①:"赐为人下②,而未知所以为人下之道也。"孔子曰:"为人下者,其犹土乎!种之则五谷生焉,掘之则甘泉出焉,草木植焉,禽兽育焉,生人立焉③,死人入焉,多其功而不言④。为人下者,其犹土乎!"⑤

【注释】

①子贡:姓端木,名赐,字子贡,春秋时卫国人,孔子弟子。

②为人下:甘愿在众人之下,指不争先于人。

③生人:活着的人。

④多:赞赏。《韩非子·五蠹》:"以其犯禁也罪之,而多其有勇也。"

⑤天海按:此文见《荀子·尧问》《韩诗外传》卷七,《孔子家语·困

誓》《春秋繁露·山川颂》略同此文。

【译文】

子贡问孔子说:"我甘愿为人之下,却不知道为人之下的道理是什么?"孔子说:"为人之下的人,那大概就像泥土吧!耕种它就有五谷长出来,挖掘它就有甘泉涌出来,草木在它上面生长,禽兽在它上面繁育,活着的人在它上面立身,死了的人葬入它里面,人们赞赏它的功劳而它却默默无言。甘愿为人之下的人,大概就像泥土吧!"

2.21 孙卿曰①:"少事长,贱事贵,不肖事贤,此天下之通义也②。有人贵而不能为人上,贱而羞为人下,此奸人之心也③。身不离奸心,而行不离奸道,然而求见誉于众④,不亦难乎?"⑤

【注释】

①孙卿:即荀子。姓荀,名况,尊称荀卿,又称孙卿。战国时赵人,有《荀子》一书传于世。
②通义:普遍适用的道理。
③奸人:邪恶不正的人。
④见誉:被赞赏,被称誉。
⑤天海按:此文见《荀子·仲尼》,但末二句与《荀子》文不同。

【译文】

荀子说:"年少的人服事年长的人,卑微的人服事地位高的人,无才的人服事贤明的人,这是天下通行的道理。如果人的地位高贵却不能做人上之人,出身卑贱又羞于做人下之人,这就是邪恶之人的心态。自身不能去掉邪恶之心,而行为又不离邪恶之道,却想被众人所称誉,不也太难了吗?"

2.22 公叔文子问于史叟曰①:"武子胜事赵简子久矣②,其宠不解奚也③?"史叟曰:"武子胜博闻多能而位贱,君亲而近之,致敏以逊④;藐而疏之,则恭而无怨色;入与谋国家,出不见其宠;君赐之禄,知足而辞。故能久也。"

【注释】

①公叔文子:卫献公之孙。卫国大夫,生平事迹不详。《礼记·檀弓》:"公叔文子卒。"郑玄注:"文子,献公之孙,名拔,或作发。"史叟:又作史鱼,字子鱼。卫国大夫。卫灵公不用蘧伯玉,以死尸谏灵公。叟,原文误作"叜",此据向宗鲁《校证》依卢文弨、刘文典之说改。
②武子胜:春秋末赵简子家臣。生平事迹不详。
③解(xiè):通"懈"。松弛,衰减。
④致敏以逊:献出机敏而且谦恭顺从。逊,谦恭,顺从。

【译文】

公叔文子问史叟说:"武子胜侍奉赵简子很久了,为什么他受到的宠信没有衰减呢?"史叟说:"武子胜见识广才艺多却职位低贱,如果君主亲近他,他能献出自己的机敏而且谦恭顺从;如果君主藐视疏远他,他仍然恭敬而没有怨恨的神色;入朝参与谋划国家大事,出朝看不出他被宠信;君主赏赐给他俸禄,他知足而推辞。所以他能够长久受到宠信。"

2.23《泰誓》曰①:"附下而罔上者死②,附上而罔下者刑,与闻国政而无益于民者退,在上位而不能进贤者逐。"此所以劝善而黜恶也③。故传曰④:"伤善者,国之残也⑤;蔽善者,国之谗也⑥;愬无罪者⑦,国之贼也⑧。"

【注释】

①《泰誓》：《古文尚书》中的一篇。泰，《史记》作"太"。武王伐纣，在盟津大会诸侯。武王向诸侯誓师，所以叫《泰誓》。《古文尚书》中三篇《泰誓》有人怀疑是梅赜所献的伪古文。真古文《泰誓》存于司马迁的《史记·周本纪》中。据《左氏春秋·襄公三十一年》所引《泰誓》佚文来看，《史记》所收并非全本。《汉书标注》作"秦誓"，但无下文所引内容，向宗鲁《校证》案称："秦"为"泰"之误；又云："此所引，今伪《太誓》无之，《潜夫论·考绩篇》引同。"

②罔：欺骗，陷害。

③黜：贬黜，摈弃。

④传：对经书所做的解说。一说此指《尚书大传》，旧题为汉初伏胜所撰。

⑤残：祸害之人。这里用作名词。《说文解字》："残，贼也。"《诗经·小雅·四月》："废为残贼。"

⑥逸：说人坏话，诬陷，中伤人。这里用作名词，指谗佞之人。《说文解字》："逸，谮也。"

⑦愬（sù）：诽谤，诬陷。

⑧国之贼也：贼，原文作"贱"，此据向宗鲁《校证》依俞樾说改。

【译文】

《泰誓》说："附和臣下而欺骗主上的人应处死，附和主上而陷害臣下的人应受刑罚；参与商讨国家大事，却对百姓没有好处的人应斥退他；身居高位却不能举荐贤能的人应贬逐他。"这是为了鼓励好人而摈弃坏人啊！所以《尚书大传》说："伤害好人的，是祸害国家的人；埋没好人的，是国家的佞人；诬告无罪的，是危害国家的坏人。"

2.24《王制》曰①："假于鬼神、时日、卜筮以疑于众者②，杀也③。"

【注释】

①《王制》:即《礼记·王制》。《礼记·王制》是《礼记》中对西周法律制度进行阐述的篇章之一。王制,就是西周天子、诸侯治理国家时所倚仗的法律法规和各种礼仪制度,涉及分封、职官、祭祀、刑罚、教育等多个方面。本条原文连上,文义不属,今依向宗鲁《校证》另起。

②假:假借。时日:时辰和日子。古人以为时日有吉凶,常以卜筮决断。卜筮:古时占卜,用龟甲称卜,用蓍草称筮,合称卜筮。《礼记·曲礼上》:"卜筮者,先圣王之所以使民信时日、敬鬼神、畏法令也。"疑:迷惑,惑乱。

③杀:原文作"然"。《礼记·王制》作:"假于鬼神,时日,卜筮以疑众,杀。"今据改。

【译文】

《礼记·王制》说:"假借鬼神、吉凶、占卜来迷惑众人的,罪该杀。"

2.25 子路为蒲令①,备水灾,与民春修沟渎②,为人烦苦,故予人一箪食、一壶浆③。孔子闻之,使子贡复之④。子路忿然不悦,往见夫子曰:"由也以暴雨将至,恐有水灾,故与人修沟渎以备之,而民多匮于食⑤,故人予一箪食、一壶浆⑥。而夫子使赐止之⑦,何也?夫子止由之行仁也。夫子以仁教,而禁其行仁也,由也不受。"子曰:"尔以民饿,何不告于君,发仓廪以给食之,而以尔私馈之,是汝不明君之惠,见汝之德义也⑧。速已则可矣⑨,否则尔之受罪不久矣。"子路心服而退也。⑩

【注释】

①子路(前542—前480):仲氏,名由,字子路,又字季路,春秋时鲁

国卞(今山东泗水县泉林镇卞桥)人,为人耿直,好勇力,跟随孔子周游列国,是孔门十哲之一。后为卫国执政孔悝家臣。鲁哀公十五年(前480),卫国内乱,子路为救孔悝,被蒯聩杀死,砍成肉泥。后葬于澶渊(今河南濮阳)。蒲:春秋时称蒲邑,卫国属地,在今河南长垣境内。

②沟渎:沟渠,田间水道。

③箪:盛饭的竹器,竹筐。

④复:读为"覆",倒掉。

⑤匮(kuì):匮乏,缺少。

⑥人予:原文作"与人",今依向宗鲁《校证》引《太平御览》改。

⑦赐:即子贡。

⑧见:同"现"。显现。

⑨速已:赶快停止。

⑩天海按:此文见《孔子家语·致思》,又见《韩非子·外储说右上》,但文字多有不同。

【译文】

子路做了蒲邑令,为防备水灾,让百姓在春季修整沟渠,因为人们烦扰劳苦,就发给每人一筐饭、一壶汤。孔子听说这件事,便叫子贡前去倒掉那些饮食。子路气愤而且不高兴,前去拜见孔子说:"我因为暴雨将要来到,恐怕有水灾,所以让百姓修整沟渠以备灾,但百姓大多缺乏食物,所以才每人给他一筐饭、一壶汤。然而先生却让子贡来制止这件事,是为什么? 先生您是制止我行仁政啊。先生用仁爱教导我们,却禁止我行仁政,我不能接受。"孔子说:"你认为百姓在挨饿,为何不向国君禀告,打开粮仓发给他们粮食吃,却以你私人的食物馈赠他们,这是你不彰明君主的恩惠,却显现你自己的恩德仁义。赶快停止还可以,不然的话,你领受罪罚的日子就不远了。"子路心悦诚服地告退了。

卷三

建本

【题解】

所谓建本,就是不论国家与个人,都应首先确立的根本大事。此卷采辑春秋至战国初期文献轶事共30则,大致可以分为两类,一是做人要确立的根本大事,二是治国要确立的根本大事。

第一至四则可以作为这一卷的纲领。如第一则借孔子之言"君子务本,本立而道生"来阐明建立根本的重要性;第二则以魏武侯问"元年"来说明国君的根本是"明智慎始";第三则又以孔子之言来分别阐明做人立身处世的六件根本大事是:立身以孝为本、居丧以哀为本、战阵以勇为本、治政以农为本、居国以嗣为本、生财以力为本;第四则讲的是君臣与百姓,父与子可以转相为本,这可以看作是先秦儒家"民本"思想的继承,也说明作者具有一定的朴素辩证法的思想。

关于做人方面,本卷有21则来说明人立身处世,应该做好的一些根本大事。首先以孔夫子所言"人之行莫大于孝"来肯定"百善孝为先"是做人的首要大事。故"以孝为本"的有4则(3.5—3.8)轶事,编列于本卷总纲之下。其次学习与教育也是做人立身于世的前提。其中以教育学习为本的轶事就占了17则,由此可见作者对教育与勤学的重视与提倡。

关于治国方面,虽然只有5则,但也为统治者提供了非常宝贵的借鉴。如3.25则以齐桓公与管仲的问答,说明"君人者以百姓为天"的真理。3.27则以晋文公与咎季的对话,反映出古代统治者能够注重民生、反对奢侈的进步思想。以立嗣为国本的有3则,这也是关于国家后继有人的大事。

总之,不难看出强学与孝亲是作者认为"修身齐家"的根本,而其他各条则是作者认为"治国平天下"的根本。结合这两方面的内容,正好具体阐明了儒家所极力倡导的"修身、齐家、治国、平天下"的一贯主张。

3.1 孔子曰①:"君子务本②,本立而道生。夫本不正者末必陭③,始不盛者终必衰。《诗》云④:"原隰既平,泉流既清⑤!"本立而道生。《春秋》之义⑥,有正春者无乱秋⑦,有正君者无危国。《易》曰:"建其本而万物理,失之毫厘,差以千里⑧。"是故君子贵建本而重立始。

【注释】

①孔子曰:向宗鲁《校证》案:"《论语·学而》作'有子曰'。"
②务本:致力于根本。
③陭(yī):偏于一边,不正。
④《诗》云:以下引诗见《诗经·小雅·黍苗》。
⑤原隰(xí)既平,泉流既清:高原低田都已平整,井泉流水都已澄清。原,高地。隰,低湿之地。
⑥《春秋》:相传为孔子据鲁史修订而成的一部史书,内容十分简略。《春秋》经文言简义深,无注释,则难于理解。其后有注释《春秋》的三传:《左传》《公羊传》《穀梁传》。
⑦正春:正常的春季。据《公羊传》云:"元年者何?君之始年也。春者何?岁之始也。王者孰谓?谓文王也。曷为先言王而后言

正月? 王正月也。何言乎王正月? 大一统也。"可知此"正春"乃是以正常的春季比喻"王正月",以表示正统君王之意。

⑧"建其本而万物理"三句:《小戴礼记·经解》引《周易》曰:"君子慎始,差若毫厘,缪以千里。"孔颖达疏:"《易·系辞》文。"向宗鲁《校证》案:"今《易》无此文,孔疏不知何据。……此文自《小戴记》外,《大戴记·礼察》《保傅》《新书·胎教》《杂事》《史记·自序》《汉书·东方朔传》《杜钦传》,皆引之,必古《十翼》佚文无疑。《后汉书·范升传》引《易》曰:'天下之动,贞夫一也。'又曰:'正其本,万事理。'上引《系辞》而下称'又曰',则别本《系辞》或有此语。孔冲远非不读《易》者,以为《系辞》,必有所受之矣。"

【译文】

孔子说:"君子务求根本,根本确立了,原则和方法也由此产生。"如果根本不正,它的枝末就必然会偏斜;一开始就不兴盛,最终必定衰亡。《诗》上说:"高原低田都已平整,井泉流水都已澄清。"讲的就是"本立而道生"的道理。根据《春秋》一书的意义,有了正常的春季,就不会有错乱的秋天;有了正统国君的国家,就不会有被灭亡的危险。《周易》上说:"建立了根本,万事万物就能治理;有毫厘的失误,就会造成千里的差错。"因此,君子以建立根本为贵,并重视开始时就注重建立。

3.2 魏武侯问"元年"于吴子①,吴子对曰:"言国君必慎始也②。""慎始奈何?"曰:"正之。""正之奈何?"曰:"明智。""智不明何以见正?""多闻而择焉,所以明智也。是故古者君始听治,大夫而一言③,士而一见,庶人有谒必达④;公族请问必语⑤;四方至者勿距;可谓不壅蔽矣。分禄必及,用刑必中,君心必仁;思民之利⑥,除民之害,可谓不失民众矣。君身必正,近臣必选;大夫不兼官,执民柄者不在一族,可谓不失权势矣⑦。此皆《春秋》之意,而'元年'之本也。"⑧

【注释】

①魏武侯(? —前370):姬姓,魏氏,名击。战国初期魏国国君,前395—前370年在位。他是三家分晋后魏国的第二代国君,在位期间将魏国的霸业再一次推向高峰。元年:古时称帝王或诸侯即位的第一年。帝王改元后第一年也称"元年"。《公羊传》云:"元年者何?君之始年也。"吴子:即吴起。

②慎始:小心谨慎地对待开始。《左传·襄公二十五年》引《尚书》曰:"慎始而敬终,终以不困。"

③而:犹"若",如果。

④庶人有谒必达:平民百姓如有请求必须传达。庶人,泛指无官爵的平民百姓。谒,请求。

⑤公族:和国君同宗族的人。公族大夫的简称也是"公族"。

⑥思民之利:民,原文作"君",依《四部丛刊》影印明钞本改。卢文弨《说苑拾补》"君"字下注:"疑'民'。"

⑦不失权势:原文作"不权势",义不可通,"不"后疑脱一"失"字,此径补。

⑧天海按:向宗鲁《校证》案:"此当是《吴子》佚文,王伯厚以此为吴起学《春秋》之证。"

【译文】

魏武侯向吴起询问"元年"是什么意思,吴起对他说:"'元年'讲的是国君必须小心谨慎地开始。"魏武侯问:"怎样才能小心谨慎地开始呢?"吴起说:"要端正自身。"魏武侯又问:"怎样才能端正自身?"吴起说:"要明智。"魏武侯又问:"心智不明以什么来正己呢?"吴起说:"要广采博闻并从中选择,以此来使自己心智聪明。因此古时候的国君一开始听政,大夫如有一言,士人如有一见,百姓如有请求,都必须满足他们;公族有人来请示问讯,一定与他们交谈;四方来投奔的人都不要拒绝他们;这可以说是不会壅塞蒙蔽了。分赏爵禄必须及时,施用刑罚一定要适当,君主的心地一定要仁慈;要想着百姓的利益,解除百姓的祸害,这可以说是不会失去民众了。君主自身必须正直,亲近的大臣必须经过挑选;大夫不能兼任官职,掌握百姓权利的人不能集中在一家一姓,这可以说是不失权势了。这些都是《春秋》的旨意,也是国君即位'元年'的根本大事。"

3.3 孔子曰:"行身有六本①,本立焉,然后为君子。立体有义矣②,而孝为本;处丧有礼矣,而哀为本;战陈有队矣③,而勇为本;治政有理矣,而农为本④;居国有礼矣,而嗣为本⑤;生才有时矣⑥,而力为本⑦。置本不固,无务丰末⑧;亲戚不悦,无务外交;事无终始,无务多业;闻记不言⑨,无务多谈;比近不说⑩,无务修远⑪。是以反本修迹⑫,君子之道也。"⑬

【注释】

①行身:立身处世。《韩非子·五蠹》:"行身者竞于为高,而不合于功。"
②立体:立身。《孔子家语·六本》正作"立身"。
③战陈:即战阵。作战布阵。
④而农为本:农,原文作"能"。向宗鲁《校证》云:"卢曰:'《家语·六本篇》作农。'"天海按,"农"与"能"音近而误,当以作"农"为是。据改。
⑤嗣:继承人。
⑥才:通"财"。

⑦力：尽力，努力。

⑧无务丰末：不要祈求枝末的丰盛。务，努力，求取。

⑨闻记不言：博闻强记却不能表达。向宗鲁《校证》案："此'不言'二字本作'而闇'，'闇'字脱坏只存'音'字，因讹而为'言'耳。"天海按，此可备一说。

⑩说：同"悦"。

⑪修远：与远方的人修好。向宗鲁《校证》案："此文疑本作'来远'，'来'以形讹作'求'，此又涉下讹作'修'，皆非也。"天海按，此可备一说。

⑫修迩：与近处的人修好。

⑬天海按：此文所记之事与《墨子·修身》《大戴礼记·曾子疾病》《淮南子·本经训》《孔子家语·六本》所记多相似。

【译文】

孔子说："人立身处世有六件根本大事，根本确立了，然后才能成为君子。立身要有原则，以行孝为根本；居丧期间要遵守礼仪，以尽哀为根本；参战临阵要有队列，以勇敢为根本；治理政事要有顺序，以农业为根本；管理国家要守礼制，以立嗣为根本；生财要掌握时机，以努力为根本。建立的根本不牢固，就不能求得枝叶丰茂；亲戚都不喜欢，就不能求得结交外人；做事有始无终，就不能求得干更多的事业；博闻强记却不能用语言表达，就不能求得言论丰富；近邻都不能亲善，就不能求得修好远客。因此回到根本并做好身边的事，才是君子的原则和方法。"

3.4 天之所生①，地之所养，莫贵于人。人之道莫大于父子之亲、君臣之义。父道圣，子道仁，君道义，臣道忠。贤父之于子也，慈惠以生之，教诲以成之，养其义②，藏其伪③，时其节④，慎其施⑤。子年七岁以上，父为之择明师，选良友，勿使见恶,少渐之以善⑥,使之早化。故贤子之事亲,发言陈辞,应对不悖乎耳,趣走进退,容貌不悖乎目,卑体贱身,不悖乎心。君子之事亲,以积德。子者,亲之财也,无所推而不从命⑦,推而不从命者,惟害亲者也。故亲之所安,子皆供之。贤臣之事君也,受官之日,以主为父,以国为家,以士人为兄弟。故苟有可以安国家、利民人者,不避其难,不惮其劳,以成其义。故其君亦有助之⑧,以遂其德。夫君臣之与百姓,转相为本,如循环无端。夫子亦云⑨:"人之行莫大于孝⑩。"孝行成于内,而嘉号布于外,是谓建之于本,而荣华自茂矣⑪。君以臣为本,臣以君为本,父以子为本,子以父为本,弃其本者,荣华槁矣⑫。

【注释】

①天之所生:此条原文连上,此依向宗鲁《校证》从卢文弨校、关嘉本另起。

②养其义:培养他的正义感。

③藏其伪:集聚他后天的才能。伪,行为,人为,后天的才能。《荀子·性恶》:"不可学、不可事而在人者,谓之性;可学而能、可事而成之在人者,谓之伪。"

④时其节:适时培养他的节操。

⑤慎其施:使他做事谨慎。

⑥渐:逐渐渗透,熏陶,影响。

⑦推:推脱。向宗鲁《校证》引孙诒让曰:"'推',疑皆当为'往',形近而误。"此可备一说。

⑧有助:即佑助。有,通"右"。佑助,帮助。

⑨夫子亦云:《汉书·礼乐志》引作"孔子曰"。

⑩人之行莫大于孝:此语又见《孝经·圣治章》。
⑪荣华:草木的花朵。
⑫槀:枯槀。

【译文】

上天所生,大地所养,没有比人更加宝贵的。做人的道理没有比父子之亲、君臣之义更大的。做父亲的道理是圣明,做儿子的道理是仁孝,做君王的道理是道义,做臣子的道理是忠心。贤明的父亲对于儿子,是用慈爱恩惠来生育他,用教诲使他成人,培养他的正义感,积蓄他后天的才能,适时培养他的节操,使他做事谨慎。儿子年龄在七岁以上,父亲就为他选择高明的老师,选择品德优良的朋友,不让他接触邪恶。从小用善良的品德来熏染他,使他早受感化。贤惠的儿子侍奉父母亲,发言吐辞,回答问题不能使父母听着不顺耳,趋走进退,容色行为不能使父母看着不顺眼,宁使自己身受屈辱,也不能悖逆父母的心意。君子侍奉父母,以此积累德行。做儿子的,是父母的根本,没有什么理由可以推托而不遵从父母的命令,推托而不遵从命令的,只能是危害父母的人。因此父母安居所需要的一切,做儿子的都应该供给他们。贤明的臣子事奉君主,从接受官职的那天起,就要把君主当作自己的父亲,把国当成家,把同僚当成兄弟。因此如果有可以使国家安宁、使人民得利的事,一定不避困难,不怕劳苦,来成就他的道义。所以君主也会帮助他,来实现他的德行。君臣与老百姓,能够彼此辗转,互为根本,如同围绕圆周运行没有尽头。孔子说过:"人的行为没有什么比尽孝更重要。"尽孝的行为在内心养成,但它的美名却能传布在外。这好比草木的根本牢固了,那花朵就自然会繁茂。君主以臣子为根本,臣子以君主为根本;父亲以儿子为根本,儿子以父亲为根本;如果抛弃根本,那花朵就枯槀了。

3.5 子路曰:"负重道远者,不择地而休;家贫亲老者,不择禄而仕。昔者,由事二亲之时,常食藜藿之实①,而为亲负米百里之外。亲没之后②,南游于楚,从车百乘③,积粟万钟,累茵而坐④,列鼎而食⑤。愿食藜藿为亲负米之时,不可复得也。枯鱼衔索⑥,几何不蠹?二亲之寿,忽如过隙⑦!草木欲长,霜露不使;贤者欲养,二亲不待⑧!故曰:家贫亲老,不择禄而仕也。"⑨

【注释】

①藜藿:两种野菜,亦泛指粗劣的饭菜。藜,灰藋、灰菜。一年生草本植物。嫩叶可食。藿,豆叶。嫩时可食。实:当为"食"字误。

②没:通"殁"。死亡。

③百乘:向宗鲁《校证》引《太平御览》卷八百三十八作"数乘",认为较合事理。译文从此说。

④累茵:把座垫重叠起来,意即有几层座垫。茵,座垫。

⑤列鼎而食:排列大鼎装食物吃饭,形容豪门贵族的奢侈生活。

⑥枯鱼衔索:干鱼被穿在绳索上。

⑦忽如过隙:比喻时间过得很快。《庄子·知北游》:"人生天地之间,若白驹之过隙,忽然而已。"

⑧贤者欲养,二亲不待:《韩诗外传》卷九:"树欲静而风不止,子欲养而亲不待。"与此文意相同。

⑨天海按:此文所载之事,三见《韩诗外传》卷一、卷七、卷九,文有不同;又见《孔子家语·致思》,内容小异。

【译文】

子路说:"背负很重的东西走远路的人,不会选择地方休息;家中贫穷父母年迈的人,不会选择俸禄去当官。从前,我侍奉父母的时候,经常吃藜藿野菜,还要为父母到百里以外的地方去背米。双亲去世后,我向南游宦到了楚国,有随从车辆好几乘,积蓄的粮食上万担,座席的垫子有好几层,排列着大鼎就餐,想要再回到吃野菜为双亲背米的时候,再也不可能了。干鱼串在绳索上,还有多少时间不被虫蛀呢?父母的寿命,像骏马穿过缝隙一样快。草木想要生长,严霜寒露却不让;贤德的人想要赡养老人,父母却不等待!所以说:家境贫穷父母年老,就不必选择俸禄而做官。"

3.6 伯禽与康叔封朝于成王①,见周公,三见而三笞②。康叔有骇色,谓伯禽曰:"有商子者③,贤人也,与子见之。"康叔封与伯禽见商子,曰:"某某也④,日吾二子者朝乎成王,见周公,三见而三笞,其说何也?"商子曰:"二子盍相与观乎南山之阳⑤?有木焉,名曰桥⑥。"二子者往观乎南山之阳,见桥竦焉⑦,实而仰⑧,反以告乎商子,商子曰:"桥者,父道也。"商子曰:"二子盍相与观乎南山之阴?有木焉,名曰梓⑨。"二子者往观乎南山之阴,见梓勃焉,实而俯⑩,反以告商子,商子曰:"梓者,子道也。"二子者明日见乎周公,入门而趋⑪,登堂而跪。周公拂其首⑫,劳而食之,曰:"安见君子?"二子对曰:"见商子。"周公曰:"君子哉,商子也。"⑬

【注释】

①伯禽:周公之子,初封于鲁,为鲁国始祖。康叔封:姬姓,名封。周武王姬发同母弟。初封于康国(今河南禹州西北),周公平定管叔、蔡叔、武庚之乱后,又将其封在卫地,故又称卫康叔或康叔封。
②笞(chī):用鞭杖或竹板抽打。古代一种鞭刑。
③商子:向宗鲁《校证》引戴东原及日人关嘉以为商容。商容,商末殷纣王时主掌礼乐的大臣,不满纣王的荒唐暴虐,多次进谏而被

黜。一说他劝谏纣王失败后,逃入太行山隐居。周武王胜殷之后,欲封其为三公,辞不受,武王遂旌表商容之闾。疑以商容为是。

④某某也:古人自称,犹言"我们是姬封、伯禽"。

⑤南山之阳:南山的南面。南山,即终南山。古代称山的北面为阴,山的南面为阳。

⑥桥:一种高大的树木。

⑦竦:耸立。

⑧实而仰:向宗鲁《校证》云:"《大传》作'见桥实高高然而上',此文'实'下当有'高'字。"译文从此说。

⑨梓:落叶乔木,木质轻而易割。

⑩见梓勃焉,实而俯:向宗鲁《校证》云:"《大传》作'见梓实晋晋然而俯',此文'实'下脱一字。……《御览》四百二引上文作'实高而仰',此亦当作'实卑而俯'可知。"译文从此说。

⑪趋:小步疾走,表示恭敬。

⑫拂:通"抚"。

⑬天海按:此文见《尚书大传》,又见《太平御览》卷五百十八引《周书》及《论衡·谴告篇》。

【译文】

伯禽与康叔封去朝见成王,拜见周公。三次拜见周公,三次被鞭打。康叔封面有惊恐之色,对伯禽说:"有个叫商子的人,是个贤人,我与你去拜见他吧。"康叔封与伯禽见到商子,说:"我们是姬封和伯禽,前日我二人去朝见成王,拜见周公,三次见面,被鞭打了三次,这该有什么说法吧?"商子说:"你二人为何不一起去终南山的南边看看,那里有种树名叫桥木。"他二人便前往终南山的南边去观察,看见桥木高高耸立而上仰,回去后便告诉商子,商子说:"桥树,体现的是做父亲的道理。"商子又说:"你二人为何不一起去终南山的北边看看?那里有种树名叫梓木。"他二人便前往终南山的北边去观看,看见梓树勃勃生机而下俯,回去后便告诉商子,商子说:"梓树,表现的就是做人子的道理。"他二人第二天便去拜见周公,进门后就小步疾走,上堂后就跪拜。周公抚摸着他们的头,慰劳他们,让他们吃东西,然后问道:"你们是见到了哪个君子吧?"二人回答说:"见到了商子。"周公说:"商子真是君子啊!"

3.7 曾子芸瓜而误斩其根①。曾皙怒②,援大杖击之。曾子仆地③,有顷乃苏④,蹶然而起⑤,进曰:"囊者参得罪于大人⑥,大人用力教参,得无疾乎⑦?"退屏鼓琴而歌⑧,欲令曾皙听其歌声,令知其平也⑨。孔子闻之,告门人曰:"参来勿内也⑩。"曾子自以无罪,使人谢孔子⑪。孔子曰:"汝不闻瞽叟有子名曰舜⑫?舜之事父也,索而使之,未尝不在侧,求而杀之,未尝可得⑬。小棰则待⑭,大棰则走,以逃暴怒也。今子委身以待暴怒,立体而不去,杀身以陷父不义,不孝孰是大乎?汝非天子之民邪?杀天子之民罪奚如?"以曾子之材,又居孔氏之门,有罪不自知,处义难乎⑮!⑯

【注释】

①曾子(前505—前435):名参(shēn),字子舆,春秋末年鲁国南武城(今山东平邑)人。与其父曾点皆为孔子弟子。芸:通"耘"。锄草。

②曾皙:名点,字子皙,春秋末年鲁国南武城(今山东平邑)人,曾参的父亲,是孔子早期弟子。

③仆:向前倾倒。

④有顷乃苏:过了一会才苏醒。乃,此字原文脱,此据向宗鲁《校证》引《韩诗外传》《艺文类聚》《太平御览》补。

⑤蹶然：疾起貌。《逸周书·太子晋》："师旷蹶然起曰：'瞑臣请归'。"孔晁注："蹶然，疾貌。"
⑥大人：父亲。古代称父母亲为大人。
⑦得无疾乎：该不会受伤了吧。得无，表示反问或推测，意为"莫不是，该不会"。疾，病。轻者为疾，重者为病。
⑧退屏：犹引退，以示恭敬。
⑨平：平安无事。《孔子家语·六本》作"体康"。
⑩参：曾参。内：同"纳"。接纳。
⑪谢：认错，道歉。此为询问。
⑫不闻：原文脱"不"字，此据向宗鲁《校证》引《太平御览》补。瞽叟：虞舜父亲的别名，因目盲，故云。
⑬未尝可得：以上"舜之事父"之事，据《孟子·万章上》与《史记·五帝本纪》记载，舜的父亲曾让舜去淘井、修仓，企图借机害死舜，但舜还是逃了出来。
⑭棰(chuí)：棍杖。
⑮处义：处身适宜。义，适宜。
⑯天海按：此文所记之事又见《韩诗外传》卷八、《孔子家语·六本》。

【译文】

曾参在瓜田锄草，误断了瓜蔓的根。他的父亲曾皙大怒，举起大棒打他。曾参扑倒在地，过了一会才苏醒，他很快爬起来，上前说："刚才我得罪了父亲大人，大人用力教训我，该不会伤着了吧?"他退下后便弹琴唱歌，想使父亲曾皙听到他的歌声，使他知道自己身体平安无恙。孔子听说了这件事，告诉他门下弟子说："曾参来了，不要接纳他。"曾参自认为没有什么罪过，便托人向孔子询问。孔子说："你没有听说瞽叟有个儿子名叫舜的吗？舜侍奉父亲，凡是想找他来使唤的时候，没有不在身边的；但是他父亲谋求杀害他，并未达到目的。小木杖打他就等着，大木杖打他就逃走,为的是逃避父亲的暴怒。如今你却把身体给父亲等待他暴怒,立身在那里不躲开,以自己的死来使你父亲陷入不义,哪有比这更大的不孝呢?你难道不是天子的百姓吗?杀死天子的百姓,那罪过该是什么?"凭着曾子这样的人才,又在孔子之门,有了罪过自己还不知道,要处身适宜,难啊!

3.8 伯俞有过①,其母笞之,泣②。其母曰:"他日笞子,未尝见泣,今泣何也?"对曰:"他日俞得罪,笞尝痛;今母之力衰③,不能使痛,是以泣也④。"故曰:父母怒之,不作于意,不见于色⑤,深受其罪,使可哀怜,上也;父母怒之,不作于意,不见于色,其次也;父母怒之,作于意,见于色,下也。⑥

【注释】

①伯俞:姓韩,汉初梁国人,性至孝。《韩诗外传》佚文作"伯瑜",《艺文类聚》《太平御览》引作"韩伯瑜"。
②泣:无声或低声地哭。
③今母之力衰:原文脱"衰"字,此依向宗鲁《校证》据卢文弨引《太平御览》补。
④是以泣也:原文脱"也"字,此依向宗鲁《校证》据《法苑珠林》及《太平御览》补。
⑤不作于意,不见于色:不记在心里,不显露在脸色上。下文与此同。
⑥天海按:向宗鲁《校证》案:"此文又见《蒙求旧注》引《韩诗外传》。"

【译文】

伯俞有了过错,他的母亲鞭打他,他无声地流泪。他的母亲问道:"以前打你的时候,未曾看见你流过泪,今天你为什么流泪呢?"伯俞回答说:"以前我得罪了母亲,挨打时都感觉到疼痛;现在母亲力气衰弱,打起来不能让我感到疼痛了,因此流泪。"所以说,父母对你生气,你不要记在心上,不要表露出不满的神色,深刻承认自己的过错,使父母能够哀怜你,这是最好的态度;父母对你生气,你不记在心上,不表露出怨恨的神色,这是较好的态度;父母对你生气,你记在心上,显现出怨恨的神色,这就是最不好的态度。

3.9 成人有德,小子有造①。大学之教也②,时禁于其未发之曰预③,因其可之曰时④,相观于善之曰磨⑤,学不陵节而施之曰驯⑥。发然后禁,则扞格而不胜⑦;时过然后学,则勤苦而难成⑧;杂施而不逊⑨,则坏乱而不治;独学而无友,则孤陋而寡闻⑩。故曰:"有昭辟雍⑪,有贤泮宫⑫,田里周行⑬,济济锵锵⑭,而相从执质⑮,有族以文⑯。"⑰

【注释】

① 成人有德,小子有造:成年人有德行,晚辈也有造诣。见《诗经·大雅·思齐》。
② 大学:即太学,是古代贵族子弟读书的处所。太学之名始于西周。
③ 预:事先防备,预防。
④ 时:适时。
⑤ 磨:琢磨,切磋,研究。
⑥ 陵节:超越程序。陵,超越。《礼记·檀弓上》:"故丧事虽遽不陵节,吉事虽止不息。"孔颖达疏:"丧事虽须促遽,亦当有常,不得陵越丧礼之节。"驯:顺从,顺序。
⑦ 扞(hàn)格:抵触。互相抵触,格格不入。

⑧难成：原文作"不驯"，此据诸本及《礼记》改。

⑨杂施：错杂，混合地推行。逊，义同"顺"。

⑩则孤陋而寡闻：此语又见《礼记·学记》："独学而无友，则孤陋而寡闻。"

⑪有昭辟雍：明亮的天子学宫。昭，明亮。辟雍，西周王朝为贵族子弟设立的太学，辟雍中央为高台，四面环水形如环璧，故名。周朝曾设五大学：东为东序，西为瞽宗，南为成均，北为上庠，中为辟雍。

⑫有贤泮（pàn）宫：美好的诸侯学宫。贤，美好。泮宫，古代诸侯子弟的学宫。诸侯泮宫等级逊于辟雍，仅有三面环水（半圆环）。如郑玄所说："泮之言半也，半水者，盖东西门以南通水，北无也。"一说，泮为春秋时鲁国水名，作宫其上，故称泮宫。汉文帝命博士撰《王制》，谓天子之学有辟雍，诸侯之学为泮宫。自此之后，说经者皆以泮宫为学宫。《汉书·郊祀志》："周公相成王，王道大洽，制礼作乐，天子曰明堂辟雍，诸侯曰泮宫。"

⑬田里：田地庐舍。周行（háng）：大道，大路。又指周朝的大道。

⑭济济锵锵（qiāng）：形容人数众多，步履整齐。锵锵，同"跄跄"。

⑮执质：即"执贽"。古代礼制宾主相见，或拜师学艺都要赠送礼物。执，持。质，通"贽"。礼物。

⑯族（zòu）：通"奏"。节奏。

⑰天海按：向宗鲁《校证》云："此文'故曰'以上，本《礼记·学记》，'故曰'以下，未详。"

【译文】

成年人有德行，晚辈就有造诣。太学的教育是：把握时机在事情未发生之前禁止叫预防，在可以教育时进行教育叫适时，互相观摩学习长处叫磨砺，学习不超越制度叫有顺序。事情发生后才去禁止，就会格格不入而难以奏效；错过时机然后才学习，就是很勤苦也难有成就；杂乱无章地学习而不循序渐进,就会败坏混乱而不能成功;独自求学而没有学友,就会学识短浅、见闻不广。所以说:"明亮的天子学宫,美好的诸侯学宫,道路像田野一样宽广,学子众多步履整齐,他们拿着礼物互相跟从,行进有节奏而又文质彬彬。"

3.10 周召公年十九①,见正而冠②,冠则可以为方伯诸侯矣③。人之幼稚童蒙之时,非求师正本,无以立身全性。夫幼者必愚,愚者妄行。愚者妄行,不能保身。孟子曰④:"人皆知以食愈饥,莫知以学愈愚⑤。"故善材之幼者⑥,必勤于学问,以修其性。今人诚能砥砺其材⑦,自诚其神明⑧,睹物之应⑨,通道之要,观始卒之端⑩,览无外之境⑪,逍遥乎无方之内⑫,彷徉乎尘埃之外⑬,卓然独立,超然绝世,此上圣之所以游神也⑭。然晚世之人莫能。闲居静思⑮,鼓琴读书;追观上古,友贤大夫;学问讲辨,日以自虞⑯;索援世事⑰,分明利害;筹策得失,以观祸福;设义立度⑱,以为法式⑲;穷道本末⑳,究事之情;死有遗业,生有荣名;此皆人材之所能逮也㉑。然莫能为者,偷慢懈堕,多暇日之故也,是以失本而无名。夫学者,崇名立身之本也。仪状齐等而饰貌者好,质性同伦而学问者智。是故砥砺琢磨非金也,而可以利金㉒;诗书辟立非我也㉓,而可以厉心。夫问讯之士,日夜兴起,厉中益知㉔,以别分理,是故处身则全,立身不殆。士苟欲深明博察,以垂荣名,而不好问讯之道,则是伐智本而塞智原也,何以立躯也?骐骥虽疾㉕,不遇伯乐不致千里;干将虽利,非人力不能自断焉;乌号之弓虽良㉗,不得排檠不能自正㉘;人才虽高,不务学问,不能致圣。水积成川,则蛟龙生焉;土积成山,则豫樟生焉㉙;学积成圣,则富贵尊显至焉。千金之裘,非一狐之皮;台庙之榱㉚,非一木之枝;先王之法,非一士之智也。故曰:讯问者,智之本;思虑者,智之道也。《中庸》曰㉛:"好问近乎智,力行近乎仁,知耻近乎勇。"积小之能大者,其惟仲尼乎!学者所以反情治性,尽才者也;亲贤学问,所以长德也;论交合友㉜,所以相致也㉝。《诗》云㉞:"如切如磋,如琢如磨。"此之谓也。㉟

【注释】

① 周召公:姬姓,名奭。西周宗室大臣,与周武王、周公旦同辈。因采邑在召(今陕西岐山西南),称为召公或召伯、召公奭、召康公。一作邵公。他曾佐武王灭商,被封于燕,成为燕国的始封君。成王时任太保,与周公旦分陕而治,陕以西由他治理。天海按,此则原文连上,现依向宗鲁《校证》另起。

② 见正:显示出志趣已纯正。冠:加冠之礼。古代男子成年时举行加冠的礼仪。《韩诗外传》卷七:"十九见志,请宾冠之。"

③ 方伯:一方诸侯之长。《礼记·王制》:"千里之外设方伯。"

④ 孟子(约前372—前289):孟氏,名轲,字子舆,战国时邹(今山东邹城)人,战国中期儒家的代表人物。他受业于孔子之孙孔伋的门人,与孔子并称"孔孟"。

⑤ 人皆知以食愈饥,莫知以学愈愚:此二句卢文弨校曰:"今见《外书·性善辨》。"向宗鲁《校证》案:"今《外书》伪也,窃此文耳。"

⑥ 善材:优秀的人才。

⑦ 砥砺:磨石,细者为砥,粗者为砺。这里用作动词,表示磨炼的意思。

⑧ 神明:指人的精神。

⑨应:感应,反应,变化。
⑩始卒:始终。卒,结束。
⑪无外:犹无穷,无所不包。《管子·版法解》:"天覆而无外也。"此二字原文作"物外",卢文弨曰:"元本作'无',宋本'物'。"向宗鲁《校证》案:"《淮南》亦作'无',卢从宋本非是,今仍从各本。"天海按,向说是,今据改。
⑫无方:没有极限。《周易·益卦》:"天施地生,其益无方。"程颐传:"广大无穷极也。"《庄子·天运》:"动于无方,居于窈冥。"
⑬彷徉:徘徊、游荡的样子。尘埃:比喻尘世。
⑭上圣:德才最高超的人。《商君书·弱民》:"今当世之用事者,皆欲为上圣。"原文"圣"字上有"古"字,各本皆无,径删。游神:即神游,心神遨游。所以:"以"原文脱,此据《校证》依《淮南子》补。
⑮静思:原文作"心思",此据向宗鲁《校证》依《淮南子》改。
⑯虞:通"娱"。《淮南子·修务训》正作"娱"。
⑰索援:探求援引的意思。原文作"疏远",向宗鲁《校证》云:"《淮南》作'苏援',高注云:'犹索援。'盖古语。"此据《淮南子·修务训》改。
⑱义:《淮南子·修务训》作"仪"。"义"与"仪"同,犹"法"。
⑲法式:法定程式。
⑳穷道本末:原文"道"作"追"。向宗鲁《校证》云:"追,《淮南》作'道','穷道'与下'究事'相对,作'追'误。"此说可从,据改。
㉑此皆人材之所能逮:原文"逮"误作"建",此据向宗鲁《校证》依《淮南子》改。
㉒利金:使金属刃具锋利。
㉓辟立:向宗鲁《校证》引日人关嘉说及《法言·孝至》认为此二字当作"群言"。天海按,辟立,同"壁立"。其义本通。
㉔厉中益知:内心激励,增长智慧。中,内心。知,同"智"。

㉕骐骥：千里马的别称。
㉖干将：古代传说中的名剑。相传为春秋时吴人干将、莫邪夫妇所铸造。干将是雄剑，莫邪是雌剑。
㉗乌号：古代良弓名。《淮南子·原道训》："射者扞乌号之弓，弯棊卫之箭。"高诱注："乌号，桑柘，其材坚劲，乌峙其上，及其将飞，枝必桡下，劲能复巢，乌随之。乌不敢飞，号呼其上。伐其枝以为弓，因曰乌号之弓也。一说：黄帝铸鼎于荆山鼎湖，得道而仙，乘龙而上，其臣援弓射龙，欲下黄帝，不能也。乌，於也；号，呼也。于是抱弓而号。因名其弓为乌号之弓也。"后以"乌号"指代良弓。
㉘檠檠（qíng）：矫正弓弩的器具。自正：原文作"任"，此据向宗鲁《校证》引《管子》《荀子》《淮南子》等文改。
㉙豫樟：木名，枕木与樟木的并称。《史记·司马相如列传》："其北则有阴林巨树，梗楠豫章。"张守节正义："案：《活人》云：'豫，今之枕木也。章，今之樟木也。二木生至七年，枕樟乃可分别。'"
㉚榱（cuī）：房盖上的椽子，即放在檩上支持屋面和瓦片的木条。
㉛《中庸》：本是《礼记》第三十一篇，写成约在战国末期至西汉之间，作者尚无定论，一说是孔子之孙孔伋（子思），或说是秦代或汉代的学者所作。朱熹则将其与《论语》《孟子》《大学》合编为《四书》。
㉜论交合友：选择交游，聚会朋友。
㉝相致：互相给予，彼此得到帮助。
㉞《诗》云：以下引诗见《诗经·卫风·淇澳》。
㉟天海按：本文从开头到"是以失本而无名"见《淮南子·修务训》，自此以下，杂取诸子词句汇编而成。

【译文】

周召公年满十九岁时，他志趣纯正，就举行了加冠礼，加冠后就可以作为一方诸侯之长或诸侯国君了。人在儿童幼稚时期，除非求师以正根本，是不能立身处世保全天性的。幼小的人必定愚昧，愚昧的人就会有荒诞的行为。愚昧的人荒唐行事，就不能保全自身。孟子说："人们都知道用食物来疗饥，却不知道用学习来医治愚昧。"所以优秀的人才在幼小的时候，一定要勤奋地学习和请教，以此来修养自己的本性。如果人们真能磨炼自己的才能，使自己真的精神集中，细察事物的感应变化，通晓大道的要领，观察事物从始至终的究竟，游览广阔辽远的境界，在无边无际的宇宙中逍遥，在尘世之外任意往来，高高地独自屹立，远远地超凡出世，这就是德才最高尚的人心神得以遨游的原因。但是后世的人不能做到。闲居静心，弹琴读书；追溯远古，与贤人大夫交友；学习请教、讲解辩难，每日以此自娱；探寻援引世事，分辨利害；筹划得失，观察祸福；设立法度，作为法则；穷究大道的本末，研究事物的真相；死后有留传的事业，生前有荣耀的名声；这些都是人的才能所能及的。然而不能做到这些的人，是因为偷懒懈怠，空闲日子太多的缘故，因此丧失根本而无名声。学习，是提高名声立身处世的根本。仪表体态相同但整饬容貌的人更美，天资禀性类同但好学善问的人智慧。因此用作打磨的磨石、玉石并不是金属，却可以使金属锋利；诗书壁立并不是我写的，却可以激励心志。那虚心提问请教的读书人，早起晚睡，磨砺精神，增长智慧，以辨别不同的道理，所以立身处世就安全而不危险。读书人如果想要察深见广，以留下荣耀的名声，却又不喜好提问请教的方法，那就是毁坏智慧的根本而堵塞智慧的本源，凭什么来立身呢？千里马虽然跑得快，不遇见伯乐就得不到千里马的名声；干将宝剑即使锋利，没有人力就不能自己割断东西；乌号宝弓虽然优良，但是得不到矫弓器就不能自己矫正。人的才能高，不努力学习请教，就不能达到圣人的境界。水流累积成河，就有蛟龙出生；泥土堆积成山，就有大树生长；学问积累成为圣人，就有富贵尊荣显赫到来。价值千金的皮裘，并非一狐之皮；高台宗庙的屋橼，不是一棵大树的枝干；先王的法度，不是一个人的智慧。所以说：向人询问请教，是智慧的本源；善于深思熟虑，是智慧的大道。《中庸》说:"好问近于智慧,力行近于仁义,知耻近于勇敢。"积累细小好品行能成为伟大的人,那只有孔子吧!学习是用来回归人情,陶冶本性,极尽才能的手段;亲近贤人,向他学习请教,是用来增进自己德行的;选择交游,聚会朋友,是用来互相促进的。《诗经》上说:"好像牛骨象牙经过切磋,好像美玉宝石经过琢磨。"说的就是这种情况。

3.11 今夫辟地殖谷,以养生送死;锐金石①,杂草药,以攻疾苦;知构室屋以避暑雨②,累台榭以避润湿③。入知亲其亲,出知尊其君;内有男女之别,外有朋友之际。此圣人之德教,儒者受之传之,以教诲于后世。今夫晚世之恶人反非儒者曰④:"何以儒为?"如此人者,是非本也。譬犹食谷衣丝⑤,而非耕织者也;载于船车⑥,服而安之⑦,而非工匠者也;食于釜甑⑧,须以生活,而非陶冶者也。此言违于情,而行蒙于心者也⑨。如此人者,骨肉不亲也,秀士不友也⑩,此三代之弃民也⑪,人君之所不赦也。故《诗》云⑫:"投畀豺虎⑬,豺虎不食;投畀有北,有北不受,投畀有昊⑭。"此之谓也。

【注释】

①锐金石:使金针和砭石锋利尖锐。锐,使之锐。金石,金针和砭石,中医传统的外用医疗工具。
②暑雨:盛夏大雨。
③累:重叠。台榭:积土高起者为台,台上所盖之屋为榭。
④非:非难,反对,指责。此作动词用。
⑤食谷衣丝:吃粮食穿丝绸。食,吃。衣,穿。皆作动词用。

⑥载：乘坐。
⑦服：使用。包括对各种事物的利用。
⑧釜甑(zèng)：古代两种陶制炊具。釜，无脚之锅。甑，古代蒸食炊具。
⑨蒙：本指失明之人，此为蒙昧之意。
⑩秀士：德才优异的人。
⑪三代：指夏、商、周三代。弃民：被社会摒弃之人。
⑫《诗》云：以下引诗见《诗经·小雅·巷伯》。
⑬投畀(bì)：投给，抛弃，放逐。
⑭有北：有，句首助词，无义。北，北方荒凉之地。昊：昊天，即上天。

【译文】

如今开辟土地种植谷物，供养生者，给死者送终；磨利金针、砭石，杂用草药，来医治疾病痛苦；懂得构筑房屋来遮蔽酷暑暴雨，建造高台楼阁来防避潮湿。入门懂得亲爱自己的父母，出仕懂得尊重自己的君主；在室内有男女的区别，在外有朋友的交际。这些都是圣人的道德教化，儒家学者接受它、传播它，用来对后世进行教诲。现在那些近世的恶人反而诋毁儒者说："儒家能用来干什么？"像这样的人，是反对做人的根本啊！比如吃着粮食、穿着丝绸，却要指责耕田纺织的人；乘坐在车船上，使用并安享它们，却要指责造车船的工匠；用釜甑蒸煮食物，需要靠它们生活，却要指责烧制陶器的人。这是一种违背情理的言论，昧着良心的行为。像这样的人，至亲骨肉也不会亲近他，优秀的人不会结交他，这是夏、商、周三代被遗弃的人，是国君不能赦免的人。所以《诗经》上说："把他丢给豺狼虎豹，豺狼虎豹也不吃他；把他丢到寒冷的北方，北方也不接受他；把他丢给老天爷吧。"说的就是这种人。

3.12 孟子曰："人知粪其田①，莫知粪其心。粪田莫过利苗得粟,粪心易行而得其所欲。何谓粪心?博学多闻。何谓易行?一性止淫也②。"③

【注释】

①粪其田:用肥料养其田。粪,本意为肥料,此名词用作动词,引申为"养",下同。
②一性:全性,保全本性。淫:邪恶。
③天海按:此文不见今本《孟子》,或为《孟子》逸文。

【译文】

孟子说:"人们知道施肥养田,却不知道养自己的心。养田不过有利禾苗得到粮食,养心改变行为却能实现自己的愿望。什么叫养心?广泛学习多长见识。什么叫改变行为?保全本性禁止邪恶。"

3.13 子思曰①:"学所以益才也,砺所以致刃也。吾尝幽处而深思②,不若学之速;吾尝跂而望③,不若登高之博见。故顺风而呼,声不加疾,而闻者众;登丘而招,臂不加长,而见者远。故鱼乘于水④,鸟乘于风,草木乘于时。"⑤

【注释】

①子思(约前483—前402):孔伋,字子思。孔子嫡孙。相传受业于曾子,曾为鲁穆公师。其思想以"诚"为核心,以为"诚者,天之道也","诚者,物之终始。不诚无物"(《中庸》)。他还提出"仁义礼智圣"五行学说(帛书《五行》),对后来"五常"的形成产生影响。他主张"中庸"之道,其学说经孟子发挥,形成思孟学派。后代封建统治者尊为"述圣"。《汉书·艺文志》著录《子思》二十三篇,已佚。现存《礼记》中的《中庸》《表记》《坊记》《缁衣》等四篇是他

的著作。马王堆帛书及荆门郭店楚简《五行》是从地下重新发现的子思学派的作品。《史记·孔子世家》说子思"年六十二卒",当为"八十二卒"之误,说见梁涛《子思行年考》。天海按,卢文弨校云:《大戴礼记·劝学》作"孔子曰";向宗鲁《校证》云:《孔丛子》作"子思谓子上曰"。

②幽处:独居,隐居。

③跂(qǐ):踮起脚尖。

④乘(chéng):利用,凭借,趁机会。

⑤天海按:此文应是《子思子》佚文。《大戴礼记·劝学》《荀子·劝学》等都引用过子思这一段话。

【译文】

子思说:"学习是为了增长才干,磨砺是为了使刀刃锋利。我曾经独居而深思,却不如学习收效迅速;我曾经踮起脚来眺望,却不如登高见得广。所以顺着风向呼喊,声音并没有加大,但很多人都能听见;登上山丘招手,手臂并没有加长,但很远的人都能看见。因此鱼儿凭借于水,鸟儿凭借于风,草木生长凭借的是时机。"

3.14 孔子曰:"可以与人终日而不倦者,其惟学乎!其身体不足观也①,其勇力不足惮也,其先祖不足称也,其族姓不足道也。然而可以闻四方而昭于诸侯者②,其惟学乎!《诗》曰③:'不愆不忘④,率由旧章⑤。'夫学之谓也。"⑥

【注释】

①观:示人,给人看。

②可以闻四方:原文"闻"误作"开",此据向宗鲁《校证》引诸家说改。

③《诗》曰:以下引诗见《诗经·大雅·假乐》。
④不愆(qiān)不亡:《诗经》作"不愆不忘",即不出错不遗忘。愆,过错。亡,通"忘"。遗忘。
⑤率由旧章:遵从先王的典章制度。率,遵循。由,依从。旧章,先王的典章制度。
⑥天海按:此文又见《孔子家语·致思》。

【译文】

孔子说:"能够使人终日都不会厌倦的,那该只有学习吧!人的身体不值得观赏,勇敢有力不足使人畏惧,先祖的功业不值得称誉,宗族姓氏也不值得称道。然而能够闻名四方而又昭示于诸侯的,那该只有学问吧!《诗》上说:'不出错不遗忘,一切遵从先王典章。'讲的就是学习啊。"

3.15 孔子曰:"鲤①,君子不可以不学,见人不可以不饰②。不饰则无貌③,无貌则失理④,失理则不忠,不忠则失礼,失礼则不立。夫远而有光者,饰也;近而逾明者,学也。譬之如洿邪⑤,水潦注焉⑥,菅蒲生之⑦,从上观之,谁知其非源也⑧。"⑨

【注释】

①鲤(前532—前483):孔鲤,字伯鱼。孔丘之子。因其诞时鲁昭公赐孔子一尾鲤鱼而得名、字。先孔子而死。天海按,此则原文连上,现依向宗鲁《校证》另起。
②见人:《孔子家语》作"其容"。饰:《孔子家语》作"饬",二字古通用。
③无貌:原文作"无根",《大戴礼记·劝学》作"无貌",于义为顺。

据此径改,下文"无貌"同此。

④失理:违背道理或事理。《大戴礼记·劝学》作"不敬"。下文"失理"同此。

⑤洿(wū)邪:地势低洼、容易积水的劣田。同"污邪"。原文作"污池",即蓄水之池。向宗鲁《校证》认为当从《大戴礼记》及《尚书大传》作"洿邪"。此说可从,据改。

⑥水潦(lǎo):水流,积水。

⑦菅(jiān)蒲:两种水草。菅,又称菅茅,苍子草。蒲,香蒲或菖蒲之类。

⑧谁知其非源也:原文脱"谁"字,此据向宗鲁《校证》引《大戴礼记》与《尚书大传》补。

⑨天海按:此文又见《大戴礼记·劝学》《孔子家语·致思》。《大戴礼记·劝学》:"孔子曰:野哉!君子不可以不学,见人不可以不饰。不饰无貌,无貌不敬,不敬无礼,无礼不立。夫远而有光者,饰也;近而逾明者,学也。譬之如洿邪,水潦漓焉,莞蒲生焉,从上观之,谁知其非源泉也。"

【译文】

孔子说:"鲤啊,君子不能不学习,接见别人时不能不修饰。不修饰就没有好的容貌,没有好的容貌就违背常理,违背常理就会不忠诚,不忠诚就会不守礼制,不守礼制就不能立身处世。那在远处就有光彩的,是因为修饰;越接近就越清楚明白的,是因为学习。比如那低洼的下等田,雨水倾注在里面,菅茅、菖蒲生长在里面,从上面观看它,谁又知道它不是水源呢!"

3.16 公扈子曰①:"有国者不可以不学《春秋》②。生而尊者骄,生而富者傲;生而富贵,又无鉴而自得者鲜矣③。《春秋》,国之鉴也。《春秋》之中,弑君三十六④,亡国五十二,诸侯奔走，不得保其社稷者甚众，未有不先见而后从之者也。"⑤

【注释】

①公扈子：生平事迹不详。或以此人为《春秋繁露·俞序》中的公肩子，即孔子弟子公肩定。
②有国者：享有国家的人，意指国君。
③无鉴：没有借鉴。鉴，本意为镜，引申为借鉴。《说文解字》："鉴，大盆也，一曰监诸，可以取明水于月。"徐灏曰："鉴，古只作坚，从皿以盛水也。其后范铜为之，而用以照形者，亦谓之鉴，声转为镜。"
④弑君：臣下杀君，叫弑君。
⑤天海按：此文与《春秋繁露·俞序》略同。

【译文】

公扈子说："享有国家的人不能不学《春秋》。生来就尊贵的人骄纵，生来就富有的人傲慢；生来就富贵，又没有借鉴却能自有所得的人太少了。《春秋》这本书，是国家的宝鉴。在《春秋》的记载中，臣下杀死国君的就有三十六起，亡国的就有五十二起。诸侯出奔逃亡，不能保住自己国家的很多，没有不是先见到别国覆灭而后又重蹈覆辙的。"

3.17 晋平公问于师旷曰①："吾年七十，欲学。恐已暮矣②。"师旷曰："何不炳烛乎③？"平公曰："安有为人臣而戏其君乎？"师旷曰："盲臣安敢戏其君乎？臣闻之，少而好学，如日出之阳④；壮而好学，如日中之光⑤；老而好学，如炳烛之明。炳烛之明，孰与昧行乎⑥？"平公曰："善哉！"⑦

【注释】

①晋平公(? —前532):姬姓,名彪。春秋时晋国国君,前557—前532年在位。师旷:字子野。春秋时晋国主乐太师,生而目盲,博学多才。

②暮:本义为日暮天晚,此比喻年老,时间不多。

③焫(ruò)烛:点燃蜡烛,用以照明。焫,原文误作"炳"字,乃"焫"字形误,此径改。原文下文二"炳"字亦"焫"字之误,皆径改。天海按,成语典故"焫烛之明"原先出自本文,但一误作"炳烛之明",再误作"秉烛之明",这实际上是一个历史之误。笔者曾在《贵州教育学院》1998年第2期(社会科学版)发表专文《"炳烛"是"焫烛"之讹——兼议"秉烛"》,对此进行考辨论析,可以参阅。

④阳:阳光。

⑤日中:正午。

⑥昧行:在昏暗中行走。

⑦天海按:此文本《尚书大传》,或出于《师旷》六篇。《金楼子·立言篇》引用此文。

【译文】

晋平公向师旷问道:"我年纪已七十岁了,想要学习,恐怕已经晚了。"师旷说:"晚了为什么不点燃蜡烛呢?"平公说:"哪有做臣子反而戏弄自己君主的呢?"师旷说:"盲臣我怎敢戏弄自己的国君呢?我听说:少年时好学,好像日出时的阳光;壮年时好学,好像正午的阳光;老年时好学,好像点燃蜡烛的光亮。点燃蜡烛的光亮,与在黑暗中行走相比,哪一个更强呢?"晋平公说:"讲得好啊!"

3.18 河间献王曰①:"汤称学圣王之道者,譬如日焉;静居独思,譬如火焉。夫舍学圣王之道,若舍日之光;何乃独思,若火之明也②?可以见小耳,未可用大知。惟学问可以广明德慧也③。"④

【注释】

①河间献王：即刘德（前171—前130），汉孝景帝第三子，景帝二年（前155）封为河间王。致力于对典籍文献的收集与整理。

②"夫舍学圣王之道"四句：向宗鲁《校证》引俞樾云："文有脱误，当作'夫舍学圣王之道而静居独思，譬若舍日之明而就火之光也'，文义方明。"天海按，何乃，即何况，文意亦通。

③广明德慧：显明德行，增广智慧。

④天海按：马国翰《玉函山房辑佚书》以此文为《河间献王书》佚文，又见贾谊《新书·修政语上》。

【译文】

河间献王说："商汤称道学习圣王的道理，就如太阳光一样；居静处独自思考，就比如火光一样。舍弃学习圣王的道理，就像舍弃了太阳的光明；何况独自思考，就像火一样的光亮呢？这样只能看到小的事情罢了，是不能以此获得大智慧的。只有勤学好问才能显明德行增长智慧。"

3.19 梁丘据谓晏子曰①："吾至死不及夫子矣。"晏子曰："婴闻之，为者常成，行者常至。婴非有异于人也，常为而不置②，常行而不休者，故难及也。"③

【注释】

①梁丘据：复姓梁丘，名据。春秋时齐景公之嬖大夫。深受齐景公的赏识，后受封地于梁丘（今山东成武），以封地为姓，为梁丘姓始祖。

②置：弃置，放弃。
③天海按：此文又见《晏子春秋·内篇杂下》。

【译文】
　　梁丘据对晏子说："我到死也赶不上先生了。"晏子说："我听说：有作为的人常常成功，能行走的人常常到达目的地。我并非与别人有什么不同，只是经常做事而不放弃，经常前进而不停止，所以难以赶上。"

　　3.20 甯越①，中牟鄙人也②，苦耕之劳，谓其友曰："何为而可以免此苦也？"友曰："莫如学。学三十年，则可以达矣。"甯越曰："请十五岁。人将休，吾将不休；人将卧，吾不敢卧。"十五岁学，而周威公师之③。夫走者之速也④，而过二里止⑤；步者之迟也⑥，而百里不止。今以甯越之材⑦，而久不止，其为诸侯师，岂不宜哉？⑧

【注释】
①甯越：齐国贤人。后干齐桓公，被用为大夫。
②中牟：地名。今河南鹤壁。鄙人：郊野农人。
③周威公（？—前367）：姬姓，名灶。前414—前367年在位。据《史记·周本纪》，周考王元年（前440），封其弟姬揭于河南，是为西周桓公，"以续周公之官职。桓公卒，子威公代立"。
④走：奔跑。
⑤而过二里止：向宗鲁《校证》以为"而"字之下当据《吕氏春秋》补"不"字，或"而"字为"不"字之误。天海按，而，但也。转折连词，其意自通。此处非脱、非讹。
⑥步：步行，慢走。
⑦今以甯越之材：原文脱"以"字，此据向宗鲁《校证》引《吕氏春

秋》补。

⑧天海按：此文所载事亦见《吕氏春秋·博志》，文字大同小异。

【译文】

宁越是河南中牟郊野的农人，他认为耕作太劳苦，便他的朋友说："做什么可以免除这种劳苦呢？"他的朋友说："不如求学。求学三十年，就可以显达了。"宁越说："让我用十五年。别人将要休息时，我不休息；别人将要睡觉时，我不睡觉。"他学了十五年，周威公便拜他为师。那奔跑的人很迅速，但过两里路就停止了；步行的人虽然迟缓，但能走百里而不停止。现在以宁越的资质，能持久学习而不停止，他能成为国君的老师，难道不应该吗？

3.21 孔子谓子路曰："汝何好？"子路曰："好长剑。"孔子曰："非此之问也。谓以汝之所能①，加之以学，岂可及哉！"子路曰："学亦有益乎？"孔子曰："夫人君无谏臣则失政，士无教友则失听②。狂马不释其策③，操弓不返于檠④。木受绳则直，人受谏则圣。受学重问，孰不顺成？毁仁恶士，且近于刑。君子不可以不学。"子路曰："南山有竹，弗揉自直⑤，斩而射之，通于犀革，又何学为乎？"孔子曰："括而羽之⑥，镞而砥砺之⑦，其入不益深乎？"子路拜曰："敬受教哉！"⑧

【注释】

①谓以汝之所能：原文"谓"作"请"，此向宗鲁据《校证》引卢文弨说改。

②教友：能获得教益的朋友。失听：丧失听力。引申为所闻不广的意思。听，原文作"德"，向宗鲁《校证》引太宰德夫曰："此二句与下文协韵，'德'作'听'为是。"《孔子家语·子路初见》正作"听"。

此据改。

③释其策:放开鞭子。释,放开,丢下。策,马鞭。

④返于檠:返还矫正器。返,此指放弃。檠,古代弓弩的矫正器。

⑤揉:使竹、木变形。直者令曲,曲者令直,皆为揉。

⑥括而羽之:箭的尾部扎上羽毛。括,箭的尾部。

⑦镞而砥砺:箭头加以磨砺。镞,箭头。

⑧天海按:此文又见《孔子家语·子路初见》。

【译文】

孔子问子路说:"你爱好什么?"子路说:"爱好长剑。"孔子说:"这个不是我要问的。我说的是凭着你的才能,再加强学习,岂是别人能赶上的?"子路问:"学习也有好处吗?"孔子说:"国君没有直言进谏的臣子,政治上就会有缺失;读书人没有能获得教益的朋友,所闻就不广。狂奔的马不能放开马鞭,使用弓弩不能不用矫正器。木料经墨线就能取直,人接受谏言就能圣明。接受教育注重请教,哪有不顺利成功的呢?诋毁仁义,厌恶读书人,就将接近刑罚。君子不能够不学习。"子路说:"南山有竹子,不用揉制自然端直,砍伐下来做成箭射出去,能穿透犀牛皮,又为什么要学习呢?"孔子说:"在箭的尾部装上羽毛,将箭头磨得锋利,那它射入不更深吗?"子路拜答说:"恭敬地接受您的教诲!"

3.22 子路问于孔子曰:"请释古之学而行由之意①,可乎?"孔子曰:"不可。昔者,东夷慕诸夏之义②,有女,其夫死,为之内私婿③,终身不嫁。不嫁则不嫁矣,然非贞节之义也。苍梧之弟④,娶妻而美好,请与兄易。忠则忠矣,然非礼也。今子欲释古之学而行子之意,庸知子用非为是⑤,用是为非乎? 不顺其初⑥,虽欲悔之,难哉!"⑦

【注释】

①由:子路,仲氏,名由,字子路。此为子路自称。
②东夷:古代华夏族对东方诸民族的称呼。诸夏:指西周分封的诸侯国。
③内私婿:接纳非正式婚配的女婿。内,同"纳"。
④苍梧:复姓,未知其名。《孔子家语·六本》作"苍梧娆",《淮南子·氾论训》作"苍吾绕",生平事不详。娶妻让兄之事,又见《淮南子·氾论训》。
⑤庸知:岂知,哪知。用:以。
⑥顺:《孔子家语·六本》作"慎",二字古可通。
⑦天海按:此文又见《孔子家语·六本》。

【译文】

子路向孔子问道:"如果放弃古代的学问而随我的心意行事,可以吗?"孔子说:"不可以。从前,东夷人仰慕中原的礼义,有女人死了丈夫,就为她接纳未正式婚配的女婿,终身不再嫁。不嫁虽说是不嫁,然而并非贞节的本义。苍梧有个弟弟,娶的妻子美貌姣好,请求换给他的哥哥。忠诚虽说是忠诚,然而不符合礼制。现在你想要放弃古代的学问而随自己的心意行事,哪知你会不会把错误的当成正确的,把正确的当成错误的呢?做事情开头不谨慎,即使要悔改,那是很难的啊!"

3.23 丰墙墝下①,未必崩也;流潦至②,坏必先矣。树本浅,根核不深③,未必橜也④;飘风起⑤,暴雨至,拔必先矣。君子居于是国,不崇仁义,不尊贤臣,未必亡也;然一旦有非常之变,车驰人走,指而祸至⑥,乃始干喉燋唇⑦,仰天而叹,庶几焉天其救之,不亦难乎?孔子曰:"不慎其前而悔其后,虽悔无及矣。"《诗》云⑧:"啜其泣矣⑨,何嗟及矣!"言不先正本而成忧于末也。⑩

【注释】

①丰墙垴(qiāo)下：高墙上厚下薄。向宗鲁《校证》引俞樾云："本作'高墙丰上垴下'，《韩诗外传》作'高墙丰上墝下'，是其证。"译文从此。丰，厚实。垴，本指瘠薄的土地，这里引申为单薄。
②流潦(lǎo)至：流水到。原文作"流行潦至"，衍"行"字，此据向宗鲁《校证》引俞樾说删。
③根核：即根荄(gāi)，植物的根。核，通"荄"。草根。
④撅(jué)：拔起。原文作"橛"，此据向宗鲁《校证》引《韩诗外传》卷二改。
⑤飘风：旋风，暴风。《诗经·小雅·何人斯》："彼何人斯，其为飘风。"毛传："飘风，暴起之风。"
⑥指而：屈指之间，意即很快地。而，同"然"。副词词尾。《韩诗外传》卷二作"迫然"。
⑦干喉燋唇：呼喊到喉干唇焦。燋，通"焦"。
⑧《诗》云：以下引诗见《诗经·王风·中谷有蓷》。
⑨啜：抽噎。
⑩天海按：此文又见《韩诗外传》卷二，但没有末句。

【译文】

高墙上厚下薄，未必会崩塌；流水一到，必定先被毁坏。树木扎根不深，未必能被拔起；旋风起，暴雨降，必定先被拔起。统治者居住在这个国家，不崇尚仁义，不尊重贤臣，未必会亡国；然而一旦发生了非常的变故，车马奔驰，民众逃散，屈指之间灾祸就降临了，这才喉干唇焦地呼喊，指望或许上天能够救助他，不也是很难的吗？孔子说："事前不谨慎而在事后痛悔，就是后悔也来不及了。"《诗经》上说："抽抽噎噎地哭泣，哀叹怎么来得及？"说的就是不先巩固根本而最终会造成忧患啊！

3.24 虞君问盆成子曰①:"今工者久而巧,色者老而衰。今人不及壮之时②,益积心技之术,以备将衰之色,色者必尽乎老之前,知谋无以异乎幼之时,可好之色,彬彬乎且尽③,洋洋乎安托无能之躯哉④?故有技者不累身而未尝灭,而色不得以常茂。"

【注释】

①虞君:向宗鲁《校证》引日人关嘉云:"虞君非虞国之君。"并文后加案云:"此虞君疑是虞卿,《汉志》儒家《虞氏春秋》十五篇,此或其佚文也。"虞卿,虞氏,名失传,一作虞庆、吴庆。战国时人。曾说赵孝成王,被任命为上卿,故号虞卿。主张以赵为主,合纵抗秦。长平之战前,建议联合楚魏,迫使秦讲和。后又反对割地与秦。后离赵入魏,不得意而著书。事见《史记·平原君虞卿列传》《战国策·赵策四》。《汉书·艺文志》儒家有《虞氏春秋》十五篇,今佚,清人马国翰有辑佚本。盆成子:生平事迹不详。向宗鲁《校证》案:"《晏子》《孟子》书皆有盆成适('适''括'同),此盆成子当别是一人。"

②不及:不趁着。

③彬彬:美盛之貌。

④洋洋:忧思。《尔雅·释训》:"悠悠,洋洋,思也。"郭璞注:"皆忧思。"

【译文】

虞君对盆成子说:"如今工匠的技艺是时间越久就越精巧,人的姿色是越老就越衰退。如果人不趁年轻力壮的时候,增加并积累巧思和技术,来防备那将衰老的姿色,人的姿色必定会在衰老之前就退尽,智谋却不能比幼小时有所不同,那么惹人喜爱的姿色,再美也终将会消失,这无能的身躯又将寄托在哪里,岂不令人忧心?所以有技艺的人不会累及自身也不曾销声匿迹,但姿色却不能永远丰润美好。"

3.25 齐桓公问管仲曰:"王者何贵?"曰:"贵天。"桓公仰而视天。管仲曰:"所谓天者,非谓苍苍莽莽之天也①,君人者以百姓为天②。百姓与之则安,辅之则强,非之则危,背之则亡。《诗》云③:'人而无良,相怨一方。'民怨其上,不遂亡者④,未之有也。"⑤

【注释】

①苍苍莽莽:辽阔无比,无边无际。
②君人者:做君主的人。指天子或国君。
③《诗》云:以下引诗见《诗经·小雅·角弓》。
④遂亡:即"坠亡"。遂,通"坠"。《荀子·正论》:"国虽不安,不至于废易遂亡。"王先谦集解引王念孙曰:"遂,亦读为坠……谓不至于废弛坠失也。"
⑤天海按:此文又见《韩诗外传》卷四。

【译文】

齐桓公问管仲说:"做君王的最看重什么?"管仲说:"看重天。"桓公抬起头来看天。管仲说:"我所说的天,不是无边无际的天空,当国君的应该把百姓当作天。百姓亲附他,社会就安定;辅助他,国家就强盛;反对他,统治就危险;背叛他,政权就覆亡。《诗》上说:'做人如不善良,一方的百姓怨恨他。'百姓怨恨他们的君主,这样的君主不败亡的,还从未有过!"

3.26 河间献王曰:"管子称:'仓廪实,知礼节,衣食足,知荣辱①。'夫谷者,国家所以昌炽②,士女所以姣好③,礼义所以行,而人心所以安也。《尚书》五福④,以富为始。子贡问为政,孔子曰:'富之。既富,乃教之也⑤。'此治国之本也。"⑥

【注释】

①"仓廪实"四句:见《管子·牧民》,原文作"仓廪实而知礼节,衣食足而知荣辱",与此略异。

②昌炽:昌盛。

③士女:指男女或未婚男女。泛指人民、百姓。

④《尚书》五福:见《尚书·洪范》:"五福:一曰寿,二曰富,三曰康宁,四曰攸好德,五曰考终命。"下文以富为始,未详所据。

⑤"富之"三句:此记孔子所言见于《论语·子路》:"子曰:'庶矣哉!'冉有曰:'既庶矣,又何加焉?'曰:'富之。'曰:'既富矣,又何加焉?'曰:'教之。'"

⑥天海按:马国翰《玉函山房辑佚书》以此文为《河间献王书》佚文。

【译文】

河间献王刘德说:"管子曾说过:'仓库装满了,就懂得礼节;衣食富裕了,就懂得光荣和耻辱。'那粮食,国家要靠它繁荣昌盛,年轻男女靠它美丽姣好,礼义以此能够实行,人心也以此安宁。《尚书》记载的'五福',就是以'富'开始。子贡问怎样从政,孔子说:'使百姓富裕。百姓已经富裕后,就要教化他们。'这就是治理国家的根本途径。"

3.27 文公见咎季①,其庙傅于西墙②,公曰:"孰处而西③?"对曰:"君之老臣也④。"公曰:"西益而宅⑤。"对曰:"臣之忠,不如老臣之力,其墙坏而不筑。"公曰:"何不筑?"对曰:"一日不稼,百日不食⑥。"公出而告之仆⑦,仆顿首于轸曰⑧:"《吕刑》云⑨:'一人有庆,兆民赖之⑩。'君之明,群臣之福也。"乃令于国曰:"毋淫宫室⑪,以妨人宅。板筑以时⑫,无夺农功⑬。"⑭

【注释】

①文公(前697或前671—前628):即晋文公,姬姓,名重耳。春秋时晋国国君,前636—前628年在位。晋文公文治武功卓著,是春秋五霸中第二位霸主,与齐桓公并称"齐桓晋文"。咎季:即咎臣,咎氏,名臣,字季子。因食采于臼,故亦称臼季、咎季。春秋时晋国大夫,官司空,又称司空季子。重耳继位前遭"骊姬之乱"出逃,咎季一直追随他。

②庙:家庙。傅:迫近,靠近。

③孰处而西:谁住在你的西边。而,你,你的。

④君之老臣:国君过去的臣子。此指咎季的祖先。春秋时官爵世袭,故咎季的祖先也是晋臣。

⑤西益而宅:在西边增加你的住宅。

⑥一日不稼,百日不食:此二句《史记·赵世家》作:"一日不作,百日不食。"

⑦仆:驾车的人,车夫。

⑧轸:本为车厢底部后面的横木,这里指的是车后。

⑨《吕刑》:《尚书》篇名。据《史记》载,此篇作于西周穆王时。

⑩一人有庆,兆民赖之:天子有了善行,万民都依赖他。《尚书·吕刑》:"一人有庆,兆民赖之,其宁惟永。"孔安国传:"天子有善,则兆民赖之,其乃安宁长久之道。"一人,指天子。庆,即善,福报。兆民,万民百姓。赖,赖此分享这个福分。

⑪毋淫宫室:不要滥建宫室。

⑫板筑:筑土墙的工具。这里用来泛指土木建筑工程。板,板框。筑,即杵。

⑬农功:农事。

⑭天海按:向宗鲁《校证》云:"此与《新序·刺奢篇》魏文侯见箕季节,似亦一事歧传。"

【译文】

晋文公去见咎季,咎季的家庙紧靠在西墙边,文公说:"谁住在您的西边?"咎季回答说:"是国君的老臣。"晋文公说:"往西边扩建您的住宅。"咎季回答说:"我的尽忠竭力,不如老臣,老臣的墙坏了却没有再修筑。"文公问:"为什么不修筑呢?"咎季回答说:"一天不种庄稼,一百天都得不到吃的。"晋文公出门就将此事告诉了他的车夫,车夫在车后叩头说:"《吕刑》上说:'天子有了善行,亿万臣民都依赖他'。君主的英明,是群臣的福运。"文公于是就在国都下命令说:"不准滥修宫室,以此妨害百姓的住宅。修建工程要按一定的时间,不准妨碍农事。"

3.28 楚恭王多宠子①,而世子之位不定②。屈建曰③:"楚必多乱。夫一兔走于街,万人追之;一人得之,万人不复走。分未定④,则一兔走使万人扰;分已定,则虽贪夫知止。今楚多宠子,而嫡位无主⑤,乱自是生矣。夫世子者⑥,国之基也,而百姓之望也。国既无基,又使百姓失望,绝其本矣。本绝则挠乱,犹兔走也。"恭王闻之,立康王为太子⑦。其后犹有令尹围、公子弃疾之乱也⑧。

【注释】

①楚恭王(前600—前560):又作楚共王,芈姓,熊氏,名审。春秋时楚国国君,前590—前560年在位。

②世子：帝王和诸侯正妻所生的长子，也叫太子。古代世子要经过君王册封，才能成为王位的继承者。
③屈建（？—前545）：屈氏，名建，字子木。楚恭王时任令尹。
④分（fèn）：名分。
⑤嫡位：正妻所生长子的地位，这里指嗣君的地位。
⑥夫世子者："世"下原文衍"太"字，此据向宗鲁《校证》删。
⑦康王（？—前545）：芈姓，熊氏，名昭。恭王之子，春秋时期楚国国君，前559—前545年在位。
⑧令尹围、公子弃疾之乱：这是楚国两场内乱。令尹围之乱，令尹围是楚恭王之子，名围。楚康王去世后，其子熊员（《左传》称之为熊纴）立，是为郏敖（前544—前541年在位。战国时楚国竹简《楚居》和《系年》分别称其为嗣子王和孺子王）。郏敖以季父公子围任令尹，主兵事。但此人有篡位野心。前541年，令尹围出使郑国，听闻郏敖患病而还。十二月借入宫问疾之机弑郏敖并杀其子公子慕、公子平夏而自立，是为楚灵王。公子弃疾之乱，公子弃疾是楚恭王幼子，楚灵王之弟。前529年，公子弃疾与楚灵王另外两个弟弟公子比、公子黑肱趁楚灵王久滞乾谿，率陈、蔡、不羹、许、叶之师入楚，立公子比为王，楚灵王自杀。公子弃疾以楚灵王将至恐吓公子比、公子黑肱，二人自杀。弃疾继位，更名熊居，是为楚平王。公子，诸侯王世子之外的儿子。

【译文】

楚恭王宠爱的儿子有很多，但世子的地位没有确定。屈建说："楚国必定多内乱。一只兔子在街上跑，上万人去追逐它，有一个人捉到了它，那上万人就不再跑了。名分未确定，就会像一只兔子奔跑使万人扰乱；名分已经确定，即使是贪婪的人也知道罢手。如今楚王宠爱的儿子很多，嗣君的地位无主，内乱从此将要发生了。世子，是国家延续的基础，而且是百姓的希望。国家既没有基础，又使百姓失去希望，那就断绝了国家的根本。根本断绝国家就会被扰乱,好像兔子在街上奔跑一样。"楚恭王听到了这番话,就立康王为太子。那以后还是有令尹围、公子弃疾发动的内乱。

3.29 晋襄公薨①,嗣君少②,赵宣子相③,谓大夫曰:"立少君,惧多难。请立雍④,雍长,出在秦,秦大,足以为援。"贾季曰⑤:"不若公子乐⑥。乐有宠于国,先君爱而仕之翟⑦,翟足以为援。"穆嬴抱太子以呼于庭曰⑧:"先君奚罪?其嗣亦奚罪?舍嫡嗣不立,而外求君乎?"出朝,抱以见宣子,曰:"恶难也,故欲立长君,长君立而少君壮,难乃至矣。"宣子患之,遂立太子也。⑨

【注释】

①晋襄公(?—前621):姬姓,名骧。春秋时晋国国君,前627—前621年在位。薨(hōng):古代天子死曰崩,诸侯死曰薨。

②嗣君:继位的国君。此指晋灵公夷皋。

③赵宣子(前655—前601):即赵盾,赵氏,名盾,谥宣,又称赵宣子,时人尊称其为赵孟或宣孟。春秋时期晋国卿大夫。晋襄公七年(前621)始任中军元帅,遂执国政。他是晋文公之后晋国出现的第一位权臣,集军政大权于一身,担任执政。

④雍:晋文公之子,名雍。当时在秦国作人质。

⑤贾季:姬姓,狐氏,字季,一作狐射姑。晋国大夫狐偃的儿子,晋文公的表弟。晋襄公时任晋中军帅,后被阳处父易为中军佐。怨而使其族人续鞫居袭杀阳处父。晋人杀续鞫居,贾季奔狄。

⑥公子乐:晋文公之子,名乐。当时在狄地做官。

⑦翟:同"狄"。我国古代北方地区的少数民族。

⑧穆嬴:秦国宗女,嬴姓。晋襄公夫人,晋灵公之母。

⑨天海按:此文所记之事亦见《左传·文公六年》及《史记·晋世家》。

【译文】

晋襄公去世,继位的国君年幼,赵盾做国相,对大夫们说:"继立年幼的国君,恐怕多有危难。请求立公子雍为国君。雍年纪大,出质在秦国,秦国强大,可以为后援。"贾季说:"不如立公子乐,公子乐在国内受到宠信,先君喜爱他,并让他在狄地做官,狄人可以成为后援。"晋襄公夫人穆嬴抱着太子在朝廷呼告,说:"先君有什么罪?这嗣君又有什么罪?难道放弃嫡子不立,却到外面去寻求国君吗?"她出朝后,抱着太子来见赵盾,说:"你害怕会有国难,所以想要立年长的为国君,年长的国君继位后,年幼的国君长大了,国难就要降临了。"赵盾也担心会这样,于是就立了太子为国君。

3.30 赵简子以襄子为后①,董安于曰②:"无恤不才,今以为后,何也?"简子曰:"是其人能为社稷忍辱。"异日,智伯与襄子饮而灌襄子之首③,大夫请杀之,襄子曰:"先君之立我也,曰'能为社稷忍辱',岂曰能刺人哉!"处十年④,智伯围襄子于晋阳,襄子疏队而击之,大败智伯⑤,漆其首以为饮器。⑥

【注释】

①襄子(?—前425):赵简子之子,名无恤,亦作毋恤,史书上名赵籍。谥襄,故史称赵襄子。他与韩、魏两家合谋,灭掉智伯,三分其地,建立赵国。

②董安于(?—前496):赵简子家臣。

③智伯(?—前453):又称知伯,名瑶。因知氏为荀氏衍生分支,故

也称荀瑶。谥襄,史称智襄子。春秋末期晋国执政大夫。知氏为晋国六大家族之一。智襄子联合韩、魏伐赵,赵策反韩、魏,智襄子兵败被杀。

④处十年:原文作"处十月",向宗鲁《校证》案:"'十月'乃'十年'之误,据《赵世家》知伯以酒灌击无卹,在出公十一年,后六年(出公十七年)简子卒,太子无卹代立,立四年灭知氏,相距适十年。"此说可从,据改。

⑤"智伯围襄子于晋阳"三句:前455年,智伯围襄子于晋阳。前453年,襄子使家臣张孟谈游说韩、魏与赵联合,决水灌智伯军,擒杀智伯,三分其地,形成三家分晋之势。晋阳,春秋时晋邑,今山西太原。疏队,分兵,疏散军队。

⑥天海按:此文本《淮南子·道应训》,又见《史记·赵世家》。

【译文】

赵简子以儿子无恤为继承人,董安于对他说:"无恤没有才干,现在让他作继承人,是为什么呢?"赵简子说:"这是因为他能为国家忍受屈辱。"过了一些日子,智伯与无恤饮酒,并用酒浇在无恤的头上,大夫们请杀掉智伯,无恤说:"先父之所以要立我为继承人,是说我能为国家忍受屈辱,难道是说我能够杀人吗?"过了十年,智伯将赵襄子围困在晋阳城,赵襄子分兵攻击他,将智伯打得大败,并将智伯的头漆了作饮酒器。

卷四

立节

【题解】

立节,即树立个人的名节。本卷共采编了24则春秋战国时的文献轶事,集中阐明做人行事要坚持气节与操守,不贪富贵,安于贫穷,临危不惧,见利思义,杀身成仁,舍生取义。封建士大夫如能做到这些,就可以扬名后世,永垂不朽。

第一则清人卢文弨认为可作本卷的小序看。它首先明确提出了士人要勇敢果断地立身行义才能"杀身以成仁,触害以立义",身死而名留后世的主张。在其后的23则中,贯穿全部内容的一条主线就是儒家倡导的"礼、义、廉、信、忠、勇、孝"七个字,也就是说,人们立身处世的行为准则就是要遵从封建礼制。作为臣子要忠君爱国,作为儿子要孝敬父母,与人交往要恪守信义,身处贫贱也绝不苟取富贵,面临危难能勇于为正义赴死。

其中最具有积极意义的就是以楚国申鸣为代表的义士,在国家面临危难的紧急关头,敢于挺身而出,勇于献身的大无畏的爱国主义精神。这样的内容占了本卷三分之一(4.14—4.21)的篇幅。他们在国难当头时,临危不惧,忠国在前,孝亲在后,功成不居,慷慨就义,充分体现了我国古代知识分子用生命实践了"忠、孝、信、廉、义"的高尚气节。而孔子、曾子、子思等人的言行则代表了儒家"君子固穷""安贫乐道""无功不受禄"的高洁情怀。当然,这其中也有太子申生、公子子倍这样为了君主无辜而死的愚忠之臣。

本卷所选轶事,实际上是将卷三"建本"的主张具体化,对它的内容做进一步的补充,并侧重就臣民一方而言。如果我们剔除了它所包含的"臣为君死,子为父亡,仆为主丧"的愚忠愚孝的落后因素,再将它的"忠、义、信、廉"等加以改造而注入新的时代内容,那么对于继承和发扬中华民族的传统美德,应该是大有益处的。

4.1 士君子之有勇而果于行者①,不以立节行义②,而以妄死非名③,岂不痛哉!士有杀身以成仁,触害以立义④,倚于节理⑤,而不议死地⑥,故能身死名流于来世。非有勇断,孰能行之?

【注释】

①士君子:此指读书人。果于行:在行动上果断。

②义:正确的行为准则。

③妄死:随便去死,轻生。非名:非分的名声。卢文弨以为当作"求名"。

④触害:冒着危险,舍身犯难。

⑤节理:气节和伦理。

⑥不议死地:不论死在何处。意即不怕死亡的危险。

【译文】

有勇气而且在行动上果断的读书人,不以树立名节实行道义,却以轻生去获取非分的名声,难道不可哀痛吗?读书人有杀身成仁、舍身犯难而取义的,为坚守气节和伦理,不惧怕死亡的危险,所以能够在他死后名声传播于后世。没有勇敢果断的精神,谁人能够做到这样?

4.2 子路曰:"不能甘勤苦①,不能恬贫穷②,不能轻死亡③,而曰我能行义,吾不信也。"昔者,申包胥立于秦庭,七日七夜,哭不绝声,遂以存楚④。不甘勤苦⑤,安能行此?曾子布衣缊袍未得完⑥,糟糠之食、藜藿之羹未得饱⑦,义不合则辞上卿⑧。不恬贫穷,安能行此?比干将死而谏逾忠⑨,伯夷、叔齐饿死于首阳而志逾彰⑩。不轻死亡,安能行此?故夫士欲立义行道,毋论难易,而后能行之;立身著名,无顾利害,而后能成之。《诗》曰⑪:"彼其之子,硕大且笃⑫。"非良笃修激之君子⑬,其谁能行之哉!⑭

【注释】

①甘勤苦:甘愿辛勤劳苦。甘,原文脱,此据向宗鲁《校证》并依上下文例及《太平御览》补。又,此则原文连上,卢文弨认为上则为本卷小序,此则当另起,现依卢说另起。

②恬贫穷:安于贫穷。

③轻死亡:看轻死亡。

④"申包胥立于秦庭"四句:前506年,伍子胥为报楚平王杀害父兄之仇,借吴国军力攻打楚国,攻入楚国都郢。伍子胥掘楚平王墓鞭尸。申包胥逃入山里,派人责备伍子胥说:"你能覆楚,我必能兴楚。"后申包胥入秦乞师救楚,依庭墙而哭,日夜不绝声,七日不进水米。秦哀公为之感动,出兵救楚。后楚昭王返国赏功,申包胥逃而隐居不受。从此申包胥被列为我国古代的忠贤典范。申包胥,楚君蚡冒后代,又称王孙包胥、蚡冒勃苏。春秋时期楚国大夫。因封于申,故又称申包胥。

⑤不甘勤苦:原文"甘"作"能",此据文例径改。

⑥曾子(前505—前435):即曾参。缊袍:用乱麻絮成的衣袍。古代

贫士无力购置丝絮,仅能用乱麻絮于衣袍内。
⑦糟糠之食:酒糟、谷皮之类的粗劣食物。
⑧辞上卿:《孔子家语·弟子行》:"曾参,齐尝聘,欲以为上卿。"
⑨比干:商纣王的叔父,一说为纣王庶兄。纣王淫乱,比干犯颜强谏,纣王怒,剖其心,遂死。事见《史记·宋微子世家》。
⑩伯夷、叔齐:商朝孤竹国君的两个儿子。因父死,二人争相让位,并逃到周国。周武王伐纣,二人拦马谏阻。武王灭商后,二人耻食周粟,逃到首阳山上(今河南偃师西北),采薇而食,不久饿死在山里。事见《孟子·万章下》《史记·伯夷列传》。
⑪《诗》曰:以下引诗见《诗经·唐风·椒聊》。
⑫硕大且笃:肥大而且厚实。原诗以山椒比兴,语意每多双关。
⑬良笃修激:善良忠厚,修身厉行。
⑭天海按:此文又见于《韩诗外传》卷二。

【译文】

子路说:"不能甘于辛勤劳苦,不能安于贫困穷乏,不能看轻死亡,却说自己能实行仁义,我是不相信的。"从前,申包胥为救楚国站立在秦庭,痛哭七天七夜不绝声,终于保存了楚国。不能够甘于勤苦,怎么能做到这样?曾参连粗布衣服、乱麻絮成的袍子也不能具备,酒糟、谷壳之类的食物、野菜清汤都不能吃饱,但不合道义他就辞去上卿的职位。不是安于贫穷,怎么能做到这样?比干在快被处死时,规劝纣王更加忠恳;伯夷、叔齐饿死在首阳山,但志向更加彰明。不能看轻死亡,怎么能做到这样?所以说读书人想要树立原则、推行道义,要不论艰难或容易,然后才能实行它;立身于世显露名声,要不顾及利害,然后才能成功。《诗经》上说:"像他那样的人,高大而且忠厚。"不是善良忠厚、修身厉行的君子,谁能做到这样呢?

4.3 王子比干杀身以成其忠①,尾生杀身以成其信②,伯夷、叔齐杀身以成其廉③。此四子者,皆天下之通士也④,岂不爱其身哉?以为夫义之不立,名之不著,是士之耻也,故杀身以遂其行。因此观之,卑贱贫穷,非士之耻也;夫士之所耻者,天下举忠而士不与焉,举信而士不与焉,举廉而士不与焉。三者在乎身,名传于后世,与日月并而不息,虽无道之世,不能污焉。然则非好死而恶生也,非恶富贵而乐贫贱也。由其道⑤,遵其理,尊贵及已,士不辞也。孔子曰:"富而可求,虽执鞭之士吾亦为之;富而不可求,从吾所好⑥。"大圣之操也⑦。《诗》云⑧:"我心匪石,不可转也。我心匪席,不可卷也。"言不失己也⑨。能不失己,然后可与济难矣⑩。此士君子之所以越众也。⑪

【注释】

①王子比干:比干为商王太丁(文丁)之子,故称王子。天海按,此则原文连上,现依向宗鲁《校证》另起。

②尾生:相传为战国时鲁国坚守信约的人。他与一女子约会于桥下,女子久不来,河水上涨,他仍不离开,抱桥柱淹死。事见《庄子·盗跖》《战国策·燕策一》《史记·苏秦列传》。

③廉:清白高洁。

④通士:通达事理的人。

⑤由其道:经由正道。由,通过。

⑥"富而可求"四句:见《论语·述而》:"子曰:'富而可求也,虽执鞭之士,吾亦为之;如不可求,从吾所好。'"执鞭之士,古代驾车之人。

⑦大圣:犹言"至圣",道德至高无上的完人。

⑧《诗》云:以下引诗见《诗经·邶风·柏舟》。

⑨失己:丧失自己的素志。
⑩济难:解救危难。
⑪天海按:此文又见《韩诗外传》卷三,文略异。

【译文】

王子比干牺牲自己来成就他的忠贞,尾生牺牲自己来成就他的诚信,伯夷、叔齐牺牲自己来成就他们的清廉。这四个人,都是天下通达事理的人,难道不爱惜自己的生命吗?他们认为正义不树立,名声不显著,是士人的耻辱,所以牺牲性命来实现自己的操行。由此看来,卑贱贫穷,并非士人的耻辱;士人所感到耻辱的是:天下推举忠直的人,自己却不在其中;推举诚信的人,自己却不在其中;推举清廉的人,自己却不在其中。这三种品德都在自身,就会传名于后世,与日月同辉而不会熄灭,即使是昏暗的世道,也不能玷污他。然而这并不是爱好死亡而厌恶生存,也不是厌恶富贵而喜欢贫贱。经由正道,遵循事理,尊贵的地位轮到自己,士人也不会推辞。孔子说:"富贵如果能够求得,即使做执鞭赶车的人我也愿意干;富贵如果不能求得,就遵从自己的爱好。"这就是大圣人的操守。《诗经》上说:"我的心不是石头,不可随便翻转。我的心不是席子,不可任意收卷。"说的就是不要丧失自己的节操。能够不丧失自己的节操,然后才能与他共度危难。这就是贤士能够超越众人的原因。

4.4 楚伐陈①,陈西门燔②,因使其降民修之。孔子过之,不轼③。子路曰:"礼,过三人则下车,过二人则轼。今陈修门者人数众矣,夫子何为不轼?"孔子曰:"丘闻之:国亡而不知,不智;知而不争,不忠;忠而不死,不廉④。今陈修门者,不能行一于此⑤,丘故不为轼也。"⑥

【注释】

①楚伐陈:事见《左传·哀公九年》。陈,诸侯小国,故地在今河南淮阳及安徽亳州一带,春秋末被楚国所灭。

②燔(fán):燃烧。

③轼:本为车厢前用来扶手的横木,古人立乘,扶轼表示敬意。

④廉:正直。《睡虎地秦墓竹简·语书》:"知而弗敢论,是即不廉也。"

⑤不能行一于此:原文脱"能"字,此据向宗鲁《校证》依《韩诗外传》卷一补。

⑥天海按:此文又见《韩诗外传》卷一。

【译文】

楚人攻伐陈国,陈国西门被烧毁,于是便命陈国的降民修理西门。孔子经过这里,在车上没有手扶横木表示敬意。子路说:"按照礼节,在车上遇见三人经过时就要下车,遇见两人经过时就要扶轼表示敬意。今天陈国修城门的人数众多,先生您为何不扶轼表示敬意?"孔子说:"我听说过:国家灭亡却不知道,这是不智;知道了却不斗争,这是不忠;忠于国家却不殉死,这是不廉。现在陈国这些修城门的人,不能实行其中一条,我所以不用扶轼向他们表示敬意。"

4.5 孔子见齐景公,景公致廪丘以为养①,孔子辞不受,出,谓弟子曰:"吾闻君子当功以受禄,今说景公②,景公未之行,而赐我廪丘,其不知丘亦甚矣。"遂辞而行。③

【注释】

①廪丘:地名。春秋时齐邑。在今山东菏泽郓城西北水堡。

②说(shuì):劝说别人听从自己的意见。景公:"景"为谥号,对生人不当称谥。

③天海按:此文所记又见《吕氏春秋·高义》《孔子家语·六本》。

【译文】

孔子谒见齐景公,齐景公把廪丘这个地方送给他以供给养,孔子推辞不接受。出来后,他对弟子们说:"我听说君子功劳相当才接受俸禄,今天我劝说国君,国君未能实行,却将廪丘赏赐给我,他也太不了解我孔丘了。"于是辞别后就离开了。

4.6 曾子衣弊衣以耕,鲁君使人往致邑焉①,曰:"请以此修衣。"曾子不受。反,复往,又不受。使者曰:"先生非求于人,人则献之,奚为不受?"曾子曰:"臣闻之:受人者畏人,予人者骄人。纵君有赐②,不我骄也③,我能勿畏乎?"终不受。孔子闻之曰:"参之言,足以全其节也。"④

【注释】

①致邑:送与采邑。古时常以土地和域内的奴隶或租税作为礼物送人。
②纵君有赐:原文"君"作"予",疑是"子"字形误。然而曾子不当称鲁君为子,此从向宗鲁《校证》据《孔子家语·在厄》改。
③不我骄也:即"不骄我也"。
④天海按:《尸子·明堂》引曾子语有上面记载的内容,这一段有可能是《曾子》佚文,所以《慎子》及《孔子家语·在厄》都曾加以引用。

【译文】

曾子穿着破旧的衣服从事耕作,鲁国国君派人前去送给他采邑,并说:"请以此来置办衣物。"曾子不肯接受。使者返回,再次又来,曾子还是不接受。使者说:"不是先生有求于人,而是别人奉送给你,为什么不接受呢?"曾子说:"我听说:接受别人东西的人会惧怕别人,给予别人东西的人会对别人傲慢。即使国君赏赐我,不对我傲慢,但我能不惧怕吗?"曾子终于没有接受。孔子知道这件事后说:"曾参的这些话,能够保全他的气节。"

4.7 子思居于卫①,缊袍无表②,二旬而九食③。田子方闻之④,使人遗狐白之裘⑤,恐其不受,因谓之曰:"吾假人⑥,遂忘之。吾与人也,如弃之。"子思辞而不受。子方曰:"我有子无,何故不受?"子思曰:"伋闻之:妄与不如遗弃物于沟壑⑦。伋虽贫也,不忍以身为沟壑,是以不敢当也。"

【注释】

①子思(前483—前402):孔伋,字子思,孔子的孙子。卫:卫国。周朝分封的姬姓诸侯国,其疆域大致位于黄河以北的河南鹤壁、安阳、濮阳,河北邯郸和邢台一部分,山东聊城西部、菏泽北部一带,都沫(今河南淇县)。后又曾都于曹(今河南滑县东)、楚丘(今河南滑县东北)、帝丘(今河南濮阳西南)、野王(今河南沁阳)。
②缊袍无表:乱麻絮成的袍子没有罩衣。
③二旬九食:二十天吃了九顿饭。形容生活极端贫困。
④田子方:战国时魏人,魏文侯曾拜他为师。
⑤遗(wèi):馈赠。狐白之裘:用狐狸腋下白毛制成的精美皮服。
⑥假:借,借给。
⑦弃物:废物。

【译文】

孔伋居住在卫国,他穿的乱麻絮成的袍子连罩衣也没有,二十天才吃了九顿饭。田子方听说了这件事,便派人赠送他狐白皮衣,恐怕他不接受,便让人对他说:"我借给别人,总是忘了它。我送给别人,如同丢弃了它。"孔伋辞谢不接受。田子方说:"我有您没有,为什么不接受呢?"孔伋说:"我听说:随便给人东西,不如把它当成废物丢在山沟溪谷中。我虽然贫穷,但也不愿意把自己当作山沟溪谷,因此不敢承受。"

4.8 宋襄公兹父为桓公太子①,桓公有后妻子,曰公子目夷②,公爱之。兹父为公爱之也,欲立之,请于公曰:"请使目夷立,臣为之相以佐之③。"公曰:"何故也?"对曰:"臣之舅在卫,爱臣,若终立,则不可以往,绝迹于卫,是背母也。且臣自知不足以处目夷之上。"公不许,强以请公,公许之。将立公子目夷,目夷辞曰:"兄立而弟在下,是其义也。今弟立而兄在下,不义也。不义而使目夷为之,目夷将逃。"乃逃之卫,兹父从之。三年桓公有疾,使人召兹父:"若不来,是使我以忧死也。"兹父乃反,公复立之,以为太子,然后目夷归也。④

【注释】

①宋襄公兹父(?—前637):子姓,宋氏,名兹父,又作兹甫。春秋时宋国国君,前650—前637年在位。《史记索隐》中说宋襄公是春秋五霸之一。桓公(?—前651):子姓,宋氏,名御说。春秋时宋国国君,前681—前651年在位。
②公子目夷:子姓,名目夷,字子鱼,因担任司马,故又称司马子鱼。目夷是宋桓公庶长子,宋襄公异母兄。
③臣为之相:原文"相"下有"兄"字,此依向宗鲁《校证》据卢文弨说删。

④天海按：目夷让国的事实，《左传·僖公六年》《史记·宋微子世家》都有记载，但文字有所不同。《左传》《史记》都以目夷年长为兄，而此文独以目夷为襄公弟，未详所据。此所记之事与伯夷、叔齐让国之事如出一辙。

【译文】

宋襄公兹父是宋桓公的太子，宋桓公还有个后妻所生的儿子叫公子目夷，桓公很宠爱他。兹父因为父亲宠爱目夷，想要让他立为嗣君，就向宋桓公请求说："请让目夷立为嗣君，我做他的国相来辅助他。"桓公问："为什么呢？"兹父回答说："我的舅家在卫国，很疼爱我，如果最终立我为嗣，就不能前往，不能再去卫国，这是背弃了母亲。况且我知道自己才能也不足以居于目夷之上。"桓公没有准许，他便坚决向桓公请求，桓公便同意了他。桓公将要立公子目夷为嗣君，目夷推辞说："兄长立为嗣君而弟在下位，这是符合礼义的。如果弟弟立为嗣君而兄在下位，就不符合礼义。不符合礼义的事却要我来做，我将要出逃。"于是他就逃到了卫国，兹父随后也跟他到了卫国。过了三年，桓公生了病，派人召回兹父，说："如果你不回来，将使我忧愁而死。"兹父这才返回，桓公又立他为嗣，让他做太子，然后目夷也回国了。

4.9 晋骊姬谮太子申生于献公①，献公将杀之。公子重耳谓申生曰②："为此者，非子之罪也，子胡不进辞？辞之必免于罪③。"申生曰："不可。我辞之，骊姬必有罪矣。吾君老矣，微骊姬寝不安席④，食不甘味，如何使吾君以恨终哉⑤？"重耳曰："不辞则不若速去矣。"申生曰："不可。去而免于死，是恶吾君也⑥，夫彰父之过而取美，诸侯孰肯内之？入困于宗⑦，出困于逃，是重吾恶也⑧。吾闻之，忠不暴君⑨，智不重恶，勇不逃死。如是者，吾以身当之。"遂伏剑死。君子闻之曰:"天命矣夫,世子!"《诗》曰⑩:"萋兮斐兮⑪,成是贝锦⑫。彼谮人者,亦已太甚!"⑬

【注释】

①骊姬(?—前651):或称丽姬,名不详,春秋时骊戎国君之女。前672年,晋献公伐骊戎,得骊姬,纳为夫人,甚受宠爱。骊姬生子奚齐,为使其子奚齐为嗣君,诋毁太子申生谋反,逼死太子申生,公子重耳、夷吾皆出逃。献公死,奚齐立,后为晋大夫里克等所杀。事见《左传》及《国语》。谮(zèn):说人的坏话,诬陷,中伤。申生(?—前656):姬姓,名申生,晋献公与夫人齐姜所生之子,被立为太子。前656年,被骊姬所谮,在新城曲沃自缢而死。献公(?—前651):姬姓,名诡诸。春秋时晋国国君,前676—前651年在位。

②公子重耳(前697或前671—前628):即晋文公。姬姓,名重耳。在骊姬之乱中出逃,在外十九年。前636年,在国外诸侯与国内大夫支持下,回国推翻怀公继位,后励精图治,打败楚国,成为齐桓公之后的霸主。前636—前628年在位。

③"为此者"四句:此段及下文劝说申生的话,《左传》《国语》用不定人称,《穀梁传》《列女传》都以为是晋大夫里克所言。进辞,进言辩解。

④微:古音同"无""非"。意即假如没有。

⑤以恨终:因为遗憾而去世。

⑥恶(wù):憎恨,厌恶。

⑦入困于宗:回国被宗族阻遏。困,困扰,围困,为人所阻。

⑧重吾恶:加重我的罪恶。

⑨不暴(pù)君:不能暴露君主的过错。暴,暴露。

⑩《诗》曰:以下引诗见《诗经·小雅·巷伯》。

⑪萋兮斐兮：花纹错杂的样子。《诗经·小雅·巷伯》孔颖达疏："《论语》云：'斐然成章。'是斐为文章之貌，萋与斐同类而云成锦，故为文章相错也。"后以"萋斐"比喻谗言。

⑫贝锦：织成贝形花纹的锦缎。比喻罗织罪名来陷害人。

⑬天海按：《左传·僖公四年》《国语·晋语》《穀梁传·僖公十年》《史记·晋世家》《礼记·檀弓》《吕氏春秋·上德》《列女传·孽孽》等，皆载有此事，但文字互有出入。

【译文】

晋国的骊姬在晋献公面前诬陷太子申生，晋献公打算杀死申生。公子重耳对申生说："造成这种情势，不是你的罪过，你为何不进言辩解？辩明了这件事，必定会免除罪过。"申生说："不行。我为此辩解，骊姬必然有罪。我们的国君已经老了，没有骊姬就睡不宁，吃不香，怎么能使我们的国君以遗憾终生呢？"重耳说："不辩解那就不如赶快离开吧！"申生说："不行。离开而免于死，这是怨恨我们的国君。以张扬父亲的过错来获取美名，诸侯谁肯接纳我呢？回国要被宗族所阻遏，出奔要被逃亡所困扰，这是加重我的罪恶。我听说：忠臣不暴露君主的过失，智者不加重自己的罪恶，勇者不逃避死亡。像这样的话，那我就以自身来承担。"于是就拔剑自刎而死。君子听说这件事，便说："这是天命啊，太子！"《诗经》上也说："细碎的花纹啊，织成这贝锦。那诬陷别人的话，也太厉害了！"

4.10 晋献公之时①，有士焉，曰狐突②，傅太子申生。公立骊姬为夫人，而国多忧，狐突称疾不出。六年，献公以谮诛太子。太子将死，使人谓狐突曰："吾君老矣，国家多难，傅一出以辅吾君，申生受赐以死不恨。"再拜稽首而死③。狐突乃复事献公。三年，献公卒。狐突辞于诸大夫曰："突受太子之诏④,今事终矣,与其久生乱世也,不若死而报太子。"乃归自杀。⑤

【注释】
①晋献公之时:天海按,此则原文连上,现依文意另起。
②狐突(? —前637):姬姓,狐氏,字伯行。春秋时晋国大夫,晋文公的外祖父。
③稽(qǐ)首:古时行跪拜礼时叩头至地,是最恭敬的拜礼。
④诏:告,古时多用于上对下。
⑤天海按:《国语·晋语》《礼记·檀弓》《左传》等书都曾记载狐突之事,与此内容略有不同。

【译文】
晋献公的时候,有个贤人名叫狐突,是太子申生的师傅。献公立了骊姬为夫人,于是国内多忧患,狐突借口有病不出仕。过了六年,献公因骊姬的诬陷要诛杀太子。太子准备赴死的时候,派人对狐突说:"我们的国君老了,国家又多灾难,请师傅您一定出来辅佐我们的国君,我能受到这样的恩赐,就是死也无遗憾了。"申生叩头至地拜了两拜后自杀而死。狐突于是就再次事奉献公。过了三年,献公死去。狐突向大夫们告辞说:"我受太子的诏命辅佐国君,如今事情结束了,与其长久地活在乱世上,不如以死来报答太子。"于是回家后自杀而死。

4.11 楚平王使奋扬杀太子建,未至而遣之,太子奔宋①。王召奋扬,使城父人执之以至②。王曰:"言出于予口,入于尔耳,谁告建也?"对曰:"臣告之。王初命臣曰:'事建如事余。'臣不佞,不能贰也③。奉初以还④,故遣之。已而悔之,亦无及也。"王曰:"而敢来⑤,何也?"对曰:"使而失命,召而不来,是重过也⑥。逃无所入。"王乃赦之。⑦

【注释】

①"楚平王使奋扬杀太子建"三句:前522年,楚少师费无忌(一作费无极)诬告太子建与伍奢密谋以齐、晋为外援发动叛乱。平王信以为真,召见伍奢,严加诘问。伍奢规劝平王不要亲小臣而疏骨肉,平王执迷不悟,把伍奢关押起来,派城父司马奋扬去杀死太子建。奋扬情知太子建无辜,暗中派人先去向太子建报信,自己则不慌不忙上路,于是太子建逃往宋国。楚平王(? —前516),芈姓,熊氏,名弃疾,继位后改名居。春秋时期楚国国君,前528—前516年在位。奋扬,春秋时期楚国人,任楚国城父邑(在今河南宝丰东)的司马。其他事迹不详。太子建(? —前520),楚平王长子,名建,字子木。遭费无忌诬陷后,太子建奔宋,后又奔郑。又因与晋国合谋夺取郑国,被郑定公所杀。
②使城父人执之以至:据《左传·昭公二十年》,此句省略的主语是"奋扬",而不是"平王",言奋扬自缚请罪。城父,楚邑名,在今河南宝丰东。
③贰:有二心,意即不忠实。
④奉初以还:还,回禀。天海按,此下《左传·昭公二十年》有"不忍后命"四字。
⑤而:你。代词。
⑥重(chóng)过:两重罪过。
⑦天海按:此文所记之事见《左传·昭公二十年》,又见《史记·楚世家》。

【译文】

楚平王命奋扬去杀太子建,还未到奋扬就派人告知了太子,太子出奔宋国。楚平王召见奋扬,奋扬让城父的人捆上他到国都。平王说:

"命令出自我的口中,进入你的耳内,是谁告诉太子建的呢?"奋扬回答说:"是我告诉他的。大王当初命令我说:'事奉太子建如同事奉我一样。'我虽不才,也不能有二心。我奉当初的命令来回禀,所以放走了他。后来也后悔这样做,可也来不及了。"平王说:"你敢来见我,是为什么呢?"奋扬回答说:"接受派遣却未执行命令,大王召见又不来,这是双重罪过。就是要逃跑也无处可去。"楚平王就赦免了他。

4.12 晋灵公暴①,赵宣子骤谏②,灵公患之,使鉏之弥贼之③。鉏之弥晨往,则寝门辟矣④,宣子盛服将朝⑤,尚早,坐而假寐⑥。之弥退,叹而言曰:"不忘恭敬,民之主也。贼民之主不忠,弃君之命不信,有一于此,不如死也。"遂触槐而死。⑦

【注释】

①晋灵公(前624—前607):姬姓,名夷皋。春秋时晋国国君,前620—前607年在位。晋灵公幼年继位,长大后喜好声色,宠信屠岸贾,不行君道,荒淫无道,最终被赵盾、赵穿兄弟所杀。
②赵宣子:即赵盾,时任晋国中军帅,执国政。骤谏:屡次规劝。
③鉏之弥:《左传·宣公二年》《国语·晋语五》《史记·晋世家》皆作"鉏麑(chú ní)",《吕氏春秋·过理》作"沮麛",《汉书·古今人表》中记作"鉏麛"。是晋国著名的大力士。贼:杀害。
④辟:打开。
⑤盛服:衣冠整齐,着上朝礼服。
⑥假寐:不脱衣坐着打瞌睡。《左传·宣公二年》《国语·晋语五》皆作"假寐"。
⑦天海按:此所记之事又见《左传·宣公二年》《国语·晋语五》《吕

氏春秋·过理》,又略见《史记·晋世家》《公羊传·宣公六年》,但文字略有不同。

【译文】

晋灵公暴虐,赵宣子屡次进言规劝,灵公厌恨他,派力士鉏之弥去杀害他。鉏之弥早晨前往,看见赵宣子寝室的门打开了,赵宣子衣冠穿戴整齐准备上朝,时间还早,便坐在那里打盹。鉏之弥退出来,叹息说:"不忘谦恭礼敬,是百姓的主心骨。杀害百姓的主心骨是不忠,背弃国君的命令是不守信用,有其中一条,还不如死了吧!"于是,他就头撞槐树而死。

4.13 齐人有子兰子者①,事白公胜②。胜将为难③,乃告子兰子曰:"吾将举大事于国,愿与子共之。"子兰子曰:"我事子而与子杀君,是助子之不义也。畏患而去子,是遁子于难也④。故不与子杀君,以成吾义;契领于庭⑤,以遂吾行。"

【注释】

①子兰子:齐国人。余事不详。
②白公胜(?—前479):芈姓,熊氏,名胜,号白公。楚平王之孙,太子建之子。太子建逃到郑国后被郑国人所杀,白公胜便从郑国逃到吴国。楚国子西召之还楚,封为巢邑大夫。前479年,白公胜发动叛乱,囚禁楚惠王,自立为楚王。不久,叶公率军勤王,白公胜兵败,自缢而死,楚惠王恢复王位。白公胜为乱之事见《左传·哀公十六年》及《史记·楚世家》。
③为难:即发难,指发动政变。
④遁:逃避。

⑤契领：意指断颈自尽。向宗鲁《校证》引日人关嘉曰："契，断也；领，项也。"《战国策·秦策三》亦曰"臣请契领"。

【译文】

齐国有个叫子兰子的人，他臣事白公胜。白公胜将要发动政变，就告诉子兰子说："我将要在国内干一件大事，希望与您一起同干。"子兰子说："我事奉您却又帮助您杀害君主，这是帮助您做不义的事。如果害怕祸患而离开您，这是在您有灾难时逃避。所以我不帮助您杀害君主，以成全我的道义；我将在庭前断颈自尽，以实现我的操行。"

4.14 楚有士申鸣者①，在家而养其父，孝闻于楚国。王欲授之相，申鸣辞不受。其父曰："王欲相汝，汝何不受乎？"申鸣对曰："舍父之孝子而为王之忠臣，何也？"其父曰："使有禄于国，立义于庭②，汝乐吾无忧矣。吾欲汝之相也。"申鸣曰："诺。"遂入朝，楚王因授之相。居三年，白公为乱③，杀司马子期④，申鸣将往死之，父止之，曰："弃父而死，其可乎？"申鸣曰："闻夫仕者身归于君，而禄归于亲。今既去父事君，得无死其难乎？"遂辞而往，因以兵围之。白公谓石乞曰⑤："申鸣者，天下之勇士也，今以兵围我，吾为之奈何？"石乞曰："申鸣者，天下之孝子也，往劫其父以兵，申鸣闻之必来，因与之语⑥。"白公曰："善。"则往取其父，持之以兵，告申鸣曰："子与吾⑦，吾与子分楚国⑧。子不与吾，子父则死矣。"申鸣流涕而应之曰："始吾父之孝子也，今吾君之忠臣也。吾闻之也，食其食者死其事，受其禄者毕其能。今吾已不得为父之孝子矣，乃君之忠臣也，吾何得以全身？"援枹鼓之⑨，遂杀白公，其父亦死。王赏之金百斤。申鸣曰："食君之食，避君之难,非忠臣也。定君之国,杀臣之父,非孝子也。名不可两立,行不可两全也。如是而生,何面目立于天下?"遂自杀也。⑩

【注释】

①申鸣(? —前479):春秋末期楚国大夫。家居于澧(今湖南临澧)。据《韩诗外传》卷十载,楚王只让他做了左司马。《史记·楚世家》亦无申鸣为相事。且《左传·哀公十六年》载,白公胜为叶公沈诸梁所败,亦非申鸣事,此未详所据。

②立义于庭:向宗鲁《校证》引俞樾校语,以为当作"有位于廷",《韩诗外传》卷十正作"有位于廷",是其明证。俞说可从,译文从之。

③白公:即白公胜。

④司马子期(? —前479):芈姓,名结,字子期。楚平王之子。楚惠王时为大司马。

⑤石乞(? —约前479):白公胜家臣。

⑥因与之语:以此与他交涉。

⑦与:赞助,帮助。

⑧吾与子分楚国:原文"国"字下有"之"字,于义不通,径删。

⑨援枹鼓之:操起鼓槌击鼓进军。枹,鼓槌。鼓,击鼓。作动词。

⑩天海按:此事亦见《韩诗外传》卷十,但文字较此简略。

【译文】

楚国有个名叫申鸣的读书人,在家奉养他的父亲,孝行闻名于楚国。楚王想要授给他国相的职位,申鸣推辞不接受。他的父亲说:"楚王想要任你为相,你为何不接受呢?"申鸣回答说:"为何不做父亲的孝子,却去做君王的忠臣呢?"他的父亲说:"如果在国家享有俸禄,在朝廷有地位,你乐意我也就没有担忧的了。我希望你能去做国相。"申鸣说:"好吧。"于是就入朝,楚王便授他国相的职位。过了三年,白公胜作乱,杀了司马子期。申鸣准备前去为国赴难,他的父亲制止他,说:"抛弃父亲去死,难道可以吗?"申鸣说:"我听说做官的人身体归于国君,俸禄归于亲人。如今既然离开父亲去事奉国君,难道能不为国难而死吗?"于是辞别父亲前往,进而率军围攻白公胜。白公胜对石乞说:"申鸣这个人,是天下有名的勇士,现在领兵围困我,我该怎么对付他?"石乞说:"申鸣这个人,是天下有名的孝子,领兵前去劫持他的父亲,申鸣听到此事必定前来,便可借此机会与他交涉。"白公胜说:"好。"就前往劫取申鸣的父亲,用兵器挟持他的父亲,告诉申鸣说:"你帮助我,我同你平分楚国。你不帮助我,你的父亲就会被杀死。"申鸣流着眼泪回答他说:"当初我是父亲的孝子,今天我是国君的忠臣。我听说,吃国君之食就要为国君的事而死,接受国君的俸禄就要为国君竭尽自己的能力。如今我已不能做父亲的孝子了,只能是国君的忠臣,我岂能保全自身!"于是拿起鼓槌击鼓进兵,终于杀死了白公胜,他的父亲也因此死去。楚王赏给他黄金百斤。申鸣说:"吃国君的饭,逃避国君的灾难,不是忠臣。使国君的国家安定,自己的父亲却被杀死,不是孝子。忠、孝之名不能两立,忠、孝之行不能两全,像这样而活着,有什么脸面立身于天下呢?"于是自杀而死。

4.15 齐庄公且伐莒①,为五乘之宾②,而杞梁、华舟独不与焉③,故归而不食。其母曰④:"汝生而无义,死而无名,则虽五乘⑤,孰不汝笑也? 汝生而有义,死而有名,则五乘之宾,尽汝下也。"趣食乃行⑥。杞梁、华舟同车,侍于庄公而行,至莒。莒人逆之⑦,杞梁,华舟下斗,获甲首三百⑧。庄公止之曰:"子止,与子同齐国。"杞梁、华舟曰:"君为五乘之宾。而舟、梁不与焉,是少吾勇也⑨;临敌涉难,止我以利,是污吾行也。深入多杀者,臣之事也;齐国之利,非吾所知也。"遂进斗,坏军陷阵,三军弗敢当。至莒城下,莒人以炭置地,二人立有间,不能入。隰侯重为右⑩,曰:"吾闻古之士犯患涉难者,其去遂于物也⑪。来,吾逾子⑫!"隰侯重仗楯伏炭⑬,二子乘而入,顾而哭之,华舟后息。杞梁曰:"汝无勇乎?何哭之久也?"华舟曰:"吾岂无勇哉!是其勇与我同也,而先吾死,是以哀之。"莒人曰:"子毋死,与子同莒国。"杞梁、华舟曰:"去国归敌,非忠臣也;去长受赐⑭,非正行也;且鸡鸣而期,日中而忘之,非信也。深入多杀者,臣之事也。莒国之利,非吾所知也。"遂进斗,杀二十七人而死。其妻闻之而哭⑮,城为之弛⑯,而隅为之崩⑰。此非所以起也⑱。⑲

【注释】

① 齐庄公且伐莒(jǔ):事在前550年,见《左传·襄公二十三年》。齐庄公(?—前548),姜姓,吕氏,名光。春秋时齐国君,前553—前548年在位。莒,西周诸侯国名,国君为己姓,其地在今山东莒县。前431年莒国为楚国所灭。

② 五乘之宾:享受五乘爵禄的侍从。五乘,先秦的一种爵禄,似以车辆为计算单位。《韩非子·外储说左上》:"卫人请以棘刺之端为母猴,燕王说之,养之以五乘之奉。"又《韩非子·外储说左下》载魏昭卯西退秦韩,东却齐楚,"魏襄王养之以五乘将军"。宾,宾从,这里指侍卫。《左传·襄公二十一年》"庄公为勇爵"说的也是同一件事,可为佐证。又"五乘"之上原文衍"车"字,此据向宗鲁《校证》删。

③ 杞梁(?—前550):《左传·襄公二十三年》中先作"杞殖"又作"杞梁",他书也作"芑梁"。春秋时齐国大夫,随齐庄公伐莒战死。华舟(?—前550):《左传·襄公二十三年》中先作"华还"又

作"华周",《汉书·古今人表》作"华州"。春秋时齐国大夫,随齐庄公伐莒战死。余事不详。不与焉:不在其中。

④其母:这里"其"字指代不明,据《太平御览》引《列女传》则这里的"其母"与下文的"其妻"均为杞梁之母、杞梁之妻。

⑤则虽五乘:原文"虽"字下衍"非"字,此据文意,依向宗鲁《校证》删。

⑥趣食乃行:催促他们吃饭后就上路。

⑦逆:迎,这里指迎击。

⑧甲首:春秋时车战,据《司马法》的说法,兵车一乘,马四匹,甲士十人,步兵十五人。甲士是穿戴盔甲的,三人立车上,立左的用弓箭,立右的用矛,中立的驭马,这三人通称甲首。

⑨少:轻视,小看。

⑩隰(xí)侯重为右:隰侯重做车右。隰侯重,人名。生平事迹未详。车右,战车右边的武士。

⑪其去遂于物也:那是去实现他们赴死的愿望。遂,完成,实现。物,物故。意指死亡。

⑫吾逾子:我让你从我身上越过。逾,这里指踏在人的背上越过火炭。

⑬仗楯(dùn):凭仗盾牌。楯,同"盾"。

⑭去长:离开君长。

⑮其妻:"其"字指代不明,据《左传·襄公二十三年》所载,其妻应为杞梁妻孟姜。

⑯弛:毁坏,废弃。《国语·鲁语上》:"文公欲弛孟文子之宅。"天海按,此字原文误作"弛",朱季海《校理》云:"杨本作'陁',姚校宋本作'弛'。"此从姚校。

⑰隅(yú):屋角。这里指城墙角。

⑱此非所以起也:此句费解。向宗鲁《校证》引日人关嘉引太室云:

"言宠勇士而杀勇士，非所以振起勇士也。"又引卢文弨说："'非'字疑'琴曲'二字之误。案《琴操》有《芑梁妻叹》。'芑'与'杞'通。"天海按，关嘉所引，增辞为训，多为臆测；卢文弨所云，犹不可信，因为《琴操》后出。考《汉书·艺文志》中未见《琴操》列入，而隋、唐的《艺文志》中所载《琴操》为晋代孔衍所撰；六朝人刘昆注《后汉书》，唐人李善注《文选》时，又都认为《琴操》为蔡邕所撰。故刘向撰《说苑》时尚无此书。此句存疑可也，不译。

⑲天海按：杞梁、华舟之事又见《左传·襄公二十三年》。前549年，齐庄公从朝歌回师，突袭莒国。在战斗中，齐国将领杞梁被获。齐莒议和，齐师归，杞梁妻哭吊丈夫于郊外。齐庄公派人吊唁，杞梁妻婉言回绝，于是齐庄公亲自到杞梁家中吊唁。刘向《列女传》亦载杞殖战死，其妻迎其夫之尸于城下，痛哭十日，城为之崩。后世盛传秦人范杞梁筑长城而死，其妻孟姜女送寒衣至城下，闻夫死痛哭，长城为之崩，所谓"孟姜女哭长城"，盖此文所载齐将杞梁之事在民间多重衍化而成的故事。

【译文】

齐庄公将要攻打莒国，设立享受五乘爵禄的侍卫队伍，但杞梁、华舟不在其中，所以他们回家后饭都吃不下。杞梁的母亲说："你们活着没有意义，死后没有名声，即使成为享受五乘爵禄的侍卫，谁不嘲笑你们？你们活着有意义，死后又有名声，就是那享受五乘爵禄的侍卫，也都在你们之下。"催促他们吃饭后就上路。杞梁、华舟同一战车，做齐庄公的侍从，行军到了莒国。莒人迎击齐军，杞梁、华舟下车搏斗，俘获甲士三百人。齐庄公制止他俩说："你们停止作战，我与你们共同享有齐国。"杞梁、华舟说："国君设置享受五乘爵禄的侍卫队，但我俩不在其中，这是小看我们的勇气；面临敌人，身处危难，又用利益来制止我们，这是玷污我们的行为。深入敌阵多杀敌人，是我们的职责；享有齐国的什么利益，不是我们所知道的。"于是又进入战斗，毁坏敌军营垒，冲锋陷阵,三军没人敢于抵挡,一直攻到莒城之下。莒国人用火炭铺地,他二人站立了一会,不能攻入。隰侯重当时做车右,说:"我听说古代的勇士敢于冒灾祸赴危难,那是去实现他们赴死的心愿。来吧,我帮助你们越过去!"隰侯重依仗盾牌伏身在火炭上,杞梁、华舟二人踏着他背乘势而入,回头看着隰侯重烧焦的身体痛哭,华舟后于杞梁停止哭泣。杞梁说:"你没有勇气了吗?为什么哭了这么久?"华舟说:"我岂是没有勇气呢?是隰侯重的勇敢与我们一样,却死在我们前面,因此为他悲哀。"莒国人对他们说:"你们不必送死,可与你们共同享有莒国。"杞梁、华舟说:"离开祖国投归敌人,不是忠臣;背离君长接受赏赐,不是正当的行为。况且鸡叫时相约,到中午就忘记了誓言,不是守信的人。深入敌阵多杀敌人,是臣子的职责;享有莒国的什么利益,不是我们所要知道的。"于是又进入战斗,杀了二十七人之后战死。杞梁的妻子知道此事后放声痛哭,城墙因此溃塌,城墙角也因此毁坏。

4.16 越甲至齐①,雍门子狄请死之②。齐王曰:"鼓铎之声未闻③,矢石未交④,长兵未接⑤,子何务死之?为人臣之礼邪?"雍门子狄对曰:"臣闻之,昔者王田于圃⑥,左毂鸣⑦,车右请死之⑧,而王曰:'子何为死?'车右对曰:'为其鸣吾君也。'王曰:'左毂鸣者,工师之罪也,子何事之有焉?'车右曰:'臣不见工师之乘,而见其鸣吾君也。'遂刎颈而死。知有之乎?"齐王曰:"有之。"雍门子狄曰:"今越甲至,其鸣吾君也,岂左毂之下哉?车右可以死左毂,而臣独不可以死越甲也?"遂刎颈而死。是日,越人引甲而退七十里,曰:"齐王有臣钧如雍门子狄⑨,拟使越社稷不血食⑩。"遂引甲而归。齐王葬雍门子狄以上卿之礼。

【注释】

①越甲:越国的军队。甲,本为甲胄,这里引申为军队。

②雍门子狄:复姓雍门,名也作子迪。战国时齐国大夫。生平事迹不详。

③铎(duó):古代乐器,形如大铃。宣教政令时,用来警众。文事用木铎,金铃木舌;武事用金铎,金铃铁舌。常与鼓相配,作为军队进击号令。

④矢石:箭和弩石。

⑤长兵:长杆的兵器,如枪、棍、戟、矛之类。

⑥田于囿(yòu):在国君园囿打猎。田,打猎。囿,有围墙的园地。这里指君王圈养禽兽的场地。

⑦毂(gǔ):车轮中心套轴的部分。鸣:发出声响。

⑧车右:战车右边的武士,常由力士担任。

⑨鸣:此指惊吓。

⑨钧:通"均"。全,都。

⑩社稷不血食:意谓国亡种灭。血食,古时杀牲取血,用以祭祀。保有政权就能祭祀天地祖先,丧失政权就不能祭祀天地祖先。

【译文】

越国军队到了齐国,雍门子狄请求让他赴死。齐王说:"战鼓铎铃的声音还未听见,箭石未发,长兵器未接触,你为何一定要求死呢?是为了尽人臣的礼节吗?"雍门子狄回答说:"我听说从前大王在园囿打猎,车子左轴发出响声,车右武士请求赐死,大王说:'你为什么要死?'车右武士说:'因为车子的响声惊吓了君王。'大王说:'左轴发出声响,是工匠的罪过,你对此事有何责任?'车右武士说:'我没有看见工匠造车,只知道车子惊吓了君王。'于是拔剑自杀而死。记得有这样的事吗?"齐王说:"有这样的事。"雍门子狄说:"现在越军到了,这件事对君王的震骇,难道在左轴发出响声之下吗?车右武士可以因为左轴有响声而死,而我难道不能为越军的入侵而死吗?"于是拔剑自刎而死。这一天,越人领兵撤退了七十里,说:"齐王所有臣子都像雍门子狄一样,将会使越国社稷得不到祭祀。"于是率军回国。齐王用上卿的丧礼安葬了雍门子狄。

4.17 楚人将与吴人战,楚兵寡而吴兵众,楚将军子囊曰①:"我击此国必败,辱君亏地,忠臣不忍为也。"不复于君,黜兵而退②。至于国郊,使人复于君曰:"臣请死。"君曰:"子大夫之遁也,以为利也。而今诚利③,子大夫毋死。"子囊曰:"遁者无罪,则后世之为君臣者,皆入不利之名而效臣遁④。若是,则楚国终为天下弱矣。臣请死。"退而伏剑。君曰:"诚如此,请成子大夫之义。"乃为桐棺三寸⑤,加斧质其上⑥,以徇于国⑦。⑧

【注释】

①子囊(?—前559):公子贞,字子囊。楚庄王之子,共王时为令尹。曾劝子反勿背盟侵郑、卫。后屡伐陈、宋等国。前563年,晋与诸侯攻郑,戍虎牢,他往救,双方不战而罢。又率师攻吴,至棠,吴军不出。乃归,遭邀击,大败。返楚旋死,遗言必在郢都筑城以备吴。事见《左传·襄公十四年》。

②黜(chù)兵:放弃作战。这里指撤军罢兵。

③诚利:确实有利。

④入:纳,用。

⑤桐棺:桐木做的粗劣棺材。

⑥斧质:铁砧,古刑具。置人于砧上用斧砍死。

⑦以徇于国:以此在国都向众人宣示。

⑧天海按:此文又见《吕氏春秋·高义》,与此略同。

【译文】

　　楚国将与吴国开战,楚军兵少而吴军兵多,楚国将军子囊说:"我们攻击吴国必定失败,有辱国君损失国土,是忠臣不忍心做的。"他不向国君报告,便罢兵撤退。他回到了国都郊外,便派人向国君复命说:"请求赐我一死。"国君说:"你之所以撤离,是为了对国家有利。而今看来确实有利,你不必死。"子囊说:"临阵撤离的人没有罪过,那么后世做国君与臣子的,都会用于国不利的名义来仿效我撤离。如果像这样,那么楚国终究会成为天下的弱国了。我请求赐死。"他退下来就伏剑自尽。国君说:"果真如此,就让我成全你的大义。"于是就为他做了三寸厚的桐木棺材,把铁砧放在棺材之上,以此在国都向众人宣示。

　　4.18 宋康公攻阿①,屠单父②。成公赵曰③:"始吾不自知,以为在千乘则万乘不敢伐④,在万乘则天下不敢图。今赵在阿而宋屠单父,则是赵无以自立也,且往诛宋王⑤。"赵遂入宋,三月不得见,或曰:"何不因邻国之使而见之?"成公赵曰:"不可。吾因邻国之使而刺之,则使后世之使不信,符节之信不用⑥,皆曰:'赵使之然也。'不可。"或曰:"何不因群臣道徒处之士而刺之⑦?"成公赵曰:"不可。吾因群臣道徒处之士而刺之,则后世之忠臣不见信,辩士不见顾⑧,皆曰:'赵使之然也。'不可。吾闻古之士怒则思理,危不忘义,必将正行以求之耳。"期年⑨,宋康公病死,成公赵曰:"廉士不辱名,信士不惰行⑩。今吾在阿,宋屠单父,是辱名也,事诛宋王,期年不得,是惰行也。吾若是而生,何面目而见天下之士?"遂立槁于彭山之上⑪。

【注释】

① 宋康公(？—前286)：即宋康王，子姓，戴氏，名偃，谥康。因又谥献，故又称宋献王。战国时期宋国最后一任国君，前328—前286年在位。他本是宋剔成君之弟，攻逐剔成自立为君。前318年，自称为王。曾东败齐，南败楚，西败魏，又灭滕，骄横一时；又耽于酒色，群臣谏者辄被射杀，诸侯皆称"桀宋"。及齐湣王与魏、楚联合灭宋，出奔，死于魏。阿：古地名。齐国柯邑，后称阿邑，在今山东东阿境内。

② 单(shàn)父：古地名。春秋时鲁邑，在今山东单县境内。

③ 成公赵：复姓成公，名赵。原为姬姓，卫成公之后。余事不详。

④ 在：居于，处于。千乘：兵车千辆。古时以一车四马为一乘。诸侯有兵车千乘，天子有兵车万乘。

⑤ 宋王：原文作"宋"。向宗鲁《校证》云："'宋'下似脱'王'字，下云'事诛宋王'，是其证。"此说可从，据补。

⑥ 符节：原文作"荷节"。向宗鲁《校证》引俞樾云："'荷'疑'符'字之误。"天海按，此说可从，据改。符节，中国古代传达命令、征调兵将以及从事外交事务的一种凭证。用金、铜、玉、角、竹、木、铅等不同材料制成。用时双方各执一半，合之以验真假，如兵符、虎符等。

⑦ 道：同"导"。引导，引荐。徒处之士：即处士，未仕或不仕的隐士。

⑧ 辨士：智谋出众之士。辨，通"辩"。聪明，有智慧。《大戴礼记·文王官人》："不学而性辨。"王引之《经义述闻·大戴礼记下》："辨，智也，慧也。言不学而性自智慧也。辨或作辩。"

⑨ 期(jī)年：一周年。

⑩ 惰行：败坏操行。向宗鲁《校证》引卢文弨曰："'惰，疑'堕'，下同。"天海按，惰、堕(duò)，两字本可通，然堕又古同"隳"，读作huī，意为毁坏、败坏。

⑪立槁：站立着枯死。彭山：山名。春秋时属齐国，在今河南鲁山县境内。

【译文】

宋康公攻打阿邑，屠戮单父城。成公赵说："开始我不了解自己，以为在千乘之国，那万乘之国就不敢来攻伐，在万乘之国，那天下就没人敢图谋。如今我在阿邑而宋国屠杀单父城，这使我不能够自立于世，我将前往诛杀宋王。"成公赵于是进入宋国，但三个月不能见到宋王。有人说："为什么不通过邻国的使者见到宋王呢？"成公赵说："不可。我通过邻国的使者而行刺宋王，那就会使后世的使者不被信任，符节之类的信物也不起作用，都会说：'是成公赵使事情成为这样的。'这不可行。"有人说："何不通过群臣引见隐士时去刺杀宋王？"成公赵说："不可。我通过群臣引见隐士时去行刺宋王，那就会使后世的忠臣不被信任，智谋之士不被接见，都说：'是成公赵使事情这样的。'这也不可行。我听说古代的勇士发怒时能思考事理，危难时不忘记道义，必定要以正当的行为来求得自己的目的。"一年后，宋康公病死。成公赵说："廉洁之士不辱没名声，诚信之士不败坏操行。如今我居于阿邑，宋王屠杀单父城，这是辱没了名声；我从事诛杀宋王，一年都不能实现，这就是毁坏了操行。我像这样活着，有什么脸面去见天下的士人？"于是就站立在彭山上枯槁而死。

4.19 佛肸用中牟之县畔①，设禄邑炊鼎②，曰："与我者受邑③，不与我者其烹。"中牟之士皆与之。城北余子田基独后至④，袪衣将入鼎⑤，曰："基闻之，义者，轩冕在前⑥，非义弗乘；斧钺于后⑦，义死不避。"遂袪衣，将入鼎。佛肸播而止之⑧。赵简子屠中牟，得而取之，论有功者，用田基为始。田基曰："吾闻廉士不耻人。如此而受中牟之功，则中牟之士终身惭矣。"襁负其母⑨,南徙于楚。楚王高其义⑩,待以司马。⑪

【注释】

①佛肸(xī)用中牟之县畔：前490年,赵简子攻打范氏,围中牟,佛肸抗拒不降。佛肸,原文作"拂肹",二者音义通,下文与此同,此从《史记》径改。《史记·孔子世家》："佛肸为中牟宰。赵简子攻范、中行,伐中牟。佛肸畔,使人召孔子。孔子欲往。"《史记集解》引孔安国曰："(佛肸)晋大夫赵简子之邑宰。"而据杨伯峻说,佛肸为春秋时晋国大夫范氏的家臣。用,相当于"以",凭借。中牟之县,《史记索隐》曰："此河北之中牟,盖在汉阳西。"即今河南鹤壁西。然据顾栋高《春秋大事表九》则谓约在今河北邢台、邯郸之间。畔,通"叛"。

②禄邑：即食邑,采邑,封地。炊鼎：煮饭的大鼎。

③与：赞助,跟从,顺从。

④余子：百姓子弟。王引之《经义述闻·周官上》："此云'大故,致余子'。余子,即民之子弟。《孟子·滕文公篇》所谓'余夫'也。故《大司徒》统谓之万民。"田基：春秋时晋国中牟人,《水经注》《太平御览》作"田英",生平不详。

⑤祛(qū)：去除。

⑥轩冕：古时卿大夫以上官员的车乘和冕服。

⑦斧钺：古代两种兵器,也指代刑罚、杀戮。

⑧播而止之：摇(手)制止。播,通"簸"。摇动。止,此字原文脱,此据向宗鲁《校证》从《太平御览》补。

⑨襁(qiǎng)负：用襁褓背负。襁,襁褓,背负小儿的背带和布兜。

⑩高：认为崇高。形容词的意动用法,即敬重的意思。

⑪天海按：《新序·义勇》也载此事。又见《水经注》《太平御览》《资治通鉴》等书引用。

【译文】

佛肸凭借中牟城反叛,设置了封邑和大鼎锅,他说:"跟从我的人接受封地,不跟从我的人将他烹死。"中牟城的士人都顺从了他。城北一个百姓家的子弟名叫田基,只有他最后到,脱去衣服准备跳入鼎中,说:"我听说,正义的人,即使高车官服在眼前,不符合正义就不会乘坐服用;斧钺刑具架在身后,为正义而死也不躲避。"于是他牵起衣服将要自投鼎中。佛肸摆手制止了他。赵简子围攻中牟城,取得了中牟。论有功的人,以田基为第一。田基说:"我听说廉洁之士不使别人受羞辱。像我这样领受平定中牟的功劳,那么中牟的士人将会终身都感到惭愧了。"于是他就用背带背上他的母亲,向南迁移到了楚国。楚王推崇他能坚守正义,用司马的职位礼遇他。

4.20 齐崔杼弑庄公①,邢蒯聩使晋而反②,其仆曰:"崔杼弑庄公,子将奚如?"邢蒯聩曰:"驱之,将入死而报君。"其仆曰:"君之无道也,四邻诸侯莫不闻也。以夫子而死之,不亦难乎?"邢蒯聩曰:"善能言也③,然亦晚矣!子早言我,我能谏之;谏不听,我能去。今既不谏,又不去。吾闻食其禄者死其事。吾既食乱君之禄矣,又安得治君而死之④?"遂驱车入死。其仆曰:"人有乱君,人犹死之。我有治长⑤,可毋死乎?"乃结辔自刎于车上⑥。君子闻之曰:"邢蒯聩可谓守节死义矣。死者人之所难也,仆夫之死也,虽未能合义,然亦有志士之意矣。《诗》云⑦:'夙夜匪懈,以事一人⑧。'邢生之谓也。《孟子》曰⑨:'勇士不忘丧其元⑩。'仆夫之谓也。"⑪

【注释】

①齐崔杼(zhù)弑庄公:前548年,崔杼因齐庄公与其妻棠姜私通,

便联合棠无咎杀庄公,立庄公弟杵白为君,是为景公,自己为右相。两年后,其子崔成等互相争权,家族发生内讧,左相庆封乘机攻灭崔氏,崔杼上吊自杀。事见《左传·襄公二十五年》。崔杼(？—前546),又称崔子、崔武子。春秋时齐国大夫,后为齐国执政。

②邢蒯聩:春秋时齐国大夫,事迹不详。《左传·襄公二十一年》有晋臣邢蒯,后奔齐,时代与此合,疑为一人。

③善能言也:向宗鲁《校证》引俞樾云:"'能'当作'而',古字通用。'而',犹'尔'也。《韩诗外传》作'善哉而言也',是其证。"天海按,译文从此,作"你的话说得好啊"。

④治君:治世的君主,意即英明的君主。

⑤治长:英明的长官。

⑥结辔(pèi):拴好马缰绳。辔,缰绳。

⑦《诗》云:以下引诗见《诗经·大雅·烝民》。

⑧夙夜匪懈,以事一人:从早到晚不肯懈息,来事奉天子一人。夙夜,从早到晚。

⑨《孟子》曰:下所引见《孟子·滕文公下》,实为孟子转述孔子的话。

⑩元:首,头颅。

⑪天海按:此文与《韩诗外传》卷八所载大同小异。

【译文】

齐国崔杼杀死了齐庄公。邢蒯聩出使晋国返回,他的车夫说:"崔杼杀了庄公,你打算怎么办?"邢蒯聩说:"驱车前往,我将进入国都以死来回报国君。"他的车夫说:"国君昏庸无道,四邻诸侯没有不知道的。像先生这样为他去死,不也太难了吗?"邢蒯聩说:"你的话说得好啊,然而已太晚了!你早告诉我,我还能规劝国君;规劝他不听,我可以离开他。如今既不能规劝,又不能离开。我听说:享受别人俸禄的,要为别人的事而死。我既然已享受了昏君的俸禄,又怎么能得到明君而为他效命呢?"于是就赶车入城受死。他的车夫说:"有人遇上昏君,这人还能为他赴死。我遇上了明主,能不为他殉死吗?"于是就拴好马缰,在车上拔剑自刎。君子听说此事后说:"邢蒉赜可谓是坚守节操为道义而死了。死,是人们都感到为难的事。车夫的死,虽然未能符合道义,但也有志士的意气。《诗经》上说:'从早到晚不肯懈怠,来事奉天子一人。'说的就是邢生这样的人。《孟子》上说:'勇士为正义而不怕掉头牺牲。'说的就是车夫这种人。"

4.21 燕昭王使乐毅伐齐①,闵王亡②。燕之初入齐也,闻盖邑人王歜贤③,令于军曰④:"环盖三十里毋入⑤。"以歜之故。已而使人谓歜曰:"齐人多高子之义,吾以子为将,封子万家。"歜固谢燕人,燕人曰⑥:"子不听,吾引三军而屠盖邑。"王歜曰:"忠臣不事二君,贞女不更二夫。齐王不听吾谏,故退而耕于野。国既破亡,吾不能存。今又劫之以兵,为君将,是助桀为暴也。与其生而无义,固不如烹。"遂悬其躯于树枝,自奋绝脰而死⑦。齐亡大夫闻之曰⑧:"王歜布衣,义犹不背齐向燕,况在位食禄者乎?"乃相聚如莒⑨,求诸公子⑩,立为襄王⑪。⑫

【注释】

①燕昭王使乐毅伐齐:前284年,燕昭王使上将军乐毅联合五国攻齐,占领齐国七十多城,使齐国只剩莒、即墨二邑。燕昭王(?—前279),姬姓,名职。战国时燕国国君,前311—前279在位。即位后招贤纳士。乐毅,子姓,乐氏,名毅,中山灵寿(今属河北)人。战国时期杰出的军事家。魏将乐羊后裔。拜燕上将军,受封昌国

君,辅佐燕昭王振兴燕国。前284年,他统帅燕国等五国联军攻打齐国,连下七十余城,报了强齐伐燕之仇。后因受燕惠王猜忌,投奔赵国,被封于观津,号为望诸君。

②闵王亡:前284年,乐毅破齐都临淄,齐闵王逃亡。楚淖齿救齐,被闵王任为国相,后淖齿杀死闵王。闵王,即齐湣王,妫姓,田氏,名地。战国时齐国国君,前323—前284年在位。

③盖邑:盖,《史记》作"画",《史记正义》引《括地志》云:"漯邑,蜀所居,即此邑,因漯水为名也。"向宗鲁《校证》曰:"《水经·淄水注》谓漯水南山西有王歜墓,则'盖'当为'画'(即'漯'之省)。盖乃王驩及陈仲子兄采地,见《孟子》,非此地也。"画邑在春秋时属齐国,故址在今山东临淄西北二里。王歜(chù):《史记·田单列传》作"王蠋",生平事迹大略如本文所记。

④令于军曰:原文脱"军"字,此据明钞本补。

⑤盖:《太平御览》引作"盖邑"。

⑥燕人曰:原文脱"燕人"二字,此据明钞本补。

⑦自奋绝脰(dòu):自己奋力挣断颈脖。绝脰,挣断脖颈。脰,颈项。

⑧亡大夫:《太平御览》引作"士大夫"。

⑨如莒:进入莒邑。如,入。

⑩求诸公子:《史记》作"求公子",无"诸"字。

⑪立为襄王:齐襄王(?—前265),妫姓,田氏,名法章,齐湣王之子。战国时期齐国国君,前283—前265年在位。前284年,燕国、秦国、赵国、魏国、韩国五国攻打齐国,齐湣王被杀。太子法章改名换姓为莒城太史敫(jiǎo)家灌园,莒城百姓查知他是齐湣王的儿子,于是与齐国逃亡大臣一起立他为君,是为齐襄王。

⑫天海按:此事亦见《史记·田单列传》,文详于此。

【译文】

燕昭王派乐毅攻打齐国,齐闵王逃亡。燕国人刚进入齐国时,听说画邑人王歜有才德,便号令军队说:"画邑周围三十里不准进入。"是因为王歜的缘故。后来燕君又派人对王歜说:"齐国人大多推崇你的义气,我让你做将军,封你食邑万户。"王歜坚决谢绝了燕君,燕君说:"你不听从,我便领三军血洗画邑城。"王歜说:"忠臣不事奉两个君王,贞节女不改嫁第二个丈夫。齐王不听我的劝诫,所以我隐退躬耕山野。国家既已破亡,我也不能生存。你又以武力胁迫我做你们的将军,这是帮助夏桀做残暴的事。与其活着没有道义,固然不如被烹死。"于是自己悬挂在树枝上,奋力挣断了脖颈而死。齐国逃亡的大夫听说了这件事,说:"王歜是个普通平民,为正义还不肯背叛齐国投向燕国,何况我们这些身居官位享受俸禄的人呢?"于是就聚在一起进入莒邑,寻找齐闵王的儿子,结果找到了太子法章,就立他为齐襄王。

4.22 左儒友于杜伯①,皆臣周宣王②。宣王将杀杜伯而非其罪也,左儒争之于王,九复之而王弗许也③。王曰:"别君而异友,斯汝也④!"左儒对曰:"臣闻之:君道友逆,则顺君以诛友;友道君逆,则率友以违君。"王怒曰:"易而言则生⑤,不易而言则死。"左儒对曰:"臣闻古之士不枉义以从死⑥,不易言以求生。故臣能明君之过,以死杜伯之无罪⑦。"王杀杜伯,左儒死之⑧。

【注释】

①左儒友于杜伯:左儒与杜伯友好如兄弟。左儒,西周人,周宣王时大夫。杜伯,名恒,杜国之伯,周宣王时大夫。颜之推《还冤志》引《周春秋》所载左、杜二人事较详,文繁不录。友于,友好如

兄弟。《尚书·君陈》:"孝乎惟孝,友于兄弟,施于有政。"后以"友于"代"兄弟",亦指兄弟友爱。

②周宣王(?—前782):姬姓,名静,一作靖。西周天子,前827—前782年在位。厉王被国人所逐时,藏于召公虎家。厉王死,共伯和归国,始即位。不籍千亩,又重整军旅,用尹吉甫击退猃狁进攻,命方叔、召虎等用兵荆楚、淮夷之地,获小胜。史家称为"宣王中兴"。其后对西戎作战,迭遭失利,耗费大量人力物力。

③九复:多次反复。九,表示多数。

④别君而异友,斯汝也:违背国君而帮助朋友,乃是你啊。别,违背。异,通"翼"。帮助,庇护。斯,则,乃。连词。

⑤而:你的。

⑥从(zòng):同"纵"。放纵,逃脱。

⑦以死杜伯之无罪:向宗鲁《校证》案:"《周春秋》'死'作'正'。"

⑧天海按:此文所记之事似出《周春秋》,《墨子·明鬼》《国语·周语》韦昭注、《史记·周本纪》张守节正义都曾引用。

【译文】

左儒与杜伯友好如同兄弟,都是周宣王的臣子。周宣王要杀死杜伯,但杜伯没有罪过。左儒在周宣王面前为杜伯争辩,为此反复多次,但周宣王还是不同意。周宣王说:"违背国君而庇护朋友,这就是你啊。"左儒回答说:"我听说:国君行正道而朋友忤逆,就顺从国君而谴责朋友;如果朋友行正道而国君忤逆,就率朋友违抗国君。"周宣王大怒说:"改变你的说法就能活命,不改变你说的话就处死。"左儒对他说:"我听说古时候的士人不违背正义来逃避死亡,不改变言论来求生存。所以我能揭明国君的过错,以死来证明杜伯无罪。"周宣王杀死了杜伯,左儒也为他而死。

4.23 莒穆公有臣曰朱厉附①,事穆公,不见识焉。冬处于山林,食杼栗②;夏处洲泽,食菱藕。穆公以难死③,朱厉附将往死之。其友曰:"子事君而不见识焉,今君难,吾子死之④,意者其不可乎?"朱厉附曰:"始,我以为君不吾知也,今君死而我不死,是果不知我也⑤。吾将死之,以激天下不知其臣者。"遂往死之。⑥

【注释】

①莒穆公:又称莒敖公、莒敖穆公,春秋初期莒国国君。朱厉附:春秋初期莒人,不被莒穆公重用而退隐山林。《吕氏春秋·恃君览》《列子·说符》皆作"柱厉叔",同一人,姓名音近而异。

②杼(shù)栗:橡树果实。《吕氏春秋·恃君览》《列子·说符》均作"橡栗"。杼,即柞树,也称橡树。栗,橡栗,橡树果实。

③穆公以难死:莒穆公死难之事未明。

④吾子:敬称对方,相当于"先生您"。

⑤是果不知我:向宗鲁《校证》引《吕氏春秋·恃君览》删"不"字。天海按,此句《列子·说符》有"不"字,据文意应当有,故不从《校证》删。

⑥天海按:此文又见《吕氏春秋·恃君览》《列子·说符》,文略同。

【译文】

莒穆公有个臣子名叫朱厉附,事奉穆公,不被赏识。他冬天住在山林里,吃的是橡树果实;夏天住在水边,吃的是菱角和莲藕。穆公因难而死,朱厉附将前往为他殉死。他的朋友说:"您事奉国君而不被赏识,如今国君遇难,先生您为他殉死,想来应该没有必要吧!"朱厉附说:"开始我认为国君了解我,如今国君死了而我不去殉死,这就真的会不了解我;我将为他殉死,以此来激励天下不了解他臣子的国君。"于是他就前往为莒穆公殉死。

4.24 楚庄王猎于云梦①,射科雉②,得之,申公子倍劫而夺之③,王将杀之。大夫谏曰:"子倍自好者也④,争王雉,必有说⑤,王姑察之。"不出三月,子倍病而死。邲之战⑥,楚大胜晋,归而赏功。申公子倍之弟进,请赏于王曰:"人之有功也于军旅,臣兄之有功也于车下⑦。"王曰:"奚谓也?"对曰:"臣之兄读故记曰⑧:'射科雉者,不出三月必死。'臣之兄争而得之,故夭死也。"王命发平府而视之⑨,于记果有焉,乃厚赏之。⑩

【注释】

①云梦:古地名。春秋战国时楚王的游猎区。包括江汉平原及周围一带的丘陵,非单指水泽。

②科雉:即出窠的幼小野鸡。《吕氏春秋·至忠》作"随兕"。陈奇猷校释引虞兆漋《天香楼偶得》:"《正字通》云:'随母之兕,始出科之雉。'"天海按,科,通"窠"。据此,"科雉"为幼雉。

③申公子倍:申公为复姓,子倍为其名,《吕氏春秋·至忠》作"子培"。楚庄王的大夫,余事不详。劫:原文作"攻",《吕氏春秋·至忠》作"劫",意为抢夺。向宗鲁案:"'攻'当从《吕》作'劫'。"此据改。

④自好者:洁身自好的人。原文脱"者"字,此依向宗鲁《校证》据《吕氏春秋》及《孟子》补。

⑤说:解说,说法。这里指缘故。

⑥邲(bì)之战:前597年,楚国围攻郑国,晋国派军救郑,双方在邲地展开争夺,晋军大败。楚国从而一洗城濮之战失败的耻辱,楚庄王也因此役的胜利而奠定了"春秋五霸"的地位。因为泌水入荥阳称"蒗荡渠",亦写作"两棠",所以此战又可称为"两棠之

役"。如《吕氏春秋·至忠》和贾谊《新书·先醒》都记为"战于两棠"。郲,古地名,春秋时属郑,在今河南武陟东南。

⑦人之有功也于军旅,臣兄之有功也于车下:此二句原文作"人之有功也赏于车下",文意难通,显然有脱文,今据向宗鲁《校证》引《吕氏春秋》《太平御览》及卢文弨说补正。

⑧故记:指官内所存过去记事之书。一说即古书。

⑨平府:楚国收藏文书的府库之名。《吕氏春秋·至忠》:"王令人发平府而视之,于故记果有,乃厚赏之。"高诱注:"平府,府名也。"《说文解字·广部》:"府,文书藏也。"段玉裁注:"文书所藏之处曰府。"平,原文作"乎",二字形近易误,此据《吕氏春秋·至忠》改。

⑩天海按:此文又见《吕氏春秋·至忠》,文字略有不同。

【译文】

楚庄王在云梦打猎,射中了一支刚出窠的小野鸡,申公子倍上前抢夺了这只野鸡,庄王想要杀死他。大夫们劝谏说:"子倍是个自重的人,抢夺大王的野鸡,必定另有缘故,大王暂且看看再说。"不到三个月,子倍生病而死。楚国与晋国在郲地交战,楚军大胜晋军,归国后赏功。申公子倍的弟弟上前向庄王请赏,并说:"别人有功劳是在战斗中,我的兄长有功劳是在大王的猎车下。"庄王说:"这话什么意思?"子倍的弟弟回答说:"我的兄长读过古书,上面说:'射中小野鸡的人,不出三月必定会死亡。'我的兄长抢夺了那只野鸡,所以夭折而死。"楚庄王命令从文书府库中找出古书来查看,在那古书上果真有这样的记载,于是就优厚地封赏了申公子倍。

卷五

贵德

【题解】

本卷共采辑春秋战国至西汉初期的轶事31则,讲的是前人对道德品行的认识与重视。什么叫"德"?从字源上看,"德"字由"心""彳""直"三个部分组成。"心"表示情态、心境;"彳"表示道路、行走、行为;"直"为"值"之本字,表示正直、价值。这就是说人要有正直之心,要走正确的道路,这样才算有得、有价值。在心为德,从心所为即行,心与行相配合就是德行。《周易·乾卦·文言》曰:"君子进德修业。"孔颖达疏:"德,谓德行;业,谓功业。"由此可知,"德"字的本义是"道德"或"品行",包括操守、品行,如功德、品德、德才、德行等。《荀子·非十二子》:"不知则问,不能则学,虽能必让,然后为德。"这也说明:一个人的德要从"问""学""让"中获得与体现。

贵德,是说做人应该注重道德品行的修养。古人所说三不朽,"太上有立德"(《左传·襄公二十四年》),就是重视道德修养的极致。从古至今,上至帝王贵胄,下至平民百姓,都应该是以此作为立身处世的第一要义。

本书前四卷《君道》《臣术》《建本》《立节》的内容虽然侧重点不同,但无不以人的道德修养贯穿其中。但道德品行的具体内容,却因时代不同而异。在我国古代,道德修养的最高境界,则不外乎忠孝仁爱,其核心就是孔子所倡导的"仁"。正是基于这一点,本卷31则中就有20则是关于君王是否能施行仁政的轶事;而另外11则则是以具体而微的轶事指导君子的德行修养。

"上之变下,犹风之靡草也。"(5.26)作为居上位的统治者,应该首先是高尚道德品质的优秀表率,如此才能影响和带动人民提高道德品行的修养。所以重视道德品行的修养,孔子仍然以三代圣王作为标榜,而且认为"圣王布德施惠,非求报于百姓也"(5.3)。这是说圣明的君王布施德政,并不是要从百姓那里寻求回报,而是要"令百姓家给人足"(5.3);作为君主,应该"明贵德而贱利以道下"(5.26),明确重视道德而看轻私利,并以此引导臣民。

所谓仁政,主要归结为"爱民"二字。爱民的具体表现是:养老扶弱;不大兴土木,不妨碍农时;不与民争利,要赈济贫困;不滥施刑罚,竭力避免冤狱等。这也正反映了作者刘向的政治倾向。他对西汉初年能以暴秦为鉴,实行黄老之术,清静无为、休养生息的治国之道是十分推崇的,表现了他对西汉后期政治黑暗现实的强烈不满。

如果说,卷四《立节》的内容是按照封建礼教着重对臣民提出的要求,那么本卷则是按照封建礼教着重对最高统治者提出要求。这两方面互为条件,相互补充。作者刘向有选择地采编这些轶事,不仅为当时的帝王和执政大臣提供了行仁政爱百姓的借鉴,也为后世一切从政的人们提出了应该具有的基本道德标准。

5.1 圣人之于天下百姓也,其犹赤子乎①!饥者则食之,寒者则衣之②;将之养之,育之长之;唯恐其不至于大也。《诗》曰③:"蔽芾甘棠④,勿剪勿伐,召伯所茇⑤。"《传》曰⑥:"自陕以东者⑦,周公主之;自陕以西者,召公主之。"召公述职⑧,当桑蚕之时,不欲变民事,故不入邑中,舍于甘棠之下,而听断焉⑨。陕间之人,皆得其所,是故后世思而歌咏之。善之故言之,言之不足,故嗟叹之;嗟叹之不足,故歌咏之。夫诗,思然后积,积然后满,满然后发;发由其道,而致其位焉。百姓叹其美而致其敬,甘棠之不伐也,政教恶乎不行⑩?孔子曰:"吾于《甘棠》,见宗庙之敬也。甚尊其人,必敬其位;顺安万物,古圣之道几哉⑪!"

【注释】

①赤子:婴儿。《尚书·康诰》:"若保赤子,惟民其康乂。"孔颖达疏:"子生赤色,故言赤子。"
②饥者则食之,寒者则衣之:此二句中"则"字,《艺文类聚》《初学记》《太平御览》所引皆无。向宗鲁《校证》认为"似衍文"。天海按,据文意,"则"字不衍,"者"字当为衍文。
③《诗》曰:以下引诗见《诗经·召南·甘棠》。
④蔽芾(fèi)甘棠:茂盛的甘棠。蔽芾,树木茂盛的样子。甘棠,木名。今名棠梨树,结果味甘美。
⑤召(shào)伯所茇(bá):召伯所居住的地方。召伯,姬姓,名奭。西周宗室,与周武王、周公旦同辈。因采邑于召(今陕西岐山西南),故称召公或召伯、召康公、召公奭。召,一作邵。辅佐周武王灭商后,受封于蓟,建立诸侯国燕国。他派长子姬克管理燕国,自己仍留在镐京辅佐朝廷。成王时任太保,与周公旦分陕而治。茇,居住。
⑥《传》曰:以下四句引自《公羊传·隐公五年》。
⑦陕:古地名。一说为战国时的陕陌,在今河南三门峡陕州;一说陕当作"郟",指王城所在的郟鄏,在今河南洛阳邙山。据《国语》《史记》等典籍载,西周初年,周王朝以"陕原"(今河南三门峡陕

州境内)为界。陕原以东曰"陕东",由周公管辖;陕原以西曰"陕西",由召公管辖。

⑧述职:古时诸侯向天子陈述职守。《孟子·梁惠王下》:"诸侯朝于天子曰述职。述职者,述所职也。"据文意,此处应指上任到职。

⑨听断:听取陈述而决断案情。

⑩恶(wū)乎:表反诘,意即"怎么会"。

⑪几(jì):通"冀"。表希望。

【译文】

圣人对待天下的老百姓,就像对待婴儿一样啊!饥饿时就给他饭吃,寒冷时就给他衣服穿;扶持他调养他,抚育他成长;唯恐他不能长大。《诗经·甘棠》说:"枝叶繁茂的甘棠树,不要修剪砍伐它,这是召伯住过的地方。"《公羊传》上说:"自陕以东的地方,由周公主管;自陕以西的地方,由召伯主管。"召公前往述职,正当采桑养蚕的时候,他不想使民事受到影响,所以没有进入城中,就居住在甘棠树下,并在那里听取诉讼审断案件。陕地的百姓,都能各得其所。因此后世的人怀念并且歌唱他。认为他好所以称道他,称道他还嫌不够,所以就赞叹他;赞叹他还嫌不够,所以便歌唱他。诗歌,是由思念然后积蓄在心里的,积蓄后逐渐盈满,盈满后就要发泄出来;发泄要经过一定的途径,而后达到一定的程度。百姓赞叹他的美德,并向他表示自己的崇敬,甘棠树都能不被砍伐,政令教化哪能会不推行呢?孔子说:"我通过《甘棠》这首诗,看到了对祖先的崇敬。特别尊敬那个人,必然会敬慕他住过的地方;顺从事理,安定万物,古代圣人治理天下之路就有希望了。"

5.2 仁人之德教也①,诚恻隐于中②,悃愊于内③,不能已于其心④。故其治天下也,如救溺人。见天下强陵弱,众暴寡,幼孤羸露⑤,死伤系虏⑥,不忍其然。是以孔子历七十二君⑦,冀道之一行⑧,而得施其德⑨,使民生于全育⑩,烝庶安土⑪,万物熙熙⑫,各乐其终。卒不遇⑬,故睹麟而泣⑭,哀道不行,德泽不洽⑮,于是退作《春秋》,明素王之道⑯,以示后人,思施其惠,未尝辍忘⑰。是以百王尊之,志士法焉,诵其文章,传今不绝,德及之也。《诗》曰⑱:"载驰载驱⑲,周爰咨谋⑳。"此之谓也。

【注释】

① 仁人:指有德行讲仁爱的人。语出《尚书·泰誓中》:"虽有周亲,不如仁人。"德教:道德教化。本条原文与上文相连,此据文意并依卢文弨校另作一条。

② 恻隐:同情。对遭受灾祸或不幸的人产生同情之心。语出《孟子·告子上》:"恻隐之心,人皆有之。"

③ 悃愊(kǔn bì):至诚。《汉书·刘向传》:"论议正直,秉心有常,发愤悃愊,信有忧国之心。"颜师古注:"悃愊,至诚也。"

④ 已:停止,歇息。

⑤ 羸(léi)露:瘦弱。二字同义连文,都是瘦弱的意思。《左传·昭公元年》"以露其体",杜预注:"露,羸也,壹之则血气集滞而体羸露。"

⑥ 系虏:被拘系、掳掠。《韩非子·奸劫弑臣》:"边境不侵,君臣相亲,父子相保,而无死亡系虏之患,此亦功之至厚者也。"

⑦ 历:游历,游说。《庄子·天运》《淮南子·泰族训》《史记·十二诸侯年表》《史记·儒林列传》等皆言孔子游说七十余君无所遇,而《吕氏春秋·遇合》独言"所见八十余君",故《论衡·儒增篇》曰:"案《论语》之篇,诸子之书,孔子自卫反鲁,在陈绝粮,削迹于卫,忘味于齐,伐树于宋,并费与顿牟,至不能十国。传言七十

国,非其实也。"
⑧冀道之一行:希望仁道有一次实行的机会。
⑨德:此指德政。
⑩使民生于全育:向宗鲁《校证》引卢文弨说疑"于"字为衍文,译文从之。
⑪烝庶安土:百姓安居乡土。烝庶,众人,民众,即黎民百姓。《汉书·中山靖王刘胜传》:"此乃烝庶之成风,增积之生害也。"颜师古注:"烝庶,谓众人也。"安土,即安居故土。
⑫熙熙:和乐繁盛貌。《逸周书·太子晋》:"万物熙熙,非舜而谁能?"孔晁注:"熙熙,和盛。"
⑬卒不遇:最终不得志,不被赏识。
⑭睹麟而泣:《公羊传·哀公十四年》记哀公西狩获麟,孔子见而流泪,并表示"吾道穷矣"。后用此事比喻世道衰微。麟,即麒麟。古人称雄者为麒,雌者称麟。认为麒麟是吉祥仁兽,主太平、长寿。据古书记载,孔子与麒麟密切相关,相传孔子出生之前和去世之前都出现了麒麟。《诗经·国风·周南》中有《麟之趾》一首诗就是借赞美麒麟来赞美贵族之仁厚。
⑮德泽不洽:恩德不普遍周全。洽,周遍,广博。
⑯素王:指远古帝王。《史记·殷本纪》载伊尹"言素王及九主之事",司马贞索隐曰:"素王者,太素上皇,其道质素,故称素王。"后世儒家也称孔子为"素王",意指他有帝王之德而无帝王之位。
⑰辍(chuò):中止,停止。
⑱《诗》曰:以下引诗见《诗经·小雅·皇皇者华》。
⑲载驰载驱:驱马奔驰。载,助词无义。
⑳周爰咨谋:忠实地询问和筹谋。周,忠实。毛传:"忠信为周。"爰,虚词"于"。咨,询问。谋,谋划。

【译文】

仁爱之人的道德教化,确实是出自内心的同情,发自内心的至诚,这在他心中是不能消释的。所以他治理天下,如同拯救落水的人。他见到天下强大的欺凌弱小的,人多势众的暴虐人少势孤的,孤儿幼子病弱流离,或死或伤,被捕被掳的,不忍心他们这样。因此孔子游说了七十二个国君,希望有一次实行仁道的机会,就能施行他的德政,使百姓都能得到完全养育,民众安居乡土,万物和顺繁盛,各自快乐地得到自己的归宿。但他最终没有实现这一愿望,所以他看见被捕获的麒麟就流泪哭泣,痛心他的仁道不能推行,恩德不能传遍天下,于是便隐退而撰著《春秋》,以阐明远古帝王的主张,以此昭示后人。他想要施行素王的恩惠,从未停止和遗忘。因此历代帝王尊崇他,有志之士效法他,诵读他的文章,一直传到现在也未曾中断,这是他的道德达到了这一步。《诗经》上说:"赶着车马不停地奔驰,忠实地询问和筹谋。"说的就是这种情况。

5.3 圣王布德施惠,非求报于百姓也;郊望禘尝①,非求报于鬼神也。山致其高,云雨起焉;水致其深,蛟龙生焉;君子致其道德②,而福禄归焉。夫有阴德者必有阳报③,有隐行者必有昭名④。古者,沟防不修,水为人害。禹凿龙门⑤,辟伊阙⑥,平治水土,使民得陆处。百姓不亲,五品不逊⑦,契教以君臣之义⑧,父子之亲,夫妇之辨,长幼之序。四野不修,民食不足,后稷教之辟地垦草⑨,粪土树谷,令百姓家给人足。故三后之后⑩,无不王者,有阴德也。周室衰,礼义废,孔子以三代之道,教导于后世,继嗣至今不绝者⑪,有隐行也。⑫

【注释】

① 郊望禘(dì)尝：古代的几种祭祀名称。郊，祭祀天地。望，祭祀日月星辰、山川。禘，每年夏季举行的祭祀，祭宗庙、祖先。尝，每年秋季举行的祭祀，祭宗庙、祖先。这里以四种祭名泛指一年四季的祭祀。

② 道德：意即通晓外物，掌握事理。《礼记·曲礼上》："道德仁义，非礼不成。"郑玄注："道者通物之名，德者得理之称。"道、德二字的提出，先见于老子所著的《道德经》中。老子说："道之尊，德之贵，夫莫之命而常自然。"其中"道"指自然规律与人世普遍的真理；而"德"是指人世的德性、品行、王道。"道德"二字连成一词始于荀子《劝学》篇："故学至乎礼而止矣，夫是之谓道德之极。"

③ 阴德：暗中施恩惠给别人。阳报：在人世间得到报应。与"阴报"相对。

④ 隐行：犹阴德。谓不为人知的美行。或深藏不露的善行，或高尚品行。《文子·上德》："君子致其道而德泽流焉。夫有阴德者必有阳报，有隐行者必有昭名。"杜道坚《缵义》："君子怀其道而泽流于世俗，有阴德者必有阳报，天佑之也；有隐行者必有昭名，人推之也。"

⑤ 龙门：即禹门口，在山西河津西北和陕西韩城东北。龙门是黄河从壶口咆哮而下的晋陕大峡谷的最窄处，峡谷以东河津境内的这座山，也就叫龙门山。禹凿龙门的传说最早见于《墨子·兼爱中》。据北魏郦道元《水经注》记载："大禹所凿，通孟津河口，广八十步，岩际镌迹，遗功尚存。"后人为纪念大禹治水的功德，便称之为禹门。由于禹门是晋陕两省交通要冲的古渡口，也称之为禹门口。

⑥ 伊阙：在今河南洛阳南龙门山。伊水两岸香山、龙门山相对如天然阙门，伊水流经其间，故名。

⑦五品不逊：即五伦不顺。五品，即五伦，语出《尚书·尧典》，指君臣、父子、夫妇、长幼、朋友之间的关系准则。郑玄又曰："五品，父、母、兄、弟、子也。"逊，顺。《淮南子·人间训》正作"顺"。

⑧契(xiè)：子姓，名契，又作禼，别称阏伯。传说契是帝喾与简狄之子，帝尧异母弟。被帝尧封于商(今河南商丘)，其部族以地为号称"商族"，契成为商族始祖。史载他曾帮助大禹治水有功，被舜任命为司徒，掌管教化。其后裔汤建立商王朝，后世尊契为"商祖"。

⑨后稷：姬姓，名弃。传说母姜嫄踩巨人足迹而孕，出生后以为妖而多次抛弃，皆不死，遂以为受上天庇护，抱回养育，取名为弃，故《诗经·大雅·生民》载为天帝之子，《山海经》则载为帝俊(一说即帝喾)之子。曾在尧舜时做农官稷，教民耕种，为周人始祖。一说后稷出生于稷山(在今山西)，故称后稷。后，古代对君主的尊称。

⑩三后：即三个远古帝王。历来说法不一，一般指尧、舜、禹，或指夏禹、商汤、西周文王。后，古代天子、诸侯皆称后。

⑪继嗣：继承人。

⑫天海按：此文又见《淮南子·人间训》，略异。

【译文】

圣明的帝王颁布德政实施恩惠，不是要向百姓求得回报；四时祭祀天地山川先祖，不是要向鬼神求得报偿。山达到一定的高度，云雨就从那里兴起；水达到一定的深度，蛟龙就在那里出生；君子达到高尚的道德境地，福运与禄位就归于他了。那有阴德的人，必定会有人世间的回报；有不愿显露自己高尚品行的人，必定会有显著的名声。古时候，沟渠堤防没有修整，洪水成为人们的祸害。大禹开凿龙门山，劈开伊阙，平整土地，治理水患，使百姓能在陆地安居。那时百姓不相亲爱，五伦不顺，契就用君臣之间的礼义，父子之间的亲缘关系，夫妻之间应有的区别，长幼之间应遵循的秩序，来教导他们。那时四方农田郊野未经修整,百姓粮食不够吃,后稷就教他们开荒除草,施肥种谷,让百姓家家自给,人人富足。所以尧、舜、禹三王的后代没有不称王的,那是因为他们积有阴德。后来周王室衰微,礼义废弃,孔子用夏、商、周三代的治道对后世的人们进行教导,他的继承人至今没有断绝的原因,那是因为他有美好的道德。

5.4《周颂》曰①:"丰年多黍多稌②,亦有高廪③,万亿及秭④,为酒为醴,烝畀祖妣⑤,以洽百礼⑥,降福孔偕⑦。"《礼记》曰⑧:"上牲损⑨,则用下牲⑩;下牲损,则祭不备物。"以其舛之为不乐也⑪。故圣人之于天下也,譬犹一堂之上也。今有满堂饮酒者,有一人独索然向隅而泣⑫,则一堂之人皆不乐矣。圣人之于天下也,譬犹一堂之上也,有一人不得其所者,则孝子不敢以其物荐进。⑬

【注释】

① 《周颂》:《诗经》分为风、雅、颂三部分,颂是贵族在宗庙中祭祀鬼神和赞美祖先、统治者功德的乐曲,共四十篇,又分为《周颂》《鲁颂》和《商颂》。《周颂》共三十一篇,是西周宗庙祭祀的乐舞歌词,除了歌颂祖先功德外,还有一部分是春夏之际向神祈求丰年或秋冬之际酬谢神的乐歌,从中可以看到西周初期农业生产的情况。以下诗句引自其中《丰年》一篇。此文原连上,现依向宗鲁《校证》据卢文弨校另起。
② 黍:小米。稌(tú):稻子。
③ 高廪:高大的粮仓。
④ 亿:计量单位,周代十万为亿。秭(zǐ):计量单位,万万亿,即亿亿。《说文解字》:"数亿至万曰秭。"

⑤为酒为醴,烝畀(bì)祖妣:孔颖达疏:"为神所祐,致丰积如此。故以之为酒,以之为醴,而进与祖先先妣。"醴,甜酒。采用稻、麦、粟、黍等不同等级的粮食酿造的系列酒。也指美酒。烝畀祖妣,进献祖宗。烝,进献。畀,给予。祖妣,先祖父,先祖母。

⑥以洽百礼:以成各种礼节。洽,备,成。

⑦降福孔偕:降福很大。孔,甚,很,作副词。偕,是"嘉""佳"的假借字,有"大"或"普遍"的意思。

⑧《礼记》:又名《小戴礼记》,据传为西汉戴圣所编,是一部重要的典章制度选集,共二十卷四十九篇,采自先秦旧籍。主要记载了先秦的礼制,体现了先秦儒家的哲学思想、教育思想、政治思想、美学思想等,是研究先秦社会的重要资料,是一部儒家思想的资料汇编。同时人戴德另有八十五篇,称为《大戴礼记》。以下引文今传两种《礼记》均不载,向宗鲁《校证》认为"当在《古记》百三十一篇中"。

⑨上牲:上等的牺牲。指祭祀时用的猪和羊。《礼记·曾子问》:"曾子问曰:'宗子为士,庶子为大夫,其祭也如之何?'孔子曰:'以上牲祭于宗子之家。'"郑玄注:"贵禄重宗也。上牲,大夫少牢。"少牢,即猪和羊。损:不足。

⑩下牲:下等的牺牲。古时供祭祀用的公猪。《礼记·杂记下》:"孔子曰:'凶年则乘驽马,祀以下牲。'"郑玄注:"下牲,少牢。若特豕、特豚也。"

⑪舛(chuǎn):错乱,颠倒,相违背。

⑫索然:流泪的样子。《庄子·徐无鬼》:"子綦索然出涕曰:'吾子何为以至于是极也!'"陆德明《经典释文》:"索然,司马云,涕下貌。"向隅而泣:面对墙角哭泣。隅,墙角。

⑬天海按:向宗鲁《校证》曰:"自'故圣人'以下,《盐铁论·忧边篇》《汉书·刑法志》,文皆略同。"

【译文】

《诗经·周颂·丰年》说:"丰年小米多稻米也多,又有高大的粮仓,粮食要用万万亿来计算。酿造白酒和甜酒,进献给先代祖父母,来完成各种祭礼,祖先会降大福给我们。"《礼记》上说:"作上牲的猪和羊不够,就用一只猪作下牲;作下牲的一只猪不够,那么祭祀时就不准备供物。"因为违背天意,上天就会不高兴。所以圣人治理天下,好像处在一堂之上,假如满堂都是饮酒的人,但有一个人独自面向墙角哭泣,那么这满堂的人都会不愉快了。圣人治理天下,就如同在一堂之上,堂上有一个人得不到适当的位置,孝子就不敢将他的物品进献。

5.5 魏武侯浮西河而下①,中流,顾谓吴起曰②:"美哉乎,河山之固也,此魏国之宝也!"吴起对曰:"在德不在险。昔三苗氏左洞庭右彭蠡③,德义不修,而禹灭之④。夏桀之居⑤,左河济、右太华⑥,伊阙在其南,羊肠在其北⑦,修政不仁,而汤放之。殷纣之国,左孟门而右太行⑧,常山在其北⑨,大河经其南⑩,修政不德,武王伐之。由此观之,在德不在险。若君不修德,船中之人尽敌国也。"武侯曰:"善。"⑪

【注释】

①魏武侯(?—前370):姬姓,魏氏,名击。战国初期魏国国君,前395—前370年在位。西河:即今山西与陕西交界处南北流向的一段黄河。前409年,吴起攻取秦河西地区的临晋(今陕西大荔东)、元里(今陕西澄城南),并增修此二城。次年,攻秦至郑(今陕西华州),筑洛阴(今陕西大荔南)、合阳(今陕西合阳东南),尽占秦之河西地(今陕西黄河与北洛河南段间地),置西河郡,任西河郡守。浮:乘船泛游。

②吴起(？—前381)：战国初期著名的政治家和军事家。
③昔三苗氏：原文"昔"误作"者"，径改。彭蠡：即今鄱阳湖。
④而禹灭之：原文脱"而"字，依向宗鲁《校证》据《太平御览》所引补。下文"而汤放之"句中之"而"字亦同。
⑤夏桀：姒姓，夏后氏，名癸，一名履癸，谥号桀，史称夏桀。夏朝最后一位君主，是历史上有名的暴君。在位五十二年(夏商周断代工程中测定为前1652—前1600年)。都于斟鄩(今河南洛阳)。桀文武双全，但荒淫无度，暴虐无道。商汤在伊尹谋划下，起兵伐桀，于夏朝重镇鸣条(今河南封丘东，一说山西运城西)俘获夏桀，将其放逐于南巢(今安徽巢湖)，夏朝覆亡。数年后夏桀死于南巢。
⑥河济：黄河、济水。太华：山名。即西岳华山，在陕西华阴南十里，因往西有少华山，故名。华山之名最早出现在《山海经》和《禹贡》中，在春秋战国时就有"华山"之名。《水经注·渭水》载："其高五千仞，削成而四方，远而望之，又若华状。"《初学记》引《白虎通义》："西方华山，少阴用事，万物生华，故曰华山。"古"花""华"通，故华山又称"花山"。
⑦羊肠：古坂道名。即羊肠坂，南起河南焦作沁阳，北抵山西晋城泽州，全长约四公里，因其在山间崎岖缠绕，形似羊肠而得名。这里自古以险峻闻名，是太行陉最险要的路段；辖古京洛要道之咽喉，易守难攻，历来为兵家必争之地，具有重要的战略地位。
⑧孟门：山名。在太行山东面，今河南辉县西。一说为古隘道名。地在今山西吕梁柳林西北的黄河之滨。传说为大禹疏通黄河上的第一个洪水出口，故有"天下黄河第一门"之称。太行：山名。在今山西境内。起自河南，经山西延至河北，连绵千里。天海按，不论是辉县的孟门山，还是晋陕交界处的孟门，与太行山都在纣都朝歌(今河南淇县)西边(古人以西为右)，所以此句中的

"左""右"为了对举整齐,非指实际地理位置。

⑨常山:即北岳恒山,避汉文帝刘恒讳改。今北岳恒山指位于山西浑源南者,古时恒山多指在今河北曲阳北者。明朝中期经多次争辩,又明末因邯郸大地震辐射于曲阳,曲阳北岳庙多数毁坏,遂于明末改封浑州天峰岭为北岳恒山,然一直未举行祭祀。至清入关,顺治帝正式祭祀于浑源北岳庙。

⑩大河:即黄河。古人惯称黄河为大河。

⑪天海按:事见《战国策·魏策一》《史记·孙子吴起列传》《太平御览》卷四百五十九引《韩非子》。《战国策·魏策一》载此事甚详,而文多异。

【译文】

魏武侯乘船顺西河而下,行到中流,回头对吴起说:"真美啊,河山这样的险固!这是魏国的宝贝。"吴起回答说:"国家的稳固在于德政而不在险要的地形。从前三苗氏左有洞庭湖右有彭蠡湖,不修道德仁义,因而大禹消灭了他们。夏桀居住的地方,左有黄河、济水,右有太华山,伊阙在南边,羊肠坂在北面,执政不讲仁爱,因而商汤就放逐了他。殷纣王的都城,左有孟门山,右有太行山,恒山在北边,黄河流经南边,执政而不施恩德,于是周武王就诛灭了他。由此看来,国家的稳固在于德政而不在险要的地形。如果您不修德政,那么船上的这些人都会变成您敌国的人。"魏武侯说:"讲得好!"

5.6 武王克殷,召太公而问曰:"将奈其士众何?"太公对曰:"臣闻爱其人者,兼屋上之乌;憎其人者,恶其余胥①。咸刘厥敌②,使靡有余③,何如?"王曰:"不可。"太公出,邵公入④,王曰:"为之奈何?"邵公对曰:"有罪者杀之,无罪者活之,何如?"王曰:"不可。"邵公出,周公入,王曰:"为之奈何？"周公曰："使各居其宅，田其田⑤，无变旧新⑥，唯仁是亲⑦，百姓有过，在予一人。"武王曰："广大乎，平天下矣⑧。"凡所以贵士君子者⑨，以其仁而有德也。⑩

【注释】

①余胥：也作储胥，此指房子周围的篱笆。《文选·扬雄〈长杨赋〉》："拕熊罴，拖豪猪，木拥枪累，以为储胥。"李善注："苏林曰：'木拥栅其外，又以竹枪累为外储胥也。'韦昭曰：'储胥，蕃落之类也。'"《尚书大传》作"胥余"，郑玄注："胥余，里落之壁。"

②咸刘厥敌：全部杀死那些敌人。咸，全部。刘，杀戮。厥，那些。

③使靡有余：使其不留有残余。靡，无。

④邵公：即召公。

⑤田其田：耕种他们的田地。第一个"田"字作动词，种田。

⑥无变旧新：不改变对新人、旧人的态度。《尚书大传》及《淮南子·主术训》作"无故无新"。

⑦唯仁是亲：只要是仁人就亲近。

⑧广大乎，平天下矣：此二句《韩诗外传》卷三作："於戏，天下已定矣。"

⑨士君子：指有学问而品德高尚的人。

⑩天海按：《尚书大传》《韩诗外传》卷三皆有此文。

【译文】

周武王战胜了殷商，召见姜太公并问他道："将怎么对待殷商的官员和民众呢？"姜太公回答说："我听说喜欢那个人，就兼及他房上的乌鸦；憎恨那个人，就连他房外的篱笆也厌恶。全部杀掉那些敌人，不要使他们留有残余，怎么样？"武王说："不行。"姜太公退出，邵公进来，武王问他："如何处置殷商臣民？"邵公回答说："有罪的杀掉他，无罪的就让他活命，怎么样？"武王说："不行。"邵公退出，周公旦进来，武王问他：

"如何处置殷商臣民?"周公说:"让他们各自住在自己的房子里,耕种自己的土地,对旧人新人一视同仁,只要是仁德的人就亲近他。老百姓有了罪过,都是国君一人的责任。"周武王说:"胸怀广大啊,天下能够平定了。"大凡君王尊重贤人的原因,是因为他们仁爱而有恩德。

5.7 孔子曰:"里仁为美,择不处仁,焉得智①?"夫仁者,必恕然后行②。行一不义,杀一无辜,虽以得高官大位,仁者不为也。夫大仁者,爱近以及远,及其有所不谐,则亏小仁以就大仁。大仁者恩及四海,小仁者止于妻子③。妻子者④,以其知营利,以妇人之恩抚之,饰其内情,雕画其伪⑤,孰知其非真?虽当时蒙荣⑥,然士君子以为大辱。故共工、驩兜、符里、邓析⑦,其智非无所识也,然而为圣王所诛者⑧,以无德而苟利也。竖刁、易牙,毁体杀子以干利,卒为贼于齐⑨。故人臣不仁,篡弑之乱生;人臣而仁,国治主荣;明主察焉,宗庙大宁。夫人臣犹贵仁,况于人主乎?故桀、纣以不仁失天下,汤、武以积德有海土,是以圣王贵德而务行之。《孟子》曰:"推恩足以及四海,不推恩不足以保妻子。古人所以大过人者无他焉,善推其所有而已⑩。"

【注释】

①"里仁为美"三句:见《论语·里仁》。《论语集释》郑玄曰:"里者,民之所居也。居于仁者之里,是为善也。"是说居住的地方要与仁德之人为邻才算美好,否则便算不上有智慧的人。里,居住,作动词。智,《论语》作"知"。

②恕:对人宽容。《论语·卫灵公》:"子贡问曰:'有一言而可以终

身行之者乎？'子曰：'其恕乎！己所不欲，勿施于人。'"

③妻子：古代对于妻子、儿女连称。

④妻子者：向宗鲁《校证》："疑当作'止于妻子者'。"天海按，据文意疑脱"止于"二字，译文据补。

⑤雕画其伪：做作修饰他的行为。雕画，此引申为做作、修饰。伪，为，行为。

⑥蒙荣：承受荣耀。

⑦共工：为氏族名，又称共工氏。相传为尧的大臣，和驩兜、三苗、鲧并称为四凶，被舜流放到幽州，见《尚书·尧典》。驩（huān）兜：又作欢兜或驩头，是中国古代传说中的三苗族首领，传说因为与共工、鲧一起作乱，而被舜流放至崇山。符里：春秋时人，被管仲所杀，事见《荀子》。卢文弨曰："符里即付里乙。"天海按，向宗鲁《校证》案"付里乙"见于《荀子·宥坐》及《尹文子》。本书《指武》作"史附里"（15.27）。邓析：春秋时郑人，曾作《竹刑》。《荀子·宥坐》《吕氏春秋·审应览》《淮南子·氾论训》均称邓析被子产所杀，《左传·定公九年》所记则为驷歂所杀。

⑧为圣王所诛：本书15.27则谓管仲诛史附里，子产诛邓析。管仲、子产二人不是君王，更不当称圣王，因承上文共工、驩兜被诛事连类而及，故云。

⑨"竖刁、易牙"三句：《史记·齐太公世家》："管仲病，桓公问曰：'群臣谁可相者？'管仲曰：'知臣莫如君。'公曰：'易牙如何？'对曰：'杀子以适君，非人情，不可。'公曰："开方如何？'对曰：'倍亲以适君，非人情，难近。'公曰：'竖刁如何？'对曰：'自宫以适君，非人情，难亲。'管仲死，而桓公不用管仲言，卒近用三子，三子专权。"又："冬十月乙亥，齐桓公卒。易牙入，与竖刁因内宠杀群吏，立公子无诡为君。"竖刁，即寺人貂，春秋时齐国宦官。为了讨好齐桓公，自行阉割，遂得宠。桓公与管仲立公子昭为太子。

管仲死，竖刁与易牙、开方等专权，五公子争为太子。桓公病危时，竖刁作乱，不给桓公饭菜。桓公得知后用衣袖蒙脸而饿死。桓公死后，竖刁又与易牙杀群大夫，立公子无亏（《史记》作"无诡"），太子昭奔宋。齐遂内乱。见《左传·僖公十七年》。后世用"竖刁"或"竖刀"蔑称寺人貂。易牙，名巫，春秋时齐人，齐桓公厨师，为取宠桓公，将自己幼子杀死做成羹献给齐桓公。桓公将卒，易牙与竖刁、开方乱齐。贼，作乱，祸害。

⑩"推恩足以及四海"四句：引自《孟子·梁惠王上》。推恩，广施仁爱、恩惠于他人。有，与"为"同义。《孟子》原文字正作"为"。

【译文】

孔子说："居住的地方有仁人最为美好，选择的住处没有仁人，怎么能称得上是智者？"仁人，必定是有宽恕之心然后行事。做一件不义的事，杀一个无罪的人，虽然能得到高官显位，仁人也不会去做。有大仁的人能够爱身边的人并推及远方的人，到他力所不能及时，就会牺牲小仁来成就大仁。有大仁的人，他的恩德遍及天下；有小仁的人，他的恩惠只停留在妻子儿女身上。只能爱妻子儿女的人，因为他只知道谋私利，用妇人的恩惠来安抚人，就会掩饰他内心的真情，美化他虚伪的行径，谁又知道那不是真的呢？即使当时能享受到荣耀，但有学问而品德高尚的人却认为是最大的耻辱。所以共工、驩兜、符里、邓析，他们这些人的智慧并非不能识别这个道理，但是被圣王所诛杀的原因，是他们没有德行而又苟且营利。竖刁、易牙，毁坏身体，杀死儿子来谋求私利，最终为害于齐国。所以臣子不仁，篡权弑君的祸乱就会发生；臣子是仁人，国家太平，君主也荣耀；英明的君主明察这个道理，国家政权就会大为安宁。做臣子的都注重仁爱，何况做君主的呢？所以桀、纣因为不仁爱而失去天下，商汤、周武王因为积累恩德而享有天下，因此圣明的帝王注重恩德并极力推行它。《孟子》上说："推行恩德能够遍及天下，不推行恩德不能保全妻子儿女。古代贤人之所以能远远地超过别人，没有别的原因,只是善于推广他的所作所为罢了。"

5.8 晏子饮景公酒,令器必新。家老曰①:"财不足,请敛于民。"晏子曰:"止。夫乐者上下同之,故天子与天下②,诸侯与境内,自大夫以下各与其僚,无有独乐。今上乐其乐,下伤其费③,是独乐者也④,不可。"⑤

【注释】

①家老:春秋时列国卿大夫家臣中的长者。
②与天下:言与天下臣民同乐。"同乐"与下文的"独乐"相对,这是古汉语"探下文而省"的句式,下面两句的文法与此句同。
③下伤其费:伤,感到伤心。原文"费"字误作"卖",此据明钞本径改。
④是独乐者也:原文"是"字误作"长",此据明钞本径改。
⑤天海按:本文又见《晏子春秋·内篇杂上》。

【译文】

晏婴请齐景公饮酒,命令酒具必须准备新的。家臣说:"钱不够用,请让我向百姓征收。"晏子说:"不行。欢乐应该是上下共同享受的,所以天子与天下的臣民同乐,诸侯与境内的臣民同乐,自大夫以下各与自己的僚属同乐,没有独自享乐的。如果居上位的人享受欢乐,下面的人却因为费用而伤心,这就是独自享乐,不能这样做。"

5.9 齐桓公北伐山戎氏①,其道过燕②,燕君逆而出境③。桓公问管仲曰:"诸侯相逆④,固出境乎⑤?"管仲曰:"非天子不出境。"桓公曰:"然则燕君畏而失礼也。寡人不道,而使燕君失礼。"乃割燕君所至之地,以与燕君。诸侯闻之,皆朝于齐。《诗》云⑥："靖恭尔位⑦，好是正直⑧，神之听之，介尔景福⑨。"此之谓也。⑩

【注释】

①山戎氏：我国古代北方一个部族的名称，也叫北戎，居于今河北东部，春秋时与郑、燕等国相接。《史记·齐太公世家》记载齐桓公此事："山戎伐燕，燕告急于齐。齐桓公救燕，遂伐山戎，至于孤竹而还。"

②其道过燕：原文"过"字误作"遇"，据明钞本径改。

③燕君：《史记·燕召公世家》作"燕庄公"，前690—前658年在位。逆：迎。

④诸侯相逆：原文"逆"字误作"道"，据明钞本径改。

⑤固：本来。

⑥《诗》云：以下引诗见《诗经·小雅·小明》。

⑦靖恭尔位：恭敬谨慎地忠于你的职守。靖，敬谨，专一。恭，奉行。

⑧好是正直：喜好这正道直路。好，喜好。是，这样。

⑨介尔景福：赐给你大大福运。介，赐予。景，大。

⑩天海按：《韩诗外传》卷四、贾谊《新书·春秋》《史记·齐太公世家》及《燕召公世家》都载有此事。此文与《韩诗外传》卷四略同。

【译文】

齐桓公向北讨伐山戎氏，他取道要经过燕国，燕庄公出境迎接他。齐桓公问管仲说："诸侯之间相迎，本来就要出境吗？"管仲说："不是天子，就不出境相迎。"齐桓公说："那么是燕君因为害怕而有失礼仪了。我不守正道，才使燕君有失礼仪。"于是就割让燕庄公所到的地方，赠给了燕君。诸侯听说了这件事，都到齐国来朝拜。《诗经》上说："恭敬谨慎地忠于你的职守，喜好走这正直的道路，神灵听说这样的善行，会大大地给你赐福。"说的就是这样的事。

5.10 景公探爵鷇①,鷇弱,故反之。晏子闻之,不待请而入见,景公汗出惕然②。晏子曰:"君胡为者也?"景公曰:"我探爵鷇,鷇弱,故反之。"晏子逡巡北面再拜而贺曰③:"吾君有圣王之道矣。"景公曰:"寡人入探爵鷇,鷇弱故反之,其当圣王之道者何也?"晏子对曰:"君探爵鷇,鷇弱故反之,是长幼也④。吾君仁爱,禽兽之加焉⑤,而况于人乎?此圣王之道也。"⑥

【注释】

① 爵鷇(què kòu):即雀鷇,幼鸟。爵,通"雀"。鷇,待母哺食的幼鸟。
② 惕然:惊怕的样子。朱季海按曰:"'惕'借为'骼'。《说文·骨部》:'骼,骨间黄汁也。从骨易声,读若《易》曰夕惕若厉。'此言汗出如骼,犹后人言汗出如浆矣。"天海按,朱说未免迂曲,然可备一说。
③ 逡(qūn)巡:却行,恭顺的样子。
④ 长幼:使幼小的成长。
⑤ 禽兽之加:同"加之禽兽"。
⑥ 天海按:此文又见《晏子春秋·内篇杂上》。

【译文】

齐景公探取小鸟,小鸟太幼弱,所以又放它回窝。晏婴听说了这件事,不等请见便入宫拜见齐景公,齐景公惊怕得浑身出汗。晏婴说:"国君您在干什么呢?"齐景公说:"我在掏小鸟,小鸟太幼弱了,所以我又把它放回去。"晏婴恭顺地向北拜了两拜祝贺说:"我们国君有圣王的道义了。"景公说:"我到鸟窝掏小鸟,小鸟幼弱,所以把它放回去,这为什么就合乎圣王的道义呢?"晏婴回答说:"国君您掏小鸟,见小鸟幼弱所以把它放回去,这就是帮幼鸟长大。我们国君的仁爱,能施加禽兽的身上,何况对于人呢? 这就是圣王的道义啊!"

5.11 景公睹婴儿有乞于途者①,公曰:"是无归夫?"晏子对曰:"君存,何为无归? 使养之,可立而以闻②。"③

【注释】

①婴儿:此指未成年的儿童。
②立:立即,很快。
③天海按:此文又见《晏子春秋·内篇杂上》。

【译文】

齐景公看见在路上乞讨的幼儿,便说:"这些孩子都无家可归吗?"晏婴回答说:"有国君在,为什么会无家可归? 假使您让人抚养他们,就可以立即因此而闻名。"

5.12 景公游于寿宫①,睹长年负薪而有饥色②。公悲之,喟然叹曰:"令吏养之。"晏婴曰:"臣闻之,乐贤而哀不肖,守国之本也。今君爱老而恩无不逮③,治国之本也。"公笑有喜色。晏子曰:"圣王见贤以乐贤,见不肖以哀不肖。今请求老弱之不养,鳏寡之不室者④,论而供秩焉⑤。"景公曰:"诺。"于是老弱有养,鳏寡有室。⑥

【注释】

①寿宫:又名胡宫,为齐先君胡公之宫,胡公寿考,故亦称寿宫。齐

桓公游于此宫,最后亦死于此,则此宫或已为齐国君主游乐的别宫。《晏子春秋·内篇杂上》"景公游于寿宫",张纯一《晏子春秋校注》案:"寿宫即胡宫,本齐先君胡公之宫,胡公寿考,故亦称寿宫。"

②长(zhǎng)年:老年人。

③逮(dài):及。

④鳏(guān)寡:男子无妻叫鳏,女子无夫叫寡。不室:没有家室。

⑤论:通"伦"。秩序,等级。秩:俸禄,这里指生活用度。

⑥天海按:此文又见《晏子春秋·内篇杂上》。

【译文】

齐景公在寿宫游玩,看见有老年人背着柴并面带饥色。齐景公为此悲伤,他长叹一声说:"命令官府供养他。"晏婴说:"我听说:喜爱有才德的贤人而哀怜无才德的人,这是守国的根本。现在您哀怜老人并且恩惠无所不及,这是治国的根本。"齐景公面带喜色地笑了。晏婴说:"圣明的帝王见到贤人而喜欢贤人,见到无才德的人就哀怜他们。现在我请求对没人供养的年老病弱之人,没有家室的鳏夫寡妇,分别不同的等级供给他们的生活用度。"齐景公说:"好吧。"于是,年老病弱的人有国家供养,鳏夫寡妇都有了家室。

5.13 桓公之平陵①,见家人有年老而自养者②,公问其故。对曰:"吾有子九人,家贫无以妻之③,吾使佣而未返也。"桓公取外御者五人妻之④。管仲入见曰:"公之施惠,不亦小矣?"公曰:"何也?"对曰:"公待所见而施惠焉,则齐国之有妻者少矣。"公曰:"若何?"管仲曰:"令国丈夫二十而室,女子十五而嫁。"⑤

【注释】

①平陵:春秋时齐邑,故址在今山东济南历城东。陵,原文误作"凌",此据明钞本改。
②家人:等于说"人家",指平民之家。自养:自己养活自己,这里指自生火做饭。
③妻(qì)之:给他们娶妻。
④外御:此指君王后宫未正式册封的宫女。
⑤天海按:此文或系今本《管子》佚文,又见《韩非子·外储说右下》。

【译文】

齐桓公到平陵城去,看见平民家有个老年人自己烧火做饭。齐桓公问他为什么会这样。那老人回答说:"我有九个儿子,家里贫穷不能给他们娶妻。我让他们出去帮人做工还没有回来。"齐桓公把后宫的五个侍女嫁给老人的儿子为妻。管仲进宫拜见说:"大王所施的恩惠,不也太小了吗?"齐桓公问道:"为什么呢?"管仲回答说:"大王要等自己见到的人才施恩惠给他们,那么齐国有妻室的人就少了。"齐桓公问:"那该怎么办呢?"管仲说:"命令国内的男子到了二十岁就娶妻成家,女子到十五岁就出嫁。"

5.14 孝宣皇帝初即位①,守廷尉史路温舒②,上书言尚德缓刑③。其词曰:"陛下初即至尊④,与天合符⑤,宜改前世之失,正始受之统。涤烦文,除民疾⑥,存亡继绝⑦,以应天德⑧,天下幸甚。臣闻往者秦有十失,其一尚存,治狱吏是也⑨。昔秦之时,灭文学⑩,好武勇。贱仁义之士,贵治狱之吏;正言谓之诽谤,遏过谓之妖言⑪。故盛服先生不用于世⑫,忠良切言皆郁于胸;誉谀之声,日满于耳;虚美薰心,实祸蔽塞。此乃秦之所以亡天下也。方今海内赖陛下厚恩，无金革之危⑬，饥寒之患；父子夫妇，戮力安家，天下幸甚。然太平之未洽者，狱乱之也。夫狱，天下之命⑭，死者不可生，断者不可属⑮。《书》曰⑯：'与其杀不辜，宁失不经⑰。'今治狱吏则不然，上下相驱，以刻为明⑱；深者获公名⑲，平者多后患⑳。故治狱吏，皆欲入死㉑。非憎人也，自安之道在人之死。是以死人之血，流离于市；被刑之徒，比肩而立㉒；大辟之计㉓，岁以万数。此圣人所以伤太平之未洽，凡以是也。人情安则乐生，痛则思死，捶楚之下㉔，何求而不得？故囚人不胜痛，则饰诬词以示之㉕；吏治者利其然，则指道以明之㉖；上奏恐却㉗，则锻炼而周内之㉘；盖奏当之成㉙，虽皋陶听之㉚，犹以为死有余罪。何则？成炼之者众㉛，而文致之罪明也㉜。是以狱吏专为深刻残贼而无理㉝，偷为一切不顾国患㉞，此世之大贼也。故俗语云：'画地作狱，议不可入；剖木为吏，期不可对㉟。'此皆疾吏之风㊱，悲痛之辞也。故天下之患，莫深于狱；败法乱政，离亲塞道，莫甚乎治狱之史。此臣所谓一尚存也。臣闻鸟鷇之卵不毁，而后凤皇集；诽谤之罪不诛，而后良言进。故《传》曰㊲：'山薮藏疾㊳，川泽纳污，国君含垢㊴，天之道也。'臣昧死上闻㊵，愿陛下察诽谤、听切言，开天下之口，广箴谏之路㊶；改亡秦之一失，遵文、武之嘉德㊷；省法制、宽刑罚㊸，以废烦狱，则太平之风可兴于世；福履和乐㊹，与天地无极，天下幸甚。"书奏，皇帝善之，后卒为临淮太守㊺。㊻。

【注释】

①孝宣皇帝：西汉宣帝刘询（前91—前49），原名刘病已，字次卿。汉武帝刘彻曾孙，戾太子刘据之孙。前74—前49年在位。在位期间励精图治，任用贤能，重视吏治，使武帝后期衰落的国力重新振兴，号称"中兴"之主。

②守：署理，代理。官阶低的人任高一级官职叫守。廷尉史：官名，秦朝始置，汉景帝时改为大理，汉武帝时复称廷尉。掌刑狱，为九卿之一。史，原作"吏"，此据《汉书》改。路温舒：字长君，西汉巨鹿（今河北广宗）人。起初学习律令，后来又学习《春秋》经义。年轻时举孝廉，当过县狱吏、郡决曹史、廷尉奏曹掾、守廷尉史、郡太守等职。

③尚德缓刑：崇尚德政，放宽刑罚。

④至尊：至高无上的地位。此指皇帝之位。

⑤合符：古代以竹木或金石作为信符，上写文字，一剖为二，各执其一，合之为证。后来用指事物彼此相吻合叫合符或符合。

⑥涤烦文，除民疾：荀悦《汉纪·孝宣皇帝纪一》："荡涤烦文，除民疾苦。"涤烦文，清除烦琐的仪式与法规。

⑦存亡继绝：使灭亡的国家恢复，断绝之嗣继续。

⑧天德：天意。德，《汉书·路温舒传》《汉纪·孝宣皇帝纪一》均作"意"，向宗鲁《校证》认为"意"为"德"字之讹，此说可从。一说，天德为星相术语，亦称天德贵人，本为天上的吉神，古代命学中为主吉的神煞之一。神煞包括吉神和凶煞，源于远古的神话传说，谓能致祸福于人类。

⑨治狱吏：管理监狱刑案的官吏。

⑩文学：此指文献经典。

⑪谒过：揭露、劝止过失。

⑫盛服先生：衣冠整齐隆重的君子，借指行为端正的儒士。田艺蘅

《留青日札》:"盛服先生,谓儒绅也。秦之时,羞文学,好武勇,故称。"

⑬金革:战争的代词。金,指古代战争中戈矛等武器。革,指皮革之类的铠甲。

⑭天下之命:主管天下人的性命。

⑮断者不可属:砍断的肢体不能再连接上。

⑯《书》曰:以下二句引自《尚书·大禹谟》,又见《左传·襄公二十六年》。

⑰不经:不合于常规。

⑱以刻为明:以苛刻为明察。

⑲深者获公名:深究罪过的获取公正的名声。

⑳平者多后患:公平正直的人后患多。

㉑入死:使人陷入死罪。

㉒比肩:并肩,一个挨着一个。

㉓大辟:中国古代五刑之一,隋以前死刑的通称,隋唐以后大辟称"死刑"。据《汉书·刑法志》载,大辟死刑有:凿颠(凿去顶颠)、抽胁(抽去肋胁)、镬烹(在锅里煮死)等。

㉔捶楚:杖刑,用木棍或木板打人。此泛指刑罚。

㉕诬词:虚假不实之词。

㉖指道以明之:给人犯指路让他明确罪过。实际是对人犯采用不法手段进行诱供。

㉗恐却:恐怕案件上报后被驳回。

㉘锻炼:拷打折磨,坐实罪名。周内:使罪状周密而无遗漏。内,同"纳"。引申为罗织罪名,故入人罪。

㉙奏当:审案完毕向皇帝请示判决。当,判处。

㉚皋陶(gāo yáo)听之:让皋陶审断此案。皋陶,传说中为舜时掌管刑法的大臣。听,断案。

㉛成炼:已经罗织,锻炼成罪名。

㉜文致:舞文弄法,陷人入罪。

㉝无理:明钞本据《汉书》作"无极"。

㉞偷:苟且,随便地。

㉟"画地作狱"四句:四句俗语。《汉纪·孝宣皇帝纪一》作"画地为狱,誓不入;刻木为吏,议不对"。司马迁《报任安书》中引作:"画地为牢,势不可入;削木为吏,议不可对。"于义均较长。期,必。颜师古曰:"期犹必也。"

㊱风:通"讽"。婉言讽喻。《汉书·田蚡传》:"蚡乃微言太后风上。"颜师古注云:"风,读曰讽。"

㊲《传》曰:见《左传·宣公十五年》所载伯宗所言。

㊳山薮:山深林密之地。

㊴含垢:忍受屈辱。

㊵昧死:冒死,不避死罪。

㊶箴谏:规劝,告诫。

㊷遵:《汉书·路温舒传》作"尊",二字音义可通用。

㊸省法制:原文"省"误作"者",此据明钞本径改。

㊹福履:犹福禄。《诗经·周南·樛木》:"乐只君子,福履绥之。"毛传:"履,禄;绥,安也。"陈奂《诗毛氏传疏》:"福履绥之,犹《鸳鸯》云'福禄绥之'耳。"天海按,《汉书·路温舒传》作"永履"。

㊺临淮:郡名,西汉置,东汉废。治所在今江苏泗洪南。

㊻天海按:《汉书·路温舒传》《汉纪·孝宣皇帝纪一》皆载有此事,但各有异同。此文除缺首段外,其余部分皆详于上二书。

【译文】

西汉宣帝刚即位时,代理廷尉史路温舒上书,陈说崇尚德政宽缓刑罚的道理。书中写道:"皇上初登帝位,与天象符合,应该改正前朝的失误,端正刚承受的统绪。清除烦琐的仪式与法规,解除百姓的疾苦,恢复已灭亡的侯国,使断嗣的世卿得以承续,以此来顺应上天的意旨,天下的臣民都会感到很幸运。我听说从前秦朝有十种过失,其中有一种到现在还存在,这就是治理刑狱的官吏。过去在秦朝时,毁灭文献经典,喜好武功勇力。贱视仁人义士,看重治理刑狱的官吏;正直的言论被视为诽谤,揭露过失的言论被称为妖言。所以正人君子在世上不被信用,忠诚善良的恳切言论都积郁在胸中;称誉阿谀的声音每天都灌满耳中;虚假的赞美迷了心窍,现实的灾祸被掩藏堵塞不闻。这就是秦朝失去天下的原因。当今天下依仗皇上的厚恩,没有战争的危险和饥寒的灾患;父子夫妇,努力安家立业,天下的臣民感到很幸运。但是太平还不能普及天下的原因,就是刑狱扰乱了它。刑狱是天下最大的命脉,被处死的人不能再生,砍断的肢体不能再接上。《尚书》上说:'与其杀死无罪的人,宁愿违犯常规。'现在治理狱案的官吏却不是这样,他们上下互相驱使,把苛刻当作明察;深究罪过的人获得公正的名声,公平正直的人反而多有后患。所以治理狱案的官吏,都想置人于死罪。这并不是他们憎恨别人,而是保全自己的方法就在于犯人被处死。因此死人的鲜血,在街市刑场上到处流淌;判刑的囚徒一个挨着一个地站着;那判死刑的犯人,每年数以万计。这就是圣明帝王感到哀痛的原因,太平不能普及天下,也大都是因为这个缘故。人的常情是社会安定就乐意活着,痛苦就希望死去,在严刑拷打之下,要什么样的口供会得不到呢?因为犯人不能忍受痛楚,就会虚构不实之词给狱吏看;办案的官吏认为这样有利,就诱使犯人去明确那些罪过;恐怕案件上报后被驳回,就罗织罪名并尽量坐实它;凡是审理完毕报经皇帝批准的案件,即使让皋陶来重新审理,还会认为案犯死有余辜。为什么会这样呢?因为锻炼成罪的事实很多,文书上罗织的罪名明确。因此狱吏专门严峻刻薄残害人而又无理,苟且随意办理一切案件而不管国家的后患,这是世间的大害啊。所以俗话说:'画地为牢,绝不可入;刻木为吏,必不可对。'这些都是痛恨狱吏的讽喻,发出悲痛的言辞啊。所以天下的祸患,没有什么比刑狱更严重；败坏法令、扰乱国政，离间亲人、堵塞言路，没有比治狱官吏更厉害。这就是我所说的至今还存在的秦朝的一大过失。我听说不毁坏雀鸟的蛋，然后凤凰才会聚集；不杀诽谤之罪，然后良言才会进献。所以《左传》上说：'深山密林包藏疾病，河流湖泊容纳污秽，国君能够忍辱负重，这是自然之道。'臣下冒死上奏，愿皇上能明察，倾听恳切的言论，让天下的人开口说话，广开进谏的道路；改正秦朝的这一过失。尊崇周文王、武王的美德；减少法令制度、放宽刑罚，并废除苛烦的狱案，那么太平盛世的风尚就能在世上兴起；福禄和睦安乐，与天地一样无穷无尽，天下臣民都会深感幸运。"书上奏给了皇帝，皇帝认为很好，后来路温舒最终做到了临淮太守。

5.15 晋平公春筑台①，叔向曰②："不可。古者圣王贵德而务施，缓刑辟而趋民时③。今春筑台，是夺民时也。夫德不施则民不归，刑不缓则百姓愁。使不归之民，役愁怨之百姓，而又夺其时，是重竭也④。夫牧百姓，养育之而重竭之，岂所以定命安存⑤，而称为人君于后世哉？"平公曰："善。"乃罢台役。

【注释】

①晋平公(？—前532)：姬姓，名彪。春秋时晋国国君，前557—前532年在位。
②叔向：复姓羊舌，名肸(xī)，字叔向，又称叔肸。食邑在杨(今山西洪洞东南)，故又称杨肸。春秋时期晋国贤臣，政治家。他历事晋悼公、平公、昭公三世。主要活动在晋平公、昭公时期。曾为太子彪(后为晋平公)傅、大夫，与郑国的子产、齐国的晏婴齐名。
③刑辟(pì)：刑法。趋(cù)：通"促"。急促。
④重竭：加重竭尽民力。引申为加重压榨的意思。

⑤定命安存:安定民生。即使百姓安身立命。

【译文】

晋平公在春季修筑亭台,叔向说:"不可以。古代的圣王注重德政并务必施行,宽缓刑罚并急于民时。现在春季修筑亭台,这是侵占农时。如果德政不施行,那么民心就不会归服;刑罚不宽缓,百姓就会愁怨。驱使不肯归服的人民,役使愁苦怨恨的百姓,而且又侵占他们的农时,这就是加重压榨他们。统治百姓,应该养育他们却加重压榨他们,难道这是使百姓安身立命,被后世称道的国君吗?"晋平公说:"好。"于是就停止了修筑亭台的劳役。

5.16 赵简子春筑台于邯郸①,天雨而不息,谓左右曰:"可无趋种乎②?"尹铎对曰③:"公事急,厝种而悬之台④。夫虽欲趋种,不能得也。"简子惕然,乃释台罢役,曰:"我以台为急,不如民之急也⑤。民以不为台故,知吾之爱也。"

【注释】

①赵简子(? —前476):原名赵鞅,又名志父,亦称赵孟。晋国大夫。他是春秋后期晋国赵氏的首领,为赵氏宗主约六十年。韩、魏、赵三家分晋之后,被赵国定为开国君主。邯郸:战国时赵国都城(故址在今河北邯郸)。前386年,赵敬侯迁都于此。
②趋(cù)种:催促下种。趋,通"促"。催促。
③尹铎:春秋时晋国大夫赵简子的家臣。简子使其治晋阳邑,尹铎减少税收,民宽以和,深获简子赏识。
④厝种:布置下种。厝,通"措"。措置,安排。悬:心系,挂念。
⑤如:卢文弨疑此字为"知"。可备一说。

【译文】

赵简子春季在邯郸修筑亭台,天上下雨不止,他对身边的人说:"有没有催促下种呢?"尹铎回答说:"公事急迫,布置了下种又挂念筑台,即使想要催促下种,也不能办到。"赵简子警觉过来,于是就停止筑台罢免劳役,说:"我把筑台当作急事,不如百姓播种的事紧急。百姓会因为我放弃筑台的缘故,知道我对他们的仁爱。"

5.17 中行献子将伐郑①,范文子曰②:"不可。得志于郑,诸侯雠我,忧必滋长。"郤至又曰③:"得郑,是兼国也④。兼国则王⑤,王者固多忧乎?"文子曰:"王者盛其德而远人归,故无忧。今我寡德,而有王者之功⑥,故多忧。今子见无土而欲富者乐乎哉?"⑦

【注释】

① 中行献子伐郑:据《左传》《国语》等记载,前575年晋厉公伐郑,当时荀偃为上军副帅,不可能以主帅的身份伐郑;向宗鲁《校证》案称,据《左传·成公十六年》"晋侯将伐郑",《国语·晋语六》"厉公将伐郑",此用《晋语》,则"中行献子"四字乃"厉公"二字之误。中行献子(?—前554),即荀偃,姬姓,中行氏,名偃,字伯游,谥献。因中行氏出自荀氏,故又多称荀偃,时人尊称其为中行伯。荀偃是春秋中期晋国六卿之一,晋悼公时任晋国中军元帅,即正卿。

② 范文子(?—前574):名士燮,谥文,因食邑在范,故又称为范文子。春秋时期晋国大夫,晋厉公伐郑时为中军副帅。

③ 郤(xī)至(?—前574):姬姓,郤氏,名至,谥昭。其祖郤扬封步,又以步为氏。晋景公时为温邑大夫,又称温季。晋厉公伐郑时

任新军副帅。又:向宗鲁《校证》案:"'又'字衍,《晋语》无。"

④兼国:吞并别的国家。

⑤兼国则王:《国语·晋语六》无此四字,向宗鲁《校证》疑后人妄添。

⑥而有王者之功:《国语·晋语六》"有"作"求"。

⑦天海按:此条原与上文相连,据明钞本另起。此文又见《国语·晋语六》,略异。

【译文】

中行献子将要攻打郑国,范文子说:"不可以。在郑国打仗取胜,诸侯会仇恨我国,忧患必然滋长。"郤至又说:"得到郑国,这就是兼并别国,兼并别国就能够称王,称王的人原本就多忧患吗?"范文子说:"称王的人应该恩德盛大并使远方百姓归顺,所以没有忧患。如今我们缺少恩德,却要有帝王的战功,所以多忧患。现在你见过没有土地却想富足的人能够安乐吗?"

5.18 季康子谓子游曰①:"仁者爱人乎?"子游:"然。""人亦爱之乎?"子游曰:"然。"康子曰:"郑子产死②,郑人丈夫舍玦佩③,妇人舍珠珥④,夫妇巷哭⑤,三月不闻竽瑟之声⑥。仲尼之死,吾不闻鲁国之爱夫子,奚也?"子游曰:"譬子产之与夫子,其犹浸水之与天雨乎⑦!浸水所及则生,不及则死。计民之生也⑧,必以时雨⑨,既以生,莫爱其赐。故曰:譬子产之与夫子也,犹浸水之与天雨乎!"⑩

【注释】

①季康子(? —前468):姬姓,季孙氏,名肥,谥康,史称季康子。春秋时鲁国宰相,事鲁哀公。此时鲁国公室衰弱,季孙氏宗主康子

位高权重,是当时鲁国的权臣。子游(前506—?):姓言,名偃,字子游,亦称言游、叔氏,春秋末吴国人,与子夏、子张齐名,孔子的著名弟子,"孔门十哲"之一。仕鲁,曾为武城宰。
②子产(?—前522):姬姓,公孙氏,名侨,字子产,又字子美,谥成。又称公孙侨、公孙成子,史籍一般称他为子产。春秋时期著名政治家、思想家。郑简公时为卿,辅佐郑简公、定公、声公二十余年。时晋楚两国争霸,郑国弱小,处于两强之间,子产从中周旋,得保郑国无事。子产死后,孔子称为"古之遗爱"。
③玦(jué)佩:环形而有缺口的玉佩。玦,开缺口的玉环。
④珠珥:珍珠耳饰。
⑤巷哭:在里巷中聚哭。旧时常用作称颂官吏生前有善政者。
⑥竽瑟:古代两种乐器,竽为吹奏的管乐器,瑟为弹奏的弦乐器。这里泛指一切器乐。
⑦浸水:沟渠灌溉之水。
⑧计:算计,想来。"计"字明钞本作"斯"。
⑨时雨:及时雨,应时的雨水。
⑩天海按:《孔丛子·杂训》与此文略同。

【译文】

季康子问子游说:"仁人爱人吗?"子游说:"那当然。"季康子又问:"别人也爱他吗?"子游说:"那当然。"季康子说:"郑国子产死后,郑国的男子不佩玉饰,女子不戴珠环,夫妇相聚在里巷中哭泣,三个月都听不到器乐声。孔子死后,我没有听到鲁国人像这样爱孔子,是为什么呢?"子游说:"拿子产与孔子相比,就像沟渠的水与天降的雨水啊!沟渠的水所到的地方禾苗就能生存,它灌溉不到的地方禾苗就会死亡。想来百姓的生计,必须依靠及时雨,既然能够生存,就不会喜爱上天所赐的及时雨了。因此说:拿子产与孔子相比,就像沟渠的水与天降的雨水啊!"

5.19 中行穆子围鼓①,鼓人有以城反者,不许。军吏曰:"师徒不勤可得城②,奚故不受?"曰:"有以吾城反者,吾所甚恶也;人以城来,我独奚好焉?赏所甚恶,是失赏也,若所好何?若不赏,是失信也,奚以示民?"鼓人又请降,使人视之,其民尚有食也,不听。鼓人告食尽力竭,而后取之。克鼓而反,不戮一人。③

【注释】

①中行穆子围鼓:前527年,中行穆子率军攻鲜虞,围鼓,三月后占取。中行穆子(?—前519),姬姓,中行氏,名吴,谥穆。因中行氏出自荀氏,故亦称荀吴。春秋时为晋平公的大夫,率军多次与戎狄部落作战,扫平晋国周边的游牧部落。鼓,春秋时北方部族国名。祁姓,属白狄的一支。治所在今河北晋州。
②师徒:士卒。这里也指军队。
③天海按:此文之事又见《左传·昭公十五年》《国语·晋语九》《淮南子·人间训》。此文与《左传》略同。

【译文】

中行穆子率军包围了鼓国都城,鼓国有献城谋反的人,中行穆子不同意。军吏们说:"兵士不用勤苦就可以得到城池,为什么不接受呢?"中行穆子说:"如果有以我们的城池反叛的人,那是我特别憎恶的;现在有人要来献城投降,我为什么偏偏要喜欢呢?奖赏自己特别憎恶的人,这就是奖赏失当,对自己所喜好的人又怎么办呢?如果不奖赏,这就是失信,用什么来告示百姓?"鼓国人又请求投降,中行穆子派人察看情况,见鼓国人还有吃的,便不答应他们投降。后来鼓国人告诉说食物已经吃光,力量也已用尽了,然后才收取鼓国。战胜鼓国后回国,没有杀戮一个人。

5.20 孔子之楚,有渔者献鱼甚强①,孔子不受。献鱼者曰:"天暑市远②,卖之不售,思欲弃之,不若献之君子。"孔子再拜受。使弟子扫除,将祭之。弟子曰:"夫人将弃之,今吾子将祭之③,何也?"孔子曰:"吾闻之,务施而不腐余财者④,圣人也。今圣人之赐,可无祭乎?"⑤

【注释】

①甚强:特别坚决。这里指心意恳切。此二字《太平御览》所引无。
②市远:原文作"远市",此据卢文弨校语乙正。
③吾子:古时对话时对人的尊称。《孔子家语·致思》《太平御览》皆作"夫子"。
④务施:致力于施舍。
⑤天海按:此事又见《孔子家语·致思》。

【译文】

孔子到了楚国,有个渔夫很恳切地献鱼给他,孔子不接受。渔夫说:"天气炎热,市场又远,卖它又没人买,想要丢弃它,不如将它献给先生。"孔子拜了两拜后接受。他让弟子扫地除尘,准备用这条鱼献祭。弟子说:"别人将要丢弃它,现在您却要用它献祭,为什么呢?"孔子说:"我听说过,极力施舍而不使多余财物腐败的人,就是圣人。今天接受了圣人的赐予,能不献祭吗?"

5.21 郑伐宋①,宋人将与战,华元杀羊食士②,其御羊斟不与焉③。及战,曰:"畴昔之羊羹,子为政④,今日之事,我为政。"与华元驰入郑师,宋人败绩⑤。⑥

【注释】

①郑伐宋:前607年,郑国奉楚国之命攻宋。事见《左传·宣公二年》。
②华元(?—前573):宋戴公五世孙,华督曾孙,春秋时期宋国大夫,成为宋国六卿之一。历仕宋文公、共公、平公三朝,执政四十年。前595年,楚师围宋,五月不解,城中无食,他乘夜潜入楚帅军帐与楚议和。前579年,华元以私交使晋、楚两大国在宋缔结弭兵之约。共公卒,卿大夫内讧,华元攻杀司马荡泽,立共公少子成,是为平公。
③羊斟:华元车夫。或说又名叔牂,华元回国后,叔牂奔鲁。
④为政:等于说做主。
⑤败绩:军队溃败。
⑥天海按:事见《左传·宣公二年》《吕氏春秋·察微》《史记·郑世家》。

【译文】

郑国攻打宋国,宋国准备迎战。华元宰羊犒劳士卒,他的车夫羊斟却不在其中。到了交战的时候,羊斟说:"先前的羊肉羹,由你做主,今天的战事,由我做主!"于是驱车与华元奔入郑国军队之中,宋军溃败。

5.22 楚王问庄辛曰①:"君子之行奈何?"庄辛对曰:"居不为垣墙,人莫能毁伤;行不从周卫②,人莫能暴害。此君子之行也。"楚王复问:"君子之富奈何?"对曰:"君子之富,假贷人,不德也③,不责也④;其食饮人⑤,不使也,不役也;亲戚爱之,众人善之⑥,不肖者事之,皆欲其寿乐而不伤于患。此君子之富也。"楚王曰:"善。"⑦

【注释】

①楚王:《后汉书》作楚顷襄王。楚顷襄王(?—前263),芈姓,熊氏,名横。战国时楚国国君,前298—前263年在位。楚怀王子。初在齐为质,怀王扣于秦,被大臣迎归即位。在位期间,秦屡败楚军,夺去黔中郡,破楚都郢,烧夷陵,遂割地求和,迁都陈城。前276年始招集东地兵,收复江旁十五邑,建郡以拒秦。庄辛,庄氏,名辛。曾面责楚王:"专淫逸侈靡,不顾国政,郢都必危矣!"顷襄王怒斥其为"老悖"。遂离楚去赵。前278年,秦军攻占郢都,顷襄王悔悟,从赵国将他召至城阳。他以"螳螂捕蝉,黄雀在后"说服顷襄王,再陈亡羊补牢之策,顷襄王乃收东境兵十余万,收回江南。顷襄王授庄辛以执圭,赐予淮北之地,封为阳陵君。事见《战国策·楚策四》。本书卷十一《善说》亦载庄辛事(11.13),可参看。

②从周卫:侍卫跟从。从,侍从。周卫,防卫,侍卫。

③不德:不要人感恩。德,感激。

④不责:不向人追债。责,同"债"。

⑤其食饮人:他供给别人饮食。

⑥众人善之:原文"善"作"喜",此据向宗鲁《校证》依卢文弨校与《后汉书》等改。

⑦天海按:此文又见《后汉书·樊宏传论》。

【译文】

楚顷襄王问庄辛说:"君子的行为是什么样的?"庄辛回答说:"居住的地方不建围墙,没有人能够毁伤他;出行时不要侍卫随从保护,没有人能够用暴力残害他。这就是君子的行为。"楚顷襄王又问:"君子的富有是什么样的?"庄辛回答说:"君子的富有,借贷给别人,不要人感恩,也不向人追债;他供给别人吃喝,不驱使别人,也不劳役别人;亲戚敬爱他,众人称赞他,没有才德的人侍奉他,都希望他长寿快乐而不被祸患伤害。这就是君子的富有。"楚顷襄王说:"讲得好!"

5.23 丞相西平侯于定国者①,东海下邳人也②。其父号曰于公,为县狱吏,决曹掾③,决狱平法④,未尝有所冤。郡中离文法者⑤,于公所决,皆不敢隐情。东海郡中为于公生立祠⑥,命曰"于公祠"。东海有孝妇⑦,无子,少寡,养其姑甚谨⑧,其姑欲嫁之,终不肯。其姑告邻之人曰:"孝妇养我甚谨,我哀其无子,守寡日久,我老累丁壮奈何⑨?"其后,母自经死⑩。母女告吏曰:"孝妇杀我母⑪。"吏捕孝妇,孝妇辞不杀姑。吏欲毒治⑫,孝妇自诬服⑬,具狱以上府⑭。于公以为养姑十年以孝闻⑮,此不杀姑也。太守不听,数争不能得,于是于公辞疾去吏⑯。太守竟杀孝妇,郡中枯旱三年。后太守至,卜求其故⑰,于公曰:"孝妇不当死,前太守强杀之,咎当在此。"于是杀牛祭孝妇冢,太守以下自至焉,天立大雨,岁丰熟。郡中以此益敬重于公。于公筑治庐舍,谓匠人曰:"为我高门,我治狱未尝有所冤,我后世必有封者,令容高盖驷马车。"及子,封为西平侯。⑱

【注释】

①于定国(?—前41):字曼倩,西汉东海郯县(今山东郯城西南)人。少年时从父学法。父死后为狱史,为人谦恭,重经术。汉宣帝刘询即位,于定国升任光禄大夫,平尚书事。几年后,又改任水衡都尉,破格提升为廷尉。决狱审慎,罪有疑者,从轻处理,民无冤枉之虑。甘露年间,于定国取代黄霸任丞相,被封为西平侯。元帝初,关东连年灾害,民流入关,谢罪归侯印,请辞。于定

国七十多岁时逝世,谥号安侯。
② 东海下邳(pī):东海郡下邳县。东海郡,又名郯郡,秦代始置,郡治在郯县(今山东郯城)。西汉时其辖境在今山东临沂南部与江苏东北部一带,属徐州刺史部。下邳,古县名。秦置,治所在今江苏睢宁古邳镇。
③ 决曹掾(yuàn):《汉书·于定国传》作"郡决曹"。汉朝郡设决曹掾,是专职的司法官吏,审理一般案件,最后由郡守裁决。决曹,为西汉治狱官。掾,决曹官的副佐。
④ 决狱:判决狱讼。平法:谓执法平正。
⑤ 离文法:触犯法网。离,通"罹"。遭遇。文法,法令条文。
⑥ 生立祠:人活着就建立的祭祠。
⑦ 孝妇:名不详。《搜神记》:"长老传云,孝妇名周青。"
⑧ 姑:旧时妻称夫的母亲为姑,夫称妻的母亲也为姑。夫之父母合称姑翁、姑舅、姑嫜。妻之父母合称舅媪、舅姑、外舅姑。谨:谨慎,小心。谨也有恭敬孝顺的意思。
⑨ 老累丁壮:长久地拖累年轻人。丁壮,指孝妇,因其年轻,故云。向宗鲁《校证》据《汉书·于定国传》于"老"下补"久"字。天海按,"老"字于此本有长久之意,此不必补。
⑩ 母:此指姑,即孝妇之婆母。下文"母女"之"母"应同此。
⑪ 孝妇杀我母:向宗鲁《校证》以为"孝"字涉上下文而衍,译文从此说。
⑫ 毒治:毒刑拷打治罪。
⑬ 诬服:无辜而服罪。
⑭ 具狱:备文定案。上府:上报上级官署。上,上报,呈报。
⑮ 于公以为养姑十年以孝闻:天海按,"以为"下,《汉书·于定国传》《搜神记》皆有"此妇"二字,译文从之。
⑯ 辞疾去吏:称有病而辞去官职。

⑰卜求其故：占卜探求原因。
⑱天海按：此文又见《汉书·于定国传》《搜神记》卷十一，文略异。

【译文】

丞相西平侯于定国，是东海郡下邳县人，他的父亲号称于公。于公曾做过县狱吏，郡的决曹掾，断案执法公正，从未有过被冤枉的人。郡中触犯法网的人，经于公判决，都不敢隐瞒真情。东海郡中为于公建立了生祠，取名叫"于公祠"。东海郡有个孝妇，没有子女，年轻时就守寡，侍奉她的婆母特别孝顺，她的婆母想要她改嫁，她始终不肯答应。她的婆母告诉邻人说："这孝顺媳妇侍奉我很是恭谨，我哀怜她没有子女，守寡的日子很久了，我为什么要老是拖累年轻人呢？"后来，她的婆母自己上吊死了。婆母的女儿告到官府说："这个女人杀了我母亲。"官府逮捕了孝妇，孝妇辩解说她没有杀死婆母，办案的官吏企图用毒刑拷打给她定罪，孝妇自己被迫无辜服罪，定案后报送上级官府。于公认为孝妇侍奉婆母十年并以孝敬闻名，这就证明她不会杀死婆母。太守不听他的意见，于公多次争辩都不能改变太守的意见，于是他就借病辞去官职。太守最终杀了孝妇，郡中由此枯旱三年。后任太守到此，卜卦寻问枯旱的原因，于公说："孝妇不应当被处死，前任太守强行杀死了她，灾祸的原因应当就在这里。"于是新任太守就杀牛去祭奠孝妇的坟墓，太守以下的官吏都亲自到坟前祭奠，天上即刻降下了大雨，当年五谷丰登。郡中的人因此更加敬重于公。于公修建房屋住宅，对工匠说："替我把门造得高高大大，我判案从未有过冤案，我的后代一定有受封赏的人，要让高车驷马能够通过。"到了他的儿子于定国，果真被封为西平侯。

5.24 孟简子相梁并卫①，有罪而走齐。管仲迎而问之②，曰："吾子相梁并卫之时，门下使者几何人矣③？"孟简子曰："门下使者有三千余人。"管仲曰："今与几何人来？"对曰：

"臣与三人俱。"仲曰:"是何也?"对曰:"其一人父死无以葬,我为葬之;一人母死无以葬,亦为葬之;一人兄有狱④,我为出之⑤。是以得三人来。"管仲上车曰:"嗟兹乎⑥!我穷必矣⑦!吾不能以春风风人⑧,吾不能以夏雨雨人,吾穷必矣!"

【注释】

①孟简子:生平事迹不详。梁并卫:前254年,梁国兼并了卫国全部国土,使其完全成为自己的附庸。梁,即战国时魏国。前361年,魏惠王迁都大梁(今河南开封),从此,魏也称作梁,魏惠王亦称梁惠王。

②管仲迎而问之:管仲为春秋时齐桓公大夫,魏并卫乃战国事,管仲与孟简子不是同时代的人。此文时代窜乱,当出附益。

③使者:原为受命出使的人,这里指门客。

④有狱:指有狱讼,即犯案有罪。

⑤出之:出其罪,即为他开脱罪责。

⑥嗟兹乎:叹息之语,犹"此可叹啊"。

⑦穷:身处困境。

⑧春风风人:像春风一样温暖人。下句"夏雨雨人"意为像夏雨一样滋润人。"春风风人""夏雨雨人"比喻像春夏雨一样广泛地施恩惠给别人。

【译文】

孟简子做魏国国相兼并了卫国国土,后因为有罪过而逃奔齐国。管仲迎接他并问他说:"您做魏国国相兼并卫国时,家中的门客有多少人呢?"孟简子说:"家中门客有三千多人。"管仲问:"现在有几个人与你同来?"孟简子回答说:"我与三个人同来。"管仲问:"这是些什么人呢?"孟简子回答说:"其中一人父亲死了无力安葬,我替他安葬了;另一人母亲死了无力安葬,我也替他安葬了;还有一个人的兄长有案在身,我为他开脱了罪责。因此才有这三人同来。"管仲上车说:"此可叹啊!我必定会遭遇困厄了!我不能像春风那样温暖人,也不能像夏雨那样滋润人,我必定会遭受困厄了!"

5.25 凡人之性,莫不欲善其德①,然而不能为善德者,利败之也。故君子羞言利名。言利名尚羞之,况居而求利者也②?③

【注释】

①善其德:使自己品德良好。善,使……善。
②居:居心,存心。也:读作"耶"。
③天海按:此文又见《春秋繁露·玉英》,文略同。

【译文】

大凡人的本性,没有不想使自己品德优秀的,但是不能使自己品德优秀的原因,是由于私利败坏了它。所以君子以谈名利为羞耻。谈名利尚且感到羞耻,何况存心追求私利呢?

5.26 周天子使家父、毛伯求赙求金于诸侯①,《春秋》讥之②。故天子好利则诸侯贪,诸侯贪则大夫鄙③,大夫鄙则庶人盗④。上之变下,犹风之靡草也⑤。故为人君者,明贵德而贱利以道下⑥,下之为恶尚不可止。今隐公贪利⑦,而身自渔济上⑧,而行八佾⑨。以此化于国人,国人安得不解于义⑩?解于义而纵其欲,则灾害起,而臣下僻矣⑪!故其元年始书螟⑫,言灾将起,国家将乱云尔⑬。⑭

【注释】

① 周天子:《春秋·桓公十五年》:"天王使家父求车。"是年周桓王死,庄王佗继位。又《春秋·文公九年》:"毛伯来求金。"是年周襄王死,子顷王壬臣继位。此句中的"周天子"当是泛指,将周大夫家父、毛伯求车、求金相距约八十年的两件事合而为一,也是为了概言周天子好利。家父:周天子大夫,具体未详。此非曾作《诗经·小雅·节南山》之诗讽刺周幽王之家父。毛伯:此人未详。《左传·文公九年》作:"毛伯卫来求金,非礼也。不书王命,未葬也。"《穀梁传·文公九年》则作:"九年春,毛伯来求金。求车犹可,求金甚矣!"赙(fù):本义为以财物助丧事,这里泛指财物。原文无"求赙"二字,此据向宗鲁《校证》补。

② 《春秋》讥之:《公羊传·文公九年》:"何以书?讥。何讥尔?王者无求,求金,非礼也。"意谓《春秋》之所以专门记载此事,是为了讥刺周天子非礼。

③ 鄙:鄙吝。品质低劣,卑鄙。

④ 庶人:泛指无官爵的平民、百姓。周代居住在都城及国郊的人,称为国人。国人中的上层为卿、大夫、士,下层为庶人。

⑤ 靡:倒下。

⑥ 道:同"导"。引导。

⑦ 隐公:指鲁隐公(?—前712),姬姓,名息姑,谥隐。春秋初期鲁国国君,前722—前712年在位。他是鲁惠公庶长子,惠公死时太子允还年幼,于是隐公代掌国君之位,后为太子允、公子翚所弑。太子允继位,为鲁桓公。

⑧ 自渔济上:自己在济水河上捕鱼。济,济水,古代四渎之一。

⑨ 八佾(yì):古代天子专用的乐舞。佾,舞列。此指鲁隐公僭用天子才能举用的八队舞乐。古时一佾八人,八佾就是六十四人,据《周礼》规定,只有周天子才可以使用八佾,诸侯为六佾,卿大夫

为四佾,士用二佾。隐公是诸侯,只能用六佾。

⑩解:通"懈"。松懈,疲怠。

⑪僻:邪僻。

⑫始书螟:开始记载螟灾。向宗鲁《校证》引俞樾曰:"隐元年不书螟,书螟在隐五年,则此'元年'是'五年'之误。"

⑬云尔:语气助词,表示如此罢了,如此而已。

⑭天海按:鲁隐公捕鱼等事在"周天子求赙求金"之前,此文以前事证后事于理不通,亦属时代错乱。

【译文】

周天子曾派家父、毛伯向诸侯索取助丧的财物金钱,《春秋》书上讥讽了这种行为。所以说天子好利,诸侯就贪婪;诸侯贪婪,大夫就鄙吝;大夫鄙吝,平民就会盗窃。在上的人改变在下的人,好像那风吹草伏一样。因此做国君的人,应该明白重视德行而轻视私利的道理,并以此来引导在下的臣民。即使这样,在下的臣民做坏事还不一定能禁止。如今鲁隐公为贪图私利,亲自到济水上去捕鱼,并且还僭用天子才能使用的八队乐舞,用这些行为来教化国内的百姓,百姓怎么不对道义懈怠呢?对道义懈怠而放纵自己的私欲,那么灾害就会发生,臣民就会变得邪僻了!所以隐公元年就开始记载螟灾,是说灾祸将要发生,国家将要动乱,如此等等。

5.27 孙卿曰①:"夫斗者,忘其身者也,忘其亲者也,忘其君者也。行须臾之怒,而斗终身之祸②,然乃为之,是忘其身也;家室离散,亲戚被戮,然乃为之,是忘其亲也;君上之所致恶③,刑法之所大禁也,然乃犯之,是忘其君也。今禽兽犹知近父母,不忘其亲也。人而下忘其身④,内忘其亲,上忘其君,是不若禽兽之仁也。凡斗者,皆自以为是,而以他人为非。己诚是也,人诚非也,则是己君子而彼小人也。夫以君子而与小人相贼害,是人所谓以狐白补犬羊⑤,身涂其炭⑥,岂不过甚矣哉!以为智乎?则愚莫大焉;以为利乎?则害莫大焉;以为荣乎?则辱莫大焉。人之有斗何哉?比之狂惑疾病乎?则不可。面目人也⑦,而好恶多同。人之斗,诚愚惑失道者也。《诗》云⑧:'式号式呼⑨,俾昼作夜⑩。'言斗行也。"⑪

【注释】

①孙卿:即荀况(约前313—前238),又称荀子、荀卿或孙卿。战国时赵人,初游学于齐,三为稷下祭酒,后为楚兰陵令,著有《荀子》三十二篇。

②斗:此字或"构"字音误。此"斗"与上下文争斗之"斗"含意不同,为"构成"之意。《荀子·荣辱》此句作:"行其少顷之怒,而丧终身之躯。"

③君上之所致恶:原文脱"恶"字,据明钞本补。恶,厌恶。

④人而下忘其身:原文脱"下"字,此依向宗鲁《校证》据上下文例补。

⑤以狐白补犬羊:用狐狸腋下的白色毛皮补狗皮羊皮裘。狐白皮极珍贵,狗皮羊皮极贱。

⑥身涂其炭:身上用炭灰涂抹。比喻自污其身。

⑦面目:人的脸面眉目。

⑧《诗》云:以下引诗见《诗经·大雅·荡》。

⑨式:发语词,无义。

⑩俾(bǐ)昼作夜:指昼夜颠倒。比喻黑白不分。俾,使。按,原文无"昼"字,据《诗经》及《校证》本补。

⑪天海按：此文本《荀子·荣辱》，略异。

【译文】

荀子说："那争斗的人，是忘记了他自身，忘记了他的父母亲，忘记了他的国君。为了逞一时的愤怒，而造成终身的祸患，但仍然要这样做，这就是忘记了他自身；使家庭离散，亲属被杀害，但仍然要这样做，这就是忘记了他的父母亲；君主所憎恨的事，是刑罚极力禁止的，但仍然要去触犯它，这就是忘记了他的国君。那禽兽还知道亲近父母，不忘记它们的血亲。做人却在下忘记自身，对内忘记他的父母亲，对上忘记他的国君，这还不如禽兽的仁爱。大凡好争斗的人，都自以为正确，而认为别人不对。自己确实正确，别人确实不对，那么自己就是君子而对方就是小人。作为君子却与小人互相残害，这就是人们所说的用珍贵的狐腋白皮来补缀狗皮、羊皮，用炭灰涂抹身体，难道不是很大的过错吗！认为这是聪明吗？那没有比这更愚蠢的了；认为这是有利吗？那害处没有比这更大的了；认为这是荣耀吗？那没有比这更大的耻辱了。人们之间有争斗是为什么呢？把他们比作狂乱昏惑的病人吗？那又不行。从面貌看都是一样的人，好恶又大多相同。人们的争斗，真是愚蠢迷惑而失去了正道的结果。《诗》上说：'狂呼乱叫，把白天当作黑夜。'说的就是好斗的行为啊！"

5.28 子路持剑，孔子问曰："由，安用此乎？"子路曰："善吾者，固以善之；不善吾者，固以自卫①。"孔子曰："君子以忠为质②，以仁为卫③，不出环堵之内④，而闻千里之外。不善以忠化，寇暴以仁围⑤，何必持剑乎？"子路曰："由也请摄齐以事先生矣⑥。"⑦

【注释】

①"善吾者"四句:句中两"吾"字,原文作"古"字,卢文弨校语改作"吾"。向宗鲁《校证》引《韩诗外传》卷九所载子路语:"人善我,我亦善之;人不善我,我不善之。"以为当改"古"为"吾"。今据改。

②质:本质,禀性。

③卫:防卫,保卫。

④环堵:四周环着每面一方丈的土墙。形容狭小、简陋的居室。

⑤圄(yù):通"御"。防御。原文作"圉",现据向宗鲁《校证》改。

⑥摄齐:提起衣摆。古人穿长袍,升堂时要提起衣摆,防止跌倒失态,且表示恭敬有礼。这里指拜师而致敬。《论语·乡党》:"摄齐升堂,鞠躬如也。"朱熹集注:"摄,抠也。齐,衣下缝也。礼:将升堂,两手抠衣,使去地尺,恐蹑之而倾跌失容也。"

⑦天海按:此文又见《孔子家语·好生》,略异。

【译文】

子路手持宝剑,孔子问他:"仲由,这东西有什么用呢?"子路说:"对我友好的,当然要以友好的态度来对待他;对我不友好的,当然用它来自卫。"孔子说:"君子以忠诚为本性,以仁爱为防卫,不出陋室之内,却闻名千里之外。对不友好的人要用忠诚来感化他,对残暴的盗贼要用仁爱作为防御,何必依仗宝剑呢?"子路说:"我请求在先生门下恭敬地侍奉先生。"

5.29 乐羊为魏将以攻中山①。其子在中山,中山悬其子示乐羊②,乐羊不为衰志③,攻之愈急。中山因烹其子而遗之羹④,乐羊食之尽一杯。中山见其诚也,不忍与其战,果下之。遂为魏文侯开地。文侯赏其功而疑其心。孟孙猎得麑⑤,使秦西巴持归⑥。其母随而鸣,秦西巴不忍,纵而与之。孟孙怒而逐秦西巴。居一年,召以为太子傅⑦。左右曰:"夫秦西巴有罪于君,今以为太子傅,何也?"孟孙曰:"夫以一麑而不忍,又将能忍吾子乎?"故曰:"巧诈不如拙诚。乐羊以有功而见疑,秦西巴以有罪而益信,由仁与不仁也。"⑧

【注释】

①乐羊:战国时期魏国将领,乐毅先祖。乐羊初为魏相翟璜门客,后因大败中山国而成名。封于灵寿(今属河北),子孙遂世居于此。中山:周代诸侯国名,春秋末年戎人所建,初都于今河北定州,后迁灵寿。前406年曾为魏国所破,后复国;前296年又为赵国赵武灵王所灭。

②悬:悬挂,吊起来。

③衰志:斗志衰落。

④羹:原文脱此字,现依向宗鲁《校证》据《韩非子·说林上》《战国策·魏策一》补。

⑤孟孙:鲁国三桓之一,出于鲁桓公,鲁桓公生公子庆父,其后为孟孙氏,后人有为魏国大夫者。麑(ní):幼鹿。

⑥秦西巴:孟孙氏家臣,生平未详。持:原文误作"特",此径改。

⑦太子傅:春秋战国时辅导太子的官。但孟孙为魏国大夫,其子不得称为太子。或当时统治者各阶层的长子也都称为太子。西汉以后,皇帝立为嗣君的嫡长子始正式称太子。

⑧天海按:此文所载二事见《韩非子·说林上》《淮南子·人间训》。乐羊之事又见《战国策·魏策一》与《中山策》。

【译文】

乐羊做了魏国将军并攻打中山国。他的儿子当时在中山国,中山国的人便把他的儿子吊起来给他看,乐羊并不因此斗志衰落,攻城更加猛烈。中山国便煮死了他的儿子,还把肉羹送给他,乐羊吃完了一杯肉羹。中山国的人见乐羊诚心攻城,不忍心与他交战,结果中山国被攻下。乐羊终于为魏文侯开拓了国土。魏文侯虽然奖赏乐羊的功劳却怀疑他的心残忍。孟孙氏打猎获得一只幼鹿,派家臣秦西巴带回去。那母鹿跟随着幼鹿不停地哀鸣,秦西巴不忍心,便放了幼鹿随母而去。孟孙氏发怒驱逐了秦西巴。过了一年,孟孙又召回秦西巴,让他当辅导长子的师傅。孟孙氏左右的人问:"那秦西巴曾在您这里犯过错,现在让他做长子的师傅,是为什么呢?"孟孙氏说:"他对一个幼鹿都不忍心,又怎么会忍心对我的儿子不好呢?"所以说"奸巧欺诈反不如笨拙诚实"。乐羊因为有功却被怀疑,秦西巴因为有罪却更被信用,原因在于仁爱与不仁爱啊!

5.30 智伯还自卫①,三卿燕于蓝台②。智襄子戏韩康子而侮段规③。智伯国闻之④,谏曰:"主弗备难,难必至。"曰:"难将由我。我不为难,谁敢兴之?"对曰:"异于是。夫郤氏有车辕之难⑤,赵有孟姬之谗⑥,栾有叔祁之诉⑦,范、中行有函冶之难⑧,皆主之所知也。《夏书》有之曰:'一人三失,怨岂在明,不见是图⑨。'《周书》有之曰:'怨不在大,亦不在小⑩。'夫君子能勤小物,故无大患。今主一谋而愧人君相⑪,又弗备,曰'不敢兴难',毋乃不可乎?嘻,不可不惧!蚋蚁蜂虿⑫,皆能害人,况君相乎?"不听,自是五年而有晋阳之难⑬,段规反,而杀智伯于师,遂灭智氏⑭。

【注释】

①智伯(前506—前453):即智伯瑶。因智氏源自荀氏,亦称荀瑶,

谥襄,史称智襄子。春秋时晋国大夫、执政大臣。前458年,与赵、韩、魏四分范氏、中行氏地为邑。前453年,智伯向赵、魏、韩三家索要封邑,韩康子、魏桓子献出封邑,唯独赵襄子不肯,遂与韩、魏攻赵襄子,围晋阳而灌之。赵襄子夜使张孟谈与韩、魏合,引水灌智瑶军,杀之于军中,灭智氏。韩、魏、赵三家瓜分智氏封邑,中国从此进入战国时代。智,又作"知"。还自卫:从卫国返回。

②三卿:《国语·晋语九》韦昭注:"三卿,智襄子、韩康子、魏桓子。"燕:通"宴"。蓝台:台阁名,游乐之所。

③韩康子:姬姓,韩氏,名虎,谥康。春秋战国时期晋国韩氏的领袖。前453年,韩康子和赵襄子、魏桓子一起打败了智伯瑶。段规:为韩康子的家臣。

④智伯国:汪远孙曰:"伯国盖即知果之字。"故又作智果。明钞本正作"智果"。春秋时晋大夫,原为智氏族人,因谏智申不要立智伯为嗣,不听,便别族为辅氏,又称辅果。到智氏亡,智果未受害。

⑤郤(xì)氏有车辕之难:此指前574年晋国权臣集团"三郤"被晋厉公利用手下嬖臣所灭之事。郤氏本出晋公族,献公时封于郤,别为郤氏。至厉公时,四军八卿之中郤锜、郤至、郤犨占其三,称"三郤",势力强大,结怨众多。郤犨曾与厉公宠臣长鱼矫争田,将其与其父母妻子一起绑在车辕上。前574年,晋厉公利用长鱼矫等嬖臣将三郤杀死。事见《左传·成公十七年》。

⑥赵有孟姬之谗:此指前583年晋景公时期赵同、赵括被谗杀之事。晋成公之姐(一说其女),嫁给赵盾之子赵朔,称赵庄姬。赵朔死后,与赵盾弟赵婴私通。赵同、赵括放逐赵婴。庄姬忌恨二人,便诬陷他们将作乱;栾、郤二氏对赵氏不满,做了伪证。晋杀赵同、赵括,立赵武为赵氏之后。事见《左传·成公八年》。孟姬,应为赵庄姬。

⑦栾有叔祈之诉：此指前552年晋国栾盈被谗奔楚之事。栾盈之母栾祁与其家臣州宾私通，家产几乎都被州宾侵占，栾祁害怕栾盈处罚，遂向父亲范宣子进谗，诬陷栾盈要作乱。范宣子驱逐栾盈，栾盈逃往楚国。事见《左传·襄公二十一年》。栾，晋靖侯之孙栾宾，食采于栾，故以栾为氏。此处之栾为栾盈，春秋时晋国大夫。叔祈，此指栾祁。范宣子之女，栾盈之母。

⑧范、中行有函冶之难：此指前497年晋范氏、中行氏被逼出奔朝歌之事。赵鞅杀其宗亲邯郸午，范氏、中行氏伐赵鞅。范皋夷为范吉射侧室所生之子，因不受宠爱，故欲乱范氏而取代他父亲的地位，遂与韩氏、魏氏、荀氏相勾结，驱逐了范氏、中行氏。事见《左传·定公十三年》。范，此指范吉射，晋国大夫。中行，此指荀寅。晋国大夫。函冶，《国语·晋语九》作"函治"，韦昭注："范皋夷之邑。"此代指范皋夷。

⑨"一人三失"三句：见今本《尚书·夏书·五子之歌》，实际上是袭用《国语·晋语九》。

⑩怨不在大，亦不在小：见《尚书·周书·康诰》。

⑪谋：《国语·晋语九》作"晏"，即"宴"字。"谋"与"宴"字异体"讌"形近易误，译文依上文作"宴"解。

⑫蚋(ruì)：同"蜹"。蚊子。蜂虿(chài)：即蜂与蝎，螫人极痛，也是毒虫的泛称。虿，蝎子一类的毒虫。

⑬晋阳之难：前455年，智伯与魏桓子、韩康子围赵氏于晋阳。后二年，韩、魏反与赵联合，决水灌智伯军，擒杀智伯，三分其地。

⑭天海按：此文又见《国语·晋语九》，略同。

【译文】

智伯从卫国返回晋国，与韩康子、魏桓子三人在蓝台聚会宴饮。智伯在宴会上戏弄韩康子并轻侮他的家臣段规。智伯国听说了这件事，劝诫智伯说："主公不防备祸难，祸难一定会到来。"智伯说："祸难将由我决定,我不制造祸难,谁敢发起祸难?"伯国回答说:"那与此不同。郤氏有将人绑在车辕上而导致的被杀之难,赵氏有孟姬谗言之难,栾盈有叔祁诬告之难,范氏、中行氏有函冶之难。这些都是主公所知道的。《夏书》上有这样的话说:'一个人会有多种过错,怨恨岂在明显的地方,要考虑那些看不见的地方。'《周书》上也有这样的说法:'怨恨不在大,也不在小。'君子能勤察细小的事物,所以没有大的祸患。如今主公因一次宴会就羞辱别人君主辅相,又不防备别人报复,还说'没人敢发难',恐怕不行吧? 唉,不能不担忧啊!蚊子、蚂蚁、黄蜂、毒蝎都能害人,何况是君主与辅相呢?"智伯不听。自此五年后便有了晋阳之难,段规反戈,在军中杀死智伯,于是消灭了智氏。

5.31 智襄子为室美①,士茁夕焉②。智伯曰:"室美矣夫!"对曰:"美则美矣,抑臣亦有惧也③。"智伯曰:"何惧?"对曰:"臣以秉笔事君,《记》有之曰④:'高山峻原⑤,不生草木;松柏之地,其土不肥。'今土木胜人⑥,臣惧其不安人也。"室成,三年而智氏亡。⑦

【注释】

①智襄子:即上文智伯瑶。
②士茁:智伯的家臣,生平不详。夕:傍晚时朝见。《左传·昭公十二年》:"右尹子革夕,王见之。"
③抑:表轻微转折,意为"不过"。
④《记》:古代宫廷中记载往事之册。
⑤峻原:高原。原文为"浚源",于文义费解,《国语·晋语九》作"峻原",《太平御览》引此文也作"峻原",今据改。
⑥土木胜人:土木工程超过人力。木,原文作"太",《国语·晋语

九》作"木",此据改。又,《国语·晋语九》无"人"字。

⑦天海按:此文本《国语·晋语九》。

【译文】

智伯建造的宫室华美,士茁傍晚到此朝见他。智伯说:"我这宫室华美吧!"士茁对他说:"华美是够华美的了,不过我有些担心。"智伯问:"担心什么?"士茁回答说:"我凭着执笔记事而侍奉主公,古《记》上有这样的说法:'高山峻原,不能生草木;长松柏的地方,那土质不会肥沃。'如果土木建筑超过人力,我怕这不会使人安宁。"宫室修成之后三年,智氏果然灭亡。

卷六

复恩

【题解】

"复恩",就是报恩。这一卷共记载春秋战国至西汉轶事27则。

第一则引用了《周易》和孔子的言论作为本卷的序言,提纲挈领,点明全卷的主旨。这主旨的含义有两层:

第一,君主不应施恩图报,臣下不应居功求赏;

第二,君主对臣下如有大恩,臣下必须以死相报;臣下对君主立有大功,君主必须给予重赏;君臣之间如果不能赏功报恩,就会因此产生祸乱。

第一层意思只是封建社会中一种理想的道德标准,第二层意思才是"报恩"思想的实质,也是作者所要极力倡导的主张。

其后26则轶事都是作为具体事例来印证以上观点的。

关于君主应赏臣下之功而报恩的有6则,其中介子推不求赏而隐居,晋文公为此愧疚而封介山之事,给后世留下了清明"寒食节"凄凉哀婉的千古典故。臣下报君主之恩的有10则。其中韩厥报恩赵盾、程婴养孤十五年之事,则有享誉全球、催人泪下的悲情名著《赵氏孤儿》流传至今。总之,这16则都侧重讲"善报",是从正面来说明"有功必赏,有恩必报"的道理,以及"士为知己者死"的忠诚信念。

有仇必报,是报恩的另一种表现形式,也就是所谓的"恶报"。表现恶报的有4则；舍身为恩主报仇的轶事有2则。其中豫让为报智伯知己之恩，漆身吞炭、拼死刺杀赵襄子，成为"士为知己者死"的典范。张良为报父祖五世受韩王之恩，博浪沙椎击秦始皇，更是名留千载。身为君主心胸狭小，种下仇恨而得恶报的也有2则，算是对昏君的警示。

另外6则轶事，列举了滥施恩不得报、不施恩不得报、恃才重赏求报、为知己者尽哀、朋友间相互为报等事例，分别从不同角度来印证了第一条所阐明的主旨，其中心仍是"投桃报李""有恩必报"的思想。

"报恩"思想是封建伦理中比较重要的一部分，也是封建制度下君臣父子纲常得以维系的重要精神支柱之一。我国流传至今仍有所谓"善有善报，恶有恶报"的说法，就是继承了上述思想并融入佛教因果轮回、报应不爽等观念的体现。

当今之世，报恩固非施恩者所求，但感恩则是我们每一个人都应该怀有的初心。不忘初心，"滴水之恩，涌泉相报"，就是中华民族世代传承的优良风尚。

6.1 孔子曰："德不孤，必有邻①。"夫施德者贵不德②，受恩者尚必报。是故臣劳勤以为君，而不求其赏；君持施以牧下，而无所德③。故《易》曰④："劳而不怨⑤，有功而不德⑥，厚之至也⑦。"君臣相与，以市道接⑧，君悬禄以待之，臣竭力以报之。逮臣有不测之功⑨，则主加之以重赏；如主有超异之恩，则臣必死以复之。孔子曰："北方有兽，其名曰蹷⑩，前足鼠，后足兔。是兽也，甚矣！其爱蛩蛩、巨虚也⑪！食得甘草，必啮以遗蛩蛩、巨虚⑫。蛩蛩、巨虚见人将来，必负蹷以走。蹷非性之爱蛩蛩、巨虚也，为其假足之故也⑬。二兽者，亦非性之爱蹷也，为其得甘草而遗之故也。夫禽兽昆虫，犹知比假而相有报也⑭，况于士君子之欲兴名利于天下者乎？

夫臣不复君之恩,而苟营其私门⑮,祸之原也;君不能报臣之功,而惮行赏者⑯,亦乱之基也。夫祸乱之原基⑰,由不报恩生矣。"

【注释】

① 德不孤,必有邻:有道德的人不会孤立,必定会有同道的人。此句引自《论语·里仁》。

② 贵不德:以不让人感恩戴德为贵。

③ 无所德:没有什么人感激。德,感激。

④ 《易》曰:此下所引,见《周易·系辞上》。

⑤ 怨:卢文弨校曰:"怨,本作'伐'。"伐,即夸耀。

⑥ 不德:不自以为有德。

⑦ 厚之至:淳厚到了极点。

⑧ 以市道接:以市场交易的方法与人交接。

⑨ 逮:及,等到。此字原文误作"违",据明钞本改。不测:不可测算,无法计算。

⑩ 蟨(jué):兽名。《说文解字》:"蟨,鼠也。"《韩诗外传》卷五:"西方有兽,名曰蟨。"

⑪ 蛩蛩(qióng)、巨虚:蛩蛩,也作"邛邛",古代传说中的兽名。一说即巨虚(一作距虚),一说蛩蛩、巨虚为二兽。司马相如《子虚赋》:"蹵蛩蛩,辚距虚。"《文选》李善注引张揖曰:"蛩蛩,青兽,状如马。距虚似骡而小。"下文明言"二兽",可知此文中蛩蛩、巨虚各为兽名。

⑫ 啮:咬,啃。

⑬ 假足:借助其脚。

⑭ 比假:互相借助。有报:为报。

⑮ 苟营:即蝇营狗苟。形容人不顾廉耻,到处钻营。

⑯惮行赏:害怕颁赏。
⑰原基:根源,二字同义连文。

【译文】
孔子说:"有道德的人不会孤立,必然会有志同道合的人相伴。"施行恩德的人以不让人感恩为贵重,接受恩惠的人以必定报答为高尚。所以臣子辛勤劳苦为君王,而不是为了求得君王的赏赐;君王执政施恩来治理臣民,没有什么人要感恩。所以《周易》上说:"劳苦而不夸耀,有功而不自居,这种人淳厚到了极点。"君臣在一起,用市场上做买卖的方法交接,君王悬示爵禄来对待臣下,臣下竭尽全力来回报君王。到臣下有了不可估量的大功时,君主就对他施加重赏;如果君主对臣下有超越寻常的恩惠,那臣下就必定以死来回报他。孔子说:"北方有种野兽,它名叫蟨,前脚如鼠,后脚如兔。这种野兽特别喜爱蛩蛩、巨虚!它吃到甜美的草,一定会用口衔来送给蛩蛩、巨虚吃。蛩蛩、巨虚发现有人前来,就一定要背上蟨逃走。蟨并不是本性喜欢蛩蛩、巨虚,是为了借用它们的足力。蛩蛩、巨虚两种野兽,也并不是本性就喜爱蟨,而是因为蟨能找到甜美的草送给它们。那禽兽昆虫还知道互相利用、互相报答,何况想要在天下兴利扬名的士大夫、君子呢?如果臣下不回报君主的恩惠,而蝇营狗苟为自己谋私利,那就是灾祸的根源;君主不能回报臣子的功劳,害怕实行赏赐,也是祸乱的根源。那祸乱的根源,是由不报恩而产生的。"

6.2 赵襄子见围于晋阳①,罢围,赏有功之臣五人。高赫无功而受上赏②,五人皆怒。张孟谈谓襄子曰③:"晋阳之中,赫无大功,今与之上赏,何也?"襄子曰:"吾在拘厄之中④,不失臣主之礼,唯赫也。子虽有功,皆骄寡人。与赫上赏,不亦可乎?"仲尼闻之曰⑤:"赵襄子可谓善赏士乎!赏一人而天下之人臣莫敢失君臣之礼矣。"⑥

【注释】

①赵襄子(? —前425)：名无恤，亦作毋恤，谥襄，故史称赵襄子。史书上名赵籍。春秋末年晋国大夫。他与韩、魏两家合谋，灭掉智伯，三分其地，建立赵国。
②高赫：战国时赵人，赵襄子家臣。余事未详。
③张孟谈：战国时赵人，赵襄子家臣。晋阳被围时，曾奉命出见韩康子、魏桓子，相约破智氏。《史记·赵世家》作"张孟同"，系司马迁为避父讳而改。
④拘厄：受困遭难。
⑤仲尼闻之曰：孔子卒于前479年，赵襄子晋阳解围事在前453年，在孔子死后二十六年，可见不该是孔子语。《孔丛子·答问》载孔鲋已辨此事不实。日人关嘉亦曾引《考古质疑》辨正此事。
⑥天海按：此文所记与《吕氏春秋·义赏》《韩非子·难一》《淮南子·氾论训》《人间训》等篇略同。事又见《史记·赵世家》。

【译文】

赵襄子曾被围困在晋阳城，解围之后，奖赏有功之臣五人。高赫无功却受到上等赏赐，那五个人都很生气。张孟谈对赵襄子说："在解晋阳之围的战役中，高赫没有大功，如今给他上等的赏赐，为什么呢？"赵襄子说："我在受困遭难中，没有失去君臣礼节的，就只有高赫。你们虽然有功劳，但对我骄横傲慢。给高赫上等的赏赐，不也是应该的吗？"孔子听说这件事后说："赵襄子可称得上是善于奖赏贤士的人啊！赏赐一人而天下的臣子就没有谁敢失去君臣的礼节了。"

6.3 晋文公亡时①，陶叔狐从②。文公反国，行三赏而不及陶叔狐。陶叔狐见咎犯曰③："吾从君而亡，十有三年，颜色黎黑,手足胼胝④。今君反国,行三赏而不及我也,意者君忘我与？我有大故与⑤？子试为我言之君。"咎犯言之文公。文公曰:"嘻,我岂忘是子哉？夫高明至贤,德行全诚,耽我以道⑥,说我以仁,暴浣我行⑦,昭明我名,使我为成人者⑧,吾以为上赏。防我以礼⑨,谏我以谊⑩,蕃援我⑪,使我不得为非者⑫,数引我而请于贤人之门,吾以为次赏。夫勇壮强御,难在前则居前,难在后则居后,免我于患难之中者,吾又以为之次。且子独不闻乎？死人者不如存人之身⑬,亡人者不如存人之国⑭。三行赏之后,而劳苦之士次之。夫劳苦之士,是子固为首矣！吾岂敢忘子哉⑮？"周内史叔兴闻之曰⑯:"文公其霸乎！昔圣王先德而后力,文公其当之矣！"《诗》云"率礼不越"⑰,此之谓也。⑱

【注释】

①晋文公亡时:晋文公在骊姬之乱中逃亡在外十九年。亡,逃亡,出逃。

②陶叔狐:陶氏,名狐。叔,排行第三,故称陶叔狐。春秋时晋国大夫,《史记·晋世家》作"壶叔",生平不详。

③咎犯:即狐偃。姬姓,狐氏,字子犯。为晋文公之舅,故又称舅犯。晋国大夫,随文公出亡十九年,后助晋文公称霸。

④胼胝(pián zhī):手脚上的老茧。

⑤大故:重大过错,严重过失。

⑥耽:通"湛"。沉浸专注。《韩诗外传》卷三正作"湛"。

⑦暴浣:《韩诗外传》卷三作"变化"。朱起凤《辞通》云:"'变化',作'暴浣',并草书形近而讹。"

⑧成人:完人,德才兼备的人。

⑨防:防止,防范。引申为约束。
⑩谊:通"义"。正义,合宜的道理、行为。
⑪蕃援:保护援助。《韩诗外传》卷三作"藩援"。
⑫使我不得为非者:原文脱"者"字,依向宗鲁《校证》据《群书治要》所引补。
⑬死人者:为人而死的人。
⑭亡人者:跟人逃亡的人。
⑮吾岂敢忘子哉:原文脱"吾"字,依向宗鲁《校证》据卢文弨说补。
⑯内史:官名。西周始置,协助天子管理爵、禄、废、置等政务,春秋时沿置。叔兴:《左传·僖公十六年》说他曾"聘于宋",《左传·僖公二十八年》说他曾奉天子旨意"策命晋侯为侯伯",余不详。原文误作"叔舆",此据《左传》改。
⑰率礼不越:遵守礼法不逾越。率,遵循。此句引自《诗经·商颂·长发》。
⑱天海按:此文本《韩诗外传》卷三,《吕氏春秋·当赏》《史记·晋世家》均载此事。

【译文】

晋文公逃亡在外时,陶叔狐跟随他。晋文公回到晋国,颁行了三等赏赐都没有轮到陶叔狐。陶叔狐拜见咎犯说:"我跟随国君逃亡有十三年,容颜憔悴黢黑,手脚都磨起老茧。如今国君回国,颁行了三等赏赐都没有轮到我,想来是国君忘掉我了吗?还是因为我有大的过错吗?请您不妨为我向国君说一说。"咎犯便向晋文公说了这件事。晋文公说:"唉,我怎么能忘了这个人呢?那高明的大贤,道德品行完备,能用道义使我专注,用仁爱来劝说我,改变我的品行,显扬我的名声,使我成为德才优异的人,我为这种人颁行上等的赏赐。用礼义来约束我,用正义来劝诫我,保护我援助我,使我不做错事的人,多次指引我登门向贤人请教的人,我为这种人颁行第二等赏赐。那勇敢强壮善于御敌,危难在前就奋身上前,危难在后就留后排解,使我从患难中解脱的人,我为这种人颁行第三等赏赐。况且您难道不知道吗?为人殉死不如保护那人的性命,跟人逃亡不如保存那人的国家。三次行赏之后,其次就是有劳苦功绩的人了。那有劳苦功绩的人当中,陶叔狐这个人当然是为首的了!我岂能忘了他呢?"东周内史叔兴知道这件事后说:"晋文公将会称霸了!从前先王将德行摆在首位,而将勇力放在其后,文公应该可以承当这样的评价吧!"《诗经》上说"遵循礼法绝不逾越",说的就是这样的事啊!

6.4 晋文公入国,至于河,令弃笾豆茵席①,颜色黎黑、手足胼胝者在后。咎犯闻之,中夜而哭②。文公曰:"吾亡也十有九年矣,今将反国,夫子不喜而哭,何也?其不欲吾反国乎?"对曰:"笾豆茵席,所以官者也③,而弃之;颜色黎黑,手足胼胝,所以执劳苦者也④,而皆后之。臣闻国君蔽士⑤,无所取忠臣;大夫蔽游⑥,无所取忠友;今至于国,臣在所蔽之中矣,不胜其哀,故哭也。"文公曰:"祸福利害,不与咎氏同之者,有如白水⑦。"祝之⑧,乃沉璧而盟。介子推曰⑨:"献公之子九人,唯君在耳。天未绝晋,必将有主,主晋祀者,非君而何?唯二三子者以为己力,不亦诬乎⑩?"文公即位,赏不及推。推母曰:"盍亦求之?"推曰:"尤而效之⑪,罪又甚焉。且出怨言,不食其食。"其母曰:"亦使知之。"推曰:"言,身之文也⑫。身将隐,安用文?"其母曰:"能如是,与若俱隐⑬,至死不复见。"推从者怜之,乃悬书宫门曰⑭:"有龙矫矫⑮,顷失其所。五蛇从之⑯,周遍天下⑰。龙饥无食,一蛇割股⑱。龙反其渊,安其壤土。四蛇入穴,皆有处所。一蛇无穴,号于中野⑲。"文公出见书,曰:"嗟!此介子推也!吾方忧王室,未图其功。"使人召之,则亡。遂求其所在,闻其入绵上山中⑳。于是文公表绵上山中而封之㉑,以为介推田㉒,号曰介山。

【注释】

① 笾(biān)豆:笾和豆。古代食器,竹制为笾,木制为豆。也作古代祭祀时盛祭品的礼器。茵席:褥垫,草席。这里用此二物泛指途中装食物的器具及坐卧用具。

② 中夜:半夜。

③ 所以官者:是用来供吃饭和休息的馆舍。官,即古"馆"字,指旅舍。

④ 所以执劳苦者也:执,操持。原文脱"者也"二字,依向宗鲁《校证》据《太平御览》所引补。

⑤ 蔽士:蔽塞士人。

⑥ 蔽游:蔽塞交游。

⑦ 白水:即河水。《国语·晋语四》正作"河水"。

⑧ 祝(zhòu):诅咒,发誓。

⑨ 介子推(?—前636):又名介之推,后人尊为介子。春秋时期晋国人。传说其出生于今山西运城闻喜户头村,长于今山西运城夏县裴介村。曾从晋文公流亡,事迹略如本文所述。又传说文公曾环山焚烧,逼其出山,竟不出而死。旧俗以清明前一天或两天为寒食节,断火冷食,相传为纪念介之推。

⑩ 诬:欺骗。

⑪ 尤而效之:仿效别人的过错。尤,过失。效,仿效。

⑫ 文:文饰。

⑬ 若:你。

⑭悬书：张贴布告。
⑮龙：喻指晋文公。矫矫：威武雄健貌。
⑯五蛇：喻指跟随晋文公出逃的五个臣子。《史记索隐》认为是狐偃、赵衰、魏武子、司空季子、介子推。
⑰周遍天下：游历天下。指晋文公出逃后经历各国。
⑱一蛇割股：喻指介子推割股以救晋文公之饥事。《庄子·盗跖》："介子推至忠也，自割其股以食文公。"
⑲中野：荒野之中。《周易·系辞下》："葬之中野，不封不树。"
⑳绵上：春秋时晋地，在今山西介休南介山之下，也称绵山。
㉑表：标记。
㉒田：祭田。

【译文】

晋文公进入晋国，到达黄河边，命令抛弃竹筐木盘、垫席之类的器物，让脸色青黑、手脚长满了老茧的人走在后面。咎犯听到这个命令，在半夜里痛哭。晋文公说："我出逃也有十九年了，如今即将回国，您不高兴反而痛哭，是为什么呢？难道您不希望我回国吗？"咎犯回答说："竹筐、木盘、垫席之类，是居处常用的物品，您却要抛弃它；脸色青黑、手脚长满老茧的人，那是操劳服役的人，您却让他们都走在后边。我听说国君蔽塞士人，不会取得忠臣；大夫蔽塞交游，不会取得忠实的朋友；如今回到了晋国，我就在被蔽塞的人之中了，承受不了这种哀痛，所以哭泣。"晋文公说："祸福利害，如果不与舅父共同承受，有如流过的河水。"诅咒后，就将玉璧沉入河中而盟誓。介子推说："晋献公有九个儿子，只有公子还在。上天未曾灭晋，必将会有君主。主持晋国祭祀的，除了公子还有谁？那两三个人认为是自己的力量，不也是欺骗人吗？"晋文公即位，没有赏赐到介子推。介子推的母亲说："你何不也去请求赏赐呢？"介子推说："求赏的人已经不对了，还要去效法他们，那罪过就更严重。况且我口出怨言，就不能再吃国君的俸禄了。"他的母亲说：

"也应该使国君知道这件事。"介子推说:"言语,好比是身上的文饰。我即将归隐,还用文饰干什么?"他的母亲说:"能够像这样,我与你一起隐居,到死不再见国君。"介子推的随从中有人为他惋惜,就在宫门上张贴了一张布告,上写道:"有一条龙威武矫健,不久前失去了家。五条蛇跟随着它,游遍了天上地下。这条龙饿了没吃的,有条蛇割下腿肉喂它。这条龙回到自己的深池,安居在故乡的土壤之下。有四条蛇进入巢穴,都有了各自的家。割股的那条蛇却没有巢穴,哀号在荒郊旷野。"晋文公出门看见了这张布告,便说:"唉!这说的是介子推啊!我正在操心王室的事,还没有想到封赏他的功劳。"晋文公派人召见介子推,介子推已经出走了。又寻找介子推隐居的地方,听说他进入绵上山中。于是晋文公将绵上山中的土地作了标记封赏给介子推,把它作为介子推的祭田,取名叫介山。

6.5 晋文公出亡,周流天下,舟之侨去虞而从焉①。文公反国,择可爵而爵之,择可禄而禄之,舟之侨独不与焉。文公酭诸大夫酒,酒酣,文公曰:"二三子盍为寡人赋乎?"舟之侨进曰:"君子为赋,小人请陈其辞,辞曰:'有龙矫矫,顷失其所。一蛇从之,周流天下。龙反其渊,安宁其处。一蛇耆干②,独不得其所。'"文公瞿然曰③:"子欲爵邪④?请待旦日之期⑤;子欲禄邪?请今命廪人⑥。"舟之侨曰:"请而得其赏,廉者不受也;言尽而名至,仁者不为也。今天油然作云⑦,沛然下雨⑧,则苗草兴起,莫之能御⑨。今为一人言施一人⑩,犹为一块土下雨也,土亦不生之矣。"遂历阶而去⑪。文公求之不得,终身诵《甫田》之诗⑫。⑬

【注释】

① 舟之侨(？—前632)：原为春秋时虢国大夫，后由虢国入晋，成为晋国大夫。《左传·闵公二年》载：虢公在渭汭打败犬戎，舟之侨说："无德而禄，殃也！"于是离虢奔晋。去虞：似"去虢"之误。译文按"去虢"译。

② 耆(qí)干：老干，犹枯干。

③ 瞿(jù)然：惊视的样子。

④ 邪(yé)：同"耶"。语气词。下"邪"字与此同。

⑤ 旦日：明天，第二天。此指一两天。

⑥ 廪人：官名。西周始置，或简称廪，掌粮仓。《国语·周语上》："廪协出。"韦昭注："廪人掌九谷出用之数也。"

⑦ 今：如果，假设。油然：云汇聚貌。《孟子·梁惠王上》："天油然作云，沛然下雨，则苗浡然兴之矣。其如是，孰能御之？"赵岐注："油然，兴云之貌。"

⑧ 沛然：充沛，盛大的样子。

⑨ 御：禁止。

⑩ 人言：此二字原文作"信"，据明钞本径改。

⑪ 历阶：一级一级地走下台阶。

⑫《甫田》之诗：《诗经》中的《齐风》与《小雅》都有《甫田》诗，此处大约取《齐风·甫田》"无思远人，劳心忉忉""无思远人，劳心怛怛"之辞，为思念远人之意。

⑬ 天海按：据《左传·僖公二十八年》载，在城濮之战中，舟之侨为晋文公戎右，因擅离职守被杀，似与此事不合。

【译文】

晋文公出逃后，周游天下，舟之侨离开虢国跟从他。晋文公回国后，选择那些可以封爵的人赏给他们爵位，选择那些应该得到俸禄的人赐给他们俸禄，只有舟之侨不在其中。晋文公请大夫们饮酒，喝到酒兴正浓时,晋文公说:"你们几个人为何不为我赋诗呢?"舟之侨上前说道:"有爵禄的君子作诗赋,请让我这没有爵禄的小人说几句话。话是这样说的:'有条龙威武矫健,不久前失去了它的住所。有一条蛇跟随着它,游遍了天上地下。这条龙返回自己的深池,安居在原来的住所。那条蛇快要枯干,却得不到它的住所。'"晋文公吃惊地看着他说:"您想要得到爵位吗?请再等待一两天的时间。您想要得到俸禄吗?让我现在就命令粮官支付。"舟之侨说:"经过请求才得到封赏,廉洁的人是不会接受的;话说尽了才得到名声,仁义的人是不会去做的。如果天上浓云密布,下起倾盆大雨,那么禾苗植物就会兴旺生长,没有谁能禁止。如果因为一人说了话就施惠给一人,就好像为一小块土地下雨一样,整个大地也不会生出禾苗。"舟之侨说完后就一级级走下台阶离开了。晋文公到处找不到他,终身一直念诵着《诗经·齐风·甫田》中怀念远人的诗句。

6.6 邴吉有阴德于孝宣皇帝微时①,孝宣皇帝即位,众莫知,吉亦不言。吉从大将军长史转迁至御史大夫②,宣帝闻之,将封之。会吉病甚,将使人加绅而封之③,及其生也。太子太傅夏侯胜曰④:"此未死也。臣闻之,有阴德者必飨其乐⑤,以及其子孙。今此未获其乐而病甚,非其死病也。"后病果愈,封为博阳侯⑥,终飨其乐。⑦

【注释】

①邴吉有阴德于孝宣皇帝微时:据《汉书·丙吉传》载,卫太子刘据在巫蛊之祸中被江充、韩说等人诬陷,因不能自明而起兵诛杀江充等人,汉武帝误信谗言,以为太子谋反,遂发兵镇压,刘据兵败逃亡自杀。汉宣帝是刘据之孙,当时出生仅数月,亦受牵连被囚

狱中,后赖邴吉营救保全性命,送往民间抚养。邴吉(?—前55),《汉书》作"丙吉",字少卿,西汉鲁国人,封博阳侯,谥定,为麒麟阁十一功臣之一。少时研习律令,初任鲁国狱史,累迁廷尉监。汉武帝末奉诏治巫蛊郡邸狱,期间保护了汉宣帝。后任大将军霍光长史,建议迎立汉宣帝,旋封关内侯。前67年,为太子太傅,迁御史大夫。宣帝即位后,口不言保护之功,朝臣及宣帝都不知情。前63年,宣帝得知实情后,封其为博阳侯。前59年,任丞相,政尚宽大。孝宣皇帝(前91—前49),即汉宣帝。初名病已,字次卿,后改名询。少时养于民间,前73—前49年在位。微时,微贱未显达之时。

② 大将军长史:西汉官名。大将军幕府中的幕僚长。当时霍光为大将军。御史大夫:官名。秦置。汉因之,地位仅次于丞相,掌管弹劾纠察及图籍秘书。与丞相、太尉合称三公。丞相缺位时,往往即由御史大夫递升。

③ 绅:古代束在腰间一头下垂的大带。古代有身份的人才束绅。《汉书·丙吉传》:"吉疾病,上将使人加绋(fú)而封之。"绋,通"绂"。系印章或佩玉的丝带。也代指官印。

④ 太子太傅:西汉官名,辅导太子的首席师傅。夏侯胜:字长公,西汉东平(今属山东)人。少孤好学,通《尚书》,善说《礼》,为《今文尚书》学大夏侯学开创者。以阴阳灾异推论时政得失。昭帝时为博士、光禄大夫。宣帝立,因非难宣帝褒尊武帝而下狱。后赦出,为谏大夫给事中,复为长信少府,迁太子太傅,"受诏撰《尚书》《论语说》"。年九十卒官。

⑤ 飨:通"享"。享有,享受。

⑥ 博阳侯:以博阳县作封邑的侯爵。博阳,县名,西汉置,东汉废,故址在今河南商水东北。

⑦ 天海按:《汉书·丙吉传》载此事较详。

【译文】

汉宣帝微贱时,邴吉曾在暗中有恩于他。汉宣帝即位后,众人都不知道这件事,邴吉自己也从不讲起。邴吉从大将军长史的职位升迁到御史大夫的职位,汉宣帝听说了从前的事,将要封赏他。当时邴吉病危,宣帝准备派人加官封赏他,要让他活着时能得到。太子太傅夏侯胜说:"此人未必会死的。我听说过,有阴德的人一定会享受安乐,而且会延及他的子孙。如今他还未获得那种安乐就病重,这绝不会是死症。"后来他的病果真痊愈了,被封为博阳侯,终于享受到安乐。

6.7 魏文侯攻中山①,乐羊将,已得中山,还,反报文侯,有喜功之色②。文侯命主书曰③:"群臣宾客所献书,操以进。"主书者举两箧以进④,令将军视之,尽难攻中山之事也⑤。将军还走⑥,北面而再拜曰:"中山之举也,非臣之力,君之功也。"⑦

【注释】

① 魏文侯攻中山:魏文侯任用乐羊攻中山国,前406年破之。
② 喜功:居功,自负其功。
③ 主书:春秋时晋国官名,主管文书。
④ 两箧:两竹箱。《战国策·秦策二》《史记·樗里子甘茂列传》《新序·杂事》皆作"文侯示之谤书一箧"。
⑤ 难:责难,诽谤。
⑥ 还(xuán)走:转身退下。
⑦ 天海按:此文见于《吕氏春秋·乐成》。《战国策·秦策二》《史记·樗里子甘茂列传》《新序·杂事》等均载为甘茂说此事。

【译文】

魏文侯攻打中山国,乐羊任将军,得到中山后,回师向文侯报功,脸上有自负其功的神色。魏文侯命令主管文书的官员说:"群臣宾客所上奏的表章,都拿进来。"主管文书的官员捧着两箱文书进来,魏文侯让乐羊自己去看这些文书,全都是责难攻打中山国这件事情的。乐羊立即转身退下,面向北朝文侯拜了两拜,说:"中山国被攻取,不是我的力量,全是君主的功劳。"

6.8 平原君既归赵①,楚使春申君将兵救赵②,魏信陵君亦矫夺晋鄙军往救赵③。未至,秦急围邯郸④,邯郸急且降,平原君患之。邯郸传舍吏子李谈谓平原君曰⑤:"君不忧赵亡乎?"平原君曰:"赵亡即胜虏,何为不忧?"李谈曰:"邯郸之民,炊骨易子而食之⑥,可谓至困。而君之后宫百数,妇妾荷绮縠⑦,厨余梁肉。士民兵尽⑧,或剡木为矛戟⑨,而君之器物、钟磬自恣⑩。若使秦破赵,君安得有此?使赵而全,君何患无有?君诚能令夫人以下编于士卒间,分功而作之,家所有尽散以飨食士⑪,方其危苦时,易为惠耳。"于是平原君如其计,而勇敢之士三千人皆出死⑫,因从李谈赴秦军,秦军为却三十里。亦会楚、魏救至,秦军遂罢。李谈死,封其父为李侯⑬。⑭

【注释】

①平原君既归赵:秦军围邯郸,赵使平原君求救于楚,订立纵约后由楚返赵。事在前258年。平原君(?—前251),姓赵,名胜。战国时赵惠文王之弟,封于东武城,号平原君。后为相,养食客数千人,为战国四公子之一。

②春申君(前314? —前238):姓黄,名歇。楚国大臣,也是战国四公子之一,曾为楚相二十余年。初被封以淮北,后被封以吴(今苏州一带)。前238年,楚考烈王病逝,黄歇前去奔丧,李园令人埋伏于棘门之内,杀死春申君及其全家。又据《越绝书》载,黄歇是在楚幽王之时为楚幽王所杀。

③魏信陵君亦矫夺晋鄙军往救赵:秦军围邯郸,晋鄙奉命率军十万救赵,后魏王惧秦军,命晋鄙驻军于邺城观望不前。信陵君用侯嬴计,使如姬窃兵符夺晋鄙军权,命力士朱亥椎杀晋鄙,于是率军解赵之围。事见《史记·信陵君列传》。信陵君(? —前243),姓魏,名无忌。其兄魏安釐王封他于信陵(今河南宁陵),故称信陵君。他待人宽厚,能礼贤下士,相传有食客三千,亦为战国四公子之一。晋鄙(? —前257),战国时魏国宿将。

④邯郸:战国时赵国都城,故城在今河北邯郸西南。

⑤传舍吏:管理驿馆的小官。李谈(? —前257):司马迁在《史记·平原君列传》中,因避其父谈之讳,称李同。

⑥炊骨易子而食之:以人骨作柴火煮饭,交换子女而食。

⑦荷绮縠(hú):穿着华美的丝织衣物。

⑧兵尽:武器用尽了。兵,兵器。

⑨剡(yǎn):砍,削。

⑩钟磬自恣:自己尽情地享受音乐。钟磬,古代两种打击乐器,这里用以借代各种乐器。自恣,放纵自己。

⑪飨食:飨礼和食礼。此指犒赏,慰劳。

⑫出死:是指效死,献出生命。也指敢死。

⑬李侯:以李城作封邑的侯爵。向宗鲁《校证》引《史记正义》:"怀州温县,本李城也,李谈父所封,隋炀帝从故温城移县于此。"李,原文作"孝",此据改。

⑭天海按:此文又见《史记·平原君列传》。

【译文】

平原君赵胜由楚国回到赵国后,楚国派春申君黄歇领兵救援赵国,魏国信陵君魏无忌也假借王命夺得晋鄙的兵权,领兵前往救赵。他们还未赶到赵国,秦军猛攻邯郸城,邯郸危急将要投降,平原君对此很担忧。邯郸驿馆小吏的儿子李谈对平原君说:"您不担忧赵国灭亡吗?"平原君说:"赵国灭亡我赵胜立即会成为俘虏,为什么会不担忧呢?"李谈说:"邯郸的百姓,把人骨当柴烧,彼此交换子女作为食物,可以说是困苦到极点了。可您后宫里的婢妾上百,妻妾穿着华美的丝绸,厨房里有多余的粮食和肉。士卒和百姓的武器用光了,有的人就砍削木棒当作长矛戈戟,而您的器物、音乐仍尽情享用。假若让秦军攻破赵国,您哪能再享有这些呢?假使赵国能够保全,您还怕这些东西会没有吗?您如果能让夫人以下的婢妾编排在士卒中间,分担工作并振作士气,家中所有的财物完全拿出来分赏士卒,正当他们危难困苦时,最容易施行恩惠。"于是平原君便照李谈的计谋办,就有三千勇士都自愿效死,于是跟从李谈前去与秦军交战,秦军因此退却了三十里。也正好楚国、魏国的救兵赶到,秦军于是罢兵。李谈战死,便封赏他的父亲为李侯。

6.9 秦缪公尝出①,而亡其骏马,自往求之,见人已杀其马,方共食其肉。缪公谓曰:"是吾骏马也。"诸人皆惧而起。缪公曰:"吾闻食骏马肉不饮酒者杀人②。"即以次饮之酒。杀马者皆惭而去。居三年,晋攻秦缪公,围之③。往时食马肉者相谓曰:"可以出死报食马得酒之恩矣。"遂溃围,缪公卒得以解难。胜晋,获惠公以归④。此德出而福反也。⑤

【注释】

①秦缪公(? —前621):即秦穆公,嬴姓,名任好,春秋时期秦国国

君,前659—前621年在位。被《史记索隐》等书认定为春秋五霸之一。

②食骏马肉不饮酒者杀人:吃骏马肉不饮酒会伤害身体。杀人,伤害人的性命。

③"居三年"三句:此指秦晋韩原之战。晋惠公在秦穆公的帮助下回国即位,但食言不报。晋国遇饥荒,秦倾力运粮相助;但前646年,秦国发生饥荒,秦穆公向晋国求助,遭到晋惠公的拒绝。前645年,秦穆公攻晋,在韩原大破晋军,擒晋惠公而归,后又放了他。事见《左传·僖公十五年》。《史记·秦本纪》《吕氏春秋·爱士》《淮南子·氾论训》皆云穆公赐食骏马肉者酒后一年即发生了韩原之战,故此"三年"或当作"一年"。又,韩原之战是秦攻晋,此处言晋攻秦,恐误。

④惠公(?—前637):晋惠公,姬姓,名夷吾,晋文公之弟。春秋时期晋国国君,前650—前637年在位。前651年,他在秦国的帮助下回晋国继位。但继位后,背信弃义,又诛杀大臣,国人都很不顺服他。前637年九月,晋惠公去世,其子太子圉继位,是为晋怀公。

⑤天海按:《韩诗外传》卷十、《吕氏春秋·爱士》《淮南子·氾论训》《史记·秦本纪》等都载有此事,但文字各有不同。

【译文】

秦穆公曾经外出,他的骏马走失了,他亲自前去寻找它,发现有人已经杀死他的骏马,正在一起吃马肉。秦穆公对他们说:"这是我的骏马啊!"那些人都吓得站了起来。秦穆公说:"我听说吃骏马肉不饮酒的人会丧命。"马上依次赏给他们酒喝。杀马的人都感到羞惭而离去。过了三年,晋国攻打秦穆公,并围困了他。以前吃马肉的那些人在一起相互说:"可以拼死报答吃马肉得酒的恩惠了。"于是他们冲溃了晋军的围困,秦穆公终于能够解除危难战胜晋军,擒获晋惠公后回师。这就是给人恩惠而得到福佑回报啊!

6.10 楚庄王赐群臣酒①,日暮,酒酣。灯烛灭,乃有人引美人之衣者。美人援绝其冠缨②,告王曰:"今者烛灭,有引妾衣者,妾援得其冠缨,持之,趣火来上③,视绝缨者。"王曰:"赐人酒,使醉失礼,奈何欲显妇人之节而辱士乎?"乃命左右曰:"今日与寡人饮,不绝冠缨者不欢。"群臣百有余人,皆绝去其冠缨,而上火,卒尽欢而罢④。居二年,晋与楚战,有一臣常在前,五合五获首,却敌,卒得胜之。庄王怪而问曰:"寡人德薄,又未尝异子⑤,子何故出死不疑如是?"对曰:"臣当死。往者醉失礼,王隐忍⑥,不暴而诛也⑦。臣终不敢以荫蔽之德而不显报王也⑧。常愿肝脑涂地,用颈血湔敌⑨,久矣。臣乃夜绝缨者也。"遂斥晋军⑩,楚得以强。此有阴德者必有阳报也⑪。⑫

【注释】

①楚庄王(?—前591):芈姓,熊氏,名旅,一作侣或吕,谥庄。又称荆庄王,出土战国楚简作臧王。春秋时期楚国国君,前613—前591年在位。春秋五霸之一。

②援绝:扯断。冠缨:盔、帽上的系带。

③趣:同"取"。

④卒尽欢而罢:原文"罢"误作"罪",此据明钞本改。

⑤异子:特殊对待您。

⑥隐忍:将真情隐藏在内心,强力克制忍耐,当时不流露。忍,原文误作"思",此据明钞本改。

⑦不暴(pù)而诛:不揭露和处罚。暴,揭露。

⑧荫蔽之德:暗中庇护的恩惠。

⑨湔(jiàn):同"溅"。溅洒。

⑩斥:驱逐,打退。
⑪有阴德者必有阳报:阴德,暗中给人恩惠。阳报,显著的报应。此语又见本书5.3则。
⑫天海按:此文又见《韩诗外传》卷七。

【译文】

楚庄王赏赐群臣饮酒,天已黑了,酒兴正浓。灯烛一时灭了,有人拽美人的衣服。美人顺手扯断了那人帽上的带子,告诉庄王说:"刚才灯烛熄灭,有人拽我的衣裳,我已扯得了他帽上的带子,拿着它,取灯火上来,看看谁是断了帽带的人。"楚庄王说:"赐人饮酒,使他们醉后失礼,为什么要显示妇人的贞节羞辱勇士呢?"于是命令左右的人说:"今天与我饮酒,不扯断帽带的人不算尽兴。"群臣有一百多人,都扯断了自己的帽带,然后才上火点灯,最后尽兴而散。过了两年,晋国与楚国交战,有一个臣子总是冲杀在前,五次交战五次擒获甲首,打退敌军,最后取得胜利。楚庄王感到奇怪,就问他说:"我德行浅薄,又未曾特别礼待你,你为什么像这样毫不迟疑地拼死战斗呢?"那人回答说:"我本该死罪。以前醉后失礼,大王您克制忍耐,没有使我出丑并处罚我。我始终不敢因为这是暗中给我的恩惠,而不公开地回报大王。我常怀着肝脑涂地、用颈血溅洒到敌人身上的愿望,已经很久了。我就是那夜被美人扯断了帽带的人。"最终驱逐了晋军,楚国因此强盛。这就是有阴德的人必定会得到显著回报的事例啊!

6.11 赵宣孟将上之绛①,见翳桑下有卧饿人不能动②。宣孟止车,为之下飡③,自含而铺之④。饿人再咽而能视。宣孟问:"尔何为饥若此?"对曰:"臣宦于绛⑤,归而粮绝,羞行乞而憎自取,以故至若此。"宣孟与之壶飡、脯二朐⑥,再拜顿首受之,不敢食。问其故,对曰:"向者食之而美,臣有老母,将以贡之。"宣孟曰:"子斯食之⑦,吾更与汝。"乃复为之箪食⑧,以脯二束与钱百,去之绛。居三年,晋灵公欲杀宣孟⑨,置伏士于房中,召宣孟而饮之酒。宣孟知之,中饮而出。灵公命房中士疾追杀之。一人追疾,先及宣孟,见宣孟之面,曰:"吁,固是君耶!请为君反死⑩。"宣孟曰:"子名为谁?"反走,且对曰:"何以名为?臣是夫桑下之卧人也。"还斗而死,宣孟得以活。此所谓德惠也。故惠君子,君子得其福;惠小人,小人尽其力。夫德一人活其身,而况置惠于万人乎?故曰德无细,怨无小。岂可无树德而除怨,务利于人哉?利出者福反,怨往者祸来,刑于内者应于外⑪,不可不慎也。此《书》之所谓"德无小"者也⑫。《诗》云:"赳赳武夫,公侯干城⑬。""济济多士,文王以宁⑭。"人君胡可不务爱士乎?⑮

【注释】

①赵宣孟(前655—前601):即赵盾,谥宣,时人尊称其为赵孟或宣孟。春秋时期晋国卿大夫。晋襄公七年(前621)始任中军元帅,遂执国政。他是晋文公之后晋国出现的第一位权臣,集军政大权于一身,担任执政。绛:春秋时晋国都城,在今山西翼城东南。

②翳桑:桑树之荫。杜预注:"桑之多荫翳者。"

③飧:同"餐"。这里作动词用。

④铺(bū):喂人食物。

⑤宦:本意是指做奴仆,这里是指求仕。

⑥壶飧:装在壶中的水泡饭。脯二朐(qú):两块弯曲的干肉。脯,干肉。朐,弯曲的干肉。

⑦斯:乃,就。

⑧箪食:装了一篮饭食。箪,装饭食的竹器,形似篮,这里兼作动

词用。

⑨晋灵公(前624—前607)：姬姓，名夷皋。春秋时晋国国君，前620—前607年在位。晋灵公幼年继位，荒淫无道，最终被赵盾、赵穿兄弟所杀。

⑩反死：此指反戈战死。

⑪刑于内者应于外：形成于内心就会反应在外在的行动上。刑，成。《礼记·学记》："教之不刑，其此之由乎？"郑玄注："刑，犹成也。"

⑫德无小：恩惠不论细小。天海按，今本《尚书·伊训》作"惟德罔小"。

⑬赳赳武夫，公侯干城：此二句引自《诗经·周南·兔罝》。赳赳，雄壮勇武貌。干城，盾牌和城墙。此用以比喻捍卫国家的将领或军队。

⑭济济多士，文王以宁：此二句引自《诗经·大雅·文王》。

⑮天海按：此文见《左传·宣公二年》，记桑下饿人为灵辄；又见《吕氏春秋·报更》《公羊传·宣公六年》，但不言饿人之名；《史记·晋世家》也载有此事，亦不言饿人之名。

【译文】

赵盾将要上绛城去，在路上看见桑荫下躺着一个饿得不能动弹的人。赵盾让车子停住，下车给那人吃饭，自己用口含着饭喂他。那挨饿的人咽了几口饭，然后方能睁开眼睛看。赵盾问他："你为什么饥饿成这个样子？"那人回答说："我往绛城去求仕，归途中断了干粮，羞于向人乞讨，又厌恶自己去找东西吃，因此到了这种地步。"赵盾给他一壶水泡饭和两块弯曲的干肉，那人拜了两拜，叩头接受了食物，却不敢再吃。赵盾问他为什么不吃，那人回答说："刚才吃的东西味道很美，我家中还有年迈的母亲，想要带回去献给她。"赵盾说："你就吃了这些吧，我另外再给你。"于是又给那人装了一篮饭食，还给了两小捆干肉和一百钱，然后离开前去绛城。过了三年,晋灵公想要杀死赵盾,在房中安排埋伏了武士,然后召见赵盾并与他饮酒。赵盾知道了这个阴谋,饮酒到中途时借故外出。晋灵公命房中武士立即追杀他。有一个武士追得很快,首先赶上赵盾,看见赵盾的面容,说:"啊,原来是您啊!请让我为您返回去战死。"赵盾问道:"你是谁,叫什么名字?"那武士边往回跑边回答说:"要知道名字干什么?我就是桑荫下躺着的那个人。"转回去就拼杀而死,赵盾因此能够活命。这就是所说的施德得惠啊!因此施惠给君子,君子能得到你的福佑;施恩惠给小人,小人能为你尽他的力量。给一个人恩惠就能救活自己性命,何况施恩惠给万民呢?所以说恩惠不论大小,怨恨也无论大小。怎么能够不积德并消除怨恨,努力为人们谋利益呢?付出利益的就会有幸福回报,给人怨恨的会招来灾祸,形成在内心的就会反应在外表,不能不谨慎啊。这就是《尚书》上所说的"恩惠不论大小"的道理吧。《诗经》说:"英勇矫健的武士,是王公侯爷们的屏障。""有众多威严整齐的士人,文王的国家就因此安宁。"国君怎么可以不务求爱惜士人呢?

6.12 孝景时①,吴、楚反②,袁盎以太常使吴③。吴王欲使将,不肯,欲杀之,使一都尉以五百人围守盎④。盎为吴相时,从史与盎侍儿私通⑤,盎知之,不泄,遇之如故。人有告从史,从史惧,亡归。盎自追⑥,遂以侍儿赂之⑦,复为从史。及盎使吴,见围守,从史适为守盎校司马⑧。夜引盎起曰:"君可以去矣,吴王期旦日斩君⑨。"盎不信,曰:"公何为者也?"司马曰:"臣故为君从史,盗侍儿者也。"盎乃敬谢曰⑩:"公有亲,吾不足以累公。"司马曰:"君去,臣亦且亡,避吾亲,君何患!"乃以刀决帐,醉从卒⑪,道出⑫,分背去⑬。盎遂归报⑭。

【注释】

①孝景:即西汉景帝刘启(前188—前141)。前156—前141年在位。谥号孝景皇帝,葬于阳陵。

②吴、楚反:景帝三年(前154),因用晁错削藩之策,吴王濞与楚王戊等七个藩王,以"清君侧"杀晁错为名,举兵叛乱,史称"吴楚七国之乱"。

③袁盎(约前200—前150):《汉书·爰盎传》称爰盎,字丝,西汉楚人。个性刚直,有才干,为汉文帝所赏识。文帝时为中郎,后调陇西都尉,历任齐、吴王相,与晁错有嫌隙。吴、楚反,入见景帝,建议杀晁错以平息吴、楚等国的怨望,晁错因此被杀。及吴、楚破,为楚相,不见用,病免家居。后因谏止立梁孝王为帝嗣,为梁孝王刺客所杀。太常:官名。在汉代为九卿之一,掌宗庙礼仪,兼掌选试博士。

④都尉:官名。战国时始置,汉景帝时改郡尉为都尉,辅佐郡守并掌全郡的军事。

⑤从史:汉代官名。或称"从吏"。是主官增设的官职,不列正式官序。《汉书·兒宽传》:"除为从史。"颜师古注:"从史者,但只随官僚,不主文书。"

⑥盎自追:《史记》《汉书》盎本传皆作"盎驱自追之","追"下当有"之"字,译文从之。

⑦贿:赠送财物。这里指赠送侍女。《史记》《汉书》盎本传均作"赐",义同。

⑧校司马:官名,即校尉司马。职位为校尉属官。《史记·袁盎晁错列传》作"从史适为守盎校尉司马"。

⑨期旦日:决定第二天。期,预定,约定。

⑩敬谢:婉转谢绝。《史记》《汉书》盎本传均作"惊谢",于义为长。

⑪醉从卒:灌醉跟随的士卒。

⑫道：隧道，即地道。《史记·袁盎晁错列传》作"隧"，隧，即地道。
⑬分背去：分别背道而去。
⑭天海按：此文又见《史记·袁盎晁错列传》《汉书·爰盎传》，文略同。

【译文】
　　西汉景帝时，吴、楚两国叛乱，袁盎以太常的职务出使吴国。吴王刘濞想要让袁盎做叛军将领，袁盎不肯，吴王想要杀掉他，便派一名都尉率领五百人围困袁盎。袁盎做吴王国相时，有个从史与他的侍女私通，他知道这件事情后，没有泄露，待这个从史跟从前一样。有人告诉从史，从史害怕，逃走回家。袁盎亲自追赶他，于是把侍女赐给了他，还让他做从史。到袁盎出使吴国，被围困，那个从史正好做围困袁盎的校尉司马。夜里他把袁盎拉起来说："您可以离去了，吴王决定第二天要杀死您。"袁盎不相信，问他："您是什么人的？"那司马说："我从前做过您的从史，就是与侍儿私通的那个人。"袁盎就婉转谢绝说："您还有亲人，我不能够连累您。"司马说："您离开了，我也将要逃走，让我的亲人躲避起来，您担心什么？"于是就用刀割开帐篷，灌醉随从士卒，从地道逃出，然后分别背道而去。袁盎最终回到京师汇报给了景帝。

　　6.13 智伯与赵襄子战于晋阳下而死①。智伯之臣豫让者怒②，以其精气能使襄主动心③，乃漆身变形，吞炭更声④。襄主将出，豫让伪为死人，处于梁下⑤。驷马惊，不进，襄主动心，使使视梁下，得豫让。襄主重其义，不杀也。又盗为抵罪⑥，被刑人赭衣⑦，入缮宫⑧。襄主动心，则曰："必豫让也。"襄主执而问之，曰："子始事中行君⑨，智伯杀中行君⑩，子不能死，还反事之。今吾杀智伯，乃漆身为厉⑪，吞炭为哑，欲杀寡人，何与先行异也？"豫让曰："中行君众人畜臣⑫，臣亦众人事之;智伯朝士待臣⑬,臣亦朝士为之用。"襄子曰:"非义也,子壮士也。"乃自置车库中,水浆毋入口者三日,以礼豫让⑭。让自知⑮,遂自杀也。⑯

【注释】

①晋阳下:"下"字疑衍。

②豫让:春秋战国时期晋国人。初事范氏及中行氏,无所知名,去而为晋国正卿智伯瑶的家臣。生平事迹略如本文所记。

③以其精气能使襄主动心:《史记·刺客列传》载豫让先曾"变名姓为刑人,入宫涂厕,中挟匕首,欲以刺襄子。襄子如厕,心动,执问涂厕之刑人,则豫让"。精气,精诚之气。动心,这里指心惊,警觉。

④漆身变形,吞炭更声:身上涂漆改变形体,口吞火炭改变声音。以漆涂身则身上生疮如病癞,吞炭则声音嘶哑不能辨识。

⑤梁下:桥下。

⑥盗为:当作"为盗",译文互乙。

⑦刑人:受过刑罚的犯人。赭衣:赤褐色的衣服,为古代囚犯所穿。

⑧缮宫:修缮宫室。缮,修补,修整。

⑨中行君:此指荀寅,以中行为氏,又称中行寅,谥文,故又称中行文子。晋国六卿之一。晋定公时与范吉射伐赵鞅,后败奔齐。

⑩智伯杀中行君:史不载智伯杀荀寅事,当依《战国策·赵策一》《史记·刺客列传》《吕氏春秋·不侵》,"杀"作"灭"为确。

⑪漆身为厉(lài):将漆涂在身上生疮如病癞。即上文所谓"变形"。厉,通"癞"。恶疮。

⑫众人畜臣:像对待众人一样对待我。畜,养,引申为待遇。众人,普通人。

⑬朝士待臣:像对待朝中大臣一样对待我。朝士,《周礼·秋官·

朝士》:"朝士掌建邦外朝之法。"朝士为古代官名。掌外朝官次和刑狱等。郑玄注:"外朝,路寝门之外庭。"孙希旦集解:"愚谓外朝,治朝也。"故朝士又指朝廷之士,泛称朝廷官吏。《战国策·赵策一》《吕氏春秋》、贾谊《新书》《史记》均作"国士",义佳。

⑭以礼豫让:以此礼待豫让。

⑮让自知:原文脱"让"字,此据明钞本补。

⑯天海按:此文所载之事见《战国策·赵策一》《史记·刺客列传》《吕氏春秋·不侵》、贾谊《新书·谕诚》《淮南子·主术训》等,但文字各不相同。

【译文】

智伯与赵襄子在晋阳城下交战而死。智伯的家臣豫让愤怒,因他的精诚之气能使赵襄子内心不安,于是他就用漆涂在身上使形体改变,吞下木炭使声音改变。赵襄子将要外出,豫让伪装成死人,躺在桥下,拉车的四匹马受惊不肯前进,赵襄子内心不安,派人察看桥下,捉住了豫让。赵襄子推重他的义气,没有杀他。豫让又作强盗抵偿罪责,穿上囚犯赤褐色的囚衣,进入赵府修缮宫室。赵襄子心中警觉,就说:"这一定是豫让。"赵襄子捉住他并问道:"你当初事奉中行君,智伯杀了中行君,你不能为他殉死,反而事奉智伯;如今我杀了智伯,你就身上涂漆成为癞子,吞下木炭让声音嘶哑,想要杀死我。为什么与你先前的行为不同呢?"豫让说:"中行君把我当一般人看待,我也像一般人那样去事奉他;智伯待我如朝中士大夫,我也要像朝中士大夫一样为他效命。"赵襄子说:"这虽非正义,你也是一个壮士啊!"于是赵襄子就自己住在车库中,三天三夜不进一口汤水,以此来向豫让表示敬意。豫让自己也知道,于是就自杀了。

6.14 晋逐栾盈之族①,命其家臣有敢从者死。其臣曰:

"辛俞从之②。"吏得而将杀之。君曰:"命女无得从③,敢从何也?"辛俞对曰:"臣闻三世仕于家者④,君之;二世者,主之。事君以死,事主以勤,为其赐之多也。今臣三世于栾氏⑤,受其赐多矣,臣敢畏死而忘三世之恩哉?"晋君释之。⑥

【注释】

① 晋逐栾盈之族:栾盈的母亲栾祁是范宣子的女儿,有淫行,栾盈为此羞恨。他母亲感到害怕,便在范宣子面前诬告栾盈,说栾盈怨恨范氏,想发难。范宣子也忌恨栾盈好施多士,就将栾氏逐出晋国。栾盈先奔楚,后到齐,又由齐潜回晋国曲沃,终因势孤力单而失败。晋人攻下曲沃后,尽灭栾盈之族。事见《左传·襄公二十三年》。栾盈(?—前550),姬姓,栾氏,名盈,避西汉惠帝讳,一作"逞"。谥怀,又称栾怀子。春秋时期晋国大夫,晋平公时为下卿。
② 辛俞:栾盈家臣,生平事迹不详。
③ 女:同"汝"。你。
④ 臣:原文作"日",此据明钞本改。家:西周卿大夫采邑。
⑤ 三世于栾氏:向宗鲁《校证》引《国语·晋语八》载:"世隶栾氏,于今三世矣。"可见"于"上应有"隶"字或"事"字。栾氏,原文误作"栾民",此据明钞本改。
⑥ 天海按:此事又见《国语·晋语八》,但文字多有不同。

【译文】

晋国驱逐栾盈的族人,并下令说他的家臣中有敢跟随他的人要处死。他的臣子说:"辛俞跟从了他。"吏卒捉住辛俞并准备杀死他。晋君说:"我命令你们不得跟从栾盈,你为什么竟敢跟从?"辛俞回答说:"我听说三代都在卿大夫采邑中当差的人,应把卿大夫当作君主;两代在卿大夫采邑中当差的人,应把卿大夫当作主人。要以死来事奉君主,要以勤劳来事奉主人,因为他给予的赏赐很多。如今我已是三代隶属于栾氏,受到他的恩赐太多了,我怎么敢因为怕死就忘了三代的恩惠呢?"晋君释放了他。

6.15 留侯张良之大父开地①,相韩昭侯、宣惠王、襄哀王②;父平,相釐王、悼惠王③;悼惠王二十三年④,平卒。二十岁,秦灭韩,良年少,未官事韩。韩破,良家童三百人,弟死不葬,良悉以家财求刺客,刺秦王为韩报仇。以大父、父五世相韩故。遂学《礼》淮阳⑤,东见沧海君⑥,得力士,为铁椎重百二十斤。秦皇帝东游⑦,良与客狙击秦皇帝于博浪沙⑧,误中副车。秦皇帝大怒,大索天下,求购甚急⑨。良更易姓名,深亡匿,后卒随汉报秦。⑩

【注释】

① 留侯张良(约前250—前186):字子房,颍川城父(今河南宝丰)人。其祖先为战国时韩人。他是秦末汉初杰出的谋士,与韩信、萧何并称为"汉初三杰"。助刘邦灭项羽建立西汉,因功封留侯。大父开地:张良的祖父名开地。生平事不详。大父,祖父。

② 韩昭侯(?—前333):姬姓,韩氏,名武。亦称韩釐侯、韩昭釐侯、韩昭僖侯。战国时韩国国君,前362—前333年在位。宣惠王(?—前312):即韩威侯,韩昭侯子。前325年始称王,前332—前312年在位。襄哀王(?—前296):即韩襄王,韩宣惠王子,名仓。前311—前296年在位。

③ 釐(xī)王(?—前273):即韩釐王,韩襄王子,名咎,前295—前273年在位。悼惠王(?—前239):即韩桓惠王,韩釐王子,前272—前239年在位。

④悼惠王二十三年:即韩桓惠王二十三年,前250年。
⑤淮阳:秦县名,即今河南淮阳,秦时为陈郡的郡治所在地。西汉高帝十一年(前196),设淮阳国,都陈县(今河南淮阳),后或郡或国,东汉时为陈国。
⑥沧海君:《史记·留侯世家》《汉书·张良传》皆作仓海君。《史记正义》以为此人是"秽(huì)君",汉武帝时秽君降为仓海郡,从后书之,故曰仓海君。向宗鲁《校证》认同此说。
⑦秦皇帝东游:此指秦始皇二十九年(前218),始皇由咸阳往东巡游河南、山东一带。
⑧博浪沙:古地名。一作博狼沙,在今河南原阳。
⑨求购:谓悬赏缉捕。
⑩天海按:此文所记与《史记·留侯世家》《汉书·张良传》文字略同。

【译文】

留侯张良的祖父名叫张开地,曾做过韩昭侯、韩宣惠王、韩襄王的国相,他的父亲张平,做过韩釐王、韩桓惠王的国相。韩桓惠王二十三年,张平去世。过了二十年,秦国灭掉了韩国,张良年少,没在韩国当官。韩国破灭时,张良有家奴三百人,弟弟死了却不依礼埋葬,用全部家产收买刺客,要刺杀秦王嬴政,为韩国报仇。因为祖父、父亲做过五代韩王的国相的缘故。于是他在淮阳学习《周礼》,还去东方拜见沧海君,得到一个大力士,制作了重一百二十斤的铁椎。秦始皇往东方巡游,张良与刺客在博浪沙狙击秦始皇,误中了秦始皇的副车。秦始皇大怒,命令在天下大力搜索刺客,十万火急地悬赏捉拿张良。张良改名换姓,远逃深藏,后来终于跟随汉王刘邦报了秦王灭韩之仇。

6.16 鲍叔死^①,管仲举上衽而哭之^②,泣下如雨。从者曰:"非君父子也,此亦有说乎?"管仲曰:"非夫子所知也。

吾尝与鲍子负贩于南阳③,吾三辱于市,鲍子不以我为怯,知我之欲有所明也;鲍子尝与我有所说王者,而三不见听,鲍子不以我为不肖,知我之不遇明君也;鲍子尝与我临财分货,吾自取多者三,鲍子不以我为贪,知我之不足于财也。生我者父母,知我者鲍子也。士为知己者死,而况为之哀乎?"④

【注释】

①鲍叔:即鲍叔牙(?—前644),姒姓,鲍氏,名叔牙。春秋时期齐国大夫。与管仲友善。早年辅助公子小白(即后来的齐桓公),齐襄公十二年(前686)协助公子小白夺得国君之位,并推荐管仲为相。齐桓公三十年(前656),参与"召陵之盟"使齐桓公成为霸主。齐桓公四十一年(前645),鲍叔牙拜相,并在不久后病逝。

②举上衽:将衣服外襟揭起来扎在腰上。举,揭起。一说,同"扱",插也。上衽,衣服外襟。《礼记·问丧》:"亲始死,鸡斯,徒跣,扱上衽,交手哭。"这里指管仲把鲍叔当成父母亲人一样。

③负贩:担货贩卖。南阳:春秋时齐邑,指今山东泰山以南、汶河以北地区。春秋属鲁,后入于齐。《公羊传·闵公二年》:"高子将南阳之甲。"又《孟子·告子下》:孟子谓鲁慎子"一战胜齐,遂有南阳",皆即此地。

④天海按:此文与《列子·力命》《史记·管晏列传》、刘向《管子序录》所载略同。

【译文】

鲍叔牙去世,管仲扎起上衣衣襟为他痛哭,泪下如雨。侍从说:"他不是您的父亲或儿子,这样哀痛有什么说法吗?"管仲说:"这不是你们所能理解的。我曾经与鲍叔到南阳担货贩卖,我在市场上多次受到羞辱,鲍叔并不认为我怯懦,知道我将有扬名于世的时候;鲍叔曾与我一起游说过国君,但多次不被采纳,鲍叔不认为我没本事,知道我没有遇上英明的君主;鲍叔曾与我分取钱财,我自己经常是拿多的那一份,鲍叔牙不认为我是贪心,知道我在钱财上匮乏。生养我的是父母亲,理解我的是鲍叔牙。士人能为知己的人去死,何况为他尽哀呢?"

6.17 晋赵盾举韩厥①,晋君以为中军尉②。赵盾死,子朔嗣为卿③。至景公三年④,赵朔为晋将,朔取成公姊为夫人⑤。大夫屠岸贾欲诛赵氏⑥。初,赵盾在时,梦见叔带持龟要而哭⑦,甚悲,已而笑,拊手而歌⑧。盾卜之,占兆绝而后好⑨。赵史援占曰:"此甚恶,非君之身,乃君之子,然亦君之咎也。"至子赵朔世益衰。屠岸贾者,始有宠于灵公,及至于晋景公,而贾为司寇⑩,将作难,乃治灵公之贼,以致赵盾⑪。遍告诸将曰:"赵穿弑灵公,盾虽不知,犹为首贼⑫。臣杀君,子孙在朝,何以惩罪?请诛之。"韩厥曰:"灵公遇贼,赵盾在外,吾先君以为无罪⑬,故不诛。今诸君将诛其后,是非先君之意而后妄诛⑭,妄诛谓之乱臣。有大事而君不闻,是无君也。"屠岸贾不听。厥告赵朔趋亡⑮,赵朔不肯。曰:"子必不绝赵祀,朔死且不恨⑯。"韩厥许诺,称疾不出。贾不请,而擅与诸将攻赵氏于下宫⑰,杀赵朔、赵括、赵婴齐⑱,皆灭其族。朔妻成公姊,有遗腹⑲,走公宫匿,后生男,乳,朔客程婴持亡,匿山中⑳。居十五年,晋景公疾,卜之曰:"大业之后不遂者为祟㉑。"景公疾问韩厥,韩厥知赵孤在,乃曰:"大业之后在晋绝祀者㉒,其赵氏乎?夫自中衍皆嬴姓也㉓,中衍人面鸟喙㉔,降佐殷帝大戊及周天子㉕,皆有明德㉖;下及幽、厉无道㉗,而叔带去周适晋,事先君文侯㉘,至于成公,世有立功,未尝有绝祀。今及吾君,独灭之赵宗㉙,国人哀之,故见龟策㉚。唯君图之。"景公问云:"赵尚有后子孙乎?"韩厥具以实对。于是景公乃与韩厥谋立赵孤儿,召而匿之宫中。诸将入问疾,景公因韩厥之众,以胁诸将而见赵孤,孤名曰武。诸将不得已,乃曰:"昔下宫之难,屠岸贾为之,矫以君令,并命群臣,非然㉛,孰敢作难?微君之疾,群臣固且请立赵后,今君有令,群臣之愿也。"于是召赵武、程婴,遍拜诸将军。将军遂返与程婴、赵武攻屠岸贾,灭其族。复与赵武田邑如故。故人安可以无恩?夫有恩于此,故复于彼㉜。非程婴则赵孤不全,非韩厥则赵后不复,韩厥可谓不忘恩矣。㉝

【注释】

①韩厥:姬姓,韩氏,名厥,谥献,故亦称韩献子。春秋时晋人。历事晋灵公、成公、景公、厉公、悼公五朝,至晋悼公时,升任晋国正卿执政。

②中军尉:官名。春秋时晋国军队分为上中下三军,各军设尉,职掌是发众使民。

③子朔嗣为卿:赵盾的儿子赵朔继承父亲职位为卿。赵朔,即赵庄子。春秋时期晋国大夫。

④景公三年:前597年。景公,即晋景公(?—前581),姬姓,名獳,一名据。春秋时期晋国君主,前599—前581年在位。

⑤成公姊:晋成公黑臀的姐姐。一说为成公之女。《左传·成公八年》杜预注:"庄姬,成公女。"庄姬,又称孟姬、赵庄姬。姬姓,名字不详。"姬"是她自己的姓,"赵"是丈夫的氏,"庄"是赵朔的谥号。晋成公(?—前600),姬姓,名黑臀。春秋时期晋国君主,前

606—前 600 年在位。

⑥大夫屠岸贾欲诛赵氏:屠岸贾先受宠于晋灵公,因赵盾之弟赵穿杀灵公,故欲灭赵氏为灵公报仇。屠岸贾(？—约前 583),春秋时晋人,复姓屠岸。

⑦叔带:西周时赵造父的七世孙,周幽王无道,去周入晋,事晋文侯,始建赵氏于晋国。龟要:要,同"腰"。向宗鲁《校证》引俞樾说,认为"龟"字为衍文,《史记·赵世家》作"持要而哭",亦无"龟"字。译文从此说。

⑧拊手:拍手。

⑨占兆:占卜时火灼龟甲产生的裂纹。绝而后好:兆纹断裂之后又合好。

⑩司寇:官名。西周始置,有大司寇、小司寇之分。春秋战国时沿用,掌管刑狱、纠察等事。

⑪以致赵盾:以此牵连到赵盾。赵盾是本文赵氏孤儿赵武的祖父。

⑫"赵穿弑灵公"三句:前 607 年,晋灵公想要杀害赵盾,赵盾逃脱,未出国境,赵盾从弟赵穿杀了灵公后,赵盾才返回。弑,原文误作"试",径改。

⑬先君:指晋景公之父成公。晋灵公死后,赵盾派赵穿到东周(洛阳)将晋文公之子黑臀迎回,是为晋成公。

⑭是非先君之意:这就是违背先君的意愿。非,反对,违背。

⑮趣(cù)亡:赶快逃走。趣,通"促"。急促,赶快。

⑯不恨:没有遗憾。

⑰贾不请,而擅与诸将攻赵氏于下宫:此所谓下宫之难,又称下宫之役、原屏之难、庄姬之乱、孟姬之乱。据《左传》《史记·晋世家》记载,事在前 583 年。据《左传·成公八年》,赵氏下宫之难被杀者为赵同、赵括。起因是在此以前赵朔已死,赵朔之妻庄姬与赵朔之叔赵婴齐私通,婴齐之兄赵同、赵括出面干涉,将赵婴

齐赶到了国外。赵庄姬不满,向景公说赵同、赵括的坏话,于是景公诛赵同、赵括于下宫。下宫,亲庙,即祖庙。《礼记·文王世子》:"诸子诸孙,守下宫下室。"郑玄注:"下宫,亲庙也。"

⑱赵括、赵婴齐:此二人均为赵盾之异母弟。春秋时期,晋国大夫赵衰等跟随公子重耳流亡,在翟国,赵衰娶叔隗为妻,生赵盾,母子都留在翟国。重耳即位为晋文公之后,将女儿嫁给赵衰,称赵姬,生了三个儿子:赵同、赵括、赵婴齐。赵姬贤德,主动迎回叔隗母子,并且劝说赵衰以叔隗为正室、赵盾为嫡子,宁可自己居下位。赵盾后来得到晋成公的重用,为感激赵姬,请求晋成公起用赵姬三个儿子,故赵同兄弟三人皆成为晋国大夫。

⑲遗腹:即遗腹子。父死,子在母腹未生者。

⑳朔客程婴持亡,匿山中:《史记·赵世家》记载,屠岸贾杀死赵朔一家,庄姬因是国君成公的姐姐没有罹难,在宫中生下遗腹子赵武。通过赵氏门客公孙杵臼、程婴帮助,将赵武救出宫外抚养,这就是流传至今的《赵氏孤儿》的故事。程婴,赵朔的门客。

㉑大业:秦人祖先,颛顼苗裔,名大业。见《史记·秦本纪》。不遂者:不如意的人。为祟:即作祟,指鬼怪妖物害人。

㉒绝祀:断绝祭祀,谓亡国亡族。

㉓中衍:传说中秦人远祖。据《史记·秦本纪》载:大业生大费,大费生大廉,大廉玄孙曰孟戏、中衍,鸟身人言。帝太戊曾以为御(驾车人),中衍后嗣在殷世代有功,遂为诸侯。嬴姓:据《史记·秦本纪》,秦远祖大费曾同禹一道平治水土,又佐舜调驯鸟兽,故舜赐姓嬴氏。天海按,这是追溯赵氏远祖之词。

㉔人面鸟喙(huì):人脸鸟嘴。此形容人的长相,面目像人,嘴长得像鸟。

㉕大戊:殷商第九代国君,又称太戊。

㉖明德:显著的德行。一说为光明之德,美德。

㉗幽、厉无道：周幽王、周厉王荒淫暴虐。周幽王，名宫涅，西周最后一个国君，前781—前771年在位。荒淫失政，被犬戎所杀。周厉王，名胡，前857—前842年在位。残忍暴虐，被国人所逐，死于彘。周幽王在周厉王之后。

㉘文侯：即晋文侯（前805—前746），姬姓，名仇，晋穆侯之子。穆侯时立为太子，穆侯卒，弟殇叔自立，仇出奔，后率其徒袭殇叔而为晋君，前780—前746年在位。犬戎攻杀周幽王，平王、携王并立，前760年，文侯拥平王而杀携王。

㉙独灭之赵宗：唯独您灭此赵氏宗族。

㉚龟策：占卜用的龟甲和蓍（shī）草。这里指占卜的兆象和结果，即前所言"大业之后不遂者为祟"。策，蓍草。

㉛非然：不是这样。

㉜故复于彼：原文作"攻复于彼"，明钞本亦同。然义费解，现依《万有文库》本据卢文弨说改。

㉝天海按：此文所记亦见《史记·赵世家》《韩世家》与《新序·节士》，又见《论衡·吉验篇》。

【译文】

晋国赵盾推举韩厥，晋国国君让韩厥做了中军尉。赵盾死后，他的儿子赵朔继承了他为上卿。到晋景公三年，赵朔做晋国将军，赵朔娶了成公的姐姐为夫人。大夫屠岸贾想要诛灭赵氏。当初，赵盾还在世的时候，曾梦见先祖叔带扶着腰哭泣，很悲痛，后来又发笑，拍手唱歌。赵盾占卜这个梦，占卜的兆纹断裂后又合好。赵史援占卜说："此梦的征兆很险恶，不是应验在您的身上，而是应验在您儿子身上，但也是由于您的过错。"到了他的儿子赵朔这一代就更加衰落了。屠岸贾这个人，开始在晋灵公那里就受宠，等到了晋景公时，屠岸贾做司寇，准备制造祸乱，就以惩治谋害晋灵公的事，来牵连到赵盾。他告诉所有的将领说："赵穿杀了晋灵公，赵盾即使不知情，仍然是首犯。臣子杀了国君，子孙还在朝中做官,怎么能惩治犯罪?请求诛灭他们。"韩厥说:"灵公遇害,赵盾在外,先君成公认为他没有罪,所以不杀他。如今各位打算诛杀他的后人,这是违背先君的意愿然后又胡乱诛杀,胡乱诛杀的人叫乱臣。有重大的事情不让国君知道,这是目无国君。"屠岸贾不听他的。韩厥告诉赵朔赶快出逃,赵朔不肯。他说:"你如果能确保不让赵氏绝后,我死了也不遗憾。"韩厥答应了他,便托病不出。屠岸贾不向国君请示,就擅自与众将军围攻赵氏祖庙,杀死赵朔、赵括、赵婴齐,消灭了赵氏全部族人。赵朔的妻子是晋成公的姐姐,身有遗腹子,逃到景公宫内躲藏,后来生了一个男孩,还在哺乳时,赵朔的门客程婴就带着他逃往山中躲藏。过了十五年,晋景公生了病,占卜的人说:"大业的后代含冤而死的人在作怪。"晋景公立即询问韩厥,韩厥知道赵氏孤儿还在,就说:"大业的后代在晋国断绝了祭祀的,那不是赵氏吗?他们从中衍氏那一代起都属嬴姓,中衍氏人面鸟嘴,恭顺地辅佐殷帝太戊,直到西周天子,都有显著的德行。往下到周厉王、周幽王昏庸无道时,叔带就离开西周到了晋国,事奉先君文侯,直到成公,世代都立有功劳,祭祀未曾断绝。如今到了国君您这一代,唯独诛灭此赵氏宗族,国人都为他们悲哀,所以显现在龟甲蓍草上。希望国君考虑一下。"晋景公问道:"赵氏还有后代子孙吗?"韩厥将实情全部回禀了他。于是晋景公就与韩厥商量要立赵氏孤儿,并将赵氏孤儿召回藏在宫中。众将入宫问病,晋景公凭借韩厥人多势众,以此来胁迫众将面见赵氏孤儿,孤儿名叫赵武。众将无可奈何,就说:"从前在赵氏祖庙发生的祸乱,是屠岸贾造成的,他假传国君的命令,并号令群臣,要不是这样,谁敢作乱?就是国君没有生病,我们本来也要请求立赵氏之后,如今国君有令,这也是我们的心愿。"于是召来赵武、程婴,逐个拜见众将军。将军们于是反戈与程婴、赵武攻打屠岸贾,诛灭了他的家族。晋景公又赐给赵武田地采邑,跟从前一样。所以人怎么可以不施恩呢?因为在此时此地向人施恩,就会在彼时彼地得到回报。没有程婴,赵氏孤儿就不能保全;没有韩厥,赵氏的后人就不能再立;韩厥可称得上是不忘恩的人了。

6.18 蘧伯玉得罪于卫君①,走而之晋。晋大夫有木门子高者②,蘧伯玉舍其家③。居二年,卫君赦其罪而反之。木门子高使其子送之至于境,蘧伯玉曰:"鄙夫之④,子反矣。"木门子高后得罪于晋君,归蘧伯玉⑤。伯玉言之卫君曰:"晋之贤大夫木门子高得罪于晋君,愿君礼之。"于是卫君郊迎之,竟以为卿⑥。

【注释】

①蘧(qú)伯玉:姓蘧,名瑗(yuàn),字伯玉,谥成子,春秋时卫国人,卫国大夫,但不被卫灵公重用。他是孔子的朋友。《淮南子·原道训》:"凡人中寿七十岁,然而趋舍指凑,日以月悔也,以至于死,故蘧伯玉年五十而有四十九年非。"高诱注:"伯玉,卫大夫蘧瑗也。今年所行是也,则还顾知去年之所行非也。岁岁悔之,以至于死,故有四十九年非,所谓月悔朔、日悔昨也。"卫君:卫国国君,这里似指卫献公。卫献公(?—前544),姬姓,名衎。春秋时卫国国君,前576年即位,前559年,为孙林父所逐,奔齐。孙林父、宁殖共立其弟剽为君,即卫殇公。后献公与大夫宁喜约,如果可以返国,国政交给宁氏。献公在外十二年,前546年,宁喜杀殇公,得复位。旋为晋人所执,因齐、郑斡旋获释。归国后,杀宁喜。
②木门子高:其人生平不详。木门,晋邑。子高,复姓。
③舍:居住。
④鄙夫之,子反矣:鄙人我走了,你回去吧。鄙夫,自谦之辞。之,往。如果以"鄙夫之子反矣"为一句,但如此蔑称有恩之人,不合情理。故应在"之"下断句。向宗鲁《校证》"之"下未断句,以为

"之"字上脱"志"字。今从"之"字断,文意仍可通。

⑤归:投奔,归附。

⑥竟:最终。

【译文】

蘧伯玉得罪了卫国国君,出走到了晋国。晋国大夫有个叫木门子高的人,蘧伯玉就住在他家中。过了两年,卫国国君赦免了蘧伯玉的罪过并让他回国。木门子高让他的儿子送蘧伯玉到达边界,蘧伯玉说:"鄙人我走了,你回去吧。"木门子高后来得罪了晋国国君,来投奔蘧伯玉。蘧伯玉对卫君说:"晋国的贤大夫木门子高得罪了晋君,希望国君能礼待他。"于是卫国国君出城到郊外迎接木门子高,最终让他做了卿。

6.19 北郭骚踵门见晏子①,曰:"窃悦先生之义②,愿乞所以养母者。"晏子使人分仓粟府金而遗之③,辞金而受粟。有间④,晏子见疑于景公,出奔。北郭子召其友而告之曰:"吾悦晏子之义,而尝乞所以养母者。吾闻之曰:'养及亲者,身更其难⑤。'今晏子见疑,吾将以身死白之⑥。"遂造公庭⑦,求复者曰⑧:"晏子,天下之贤者也,今去齐国,齐国必侵矣⑨。方必见国之侵也,不若先死。请绝颈以白晏子。"逡巡而退,因自杀也。公闻之,大骇,乘驲而自追晏子⑩,及之国郊,请而反之。晏子不得已而反⑪,闻北郭子之以死白己也,大息而叹曰:"婴不肖,罪过固其所也⑫,而士以身明之,哀哉!"⑬

【注释】

①北郭骚:复姓北郭,名骚,生平事未详。踵门:亲自上门。"门"字原本脱,此据向宗鲁《校证》补。

②窃:私下,私自。多用作表示自己的谦辞。悦:欣赏,赞赏。

③仓粟府金：仓中粮食库中钱财。府，储存钱币的库房。遗（wèi）：给予，馈赠。

④有间（jiàn）：此指不久。

⑤更：换易，替代。

⑥死白：拼死为他洗刷冤枉。原文"白"上脱"死"字，此依向宗鲁《校证》据《晏子春秋·内篇杂上》《吕氏春秋·士节》补。

⑦造：去，到。

⑧复者：传话的使者，如今之管传达、接待的人。

⑨侵：受到进攻，侵犯。

⑩驲（rì）：驿传。以车为传、以骑为驲。驲，后通"驿"。原文做"驰"，此据向宗鲁《校证》改。

⑪反：原文此字下有"之"字，向宗鲁《校证》引卢文弨说以为衍文，此据删。

⑫固其所：本来就该这样的。

⑬天海按：此文又见《晏子春秋·内篇杂上》与《吕氏春秋·士节》，文略同。

【译文】

北郭骚亲自上门求见晏子，说："我私下赞赏先生的仁义，想要讨一些东西来奉养我的母亲。"晏子派人将仓库中的金钱和粮食分拨一些送给他，他不要金钱而接受了粮食。不久，晏子被齐景公怀疑而出走。北郭骚叫来他的朋友并告诉他们说："我赞赏晏子的仁义，并曾经向他乞讨过奉养母亲的粮食。我听说过这样的话：'对赡养过自己父母亲的人，应该用生命来替他受难。'如今晏子被怀疑，我准备以死来洗刷他的冤枉。"于是就到齐景公朝堂，请求传达的人转告景公说："晏子是天下的贤人，如今离开齐国，齐国必定会受到侵犯。如果必定见到齐国被侵犯，不如先死。请让我断颈来辨白晏子的冤枉。"说完转身退下，自杀了。齐景公听说这件事，十分震惊，乘上驿马亲自追赶晏子，一直追到国都郊外,请求晏子返回。晏子不得已才返回,听说北郭骚用死来为他辨白冤枉,长叹一声说:"我不贤,罪过本来就该受到这样的处置,却让贤士用生命来为我昭明。真痛心啊!"

6.20 吴赤市使于智氏①,假道于卫。南文子具纻绤三百制②,将以送之。大夫豹曰③:"吴虽大国也,不壤交④,假之道,则亦敬矣,又何礼焉?"南文子不听,遂致之。吴赤市至于智氏,既得事,将归吴,智伯命造舟为梁。吴赤市曰:"吾闻之:天子济于水,造舟为梁⑤,诸侯维舟⑥,大夫方舟⑦。方舟,臣之职也。且敬大甚,必有故。"使人视之,则用兵在后矣,将以袭卫。吴赤市曰⑧:"卫假吾道而厚赠我,我见难而不告,是与为谋也。"称疾而留,使人告卫,卫人警戒。智伯闻之,乃止。

【注释】

①赤市(fú):春秋末年吴国大夫,生平不详。智氏:即智伯瑶。
②南文子:春秋时贤士,卫国大夫。南,原文作"甯",向宗鲁《校证》引卢文弨依《战国策·卫策》及本书卷十三《权谋》篇疑为"南"字之误,此从其说径改。纻(zhù)绤(chī)三百制:麻布葛布三百匹。纻,苎麻,也指苎麻织成的布。绤,细葛布。制,即匹,长度单位。
③大夫豹:卫国大夫,名豹,生平不详。
④不壤交:国土不接壤。
⑤造舟为梁:把船在水面上排列整齐,上辅木板。即今之浮桥。
⑥维舟:把船连接起来。维,连接。此下原文有"为梁"二字,系涉上文而衍,此据向宗鲁《校证》引诸书删。
⑦方舟:两船相并。

⑧吴赤市:原文脱"赤"字,此据明钞本补。

【译文】

吴国的赤市出使晋国智氏,向卫国借路。南文子准备了苎麻布、细葛布三百匹,准备把这些送给他。大夫豹说:"吴国虽然是大国,但不与我国接壤,借路给他,就也算表示敬意了,又何必送礼给他呢?"南文子不听,还是将礼物送给了赤市。吴国赤市到达晋国智氏之地,办完了事情之后,将要回吴国,智伯下令把船造成桥梁。吴国赤市说道:"我听说:天子渡水,用船造浮桥;诸侯渡水就用船连接;大夫渡水就用两条船相并。用两条船相并,才符合我的身份。况且礼敬特别过分,一定别有缘故。"于是派人察看,原来已经在后面布置了军队,准备借机袭击卫国。吴国赤市说:"卫国借道给我,还厚赠礼物给我,我看见他们有危难而不告知,这就是与晋国同谋。"他便推说有病而滞留,派人告知卫国,卫国人做了警戒。智伯知道后,就停止了袭击卫国。

6.21 楚、魏会于晋阳①,将以伐齐。齐王患之,使人召淳于髡曰②:"楚、魏谋欲伐齐,愿先生与寡人共忧之。"淳于髡大笑而不应。王复问之,又复大笑而不应,三问而三不应。王怫然作色曰③:"先生以寡人国为戏乎?"淳于髡对曰:"臣不敢以王国为戏也,臣笑臣邻之祠田也④。以奁饭与一鲋鱼⑤,其祝曰:'下田洿邪⑥,得谷百车,蟹堁者宜禾⑦。'臣笑其所以祠者少⑧,而所求者多。"王曰:"善。"赐之千金,革车百乘⑨,立为上卿。⑩

【注释】

①晋阳:春秋战国时著名古城,故址在今山西太原晋源区以及附近区域一带。始建年代不详,最早出现在史书中的年代是前

497年。

②淳于髡(kūn)：战国时齐人，滑稽善辩，足智多谋。齐威王拜其为卿大夫，数度出使诸侯，未尝屈辱。前349年，楚发兵伐齐。齐威王使淳于髡至赵国请救兵，赵王与之精兵十万，革车千乘。楚国闻之退兵。事见《史记·滑稽列传》。

③怫然：愤怒的样子。

④臣笑臣邻之祠田：原文作"臣邻之祠田"，脱"笑臣"二字，此据明钞本补。祠田，向田地祈祷。祠，祈祷。

⑤奁饭：一小盒饭。奁，盛物之器，盒、匣之类。鲋(fù)鱼：鱼名。形似鲫鱼，很小。

⑥洿(wū)邪：地势低洼、容易积水的劣田。《大戴礼记·劝学》："譬之如洿邪，水潦溇焉，莞蒲生焉。"

⑦蟹堁(kè)：高地，即旱地。禾：秦汉以前泛指粟为禾，粟种在旱地里。

⑧祠者少：这里指祈祷所献的供品少。

⑨革车：古代用皮革装饰的一种兵车。

⑩天海按：此文所记亦见《史记·滑稽列传》、本书卷八《尊贤》及《太平御览》所引《新序》，文字各有不同。

【译文】

楚国与魏国在晋阳会盟，将要攻打齐国。齐王担心这件事，派人召见淳于髡说："楚魏两国图谋要攻打齐国，希望先生与我分忧解难。"淳于髡大笑而不回答。齐王又问他，他又是大笑而不回答，问了三次都不回答。齐王愤怒得变了脸色说："先生是拿我的国家为儿戏吗？"淳于髡回答说："我不敢拿大王的国家为儿戏，我是笑我的邻人向田地祈祷的事。他用一小盒饭和一条鲋鱼为供品，他的祷告词说：'希望下等低湿田能打一百车谷子，高处旱地多打小米。'我笑他用来祈祷的供品太少，而所祈求的又太多。"齐王说："好吧。"于是赏赐给他千金钱财，兵车一百乘,还封他为上卿。

6.22 阳虎得罪于卫①,北见简子曰②:"自今以来,不复树人矣③。"简子曰:"何哉?"阳虎对曰:"夫堂上之人,臣所树者过半;朝廷之吏,臣所立者亦过半矣;边境之士,臣所立者亦过半矣。今夫堂上之人,亲却臣于君朝④;朝廷之吏,亲危臣于法⑤;边境之士,亲劫臣于兵⑥。"简子曰:"唯贤者为能报恩,不肖者不能。夫树桃李者⑦,夏得休息,秋得食焉;树蒺藜者,夏不得休息,秋得其刺焉。今子之所树者,蒺藜也,非桃李也。自今以来,择人而树,毋已树而择之。"⑧

【注释】

①阳虎得罪于卫:阳虎,字货。春秋时期鲁国人,季氏家臣,事季平子,平子卒,虎遂专权。曾囚季桓子,迫使他与自己结盟。前502年,企图消灭孟孙、叔孙、季孙"三桓"势力,为"三桓"击败,出奔阳关。次年,"三桓"攻阳关,阳虎奔齐,后又奔晋,为赵简子家臣。事详《左传》,但未记得罪卫国之事。《韩诗外传》卷七作:"魏文侯之时,子质仕而获罪焉。"向宗鲁案:"《韩子》作'阳虎去齐走赵',于事为合。"故"卫"字恐为"魏"字音误。

②简子:即赵简子,名鞅,春秋末年晋国上卿。

③树人:扶持、培养人才。

④亲:亲自。却:排斥,打击。君朝:君主的朝堂。他本误删此"朝"字。

⑤危:危害。法:此字原文脱,此据明钞本补。

⑥劫:劫持,威胁。

⑦树:种植,栽种。

⑧天海按：此文本《韩诗外传》卷七，阳虎作"子质"，文字略异。《韩非子·外储说左下》也载有类似之事，但文字大多不同。

【译文】

阳虎在卫国获罪，北去晋国谒见赵简子说："从今以后，我不再培养人了。"赵简子问："为什么呢？"阳虎回答说："那朝堂上的人，我所培养的超过了半数；朝廷的官吏，我所培养的也超过了半数；那边境上的将士，我所培养的也超过了半数。如今那朝堂上的人，亲自在君主朝堂上排斥我；朝廷的官吏，亲自用刑法危害我；边境上的将士，亲自用武力威胁我。"赵简子说："只有贤人才能报恩，不贤的人是不能的。那种植桃李的人，夏天能在树荫下得到休息，秋天能得到果实吃；那栽种蒺藜的人，夏天得不到树荫休息，秋天得到的是那棘刺。如今你所栽培的就是蒺藜，并不是桃李。从今以后，要选择人才而栽培，不要已经栽培了才选择他。"

6.23 东闾子尝富贵而后乞①，人问之曰："公何为如是？"曰："吾自知。吾尝相六七年，未尝贵一人也；吾尝富三千万者再②，未尝富一人也。不知士出身之咎然也③。"孔子曰："物之难矣④，小大多少，各有怨恶，数之理也⑤，人而得之，在于外假之也。"

【注释】

①东闾(lǘ)子：东闾，复姓。其人生平不详。《古今姓氏书辨证》："东闾，齐之门名，当时大夫以所居为氏。"

②再：再次，两次。

③出身：献身。《吕氏春秋·诚廉》："伯夷、叔齐，此二士者，皆出身弃生以立其意，轻重先定也。"咎：过错。

④难(nuó):繁盛。这里指事物的复杂。
⑤数之理也:命运的规律。数,命运。理,规律。

【译文】

东闾子曾经富贵,后来却向人乞讨,有人问他说:"你怎么会变成这个样子?"他说:"我自己明白。我曾经做国相有六七年,不曾使一人显贵;我曾经两次富有三千万,却未曾帮助一人富足过。不明白士人应当献身的过错使我成为这样的。"孔子说:"事物太复杂了,小大多少,各有怨恨和厌恶,这是命运的规律,人能掌握它,在于对外物的利用。"

6.24 魏文侯与田子方语①,有两僮子衣青白衣而侍于君前②。子方曰:"此君之宠子乎?"文侯曰:"非也,其父死于战,此其幼孤也,寡人收之。"子方曰:"臣以君之贼心为足矣③,今滋甚!君之宠此子也,又且以谁之父杀之乎?"文侯愍然曰④:"寡人受令矣⑤。"自是以后,兵革不用⑥。

【注释】

① 魏文侯(?—前396):姬姓,魏氏,名斯,一名都。战国时魏国开国君主,前445—前396年在位。田子方:名无择,字子方。魏国人。以子贡为师,道德学问闻名诸侯。传言魏文侯曾慕名聘他为师,执礼甚恭。
② 僮子:少年人。衣青白衣:穿着黑色和白色的衣服。前一"衣"字是"穿"的意思。
③ 贼心:害人之心。
④ 愍(mǐn)然:忧伤的样子。
⑤ 受令:受教。令,善,善言。
⑥ 兵革:武器和甲胄。这里指战争。

【译文】

　　魏文侯与田子方在一起交谈,有两个少年人穿着黑色和白色的衣服,侍立在魏文侯的前面。田子方问:"这是您宠爱的儿子吗?"魏文侯说:"不是,他们的父亲在战斗中死亡,这就是他们的孤儿,我收养了他们。"田子方说:"我以为您害人之心满足了,如今却滋长得更厉害了!您宠爱这两个孤儿,又将要让他们去把谁的父亲杀死呢?"魏文侯忧伤地说:"我接受你的教诲了。"从这以后,就不再发起战争。

　　6.25 吴起为魏将①,攻中山②。军人有病疽者③,吴子自吮其脓④。其母泣之,旁人曰:"将军于而子如是⑤,尚何为泣?"对曰:"吴子吮此子父之创,而杀之于泾水之战⑥,战不旋踵而死⑦。今又吮之,安知是子何战而死,是以哭之矣。"⑧

【注释】

① 吴起(?—前381):战国时卫国人,初在鲁国为将,后至魏,魏文侯任为西河守,后遭陷害又逃楚,辅佐楚悼王实行变法。楚悼王死后,变法失败被杀。攻打中山国之事《史记》不载。

② 中山:春秋末年戎人所建,初都于今河北定州,后迁灵寿。前406年曾为魏国所破,后复国;前296年为赵武灵王所灭。

③ 病疽(jū):害了毒疮、痈疽。

④ 吮(shǔn):用嘴吸。

⑤ 而子:你的儿子。而,同"尔"。

⑥ 泾水之战:指前409年魏文侯命吴起攻秦之战。泾水,水名。源出甘肃,流经陕西境内。泾,原文误作"注",形近而误,此依向宗鲁《校证》引诸书改。

⑦ 旋踵:转身。指畏避退缩。

⑧天海按：此文所记之事又见《韩非子·外储说左上》与《史记·孙子吴起列传》。

【译文】

吴起做了魏国将军，进攻中山。军队中有人长了痈疽，吴起亲自用口为他吸脓。那人的母亲为此哭泣。旁边的人说："将军如此对待你的儿子，为什么还要哭泣呢？"那人的母亲回答说："吴起用口吸过这孩子父亲的伤口，他父亲便在泾水之战中被杀，战斗中他毫不怕死退缩。如今吴起又用嘴为我儿子吸脓，不知道这个孩子又将在哪一次战斗中死去，因此为他哭泣。"

6.26 齐懿公之为公子也①，与邴歜之父争田②，不胜。及即位，乃掘而刖之③，而使歜为仆④。夺庸职之妻⑤，而使职为参乘⑥。公游于申池⑦，二人浴于池，歜以鞭抶职⑧，职怒，歜曰："人夺女妻⑨，而不敢怒⑩，一抶女，庸何伤⑪？"职曰："与刖其父而不病奚若⑫？"乃谋杀公，纳之竹中。⑬

【注释】

①齐懿(yì)公(？—前609)：姜姓，吕氏，名商人。齐桓公之子，齐昭公之弟，杀太子舍自立。前612—前609年在位。据《史记·齐太公世家》记载，桓公在世时，商人与大夫邴原争猎物而不胜，衔恨于心。继位后掘邴原尸而刖之。齐懿公好色，夺参乘阎职之妻。邴原之子邴歜怀恨在心，和参乘阎职合谋，乘懿公出游杀之，归告齐祖庙，从容出逃。齐人恨懿公骄恣，废其子而迎公子元于卫，称齐惠公。

②邴歜(bǐng chù)：春秋时齐人。生平不详。争田：争夺田界。《史记·齐太公世家》作争猎物。

③掘而刖(yuè)之：掘邴歜之父邴原之墓，并将尸体的脚砍断。刖，古代的一种酷刑，把人的脚砍掉。

④仆：古代驾车的人。

⑤庸织：《史记·齐太公世家》作"阎职"，春秋时齐人，生平不详。

⑥参乘：古时乘车，在车右担任警卫的人。古代乘车，尊者在左，御者在中，又一人在右，称参乘或车右。亦作"骖乘"。

⑦申池：水池名。春秋时齐国都城西门名申门，申门左右皆有水池，故名申池。

⑧扺(chǐ)：用鞭、杖或竹板之类的东西打人。

⑨女：同"汝"。你。下一"女"同此。

⑩而：同"尔"。

⑪庸何伤：有什么妨害。庸，同"用"。《说文解字》："庸，用也。"介词，犹言"以"，表示凭借或者原因。

⑫与刖其父而不病奚若：句首原文有"孰"字，与"奚若"意重复，此依向宗鲁《校证》据《左传》删。病，痛恨。

⑬天海按：事又见《左传·文公十八年》《史记·齐太公世家》。

【译文】

　　齐懿公作公子的时候，与邴歜的父亲争夺田界，没有取胜。到他继位后，就掘开邴歜父亲的坟墓并将尸体的脚砍掉，还让邴歜当他的车夫。齐懿公还抢夺了庸织的妻子，并让庸织作他的参乘。齐懿公到申池游玩，邴歜、庸织二人在池中洗澡，邴歜用鞭子抽打庸织，庸织发怒，邴歜说："别人抢夺你的老婆你不敢发怒，我打你一下，又有何妨？"庸织说："这与砍掉你父亲的脚而不痛恨相比又如何呢？"于是二人就密谋杀死齐懿公，把尸体藏在竹林中。

6.27 楚人献鼋于郑灵公①。公子家见公子宋之食指动②，谓公子家曰③："他日我如是④，必尝异味⑤。"及食大夫鼋,召公子宋而不与⑥。公子宋怒,染指于鼎⑦,尝之而出。公怒,欲杀之。公子宋与公子家谋先⑧,遂弑灵公。子夏曰⑨:"《春秋》者,记君不君、臣不臣、父不父、子不子者也⑩。此非一日之事也,有渐以至焉⑪。"⑫

【注释】

①鼋(yuán):大鳖,背青黄色,头有疙瘩,俗称癞头鼋。郑灵公(？—前605):姬姓,名夷,谥灵。前606年冬十月,郑穆公去世后继任国君,前605年夏,因为食鼋之事惹恼公子宋而为所杀。成语"染指于鼎"即出于此。

②公子家(？—前599):名归生,字子家。郑灵公时为卿。公子宋:字子公。郑国贵族。

③谓公子家曰:此必是公子宋对公子家说话。主语承前省略。

④他日:从前。原文脱此二字,此据向宗鲁《校证》补。

⑤异味:珍奇的美味。

⑥召公子宋而不与:《左传·宣公四年》此句前有"及入,宰夫将解鼋,相视而笑。公问之,子家以告"几句。灵公知而不与,故公子宋发怒,前后意思连贯。"与"下当有"食"字,译文补足。

⑦染指:用手指蘸一下汤。

⑧谋先:谋划在先。

⑨子夏(前507—？):姓卜,名商,字子夏。孔子弟子,以文学见称。为鲁国莒父宰。孔子死后,讲学于西河,李克、吴起、田子方、段干木皆从受业,魏文侯曾师事之。

⑩君不君:国君不守君道。意即当国君的不像国君的样子。下文句法与此同。

⑪有:同"由"。渐:渐进趋势。名词。

⑫天海按:公子宋与公子家弑郑灵公事,见《左传·宣公四年》及

《史记·郑世家》。子夏一段话，见《韩非子·外储说右上》。

【译文】

楚人向郑灵公进献了大鳖。公子家看见公子宋的食指在动，公子宋就对公子家说："以前我的食指像这样动，一定会尝到奇异的美味。"到郑灵公请大夫们吃鳖时，召请了公子宋却不给他吃。公子宋发怒，他将食指伸进鼎锅蘸了鳖汤，品尝了味道才退出。郑灵公大怒，想要杀掉他。公子宋与公子家谋划在先，于是杀了郑灵公。子夏说："《春秋》这本书，记载的就是国君不像国君、臣子不像臣子、父亲不像父亲、儿子不像儿子之类的事情。这也不是一两天的事情了，是由于逐渐演进形成的。"

卷七

政理

【题解】

政理,即政治。指的是关于治国治民的政治思想、纲领,及具体方略。本卷记载了从周文王至春秋战国时期,明君贤臣执政治国的轶事共49则。其中孔子关于论政治国的主张就有16则,约占全卷的三分之一;其次是西周之初文王、武王、周公、成王与贤佐论治国之道的有6则;再其次是春秋时期齐桓公与管仲、齐景公与晏婴,圣君贤臣论如何治国的各有6则;值得一提的是,专论宓子贱"鸣琴之治"的就有5则。此外,关于春秋战国时期各诸侯、大夫从政治国的轶事也有18则。

第一则和第三则可以说是本卷总纲,开宗明义提出政治有三等:即王者之政尚德少刑,霸者之政刑德并用,强国之政先德而后刑;执政的关键只在于刑德赏罚。但是这三种政治,只有仁德教化才是最为可贵的。

所以从本卷所采编的内容可以看出,作者刘向崇尚的是西周初期的"礼治"和后来儒家所倡导的"仁政"。"礼治"的原则是"导之以德,齐之以礼","仁政"的核心是"以民为本"。前者要求统治者严格按照礼法制度来统一人们的思想行为,因为"德"和"礼"能使人知耻归心;"以民为本"的主要内容就是反对苛政,要"爱民""富民""使民以时"。故本卷所采编的以仁爱治民的轶事就有13则之多,居于各种治国方略的首位。

在"礼治""仁政"的政治纲领之下,"德治"与"人治"也是儒家极力倡导的重要的政治思想,这些在本卷各则中均有突出反映。"德治"是注重德行教化的作用,主张先德后刑,以德力主,以刑为辅,教而后诛,反对统治者凭借严刑峻法来统治人民。"人治"则要求统治者必须自身贤明,即统治者自己应该修身养性,以身作则,使贤任能,明察善断,及时清除为害国家政权的隐患。实质上,德治是对被统治者的治理手段,人治则是对统治者治理才干的要求,故编撰者刘向认为,两者相辅相成,便足以实现儒家所追求的"礼治""仁政"的理想政治。

7.1 政有三品①:王者之政化之,霸者之政威之,强国之政胁之②。夫此三者各有所施,而化之为贵矣。夫化之不变,而后威之;威之不变,而后胁之;胁之不变,而后刑之。夫至于刑者,则非王者之所贵也。是以圣王先德教而后刑罚③,立荣耻而明防禁;崇礼义之节以示之,贱货利之弊以变之④;修近理内⑤,政橛机之礼⑥,壹妃匹之际⑦;则下莫不慕义礼之荣⑧,而恶贪乱之耻。其所由致之者,化使然也。

【注释】

①三品:上中下三个等级,或三个种类。
②强国之政胁之:原文"国"作"者",此据向宗鲁《校证》改。
③是以圣王先德教而后刑罚:原文"先"作"光",此据向宗鲁《校证》及《四库全书》本改。
④贱货利之弊:轻视经商获利的钱财。贱,轻视,看轻。弊,通"币"。钱财。
⑤修近理内:与近邻修好,治理好内政。

⑥政槛机之礼：肃正官内礼节。政，通"正"。槛机，门内。《吕氏春秋·本生》作"麎机"，高诱注："麎机，门内之位也。"
⑦壹妃匹之际：与配偶的会合要专一。壹，专一。妃匹，配偶。际，交际，会合。
⑧则下莫不慕义礼之荣：原文脱"下"字，此据向宗鲁《校证》补。下，指在下的臣民。

【译文】

政治有三种类型：王道的政治教化百姓，霸道的政治威慑百姓，强国的政治胁迫百姓。这三种政治各有施行的意义，但以教化百姓为可贵。如果教化不能改变，而后就威慑他们；威慑不能改变，就胁迫他们；胁迫不能改变，最后就用刑罚惩治他们。那种弄到非用刑法不可的政治，并不是成就王业的人所推重的。因此圣王先用仁德教化而后用刑罚，树立荣辱观念并明确什么是防范和禁止的；崇尚礼义大节来给百姓做示范，轻视财利金钱来改变他们的贪欲；与近邻修好，治理好内政，肃正宫内礼节，与后宫会合专一，那么在下的臣民就没有谁不仰慕礼义的尊荣，没有谁不厌恶贪婪淫乱之类可耻的事情。那能使他们达到如此地步的原因，就是仁德教化。

7.2 季孙问于孔子曰①："如杀无道以就有道②，何如？"孔子曰："子为政，焉用杀？子欲善而民善矣。君子之德，风也③；小人之德，草也；草上之风必偃④。"言明其化而已也。⑤

【注释】

①季孙：《论语·颜渊》作"季康子"。季康子(？—前468)，姬姓，季氏，名肥，谥康，史称季康子。春秋时期鲁国的正卿，事鲁哀公。此时鲁国公室衰弱，以季氏为首的三桓强盛，季氏宗主季康子位高权重，是当时鲁国的权臣。

②无道:指不行正道的坏人或暴君,此针对百姓而言。就:亲近,成就。
③君子之德,风也:君子的德行像风一样。德,德行。
④草上之风必偃:风一吹草就倒下,比喻道德文教感化人。偃,倒伏。伏倒为仆,仰倒为偃。
⑤天海按:此文又见《论语·颜渊》。

【译文】

季康子向孔子问道:"如果诛杀不守道义的人来成就有道义的人,怎么样?"孔子说:"你执政,怎么能用诛杀的手段?你想要行善,那么百姓也会善良的。君子的德行像风,小民的德行像草;风从草上吹过,一定会使草倒伏。"说的就是要宣明教化罢了。

7.3 治国有二机①,刑德是也②。王者尚其德而希其刑③,霸者刑德并凑④,强国先其刑而后德。夫刑德者,化之所由兴也。德者,养善而进阙者也⑤;刑者,惩恶而禁后者也。故德化之崇者至于赏,刑罚之甚者至于诛。夫诛赏者,所以别贤不肖,而列有功与无功也,故诛赏不可以缪⑥。诛赏缪则善恶乱矣。夫有功而不赏,则善不劝;有过而不诛,则恶不惧。善不劝,恶不惧⑦,而能以行化乎天下者,未尝闻也。《书》曰:"毕力赏罚⑧。"此之谓也。

【注释】

①二机:两种关键。此则原文连上,现依向宗鲁《校证》另起。
②刑德:刑罚与教化,刑罚与恩赏。
③希:罕,少。
④并凑:并用。凑,会合,这里指合用。

⑤进阙：补缺。阙，少，不足。
⑥缪(miù)：通"谬"。乖错。
⑦恶不惧：原文脱此三字，此据向宗鲁《校证》补。
⑧毕力赏罚：尽力赏罚。此句见《今文尚书·泰誓》。

【译文】

治理国政有两个关键，就是刑罚与德教。行王道的人重德教而罕用刑罚，行霸道的人刑罚与德教并用，强暴之国是先用刑法而后用德教。刑罚与德教，教化所以由此产生。所谓德教，就是培养善良品性并补益不足之处；所谓刑罚，就是惩罚罪恶并禁止后来者仿效。所以受仁德教化成就高的应得到奖赏，犯罪受惩严重的应被诛杀。诛杀和奖赏，是用来区别贤与不贤，并分列有功与无功的，所以诛杀与奖赏不能错乱。诛杀与奖赏错乱了，善与恶也就错乱了。如果有功而不奖赏，那善良的人就得不到鼓励；有罪过而不诛杀，那罪恶的人就不会惧怕。善良的人得不到鼓励，罪恶的人不畏惧，却能用德行来感化天下的事，未曾听说过。《尚书》说："尽力于赏罚。"说的就是这个道理。

7.4 水浊则鱼困，令苛则民乱，城峭则必崩，岸崂则必阤①。故夫治国譬若张琴，大弦急则小弦绝矣②。故曰：急辔衔者③，非千里御也；有声之声，不过百里；无声之声，延及四海。故禄过其功者损，名过其实者削；情行合而名副之④，祸福不虚至矣。《诗》云⑤："何其处也？必有与也⑥；何其久也⑦？必有以也⑧。"此之谓也。⑨

【注释】

①阤(zhì)：崩塌。
②大弦急则小弦绝：大弦绷得太紧，小弦则会绷断。大弦，弦乐器

的粗弦。小弦,弦乐器的细弦。

③急辔衔:拉紧缰绳。急,拉紧。此作动词。辔衔,拴马的笼头与缰绳。

④情行合:实际与行为相合。名副之:原文"名"作"民",向宗鲁《校证》曰:"'名',旧作'民',误,从《淮南》改。《外传》此节有挩文,而'名'字犹存,亦其证。"此据改。

⑤《诗》云:以下引诗见《诗经·邶风·旄丘》。

⑥与:相与,帮助。

⑦何其久也:原文"久"作"亡",据明钞本、《四库全书》本及《诗经》原文径改。

⑧以:缘由,缘故。

⑨天海按:此文又见《淮南子·缪称训》《韩诗外传》卷一,文略同。

【译文】

水浑浊就会使鱼儿困死,政令苛刻就会使百姓动乱,城墙陡峭就必定会崩塌,河岸高耸就必定会溃塌。所以治理国家好比调琴定音,大弦拉得太紧了小弦就会绷断。所以说:紧拉马缰的人,不是驰驱千里的驭手;有声响的声音,传不过百里;没有声响的声音,可以传遍四海。所以俸禄超过了功劳的应该减损,名声大过实际的应该削弱;实情与德行相符,名声就会相随,祸与福是不会凭空而来的。《诗经》上说:"为什么会在那里安居?一定是有人帮助;为什么住得那样长久?一定是有缘故。"讲的就是这个道理。

7.5 公叔文子为楚令尹三年①,民无敢入朝。公叔子见曰②:"严矣。"文子曰:"朝廷之严也,宁云妨国家之治哉③?"公叔子曰:"严则下喑④,下喑则上聋,声喑不能相通,何国之治也?盖闻之也:顺针缕者成帷幕⑤,合升斗者实仓廪,并小流而成江海。明主者,有所受命而不行,未尝有所不受也⑥。"⑦

【注释】

①公叔文子:春秋时卫国大夫,名发,谥贞惠文子。史不载他曾为楚国令尹。令尹:春秋战国时代楚国的最高官衔,总揽军政大权于一身。令尹一般主要由楚国大贵族来担任。
②公叔子:其人不详。或疑为公叔文子之子,或为姓公叔之人。
③宁云:难道说。反诘词。
④喑(yīn):哑。这里指缄默不言。
⑤顺针缕者成帷幕:原文"幕"作"暮",明钞本、《四库全书》本均作"幕"。原文当为形近而误,今径改。
⑥"明主者"三句:《晏子春秋·内篇谏下》作:"夫治天下者,非用一士之言也。固有受而不用,恶有拒而不受者哉?"本书卷九《正谏》篇最后一则亦有类似语句。
⑦天海按:此文见《晏子春秋·内篇谏下》,又见本书卷九《正谏》篇最后一则,均以为晏子事。

【译文】

公叔文子做楚国令尹三年,没有百姓敢入朝。公叔子谒见他说:"太严酷了。"公叔文子说:"朝廷的威严,难道说会妨害国家的治理吗?"公叔子说:"执政严酷就会使下面的臣民哑口不言,下面的人哑口不言,那上面的执政者就如同聋子,聋哑不能互通消息,又何来国家的治理?大概听说过这样的话:顺着针线就可以织成帷幕,汇积升斗粮食可以充实仓库,合并小水流可以汇成江海。英明的君主,只有接受意见而不实行的,未曾有不接受意见的。"

7.6 卫灵公谓孔子曰①:"有语寡人②:'为国家者,谨之于庙堂之上③,而国家治矣④。'其可乎?"孔子曰:"可。爱人者则人爱之,恶人者则人恶之。知得之己者,亦知得之人。所谓不出于环堵之室而知天下者⑤,知反之己者也⑥。"⑦

【注释】

①卫灵公(?—前493):名元。春秋时卫国国君,前535—前493年在位。
②有语寡人:有人对我说。
③庙堂:指朝廷。
④而国家治矣:原文"矣"误作"失",形近之误,径改。
⑤环堵:四周环着每面一方丈的土墙。形容狭小、简陋的居室。
⑥反之:返回到自己身上。
⑦天海按:此文又见《尸子·道处》《吕氏春秋·先己》《孔子家语·贤君》,文略同。

【译文】

卫灵公对孔子说:"有人告诉我说:'治理国家的人,在朝政上要小心谨慎,国家才能治理。'这种说法可行吗?"孔子说:"可行。爱别人的人,别人也会爱他;恨别人的人,别人也会恨他。知道从自身获得的人,也知道从别人身上获得。所谓不走出四面土墙的斗室,而知道天下大事的人,他懂得反省自己的道理。"

7.7 子贡问治民于孔子,孔子曰:"懔懔焉①,如以腐索御奔马。"子贡曰:"何其畏也?"孔子曰:"夫通达之国皆人也,以道导之,则吾畜也②;不以道导之,则吾仇也。若何而毋畏?"③

【注释】

①懔懔(lǐn)焉:危惧貌,戒慎貌。

②吾畜:与我相好。畜,好,喜好。《吕氏春秋·适威》引《周书》曰:"民,善之则畜也,不善则仇也。"高诱注:"《周书》,周公所作。畜,好。"此字原文作"欲",此据明钞本改。

③天海按:此文又见《孔子家语·致思》,略同。

【译文】

子贡向孔子询问治理民众的事,孔子说:"要像面临危险一样害怕,如同用腐朽的缰绳驾驭奔马一样。"子贡问:"为什么要那样害怕呢?"孔子说:"那四通八达的国都到处都是人,按正确的道路来引导他们,他们就会喜欢我;不按正确的道路来引导他们,他们就会与我为仇。像这样怎能不害怕呢?"

7.8 齐桓公谓管仲曰:"吾欲举事于国,昭然如日月,无愚夫愚妇皆曰善①,可乎?"仲曰:"可,然非圣人之道。"桓公曰:"何也?"对曰:"夫短绠不可以汲深井②,知鲜不可以与圣人之言③;惠士可与辨物④,智士可与辨无方⑤,圣人可与辨神明⑥。夫圣人之所为,非众人之所及也。民知十己⑦,则尚与之争,曰不如吾也;百己则疵其过;千己则谁而不信⑧。是故民不可稍而掌也⑨,可并而牧也;不可暴而杀也,可麾而致也⑩;众不可户说也⑪,可举而示也。"⑫

【注释】

①无:即使。

②短绠不可以汲深井:短绠,短的打水绳。常比喻才识浅陋。绠,汲水用具的绳索。此语又见《庄子·至乐》《荀子·不苟》《淮南

子・说林训》,皆用《管子》语。

③知鲜:见识少,智慧少。

④惠士:聪明人。惠,通"慧"。聪慧。

⑤无方:没有范围、处所的限制。谓无所不至,没有极限。《周易·益卦》象辞:"天施地生,其益无方。"孔颖达疏:"其施化之益,无有方所。"

⑥神明:英明,圣明。本意是指人的德行修炼到了很高境界,即内外如一、无人可及的境界。

⑦十己:十倍于己。以下"百己""千己"用法同。

⑧谁:此字向宗鲁《校证》疑为"谯(qiào)"。谯,讥诮,责备。译文从此说。

⑨稍而掌:向宗鲁《校证》引日人关嘉云:"'稍'恐'称'字误。"又疑"掌"为"赏"。故"稍而掌"或为"称而赏",译文且用其说。

⑩麾:同"挥"。指挥。

⑪户说:挨家逐户进行宣谕。《韩非子·难势》:"(使)尧舜户说而人辩之,不能治三家。"

⑫天海按:向宗鲁《校证》以为此文当出自古本《管子》,今本已佚。

【译文】

齐桓公对管仲说:"我想在国内兴办事情,像日月那样明朗,即使是无知的小民百姓也都说好,可以吗?"管仲说:"可以。但这并不是圣人的方法。"桓公问:"为什么呢?"管仲回答说:"短绳不能在深井中打水,知识少的人不能告诉他圣人的言论;可与聪明的人辨别事物,可与智慧的人辨析没有边际的宇宙,可与圣人辨明精神上的最高境界。那圣人的作为,不是众人所能赶上的。一般人知道别人胜过自己十倍,却还要与人争胜,说别人不如自己;如果别人超过自己百倍,就挑剔别人的过错;超过自己千倍,就进行讥诮并表示不相信。因此对百姓不能轻易称赏,只能归并在一起统治;不能残暴地诛杀,只能指挥而招致;民众不能够逐户解说,只能举出范例给他们看。"

7.9 卫灵公问于史䲡曰①:"政孰为务?"对曰:"大理为务②。听狱不中③,死者不可生也,断者不可属也④,故曰:大理为务。"少焉⑤,子路见公,公以史䲡言告之。子路曰:"司马为务⑥。两国有难,两军相当,司马执枹以行之⑦。一斗不当,死者数万。以杀人为非也,此其为杀人亦众矣!故曰:司马为务。"少焉,子贡入见,公以二子言告之。子贡曰:"不识哉⑧!昔禹与有扈氏战⑨,三陈而不服⑩。禹于是修教一年⑪,而有扈氏请服。故曰:'去民之所事⑫,奚狱之所听⑬?兵革之不陈,奚鼓之所鸣?'故曰:教为务也。"

【注释】

① 史䲡(qiú):名佗,字子鱼,亦称史鱼,春秋时卫国大夫。卫灵公时任祝史,负责卫国对社稷神的祭祀,故又称祝佗。他曾以死向卫灵公推荐蘧伯玉,劝诫卫灵公进用贤臣蘧伯玉,驱逐佞臣弥子瑕,史称"尸谏"。孔子称他为"直哉,史鱼,邦有道如矢,邦无道如矢"。
② 大理:西周以来官职,是主管司法的最高官吏。
③ 听狱:审理、判决案件。
④ 属(zhǔ):连接。
⑤ 少焉:片刻,一会儿。表示时间很短。此二字原文误在下文"两国"之上,此据明钞本乙正。
⑥ 司马:古代官名。相传少昊始置。周时曰夏官大司马,为六卿之一,掌军政和军赋;春秋战国时沿置。
⑦ 枹(fú):鼓槌。原文误作"抱",径改。

⑧不识：犹言没有见识。
⑨昔禹与有扈氏战：传说禹时就曾发生过"攻有扈"，"以行其教"的战争。《史记·夏本纪》有"有扈氏不服，启伐之，大战于甘"的记载。结果是有扈氏被打败，夏后启灭掉了有扈氏。有扈氏，夏代时期一个古老部落。
⑩三陈：即"三阵"。古代兵家列天阵、地阵、人阵为三阵。
⑪修教：修整教化，致力于教化。
⑫去民之所事：向宗鲁《校证》引俞樾、关嘉说，认为"事"当作"争"。译文从此说。
⑬奚狱之所听：向宗鲁《校证》引俞樾说，此句中的"所"字与下文"奚鼓之所鸣"中的"所"字均属衍文。

【译文】

卫灵公向史鱼问道："执政以哪一个官职最重要？"史鱼回答说："刑狱官最重要。断案不公正，处死的人不能复生，砍断的头不能连接上，所以说刑狱官最重要。"不一会，子路来谒见卫灵公，卫灵公把史鱼的话告诉了他。子路说："军政官最重要。两国有了战祸，两军实力相当，军政官擂鼓以行军令，一次战斗指挥不当，就要死好几万人。以为杀人是错误，这战争杀人就会更多。所以说军政官最重要。"不一会，子贡入宫晋见卫灵公，卫灵公把这两人的话告诉了他。子贡说："真是没有见识啊！从前大禹与有扈氏交战，三次列阵，有扈氏仍不降服，大禹于是施行教化一年，有扈氏就请求归服。因此说：'消除百姓争斗的因素，哪来狱案办理？不陈列武器盔甲，哪有战鼓之声？'所以说掌教化的最重要。"

7.10 齐桓公出猎，逐鹿而走，入山谷之中，见一老公，而问之曰："是为何谷？"对曰："为愚公之谷。"桓公曰："何故？"对曰："以臣名之。"桓公曰："今视公之仪状，非愚人也，何为以公名之①?"对曰:"臣请陈之:臣故畜牸牛②,生子而大,卖之而买驹。少年曰:'牛不能生马。'遂持驹去。傍邻闻之,以臣为愚,故名此谷为愚公之谷。"桓公曰:"公诚愚矣!夫何为而与之?"桓公遂归。明日朝,以告管仲。管仲正衿再拜曰③:"此夷吾之过也④。使尧在上,咎繇为理⑤,安有取人之驹者乎?若有见暴如是叟者⑥,又必不与也。公知狱讼之不正,故与之耳。请退而修政。"孔子曰:"弟子记之:桓公,霸君也;管仲,贤佐也;犹有以智为愚者也,况不及桓公、管仲者也。"⑦

【注释】

①何为以公名之:原文脱"之"字,此据向宗鲁引《群书治要》《艺文类聚》《太平御览》诸书补。

②牸(zì)牛:母牛。

③正衿:整理好衣襟。表示恭敬。衿,同"襟"。

④此夷吾之过也:原文"过"作"愚",今据向宗鲁《校证》引《群书治要》《艺文类聚》《太平御览》诸书改。

⑤咎繇(gāo yáo)为理:咎繇作刑狱官。咎繇,又作皋繇、皋陶,相传尧舜时掌刑狱的大臣。

⑥见暴:被暴力侵犯。

⑦天海按:《艺文类聚》九引《韩非子》有此文,但今本《韩非子》不载。又另见《太平御览》引《桓子新论》。

【译文】

齐桓公外出打猎,追着一头鹿跑,进入山谷之中,看见一位老翁,就问他说:"这是什么谷?"老翁回答说:"是愚公谷。"齐桓公问:"为什么取了这个名字?"老翁回答说:"因为我而给它取了这个名字。"齐桓公说:

"现在我看你的仪表,不像是愚蠢的人,为什么要因为你而取名愚公谷呢?"老翁回答说:"请让我陈述原因:我从前养过一头母牛,生下牛犊长大后,我卖掉它买了一匹马驹。有个年轻人说:'牛是不能生马的。'于是便牵走了我的马驹。旁边邻居听说这件事,认为我太愚蠢了,所以把这个山谷命名为愚公谷。"齐桓公说:"你确实太愚蠢了!你为什么要把马驹给他呢?"齐桓公于是回到宫中,第二天上朝时,将此事告诉了管仲。管仲整理好衣服,拜了两拜说:"这是我的过错,假若尧舜在上,咎繇作刑狱官,怎么会有夺取人马驹的事呢?如果有老人像这样被人侵暴,也必定不会给他马驹的。老翁知道狱案诉讼不公正,所以把马驹给了他。请让我下去整顿政治。"孔子说:"弟子们记住这件事:齐桓公是建立霸业的国君,管仲是贤明的辅佐,还有把智者当成愚者的时候,何况不及桓公与管仲的人呢?"

7.11 鲁有父子讼者,康子曰①:"杀之。"孔子曰:"未可杀也。夫民不知子父讼之不善者久矣,是则上过也。上有道,是人亡矣②。"康子曰:"夫治民以孝为本,今杀一人以戮不孝③,不亦可乎?"孔子曰:"不教而诛之④,是虐杀不辜也。三军大败,不可诛也;狱讼不治,不可刑也;上陈之教,而先服之,则百姓从风矣⑤;躬行不从,而后俟之以刑⑥,则民知罪矣。夫一仞之墙⑦,民不能逾;百仞之山,童子升而游焉⑧;凌迟故也⑨。今是仁义之凌迟久矣,能谓民弗逾乎?《诗》曰:'俾民不迷⑩。'昔者君子导其百姓不使迷,是以威厉而不试⑪,刑错而不用也⑫。"于是讼者闻之,乃请无讼⑬。

【注释】

①康子:季康子(?—前468),即季孙肥。春秋时期鲁国的正卿,事

鲁哀公。
②是人亡矣：这样的人就没有了。亡，无。
③戮：羞辱。
④不教而诛之：原文"教"作"孝"，此据向宗鲁《校证》依崇文局本改。
⑤从风：意思是像顺风倒下一样服从。
⑥俟：等待。
⑦仞：古代长度单位，周制八尺，汉制七尺。
⑧升：爬，登。
⑨凌迟：斜平不陡的斜坡。下文"凌迟"引申为逐渐衰落之意。
⑩俾民不迷：此句引自《诗经·小雅·节南山》。俾，使。
⑪威厉而不试：威严而不轻易发威。试，原文作"至"，此据向宗鲁《校证》依《荀子·宥坐》改。
⑫刑错：置刑法而不用。错，通"措"。放置。《荀子·议兵》："传曰：威厉而不试，刑错而不用。"《史记·周本纪》："故成康之际，天下安宁，刑错四十余年不用。"裴骃集解引应劭曰："错，置也。民不犯法，无所置刑。"
⑬天海按：《韩诗外传》卷三与此文略同而较详。事又见《荀子·宥坐》《孔子家语·始诛》，但文字各有不同。

【译文】

鲁国有父子相互告状的，季康子说："杀掉他们。"孔子说："不能杀死他们。百姓不懂得父子相讼不好已经很久了，这是在上执政者的过错。执政者遵循正道，这样的人就没有了。"康子说："治理百姓以孝道为根本，如果杀一人来羞辱那些不孝的人，不也可以吗？"孔子说："不教导就杀人，这是滥杀无辜。三军大败，不能行诛杀；刑狱没有整顿好，不能用刑罚；执政者宣示的教化，应该自己首先实行它，那么百姓就会像顺风而倒一样地服从；自己亲身实行了还有人不服从，随后以刑罚惩治他,这样人们就知道罪过了。那七尺高的墙,人不能跨越;七百尺高的山,小孩都能爬上去游玩;那是因为坡度斜平不陡。如今这仁义衰落已经很久了,能认为人们不会逾越它吗?《诗》上说:'要使人民不迷失方向。'从前君主引导他的百姓不使他们迷失方向,因此威严非常却不轻易发威,虽有刑罚却往往放置不用。"告状的人听到这番话,于是就请求不再诉讼了。

7.12 鲁哀公问政于孔子①,对曰:"政在使民富且寿②。"哀公曰:"何谓也?"孔子曰:"薄赋敛则民富,无事则远罪③,远罪则民寿。"公曰:"若是,则寡人贫矣。"孔子曰:"《诗》云④:'恺悌君子⑤,民之父母。'未见其子富而父母贫者也。"⑥

【注释】

①鲁哀公(? —前467):姬姓,名将。春秋时鲁国国君,前494—前467年在位。
②政在:原文作"政有",此据向宗鲁《校证》引俞樾、关嘉说改。
③无事:或当作"无争"。远罪:远离罪过。意指不会犯罪。
④《诗》云:以下引诗见《诗经·大雅·泂酌》。
⑤恺悌君子:和乐平易的君子。恺,和乐。字原文作"凯",此据向宗鲁《校证》引卢文弨说及《孔子家语·贤君》改。悌,平易。
⑥天海按:此文又见《孔子家语·贤君》。

【译文】

鲁哀公向孔子问执政的事,孔子回答说:"执政的目的在于使百姓富裕长寿。"哀公问:"为什么呢?"孔子说:"减轻赋税,百姓就会富足;没有争斗,百姓就会远离犯罪;远离犯罪,百姓就会长寿。"哀公说:"像这样,那我就会贫穷了。"孔子说:"《诗》上说'和乐平易的君主,是百姓的父母。'没有见过那儿子富有了而父母却贫穷的。"

7.13 文王问于吕望曰:"为天下若何?"对曰:"王国富民,霸国富士,仅存之国富大夫,亡道之国富仓府①,是谓上溢而下漏②。"文王曰:"善。"曰:对曰:"宿善不祥③。"是日也,发其仓府,以振鳏寡孤独④。⑤

【注释】

①亡道之国:无道之国,即不走正道的国家。向宗鲁《校证》引《尉缭子·战威》《荀子·王制》《淮南子·人间训》诸书,认为"道之"二字为衍文。天海按,据上文文例,此二字不衍。
②上溢而下漏:意指上富而下贫。《荀子·王制》:"筐箧已富,府库已实,而百姓贫,夫是之谓上溢而下漏。"王先谦集解引王引之曰:"上溢而下漏,即是上富而下贫。"
③宿善:使善事隔夜停留。意指善事隔宿而不立行,即对某种言论或主张表示赞赏却不尽快实行。
④振:同"赈"。救济。鳏寡孤独:年老无妻或丧妻的男子叫鳏,年老无夫或丧夫的女子叫寡,年幼丧父的孩子叫孤,年老无子女的人叫独。
⑤天海按:向宗鲁《校证》认为此文为《太公书》佚文。

【译文】

文王问吕望说:"如何治理天下?"吕望回答说:"行王道的国家使百姓富足,行霸道的国家使武士富足,仅能保存的国家使大夫富足,不走正道的国家使仓库富足,这就叫上富而下贫。"文王说:"讲得好。"吕望说:"使好事隔夜不实行是不祥的。"就在这天,文王就打开他的粮仓和钱库,用来赈济年老丧偶没有儿女的人和失去父母的孤儿。

7.14 武王问于太公曰:"治国之道若何?"太公对曰:"治国之道,爱民而已。"曰:"爱民若何?"曰:"利之而勿害①,成之勿败,生之勿杀,与之勿夺,乐之勿苦,喜之勿怒。此治国之道。使民之义也②,爱之而已矣。民失其所务,则害之也;农失其时,则败之也;有罪者重其罚,则杀之也;重赋敛者,则夺之也;多徭役以罢民力③,则苦之也;劳而扰之,则怒之也。故善为国者,遇民如父母之爱子④,兄之爱弟。闻其饥寒为之哀,见其劳苦为之悲。"⑤

【注释】

①利之而勿害:向宗鲁《校证》疑"而"字为衍文。依本文文例,此"而"字似衍。
②义:合宜的道理、行为、原则。
③罢:通"疲"。使之疲劳。
④遇:对待。
⑤天海按:此文又见《六韬·文韬·国务》。

【译文】

周武王向姜太公问道:"治国的根本方法是什么?"太公回答说:"治国的根本方法,不过是爱护百姓罢了。"武王又问:"如何爱护百姓呢?"太公回答说:"使他们获利而不要损害他们,使他们成功而不要破坏他们,使他们生存而不要杀害他们,给他们衣食而不要掠夺他们,使他们欢乐而不要使他们痛苦,使他们高兴而不要使他们怨怒。这就是治国的根本方法。驱使百姓的原则,不过是爱护他们罢了。百姓失去他们的职业,就是损害了他们;农事错过了季节,就是败坏了他们;对有罪的人加重刑罚,就是杀害他们;加重赋税,就是掠夺他们;徭役繁多而使民力疲惫,就是使他们痛苦;使他们劳苦又侵扰他们,就是使他们怨怒。所以善于治国的人,对待百姓如同父母爱护子女、兄长爱护弟弟一样。听说他们挨饿受冻就为他们哀伤,看见他们劳苦就为他们痛心。"

7.15 武王问于太公曰:"贤君治国何如?"对曰:"贤君之治国,其政平,其吏不苛,其赋敛节,其自奉薄①。不以私善害公法②,赏赐不加于无功,刑罚不施于无罪;不因喜以赏,不因怒以诛;害民者有罪,进贤举过者有赏;后宫不荒③,女谒不听④;上无淫慝⑤,下不阴害⑥;不幸宫室以费财⑦,不多观游台池以罢民,不雕文刻镂以逞耳目⑧;官无腐蠹之藏⑨,国无流饿之民⑩。此贤君之治国也。"武王曰:"善哉!"⑪

【注释】

①自奉薄:自己的日常供给很节省。
②私善:个人的喜好。
③荒:放纵、迷乱、享乐过度,生活糜烂。
④女谒:通过宫中受宠的女人进行干求请托。
⑤淫慝(tè):邪恶不正。
⑥阴害:暗中作恶。
⑦不幸:据文意,当作"不兴"。幸,向宗鲁《校证》引俞樾说"幸"乃"辛"之误,"辛"通"新"。皆迂曲为说。
⑧雕文刻镂:指在宫室、用具等上面雕刻镂花,加以修饰。此指雕梁画栋等各种修饰,以满足耳目的娱乐。
⑨官无腐蠹之藏:官府的储藏没有腐烂的财物、虫蛀的粮食。
⑩流饿之民:流离失所的饥民。

⑪天海按:此文见《群书治要》引《六韬·文韬·太公阴谋》。

【译文】

周武王向姜太公问道:"贤明的君主怎样治理国家?"太公回答说:"贤明君主治理国家,他的政治清平,官吏不苛刻,赋税有节制,他的个人享用很节省。他不因个人的喜好而损害国法,赏赐不给予无功的人,刑罚不施于无罪的人;不因为高兴就赏赐,不因为动怒就诛杀;残害百姓的人有罪,推荐贤才检举过失的人有赏;后宫不荒淫,不听嫔妃的干求请托;居上位的人没有邪恶不正的行为,在下位的人不会暗中作恶;不大兴宫室来耗费钱财,不多筑观赏游玩的亭台水池来使民力疲困,不在宫室、用具上雕花镂刻来满足耳目的享受;官府储藏中没有腐烂虫蛀的粮食和财物,国内没有流浪饥饿的百姓。这就是贤明君主治理国家的情况。"武王说:"这太好了!"

7.16 武王问于太公曰:"为国而数更法令者,何也?"太公曰:"为国而数更法令者,不法法①,以其所善为法者也,故令出而乱,乱则更为法②,是以其法令数更也。"

【注释】

①不法法:不依法办事。前一"法"字为遵守、执行之意,作动词。
②更为法:另外制定法律。

【译文】

周武王向姜太公问道:"治理国家多次改变法令,是为什么?"太公说:"治理国家却多次改变法令,是因为治理国家的人不依法办事,把他所喜欢的当作法令,所以法令一颁布就产生动乱,一动乱就另外制定法令,因此他的法令多次更改。"

7.17 成王问政于尹逸曰①:"吾何德之行,而民亲其上?"对曰:"使之以时,而敬顺之②,忠而爱之,布令信而不食言。"王曰:"其度安至③?"对曰:"如临深渊,如履薄冰。"王曰:"惧哉!"对曰:"天地之间,四海之内,善之则畜也④,不善则仇也。夏、殷之臣,反仇桀、纣而臣汤、武;夙沙之民,自攻其主而归神农氏⑤。此君之所明知也,若何其无惧也?"⑥

【注释】

①尹逸:即尹佚,西周初年太史,周成王时亦为史官。

②敬顺:即敬慎。恭敬谨慎。

③度:尺度,程度,限度。

④畜:喜爱,相好。

⑤夙沙之民,自攻其主而归神农氏:《吕氏春秋·用民》:"夙沙之民,自攻其君而归神农。"高诱注:"夙沙,大庭氏之末世也。其君无道,故自攻之。神农,炎帝。"夙沙,炎帝时侯国,始煮海水为盐,后为炎帝所灭。

⑥天海按:此文见《淮南子·道应训》,《尹文子·上仁》以为老子语。向宗鲁《校证》认为此必《周书》佚文。

【译文】

周成王向尹逸询问政事说:"我要实行什么样的德政,才会使百姓亲附呢?"尹逸回答说:"要按一定的时节驱使他们,恭敬谨慎地对待他们,忠于职守爱护他们,颁布法令守信用不食言。"成王问:"怎样才能达到这种程度?"尹逸回答说:"要像面临深渊、踩上薄冰一样。"成王说:"这太可怕了!"尹逸说:"天地之间,四海之内,你善待他们,就会与你相好;不善待他们,就会成为仇敌。夏、商的臣子,反而仇视桀、纣而向商汤、周武王称臣;夙沙国的百姓,自己攻杀他们的君主而归降了神农氏。

这是君王所明知的,这怎么会不可怕呢!"

7.18 仲尼见梁君①,梁君问仲尼曰:"吾欲长有国,吾欲列都之得②,吾欲使民安不惑,吾欲使士竭其力,吾欲使日月当时③,吾欲使圣人自来,吾欲使官府治。为之奈何?"仲尼对曰:"千乘之君,万乘之主,问于丘者多矣,未尝有如主君问丘之术也。然而尽可得也。丘闻之:两君相亲④,则长有国;君惠臣忠,则列都之得;毋杀不辜,毋释罪人,则民不惑;益士禄赏⑤,则竭其力;尊天敬鬼,则日月当时;善为刑罚,则圣人自来;尚贤使能,则官府治。"梁君曰:"岂有不然哉!"⑥

【注释】

①梁君:向宗鲁《校证》引俞樾说,仲尼时无梁君,当从《孔子家语》作"宋君"。译文从此说。
②列都之得:即"得列都",拥有分封的都邑。
③日月当时:日月运行适时。
④两君:《孔子家语》作"邻国"。译文从此说。
⑤益士禄赏:增加士人的俸禄和赏赐。益,增加。
⑥天海按:此文又见《孔子家语·贤君》。

【译文】

孔子谒见宋国国君,宋君问孔子说:"我想要长久地保住国家,我想要拥有分封的都城,我想要使百姓安定而不困惑,我想要使士人竭尽他们的才力,我想要使日月的运行正常,我想要使圣人自动到来,我想要使官府得到治理。怎样才能做到这些呢?"孔子回答说:"千辆兵车的封君,万辆战车的国主,向我请教的人太多了,但还没有像君主您这样问我治国方法的。不过您完全可以做到。我听说:邻国两君和睦相处,就会长久保住国家;君主贤明臣子忠诚,就会得到分封的都邑;不要杀害无罪的人,不要放过有罪的人,这样百姓就不会困惑;增加士人的俸禄赏赐,就会使他们竭尽自己的才力;尊崇天命敬奉鬼神,就会使日月运行正常;善于使用刑罚,就会使圣人自行到来;重视贤士任用能人,就会使官府得到治理。"宋君说:"难道有不是这样的吗!"

7.19 子贡曰:"叶公问政于夫子①,夫子曰:'政在附近而来远②。'鲁哀公问政于夫子,夫子曰:'政在于谕臣③。'齐景公问政于夫子,夫子曰:'政在于节用。'三君问政于夫子,夫子应之不同,然则政有异乎?"孔子曰:"夫荆之地广而都狭④,民有离志焉,故曰在于附近而来远;哀公有臣三人⑤,内比周以惑其君⑥,外障距诸侯宾客⑦,以蔽其明,故曰政在谕臣;齐景公奢于台榭,淫于苑囿⑧,五官之乐不解⑨,一旦而赐人百乘之家者三⑩,故曰政在于节用。此三者政也,《诗》不云乎?'乱离斯瘼,爰其适归'⑪,此伤离散以为乱者也;'匪其止共,惟王之邛'⑫,此伤奸臣蔽主以为乱者也;'相乱蔑资,曾莫惠我师'⑬,此伤奢侈不节以为乱者也。察此三者之所欲,政其同乎哉!"⑭

【注释】

①叶(shè)公:芈姓,沈尹氏,名诸梁,字子高。春秋时楚人,封地在叶邑(今河南叶县南),也称叶公。曾平定白公之乱,担任楚国令尹。因楚国封君皆称公,故称叶公。夫子:对年长而有学问的人的尊称,犹称先生、老师。此指孔子。

②附近而来远:使邻近的人亲附并使远方的人前来投靠。"附"与"来"均作使动用法。

③谕:向宗鲁《校证》引诸说,认为此"谕"字当作"论"。论,讨论选择。下文"谕"字同此。《韩非子·难三》作:"哀公问政于仲尼,仲尼曰:'政在选贤。'"

④荆之地:楚国的土地。春秋时楚国别称荆。

⑤哀公有臣三人:《韩非子·难三》作:"鲁哀公有大臣三人。"三人,或指在鲁国掌权的季孙氏、叔孙氏、孟孙氏。季孙氏凌驾于公室之上,掌握鲁国实权。

⑥比周:结党,勾结。"周"下原衍"公"字,此据《校证》引卢文弨校语删。

⑦障距:阻碍,隔绝。

⑧淫于苑囿:放纵于在园林追逐禽兽的游乐。苑囿,君王畜养禽兽的园林。

⑨五官:古代宫中女官名。据《汉书·元后传》载,后宫有女乐五官。《汉书·外戚传》称:"五官视三百石。"故向宗鲁《校证》以为"此虽汉事,齐景公之时,后宫为女乐者,已当有五官之名。"解:同"懈"。

⑩一旦:一朝,一次。百乘之家:指古代士大夫采邑。家,士大夫的采邑。

⑪乱离斯瘼(mò),爰其适归:离乱这样痛苦,何处才能依归?斯瘼,这样痛苦。瘼,病痛,泛指困苦。爰,何处。此二句引自《诗经·小雅·四月》。

⑫匪其止共,惟王之邛(qióng):实际是他们不能尽职,只认为君王有过失。止,即职。共,供职。邛,毛病,过失。朱熹《诗集传》:"谗人不能供其职事,徒以为王之病而已。"此二句引自《诗经·小雅·巧言》。

⑬相乱蔑资,曾莫惠我师:死亡祸乱将资财耗尽,怎么不施惠给众人。相,《毛诗》及各本均作"丧"。蔑,无,没有。曾,竟然,怎么。

师，众人。此二句引自《诗经·大雅·板》。

⑭天海按：此文见《韩非子·难三》。又《孔子家语·辨政》《史记·孔子世家》《汉书·武帝纪》等均记载此事，但文字比较简略。

【译文】

子贡说："叶公向先生询问如何理政，先生说：'执政要使近邻亲附，使远方民众归顺。'鲁哀公向先生询问如何理政，先生说：'理政在于选择大臣。'齐景公向先生询问如何理政，先生说：'执政在于节省用度。'这三个人都向先生询问理政的事，先生回答他们都不同，那么这政事有所不同吗？"孔子说："楚国土地广阔但都城狭小，百姓有离开它的意愿，所以说执政在于使近邻亲附使远人来归；鲁哀公有权臣三人，在国内结党勾结来迷惑他们的国君，对外阻隔诸侯拒斥宾客，以此蒙蔽国君的英明，所以说执政在于选择大臣；齐景公在亭台水榭方面建造奢侈，放纵于园林之中，各种声色的享受从不肯懈怠，一天就多次赏给人大夫级别的采邑，所以说执政在于节省用度。这三种理政的情形，《诗》上不是说过吗？'离乱这样痛苦，何处才能依归？'这是伤痛离散而引起动乱的诗句；'实际是他们不能尽职，只以为君王有过失。'这是感伤奸臣蒙蔽君主而作乱的诗句；'死亡祸乱把资财耗尽，竟然不施惠给众人。'这是伤痛奢侈不节省而引起动乱的诗句。明察这三种情况下百姓所希望的，处理政事怎么会相同呢？"

7.20 公仪休相鲁①，鲁君死，左右请闭门②。公仪休曰："止，池渊吾不税③，蒙山吾不赋④，苟令吾不布，吾已闭心矣⑤，何闭于门哉！"

【注释】

①公仪休：春秋时期鲁国的博士，由于才学优异做了鲁国宰相。奉法循理，不与民争利。其事迹载于司马迁《史记·循吏列传》。

②左右请闭门:原文"闭"误作"闲",据上下文径改。
③池渊:此指鱼塘。
④蒙山:山名。在今山东蒙阴南。
⑤闭心:息心绝欲,无求于外。《楚辞·九章·橘颂》:"闭心自慎,终不失过兮。"王逸注:"言己闭心捐欲,敕慎自守,终不敢有过失也。"

【译文】

公仪休做鲁国国相时,鲁国国君去世,左右的人要求关闭宫门。公仪休说:"不必关。鱼池我没有征税,蒙山我没有收赋,苛刻的法令我不颁布,我已经对外没有苛求了,又何必关闭宫门呢!"

7.21 子产相郑,简公谓子产曰①:"内政毋出②,外政毋入③。夫衣裘之不美,车马之不饰,子女之不洁④,寡人之丑也⑤。国家之不治,封疆之不正⑥,夫子之丑也。"子产相郑,终简公之身,内无国中之乱,外无诸侯之患也⑦。子产之从政也,择能而使之。冯简子善断事⑧,子太叔善决而文⑨;公孙挥知四国之为⑩,而辨于其大夫之族姓⑪,变而立至⑫,又善为辞令;裨谌善谋⑬,于野则获⑭,于邑则否。有事,乃载裨谌与之适野,使谋可否,而告冯简子断之,使公孙挥为之辞令。成,乃受子大叔行之⑮,以应对宾客。是以鲜有败事也。⑯

【注释】

①简公:即郑简公(? —前530),姬姓,名嘉。春秋时郑国国君,前565—前530年在位。简公十二年(前554),诛子孔,任子产为卿,郑赖以存。

②内政毋出：宫内政事不出我管。即下文所言衣裘、车马、子女。
③外政毋入：宫外朝政我不干预。即下文所言"国家之不治，封疆之不正"。
④子女：这里专指女子。不洁：不守贞洁。《管子·心术上》："扫除不洁，神乃留处。"尹知章注："不洁，亦喻情欲。"
⑤丑：羞耻，耻辱。
⑥封疆之不正：国家边界不稳定。
⑦外无诸侯之患也：此以上一段见《尸子·治天下》，又见《韩非子·外储说左上》，文略异。
⑧冯简子：春秋时郑国大夫。封于冯地，以封邑冯地为姓，始为冯氏。
⑨子太叔（？—前507）：姬姓，游氏，名吉。春秋时郑国正卿。后继子产为相，为政宽平。善决：与上文言"冯简子善断事"义复，当依《左传·襄公三十一年》"子大叔美秀而文"，即子太叔年少有仪度，熟悉典故，善于辞令。译文从之。
⑩公孙挥：字子羽，善辞令，郑简公时任行人之职，掌迎送接待宾客之礼，屡聘问于各诸侯国。
⑪而：通"能"。族姓：宗族姓氏。
⑫变而立至：义费解。向宗鲁《校证》引《左传补注》云："古读'变'为'辨'，'辨'为'班'，古文'位'作'立'，《刘歆传》曰：'《春秋传》多古字古言。'乃向所据者皆古字也。然则'而至'二字乃后人妄增也。"又引孙诒让说，此四字当作"变立而至"，即《左传》之"班位能否"；"变立"当作"班位"，"而"即"能"，'至'即'否'字之讹（"否"正字作"否"，与"至"形近而讹）。班位，职官爵位；朝班位次。《左传·襄公三十一年》："公孙挥能知四国之为，而辨于其大夫之族姓、班位、贵贱、能否。"
⑬裨谌（pí chén）：春秋时期郑国大夫，博学多谋，曾大力协助国相

子产处理国政。谋：计谋，筹策。

⑭于野则获：在郊外谋划就有收获。

⑮受：同"授"。交付。

⑯天海按：此文本《左传·襄公三十一年》，文字略有不同。

【译文】

子产在郑国做国相，郑简公对他说："后宫的政事不出我管，朝堂的政事我不干预。凡是衣衫皮袍不华美，车马不整饬，子女操守不贞，这是我的耻辱。国家治理不好，疆界不稳定，这是你的耻辱。"子产做郑国国相，直到郑简公去世，国内没有动乱，国外没有诸侯的侵犯。子产执政的时候，选择贤能任用他们。冯简子善于决断大事；子太叔风度翩翩，文辞秀美；公孙挥知晓四境邻国的所作所为，并能分辨那些国家卿大夫的宗族姓氏、品级职位，又能言善辩；裨谌善于谋划，在郊外谋划就能有好主意，在城中谋划就不行。凡有国家大事，子产就乘车载上裨谌一起到郊外去，让他谋划行与不行，然后告知冯简子来决断，再让公孙挥为此准备应对的言辞。事情议定之后，便交给太子叔去施行，并应酬回答宾客。因此很少有失败的事。

7.22 董安于治晋阳①，问政于蹇老②。蹇老曰："曰忠，曰信，曰敢。"董安于曰："安忠乎？"曰："忠于主。"曰："安信乎？"曰："信于令。"曰："安敢乎？"曰："敢于不善人③。"董安于曰："此三者足矣。"④

【注释】

①董安于(？—前496)：春秋时晋国正卿赵鞅心腹家臣，古代晋阳城的始创者。

②蹇老：战国时魏人，生平不详。

③不善人：不做老好人。

④天海按：向宗鲁《校证》认为此文与《群书治要》所引《吕氏春秋》魏武侯与吴起论治西河的问答相似，疑一事因传闻而异。

【译文】

董安于治理晋阳城，向蹇老询问理政的事。蹇老说："忠、信、敢。"董安于问："什么叫忠呢？"蹇老说："忠于君主。"董安于又问："什么叫信呢？"蹇老说："政令要讲信用。"董安于再问："什么叫敢呢？"蹇老说："要敢于不做老好人。"董安于说："这三个字足够了。"

7.23 魏文侯使西门豹往治于邺①，告之曰："必全功成名布义②。"豹曰："敢问全功成名布义，为之奈何？"文侯曰："子往矣！是无邑不有贤豪辩博者也③，无邑不有好扬人之恶、蔽人之善者也。往必问豪贤者，因而亲之；其辩博者，因而师之；问其好扬人之恶、蔽人之善者，因而察之；不可以特闻从事④。夫耳闻之不如目见之，目见之不如足践之，足践之不如手辨之。人始入官⑤，如入晦室，久而愈明，明乃治，治乃行。"⑥

【注释】

①西门豹：战国时期魏国安邑（今山西运城）人。魏文侯时任邺令，是著名的政治家、水利家。邺：邺县。战国时魏置，治所在今河北临漳西南。

②全功成名布义：功成名就，传布道义。

③是：因为。贤豪：贤士豪杰。辩博：雄辩博识。

④特闻：只凭传闻。

⑤入官：初入官府，指上任。

⑥天海按:此文与《战国策·魏策一》所载事同而文有不同。

【译文】

魏文侯派西门豹前去治理邺城,告诉他说:"一定要完全成功,取得美名,传布道义。"西门豹说:"请问要怎样做才能完全成功,取得美名,传布道义呢?"魏文侯说:"你去吧!因为没有哪一座城邑没有贤士豪杰和雄辩博识的人,没有哪一座城邑没有好宣扬别人缺点、隐瞒别人优点的人。前去一定要访问豪杰贤士,由此亲近他们;访问雄辩博识的人,由此拜他们为师;访问那些好宣扬别人短处、掩盖别人长处的人,由此详察他们的言论;不能只凭传闻办事。耳朵听到的不如眼睛看见的,眼睛看见的不如脚踩到的,脚踩到的不如亲手辨别的。人刚到任做官,如同进入昏暗的房间,时间久了就越看越清楚。心明眼亮就可以处理政事,处理政事就能行得通。"

7.24 宓子贱治单父①,弹鸣琴,身不下堂而单父治②。巫马期亦治单父③,以星出,以星入,日夜不处④,以身亲之,而单父亦治。巫马期问其故于宓子贱,宓子贱曰:"我之谓任人,子之谓任力;任力者固劳,任人者固佚⑤。"人曰:"宓子贱则君子矣!佚四枝⑥,全耳目,平心气,而百官治⑦,任其数而已矣⑧。巫马期则不然,弊性事情⑨,劳烦教诏⑩,虽治,犹未至也。"⑪

【注释】

①宓(fú)子贱(前521或502—前445):名不齐,字子贱。春秋时鲁人,孔子弟子。后追封为单父侯。单父(shàn fǔ):古邑名。相传为虞舜师单卷所居,故名。春秋时为鲁邑,治所在今山东菏泽单县南。

② 弹鸣琴，身不下堂而单父治：此即"鸣琴而治"的典故，典出《吕氏春秋·察贤》。后用"鸣琴而治"指以礼乐教化百姓，表现"政简刑清"的政治，或作赞颂官吏善于管理的表彰之词。
③ 巫马期(？—前445)：复姓巫马，名施，字子期。春秋末期鲁国人，孔子弟子。曾任单父宰。他实行儒家的义和仁，从不贪财，曾被封为鄫伯、东阿侯，他的主要成就有戴星治单父等。孔子称赞他是君子。
④ 不处：不居，不休息。《吕氏春秋·察贤》作"不居"。
⑤ 佚：通"逸"。轻松，安逸。
⑥ 四枝：同"四肢"。
⑦ 百官治：各级官吏得到管理。
⑧ 任其数：任随自然规律。数，自然规律。
⑨ 弊性事(zì)情：损伤性情。弊，使……疲困。事，杀，刺入，这里引申为伤害。
⑩ 教诏：教化宣谕。
⑪ 天海按：此文所记亦见《吕氏春秋·察贤》《韩诗外传》卷二。

【译文】
宓子贱治理单父，弹奏琴曲，身不下公堂而单父得到治理。巫马期也治理过单父，从星星升起出门，到星星落下回家，日夜不能安居，凡事必定亲自处理，单父也得到治理。巫马期向宓子贱询问这其中的缘故，宓子贱说："我这样做叫用人，你那样叫用力。用力的人当然劳苦，用人的人当然轻松。"有人说："宓子贱是位君子啊，四肢轻闲，不劳耳目，心平气和，但各级官吏都得到管理，他只是任其自然罢了。巫马期却不是这样，他损害自己的性情，辛苦劳烦地宣传教导，即使能够治理，但还是不能达到宓子贱那样。"

7.25 孔子谓宓子贱曰："子治单父而众说①，语丘所以为之者②。"曰:"不齐③,父其父子其子④,恤诸孤而哀丧纪⑤。"孔子曰:"善,小节也⑥,小民附矣⑦,犹未足也。"曰:"不齐也,所父事者三人,所兄事者五人,所友者十一人。"孔子曰:"父事三人,可以教孝矣;兄事五人,可以教弟矣⑧;友十一人,可以教学矣。中节也⑨,中民附矣⑩,犹未足也。"曰:"此地民有贤于不齐者五人,不齐事之,皆教不齐所以治之术。"孔子曰:"欲其大者⑪,乃于此在矣。昔者尧、舜清微其身⑫,以听观天下,务来贤人。夫举贤者,百福之宗也⑬,而神明之主也。惜乎⑭!不齐之所治者小也!不齐所治者大,其与尧、舜继矣⑮。"⑯

【注释】

①众说:众人赞赏。说,同"悦"。

②语丘所以为之者:原文"丘"误作"立",此据明钞本改。

③不齐:宓子贱名不齐,此处自称。

④父其父子其子:对待百姓的父亲像对待自己父亲一样,对待百姓的子女像对待自己子女一样。

⑤丧纪:丧事。

⑥小节:此指细小的节操。

⑦小民:平民,一般百姓。

⑧弟:通"悌"。敬爱兄长。

⑨中节:此指中等的节操。

⑩中民:中等阶层的人。

⑪欲其大者:想要使自己有大的成就。

⑫清微其身:使自身清廉卑下。意即做出表率,礼贤下士。

⑬百福之宗:各种福佑的起源。宗,祖先,引申为起源。

⑭惜乎:此二字原文无,此依向宗鲁《校证》据诸书所载补。

⑮其与尧、舜继矣:原文无"与"字,此依向宗鲁《校证》说补。
⑯天海按:此文又见《孔子家语·辨政》《韩诗外传》卷八、《史记·仲尼弟子列传》。

【译文】

孔子对宓子贱说:"你治理单父得到众人的称赞,告诉我你是怎么做到这样的。"子贱说:"我对待百姓的父亲像对待自己父亲一样,对待百姓的子女像对待自己子女一样,抚恤所有的孤儿并为百姓的丧事而哀痛。"孔子说:"好,这只是小的操守,能使平民亲附,但还不够。"子贱又说:"我当作父亲侍奉的有三人,当作兄长侍奉的有五人,结交的朋友有十一人。"孔子说:"当作父亲侍奉的有三人,能够用来教育人们尽孝了;当作兄长侍奉的有五人,能够用来教育人们敬爱兄长了;结交朋友十一人,能够用来教育人们互相学习了。这些是中等的操守,中等阶层的人会亲附,但是还不够。"子贱说:"此地百姓中有比我贤明的五个人,我向他们学习,他们都教给我怎样从政治民的方法。"孔子说:"要想使自己成就大事业,就在于这里了。从前尧、舜自身清廉谦恭,以此来观察、了解天下的人才,务必招来贤人。推举贤人的事,是各种福佑的起源,也是精神英明的主宰。可惜啊!子贱所治理的地方太小了,如果子贱所治理的地方很大,他就能将继承尧、舜了。"

7.26 宓子贱为单父宰①,辞于夫子②。夫子曰③:"毋迎而距也④,毋望而许也⑤。许之则失守,距之则闭塞。譬如高山深渊,仰之不可极,度之不可测也⑥。"子贱曰:"善,敢不承命乎⑦!"⑧

【注释】

①宰:古代采邑的长官,相当于秦汉时县令。春秋时卿、大夫之家

臣也称"宰",如子路为季氏宰。又地方县邑长官亦称"宰",如子游为武城宰。

②夫子:这里指孔子。

③夫子曰:马总《意林》引此文,此三字下有"夫政者"三字。译文从之。

④迎:逆,对立。《六韬·文韬·大礼》正作"逆"。距:通"拒"。

⑤望:与"妄"通。《六韬·文韬·大礼》正作"妄"。

⑥度:丈量。

⑦承命:奉命,领命。这里指接受教诲。

⑧天海按:此文所记孔子语,《六韬·文韬·大礼》作姜太公对文王语。又见《管子·九守》《鬼谷子·符言》,文有不同。

【译文】

宓子贱担任单父令,向孔子辞行。孔子说:"从政的人,对百姓不要对立拒斥,不要随便许诺。随便许诺他们,就会失去所守的原则;排斥他们,就会闭塞下情。比如高山深渊,仰望它不能看到顶峰,丈量它也测不到底。"子贱说:"好的,我怎敢不接受教诲呢!"

7.27 宓子贱为单父宰①,过于阳昼②,曰:"子亦有以送仆乎?"阳昼曰:"吾少也贱,不知治民之术。有钓道二焉,请以送子。"子贱曰:"钓道奈何?"阳昼曰:"夫投纶错饵③,迎而吸之者,阳桥也④,其为鱼也⑤,薄而不美。若存若亡,若食若不食者,鲂也⑥,其为鱼也,博而厚味⑦。"宓子贱曰:"善。"于是未至单父,冠盖迎之者交接于道⑧。子贱曰:"车驱之,车驱之,夫阳昼之所谓'阳桥'者至矣。"于是至单父,请其耆老尊贤者⑨,而与之共治单父。

【注释】

①宓子贱为单父宰：此则原文连上，现依向宗鲁《校证》据日人关嘉本另起。
②过：拜访。阳昼：生平不详。
③投纶(lún)错饵：抛下钓丝安放鱼饵。投，原文误作"扱"，依向宗鲁《校证》据诸本所引改。纶，钓丝。错，通"措"。放置。
④阳桥：一种白色的鱼。一作阳乔，亦作阳鳉。
⑤其为鱼也：原文脱"也"字，此据上下文例补。
⑥鲂：一种鳊鱼，形宽而薄，细鳞厚肉，肉味鲜美，质细嫩，含脂量高。
⑦博而厚味：肉肥多而味美。
⑧冠盖：官吏的服饰和车乘。这里借指官吏。冠，礼帽。盖，车盖。
⑨耆(qí)老：老人。六十曰耆，七十曰老。

【译文】

宓子贱任为单父令，去拜访阳昼，并说："您有什么建议送给我吗？"阳昼说："我从小贫贱，不懂得治民的方法。只有钓鱼的两个方法，让我送给你吧。"子贱说："钓鱼的方法是什么？"阳昼说："抛下钓丝安放诱饵，迎上来吞食的鱼，名叫阳桥，这种鱼肉少且味道不美。如果是若隐若现、若食若不食的鱼，名叫鲂鱼，这种鱼肉肥厚而味美。"宓子贱说："讲得好。"在他还未到单父城时，在大道上迎接他的官吏络绎不绝，子贱说："赶车快走，赶车快走，那阳昼所说的'阳桥鱼'来了。"于是他到单父后，请出那里德高望重的老人，并与他们共同治理单父。

7.28 孔子兄子有孔蔑者①，与宓子贱皆仕。孔子往过孔蔑，问之曰："自子之仕者，何得何亡？"孔蔑曰："自吾仕者，未有所得，而有所亡者三。曰：王事若袭②，学焉得习③，以是学不得明也，所亡者一也；奉禄少，饘粥不足及亲戚④，亲戚益疏矣,所亡者二也;公事多急,不得吊死视病,是以朋友益疏矣,所亡者三也。"孔子不说,而复往见子贱,曰:"自子之仕,何得何亡?"子贱曰:"自吾之仕,未有所亡,而所得者三:始诵之文,今履而行之,是学日益明也,所得者一也;奉禄虽少,馇粥得及亲戚,是以亲戚益亲也,所得者二也;公事虽急,夜勤吊死视病,是以朋友益亲也,所得者三也。"孔子谓子贱曰:"君子哉,若人!君子哉,若人!鲁无君子也,斯焉取斯⑤!"

【注释】

①兄子:原文作"弟子",此依向宗鲁《校证》据《史记·仲尼弟子列传》《孔子家语·弟子行》改。孔蔑:名忠,字子蔑。见《史记·仲尼弟子列传》。

②王事若袭:公事缠身。袭,本义为衣服一套,衣加身也为袭,这里引申为包裹、缠绕之意。

③焉:怎么。疑问词。

④馇(zhān)粥:稀饭。二字原文均作"鬻",此从卢文弨说径改。下文亦同。

⑤斯焉取斯:这人从哪里得到这种品德。前一"斯"指代"此人",焉,哪里。后一"斯"指代"这种品德"。以上孔子语引自《论语·公冶长》。

【译文】

孔子的兄长有个儿子名叫孔蔑,与宓子贱都在做官。孔子经过孔蔑处,问他说:"自从你做官后,得到了什么?失去了什么?"孔蔑说:"自从我做官后,没有得到什么,但失去的却有三种。这就是:公事缠身,所学过的哪能得到温习,因此学习不能明了,这是一失;俸禄太少,稀饭还不够供给亲戚,亲戚日益疏远了,这是二失;公事繁忙紧张,不能去吊唁死者和探望病人,因此朋友日益疏远了,这是第三失。"孔子不高兴,又前去见宓子贱,说:"自从你做官后,得到了什么,失去了什么?"宓子贱说:"自从我做官后,没有失去什么,却得到了这三样:当初诵读的文章,现在实践并推行它,于是学习日益明白,这是所得之一;俸禄虽少,可稀饭还能供给亲戚,因此亲戚更加亲近,这是所得之二;公事虽然紧张,夜里勤去吊唁死者和探望病人,因此朋友更加亲密了,这是所得之三。"孔子评论宓子贱说:"这人真是君子啊!这人真是君子啊!鲁国如果没有君子,这人哪能学到这种品德呢?"

7.29 晏子治东阿①,三年,景公召而数之曰②:"吾以子为可,而使子治东阿。今子治而乱,子退而自察也,寡人将加大诛于子③。"晏子对曰:"臣请改道易行而治东阿,三年不治,臣请死之。"景公许之。于是明年上计④,景公迎而贺之曰:"甚善矣,子之治东阿也!"晏子对曰:"前臣之治东阿也,属托不行⑤,货赂不至⑥;陂池之鱼,以利贫民;当此之时,民无饥者,而君反以罪臣。今臣后之治东阿也,属托行,货赂至;并会赋敛⑦,仓库少内⑧,便事左右⑨;陂池之鱼,入于权家;当此之时,饥者过半矣,君乃反迎而贺。臣愚不能复治东阿,愿乞骸骨⑩,避贤者之路⑪。"再拜便僻⑫。景公乃下席而谢之曰:"子强复治东阿⑬。东阿者,子之东阿也,寡人无复与焉⑭。"⑮

【注释】

①东阿:地名。春秋时齐国柯邑,后名阿邑,秦汉时为东阿县。故址在今山东阳谷东北。

②数:数落,责备。

③大诛:重罚,重责,严厉的处罚。

④明年:第二年。上计:春秋战国至秦汉时,各地官吏在年终将全年地方上各种情况的统计表册上报朝廷。

⑤属托:请托。

⑥货赂:贿赂。

⑦并会:向宗鲁《校证》疑"会"是"曾"字之误,并引《说文解字》云:"曾,益也。"其说可从。

⑧少内:减少收入。内,同"纳"。

⑨便事:顺从侍奉。便,顺,顺从。

⑩乞骸骨:请求使骸骨归葬故乡。古人请求辞职的谦辞。

⑪避:退避,让开。

⑫便(pián)僻:本义为"逢迎谄媚",但于此句义不可通。张纯一《晏子春秋校注》以为"僻"当读为"避"。译文姑作"退避"解。

⑬强(qiǎng):勉强,勉力。

⑭无复与焉:不再干预你了。

⑮天海按:此文本《晏子春秋·外篇上》,事又见《晏子春秋·内篇杂上》,但文字多有不同。

【译文】

晏子治理东阿,过了三年,齐景公召见并责备他说:"我认为你可以,才让你治理东阿。如今你越治越乱,你下去自己反省吧,我将对你施以重罚。"晏子对他说:"我请求改换方法和作为,再治理东阿,三年不能治理,请处我死罪。"齐景公答应了他。于是在第二年年终,晏子将东阿各种情况的统计表册报送朝廷,景公迎上去并祝贺他说:"太好了!你这样治理东阿。"晏子对他说:"我从前治理东阿,不准受人请托,不准收人贿赂;塘堰里的鱼,让贫民得利;在那时,没有挨饿的百姓,但您反而降罪于我。如今我又治理东阿,请托之风盛行,贿赂上门;还增加赋税,仓库收入减少,以顺从侍奉您左右的人;塘堰里的鱼,落入权贵之家;在这时,饥饿的人超过了半数,您反而迎上来祝贺我。我实在愚昧不能再治理东阿了,请准许我告老还乡,为贤人让路。"说完拜了两拜,便要退避出去。齐景公于是离座并向他道歉说:"你勉力再治东阿。东阿就是你的东阿,我不会再干预你了。"

7.30 子路治蒲①,见于孔子曰:"由愿受教。"孔子曰:"蒲多壮士②,又难治也。然吾语汝:恭以敬,可以摄勇③;宽以正,可以容众;恭以洁,可以亲上。"④

【注释】
①蒲:地名。春秋时称蒲邑,卫国属地,在今河南长垣境内。
②壮士:勇士。心雄胆壮的人,意气豪壮而敢死的人。
③摄勇:统领、辖制勇士。
④天海按:此文所记见《史记·仲尼弟子列传》《孔子家语·致思》。

【译文】
子路治理蒲邑,他拜见孔子说:"我希望接受先生的教诲。"孔子说:"蒲邑有很多勇士,又难于治理。但我告诉你:只要恭敬有礼,就能辖制勇士;执政宽缓公正,就能容纳民众;自身谨慎廉洁,就能够亲近上司。"

7.31 子贡为信阳令①,辞孔子而行。孔子曰:"力之顺之②,因天之时③,无夺无伐④,无暴无盗。"子贡曰:"赐少而事君子,君子固有盗者邪?"孔子曰:"夫以不肖伐贤⑤,是谓夺也;以贤伐不肖⑥,是谓伐也;缓其令,急其诛,是谓暴也;取人善以自为己⑦,是谓盗也。君子之盗,岂必当财币乎⑧?吾闻之曰:知为吏者,奉法利民;不知为吏者,枉法以侵民。

此皆怨之所由生也。临官莫如平,临财莫如廉。廉平之守,不可攻也。匿人之善者,是谓蔽贤也;扬人之恶者,是谓小人也;不内相教,而外相谤者,是谓不足亲也。言人之善者,有所得而无所伤也⑨;言人之恶者,无所得而有所伤也。故君子慎言语矣,毋先己而后人;择言出之,令口如耳。"⑩

【注释】

①信阳:地名。春秋时楚邑,故城在今河南信阳南。
②力之顺之:努力去做,谨慎从事。顺,通"慎"。
③因:顺应。天:原文作"子",此依向宗鲁《校证》据卢文弨校、关嘉校改。
④夺:错乱。伐:攻击,取代。
⑤以不肖伐贤:向宗鲁《校证》引卢文弨说,此句当依《孔子家语·辨政》作"以贤代贤"。译文从此说。
⑥以贤伐不肖:向宗鲁《校证》引诸说,以为当依《孔子家语·辨政》作"以不肖代贤"。译文从此说。
⑦取人善以自为己:原文"善"作"吾",诸本皆作"善",当是形近而讹,今从诸本改。
⑧当:在,在于。财币:钱财。原文"财"误作"时",此据明钞本改。
⑨无所伤:原文作"无所亡伤",依下文例,"亡"字必衍,此据删。
⑩天海按:此文又见《孔子家语·辨政》,文略异。卢文弨将此文分为三条,向宗鲁《校证》认为《孔子家语》已作一条,故不分。

【译文】

子贡做信阳令,向孔子辞行。孔子说:"努力去做,谨慎从事,顺应天时,不要'夺'不要'伐',不要'暴'不要'盗'。"子贡说:"我年少就侍奉君子,君子难道会有盗窃的行为吗?"孔子说:"如果用贤人代替贤人,这就叫'夺';用不贤的人代替贤人,这就叫'伐';政令松弛,但诛杀峻急,这就叫'暴';拿别人的善事当成自己做的,这就叫'盗'。君子的盗窃,难道一定在于钱财吗?我听说过这样的话:懂得做官的人,奉公守法来利于人民;不懂得做官的人,歪曲法令来侵害百姓。这都是怨恨产生的根源。对待官位什么都不如公平,面对钱财什么都不如廉洁。廉洁公平的操守,是不能被攻伐的。隐藏别人优点的,这就叫障蔽贤人;宣扬别人缺点的,这就叫小人。在内不相互教导,却在外相互诽谤,这种人是不能够亲近的。宣扬别人善事的,会有所得而不会有伤害;宣扬别人短处的,不会得到什么反而会有损失。所以君子说话要谨慎,不要自己先说而让别人后说;说出来的话要经过选择,使口说的如同耳听到的一样。"

7.32 杨朱见梁王①,言治天下如运诸掌然②。梁王曰:"先生有一妻一妾不能治,三亩之园不能芸,言治天下如运诸掌③,何以?"杨朱曰:"臣有之④。君不见夫羊乎⑤?百羊而群,使五尺童子荷杖而随之,欲东而东,欲西而西。君且使尧牵一羊,舜荷杖而随之,则乱之始也⑥。臣闻之,夫吞舟之鱼不游渊⑦;鸿鹄高飞,不就污池⑧;何则?其志极远也。黄钟大吕⑨,不可从繁奏之舞⑩,何则?其音疏也⑪。将治大者不治小,成大功者不小苟⑫,此之谓也。"⑬

【注释】

① 杨朱(约前395—前335;一说约前450—前370):字子居,战国时魏人,在孟子之前,墨子之后。其学说与墨子"兼爱"相反,而重在"爱己",被当时儒家斥为异端。著述不传。杨朱主张"贵己""重生""损一毫利天下,不与也;悉天下奉一身,不取也",是道家

杨朱学派的创始人。其学说散见于《孟子》《庄子》《荀子》《韩非子》《吕氏春秋》中,《列子》有《杨朱》篇。《孟子》有"天下之言不归杨则归墨"之说,可见其学说影响之大。梁王:即魏王。前364年魏惠王由安邑(今山西夏县西北禹王村)迁都大梁(今河南开封西北)后,魏国亦称梁国。

②如运诸掌然:好像在手掌上玩弄一样。"诸"下原文有"手"字,此据上文文例删。

③如运诸掌:原文"掌"上有"手"字,据上文,"手"字衍文,径删。

④臣有之:卢文弨校曰:"臣,当作'诚'。"

⑤君不见夫羊乎:《列子·杨朱》作"君见其牧羊者乎",此文脱"牧"字。译文从补之。

⑥则乱之始也:《列子·杨朱》作"则不能前矣"。

⑦不游渊:《列子·杨朱》作"不游枝流",此或当作"不游于渊"。

⑧污池:污水池塘。

⑨黄钟大吕:古代乐律名,亦为两种大钟名。其声调舒缓洪亮。

⑩从繁奏之舞:为繁杂细碎的舞曲伴奏。

⑪疏:疏阔,久远。

⑫不小苛:不在细小的方面苛求。

⑬天海按:此文又见《列子·杨朱》,文略异。又,此则与下二则(7.33、7.34),宋本不载,此据明钞本补。

【译文】

杨朱谒见魏王,说治理天下如同玩弄在手掌上一样。魏王说:"先生你有一妻一妾都不能管好,三亩大的园子不能锄草,还说治理天下如同玩弄在手掌上,凭什么呢?"杨朱说:"我有道理。您没见过牧羊吗?上百成群的羊,让五尺高的孩子扛着木棒跟随它们,想要羊群向东就向东,想要羊群朝西就朝西。您如果让尧牵着一只羊,让舜扛着木棒跟着他,那混乱就开始了。我听说:那吞舟的大鱼不游于水池;鸿鹄高飞,不停在污池。为什么呢？因为它们的志向极其远大。黄钟大吕，不能为节拍繁碎的舞曲伴奏，为什么呢？因为它们的声音旷远长久。能办大事的不必会办小事，成就大功的人不苟求小节，说的就是这个道理。"

7.33 景差相郑①，郑人有冬涉水者，出而胫寒。后景差过之，下陪乘而载之②，覆以上衽③。晋叔向闻之曰④："景子为人国相，岂不固哉⑤？吾闻良吏居之，三月而沟渠修，十月而津梁成⑥，六畜且不濡足⑦，而况人乎？"⑧

【注释】

①景差：此人非战国时楚辞赋家景差，其生平不详。
②下陪乘：让侍卫下车。下，使……下。陪乘，即骖乘，车上侍卫。
③上衽：衣服的前襟。
④叔向：春秋时期晋国贤臣，政治家。他历事晋悼公、平公、昭公三世。主要活动在晋平公、昭公时期。与郑国的子产、齐国的晏婴齐名。
⑤固：鄙陋，浅陋。
⑥津梁：桥梁。津，渡口。梁，桥。
⑦六畜：六种家畜，即牛、马、猪、羊、鸡、犬。濡：湿，浸水。
⑧天海按：此文所记与《孟子·离娄下》所载"子产以其乘舆济人于溱洧"事略同。向宗鲁《校证》亦引《困学纪闻》曰："叔向之时，郑无景差，当以《孟子》为正。"

【译文】

景差在郑国做国相，郑国有人冬天蹚水过河，出水后小腿寒冷。后来景差路过这里，让侍卫下车载上那人，并用自己的上衣给他盖在身上。晋国的叔向听说此事后，说："景差做人家的国相，这样做岂不是太鄙陋了吗？我听说优秀的官吏处在这职位上，每年三月就修整好沟渠，到十月就建成了桥梁，牛、马、猪、羊、鸡、犬等家畜都不会打湿脚，何况人呢？"

7.34 魏文侯问李克曰①："为国如何？"对曰："臣闻为国之道，食有劳而禄有功②，使有能而赏必行，罚必当。"文侯曰："吾赏罚皆当，而民不与③，何也？"对曰："国其有淫民乎④？臣闻之曰：'夺淫民之禄，以来四方之士⑤。'其父有功而禄，其子无功而食之，出则乘车马衣美裘，以为荣华；入则修竽瑟钟石之声⑥，而安其子女之乐，以乱乡曲之教⑦。如此者，夺其禄以来四方之士。此之谓夺淫民也。"⑧

【注释】

①李克：即李悝（前455—前395）。战国时期的政治改革家，曾任魏文侯相，主持变法，编有《法经》一书。

②食(sì)：给人食物。作动词。禄：给人俸禄。作动词。

③与：跟从，亲附。

④淫民：游乐怠惰的人。这里指无功受禄的多余人。

⑤来：使……来，使动用法。

⑥竽瑟钟石：此泛指各种声色器乐。竽瑟，古代吹弹乐器，又称管弦。钟石，古代敲击乐器钟和磬。

⑦乡曲：乡里。这里泛指地方上。

⑧天海按：此文"其父有功而禄"以下至文末，宋本原在"子贡为信阳令"一则之下，此据明钞本乙此。马国翰以为此文系《李克书》佚文。

【译文】

魏文侯问李克说："如何治国呢？"李克回答说："我听说治国的方法

是：给劳苦的人饭吃，给有功的人俸禄，任用有才能的人，而且赏赐一定要实行，处罚一定要适当。"魏文侯说："我赏罚都适当，但百姓不亲附，为什么呢？"李克说："国内大概有游乐怠惰的人吧？我听到这样的说法：'应剥夺游乐怠惰之人的俸禄，以招徕四方的贤士。'游乐怠惰之人的父亲有功劳而得到俸禄，子女无功却要享受，外出就乘高车大马，穿上华美的皮衣，来显示荣华富贵；回到家中就享受各种器乐，安于美色佚乐，以此扰乱乡里的教化。像这样的人，剥夺他们的俸禄用来招致四方的贤士，这就叫剥夺游乐怠惰的人。"

7.35 齐桓公问于管仲曰："国何患①？"管仲对曰："患夫社鼠②。"桓公曰："何谓也？"管仲对曰："夫社束木而涂之③，鼠因往托焉，熏之则恐烧其木，灌之则恐败其涂，此鼠所以不可得杀者，以社故也。夫国亦有社鼠，人主左右是也。内则蔽善恶于君上，外则卖权重于百姓④，不诛之则为乱，诛之则为人主所案据⑤，腹而有之⑥，此亦国之社鼠也。人有酤酒者⑦，为器甚洁清，置表甚长⑧，而酒酸不售。问之里人其故，里人云：'公之狗猛，人挈器而入⑨，且酤公酒，狗迎而噬之⑩。此酒所以酸不售之故也。'夫国亦有猛狗，用事者是也⑪。有道术之士⑫，欲明万乘之主⑬，而用事者迎而龁之⑭，此亦国之猛狗也。左右为社鼠，用事者为猛狗，则道术之士不得用矣，此治国之患也。"⑮

【注释】

①国何患：向宗鲁《校证》引《晏子春秋》《韩非子》《韩诗外传》，认为上当补一"治"字。译文用此说。
②社鼠：托身土地庙中的老鼠。比喻仗势作恶的人。社，土地神和

祭祀土地神的地方。"社"是土神,"稷"是谷神,古代君主都祭社稷,后用社稷以借指国家。
③社束木而涂之:土地神用木头扎成再加以涂饰。
④卖权重:出卖大权。此指利用大权为非作歹。
⑤案据:庇护,依靠。原文作"察据",此据向宗鲁《校证》改。
⑥腹而有之:向宗鲁《校证》认为当从《韩诗外传》作"覆而育之"。译文用此说。
⑦酤(gū):卖酒。
⑧置表甚长:悬挂的酒帘很高。表,标记,即酒帘。
⑨挈(qiè)器:提着打酒器。
⑩噬(shì):咬。
⑪用事者是也:原文无"是"字。向宗鲁《校证》曰:"明钞本有'是'字,此与上文'人主左右是也'同例,《晏子》正有'是'字,今据补。"
⑫道术:道德学术。
⑬明:借为"盟",即结盟。此指结交。《韩非子·外储说右上》同此,《韩诗外传》卷七作"白",《晏子春秋·内篇问上》作"干"。万乘之主:此指大国的君主。
⑭龁(hé):咬。
⑮天海按:此文于《韩非子·外储说右上》两见,皆为齐桓公与管仲的对话,但文字多不同。事又见《晏子春秋·内篇问上》《韩诗外传》卷七,文字略同,但又以为是齐景公与晏子事。

【译文】
　　齐桓公向管仲问道:"治理国家担心的是什么?"管仲回答说:"担心土地庙里的老鼠。"桓公问:"这话什么意思?"管仲回答说:"那土地神是用木头捆扎后涂上泥做成的,老鼠因此便寄身在那里面。用烟熏它则恐怕烧坏了木头,用水灌它又恐怕冲坏了那泥饰,这老鼠之所以不能被杀死,是因为土地神的缘故。国家也有社鼠,君主左右的亲信就是。他们在宫内对君主隐瞒好坏情况,在宫外就对百姓利用大权为非作歹。不杀他们就会酿成祸乱,要杀掉他们,又被君主所倚重、庇护和豢养。这些人就是国家的社鼠。有一个卖酒的人,他准备的酒具很清洁,悬挂的酒帘也很高,但酒放酸了也卖不出去。他问邻里的人是什么缘故,邻里的人说:'你的狗太凶了,别人提壶进来,准备买你的酒,那狗却扑上去咬他。这就是酒放酸了都卖不出去的缘故。'国家也有猛狗,当权办事的人就是。有道德学问的贤士,想要结交大国君主,但当权办事的人像狗一样扑上去咬他,这种人就是国家的猛狗。左右的亲信是社鼠,当权办事的人是猛狗,那么有道德学问的贤士就得不到任用了,这就是治理国家所担心的事。"

7.36 齐侯问于晏子曰①:"为政何患?"对曰:"患善恶之不分。"公曰:"何以察之?"对曰:"审择左右。左右善,则百僚各得其所宜而善恶分。"孔子闻之曰:"此言也,信矣②!善进③,则不善无由入矣;不善进④,则善无由入矣。"⑤

【注释】

①齐侯:春秋时齐国国君,此齐侯或为齐景公。
②信:确实可信。
③善进:善良的人被进用。原文作"善言进",此据向宗鲁《校证》依《晏子春秋》《群书治要》改。
④不善进:不善良的人被进用。原文作"不进善言",此据向宗鲁《校证》依《晏子春秋》《群书治要》改。
⑤天海按:此文又见《晏子春秋·内篇问上》,文略同。

【译文】

齐景公向晏子问道:"执政担忧的是什么?"晏子回答说:"担忧善人恶人分不清。"齐君问:"凭什么考察他们呢?"晏子回答说:"审慎地选择身边的人。身边的人善良,那么百官会各自得到适当的人选,并且好人坏人也能分清。"孔子听说这件事,说:"这话确实可信啊!好人被进用,那么坏人就无法进入政权中心了;坏人被进用,那么好人就无法进入政权中心了。"

3.37 复槁之君朝齐①,桓公问治民焉,复槁之君不对,而循口操衿抑心②。桓公曰:"与民共甘苦饥寒乎?夫以我为圣人也,故不用言而谕③。"因礼之千金。

【注释】

①复槁:古代小国名,疑为边远部落。此则原文连上,现依明钞本另起。
②循口:抚摸嘴角,暗示同甘苦。操衿:提着衣襟,暗示共饥寒。抑心:按着心口,暗示您心里应该明白。
③谕:明白。此为使动用法,使……明白。

【译文】

复槁国的君主朝见齐君,齐桓公问他治理百姓的事,复槁国君没有回答,而是摸着口角、提起衣襟、按着心口。齐桓公说:"是与百姓同甘苦共饥寒吧?他把我当作圣人,所以不用言语来使我明白。"便礼待他,送他千金。

7.38 晋文公时,翟人有献封狐文豹之皮者①,文公喟然叹曰:"封狐文豹何罪哉?以其皮为罪也。"大夫栾枝曰②:

"地广而不平,财聚而不散,独非狐豹之罪乎?"文公曰:"善哉! 说之!"栾枝曰:"地广而不平,人将平之;财聚而不散,人将争之。"于是列地以分民③,散财以赈贫。④

【注释】

①翟人:翟国人。据《元和姓纂》及《通志·氏族略》所载,上古时候,北方有翟国。翟国是远古时黄帝的后裔建立的,后为周朝的诸侯国。传到春秋时期,翟国灭于晋国。献:此字原文脱,此据向宗鲁《校证》引《韩非子》《金楼子》补。封狐:大狐。又作"丰狐"。文豹:色彩斑斓的豹。因其皮有斑纹,故称。《庄子·山木》:"夫丰狐文豹,栖于山林,伏于岩穴,静也。"

②栾枝(? —前622):春秋时晋国大夫,谥贞子。

③列:同"裂"。分割。

④天海按:此文又见《韩非子·喻志》,但文字均较简略。

【译文】

晋文公的时候,翟国有人进献大狐皮和文豹皮,文公长叹一声说:"大狐、文豹有什么罪过? 只因为它们的皮毛而有了罪过。"大夫栾枝说:"土地宽广但不平坦,财物集聚而不分散,难道不是像大狐、文豹一样的罪过吗?"文公说:"讲得好! 说下去!"栾枝说:"土地宽广但不平坦,人们就要铲平它;财物聚集而不分散,人们就要争夺它。"晋文公于是划出土地分给百姓,施舍财物来赈济贫民。

7.39 晋文侯问政于舅犯①,舅犯对曰:"分熟不如分腥②,分腥不如分地。割以分民,而益其爵禄,是以上得地而民知富,上失地而民知贫。古之所谓致师而战者③,其此之谓也。"

【注释】

①晋文侯：此指晋文公。舅犯：晋文公的舅舅狐偃，字子犯。又称咎犯、白犯。

②腥：生肉。

③致师：挥师挑战。《逸周书·克殷》："周车三百五十乘，陈于牧野，帝辛从。武王使尚父与伯夫致师。"孔晁注："挑战也。"

【译文】

晋文侯向舅犯询问执政的事，咎犯回答说："分熟肉不如分生肉，分生肉不如分土地。割地分给百姓，并增加他们的爵禄，因此君主获得土地，百姓就知道他们也能富足；君主丧失土地，百姓就知道他们会因此贫困。古人所谓挥师攻入敌阵挑战的，那讲的就是这种情况。"

7.40 晋侯问于士文伯曰①："三月朔②，日有蚀之，寡人学惛焉③。《诗》所谓'彼日而蚀，于何不臧'者④，何也？"对曰："不善政之谓也。国无政，不用善，则自取谪于日月之灾⑤。故政不可不慎也⑥。政有三而已：一曰因民，二曰择人，三曰从时。"⑦

【注释】

①晋侯：此当为晋平公（？—前532），名彪。春秋时晋国国君，前558—前532年在位。士文伯：即士伯瑕，名匄（gài），字文伯。与范宣子士匄同族同名，是春秋时期晋国的大夫，曾辅佐赵武。

②三月朔：三月初一。朔，阴历每月初一。《左传·昭公七年》作"夏四年甲辰朔"。

③学惛：学识糊涂。惛，神志不清，这里指糊涂。

④彼日而蚀，于何不臧：此二句引自《诗经·小雅·十月之交》。

臧,善,吉。

⑤谪:责备,惩罚。

⑥故政不可不慎也:原文无"政"字,此据向宗鲁《校证》补。

⑦天海按:此文所记之事见《左传·昭公七年》。

【译文】

晋侯向士文伯问道:"三月初一这天,有日食发生,我学识糊涂,《诗》上所说'那日食发生,有哪件事没办好'的话,是什么意思呢?"士文伯回答说:"说的是执政不善。国家政治不好,不用好人,就会从日月的灾异上受到谴责,所以从政不能不谨慎。从政只有三条罢了:一是便利民众,二是选择贤人,三是顺从天时。"

7.41 延陵季子游于晋①,入其境,曰:"嘻,暴哉,国乎!"入其都,曰:"嘻,力屈哉②,国乎!"立其朝,曰:"嘻!乱哉,国乎!"从者曰:"夫子之入晋境未久也,何其名之不疑也③?"延陵季子曰:"然。吾入其境,田亩荒秽而不休④,杂增崇高⑤,吾是以知其国之暴也。吾入其都,新室恶而故室美,新墙卑而故墙高,吾是以知其民力之屈也。吾立其朝,君能视而不下问,其臣善伐而不上谏⑥,吾是以知其国之乱也。"⑦

【注释】

①延陵季子:名季札,亦称公子札。受封于延陵(今江苏常州),史称延陵季子。春秋时吴王寿梦第四子,是古代一位能让王位的贤人。前561年,吴王寿梦病重将卒,因季札贤能,想传位于他,季札谦让不受。寿梦去世后,长子诸樊继位,服丧期满后让位季札。季札坚辞不受,"弃其室而耕"(相传即在今焦溪舜过山)。诸樊当政十三年,卒前遗命传位于弟余祭,并依次传位于季札。

余祭死，弟余眛立。余眛临终又欲传位季札，季札仍不就，最后由余眛的儿子继位，是为吴王僚。公子光使专诸刺杀僚而自立，即阖闾。季札继续做阖闾之臣。季札贤明博学，屡次聘问中原诸侯各国。

②力屈：人力、财力困乏。

③名之：评价它。

④休：向宗鲁《校证》引日人关嘉说："休，当作'茠'，与'薅'同，指除草。"天海按，休、茠，二字声韵同，可通。

⑤杂增崇高：杂草丛生而且长得很高。增，日人关嘉引《史记标注》作"穑"，向宗鲁《校证》案："作'穑'是也。"穑，野生之稻。

⑥伐：自我夸耀，这里指夸夸其谈。上谏：即谏上，对君主进谏。

⑦天海按：《左传·襄公二十九年》所记吴季札由卫入晋之事于此文不同。

【译文】

延陵季子游历到晋国，他进入晋国边界就说："唉！这个国家的政治残暴。"他进入晋国的都城后说："唉！这个国家的民力已经困乏了！"他站立在朝廷上说："唉！国政太混乱了！"他的随从说："先生进入晋国境内的时间不长，为什么这样评价它而毫不迟疑呢？"季札说："是这样。我进入晋国境内后，看到田野荒芜而没人修整，杂草丛生而且长得很高，我因此知道晋国的政治残暴。我进入晋国的都城，看见新修的房屋很差，但从前的房屋华美；新筑的墙低矮，从前筑的墙高大；我因此知道晋国的民力很困乏了。我立身在晋国的朝廷上，晋君长着眼睛却不过问下情，他的臣子个个能言善辩却不劝诫国君，我因此知道晋国国政的昏乱。"

7.42 齐之所以不如鲁者，太公之贤不如伯禽①。伯禽与太公俱受封而各之国②，三年，太公来朝③。周公问曰："何治之疾也?"对曰:"尊贤,先疏后亲,先义后仁也,此霸者之迹也④。"周公曰:"太公之泽及五世⑤。"五年,伯禽来朝⑥。周公问曰:"何治之难?"对曰:"亲亲⑦,先内后外,先仁后义也,此王者之迹也。"周公曰:"鲁之泽及十世。"故鲁有王迹者,仁厚也;齐有霸迹者,武政也;齐之所以不如鲁也,太公之贤不如伯禽也。⑧

【注释】

① 伯禽:周公旦之子。当时周公旦受封鲁国,但因周公旦要在镐京辅佐周成王,故伯禽代其受封鲁国。
② 之:到,去。
③ 三年,太公来朝:《史记·鲁周公世家》作"五月而报政周公"。
④ 迹:足迹,踪迹。此指走过的路。
⑤ 太公之泽及五世:太公的德泽荫蔽后人五代。泽,原文作"择",诸本皆作"泽",原文当为形近而误,从诸本径改。
⑥ 五年,伯禽来朝:《史记·鲁周公世家》作"三年而后报政周公"。
⑦ 亲亲:亲近父母。后一"亲",指父母。二字下原有"者"字,向宗鲁《校证》引卢文弨说以为衍文,据删。
⑧ 天海按:此文所记之事略见《史记·鲁周公世家》《吕氏春秋·长见》《淮南子·齐俗训》《韩诗外传》卷十。

【译文】

齐国之所以不如鲁国,是因为姜太公不如伯禽贤明。伯禽与姜太公同时受封并各自到自己的封国去,过了三年,姜太公入朝。周公问他:"你治理国家为何这样快呢?"太公回答说:"尊重贤人,先用疏远的后用亲近的,先立道义后施仁爱,这是成就霸业的人所走的路。"周公说:"太公的恩泽荫蔽他后世五代。"过了五年,伯禽来朝见。周公问:

"你治理国家为何这样艰难?"伯禽回答说:"亲近父母,先从家内开始然后到外人,先施仁爱后行道义,这是成就王业的人所走的路。"周公说:"鲁君的恩泽能荫蔽后人十代。"所以鲁国有行王道的迹象,是因为仁厚;齐国有行霸道的迹象,因为实行武力政治;齐国之所以不如鲁国,是因为姜太公不如伯禽贤明!"

7.43 景公好妇人而丈夫饰者①,国人尽服之②。公使吏禁之,曰:"女子而男子饰者,裂其衣,断其带。"裂衣断带相望而不止。晏子见,公曰:"寡人使吏禁女子而男子饰者,裂其衣断其带相望而不止者,何也?"对曰:"君使服之于内,而禁之于外,犹悬牛首于门,而求买马肉也③。公胡不使内勿服,则外莫敢为也。"公曰:"善。"使内勿服,不旋月④,而国莫之服也。⑤

【注释】

①景公:齐景公。《晏子春秋·内篇杂下》作"灵公"。丈夫:男子。

②国人:国都的女人。服之:穿戴这样的服饰。

③而求买马肉也:此句《晏子春秋·内篇杂下》作"而卖马肉于内也"。

④不旋月:不满一个月。旋,旋转,回环。《晏子春秋·内篇杂下》作"逾"。

⑤天海按:此文又见《晏子春秋·内篇杂下》,文略异。

【译文】

齐景公喜好妇女穿着男子的服饰,都城的女人都这样穿戴。齐景公派官吏禁止这件事,下令说:"凡是女子着男子服饰的,撕破她的衣服,割断她的腰带。"但是被撕裂衣服割断腰带的人到处可见,仍然不能禁止。

晏子谒见景公,景公问他:"我派官吏禁止女子穿戴男人的服饰,撕破她们的衣服,割断她们的腰带,但这种人到处可见,仍不能禁止。这是为什么呢?"晏子回答说:"您在宫内让女人穿这样的服饰,却在宫外禁止这样做,犹如在门上悬挂牛头,却要求人来买马肉一样。您为何不使宫内女人不这样穿戴,那样宫外就没人敢这么做了。"齐景公说:"好。"于是命令宫内的女人不准着男装,不到一个月,都城内就没有穿男装的女人了。

7.44 齐人甚好毂击相犯以为乐①,禁之不止。晏子患之,乃为新车良马,出与人相犯也。曰:"毂击者不祥。臣其祭祀不顺②,居处不敬乎③?"下车弃而去之,然后国人乃不为。故曰:禁之以制,而身不先行也,民不肯止。故化其心莫若教也。④

【注释】

①毂击:车轴相互撞击。毂,车轮中心的圆木,车轴向外凸出的部分。
②顺:通"慎"。
③居处不敬:原文"居"作"君",意不顺,且事与"君"无涉。诸本均作"居",《晏子春秋·内篇杂上》正作"居"。从诸本径改。
④天海按:此文又见《晏子春秋·内篇杂上》。

【译文】

齐国人特别喜好驾车让车轮轴相互撞击来取乐,禁止不了。晏子担忧这件事,就准备了新车好马,外出与人相撞。说:"大车轮轴撞击不吉利。大概是我祭祀时不谨慎,起居行为不恭敬吧!"于是他下车丢弃了车马就离开了。这以后齐国都城的人就不再做这样的事了。所以说：用法令来禁止人，自己却不首先执行，百姓就不肯停止。所以要感化人的心，不如用身教。

7.45 鲁国之法，鲁人有赎臣妾于诸侯者①，取金于府。子贡赎人于诸侯，而还其金②。孔子闻之曰："赐失之矣。圣人之举事也，可以移风易俗，而教导可施于百姓，非独适其身之行也。今鲁国富者寡而贫者众，赎而受金，则为不廉，不受则后莫复赎。自今以来，鲁人不复赎矣。"孔子可谓通于化矣，故《老子》曰："见小曰明③。"④

【注释】

①臣妾：奴隶。男曰臣，女曰妾。
②而还其金：句意不明，向宗鲁《校证》据《吕氏春秋》《淮南子》等书所引，疑"还"当作"辞"，译文从此说。
③见小曰明：见于细小处叫明白。此句见老子《道德经》五十二章。
④天海按：此文所记之事又见《吕氏春秋·察微》《孔子家语·致思》，以及《淮南子·齐俗训》与《道应训》二篇，文略异。

【译文】

鲁国的法令规定，鲁国人有向诸侯赎回奴隶的，可以从官府中领取赎金。子贡向诸侯赎人，但没要那笔赎金。孔子听说此事，说："子贡这样做就不对了。圣人做事情，能够移风易俗，而且可以对百姓进行教化引导，他的行为并不只是适用于自己一个人。现在鲁国富人少穷人多，赎人而接受赎金，就是不廉洁，不接受赎金那以后就不能再赎人了。从今以后，鲁国人不会再去赎人了。"孔子真可称得上是通于教化了，所以《老子》说："能察见细小事物就叫明。"

7.46 孔子见季康子①,康子未说②,孔子又见之。宰予曰③:"吾闻之夫子曰:'王公不聘不动④。'今吾子之见司寇也少数矣⑤!"孔子曰:"鲁国以众相凌⑥,以兵相暴之日久矣⑦,而有司不治,聘我者孰大乎于是?"鲁人闻之曰:"圣人将治,可以不先自为刑罚乎⑧!"自是之后,国无争者。孔子谓弟子曰:"违山十里⑨,蟪蛄之声犹尚存耳⑩。政事无如应之矣⑪。"⑫

【注释】

①孔子见季康子:日人关嘉曰:"《家语》'孔子'下,有'为鲁司寇'四字。"季康子,卢文弨校曰:"康子,王肃注《家语·子路初见篇》云:'当为桓子。'"
②未说:不高兴。说,同"悦"。原文作"来说",此据明钞本改。
③宰予(前522—前458):字子我,亦称宰我。春秋末鲁国人,孔子著名弟子,《大成通志》记载宰予小孔子二十九岁,能言善辩,为"言语"科之首。曾从孔子周游列国,游历期间常受孔子派遣,使于齐国、楚国。
④王公:天子诸侯。不聘:不聘请。
⑤司寇:在西周时期,周王室和鲁、宋、晋、齐、郑、卫、虞等诸侯国中,都置有司寇之官,其职责是驱捕盗贼和据法诛戮臣子等等。而在鲁国,司寇又分为大司寇和少司寇,这在典籍《周礼·秋官》中有记载,大司寇之副贰有小司寇两人,此小司寇在鲁国称之为"少司寇",孔子就曾出任鲁国司寇之职,后因与季氏不合而辞职。此文司寇指康子。少:稍,略。数:多次。
⑥凌:侵犯。
⑦兵:武器。这里指武力。

⑧可以不先自为刑罚乎:此句费解。向宗鲁《校证》引诸家说,以为此句当作"何不先自远刑罚乎",意即"为何自己不事先远离刑罚呢"。译文从此说。

⑨违:离开。

⑩蟪蛄:黄绿色的蝉,翅有黑色条纹,雄虫夏末从早至晚鸣叫不止。

⑪应:反向,反应。此字原文作"膺",向宗鲁《校证》引《孔子家语·子路初见》以此字当作"应",此据改。

⑫天海按:此文所记之事亦见《孔子家语·子路初见》。

【译文】

孔子求见鲁国司寇季康子,季康子不高兴,孔子又去见他。宰予说:"我听先生说过:'天子诸侯不来聘请,是不会自己动身的。'如今您求见司寇也稍微多了一点吧!"孔子说:"鲁国国内仗着人多相互侵犯,仗着武力相互暴虐有很久了,但有关部门却不治理,聘不聘我,能比这更重要吗?"鲁国人听到这番话后说:"圣人将要治理国家,我们自己何不事先远离刑罚呢?"从此以后,国内没有争斗的事。孔子对弟子们说:"离山十里,蝉鸣之声还在耳边。国家政事没有不像这样发生反响的。"

7.47 古之鲁俗①:涂里之间②,罗门之罗③,妆门之渔④,独得于礼。是以孔子善之。夫涂里之间,富家为贫者出;罗门之罗,有亲者取多⑤,无亲者取少;妆门之渔,有亲者取巨,无亲者取小。

【注释】

①古之鲁俗:此条原文连上,现依向宗鲁《校证》另起。

②涂里:地名。具体未详。间:里门。里门常派人看守,这里指看守里门的方式。

③罗门:地名。具体未详。罗:打猎。这里指猎物的分配方式。
④妆门:地名。具体未详。妆,向宗鲁《校证》引孙诒让说,疑为"飮",即"渔"之又体。渔:捕鱼。这里指捕鱼所获的分配方式。
⑤亲:此指父母亲。

【译文】

古代鲁国的民俗:涂里人看守里门的方式,罗门人猎物的分配方式,妆门人捕鱼所获的分配方式,特别符合周礼。因此孔子赞许他们。涂里人雇人看守里门,富家为穷人出钱;罗门人打猎所获,让有父母的人多拿,无父母的人少拿;妆门人捕鱼所获,让有父母的人拿大鱼,无父母的人拿小鱼。

7.48《春秋》曰:"四民均则王道兴而百姓宁①。所谓四民者,士农工商也②。"③

【注释】

①王道:儒家以仁义治天下的主张和措施,也指因此而达到的理想政治。
②所谓四民者,士农工商也:《穀梁传·成公元年》曰:"古者有四民:有士民,有商民,有农民,有工民。"
③天海按:此条似非全文。

【译文】

《春秋》上说:"四民收入均平,王道就会兴盛,百姓就会安宁。所谓四民,就是指士人、农民、百工、商贾。"

7.49 婚姻之道废①,则男女之道悖②,而淫佚之路兴矣③。④

【注释】

①婚姻之道废:此则原文连上,现依向宗鲁《校证》另起。
②悖:逆乱,违反。
③淫佚:纵欲放荡。
④天海按:《大戴礼记·礼察》《小戴礼记·经解》《汉书·礼乐制》皆有类似文字。

【译文】

婚姻的礼法废弃了,那么男女结合的制度就混乱了,并且纵欲放荡的邪路也就兴起了。

卷八

尊贤

【题解】

尊贤,就是尊敬和重用德才兼备的贤人。本卷共39则,中心思想就是阐明尊贤的重要性。围绕这个中心还有如何识别贤才、怎样礼贤下士和使用贤才的问题,都分别用不同的事例来加以说明。

其一,阐明尊贤重要性的有9则,并以第一则为本卷的总纲。

第一则第一句话开宗明义:"人君之欲平治天下而垂荣名者,必尊贤而下士。"并将贤人比喻为鸿鹄之羽翼,游江海之舟船,致远道之车乘,想要成就王霸事业的君王,就必须依靠贤人。再以历史上夏、商、周、春秋五霸与秦的成败说明"持社稷、立功名之道,不得不然也"的道理。后面8则便从正反两个方面举例证实这个道理,即尊贤用贤的君王可以成就王霸大业,而拒贤用奸的君王只会国破家亡身毁。

其二,尊贤用贤的前提是识贤,也就是如何考察和鉴别人才。

本卷用了8则轶事来论述这一观点。它首先要求君王自身必须贤明才能识贤,而识贤则以德行为主,才具为辅,"忠信重厚"就是德的标准。然后就要听其言而察其行,这些可以说是识别贤才的原则。此外,像知音识贤、观小节而知大节、察能否善用众人智力、能否有益于君主、盛德大才者为世所疏等,都是识别贤才的具体经验。

其三,礼贤下士,是本卷侧重论述的问题,因为这是尊贤的具体表现。

贤才被识别之后,要使他们能竭尽全力效忠君王成就大业,还必须以礼相待,故本卷有14则轶事记载了先秦君主礼贤下士的具体内容和方法。归纳起来不外两点:即礼敬和重赏。一方面是从道义和人格上敬重他们,使他们心悦诚服地为君主效命,即所谓"士为知己者死";另一方面就是给他们以尊荣的地位和优厚的待遇,使他们知恩图报。

最后,识贤、礼贤的目的在于使用贤才,治国安天下。

本卷有8则就是讲如何正确使用贤才的。贤才必须受到重用,才能发挥他们治国安天下的作用。因此就要求君王对贤才必须委以重任,信而不疑,不能因小过而弃贤。否则,识贤、礼贤的目的就会落空。

作者刘向通过对以上轶事的采编,不仅为当时想要治国平天下的君王指出了人才问题的重要性,规划了识别人才、礼遇人才、使用人才的方略,也为后世一切统治者执政用人提供了有益的借鉴。

8.1 人君之欲平治天下而垂荣名者,必尊贤而下士①。《易》曰:"自上下下,其道大光②。"又曰:"以贵下贱,大得民也③。"夫明王之施德而下下也,将怀远而致近也。夫朝无贤人,犹鸿鹄之无羽翼也,虽有千里之望,犹不能致其意之所欲至矣。是故游江海者托于船,致远道者托于乘,欲霸王者托于贤。伊尹、吕尚、管夷吾、百里奚,此霸王之船乘也。释父兄与子孙④,非疏之也;任庖人、钓屠与仇雠、仆虏⑤,非阿之也⑥;持社稷、立功名之道,不得不然也。犹大匠之为宫室也,量小大而知材木矣,比功校而知人数矣⑦。是故吕尚聘,而天下知商将亡,而周之王也;管夷吾、百里奚任,而天下知齐、秦之必霸也。岂特船乘哉?夫成王霸固有人,亡国破家亦固有人。桀用干莘⑧,纣用恶来⑨,宋用唐鞅⑩,齐用苏秦⑪，秦用赵高⑫，而天下知其亡也。非其人而欲有功，譬其若夏至之日，而欲夜之长也；射鱼指天，而欲发之当也；虽舜禹犹亦困，而又况乎俗主哉！⑬

【注释】

①下士：谦恭地礼待贤士。下，指位尊的人降低身份接待位卑的人。动词。

②自上下下，其道大光：此二句引自《周易·益卦》之象辞。下下，谦恭地对待在下的臣民。其道大光，那前途就十分光明。

③以贵下贱，大得民也：此二句引自《周易·屯卦》之初九象辞。大得民，大得民心。

④释：放弃。这里指不重用。

⑤庖人：此指伊尹。钓屠：此指吕尚。仇雠：此指管夷吾。仆虏：此指百里奚。

⑥阿：偏私，偏袒。引申为讨好。

⑦比功校：考察劳作量。

⑧干莘：夏桀的谀臣。原文作"千莘"，此据明钞本改。

⑨恶来：商纣时武臣，有勇力能撕裂虎兕，后被周武王所杀。

⑩唐鞅：据《吕氏春秋·淫词》载，唐鞅为宋王相，唆使宋王滥杀群臣，后被宋王所杀。

⑪苏秦（？—前284）：字季子。战国时洛阳人。以鬼谷子为师，为战国时有名的纵横家。曾佩六国相印，合纵抗秦。后为燕至齐国做间谍，为客卿，与齐大夫争宠而被刺杀。《汉书·艺文志》纵横家有《苏子》三十一篇，早佚。帛书《战国纵横家书》存有其游说辞及书信十六篇，其中十一篇不见于现存传世古籍。

⑫赵高（？—前207）：本为赵国宗室远亲，赵亡入秦，任中车府令，兼行符玺令事，"管事二十余年"。秦始皇死后，赵高策划沙丘政

变,他与丞相李斯合谋伪造诏书,逼秦始皇长子扶苏自杀,另立始皇幼子胡亥为帝,是为秦二世,并自任郎中令。他在任职期间独揽大权,结党营私,征役更加繁重,行政更加苛暴。前208年又设计害死李斯,继之为秦朝丞相。第三年他迫秦二世自杀,另立子婴为秦王。不久被子婴设计杀掉。

⑬天海按:"是故吕尚聘"以下之文,又见《吕氏春秋·知度》。

【译文】

国君想要治理天下并在后世永留荣耀的名声,就必须尊重贤人并屈身礼待士人。《周易》上说:"在上的人谦恭待臣下,那前途就很光明。"又说:"以尊贵的身份谦恭地对待身份卑贱的人,会大得民心。"那英明的君王布施恩德并谦恭地对待在下的臣民,就能怀柔远方的民众并招致近处的百姓。如果朝中没有贤人,就好比鸿雁没有翅膀一样,虽有高飞千里的愿望,也不能达到它所想要飞往的地方。因此,横渡大江大海的人得依托舟船,要走远路的人得依托车马,要成就王霸大业的人得依托贤人。伊尹、吕尚、管仲、百里奚这些人,就是帝王、霸主的船和车。不重用父兄和子孙,并不是疏远他们;任用厨师、渔夫、屠户,甚至仇人、仆役、俘虏,并不是讨好他们;因为主持国家政权,走建功立业的道路,不得不这样做。犹如手艺高超的建筑师建造宫室,测量宫室的大小就知道选用什么样的木材,考察劳作量就知道需用工人的数量。所以吕尚受到周文王的聘请,天下的人就知道殷商快要灭亡,而周将称王天下;管仲、百里奚被齐桓公和秦穆公任用,天下的人就知道齐国、秦国一定会建立霸业了。这难道只是船和车的作用吗?成就王霸大业固然有人,亡国破家也固然有人。夏桀信用干莘,商纣任用恶来,宋王用了唐鞅,齐国用了苏秦,秦始皇用了赵高,天下的人都知道他们将会灭亡。用的不是贤人,却想建立功业,好比在夏至那一天想要使夜晚变长;又如同对着天空射鱼,想要发出的箭必中;即使是虞舜、夏禹那样的君王也办不到,更何况世俗的君主呢!

8.2 春秋之时,天子微弱,诸侯力政①,皆叛不朝。众暴寡,强劫弱,南夷与北狄交侵②,中国之不绝若线③。桓公于是用管仲、鲍叔、隰朋、宾胥无、甯戚④,三存亡国⑤,一继绝世⑥,救中国,攘戎狄,卒胁荆蛮⑦,以尊周室,霸诸侯。晋文公用咎犯、先轸、阳处父⑧,强中国,败强楚,合诸侯,朝天子,以显周室。楚庄王用孙叔敖、司马子反、将军子重⑨,征陈从郑⑩,败强晋⑪,无敌于天下。秦穆公用百里子、蹇叔子、王子廖及由余⑫,据有雍州⑬,攘败西戎⑭。吴用延州来季子⑮,并冀州、扬威于鸡父⑯。郑僖公富有千乘之国⑰,贵为诸侯,治义不顺人心而取弑于臣者⑱,不先得贤也。至简公用子产、裨谌、世叔、行人子羽⑲,贼臣除,正臣进,去强楚⑳,合中国,国家安宁,二十余年无强楚之患。故虞有宫之奇㉑,晋献公为之终夜不寐;楚有子玉得臣㉒,文公为之侧席而坐㉓。远乎㉔,贤者之厌难折冲也㉕!夫宋襄公不用公子目夷之言,大辱于楚㉖;曹不用僖负羁之谏,败死于戎㉗;故共维五始之要㉘,治乱之端,在乎审己而任贤也㉙。国家之任贤而吉,任不肖而凶,案往世而视已事㉚,其必然也如合符㉛。此为人君者不可以不慎也。

【注释】

①力政:以武力相征伐。政,通"征"。
②南夷、北狄:周朝人自称华夏,以中原为天下之中心,把中原周围四方的人,分别称为东夷、南蛮、西戎、北狄,以区别于华夏。东夷与南蛮也常以蛮夷并称,是东南方少数民族部落的统称;北狄是西周华夏人对北方少数民族部族的统称。

③中国之不绝若线:东周的国运像丝线一样微弱,差一点就断绝了。中国,中原。这里是指在洛阳的东周政权。

④宾胥无:又作"宾须无",齐桓公时贤臣。曾与管仲、隰朋、鲍叔牙等辅助齐桓公称霸,管仲对他的评价:"决狱折中,不杀不辜,不诬无罪,臣不如宾胥无,请立为大司理。"同时史书中还称宾须无、管仲、隰朋、鲍叔牙、甯戚五人为齐国"五贤人"。其事迹主要见于《左传·昭公十三年》《史记·齐太公世家》。

⑤三存亡国:保存了三个危亡的诸侯国。《左传·僖公十九年》:"齐桓公存三亡国以属诸侯。"杜预注:"三亡国:鲁、卫、邢。"孔颖达疏:"《齐语》云鲁有夫人庆父之乱,二君弑死,国绝无嗣,桓公使高子存之;狄人攻邢,桓公筑夷仪以封之;狄人攻卫,卫人出庐于曹,桓公城楚丘以封之是也。卫则狄灭之矣,鲁、邢不灭而言亡者,美大齐桓之功耳。"

⑥一继绝世:一次会盟使周王室快要断绝的天子地位得以继续。向宗鲁《校证》引日人关嘉说:"谓定襄王天子之位也。"指前651年,齐桓公在葵丘与鲁、宋、卫、郑、许、曹会盟,以尊周襄王天子之位。

⑦卒胁荆蛮:最终威慑楚国。前656年,齐桓公会鲁、宋、陈、卫、郑、许、曹之师攻蔡,蔡溃败,又攻楚,与楚屈完盟于召陵(今河南郾城东)而还。荆蛮,是周人对楚国的蔑称。向宗鲁《校证》案:"三句皆《公羊·僖四年传》文,彼作'卒怗荆',《解诂》:'怗,服也。'"

⑧先轸(?—前627):春秋时晋国人。采邑在原(今河南济源西北),故又称原轸。初为下军之佐,后升为中军元帅。晋楚城濮之战,大破楚卒,佐晋文公称霸。前627年,袭败秦于殽,俘秦主帅孟明视、西乞术、白乙丙。晋襄公从母之请,释三帅回秦。元轸怒,不顾而唾。后与狄战,自以得罪晋君,去胄而入狄阵,战

死。阳处父(？—前621)：春秋时晋国太傅,因封邑于阳地(在今山西太谷),遂以阳为氏。前628年,楚国派斗章出使晋国,晋国派阳处父到楚国回访,晋楚两国恢复正常外交关系。前627年,率军攻蔡国。前625年,楚军围江国,处父攻楚以救江。前621年,晋襄公卒,贾季本为中军帅,怨处父将其改为中军佐,遂使族人将其刺杀。

⑨孙叔敖：芈姓,蒍氏,名敖,字叔敖。春秋时楚司马蒍贾之子。有贤名,为楚国令尹。邲之战,佐楚庄王大胜晋军。于期思、雩娄间兴水利,有政绩。楚庄王时曾三次为令尹而不喜,王罢之而不忧。辅佐庄王成为春秋五霸之一。司马子反(？—前575)：即公子侧。芈姓,熊氏,名侧,字子反。春秋时期楚庄王司马。晋楚邲之战,为将,大败晋师。将军子重(？—前570)：芈姓,熊氏,名婴齐,字子重。春秋时期楚国左尹。前598年,子重率军袭击宋国；前597年,子重率领楚国右军参加大败晋军的邲之战。

⑩征陈从郑：征伐陈国,使郑国顺从。

⑪败强晋：此指楚晋邲之战。前597年,楚国围攻郑国,郑国降。晋国派荀林父率三军救郑,双方在邲地(今河南荥阳东北)大战,晋军大败。楚庄王也由于此役的胜利而一举奠定了"春秋五霸"的地位。

⑫百里子：即百里奚。蹇叔子：即蹇叔。春秋时人,居宋国铚邑(今安徽淮北)。经百里奚引荐入秦,任秦穆公大夫。前628年,秦穆公欲袭郑,他加以谏阻,断言秦军定在崤山为晋所败。穆公不听。结果秦军返途到崤山果遭晋军伏击,全军覆没,主帅孟明视等被俘。穆公深悔之。王子廖：向宗鲁《校证》曰："'王子廖'当作'王廖',衍'子'字。"天海按,王廖、由余事又见本书《反质》篇(20.9),《韩诗外传》卷九作"内史王缪"。春秋时秦国人。以戎王处僻远之地不知中国声色,设计献女乐与戎王,并久留由余于

秦。戎王疏远由余，不听其谏，最终迫使由余归秦。
⑬雍州：我国古代九州之一，在今陕西西部、宁夏全境及青海、甘肃、新疆部分地区。《尚书·禹贡》："黑水西河惟雍州。"
⑭西戎：我国古代西北部少数民族部落的总称。西戎也指春秋战国时期一些西戎部落建立的国家。
⑮延州来季子：即吴公子季札。前584年，吴伐楚，灭楚邑州来，将州来封季札，故又称延州来季子。春秋时吴王寿梦第四子，有贤名，屡次让国。州来，春秋时楚邑，在今安徽凤台。
⑯扬威：原文作"杨威"，此据向宗鲁《校证》改。鸡父：春秋时楚地，在今河南固始东南。《春秋·昭公二十三年》，吴大败楚于鸡父。天海按，以上"吴用延州来季子，并冀州、扬威于鸡父"之事皆不见于其他文献。
⑰郑僖公(？—前566)：姬姓，名恽(yùn)，一名髡(kūn)顽。春秋时郑国国君，前570—前566年在位。前566年，被郑子驷毒杀。
⑱治义不顺人心而取弑于臣：《史记·郑世家》："釐公(即僖公)五年，郑相子驷朝釐公，釐公不礼。子驷怒，使厨人药杀釐公，赴诸侯曰：'釐公暴病卒。'立釐公子嘉，嘉时年五岁，是为简公。"治义，治政的措施。
⑲简公：即郑简公(？—前530)，姬姓，名嘉。春秋时郑国国君，前565—前530年在位。简公初立，诸公子欲诛相子驷，子驷尽除诸公子。子驷、子孔相继执政。晋伐郑，与晋盟；楚伐之，又与楚盟。执政者皆以此而专国政。简公十二年(前554)，诛子孔，任子产为卿，郑赖以存。世叔：即子太叔游吉(？—前507)。继子产为相，为政宽平。行人子羽：即公孙挥。善辞令，郑简公时任行人之职，掌迎送接待宾客之礼，屡次聘问于各诸侯国。行人，官名。掌管朝觐聘问。
⑳去：通"驱"。朱骏声《说文通训定声》："去，假借为驱。"

㉑宫之奇:春秋时虞国贤大夫。《左传·僖公五年》记载,晋献公向虞国借路伐虢,宫之奇劝说虞君,虞虢两国唇亡则齿寒,但虞君未听劝告,最终被晋所灭。

㉒子玉得臣(?—前632):春秋时楚大失,若敖氏后裔,别为成氏,名得臣,字子玉。楚成王时为令尹执国政。前632年楚与晋在城濮(今山东鄄城临濮集)大战,楚军大败,楚王责令子玉自杀。

㉓侧席而坐:侧身而坐。这里意指坐不安稳。《盐铁论·崇礼》:"楚有子玉得臣,文公侧席;虞有宫之奇,晋献不寐。"即与此同意。

㉔远乎:意义深远啊。此指用贤的意义和影响。

㉕厌(yā)难折冲:战胜困难,御敌决胜。厌,压,抑。折冲,击退敌人进攻。

㉖夫宋襄公不用公子目夷之言,大辱于楚:据《左传·僖公二十三年》,此年(前637)楚攻宋,战于泓水(故道在今河南柘城西北),公子目夷说襄公乘楚军半渡出击,宋襄公认为不义,要待楚军渡河成列后再战。结果宋军大败,襄公受伤而逃,不久死去。夫,原文误作"大",径改。宋襄公(?—前637),春秋时宋国国君,前650—前637年在位。公子目夷,名目夷,字子鱼,宋襄公异母弟。因担任司马,故又称司马子鱼。

㉗曹不用僖负羁之谏,败死于戎:天海按,史传不载僖负羁谏曹君与戎交战之事。故向宗鲁《校证》引《公羊传》,疑后人妄改"曹羁"为"僖负羁"。僖负羁,亦作釐负羁,春秋时期曹国大夫。晋公子重耳流亡过曹国时,曹共公无礼,他独厚待公子重耳。重耳归国后继位,是为晋文公。伐曹,擒曹伯,但下令不得侵犯僖负羁及其家人,以报答过境时的款待。

㉘共维五始之要:恭敬地思考"五始"的要义。共,同"恭"。维,通"惟"。思考。五始,《公羊》家所说的《春秋》的义理章法。他们

将《春秋》首句破析为"元年、春、王、正月、公即位"五部分,认为分别代表了事物的开端。据《汉书·王褒传》注:"元者,气之始;春者,四时之始;王者,受命之始;正月者,政教之始;公即位者,一国之始;是为五始。"

㉙在乎审已而任贤也:原文"在"作"存",此据向宗鲁《校证》改。

㉚案往世而视已事:依据前世而审视往事。向宗鲁《校证》曰:"已事犹往事,见《汉书·贾谊传》注。"此句原文作"案往而亲已事",费解,现据明钞本径改。

㉛合符:古代以竹木或金石为符,上写文字,剖而为二,双方各执其半,合以为证。这里喻事物彼此密合无间。

【译文】

春秋时期,周天子权势微弱,诸侯以武力互相攻伐,都背叛王室而不朝觐。人多的残害人少的,力量强大的劫夺弱小的,南方与北方的部落又轮流来侵犯,中原王室的国运危险得丝线一样差点就断绝了。齐桓公于是任用了管仲、鲍叔、隰朋、宾胥无、宁戚等人,保存了三个危亡的诸侯国,一举确立了周天子快要断绝的地位,拯救了中原王室,赶走了戎狄人,最终威慑楚国,以此尊奉东周王室,称霸诸侯。晋文公任用了咎犯、先轸、阳处父,加强了中原周王室,打败了强大的楚国,聚会诸侯朝拜周天子,使周王室的地位尊显。楚庄王任用了孙叔敖、司马子反、将军子重,征伐陈国,使郑国顺从,打败强大的晋国,在天下没有对手。秦穆公任用百里奚、蹇叔、王子廖和由余,占据雍州,赶走并打败了西戎诸国。吴国任用了季札,兼并了冀州,在鸡父打败楚国而声威大振。郑僖公拥有千辆兵车的国家,自身贵为诸侯,但治国措施不得人心,终被臣下所杀,其原因就在于事先没有得到贤人。到郑简公时,任用了子产、禅谌、世叔、子羽等人,除去奸臣,引进正直之臣,驱逐强楚,联合中原邻国,国家得到安宁,有二十多年没有强楚侵犯的忧患。所以虞国有了宫之奇,晋献公因为他而整夜睡不安枕;楚国有了成得臣,晋文公因为他而坐不安席。贤人能克服困难，挫败敌人，其意义影响深远啊！那宋襄公不采用公子目夷的计谋，大受楚国的欺辱；曹君不听僖负羁的劝诫，在戎国战败而死；因此认真思考《春秋》"五始"的要义，治理乱世的开始，在于审察自身并任用贤人。国家任用贤人就吉祥，任用不贤的人就凶险，考察前代并审视以往之事，那必然如同信符相合一样。这是做国君的人不能不慎重的事。

8.3 国家惛乱而良臣见①。鲁国大乱，季友之贤见②。僖公即位而任季子③，鲁国安宁，外内无忧④，行政二十一年⑤。季子之卒后，邾击其南⑥，齐伐其北⑦，鲁不胜其患⑧，将乞师于楚以取全耳⑨。故《传》曰⑩："患之起，必自此始也。"公子买不可使戍卫⑪，公子遂不听君命而擅之晋⑫，内侵于臣下，外困于兵乱，弱之患也。僖公之性，非前二十一年常贤，而后乃渐变为不肖也，此季子存之所益，亡之所损也。夫得贤失贤，其损益之验如此，而人主忽于所用，甚可疾痛也。夫智不足以见贤，无可奈何矣⑬；若智能见之，而强不能决⑭，犹豫不用，而大者死亡，小者乱倾，此甚可悲哀也。以宋殇公不知孔父之贤乎⑮？安知孔父死己必死，趋而救之？趋死而救之者⑯，是知其贤也。以鲁庄公不知季子之贤乎⑰？安知疾将死，召季子而授之国政？授之国政者，是知其贤也。此二君知能见贤，而皆不能用，故宋殇公以杀死，鲁庄公以贼嗣⑱。使宋殇蚤任孔父⑲，鲁庄素用季子⑳，乃将靖邻国㉑，而况自存乎！㉒

【注释】

① 惛(hūn)乱：同"混乱"。无条理，无秩序。不安定。见：同"现"。此则原文连上，向宗鲁《校证》认为"此当别为一章"，依文意，此别作一则。

② 鲁国大乱，季友之贤见：《左传·闵公元年》："元年春，不书继位，乱故也。"当年(前661)，鲁庄公死，子般立，庄公庶兄庆父使圉人杀子般，立时年八岁的庄公庶子启方，是为闵公。前660年，庆父杀闵公，季友与闵公之兄公子申出奔邾国。庆父被国人所弃，出奔莒国。前659年，季友回国立公子申，是为鲁僖公。僖公向莒国索取庆父，庆父自杀。成语"庆父不死，鲁难未已"，即指此事。季友(？—前644)，春秋时鲁庄公之弟，一作成季。庄公将卒时，召季友立其子般。庆父杀子般，立闵公，季友奔陈，不久归国。庆父再杀闵公，季友归国立僖公，并逼庆父自尽。以功受封邑，为相。

③ 僖公：即鲁僖公(？—前627)，姬姓，名申。前659—前627年在位。季子：即季友。

④ 外内无忧：《公羊传·僖公元年》："季子治内难以正，御外难以正。"

⑤ 行政二十一年：《春秋繁露·精华》："行之二十年，国家安宁。"

⑥ 邾(zhū)：古国名。周武王时所封曹姓国，即邹国，亦称邾娄，前281年为楚所灭。国都故址在今山东邹城。

⑦ 齐伐其北：原文"伐"误作"代"，此据明钞本改。

⑧ 鲁不胜其患：原文"患"误作"忠"，此据明钞本改。

⑨ 将乞师于楚：卢文弨疑"将"当作"特"。特，只，仅仅。取全耳：原文"耳"下小字注"或作身"。

⑩《传》曰：以下二句引文见《公羊传·僖公二十六年》。

⑪ 公子买不可使戍卫：公子买奉命在卫国戍守而擅自撤离防地。

见《公羊传·僖公二十八年》。公子买,字子丛。鲁宗室。

⑫公子遂不听君命而擅之晋:《春秋·僖公二十八年》:"公子遂如京师,遂如晋。"依《公羊传》义,"大夫无遂事",大夫奉命出使办事,完成使命后,不可擅自生事接着去办。公子遂的任务是到京师,对"天王使宰周公来聘"作回聘,《春秋》言"遂如晋",说明他是事后在未有君命的情况下擅自做主"如晋"。公子遂(?—前601),亦称东门遂、东门襄仲。鲁宗室,鲁僖公、文公时为卿,掌国政。文公卒,他杀太子恶及公子视,立庶子俀,是为宣公。

⑬无可奈何矣:原文作"无何矣何矣",此据明钞本改。

⑭强(jiàng):固执,拘泥。

⑮以:以为。下文"以鲁庄公"之"以"义同此。宋殇公(?—前710):子姓,名与夷。春秋时期宋国国君,前719—前710年在位。宋殇公在位时,以孔父嘉为司马,华督为太宰。宋殇公好战,在位十年时间,发生十一次战役,百姓苦不堪言。前710年,华督因贪恋孔父嘉之妻的美色,杀孔父嘉而夺其妻。宋殇公得知后大怒,华督于是弑杀宋殇公,而从郑国迎回公子冯继位,是为宋庄公。孔父:即孔父嘉(?—前710),春秋时宋湣公五世孙,宋殇公时为司马。被宋太宰华督所杀。孔父之子奔鲁,五传而生孔子。

⑯"安知孔父死已必死"三句:原文作"安知孔父死,已必趋死而救之?趋死而救之者"。语义含混,此据明钞本乙正。宋殇公、孔父死事,参见《左传·桓公二年》《公羊传·桓公二年》。

⑰鲁庄公:姬姓,名同。春秋时鲁国国君,前693—前662年在位。

⑱贼嗣:害了继位人。贼,害。嗣,指庄公之子公子般,被庆父所杀。

⑲蚤:通"早"。

⑳素:向来,预先。《国语·吴语》:"夫谋,必素见成事焉,而后

履之。"

㉑靖：安定。

㉒天海按：此文又见《春秋繁露·精华》，但文字多有不同。

【译文】

国家昏暗混乱时良臣就显现出来了。鲁国有大乱，季友的贤能就显现出来了。鲁僖公继位后任用了季友，鲁国安宁，国内外没有忧患，推行政令达二十一年。季友死后，邾国攻击它的南边，齐国侵犯它的北边，鲁国经不起这样的祸患，只有向楚国求救兵来保全国家。所以《公羊传》说："祸患的兴起，必定会从此开始了。"鲁国的公子买不能承担戍守卫国的任务，公子遂不听国君之命擅自去到晋国，鲁君内受臣下侵侮，外被战乱困扰，这是国家削弱招致的祸患。鲁僖公的本性，并非前二十一年总是贤明，其后才逐渐变成不贤的，这是由于季友活着对他有益，死去对他造成损失。得到贤人与失去贤人，那损失与益处的效验正是这样，但国君却不重视用人，很令人痛心。如果国君的智慧不能够发现贤人，那是无可奈何的事；如果国君的智慧能够发现贤人，却拘泥不能决断，犹豫不能任用，大的损失是自身的死亡，小的损失会乱政倾国，这是特别令人悲哀的事。以为宋殇公不知道孔父的贤能吗？那又怎么知道孔父一死自己也必定会死，而赶去救他呢？拼死赶去救孔父，这就说明他知道孔父是贤人。以为鲁庄公不知道季友的贤明吗？那又怎么知道自己病重将死，要召见季友并授给他国政呢？授给季友国政，这就说明他知道季友的贤明。这两个国君的智慧能够发现贤人，但不能在生前任用，因此宋殇公被臣下杀死，鲁庄公因此害了他的继位人公子般。假使宋殇公早就任用了孔父嘉，鲁庄公预先就重用季友，就还能安靖邻国，何况保全自身呢！

8.4 邹子说梁王曰①："伊尹，故有莘氏之媵臣也②，汤立以为三公，天下之治太平。管仲，故成阴之狗盗也③，天下之庸夫也,齐桓公得之,以为仲父④。百里奚乞食于路⑤,传卖五羊之皮⑥,秦穆公委之以政。甯戚,故将车人也⑦,叩辕行歌于康之衢⑧,桓公任以国。司马喜髌脚于宋,而卒相中山⑨。范雎折胁拉齿于魏,而后为应侯⑩。太公望,故老妇之出夫也⑪,朝歌之屠佐也⑫,棘津迎客之舍人也⑬,年七十而相周,九十而封齐。故《诗》曰⑭:'绵绵之葛⑮,在于旷野。良工得之,以为絺纻⑯。良工不得,枯死于野。'此七士者,不遇明君圣主,几行乞丐⑰,枯死于中野⑱,譬犹绵绵之葛矣。"⑲

【注释】

①邹子:即邹阳(约前206—前129),西汉时期齐人,文学家。文帝时,为吴王刘濞门客,以文辩闻名于世。吴王阴谋叛乱,邹阳上书谏止,吴王不听,因此与枚乘、严忌等离吴去梁,为景帝少弟梁孝王门客。邹阳"为人有智略,慷慨不苟合",后被人诬陷入狱,险被处死。他在狱中上书梁孝王,表白自己的心迹。梁孝王见书大悦,立命释放,并尊为上客。邹阳有文七篇,现存两篇,即《上书吴王》《于狱中上书自明》。梁王:即梁孝王刘武(?—前144)。汉文帝刘恒嫡次子,汉景帝刘启同母弟。前178年受封代王,前176年改封淮阳王。前168年,梁怀王刘揖去世无嗣,刘武继嗣梁王。七国之乱时,刘武率兵抵御吴楚联军死守梁都睢阳(今河南商丘),拱卫了国都长安,功劳极大,后仗窦太后的宠爱和梁国地广兵强,欲继汉景帝之位,未果病死。谥号"孝",故又称梁孝王。

②伊尹,故有莘氏之媵臣也:夏商之际,有莘氏之女嫁与商汤为妃,伊尹作为莘氏的陪嫁奴隶同往,以滋味说商汤致于王道,帮助商汤灭了夏朝,建立了商朝。有莘氏,古代部族,姒姓,夏禹之后,

又称有莘国。西周时,有莘国改属畿内地。前770年,周平王迁都洛阳后,废有莘国,并入晋国,称莘地、梁、羁马。古代有莘氏的分布范围很广,今山西、陕西之间的黄河南段岸边,据历史记载为古有莘氏国。媵臣,古代陪嫁的奴隶。

③成阴:地名。向宗鲁《校证》引诸家说,疑"阴"为"阳"字之误。成阳,《史记》作城阳,故址在今山东菏泽西北胡集镇。译文从之。狗盗:原指披上狗皮装狗形以盗物的人,后泛指偷盗者。

④以为仲父:原文脱"以"字,依向宗鲁《校证》据《太平御览》补。仲父,齐桓公对管仲的尊称。

⑤乞食:原文作"道之",此据卢文弨校改。

⑥传卖五羊之皮:以五张羊皮之价辗转卖出。传,通"转"。辗转。

⑦甯戚,故将车人也:甯戚早年怀经世济民之才而不得志,因家贫为人拉车,到齐国喂牛于车下,扣牛角而唱歌,受到齐桓公的召见。甯戚,齐桓公主要辅佐者之一。将车人,拉车的人。

⑧叩辕行歌:《楚辞·离骚》:"甯戚之讴歌兮,齐桓闻以该辅。"王逸注引《三齐记》所载歌辞:"南山矸,白石烂,生不遭尧与舜禅,短布单衣适至骭,从昏饭牛薄夜半,长夜漫漫何时旦。"此后遂用"叩辕"作寒士自求用世的典故。康之衢:即"康衢",四通八达的大路。

⑨司马喜髌(bìn)脚于宋,而卒相中山:司马喜据说曾在宋受膑刑,后来三次为中山国相。《史记索隐》曰:"事见《战国策》及《吕氏春秋》。"司马喜,亦作司马熹,战国时人。髌,本为挖去膝盖骨的一种酷刑,这里指砍去双脚。

⑩范雎折胁拉齿于魏,而后为应侯:范雎,即范雎(jū,?—前255),字叔。战国时魏国芮城(今山西芮城)人。本为魏国中大夫须贾门客,因被怀疑通齐卖魏,被魏国相国魏齐鞭笞毒打几致于死,后在郑安平的帮助下,易名张禄,潜随秦国使者王稽入秦。后助

秦昭王向宣太后夺权，为秦相，因功封应侯。折胁拉齿，折断肋骨，拔掉牙齿。

⑪太公望，故老妇之出夫也：俞正燮《癸巳存稿·出夫》："《说苑》云：'太公望，故老妇之出夫也。'按，娶妻故有出妇，赘婿则有出夫。太公汲人，避纣于东海，为赘婿，又被出耳。"太公望，即姜太公吕尚。出夫，被逐出的赘婿。

⑫朝歌：古都邑名。商纣王的别都，在今河南淇县。屠佐：屠夫的下手。

⑬棘津：古渡口。故址在今河南延津东北，今已湮没不存。舍人：官名。《周礼》地官之属，掌官内粮食供应。战国至汉初为王公贵族侍从宾客。这里显然指佣工。

⑭《诗》曰：以下引诗不见于今本《诗经》，疑为逸诗。

⑮绵绵之葛：连绵不断的葛藤。

⑯缔绤（chī zhù）：细葛布和细麻布。

⑰几：则，便，就。承接连词。

⑱中野：原野之中。

⑲天海按：此文与《史记》《汉书》中的邹阳本传、《新序·杂事》等文大体相同。

【译文】

邹阳进言梁孝王刘武说："伊尹，曾经是有莘氏陪嫁的奴隶，商汤立他为三公之一，天下安定太平。管仲，曾经是成阳的小偷，天下认为是庸人匹夫，齐桓公得到他，尊他为仲父。百里奚曾在路上讨饭，被人用五张羊皮辗转相卖，秦穆公却把国政委托给他。宁戚，曾经是赶车的人，他敲着车辕在大路上歌唱，齐桓公却把国事委任给他。司马喜在宋国被砍掉双脚，最终却做了中山国国相。范雎在魏国被折断肋骨拔掉牙齿，后来却在秦国被封为应侯。太公望，曾经被老妻赶出门，做过朝歌城中屠夫的下手，在棘津驿站做过迎客的仆役，七十岁时帮助周文王,九十岁时被封于齐国。所以有诗说:'连绵不断的葛藤,生长在荒郊旷野。优秀的工匠得到它,用它织成葛布麻布。没被优秀的工匠得到,它就会枯死在荒郊旷野。'这七位贤士,如果不是遇到明君圣主,就会沦为乞丐,好比那连绵不断的葛藤,枯死在荒野中一样。"

8.5 眉睫之微①,接而形于色。声音之风②,感而动乎心。甯戚击牛角而商歌③,桓公闻而举之④;鲍龙跪石而登岿⑤,孔子为之下车;尧舜相是不违桑阴⑥,文王举太公不以日久⑦。故贤圣之接也,不待久而亲;能者之相见也,不待试而知矣。故士之接也,非必与之临财分货⑧,乃知其廉也;非必与之犯难涉危乃知其勇也。举事决断,是以知其勇也;取与有让⑨,是以知其廉也。故见虎之尾,而知其大于狸也;见象之牙,而知其大于牛也;一节见,则百节知矣⑩。由此观之,以所见可以占未发,睹小节固足以知大体矣⑪。⑫

【注释】

①眉睫之微:眉毛睫毛的细微。

②声音之风:这里指声音的流动与变化。

③商歌:以商音为主旋律,格调悲凉低沉的歌。

④桓公闻而举之:原文"闻"作"间",此据明钞本改。

⑤鲍龙:《刘子·知人》:"鲍龙跪石而吟,仲尼为之下车。"也提到此人,但其人其事不详。岿(chǎn):高耸突起的山。

⑥尧舜相是不违桑阴:尧舜在桑树之阴尚未移走的短时间内就互相投合。意指尧舜二人相知,在很短的时间内,尧即禅位于舜。《战国策·赵策四》:"昔者,尧见舜于草茅之中,席陇亩而荫庇桑,阴移而受天下。"相是,相得,互相投合。

⑦不以：不用，无须。

⑧与之：原文误作"举之"，此据明钞本改。

⑨取与有让：收受给予能谦让。

⑩百节：泛指全身关节，各个部位。意指整体。

⑪睹：此字原文空格，此据明钞本补。

⑫天海按：《刘子·知人》用此文。

【译文】

眉毛睫毛的细微，相互交接就会表现在面容上。声音的流动变化，可使人心受到感动。宁戚敲击牛角唱着悲凉低沉的歌，齐桓公听到后举用了他；鲍龙跪在石头上攀登陡峭的山，孔子见到为他下车；尧舜互相投合，桑阴未移即行禅让；周文王重用姜太公，无须很长时间。所以圣人与贤人的相遇，不用很长的时间就能亲近；有才能的人相见，不用试察就能了解。所以同士人交接，不一定要与他临财分物才能了解他的廉洁，不一定要与他身冒危难经历艰险才能了解他的勇敢。看他办事果决明断，凭这就知道他的勇敢；看他收受给予能谦让，凭这就知道他的廉洁。所以看见老虎的尾巴，就知道它比狸猫大；看见大象的牙齿，就知道它比牛大；一部分见到了，那么各部分也就知道了。由此看来，凭已经见到的事物能够预测未发现的事物，见到一小部分，当然就完全能够知道整体了。

8.6 禹以夏王，桀以夏亡。汤以殷王，纣以殷亡。阖庐以吴战胜①，无敌于天下，而夫差以见禽于越②。文公以晋国霸，而厉公以见弑于匠丽之宫③。威王以齐强于天下④，而湣王以弑死于庙梁⑤。穆公以秦显名尊号，而二世以劫于望夷⑥。其所以君王者同，而功迹不等者，所任异也。是故成王处襁褓而朝诸侯，周公用事也⑦；赵武灵王年五十而饿于沙丘,任李兑故也⑧。桓公得管仲,九合诸侯,一匡天下;失管仲,任竖刁、易牙,而死不葬⑨,为天下笑。一人之身,荣辱俱施焉,在所任也。故魏有公子无忌⑩,削地复得;赵任蔺相如⑪,秦兵不敢出;鄢陵任唐雎,国独特立⑫;楚有申包胥,而昭王反位⑬;齐有田单,襄王得国⑭。由此观之,国无贤佐俊士,而能以成功立名、安危继绝者,未尝有也。故国不务大,而务得民心;佐不务多,而务得贤俊。得民心者民往之,有贤佐者士归之。文王请除炮烙之刑⑮,而殷民从;汤去张网之三面⑯,而夏民从;越王不隳旧冢⑰,而吴人服;以其所为之顺于民心也。故声同⑱,则处异而相应;德合⑲,则未见而相亲;贤者立于本朝,则天下之豪相率而趋之矣。何以知其然也?曰:管仲,桓公之贼也⑳,鲍叔以为贤于己而进之桓公㉑,七十言而说乃听,遂使桓公除报仇之心,而委国政焉。桓公垂拱无事而朝诸侯㉒,鲍叔之力也。管仲之所以能北走桓公㉓,无自危之心者,同声于鲍叔也。纣杀王子比干,箕子被发而佯狂㉔;陈灵公杀泄冶㉕,而邓元去陈㉖。自是之后,殷兼于周,陈亡于楚,以其杀比干、泄冶,而失箕子与邓元也。燕昭王得郭隗,而邹衍、乐毅以齐、赵至,苏子、屈景以周、楚至,于是举兵而攻齐,栖闵王于莒㉗。燕校地计众㉘,非与齐钧也,然所以能信意至于此者㉙,由得士也。故无常安之国,无恒治之民,得贤者则安昌,失之者则危亡。自古及今,未有不然者也。明镜所以照形也,往古所以知今也。夫知恶往古之所以危亡,而不务袭迹于其所以安昌㉚,则未有异乎却走而求逮前人也㉛。太公知之,故举微子之后,而封比干

之墓㉜。夫圣人之于死尚如是其厚也,况当世而生存者乎?则其弗失可识矣!㉝

【注释】

①阖庐(?—前496):一作阖闾。姬姓,名光,又称公子光。春秋时期吴国君主,前514—前496年在位。前515年,阖庐派专诸刺杀吴王僚,夺取吴国王位。在位期间重用楚人伍子胥、齐人孙武等,强兵兴国,一度攻入楚国郢都,威震东南。

②夫差(约前528—前473):吴王阖庐之子,春秋时期吴国末代国君,前495—前473年在位。阖庐在吴越槜李之战中被越人射伤而死,夫差为报父仇,前494年于夫椒之战大败越国,几乎灭亡越国,使之屈服。此后,艾陵之战打败齐国,全歼十万齐军。前482年,于黄池(今河南封丘西南)与中原诸侯会盟,夫差与晋争霸成功,夺得霸主地位。夫差执政时期,连年兴师动众,造成国力空虚。越王勾践不忘会稽之耻,卧薪尝胆,恢复国力,趁夫差举全国之力赴黄池之会时,率军乘虚而入,并杀死吴太子。前473年,越再次兴兵,终灭吴国,夫差自杀。

③厉公以见弑于匠丽之宫:前573年,晋厉公到匠丽氏宫中游玩,被栾书、中行偃所弑。厉公(?—前573),姬姓,名寿曼,晋景公之子。前580—前573年在位。匠丽之宫,匠丽氏家。匠丽,晋国大夫,受宠于晋厉公。《左传·成公十七年》作"匠丽",《史记·晋世家》作"匠骊",《大戴礼记·保傅》作"匠黎"。《左传会笺》曰:"诸匠以匠冠名如匠庆之类,此盖氏匠而名丽者。"又《世本》:"匠丽氏。晋大夫氏。"

④威王以齐强于天下:齐威王任用邹忌为相,田忌为将,孙膑为军师,改革齐国政治,使国力强大。威王,即齐威王(前378—前320),妫姓,田氏,名因齐,前356—前320年在位。齐威王原为

侯,前334年,魏惠王和齐威王在徐州会盟,互相承认对方为王,史称"徐州相王"。经桂陵、马陵两役,大败魏军,开始称雄于诸侯。礼贤重士,在国都临淄(今山东淄博东北)稷门外修建稷下学宫,广招天下贤士议政讲学,成为当时的学术文化中心。

⑤湣王以弑死于庙梁:前284年,秦、燕、三晋五国联军进攻齐国,齐国大败。齐湣王辗转逃亡至莒。楚国以救齐为名派楚将淖齿深入至莒,被齐湣王拜为国相。不久,齐湣王在祖庙被淖齿弑杀。《战国策·楚策四》:"淖齿用齐,擢闵王之筋,县于其庙梁,宿夕而死。"湣王(?—前284),又作愍王、闵王。田氏,名地,齐宣王之子。前300—前284年在位。

⑥二世以劫于望夷:前207年,赵高令其弟郎中令赵成、女婿咸阳令阎乐,带吏卒千余人,斩卫令而入望夷宫,逼迫秦二世胡亥自杀。望夷,即望夷宫,秦二世的别宫。故址在今陕西泾阳蒋刘乡五福村、二杨庄之间。

⑦成王处襁褓而朝诸侯,周公用事也:《史记·鲁周公世家》:"其后武王既崩,成王少,在襁葆之中。周公恐天下闻武王崩而畔,周公乃践阼代成王摄行政当国。"周武王去世后,年幼的周成王继位,叔父周公旦唯恐天下初定,诸侯叛周,于是亲自摄政治理天下,平定三监之乱。成王与周公又营造新都洛邑、大封诸侯,成王还命周公东征、制礼作乐,加强了西周王朝的统治。周成王与其子周康王统治期间,社会安定,百姓和睦,"刑错四十余年不用",被誉为"成康之治",为中国历史上的一代明君。成王,周成王,姬姓,名诵,周武王姬发之子。

⑧赵武灵王年五十而饿于沙丘,任李兑故也:赵武灵王为实现宠姬吴娃遗愿,乃废太子章而传位于次子何(即赵惠文王),自为主父,又怜公子章年长而不得立,乃欲分其王于代。前295年,赵主父游沙丘宫,公子章及其傅田不礼作乱。欲杀惠文王。赵臣

李兑及公子成以兵平乱。杀公子章及田不礼。惧主父追罪,二人乃围困主父于沙丘宫,三月后主父活活饿死。其后李兑及公子成专赵政。赵武灵王(前340—前295),名雍。战国时赵国国君,前325—前299年在位。在位期间,先后协助秦国、燕国立秦昭王、燕昭王。推行"胡服骑射"政策,改革军事装备和作战方法,赵国因而得以强盛。后陆续攻灭中山,破林胡、楼烦,国势大盛。沙丘,地名。战国时期,沙丘为赵国属地,赵王在这里设离宫,名曰沙丘宫。沙丘宫平台遗址位于今河北邢台广宗大平台村南,是一个长一百五十米、宽七十米的沙丘。李兑,前295年,李兑与公子成合谋击杀赵武灵王的长子赵章与其傅田不礼,史称"沙丘之乱"。后任为司寇,并在公子成死后,担任相国,封奉阳君,实际控制了赵国的朝政,成为赵国权臣。在任相国期间,主张联齐抗秦,成功完成与魏、韩两国的合纵之盟,并和苏秦主持五国合纵攻秦,借此为自己谋取陶邑之地。后因赵国国策改变,加上其贪婪专权,被赵惠文王及大将韩徐为免除相职。之后事迹史书无载。

⑨ 任竖刁、易牙,而死不葬:齐桓公不听管仲遗言,亲信易牙、竖刁。桓公病危时,竖刁、易牙作乱,不给桓公饭菜,桓公被活活饿死,其子无诡继位,公子昭逃走。竖刁带人与诸公子对峙。桓公死后六十多天不得收殓,寝室蛆虫遍地,尸臭熏天。竖刁,即寺人貂,春秋时齐国宦官。为了讨好齐桓公,自行阉割,遂得宠。易牙,名巫,春秋时齐人,齐桓公厨师。相传为取宠桓公,将自己幼子杀死做成羹献给齐桓公。

⑩ 公子无忌(?—前243):魏昭王之子,魏安釐王之弟,封信陵君,与春申君黄歇、孟尝君田文、平原君赵胜并称为"战国四公子"。魏无忌礼贤下士,有食客三千,曾窃符救赵。在军事上两度击败秦军,挽救了赵国和魏国危局。但屡遭魏安釐王猜忌而受压制

废黜,前243年,怀恨而死。

⑪蔺相如:战国时赵人(今河北保定曲阳相如村人)。初为缪贤舍人,后因出使秦国完璧归赵,拜为上卿。他最为人称道的重要事迹有"完璧归赵""渑池之会"与"负荆请罪"三个事件,皆见于《史记·廉颇蔺相如列传》。

⑫鄢陵任唐雎,国独特立:秦欲以五百里土地换取鄢陵,唐雎冒死与秦王抗争,粉碎秦王的阴谋,鄢陵得以保全。即"唐雎不辱使命",事见《战国策·魏策四》,本书12.4则亦有记述。鄢陵,《战国策·魏策四》作"安陵"。本书12.4则向宗鲁《校证》案:"《类聚》六十、《御览》三百四十六又四百八十三皆作'以五十里封鄢陵君'。文虽误,而三引皆同,盖古本有如此者。"安陵,在今河南鄢陵西北。前318年,魏襄王封其弟为安陵君。此即指安陵君。唐雎,战国时魏人,战国时代魏国著名策士。本书12.4则向宗鲁《校证》案:"魏有数唐雎,一说魏公子、一请救于秦、一为秦散金行间,及此,皆非一人。"

⑬楚有申包胥,而昭王反位:伍子胥为报父兄之仇借用吴国力量攻入楚郢都,楚昭王出逃。申包胥入秦求救,哭七日七夜不进水米,感动秦哀公出师救楚。楚昭王返国复位,申包胥逃而不受赏。申包胥,楚君梦冒后代,封于申,故又称王孙包胥、棼冒勃苏。楚昭王时大夫,与伍子胥友善。

⑭齐有田单,襄王得国:燕伐齐,齐城尽降,只有莒、即墨不下。即墨人举田单为将军拒燕。田单用反间计使燕国用骑劫代大将乐毅,后用火牛计大败燕军,迎立齐襄王,收复齐国失地。田单,战国时齐国临淄人,初为临淄市掾吏,于即墨破燕后尽复齐国故地,因功封为安平君。襄王,齐襄王(?—前265),田氏,名法章,齐湣王之子。前283—前265年在位。

⑮炮烙之刑:殷纣王所用的酷刑。

⑯汤去张网者三面:商汤撤去所布四面网中的三面,即网开三面之意。意指商汤恩泽优渥,法令宽缓。《史记·殷本纪》:"汤出,见野张网四面,祝曰:'自天下四方皆入吾网。'汤曰:'嘻,尽之矣!'乃去其三面,祝曰:'欲左,左;欲右,右;不用命,乃入吾网。'诸侯闻之曰:'汤德至矣,及禽兽。'"

⑰越王不隳旧冢:指越王勾践战胜吴王夫差后,让吴王祖坟继续享受祭祀事。隳,毁坏。冢,坟墓。

⑱声同:意气相合。

⑲德合:品性相同。

⑳管仲,桓公之贼也:齐襄公时,国政混乱。管仲、召忽保护公子纠逃到了鲁国,鲍叔牙保护公子小白逃到莒国。前686年,公孙无知杀齐襄公,自立为君。次年,雍林人杀无知,要重立君主。高、国两家贵族事先通知公子小白回国。鲁国此时也护送公子纠回国争位,管仲带兵堵截公子小白,射中其带钩。小白装死迷惑了管仲,日夜兼程赶回齐国,立为国君,是为桓公。因曾箭射桓公,故说管仲是齐桓公的仇敌。贼,害,这里指仇敌。

㉑桓公:二字原文作"为相",此据赵善诒《疏证》依《大戴礼记·保傅》改。

㉒垂拱:垂衣拱手,形容毫不费力。后世以"垂拱而治"形容无为而治的太平盛世。典故出自《尚书·武成》:"惇信明义,崇德报功,垂拱而天下治。"

㉓北走桓公:使齐桓公败逃。指管仲射中齐桓公带钩之事。北走,即败北,败走、战败而逃。《鹖冠子·近迭》:"北走之日,后知命亡。"陆佃解:"军败曰北。"

㉔纣王杀王子比干,箕子被发伴狂:纣王荒淫乱政,比干强谏,纣王怒而剖其心。箕子惧,便装疯为奴,纣王将其囚禁。箕子,纣王叔父,官太师,食邑箕,故称箕子。箕子与微子、比干,在殷商末

年齐名,并称"殷末三仁",在《论语·微子》中孔子曰:"微子去之,箕子为之奴,比干谏而死,殷有三仁焉。"
㉕陈灵公杀泄冶:陈灵公在位时荒淫无道,与大夫孔宁、仪行父三人共通于夏姬,泄冶进谏,灵公不听,反将其杀死。
㉖邓元:陈国贤士,生平不详。《史记·陈杞世家》《左传》等书均不载。
㉗栖闵王于莒:使齐闵王栖居于莒城。指乐毅率燕军伐齐,齐闵王逃居莒城事。
㉘校地计众:统计土地和人口。校,在此与"计"义同,均为统计之义。
㉙信意:实现自己的愿望。信,同"伸"。伸张。意,心愿。
㉚袭迹:沿袭他人的行踪。
㉛却走:倒退着跑。逮:及,追上,赶上
㉜举微子之后,而封比干之墓:周公举微子之后,周武王为比干修治坟墓,此二事皆非姜太公所为。微子,商纣王同母庶兄,名启。微子为纣王卿士,数谏纣王不听。周公诛武庚,命微子代殷后,建立宋国。封墓,给坟上加土,表示礼敬死者。
㉝天海按:此文前部分又见贾谊《新书·胎教》《大戴礼记·保傅》;后半部分又见《韩诗外传》卷五、卷七,末尾又见《孔子家语·观周》。

【译文】

　　大禹依靠夏朝成就王业,夏桀却因为夏朝自取灭亡。商汤依靠殷商建立王业,商纣却因为殷朝自取灭亡。阖庐因为吴国战胜而天下无敌,但夫差却因此被越王所擒。晋文公依靠晋国建立霸业,而晋厉公却因此被臣下杀死在匠丽家中。齐威王依靠齐国在天下称强,但齐湣王却因此被吊死在祖庙的梁上。秦穆公依靠秦国使名号显赫尊荣,但秦二世却因此被劫杀在望夷宫。这些人作为君王都是相同的,但功业事迹却不一样，原因就在于他们所用的人不同。因此，成王在年幼时就能使诸侯朝拜，是因为有周公摄政；赵武灵王到五十岁时却饿死在沙丘宫，是任用了李兑的缘故。齐桓公得到管仲，多次会盟诸侯，一举匡正天下；管仲去世后，任用竖刁、易牙，就身死不能入葬，被天下人讥笑。一个人的身上，既享受了荣耀也遭遇了耻辱，就在于任人的不同。魏国有公子无忌，使被割去的土地重新收复；赵国任用蔺相如，秦兵不敢再出函谷关；鄢陵君任用唐雎，国家便能独立保全；楚国有申包胥，楚昭王便能返国复位；齐国有田单，齐襄王才能得到齐国。由此看来，国家没有贤能的臣佐和优秀的人才，而能够使事业成功树立美名，安定危难延续亡国的，从来都未曾有过。所以国家不求大，而要务得民心；臣佐不求多，而要务求贤才。得民心的人，百姓追随他；有贤臣辅佐的人，士人归附他。周文王请求废除炮烙酷刑，殷商的民众就顺从他；商汤网开三面，夏朝的民众就顺从他；越王勾践不毁坏吴王的祖坟，吴国人民就归服他；因为他们做的事顺从了民心。所以意气相投的人，居处不同却能互相感应；品性相同的人，虽未见面却能心里亲近；贤人站在本朝，那天下的豪杰就会相跟着赶来。凭什么知道会如此呢？可以这样说：管仲是齐桓公的敌人，鲍叔认为他比自己贤能就举荐他给齐桓公，进言七十多次齐桓公才听从，终于使齐桓公消除了报仇之心，并将国政托付给他。齐桓公垂衣拱手无所事事，而使诸侯前来朝拜，是因为鲍叔荐人的功劳。管仲之所以能够使齐桓公败逃而无自危之心，是由于与鲍叔意气相投。纣王杀死王子比干，箕子披发装疯；陈灵公杀死泄冶，邓元离开陈国。从此以后，殷商便被西周吞并，陈国便被楚国消灭，因为他们杀死了比干、泄冶，而失去了箕子与邓元。燕昭王得到郭隗，就使邹衍、乐毅从齐国、赵国赶来，苏秦、屈景从东周、楚国赶来，于是兴兵攻打齐国，将齐闵王困在莒城。考较燕国的土地和人口，不能与齐国相当，但是它之所以能够实现自己的意愿并做到这一步，是由于得到了贤士。所以说没有始终安定的国家，也没有永远顺从的百姓，得到贤人的就会安定昌盛,失去贤人的就会危亡。从古至今,没有不是这样的。明镜能用来照出事物的形状,往古的事能用来察知当今的事。知道厌弃往古君主危亡的原因,却不寻求追踪他们使国家安定昌盛的原因,那就跟倒退着跑却要想赶上前面的人没有区别。姜太公明白这个道理,所以推举微子的后人立国,并为比干的坟墓封土旌表。圣人对于死去的贤人还如此厚待,何况当代活着的贤人呢?那么这不能丧失贤人的道理就可以明白了!

8.7 齐景公问于孔子曰:"秦穆公其国小,处僻而霸,何也?"对曰:"其国小而志大,处虽僻而其政中①;其举果,其谋和,其令不偷②;亲举五羖大夫于系缧之中③,与之语,三日而授之政。以此取之,虽王可也,霸则小矣。"④

【注释】

①其政中:他的政策适当。
②"其举果"三句:他的行动果断,他的谋略协调,他的法令不随意。
③五羖大夫:即百里奚。初事虞公为大夫。晋献公灭虞,被俘入晋。晋嫁女为秦穆公夫人,被用为陪嫁奴隶。后走楚国宛地,为楚人所执。秦穆公用五张公黑羊皮赎回,为大夫,世称"五羖大夫"。与蹇叔、由余等共佐穆公以建霸业。系缧(xì léi):拘系犯人的绳索,借指监狱,囚禁。
④天海按:此文又见《史记·孔子世家》。

【译文】

齐景公向孔子问道:"秦穆公他的国家小,地处偏僻,却能成就霸业,为什么呢?"孔子回答说:"他的国家虽小,但他的志向远大;虽然地处僻远,但他的政策适当;他的行动果断,他的谋略协调,他的法令不随便制定和更改;他亲自将百里奚从牢狱中提拔出来,与百里奚交谈,几天后就授给他国政。由此取得成功,即使完成王业也是可能的,称霸算是小的成就了。"

8.8 或曰:"将谓桓公仁义乎①?杀兄而立②,非仁义也③。将谓桓公恭俭乎④?与妇人同舆驰于邑中⑤,非恭俭也。将谓桓公清洁乎⑥?闺门之内,无可嫁者⑦,非清洁也。此三者,亡国失君之行也⑧,然而桓公兼有之,以得管仲、隰朋,九合诸侯,一匡天下,毕朝周室,为五霸长⑨,以其得贤佐也。失管仲、隰朋,任竖刁、易牙,身死不葬,虫流出户⑩。一人之身,荣辱俱施者何者?其所任异也。由此观之,则亡佐急矣⑪。"

【注释】

①将谓:以为,认为。
②杀兄而立:指齐桓公即位后胁迫鲁国杀死其兄公子纠事。
③非仁义也:原文"非"误作"善",据明钞本改。
④恭俭:恭谨俭约。俭,俭约,不放纵,有节制。
⑤同舆:同车乘坐。原文误作"同与",据明钞本改。
⑥清洁:操守清白。
⑦闺门之内,无可嫁者:宫中家门内女眷中没有可出嫁的。齐桓公曾淫及姑、姊、妹多人,不使出嫁。参见《荀子·仲尼》:"齐桓,五伯之盛者也,前事则杀兄而争国;内行则姑、姊、妹之不嫁者七人,闺门之内,般乐、奢汰,以齐之分奉之而不足。"此事并见于《管子·小匡》《公羊传·庄公二十年》等。
⑧失(yì)君:荒淫的君主。失,同"泆"。放荡。

⑨五霸长:五霸之首。
⑩虫流出户:齐桓公死于宫中六十多天不葬,尸体腐败,蛆虫出户。
⑪亡佐:失去贤佐。亡,失也。卢文弨校本作"任",校曰:"宋本'士',元本'仕'。"天海按,上文皆言"管仲、隰朋"之得失,此正当作"亡佐",他本作"士""任"者,皆未当。

【译文】

有人说:"能认为齐桓公仁义吗?杀死兄长而继位,不是仁义。能认为齐桓公恭谨有节制吗?与妇人同乘一辆车奔驰在都城中,不是恭谨有节制。能认为齐桓公操守清白吗?在他的后宫家门内就没有可出嫁的女人,这不是操守清白。这三样事,是败亡国家的荒淫君主的行为,然而齐桓公兼而有之,但因为得到了管仲、隰朋,就多次会合诸侯,一举匡正天下,使诸侯全都朝奉周王室,成为春秋五霸之首,因为他能得到贤臣的辅佐。他失去管仲、隰朋,任用竖刁、易牙,就身死不能下葬,尸虫流出门外。在一个人的身上,为什么荣耀与耻辱都会经历到呢?那是因为他任用的人不同。由此看来,这失去贤臣良佐的事就最紧急了。"

8.9 周公旦白屋之士所下者七十人①,而天下之士皆至;晏子所与同衣食者百人②,而天下之士亦至;仲尼修道行,理文章③,而天下之士亦至矣。

【注释】

①白屋之士:贫困的士人。白屋,古代平民住房以白茅盖屋,故称。《汉书·萧望之传》颜师古注曰:"谓白盖之屋,以茅覆之,贱人所居。"所下者七十人:屈身礼待的有七十人。原文重出"所下"二字,诸本皆无,据删。
②晏子所与同衣食者:原文"衣"作"交",形近而误,据诸本径改。

③文章:礼乐制度。

【译文】

周公旦屈身礼待的贫困士人有七十多位,因而天下的士人都来到他那里;晏子同衣同食结交的有上百人,因而天下的士人也来到他那里;孔子修养道德品行,整理礼乐制度,因而天下的士人也来到他那里。

8.10 伯牙子鼓琴①,锺子期听之②,方鼓而"志在太山"③,锺子期曰:"善哉乎鼓琴,巍巍乎若太山④!"少选之间⑤,而"志在流水",锺子期复曰:"善哉乎鼓琴,汤汤乎若流水⑥!"锺子期死,伯牙破琴绝弦,终身不复鼓琴,以为世无足为鼓琴者。非独鼓琴若此也,贤者亦然。虽有贤者,而无以接之,贤者奚由尽忠哉!骥不自至千里者,待伯乐而后至也⑦。⑧

【注释】

①伯牙子:春秋时著名琴师,善弹七弦琴,技艺高超。最早见于《列子·汤问》。《荀子·劝学》云"伯牙鼓琴而六马仰秣",《吕氏春秋·本味》亦记有伯牙、锺子期"高山流水"知音相遇的故事。此则原文连上,现依向宗鲁《校证》另起。

②锺子期:春秋时楚国人。在《列子》和《吕氏春秋》中,记载有伯牙与锺子期的故事,一直为后世所传诵。因知音相遇,两人成为至交。锺子期死后,伯牙毁琴绝弦,终生不再鼓琴。《吕氏春秋·本味》记载:伯牙鼓琴,锺子期听之,方鼓琴而志在泰山,锺子期曰:"善哉乎鼓琴! 巍巍兮若泰山。"少时而志在流水。锺子期曰:"善哉鼓琴,洋洋兮若流水!"子期死,伯牙摔琴绝弦,终身不复鼓琴,以为世无足复为鼓琴者。

③志在太山:《列子·汤问》作"志在登高山"。

④善哉乎鼓琴,巍巍乎若太山:《列子·汤问》作"善哉,峨峨兮若泰山"。原文"巍巍"下无"乎"字,依下文文例径补。

⑤少选:一会儿,不多久。

⑥汤汤(shāng)乎若流水:《列子·汤问》作"善哉,洋洋兮若江河"。汤汤,指水势浩大,水流湍急之貌。

⑦伯乐:春秋秦穆公时人,姓孙,名阳,以善相马著称。《庄子·马蹄》:"及至伯乐,曰:'我善治马。'"陆德明《经典释文》:"伯乐,姓孙,名阳,善驭马。"

⑧天海按:此文又见《吕氏春秋·本味》《列子·汤问》《韩诗外传》卷九、《风俗通义·声音》,文各有异。

【译文】

伯牙弹琴,锺子期听他奏琴。伯牙弹琴心中想着泰山,锺子期说:"琴弹得真好啊!好像见到巍巍的泰山!"不一会,伯牙心中想着流水,锺子期又说:"琴弹得真好啊!好像看到浩荡的流水!"锺子期死后,伯牙毁琴断弦,终身不再弹琴,认为世上没有值得他为之弹琴的人。不仅弹琴是这样,贤人也是这样。即使有贤人,但没有人来接纳他,贤人又从何尽忠呢?良马不能自己到达千里之远,要等待伯乐的赏识后才能驰骋千里。

8.11 周威公问于甯子曰①:"取士有道乎?"对曰:"有。穷者达之,亡者存之,废者起之,四方之士则四面而至矣。穷者不达,亡者不存,废者不起,四方之士则四面而畔矣②。夫城固不能自守,兵利不能自保③,得士而失之,必有其间④。夫士存则君尊,士亡则君卑。"周威公曰:"士壹至如此乎⑤!"对曰:"君不闻夫楚乎⑥?王有士曰楚傒胥、丘负客⑦,王将杀之,出亡之晋,晋人用之,是为城濮之战⑧;又有士曰苗贲皇⑨,王将杀之,出亡走晋,晋人用之,是为鄢陵之战⑩;又有士曰上解于⑪,王将杀之,出亡走晋,晋人用之,是为两棠之战⑫。又有士曰伍子胥⑬,王杀其父兄,出亡走吴,阖闾用之,于是兴师而袭郢⑭。故楚之大得罪于梁、郑、宋、卫之君,犹未遽至于此也;此四得罪于其士,三暴其民骨⑮,一亡其国⑯。由是观之,士存则国存,士亡则国亡;子胥怒而亡之,申包胥怒而存之⑰,士胡可无贵乎?"⑱

【注释】

① 周威公(前414—前367):姬姓,名灶。前440年,周考王封其弟揭于河南,是为西周桓公。周威公即西周桓公之子。甯子:即甯越,周威公之师。
② 畔:通"叛"。背离,背叛。
③ 兵利:兵器锐利。
④ 间(jiàn):间隙,罅漏。引申为失误。
⑤ 壹至:即"一至"。乃至,以至于。《吕氏春秋·知士》:"静郭君之于寡人一至此乎?"高诱注:"一,犹'乃'也。"
⑥ 君不闻夫楚乎:原文"乎"误作"平",此据向宗鲁《校证》改。
⑦ 楚傒胥、丘负客:二人事迹皆不详。
⑧ 城濮之战:前632年,晋、楚两国争霸,战于城濮(今山东鄄城西南),楚军大败。事见《左传·僖公二十八年》,但未涉及楚、丘二人事。
⑨ 苗贲皇:芈姓,斗氏,若敖氏之族,春秋时楚国令尹斗椒之子。前605年,斗椒作乱失败,楚庄王灭若敖氏之族,苗贲皇逃到晋国。晋赐采邑于苗(今河南济源西),故称苗贲皇。鄢陵之战他向晋

侯献计,大败楚军。

⑩晋人用之,是为鄢陵之战:前575年,晋厉公与楚共王为争夺中原霸权,战于鄢陵(今河南鄢陵西北)。战前苗贲皇将楚军实力尽告于晋,献计分兵击楚左右军,楚军于是大败。事见《左传·成公十六年》。鄢陵之战是春秋战国经典战役之一,这场战争后,晋、楚两国都逐渐失去以武力争霸中原的强大势头,中原战场开始沉寂。

⑪上解于:生平事迹不详。

⑫两棠之战:城濮之战后,前597年,楚国与晋国在邲地(今河南郑州北)开战,楚军利用晋军弱点,战胜对手,一洗城濮之战失败的耻辱,楚庄王也由于此役的胜利而一举奠定了春秋霸主的地位,史称"邲之战"。此战是春秋中期的一次著名会战,是晋、楚争霸中原的第二次重大较量。因为泌水入荥阳称"蒗荡渠",故又称"两棠之役"。《吕氏春秋·至忠》和贾谊《新书·先醒》都写作"战于两棠"。上海博物馆藏战国楚简有《两棠之役》多种。向宗鲁《校证》引孙诒让之说认为:"两棠之战"当即"邲之战",然而非前597年的邲之战。此文所载皆楚败事,或晋楚两战于邲。棠,原文作"堂",二字可通;此据明钞本改。

⑬伍子胥(?—前484):名员(yún),字子胥,楚国人。因楚平王听信谗言杀其父兄而逃奔吴国,成为吴王阖闾重臣。后协同孙武带兵攻入楚国郢都,伍子胥掘楚平王墓,鞭尸三百,以报父兄之仇。吴国倚重伍子胥等人之谋,西破强楚、北败徐、鲁、齐,成为诸侯一霸。伍子胥曾多次劝谏吴王夫差杀勾践,夫差不听。反而听信太宰伯嚭谗言,令其自杀。伍子胥死后九年,吴国为越国偷袭所灭。事迹详见《左传》及《史记·伍子胥列传》。

⑭阖闾用之,于是兴师而袭郢:伍子胥逃入吴国后,先助阖闾夺取王位,之后,在前506年,伍子胥协同孙武带兵攻入楚国郢都,楚

昭王出逃。
⑮三暴其民骨：指城濮、鄢陵、两棠三次战役，楚军大败，抛尸荒野，人骨暴露。暴，显露，暴露。
⑯一亡其国：一次失去国都。此指伍子胥攻占楚国郢都。
⑰申包胥怒而存之：伍子胥攻占楚国郢都，楚昭王出逃，申包胥奔赴秦国，求得秦国出兵，打败吴军，迎回楚昭王。
⑱天海按：《汉书·艺文志》儒家类有《甯越》一篇。马国翰《玉函山房辑佚书》认本文为《甯越书》佚文。

【译文】

周威公问甯越说："选拔士人有办法吗？"甯越回答说："有的。穷困的士人使他显达，逃亡的士人使他生存，废弃的士人重新起用他，天下四方的士人就会从四面八方来到了。穷困的士人不能显达，逃亡的士人不能生存，废弃的士人不能起用，天下四方的士人就会向四面八方叛离而去。城池坚固不能自守，武器锋利不能自保，得到贤士又失去他，必定是有失误。有贤士存在君王就会尊显，失去贤士君王就会卑弱。"周威公问："贤士竟至于如此重要吗？"甯越回答说："您没有听说楚国的事吗？楚王有士人叫楚僕胥、丘负客，楚成王想要杀掉他们，他们出逃到晋国，晋文公任用了他们，这就有晋楚城濮之战；又有士人叫苗贲皇，楚共王要杀掉他，他逃亡到晋国，晋厉公任用了他，这就有了晋楚鄢陵之战；又有士人叫上解于，楚王要杀掉他，他逃奔到晋国，晋君任用了他，这就有了晋楚两棠之战；又有士人叫伍子胥，楚平王杀死他的父兄，他逃亡到吴国，吴王阖闾任用了他，于是兴兵攻入郢都。所以即使楚国大大地得罪了梁、郑、宋、卫的国君，还没有落到这种地步；这四次得罪了那些士人，就有三次兵败暴骨荒野，一次丢失了它的国都。由此看来，贤士存在，国家就能保存；贤士失去，国家就会败亡。伍子胥一怒之下就灭亡了楚国，申包胥一怒之下就保存了楚国，贤士难道不可宝贵吗？"

8.12 哀公问于孔子曰:"人何若而可取也?"孔子对曰:"毋取拑者①,毋取健者②,毋取口锐者③。"哀公曰:"何谓也?"孔子曰:"拑者大给利④,不可尽用;健者必欲兼人⑤,不可以为法也;口锐者多诞而寡信⑥,后恐不验也。夫弓矢和调⑦,而后求其中焉;马悫愿顺⑧,然后求其良材焉;人必忠信重厚,然后求其知能焉。今人有不忠信重厚而多知能,如此人者,譬犹豺狼与⑨,不可以身近也。是故先其仁信之诚者,然后亲之;于是有知能者,然后任之。故曰:亲仁而使能,夫取人之术也,观其言而察其行。夫言者所以抒其匈而发其情者也⑩,能行之士,必能言之,是故先观其言而揆其行⑪。夫以言揆其行,虽有奸轨之人⑫,无以逃其情矣。"哀公曰:"善。"⑬

【注释】

①拑者:缄口不言、沉默寡言的人。

②健者:健谈的人。指善于谈话,滔滔不绝,经久不倦。

③口锐者:嘴尖舌利的人。实指夸夸其谈的人。

④大给利:过于聪明伶俐。大,读作"太"。天海按,拑者,即闭口不言者,所谓"沉默是金",故这类人太过聪明伶俐;聪明过甚者,必然心机甚重;心机太重者,当然不可完全信用。前此他书注解"拑者"为"钳制人者"皆误,因未省本文孔子所言"以言揆其行"必以人之言说立论,非以人之行为立论也。

⑤兼人:胜过别人。

⑥诞而寡信:夸夸其谈而少信用。

⑦弓矢和调:弓与箭相协调。

⑧马悫(què)愿顺:马老实善良驯服。悫,朴实谨慎。愿,朴实,善良。顺,同"驯"。

⑨与：同"欤"。语气词。《荀子·哀公》作"也"。
⑩抒其匈而发其情：抒发心中的实情。匈，同"胸"。
⑪揆（kuí）：测度，考察。
⑫奸轨：为非作歹的人。《左传·成公十七年》："臣闻乱在外为奸，在内为轨。御奸以德，御轨以刑……德刑不立，奸轨并至。"陆德明《经典释文》："轨，本又作宄。"
⑬天海按：此文参见《荀子·哀公》《韩诗外传》卷四、《孔子家语·五仪解》，文各有异。"是故先其仁信之诚者"以下，以上三书均无。

【译文】

鲁哀公向孔子问道："什么样的人才可以选取呢？"孔子说："不要选取缄默不言的人，不要选取健谈逞强的人，不要选取夸夸其谈的人。"哀公问："为什么呢？"孔子说："缄默不言的人过于聪明伶俐，不可完全信用；过于健谈逞强的人，一定想要胜过别人，不可使人效法；夸夸其谈的人大多夸诞而少信，事后怕不会应验。那弓与箭协调了，然后才能要求它射中目标；马要老实善良驯服，然后才能要求它是良马；人一定要忠实诚信稳重朴实，然后才能要求他具有智慧才能。如今有人如果不忠实诚信稳重朴实，却富有智慧才能，像这样的人，好比豺狼一样啊，不能让自己靠近他。所以，先要看他的仁厚诚信是真实的，然后才亲近他；同时他又是有智慧才能的人，然后才任用他。所以说：亲近仁厚的人并使用他的才能。选取人才的方法，就是观其言而察其行。言语是用来抒发他胸中的实情的，能干事的人，一定能用言语表达出来。因此要先观察他的言论再考察他的行为。只要用他的言论来考察他的行为，为非作歹的人，就不能隐藏他内心的实情。"鲁哀公说："说得好。"

8.13 周公摄天子位七年，布衣之士执贽所师见者十二人①，穷巷白屋所先见者四十九人②，时进善者百人③，教士者千人④,官朝者万人⑤。当此之时,诚使周公骄而且吝⑥,则天下贤士至者寡矣;苟有至者,则必贪而尸禄者也⑦。尸禄之臣,不能存君矣。⑧

【注释】

① 布衣之士执贽所师见者十二人:带着礼物以师礼相见的贫寒士人有十二人。布衣之士,没有做官的贫寒士人。执贽,赠送物品。古代礼制,宾主相见时赠送礼物。所师见,以师礼相见。《尚书大传·梓材》作"所执贽而见者十二",《荀子·尧问》作"所执贽而见者十人",《韩诗外传》卷三作"所执贽而师见者十人",《群书治要》引作"执贽而所师见者十人,所友见者十二人"。向宗鲁《校证》云:"今本由写者揉合二句为一句耳。《大传》与本书今本同,恐亦有误。"

② 穷巷白屋:此指贫寒之人居住在陋巷茅屋。

③ 时进善者:随时选用优秀的人。时,随时,不定时。

④ 教士者:受教化的士人。

⑤ 官朝者:在馆驿中接待朝见者。官,同"馆"。房舍,馆舍。俞樾《诸子平议》:"官乃馆之古文,闲官即闲馆,谓馆舍之空虚者。"

⑥ 诚使:假使。吝:鄙俗。

⑦ 尸禄:尸位素餐。指占据职位,空受俸禄而不办事。

⑧ 天海按:此文所记之事,《荀子·尧问》《尚书大传》都认为是周公告伯禽的话。《韩诗外传》卷三、卷八亦载有类似的内容,文字各异。

【译文】

周公旦代行天子职位七年,他带着礼物以师礼相见的贫寒士人有十二人,优先接见的住在陋巷茅屋中的有四十九人,随时进用的优秀人才有上百人,他教化的士人有上千人,在馆驿中接待朝见的有上万人。在这个时候,假使周公对人傲慢而且鄙俗,那么天下的贤士来到的就很少了;即使有来到的人,那一定是贪心而且尸位素餐的人。尸位素餐的臣子,不能保全君主。

8.14 齐桓公设庭燎①,为士之欲造见者②,期年而士不至③。于是东野鄙人有以九九之术见者④,桓公曰:"九九何足以见乎?"鄙人对曰:"臣非以九九为足以见也,臣闻主君设庭燎以待士,期年而士不至。夫士之所以不至者,以君天下贤君也⑤,四方之士皆自以不及君⑥,故不至也。夫九九薄能耳,而君犹礼之,况贤于九九者乎⑦?夫太山不辞壤石,江海不逆小流,所以成大也⑧。《诗》云⑨:'先民有言,询于刍荛⑩。'言博谋也⑪。"桓公曰:"善。"乃因礼之。期月,四方之士相携而并至。《诗》曰⑫:"自堂徂基,自羊徂牛⑬。"言以内及外、以小及大也。⑭

【注释】

①庭燎:庭中照明的火炬。古代庭中置火炬为接待宾客的盛礼。
②造见:前来拜见。造,到。
③期(jī)年:周年。期,周期。
④东野鄙人:住在东郊的乡下人。此指隐居乡下的士人。九九之术:九九算术,即九九乘法。
⑤以君天下贤君也:原文无"以"字,今据向宗鲁《校证》补。
⑥自以不及君:自以为不及君。"君"下原文有"论而"二字,向宗鲁《校证》引诸家说以为此二字为衍文,此据删。
⑦九九者:原文脱"者"字,此依向宗鲁《校证》据诸书引文补。
⑧"夫太山不辞壤石"三句:《史记·李斯列传》云:"是以太山不让土壤,故能成其大;河海不择细流,故能就其深。"

⑨《诗》云:以下引诗见《诗经·大雅·板》。
⑩刍荛:割草打柴的人。
⑪博谋:广泛地谋划,集思广益。
⑫《诗》曰:以下引诗见《诗经·周颂·丝衣》。
⑬自堂徂(cú)基,自羊徂牛:从厅堂到院墙,从小羊到大牛。徂,往。原文作"祖",当为形近而误,依诸本及《诗经》原文径改。基,墙基。
⑭天海按:此文又见《韩诗外传》卷三,文略异。

【译文】

齐桓公在庭院中为想要前来求见的士人设置照明的火炬,以表示礼敬,过了一年,没有士人来。这时有个东郊的乡下人凭着会九九算术来求见,齐桓公说:"哪能仅凭着会九九算术就来求见呢?"乡下人回答说:"我也并不认为凭九九算术便可以求见,我听说君主在庭院中设置了火炬来礼待士人,已满一年却没有士人来。士人之所以不来,是因为您是天下的贤君,四方的士人,都自认为不如您,所以没有来。会九九算术只是微小的技能罢了,但您还能礼待这样的人,何况比懂得九九算术更贤能的人呢?那泰山不嫌弃土壤石头,江海不拒绝细小的水流,所以能成为大山大水。《诗》上说:'祖先有句名言,要向樵夫请教。'说的就是要广采多谋。"齐桓公说:"讲得好。"于是便礼待他。过了一个月,四方的士人接连不断地一起来到了。《诗》上说:"从堂上到院墙,从小羊到壮牛。"讲的就是从内到外、从小到大的道理。

8.15 齐景公伐宋,至于歧堤之上①,登高以望,太息而叹曰:"昔我先君桓公,长毂八百乘②,以霸诸侯;今我长毂三千乘,而不敢久处于此者,岂其无管仲欤?"弦章对曰③:"臣闻之,水广则鱼大,君明则臣忠。昔有桓公,故有管仲;今桓公在此④,则车下之臣尽管仲也。"

【注释】

①歧堤:地名。未详所在。
②长毂(gǔ):战车。因轮轴较长,便于撞击敌方战车,故名。《左传·昭公五年》:"长毂九百。"杜预注:"长毂,戎车也,县百乘。"
③弦章:或称弦商、弦宁,字子旗,春秋时齐人。
④令:使,假使。

【译文】

齐景公攻打宋国,来到歧堤之上,登高远望,长叹一声说:"从前我先君齐桓公有战车八百辆,以此称霸诸侯;如今我有战车三千辆,却不敢长久地占据此地,难道是因为没有管仲吗?"弦章回应说:"我听说,水域宽广鱼就大,君主英明臣子就忠诚。从前有齐桓公,所以有管仲;假使齐桓公在此,那么车前的臣子全都是管仲了。"

8.16 赵简子游于西河而乐之①,叹曰:"安得贤士而与处焉?"舟人古乘跪而对曰②:"夫珠玉无足,去此数千里而所以能来者③,人好之也;今士有足而不来者,此是吾君不好之乎?"赵简子曰:"吾门左右客千人,朝食不足,暮收市征④;暮食不足,朝收市征;吾尚可谓不好士乎?"舟人古乘对曰:"鸿鹄高飞远翔,其所恃者六翮也⑤。背上之毛,腹下之毳⑥,无尺寸之数⑦,去之满把,飞不能为之益卑⑧;益之满把,飞不能为之益高。不知门下左右客千人者,亦有六翮之用乎⑨?将尽毛毳也?"⑩

【注释】

①赵简子:《韩诗外传》卷六、《新序·杂事》记此事皆作"晋平公"。西河:"西"字原脱,此据《韩诗外传》卷六、《新序·杂事一》等书补。

②舟人古乘:船工名叫古乘。《韩诗外传》卷六作"船人盍胥",《新序·杂事》作"船人固桑"。

③去此:距离此地。

④市征:征收的市场赋税。此与下文二"征"字,《韩诗外传》卷六作"市赋",《新序·杂事》作"市租",意皆同。

⑤六翮(hé):六枝健羽。翮,鸟羽的茎。即鸟类双翅中的正羽,也用以指鸟的双翼。

⑥毳(cuì):细绒羽毛。

⑦无尺寸之数:无论长短多少。无,无论。尺寸,此指羽毛的长短。

⑧益卑:更低。

⑨亦有六翮之用乎:原文无"亦"字,此据卢文弨校补。

⑩天海按:此文又见《韩诗外传》卷六、《新序·杂事》文字略异。

【译文】

赵简子在西河上游玩得很高兴,叹息说:"从哪里能得到贤士并与他一起相处游玩呢?"船夫古乘跪下对他说:"那珍珠宝玉没有长脚,距离此地数千里,之所以能够来到这里,是因为人们喜好它;如今士人有脚却不来这里,这是因为君主您不喜好他们吧?"赵简子说:"我门下左右食客上千人,早餐不够,傍晚就征收市场税;晚餐不够,早上就征收市场税,这还能说我不好士吗?"船夫古乘回答说:"鸿鹄高飞远翔,它所凭恃的是翅上的六支健羽。背上的羽毛,腹下的细绒毛,无论长短多少,拔去一满把,不能使它飞得更低;增加一满把,也不能使它飞得更高。不知君主门下左右食客上千人中,也有起六支健羽作用的人吗?或者都是些细绒毛一样的人呢?"

8.17 齐宣王坐,淳于髡侍①。宣王曰:"先生论寡人何好?"淳于髡曰:"古者所好四,而王所好三焉。"宣王曰:"古者所好,何与寡人所好②?"淳于髡曰:"古者好马,王亦好马;古者好味,王亦好味;古者好色,王亦好色;古者好士,王独不好士。"宣王曰:"国无士耳,有则寡人亦说之矣。"淳于髡曰:"古者有骅骝骐骥③,今无有,王选于众,王好马矣;古者有豹象之胎④,今无有,王选于众,王好味矣;古者有毛嫱、西施⑤,今无有,王选于众,王好色矣。王必将待尧、舜、禹、汤之士而后好,则尧、舜、禹、汤之士亦不好王矣。"宣王嘿然无以应⑥。⑦

【注释】

①淳于髡:战国时齐人,滑稽善辩,足智多谋。

②何与:同"孰与"。表比较与疑问的固定格式。

③有:原文脱,今据向宗鲁《校证》补。骅骝骐骥:指骏马。骅骝,赤红色的骏马,为周穆王的"八骏"之一,常指代骏马。骐骥,千里马的别称。出自《楚辞·离骚》:"乘骐骥以驰骋兮,来吾道夫先路。"

④豹象之胎:豹子、大象的胎盘。意指珍贵的肴馔。语出《韩非子·喻老》:"象箸玉杯,必不羹菽藿,则必旄象豹胎。"

⑤毛嫱(qiáng)、西施:古代二美女名。据说均为春秋时越国人。西施亦称西子,越王勾践战败,范蠡取西施献于吴王夫差。吴亡,西施复归范蠡,从范蠡游五湖。一说吴亡后投江自尽以报范蠡。毛嫱,亦作毛嫱,余事未详。

⑥嘿:同"默"。

⑦天海按:《战国策·齐策四》载王斗与齐宣王问答事与此文略同,

而文详于此。《长短经·论士》引用此文。

【译文】

齐宣王闲坐,淳于髡陪坐。齐宣王说:"先生说说我爱好什么?"淳于髡说:"古人的爱好有四种,但君王的爱好有三种。"齐宣王问:"古人的爱好与我的爱好有什么区别?"淳于髡说:"古人好马,君王也好马;古人好奇珍异味,君王也好奇珍异味;古人好女色,君王也好女色;古人好贤士,君王唯独不好贤士。"齐宣王说:"是国内没有贤士,如有的话,我也会喜欢他们的。"淳于髡说:"古代有骅骝骐骥那样的骏马,如今没有,君王从众多的马中选取,君王是好马的了;古代有豹子大象胎盘做成的美味,如今没有,君王从众多的美味中获取,君王是好美味的了;古代有美女毛嫱、西施,如今没有,君王从众多的美女中挑选,君王是好色的了。君王一定要等待尧、舜、禹、汤时代那样的贤士然后才喜好他们,那么像尧、舜、禹、汤时代那样的贤士,也就不会喜欢君王了。"齐宣王默不作声,无言以对。

8.18 卫君问于田让曰①:"寡人封侯尽千里之地,赏赐尽御府缯帛②,而士不至,何也?"田让对曰:"君之赏赐,不可以功及也;君之诛罚,不可以理避也。犹举杖而呼狗,张弓而祝鸡矣③,虽有香饵而不能致者,害之必也。"

【注释】

①卫君:卫国国君。具体何人未详。田让:生平不详。
②御府:此指国君府库。缯帛:丝织物的总称。
③祝鸡:大声呼鸡。祝,同"咮(zhōu)",连续呼叫。

【译文】

卫国国君向田让问道:"我用尽千里的土地来封侯,用尽府中的绫罗绸缎来赏赐，但贤士不来我这里，为什么呢？"田让回答说："您的赏赐，不能凭功劳得到；您的诛罚，不能凭法理逃避。这好比举起木棒唤狗，拉开弓弦呼鸡。即使有很香的诱饵，却不能唤来鸡狗，是因为一定会伤害它们。"

8.19 宗卫相齐①，遇逐，罢归舍，召门尉田饶等二十有七人而问焉②。曰："士大夫谁能与我赴诸侯者乎③？"田饶等皆伏而不对。宗卫曰："何士大夫之易得而难用也？"饶对曰："非士大夫之难用也，是君不能用也。"宗卫曰："不能用士大夫何若？"田饶对曰："厨中有臭肉，则门下无死士④。今夫三斗之粢⑤，不足于士，而君雁鹜有余粟；纨素绮绣⑥，靡丽堂楯⑦，从风而弊⑧，而士曾不得以缘衣⑨；果园梨栗，后宫妇人摭以相擿⑩，而士曾不得一尝。且夫财者，君之所轻也；死者，士之所重也；君不能用所轻之财，而欲使士致所重之死，岂不难乎哉？"于是宗卫面有惭色，逡巡避席而谢曰⑪："此卫之过也。"⑫

【注释】

①宗卫：生平未详。《战国策·齐策四》作"管燕"，《韩诗外传》卷七作"宗燕"，事如本文。

②门尉：守门的官吏。《墨子·号令》："门尉昼三阅之。"田饶：事迹略如本文。

③赴：趋往，投奔。

④死士：敢死的勇士。

⑤三斗之粢：三斗粟米。此指得到的俸禄很少。斗，原文误作"外"，疑"升"字之误，明钞本正作"升"。此据向宗鲁《校证》引

《韩诗外传》改。

⑥纨素绮绣：此泛指各种绫罗绸缎。

⑦靡丽堂楯(shǔn)：厅堂上的护栏极度奢华。堂楯，厅堂上的护栏。楯，栏杆的横木，也指栏杆。《韩诗外传》卷七作"靡丽于堂"。

⑧从风而弊：任凭风吹坏。从，同"纵"。任凭。而，原文作"雨"，此据向宗鲁《校正》引《韩诗外传》及《新序》改。

⑨曾：竟然。缘衣：边缘有装饰的礼服。

⑩摭(zhí)以相擿(zhì)：采摘下来相互投掷取乐。摭，拾取。摘取。擿，通"掷"。

⑪逡巡避席而谢：恭敬起身道歉。逡巡，却行，恭敬的样子。避席，离席。古人席地而坐，离席需起身。谢，致歉。

⑫天海按：此文与《韩诗外传》卷七略同，又见《战国策·齐策四》《新序·杂事》。

【译文】

宗卫做齐国国相，遭到斥逐，罢官归家，召集守门的将尉田饶等二十七人问道："你们有谁能与我去投奔诸侯吗？"田饶等人都俯伏在地上不回答。宗卫说："为什么士大夫这样容易得到却难以任用啊！"田饶回答说："并不是士大夫难以任用，是你不能任用。"宗卫问："不能用士大夫是什么意思？"田饶回答说："厨房中有放臭了的肉，那门下就没有敢死的勇士。如今连那三斗小米都不能满足士人，而您池中的大雁和野鸭却有余粮；绫罗绸缎做成的华丽围栏任风吹坏，但士人竟然不能用来做件礼服；果园里的梨子和板栗，后宫的妇人采来相互投掷取乐，但士人竟然不能尝一尝。再说那财物，本是您所看轻的东西；死亡，是士人所重视的事；您不能拿出自己所看轻的财物，却想使士人献出他所看重的生命，岂不是很困难吗？"于是，宗卫脸上现出羞惭的表情，恭敬地起身道歉说："这是我的过错。"

8.20 鲁哀公问于孔子曰:"当今之时,君子谁贤①?"对曰:"卫灵公②。"公曰:"吾闻之,其闺门之内,姑姊妹无别③。"对曰:"臣观于朝廷,未观于堂陛之间也④。灵公之弟曰公子渠牟,其知足以治千乘之国⑤,其信足以守之,而灵公爱之;又有士曰王林,国有贤人必进而任之,无不达也;不能达,退而与分其禄,而灵公尊之;又有士曰庆足,国有大事,则进而治之,无不济也,而灵公说之;史鲋去卫⑥,灵公邸舍三月⑦,琴瑟不御⑧,待史鲋之入也而后入。臣是以知其贤也。"⑨

【注释】

①君子:这里指诸侯国君。《孔子家语·贤君》作"当今之君,孰为最贤"。

②卫灵公(? —前493):名元。春秋时卫国国君,前535—前493年在位。

③姑姊妹无别:意指卫灵公与姑姊妹淫乱。姑姊妹,父亲的姐妹,姑母。《左传·襄公十二年》:"无女而有姊妹及姑姊妹。"孔颖达疏:"若父之姊为姑姊,父之妹为姑妹。"

④臣观于朝廷,未观于堂陛之间也:此二句《孔子家语·贤君》作"臣语其朝廷行事,不论其私家之际也。"堂陛,厅堂和台阶。亦指宫内。这里借指后宫。

⑤知:同"智"。智慧。

⑥史鲋(qiú):名佗,字子鱼,亦称史鱼,春秋时卫国大夫。卫灵公时任祝史。孔子称他为"直哉,史鱼,邦有道如矢,邦无道如矢"。

⑦邸(dǐ)舍:春秋战国时的诸侯国的客栈。此指住在邸舍里。邸,馆舍。

⑧琴瑟不御:不听音乐。琴瑟,古代两种弦乐,这里代指一切器乐。

御,用,古代君王所用为"御用"。

⑨天海按:此文又见《孔子家语·贤君》,文略异。

【译文】

鲁哀公向孔子问道:"当今世上,哪位国君最贤明?"孔子回答说:"卫灵公。"鲁哀公说:"我听说,他的后宫之内,姑姊妹没有分别。"孔子回答说:"我看的是在朝廷上的事,没有看他在后宫的事。灵公的弟弟叫公子渠牟,他的智慧能够治理千乘的大国,他的诚信也能够守住国家,因而灵公喜爱他;又有贤士叫王林,国内有贤人,他一定要引荐并任用,没有不显达的;如果不能显达,他就私下将自己的俸禄分给那人,因而灵公尊重他;又有个贤士叫庆足,国内有了大事,就任用他来治理,没有不成功的,因而卫灵公喜欢他;史鳅离开了卫国,灵公到馆舍住了三个月,不听音乐,等待史鳅入朝后他才回宫。我因此知道卫灵公的贤明。"

8.21 荆公子行年十五而相荆①,仲尼闻之,使人往视。还曰:"廊下有二十五俊士②,堂上有二十五老人③。"仲尼曰:"合二十五人之智,智于汤、武;并二十五人之力,力于彭祖④。以治天下,其固免矣乎⑤!"⑥

【注释】

①荆公子:原文作"介子推",必非春秋时晋大夫。此据卢文弨校,向宗鲁《校证》引《孔子家语》《北堂书钞》,以为原作"荆公子",据改。行年:指当时年龄。

②俊士:周代称选取入学的人,也通称才智出众的人。《礼记·王制》:"命乡论秀士,升之司徒,曰选士。司徒论选士之秀者而升之学,曰俊士。"郑玄注:"可使习礼者,学大学。"

③老人：此指年高德劭之人。

④彭祖：姓篯（jiān），名铿，传说为颛顼玄孙陆终氏第三子，自尧时起举用，历夏、商、周三朝，年八百岁。因尧封他于彭城，故又称彭祖。天海按，彭祖高寿，未闻其力大。鲁有力士彭生，未知是否即指此人。

⑤固：蔽塞，鄙陋，固陋。《说文解字》："固，四塞也。"《论语·述而》："奢则不逊，俭则固，与其不逊也宁固。"荆公子只有十五岁，所以当然有蔽塞鄙陋之处。

⑥天海按：此文又见《孔子家语·六本》，文略异。

【译文】

荆公子刚十五岁就做了楚国国相，孔子听说这件事，派人前去观察他。那人回来后说："荆公子走廊下有二十五个俊士，厅堂上有二十五个老人。"孔子说："集中二十五个人的智慧，智慧就胜过商汤、周武王；集中二十五个人的力量，力量就胜过彭祖。以此来治理天下，他的蔽塞鄙陋可以免除了啊！"

8.22 孔子间居，喟然而叹曰："铜鞮伯华而无死①，天下其有定矣②！"子路曰："愿闻其为人也何若？"孔子曰："其幼也，敏而好学；其壮也，有勇而不屈；其老也，有道而能以下人③。"子路曰："其幼也，敏而好学，则可；其壮也，有勇而不屈，则可；夫有道又谁下哉？"孔子曰："由，不知也。吾闻之④，以众攻寡，而无不消也⑤；以贵下贱⑥，无不得也。昔者周公旦制天下之政⑦，而下士七十人⑧，岂无道哉？欲得士之故也。夫有道而能下于天下之士，君子乎哉！"⑨

【注释】

①铜鞮伯华：复姓羊舌，名赤，字伯华。春秋时晋人。佐祁午为中军尉，封邑铜鞮（今山西沁县西南），故又称铜鞮伯华。而无死：如果没有死。而，表假设。

②其有定矣：大概又该安定了。其，估摸猜测之词。有，通"又"。

③有道而能以下人：有道德修养又能谦卑待人。下人，谦恭地对待别人。

④吾闻之：闻，原文作"间"。当为形近而误，从诸本径改。

⑤消：克。

⑥以贵下贱：本人身份高贵而能谦恭对待身份低贱的人。

⑦制：裁断，执掌。

⑧下士：礼待士人，礼贤下士。

⑨天海按：此文又见《孔子家语·六本》，文略异。

【译文】

孔子闲居在家，长叹一声说："铜鞮伯华如能不死，天下大概又该安定了！"子路说："我希望听听他为人怎么样？"孔子说："他年幼时候机敏好学，壮年时勇敢不屈，老年时有道德修养还能谦恭待人。"子路说："他年幼时机敏好学是不错的，壮年时勇敢不屈也不错，但他有道德修养时又向谁低声下气呢？"孔子说："由啊，你不知道啊。我听说：以众攻少，没有不攻克的；以高贵的身份谦恭地对待低贱的人，没有不得民心的。从前周公旦裁决天下的政事，还礼待贤士七十人，难道他没有办法吗？那是他想得到贤士的缘故。那有道德修养又能礼待天下贤士的人，真是君子啊！"

8.23 魏文侯从中山奔命安邑①，田子方从②。太子击遇之③，下车而趋④，子方坐乘如故，告太子曰："为我请君待我朝歌⑤。"太子不说，因谓子方曰："不识贫穷者骄人乎⑥？富贵者骄人乎?"子方曰:"贫穷者骄人,富贵者安敢骄人?人主骄人而亡其国,吾未见以国待亡者也;大夫骄人而亡其家,吾未见以家待亡者也;贫穷者若不得意,纳履而去⑦,安往不得贫穷乎?贫穷者骄人,富贵者安敢骄人!"太子及文侯⑧,道田子方之语。文侯叹曰:"微吾子之故⑨,吾安得闻贤人之言⑩!吾下子方以行⑪,得而友之。自吾友子方也,君臣益亲,百姓益附,吾是以得友士之功。我欲伐中山,吾以武下乐羊⑫,三年而中山为献于我,我是以得友武之功⑬。吾所以不少进于此者,吾未见以智骄我者也;若得以智骄我者,岂不及古之人乎?"⑭

【注释】

① 魏文侯从中山奔命安邑:《史记·魏世家》:"魏文侯……十七年(前429),伐中山,使子击守之。"从中山奔命安邑事不详,或指攻伐中山国后返回安邑。中山,古代诸侯国名。魏文侯时的中山国都于顾,在今河北定州。奔命,奉命奔走。此指匆忙赶路。安邑,战国时魏都。故城在今山西夏县北。

② 田子方:春秋战国之际魏国人。以孔子弟子子贡为师,道德学问闻名诸侯。传言魏文侯曾慕名聘他为师,执礼甚恭。

③ 太子击(? —前370):魏文侯之子,名击,立为太子,前386年继位,是为魏武侯。

④ 趋:古代的一种礼节,以碎步疾行表示敬意。

⑤ 朝歌:曾为商王朝都城,战国时为魏国属地。故址在今河南淇县。

⑥ 骄人:对人傲慢。乎:此字原文脱,此据向宗鲁《校证》引《群书治要》等补。

⑦纳履：穿上鞋子。指辞别而去。

⑧太子及文侯：原文"及"作"父"。义不顺，当是形近而误。据诸本改。

⑨微：无，没有。

⑩吾安得闻贤人之言：原文"吾"作"君"。义不顺，当为形近而误。据诸本改。

⑪吾下子方以行：我以自己的行动礼待田子方。下，原文作"不"。义不顺，当为形近而误。据诸本改。

⑫吾以武下乐羊：我以武将的身份礼待乐羊。乐羊，人名。战国时期魏国将领，灭中山，封于灵寿。

⑬友武之功：与武将交友的功效。友，原文作"有"，据前文"友士之功"文例，当作"友"。据诸本改。

⑭天海按：此文又见《韩诗外传》卷九、《史记·魏世家》，但皆无后面"魏文侯叹曰"一段话。

【译文】

魏文侯从中山匆匆赶回安邑，田子方跟从。太子击遇见他，便下车快步走向前，子方坐在车上不动，告诉太子说："替我请示国君，在朝歌等我。"太子不高兴，便对田子方说："我不知道是贫穷的人可以傲慢待人呢，还是富贵的人可以傲慢待人？"田子方说："贫穷的人可以傲慢待人，富贵的人怎么敢傲慢待人？君主傲慢待人就会亡国，我没有见过以国家来坐待灭亡的；大夫傲慢待人就会丢失他的采邑，我没有见过以采邑来等待丢失的。贫穷的人如果不得意，穿上鞋就辞别而去，去哪里不是贫穷呢？贫穷的人可以傲慢待人，富贵的人怎敢傲慢待人？"太子击赶上了魏文侯，转告了田子方的话。文侯叹息说："要不是你的缘故，我怎么能听到贤人的这番话！我用行动来礼敬子方，得以与他友好。自从我与子方做了朋友，君臣更加亲近，百姓更加归附，我因此得到与贤士友好的功效。我想要征伐中山国，就以待武将之礼待乐羊，三年就把中山国攻下献给了我，我因此获得与武将交友的功效。我之所以不能比现在稍有进展，是因为我还未见到可以凭智慧轻慢我的人；假若得到凭智慧轻慢我的人，我难道还赶不上古人吗？"

8.24 晋文侯行地登隧①，大夫皆扶之，随会不扶②。文侯曰："会，夫为人臣而忍其君者③，其罪奚如？"对曰："其罪重死④。"文侯曰："何谓重死？"对曰："身死，妻子为戮焉⑤。"随会曰："君奚独问为人臣忍其君者，而不问为人君而忍其臣者邪？"文侯曰："为人君而忍其臣者，其罪何如？"随会对曰："为人君而忍其臣者，智士不为谋，辨士不为言⑥，仁士不为行⑦，勇士不为死。"文侯援绥下车⑧，辞大夫曰："寡人有腰髀之病⑨，愿诸大夫勿罪也。"⑩

【注释】

①晋文侯：此即晋文公。行地：行走平地。登隧：上山道路。隧，车辆或人畜通行的道路。
②随会：祁姓，名会。食采于随，故称随会；采邑于范，又称范会；因随氏出于士氏，故史料中多称其士会；谥武，史称范武子、随武子。春秋时晋国贤大夫。前593年，升任为中军帅兼太傅，执掌国政，修订法制。次年告老致政。
③忍：忍心，狠心。
④重死：双重死罪。
⑤妻子为戮焉：妻子儿女为他受死。
⑥辨士：舌辨之士。辨，同"辩"。《新序·杂事》作"辩士"。
⑦仁士：仁爱之士。
⑧援绥：拉着车上的绳子。绥，上车时挽手所用的绳索。

⑨辞:致歉。腰髀(bì):腰和大腿。
⑩天海按:此文又见《新序·杂事》,事同而文异。

【译文】

晋文侯的车子经过平地登上山路,大夫们都上去扶车,随会不扶。文侯问:"会,做臣子的狠心对待他的国君,该治他什么罪?"随会回答说:"该治他双重死罪。"文侯问:"什么叫双重死罪?"随会回答说:"自己被处死,妻子儿女也要为他被杀。"随会又问:"您为什么只问做臣子的狠心对待他的国君应治什么罪,却不问做国君的狠心对待他的臣子会有什么结果呢?"文侯问:"做国君的狠心对待他的臣子,他的罪过该如何?"随会回答说:"做国君的狠心对待他的臣子的话,有智谋的人不为他出谋划策,有辩才的人不为他游说辩争,仁爱的人不会跟随他,勇敢的人不会为他效命。"晋文侯拉着车绳下了车,向大夫们致歉说:"我的腰腿有毛病,请各位大夫不要怪罪。"

8.25 齐将军田瞶出将①,张生郊送曰:"昔者尧让许由以天下,洗耳而不受②,将军知之乎?"曰:"唯,然,知之。""伯夷、叔齐辞诸侯之位而不为③,将军知之乎?"曰:"唯,然,知之。""於陵仲子辞三公之位而佣,为人灌园④,将军知之乎?"曰:"唯,然,知之。""智过去君弟⑤,变姓名,免为庶人,将军知之乎?"曰:"唯,然,知之。""孙叔敖三去相而不悔⑥,将军知之乎?"曰:"唯,然,知之。""此五大夫者,名辞之而实羞之⑦。今将军方吞一国之权,提鼓拥旗,被坚执锐,旋回十万之师⑧,擅斧钺之诛⑨,慎毋以士之所羞者骄士。"田瞶曰:"今日诸君皆为瞶祖道⑩,具酒脯⑪,而先生独教之以圣人之大道,谨闻命矣。"

【注释】

①田聩(kuì):疑是田齐宗室。余事未详。

②尧让许由以天下,洗耳而不受:许由,一作许繇,传说是尧舜时一位高尚之士,隐于颍水之阳。相传尧让天下与他,他推辞不受,逃于箕山下,农耕而食;尧帝又让他做九州长官,他到颍水边洗耳,表示不愿听到这些世俗浊言。

③伯夷、叔齐辞诸侯之位而不为:伯夷、叔齐是商代孤竹君的两个儿子,孤竹君去世后,两人互相让位,遂一起往依周文王。

④於陵仲子辞三公之位而佣,为人灌园:於陵仲子因见其兄食禄万钟,以为不义,故避兄离母,又先后坚辞不受齐国大夫、楚国国相等职,先迁居於陵(在今山东邹平南),后隐居於陵城西长白山中,终日为人灌园,以示"不入污君之朝,不食乱世之食",最终饥饿而死。《孟子·滕文公下》:"匡章曰:'陈仲子岂不诚廉士哉?居於陵,三日不食,耳无闻,目无见也。'"《战国策·齐策四》:"於陵子仲……上不臣于王,下不治其家,中不索交诸侯。"於陵仲子,本名陈定,字子仲,亦称陈仲、田仲、於陵仲子等。

⑤智过去君弟:智过不再做卿大夫的兄弟。智过,即智果。春秋时晋大夫。原为晋国六卿之一智氏族人,因谏智申不要立智瑶为嗣,不被采纳,便别族为辅氏,又称辅果。到智氏亡,智果未受害。

⑥孙叔敖三去相而不悔:孙叔敖有贤名,为楚国令尹。邲之战,佐楚庄王大胜晋军。于期思、雩娄间兴水利,有政绩。楚庄王时曾三次为令尹而不喜,王罢之而不忧。辅佐庄王成为春秋五霸之一。《庄子·田子方》:"肩吾问于孙叔敖曰:'子三为令尹而不荣华,三去之而无忧色。'"司马迁《史记·循吏列传》列其为第一人。

⑦名辞之而实羞之:名义上是辞去高官厚禄,实际上是以此为

羞耻。
⑧旋回：指挥。
⑨擅斧钺之诛：专断生杀诛罚大权。
⑩祖道：古人出行前祭祀路神称祖道，后世指为人饯行。
⑪酒脯：酒和干肉。后亦泛指酒肴。《周礼·秋官·司盟》："既盟，则为司盟共祈酒脯。"

【译文】

齐国将军田瞶率军出征，张生送行至郊外说："从前尧把天下让给许由，许由洗耳不受，将军知道此事吗？"田瞶说："对，是的，我知道。"张生又说："伯夷与叔齐辞去诸侯之位不做，将军知道这事吗？"田瞶说："对，是的，我知道。"张生又问："於陵仲子辞去三公之位而去当佣工，替人浇灌园子，将军知道这件事吗？"田瞶说："对，是的，我知道。"张生又说："智果离开做卿大夫的兄弟，改换姓名，抛弃贵族身份做平民，将军知道这件事吗？"田瞶说："对，是的，我知道。"张生又问："孙叔敖三次被罢免楚相而不后悔，将军知道此事吗？"田瞶说："对，是的，我知道。"张生最后说："这五个大夫，名义上是辞让高官厚禄，实际上是以此为羞耻。如今将军正掌握一国大权，提战鼓抱令旗，披坚甲执利兵，指挥十万军队，专断生杀刑罚，切记不要把贤士感到羞耻的权势拿来傲慢地对待士人。"田瞶说："今天各位都为我饯行，准备了酒肉，但只有先生用圣人的大道理来指教我，我愿恭敬地接受教诲。"

8.26 魏文侯见段干木①，立倦而不敢息；及见翟黄②，踞堂而与之言③，翟黄不说。文侯曰："段干木官之则不肯，禄之则不受；今汝欲官则相至，欲禄则上卿；既受吾赏，又责吾礼④，毋乃难乎？"⑤

【注释】

①段干木：战国时魏人。少贫且贱，师事子夏，高尚不仕。后为魏文侯师。
②翟黄：又作翟璜。出生于狄族，战国初期辅佐魏文侯，帮助其灭中山国，爵至上卿。
③踞堂：伸开腿坐在高堂上。踞，伸开腿坐。古人跪地而坐，臀部靠在脚后跟上，伸直腰，表示恭敬；如果伸开腿坐，则是大不恭敬。
④责吾礼：要求我礼待你。责，要求。礼，礼待，礼敬。作动词。
⑤天海按：此文又见《吕氏春秋·下贤》，文略同。

【译文】

魏文侯接见段干木，站立得疲倦了也不敢休息；到接见翟黄时，他伸开腿高坐在堂上与他交谈，翟黄不高兴。文侯说："段干木给他官做他不肯，给他俸禄也不接受；如今你想做官就做到国相的职位，想要俸禄就有上卿的俸禄；既然受到我的封赏，又要求我礼敬你，岂不是太难了吗？"

8.27 孔子之郯①，遭程子于途②，倾盖而语终日③。有间，顾谓子路曰④："取束帛一以赠先生⑤。"子路不对。有间，又顾谓曰："取束帛一以赠先生。"子路屑然对曰⑥："由闻之也，士不中间而见⑦，女无媒而嫁，君子不行也。"孔子曰："由，《诗》不云乎⑧：'野有蔓草，零露漙兮⑨；有美一人，清阳婉兮⑩；邂逅相遇，适我愿兮⑪。'今程子天下之贤士也，于是不赠，终身不见也。大德毋逾闲，小德出入可也⑫。"⑬

【注释】

①郯(tán)：西周国名，己姓，一作嬴姓，后灭于越。故城在今山东

郯城西南。

②程子：姓程，名本，字子华。春秋时晋人。博学善辩，聚徒著书，自号程子。赵简子想要用他，辞而去齐，更称子华子。赵襄子立，程本年老归晋。隐居于巩东石白泉，不复仕。著有《子华子》。他死后，编离简断，弟子门人缀连残简，加写当时见闻，共二十四篇，经刘向校定，流传至今。程本思想以道家为主，兼以儒家的内容，不哗众取宠。孔子知程本贤能，晏婴与他长久为友。程本不会应酬，直来直往，为后人所感慨。

③倾盖而语：指途中相遇，停车交谈，双方车盖往一起倾斜。指初交相得，一见如故。终日：整天。此指良久，很长时间。

④顾谓子路：原文此句与下文"又顾谓曰"皆脱"谓"字，此据向宗鲁《校证》依卢文弨校补。

⑤束帛：古代聘问的礼物，以五匹帛为一束，故称。《周礼·春官·大宗伯》"孤执皮帛"，郑玄注："皮帛者，束帛而表以皮为之饰。"贾公彦疏："束者十端，每端丈八尺，皆两端合卷，总为五匹，故云束帛也。"

⑥屑然：轻视、小看的样子。《韩诗外传》卷二作"率然"，亦轻率不经意的样子。

⑦中间：指通过别人从中介绍。原文脱"间"字，此据向宗鲁《校证》引《太平御览》等书及卢文弨校补。

⑧《诗》：以下引自《诗经·郑风·野有蔓草》。

⑨零露漙(tuán)兮：降露团团呀。零，降。漙，指露珠圆圆的。一说为露珠很多的样子，也通。

⑩清阳婉兮：眉目清秀美好呀。清阳，眉目清秀。阳，本作"扬"。婉，美好。

⑪邂逅相遇，适我愿兮：不期而相遇，正合我心愿。

⑫大德毋逾闲，小德出入可也：二句见《论语·子张》："子夏曰：'大

德不逾闲,小德出入可也。'"大德、小德,指大节、小节。闲,木栏,这里指界限。出入,稍有偏离。

⑬天海按:此文又见《韩诗外传》卷二、《孔子家语·致思》《子华子》,文略异。

【译文】

孔子到郯国去,在路上遇见程子,停车倾盖长谈了很久。过了一阵,他回头对子路说:"取束帛一捆来送给程先生。"子路不作声。过了一阵,又回头告诉子路说:"取束帛一捆来赠送程先生。"子路不在意地回答说:"我听到过这样的说法:士人不经中介相见,女子没有媒人而嫁人,君子是不会这样做的。"孔子说:"仲由,《诗》上不是说过吗?'野外有蔓生的草,露珠一团团呀;有这样一位美人,眉目清秀婉然呀;出乎意料的相遇,正合我的心愿呀!'现在这个程子是天下的贤士,在这一次不赠送礼物给他,终身再也不能见面了。大节上不能越界,小节上可以有些出入。"

8.28 齐桓公使管仲治国,管仲对曰:"贱不能临贵①。"桓公以为上卿,而国不治。桓公曰:"何故?"管仲对曰:"贫不能使富。"桓公赐之齐国市租一年②,而国不治。桓公曰:"何故?"对曰:"疏不能制亲。"桓公立以为仲父③。齐国大安,而遂霸天下。孔子曰:"管仲之贤,不得此三权者,亦不能使其君南面而霸矣④。"⑤

【注释】

①贱不能临贵:地位低贱不能治理地位尊贵的人。临,统管,治理。
②市租:市场交易税收。《晏子春秋·内篇杂下》:"使吏致千金与市租。"《史记·齐悼惠王世家》:"齐临菑十万户,市租千金,人众

殷富,巨于长安。"《史记索隐》:"市租,谓所卖之物出税。"

③仲父:对管仲的尊称。《荀子·仲尼》:"(齐桓公)倓然见管仲之能足以托国也……遂立以为仲父。"杨倞注:"仲者,夷吾之字;父者,事之如父。"后因用以称管仲。

④南面:古代以坐北朝南为尊位,故天子、诸侯见群臣,或卿大夫见僚属,皆面南而坐。向宗鲁《校证》案:"此所引孔子语,未必真孔子语也。"

⑤天海按:此文见《韩非子·外储说左下》及《难一》,文略同,但均不载孔子语。

【译文】

齐桓公让管仲治理国政,管仲对他说:"低贱的人不能管理高贵的人。"桓公就让他做了上卿,但国家还是没有治好,桓公问:"这是什么缘故?"管仲回答说:"贫穷的人不能驱使富有的人。"桓公便将齐国一年的市场税收赐给了他,但国家还是没治理好。桓公问:"这是什么缘故?"管仲回答说:"关系疏远的不能控制关系亲密的。"桓公就尊他为仲父。于是齐国大为安定,并终于称霸天下。孔子说:"管仲这样的贤才,如果不能得到这三种权力,也不能使他的国君南面称霸。"

8.29 桓公问于管仲曰:"吾欲使酒腐于爵①,肉腐于俎②,得毋害于霸乎?"管仲对曰:"此极非其贵者耳③,然亦无害于霸也。"桓公曰:"何如而害霸?"管仲对曰:"不知贤,害霸;知而不用,害霸;用而不任,害霸;任而不信,害霸;信而复使小人参之④,害霸。"桓公曰:"善。"

【注释】

①酒腐于爵:爵,古代饮酒之器。原文作"爵腐于酒",依下文"肉腐

于俎"文例径改。

②俎(zǔ)：切肉用的砧板。

③此极非其贵者耳：这些是远非值得注重的事。极，甚，远。贵，重视。

④参：罗列，并立。

⑤天海按：此文向宗鲁《校证》据《管子·小匡》，疑为《管子》佚文。

【译文】

齐桓公向管仲问道："我要让酒在杯中放坏，肉在砧板上放臭，该不会对称霸有妨害吧？"管仲回答说："这些远不是值得重视的事，也对称霸并无妨害。"齐桓公问："怎样才会妨害称霸呢？"管仲回答说："不能识别贤人，妨害称霸；识别了贤人却不使用，妨害称霸；使用了却不委以重任，妨害称霸；重用了而不信任他，妨害称霸；信任他却又让小人与他并立，妨害称霸。"齐桓公说："讲得好。"

8.30 鲁人攻鄪①，曾子辞于鄪君曰②："请出③。寇罢而后复来。请姑毋使狗豕入吾舍④。"君曰："寡人之于先生也，人无不闻。今鲁人攻我，而先生去我⑤，我胡守先生之舍？"鲁人果攻鄪而数之罪十⑥，而曾子所争者九⑦。鲁师罢，鄪君复修曾子舍而后迎之。⑧

【注释】

①鄪(bì)：或作费，春秋时鲁邑。《左传·僖公元年》："公赐季友汶阳之田及费。"为鲁国季孙氏之都邑，故地在今山东费县西北。曾子居于费。

②鄪君：鲁国季友之后，鄪邑的封君。杨宽《战国史料编年辑证》："所谓鄪君即指季孙。季孙于战国时，据费而独立，成为小国

之君。"

③请出:原文误作"诸出",形误,径改。

④姑毋:原文误作"姑母",形误,径改。

⑤去我:离开我。

⑥罪十:原文误作"罪子",形误,径改。

⑦争:同"诤"。谏诤。

⑧天海按:此文所记之事又略见《孟子·离娄下》,但内容有所不同。

【译文】

鲁国人攻打鄫邑,曾子向鄫君辞行说:"请让我离开。敌寇退兵后我再来。请且不要让猪狗进入我的房子。"鄫君说:"我怎样对待先生的,没有人不知道。如今鲁国人要攻打我,先生却要离开我,我为什么还要守护先生的房舍呢?"鲁国人果然攻下鄫邑还列数了鄫君的十条罪过,其中曾子劝谏过的就有九条。鲁军退兵后,鄫君重修了曾子的房舍,然后迎回曾子。

8.31 宋司城子罕之贵子韦也①,入与共食,出与共衣。司城子罕亡,子韦不从;子罕来,复召子韦而贵之。左右曰:"君之善子韦也,君亡不从,来又复贵之,君独不愧于君之忠臣乎?"子罕曰:"吾唯不能用子韦②,故至于亡;今吾之得复也,尚是子韦之遗德余教也③,吾故贵之。且我之亡也,吾臣之削迹拔树以从我者④,奚益于吾亡哉?"

【注释】

①司城子罕:乐氏,名喜,字子罕,春秋时期宋国人。在宋平公(前575—前532在位)时先任司城,后为国相。位列六卿。司城,官

名。春秋时宋国为避宋武公之名,改司空为司城。子韦:生平未详。

②唯:因为。

③遗德余教:留下的德泽和教诲。

④削迹拔树:消灭车辙的痕迹,拔去车上树立的标志。

【译文】

宋国司城子罕很看重子韦,入门与他吃一样的饭,出门与他穿一样的衣。司城子罕逃亡,子韦没有追随他。子罕返国后,又召来子韦并礼待他。子罕左右的人说:"您如此善待子韦,但您逃亡时他却不追随您,现在回来又重新尊重他,您难道不觉得愧对您的忠臣吗?"子罕说:"我因为不能听从子韦的话,所以造成自己的逃亡;如今我能再回来,还是因为子韦留下的德泽和教诲,所以我还要尊重他。再说我逃亡时,我的臣下掩盖车迹拔去标志来追随我,对我的逃亡又有什么益处呢?"

8.32 杨因见赵简主①,曰:"臣居乡三逐,事君五去,闻君好士,故走来见②。"简主闻之,绝食而叹③,跽而行④。左右进谏曰:"居乡三逐,是不容众也;事君五去,是不忠上也。今君有士⑤,见过八矣⑥。"简主曰:"子不知也。夫美女者,丑妇之仇也;盛德之士,乱世所疏也;正直之行,邪枉所憎也⑦。"遂出见之,因授以为相,而国大治。由是观之,远近之人,不可以不察也。⑧

【注释】

①杨因:一作"杨回"。春秋时晋人,事迹略如本文。

②走:跑。

③绝食:罢食,停下吃饭。向宗鲁《校证》据《北堂书钞》以为应作

"辍",即停下。

④跽：长跪。古人席地而坐，双膝跪地，臀部坐于脚后跟上，受惊或表示礼敬时，挺直身子叫"跽"，即长跪。

⑤有士：友待的士人。有，通"友"。亲近，喜爱。

⑥见过八矣：出现八次过错了。向宗鲁《校证》引关嘉云："八过者，三逐五去是也。"

⑦邪枉：邪恶不正。

⑧天海按：此文内容与《列女传·辩通》所记齐国逐孤女事相类。

【译文】

杨因求见赵简子，说："我住在乡里三次被驱逐，事奉君主五次离开。听说您喜好士人，所以来求见。"赵简子听到这番话，停下饮食，长跪膝行。左右的人劝谏说："他住在乡里三次被逐，这是为众人所不容；事奉君主五次离开，这是不忠于主上。现在您要结交的这个人，已出现了八次过错了。"赵简子说："你们不明白。那美女是丑妇的仇人；有高尚品德的君子，乱世会疏远他；正直的行为，邪恶不正的人会厌恶它。"于是出门接见了杨因，便任他作了国相，因而赵国大治。由此看来，对疏远和亲近的人，都不能够不认真考察。

8.33 应侯与贾午子坐①，闻其鼓琴之声，应侯曰："今日之琴，一何悲也②！"贾午子曰："夫张急调下③，故使之悲耳。张急者④，良材也；调下者，官卑也；取夫良材而卑官之⑤，安能无悲乎？"应侯曰："善哉！"

【注释】

①应侯：春秋时应国国君。周武王之子应叔曾封于应，其国故址在今河南鲁山东。贾午子：生平不详。午，原文作"于"，今据向宗

鲁《校证》改,下同此。

②一何悲也:为何这么悲哀啊。一何,何其,多么。悲,原文误作"张",此据上下文意径改。

③张急调下:谓琴弦绷紧,曲调低沉。

④张急者:原文误作"为张者",此据上下文意径改。

⑤卑官之:给他低级的官职。卑官,作动词。

【译文】

应侯与贾午子同坐,听到有弹琴的声音,应侯说:"今天的琴声多么悲哀啊!"贾午子说:"那琴弦紧曲调又低沉,所以使人感到悲哀了。琴弦紧,象征是良材;调子低沉,象征着官职卑微;取用良才却给他卑微的官职,怎能不悲哀呢?"应侯说:"讲得好啊!"

8.34 十三年①,诸侯举兵以伐齐。齐王闻之,惕然而恐②,召其群臣大夫,告曰:"有智为寡人用之。"于是博士淳于髡仰天大笑而不应③。王复问之,又大笑不应。三问④,三笑不应。王艴然作色不悦曰⑤:"先生以寡人语为戏乎?"对曰:"臣非敢以大王语为戏也,臣笑臣邻之祠田也⑥,以一奁饭⑦,一壶酒,三鲋鱼⑧,祝曰:'蟹堁者宜禾⑨,洿邪者百车⑩;传之后世,洋洋有余⑪。'臣笑其赐鬼薄而请之厚也⑫。"于是王乃立淳于髡为上卿,赐之千金,革车百乘,与平诸侯之事。诸侯闻之,立罢其兵,休其士卒,遂不敢攻齐。此非淳于髡之力乎!⑬

【注释】

①十三年:未详此以何纪年。《史记·滑稽列传》作"威王八年"。齐威王八年为前349年,未闻诸侯有伐齐之事。本书6.21则:

"楚、魏会于晋阳,将以伐齐。"前344年,齐威王十三年,魏惠王始称王,盟会十二诸侯以朝周天子。此或威胁到齐威王,故"闻之而恐"。

②惕然:忧惧貌。

③博士:官名。战国时各国设博士,教授文化、技艺等,并备咨询、议政。

④三问:问了三次。

⑤艴(bó)然作色不悦:勃然大怒,变了脸色不高兴。艴然,发怒貌。

⑥祠田:祭祀田神。

⑦一奁饭:一盒饭。奁,泛指盒匣一类的盛物器具。

⑧鲋鱼:形似鲫鱼,很小。

⑨蟹堁:亦作"蟹螺",高地。

⑩洿邪(wū xié):地势低洼,容易积水的劣田。

⑪洋洋:大大,形容很多。

⑫赐鬼薄而请之厚:赐给鬼神的太少而祈求的太多。

⑬天海按:参阅本书6.21则,所记为同一事。

【译文】

十三年,诸侯率领军队将要攻打齐国。齐王听说此事,又忧又怕,召集他的臣子和大夫,告诉说:"有智谋的人请为我谋划。"对此,博士淳于髡仰天大笑却不应答。齐王又问他,他又大笑不回答。问了三次,他三次都大笑不回答。齐王勃然大怒,变了脸色不高兴地说:"先生把我的话当作戏言吗?"淳于髡对他说:"我不敢把大王的话当作戏言。我笑我邻居祭祀田神,用一盒饭、一壶酒、三条鲋鱼,祈祷说:'让高地多收小米,水田收谷百车,传给我的后人,粮食大大有余。'我笑他供给鬼神的太少,但祈求的却太多了。"于是齐王就封淳于髡为上卿,赏赐给他千金、战车百辆,参与平息诸侯对齐国的战事。诸侯各国听说了这件事,立即撤回他们的军队,让他们的士兵停止前进,于是不敢攻打齐国了。

这难道不是淳于髡的力量吗?

8.35 田忌去齐奔楚①,楚王郊迎至舍,问曰:"楚万乘之国也,齐亦万乘之国也;常欲相并,为之奈何?"对曰:"易知耳。齐使申孺将②,则楚发五万人,使上将军将之③,至,禽将军首而反耳;齐使田居将④,则楚发二十万人,使上将军将之,分别而相去也;齐使盼子将⑤,则楚悉发四封之内⑥,王自出将而忌从,相国、上将军为左右司马,如是则王仅得存耳。"于是齐使申孺将,楚发五万人使上将军至,擒将军首反⑦。于是齐王忿然,乃更使盼子将,楚悉发四封之内,王自出将,田忌从,相国、上将军为左右司马,益王车属九乘⑧,仅得免耳。至舍,王北面正领齐祛⑨,问曰:"先生何知之早也?"田忌曰:"申孺为人,侮贤者而轻不肖者,贤不肖者俱不为用,是以亡也;田居为人,尊贤者而贱不肖者,贤者负任,不肖者退,是以分别而相去也;盼子之为人也,尊贤者而爱不肖者,贤不肖俱负任,是以王仅得存耳。"

【注释】

①田忌:妫姓,田氏(亦作陈氏),名忌,字期,又曰期思,封于徐州(今山东滕州南),故又称徐州子期。战国时期齐国名将。前341年,被齐相邹忌用反间计陷害,逃亡楚国。直到齐宣王即位,方才重回齐国。事详《战国策·齐策一》和《史记·田敬仲完世家》。

②申孺:《战国策·齐策一》作"申缚";《史记·楚世家》作"申纪",朱起凤《辞通》认为"缚"乃"纪"之误。申纪,田齐时任将军。

③上将军:武官名。战国时位在大将军之上。《渚宫旧事》作"次将

军"。

④田居：本书2.8则中的田居子即此人。

⑤盼子：即田盼子，齐宣王时与田忌同为将军。原文作"眄子"，《战国策·齐策一》《史记·田敬仲完世家》《渚宫旧事》皆作"盼子"，此径改。下文同此。

⑥则楚悉发四封之内：那么楚国就征发国内全部士兵。悉，全，尽。四封之内，四面边界之内，指全国。封，疆界。原文无"则""悉"二字，此据向宗鲁《校证》补。

⑦擒将军首反：据上文，此句下当有"齐使田居将，则楚发二十万人，使上将军将之，分别而相去也"四句脱文。

⑧益王车属：增加楚王的侍卫车驾。

⑨正领齐袪(qū)：端正衣领整齐袖口。指态度恭敬、严肃。袪，通"祛"。袖口。

【译文】

田忌逃离齐国投奔楚国，楚王到郊外迎接他到馆舍。问他说："楚国是万乘的大国，齐国也是万乘的大国；齐国经常想吞并楚国，这件事怎么办呢？"田忌回答说："这容易知道结果。如果齐国派申孺领兵，那么楚国就发兵五万人，派上将军率领军队，一到战场就会提着敌将的首级回师；如果齐国派田居领兵，那么楚国就要发兵二十万人，派上将军领兵，两军不分胜负各自撤退；如果齐国派田盼子率军，那么楚国就要尽征全国兵员，大王亲自率军出征，我跟随前往，相国、上将军作左右司马，这样大王才仅能保全自己。"正在这时，齐国派了申孺领兵攻打楚国，楚国发兵五万人，派上将军率军应战，提着齐军主将的首级回师。于是齐王大怒，就换田盼子率军攻楚，楚国尽征全国兵员，楚王亲自率军出征，田忌跟从前往，相国、上将军作左右司马，增派楚王侍卫车九辆，但楚王仅能免于被擒而已。回到馆舍，楚王面朝北整理好衣领袖口，恭敬地问田忌说："为什么先生早就知道这样的结局呢？"田忌说："申孺的为人，总是轻慢贤士而看不起不贤的人，贤人与不贤的人都不愿为他效力，因此会败亡；田居的为人总是尊重贤士而轻视无能的人，贤士能被任用，不贤的人被斥退，因此双方不分胜负各自撤退；田盼子的为人，是既尊重贤士也爱护不贤的人，贤人与不贤的人都能担负重任，因此大王仅能保全自己。"

8.36 魏文侯觞大夫于曲阳①，饮酣，文侯喟焉叹曰："吾独无豫让以为臣②！"蹇重举酒进曰③："臣请浮君④。"文侯曰："何以？"对曰："臣闻之，有命之父母⑤，不知孝子；有道之君，不知忠臣。夫豫让之君，亦何如哉？"文侯曰："善。"受浮而饮之，嚼而不让⑥，曰："无管仲、鲍叔以为臣，故有豫让之功也。"⑦

【注释】

①觞：本为古代盛酒器。此作为动词，是请人饮酒的意思。曲阳：古邑名。战国时属赵国，地在今河北定州境内。

②豫让：春秋战国间晋国人。初为范吉射和荀寅家臣，后任晋卿智瑶家臣，甚受宠信。赵、魏、韩共灭智氏，他矢志为智氏报仇，一再谋刺智氏主要政敌赵襄子，后被赵氏拘捕，他求取赵襄子衣服，拔剑击衣后自杀。

③蹇重：战国时魏国大夫。余事未详。

④浮：罚酒，用满杯酒罚人。《礼记·投壶》："若是者浮！"黄现璠《古书解读初探》："浮，作罚义。浮、罚古音相同，故义通用。"

⑤有命：此指长寿。

⑥嚼而不让：一饮而尽并不推辞。嚼，干杯，尽饮。

⑦天海按：此文又见《淮南子·道应训》，文略异。

【译文】

魏文侯在曲阳请大夫们饮酒,饮到兴浓时,魏文侯长叹一声说:"我唯独没有豫让那样的人来做我的臣子。"蹇重举酒上前说:"我请君主满饮此杯。"文侯问:"为什么?"蹇重回答说:"我听说这样的话:长寿的父母不了解什么是孝子,有道的君主不了解什么是忠臣。那豫让的君主又怎么样呢?"文侯说:"讲得好。"接受罚酒一饮而尽并不推辞,说:"那智氏没有管仲、鲍叔这样的人来做他的臣子,所以才有豫让这种人立下功勋。"

8.37 赵简子曰:"吾欲得范、中行氏之良臣①。"史黡曰②:"安用之?"简子曰:"良臣,人所愿也,又何问焉?"曰:"臣以为无良臣故也。夫事君者,谏过而荐可,章善而替否③,献能而进贤,朝夕诵善败而纳之④,听则进,否则退。今范、中行氏之良臣也,不能匡相其君⑤,使至于难,出在于外,又不能入,亡而弃之,何良之为?若不弃,君安得之?夫良,将营其君⑥,使复其位,死而后止,何由以来⑦?若未能,乃非良也。"简子曰:"善。"⑧

【注释】

① 范、中行氏:春秋时晋国两大贵族集团。范氏,晋大夫士会食邑于范,子孙以此为氏;中行氏,晋侯作三行军以御敌,荀林父将中行,后以为氏。这里的范氏指士吉射,中行氏指荀寅。此二人后败于赵简子而奔齐。
② 史黡:姓蔡,名墨,字黡。春秋时晋国史官,故称史墨,或史黡、蔡墨。长于天文星象、五行术数与筮占,熟悉各诸侯国内政。
③ 章善而替否:彰显善政而废弃不利的事。替,废弃,替换。
④ 善败:成败。

⑤匡相：匡正辅助。
⑥将营其君：将为他们的君主谋划。营，经营谋划。
⑦何由：原文作"何曰"，向宗鲁《校证》引卢文弨校及诸本，以"曰"为"由"之误，此径改。
⑧天海按：此文又见《国语·晋语九》，略异。

【译文】

赵简子说："我想要得到范氏、中行氏的良臣。"史黡问："怎么使用他们？"赵简子说："得到良臣，是人们的愿望，又何必要问用途呢？"史黡说："我认为范氏、中行氏的灭亡，是没有良臣的缘故。事奉君主，应该劝诫过失并建议可行之事，彰显善政并除去不利之事，贡献能人并引进贤士，早晚念道政事的成败使君主采纳，如果听取就进用，不听就隐退。如今范氏、中行氏的良臣，不能纠正辅佐他们的君主，使君主至于危难；君主出逃在外，又不能使他返回；君主逃亡后就背弃他，怎么能称他们是良臣？假若他们不背弃范氏、中行氏，您又怎能得到他们？如果是良臣，将会为他们的君主谋划，使君主复位，死而后已，有什么理由来投奔您？如果他们不能做到这些，就不是良臣了。"赵简子说："讲得好。"

8.38 子路问于孔子曰："治国何如？"孔子曰："在于尊贤而贱不肖①。"子路曰："范、中行氏尊贤而贱不肖，其亡何也？"曰："范、中行氏尊贤而不能用也，贱不肖而不能去也；贤者知其不己用而怨之②，不肖者知其贱己而仇之。贤者怨之，不肖者仇之，怨仇并前，范、中行氏虽欲无亡③，得乎？"④

【注释】

①贱：轻视。
②不己用：即"不用己"。

③范、中行氏虽欲无亡：原文脱"范"字，此据上文径补。原文"无"下有小字"一作不"。

④天海按：此文又见《孔子家语·贤君》，略异。

【译文】

子路向孔子问道："如何治国？"孔子说："在于尊重贤人并轻贱不贤的人。"子路问："范氏、中行氏尊重贤人并轻视不贤的人，他们为什么会败亡呢？"孔子说："范氏、中行氏尊重贤人却不能信用他们，轻视不贤的人又不能斥退他们；贤人知道他不信用自己而怨恨他，不贤的人知道他轻视自己而仇恨他。贤人怨恨他，不贤的人仇恨他，怨恨与仇恨并在眼前，范氏、中行氏即使想要不亡，能行吗？"

8.39 晋、荆战于邲①，晋师败绩②。荀林父将归请死③，景公将许之④。士贞伯曰⑤："不可。城濮之役，晋胜于荆，文公犹有忧色，曰：'子玉犹存⑥，忧未歇也。困兽犹斗，况国相乎？'及荆杀子玉，乃喜曰：'莫予毒也⑦！'今天或者大警晋也。林父之事君，进思尽忠，退思补过，社稷之卫也，今杀之，是重荆胜也⑧。"景公曰："善。"乃使复将。⑨

【注释】

①晋、荆战于邲：前597年，楚国围攻郑国，晋国派荀林父率三军救郑，双方在邲地交战。楚军战胜晋国，楚庄王也由于此奠定了春秋霸主的地位。邲，春秋时郑邑，故地在今河南荥阳东北。《左传·宣公十二年》载晋楚邲之战尤详。荆，楚国代称。

②败绩：军队溃败。

③荀林父(？—前593)：荀氏，名林父，谥桓。因曾任中行之将，以官为氏，别为中行氏。又称荀伯、荀桓子、中行伯、中行桓子、中

行林父。春秋时晋国大夫,曾佐晋文公大败楚军于城濮。

④景公:即晋景公(? —前581),名据。春秋时期晋国国君,前599—前581年在位。景,原文误作"昭",此据向宗鲁《校证》引《太平御览》诸书改,下文同此。

⑤士贞伯:即士会。士氏,名会。晋文公时正卿。因食采于随,后更受范,称随会、范会,亦称随季、范季,或随武子、范武子。晋景公时为中军元帅兼太傅。执掌国政,修订法制。前592年,告老退休。

⑥子玉:若敖氏后裔,别为成氏,名得臣,字子玉。楚成王时为令尹执国政。前632年楚与晋在城濮(今山东鄄城临濮集)大战,楚军大败,楚王责令子玉自杀。

⑦莫予毒也:没有谁能伤害我了。

⑧重荆胜:加重楚国的胜利。

⑨天海按:此文所记之事详见《左传·宣公十二年》,又略见《史记·晋世家》。

【译文】

晋、楚两国在郑国的邲邑交战,晋军溃败。荀林父率领残军回师请求被处以死罪,晋景公将要答应他。士贞伯说:"不能这样。城濮之战,晋国战胜楚国,晋文公还面带忧色,说:'楚国令尹子玉还在,忧患还未消止。被围困的野兽还要拼斗,何况是国相呢?'到楚王杀死子玉后,才高兴地说:'没有谁能伤害我了!'如今上天可能是给晋国一个大的警告。荀林父事奉君主,被进用时想的是为主尽忠,被斥退时想的是弥补自己的过失,他是国家的捍卫者,现在杀了他,这是加重楚国的胜利。"晋景公说:"说得好。"就还让荀林父领兵作战。

卷九

正谏

【题解】

　　正谏，就是正言规劝，主要指臣下进谏规劝君主。本卷共 26 则，记载春秋、战国至秦时臣下劝谏君主的言论和轶事，仅有 1 则西汉时事，是孝景帝时枚乘谏吴王之事。

　　本卷第一则提纲挈领，首先引用《周易》中"蹇蹇匪躬"这个成语，说明作臣子的为君为国而忠直谏诤并非为了自己，从而进一步指出进谏的目的是"匡君之过，矫君之失"。其次根据进谏的方式与效果，把进谏分为正谏、降谏、忠谏、戆谏、讽谏五种类型，并引用孔子所言"吾其从讽谏矣乎"表明作者特别推崇的是其中的"讽谏"。

　　所谓"讽谏"，是指用委婉的态度、含蓄的语言，通过比喻和暗示来启发君主的觉悟，使他纠正自己的过失。文中说明讽谏"上不敢危君，下不敢危身"，只有智者才能做到。因此，在这一卷中，用来证明讽谏易被君主接受，又不会危害自身的轶事就有 10 则。

　　如果直接用正面的道理来批评君王，以前代圣王与昏君兴国亡身的实例来警醒君王，使之幡然悔悟，就是所谓"正谏"，本卷有 7 则轶事作为例证。其中记敢于犯颜直陈、冒死进谏的轶事有 4 则，讲的是君主最终纳谏并重用进谏的人；还有 3 则是记述君主因拒谏最后招致国破身亡的轶事。这 7 则也可以看作是"忠谏"的例证。

本卷9.25则引用孔子的名言"良药苦于口利于病,忠言逆于耳利于行"来强调纳谏的作用。这与第一则中孔子所主张的"讽谏",是一件事情的两个方面,两者是相辅相成的。讽谏要求进谏者讲究批评的态度、方法和技巧,而这两句名言则要求受谏者不要计较批评人的态度和过火的言辞,才能纠正过失,于己于国有利。这些关于批评与接受批评的道理,在今天也仍然还具有深刻的启发意义。值得一提的是,其中关于齐景公与晏子进谏与纳谏的轶事就多达6则,几近本卷四分之一。可见作者一贯认为,进谏是否有效果,还得看明君贤臣的际遇与相互配合。

另外应当指出的是,这里关于进谏五种类型的划分,并不是很严密很合理的,而且作者既没有逐一地给出定义,也没有举出有关降谏和戆谏的事例,它们彼此间也不无交叉与重合。如讽谏与正谏照理都该是忠谏,而戆谏既可以是正谏,也说可以是忠谏。但降谏不仅使人很难理解,也没有什么事例可以说明。

"五谏"的名目,《孔子家语·辨政》云:"忠臣之谏君,有五义焉:一曰谲谏,二曰戆谏,三曰降谏,四曰直谏,五曰风谏。"与本书同时代的著作,如《白虎通义·谏诤》《风俗通义·过誉》《春秋公羊解诂》中也曾出现过,只不过大同小异罢了。这大约是当时一种流行的说法。

9.1《易》曰①:"王臣蹇蹇②,匪躬之故③。"人臣之所以蹇蹇为难而谏其君者,非为身也,将欲以匡君之过,矫君之失也。君有过失者,危亡之萌也;见君之过失而不谏,是轻君之危亡也。夫轻君之危亡者,忠臣不忍为也④。三谏而不用则去,不去则亡身⑤。亡身者,仁人所不为也⑥。是故谏有五:一曰正谏⑦,二曰降谏⑧,三曰忠谏⑨,四曰戆谏⑩,五曰讽谏⑪。孔子曰:"吾其从讽谏矣乎!"⑫夫不谏则危君,固谏则危身，与其危君宁危身。危身而终不用，则谏亦无功矣。智者度君权时⑬，调其缓急，而处其宜，上不敢危君，下不以危身。故在国而国不危，在身而身不殆。昔陈灵公不听泄冶之谏而杀之，曹羁三谏曹君不听而去⑭，《春秋》序义虽俱贤⑮，而曹羁合礼。

【注释】

①《易》曰：以下二句见《周易·蹇卦》六二爻辞。

②王臣蹇蹇（jiǎn）：君王的臣子忠直刚正。蹇蹇，忠直貌。蹇，通"謇"。《群书治要》正引作"謇謇"。

③匪躬之故：不是为了自身的缘故。孔颖达疏："尽忠于君，匪以私身之故而不往济君，故曰'匪躬之故'。"躬，自身。天海按，"蹇蹇匪躬"作为一个成语，指为君为国忠直谏诤而并非为了自己。

④忠臣不忍为：原文"忍"作"怨"，此据明钞本改。

⑤不去则亡身：亡身，此处与下句之"亡身"，原文皆作"身亡"，此据向宗鲁《校证》依《御览》乙转。

⑥仁人：指有德行的人。

⑦正谏：直言规劝，直接用道理批评劝谏。此处是对进谏方式的划分，与本卷标题"正谏"的含义略有不同。《管子·形势》："正谏死节，臣下之则也。"《战国策·齐策四》："寡人奉先君之宗庙，守社稷，闻先生直言正谏不讳。"

⑧降谏：和颜悦色、平心静气地进谏。《太平御览》四百五十五作"谲谏"，意指委婉的规谏。

⑨忠谏：忠心耿耿地劝谏。《庄子·至乐》："忠谏不听，蹲循勿争。"

⑩戆（zhuàng）谏：迂愚而刚直地劝谏。《孔子家语·辨政》王肃注："戆谏，无文饰也。"戆，迂愚而刚直。

⑪讽谏：用委婉的态度及言辞，通过比喻和暗示等方法来劝谏。
⑫吾其从讽谏矣乎：此所引参见《公羊传·庄公二十四年》"三谏不从"，何休注："谏有五，一曰讽谏，孔子曰'家不藏甲，邑无百雉之城，季氏自堕之'是也；二曰顺谏，曹羁是也；三曰直谏，子家驹是也；四曰争谏，子反请归是也；五曰赣谏，百里子、蹇叔子是也。"此句所引又见于《孔子家语·辨政》："孔子曰：'忠臣之谏君，有五义焉：一曰谲谏，二曰戆谏，三曰降谏，四曰直谏，五曰风谏。唯度主而行之，吾从其风谏乎。'"
⑬度（duó）君权时：猜测君主的心理，衡量时势。度，揣测，估摸。
⑭曹羁三谏曹君不听而去：戎人伐曹，曹羁三次进谏，曹伯不听，于是逃亡陈国。《公羊传·庄公二十四年》："曹羁者何？曹大夫也。曹无大夫，此何以书？贤也。何贤乎曹羁？戎将侵曹，曹羁谏曰：'戎众以无义，君请勿自敌也。'曹伯曰：'不可。'三谏不从，遂去之，故君子以为得君臣之义也。"成语故事"三谏之义"便源自于此。曹羁，人名，姬姓，名羁，春秋时期曹国大夫，一说曹国世子。
⑮《春秋》序义虽俱贤：《春秋》评论要义虽然认为他们都是贤人。

【译文】

《周易》上说："王室的臣子刚正忠直，不是为了自身的缘故。"作臣子的之所以要刚正忠直冒着危难去劝谏他的君主，不是为了自己，而是想要纠正君主的过错，矫正君主的失误。君主有过失，那是危国亡身的萌芽；看见君主有过失而不劝谏，是忽视君主的危亡。轻视君主危亡的行为，忠臣是不忍心做的。三次进谏而不被采用就可以离开，如果不离开就会遭杀身之祸。由此而丧生的事，有德行的人是不会去做的。因此进谏的方式有五种：一叫正谏，二叫降谏，三叫忠谏，四叫戆谏，五叫讽谏。孔子说："我还是赞成讽谏啊！"君主有过失而不进谏就会危及君主，君主不纳谏还要坚持进谏就会危及自身；与其危及君主，不如危及自身。危及自身但最终还不被采用,那进谏也就没有什么作用了。明智的人测度君主的心里,权衡时势,掌握事情的缓急,处置适宜,上不危及君主,下不危及自身。这样进谏对国家来说可使国家无危难,对自己来说也不会造成生命危险。从前陈灵公不听泄冶的劝谏并杀死了他,曹羁三次劝谏曹君都不被听取于是离开了曹国。《春秋》评论要义虽然讲他们都是贤人,但曹羁更符合礼的要求。

9.2 齐景公游于海上而乐之①,六月不归,令左右曰:"敢有先言归者,致死不赦。"颜烛趋进谏曰②:"君乐治海上,不乐治国③,而六月不归,彼傥有治国者④,君且安得乐此海也?"景公援戟将斫之⑤。颜烛趋进,抚衣待之,曰:"君奚不斫也?昔者桀杀关龙逢⑥,纣杀王子比干;君之贤,非此二主也;臣之材,亦非此二子也;君奚不斫?以臣参此二人者⑦,不亦可乎?"景公说,遂归,中道闻国人谋不内矣⑧。⑨

【注释】

①齐景公:《韩非子·十过》作"田成子"。

②颜烛趋:春秋时齐人。《韩非子·十过》作"颜涿聚",与《左传》同。他书或作"浊邹""烛邹""烛雏""斶聚",皆一人而异名。《吕氏春秋·尊师》《尸子·劝学篇》《淮南子·氾论训》皆言颜涿聚为大盗,曾受学于孔子。

③不乐治国:四字原文脱,此据向宗鲁《校证》引《太平御览》《事类赋注》补。

④彼傥(tǎng)有治国者:那如果有治国的人。意即有人图谋夺权篡位。傥,倘若,或者。

⑤斫(zhuó):砍,杀。

⑥关龙逢(páng)：又作关龙逄。古代豢龙氏之后，夏桀之臣。据《韩诗外传》记载，夏桀时，荒淫无度，关龙逢因忠谏被杀。
⑦参：同"三"。这里是指成为第三人。
⑧中道闻国人谋不内：半路上就听说国都有人图谋不让他进城。中道，半路。谋，图谋不轨。内，同"纳"。
⑨天海按：此文与《韩非子·十过》所记颜涿聚谏田成子游海事同而文略异。

【译文】
齐景公在海上游玩而乐此不倦，六个月不回国。他对跟随在左右的人下命令："有敢先说回国的，处死不赦。"颜烛趋上前劝谏说："君王您喜欢治理海上，不喜欢治理国家，所以六个月不回去。那国内如果另有治理国家的人，您将怎么能够在这海上游乐呢？"齐景公拿起长戟就要砍杀他。颜烛趋上前，整理好衣服等着他砍，并说："您为什么不砍呢？从前有夏桀杀死了关龙逢，商纣杀死了王子比干；您的贤明，不同于这两个君主；我的才能，也比不上这两个臣子；您为什么不砍呢？让我在这两人之后成为第三人，不也可以吗？"齐景公高兴了，于是回国，在半路上听说都城中有人图谋不让他入城。

9.3 楚庄王立为君①，三年不听朝，乃令于国曰："寡人恶为人臣而遽谏其君者②。今寡人有国家，立社稷，有谏则死无赦。"苏从曰③："处君之高爵，食君之厚禄，爱其死而不谏其君，则非忠臣也。"乃入谏。庄王立钟鼓之间④，左伏扬姬，右拥越姬⑤；左裯衽⑥，右朝服。曰："吾钟鼓之不暇，何谏之听！"苏从曰："臣闻之，好道者多资⑦，好乐者多迷；好道者多粮，好乐者多亡。荆国亡无日矣，死臣敢以告王。"王曰："善！"左执苏从手，右抽阴刀⑧，刎钟鼓之悬⑨，明日授苏从为相⑩。⑪

【注释】

①楚庄王(? —前591)：春秋时楚国国君，前613—前591年在位。春秋五霸之一。

②遽：疾，速。引申为极力。

③苏从：春秋时楚国大夫。余事未详。

④钟鼓：原文作"鼓钟"，据下文径改。

⑤左伏扬姬，右拥越姬：扬姬、越姬，扬州美女、越国美女。古扬州为吴地，多美女。《吴越春秋·王僚使公子光传》作"左手拥秦姬，右手抱越女"。

⑥裯衽（chóu rèn）：被褥。裯，单被。亦泛指衾被。衽，卧席，指床褥。

⑦多资：资助多。

⑧阴刀：衣内所藏用以护身的短刀。

⑨刎钟鼓之悬：割断悬挂钟鼓的绳子。刎，割。悬，悬挂钟鼓的绳子。

⑩明日授苏从为相："明日授"，原文作"明已援"此据明钞本径改。

⑪天海按：此文与《史记·楚世家》所载苏从谏楚王事略同，但与《吴越春秋·王僚使公子光传》《吕氏春秋·重言》《韩非子·喻志》《新序·杂事》等所记人与事有异。

【译文】

楚庄王继位为国君后，三年不理朝政，还在国内下令说："我讨厌做臣子的极力劝谏他的国君。如今我拥有国家，建立政权，有人进谏就处死不赦。"苏从说："身居君王高贵的爵位，食用国君优厚的俸禄，爱惜自己的生命而不劝诫他的国君，就不是忠臣。"于是他入宫进谏。楚庄王站立在钟鼓之间，左边伏着吴女，右边拥着越姬；左边是被褥，右边是上朝的礼服。庄王说:"我听钟鼓音乐还没空闲,听什么谏言呢?"苏从说:"我听说:好走正道的人资助多,好享乐的人沉迷多;好走正道的人粮食多,好享乐的人败亡多。楚国的灭亡没有几天了,我冒死罪来告诉大王。"楚王说:"讲得好。"于是左手拉着苏从的手,右手抽出护身的短刀,割断吊挂钟鼓的绳子,第二天便拜苏从为国相。

9.4 晋平公好乐①,多其赋敛,不治城郭②,曰:"敢有谏者死。"国人忧之。有咎犯者③,见门大夫曰④:"臣闻主君好乐,故以乐见。"门大夫入言曰:"晋人咎犯也,欲以乐见。"平公曰:"内之⑤。"止坐殿上,则出钟磬竽瑟⑥。坐有顷,平公曰:"客子为乐⑦。"咎犯对曰:"臣不能为乐,臣善隐⑧。"平公召隐士十二人⑨。咎犯曰:"隐臣窃愿昧死御⑩。"平公曰:"诺。"咎犯申其左臂而诎五指⑪,平公问于隐官⑫,曰:"占之为何⑬?"隐官皆曰:"不知。"平公曰:"归之!"咎犯则申其一指曰⑭:"是一也,便游赭画⑮,不峻城阙⑯;二也,柱梁衣绣,士民无褐⑰;三也,侏儒有余酒⑱,而死士渴⑲;四也,民有饥色,而马有粟秩⑳;五也,近臣不敢谏,远臣不得达。"平公曰:"善。"乃屏钟鼓㉑,除竽瑟,遂与咎犯参治国㉒。㉓

【注释】

①晋平公(?—前532):春秋时晋国国君,前557—前532年在位。
②不治城郭:不修整城邑。城郭,内城和外城。后泛指城邑。原文"不"误作"下",此据向宗鲁《校证》引《太平御览》改。
③咎犯:晋平公时隐士,是与晋文公的舅舅咎犯同名的另一人。
④门大夫:官名。太子东宫司门之官。这里泛指守宫门的官。
⑤内之:让他进来。内,同"纳"。接纳。

⑥钟磬竽瑟：此泛指各种打击与管弦乐器。

⑦客子为乐：请客人奏乐。

⑧隐：也叫隐语，是古时对谜语的叫法。《文心雕龙·谐隐》："隐也，遁辞以隐意，谲譬以指事也。"

⑨隐士：供奉宫廷会说隐语的人。

⑩隐臣窃愿昧死御：我愿意冒死为君主效力。隐臣，谷犯自称。窃，谦敬副词。昧死，冒死罪。御，用，为君主所用。愿，原文原误作"顾"，此据向宗鲁《校证》引《太平御览》改。

⑪申：同"伸"。诎：同"屈"。

⑫隐官：即上文"隐士"。

⑬占之为何：猜一猜这是什么意思。占，本意为占卜，此指猜测。

⑭申其一指：原文"申"误作"曰"，此据明钞本改。

⑮便游赭(zhě)画：便游之处都是彩色的图画。赭，赤红如赭土的颜色。这里指各种颜色。画，原文因繁体字形相近误作"尽"，此据向宗鲁《校证》引卢文弨说与《太平御览》改。

⑯不峻城阙：不完善城墙门楼。不，原文作"而"。向宗鲁《校证》引俞樾说："当作'不峻城阙'，方与上文'不治城郭'相应。"今据改。峻，增高，加高。这里指完善。城阙，城墙与门楼。

⑰褐：粗毛或粗麻织的短衣，多为穷人所穿。

⑱侏儒：身材短小供奉宫廷的杂技艺人。

⑲死士：敢死的勇士。原文误作"死亡"，此据明钞本改。

⑳粟秩：本意为以粟米做俸禄，此指以粟米喂马。秩，俸禄。《太平御览》引作"秫"，与《列女传·辩通传》《后汉书·宦者列传》同。

㉑屏(bǐng)：摒弃。

㉒参治国：共同治理国政。参，参与，参加。

㉓天海按：向宗鲁《校证》引《后汉书·宦者列传》中吕强上疏文，认为此处谷犯乃师旷之讹。

【译文】

晋平公喜好音乐，在国内征收赋税多，却不修整城邑，还说："有敢进谏的人处死罪。"都城的人都为此担忧。有一个名叫咎犯的人，求见守宫门的门大夫说："我听说主君喜好音乐，因此以乐技求见。"门大夫入宫告诉晋平公说："有个叫咎犯的人，想要以乐技求见。"晋平公说："让他进来。"让他坐在宫殿上，晋平公就摆出钟磬竽瑟等乐器。坐了一会，晋平公说："请客人奏乐。"咎犯回答说："我不会奏乐，我善于说隐语。"晋平公召集十二个会说隐语的人。咎犯说："我愿冒死侍奉主君。"晋平公说："好吧。"咎犯伸出他的左臂，并屈五指，晋平公向隐官问道："猜猜这是什么意思？"隐官们都说："不知道。"晋平公说："回到自己座位上去！"咎犯就一根根伸出他的手指说："这一，是说大王所游之处尽是彩绘，但城墙门楼不得完善；这二，是说大王宫殿梁柱都披上锦绣，而士人和百姓却没有粗布短衣；这三，是说宫廷里玩杂耍的矮人美酒喝不完，但勇士们却忍受饥渴；这四，是说百姓面带饥容，但大王的马却有粟米吃；这五，是说身边的臣子不敢进谏，远方的臣子不能表达自己的意见。"晋平公说："讲得好。"于是就撤去钟鼓，废除声乐，便同咎犯一道治理国政。

9.5 孟尝君将西入秦①，宾客谏之百通则不听也②，曰："以人事谏我，我尽知之；若以鬼道谏我③，我则试之④。"谒者入曰⑤："有客以鬼道闻⑥。"曰："请客入。"客曰："臣之来也，过于淄水上⑦，见一土耦人方与木梗人语⑧。木梗谓土耦人曰：'子先土也，持子以为耦人，遇天大雨，水潦并至⑨，子必沮坏⑩。'应曰：'我沮乃反吾真耳。今子东园之桃也，刻子以为梗，遇天大雨，水潦并至，必浮子泛泛乎不知所止⑪。'今秦，四塞之国也⑫，有虎狼之心，恐其有木梗之患。"于是孟尝君逡巡而退⑬,而无以应,卒不敢西向秦。⑭

【注释】

①孟尝君将西入秦:秦昭王闻孟尝君贤,招之入秦。孟尝君(?—前279),妫姓,田氏,名文。齐威王田因齐之孙,齐宣王田辟疆之侄。因封袭其父爵于薛(今山东滕州),故又称薛公,号孟尝君。后为齐相。善招天下之客。为"战国四公子"之一。

②百通:上百次。

③鬼道:鬼神之事。

④试之:原文作"杀之",于此文意不通。向宗鲁《校证》据《战国策·齐策三》载孟尝君曰"吾所未闻者,独鬼事耳",并引孙诒让说,认为是由"试"讹为"弑",再讹为"杀",故改。

⑤谒者:接待宾客的近侍。

⑥以鬼道闻:原文"闻"误作"开",此据明钞本径改。

⑦淄水:河名。又名淄河,源出今山东莱芜东北,因河水呈墨绿色而得名。

⑧土耦人:泥人。耦,通"偶"。木梗人:即木偶人。据下文,此应为"桃梗人",即桃木刻成的木偶人。

⑨水潦:河水和雨水。

⑩沮(jǔ)坏:毁坏,被水泡坏。沮,败坏,毁坏。

⑪泛泛:广大无边际貌。《庄子·秋水》:"泛泛乎其若四方之无穷,其无所畛域。"

⑫四塞之国:指四境皆有天险,可作屏障的国家。《战国策·齐策一》:"齐南有太山,东有琅邪,西有清河,北有渤海,此所谓四塞之国也。"高诱注:"四面有山关之固,故曰四塞之国也。"

⑬逡巡:本意为有所顾忌而徘徊不前或退却的意思。

⑭天海按:谏孟尝君入秦的人,《史记·孟尝君列传》为苏代,《战国

策·齐策三》为苏秦,《战国策·赵策一》则记为苏秦说李兑,其事均与此文略同。

【译文】

孟尝君准备西去秦国,宾客们劝谏他上百次仍然听不进去,说:"用人事来劝谏我,我都了解;若用鬼神之事来劝谏我,我可以试着听一听。"接待宾客的侍从进来说:"有个客人要告诉您鬼神之事。孟尝君说:"请客人进来。"那客人说:"我来的时候,从淄水上经过,看见一个土偶人正与一个木偶人交谈。那木偶人对土偶人说:'你原先是泥土,把你做成了偶人,遇上天降大雨,河水和雨水一齐冲来,你一定会被水泡坏。'土偶人回答说:'我泡坏了就恢复了我的真面目。而你原是东园里的桃木,把你刻成偶人,遇上天降大雨,河水雨水一齐冲来,你一定会漂浮到无边无际不知道什么地方去了。'如今的秦国,是有四面险塞屏障的国家,有着虎狼一样的心肠,你如果前去,恐怕会有木偶人一样的灾难。"听了这番话,孟尝君徘徊后退,没有什么话来应对,最后还是不敢西去秦国。

9.6 吴王欲伐荆①,告其左右曰:"敢有谏者死。"舍人有少孺子者②,欲谏不敢,则怀丸操弹,游于后园③。露沾其衣,如是者三旦。吴王曰:"子来,何苦沾衣如此?"对曰:"园中有树,其上有蝉。蝉高居悲鸣饮露,不知螳螂在其后也;螳螂委身曲附欲取蝉④,而不知黄雀在其傍也;黄雀延颈欲啄螳螂,而不知弹丸在其下也。此三者,皆务欲得其前利,而不顾其后之有患也。"吴王曰:"善哉!"乃罢其兵。⑤

【注释】

①吴王欲伐荆:此吴王,或为吴王夫差。荆,春秋时楚国的古称。

《吴越春秋·夫差内传》作"夫差欲与鲁晋合攻于黄池之上"。

②舍人：官名。战国及汉初王公贵人私门之官。掌家中之政。《战国策·楚策四》："李园求事春申君为舍人。"少孺子：人名。事如本文，生平未详。《韩诗外传》卷十作孙叔敖，《吴越春秋·夫差内传》作太子友。

③则怀丸操弹，游于后园：原文作"则怀操弹于后园"，此据向宗鲁《校证》依刘文典《说苑斠补》补"丸"字、"游"字。丸，弹子。弹，弹弓。

④委身曲附：形容弯着身子，屈着前肢。附，通"跗"。脚背。此指螳螂前腿。

⑤天海按：此则所载之事与诸书所引事略同而人异：《韩诗外传》卷十为孙叔敖谏楚庄王，《吴越春秋·夫差内传》为太子友谏吴王夫差，《战国策·楚策四》为庄辛谏楚襄王。然"螳螂捕蝉，黄雀在后"之典故，最早应出自《庄子·山木》，亦省作"螳螂黄雀""黄雀螳螂"。

【译文】

吴王想要攻打楚国，告诉他左右的人说："有敢于劝谏的人处死。"舍人中有个名叫少孺子的，想要进谏却又不敢，就怀揣弹丸拿着弹弓，在后花园游走。露水打湿了他的衣服，像这样有三个早上。吴王问他："你过来，何苦把衣服打湿成这样？"少孺子回答说："园中有棵树，那树上有只蝉。蝉在高处唱哀歌饮露水，不知道螳螂在它的身后；螳螂弯着身子屈着前肢在树枝上想要捕取蝉，却不知道黄雀在它的旁边；黄雀伸长脖子想要啄取螳螂，却不知道弹丸在它的下边。这三种动物，都想要努力获取它眼前的利益，却不顾它身后有祸患。"吴王说："讲得好啊！"于是就罢兵停止进攻楚国。

9.7 楚庄王伐阳夏①，师久而不罢，群臣欲谏而莫敢。庄王猎于云梦②,椒举进谏曰③:"王所以多得兽者,马也;而王国亡④,王之马岂可得哉?"庄王曰:"善。不穀知诎强国之可以长诸侯也⑤,知得地之可以为富也,而忘吾民之不用也。"明日饮诸大夫酒,以椒举为上客,罢阳夏之师。⑥

【注释】

①伐阳夏:原文"伐"前有"欲"字,此据向宗鲁《校证》依《太平御览》删。阳夏,地名。今河南太康。
②云梦:地名。即云梦泽。据《左传》《国语》、司马相如《子虚赋》记载,先秦时期楚国有名为"云梦泽"的狩猎区。云梦地域广阔,约今湖北与湖南交界处一带。今湖南洞庭湖亦称云梦。
③椒举:即春秋时楚国大夫伍举,为伍子胥祖父。因封于椒邑(在今安徽阜南),以邑为姓,故又称椒举。然伍举为楚灵王时大夫,其父伍参为楚庄王大夫。事或有误。
④而:表示假设关系,相当于"如果"。
⑤诎强国:使强国屈服。诎,同"屈",使动用法。长诸侯:为诸侯之长。
⑥天海按:向宗鲁《校证》案:"伍举事灵王,其父参事庄王,此疑误。"

【译文】

楚庄王攻打阳夏,出师很久而不罢兵,群臣想要劝谏却没人敢。楚庄王在云梦打猎,伍举上前劝谏说:"大王之所以能多猎获禽兽,是因为有马。如果大王的国家灭亡了,大王又怎么能得到马呢?"楚庄王说:"好。我知道降服强国可以称霸诸侯,知道获得土地可以成为富国,却忘记了我的百姓不愿为此效力。"第二天,楚庄王请众大夫饮酒,并让伍举作上座之客,撤回了进攻阳夏的军队。

9.8 秦始皇帝太后不谨①,幸郎嫪毐②,封以为长信候,为生两子。毐专国事,浸益骄奢③,与侍中左右贵臣俱博饮④,酒醉争言而斗,瞋目大叱曰:"吾乃皇帝之假父也⑤,窭人子何敢乃与我亢⑥!"所与斗者走行白皇帝⑦,皇帝大怒。毐惧诛,因作乱,战咸阳宫。毐败,始皇乃取毐四支车裂之⑧,取其两弟囊扑杀之⑨,取皇太后迁之于萯阳宫⑩,下令曰:"敢以太后事谏者,戮而杀之⑪,从蒺藜其脊肉干四支⑫,而积之阙下⑬。"谏而死者二十七人矣。齐客茅焦乃往上谒曰⑭:"齐客茅焦愿上谏皇帝。"皇帝使使者出问:"客得无以太后事谏也?"茅焦曰:"然。"使者还白曰:"果以太后事谏。"皇帝曰:"走往告之:若不见阙下积死人邪⑮?"使者问茅焦。茅焦曰:"臣闻之,天有二十八宿⑯,今死者已有二十七人矣,臣所以来者,欲满其数耳。臣非畏死人也,走入白之!"茅焦邑子同食者⑰,尽负其衣物行亡。使者入白之,皇帝大怒曰:"是子故来犯吾禁,趣炊镬汤煮之⑱!是安得积阙下乎?趣召之入!"皇帝按剑而坐,口正沫出。使者召之入,茅焦不肯疾行,足趣相过耳⑲。使者趣之,茅焦曰:"臣至前则死矣!君独不能忍吾须臾乎?"使者极哀之。茅焦至前,再拜谒起,称曰:"臣闻之,夫有生者不讳死,有国者不讳亡。讳死者不可以得生,讳亡者不可以得存。死生存亡,圣主所欲急闻也,不审陛下欲闻之不⑳?"皇帝曰:"何谓也?"茅焦对曰:"陛下有狂悖之行,陛下不自知邪?"皇帝曰:"何等也?愿闻之!"茅焦对曰:"陛下车裂假父,有嫉妒之心;囊扑两弟,有不慈之名;迁母萯阳宫,有不孝之行;从蒺藜于谏士,有桀纣之治;今天下闻之,尽瓦解无向秦者㉑。臣窃恐秦亡,为陛下危之。所言已毕,乞行就质㉒。"乃解衣伏质。皇帝下殿,左手接之,右手麾左右曰:"赦之！先生就衣,今愿受事㉓。"乃立焦为仲父㉔,爵之为上卿。皇帝立驾千乘万骑,空左方㉕,自行迎太后萯阳宫,归于咸阳。太后大喜,乃大置酒待茅焦。及饮㉖,太后曰:"抗枉令直㉗,使败更成,安秦之社稷,使妾母子复得相会者,尽茅君之力也。"㉘

【注释】

①秦始皇帝太后不谨:秦始皇母亲太后赵姬行为放荡。她先与吕不韦私通,后与嫪毒私通,生两子。据《史记·吕不韦列传》:"始皇帝益壮,太后淫不止。吕不韦恐觉祸及己,乃求大阴人嫪毒以为舍人……令太后闻之,以啖太后。太后闻,果欲私得之。吕不韦乃进嫪毒……太后私与通,绝爱之。有身……徙宫居雍。"太后,秦始皇生母,秦庄襄王夫人。赵国邯郸人。原为吕不韦姬妾,吕不韦献给秦国质子异人,于前259年生嬴政。异人后改名子楚,继位为秦庄襄王,立其为夫人。其子嬴政即位为秦王,她成为王太后。秦始皇统一天下,追尊其为帝太后。死后与秦庄襄王合葬于芷阳。不谨,本意指行为不检点,这里指与人淫乱。

②幸郎嫪毒(lào ǎi):宠幸侍从郎官嫪毒。《史记·吕不韦列传》:"太后私与通,绝爱之。……嫪毒常从,赏赐甚厚,事皆决于嫪毒。嫪毒家僮数千人,诸客求宦为嫪毒舍人千余人。"《史记·秦始皇本纪》:"嫪毒封为长信侯。予之山阳地,令毒居之。宫室车马衣服苑囿驰猎恣毒。事无小大皆决于毒。又以河西太原郡更为毒国。"郎,官名,战国始置。帝王侍从官侍郎、中郎、郎中等的通称。其职责为护卫陪从、随时建议、备顾问差遣等侍从之职。

嫪毐(？—前238)，战国末期秦国人，秦相吕不韦舍人。受吕不韦派遣伪装宦官入宫，与秦王嬴政之母太后赵姬私通，倍受宠信，被封为长信侯。与太后私生两子，并自称是秦王嬴政的"假父"，事情败露后，发动叛乱而被秦王嬴政处以极刑，车裂而死。

③浸：逐渐，越来越。

④侍中：官名。秦时为丞相属官，因在宫中侍从皇帝左右，故称。博饮：赌博饮酒。

⑤假父：异姓之父。犹今义父。

⑥窭(jù)人子：穷小子。窭，贫穷。亢：同"抗"。

⑦白：告白，告诉。

⑧支：同"肢"。下文同此。车裂：古代酷刑，又称为轘或车辕。《周礼·秋官·条狼氏》云："誓驭曰车辕。"郑玄注："车辕，谓车裂也。"所谓车裂，就是把人的头和四肢分别绑在五辆车上，套上马匹，分别向不同的方向拉，把人的身体硬撕裂为五块，所以名为车裂。有时，执行这种刑罚时不用车，而直接用五条牛或马来拉，所以车裂俗称五牛分尸或五马分尸。

⑨囊扑杀之：装在口袋里摔死。囊，布袋，此处名词用作状语。

⑩贳阳宫：秦文王时所造行宫，地在今陕西鄠邑。向宗鲁《校证》引旧校及卢文弨说，以为当作"棫阳宫"，为秦昭王在雍阳所建，地在今陕西扶风东北。

⑪戮而杀之：乱刀砍杀他。戮，砍杀。

⑫从：同"纵"，此指放上，铺上。茨藜：一种带刺的植物。肉：向宗鲁《校证》以为衍文。

⑬阙下：宫殿门楼之下。

⑭茅焦：战国末期齐国人。事如本文所载。

⑮若：同"汝"。你。

⑯二十八宿(xiǔ)：中国古代天文学家把黄道内的恒星分为二十八

个星座,以东南西北四方各七宿,合称二十八宿。

⑰邑子:指同邑的人,同乡人。同食:一同进食,共食。

⑱趣炊镬汤煮之:赶快烧起鼎锅用沸水煮死他。趣,通"促"。赶快,催促。炊,烧煮。镬,古代煮牲肉的大型烹饪铜器之一,古时亦指无足的大鼎。汤,沸水。

⑲足趣相过:双脚似在快走,实际上是一步挨一步地慢行。趣,与"趋"同,快步走。

⑳欲闻之不:不,音义同"否",表询问。

㉑瓦解:比喻崩溃之势如瓦片碎裂。瓦,原文误作"厄",此据明钞本改。

㉒质:同"锧"。古代刑具,行斩刑时用的垫墩。

㉓受事:接受所教之事。

㉔仲父:帝王用于对宰相或重臣的尊称。

㉕空左方:留下左边的位置。先秦席位往往以左为尊。

㉖及饮:到敬酒的时候。

㉗抗枉令直:纠正错误的事情,使之正直。

㉘天海按:此文所记之事详于《史记·秦本纪》《史记·吕不韦列传》。

【译文】

秦始皇母亲太后的行为放荡,宠幸侍从嫪毐,还封嫪毐做了长信侯,为他生了两个儿子。嫪毐专断国事,越来越骄横跋扈,他与宫中侍从和皇上左右的宠臣在一起赌博饮酒作乐,喝得大醉,因言语口角而发生争斗,他怒目大声叱骂:"我是皇帝的义父,穷小子怎么敢与我对抗!"与他争斗的那些人跑去告诉了秦始皇,秦始皇大怒。嫪毐怕被诛杀,因此作乱,在咸阳宫交战。嫪毐战败,秦始皇就用车拴上他的四肢,车裂了他。秦始皇又将自己的两个幼弟装在口袋中摔死,将皇太后迁徙到萯阳宫,下令说:"敢以太后的事来劝谏我的人,乱刀砍死,将棘刺铺满他的脊背和四肢,把尸体堆积在城门之下。"因进谏而死的已有二十七人了。齐地人茅焦仍前往求见说:"齐人茅焦愿上殿劝谏皇帝。"秦始皇派使者出宫问道:"你该不是为太后的事进谏吧?"茅焦说:"是的。"使者回宫告诉秦始皇说:"果然是为太后的事进谏。"始皇说:"快去告诉他:你没有看见城门下堆积的死人吗?"使者这样问茅焦。茅焦说:"我听说,天上有二十八星宿,现在死去的人已有二十七人了,我这次所以要来的原因,是想要补满这个数罢了。我不是怕死的人。赶快入宫禀告皇帝。"和茅焦一起吃过饭的同乡人,全都背上他们的衣物逃走了。使者入宫将此情况禀告了秦始皇,秦始皇大怒说:"这人故意来触犯我的禁令,赶快烧起鼎锅用沸水煮死他!这样看他怎么能堆积在城门之下去充数?赶快召他入宫!"秦始皇按剑而坐,气得口喷白沫。使者召茅焦入宫,茅焦不肯快走,双脚像在快走,实际上是脚换脚地向前移动。使者催促他,茅焦说:"我到了前面就要死了,难道你不能容忍我多活一会儿吗?"使者很是为他哀痛。茅焦到了皇帝跟前,拜了两拜,起身谒见,致辞说:"我听说:长寿的人不忌讳死亡,拥有国家的人不忌讳败亡。忌讳死亡的人不能够因此活着,忌讳败亡的人不能够因此保存。死生存亡这样的道理,是圣明的君主迫切想要知道的,不知陛下想要知道这些吗?"秦始皇说:"这话什么意思?"茅焦回答说:"陛下有狂乱违理的行为,陛下自己不知道吗?"秦始皇说:"指什么事?我想听听。"茅焦说:"陛下车裂义父,有嫉妒心;用口袋摔死两个弟弟,有不仁慈的名声;将母亲撵到萯阳宫,有不孝的行为;把棘刺放在进谏人的身上,有夏桀、殷纣一样的暴政;假如全国都知道了这些事,人心涣散无人再心向秦国。我恐怕秦国将亡,替陛下的危亡担忧。我要说的话已经说完,请对我用刑吧。"于是他解开自己的衣服,伏身在砧墩上。秦始皇走下殿来,左手拉起他,右手挥退左右的人,并说:"赦免他!先生请穿上衣服,从今天起我愿意向你请教。"于是就立茅焦为仲父,封他上卿的爵位。秦始皇立即驱驾千乘万骑,留下辇车左方位置,亲自前往萯阳宫,迎接太后回到咸阳。太后十分高兴,便大办酒宴款待茅焦。到敬酒时,太后说:"违抗错误旨令而使之正确,让败坏的事情重新成功,安定秦国的社稷,使我母子又能相聚,全是茅君的力量啊!"

9.9 楚庄王筑层台①,延石千里②,延壤百里,士有反三月之粮者③。大臣谏者七十二人,皆死矣。有诸御己者④,违楚百里而耕⑤,谓其耦曰⑥:"吾将入见于王。"其耦曰:"以身乎?吾闻之,说人主者,皆闲暇之人也,然且至而死矣。今子特草茅之人耳⑦。"诸御己曰:"若与子同耕,则比力也;至于说人主,则不与子比智矣⑧。"委其耕而入见庄王⑨。庄王谓之曰:"诸御己来,汝将谏邪?"诸御己曰:"君有义之用,有法之行。且己闻之:土负水者平⑩,木负绳者正,君受谏者圣。君筑层台,延石千里,延壤百型,民之疕殆⑪,血成于通涂,然且未敢谏也,己何敢谏乎?顾臣愚,窃闻昔者虞不用宫之奇而晋并之⑫,陈不用子家羁而楚并之⑬,曹不用僖负羁而宋并之⑭,莱不用子猛而齐并之⑮,吴不用子胥而越并之⑯,秦不用蹇叔之言而秦国危⑰,桀杀关龙逢而汤得之⑱,纣杀王子比干而武王得之,宣王杀杜伯而周室卑⑲。此三天子六诸侯,皆不能尊贤用辩士之言,故身死而国亡。"遂趋而出。楚王遽而追之⑳,曰:"己,子反矣!吾将用子之谏!先日说寡人者,其说也不足以动寡人之心,又危加诸寡人㉑,故皆至而死;今子之说,足以动寡人之心,又不危加诸寡人,故吾将用子之谏。"明日令曰:"有能入谏者,吾将与为兄弟。"遂解层台而罢民㉒。楚人歌之曰:"薪乎,莱乎㉓,无诸御己,讫无子乎㉔!莱乎,薪乎,无诸御己,讫无人乎!"㉕

【注释】

①层台:重叠几层的楼台。

②延:引来,运来。此指长途运送。《说文解字》:"延,长行也。"

③士:此指从事耕作等劳动的男子。反(fǎn):通"贩"。这里是携带的意思。

④诸御己:春秋时楚人,事如本文,生平未详。

⑤违:距离。

⑥耦:古代人力耕地,需二人并耕。此指一起耕地的人。

⑦特:只不过。草茅之人:乡野之民。

⑧则不与子比智:就不愿同你比智慧了。这里有轻视对方的意思。"则"字原脱,此依向宗鲁《校证》补。

⑨委其耕:放弃耕地的事情。委,放弃。

⑩负:受。

⑪衅咎:过失,罪过。

⑫虞不用宫之奇而晋并之:晋国向虞国借道讨伐虢国,宫之奇以为不可,进谏,虞公不听。晋灭虢,回途中灭了虞国。宫之奇,虞国贤臣。

⑬陈不用子家羁而楚并之:陈国曾乘楚国白公之乱而侵楚,楚平乱后,前478年,楚灭陈。子家羁进谏之事不详。子家羁,此非鲁国劝昭公不要谋除季氏的大夫子家羁,疑同名的另一人。

⑭曹不用僖负羁而宋并之:晋公子重耳遭骊姬之难出逃,路过曹国,曹共公不礼,僖负羁谏,不听。重耳后回国继位为晋文公,城濮之战时分曹、卫之田与宋。僖负羁,春秋时曹国大夫。

⑮莱不用子猛而齐并之:莱国依仗贿赂齐灵公宠臣夙沙卫而不防备齐国,终于在前567年被齐所灭。莱,西周列国名,子爵。子猛,生平不详。《荀子·尧问》作"莱不用子马而齐并之",或曰"猛""马"双声,疑即一人。子马是莱大夫正舆子之字,然正舆子

谏莱子之事亦不详。

⑯吴不用子胥而越并之：吴王夫差不听伍子胥灭越之谏而北上中原争霸，终被越王勾践打败，吴国被越国所灭。

⑰秦不用蹇叔之言而秦国危：秦穆公急于东出扩张，欲袭郑。蹇叔谏，不听，遂在崤山被晋人伏击，全军覆没。蹇叔，秦穆公时大夫。原文"秦"下原有"人"字，依向宗鲁《校证》删。

⑱桀杀关龙逢而汤得之：夏桀荒淫无道，关龙逢谏，不听，杀之。后夏为商汤所灭。关龙逢，又作关龙逄，夏桀时贤臣。

⑲宣王杀杜伯而周室卑：杜伯无罪而周宣王杀之。传说后来周宣王出猎，杜伯鬼魂射杀了宣王。宣王时期周号称"中兴"，他死后周遂衰败下去。周宣王（？—前782），西周国君，前827—前782年在位。杜伯，名恒，周宣王大夫。

⑳遽而：遽然，很快地。

㉑危：危言耸听。原文下有小字"一作色"。

㉒遂解层台而罢民：于是放弃修筑高台，罢止民役。解，解除。

㉓薪乎，莱乎：薪，柴。莱，草。这里指砍柴、割草，均用作动词。

㉔讫：通"迄"。至今，到现在。

㉕天海按：向宗鲁《校证》引诸家说，认为文中所记事与楚庄王时代不合，其中数语见于《荀子·尧问》，今《荀子》有脱佚，"庄"字不知何字之误，其人当在战国之世。

【译文】

楚庄王建筑高层楼台，到千里之外去运石头，百里之外去运土，做工的人中有携带三个月粮食的。七十二位劝谏此事的大臣，都被处死了。有个名叫诸御己的人，在离楚国都城百里远的地方耕地，他对耕地的同伴说："我准备入宫求见楚王。"他的同伴说："凭你自身吗？我听说：游说君主的人，都是些坐享安闲的人，但他们去了便是送死。如今你只不过是山野之民罢了。"诸御己说："我与你一块耕地，那是比力气；

至于游说君主，我就不与你比智慧了。"于是他丢弃了耕地的农具便入宫求见庄王。庄王对他说："诸御己过来，你是准备进谏吗？"诸御己说："君主自有原则可用，自有法令可行。况且我听说：土被水冲过就会平坦，木被墨线量过就可取直，君主纳谏就会圣明。君主建筑高台，千里运石，百里运土，百姓们得罪受刑，鲜血铺成了大路，这样都没人敢进谏，我怎么敢进谏呢？不过我虽很愚昧，也听说过从前的事：虞国不听宫子奇的劝谏而被晋国吞并，陈国不听子家羁的劝谏而被楚国吞并，曹国不听僖负羁的劝谏而被宋国吞并，莱国不听子猛的劝谏而被齐国吞并，吴国不听伍子胥的劝谏而被越国吞并，秦国不听蹇叔的话遭到覆没的危险，夏桀杀了关龙逢让商汤得了天下，商纣杀了王子比干让周武王得了天下，周宣王杀了杜伯而使周王室卑弱。这三位天子、六个诸侯，都是不能尊重贤人信用辩士的话，因此身死国亡。"他说完便急步退出。楚王立即追上他，说："己，你回来吧！我将采用你的谏言。先前劝说我的那些人，他们的说辞既不能打动我的心，又把危言强加给我，所以都是来送死；现在你的言辞能够打动我的心，又不以危言强加给我，因此我准备采用你的谏言。"第二天楚王下令说："有能入宫进谏的人，我将与他结成兄弟。"于是停建高台并免除了百姓的劳役。楚国人歌颂诸御己道："砍柴啊割草啊！没有诸御己，至今无后代啊！割草啊砍柴啊，没有诸御己，至今无人烟啊！"

9.10 齐桓公谓鲍叔曰："寡人欲铸大钟，昭寡人之名焉①。寡人之行，岂避尧舜哉②？"鲍叔曰："敢问君之行。"桓公曰："昔者，吾围谭三年③，得而不自与者④，仁也；吾北伐孤竹，划令支而反者⑤，武也；吾为葵丘之会⑥，以偃天下之兵者⑦，文也；诸侯抱美玉而朝者九国，寡人不受者，义也。然则文武仁义，寡人尽有之矣。寡人之行，岂避尧舜哉？"鲍叔曰："君直言，臣直对。昔者，公子纠在上位而不让⑧，非仁也；背太公之言而侵鲁境⑨，非义也；坛场之上，诎于一剑⑩，非武也；姪娣不离怀衽⑪，非文也。凡为不善遍于物，不自知者，无天祸必有人害。天处甚高，其听甚下。除君过言，天且闻之。"桓公曰："寡人有过，子幸记之⑫，是社稷之福也。子不幸教，几有大罪，以辱社稷。"

【注释】

①昭：昭示，显示。天海按，此则原文连上，现依明钞本另起。

②避：让，亚于。

③谭：西周国名，嬴姓，子爵，故地在今山东济南东南谭城。前684年灭于齐。事见《左传·庄公十年》："冬，齐师灭谭，谭无礼也。"

④自与（yù）：自我称誉。与，通"誉"。称誉。

⑤吾北伐孤竹，刬（chǎn）令支而反者：事在前664—前663年。《国语·齐语》："遂北伐山戎，刺令支，斩孤竹而南归。"韦昭注："二国，山戎之与也。令支，今为县，属辽西，孤竹之城存焉。"孤竹，商周时国名，春秋时山戎属国。地在今河北卢龙。令支，春秋时山戎属国。故地在今河北迁安西和滦县北部。刬，同"铲"。铲除，消灭。

⑥葵丘之会：指前651年齐国和鲁、宋、卫、郑、许、曹等国在葵丘的盟会。葵丘，春秋时宋地，在今河南考城东。《左传·僖公九年》："秋，齐侯盟诸侯于葵丘。"

⑦偃天下之兵：平息天下的战事。偃，停止。偃武修文。

⑧公子纠在上位而不让：公子纠为齐桓公之兄。齐国内乱，二人争夺国君之位，齐桓公并不因为公子纠为兄而谦让。齐桓公继位后，公子纠逃亡鲁国，齐桓公强令鲁人将他杀死。

⑨背太公之言而侵鲁境：违背太公的誓言而侵犯鲁国边境。《左传·僖公二十六年》："昔周公、太公股肱周室，夹辅成王。成王劳之而赐之盟曰：'世世子孙，无相害也。'"

⑩坛场之上，诎于一剑：前681年，鲁败于齐，献出城邑土地，并与齐国在柯地会盟。鲁将曹沫在盟坛上用剑劫持齐桓公，迫使他归还鲁国土地。《史记·刺客列传》："齐桓公许与鲁会于柯而盟。桓公与庄公既盟于坛上，曹沫执匕首劫齐桓公，桓公左右莫敢动……桓公乃许尽归鲁之侵地。"坛场，会盟的高台。诎，同"屈"。

⑪姪娣不离怀衽：妹妹与侄女不离怀抱。齐桓公曾淫及姑、姊、妹多人，不使出嫁。《荀子·仲尼》："齐桓，五伯之盛者也……内行则姑、姊、妹之不嫁者七人。"

⑫子幸记之：原文"子"误作"乎"，此据向宗鲁《校证》引《太平御览》改。

【译文】

齐桓公对鲍叔说："我想铸造一口大钟，来显示我的名声。我的作为，难道比尧舜差吗？"鲍叔说："请问君主的作为。"齐桓公说："从前，我围困谭国三年，得到它而不自我夸耀，这就是仁；我北伐孤竹国，消灭令支国而凯旋，这就是武；我召集葵丘的会盟，以此平息天下的战事，这就是文；诸侯中携带美玉来朝拜的有九个国家，我没有接受，这就是义。这样，文武仁义我全都具备了，我的作为难道比尧舜差吗？"鲍叔说："君主您直言，我也直率地回答。从前，公子纠为兄在上位您却不谦让，这不是仁；违背先祖太公的遗言去侵犯鲁国，这不是义；在会盟台上，屈服于曹沫的一把剑，这不算武；姊妹侄女不离怀抱，这不是文。凡是到处做了不好的事自己还不知道的人，即使没有天祸也一定会有人害。天虽在最高处，但它却能听到最底下的事。消除您错误的话，上天将会听到的。"齐桓公说："我有过错，幸亏您记住了它，这是国家的福气。如果不是您赐教,我几乎犯下大的罪过,使国家受辱。"

9.11 楚昭王欲之荆台游①,司马子綦进谏曰②:"荆台之游,左洞庭之波③,右彭蠡之水④,南望猎山⑤,下临方淮⑥,其乐使人遗老而忘死⑦。人君游者,尽以亡其国。愿大王勿往游焉。"王曰:"荆台乃吾地也,有地而游之,子何为绝我游乎?"怒而击之。于是令尹子西驾安车四马⑧,经于殿下,曰:"今日荆台之游,不可不观也。"王登车而拊其背曰:"荆台之游,与子共乐之矣。"步马十里⑨,引辔而止,曰:"臣不敢下车,愿得有道⑩,大王肯听之乎?"王曰:"第言之⑪。"令尹子西曰:"臣闻之,为人臣而忠其君者,爵禄不足以赏也;为人臣而谀其君者,刑罚不足以诛也。若司马子綦者,忠君也;若臣者,谀臣也。愿大王杀臣之躯,罚臣之家,而禄司马子綦。"王曰:"若我能止,听公子,独能禁我游耳。后世游之,无有极时,奈何?"令尹子西曰:"欲禁后世易耳,愿大王山陵崩阤⑫,为陵于荆台,未尝有持钟鼓管弦之乐而游于父祖之墓上者也⑬。"于是王还车,卒不游荆台,令罢先置。孔子从鲁闻之,曰:"美哉,令尹子西!谏之于十里之前,而权之于百世之后者也⑭。"⑮

【注释】

①楚昭王(约前523—前489):芈姓,熊氏,名壬,又名轸或珍,楚平王之子。春秋时期楚国国君,前515—前489年在位。是楚国一位中兴之主。荆台:一作强台,又作章华台。章华台,又称章华宫,是楚灵王六年(前535)修建的离宫,后毁于兵乱。这座"举国

营之,数年乃成"的宏大建筑,被誉为当时的"天下第一台"。经考证位于今湖北潜江龙湾附近。《战国策·魏策二》:"楚王登强台而望崩山。"姚宏注:"一作'荆'。"吴师道注引《说苑》:"楚昭王欲之荆台。"又引后汉边让《游章华台赋》:"息于荆台之上。"曰:"荆台即章华也。"

②司马子綦:即司马子期。楚公子结,字子期,楚平王之子。官任司马。

③洞庭之波:原文"波"作"陂",此据向宗鲁《校证》引诸书改。

④彭蠡:即彭蠡湖,一说为鄱阳湖古称。鄱阳湖位于江西北部,为今中国第一大淡水湖。

⑤猎山:山名。或作"料山",其地未详。王文濡《古文辞类纂音注》云:"在湖南华容。"

⑥方淮:或作"方皇",其地未详。《淮南子·道应训》:"吾闻子具于强台。强台者,南望料山,以临方皇,左江而右淮,其乐忘死。"高诱注:"方皇,大泽也。"

⑦遗老:意即延年却老。

⑧子西:即楚公子申,字子西,楚平王庶长子。楚昭王时任令尹。安车四马:用四匹马拉的可坐乘的车。古代乘车一般立乘,可坐乘的叫安车,普通人用一匹马拉,尊贵者可用四匹马拉。

⑨步马:使马慢步缓行。

⑩有道:有所言。

⑪第言之:但言之,尽管说出来。第,但,尽管。

⑫山陵崩阤(zhì):高山崩塌。这里是指君主去世的委婉语。阤,原文作"陑",此据明钞本改。

⑬父祖:"祖"字原文脱,此据向宗鲁《校证》引《孔子家语》及《渚宫旧事》补。

⑭权:权谋,长远考虑。

⑮天海按：此文又见《孔子家语·贤君》，文略异。

【译文】

楚昭王想要到荆台游玩，司马子綦进谏说："荆台游玩的乐趣，左有洞庭湖的波涛，右有彭蠡口的江水，南望猎山，下临方淮，在那里玩乐能使人延年益寿忘却生死。去那里游玩的国君，都因此亡国。希望大王不要前去游玩。"楚昭王说："荆台是我的地方，有这样的地方就该去游玩，你为什么要阻止我去游玩呢？"于是生气打了他。这时，令尹子西驾好四匹马拉的安车，径直来到宫殿下，说："今天到荆台去游玩，不能不去观赏。"楚昭王上车拍着他的背说："到荆台去游玩，我与你共同享受这种乐趣。"子西让马慢步缓行了十里路，拉住马缰停了车，说："我不敢下车，希望能说几句话，不知大王肯听我说吗？"楚昭王说："你尽管说吧。"令尹子西说："我听说，忠于君主的臣子，用官爵俸禄赏赐他是不够的；阿谀君主的臣子，用刑罚来惩处他也是不够的。像司马子綦这样的人，是忠臣；像我这样的人，是谀臣；请大王杀死我，惩罚我的家人，并给司马子綦加赐俸禄。"楚昭王说："如果我能停止游玩，听从你的劝谏，也只能禁止我自己游玩罢了。后世来此游玩的人，没有节制，那又怎么办呢？"令尹子西说："想要禁止后世的人来游玩是容易的，愿大王驾崩之后，在荆台修筑陵墓，还未曾有过带着钟鼓管弦等乐器到祖先的坟墓上游玩的人呢。"于是楚昭王驱车返回，终于不去荆台游玩，并且命令撤去先前的一切准备。孔子在鲁国知道这件事后，说："真好啊，令尹子西！他在十里之外劝谏楚王，还能谋虑到百代之后。"

9.12　荆文王得如黄之狗、菌簬之矰①，以畋于云梦，三月不反；得丹之姬②，淫，期年不听朝。保申谏曰③："先王卜，以臣为保吉④。今王得如黄之狗，菌簬之矰，畋于云梦，三月不反；及得丹之姬，淫，期年不听朝；王之罪当笞，匍伏，将笞王⑤。"王曰:"不穀免于襁褓⑥,托于诸侯矣,愿请变更而无笞。"保申曰:"臣承先王之命,不敢废;王不受笞,是废先王之命也。臣宁得罪于王,无负于先王。"王曰:"敬诺。"乃席王⑦,王伏,保申束细箭五十⑧,跪而加之王背,如此者再,谓王:"起矣!"王曰:"有笞之名一也,遂致之⑨。"保申曰:"臣闻之:君子耻之,小人痛之。耻之不变,痛之何益?"保申趋出,欲自流⑩,乃请罪于王。王曰:"此不穀之过,保将何罪?"王乃变行从保申⑪,杀如黄之狗,折菌簵之矰,逐丹之姬,务治乎荆,兼国三十⑫。令荆国广大至于此者,保申敢极言之功也⑬。萧何、王陵闻之⑭,曰:"圣主能奉先世之业而以成功名者,其唯荆文王乎!故天下誉之,至今明主忠臣孝子以为法。"⑮

【注释】

① 荆文王:即楚文王(?—前677),芈姓,熊氏,名赀,楚武王之子,春秋时期楚国国君,前689—前677年在位。如黄:猎犬名。《吕氏春秋·直谏》作"茹黄"。菌簵(jùn lù)之矰(zēng):用菌簵两种上等竹子做成的带丝绳的箭。菌簵,两种做箭用的上等竹子。矰,一种系上生丝绳用来射鸟的箭。
② 丹:即丹阳城,楚熊绎的封地,在今湖北秭归东。此字原文作"舟",此依向宗鲁《校证》引诸书改。
③ 保申:保,古代辅导天子和诸侯子弟的官员。《礼记·文王世子》:"入则有保,出则有师……保也者,慎其身以辅翼之,而归诸道者也。"申,诸侯国名。周宣王母舅公子诚被封伯爵,食邑于申国,地在今河南南阳谢邑,前688年,被楚文王所灭。此保从申国而来的,故史称保申。

④以臣为保吉：认为我做保傅吉利。

⑤匍伏，将笞王：趴伏下来，将鞭打大王。笞，古代用竹板或荆条拷打犯人脊背或臀腿的刑罚。

⑥免于襁褓：脱离了背带和布兜。意指已经不是小孩子了。

⑦席王：为大王铺好垫席。席，铺席子，用作动词。

⑧细箭：此指细竹条。

⑨有笞之名一也，遂致之：一样有了受鞭打的名声，还是用真刑吧。

⑩自流：自投流水，意即投江自尽。《吕氏春秋·直谏》作"自流于渊"。

⑪王乃变行从保申：楚文王于是改变行为依从保申。从，依从。

⑫兼国三十：《吕氏春秋·直谏》作"兼国三十九"。

⑬极言：尽力主张，尽情说出。

⑭萧何（前257—前193）：早年任秦沛县（今属江苏）县吏，秦末参与刘邦起义，辅佐刘邦建立汉朝，以功第一封酂侯，为开国名相，史称"萧相国"。王陵（？—前181）：沛县豪族，刘邦微贱时，对王陵兄事之。刘邦起兵攻陷咸阳，王陵集合数千兵占据南阳。刘邦与项羽作战，王陵的母亲被拘留在项羽营中，她为了使王陵安心追随刘邦，伏剑自杀。项羽大怒将王陵之母烹煮。高祖六年（前201）八月，封王陵为安国侯，后任右丞相。

⑮天海按：此文又见《吕氏春秋·直谏》。萧何、王陵二人所言未详所出。

【译文】

楚文王得到名叫如黄的猎犬和菌簬两种竹子做成的箭，用它们在云梦狩猎，三个月不回宫；他得到丹阳的美女，淫乐不止，有一年时间不理朝政。保申进谏说："先王占卜，认为我做保傅吉利。如今大王得到如黄猎犬、菌簬竹箭，在云梦狩猎三月不归；及至得到丹阳美女，淫乐不休，有一年不理朝政。大王的罪过应当受笞刑。趴下，我将要对大王施以笞刑。"楚文王说:"我已脱离襁褓,托身于诸侯之列,希望变更一种方式惩罚,不要用笞刑。"保申说:"我秉承先王的遗命,不敢废弃;大王不接受笞刑,这是要废弃先王的遗命。我宁肯得罪大王,也不能有负于先王。"楚文王说:"好吧。"于是保申就为楚文王铺好垫席,文王伏在上面,保申捆了细竹条五十根,跪下后放在文王的背上,这样做了两次,对文王说:"起来吧!"楚文王说:"这一样有了受笞刑的名声,还是真的用刑吧。"保申说:"我听说受笞刑这件事,君子感到羞耻,小人感到疼痛。羞耻不能使他改变,让他疼痛又有什么益处呢?"保申急步出宫,想要投江自尽,于是就向楚文王请罪。楚文王说:"这是我的过错,保傅哪有什么罪?"楚文王于是就改变行为依从保申的话,杀了如黄猎犬,折断菌簬竹箭,赶走丹阳美女,致力于治理楚国,兼并小国三十个。使楚国疆土扩大到现在的规模,是保申敢于极力劝谏的功劳。萧何、王陵听到这段史事后说:"圣主能继承先王的事业并以此成就功名的,那大概只有楚文王吧!因此天下的人赞扬他,至今明主忠臣孝子还以此为榜样。"

9.13 晋平公使叔向聘于吴①,吴人拭舟以逆之②。左五百人,右五百人;有绣衣而豹裘者,有锦衣而狐裘者。叔向归以告平公,平公曰:"吴其亡乎?奚以敬舟?奚以敬民③?"叔向对曰:"君为驰底之台④,上可以发千兵,下可以陈钟鼓,诸侯闻君者,亦曰:'奚以敬台?奚以敬民?'所敬各异也。"于是平公乃罢台。

【注释】

①聘:古代诸侯间通问修好的礼节。

②拭舟:装饰船舟。拭,通"饰"。逆:迎。

③奚以敬舟？奚以敬民：前一"奚以"作疑问词"为什么"，后一"奚以"作介宾结构"用什么"。敬，尊重，重视。下文与此同。

④驰底之台：晋平公所建造的高台，在汾水之滨。向宗鲁《校证》云："即左氏《昭八年传》虒祈之宫，韩子《十过篇》又谓之施夷之台，皆音近通用。《水经·汾水注》云：'汾水西迳虒祈宫北，横水有故梁，截汾水中，凡有三十柱，柱径五尺，裁与水平，盖晋平公之故梁也。'"

【译文】

晋平公派叔向到吴国访问，吴国人装饰了大船来迎接他。船左五百人，船右五百人；有穿豹皮绣衣的，有穿狐皮锦衣的。叔向回国后将这些情况告诉了晋平公，平公说："吴国大概快要灭亡了吧！为什么这样重视舟船？又用什么来重视百姓？"叔向对他说："君主您修建驰底高台，上面可以发兵千人，下面可以陈列钟鼓器乐，诸侯知道君主这样做，也会说：'为什么这样重视高台？又用什么来重视百姓？'看来只是各自重视的对象不一样罢了。"于是晋平公就停止建造驰底高台。

9.14 赵简子举兵而攻齐，令军中有敢谏者罪至死。被甲之士名曰公卢，望见简子大笑。简子曰："子何笑？"对曰："臣乃有宿笑①。"简子曰："有以解之则可，无以解之则死。"对曰："当桑之时②，臣邻家夫与妻俱之田，见桑中女，因往追之，不能得。还反，其妻怒而去之。臣笑其旷也③。"简子曰："今吾伐国失国，是吾旷也。"于是罢师而归。④

【注释】

①臣乃有宿笑：宿笑，过去的一个笑话。一作夙笑，音义同。乃，原文脱，此据向宗鲁《校证》依《艺文类聚》《太平御览》补。

②当桑之时:正当采桑之时。

③旷:荒远。引申为荒唐。

④天海按:此文与《列子·说符》所载晋文公伐卫事略同,本书卷十三《权谋》记有类似之事。

【译文】

赵简子领兵要攻打齐国,命令说军队中如有人敢劝谏的处死罪。一个穿着铠甲的武士名叫公卢,远远望着赵简子大笑。赵简子问:"你笑什么?"公卢回答说:"我是想起了从前发生的笑话。"赵简子说:"如能解释清楚就算了,不能解释清楚就处死。"公卢对他说:"那是正当采桑的时候,我邻居家丈夫和妻子一起到田去,那丈夫看见桑田中有个女子,便前去追她,没有追上。返回家中,他的妻子一怒而离开了他。我笑那人的荒唐。"赵简子说:"如今我攻打别国却要丢掉自己的国家,这是我的荒唐。"于是撤军回国。

9.15 景公为台,台成,又欲为钟,晏子谏曰:"君不胜欲①,为台;今复欲为钟,是重敛于民,民必哀矣②。夫敛民之哀③,而以为乐,不祥④。"景公乃止。⑤

【注释】

①君不胜欲:君主您不能控制自己的欲望。不胜,不能禁止,忍受不住。

②民必哀矣:原文"必"作"之",今据向宗鲁《校证》依《晏子春秋·内篇谏下》改。

③敛民之哀:聚集百姓的痛苦。

④而以为乐,不祥:此下《晏子春秋·内篇谏下》有"非所以君国者"一句。

⑤天海按:此文又见《晏子春秋·内篇谏下》,文略同。

【译文】

齐景公建造高台,台建成后,又想要铸造大钟。晏子劝谏说:"国君您不能控制自己的欲望,如今又想要铸造大钟,这是加重对百姓的聚敛,百姓一定痛苦。聚集百姓的痛苦,拿来作为自己享乐,不会吉祥。"齐景公就停止了铸钟。

9.16 景公有马,其圉人杀之①,公怒,援戈将自击之。晏子曰:"此不知其罪而死,臣请为君数之②,令知其罪而杀之。"公曰:"诺。"晏子举戈而临之曰:"汝为吾君养马而杀之,而罪当死③;汝使吾君以马之故杀圉人,而罪又当死;汝使吾君以马故杀人,闻于四邻诸侯,汝罪又当死。"公曰:"夫子释之,夫子释之!勿伤吾仁也。"④

【注释】

①圉人:古代官名,掌管养马放牧等事。也泛指养马人。
②数:数落,责备。
③而:意同"汝",你,代词。
④天海按:此文又见《晏子春秋·内篇谏上》,文详于此。

【译文】

齐景公有匹马,被他的马夫杀死了。齐景公大怒,操起长戈要亲自去杀那马夫。晏子说:"这样会使他不知道自己的罪过就死了,请让我替您数说他的罪过,让他知道自己的罪过再杀死他。"齐景公说:"好吧。"晏子举起长戈对马夫说:"你为我们国君养马却将马杀死,你的罪该死;你使我们国君因为马的缘故而杀养马人,你的罪又该死;你使我们国君因为马的缘故而杀人,传到四邻诸侯,你的罪又该死。"齐景公说:"先生放了他,先生放了他!不要因此伤害了我仁爱的名声。"

9.17 景公好弋①,使烛雏主鸟而亡之②,景公怒而欲杀之。晏子曰:"烛雏有罪,请数之以其罪,乃杀之。"景公曰:"可。"于是乃召烛雏数之景公前,曰:"汝为吾君主鸟而亡之,是一罪也;使吾君以鸟之故杀人,是二罪也;使诸侯闻之,以吾君重鸟而轻士,是三罪也。"数烛雏罪已毕,请杀之。景公曰:"止。"勿杀而谢之③。④

【注释】

①弋(yì):用绳子拴在箭上用来射鸟。此字原文误作"戈",径改。

②烛雏:即颜烛趋。曾劝谏齐景公勿耽于海上游乐。见本书9.2则。主鸟:主管禽鸟。

③谢:致歉。

④天海按:此文又见《晏子春秋·外篇》,烛雏作"烛邹",余文略同;《韩诗外传》卷九,烛雏作"颜斶聚",余文略同。

【译文】

齐景公喜好用弋射禽鸟,派烛雏主管禽鸟但他却让禽鸟飞走了。齐景公大怒,要杀死烛雏。晏子说:"烛雏有罪,请让我把他的罪过数说给他,然后再杀死他。"齐景公说:"行。"于是晏子就把烛雏叫到齐景公的面前,数说他的罪过,说:"你为我们国君掌管禽鸟却让它们飞走了,这是第一重罪;使我们国君因为鸟的缘故杀人,这是第二重罪;使诸侯知道这件事,认为我们国君看重禽鸟而轻贱士人,这是第三重罪。"晏子数说完烛雏的罪过,就请景公杀死他。齐景公说:"算了吧。"没有杀烛雏还向他致歉。

9.18 景公正昼被发①,乘六马②,御妇人③,以出正闺④。刖跪击其马而反之⑤,曰:"尔非吾君也。"公惭而不朝。晏子睹裔欸而问曰⑥:"君何故不朝?"对曰:"昔者,君正昼被发,乘六马,御妇人,出正闱,刖跪击其马而反之,曰:'尔非吾君也。'公惭而反,不果出⑦,是以不朝。"晏子入见,公曰:"昔者,寡人有罪。被发,乘六马以出正闱,刖跪击其马而反之,曰:'尔非吾君也。'寡人以子大夫之赐⑧,得率百姓以守宗庙,今见戮于刖跪⑨,以辱社稷,吾犹可以齐于诸侯乎?"晏子对曰:"君无恶焉。臣闻之,下无直辞,上有隐君⑩;民多讳言,君有骄行。古者,明君在上,下有直辞;君上好善,民无讳言。今君有失行,而刖跪有直辞,是君之福也,故臣来庆。请赏之,以明君之好善;礼之,以明君之受谏。"公笑曰:"可乎?"晏子曰:"可。"于是令刖跪倍资无正⑪,时朝无事⑫。⑬

【注释】

①正昼:大白天。

②六马:此谓驾车之马众多。秦以后天子的车驾用六匹马拉。

③御妇人:装载着妇人。

④正闱:君主宫中内室的小门。

⑤刖(yuè)跪:被砍了脚并以此为名的人。古代常让受刖刑之人作守门人。楚国鬻拳因强谏楚文而自刖,楚人让他做了"大阍",即守门人。反:同"返"。

⑥裔欸:春秋时齐人。欸,原文作"敖",今据《校证》依《左传·昭公二十年》《汉书·古今人表》改。

⑦不果出:结果不能外出。

⑧以子大夫之赐:依靠您与大夫们的辅佐。赐,惠赐,此乃"辅佐"的敬辞。"子"上原文有"天"字,此据向宗鲁《校证》依《群书治要》删。

⑨戮:侮辱。
⑩隐君:暗君,昏暗不明的君主。
⑪倍资无正:增加一倍财产,不用纳税。正,通"征"。《晏子春秋·内篇杂上》正作"征"。
⑫时朝无事:当时朝中平安无事。
⑬天海按:此文又见《晏子春秋·内篇杂上》,文略同。

【译文】

齐景公大白天披头散发,乘坐六匹马拉的车子,带着妇人,将要出后宫小门。刖跪打马让他返回后宫,说:"你不是我的国君。"齐景公感到羞惭而不上朝。晏子看见裔欵问他说:"国君为什么不上朝?"裔欵回答说:"前不久,国君大白天披头散发,乘坐六匹马拉的车子,带着妇人,将要出后宫小门,刖跪打马让他返回,并说:'你不是我的国君。'国君羞惭而返,结果不能外出,因此他不上朝。"晏子入宫求见,齐景公说:"前几天,我有过错,披头散发,乘坐六匹马拉的车子将要出后宫小门,刖跪打马让我返回,还说:'你不是我的国君。'我依靠着您和大夫们的辅佐,能够统领百姓并保住国家,如今却被刖跪侮辱,有辱国家,我还可以同诸侯一样平起平坐吗?"晏子回答说:"国君不要记恨这件事。我听说:下面没有直言,上面必定有昏君;百姓讲话忌讳多,国君就有骄奢的行为。古时候,明君在上,下面就有直言;君主好善,百姓讲话就没有忌讳。现在国君行为有了过失,而刖跪就有直言,这是国君的福气,所以我庆贺。请求您奖赏刖跪,以显明国君好善;要礼待刖跪,以显明国君能够纳谏。"齐景公笑着说:"这样可以吗?"晏子说:"当然可以。"于是齐景公下令增加刖跪一倍的财产并不得征税。当时朝中平安无事。

9.19 景公夜饮酒①,移于晏子家,前驱报间②,曰:"君至。"晏子被玄端③,立于门,曰:"诸侯得微有故乎④? 国家得微有故乎? 君何为非时而夜辱⑤?"公曰:"酒醴之味,金石之声,愿与夫子乐之。"晏子对曰:"夫布荐席、陈簠簋者有人⑥,臣不敢与焉。"公曰:"移于司马穰苴之家⑦。"前驱报间,曰:"君至。"司马穰苴介胄操戟⑧,立于门,曰:"诸侯得微有兵乎?大臣得微有叛者乎,君何为非时而夜辱?"公曰:"酒醴之味,金石之声,愿与夫子乐之⑨。"对曰:"夫布荐席、陈簠簋者有人,臣不敢与焉。"公曰:"移于梁丘据之家⑩。"前驱报间,曰:"君至。"梁丘据左操瑟,右挈竽,行歌而至⑪。公曰:"乐哉!今夕吾饮酒也。微彼二子者,何以治吾国?微此一臣者,何以乐吾身?"君子曰⑫:"贤圣之君,皆有益友,无偷乐之臣⑬,景公弗能及,故两用之,仅得不亡。"⑭

【注释】

①景公夜饮酒:原文无"夜"字,据文意当有,依《晏子春秋·内篇杂上》径补。

②前驱:前面引路的人。间:里门,这里泛指守门人。

③玄端:我国古代黑色礼服。玄端为上衣下裳制,玄衣用布十五升,每幅布都是正方形,端直方正,故称端。又因玄端服无章彩纹饰,也象征正直端方的内涵,因此称之为"玄端"。春秋时原为诸侯、大夫、士人的祭服,但冠、婚之礼也用。后多作外出礼服的统称。玄,黑色。端,肃正。

④得微:同"得无",意为"该不是",带有推测语气的疑问词。

⑤非时而夜辱:夜里不是时候而有劳您前来。辱,委屈。敬辞,意指来到这里使你受到委屈。

⑥布荐席、陈簠簋(fǔ guǐ):铺设座席、陈列食具。布,铺设。荐席,坐垫和卧席。簠簋,古代祭祀宴享时所用的两种盛黍稷稻粱的礼器。亦借指酒食、筵席。簠,多为方形;簋,多为圆形。

⑦司马穰苴:本姓田,又称田穰苴;因官大司马,故称司马穰苴。春秋时齐人。他是一位承上启下的著名军事家,曾率齐军击退晋、燕入侵之军,因功被封为大司马,子孙后世称司马氏。后因齐景公听信谗言,田穰苴被罢黜,未几抑郁发病而死。

⑧介胄操戟:披甲戴盔、手持长戟。

⑨夫子:《晏子春秋·内篇杂上》作"将军"。

⑩梁丘据:春秋时齐国的大夫,齐景公时的宠臣。

⑪行歌:边走边歌唱。

⑫君子曰:原无此三字,依文意当有,据《校证》引《晏予春秋·内篇杂上》增。

⑬偷乐:贪图享乐。

⑭天海按:此文又见《晏子春秋·内篇杂上》,文略同。

【译文】

　　齐景公深夜饮酒,转移到晏子家去,前面引路的使者向里门守门人通报说:"国君驾到。"晏子穿上黑色礼服,立在门口说:"诸侯该不是有什么变故吧?国家该不是有什么变故吧?国君为什么不分时间在夜里屈尊驾临呢?"齐景公说:"美酒的味道,金石的乐声,想要与先生同乐共享。"晏子回答说:"那铺设座席、陈列宴席的有专人,我不敢参与这件事。"齐景公说:"转移到司马穰苴家中去。"前面引路的使者通报里门守门人说:"国君驾到。"司马穰苴披甲戴盔,手拿长戟站立在门口说:"诸侯该不是有战事吧?大臣中该不是有叛乱的吧?国君为何不分时间在夜里屈尊驾临呢?"齐景公说:"美酒的味道,金石的乐声,我愿与将军同乐共享。"司马穰苴回答说:"那铺设座席、陈列宴席的有专人,我不敢参与其中。"齐景公说:"转移到梁丘据家中去。"前面引路的使者通报里门守门人说:"国君驾到。"梁丘据左手拿瑟,右手擎竽,边走边唱着歌迎上前来。齐景公说:"今夜我饮酒真快乐啊!如果没有晏子、司马穰苴那两个人,怎么能治理好我的国家?如果没有梁丘据这位臣子,怎么能使我身心快乐呢?"君子说:

"贤能圣明的君主,都有对自己有益的朋友,没有贪图享乐的臣子,景公不能达到这一步,因此这两种人都任用了,仅仅能够不亡国。"

9.20 吴以伍子胥、孙武之谋①,西破强楚,北威齐、晋,南伐越。越王勾践迎击之,败吴于姑苏②,伤阖庐指③。军却,阖庐谓太子夫差曰:"尔忘勾践杀而父乎?"夫差对曰:"不敢。"是夕,阖庐死。夫差既立为王,以伯嚭为太宰④,习战射,三年,伐越,败越于夫湫⑤。越王勾践乃以兵五千人栖于会稽山上⑥,使大夫种厚币遗吴太宰嚭以请和⑦,委国为臣妾⑧,吴王将许之。伍子胥谏曰:"越王为人能辛苦⑨,今王不灭,后必悔之。"吴王不听,用太宰嚭计,与越平⑩。其后五年,吴王闻齐景公死而大臣争宠,新君弱,乃兴师北伐齐。子胥谏曰:"不可。勾践食不重味,吊死问疾,且能用人。此人不死,必为吴患。今越,腹心之疾,齐犹疥癣耳⑪,而王不先越,乃务伐齐,不亦谬乎?"吴王不听,伐齐,大败齐师于艾陵⑫,遂与邹、鲁之君会以归⑬。益疏子胥之言。其后四年,吴将复北伐齐。越王勾践用子贡之谋,乃率其众以助吴⑭,而重宝以献遗太宰嚭⑮。太宰嚭既数受越赂,其爱信越殊甚,日夜为言于吴王,王信用嚭之计。伍子胥谏曰:"夫越,腹心之疾,今信其游辞伪诈而贪齐⑯,破齐譬犹石田⑰,无所用之。《盘庚》曰⑱:'有颠越不恭⑲,劓殄灭之⑳,俾无遗育㉑,无使易种于兹邑㉒。'是商所以兴也。愿王释齐而先越,不然,将悔之无及也已㉓。"吴王不听,使子胥于齐。子胥谓其子曰:"吾谏王,王不我用,吾今见吴之灭矣,女与吴俱亡㉔,无为也㉕。"乃属其子于齐鲍氏㉖,而归报吴王。太宰嚭既与子胥有隙㉗,因谗曰:"子胥为人,刚暴少恩,其怨望猜贼㉘,为祸也深。恨前日王欲伐齐㉙,子胥以为不可,王卒伐之而有大功,子胥计谋不用,乃反怨望。今王又复伐齐,子胥专愎强谏,沮毁用事㉚,徼幸吴之败㉛,以自胜其计谋耳。今王自行,悉国中武力以伐齐,而子胥谏不用,因辍,佯病不行㉜,王不可不备。此起祸不难。且臣使人微伺之㉝,其使齐也,乃属其子于鲍氏。夫人臣内不得意,外交诸侯,自以先王谋臣,今不用,常怏怏㉞。愿王蚤图之㉟。"吴王曰:"微子之言,吾亦疑之。"乃使使赐子胥属镂之剑㊱,曰:"子以此死。"子胥曰:"嗟乎,谗臣宰嚭为乱,王顾反诛我㊲!我令若父霸,又若立时,诸子弟争立,我以死争之于先王,几不得立。若既立,欲分吴国与我,我顾不敢当。然若之何听谗臣杀长者?"乃告舍人曰:"必树吾墓上以梓㊳,令可以为器㊴;而抉吾眼著之吴东门㊵,以观越寇之灭吴也。"乃自刺杀。吴王闻之大怒,乃取子胥尸盛以鸱夷革㊶,浮之江中。吴人怜之,乃为立祠于江上,因名曰胥山。后十余年,越袭吴,吴王还与战,不胜,使大夫行成于越㊷,不许。吴王将死,曰:"吾以不用子胥之言至于此,令死者无知则已,死者有知,吾何面目以见子胥也!"遂蒙絮覆面而自刎㊸。㊹

【注释】

①孙武(约前545—约前470):名武,字长卿,春秋末期齐国人。著名的军事家、政治家,尊称为孙子或孙武子,被誉为"兵圣"、"百世兵家之师"。孙武由齐至吴,向吴王阖闾进呈所著兵法十三篇,受到重用为将。他曾率领吴国军队大败楚国军队,占领

楚国都城郢城,几近覆亡楚国。其巨著《孙子兵法》十三篇,为后世兵法家所推崇,被誉为"兵学圣典",置于《武经七书》之首。《孙子兵法》在中国乃至世界军事史、军事学术史和哲学思想史上都占有极为重要的地位,并在社会生活各个领域被广泛运用。还被译为英文、法文、德文、日文,成为世界上著名的兵学经典。

②越王勾践迎击之,败吴于姑苏:据《左传》与《史记》,前496年,越王勾践即位,在㩜李(今浙江嘉兴南)大败吴师,并非在姑苏。姑苏,山名,地在今江苏苏州。上有姑苏台,相传为吴王所造。

③指:大脚趾。

④伯嚭(pǐ):春秋末楚国贵族大夫伯州犁之孙,字子馀。伯州犁被杀,他出奔吴,得吴王阖庐信任。与孙武、伍子胥率吴军攻入楚都郢,以功任太宰。人称太宰嚭。太宰:辅佐君主治理国事的官,与后世的宰相相当。

⑤败越于夫湫:吴王夫差三年(前494),吴败越于夫椒山。"越"字原文脱,据《史记·伍子胥列传》补。夫湫,即"夫椒",山名。即今江苏苏州西南太湖马山。《史记·越王勾践世家》正作"夫椒"。

⑥越王勾践乃以兵五千人:原文"人"下有小字"入"。会稽山:在浙江中部绍兴、嵊州、东阳一带。

⑦大夫种(?—前472):即越国大夫文种。姓文,名种,字会。也作文仲、少禽,一作子禽。春秋末期楚之郢(今湖北江陵之纪南城)人,后定居越国。春秋末期著名的谋略家。越王勾践的谋臣,和范蠡一起,为勾践最终打败吴王夫差立下功劳。灭吴后,不听范蠡退隐劝告,被勾践赐死。

⑧委国为臣妾:此指把整个国家作为臣服奴隶。委国,托国。臣妾,奴隶。男为臣,女为妾。

⑨能辛苦：耐艰苦。能，同"耐"。

⑩与越平：与越国议和。平，和好，讲和。

⑪疥癣：皮肤上的疮疡。这里喻指无关紧要的事。

⑫大败齐师于艾陵：前484年，吴与鲁联合，与齐战于艾陵，齐大败。事见《左传·哀公十一年》。艾陵，春秋时齐地，在今山东莱芜东北。

⑬遂与邹、鲁之君会以归：艾陵之战第二年，前483年，吴与鲁、卫、宋在鄇会盟。

⑭越王勾践用子贡之谋，乃率其众以助吴：据《史记·仲尼弟子列传》，子贡为制止齐国伐鲁而劝吴伐齐，吴担心越国乘机来犯，子贡遂劝越王此时先率众助吴，而令其北上与齐、晋争霸，之后越再乘吴疲敝而灭之。子贡，孔子弟子端木赐。按，此事后人多以为不可信，苏辙、梁玉绳等人多有辩驳；也有人怀疑此"子贡"为另一人。

⑮重宝：此泛指贵重的财宝。原文误作"重实"，据明钞本改。

⑯伪诈：原文作"伪许"，此据明钞本改。

⑰破齐：原文无此二字，据向宗鲁《校证》引《史记·伍子胥列传》补。石田：多石不可耕种之田。

⑱《盘庚》：《尚书》中的一篇。盘庚为殷商第十一代君主，迁都于殷（河南安阳），臣民相怨，乃作书告谕，为《盘庚》三篇。《史记·殷本纪》："帝盘庚崩，弟小辛立，是为帝小辛。帝小辛立，殷复衰。百姓思盘庚，乃作《盘庚》三篇。"据此，《盘庚》应该是事后追记所作。此下所引见于《尚书·盘庚中》，文字略异。

⑲有颠越不恭："有"上原文有"古人"二字，义不可通。今本《尚书·盘庚中》及《史记·伍子胥列传》均无此二字，径删。颠越不恭，狂乱越轨不恭敬。此句下，今本《尚书·盘庚中》有"暂遇奸宄"。

⑳劓(yì)殄(tiǎn)灭之：用割鼻的酷刑灭绝他。劓，古代割鼻的酷刑。殄，灭绝。此句上今本《尚书·盘庚中》有"我乃"二字。
㉑俾无遗育：使无后代。俾，使之。此句今本《尚书·盘庚中》无"俾"字。
㉒无使易种于兹邑：不让他们在此地生息繁衍。易，读为"施"，延续。兹，同"此"。此句今本《尚书·盘庚中》作"无俾易种于兹新邑"。以上三句十五字原文脱，文义不完，据向宗鲁《校证》引《史记·伍子胥列传》补。
㉓也已：语气助词，表示肯定。
㉔女：同"汝"。你。
㉕无为：同"无谓"。没有意义，不值得。
㉖属其子于齐鲍氏：伍子胥劝谏吴王不果，便将其子托付给齐国鲍氏。属，托付。齐鲍氏，齐国贵族鲍叔牙的后人，具体未详。鲍氏世为齐国正卿。
㉗有隙：有嫌隙，有怨恨。
㉘怨望猜贼：心怀不满而怨恨，多疑而狠毒。
㉙恨：记恨。此指伍子胥两次劝谏吴王夫差不要伐齐而不被采纳之事。
㉚沮毁用事：诋毁做事的人。
㉛徼幸吴之败：希望吴国遭到意外而失败。徼幸，同"侥幸"。作非分企求。
㉜因辍，佯病不行：以此逗留，装病不跟随前行。辍，停止，逗留。
㉝微伺之：暗中侦查他。微，暗中。
㉞怏怏：不服气，不高兴，闷闷不乐的神情。
㉟蚤图之：趁早谋划这件事。蚤，通"早"。
㊱属镂：古代一种宝剑的名称。《荀子·成相》作"独鹿"，《吴越春秋》作"属卢"，《广雅·释器》作"属鹿"，扬雄《太玄赋》作"属

娄”。

㊲顾反：反而，反倒。

㊳梓：木名，落叶树，木质优良，轻而易割，耐朽。

㊴为器：做成棺材。《史记正义》曰：“器谓棺也，以吴必亡也。”

㊵抉：剔出，摘出。

㊶鸱(chī)夷革：用皮革做成鸟形的囊。

㊷行成：议和，求和。

㊸蒙絮：即冒絮，南方一种头巾。《汉书·周勃传》：“文帝朝，太后以冒絮提文帝。”晋灼注：“《巴蜀异志》谓头上巾为冒絮。”颜师古注：“冒，覆也。老人所以覆其头。”

㊹天海按：此文所载史实亦见《国语·吴语》《吴越春越》等书，本文主要源自《史记·伍子胥列传》。

【译文】

吴国依靠伍子胥、孙武的计谋，往西攻破强大的楚国，往北威慑到齐、晋两国，往南攻打越国。越王勾践领兵迎击，在姑苏打败吴军，击伤了吴王阖庐的脚拇趾。吴军退却，阖庐对太子夫差说：“你会忘记勾践杀死了你的父亲吗？”夫差回答说：“不敢忘记。”当天夜里，阖庐去世。夫差立为吴王后，任伯嚭为太宰，操练战斗射技，三年后攻打越国，在夫湫打败越军。越王勾践率领残兵五千人困守在会稽山上，派了大夫文种送了厚礼给吴国太宰伯嚭请求和谈，愿意将整个越国作吴国的奴仆。吴王准备答应越王的求和。伍子胥劝谏说：“越王为人能忍受艰苦，现在大王不灭越国，以后一定要后悔的。”吴王不听，采用了太宰伯嚭的计谋，与越国达成和议。在那以后五年，吴王听说齐景公死后大臣们争权，新继位的国君幼弱，就要率军北上攻打齐国。伍子胥劝谏说：“不能这样。勾践吃饭不用两个菜，吊唁死者，慰问病人，而且善于用人。这个人不死，一定会成为吴国的祸患。现在的越国，好比心腹内脏的疾病，齐国只不过是皮肤上的一些疮癣罢了，但大王不先取越国,却要全力伐齐,岂不是大错吗?"吴王不听他的,还是去攻打齐国,在艾陵大败齐军,与邹、鲁两国的国君会盟后才回国。从此后,吴王更是很少听取伍子胥的意见。在那之后四年,吴国准备再次北上攻打齐国。越王勾践采用子贡的计谋,就率领他的部队来帮助吴国,并将贵重宝物进献给太宰伯嚭。伯嚭已经多次受到越国贿赂,他更特别地宠爱信赖越国,日夜在吴王耳边为越国说好话,吴王完全信用了伯嚭的计谋。伍子胥劝谏说:"越国是心腹之患,现在相信他们的花言巧语伪善狡诈而去贪图齐国,即使攻破齐国也好比得到石头田,没有什么用处。《盘庚》上说:'如有狂乱越轨不恭的行为,就用刑法灭绝他们,使他们不能留下后代,也不要让他们在新的地方生息繁衍。'这就是殷商兴盛的原因。希望大王放弃伐齐而先灭越,不然的话,将会连后悔也来不及了。"吴王不听,派伍子胥出使齐国。伍子胥对他的儿子说:"我劝谏大王,大王不采用我的意见,我现在眼看吴国将要灭亡了,你与我一起死亡是不值得的。"于是便将他的儿子托付给齐国的鲍氏,然后就回报吴王。太宰伯嚭已与伍子胥有了仇怨,便在吴王面前进谗言说:"伍子胥的为人,刚愎暴躁,缺少恩义,他的怨恨猜忌,将为祸不浅。前些日子,大王想要攻打齐国,伍子胥认为不行,大王最终伐齐并取得大功,伍子胥的计谋不被采用,便反生怨恨。如今大王又要攻打齐国,伍子胥专横刚愎强力劝谏,诋毁做这件事的人,希望吴国意外失败,以此证实自己的计谋胜于别人。如今大王亲自前去,尽发国内兵力来攻打齐国,伍子胥的谏言不被采用,便留下来装病不随行,大王不可不防备。此人制造祸患并不困难。况且我派人暗中监视他,他出使齐国时,已将自己的儿子托付给鲍氏。作为臣子在国内不得志,在外结交诸侯,自认为是先王的谋臣,现在不受重用,心中常怀不满。希望大王及早考虑这件事。"吴王说:"没有你这番话,我也怀疑他。"于是派使者赐给伍子胥属镂宝剑,说:"你用这把剑自尽。"伍子胥说:"唉,谗臣太宰伯嚭制造祸乱,大王反而要诛杀我!我使你父亲称霸,在立你为太子时,众王子争位,我在先王面前冒死为你力争,差点没有得立。你立为太子后,要分吴国给我,我坚决不敢受。但你为何要听谗臣的话来杀害长辈啊!"他便告诉他的门客说:"一定要在我的坟上栽棵梓树,让它长大可以做成棺材;并摘下我的眼睛,挂在吴都东门上,让我看着越寇灭亡吴国。"于是伏剑自杀。吴王听说后大怒,就取来伍子胥的尸体用鸟形的皮革袋子装起来,扔到江中。吴国人怜惜他,就在江边山上为他建立了祠堂,因此取名叫胥山。此后十多年,越国袭击吴国,吴王回师与越军交战,不能取胜,派大夫到越国求和,越王不答应。吴王临死时说:"我因为不听子胥的话才弄到这一步。如果死去的人无知也就罢了,死去的人如果有知,我有何面目去见子胥呢!"于是他就用头巾盖上脸面,然后自刎而死。

9.21 齐简公有臣曰诸御鞅①,谏简公曰:"田常与宰予②,此二人者甚相憎也③,臣恐其相攻。相攻虽叛而危之④,不可,愿君去一人⑤。"简公曰:"非细人之所敢议也⑥。"居无几何,田常果攻宰予于庭,贼简公于朝。简公喟焉太息曰:"余不用鞅之言,以至此患也。"故忠臣之言,不可不察也。⑦

【注释】

①齐简公(?—前481):姜姓,吕氏,名壬。春秋时期齐国国君,前484—前481年在位。前485年,齐国大臣鲍子弑杀齐悼公,齐国群臣共立简公。前481年六月,齐简公与夫人在仓皇逃往徐州(今山东滕州南薛国故城)的路上,被田恒的追兵杀死。诸御鞅:《史记·田仲敬完世家》作"御鞅",《史记索隐》:"御,官也;鞅,名也。"

②田常:即田恒。卒谥成子。因其家族出自陈国,也称为陈恒。汉

朝为汉文帝刘恒避讳，改称田常。前485年唆使齐国大夫鲍息弑杀齐悼公，立齐简公。前481年，发动政变，杀死了阚止和齐简公，拥立齐简公的弟弟为国君，就是齐平公。之后独揽齐国大权，尽诛鲍、晏诸族。宰予（前522—前458）：字子我。春秋时鲁人，孔子弟子，仕齐为临菑大夫。田常欲专齐政，杀死宰予。向宗鲁《校证》案：'《史记·弟子传》：'宰我与田常作乱以夷其族，孔子耻之。'《史记索隐》云：'《左氏》无宰我与田常作乱之文，然有阚止字子我，而田、阚争宠，子我为陈恒所杀，恐字与宰予相涉因误云。'"

③此二人者甚相憎也：原文"此"误作"比"，此据向宗鲁《校证》改。

④相攻虽叛而危之：此语意不明，暂如译文所解。卢文弨校曰："语不明。《吕氏·慎势篇》作'相攻唯固则危上矣。'"向宗鲁《校证》案："七字有讹。"

⑤愿君去一人：字原文"一"字空缺，此据明钞本补。

⑥细人：见识短浅之人，地位低下卑微的人。因御鞅职掌车驾，故言。

⑦天海按：此文与《左传·哀公十四年》所记有异，与《韩非子·难言》《吕氏春秋·慎势》《淮南子·人间训》《史记·田敬仲完世家》文略同。

【译文】

齐简公有个臣子名叫诸御鞅，他劝谏简公说："田常与宰予这两个人互相十分憎恨，我担心他们会互相攻杀。互相攻杀虽然逆反但危害国家，不能这样，希望您除去其中一人。"齐简公说："这不是见识短浅的人应该议论的事情。"过了不多久，田常果然在宫庭攻杀宰予，在朝廷杀害齐简公。齐简公长叹一声说："我不听御鞅的话，所以才造成这样的祸患。"因此忠臣的话，不可不详察。

9.22 鲁襄公朝荆①,至淮,闻荆康王卒②,公欲还。叔仲昭伯曰③:"君之来也,为其威也,今其王死,其威未去,何为还?"大夫皆欲还,子服景伯曰④:"子之来也,为国家之利也,故不惮勤劳,不远道涂,而听于荆也,畏其威也。夫义人者⑤,固将庆其喜而吊其忧,况畏而聘焉者乎?闻畏而往,闻丧而还,其谁曰非侮也?芈姓是嗣⑥,王太子又长矣,执政未易,事君任政,求说其侮⑦,以定嗣君,而示后人。其仇滋大,以战小国,其谁能止之?若从君而致患,不若违君以避难。且君子计而后行,二三子其计乎?有御楚之术,有守国之备,则可;若未有也,不如行。"乃遂行。⑧

【注释】

①鲁襄公(前575—前542):名午,鲁成公之子。春秋时鲁国国君,前572—前542年在位。

②荆康王(?—前545):即楚康王,芈姓,熊氏,名昭。春秋时楚国国君,前559—前545年在位。

③叔仲昭伯:姬姓,叔孙氏的别支叔仲氏,名带,一名虺,谥昭。春秋时鲁国大夫。

④子服景伯:子服氏,名何,谥景。春秋时鲁国大夫。

⑤义人:信守道义的人。《墨子·非命上》:"义人在上,天下必治。"

⑥芈姓是嗣:楚国是有继承人的。芈,楚国祖先的姓,这里指代楚国。

⑦说:通"脱"。摆脱,消除。

⑧天海按:此文又见《国语·鲁语下》《左传·襄公二十八年》,但文字多有不同。

【译文】

鲁襄公前去朝见楚王，到了淮水，听说楚康王已死，鲁襄公想要转回去。叔仲昭伯说："国君这次来，是因为楚王的声威，现在楚王虽死，但他的声威还未失去，为什么要回去呢？"大夫们都想要回去，子服景伯说："你们这次来，是为了国家的利益，所以不怕辛勤劳苦，不辞路途遥远，而听命于楚王，这是畏惧他的威势。那信守道义的人，本来就该庆贺他人的喜事并吊唁别人的丧事，何况是因畏惧才聘问楚国的呢？知道畏惧而前往，听说死亡而返回，那谁能说不是一种侮辱呢？楚国是有继承人的，楚王太子已长大，执政的人未更换，他们事奉国君处理政事，祈求摆脱受到的侮辱，以安定继位的国君，并昭示后人。那样仇恨便会增大，若因此攻伐小国，那谁能制止他？如果顺从国君而招致祸患，不如违抗国君以躲避灾难。再说君子应该认真计划后才行动，你们几个人有什么计划吗？如有抵御楚国的方法，有守卫国土的准备，那就可以；如果没有的话，不如还是前去。"这样，鲁襄公终于还是前往楚国。

9.23 孝景皇帝时，吴王濞反①，郎中枚乘字叔闻之②，为书谏王，其辞曰："君王之臣乘③，窃闻得全者全昌，失全者全亡④。舜无立锥之地，以有天下；禹无十户之聚，以王诸侯；汤、武之地，方不过百里，上不绝三光之明，下不伤百姓之心者⑤，有王术也⑥。故父子之道，天性也。忠臣不敢避诛以直谏，故事无废业，而功留于万世也。臣诚愿披腹心而效愚忠，恐大王不能用之，臣诚愿大王少加意念恻怛之心于臣乘之言⑦。夫以一缕之任⑧，系千钧之重，上悬之无极之高，下垂之不测之渊，虽甚愚之人，且犹知哀其将绝也。马方骇而重惊之，系方绝而重镇之⑨。系绝于天，不可复结；坠入深渊，难以复出。其出不出，间不容发⑩。诚能用臣乘言，一举必脱。必若所欲为，危如重卵，难于上天；变所欲为，易于反掌,安于太山。今欲极天命之寿,弊无穷之乐⑪,保万乘之势,不出反掌之易,以居太山之安;乃欲乘重卵之危,走上天之难,此愚臣之所大惑也。人性有畏其影而恶其迹者,却背而走⑫,无益也,不如就阴而止,影灭迹绝。欲人勿闻,莫若勿言;欲人勿知,莫若勿为。欲汤之冷,令一人吹之,百人扬之,无益也,不如绝薪止火而已。不绝之于彼,而救之于此,譬犹抱薪救火也。养由基⑬,楚之善射者也,去杨叶百步,百发百中。杨叶之小,而加百中焉,可谓善射矣,所止乃百步之中耳。比于臣,未知操弓持矢也。福生有基,祸生有胎⑭。纳其基,绝其胎,祸何从来哉!泰山之溜穿石⑮,引绳久之,乃以契木⑯。水非石之钻,绳非木之锯也,而渐靡使之然⑰。夫铢铢而称之⑱,至石必差⑲;寸寸而度之,至丈必过。石称丈量,径而寡失⑳。夫十围之木,始生于蘖㉑,可引而绝,可擢而拔,据其未生㉒,先其未形。磨砻砥砺㉓,不见其损,有时而尽;种树畜长㉔,不见其益,有时而大;积德修行,不知其善,有时而用;行恶为非,弃义背理,不知其恶,有时而亡。臣诚愿大王孰计而身行之㉕,此百王不易之道也。"吴王不听,卒死丹徒㉖㉗。

【注释】

①吴王濞(bì,前216—前154):刘濞。汉高祖刘邦之侄,封为吴王。汉景帝采纳御史大夫晁错建议,削夺王国封地。前154年,刘濞谋划了"清君侧"的策略,以诛晁错为名,联合楚、赵等七国叛乱。史称七国之乱,后被汉军主将周亚夫击败,刘濞兵败被杀,封国废除。

②郎中枚乘字叔闻之：此句原文作"梁孝王中郎枚乘字叔闻之"，天海按，此一句史实有误。据《汉书·枚乘传》载，枚乘当时正为吴王濞郎中，劝谏吴王不被采纳，然后"去而之梁，从孝王游"。此文所记即枚乘任吴王郎中时谏吴王书，故径删"梁孝王"三字，并将"中郎"二字乙正。郎中，官名，即帝王侍从官的通称。其职责原为护卫、陪从，随时建议，备顾问及差遣。战国始有，秦汉沿置。枚乘，字叔，西汉淮阴人，汉景帝时为吴王濞郎中，谏吴王不听，赴梁，为梁孝王中郎。

③君王之臣乘：臣，原文作"外臣"。外臣是他国之臣对别国君主的自称，枚乘时为吴王之臣，不得自称外臣，故径删"外"字。

④得全者全昌，失全者全亡：此二句见李善《文选注》引《史记》淳于髡说邹忌子曰："得全全昌，失全全亡。"朱季海曰："叔全用髡语。"得全者，能保全自己的人。

⑤上不绝三光之明，下不伤百姓之心者：向宗鲁《校证》案："二句亦见《淮南·氾论篇》，盖古语。"三光，指日、月、星。

⑥有王术也：王术，即王道。按，以上言舜、禹、汤、武之事，又见《战国策·赵策二》《史记·苏秦列传》《淮南子·氾论训》，意同而文异。

⑦恻怛(cè dá)之心：哀伤恳切之情。

⑧任：负荷，承受。

⑨重镇之：加重它的压力。镇，压。

⑩间不容发：指成败得失，其间不容一根头发的差错。比喻情势危急到极点。

⑪弊：极尽。《文选》李善注："弊，犹尽也。"

⑫人性有畏其影而恶其迹者，却背而走：《荀子·解蔽》有涓蜀梁见自己的身影以为伏鬼，因害怕故"背而走，比至其家，失气而死"。却背而走，倒退着跑。

⑬养由基：春秋时楚国大夫，以善射闻名。《战国策·西周策》：苏厉谓白起曰："楚有养由基者，善射，去柳叶者百步而射之，百发百中。"

⑭胎：胚芽，喻开始，初生。《尔雅》："胎，始也。"

⑮溜：通"霤"。《汉书·枚乘传》《文选》卷三十九皆作"霤"，本为屋檐滴水，此指小股滴水。

⑯契（qì）：刻。

⑰渐靡：逐渐磨损。

⑱铢：古代重量单位，一两的二十四分之一。

⑲石（dàn）：重量单位，每石百二十斤。

⑳径而寡失：直捷而少差失。径，直接，便捷。天海按，"夫铢铢"以下之文又见《文子·上仁》《淮南子·泰族训》及本书 16.80 则，文略异。

㉑蘖（niè）：树木砍后重新长出的枝条。

㉒据：乘，趁。

㉓磨砻砥砺：石磨、碾石和磨刀石。

㉔畜长：养育它，使它慢慢生长。

㉕孰计：同"熟计"。深思熟虑，缜密地思考。

㉖丹徒：故地在今江苏镇江丹徒区。

㉗天海按：此文又见《汉书·枚乘传》《文选》卷三十九，文略异。

【译文】

汉孝景皇帝时，吴王刘濞造反，中郎枚乘字叔知道了这件事，便上书劝谏吴王。书中说："君王的臣子枚乘，曾听说能保全自己的人一定兴盛，不能保全自己的人一定败亡。虞舜没有立锥之地，却享有天下；大禹没有十户民众，却称王于诸侯；商汤、周武王的国土，方圆不过百里，能上不蔽日、月、星的光明，下不伤百姓的心，是因为有成就王道的方法。因此父子之间的关系，是出于人的天性。忠臣不敢逃避诛杀地直谏，所以事业不会荒废，功名可以留传万世。我诚愿披露真心而献出愚忠，恐怕大王不能采用我的意见，我真诚地希望大王对我怀着哀伤恳切之情所说的话稍加留意。那用一根丝线的负荷力，来系千钧的重物，上面悬挂在无限高的地方，下面有不可测量的深渊，即使是特别愚蠢的人，也还知道为它将要断绝而担心。马正受惊而又再次惊吓它，系物的绳子快要断时又给它加重压力，都一定会遭遇危险。绳子从空中断绝，不能再结上，坠入深渊中，难以再取出。成败得失，其间不容一根头发那样细微的差错。大王如果真能采用我的意见，一旦实行必定会脱离危险。如果一定要按所想的去做，那危险就像把蛋叠垒在一起一样，比上天还要艰难；改变您所想要做的，比翻转手掌还容易，比泰山还要安稳。如今假如大王想要享尽天赋的寿命，极尽无限的欢乐，保住君王的权势，不出反掌般容易，而处泰山般安稳；却想要冒把蛋叠垒起来那样的危险，走上天一样的艰难道路，这是我感到的最大困惑。有人生性害怕自己的影子并厌恶自己的行迹，他倒退着跑，是没用处的，不如停在阴暗处，身影没有了，行迹也消失了。想要别人不听到，不如不要讲话；想要别人不知道，不如不要做。想要沸水变冷，让一人吹火，百人去扬汤，是没有用的，不如断柴灭火。不从那里断绝祸源，却在这里挽救它，好比抱着柴草去救火一样。养由基是楚国擅长射箭的人，距离杨树叶百步能百发百中。杨树叶这样微小，却能射中百次，可称得上善于射箭了；但他技能所能达到的限度不过百步之中罢了。与我比起来，还算不懂得怎样持弓握箭呢！福运的产生是有基础的，灾祸的发生也有胚芽。开纳福基，断绝祸胎，灾祸又从何而来呢？泰山上的小水流可以穿透岩石，用绳子长久来回地拉，就可以割断木头。水并不是钻石头的钻子，绳子也不是锯木头的锯子，是因为逐渐磨损才使石穿木断。如果一铢一铢地称重量，称到一石时一定会有差错；一寸一寸地量长度，量到一丈时一定会有失误。如果用石称、用丈量，就会直捷而少差失。那十抱的树木，是从细芽开始生长的，那时能够一扯就断，一提就拔起来，是趁它还未长大，还未成形。石磨、碾石和磨刀石，看不见它们的磨损，但到一定时间就会磨尽;栽种草木并培育它生长,看不见它增高,到一定时候它就长大了;积累道德修炼品行,看不出它的好处,到一定时候就起作用了;为非作恶,抛弃正义,违背情理,自己不知道它的丑恶,到一定时候就会败亡。以上所陈,我真诚地希望大王深思熟虑然后身体力行,这是历代君王相沿不改之路啊!"吴王不听这番话,终于败死在丹徒。

9.24 吴王欲从民饮酒①,伍子胥谏曰:"不可。昔白龙下清泠之渊②,化为鱼,渔者豫且射中其目③。白龙上诉天帝,天帝曰:'当是之时,若安置而形④?'白龙对曰:'我下清泠之渊,化为鱼。'天帝曰:'鱼固人之所射也,若是,豫且何罪?'夫白龙,天帝贵畜也;豫且,宋国贱臣也;白龙不化,豫且不射。今君弃万乘之位⑤,而从布衣之士饮酒,臣恐其有豫且之患矣。"王乃止。⑥

【注释】

①吴王:此吴王未知是阖闾还是夫差。从:跟……一起。
②白龙:《庄子·外物》作"白龟"。清泠之渊:即清泠池。春秋时宋国的一处名胜,故址在今河南商丘东。
③豫且:《庄子·外物》作"余且",《史记·龟策列传》作"豫且",生平、余事皆未详。
④若安置而形:你是怎么处置你的形体的。若、而,均为"你",代词。
⑤今君弃万乘之位:原文脱"君"字,此依向宗鲁《校证》据《文选注》及《困学纪闻》卷十所引补。
⑥天海按:《庄子·外物》《史记·龟策列传》有类似之文;《群书治要》引《吴越春秋》记吴王夫差微服出行被人伤指后欲诛其人,伍

子胥所谏之语与此略同。

【译文】

吴王想要跟百姓一起饮酒,伍子胥劝谏说:"不能这样。从前白龙从天上下到清泠池,变化为鱼,渔夫豫且射中了它的眼睛。白龙向天帝告状,天帝问:'当时,你是怎么处置自己形体的?'白龙回答说:'我下到清泠池中,变化为鱼。'天帝说:'鱼本来就是人们所要射的,像这样,豫且有什么罪过?'那白龙是天帝豢养的珍贵动物,豫且是宋国身份低贱的奴隶,白龙不变成鱼,豫且就不敢射它。如今君王放弃国君的地位,而跟平民百姓一起饮酒,我担心将会有白龙被豫且射中一样的祸患了。"吴王于是放弃了这个想法。

9.25 孔子曰:"良药苦于口利于病,忠言逆于耳利于行①。故武王谔谔而昌②,纣嘿嘿而亡③。君无谔谔之臣,父无谔谔之子,兄无谔谔之弟,夫无谔谔之妇,士无谔谔之友,其亡可立而待。故曰:'君失之,臣得之④;父失之,子得之;兄失之,弟得之;夫失之,妇得之;士失之,友得之。故无亡国破家、悖父乱子、放兄弃弟、狂夫淫妇、绝交败友。'"⑤

【注释】

① 良药苦于口利于病,忠言逆于耳利于行:此二句名言又见《韩非子·外储说左上》《史记·留侯世家》《盐铁论·国疾篇》《汉书·淮南王传》,文字略异。

② 谔谔(è):直言争辩貌。《韩诗外传》卷十:"有谔谔争臣者,其国昌;有默默谀臣者,其国亡。"

③ 嘿嘿(mò):闭口不言。嘿,同"默"。《荀子·不苟》:"君子至道,嘿然而喻。"

④臣得之：臣子惠助他。得，通"德"。恩德，恩惠。此处引申为惠助。

⑤天海按：此文亦见《孔子家语·六本》，但与此文多有不同。

【译文】

孔子说："良药吃着苦却有利于治病，中肯的话不顺耳却有利于行事。"所以周武王喜欢直言不讳的人就昌盛，商纣王使人闭口缄默就灭亡。如果国君没有敢于直言的臣子，父亲没有敢于直言的儿子，兄长没有敢于直言的弟弟，丈夫没有敢于直言的妻子，士人没有敢于直言的朋友，他们的败亡很快便会到来。所以说："君主的过失，臣子惠助他；父亲的过失，儿子惠助他；兄长的过失，弟弟惠助他；丈夫的过失，妻子惠助他；士人的过失，朋友惠助他。因此将不会有亡国破家、违理的父亲和忤逆的儿子、放纵的兄长和被遗弃的弟弟、狂乱的丈夫和淫荡的妻子、绝情断交的坏朋友。"

9.26 晏子复于景公曰："朝居严乎①？"公曰："朝居严，则曷害于治国家哉？"晏子对曰："朝居严，则下无言；下无言，则上无闻矣。下无言，则谓之喑②；上无闻则谓之聋；聋喑，则非害治国家如何也？且合菽粟之微③，以满仓廪；合疏缕之纬④，以成帷幕⑤。太山之高，非一石也，累卑然后高也。夫治天下者，非一士之言也，固有受而不用⑥，恶有距而不入者哉⑦？"⑧

【注释】

①朝居严：处理朝政严酷。

②喑(yīn)：哑，默不作声。

③菽粟：豆子和小米。也泛指粮食。

④疏缕：稀少的丝缕。纬：织物的横线。

⑤以成帷幕：以上之文参见本书7.5则："公叔子曰：'严则下喑，下喑则上聋，聋喑不能相通，何国之治也？盖闻之也：顺针缕者成帷幕，合升斗者实仓廪，并小流而成江海。'"

⑥固：当然。

⑦恶（wū）：怎么，难道。距：通"拒"。

⑧天海按：此文又见《晏子春秋·内篇谏下》，文略同。

【译文】

晏子又对齐景公说："处理朝政严酷吗？"景公说："处理朝政严酷，那对治理国家又有什么妨害呢？"晏子回答说："处理朝政严酷，那臣下就不敢说话；臣下不敢说话，那君主就听不到什么了。臣下不敢说话叫哑，君主听不到下情叫聋，聋和哑，那不是妨害治理国家又是什么呢？再说集合微少的豆子和小米，能够装满仓库；汇合那稀疏的丝缕做纬线，能够织成帷幕。泰山那样高，不是仅靠一块石头，而是从低处堆积然后才变得高大的。那治理天下的人，不只是用一个人的意见，当然也有接受了暂时不用的情况，但哪有拒绝而不采纳的呢？"

卷十

敬慎

【题解】

敬慎，指为人处世要恭敬谨慎。这一卷共记载春秋战国时的轶事35则。第一则首先用"存亡祸福，其要在身"八个字阐明了敬慎的重要性及关键所在，指出"敬慎"关系到个人和国家的存亡祸福，关键在于自身。所以君子在任何情况下都要谨慎不苟，才能保存自身、保全国家。文中还引用《诗经》名句"战战兢兢，如临深渊，如履薄冰"，形象而深刻地指明"敬慎"必须具有的心态与实际行动。之后的34则都是为了证实这一观点而列举的事例或前人的论述。其中涉及士人修身正行的有22则，涉及诸侯大夫秉政治国方面的有12则。

对士人来说，"修身正行，不可以不慎"，敬慎就是要求做到谦虚谨慎、戒骄戒躁、以柔胜刚、礼貌待人，以及慎多言、慎交友等。在10.25则"孔子之周，观于太庙"中，所谓《金人铭》应该是教诲人如何"敬慎"的千古名言。其铭所云："无多言，多言多败；无多事，多事多患。安乐必戒，无行所悔。"言浅而意深。总之，待人接物应处处小心，时时谨慎，"如临深渊，如履薄冰"，而且还应慎终如始，方能远祸致福。

对诸侯国君、士大夫来说，"敬慎"则着重要求谦恭下士、礼贤任能、居安思危、防微杜渐，这样才能长治久安，保国全身。其中第二则的周公戒伯禽之语就是对古今统治者的箴言。"子其无以鲁国骄士"，"有一道,大足以守天下,中足以守国家,小足以守其身,谦之谓也"。由此,周公"一沐而三握发,一食而三吐哺,犹恐失天下之士"。这也是周公将"敬慎"浓缩为"谦"字的具体表现。

为了具体阐释"敬慎"的内涵,作者还特意多次引用《周易》的《损卦》《益卦》来说明"谦受益而满招损"的朴素道理,并揭示"日中则昃,月盈则食;天地盈虚,与时消息"的自然规律来警示人们,应该时时把握"持满之道"。

总之,不论君主臣僚、诸侯大夫,还是士子平民,对人都要恭敬谦逊,言行都要小心谨慎。这实际上是孔子关于修身养性主张的具体阐述和发挥。全卷有12则轶事直接同孔子及其弟子的言行有关,便很清楚地说明了这一点。

然而其中关于盈亏、损益、刚柔、祸福、存亡等现象,彼此对立而又相互依存、转化的论述,又是从老子的思想中抽绎出来的。这种融儒、道于一炉的修养论,往往具有朴素的辩证法的特征,其中有不少合理的因素,值得我们批判继承。

10.1 存亡祸福,其要在身①。圣人重诫敬慎所忽②。《中庸》曰③:"莫见乎隐,莫显乎微④,故君子能慎其独也⑤。"谚曰:"诫无垢,思无辱⑥。"夫不诫不思,而以存身全国者,亦难矣。《诗》曰⑦:"战战兢兢,如临深渊,如履薄冰。"此之谓也。

【注释】

①要:关键。身:自己。
②圣人重诫:圣人注重警诫自己。诫,此与下文二"诫"字,原文皆误作"诚",此据明钞本改。
③《中庸》:儒家经典"四书"之一。本是《礼记》第三十一篇,写成约在战国末期至西汉之间,作者尚无定论,一说是孔子之孙孔伋

（子思），或说是秦代或汉代的学者所作。朱熹则将其与《论语》《孟子》《大学》合编为"四书"。以下所引见于《中庸》第一章。

④莫见乎隐，莫显乎微：没有什么不在阴暗处发现，没有什么不在细微中显现。

⑤慎其独：即"慎独"，在独处时能谨慎不苟。郑玄注《中庸》"慎独"云："慎其闲居之所为。"即在独处无人时，自己的行为也要谨慎不苟。

⑥诚无垢，思无辱：警诫自己就不会有耻辱，多思考就不会受侮辱。垢，耻辱。

⑦《诗》曰：以下引诗见《诗经·小雅·小旻》。

【译文】

人的生死存亡灾祸幸福，那关键全在自己。圣人特别注重警诫自己在恭敬谨慎方面所忽略的事。《中庸》上说："没有什么不在阴暗处发现，没有什么不在细微中显现。所以君子在独处时能够谨慎不苟。"俗话说："警诫自己就不会有耻辱，多思考就不会受欺侮。"不警诫、不思考，而能保存自身、保全国家，也是很难啊。《诗经》上说："战战兢兢，如面临深渊，如踏上薄冰。"说的就是这个道理。

10.2 昔成王封周公，周公辞不受，乃封周公子伯禽于鲁。将辞去，周公戒之曰："去矣，子其无以鲁国骄士矣①！我，文王之子也，武王之弟也，今王之叔父也，又相天子，吾于天下亦不轻矣。然尝一沐而三握发，一食而三吐哺②，犹恐失天下之士③。吾闻之曰：'德行广大而守以恭者荣，土地博裕而守以俭者安，禄位尊盛而守以卑者贵，人众兵强而守以畏者胜，聪明睿智而守以愚者益，博闻多记而守以浅者广。'此六守者，皆谦德也。夫贵为天子，富有四海，不谦者，失天下亡其身④,桀纣是也。可不慎乎? 故《易》曰:有一道,大足以守天下,中足以守国家,小足以守其身,谦之谓也⑤。夫天道毁满而益谦⑥,地道变满而流谦⑦,鬼神害满而福谦⑧,人道恶满而好谦⑨。是以衣成则缺衽,宫成则缺隅,屋成而加错⑩,示不成者,天道然也。《易》曰⑪:'谦,亨⑫:君子有终⑬,吉。'《诗》曰⑭:'汤降不迟,圣敬日跻⑮。'其戒之哉!子其无以鲁国骄士矣!"⑯

【注释】

①以鲁国骄士:凭借鲁国国君的地位而傲慢地对待士人。

②一沐而三握发,一食而三吐哺:此二语又见《吕氏春秋·谨听》《淮南子·氾论训》《鬻子》等书,文略异,但皆指为禹之事。向宗鲁《校证》云:"盖周公所取法也。"

③犹恐失天下之士:日人关嘉曰:"以上见《史记·鲁周公世家》,文小异。"

④失天下亡其身:原文"失"误作"先",依向宗鲁《校证》据《群书治要》《韩诗外传》改。

⑤"故《易》曰"六句:此六句不见于今本《周易》,向宗鲁《校证》以为"乃著者说《易》之词"。《韩诗外传》无"曰"字,于义为长。

⑥夫天道毁满而益谦:天的规律是损有余而补不足。即日中则昃,月满则亏。《老子》七十七章"天之道,损有余而补不足"。

⑦地道变满而流谦:地的规律是改变盈满而流向低下。扬雄《太玄》云:"山杀瘦,泽增肥。"

⑧鬼神害满而福谦:鬼神是损害盈满而福佑谦卑。《太上感应篇》:"大地有司过之神,依人所犯轻重以夺人算。"

⑨人道恶满而好谦:人世的规律是厌恶盈满而喜好谦虚。《尚书·

大禹谟》:"满招损,谦受益。"天海按,以上四句见《周易·谦卦》,其中"毁"作"亏";"满"作"盈",系避汉惠帝刘盈之讳改。《韩诗外传》卷三"满"仍作"盈"。又,这四句是著名成语"一谦四益"的出处,《汉书·艺文志》:"《易》之嗛嗛,一谦而四益,此其所长也。"

⑩"是以衣成则缺衽"三句:皆表示凡事有缺陷,以启迪为人应谦逊自持,不当自满。衽,衣襟。宫,宫墙。隅,墙角。错,参差,错杂。

⑪《易》曰:以下引自《周易·谦卦》。

⑫谦,亨:《周易·谦卦》,亨通。亨,通达顺利。

⑬君子有终:君子有好结果。

⑭《诗》曰:以下引诗见《诗经·商颂·长发》。

⑮汤降不迟,圣敬日跻(jī):商汤谦卑不怠,圣明恭谦日日增进。降,谦卑。迟,懈怠。跻,上进。

⑯天海按:此文见《荀子·尧问》《尚书大传》《史记·鲁周公世家》,文有异同。又见《韩诗外传》卷三,文略同。

【译文】

从前周成王要分封周公,周公推辞不接受,于是就分封周公的儿子伯禽到鲁国。伯禽即将告辞前去,周公告诫他说:"去吧,你一定不要凭借鲁国国君的地位而傲慢地对待士人!我是周文王的儿子,周武王的弟弟,当今君王的叔父,又辅佐天子,我的地位在天下来说也不算轻了。但是我曾经在洗头时几次握着头发接见客人,在吃饭时几次吐出口中的食物去接见客人,还恐怕失去天下的贤士。我听说:'道德品行宽广博大却又用恭谨坚守的人才会受尊荣,土地广阔富饶却又用节俭坚守的人才会安乐,俸禄多爵位高却又用谦卑坚守的人才会显贵,人多武备精良却又用小心谨慎坚守的人才会获胜,聪敏机智却又用愚拙坚守的人才会得益,博闻强记却又用自觉浅陋坚守的人才会广博。'这六项操守,都是谦虚的美德。贵为天子,富有四海,不谦虚的会失去天下,败亡自身,桀、纣就是这样的人。难道能不谨慎吗?所以《易》讲了一个道理,它的用途大能保住天下,中能保住国家,小能保住自身,这道理就是谦虚。那上天的规律是亏损盈满的增益不足的,大地的规律是改变盈满流向低下处,鬼神也是要损害盈满者福佑谦卑者,人世的规律也是厌恶盈满而喜好谦虚。因此衣服做成缺一块,宫舍修成缺一角,房屋修成错落不齐,以暗示不圆满,那是因为天道的规律就是这样。《易》上说:'《谦卦》,亨通:君子有好结果,吉祥。'《诗》上说:'商汤谦卑不怠,圣明恭谨日益增进。'你应该引以为戒啊!你一定不能凭着鲁国国君的地位就傲慢地对待士人!"

10.3 孔子读《易》,至于《损》《益》①,则喟然而叹。子夏避席而问曰②:"夫子何谓叹?"孔子曰:"夫自损者益,自益者缺,吾是以叹也。"子夏曰:"然则学者不可以益乎?"孔子曰:"否,天之道,成者未尝得久也③。夫学者以虚受之,故曰得。苟接知持满④,则天下之善言不得入其耳矣。昔尧履天子之位,犹允恭以持之⑤,虚静以待下,故百载以逾盛,迄今而益章。昆吾自臧而满意⑥,穷高而不衰⑦,故当时而亏败,迄今而愈恶。是非损益之征与⑧?吾故曰:'谦也者,致恭以存其位者也。'夫丰明而动,故能大;苟大,则亏矣⑨;吾戒之。故曰:'天下之善言不得入其耳矣⑩。'日中则昃,月盈则食;天地盈虚,与时消息⑪。是以圣人不敢当盛⑫,升舆而遇三人则下,二人则轼⑬,调其盈虚⑭,故能长久也。子夏曰:"善,请终身诵之。"⑮

【注释】

①《损》《益》:《周易》中《损卦》与《益卦》。《损卦》:"有孚,元吉,无咎。"《象》曰:"《损》,损上益下,其道上行。"《益卦》:"利有攸往,利涉大川。"《象》曰:"《益》,损上益下,民说无疆。"《老子》四十二章:"物或损之而益,或益之而损。"

②子夏(前507—?):卜商,字子夏。孔子弟子,七十二贤之一。为人"好与贤己者处",以文学著称,位列孔门十哲。曾为莒父宰。孔子死后,相传子夏曾在西河讲学,《诗》《春秋》等书,均是由他所授;李悝、吴起都是他的弟子,魏文侯尊以为师。

③成者:即满者。

④苟接知持满:如果接受知识而怀有自满的念头。

⑤允恭:诚信谦恭。允,诚信。持:持守,保持。

⑥昆吾自臧而满意:昆吾自认为很好而得意。昆吾,一作昆吴,夏朝诸侯国。相传是颛顼之后陆终长子樊的封国。己姓,初封地在今河南濮阳,曾迁于许(今河南许昌),后为商汤所灭。《诗经·商颂·长发》:"韦顾既伐,昆吾夏桀。"毛传:"有昆吾国者。"郑玄笺:"顾、昆吾皆己姓也。"《吕氏春秋·君守》"昆吾作陶"高诱注:"昆吾,颛顼之后,吴回之孙,陆终之子,己姓也,为夏伯制作陶冶埏埴为器。"《史记·殷本纪》:"汤自把钺以伐昆吾,遂伐桀。"自臧,自认为很好。臧,善。满意,得意。

⑦穷高而不衰:登上最高处仍不停止。

⑧是非损益之征与:这难道不是损益的验证吗?征,验证。

⑨"夫丰明而动"四句:意谓应在日中时行动,因日中正是光明普照的时刻,如果过了正午,阳光就会减弱了。此三句解释《周易·丰卦》:"《丰》:亨,王假之。勿忧,宜日中。《象》曰:《丰》,大也。明以动,故丰。"孔颖达疏:"动而不明,未能光大;资明以动,乃能致丰。"后以"丰明"谓王者之德如中天之日,运行不息,光照

天下。

⑩天下之善言不得入其耳矣：此十一字，卢文弨以为因上文衍，于此文意不通。译文取此说。

⑪"日中则昃(zè)"四句：太阳正中就要偏斜，月亮圆了就要亏缺；天地有盈亏，与时间一起消长。此四句亦见于《周易·丰卦》。昃，太阳偏西。食，同"蚀"。缺。消息，消长。

⑫不敢当盛：不敢担当盛名。

⑬升舆而遇三人则下，二人则轼：乘车遇见三人就下车，遇见二人就扶轼致意。参见本书4.4则："子路曰：'礼，过三人则下车，过二人则轼。'"轼，本为车前扶手横木，这里用作动词，指在车上的人手扶横木对车下的人表示礼敬。舆，原文作"与"，繁体形近而误，径改。

⑭调其盈虚：调整那满溢与空虚。

⑮天海按：《淮南子·人间训》记有此事而文略。《孔子家语·六本》有此文略同。

【译文】

孔子读《周易》，读到《损卦》《益卦》时，就发出深长的感叹声。子夏起身离座问他："先生为了什么感叹呢？"孔子说："那自认为不足的人会得到增益，自求增益的人会有缺失，我因此而感叹。"子夏问："那么学习的人就不可以求增益吗？"孔子说："不能这么讲。自然的规律说明，成功的事情未必能够长久。那学习的人是以谦虚的态度来接受知识，所以叫有得。假若接受知识却心怀自满，那天下的善言就不能进入他的耳中了。从前唐尧登上天子的高位，还是用诚信恭敬的态度来保持它，用谦虚恬静的态度来对待臣民，所以经过百年而更负盛名，到今天更加显赫。昆吾自以为是，志得意满，极尽高位仍不衰减，所以当时就受到挫败，到今天更加使人憎恶。这难道不是损益的验证吗？所以我说：'谦虚的目的，是用恭敬来保存自己的地位。'《丰卦》说趁日中光明盛大时行动,就能算得上是丰大;如果已达到丰大时,便会开始亏缺了;我谨慎地对待这种情况。所以说,太阳到了中午就开始下落,月亮圆了就开始变缺;天地的盈满空虚,跟随时间此消彼长。因此圣人不敢担当盛名,乘车时遇见三个人时就下车,遇见两个人时就扶轼表示礼敬,调节那盈满与空虚的关系,所以盛名能够长久。"子夏说:"好,请让我终身记诵这番教诲。"

10.4 孔子观于周庙①,而有欹器焉②。孔子问守庙者曰:"此为何器?"对曰:"盖为右坐之器③。"孔子曰:"吾闻右坐之器,满则覆,虚则欹④,中则正。有之乎?"对曰:"然。"孔子使子路取水而试之,满则覆,中则正,虚则欹。孔子喟然叹曰:"呜呼!恶有满而不覆者哉!"子路曰:"敢问持满有道乎?"孔子曰:"持满之道,挹而损之⑤。"子路曰:"损之有道乎?"孔子曰:"高而能下,满而能虚,富而能俭,贵而能卑,智而能愚,勇而能怯,辩而能讷⑥,博而能浅,明而能暗⑦,是谓损而不极。能行此道,唯至德者及之⑧。"《易》曰⑨:"不损而益之,故损;自损而终,故益。"⑩

【注释】

①周庙:周天子的祖庙。卢文弨校曰:"《荀子·宥坐篇》,《淮南·道应篇》,《家语·三恕篇》皆作'鲁桓公之庙。'"天海按,《韩诗外传》卷三仍做"周庙"。

②欹(qī)器:古代一种倾斜易覆的盛水器。水少则倾,中则正,满则覆。欹,倾斜。

③右坐之器:也作"宥坐器"。右坐,《荀子·宥坐》《韩诗外传》卷三、《孔子家语·三恕》皆作"宥坐"。《淮南子·道应训》:"孔子

观桓公之庙有器焉,谓之宥卮。"高诱注:"宥,在坐右。"

④虚则欹:空虚时就会倾斜。

⑤挹而损之:贬抑而减损。挹,通"抑"。贬抑。

⑥辩而能讷(nè):善辩又能木讷。讷,语言迟钝。

⑦暗:不聪明,糊涂。

⑧至德者:道德修养极高的人。

⑨《易》曰:以下所引,非《周易》原文。

⑩天海按:此文见《荀子·宥坐》《韩诗外传》卷三、《淮南子·道应训》《孔子家语·三恕》,又《文子·九守》载老子语,事略同而文异。

【译文】

孔子到周王室宗庙参观,看见有一欹器在那里。孔子问守庙的人说:"这是什么器物?"守庙的人回答说:"应该是右坐器。"孔子说:"我听说右坐器,注满了就会倾覆,空着时就会侧向一边,注入一半就端正了。有这样的事吗?"守庙的人回答说:"是这样。"孔子便让子路取水来试验它。果然是灌满水它就翻倒了,装一半的水它就端正,空着时它就侧向一边。孔子长叹一声说:"唉!哪会有盈满了而不倾覆的呢!"子路说:"请问保持盈满有办法吗?"孔子说:"保持盈满的方法,在于贬抑和减少盈满。"子路问:"减少盈满有办法吗?"孔子说:"地位高的能居人下,盈满的能自感不足,富有的能节俭,尊贵的能处卑贱,机智的能甘愚拙,勇敢的能够怯懦,雄辩的能自甘木讷,博大的能自居浅陋,贤明的能自甘暗弱。这就叫贬损而不使它到达极点。能实行这个办法,只有道德修养极高的人才能达到这一步。"《周易》上说:"不贬损而增益,反而会贬损;自我贬损,最终反而会增益。"

10.5 常枞有疾①,老子往问焉,曰:"先生疾甚矣,无遗教可以语诸弟子者乎?"常枞曰:"子虽不问,吾将语子。"常枞曰:"过故乡而下车,子知之乎?"老子曰:"过故乡而下车,非谓其不忘故邪?"常枞曰:"嘻!是已②。"常枞曰:"过乔木而趋,子知之乎?"老子曰:"过乔木而趋,非谓其敬老耶③?"常枞曰:"嘻,是已。"张其口而示老子,曰:"吾舌存乎?"老子曰:"然!""吾齿存乎?"老子曰:"亡!"常枞曰:"子知之乎?"老子曰:"夫舌之存也,岂非以其柔邪④? 齿之亡也,岂非以其刚邪?"常枞曰:"嘻! 是已。天下之事已尽矣,何以复语子哉!"⑤

【注释】

①常枞(chuāng):《文子·上德》作"常樅",《太平御览》所引亦同。向宗鲁《校证》引诸书,认为即"商容"。商容,商末殷纣王时主掌礼乐的大夫,著名贤人,因多次直谏纣王而被黜;一说他曾经试图用礼乐教化纣王而失败,逃入太行山隐居。周武王胜殷之后,欲封其为三公,辞不受,武王遂表商容之间以示对忠臣贤者的尊敬。《淮南子·主术训》,高诱注《吕氏春秋》,颜师古注《汉书》,皆以为老子师商容。《史记·殷本纪》:"商容贤者,百姓爱之,纣废之。"《礼记·乐记》:"武王克殷反商……封王子比干之墓,释箕子之囚,使之行商容而复其位。"《荀子·大略》:"武王始入殷,表商容之间,释箕子之囚,哭比干之墓,天下乡善矣。"

②是已:这就对了。已,句末语气词,用同"矣"。

③非谓其敬老耶:原文脱"其"字,依向宗鲁《校证》据文例及《太平御览》补。

④岂非以其柔邪:难道不是因为它的柔弱吗?《淮南子·谬称训》:"老子学商容,见舌而知守柔矣。"天海按,原文作"岂非以其治之柔耶",其中"治之"二字衍,此据明钞本删。

⑤天海按：此文所记之事又见《淮南子·缪称训》《慎子·外篇》《高士传》等，"常枞"均作"商容"。商容与老子的时代相隔太远，故《校证》认为"商容"是"主商礼之官"，并不是专名。常枞之事虽不可考，但此文却留下了具有哲理意义的著名成语"舌存齿亡"，供后人玩味不已。

【译文】

常枞生了病，老子前去问候他，说："先生的病很严重了，没有什么教诲留下来可以告诉众弟子吗？"常枞说："你即使不问，我也要告诉你。"常枞说："经过故乡要下车，你知道这个道理吗？"老子说："经过故乡要下车，不是说应该不忘故土吗？"常枞说："啊，是的。"常枞又问："遇见高大的树木要小步急行，你知道这个缘故吗？"老子说："遇见高大的树木要小步急行，不是说人应该尊敬老人吗？"常枞说："啊，是的。"常枞又张开口让老子看，说："我的舌头在吗？"老子说："在。"常枞又问："我的牙齿在吗？"老子说："没有了。"常枞问："你知道这是为什么吗？"老子说："舌头的存在，难道不是因为它的柔弱吗？牙齿的失落，难道不是因为它的坚硬吗？"常枞说："啊，是的。天下的事理已尽在此中了，没有什么可以再告诉你了。"

10.6 韩平子问于叔向曰①："刚与柔孰坚？"对曰："臣年八十矣，齿再堕而舌尚存。老聃有言曰②：'天下之至柔，驰骋乎天下之至坚③。'又曰：'人之生也柔弱，其死也刚强；万物草木之生也柔脆，其死也枯槁。因此观之，柔弱者生之徒也，刚强者死之徒也④。'夫生者毁而必复，死者破而愈亡，吾是以知柔之坚于刚也。"平子曰："善哉！然则子之行何从？"叔向曰："臣亦柔耳，何以刚为？"平子曰："柔无乃脆乎？"叔向曰："柔者纽而不折⑤，廉而不缺⑥，何为脆也？天之道微者胜。是以两军相加，而柔者克之；两仇争利，而弱者得焉。《易》曰⑦：'天道亏满而益谦，地道变满而流谦，鬼神害满而福谦，人道恶满而好谦。'夫怀谦不足之柔弱，而四道者助之⑧，则安往而不得其志乎？"平子曰："善。"

【注释】

①韩平子：名须，是春秋时晋国韩宣子韩起之子。承袭父亲韩宣子担任韩氏首领，仕晋定公，率领韩氏迁居平阳。

②老聃（dān）：即老子。姓李名耳，字聃，一字伯阳。春秋时期陈国苦县人。曾为周朝藏书室史官，著有《老子》五千余言。

③天下之至柔，驰骋乎天下之至坚：此二句见于《老子》四十三章。驰骋，役使。

④"人之生也柔弱"七句：皆见《老子》七十六章。徒，类，属。

⑤纽：用同"扭"。扭曲。

⑥廉：锋利。

⑦《易》曰：以下所引又见于本卷第二则，但不见于今本《周易》。当是解释《周易·谦卦》之语。

⑧四道：即上文所言天道、地道、鬼神、人道。

【译文】

韩平子向叔向问道："刚与柔相比，哪一个更坚实？"叔向回答说："我已八十岁了，牙齿一颗颗掉落，但舌头还在。老子有这样的话：'天下最柔弱的，能够役使天下最坚硬的东西。'又说：'人出生的时候身体柔弱，死后身体就变得僵硬；万物草木生长时也很柔软脆嫩，它们死后也就干枯了。由此看来，柔弱的事物属于生存的一类，刚强的事物属于死亡的一类。'那有生命力的事物毁坏了也一定能复活，属于死亡的事物破败后则更加速灭亡，我因此知道柔软的比刚强的更坚韧结实。"韩平子说："讲得好啊！那么你的行为依从什么呢？"叔向说："我也是柔弱的罢了,为什么要刚强?"韩平子问:"柔弱的恐怕会脆裂吧?"叔向说:"柔软的即使扭曲也不会折断,即使很锋利也不会缺损,为什么会脆裂呢? 自然的规律是微弱者取胜。因此两军相对,柔弱的能攻克对方;两个仇人争利,柔弱的一方能得利。《易》上说:'上天的规律是亏损盈满而补充不足,大地的规律是改变盈满而流向不足,鬼神损害盈满而福佑不足,人世的规律是厌恶盈满而喜好谦虚。'怀着谦虚不足这样的柔弱,天、地、鬼神、人四者都会帮助他,那么无论去干什么能不实现他的志愿吗?"韩平子说:"讲得好。"

10.7 桓公曰①:"金刚则折,革刚则裂;人君刚则国家灭,人臣刚则交友绝。"夫刚则不和,不和则不可用。是故四马不和,取道不长;父子不和,其世破亡;兄弟不和,不能久同;夫妻不和,室家大凶。《易》曰②:"二人同心,其利断金。"由不刚也。

【注释】

①桓公:春秋至战国时,名号为桓公的诸侯很多,此不明所指。
②《易》曰:以下两句引自《周易·系辞上》》:"二人同心,其利断金;同心之言,其臭如兰。"此为"义结金兰"成语出处。

【译文】

桓公说:"金属坚硬就会折断,皮革坚硬就会脆裂;国君刚强国家就会灭亡,臣子刚强交游就会断绝。"太刚强了就不会和顺,不和顺就不可用。因此拉车的四匹马不和顺,就走不了长路;父子不和顺,他们的世系就会破亡;兄弟不和顺,不能长久同居;夫妻不和顺,家庭就有大灾难。《周易》上说:"只要两人齐心,就像利刃能截铜断金。"这就是因为不刚强。

10.8 老子曰①:得其所利,必虑其所害;乐其所成,必顾其所败。人为善者,天报以福;人为不善者,天报以祸也。故曰②:"祸兮福所倚,福兮祸所伏。"戒之慎之,君子不务,何以备之? 夫上知天则不失时,下知地则不失财,日夜慎之则无害灾③。④

【注释】

①老子曰:天海按,以下所引非《老子》原文。
②故曰:以下二句引自《老子》五十八章。
③日夜慎之则无害灾:原文"夜"作"元",于义不通,今据诸本径改。灾,《太平御览》引作"矣"。
④天海按:《汉书·艺文志·道家类》有刘向《说老子》四篇,或认为以上有关老子的言论出于此。

【译文】

老子说:要获得某种利益,一定要想到它的害处;喜欢事情的成功,一定要想到它的失败。人做了好事,上天就用福佑来回报他;人做了坏事,上天就用灾祸来回报他。所以说:"祸是福所依,福是祸所藏。"既要警惕又要慎重,君子不致力于此,凭什么防备灾祸? 如果上知天道就会不失时机,下知地理就会不失财货,日夜小心谨慎就不会有灾祸。

10.9 曾子有疾①,曾元抱首,曾华抱足②。曾子曰:"吾无颜氏之才③,何以告汝! 虽无能,君子务益④。夫华多实少者⑤,天也;言多行少者,人也。夫飞鸟以山为卑,而层巢其巅⑥;鱼鳖以渊为浅,而穿穴其中;然所以得者,饵也。君子苟能无以利害身,则辱安从至乎?"官怠于宦成,病加于少愈,祸生于懈惰,孝衰于妻子;察此四者,慎终如始⑦。《诗》

曰⑧:"靡不有初,鲜克有终⑨。"⑩

【注释】

①曾子(前505—前436):孔子弟子曾参。

②曾元、曾华:皆曾参之子,余事未详。

③颜氏:指孔子弟子颜回(前521—前490)。名回,字子渊。尊称颜子,春秋末期鲁国人。十四岁拜孔子为师,终生师事之,是孔子最得意的门生。自汉代起被列为七十二贤之首,有时祭孔时独以颜回配享。此后历代统治者不断追加谥号:唐太宗尊之为"先师",唐玄宗尊之为"兖公",宋真宗加封为"兖国公",元文宗又尊为"兖国复圣公"。明嘉靖九年(1530)改称"复圣"。山东曲阜还有"复圣庙"。

④务益:努力有所增益。此句《大戴礼记》作"然而君子之务,盖有之矣"。

⑤华:同"花"。这里指开花,用作动词。实:结果,作动词。

⑥层巢:犹垒巢、筑巢。作动词。

⑦"官怠于宦成"六句:又见于《韩诗外传》卷八,文略异。《邓析子·转辞》《文子·符言》皆有类似之文,文繁不引。宦成,指官居高位,登上显贵之位。少愈,同"稍愈"。刚有好转。

⑧《诗》曰:以下引诗见《诗经·大雅·荡》。

⑨靡不有初,鲜克有终:无论什么事都有个开端,但很少能有结果。鲜,少。克,能。

⑩天海按:本文所记曾子语见《曾子·疾病》。

【译文】

曾子有了病,曾元抱住他的头,曾华抱住他的脚。曾子说:"我没有颜回一样的才能,拿什么来告诫你们呢?即使无能,君子也要努力使自己有所增益。那开花多而结果少,是自然的规律;说得多却做得少,是人间的常态。飞鸟以为山很低,便在山顶筑巢;鱼鳖觉得池很浅,就在水底钻洞;然而能够捕到它们,是因为有诱饵。君子如能不因贪利而害自己,那么屈辱又从何而来呢?"做官的由于高位就懈怠了,疾病由于刚痊愈就加重,灾祸由于懈怠懒惰而发生,孝道由于妻子儿女开始衰退。要明察这四种情况,像开始时一样谨慎到最后。《诗经》上说:"无论什么事都有个开端,但很少能有结果。"

10.10 单快曰[1]:"国有五寒[2],而冰冻不与焉。一曰政外[3],二曰女厉[4],三曰谋泄[5],四曰不敬卿士而国家败,五曰不能治内而务外。此五者一见[6],虽祠无福[7]。除祸必得,致福则贷[8]。"

【注释】

[1]单(shàn)快:周大夫。生平不详。
[2]五寒:五种令人寒心的事。
[3]政外:政权旁落。外,落入旁人之手。
[4]女厉:女人为祸。厉,祸害。
[5]谋泄:密谋被泄露。
[6]一见:出现一种。见,同"现"。
[7]虽祠无福:即使祭拜祈祷也不会得福。祠,《说文解字》:"春祭曰祠,品物少,多文辞也。"
[8]致福则贷(tè):求福就会失误。贷,通"忒(tè)"。失误。

【译文】

单快说:"国家有五种令人寒心的事,但冰冻不在其中。一是政权旁落;二是女人为祸;三是密谋泄露;四是不礼敬卿士而国家败落;五是不能治好国内却致力于国外。这五种情况只要出现一种,即使祈祷也不会获得福佑。要消除祸患却一定得到祸患,想求得福佑却事与愿违。

10.11 孔子曰:"存亡祸福皆在己而已,天灾地妖,亦不能杀也①。昔者殷王帝辛之时②,爵生乌于城之隅③。工人占之曰④:'凡小以生巨,国家必祉⑤,王名必倍⑥。'帝辛喜爵之德⑦,不治国家,亢暴无极⑧,外寇乃至,遂亡殷国。此逆天之时⑨,诡福反为祸⑩。殷王武丁之时⑪,先王道缺,刑法弛,桑、穀俱生于朝,七日而大拱。工人占之曰:'桑穀者,野物也。野物生于朝,意朝亡乎⑫?'武丁恐骇,侧身修行⑬,思昔先王之政,兴灭国,继绝世,举逸民,明养老之道。三年之后,远方之君重译而朝者六国⑭。此迎天时,得祸反为福也。故妖孽者,天所以警天子诸侯也;恶梦者,所以警士大夫也。故妖孽不胜善政,恶梦不胜善行也。至治之极⑮,祸反为福。故太甲曰⑯:'天作孽,犹可违;自作孽,不可逭⑰。'"⑱

【注释】

①杀(shài):减少。引申为改变。

②殷王帝辛:即商纣王。

③爵:通"雀"。

④工人:从事各种技艺的人。此指占卜的人。

⑤祉(zhǐ):本义为祖先神降临,引申为福气、福祉。《说文解字》:"祉,福也。从示,止声。"

⑥王名必倍:君王的名声必定加倍显扬。

⑦德:德运。这里指带来的福兆。《礼记·哀公问》:"百姓之德也。"郑玄注:"德,犹福也。"

⑧亢暴:强暴,凶暴,特别残暴。

⑨逆天：原文作"道天"，此据明钞本改。

⑩诡福：奇异的福兆。

⑪殷王武丁：子姓，名昭，商王盘庚之侄，商王小乙之子。夏商周断代工程将武丁在位时间定为前1250—前1192年。此上原文有"至"字，然武丁在帝辛之前，"至"字不妥，此径删。

⑫意：想来，推测之词。

⑬侧身：因戒惧而不敢安身。

⑭重译：辗转翻译。

⑮至治之极：到治理好到极点。

⑯太甲：子姓，名至。商汤嫡长孙，太丁之子，商朝第四代君主。

⑰"天作孽"四句：又见《古文尚书·太甲》。违，避开。逭(huàn)，逃避。

⑱天海按：此文又见《孔子家语·五仪解》，文略异。

【译文】

孔子说："人的存亡祸福都在于自己，即使天降灾地加祸，也不能改变。从前在殷纣王帝辛的时候，有鸟雀在城墙角上生下一只乌鸦。卜人占卜这件事说：'凡是小的能生出大的，国家必定有福运，帝王的名声一定加倍显赫。'帝辛为雀鸟带来的福兆而沾沾自喜，不治理国家，残暴到了极点，于是招致外寇，终于使殷灭亡。这是违反天时，奇异的福兆反而成为祸殃。在殷王高宗武丁的时候，先王的道德缺失，刑法废弛，桑秧、构苗一起生长在朝廷中，到第七天就有一抱粗。卜人占卜这件事说：'桑树、构树是野外植物，野外植物生长在朝廷中，想来该是商朝要灭亡了吧？'武丁十分害怕，便小心谨慎地修养品德，追忆从前先王的政治，恢复被灭亡的诸侯国，让绝祀的卿大夫有继嗣，举用隐逸的贤士，宣示养老的办法。三年之后，远方的国君通过辗转翻译遣使朝拜的就有六个国家。这就是迎合天时，虽得祸兆反而变成福瑞。因此那怪异灾害，是上天用来警戒天子诸侯的，那恶梦是用来警戒士大夫的。所以怪异灾害不能胜过好的政治,恶梦不能胜过好的品行。到了治理天下的最佳境界,祸患反而变成福佑。所以太甲说:'天降灾还可以避开,自己造成灾祸不能逃脱。'"

10.12 石雠曰①:"春秋有忽然而足以亡者,国君不可以不慎也:妃妾不一足以亡②,公族不亲足以亡,大臣不任足以亡,国爵不用足以亡③,亲佞近谀足以亡,举百事不时足以亡,使民不节足以亡,刑罚不中足以亡,内失众心足以亡,外嫚大国足以亡④。"

【注释】

①石雠:据梁玉绳《汉书人表考》其人仅此一见,余事未详。
②不一:不和。
③国爵不用:国家爵位不用来封赏。
④嫚:轻慢。

【译文】

石雠说:"春秋时代有很快就会亡国的情况,国君不能够不谨慎:后妃侍妾不和会亡国,宗室不亲附会亡国,大臣不受信用会亡国,国家爵位不用来封赏会亡国,亲小人近谀臣会亡国,兴办各种事情不合时宜会亡国,役使民力不节制会亡国,刑罚不适当会亡国,在国内失去民心会亡国,在外轻侮大国会亡国。"

10.13 夫福生于隐约①,而祸生于得意,齐顷公是也②。齐顷公,桓公之子孙也,地广民众,兵强国富,又得霸者之余尊③,骄蹇怠傲④,未尝肯出会同诸侯,乃兴师伐鲁,反败卫师于新筑⑤。轻小嫚大之行甚⑥。俄而晋、鲁往聘,以使者戏⑦。二国怒，归求党与助，得卫及曹。四国相辅，期战于鞍⑧，大败齐师，获齐顷公，斩逢丑父⑨。于是戄然大恐，赖逢丑父之欺⑩，奔逃得归。吊死问疾，七年不饮酒，不食肉，外金石丝竹之声⑪，远妇女之色，出会与盟，卑下诸侯⑫。国家内得行义，声问震乎诸侯⑬。所亡之地，弗求而自为来，尊宠不武而得之⑭，可谓能诎免变化以致之⑮。故福生于隐约，而祸生于得意，此得失之效也。⑯

【注释】

①隐约：潜藏，不显露。

②齐顷公（？—前582）：姜姓，吕氏，名无野。前598—前582年在位。

③霸者：霸主。《春秋繁露·竹林》作"霸主"。余尊：余威，遗留下的威势。

④骄蹇怠傲：骄横、乖戾、怠惰、傲慢。蹇，逆反，不顺。

⑤新筑：地名。春秋时卫地，在今河北大名。

⑥轻小嫚大：轻视小国，侮辱大国。

⑦以使者戏：拿使者开玩笑。据《公羊传·成公二年》载："晋郤克与臧孙许同时而聘于齐。萧同侄子者，齐君之母也，踊于棓（登上跳板）而窥客，则客或跛或眇，于是使跛者迓跛者，使眇者迓眇者。"齐顷公的母亲拿使者的跛脚、独眼开玩笑，激怒了晋、鲁两国。《穀梁传》曰："齐之患，必自此始矣！"又云："季孙行父秃，晋郤克眇，卫孙良夫跛，曹公子手偻，同时而聘于齐。齐使秃者御秃者，使眇者御眇者，使跛者御跛者，使偻者御偻者。萧同侄子处台上而笑之，闻于客。"《史记·晋世家》云："使郤克于齐。齐顷公母从楼上观而笑之。所以然者，郤克偻，而鲁使蹇，卫使眇，

故亦令人如之以导客。"

⑧期战于鞍：在鞍地会战。鞍，地名，春秋时齐地，在今山东济南。前589年，晋、鲁、卫等国在此大败齐军。

⑨获齐顷公，斩逢（páng）丑父：天海按，齐顷公并未被俘，逢丑父是否被斩史书也有不同记载。当时的事实是，逢丑父为齐顷公的车右，晋国的韩厥追上了他们，逢丑父趁韩厥不注意，和齐顷公互换了位置，让他下车取水，齐顷公逃走，逢丑父被韩厥俘获。据《公羊传》，晋人郤克曰："欺三军者，其法奈何？"曰："法斮。"于是斮逢丑父；而据《左传》，郤克本欲杀了他，他呼曰："自今无有代其君任患者，有一于此，将为戮乎！"郤克认为："人不难以死免其君。我戮之不祥，赦之以劝事君者。"将其赦免了。斩，砍头。逢丑父，又作逢丑父，春秋时期齐国大夫。

⑩赖逢丑父之欺：依靠与逢丑父交换位置的欺诈行为。

⑪外：除外，摒去。

⑫卑下诸侯：自甘卑下结交诸侯。卑下，意即自甘卑下。

⑬声问：名誉，声望。问，通"闻"。

⑭不武：不依靠武力。

⑮诎免：谦卑退让，屈己下人。也指委曲求全。诎，同"屈"。免，退避。

⑯天海按：此文又见《春秋繁露·竹林》，文略异。

【译文】

福运在暗中生长，灾祸在志得意满时发生，齐顷公就是这样的情况。齐顷公是齐桓公的孙子，国土广阔，人口众多，军队强大，国家富有，又继承了霸主的余威，骄横乖戾怠惰傲慢，从不肯外出与诸侯会盟，兴师攻打鲁国，回师时又在新筑击败卫国军队。他轻视小国，欺侮大国的行径非常过分。不久，晋、鲁两国派人前来通问修好，齐顷公又戏弄这两国的使者。晋、鲁两国使者大怒，回国后寻求同党帮助，找到了卫国与曹国。四国结成联盟,与齐国在鞍地会战,大败齐师,擒获齐顷公,砍伤逢丑父。这时齐顷公才大为震惊和害怕。他依靠逢丑父欺骗了敌军,才得逃脱回国。齐顷公回国后吊唁死者,慰问疾苦,七年不饮酒不吃肉,摈除声乐,远离女色;外出参与会盟,自甘卑下结交诸侯。国家内部能推行仁义,他的声望震动了诸侯。所丢失的土地,不用索取回国就主动归还,不用武力就受到尊宠,可以说得上是能够委曲求全善于变化而得到这些的。所以福运在暗中滋长,而灾祸在志得意满时发生,这就是得与失的效验。

10.14 大功之效,在于用贤积道,浸章浸明①;衰灭之过,在于得意而怠②,浸蹇浸亡③;晋文公是其效也。晋文公出亡,修道不休,得至于飨国。飨国之时,上无明天子,下无贤方伯④,强楚主会,诸侯背畔,天子失道,出居于郑⑤。文公于是悯中国之微⑥,任咎犯、先轸、阳处父⑦,畜爱百姓⑧,厉养戎士⑨。四年,政治内定,则举兵而伐卫,执曹伯⑩,还败强楚⑪,威震天下。明王法,率诸侯,而朝天子,莫敢不听,天下旷然平定⑫,周室尊显。故曰:大功之效,在于用贤积道,浸章浸明。文公于是霸功立,期至意得⑬,汤、武之心作而忘其众,一年三用师,且弗休息,遂进而围许,兵亟弊⑭,不能服,罢诸侯而归。自此而怠政事,为狄泉之盟不亲至⑮,信衰义缺,如罗不补⑯。威武诎折不信⑰,则诸侯不朝,郑遂叛,夷狄内侵,卫迁于帝丘⑱。故曰:衰灭之过,在于得意而怠,浸蹇浸亡。

【注释】

①浸章浸明:逐渐明显清楚。浸,逐渐。章,显著。

②得意而怠：原文"怠"作"急"，义不顺。据明钞本改。

③浸寒浸亡：逐渐困苦危亡。寒，困苦。

④方伯：一方诸侯之长。

⑤天子失道，出居于郑：前636年，周襄王废隗后，狄人攻周，立太叔带为王。周襄王出奔郑，求救于诸侯。

⑥悯中国之微：为周王室的微弱而愤懑。悯，愤懑。中国，中原，这里指东周王室。

⑦咎犯、先轸、阳处父：皆为晋文公之臣。咎犯，又名狐偃，姬姓，狐氏，字子犯。是晋文公的舅舅，又称舅犯、臼犯。先轸，因采邑在原（今河南济源西北），故又称原轸。曲沃（今山西闻喜）人，春秋时期晋国大夫。先轸曾辅佐晋文公、襄公，屡出奇策，并以中军主将的身份指挥城濮之战、崤之战，打败强大的楚国和秦国。阳处父，春秋时期晋国大夫，因封邑于阳地（今山西太谷阳邑村），遂以阳为氏。

⑧畜爱：养育爱护。

⑨厉养：精心训练。厉，严格。养，训练。

⑩执曹伯：俘获了曹伯。曹伯，即曹共公（？—前618），姬姓，曹氏，名襄。前652—前618年在位。前637年，晋国公子重耳逃亡在外经过曹国，曹共公对其无礼，招致重耳怨恨。重耳回国继位，是为晋文公，执曹伯以报旧怨。

⑪还败强楚：很快打败强大的楚国。前632年，晋楚城濮大战，楚军大败。还，旋即。

⑫旷然：空阔广大貌。

⑬期至意得：所期望的已达到而得意。

⑭兵亟弊：军队疲困到极点。

⑮狄泉之盟不亲至：前631年，晋与周、齐、鲁、宋、秦、陈等国大夫在洛阳翟泉会盟，谋攻郑。晋文公仅派狐偃参加。狄泉，即翟

泉,水名。在今洛阳旧城中。
⑯罗:罗网。
⑰诎折不信:同"屈折不伸"。
⑱夷狄内侵,卫迁于帝丘:据《左传·僖公三十一年》:"狄围卫,卫迁于帝丘。卜曰三百年。"杜预注:"避狄难也。帝丘,今东郡濮阳县也,故帝颛顼之虚,故曰帝丘。"前629年冬,狄人包围卫国,卫国迁都到帝丘。至前209年秦二世废卫君角为庶人,卫国灭亡。帝丘,古地名。在今河南濮阳西南,前629年卫成公自楚丘迁都于此。帝丘,原文作"商丘",形误,此径改。

【译文】

大功业的成就,在于任用贤能积累道义,逐渐显明清楚;衰亡的过失,在于得意而懈怠,逐渐困苦及至覆亡;晋文公的事迹就是证明。晋文公逃亡在外时,从不停止修养道德,所以能享有晋国。他执国政时,上无英明的天子,下无贤能的方伯,强大的楚国主持会盟,诸侯背叛周王室,周天子失掉道统,出奔郑国并住在那里。晋文公这时愤懑于周王室的衰微,任用咎犯、先轸、阳处父,养育爱护百姓,精心训练战士。经过了四年,国内政治稳定,就出兵讨伐卫国,捉住了曹共公,随即打败了强大的楚国,声威震动天下。晋文公使王法彰明,率领诸侯朝拜天子,没有人敢不听从,广大辽阔的天下处处安定,周王室的地位尊崇而显荣。所以说:大功业的成就,在于任用贤能,积累道义,逐渐显明。晋文公在这时建立了霸主的功业,愿望实现便得意起来,兴起了要像商汤、周武王一样统一天下的心思,就忘记了他的民众,一年内多次用兵,而且没有休养生息,就进军围攻许国,军队疲惫到极点,不能降服许国,只好让诸侯罢兵回去。晋文公从此就懈怠政事,召集诸侯在狄泉会盟也不亲自到会,信誉衰落道义亏损,犹如网破不补。威武屈折不守信用,诸侯不再朝拜周王,郑国终于叛晋,夷狄入侵中原,卫国迁都到帝丘。所以说:衰落灭亡的过错,在于得意而懈怠,逐渐困苦及至覆亡。

10.15　田子方侍魏文侯坐，太子击趋而入见①，宾客群臣皆起，田子方独不起。文侯有不说之色，太子亦然。田子方称曰："为子起欤？无如礼何②。不为子起欤？无如罪何。请为子诵楚恭王之为太子也③。将出之云梦，遇大夫工尹④，工尹遂趋避家人之门中⑤。太子下车，从之家人之门中，曰：'子大夫，何为其若是？吾闻之，敬其父者不兼其子⑥，兼其子者不祥莫大焉。子大夫，何为其若是？'工尹曰：'向吾望见子之面，今而后记子之心。'审如此，汝将何之⑦？"文侯曰："善！"太子击前诵恭王之言，诵三遍而请习之⑧。

【注释】

①太子击：魏文侯之子，后继位为魏武侯。

②无如礼何：不知属于何种礼节。无如，无奈，不知。

③诵：在此为述说，讲述。楚恭王（前600—前560）：即楚共王。芈姓，熊氏，名审。楚庄王之子，春秋时期楚国国君。前590—前560年在位。

④工尹：春秋时楚国官职名，掌管百工之官。工尹寿之后即以职官为姓（见《古今姓氏辨正》）。《左传·文公十年》："王使为工尹。"杜预注："掌百工之官。"

⑤家人：犹言"人家"。

⑥敬其父者不兼其子：恭敬他的父亲不必同时恭敬他的儿子。兼，兼顾，连同。

⑦审如此，汝将何之：审视这件事，您将如何看待呢？天海按，此一句非工尹所言，乃田子方对魏文侯与太子言。

⑧习之：学习，向他学习。

【译文】

田子方在魏文侯身旁陪坐,太子击小步急走入殿拜见魏文侯,宾客和群臣赶忙起身,只有田子方不起身。魏文侯有不高兴的神色,太子击也一样。田子方道说:"为太子起身吧,无奈不知如何施礼;不为太子起身吧,无奈不知为何得罪。请让我为您讲述楚恭王做太子时的一件事。他准备外出到云梦去,在路上遇见大夫工尹,工尹于是急忙回避到一户人家的门内。楚太子下了车,跟他进入这户人家的门中,说:'您是大夫,为什么要像这样做呢?我听说:恭敬某人的父亲不用兼顾他的儿子,兼顾他的儿子,没有什么比这更大的不祥。您是大夫,为什么要像这样做呢?'工尹说:'刚才我只望见您的外表,从今以后我记住了您的心胸。'审视这件事情,您将如何看待呢?"魏文侯说:"讲得好!"太子击上前复述了楚恭王说过的话,接连朗诵三遍后就请求跟从田子方学习。

10.16 子赣之承或①,在涂,见道侧巾弊布拥蒙而衣衰②,其名曰舟绰③。子赣问焉,曰:"此至承几何?"嘿然不对④。子赣曰:"人问乎己而不应,何也?"屏其拥蒙而言曰:"望而嘿人者⑤,仁乎?睹而不识者,智乎?轻侮人者,义乎?"子贡下车曰:"赐不仁,过问⑥。三言可复闻乎?"曰:"是足于子矣,吾不告子。"于是子赣参偶则轼⑦,五偶则下⑧。

【注释】

①子赣:即孔子弟子端木赐,字子贡。孔子曾称其为"瑚琏之器"。子贡能言善辩,善于经商,家累千金。承或:即承地。承,地名,未详所在。或,古"域"字。汉代有承县,属东海郡,地在今山东枣庄峄城区。

②巾弊布拥蒙而衣衰(cuī):头巾破败、身裹破布穿着丧服的人。

巾,头巾。蒙,覆,蔽。此指遮身的布。衣衰,穿着丧服。衰,丧服。
③舟绰:生平未详。
④嘿(mò)然:闭口无言貌。嘿,同"默"。
⑤暴人:对人轻慢不敬。
⑥过问:问话不妥当。
⑦参偶则轼:遇见三人就手扶车轼表示敬意。参,同"三"。偶,相对,相遇。轼,本为车上横木,古人在车上扶轼是对车下的人表示礼敬。
⑧伍偶则下:遇见五人就下车让道。

【译文】

子赣到承地去,在路上看见一个头巾破败、身裹破布穿着丧服的人,他的名字叫舟绰。子赣向他问路,说:"从这里到承地还有多远?"那人沉默不答。子赣又说:"有人问到自己却不回答,这是为什么?"那人掀开裹身的破布说道:"老远看见一个人就轻慢他,这算仁厚吗?走近见了面却不了解他,这算明智吗?轻视侮弄别人,这算道义吗?"子赣下车说:"是我不仁厚,发问不当。方才说的三句话,可以再讲来听听吗?"那人说:"这些对于您就足够了,我不再告诉您什么。"从此以后,子赣在车上遇见有三个人时就扶轼表示礼敬,遇见有五个人时就下车让道。

10.17 孙叔敖为楚令尹①,一国吏民皆来贺。有一老父,衣粗布,冠白冠,后来吊。孙叔敖正衣冠而出见之,谓老父曰:"楚王不知臣不肖,使臣受吏民之垢②。人尽来贺,子独后来吊,岂有说乎?"父曰:"有说。身已贵而骄人者,民去之;位已高而擅权者,君恶之;禄已厚而不知足者,患处之。"孙叔敖再拜曰:"敬受命,愿闻余教③。"父曰:"位已高而意益下,官益大而心益小,禄已厚而慎不敢取。君谨守此三者,足以治楚矣。"④

【注释】

①孙叔敖:芈姓,蒍(wěi)氏,名敖,字孙叔,一字艾猎。春秋时期楚国贤臣,楚庄王时任令尹。
②受吏民之垢:承受官吏百姓的指责。垢,诟病,指责,羞辱。这里是自谦之辞,意指自己无德无才而居高位。
③余教:其他的教诲。
④天海按:《荀子·尧问》《列子·说符》《韩诗外传》卷七、《淮南子·道应训》均载此事,但文字互有详略。

【译文】

孙叔敖做了楚国令尹,全都城的官吏和百姓都来祝贺。有一个老人身穿粗布衣服,头戴白色帽子,最后来表示吊唁。孙叔敖端正衣帽后出来接见他,对那老人说:"楚王不知道我不贤,让我身居高位,承受官吏与百姓的指责。人们都来祝贺,只有您最后来表示吊唁,是不是有什么说法呢?"老人说:"有说法。身份已经尊贵却对人傲慢的,百姓会离开他;职位已高却独揽权势的,国君会厌恶他;俸禄已经优厚却不知满足的,灾祸会跟着他。"孙叔敖对他拜了两拜说:"恭敬地接受您的教诲,希望再听到其他的教诲。"老人说:"职位已高态度却更加谦恭卑下,官职越大内心却更加小心谨慎,俸禄已优厚却更加谨慎不敢妄取。您严格地坚守这三条,就能够治理好楚国了。"

10.18 魏安釐王十一年①,秦昭王谓左右曰②:"今时韩、魏与秦孰强?"对曰:"不如秦强。"王曰:"今时如耳、魏齐与孟尝、芒卯孰贤③?"对曰:"不如孟尝、芒卯之贤。"王曰:"以孟尝、芒卯之贤，率强韩、魏以攻秦，犹无奈寡人何也；今以无能如耳、魏齐，而率弱韩、魏以伐秦，其无奈寡人何亦明矣！"左右皆曰："然"。申旗伏瑟而对曰④："王之料天下过矣！当六晋之时⑤，智氏最强，灭范、中行氏⑥，又率韩、魏之兵以围赵襄子于晋阳⑦，决晋水以灌晋阳之城⑧，不满者三板⑨。智伯行水⑩，魏宣子御⑪，韩康子为骖乘⑫。智伯曰：'吾始不知水可以亡人国也，乃今知之。汾水可以灌安邑，绛水可以灌平阳⑬。'魏宣子肘韩康子⑭，康子履魏宣子之足⑮，肘足接于车上，而智氏分⑯，身死国亡，为天下笑。今秦虽强，不过智氏；韩、魏虽弱，尚贤其在晋阳之下也⑰。此方其用肘足之时，愿王之必勿易也⑱！"于是秦王恐。⑲

【注释】

①魏安釐(xī)王十一年：前266年。魏安釐王(？—前243)，又作魏安僖王，姬姓，魏氏，名圉。战国时魏国君，前276—前243年在位。

②秦昭王(前325—前251)：又称秦昭襄王，嬴姓，名则，又名稷。战国时期秦国国君，前306—前251年在位。

③如耳：战国魏襄王时大夫，余事未详。魏齐(？—前265)：战国时魏国公子，魏昭王时为相，秦国要替范雎报仇，胁迫赵王将匿于赵国的魏齐杀死。孟尝：即孟尝君。姓田，名文，齐国人。"战国四公子"之一。芒卯(？—前282)：战国时齐人，一作"孟卯"，曾为魏相，有贤名。

④申旗：战国时秦国辩士。向宗鲁《校证》据《韩非子》《秦策》以为当作"中期"，而《史记》作"中旗"。皆同一人。

⑤六晋：指先后执晋国之政的智氏、范氏、中行氏、韩氏、魏氏、

赵氏。

⑥智氏最强,灭范、中行(háng)氏:前497年,赵鞅杀赵午,赵氏内乱,范氏、中行氏想趁机驱逐赵氏,于是攻击赵氏。智氏遂利用范氏、中行氏内部不和,联合韩氏、魏氏攻击范氏、中行氏,将其驱逐出晋国。范氏,据《古今姓氏书辨证》和《元和姓纂》所载,周宣王杀杜伯,其子隰叔奔晋为士师,其玄孙士会担任晋国上军主将。前593年,因战功升为中军元帅,执掌朝政。士会先得到封邑随(今山西介休),后来又得到封邑范(今河南范县),所以又称随会、范会,谥武,子孙遂以封邑范为姓,称范氏。中行氏,其先祖是中行桓子。姬姓,荀氏,名林父,故多称荀林父,谥桓,史称中行桓子。荀林父为纯臣荀息长孙,智氏始祖智庄子的兄长。

⑦率韩、魏之兵以围赵襄子于晋阳:范氏、中行氏被逐后,智氏势力最大,倚势强行向赵、魏、韩三族索要土地,赵氏不给,智伯遂率韩、魏围赵。赵襄子,名毋恤,春秋战国之际晋国大夫,赵氏宗族首领。晋阳,今山西太原西南。赵氏重要城邑,后一度为战国时赵国都城。

⑧晋水:河名。源出今山西太原西南的悬瓮山,东流经古晋阳城侧入汾水。

⑨不满者三板:此指还有六尺就会淹没城墙。板,古代筑墙用的框板,每板高二尺,三板高六尺。

⑩智伯行水:智伯巡查水势。智伯,智瑶(?—前472),谥襄。智氏首领。时为晋国正卿。

⑪魏宣子御:魏宣子驾车。御,驾车。魏宣子(?—前446),又称魏桓子,姬姓,魏氏,名驹。春秋战国之际晋国大夫,魏氏宗族首领。

⑫韩康子为骖乘:韩康子做车右卫士。骖乘,古代乘车居右边陪乘的人,又叫"车右"。古人乘车"尚左",即以左方为尊。乘车时尊

者在左,御者(驭手)居中,另有一人在右陪乘。陪乘的人就叫"骖乘",其任务是随侍护卫尊者,防备车辆倾侧。韩康子,姬姓,韩氏,名虎,谥康。是春秋战国之际晋国大夫,韩氏宗族首领。

⑬汾水可以灌安邑,绛水可以灌平阳:汾水,河名。在今山西境内。汾者,大也,汾河因此而得名。源出今太原汾阳之北管涔山,南流经今太原、临汾、侯马,西折入黄河。绛水,河名。在今山西境内。《读史方舆纪要》:"绛水西流入闻喜县,为涑水之上源。"涑水流经今临猗、永济,在蒲阪入黄河。安邑,战国时魏都,旧址在今山西夏县附近,临近涑水。平阳,战国时韩邑,故城在今山西临汾南,临近汾水。《梁书·韦睿传》《乐史》《太平寰宇记》《水经注》引此皆作"吾闻汾水可以灌平阳,绛水可以灌安邑",较为合理。译文从之。

⑭肘:用手肘顶碰,用作动词。

⑮履:用脚踩,用作动词。

⑯肘足接于车上,而智氏分:韩、魏二氏在车上互通暗号,因而智氏封地被瓜分。此指韩、魏二人在车上都有了反叛智氏的意愿。此后赵氏暗中派人游说二人,韩、魏、赵三家一拍即合,打败智氏,将其土地瓜分。天海按,所谓"肘足相接"即"做手脚"的典故,或出于此事。

⑰尚贤其在晋阳之下:他们的情况比在晋阳城下时还要好。尚贤,此指较之还好。

⑱必勿易:一定不要掉以轻心。易,认为……容易,忽视。

⑲天海按:此文本《史记·魏世家》,《韩非子·难三》《战国策·秦策四》《春秋后语》等与此文略同。

【译文】

魏安釐王十一年时,秦昭王对左右的人说:"现在的韩、魏两国与秦国相比,哪一个强大?"左右的人回答说:"都不如秦国强大。"秦昭王说:

"现在的如耳、魏齐与孟尝、芒卯相比,哪两人贤能?"左右的人回答说:"当然不如孟尝、芒卯贤能。"秦昭王说:"凭着孟尝、芒卯二人的贤能,率领韩、魏两国军队来攻打秦国,也不能把我怎么样;现在靠如耳、魏齐这样无能的人,率领弱小的韩、魏两国军队来攻打秦国,他们不能把我怎么样也就更清楚了。"左右的人说:"那是当然的!"申旗伏在琴上应对说:"大王这样预料天下形势,那就错了!当晋国六卿先后掌权时,智氏最强,他灭掉了范氏、中行氏,又率领韩、魏两氏的军队在晋阳城将赵襄子围困,决开晋水来淹晋阳城,水离城墙上沿不到六尺高。智伯巡察水势,魏宣子驾车,韩康子为车右。智伯说:'我当初不知道水可以灭亡别人的国家,现在明白了。看来汾水也能用来淹平阳,绛水能用来淹安邑。'魏宣子用手肘顶碰韩康子,韩康子用脚踩魏宣子的脚,手肘和脚在车上交接暗示,就使智氏的领地被瓜分,身死国亡,被天下的人所耻笑。现在秦国虽然强大,但也比不过智氏;韩、魏两国虽然弱小,但他们情况比在晋阳城下时还要好。这正是他们用手肘和脚来联合的时候,希望大王一定不可掉以轻心!"于是秦王这才感到恐惧。

10.19 魏公子牟东行①,穰侯送之②,曰:"先生将去冉之山东矣③,独无一言以教冉乎?"魏公子牟曰:"微君言之,牟几忘语君。君知夫官不与势期④,而势自至乎?势不与富期,而富自至乎?富不与贵期,而贵自至乎?贵不与骄期,而骄自至乎?骄不与罪期,而罪自至乎?罪不与死期,而死自至乎?"穰侯曰:"善!敬受明教。"⑤

【注释】

①魏公子牟:亦称魏牟,战国时魏国人。封于中山。一称中山公子牟、范魏牟。早年曾与公孙龙交好,亡国后改宗庄子。也有认为

魏牟早于庄子。《列子·仲尼》:"中山公子牟者,魏国之贤公子也。好与贤人游,不恤国事,而悦赵人公孙龙。乐正子舆之徒笑之。"《汉书·艺文志·道家类》有《公子牟》四篇。

② 穰侯:姓魏名冉,秦昭王母亲宣太后异父兄弟,秦昭王之舅。因食邑在穰,号曰穰侯。魏冉实力较大,拥立了秦昭王,之后魏冉在秦国独揽大权,四任秦相,党羽众多,深受宣太后宠信。

③ 去冉之山东:离开我魏冉前去山东。山东,战国时称崤山以东为山东。

④ 期:约会,在一起。

⑤ 天海按:此文所记与《战国策·赵策三》载平原君引用公子牟语大多相同,但穰侯作"应侯"。马国翰《玉函山房辑佚书》收此文入《公子牟佚文》。

【译文】

　　魏公子牟到东方去,穰侯为他送行,说:"先生将要离开我去山东了,难道没有一句话来教导我吗?"魏公子牟说:"要不是你讲到这件事,我几乎忘了告诉你。你知道官位并不与权势相约,而权势自己就会来到吗?权势不与财富相约,而财富自己就会来到吗?财富不与尊贵相约,而尊贵自己就会来到吗?尊贵不与骄奢相约,而骄奢自己就会来到吗?骄奢不与罪过相约,而罪过自己就会来到吗?罪过不与死亡相约,而死亡自己就会来到吗?"穰侯说:"讲得好!我恭敬地接受您高明的教导。"

　　10.20 高上尊贵①,无以骄人;聪明圣智,无以穷人②;资给疾速③,无以先人④;刚毅勇猛,无以胜人。不知则问,不能则学;虽智必质⑤,然后辩之;虽能必让,然后为之。故士虽聪明圣智,自守以愚;功被天下⑥,自守以让;勇力距世⑦,自守以怯;富有天下,自守以廉。此所谓高而不危,满而不溢者也。⑧

【注释】

①尊贵:原文作"尊贤",此依向宗鲁《校证》据《荀子》《韩诗外传》《邓析子》诸书改。
②穷人:使人困窘。穷,困窘。使动用法。
③资给疾速:天资聪敏,应对迅捷。
④先人:抢先于别人,在别人前面。
⑤虽智必质:即使机智也一定要朴实。
⑥功被天下:功盖天下。被,覆盖。
⑦距世:可与世上任何人抗衡,即盖世之意。距,通"拒"。抗拒。
⑧天海按:此文"然后为之"以上见《荀子·非十二子》《韩诗外传》卷六,又见《邓析子·转辞》;"故士虽聪明圣智"以下见《荀子·宥坐》《孔子家语·三恕》。

【译文】

地位高尚尊贵,不要凭此对人傲慢;聪明贤能智慧,不要凭此使人困窘;天资聪明应对迅捷,不要凭此抢先于人;刚强坚毅勇猛,不要凭此压服别人。不懂的就请教,不会的就学习。即使有智慧也一定要质朴,然后参与辩论;即使有才能也一定要谦让,然后再去做那件事。所以士人尽管聪明贤能机智,也要以愚拙自守;功劳覆盖天下,也要以谦让自守;勇力天下无敌,也要以怯弱自守;富有天下,也要以清廉自守。这就是所说的居高而不危险,盈满却不外溢的道理。

10.21 齐桓公为大臣具酒,期以日中①。管仲后至,桓公举觞以饮之,管仲半弃酒。桓公曰:"期而后至,饮而弃酒,于礼可乎?"管仲对曰:"臣闻'酒入舌出',舌出者言失,言失者身弃②。臣计弃身不如弃酒。"桓公笑曰:"仲父起,就坐。"③

【注释】
①期以日中:约好中午的时间。期,约。
②身弃:丧身。此处"酒入舌出"应该是"祸从口出"成语的出处。
③天海按:此文又见《韩诗外传》卷十、《吕氏春秋·达郁》,文略异。

【译文】
齐桓公为大臣们准备了酒宴,约好在中午举行。管仲迟到,齐桓公举杯罚他饮酒,管仲喝了一半就将酒倒掉。齐桓公问:"有约而后到,罚饮而倒酒,这在礼节上说得通吗?"管仲回答说:"我听说'酒入口中,舌头就伸出来了',舌头伸出的人会说错话,说错话的人会因此丧身。我想丧身不如倒酒。"齐桓公笑着说:"仲父请起身,就座。"

10.22 楚恭王与晋厉公战于鄢陵之时①,司马子反渴而求饮②,竖榖阳持酒而进之③。子反曰:"退,酒也。"榖阳曰:"非酒也。"子反又曰:"退,酒也。"榖阳又曰:"非酒也。"子反受而饮之,醉而寝。恭王欲复战,使人召子反,子反辞以心疾④。于是恭王驾往。入幄⑤,闻酒臭,曰:"今日之战,所恃者司马;司马至醉如此,是亡吾国⑥,而不恤吾众也。吾无以复战矣!"于是乃诛子反以为戮⑦,还师。夫榖阳之进酒也,非以妒子反,忠爱之而适足以杀之。故曰:"小忠,大忠之贼也;小利,大利之残也⑧。"⑨

【注释】
①楚恭王(?—前560):芈姓,熊氏,名审。春秋时楚国君。前

590—前560年在位。晋厉公(？—前573)：姬姓，名寿曼。前580—前573年在位。鄢陵：今河南鄢陵。春秋属郑地。前770年，郑武公灭鄢，废鄢国为鄢邑，改为鄢陵。前575年，晋国和楚国为争夺霸权，在鄢陵地区发生战争，晋军在此地大败楚军，是为鄢陵之战。

②司马子反(？—前575)：春秋时楚公子侧，字子反。楚庄王时为司马，鄢陵之战败后被杀。
③竖榖阳：僮仆榖阳。竖，僮仆。
④辞以心疾：以有心病推辞。
⑤入幄：进入帐篷。幄，野外帐篷。
⑥亡：通"忘"。忘记。《吕氏春秋·权勋》作"是忘荆国之社稷"。
⑦戮：陈尸示众。
⑧残：残害，祸害。
⑨天海按：此文见《韩非子·十过》及《饰邪》篇、《吕氏春秋·权勋》《淮南子·人间训》，又见《左传·成公十六年》《国语·楚语上》《史记·晋世家》《史记·楚世家》，文字均简略。

【译文】

楚恭王与晋厉公鄢陵交战的间隙，司马子反口渴要喝水，僮仆榖阳端着酒来进奉给他。子反说："退下去，这是酒。"榖阳说："这不是酒。"子反又说："退下去，这是酒。"榖阳又说："这不是酒。"子反接过来喝了，醉后睡着了。楚恭王想要再次开战，派人召见子反，子反借口有心病而推辞。于是楚恭王驾车前往，进入子反住的帐中，闻到一股酒臭。楚恭王说："今天的战斗，所依靠的就是司马；司马竟醉成这样，这是忘记了我的国家，并且也不关心我众多的士卒。我不能再战斗了！"于是就杀掉子反陈尸示众，然后回师。榖阳的进酒，不是因为忌恨子反，他对子反的忠爱，却正好能够杀害他。所以说："小忠是大忠的敌人，小利是大利的祸害。"

10.23 好战之臣①,不可不察也。羞小耻以构大怨,贪小利以亡大众。《春秋》有其戒,晋先轸是也②。先轸欲要功获名③,则以秦不假道之故,请要秦师④。襄公曰⑤:"不可,夫秦伯与吾先君有结⑥。先君一日薨而兴师击之,是孤之负吾先君,败邻国之交而失孝子之行也。"先轸曰:"先君薨而不吊赠,是无哀吾丧也⑦;兴师径吾地而不假道,是弱吾孤也⑧;且柩毕尚薄屋⑨,无哀吾丧也,兴师。"卜曰:"大国师将至,请击之。"则听先轸兴兵,要之殽⑩,击之,匹马支轮无脱者,大结怨构祸于秦,接刃流血,伏尸暴骸⑪,糜烂国家⑫,十有余年,卒丧其师众,祸及大夫,忧累后世⑬。故好战之臣,不可不察也。

【注释】

① 好战之臣:原文"战"误作"戮",此据明钞本改。此则原文与上相连,现依卢文弨校本另起。
② 先轸:因采邑在原(今河南济源西北),故又称原轸。春秋时期晋国大夫。先轸曾辅佐晋文公、襄公两位君主,屡出奇策,并以中军主将的身份指挥城濮之战、殽之战,打败强大的楚国和秦国。
③ 要功:求取功绩。要,求。
④ 要:拦截。
⑤ 襄公:晋襄公(?—前621),姬姓,名骧,前627—前621年在位。
⑥ 秦伯与吾先君有结:秦伯与我国先君晋文公结有盟约。秦伯,此指秦穆公任好。先君,此指晋文公重耳。有结,结有盟约。晋献公时,晋国内乱,公子重耳出逃秦国,秦穆公决定帮助他回国继位,还把女儿怀嬴改嫁给他。后来,重耳在秦穆公的帮助下回国,赶走侄子晋怀公继位,即"春秋五霸"中的晋文公。
⑦ 是无哀吾丧:这是不为我国丧事而哀痛。

⑧是弱吾孤:这是认为我国孤弱。弱,原文作"吊",于义不通。依明钞本改。

⑨且柩毕尚薄屋:向宗鲁《校证》引《丧大记》以为当作"柩尚毕涂屋"。"毕涂屋"为当时国君殡制,即在停于灵堂的棺柩上加盖假房。

⑩要之殽(xiáo):在崤山拦击秦军。前628年,秦穆公趁郑、晋两国国君新丧,秦人掌管郑国北门,不听大臣蹇叔等劝阻,执意要越过晋境偷袭郑国。晋襄公听从先轸之谋,设伏于崤山,具体地点在今河南洛宁东宋乡王岭村,打败秦军。此为著名的秦晋崤之战。殽,即崤山,在今陕西潼关以东至河南新安。附近有函谷关,地势险要。

⑪伏尸暴骸:尸骨遍地倒伏暴露不收。

⑫糜烂国家:使国家分崩离析,一蹶不振。

⑬忧累后世:天海按,据《左传·僖公三十三年》所载秦晋崤之战,虽然是秦穆公不义而惨败,好战受损的是秦国,但此文所云:"《春秋》有其戒,晋先轸是也",明显谴责晋先轸是"好战之臣",文末所云:"卒丧其师众,祸及大夫,忧累后世。"可见作者不因晋国之胜利而褒扬战争。

【译文】

　　对好战的臣子,不能不加以考察。对小的羞耻感到羞辱就能结成大的仇恨,贪图小利就会损失众多的军队。《春秋》上有这种鉴戒,晋国的先轸就是这样。先轸想邀功获取名声,就以秦军不向晋国借路为由,要求拦截秦军。晋襄公说:"不可以。秦伯与我先君有过盟约。先君刚一去世就兴师攻击他,我这就是辜负先君,败坏邻国邦交,又丧失了孝子的品行。"先轸说:"先君去世秦国不来吊唁送礼,这是不为我国的丧事而哀悼;兴师直接经过我国境地而不向我们借道,这是认为我孤弱;再说灵柩还在灵堂中,秦国不为我国丧事致哀,可以举兵。"占卜的人说:"大国的军队马上到来,请拦击它。"晋襄公就听任先轸发兵,在殽山拦截攻击秦军,秦军全军覆没,一匹马一只车轮没有逃脱,由此跟秦国结下深仇大恨,经常交战流血,尸骨遍野倒伏暴露,使国家分崩离析,这样有十多年,最终损兵折将,祸患延及大夫,忧患连累到后人。因此对好战的臣子,不能不加以考察。

10.24 鲁哀公问孔子曰①:"予闻忘之甚者,徙而忘其妻②,有诸乎③?"孔子对曰:"此非忘之甚者也,忘之甚者忘其身。"哀公曰:"可得闻与?"对曰:"昔夏桀贵为天子,富有天下,不修禹之道,毁坏辟法④,裂绝世祀⑤,荒淫于乐,沉酗于酒⑥。其臣有左师触龙者⑦,谄谀不正⑧。汤诛桀,左师触龙者身死,四支不同坛而居⑨。此忘其身者也。"哀公愀然变色,曰:"善。"⑩

【注释】

①鲁哀公:春秋时期鲁国国君,前494—前468年在位。
②徙:迁移,搬家。此字原文误作"徒",此据明钞本改。
③诸:义同"之",代词。
④辟法:刑法。
⑤裂绝世祀:破坏断绝世代的祭祀。世祀,世代的祭祀。
⑥沉酗:贪酒暴饮。
⑦左师触龙:战国时赵有左师触龙,曾谏赵太后以幼子入质齐国求援兵拒秦,不是夏桀的佞臣。此处疑有误,或为另一人。《尸子》载此事作"王子须"。左师,春秋战国时宋、赵等国执政官名。
⑧谄谀不正:谄媚阿谀不正派。"正",原文作"止",此据向宗鲁依卢文弨校与《荀子》改。

⑨四支不同坛而居：四肢分裂不在同一个祭坛。因左师触龙被车裂处死，四肢分别在不同的祭坛被祭天谢罪。四支，即"四肢"。坛，祭坛，土筑的高台。

⑩天海按：此文又见《尸子》《孔子家语·贤君》，文略异。

【译文】

鲁哀公问孔子说："我听说有忘性特别严重的人，搬家时忘掉了自己的妻子，有这样的事吗？"孔子回答说："这还不是忘性特别严重的人，忘性特别严重的人会忘掉自身。"鲁哀公问："能够说来听听吗？"孔子说："从前夏桀贵为天子，富有天下，但不行夏禹的正道，毁坏刑法，断绝世代相传的祭祀，荒淫享乐，贪酒暴饮。他的臣子中有个左师触龙，谄媚阿谀不正派。商汤诛杀夏桀，左师触龙被车裂处死，四肢分裂在不同的祭坛谢罪。这就是忘掉了自身的人。"鲁哀公惨然失色，说道："讲得好！"

10.25 孔子之周①，观于太庙②。右陛之前有金人焉③，三缄其口④，而铭其背曰："古之慎言人也。戒之哉！戒之哉！无多言，多言多败；无多事，多事多患。安乐必戒，无行所悔。勿谓何伤，其祸将长；勿谓何害，其祸将大；勿谓何残，其祸将然⑤；勿谓莫闻，天妖伺人⑥。荧荧不灭，炎炎奈何⑦；涓涓不壅，将成江河；绵绵不绝，将成网罗；青青不伐，将寻斧柯⑧。诚不能慎之，祸之根也；口是何伤，祸之门也。强梁者不得其死⑨，好胜者必遇其敌；盗怨主人，民害其贵⑩。君子知天下之不可盖也⑪，故后之、下之，使人慕之，执雌持下⑫，莫能与之争者。人皆趋彼，我独守此；众人惑惑⑬，我独不从；内藏我知，不与人论技；我虽尊高，人莫我害⑭。夫江河长百谷者，以其卑下也。天道无亲，常与善人⑮。戒之哉！

戒之哉！"孔子顾谓弟子曰："记之。此言虽鄙⑯，而中事情⑰。《诗》曰⑱：'战战兢兢，如临深渊，如履薄冰。'行身如此，岂以口遇祸哉！"⑲

【注释】

①孔子之周：孔子到东周洛阳去。周，此指东周洛阳。

②太庙：天子的祖庙。即周天子的祖庙。然《孔子家语·观周》作"后稷之庙"。

③金人：铜铸的人。

④三缄(jiān)：三重封口。缄，封口。

⑤然："燃"的本字，引申为蔓延。

⑥天妖：天降妖孽。

⑦荧荧不灭，炎炎奈何：微弱小火不熄灭，对熊熊大火将无可奈何。荧荧，小火微光。炎炎，大火炽盛。此二句《六韬·文韬·守土》作"荧荧不救，炎炎奈何"。

⑧青青不伐，将寻斧柯：青青小树不砍伐，将要使用大斧头。青青，小树初生的时候。此指小树。斧柯，斧柄，此借指斧。此二句《六韬·文韬·守土》作"两叶不去，将用斧柯"。

⑨强梁者不得其死：强横的人不得好死。强梁，强横。

⑩盗怨主人，民害其贵：盗贼仇视所盗财物的主人，百姓嫉妒贵族。害，妒忌。

⑪盖：胜过，压倒。

⑫执雌持下：守住柔弱坚持卑下。谓保持柔顺之德。执雌，取弱势。雌，喻柔弱。

⑬惑惑：迷惑，盲从。

⑭人莫我害：原文"我害"作"害我"，卢文弨从《孔子家语·观周》乙正，并云"徙""技""害"皆与"彼"韵协。今从之。

⑮天道无亲,常与善人:上天对人不分亲疏,经常帮助善良的人。此语又见《老子》七十九章。

⑯鄙:粗俗。

⑰中事情:切合实情。中,切合。

⑱《诗》曰:以下引诗见《诗经·小雅·小旻》。

⑲天海按:文中所引金人铭文应为《荀子》佚文,事又见《孔子家语·观周》。

【译文】

孔子到东周洛阳去,在周天子的祖庙里参观。右边台阶的前面有个铜人,它的口被封了三层,在背上刻有铭文:"这是古代教人说话要谨慎的人。要引以为戒啊!要引以为戒啊!不要多说话,多说话多败亡;不要多事,多事多祸患。安乐时一定要警戒,不要去做使自己后悔的事情。不要说没有什么妨害,它的祸患将会很长远;不要说没有什么损害,它的祸患将会很大;不要说没有什么残害,它的祸害将会蔓延;不要说没人听到,天降妖孽在窥伺着人。星星之火不去扑灭,对熊熊大火就无可奈何;涓涓细流不堵塞,就会汇成江河;绵绵的丝线不断,就会织成罗网;青青的小树不砍伐,将来需要去找大斧头。如果不能谨慎行事,那就是祸患的根源;口有什么伤害?它是招祸之门。强横的人不得好死,好胜的人定会遇上对手;盗贼怨恨主人,百姓妒忌显贵。君子懂得自己不可能胜过天下的人,所以甘居众人之后、众人之下,使人敬慕,坚守在柔弱低下的地位,谁也不能与他相争。人都趋向彼方,我独坚守此处;众人迷惑盲从,只有我毫不盲从;内心所藏自己知道,不与人比较技能高低;我即使地位尊高,也没人能加害于我。大江大河比众多的溪流更长,就是因为它地处低下。上天行事不分亲疏,但常保佑好人。要以此为戒啊!要以此为戒啊!"孔子回头对他的弟子们说:"记住这些话!这些话虽然粗鄙,但切合实际。《诗》上说:'小心谨慎,如面临深池,如脚踩薄冰。'如果像这样立身处世,难道会因为说话招来灾祸吗!"

10.26 鲁哀侯弃国而走齐①,齐侯曰②:"君何年之少而弃国之蚤③?"鲁哀侯曰:"臣始为太子之时,人多谏臣,臣受而不用也;人多爱臣,臣爱而不近也。是则内无闻而外无辅也。是犹秋蓬恶于根本而美于枝叶,秋风一起,根且拔矣④。"⑤

【注释】

①鲁哀侯:向宗鲁《校证》以为当依《晏子春秋·内篇杂上》作"鲁昭公"。鲁昭公(前560—前510):姬姓,名裯,或作稠、袑。春秋时期鲁国国君,前542年—前510年在位。前517年,鲁昭公欲削夺权臣季孙氏权力失败,被迫出逃,先后逃亡到齐国、晋国,最后死在了晋国的乾侯(今河北成安东南)。

②齐侯:依《晏子春秋·内篇杂上》当为齐景公。

③蚤:通"早"。

④"是犹秋蓬恶(è)于根本而美于枝叶"三句:《晏子春秋·内篇杂上》作"譬之犹秋蓬也,孤其根而美枝叶,秋风一至,偾且揭矣"。秋蓬,秋季的蓬草,因根已干枯,易随风飘飞。恶,坏。

⑤天海按:此文又见《晏子春秋·内篇杂上》,文略异。

【译文】

鲁哀侯抛弃国家而逃亡到齐国,齐侯问他:"您为何这样年轻却这么早就抛弃了国家?"鲁哀侯说:"我当初做太子的时候,有很多人劝谏我,我接受了却没有采用;有很多人爱戴我,我也爱护他们,但不亲近他们;这样就在宫内什么也听不到,在宫外也无人辅佐我。这好像是秋天的蓬草,根本已经坏了只是枝叶很美,秋风一起,就连根拔掉了。"

10.27 孔子行游,中路闻哭者声,其音甚悲。孔子曰:

"驱之,驱之!前有异人音①。"少进,见之,丘吾子也②,拥镰带索而哭③。孔子辟车而下④,问曰:"夫子非有丧也,何哭之悲也?"丘吾子对曰:"吾有三失。"孔子曰:"愿闻三失。"丘吾子曰:"吾少好学问,周遍天下,还后,吾亲亡,一失也;事君奢骄⑤,谏不遂⑥,是二失也;厚交友而后绝,是三失也⑦。树欲静乎风不定,子欲养乎亲不待。往而不来者,年也;不可得再见者,亲也。请从此辞!"则自刎而死。孔子曰:"弟子记之,此足以为戒也!"于是弟子归养亲者十三人。⑧

【注释】

①异人:不同常人。

②丘吾子:即丘吾。春秋时期齐国人。《太平御览》七百六十四作"吾丘"。吾、虞,古同音,故一说为"虞丘子",春秋时期楚国有令尹虞丘子,但不与孔子同时,且生平迥异,疑为另一人。《孔子家语·致思》作"皋鱼"。

③拥镰带索:腰扎草绳怀抱镰刀。

④辟车:使车子退避在路旁。辟,同"避"。

⑤事君奢骄:所事奉的君主奢侈傲慢。

⑥不遂:没有成功,没有达到目的。

⑦是三失也:原文脱"是"字,依向宗鲁《校证》据上文例补。

⑧天海按:此文又见《韩诗外传》卷九、《孔子家语·致思》,文略异。

【译文】

孔子外出游历,半路上听见有人哭泣的声音,那哭声很悲痛。孔子说:"赶上前去,赶上前去!前面有不同常人的哭声。"向前走了不远,看见哭泣的人,是丘吾子。他腰扎草绳怀抱镰刀在痛哭。孔子把车避让在旁边后下车,问他:"先生并不是有丧事,为何哭得这样悲痛?"丘吾子回答说:"我有三种过失。"孔子说:"我希望能听听这三种过失。"丘吾子说:"我年轻时喜欢求学,游遍天下,回家后,我的双亲已去世,这是第一种过失;事奉傲慢奢侈的国君,劝谏不成,这是第二种过失;交结朋友厚道,但以后都断绝了往来,这是第三种过失。树想要平静但风不停止,儿子想要侍奉双亲但他们没等到那一天。一去不复返的是岁月;不能再见面的是去世的双亲。请让我在此诀别吧!"于是自刎而死。孔子说:"弟子们记住这些话,它能够作为鉴戒啊!"于是弟子中回家侍奉父母亲的有十三人。

10.28 孔子论《诗》①,至于《正月》之六章②,惧然曰:"不逢时之君子,岂不殆哉!从上依世则废道③,违上离俗则危身。世不与善,己独由之④,则曰非妖则孽也。是以桀杀关龙逢,纣杀王子比干。故贤者不遇时,常恐不终焉⑤。《诗》曰⑥:'谓天盖高,不敢不局⑦;谓地盖厚,不敢不蹐⑧。'此之谓也。"⑨

【注释】

①论:这里是"读"的意思。《孔子家语·贤君》作"读"。
②《正月》之六章:《诗经·小雅·正月》第六章,诗云:"谓天盖高,不敢不局。谓地盖厚,不敢不蹐。维号斯言,有伦有脊。哀今之人,胡为虺蜴?"
③从上依世:顺从君主依循世俗。
④世不与善,己独由之:世上人不做善事,只有自己这样去做。
⑤不终:得不到好结果。
⑥《诗》曰:以下引诗即《诗经·小雅·正月》第六章。
⑦局:曲身弯腰。

⑧踖(jí):小步走路。
⑨天海按:此文又见《孔子家语·贤君》,文略异。

【译文】

孔子读《诗》,读到《小雅·正月》第六章时,感到震惊地说:"生不逢时的君子,难道不危险吗?顺从君主依循世俗就会废弃道义,违抗君主脱离世俗就会危及自身。世人都不做好事,只有自己去做,就被人说不是妖就是孽。因此夏桀杀了关龙逢,商纣杀了王子比干。所以贤人生不逢时,常常担心不得善终。《诗》上说'要说天高,却不敢不弯腰;要说地厚,却不敢不小步走。'说的就是这种情形。"

10.29 孔子见罗者①,其所得者,皆黄口也②。孔子曰:"黄口尽得,大爵独不得③,何也?"罗者对曰:"黄口从大爵者,不得;大爵从黄口者,可得。"孔子顾谓弟子曰:"君子慎所从,不得其人,则有罗网之患。"④

【注释】

①罗者:用网捕鸟的人。
②黄口:幼鸟。小鸟嘴黄,故称。
③大爵:大鸟。爵,通"雀"。
④天海按:此文又见《孔子家语·六本》,文详于此。

【译文】

孔子看见用网捕鸟的人,他所捕得的鸟,全是黄口小鸟。孔子说:"你捕捉的全是黄口小鸟,偏偏没捉到大鸟,这是为什么?"捕鸟的人回答说:"小鸟跟从大鸟的,就捕不到它;大鸟跟从小鸟的,才可以捕到。"孔子回头对弟子说:"君子应慎重选择自己所跟从的人,跟了不适当的人,就有进入罗网的祸患。"

10.30 修身正行,不可以不慎。嗜欲使行亏,馋谀乱正心,众口使意回①。忧患生于所忽,祸起于细微;污辱难湔洒②,败事不可复追;不深念远虑,后悔当几何。夫徼幸者③,伐性之斧也;嗜欲者,逐祸之马也;谩谀者④,穷辱之舍也;取虐于人者⑤,趋祸之路也。故曰:"去徼幸,务忠信,节嗜欲,无取虐于人,则称为君子,名声常存。"⑥

【注释】
①众口使意回:众人的言语可以使自己的主意改变。
②湔洒(jiān xǐ):洗濯,清除。
③徼幸:同"侥幸"。
④谩谀:虚妄浮夸。
⑤取虐于人:对人采取暴虐行为。
⑥天海按:此文又见《韩诗外传》卷九,文略异。

【译文】
加强自身修养使品行端正,不能够不谨慎。嗜好和欲望使品行亏损,坏话奉承话会搅乱正直的心,众人的言语可以改变自己的主意。忧患从所忽略的地方发生,灾祸从细微处引起;污辱难以洗刷,失败的事情不能挽回;不深思远虑,后悔不知有多少。贪图侥幸是摧残天性的利斧,嗜好和欲望是自寻灾祸的快马,虚妄阿谀是穷困屈辱的房舍,对人施加暴虐行为是奔向祸患的道路。所以说:"去掉侥幸心理,努力做到忠诚,节制嗜好和欲望,不要对人施加暴虐,这样的人就可以称为君子,名声永存。"

10.31 怨生于不报①,祸生于多福,安危存于自处,不困在于蚤豫②,存亡在于得人。慎终如始,乃能长久;能行此五者,可以全身。"己所不欲,勿施于人③。"是谓要道也。

【注释】

①不报:不报恩。此则原文连上,现据卢文弨校本另起。

②蚤豫:及早预防。蚤,通"早"。

③己所不欲,勿施于人:此二句引自《论语·颜渊》。

【译文】

怨恨从不报恩产生,祸患从多福中产生,安危在于安置自己的方式,不陷入困境在于及早防备,存亡在于任用得人。凡事像开始一样谨慎到最后,才能长久;能做到以上五点的人,能够保全自身。"自己不想要的,不要施加给别人。"这是很重要的道理。

10.32 颜回将西游①,问于孔子曰:"何以为身②?"孔子曰:"恭敬忠信,可以为身。恭则免于祸③,敬则人爱之,忠则人与之,信则人恃之。人所爱、人所与、人所恃,必免于患矣。可以临国家④,何况于身乎?故不比数而比疏⑤,不亦远乎?不修中而修外⑥,不亦反乎?不先虑事,临难乃谋,不亦晚乎?"⑦

【注释】

①颜回(前521—前490):字子渊。春秋时鲁人,家贫好学,是孔子最优秀的弟子。

②为身:为人,做好自己。此指立身处世。

③祸:灾祸。此字原文作"众",此据《孔子家语·贤君》径改。

④临国家:治理国家。临,统治。

⑤不比数而比疏:不接近亲近的人而接近疏远的人。比,接近。

数,亲近。比疏,接近疏远的人。《孔子家语·贤君》:"故夫不比于数而比于疏,不亦远乎?"王肃注:"数,近;疏,远也。"

⑥不修中而修外:不修养内心而修饰外表。

⑦天海按:《荀子·法行》《韩诗外传》卷二有类似之文,但都作曾子语。《孔子家语·贤君》与此文略同。

【译文】

颜回将要西去游学,向孔子请教说:"用什么来立身处世?"孔子说:"恭敬忠信,能够用来立身处世。遇事恭谨就可以免祸,对人礼敬别人就会爱戴你,对人忠实别人就会结交你,对人诚信别人就会信赖你。被人所爱戴、人愿意结交、人所信赖的人,一定会避免祸患。这样的人连国家都能治理,何况对于自身呢?所以不接近亲近的人而接近疏远的人,不也错得太远了吗?不加强内心修养而修饰外表,不也相反吗?不预先思考事情,面临危难时才谋划,不也太晚了吗?"

10.33 凡司其身①,必慎五本:一曰柔以仁,二曰诚以信,三曰富而贵毋敢以骄人,四曰恭以敬,五曰宽以静。思此五者,则无凶命②。曰能治敬以助天时③,凶命不至而祸不来。敬人者,非敬人也,自敬也;贵人者,非贵人也,自贵也。昔者,吾尝见天雨金石与血④;吾尝见四月、十日并出,有与天滑⑤;吾尝见高山之崩、深谷之窒⑥,大都王宫之破,大国之灭;吾尝见高山之为裂、深渊之沙竭、贵人之车裂;吾尝见稠林之无木、平原为谿谷、君子为御仆;吾尝见江河干为坑,正冬采榆桑⑦,仲夏雨雪霜;千乘之君、万乘之主,死而不葬。是故君子敬以成其名,小人敬以除其刑。奈何无戒而不慎五本哉!

【注释】

①司:把握,管理。

②凶命:不吉的命运,指凶险。

③日能治敬以助天时:说的是能注重谨慎以顺应天时。治敬,注重谨慎。

④雨:降落,用作动词。

⑤有与天滑:又与天穹一起滑落。有,通"又"。

⑥深谷之窒:深谷闭塞不通。

⑦榆桑:榆钱桑叶。原文"桑"作"叶",失韵,此据向宗鲁《校证》引诸书改。

【译文】

大凡把握自身,一定要慎重对待五种根本大事:一是温柔而仁慈,二是忠实而诚信,三是富贵不能对人傲慢,四是谦恭而礼敬,五是宽厚而恬静。记住这五条,就不会有凶险的命运。说的是能够注重谨慎顺应天时,凶险的命运和灾祸都不会到来。礼敬别人,不是礼敬别人而是礼敬自己;尊重别人,不是尊重别人而是尊重自己。从前,我曾见过天上降下金属、石头和血雨;我曾见过四个月亮、十个太阳同时出现,又与天穹一起滑落;我曾见过高山崩塌,深谷被堵塞,大都市王宫被破毁,大国的灭亡;我曾见过高山断裂,深渊的沙石枯竭,贵人遭到车裂;我曾见过茂密的森林变得没有树木,平原变成豁谷,君子成为车夫仆役;我曾见过江河水干枯变成坑,寒冬里采摘榆钱桑叶,仲夏里降下霜和雪;千乘君主、万乘国王,死后无人埋葬。因此君子谨慎能够成就自己的名声,小人谨慎能够免除刑罚。怎么可以不引以为戒,并对这五件根本大事不慎重呢?

10.34 鲁有恭士名曰机氾①,行年七十②,其恭益甚。冬日行阴,夏日行阳,市次不敢雁行③;参行必随④,坐必危⑤;

一食之间,三起不羞⑥;见衣裘褐之士⑦,则为之礼。鲁君问曰:"机子年甚长矣,不可释恭乎?"机氾对曰:"君子好恭,以成其名;小人学恭,以除其刑。对君之坐,岂不安哉?尚有差跌⑧;一食之上,岂不美哉?尚有哽噎。今若氾所谓幸者也,固未能自必⑨。鸿鹄飞冲天,岂不高哉?矰缴尚得而加之⑩;虎豹为猛,人尚食其肉,席其皮。誉人者少,恶人者多,行年七十,常恐斧质之加于氾者⑪,何释恭为?"⑫

【注释】

① 恭士:恭谨的人。机氾:事如本文,生平未详。

② 行年:经历的年岁。行,历。

③ 市次:在集市上。雁行:居前的行列。雁,通"颜"。《通雅·释诂》:"雁行,犹颜行……前行曰颜,通作雁。"原文作"不行",此据向宗鲁所疑而改。

④ 参行:三人同行。参,同"三"。

⑤ 坐必危:坐时一定要端正。古人双膝跪地而坐,臀部坐在脚后跟上。在表示恭敬或庄重时就挺直身子叫"危坐"。

⑥ 一食之间,三起不羞:在一次宴席上多次起身致敬不觉得是羞耻。羞,原文作"差",此据明钞本改。

⑦ 衣裘褐:穿着兽皮短衣。意指贫寒之士。

⑧ 差跌:失足跌倒,比喻失误。差,通"蹉(cuō)"。

⑨ 自必:自以为是,自以为必然。

⑩ 矰缴(zēng zhuó):系有丝绳、弋射飞鸟的短箭。矰,射鸟时拴在箭上的丝绳。

⑪ 斧质:古代杀人刑具。质,砍头的木垫。

⑫ 天海按:《初学记》十七引《鲁国先贤传》有此文,《意林》亦引用此

文,事同而文字多异。

【译文】

鲁国有个恭谨的士人名叫机氾,已经七十岁了,他更加恭谨。冬天走阴冷处,夏天走酷日下,经过集市不敢走在前面;三人同行他一定跟随在后;与人同坐一定直身端坐,吃一顿饭的时间,多次起身示敬也不以为羞耻;看见穿着兽皮短衣的贫寒之士,就向他表示礼敬。鲁国国君问他说:"先生年纪很大了,不能放松你那恭谨的态度吗?"机氾回答说:"君子喜好恭谨,能成就自己的名声;小人学习恭谨,可免除刑罚。面对国君而坐,难道不安全吗?但还有失足跌倒的时候;在一桌宴席上,难道没有美味吗?但还有哽噎的时候。现在像我是所谓的幸运的人了,也不能自以为是。天鹅大雁飞上天空,难道不高吗?带丝绳的箭还能射中它;虎豹最为凶猛,人还能吃它的肉、垫它的皮。能赞誉别人的人很少,说人坏话的人很多,我虽然年过七十,但经常担心刑罚会加到我身上,为什么要放松恭谨呢?"

10.35 成回学于子路三年①,回恭敬不已。子路问其故何也,回对曰:"臣闻之:行者比于鸟,上畏鹰鹯②,下畏网罗。夫人为善者少,为谗者多,若身不死,安知祸罪不施?行年七十,常恐行节之亏。回是以恭敬待大命③。"子路稽首曰④:"君子哉!"

【注释】

① 成回:春秋时人,子路弟子,余事不详。
② 鹰鹯(zhān):两种猛禽,老鹰与鹞鹰。
③ 大命:天命。这里指上天赋予的寿命。
④ 稽首:古代的跪拜礼。天海按,子路是成回的老师,不应对弟子

行此大礼,这里应是点头赞许的意思。

【译文】

成回向子路学习了三年,他对子路的恭敬仍同过去一样。子路问他是什么缘故,他回答说:"我听说:行路的人好比飞鸟,上怕鹞鹰猛禽,下怕陷入罗网。说人好话的人少,说人坏话的人多,只要人还没有死,怎么知道灾祸罪过不施加到自身呢?人活七十岁,还总怕自己的品行节操有亏缺。我因此用恭敬的态度来等待天命。"子路点头称赞说:"真是君子啊!"

全本全注全译丛书

中华经典名著

王天海　杨秀岚◎译注

说苑 下

中华书局

卷十一

善说

【题解】

善说，即善于用言辞说服对方，目的是要对方接受自己的意见和主张。"善说"之"善"主要包含三个因素：一是所说的内容要正确、珍贵；二是说话的人要有辩才，讲求技巧；三是能打动对方的心，使之乐于接受。本卷共记载春秋、战国、秦汉时卿大夫、士人、宾客、孔门弟子等能言善辩进行游说的轶事共28则。

第一则首先引用了荀子对"谈说之术"的总结，即"齐庄以立之，端诚以处之，坚强以持之，譬称以谕之，分别以明之，欢欣愤懑以送之"。"齐庄、端诚、坚强"三者指的就是言说者的态度、言说的内容，而"譬称、分别、欢欣愤懑"则是对言说技巧的要求。其次还引用《诗》、传和先秦诸子的言论，阐明了讲究修辞和"谈说之术"的重要性，以及"谈说"的技巧；并以鬼谷子的论述具体分析了"善说"的标准是"辩之、明之、持之、固之，又中其人之所善，其言神而珍，白而分，能入于人之心"。虽然"夫辞者，人之所以通也"，已经强调指明了言辞对于交际沟通的重要性，但作者并不满足于这样的泛泛之论，最后，他还进一步把问题提升到"尊君、重身、安国、全性"的高度来认识，由此得出结论："故辞不可不修，而说不可不善。"这也可以说是我国修辞学史上较早提出言辞必须修饰与美善的观点。尽管"修辞"一词最早见于《周易·乾卦》文言："子曰：君子进德修业,忠信所以进德也;修辞立其诚,所以居业也。"据孔颖达注:"辞谓文教,诚谓诚实也;外则修理文教,内则立其诚实;内外相成,则有功业可居,故云居业也。"可见此所言"修辞",讲的是"文教",并非专指修饰语言论说的意思。

其后27则轶事,从不同角度列举了能言善辩之士论说国事、分析时势、臧否人物、品评是非、拯救朋友、保存自身等,来证明善说的实效。

其中以讽谏方式游说君主的有5则,这与卷九《正谏》中"讽谏"实际上并无区别。最具代表性的是惠子答梁惠王,他用形象的比喻解说抽象的概念,应该是我国修辞学史上最经典的范例。臣子向君主论说国事的有7则,记晋献公之时,有草民祖朝上书,愿以藿食者的身份请闻国家之计,这正是"国家兴亡匹夫有责"的信念在我国的传统源头。关于以说辞自救、救人、自荐、自律、守信的轶事有7则,也有一定的价值与意义。

本卷最后8则将对人物评价的说辞集中在一起,11.21—11.24则是有关孔子的评价。对孔子的贤能,弟子子贡没有一句夸赞的话,而是用高山大樽、大江大海、天高几何的比喻使人仰视远望,用"草茎撞钟"来讽喻那些对孔子一无所知的人。11.25—11.28则分别是子贡论季文子"三穷三通"之贤,孔子论管仲为"大人",师旷论赵衰荐阳处父,成抟论羊舌职之贤,都用了对比、反衬、先抑后扬等手法加强了论说的效果,使人易于接受。

春秋战国时期,随着政治经济发生的巨大变化,各种学术思想十分活跃,百家争鸣,诸子蜂起,造就了一大批口若悬河的雄辩之士。他们为了宣传自己的主张,十分讲究辞令的表达技巧,在引经据典的同时,也广泛使用隐语、譬喻、寓言、故事等修辞手法来说明道理,使自己的语言幽默风趣、机智警策,使论说的问题具体形象、切实感人,从而使游说对象心悦诚服。本卷所讲道理和所举事例,可以说是对这段历史从一个侧面的生动反映和形象总结。其中不少名言警句和段落是很富有启发性的。

11.1 孙卿曰①:"夫谈说之术,齐庄以立之②,端诚以处之,坚强以持之,譬称以谕之③,分别以明之,欢欣愤懑以送之④。宝之、珍之、贵之、神之,如是,则说常无不行矣。夫是之谓能贵其所贵。传曰⑤:'唯君子为能贵其所贵也。'"《诗》云⑥:"无易由言,无曰苟矣⑦。"鬼谷子曰⑧:"人之不善而能矫之者,难矣。说之不行,言之不从者,其辩之不明也;既明而不行者,持之不固也;既固而不行者,未中其心之所善也。辩之、明之、持之、固之,又中其人之所善,其言神而珍,白而分⑨,能入于人之心。如此而说不行者,天下未尝闻也。此之谓善说。"子贡曰:"出言陈辞,身之得失,国之安危也。"《诗》云⑩:"辞之绎矣,民之莫矣⑪。"夫辞者,人之所以通也。主父偃曰⑫:"人而无辞,安所用之?"昔子产修其辞而赵武致其敬⑬,王孙满明其言而楚庄以惭⑭,苏秦行其说而六国以安⑮,蒯通陈其说而身得以全⑯。夫辞者,乃所以尊君、重身、安国、全性者也。故辞不可不修,而说不可不善。⑰

【注释】

①孙卿:即荀子。姓荀,名况,尊称荀卿,汉人避宣帝刘询讳,改称孙卿。战国时赵人,有《荀子》一书传于世。以下所引参见《荀子·非相》,《韩诗外传》以为孔子所言,向宗鲁《校证》认为"孔"乃"孙"字之误。

②齐庄:严肃恭敬。《礼记·中庸》:"齐庄中正,足以有敬也。"

③譬称:比喻引证。

④欢欣愤懑:高兴喜悦、抑郁不平。此指用欢快或激愤之情来表达。《荀子·非相》作"欣欢芬芗"。

⑤传曰:这里指文献记载。

⑥《诗》云:所引二句见《诗经·大雅·抑》。

⑦无易由言,无曰苟矣:不要轻易地发言,说话不要苟且随便。引文又见《荀子·非相》《韩诗外传》卷五。

⑧鬼谷子:相传为战国时人,以隐居地鬼谷为号。或说姓王,名翊。六国时著名纵横家苏秦、张仪曾拜之为师,著《鬼谷子》一书传世。本文所引不见于今本《鬼谷子》。向宗鲁《校证》认为《汉书·艺文志》不载《鬼谷子》,此下所引疑出苏秦、张仪书中。

⑨白而分:清楚而分明。白,清楚,明白。

⑩《诗》云:所引二句见《诗经·大雅·板》。

⑪辞之绎矣,民之莫矣:辞令语气和悦呀,能使百姓安定。绎,同"怿"。喜悦,和悦。毛传正作"怿"。莫,安定。毛传:"莫,定也。"

⑫主父偃:复姓主父,西汉齐国临淄(今属山东)人,出身贫寒,早年学长短纵横之术,后学《周易》《春秋》和百家之言。汉武帝时献"推恩"之策,削弱诸王势力,被采纳,一岁四迁为中大夫。后因胁迫齐王自杀而被诛。《汉书·艺文志》有《主父偃二十八篇》,参见《史记》《汉书》本传。

⑬子产修其辞而赵武致其敬:郑国子产赋诗《隰桑》而赵武表示礼敬。《左传·襄公二十七年》:"郑伯享赵孟于垂陇,子展、伯有、子西、子产、子大叔、二子石从。赵孟曰:'七子从君,以宠武也。请皆赋,以卒君贶,武亦以观七子之志。'……子产赋《隰桑》,赵孟曰:'武请受其卒章。'"杜预注:"义取思见君子,尽心以事之。"卒章,《诗经·小雅·隰桑》最后一章是"心乎爱矣,遐不谓矣;中心藏之,何日忘之?"赵武以此表示对子产的礼敬。赵武,即赵文

子,也称赵孟。春秋时晋国大夫。赵朔遗腹子,后执国政。

⑭王孙满明其言而楚庄以惭:前606年,楚攻陆浑之戎,至洛,陈兵于周郊。王孙满奉周定王命前往劳军。楚庄王问周鼎的大小轻重,意欲代周,他答道"周德虽衰,天命未改,鼎之轻重,未可问也",终使楚军退去。王孙满,东周定王时大夫。楚庄,即楚庄王(?—前591),芈(mǐ)姓,熊氏,名旅(一作侣、吕),谥庄。春秋时楚国国君,前613—前591年在位。前597年,楚庄王大败晋国后称霸,为春秋时代五霸之一。

⑮苏秦(?—前284):字季子,雒阳(今河南洛阳)人。战国时期著名的纵横家、外交家和谋略家。苏秦与张仪同出自鬼谷子门下,跟随鬼谷子学习纵横之术。学成后,外出游历多年,潦倒而归。随后刻苦攻读《阴符经》,一年后游说列国,被燕昭王赏识,出使赵国。苏秦到赵国后,提出合纵六国以抗秦的战略思想,并最终组建合纵联盟,任"从约长",兼佩六国相印,使秦十五年不敢出函谷关。联盟解散后,齐国攻打燕国,苏秦说齐归还燕国城池。后自燕至齐,从事反间活动暴露身份,被车裂而死。《汉书·艺文志》纵横家有《苏子》三十一篇,早佚。帛书《战国纵横家书》存有其游说辞及书信十六篇,其中十一篇不见于现存传世古籍。参见《史记·苏秦列传》。

⑯蒯(kuǎi)通:本名蒯彻,涿郡范阳(今河北徐水北固镇)人,因为避汉武帝刘彻之讳而改为通。蒯通善于陈说利害,曾为韩信谋士,先献灭齐之策,再劝韩信背汉三分天下,韩信未从。韩信死后,刘邦要将他处以烹刑,蒯通因善辩而获释免罪。后成为相国曹参的宾客。参见《史记·淮阴侯列传》。

⑰天海按:此文系杂引秦汉诸子与史书,略加排比而成。

【译文】

荀况说:"那言谈游说的方法,要恭敬严肃地确立它,正直诚实地对待它,坚定顽强地把握它,用比喻引证来宣示它,用分析辨别来阐明它,用欢快、激愤来表达它。宝贝它、珍视它、贵重它、使它神奇,像这样,那说辞就会永远通行无阻了。这就叫能使自己看重的东西贵重起来。古书上说:'只有君子才能做到使自己看重的东西贵重起来。'"《诗经》说:"不要轻易地发言,说话不要苟且随便。"鬼谷子说:"人在不喜欢你的时候要能纠正他,是很难的。劝说行不通,论理不听从,那是你辩论的道理不清楚;道理已经明辨却仍行不通,那是因为你没有牢固地坚持;已经牢固地坚持却还是行不通,那是因为你没有切合他心中的喜好。明辨道理,说理清楚,坚持它,加固它,又能适合那人的喜好,你的言辞就会神奇而珍贵,清楚而分明,就能进入对方的心中。像这样还游说不成功的,天下未曾听说过。这样的游说就叫善说。"子贡说:"陈述言辞,关系到自身的得失、国家的安危。"《诗经》说:"辞令语气和悦呀,能使百姓安定。"言辞,是用来使人们互相沟通的。主父偃说:"一个人如果不善言辞,在哪里可以使用他呢?"从前郑国子产修饰自己的言辞,就使赵武对他表示礼敬;王孙满阐明道理,就使楚庄王感到羞惭;苏秦推行他的合纵主张,六国因此安宁;蒯通陈述了他的理由,从而保全了性命。言语辞令,乃是用来尊崇君主、推重自身、安定国家、保全性命的。所以言语辞令不能不修饰,而说辞不能不美好。

11.2 赵使人谓魏王曰:"为我杀范痤①,吾请献七十里之地②。"魏王曰:"诺。"使吏捕之,围而未杀。痤自上屋骑危③,谓使者曰:"与其以死痤市④,不如以生痤市。有如痤死⑤,赵不与王地,则王奈何?故不若与定割地,然后杀痤。"魏王曰:"善!"痤因上书信陵君曰⑥:"痤故魏之免相也,赵以地杀痤而魏王听之,有如强秦亦将袭赵之欲⑦,则君且奈何?"信陵君言于王而出之。⑧

【注释】

①范痤(cuò)：或作范座。战国时魏相，事迹略如本文所记。

②七十里之地：此与《史记》同，《战国策·魏策四》作"百里之地"。

③危：屋脊。

④以死痤市：用被杀死的范痤做交易。市，交易。

⑤有如：假如。下文同此。

⑥信陵君(？—前243)：名无忌，魏昭王少子、魏安釐王异母弟。战国时魏国公子，与春申君黄歇、孟尝君田文、平原君赵胜并称为"战国四公子"。前276年，被封于信陵(今河南宁陵)，所以后世皆称其为信陵君。养有食客三千，曾窃符救赵。

⑦有如强秦亦将袭赵之欲：假如强秦也将袭用赵国以献地来满足杀死范痤的欲望。即用割地的办法诱使魏国杀死信陵君。

⑧天海按：此文本《史记·魏世家》，《战国策·魏策四》也记有此事，文略异。

【译文】

赵国派人对魏王说："为我杀死范痤，我情愿奉献方圆七十里的土地。"魏王说："好吧。"便派了官兵前去逮捕范痤，包围了范痤的房子还没有杀他。范痤自己爬上房子骑在屋脊上，对派来抓他的人说："与其用一个死范痤做交易，不如用一个活范痤做交易。假如我死了赵国不给大王土地，那么大王又怎么办？因此不如与赵国先确定了割让的土地，然后再杀我也不迟。"魏王说："很好！"范痤便趁机向信陵君上书说："我范痤是魏国从前免去的国相，赵国想用割让土地的办法来杀我，魏王竟听信了，如果强大的秦国也将袭用赵国的办法，那您将怎么办呢？"信陵君便向魏王求情，并放走了范痤。

11.3 吴人入荆，召陈怀公①。怀公召国人曰："欲与荆者左，欲与吴者右。"逢滑当公而进曰②："吴未有福，荆未有祸。"公曰:"国胜君出,非祸而奚?"对曰:"小国有是犹复,而况大国乎?楚虽无德,亦不斩艾其民③。吴日弊兵④,暴骨如莽⑤,未见德焉。天其或者正训荆也⑥。祸之适吴,何日之有⑦!"陈侯从之。⑧

【注释】

① 陈怀公:妫姓,名柳。春秋时陈国国君,前505—前502年在位。前505年,吴王阖庐破楚,在郢都召陈怀公前往,因谏未行。后吴再召,恐而赴吴,死于吴国。

② 逢滑:春秋时陈国大夫。事见《左传·哀公元年》。

③ 斩艾(yì):宰割。艾,通"刈"。割。

④ 日弊兵:每天疲于用兵。

⑤ 暴骨如莽:死人之骨积如草莽。莽,丛生的草木。这里比喻因战争而死的人多如草莽。

⑥ 训:教诲。

⑦ 何日之有:即"有何日",还能有多久。

⑧ 天海按:此文本《左传·哀公元年》,又略见于《史记·陈杞世家》。

【译文】

吴国攻入楚国,吴王召见陈怀公。陈怀公召见国都中的人说:"想要跟从楚国的站在左边,想要跟从吴国的站在右边。"逢滑面对着怀公上前说道:"吴国未必有福运,楚国未必有祸患。"陈怀公说:"吴国取胜,楚国国君出逃,不是灾祸是什么?"逢滑回答说:"小国有这种情况还能复国,何况大国呢?楚国虽无德政,也不会宰割自己的人民。吴国每天疲于用兵,抛尸荒野如同草木,没有见到它的德泽在哪里。上天或许是正要教诲楚国吧。灾祸降临到吴国,说不定在哪天呢!"陈怀公听从了他的话。

11.4 桓公立仲父①,致大夫曰:"善吾者,入门而右;不善吾者,入门而左。"有中门而立者②。桓公问焉,对曰:"管子之知,可与谋天下;其强,可与取天下。君恃其信乎? 内政委焉,外事断焉,驱民而归之,是亦可夺也③。"桓公曰:"善!"乃谓管仲:"政则卒归于子矣。政之所不及,唯子是匡④。"管仲故筑三归之台⑤,以自伤于民⑥。⑦

【注释】

①桓公立仲父:指齐桓公尊立管仲为仲父。
②中门:在门的中间,对着门正中。《韩非子·外储说左下》以为此人为"东郭牙"。
③是亦可夺也:这些也是可以削夺的。
④唯子是匡:即"唯匡子",只追究你的责任。
⑤三归:"三归"之说,历来歧说甚多,莫衷一是。据本文所指,应是管仲对齐桓公所许"内政、外事、驱民"三权以筑台表示归还之志。
⑥自伤:自思。《尔雅·释诂》:"伤,思也。"此句意谓管仲筑台警戒自己要时时想到百姓。
⑦天海按:又见《韩非子·外储说左下》,文多与此不同。

【译文】

齐桓公要立管仲为仲父,招来大夫对他们说:"赞成我的,入门站在右边;不赞成我的,入门站在左边。"有个人却对着门当中站立。齐桓公问他是为什么,他回答说:"管仲的智谋,能与他共图天下;他的强干,能与他取得天下。您能依赖他的诚信吗? 内政托付给他,外交事务由他专断,驱使百姓的事也归他,这些也是可以削夺的。"齐桓公说:"好!"就对管仲说:"政事就全部归您了。国政有不足的地方,只追究您的责任。"管仲因此修筑了"内政、外事、驱民"三归之台,以此使自己时时想到百姓。

11.5 齐宣王出猎于社山①,社山父老十三人相与劳王②。王曰:"父老苦矣!"谓左右:"赐父老田不租。"父老皆拜,闾丘先生独不拜③。王曰:"父老以为少耶?"谓左右:"复赐父老无徭役。"父老皆拜,闾丘先生又不拜。王曰:"拜者去,不拜者前。"曰:"寡人今日来观④,父老幸而劳之,故赐父老不租。父老皆拜,先生独不拜,寡人自以为少,故赐父老无徭役。父老皆拜,先生又独不拜,寡人得无有过乎?"闾丘先生对曰:"惟闻大王来游,所以为劳大王。望得寿于大王,望得福于大王,望得贵于大王。"王曰:"夫杀生有时⑤,非寡人所得与也,无以寿先生;仓廪虽实,以备灾害,无以富先生;大官无缺,小官卑贱,无以贵先生。"闾丘先生对曰:"此非人臣所敢望也。愿大王选良富家子有修行者以为吏,平其法度,如此,臣少可以得寿焉;春秋冬夏,振之以时,无烦扰百姓,如是,臣可少得以富焉;愿大王出令,令少者敬长,长者敬老,如是,臣可少得以贵焉。今大王幸赐臣田不租,然则仓廪将虚也;赐臣无徭役,然则官府无使焉。此固非人臣之所敢望也。"齐王曰:"善!愿请先生为相。"

【注释】

①齐宣王(? —前301):妫姓,田氏,名辟疆。战国时齐国国君,前319—前301年在位。社山:一作杜山。在今山东临淄西。

②父老:古代乡里管事的人,一般多为年高有德者担任。

③闾丘先生:春秋时齐国人。闾丘本为邾国地名,因食邑在此,故

以为氏。独：原脱此字，此依向宗鲁《校证》引《群书治要》等书补。

④观：巡视，观游。

⑤夫：原文误作"天"，此据向宗鲁《校证》引《太平御览》改。杀生：宰杀，这里指人的死亡。

【译文】

齐宣王外出到社山打猎，社山父老有十三人一齐来慰劳齐宣王。齐宣王说："父老们辛苦了！"对左右的人说："赏赐父老不用交田税。"父老们都拜谢宣王，只有闾丘先生不拜谢。齐宣王说："父老们认为这太少了吗？"又对左右的人说："再赏赐他们不服徭役。"父老们又都拜谢，闾丘先生又不拜谢。齐宣王说："拜谢的人可以离开，不拜谢的人上前来。"齐宣王说："我今天来巡视，有幸父老们前来慰劳我，因此赏赐父老们不用交田租。父老们都拜谢，只有先生您不拜谢，我自以为赏赐太少，所以又赏赐父老不服徭役。父老们都拜谢，又只有先生您不拜谢。难道是我有什么过错吗？"闾丘先生回答说："因为听说大王要来巡游，所以才来慰劳大王。希望从大王这里得到长寿，希望从大王这里得到富裕，希望从大王这里得到显贵。"齐宣王说："人的生死有一定时间，不是我所能给予的，无法使先生长寿；粮仓虽然充实，是用来防备灾害的，无法使先生富裕；大官没有缺额，小官又太低贱，无法使先生显贵。"闾丘先生回答说："这些不是我所敢指望的。只希望大王挑选优秀的富家子弟中有品德修养的人作官吏，使法令制度公平，这样，我就可以稍微多活几年了；春夏秋冬，按一定时间赈济百姓，不要烦扰百姓，这样，我就可以稍微得到富足了；希望大王发出命令，让年轻的尊敬年长的，年长的尊敬年老的，这样，我就可以稍微获得显贵了。如今大王有幸赐我们田地不交租，但这样仓库就将空虚了；赐我们不服徭役，但这样官府就没人供役使了。这些当然不是我所敢希望的事。"齐王说："讲得好！我愿请先生做国相。"

11.6 孝武皇帝时①,汾阴得宝鼎而献之于甘泉宫②,群臣贺,上寿曰③:"陛下得周鼎④。"侍中虞丘寿王独曰⑤:"非周鼎。"上闻之,召而问曰:"朕得周鼎,群臣皆以为周鼎,而寿王独以为非,何也?寿王有说则生,无说则死。"对曰:"臣寿王安敢无说。臣闻周德始产于后稷⑥,长于公刘⑦,大于太王⑧,成于文、武,显于周公。德泽上洞天⑨,下漏泉⑩,无所不通。上天报应,鼎为周出,故名曰周鼎。今汉自高祖继周,亦昭德显行,布恩施惠,六合和同⑪,至陛下之身逾盛,天瑞并至⑫,征祥毕见⑬。昔始皇帝亲出鼎于彭城而不能得⑭。天昭有德⑮,宝鼎自至,此天之所以予汉,乃汉鼎非周鼎也。"上曰:"善!"群臣皆称万岁。是日,赐虞丘寿王黄金十斤。⑯

【注释】

①孝武皇帝:即汉武帝刘彻(前156—前87),前141—前87年在位。

②汾阴:战国时魏地,汉为汾阴县,因汾水南流过此,故名。故地在今山西荣河北九里处。前113年,汾阴人巫锦得宝鼎于此。甘泉宫:一名云阳宫,汉武帝行宫,在今陕西淳化西北甘泉山上。

③上寿:向人敬酒,祝颂长寿,献上祝词。

④周鼎:西周建国时所铸传国之鼎,象征王权。出自《左传·宣公三年》《史记·秦始皇本纪》。后多以"周鼎"借指国家政权。

⑤侍中虞丘寿王:复姓虞丘,名寿王,字子赣,赵地人。汉武帝时因功封光禄大夫侍中,后因事被诛。虞丘,又作"吾丘"。侍中,秦汉之时,侍中为少府属下宫官群中直接供皇帝指派的散职;西汉时又为正规官职外的加官之一,文武大臣加上侍中之类名号可入禁中受事。西汉武帝以后,地位渐高,等级直超过侍郎。

⑥周德始产于后稷:周朝的国运从后稷开始产生。后稷,名弃,周

族的祖先,善于种植各种农作物,尧舜时曾做农官,教民耕种。

⑦公刘:姬姓,名刘,"公"为尊称,相传为后稷曾孙,夏末率部族迁居到豳(今陕西旬邑),创建了部落国家,开荒种地,定居安处。是古代周部落的杰出首领。

⑧太王:即古公亶父,在商代曾率部族由豳迁到周原(今陕西岐山县)定居,移风易俗,发展农业生产,使周族逐渐强盛。

⑨洞天:贯穿到天上。

⑩漏泉:渗透到地下。泉,黄泉,指地下。

⑪六合和同:天地四方和睦同心。六合,天、地、四方。

⑫天瑞:天上的祥瑞。

⑬征祥毕见:吉祥的征兆全部出现。

⑭始皇帝亲出鼎于彭城而不能得:秦始皇在彭城要亲自找出周鼎但未能得到。彭城,地名。即今江苏徐州。《史记·秦始皇本纪》:"始皇还,过彭城,斋戒祷祠,欲出周鼎泗水,使千人没水求之,弗得。"

⑮昭:同"诏"。佑助。《尔雅·释诂》:"诏,右也。"右,即"佑"。

⑯天海按:此文又见《汉书·吾丘寿王传》,文略异。

【译文】

汉武帝的时候,汾阴有人得到宝鼎并进献到甘泉宫,群臣庆贺,上祝词说:"陛下得到周鼎。"只有侍中虞丘寿王说:"这不是周鼎。"皇上听说了这件事,便召见他并问道:"我得到了周鼎,群臣也都认为是周鼎,但只有你认为不是,这是为什么?你有个说法就能活命,没有说法就该死罪。"寿王回答说:"我怎么敢没有说法。我听说那周朝的国运从后稷开始产生,在公刘时成长,在周太王时壮大,在文王、武王时形成,在周公时显赫。周朝的德泽上可贯穿天宇,下可渗透九泉,没有什么地方不能通达。上天给予回报,鼎就为周朝出现,所以取名叫周鼎。如今汉朝自从高祖继承周朝,也明示德行,布施恩惠,天地四方和睦同心,到陛下这一代就更加兴盛,上天的祥瑞一起到来,吉祥的征兆全部出现。从前秦始皇在彭城斋戒祈祷想得到周鼎却不能得到。上天佑助有德行的人,宝鼎自动到来,这是上天给予汉朝的宝鼎,因此是汉鼎而不是周鼎。"皇上说:"讲得好。"群臣都欢呼万岁。这一天,皇上赏赐给虞丘寿王黄金十斤。

11.7 晋献公之时①,东郭民有祖朝者②,上书献公曰:"草茅臣东郭民祖朝,愿请闻国家之计。"献公使使出告之曰:"肉食者已虑之矣③,藿食者尚何与焉④?"祖朝对曰:"大王独不闻古之将曰桓司马者⑤,朝朝其君⑥,举而晏⑦。御呼车,骖亦呼车⑧。御肘其骖曰:'子何越云为乎?何为藉呼车⑨?'骖谓其御曰:'当呼者呼,乃吾事也。子当御正子之辔衔耳⑩。子今不正辔衔,使马卒然惊⑪,妄轹道中行人⑫。必逢大敌,下车免剑⑬,涉血履肝者⑭,固吾事也,子宁能辟子之辔,下佐我乎?其祸亦及吾身,与有深忧,吾安得无呼车哉?'今大王曰:'食肉者已虑之矣,藿食者尚何与焉?'设使食肉者一旦失计于庙堂之上,若臣等之藿食者,宁得无肝胆涂地于中原之野与?其祸亦及臣之身,臣与有其忧深,臣安得无与国家之计乎?"献公召而见之,三日与语,无复忧者,乃立以为师也。

【注释】

① 晋献公(?—前651):姬姓,名诡诸。春秋时晋国国君,前676—前651年在位。
② 东郭:都城东。祖朝:春秋时晋国人,事略如本文,余事未详。

③肉食者:古代把礼制规定的食肉的统治者称为"肉食者"。《左传·庄公十年》:"十年春,齐师伐我,公将战。曹刿请见。其乡人曰:'肉食者谋之,又何间焉?'刿曰:'肉食者鄙,未能远谋。'乃入见。""肉食者"就是指诸侯、大夫一类有地位的人。

④藿食者:吃豆叶的穷人。指贫穷的百姓。藿,豆叶。嫩时可食。《广雅·释草》:"豆角谓之荚,其叶谓之藿。"

⑤大王:晋献公未称王,不当称"大王"。桓司马:卫国人,姓桓,官司马。生平未详。

⑥朝(zhāo)朝(cháo)其君:早上去朝见他的国君。前一"朝"字为名词,后一"朝"字作动词。

⑦举而晏:行动太晚。举,举事,行动。

⑧骖:即骖乘、侍卫。

⑨藉(jiè):再次。原指草垫,这里比喻重复。

⑩御正:控制矫正。辔衔:马缰绳和马笼头。

⑪卒然:突然。

⑫轹(lì):车轮碾过。

⑬必逢大敌,下车免剑:如果面临大敌,下战车摘下佩剑,参加战斗。必,假使,如果。免,解下,摘下。

⑭涉血履肝:踏血踩肝,形容战斗的残酷。涉,原文作"步",此据明钞本改。

【译文】

晋献公的时候,城东有人名叫祖朝的,上书献公说:"草野之民城东人祖朝,请求了解国家大事。"献公命使者出去告诉他说:"当官在位的已在考虑国家大事了,平民百姓又何必参与其中?"祖朝回答说:"国君难道没有听说古代大将桓司马的事吗?他早上去朝见国君,行动晚了,车夫叫备车,侍卫也叫备车。车夫用手肘碰那侍卫说:'你为何超越职责呢?为什么重复地叫备车呢?'侍卫对车夫说:'该叫就叫,这也是我的职事。你应该控制和矫正好马笼头和缰绳。你现在不矫正好马缰绳和马笼头,如果马突然受惊,车轮就会胡乱碾压路上行人。假如面临大敌,下车摘剑,踏血踩肝,当然是我的事情,你难道能放开手中的缰绳,下车来帮助我吗?那时祸患会危及我的生命,我对此怀有深重的忧虑,我怎么能不叫备车呢?'如今国君说:'做官在位的已经考虑国家大事了,平民百姓又何必参与其中?'假设当官的一旦在朝廷上失算,像我们这些平民百姓,难道不会在中原的荒野上肝血涂地吗?那时灾祸也会累及我的生命,我对此有深重的忧虑,我怎么能不参与国家大事呢?"晋献公召见了他,与他交谈了三日,不再有担忧的事,于是就拜他为师。

11.8 客谓梁王曰①:"惠子之言事也②,善譬。王使无譬,则不能言矣。"王曰:"诺。"明日见,谓惠子曰:"愿先生言事则直言耳,无譬也。"惠子曰:"今有人于此而不知弹者,曰:'弹之状何若?'应曰:'弹之状如弹。'则谕乎?"王曰:"未谕也。"于是更应曰:"'弹之状如弓,而以竹为弦。'则知乎?"王曰:"可知矣。"惠子曰:"夫说者,固以其所知谕其所不知,而使人知之。今王曰'无譬',则不可矣。"王曰:"善。"③

【注释】

①梁王:这里指魏惠王(前400—前319),姬姓,魏氏,名䓨(yīng),又称梁惠王,《竹书纪年》作"梁魏惠成王"。前369—前319年在位。

②惠子:即惠施,宋人,能言善辩,与庄周友善,后为梁王相。有《惠子》一书传世。是名家的代表人物。他在前334—前322年间做过魏国相国。

③天海按:此文马国翰认为是《惠子》一书佚文。

【译文】

有宾客对魏惠王说:"惠子论说事情善于用比喻。大王让他不用比喻,他就不能说什么了。"魏惠王说:"好。"第二天魏王召见惠施,对他说:"希望先生论说事情时就直说好了,不要用比喻。"惠子说:"如果这里有人不了解弹弓,他问:'弹弓的形状像什么?'回答说:'弹弓的形状像弹弓。'这能明白吗?"魏王说:"不能明白。"惠子又说:"如果更改一种方式回答说:'弹弓的形状像弓,并且用竹子作弦。'这样知道了吗?"魏王说:"能够知道了。"惠子说:"那说话的人,当然要用人们所知道的来比喻人们所不知道的,从而使人懂得所说的东西。现在大王却说'不要用比喻',那是不可能的。"魏王说:"讲得好。"

11.9 孟尝君寄客于齐王①,三年而不见用,故客反谓孟尝君曰:"君之寄臣也②,三年而不见用,不知臣之罪也,君之过也?"孟尝君曰:"寡人闻之:缕因针而入,不因针而急③;嫁女因媒而成,不因媒而亲④。夫子之材必薄矣,尚何怨乎寡人哉?"客曰:"不然!臣闻周氏之譻、韩氏之卢⑤,天下疾狗也。见菟而指属⑥,则无失菟矣;望见而放狗也,则累世不能得菟矣⑦。狗非不能,属之者罪也。"孟尝君曰:"不然!昔华舟、杞梁战而死⑧,其妻悲之,向城而哭,隅为之崩,城为之阤⑨。君子诚能刑于内⑩,则物应于外矣⑪。夫土壤且可为忠⑫,况有食谷之君乎?"客曰:"不然!臣见鹪鹩巢于苇苕⑬,著之发毛,建之,女工不能为也,可谓完坚矣。大风至,则苕折卵破子死者,何也?其所托者使然也。且夫狐者,人之所攻也;鼠者,人之所熏也。臣未尝见稷狐见攻⑭,社鼠见熏也⑮,何则?所托者然也。"于是孟尝君复属之齐王⑯,齐王使为相。⑰

【注释】

①寄客于齐王:推荐门客给齐王。寄,此指推荐。齐王,孟尝君经历齐威王、宣王、闵王、襄王几代国君,此齐王未知指谁。

②寄臣:推荐给齐王的臣子。臣,原文误作"目",据明钞本径改。

③不因针而急:不能靠针加快缝纫速度。

④不因媒而亲:不能靠媒人而亲密。

⑤周氏之营(kù):周地的营狗。营,猎犬名。韩氏之卢:韩地的卢狗。卢,猎犬名。

⑥见菟而指属:看见兔子就指示狗去捕捉。菟,同"兔"。指属,有所指向而示意。属,注目,嘱托。

⑦累世:历代。

⑧华舟、杞梁战而死:此事参见本书4.15则。

⑨阤(zhǐ):同"陁"。崩溃,毁坏。《国语·周语下》:"聚不阤崩,而物有所归。"注:"大曰崩,小曰阤。"

⑩诚能刑于内:真能在心中有礼法。刑于,礼法。指以礼法对待。后用以指夫妇和睦。《诗经·大雅·思齐》:"刑于寡妻,至于兄弟,以御于家邦。"郑玄笺:"文王以礼法接待其妻。"

⑪则物应于外:就能感应在外在的事物上。

⑫土壤且可为忠:城墙泥土都能为忠诚所感动。此指杞梁妻痛哭,城墙为之崩塌事。

⑬鹪鹩(jiāo liáo):鸟名。羽毛赤褐色有斑点,常取茅苇毛毳筑巢,十分精巧。苇苕(tiáo):芦苇的花枝。苕,苇花。

⑭臣:原文误作"目",据明钞本改。稷狐:栖身在谷神庙中的狐狸。稷,此指谷神庙。

⑮社鼠:栖身在土神庙中的老鼠。社,此指土地庙。

⑯属:同"嘱"。嘱托。

⑰天海按:此文又见《新序·杂事五》,《北堂书钞》卷三十三引《宋玉集序》与此文略同。

【译文】

孟尝君推荐一个门客给齐王,有三年不被齐王任用,因此这个门客回来对孟尝君说:"您将我推荐给齐王,三年来不被齐王任用,不知是我的罪过呢,还是您的过错?"孟尝君说:"我听说有这样的话:丝线通过针穿入,但不能靠针而加快缝纫;嫁女通过媒人说成,但不能靠媒人使夫妻亲密。先生的才能一定很浅薄,又何必埋怨我呢?"那门客说:"不是这样!我听说周地的䒱狗、韩国的卢狗,是天下跑得最快的猎犬。主人看见兔子并指给它看,就不会有逃失的兔子;如果主人远远望见兔子就放狗,那么几代时间也捉不到兔子。这不是狗的无能,而是指示人的罪过。"孟尝君说:"不是这样!从前华舟、杞梁激战而死,杞梁的妻子为此悲痛,对着城墙哭泣,墙角因此崩塌,城墙也因此溃毁。君子真能在心里有法度,那就会感应在外物上。城墙泥土还能被忠诚所感动,何况还是吃粮食的国君呢?"那门客说:"不是这样!我看见鹡鸰在苇苕上筑巢,用的是毛发,修建得很精巧,连女工也做不出来,可说得上是完美坚固了。但大风一到,却苇折、蛋破、小鸟摔死,是什么原因呢?那是它所托身的地方造成这种结局的。再说狐狸,是人们要捕杀的;老鼠,是人们要熏灭的。但我从未见过谷神庙里的狐狸被捕杀,土地庙里的老鼠被火熏,这是为什么呢?那是因为它们托身的地方保护了它们。"于是孟尝君再次将他推荐给齐王,齐王便让他做了国相。

11.10 陈子说梁王①,梁王说而疑之曰:"子何为去陈侯之国②,而教小国之孤于此乎③?"陈子曰:"夫善亦有道,而遇亦有时。昔傅说衣褐带索④,而筑于秕傅之城⑤,武丁夕梦旦得之,时王也⑥;甯戚饭牛康衢⑦,击车辐而歌《硕鼠》⑧,桓公得之,时霸也;百里奚自卖五羊之皮⑨,为秦人虏,穆公得之,时强也。论若三子之行,未得为孔子骏徒也⑩。今孔子经营天下⑪,南有陈、蔡之厄⑫,而北干景公⑬,三坐而五立⑭,未尝离也⑮。孔子之时不行,而景公之时怠也。以孔子之圣不能以时行说之怠,亦独能如之何乎?"⑯

【注释】

①陈子:即田子。先秦时田氏由陈氏分化而来。此人生平未详。梁王:即魏王。前334年,魏国国君自魏惠王始称王,魏惠王由安邑(今山西夏县)迁都大梁(今河南开封西北)后,魏国亦称梁国,魏惠王亦称梁惠王。据前文,此梁王应为魏惠王。

②陈侯:前479年,楚惠王杀陈愍公,灭陈以为县。至魏惠王时,陈侯早已不存。故此陈侯应为田侯,即田姓齐国国君。

③孤:此为梁王自称。

④傅说(yuè):商朝人,传说他在高宗武丁时为刑徒筑城,武丁夜里梦见他,醒后寻得他,举以为相,使殷商中兴。衣褐带索:穿粗布短衣,以草索做腰带。带索,原文作"带剑",既然为刑徒何能带剑?向宗鲁《校证》引《墨子》及《帝王世纪》,认为"剑"应作"索"。此据改。《墨子·尚贤》:"昔者傅说……衣褐带索,庸筑于傅岩之城,武丁得而举之,立为三公,使之接天下之政,而治天下之民。"

⑤秕傅:地名。各种记载均说武丁是在傅岩寻得傅说,不详"秕傅"在何地。傅,原文作"傳(传)",此据向宗鲁《校证》改。《古文尚书·说命上》"说筑傅岩之野",孔传:"傅氏之岩,在虞、虢界。"《孟子·告子下》:"傅说举于版筑之间。"

⑥武丁夕梦旦得之,时王也:武丁夜里做梦,第二天一早就得到傅

说,应时而称王。武丁,子姓,名昭,商朝君主,夏商周断代工程将武丁在位时间定为前1250—前1192年。武丁在位时期,勤于政事,任用刑徒出身的傅说及甘盘、祖己等贤人辅政,励精图治,史称"武丁中兴"。《国语·楚语上》:"昔殷武丁能耸其德……而又使以梦象旁求四方之贤,得傅说以来,升以为公,而使朝夕规谏。"《史记·殷本纪》载:"武丁……得而与之语,果圣人,举以为相,殷国大治。故遂以傅险姓之,号曰傅说。"

⑦宁戚饭牛康衢:宁戚在大路上喂牛。宁戚,姬姓,宁氏,名戚,卫国(今河南卫辉)人。早年怀经世济民之才而不得志,因家贫为人拉车,到齐国喂牛于车下,扣牛角而唱歌,受到齐桓公的召见,拜为大夫。后长期任齐国大司田,为齐桓公主要辅佐者之一。饭牛,喂牛。康衢,四通八达的大路。事见《吕氏春秋·举难》:"宁戚欲干齐桓公,穷困无以自进,于是为商旅,将任车以至齐,暮宿于郭门之外。桓公郊迎客,夜开门,辟任车,爝火甚盛,从者甚众。宁戚饭牛居车下,望桓公而悲,击牛角疾歌。桓公闻之,抚其仆之手曰:'异哉!之歌者,非常人也!'命后车载之。"

⑧《硕鼠》:《诗经·魏风》篇名。此二字原文作"顾见",今据向宗鲁《校证》依《吕氏春秋》高诱注文改。宁戚喂牛所歌,古书记载各异。所歌又名《扣角歌》《牛角歌》《商歌》《康衢歌》等。《楚辞·离骚》"宁戚之讴歌兮,齐桓闻以该辅",王逸注引《三齐记》所载歌辞为:"南山矸,白石烂,生不遭尧与舜禅,短布单衣适至骭,从昏饭牛薄夜半,长夜漫漫何时旦?"则又非歌《硕鼠》之诗。

⑨百里奚自卖五羊之皮:百里奚,一名傒,春秋虞国大夫。虞亡时被晋俘虏,作为陪嫁之臣送入秦国。后出走至楚为楚人所获,又被秦穆公用五张黑公羊皮赎回,任为大夫,故又称"五羖大夫"。后与蹇叔、由余等帮助秦穆公建立霸业。事见《史记·秦本纪》。

⑩骏徒:优秀的学生。骏,通"俊"。才智过人。

⑪今:犹"夫",发语词。经营:周旋,往来。
⑫陈、蔡之厄:孔子周游列国,曾在陈、蔡两国断粮,遭遇穷厄。事见《史记·孔子世家》。
⑬北干景公:北去谒求齐景公。
⑭三坐而五立:指孔子求见齐景公时多次受到冷遇。
⑮离:偶,这里指遇合。
⑯天海按:参见本书8.4则。

【译文】

陈子游说梁王,梁王虽高兴却又对他有怀疑,便问他:"你为什么要离开齐侯的国家,来这里教诲小国的我呢?"陈子说:"那好事有途径,而遇合也要有时机。从前傅说穿短衣扎草绳,修筑秕傅的城墙,武丁夜里做梦,第二天早上便得到他,应时而称王;宁戚在大路上喂牛,敲着车轮唱着《硕鼠》之歌,齐桓公得到他,应时而称霸;百里奚以五张羊皮卖了自己,做了秦国的奴隶,秦穆公得到他,使秦成为当时的强国。若要评论这三个人的德行,还不能成为孔子的优秀弟子。孔子周旋于天下各国,在南面的陈、蔡两国断粮陷入困境,而北上谒求齐景公,多次受到冷遇,未曾受到信用。这是孔子的时代使他的学说行不通,而齐景公在当时对他的学说懈怠不用。凭着孔子的圣明还不能在当时说服齐景公去掉怠慢的态度,我独自一人对这样的形势又能如何呢?"

11.11 林既衣韦衣而朝齐景公①。齐景公曰:"此君子之服也?小人之服也?"林既逡巡而作色曰②:"夫服事何足以端士行乎③?昔者荆为长剑危冠,令尹子西出焉④;齐短衣而遂沟之冠⑤,管仲、隰朋出焉⑥;越文身剪发⑦,范蠡、大夫种出焉⑧;西戎左衽而椎结⑨,由余亦出焉⑩。即如君言⑪,衣狗裘者当犬吠,衣羊裘者当羊鸣,且君衣狐裘而朝,意者得无为变乎?"景公曰:"子真为勇悍矣!今未尝见子之奇辩也。一邻之斗也⑫,千乘之胜也?"林既曰:"不知君之所谓者何也。夫登高临危,而目不眴⑬,而足不陵者⑭,此工匠之勇悍也;入深渊,刺蛟龙,抱鼋鼍而出者⑮,此渔夫之勇悍也;入深山,刺虎豹,抱熊罴而出者,此猎夫之勇悍也;不难断头裂腹⑯,暴骨流血中原者,此武夫之勇悍也⑰。今臣居广廷,作色端辩⑱,以犯主君之怒,前虽有乘轩之赏⑲,未为之动也;后虽有斧质之威,未为之恐也。此既之所以为勇悍也。"⑳

【注释】

①林既:生平未详,事迹略如本文。韦衣:皮制的短衣。古时多为山野之民所服。

②逡巡:从容,不慌不忙。《庄子·秋水》:"东海之鳖,左足未入,而右膝已絷矣,于是逡巡而却。"成玄英疏:"逡巡,从容也。"作色:变了脸色,严肃,生气。《礼记·哀公问》:"孔子愀然作色而对曰:'君之及此言也,百姓之德也。'"郑玄注:"作,犹变也。"

③服事:服装穿戴之事。端:端详,引申为审详。

④令尹子西:楚国公子申,芈(mǐ)姓,熊氏,名申,字子西,楚国令尹。楚平王庶长子,助楚昭王败吴军,返国后为令尹。前479年,死于白公胜之乱。

⑤遂沟之冠:原文作"遂僕之冠",向宗鲁《校证》据《太平御览》卷四百三十七以为应作"遂沟之冠"。此据改,然其形制不详。

⑥隰(xí)朋:谥成子,齐国桓公时大夫。多智善辩,与管仲、鲍叔牙等辅佐齐桓公,助齐桓公成就霸业。管仲病重时荐他自代,与管仲同年死。

⑦文身剪发:又作"文身断发",身上刺刻花纹,剪短头发。"断发"

即是剪短头发,它与"椎髻""披发"类似,都是古越人(即今苏浙闽粤琼桂一带的先民)流行的发式。古代北方中原人认为身体发肤是父母授之,不敢毁伤,所以无论男女都留长发不剪。故而认为文身断发则是蛮夷的习俗。

⑧大夫种:即越国大夫文种(？—前472),姓文,名种,字会。也作文仲、少禽,一作子禽,春秋末期楚国郢(今湖北江陵附近)人,后定居越国。春秋末期著名的谋略家。越王勾践的谋臣,和范蠡一起,为勾践最终打败吴王夫差立下功劳。灭吴后,自觉功高,不听范蠡退隐劝告,最后被勾践赐死。

⑨左衽:我国古代部分少数民族或是汉族死者所着的服装,前襟向左掩,不同于中原一带人的右衽(前襟向右掩)。衽,指衣襟。椎结:即"椎髻",头发扎成椎状朝天。

⑩由余:春秋时晋国人,逃亡西戎,后降秦,秦穆公拜其为上卿。由余为之出谋划策,帮助秦国攻伐西戎,并国十二,开地千里,称霸西戎,使秦穆公位列春秋五霸之一。

⑪即:即使,如果,假设连词。

⑫一:同"抑"。或者,选择连词。

⑬眴(xuàn):眼睛昏花。

⑭陵:颤栗。

⑮鼋鼍(yuán tuó):大鳖和鳄鱼。

⑯不难:不以……为难,不怕。

⑰此武夫之勇悍也:天海按,以上又见《庄子·秋水》,《胡非子》(马总《意林》)有类似之文。

⑱端辩:直言论辩。

⑲乘轩:乘坐大夫的车子,这里指做官。

⑳天海按:向宗鲁《校证》称:《太平御览》卷四百三十七与四百六十四均引作《新序》,但今本《新序》无此文。

【译文】

林既穿着兽皮短衣去朝见齐景公。齐景公问他:"这是君子的服装呢,还是小人的服装?"林既不慌不忙一脸严肃地说:"衣服穿戴的事怎么能够用来审察士人的品行呢?从前楚国人好佩长剑戴高帽,令尹子西就出在那里;齐国人好穿短衣戴一种名叫'遂沟'的帽子,管仲、隰朋就出在那里;越国人在身上刺刻花纹并剪短毛发,范蠡、文种就出在那里;西戎人衣襟向左并且扎成锥形的发髻,由余就出在那里。如果像您所说的那样,穿狗皮衣的人应当学狗叫,穿羊皮衣的应当学羊叫,那么您穿狐皮衣上朝,想来该也会有变化吧!"齐景公说:"你真是勇敢强悍的人!至今我还未曾见过你这样诡异的辩论。你这是与邻人相争呢,还是想胜过千乘大国的国君?"林既说:"我不明白您所说的是什么意思。攀登高山面临危崖,能眼不花、脚不发抖的,这是工匠的勇敢强悍;潜入深渊刺杀蛟龙,能捉住大鳖鳄鱼而出的,这是渔夫的勇敢强悍;进入深山刺杀虎豹,能捉住熊羆而出的,这是猎人的勇敢强悍;不怕断头破腹,流血抛尸在荒野的,这是武夫的勇敢强悍。现在我站在宽敞的朝廷上,严肃地直言论辩来触犯君主的愤怒,眼前即使有高车驷马的封赏,我也不会为此而动心;身后即使有杀头的威胁,我也不会为此而恐惧。这就是我所认为的勇敢强悍。"

11.12 魏文侯与大夫饮酒,使公乘不仁为觞政①,曰:"饮不釂者②,浮以大白③。"文侯饮而不釂④,公乘不仁举白浮君,君视而不应。侍者曰:"不仁退,君已醉矣。"公乘不仁曰:"《周书》曰⑤:'前车覆,后车戒⑥。'盖言其危。为人臣者不易,为君亦不易。今君已设令⑦,令不行,可乎?"君曰:"善!"举白而饮,饮毕,曰:"以公乘不仁为上客⑧。"

【注释】

①公乘不仁:战国时魏人,事迹略如本文。为觞(shāng)政:主持执行酒令。即作宴会中执行酒令的执法者。

②不釂(jiào):不饮尽杯中酒。《淮南子·道应训》高诱注:"釂,尽也。"

③浮以大白:用大酒杯罚酒。浮,罚酒。白,酒杯。下文同此。

④不釂:原文作"不尽釂","尽"为衍文,此据上文例径删。

⑤《周书》曰:下引二句不见今本《尚书·周书》,向宗鲁《校证》以为"周谚"之讹。译文从此说。

⑥前车覆,后车戒:语又见《荀子·成相》:"前车已覆,后未知更何觉时。"《大戴礼记·保傅》:"鄙语曰:前车覆,后车诫。"

⑦君:原文作"吾",此据向宗鲁《校证》本改。

⑧上客:贵客,贵宾,上等客卿。

【译文】

魏文侯与大夫一起饮酒,让公乘不仁执行酒令,说:"饮酒不尽杯的人,用大杯罚他。"魏文侯没有饮尽杯中的酒,公乘不仁举杯要罚他,魏文侯看着他而不理睬。侍从说:"不仁退下,国君已醉了。"公乘不仁说:"周朝谚语说:'前面的车翻了,后面的车要引起警戒。'大概说的是要防止类似的危险。做臣子的不容易,做国君的也不容易。现在国君已立下酒令,又不执行酒令,这样行吗?"魏文侯说:"讲得好!"说完举杯而饮,饮完了酒又说:"让公乘不仁作贵宾。"

11.13 襄成君始封之日①,衣翠衣,带玉剑,履缟舄②,立于流水之上③。大夫拥钟锤④,县令执桴号令⑤,呼谁能渡君者⑥。于是也,楚大夫庄辛过而说之⑦,遂造托而拜谒⑧,起立曰:"臣愿把君之手,其可乎?"襄成君忿然作色而不言⑨。

庄辛迁延沓手而称曰⑩:"君独不闻夫鄂君子皙之泛舟于新波之中也⑪?乘青翰之舟⑫,扱幔芷⑬,张翠盖⑭,而擒犀尾⑮,班丽褂衽⑯;会钟鼓之音毕,榜枻越人拥楫而歌⑰,歌辞曰⑱:'滥兮抃草,滥予昌枑,泽予昌州,州𩜰州焉乎,秦胥胥缦予乎,昭澶秦逾,渗惿随河湖。'鄂君子皙曰:'吾不知越歌,子试为我楚说之。'于是乃召越译,乃楚说之曰:'今夕何夕兮,搴舟中流⑲;今日何日兮,得与王子同舟⑳?蒙羞被好兮,不訾诟耻㉑;心几顽而不绝兮㉒,得知王子㉓。山有木兮木有枝,心悦君兮君不知。'于是鄂君子皙乃揄修袂㉔,行而拥之,举绣被而覆之。鄂君子皙亲楚王母弟也,官为令尹,爵为执珪㉕,一榜枻越人犹得交欢尽意焉。今君何以逾于鄂君子皙?臣独何以不若榜枻之人?愿把君之手,其不可何也?"襄成君乃奉手而进之曰:"吾少之时,亦尝以色称于长者矣㉖,未尝遇僇如此之卒也㉗。自今以后,愿以壮少之礼谨受命㉘。"㉙

【注释】

①襄成君:生平不详,事略如本文。
②履缟舄(xì):脚穿绢鞋。缟舄,白色细生绢做的鞋。舄,古代一种双层底加有木垫的鞋。古时最尊贵的鞋,多为帝王大臣所穿。
③流水:原文作"游水",此依向宗鲁《校证》引卢文弨说改。
④钟锤:敲击乐钟的锤子。原文误作"钟钟",此据明钞本改。
⑤执桴号令:举着鼓槌召唤。桴,鼓槌。原文误作"将",据明钞本改。
⑥呼谁能渡君者:招呼"有谁能帮助君主渡河的吗"。君,原文作

"王",襄成君不应称王,此据上下文例径改。

⑦庄辛:庄氏,名辛。战国时楚纪郢(今湖北江陵)人,楚襄王时任大夫。前281年,他面责楚顷襄王:"专淫逸侈靡,不顾国政,郢都必自危!"顷襄王怒斥其为"老悖"。遂离楚去赵。三年后,秦军攻占郢都,顷襄王悔悟,从赵国将他召至城阳。他再陈亡羊补牢之策。顷襄王乃收东境兵十余万,收回江南。顷襄王授庄辛以执圭,赐予淮北之地,封为阳陵君。

⑧造托而拜谒:托词前往拜见。造,前往。

⑨愀然:"然"字原文脱,此据向宗鲁《校证》补。

⑩迁延沓手:退后拱手。迁延,退却,后退。沓手,两手重叠。

⑪鄂君子皙:即楚公子黑肱(? —前529),字子皙。春秋时楚国的贵族,封为鄂城君。泛舟:乘船游玩。新波:河名。未详所在。

⑫青翰之舟:刻成黑色大鸟形状的船。青翰,此指黑色大鸟。亦称"青庄",信天翁的别称。《尚书大传》卷一:"取白狐青翰。"郑玄注:"翰,毛之长大者。"

⑬扱幔芘:挂上帷幔。扱,同"插"。此指张挂。《广雅》:"扱,插也。"原文作"极蔿芘","极",孙诒让疑为"插"字;且认为"蔿",当为"幔";"芘",与"蔽"同。此说可从,径改。

⑭翠盖:用翠羽装饰的伞盖。

⑮擒(dá)犀尾:插上犀牛尾作旌旄。擒,插上。

⑯班丽袿衽(guī rèn):服装斑斓艳丽。班,同"斑"。袿,衣服后襟,指上衣。衽,下裳。

⑰榜枻(bǎng yì):本义为船桨。引申为使船、船工。榜,船。枻,桨。这里指代船工。

⑱歌辞曰:以下这段歌辞是当时越语的记音,近人研究认为与壮语接近。现将其中难字注音如下:抃(biàn)、枑(hù)、儘(kān)、惿(shì)。

⑲搴(qiān)：牵，拉。

⑳王子：泛指贵族子弟。

㉑不訾：不思，不顾。

㉒几：多么。顽：愚顽，痴迷。

㉓得知王子：能够结交王子。原文作"知得王子"，此据卢文弨校改。

㉔揄修袂：挥动长袖。揄，牵引，扬起。修袂，长袖。"揄"，原文作"擒"，此据向宗鲁《校证》引《史记》改。

㉕执珪：也作"执圭"，春秋战国时楚国之爵名。又称上执珪，为楚最高爵位。《战国策·齐策二》："楚之法，覆军杀将，其官爵何也？昭阳曰：'官为上柱国，爵为上执珪。'"

㉖以色称于长者：因为姿色被长辈称赞。

㉗遇僇(lù)：受辱。卒(cù)：同"猝"。突然。

㉘壮少之礼：年轻人对成年人的礼节。

㉙天海按：《北堂书钞》卷一百三十八引此文谓出自《新序》，但今本《新序》不见。

【译文】

襄成君开始接受封邑的那天，穿着翠羽装饰的衣服，佩带着嵌玉的宝剑，脚穿白绢鞋，站立在流水边。大夫抱着钟锤，县令拿着鼓槌，召唤有谁能将国君渡过河去。在这时候，楚国大夫庄辛经过这里，很喜欢襄成君，于是托词前去求见，他拜谒后站起来说："我希望拉住您的手，这样行吗？"襄成君生气地变了脸色不答话。庄辛退后，两手相拱并大声说："您难道没有听说过鄂君子皙在新波上划船游乐的事吗？他乘坐的是刻有黑色大鸟形状的船，挂着帐幔，张着翠羽的伞盖，旌旗上插有犀牛尾，服装斑斓艳丽。当钟鼓音乐之声停止后，越国船夫抱着桨唱起了歌，歌辞是：'滥兮抃草，滥予昌柂，泽予昌州，州㑴州焉乎，秦胥胥缦予乎，昭澶秦逾，渗惿随河湖。'鄂君子皙说：'我不懂越国的歌，请你试着为我用楚国的话解说它。'于是就招来越人翻译,就用楚国的话解说道:'今夜是怎样的夜晚啊,泛舟江中流;今天是什么日子啊,能与王子同舟?含羞露美啊,不顾诟骂羞耻;心里多么痴迷不止啊,盼能见到王子。山有树啊树有枝,心里爱慕您呀您不知。'这时鄂君子皙挥挥长袖,走过去抱住那越国船夫,还拿锦绣被子覆盖在他身上。鄂君子皙与楚王是同母的亲兄弟,官职做到令尹,爵位是执珪,还能与一个划船的越人交欢尽意。现在您凭什么能超过鄂君子皙呢?我又有什么不如那摇船船夫的呢?想要握握您的手,那为什么不行呢?"襄成君于是伸出手上前对他说:"我小的时候,也曾因为姿容受到长辈的称赞,未曾突然像今天这样受辱。从今以后,我愿以年轻人对成年人的礼节恭谨地接受您的教诲。"

11.14 雍门子周以琴见乎孟尝君①。孟尝君曰:"先生鼓琴,亦能令文悲乎?"雍门子周曰:"臣何独能令足下悲哉!臣之所能令悲者:有先贵而后贱,先富而后贫者也;不若身材高妙②,适遭暴乱无道之主,妄加不道之理焉;不若处势隐绝③,不及四邻,诎折傿厌④,袭于穷巷⑤,无所告愬⑥;不若交欢相爱,无怨而生离,远赴绝国,无复相见之时;不若少失二亲,兄弟别离,家室不足,忧戚盈胸。当是之时也,固不可以闻飞鸟疾风之声,穷穷焉固无乐已⑦。凡若是者,臣一为之,徽胶援琴而长太息⑧,则流涕沾衿矣。今若足下,千乘之君也。居则广厦邃房⑨,下罗帷,来清风,倡优侏儒处前,迭进而谄谀⑩;燕则斗象棋而舞郑女⑪,激楚之切风⑫,练色以淫目⑬,流声以虞耳⑭;水游则连方舟⑮,载羽旗⑯,鼓吹乎不测之渊;野游则驰骋弋猎乎平原广囿⑰,格猛兽;入则撞钟击鼓乎深宫之中。方此之时,视天地曾不若一指,忘死与生,虽有善鼓琴者,固未能令足下悲也。"孟尝君曰:"否,否!文固以为不然⑱。"雍门子周曰:"然臣之所以为足下悲者,一事也:夫声敌帝而困秦者⑲,君也;连五国之约南面而伐楚者,又君也。天下未尝无事,不从则横⑳。从成则楚王,横成则秦帝。楚王秦帝,必报仇于薛矣㉑。夫以秦、楚之强而报仇于弱薛,譬之犹摩萧斧而伐朝菌也㉒,必不留行矣㉓。天下有识之士,无不为足下寒心酸鼻者。千秋万岁之后,庙堂必不血食矣㉔。高台既已坏,曲池既已渐㉕,坟墓既已平而青廷矣㉖,婴儿竖子樵采薪荛者㉗,踟蹰其足而歌其上㉘。众人见之,无不愀焉为足下悲之㉙,曰:'夫以孟尝君尊贵,乃可使若此乎?'"于是孟尝君泫然㉚,泣涕承睫而未殒㉛。雍门子周引琴而鼓之,徐动宫徵,微挥羽角㉜,切终而成曲㉝。孟尝君涕浪汗增欷㉞,下而就之曰㉟:"先生之鼓琴,令文立若破国亡邑之人也。"㊱

【注释】

①雍门子周:复姓雍门,名周。战国时人,亦称"雍门子""雍门周""雍门司马"。雍门为齐都西门,因居住此地以为姓。据传雍门子周善鼓琴,又善哭。此则原文与上则相连,现依明钞本另起。

②不若:否则,或者,并列连词。下文与此同。高妙:优异。

③隐绝:穷困潦倒,隐居而与世隔绝。

④诎折傧厌:委屈受挫而被摈斥遭厌弃。诎,同"屈"。傧,同"摈"。

⑤袭于穷巷:隐居在陋巷。袭,隐藏。

⑥愍:原文作"忽",向宗鲁《校证》据卢文弨说改为"愍"。今据改。

⑦穷穷焉:即穷穷然,忧愁悲伤的样子。
⑧徽胶援琴:调弦弹琴。徽胶,扭紧弦轴。徽,本指系弦的绳,这里兼指系绳的轴。
⑨广厦邃房:犹深宅大院。邃房,幽深的房屋。
⑩倡优侏儒处前,迭进而诣谀:各种歌舞杂技艺人在跟前轮番表演献媚。倡优侏儒,歌舞杂技艺人。迭进,轮番表演献艺。
⑪燕:同"宴"。宴饮。舞郑女:观赏郑国美女跳舞。舞,使之舞。
⑫激楚之切风:歌声高亢凄清而随风飘扬。激楚,声音高亢凄清。《楚辞·招魂》:"宫廷震惊,发激楚些。"王逸注:"激,清声也。言吹竽击鼓,众乐并会,宫廷之内,莫不震动惊骇,复作激楚之清声,以发其音也。"后亦用为愤激悲楚之意。切风,入风,随风。切,原文讹作"功",此据向宗鲁《校证》依卢文弨校改。
⑬练色以淫目:挑选美色以尽享眼福。练色,挑选美色。淫目,尽享眼福。
⑭流声以虞耳:放纵声乐以饱享耳福。流声,放纵声乐。虞耳,饱享耳福。虞,同"娱"。
⑮方舟:两船相并。
⑯羽旗:用羽毛装饰的旌旗。
⑰弋猎:射猎。
⑱固:固然,确实。
⑲声敌帝而困秦:声望与帝王相当而使秦国疲困。敌,匹敌。困,疲困。
⑳不从则横:不是合纵就是连横。从,同"纵"。即合纵。横,连横。
㉑薛:地名。战国时孟尝君田文的封邑,在今山东滕州东南。
㉒摩萧斧:磨好刚利之斧。摩,同"磨"。萧斧,利斧。朝菌:菌类植物,朝生暮死。这里比喻极微弱的事物。
㉓不留行:无阻碍。

㉔庙堂必不血食:祖庙一定没人祭祀。不血食,指因为无后嗣或国家灭亡而绝祀。

㉕渐:通"堑"。壕沟。

㉖坟墓既已平而青廷:坟墓已经被荡平,变成长满青草的庭院。青廷,青草长满庭院。廷,同"庭"。平,原文作"下",此据向宗鲁《校证》依卢文弨校改。

㉗婴儿竖子:儿童村夫。樵采薪荛:樵夫打柴割草。

㉘蹢躅(zhí zhú)其足:徘徊漫步。蹢躅,同"踯躅"。徘徊不进貌。

㉙愀焉:同"愀然"。忧愁的样子。

㉚泫然:流泪的样子。

㉛泣涕承睫而未殒:饱含泪水而未落下。承睫,泪水在睫毛上。殒,落下。

㉜徐动宫徵,微挥羽角:宫徵、羽角,古代的五音有宫、商、角、徵、羽,相当于西乐的唱名1、2、3、5、6。这里用以指调弦定音。

㉝切:调合音律。

㉞涕浪汗增欷:眼泪纵横满面进而抽泣起来。浪汗,纵横散漫貌。欷,抽泣声。

㉟下:此字原文脱,此据向宗鲁《校证》引诸书补。

㊱天海按:参见《淮南子·览冥训》:"昔雍门子以哭见于孟尝君,已而陈辞通意,抚心发声,孟尝君为之增欷歍唈,流涕狼戾不可止。"高诱注:"雍门子名周,善弹琴,又善哭。雍门,齐西门也,居近之,因以为氏。"又桓谭《新论·琴道篇》与此文略同。

【译文】

雍门子周以弹琴来求见孟尝君。孟尝君说:"先生弹琴,也能够让我悲恸吗?"雍门子周说:"我怎么能使您感到悲恸呢?我弹琴能令人感到悲恸的:有先前尊贵后来却变得低贱,原先富有后来却贫穷的人;或者是才貌优异,却遭遇残暴昏乱无道的君主,在他身上乱加无理之词的人;或者是隐居而与世隔绝,与左邻右舍绝无交往,委屈受挫而遭摈弃,隐名埋姓在陋巷中,心中的痛苦无处倾诉的人;或者是男女热恋相爱,毫无怨隙却被迫离散,远赴那极远的边国,没有重新见面机会的人;或者是从小失去父母,兄弟离散,家室不全,忧伤满怀的人。正当这种时候,本来就不能听那飞鸟疾风的声响,穷苦困厄成这个样子,当然也就没有什么欢乐可言。凡是像这样的人,我一为他们弹琴,调好弦操起琴,他们就长声叹息,接着便泪湿衣襟了。现在像您这样的人,是千乘大国的君主,闲居时住在那宽阔幽深的府邸中,放下丝罗帷幔,招来清风缕缕,各种歌舞杂技艺人在眼前轮番表演献媚取宠;宴饮时就赛象棋并观赏郑国美女献舞,乐声高亢凄清而随风飘扬,挑选美色来享尽眼福,放纵声乐来饱享耳福;在水上游乐时就把大船连接在一起,插满了用羽毛装饰的旌旗,在那深不可测的水面上吹吹打打;到野外游乐时就在平原和广阔的园囿中驰骋射猎,搏击猛兽;回到深宫中就撞钟击鼓。在这种时候,看天地竟不如自己的一根手指,忘记了生和死,即使有善于弹琴的人,确实也不能让您感到悲恸。"孟尝君说:"不对,不对! 我本来认为不会是这样的。"雍门子周说:"但是我为您感到悲哀的有一件事:那声望与帝王相当并使秦国疲困的人,是您;联合五国结盟向南去攻打楚国的人,又是您。天下何曾太平无事? 不是合纵就是连横。合纵成功,那么楚国就称王;连横成功,那么秦国就称帝。不论是楚国称王或者是秦国称帝,都一定会向您的薛邑报仇。如果以秦、楚这样的强国找弱小的薛邑报仇,好比是磨快了利斧去砍伐那柔嫩的朝菌,绝不会有任何阻碍。天下有见识的人,没有不为您伤心流泪的。千年万载之后,您的宗庙就一定无人祭祀了。高高的楼台已被毁坏,曲回的水池已成干壕沟,坟墓已经被荡平,青草长满了庭院,儿童村夫打柴割草的,唱着歌在上面践踏。人们看见这种景况,没有谁不忧伤地为您悲哀。他们会说:'凭着孟尝君那样的尊荣显贵,竟能使他死后变成这样吗?'"这时孟尝君像要流泪的样子,眼泪盈眶却未掉下来。雍门子周张开琴弹了起来,慢慢地调动宫音、徵音,微微地拨动羽音、角音,音律协合而奏成一曲。孟尝君泪流满面进而抽泣起来,从座位上走下来靠近雍门子周说:"先生这样弹琴,使我立刻感到像一个国破家亡的人。"

11.15 蘧伯玉使至楚①,逢公子晳濮水之上②,子晳接草而待③,曰:"敢问上客将何之?"蘧伯玉为之轼车④。公子晳曰:"吾闻上士可以托色⑤,中士可以托辞⑥,下士可以托财。三者固可得而托耶⑦?"蘧伯玉曰:"谨受命!"蘧伯玉见楚王,使事毕,坐谈语,从容言至于士。楚王曰:"何国最多士?"蘧伯玉曰:"楚最多士。"楚王大悦。蘧伯玉曰:"楚最多士,而楚不能用。"王造然曰⑧:"是何言也?"蘧伯玉曰:"伍子胥生于楚,逃之吴,吴受而相之,发兵攻楚,堕平王之墓。伍子胥生于楚而吴善用之。釁蚠黄生于楚⑨,走之晋,治七十二县,道不拾遗,民不妄得,城郭不闭,国无贼盗。蚠黄生于楚而晋善用之。今者臣之来,逢公子晳濮水之上,辞言:'上士可以托色,中士可以托辞,下士可以托财。三言者⑩,固可得而托身耶⑪?'又不知公子晳将何治也⑫?"于是楚王发使一驷,副使二乘,追公子晳濮水之上。子晳还,重于楚,蘧伯玉之力也。故《诗》曰⑬:"谁能烹鱼?溉之釜鬵⑭;孰将西归,怀之好音⑮?"此之谓也。物之相得,固微甚矣⑯。⑰

【注释】

① 蘧(qú)伯玉:姓蘧,名瑗(yuàn),字伯玉,谥成子。春秋时卫国大夫,但不被卫灵公重用。后世封内黄侯,奉祀于孔庙东庑第一位。

②公子晳：向宗鲁《校证》疑与前文鄂君子晳为同一人。即楚公子黑肱（？—前529），字子晳。春秋时楚国的王子，封为鄂城君。濮水：古代河水名。流经古菏泽区域的一条重要河流，是雷夏泽和巨野泽的水源之一。濮阳、濮州都从濮水得名。

③接草：义不可通，孙诒让疑为"捽（zuó）草"，即拔草。此说可从，译文从此。

④轼车：在车上凭轼致敬。

⑤上士：高明的人。托色：犹"托以色"，此指以神色来表示委托。

⑥中士：中等人品的人。托辞：犹言"托以辞"，此指用言语委托人。

⑦固：同"姑"。姑且。下文同此。

⑧造然：不安貌。《大戴礼记·保傅》："灵公往吊，问其故，其子以父言闻，灵公造然失容曰：'吾失矣。'"卢辩注："造然，惊惨之貌。"

⑨贲敾（fén）黄：即苗贲皇。贲，读为"门"，与"苗"声近，敾，同"贲"。黄，同"皇"。他是春秋时楚国令尹斗椒的儿子，斗椒被杀后，贲皇逃奔晋国，晋国封他苗地，因此为氏。前575年，晋、楚鄢陵之战中，他向晋侯献策，大败楚军。

⑩三言者：此指上面三句话。

⑪托身：据上文，"身"字疑衍。

⑫治：料理，打算。

⑬《诗》曰：以下引诗见《诗经·桧风·匪风》。

⑭溉之釜䲹（xìn）：洗刷那小锅大锅。溉，洗涤。釜，小锅。䲹，大锅。

⑮怀：读为"馈"，送给。好音：好消息。

⑯物之相得，固微甚矣：人的相互投合，的确是很微妙的啊。物，人物。相得，互相投合。固，的确，表语气。

⑰天海按：此文与《左传·襄公二十六年》记声子、伍举的事相类似而文异。

【译文】

蘧伯玉出使到楚国,在濮水岸上遇见公子晳。子晳在野外拔草等待他,说:"请问贵客将要去哪里?"蘧伯玉在车上扶轼向他表示礼敬。公子晳说:"我听说上士能用神色委托他,中士能用言语委托他,下士能用财物委托他。这三种姑且能够委托吗?"蘧伯玉说:"我恭谨地接受您的吩咐。"蘧伯玉拜见楚王,出使的公事完毕后,与楚王坐下闲谈,从容地谈到了士人。楚王问:"哪个国家士人最多?"蘧伯玉说:"楚国士人最多。"楚王十分高兴。蘧伯玉又说:"楚国士人最多,但楚国却不能任用。"楚王惊惧不安地说:"这话怎么讲?"蘧伯玉说:"伍子胥生长在楚国,逃亡到吴国,吴国接纳他并用他做国相,发兵攻打楚国,毁坏了楚平王的坟墓。伍子胥生在楚国,吴国却能很好地任用他。苗贲皇生在楚国,跑到了晋国,治理好七十二县,路不拾遗,百姓不妄取,城门不关闭,都城无盗贼。贲皇生在楚国,但晋国却能很好地任用他。这次我来楚国,在濮水上遇见了公子晳,他对我说:'上士能用神色委托,中士能用言语委托,下士能用财物委托。这三句话,姑且能够委托吧?'又不知道公子晳将有何打算?"于是楚王派出使者驾上驷车一辆,副使车二辆,到濮水上追赶公子晳。子晳回到楚国受到重用,全靠蘧伯玉的力量。因此《诗经》说:"有谁能烹鱼?就洗刷好小锅大锅;谁将由西方归来,带给我好消息?"说的就是这样的事。人能互相投合,的确是很微妙的啊。

11.16 叔向之弟羊舌虎善栾逞①。逞有罪于晋,晋诛羊舌虎,叔向为之奴。既而,祁奚曰②:"吾闻小人得位,不争不义③;君子在忧④,不救不祥。"乃往见范桓子而说之曰⑤:"闻善为国者,赏不过,刑不滥。赏过则惧及淫人⑥,刑滥则惧及君子。与不幸而过⑦,宁过而赏淫人,无过而刑君子。故尧之刑也,殛鲧于羽山而用禹⑧;周之刑也,僇管、蔡而相周公⑨:不滥刑也。"桓子乃命吏出叔向。救人之患者,行危苦而不避烦辱⑩,犹不能免;今祁奚论先王之德,而叔向得免焉,学岂可已哉!⑪

【注释】

① 叔向:复姓羊舌,名肸(xī),字叔向,又称叔肸。春秋时期晋国著名贤大夫,与郑国的子产、齐国的晏婴齐名。羊舌虎(?—前552):复姓羊舌,名虎,也称叔虎,叔向的庶弟。春秋时晋国大夫。羊舌四族之一。因党于栾逞(盈)被杀。栾逞(?—前550):姬姓,栾氏,名盈,避讳西汉惠帝刘盈又作"逞"。谥怀,称栾怀子。春秋时晋国大夫,晋平公时为下卿,他的外祖父范宣子畏其好施多士而赶走了他。栾盈奔楚入齐,后潜回晋,在曲沃被围攻,后灭族。栾逞,原文误作"乐达",今据向宗鲁《校证》依卢文弨校改。

② 祁奚:姬姓,祁氏,名奚,字黄羊。春秋时晋国人,因食邑于祁(今山西祁县),遂为祁氏。前572年,晋悼公即位,祁奚被任为中军尉。祁奚为四朝元老。他忠公体国,急公好义,深受人们爱戴。晋悼公时他曾推荐自己的杀父仇人解狐替代自己的职位,解狐死后又举荐自己的儿子祁午接任,以"外举不避仇,内举不避亲"的事迹而闻名。

③ 不争:不规谏。争,同"诤"。

④ 在忧:原文作"所优",此据向宗鲁《校证》引《吕氏春秋》改。

⑤ 范桓子:即范宣子(?—前548),祁姓,士氏,名匄(gài),按封地又为范氏,谥宣。曾统率晋中军,继荀偃之后执晋政。"宣"可借为"桓"。

⑥ 淫人:邪恶的人。

⑦ 与不幸而过:与其意外地发生过错。与,与其。不幸,意外。过,

错误。

⑧殛(jī)鲧(gǔn)于羽山:将鲧流放到羽山。殛,流放。鲧,相传为大禹之父,治水无功,被舜流放到羽山。羽山,山名。一说在江苏东海西北九十里,一说在山东蓬莱东南三十里。此句出自《尚书·尧典》。

⑨僇管、蔡:惩罚管叔、蔡叔。僇,通"戮"。管叔名鲜,蔡叔名度,均为周武王之弟。武王去世,成王年幼,周公旦摄政,他二人不服,与武庚一起叛乱,被周公平定,管叔被杀,蔡叔被放逐。

⑩烦辱:同"繁缛"。繁重杂乱。

⑪天海按:事见《左传·襄公二十一年》,此文又见《吕氏春秋·开春论》,文略异。

【译文】

叔向的弟弟羊舌虎与栾盈友善。栾盈在晋国有罪,晋国杀了羊舌虎,让叔向做了奴隶。不久,祁奚说:"我听说小人得势,不规谏就是不义;君子在患难中,不去拯救就不吉祥。"于是就前去求见范宣子并劝说道:"听说善于治国的人,赏不过度,刑不滥罚。封赏过度,恐怕会赏到邪恶的人;滥施刑罚,恐怕会祸及君子。与其意外地发生过错,宁肯错误地赏赐邪恶的人,也不要错误地惩罚君子。因此唐尧时的刑罚,将鲧流放到羽山而又任用他的儿子大禹;西周时的刑罚,惩罚管叔、蔡叔而用周公辅佐天子:这都说明不滥用刑罚。"范宣子就命令狱吏放出叔向。拯救别人患难的人,所做的事危险艰苦而又要不嫌繁重杂乱,有时还不能解脱受难的人;祁奚论说先王的德政,就使叔向从患难中得到解脱,学习难道可以停止吗!

11.17 张禄掌门见孟尝君曰①:"衣新而不旧,仓庾盈而不虚②,为之有道,君亦知之乎?"孟尝君曰:"衣新而不旧,则是修也③;仓庾盈而不虚,则是富也。为之奈何?其说可得闻乎？"张禄曰："愿君贵则举贤，富则振贫，若是则衣新而不旧，仓庾盈而不虚矣。"孟尝君以其言为然，说其意，辩其辞④，明日使人奉黄金百斤，文织百纯⑤，进之张先生，先生辞而不受。后先生复见孟尝君，孟尝君曰："前先生幸教文曰：'衣新而不旧，仓庾盈而不虚，为之有说，汝亦知之乎？'文窃说教⑥，故使人奉黄金百斤，文织百纯，进之先生，以补门内之不赡者⑦，先生曷为辞而不受乎？"张禄曰："君将掘君之偶钱⑧，发君之庾粟以补士，则衣弊履穿而不赡耳，何暇衣新而不旧，仓庾盈而不虚乎？"孟尝君曰："然则为之奈何？"张禄曰："夫秦者，四塞国也⑨，游宦者不得入焉⑩。愿君为吾为丈尺之书⑪，寄我与秦王。我往而遇乎，固君之人也；往而不遇乎，虽人求间谋⑫，固不遇臣矣。"孟尝君曰："敬闻命矣。"因为之书，寄之秦王。往而大遇⑬，谓秦王曰："自禄之来，入大王之境，田畴益辟⑭，吏民益治，然而大王有一不得者，大王知之乎？"王曰："不知。"曰："夫山东有相⑮，所谓孟尝君者，其人贤人。天下无急则已，有急则能收天下英乂雄俊之士⑯，与之合交连友者，疑独此耳。然则大王胡不为我友之乎⑰？"秦王曰："敬受命⑱。"奉千金以遗孟尝君。孟尝君辍食察之而寤⑲，曰："此张生之所谓衣新而不旧，仓庾盈而不虚者也。"

【注释】

①张禄：即范雎（？—前255），字叔，魏国人，魏国中大夫须贾门客，因被怀疑通齐卖魏，被魏国相国魏齐鞭笞几乎致死，后在郑安平的帮助下，易名张禄，潜随秦国使者王稽入秦。说秦昭王以远交

近攻之策,后拜相,封应侯。据明人陈霆《两山墨谈》、焦竑《焦氏笔乘》、方以智《通雅》诸书考证,孟尝君田文死在范雎入秦之前,且范雎是由魏出逃至秦的,与孟尝君无涉,故此张禄也可能是同名的另一人。掌门:义不详。向宗鲁《校证》疑为"踵门"之误,译文从此说。

② 仓庾:泛指粮仓。庾,露天粮仓。

③ 修:修整,治办。

④ 说其意,辩其辞:欣赏他的意义,明辨他的言辞。说,同"悦"。喜欢,欣赏。

⑤ 文织百纯(tún):有彩色花纹丝织品百匹。纯,丝绵织物一段为纯。或说为量词"匹"。

⑥ 文窃说教:我喜欢您的教诲。文,田文自称。窃,自称谦辞。说,同"悦"。

⑦ 不赡者:供养不足的人。

⑧ 偶(yù)钱:即"寓钱"。偶,通"寓"。古时祭祀或丧葬时用圭璧币帛,祭毕埋在地下,因常被盗掘,汉以后或用范土为钱,以代真钱,魏晋以后又改用纸钱。因以纸替代真钱,故称寓钱。然此"寓钱",则当为"瘗钱",即陪葬的钱币。《史记·酷吏列传》:"会人有盗发孝文园瘗钱。"裴骃集解引如淳曰:"瘗埋钱于园陵以送死。"《新唐书·王玙传》:"汉以来葬丧皆有瘗钱,后世里俗稍以纸寓钱为鬼事。"朱翌《猗觉寮杂记》卷下:"汉晋人葬多瘗钱,往往遭发掘之祸。"此文"偶钱"必为"瘗钱",作"偶钱"者,乃后人误改。

⑨ 四塞国:四周地势险固之国。四塞,周围地势险要。

⑩ 游宦者:到异乡游学求官的人。

⑪ 丈尺之书:向宗鲁《校证》引诸说,认为当作"咫尺之书"。咫,八寸,咫尺之书,是说简短的便函。译文从此说。

⑫间(jiàn)谋：从中谋划。

⑬大遇：特殊待遇，大受礼遇。

⑭辟：开拓，开辟。

⑮山东：这里指齐国。因为齐国地处崤山以东。

⑯英乂雄俊：英雄俊杰。英乂，英杰。乂，才能出众。

⑰我：犹"其"，自己（训见杨树达《高等国文法》）。这里指代秦王。

⑱命：原文作"令"，此据明钞本改。

⑲寤：醒悟，明白。

【译文】

张禄亲自上门求见孟尝君说："使衣服常新而不旧，使粮仓常满而不空，有办法做到这样，您也知道这个办法吗？"孟尝君说："衣服常新而不旧，那是因为修整；粮仓常满而不空，那是因为富足。怎样才能做到这样？道理可以讲来听听吗？"张禄说："希望您显贵时就举荐贤人，富足时就赈济穷人，这样就会使衣服常新而不旧，粮仓常满而不空。"孟尝君认为他说得对，欣赏他的用意，认为他的言辞有才辩，第二天就派人奉送黄金百斤，有彩色花纹的丝绸百匹，进献给张先生，张禄拒绝不受。后来张禄又见到孟尝君，孟尝君说："前次有幸听到您教诲我说：'使衣服常新而不旧，使粮仓常满而不空，有办法做到这样，您也知道这个道理吗？'我私下赞赏您的教诲，所以派人奉送黄金百斤，彩色花纹的丝绸百匹，进献给先生，以补充先生家内用度不足的人，先生为什么推辞不受呢？"张禄说："您如果要掘出陪葬的钱，打开您的粮仓来补助士人，就衣破鞋穿也供给不足，怎么能有时间顾及衣服常新不旧，粮仓常满不空呢？"孟尝君问："既然如此，那该怎么办呢？"张禄说："秦国，是四面地势险要的国家，游学求官的人不能进入。请您为我写一封简短的书信，把我介绍给秦王。我前去如果受到礼遇，那当然是您使我进入的；我前去如果不受礼遇，即使求人从中谋划，当然是我自己的不遇了。"孟尝君说："就听您的吩咐吧！"便为张禄写了书信，将他介绍给秦王。张禄前去大受礼遇,他对秦王说:"自从我来秦国,进入大王的境内,田地开拓得更多,吏民治理得更好,然而大王却有一样没有得到,大王知道这是什么吗?"秦王说:"不知道。"张禄说:"山东齐国有个国相叫孟尝君的,那人是个贤人。天下没有紧急情况则罢,一有紧急情况就能召集天下英雄俊杰及贤士,并与他们联合结交成为朋友的,想来就只有此人吧!那么大王何不为自己去和他结成朋友呢?"秦王说:"恭敬地接受您的指教。"于是就派人奉送千金给孟尝君。孟尝君当时正在吃饭,他停下来仔细想这是怎么回事,然后醒悟说:"这就是张先生所说的衣服常新不旧,粮仓常满不空的道理啊!"

11.18 庄周贫者①,往贷粟于魏文侯②。曰:"待吾邑粟之来而献之。"周曰:"乃今者周之来见,道傍牛蹄中有鲋鱼焉③,大息谓周曰④:'我尚可活也!'周曰:'须我为汝南见楚王⑤,决江、淮以溉汝。'鲋鱼曰:'今吾命在盆瓮之中耳⑥,乃为我见楚王,决江、淮以溉我,汝即求我枯鱼之肆矣⑦。'今周以贫故来贷粟,而曰:'须我邑粟来也而赐臣',即来,亦求臣佣肆矣⑧。"文侯于是乃发粟百钟⑨,送之庄周之室。⑩

【注释】

①庄周(约前369—前286):战国时宋国蒙县(今河南商丘东北梁园区)人。曾为蒙县漆园吏,与梁惠王、齐宣王是同时期人。他是战国中期著名的思想家、哲学家和文学家,著有《庄子》(又名《南华真经》)一书传世,是道家学派主要代表人物,与老子并称"老庄"。主张清静无为,排斥儒墨,独尊老子。《庄子》约成书于先秦时期。《汉书·艺文志》著录五十二篇,司马迁云"庄子著书十万余言",而今本《庄子》仅三十三篇六万五千多字。鲁

迅先生称誉说:"其文则汪洋辟阖,仪态万方,晚周诸子之作,莫能先也。"

②魏文侯(？—前396):姬姓,魏氏,名斯,一名都,安邑(今山西夏县)人。战国时魏国开国君主。前445—前396年在位。韩、赵、魏三家分晋,周威烈王正式承认魏为诸侯国。庄子不与魏文侯同时,此疑为"魏惠王",或为寓言。《庄子释文》已辩之。

③牛蹄中:此指牛蹄踩出的水坑。鲋鱼:形似鲫鱼而小。

④大息:即"太息",长叹。

⑤须:等候。

⑥今吾命在盆瓮之中耳:如今我只要有一盆一瓮水就可活命。盆瓮,陶制的盆子坛子。原文作"瓮甕",此据明钞本改。

⑦枯鱼之肆:卖干鱼的集市。肆,集市。

⑧佣肆:佣工市场。

⑨钟:古代量器。每钟受六斛四斗。

⑩天海按:此文又见《庄子·外物》,但文字多不同。

【译文】

庄周贫穷的时候,前去向魏文侯借粮。魏文侯说:"等我封地的粮食收上来再送给你吧。"庄周说:"在今天我来求见您时,看见路旁牛蹄踩成的水坑中有条鲋鱼,它长叹一声对我说:'我还可以活命啊!'我说:'等我为你南去求见楚王,挖开长江、淮河的水来浇灌你。'鲋鱼说:'如今我只要有一盆一瓮水就可活命,却说要为我去求见楚王,决开长江、淮河的水来浇灌我,那你就到卖干鱼的市场上去找我好了。'现在我因为贫穷才来借粮,您却说:'要等我封地上的粮食收上来后才能赏赐你。'即使粮食收上来了,也只有到佣工市场上去找我了。"魏文侯于是就开仓拿出粟米百钟,送到庄周的家中。

11.19 晋平公问叔向曰:"岁饥民疫①,翟人攻我②,我将若何？"对曰："岁饥，来年而反矣③；疾疫，将止矣；翟人，不足患也。"公曰："患有大于此者乎？"对曰："夫大臣重禄而不极谏，近臣畏罪而不敢言，左右顾宠于小官而君不知④，此诚患之大者也。"公曰："善！"于是令国中曰："欲有谏者为隐⑤，左右言及国吏⑥，罪。"

【注释】

① 岁饥民疫：年成遭饥荒，百姓染瘟疫。
② 翟人：即狄人，据《元和姓纂》及《通志·氏族略》所载，上古时候，北方有翟国。翟国是远古时黄帝的后裔建立的，后为周朝的诸侯国。传到春秋时期，翟国灭于晋国。又据《国语注》所载，春秋时赤翟（即赤狄）之后，以种名为狄姓，后改为翟姓。春秋时，赤狄人活动于晋、卫、齐、鲁、宋等国之间，称为翟姓。前六世纪末，晋国大举进攻赤狄，灭掉翟国，翟人大多沦为晋国臣民，逐渐融合于晋人。翟人的后代就以原国名为姓，称翟姓。
③ 来年而反：明年就会恢复。
④ 顾宠：犹邀宠，收买拉拢讨好。顾，通"雇"，收买。宠，此指讨好。
⑤ 为隐：故意隐瞒。
⑥ 左右言及国吏：君主身边的人毁誉到国家的官吏。指以个人的好恶来谈论。言，谈论。

【译文】

晋平公问叔向说："年成受饥荒，百姓遭瘟疫，狄人又来攻打我国，我该怎么办呢？"叔向回答说："年成饥荒，明年就会恢复正常了；疾病瘟疫，也会停止的；狄人的进攻也不值得担心。"晋平公说："还有比这更大的祸患吗？"叔向回答说："大臣贪恋厚禄而不极力进谏，身边的近臣怕得罪国君又不敢说话,左右的侍从被小官收买拉拢讨好但国君却不知道,这些才真正是最大的祸患。"晋平公说:"讲得好!"于是在全国下令说:"有想要进谏的人被故意隐瞒不报,左右的人任意谈论国家官吏,都要治罪。"

11.20 赵简子攻陶①,有二人先登,死于城上。简子欲得之,陶君不与②。承盆疽谓陶君曰③:"简子将掘君之墓以与君之百姓市曰④:'逾邑梯城者⑤,将赦之;不者,将掘其墓,朽者扬其灰,未朽者辜其尸⑥。'"陶君惧,请效二人之尸以为和⑦。

【注释】

①赵简子(?—前476):原名赵鞅,亦称赵孟,赵武之孙。他是春秋时晋国赵氏的首领,为赵氏宗主约六十年。原为晋国大夫,韩、魏、赵三家分晋之后,被赵国定为开国君主。陶:地名。即今山西平遥,史称古陶,相传为帝尧的封地。春秋时为晋国属地,战国时属赵国。

②陶君:陶邑的主人,生平不详。

③承盆疽:春秋时陶邑人,生平不详。

④市:交换。

⑤逾邑梯城者:爬梯越城投降的人。逾邑,翻越城墙。梯城,上梯爬城。梯,作动词。

⑥辜:分裂肢体。

⑦效:献出。

【译文】

赵简子攻打陶邑,有两人抢先登城,死在城上。赵简子想要得到那二人的尸体,陶君不给。承盆疽对陶君说:"赵简子将会用挖掘您的祖坟做条件来与您的百姓进行交易,说:'翻城越墙来投降的人,将会赦免他;否则,我就要挖掘他的祖坟,尸骨腐朽了的就把骨灰扬掉,没有腐烂的就分裂那尸体。'"陶君十分恐惧,便请求献上那两人的尸体来达成和议。

11.21 子贡见太宰嚭①。太宰嚭问曰:"孔子何如?"对曰:"臣不足以知之。"太宰曰:"子不知,何以事之?"对曰:"惟不知,故事之。夫子其犹大山林也,百姓各足其材矣②。"太宰嚭曰:"子增夫子乎③?"对曰:"夫子不可增也。夫赐其犹一累壤也④,以一累壤增大山,不益其高⑤,且为不知⑥"。太宰嚭曰:"然则子有所酌也⑦?"对曰:"天下有大樽⑧,而子独不酌焉,不识谁之罪也?"⑨

【注释】

①子贡(前520—?):复姓端木,名赐,字子贡(同子赣),以字行。春秋末年卫国人。孔子弟子。子贡以言语闻名,利口巧辞,善于雄辩著称。孔子曾称其为"瑚琏之器"。他还善于经商,富致千金。太宰嚭(pǐ):此为吴国太宰嚭。春秋时楚人,出身于楚国贵族,后投奔吴国,吴王夫差时期任太宰(辅佐君主治理国事的官,与后世的宰相相当),人称太宰嚭。

②各足其材:各自满足需要的材料。

③增:增益。

④一累壤:一堆土壤。

⑤高:原文误作"而",此据明钞本改。

⑥知:同"智"。

⑦酌：斟取。这里指获取、收获。
⑧大樽：大的盛酒器。
⑨天海按：《韩诗外传》卷八载此事，记为子贡对齐景公语。参见本卷第二十三则。

【译文】

子贡谒见吴国太宰伯嚭。太宰嚭问他说："孔子这人怎么样？"子贡回答说："我还不能够了解他。"太宰嚭问："你不了解他，为什么要以他为师呢？"子贡回答说："就因为不了解他，所以拜他为师。孔子他好比大山林一样，人们能够从他那里满足各自需要的东西。"太宰伯嚭又问："你对先生有什么增益吗？"子贡回答说："先生是不能增益什么的。再说我好比那一堆泥土，用一堆泥土来增添大山，不仅不能增加大山的高度，而且是不明智的。"太宰嚭说："那么你能得到什么吗？"子贡回答说："天下有大酒樽，但只有你不去斟饮，不知这是谁的过错？"

11.22 赵简子问子贡曰："孔子为人何如？"子贡对曰："赐不能识也①。"简子不说，曰："夫子事孔子数十年，终业而去之②，寡人问子，子曰'不能识'，何也？"子贡曰："赐譬渴者之饮江海，知足而已。孔子犹江海也，赐则奚足以识之？"简子曰："善哉，子贡之言也！"③

【注释】

①识：知，了解。
②终业：毕业，完成学业。
③天海按：《韩诗外传》卷八载此事，以为子贡对齐景公语。参见下则。

【译文】

赵简子问子贡说:"孔子为人怎么样?"子贡回答说:"我不能了解。"赵简子不高兴,说:"先生师事孔子几十年,完成学业才离开他,我问到你,你却说'不能了解',这是什么道理?"子贡说:"我好比那口渴的人到大江大海去饮水,只知道满足罢了。孔子好比大江大海,我又怎么能够了解他?"赵简子说:"子贡这番话讲得真好啊!"

11.23 齐景公谓子贡曰:"子谁师①?"曰:"臣师仲尼。"公曰:"仲尼贤乎?"对曰:"贤。"公曰:"其贤何若?"对曰:"不知也。"公曰:"子知其贤,而不知其奚若②,可乎?"对曰:"今谓天高,无少长愚智皆知高③。高几何?皆曰不知也。是以知仲尼之贤而不知其奚若。"④

【注释】

① 谁师:即"师谁",以谁为师。
② 奚若:即"何若",怎么样,像什么样。下文同此。
③ 无:无论。
④ 天海按:此上3则所记之事皆见于《韩诗外传》卷八,皆以为子贡对齐景公语,而文字有所不同。

【译文】

齐景公对子贡说:"你以谁为老师?"子贡说:"我拜孔子为师。"齐景公说:"孔子贤明吗?"子贡回答说:"贤明。"齐景公问:"他如何贤明?"子贡回答说:"不知道。"齐景公说:"你知道他贤明,却不知道他如何贤明,这说得通吗?"子贡回答说:"如果说天很高,无论年幼年长愚笨聪明的人都知道天很高。但高到什么程度呢?都只能说不知道。因此我也只知道孔子的贤明而不知道他贤明到什么程度。"

11.24 赵襄子谓仲尼曰①:"先生委质以见人主②,七十君矣,而无所通。不识世无明君乎?意先生之道固不通乎③?"仲尼不对。异日,襄子见子路,曰:"尝问先生以道,先生不对。知而不对,则隐也④。隐则安得为仁?若信不知⑤,安得为圣?"子路曰:"建天下之鸣钟而撞之以莛⑥,岂能发其声乎哉?君问先生,无乃犹以莛撞乎?"⑦

【注释】

①赵襄子(?—前425):即赵无恤,赵氏,名无恤(亦作"毋恤"),春秋末年晋国大夫,他与韩、魏两家合谋,灭掉智伯,三分其地,建立赵国。谥襄子,故史称赵襄子。赵襄子时代晚于孔子,不得与孔子对话。
②委质:即托身,以身事人。亦作"委挚""委贽",送上礼物。古代向君主献礼,表示以身投靠。
③意:同"抑"。还是,选择连词。
④隐:隐瞒真情。
⑤信:真的,确实。
⑥建:设,假设。莛:通"莛(tíng)"。草茎。《说文解字》曰:"莛,茎也。"《玉篇》:"东方朔曰'以莛撞钟',言其声不可发也。"
⑦天海按:赵襄子与孔子、子路时代皆不同,这里所记问答,似属寓言之类。

【译文】

赵襄子对孔子说:"先生托身求见诸侯,经历七十多个国君了,但没有什么地方行得通。不知是这世上没有英明的国君呢?还是先生的主张本来就行不通?"孔子不回答他。后来,赵襄子见到子路,便问他:"我曾经以先生的主张问先生,先生不回答。知道不回答,那就是故意隐瞒;隐瞒自己的主张,那怎么能称得上仁厚?假若真的不知道,那又怎么能称为圣人?"子路说:"假设天下的鸣钟用草茎去撞击它,难道能使它发出声音吗?你这样问先生,不就像用草茎来撞钟吗?"

11.25 卫将军文子问子贡曰①:"季文子三穷而三通②,何也?"子贡曰:"其穷事贤,其通举穷,其富分贫,其贵礼贱。穷而事贤则不侮,通而举穷则忠于朋友,富而分贫则宗族亲之,贵而礼贱则百姓戴之③。其得之固道也,失之命也。"曰:"失而不得者,何也?"曰:"其穷不事贤,其通不举穷,其富不分贫,其贵不礼贱。其得之命也,其失之固道也。"

【注释】

① 卫将军文子:日人关嘉曰:"将军文子名木,字弥牟,卫灵公之孙也。"此则原文与上文相连,现依明钞本另起。
② 季文子(?—前568):即季孙行父。姬姓,季氏,谥文,史称季文子。春秋时鲁国的正卿,前601—前568年共在鲁国执国政33年,辅佐鲁宣公、鲁成公、鲁襄公三代君主,以清廉闻名。《史记·鲁周公世家》记载:季文子当政时,"家无衣帛之妾,厩无食粟之马,府无金玉"。执政期间,鲁国先后实行"初税亩""作丘甲","三桓"的实力进一步增强。
③ 戴之:拥戴他。

【译文】

卫国将军文子问子贡说:"季文子三次穷困,又三次通达,是为什么呢?"子贡说:"他困厄时能事奉贤人,他通达时能举荐困厄的人,他富裕时能分财物给贫苦人,他尊贵时能礼待低贱的人。困厄时事奉贤人就不会受到欺侮,通达时推举困厄的人就是忠于朋友,富裕时能分财物给穷人就会使宗族亲近,尊贵时能礼待低贱的人就会使百姓拥戴。他能获得这些当然是因为道义,失去这些是由于命运。"卫将军文子又问:"有人失去这些却不能得到,是为什么呢?"子贡说:"那是因为他困厄时不事奉贤人,他通达时不举荐困厄的人,他富裕时不分财物给穷人,他尊贵时不礼待低贱的人。他得到这些是由于命运,他失去这些当然也是因为道义。"

11.26 子路问于孔子曰:"管仲何如人也?"子曰:"大人也①。"子路曰:"昔者管子说襄公②,襄公不说③,是不辩也;欲立公子纠而不能④,是无能也;家残于齐而无忧色,是不慈也;桎梏而居槛车中无惭色⑤,是无愧也;事所射之君⑥,是不贞也;召忽死之⑦,管子不死,是无仁也。夫子何以大之⑧?"子曰:"管仲说襄公,襄公不说,管子非不辩也,襄公不知说也;欲立公子纠而不能,非无能也,不遇时也;家残于齐而无忧色,非不慈也,知命也;桎梏居槛车而无惭色,非无愧也,自裁也⑨;事所射之君,非不贞也,知权也⑩;召忽死之,管子不死,非无仁也;召忽者,人臣之材也,不死则三军之虏也,死之则名闻天下,夫何为不死哉?管子者,天子之佐,诸侯之相也,死之则不免为沟中之瘠⑪,不死则功复用于天下,夫何为死之哉?由⑫,汝不知也。"⑬

【注释】

①大人:德行高尚、志趣高远的人。

②襄公(?—前686):姜姓,吕氏,名诸儿。春秋时齐僖公长子,齐桓公异母兄。齐国国君,前697—前686年在位,后被公子无知

所杀。

③不说:不高兴。说,同"悦"。引申为欣赏、赏识。

④公子纠(? —前685):齐襄公之弟。因齐襄公诛杀无辜,公子纠便逃到鲁国。襄公死,管仲拥立其为君,回国争位,后兵败,齐桓公逼鲁国将公子纠杀死。

⑤桎梏而居槛车中无惭色:戴上刑具关在囚车中毫无惭愧之色。前685年,管仲拥立公子纠失败,被鲁国关在囚车中送给齐桓公。桎梏,古代刑具,在足曰桎,在手曰梏,类似于现代的脚镣、手铐。引申为拘系,囚徒。槛车,有栅栏的囚车。

⑥事所射之君:管仲原臣事公子纠,前686年,回国争位时曾用箭射中过公子小白(齐桓公)带钩,后被俘,因鲍叔力荐,又事奉齐桓公,故有此说。

⑦召忽(? —前685):春秋时齐国人,公子纠师傅,与管仲同事公子纠。襄公死,国乱,从公子纠出奔至鲁。后与管仲护公子纠回国争位,管仲射中公子小白,小白诈死,得以先入齐,即位为齐桓公。齐桓公即位后,命鲁人杀公子纠,召忽殉死。

⑧何以大之:凭什么认为他德行高尚。大,认为……大。意动用法。

⑨自裁:心中自有裁断、主张。裁,原文讹作"栽",形近致误,径改。

⑩知权:知道权衡轻重、利弊。

⑪胔(zì):通"骴"。死尸,未腐烂的尸体。

⑫由:此为孔子称呼子路之名。子路,姓仲,名由,字子路。

⑬天海按:此文又见《孔子家语·致思》,文略同。

【译文】

子路向孔子问道:"管仲是什么样的人呢?"孔子说:"是德行高尚的人。"子路说:"从前管仲游说齐襄公,襄公不赏识他,这是没有辩才;想要拥立公子纠为国君却没有办到,这是没有才能;家人在齐国受到残害而无忧伤的表情,这是不仁慈;戴上刑具被关在囚车中却无羞惭之色,这是不知愧耻;后来又事奉他射过的国君,这是不贞;召忽为公子纠殉死,管仲却不死,这是不仁。先生凭什么要认为他德行高尚呢?"孔子说:"管仲游说齐襄公,襄公不赏识他,不是管仲没有辩才,而是襄公不懂得他的主张;想要拥立公子纠而失败,不是他无能,是因为不遇时机;家人在齐国受到残害而面无忧色,不是他不仁慈,是他知道这是命运如此;戴上刑具被关在囚车中却无羞惭之色,不是他不知道愧耻,而是他心中自有决断;后来又事奉他射过的国君,不是他不贞,而是他知道权衡时势;召忽为公子纠殉死,管仲不死,不是他不仁;召忽这样的人,只是作臣子的材料,不死就会成为三军的俘虏,为主殉死就可以名闻天下,那为何不去殉死呢?管仲这样的人,是天子的佐臣,诸侯的辅相,死了就难免成为沟中的死尸,不死就又可以在天下建立功业,那为何要去殉死呢?仲由啊,你不懂得这个道理啊!"

11.27 晋平公问于师旷曰①:"咎犯与赵衰孰贤②?"对曰:"阳处父欲臣文公③,因咎犯三年不达,因赵衰三日而达。智不知其士众,不智也;知而不言,不忠也;欲言之而不敢④,无勇也;言之而不听,不贤也。"⑤

【注释】

①晋平公(? —前532):姬姓,名彪。春秋时晋国国君,前557—前532年在位。前552年,同宋、卫等国结盟,再度恢复晋国的霸业。师旷:字子野。春秋时晋国乐师,生而目盲,博学多才,尤精音乐,善弹琴,辨音力极强。以"师旷之聪"闻名于后世。

②咎犯:狐偃,姬姓,狐氏,字子犯。是晋文公的舅舅,又称舅犯、白犯。曾随公子重耳(晋文公)出逃十九年,多有谋略,后佐晋文公称霸。赵衰(? —前622):嬴姓,赵氏,字子余,一曰子馀,谥成。

亦称赵成子、成季。曾随公子重耳出逃十九年,佐晋文公称霸,后世代为卿。赵衰是战国时赵国君主的祖先。是辅佐晋文公称霸的五贤士之一。为周穆王时造父的后代。

③阳处父欲臣文公:阳处父想要臣事晋文公。阳处父(?—前621),春秋时晋国大夫,因封邑于阳地(今山西太谷阳邑村),遂以阳为氏。前621年晋襄公死后,狐射姑趁立嗣混乱之机,派续简伯杀死了阳处父。

④言之:指举荐贤人。

⑤天海按:向宗鲁《校证》疑此文为《师旷书》佚文。

【译文】

晋平公向师旷问道:"咎犯与赵衰哪一个贤明?"师旷说:"阳处父想做晋文公的臣子,通过咎犯引荐,三年都未达目的,后来通过赵衰引荐,三天就达到目的。才智不能了解他的士子民众,不算有才智;了解贤士却不举荐,这是不忠;想要举荐却又不敢,这是没勇气;举荐了贤士而不被采纳,这是不贤。"

11.28 赵简子问于成抟曰①:"吾闻夫羊殖者贤大夫也②,是行奚然③?"对曰:"臣抟不知也。"简子曰:"吾闻之,子与友亲,子而不知,何也?"抟曰:"其为人也数变。其十五年也,廉以不匿其过;其二十也,仁以喜义;其三十也,为晋中军尉④,勇以喜仁;其年五十也,为边城将,远者复亲。今臣不见五年矣,恐其变,是以不敢知。"简子曰:"果贤大夫也,每变益上矣⑤。"⑥

【注释】

①成抟(tuán):《左传》作"成鱄",春秋时晋国大夫。

②羊殖：即羊舌职（？—前570）。春秋时晋国大夫，后佐祁奚为中军尉。

③是行奚然：此人品行怎么样。

④中军尉：春秋时晋国军队分为上、中、下三军，中军尉为中军将领的副职。

⑤益上：越来越好。

⑥天海按：《大戴礼记·将军文子》记晋平公与祁奚的对话，文意与此略同。

【译文】

赵简子向成抟问道："我听说羊舌职是个贤能的大夫，此人品行怎么样？"成抟回答说："我不知道。"赵简子说："我听说你与他友好亲近，你却说不了解他，这是为什么？"成抟说："羊舌职他为人有多次变化。他十五岁时，品行方正不掩盖自己的过失；他二十岁时，为人仁厚而喜欢道义；他三十岁时，做了晋国中军尉，作战勇敢而喜欢仁爱；他五十岁时，做了驻守边城的将领，使远方的人又来亲附。如今我已有五年没有见到他了，恐怕他又有变化，因此不敢说了解他。"赵简子说："羊舌职果真是贤能的大夫啊！每次的变化都是愈变愈好！"

卷十二

奉使

【题解】

奉使，即奉命出使。本卷共记载春秋战国至汉初使臣轶闻21则。春秋战国之际，各诸侯国政治、经济、军事等方面的外交活动频繁，经常遣使往来。因此，使臣的品质、机敏和辩才，往往关系到国家的尊严、威望甚至存亡，也与出使者个人的荣辱和命运密切相关。

第一则提纲挈领，首先引用《公羊传》的有关论述来阐明使臣出使既要有原则性又要有灵活性的道理，这二者是对立的统一。由此归纳为两个方面：

一是出使者必须严格履行君命以及国家法令制度，不得专擅生事；但是为了解救国家免除危难时，则可以随机应变、自主专断。所谓"不得擅生事者，谓平生常经也；专之可者，谓救危除患也"。

二是出使时使者有进退的行动自由，并以将帅用兵为例。但是，在面临个人私事时，尽管是突闻父母去世的噩耗，也只能徐行而不得返回。所谓"进退在大夫者，谓将帅用兵也；徐行而不反者，谓出使道闻亲之丧也"。

总之，使者一般不得专权生事，但在有利于国家的情况下也不妨专断；使者奉命出使有行动自由，但若遇个人私事则不得因私废公。这些对于外交活动原则性与灵活性高度统一的论述，至今仍有积极的借鉴作用。

其后20则都是围绕出使的原则性和灵活性展开的事例。集中记述了春秋战国至汉初时代的使臣如何凭借自己的机敏和巧辩,不畏强暴,不辱君命,舍身为国的轶事。

其中第三则"楚庄王举兵伐宋"就是以机智应变的典型事例。它记述解扬奉晋景公之命约宋拒降,途中被楚庄王俘获,而以诈降完成使命,从而表现了"受吾君命以出,虽死无二"的智勇双全的使者形象。

第四则唐且"不辱使命"是人们耳熟能详的历史典故。唐且面对秦王"天子之怒"的淫威,不畏强权、大义凛然,以"流血五步"的布衣之怒令不可一世的秦王"变色长跪",这是机智果敢、临危不惧、威武不屈的使臣形象。

第六则最能体现那个时代使者引诗言志与日常交往的特色。"赵仓唐一使,而文侯为慈父,而击为孝子。"虽然是使臣赵仓唐促使了父子和好,但魏文侯与太子击巧妙运用《诗经》作心灵的沟通,则充分体现了诗的美学情趣,为后世诠释《诗经》的象征意义、隐喻意义以及含蓄双关的多层含义,开启了先河。

第九则是唯一记述汉初使臣出使之事的个例,但其维护大一统国家的意义重大。素有口辩之才的陆贾,奉汉高祖刘邦之命出使南越,对独霸一方的南越王赵佗晓之以理、动之以情、威之以义,最终使之归附称臣。这就是泱泱大国、义正词严的使者形象。

晏子不仅是历史名相,也是有史记载的出色外交家。其中记晏婴出使的故事就有5则,从中我们可以看到一个忠贞为国、机智风趣,在任何情况下都不屈不挠、不卑不亢,维护国家与个人尊严的古代外交家形象。

本卷最后一则是"魏文侯使舍人毋择献鹄于齐侯",毋择为两国交好而携礼出使,不料途中丢失所献之礼。他不逃避死罪,献空笼给齐侯,直言过失,坦诚挽救失误又对齐侯的赏赐婉言拒绝,表现了一个正直诚实、高风亮节的外交家形象。

12.1《春秋》之辞,有相反者四:既曰大夫无遂事,不得擅生事矣①;又曰出境可以安社稷、利国家者,则专之可也②;既曰大夫以君命出,进退在大夫矣③;又曰以君命出,闻丧徐行而不反者④,何也? 曰:此四者各止其科⑤,不转移也。不得擅生事者,谓平生常经也⑥;专之可者,谓救危除患也⑦;进退在大夫者,谓将帅用兵也;徐行而不反者,谓出使道闻亲之丧也⑧。公子结擅生事⑨,《春秋》不非,以为救庄公危也⑩;公子遂擅生事⑪,《春秋》讥之⑫,以为僖公无危事也⑬。故君有危而不专救,是不忠也;若无危而擅生事,是不臣也⑭。传曰⑮:"《诗》无通故⑯,《易》无通吉⑰,《春秋》无通义⑱。"此之谓也。⑲

【注释】

①大夫无遂事,不得擅生事:大夫无君命不得自行专断。《公羊传·桓公八年》:"遂者何,生事也,大夫无遂事。"何休注:"生,犹造也。专事之辞。"又见《公羊传·僖公三十年》:"大夫无遂事,此其言遂何? 公不得为政尔。"以下"曰"字后所引之文均见《公羊传》。按《春秋》笔法,凡大夫出使,于完成君命之外另生事者,都要用"遂"字,暗加贬斥。《公羊传》称之为"遂事",有另外生事、专横独断之义。

②出境可以安社稷、利国家者,则专之可也:此文见《公羊传·庄公十九年》。

③进退:做事知道是继续进行还是暂停或中止,明确行事的处境、得失,知道取舍。

④以君命出,闻丧徐行而不反:见《公羊传·宣公八年》。

⑤此四者各止其科:"四"字,原文误作"义"。"止"字,原文误作"上"。此据向宗鲁《校证》改。各止其科,各有不相逾越的标准。科,标准,准则。《说文解字》:"科,程也。程,品也。"引申为品级、类别、标准等意义。

⑥平生常经:平常固定不变的法令规章。

⑦救危除患:"救",原文误作"枚",此据明钞本改。

⑧闻亲之丧:原文作"闻君亲之丧",向宗鲁《校证》引诸说,以为"君"字为衍文。此据删。

⑨公子结擅生事:原文衍"子"字,径删。公子结,春秋时鲁国公子,鲁庄公时为卿。《公羊传·庄公十九年》载,他在送女出嫁陈国之时,为了避免鲁国受到侵扰,在没有君命的情况下,擅自参加了同齐、宋二国的盟会。

⑩救庄公危:公子结为了解救庄公的危难。庄公,即鲁庄公,名同,前693—前662年在位。

⑪公子遂擅生事:据《公羊传·僖公三十年》载,公子遂奉命聘周,却又擅自去到晋国。公子遂,姬姓,鲁庄公的儿子,鲁僖公的弟弟,因住在鲁国东门,所以又称为东门遂、东门襄仲、仲遂,谥襄。

⑫《春秋》讥之:《公羊传》讥讽了公子遂。《公羊传·僖公三十年》:"大夫无遂事,此其言遂何? 公不得为政尔。"

⑬僖公:名申,鲁闵公之弟,前659—前627年在位。

⑭不臣:不守臣节,不合臣道,不忠于君主。

⑮传:此指古代传记之书。

⑯通故:即"通诂",通行一致的解释。董仲舒《春秋繁露·精华》云"诗无达诂","达诂"的意思是通行的训诂或解释。

⑰通吉:完全是吉卦。

⑱通义:普遍适用的道理与原则。

⑲天海按:此文又见《春秋繁露·精华》,文略异。

【译文】

《春秋》上的文辞,有四处彼此相反的地方:既然说了大夫不要专断,不能擅自行事;又说出境后只要可以稳定政权、有利国家,那就也可以专断行事;既然讲了大夫奉君命出使,进退由大夫做主;又说奉君命出使,听说父母去世要缓行致哀但不能返回。这是为什么呢?回答是:这四种情况各有不相逾越的标准,是不能任意转移的。不能擅自行事,讲的是平常固定不变的法令规章;可以专断的情况,讲的是拯救危亡排除患难;进退由大夫做主,讲的是将帅用兵打仗;出使缓行却不能回国,讲的是出使途中听说父母去世时的情况。公子结专擅行事,《春秋》上并不非难他,是认为他解救了鲁庄公的危难;公子遂擅自行动,《春秋》上谴责他,是认为鲁僖公并没有危险的事情。所以国君有危难却不果断地去拯救,这是不忠;如果国君没有危难却专擅行事,这是不守臣道。古书记载说:"《诗》没有完全一致的解释,《易》没有始终如一的吉卦,《春秋》没有普遍适用的原则。"说的就是这种情况。

12.2 赵王遣使者之楚①。方鼓瑟而遣之,诫之曰:"必如吾言。"使者曰:"王之鼓瑟,未尝悲若此也。"王曰:"宫商固方调矣②。"使者曰:"调则何不书其柱耶③?"王曰:"天有燥湿,弦有缓急,宫商移徙不可知,是以不书。"使者曰:"明君之使人也,任之以事,不制以辞④。遭吉则贺之,凶则吊之。今楚、赵相去千有余里,吉凶忧患不可豫知⑤,犹柱之不可书也。"《诗》云⑥:"莘莘征夫⑦,每怀靡及⑧。"⑨

【注释】

①赵王:其人未详。

②宫商：古代音乐的宫音与商音。这里泛指音调。
③书其柱：在调弦的轴上写上记号。柱，指瑟上调弦的短轴。
④不制以辞：不在言辞上限制。制，限制。
⑤豫：预先，事先。
⑥《诗》云：以下所引见《诗经·小雅·皇皇者华》。
⑦莘莘(shēn)征夫：众多疾行的使者。莘莘，众多貌。
⑧每怀靡及：各人的私念无暇顾及。
⑨天海按：此文又见《韩诗外传》卷七，文略异。

【译文】
　　赵王派遣使者到楚国去。正在弹瑟的时候为使者送行，又告诫他说："你一定要按照我的话去做。"使者说："大王弹瑟，未曾像这样悲伤过。"赵王说："宫商音调本来是刚才调好的。"使者说："调好了音为什么不记在弦柱上呢？"赵王说："天气有干燥湿润的时候，琴弦也随之有松有紧，宫商音调的转移是不能预知的，因此不去记它。"使者说："英明的君主派人出使，只把事情托付给他，而不用言辞来限制他。遭遇顺利就祝贺他，遭遇凶险就慰劳他。如今楚、赵两国相距千里有余，吉凶忧患不能预知，就好比弦柱上不能记下音调一样。"《诗经》说："众多匆匆赶路的使者，各自的私念无暇顾及。"

　　12.3 楚庄王举兵伐宋①，宋告急，晋景公欲发兵救宋②。伯宗谏曰③："天方开楚④，未可伐也。"乃求壮士，得霍人解扬⑤，字子虎，往约宋毋降⑥。道过郑，郑新与楚亲，乃执解扬而献之楚。楚王厚赐，与约，使反其言，令宋趣降⑦。三要⑧，解扬乃许。于是楚乘扬以楼车⑨，令呼宋使降。遂倍楚约而致其晋君命曰⑩："晋方悉国兵以救宋⑪，宋虽急，慎毋降楚，晋兵今至矣！"楚庄王大怒，将烹之。解扬曰："君能制命为义,臣能承命为信。受吾君命以出,虽死无二。"王曰:"汝之许我,已而倍之,其信安在?"解扬曰:"所以许王⑫,欲以成吾君命,臣不恨也⑬。"顾谓楚军曰⑭:"为人臣无忘尽忠而得死者⑮!"楚王诸弟皆谏王赦之,于是庄王卒赦解扬而归之。晋爵之为上卿。故后世言"霍虎"。⑯

【注释】

①楚庄王举兵伐宋:事见《左传·宣公十五年》。楚庄王(?—前591),芈(mǐ)姓,熊氏,名旅(一作侣、吕),谥庄。春秋时楚国国君,前613—前591年在位。前597年,楚庄王大败晋国后称霸,为春秋时代五霸之一。

②晋景公:姬姓,名据。晋国国君,前599—前581年在位。

③伯宗(?—前576):子姓,祖父公子遨,宋襄公之弟,遨受宋襄公之命出使晋国后留晋为官生子别为伯氏。伯宗官至晋国大夫,有才德而好以直辩凌人,其妻劝诫不听。前576年,栾弗忌之难中,后被三郤(xì)所杀。前594年以"虽鞭之长,不及马腹"谏止晋攻楚。成语"鞭长莫及"由此而来。

④开楚:即"兴楚"。

⑤霍人解(xiè)扬:霍邑人解扬。霍,周国名。姬姓,文王之子叔处的封国。前661年灭霍。地在今山西霍县西南。解扬,春秋时晋国大夫,事迹略如本文。

⑥往约宋毋降:原文作"往命宋约降",词意不通,此据文意径改。

⑦趣(cù)降:赶快投降。趣,速,赶快。

⑧三要:多次强迫,要挟。三,言其多。

⑨楼车:古代战车上设望楼,用来瞭望敌情,故又称楼车。

⑩倍:同"背"。违背,背叛。致:传达。

⑪国：原文作"固"，据明钞本改。
⑫所：原文作"死"，此据向宗鲁《校证》依《史记·郑世家》改。
⑬恨：遗憾。
⑭楚军：原文作"楚君"，此据向宗鲁《校证》依《史记·郑世家》改。
⑮忠：原文讹作"念"，据明钞本改。
⑯天海按：事见《左传·宣公十五年》，又见《史记·晋世家》《郑世家》，文略同。

【译文】

楚庄王兴兵攻打宋国，宋国向晋国告急，晋景公想要发兵援救宋国。伯宗劝谏说："上天正要兴盛楚国，不能去讨伐它。"于是就寻找勇士，找到霍邑人解扬，字子虎，派他前去传命让宋国不要投降。解扬途经郑国，郑国新近与楚国亲善，就捉住解扬把他献给楚国。楚王厚赏解扬，与他相约，让他反传晋君的话，令宋国赶快投降。楚王多次强迫要挟解扬，解扬才答应了。于是楚王让解扬乘坐有瞭望楼的战车，命他呼唤宋君使宋国投降。解扬这时却违背与楚王的约定而传达晋君的意旨说："晋国正集中全国的兵力来救宋国，宋国即使情况危急，也一定不要投降楚国，晋国的军队很快就要到了！"楚庄王大怒，准备烹死解扬。解扬说："国君能够制定命令为的是义，臣子能够承受命令为的是信。我接受了国君的命令而出使，即使死了也无二心。"楚王说："你已经答应了我，随后又背叛我，那诚信在什么地方？"解扬说："我之所以答应大王，是想要以此来完成国君给我的使命，我现在没有遗憾了。"于是他回头对楚军说："作为臣子不要忘记为国君尽忠而死！"楚王的弟弟们都劝谏楚王赦免他，于是楚王终于赦免解扬并送他回国。晋国封赏他上卿的爵位，因此后世称他为"霍虎"。

12.4 秦王以五百里地易鄢陵①，鄢陵君辞而不受②，使唐且谢秦王③。秦王曰："秦破韩灭魏④，鄢陵君独以五十里地存者,吾岂畏其威哉?吾多其义耳⑤。今寡人以十倍之地易之,鄢陵君辞而不受,是轻寡人也。"唐且避席对曰:"非如此也!夫不以利害为趣者⑥,鄢陵也。夫鄢陵君受地于先君而守之,虽复千里不得当⑦,岂独五百里哉?"秦王忿然作色,怒曰:"公亦曾见天子之怒乎⑧?"唐且曰:"主臣⑨,未曾见也。"秦王曰:"天子一怒,伏尸百万,流血千里。"唐且曰:"大王亦尝见夫布衣韦带之士怒乎⑩?"秦王曰:"布衣韦带之士怒也,解冠徒跣⑪,以头颡地耳⑫。何难知者!"唐且曰:"此乃匹夫愚人之怒耳,非布衣韦带之士怒也。夫专诸刺王僚⑬,彗星袭月,奔星昼出⑭;要离刺王子庆忌⑮,苍隼击于台上⑯;聂政刺韩王之季父⑰,白虹贯日⑱。此三人皆夫布衣韦带之士怒矣,与臣将四。士含怒未发,撍厉于天⑲。士无怒即已,一怒,伏尸二人,流血五步。"即案其匕首,起视秦王曰:"今将是矣!"秦王变色长跪曰⑳:"先生就坐,寡人喻矣:秦破韩灭魏,鄢陵独以五十里地存者,徒用先生之故耳㉑!"㉒

【注释】

① 秦王:据下文"破韩灭魏"事,此秦王当为秦王嬴政。鄢陵:春秋时郑邑,又称为"安陵",在今河南鄢陵西北。战国时期,鄢陵属韩又属魏。前375年,韩哀侯灭郑,鄢陵并入韩。前365年,魏惠王从安邑(今山西夏县)迁都大梁(今河南开封),魏强韩弱,鄢陵遂属于魏。前318年,魏襄王封其弟为安陵君,鄢陵仍属魏。

② 鄢陵君:即安陵君,魏襄王封其弟为安陵君。

③ 唐且:也作"唐雎",战国时魏人,事迹略如本文。《战国策·魏策四》载此事,故有"唐雎不辱使命"的典故传世。

④破韩灭魏：秦王政灭韩国在前230年，灭魏国在前225年。

⑤多：赞赏。

⑥趣（qū）：趋向，取向。

⑦不得当：不能相当。当，价值相抵。

⑧怒：原文讹作"慈"，此据明钞本改。

⑨主臣：犹言惶恐。表示恭敬惶恐之词，意为"不敢"。"主"原文作"王"，此据卢文弨校改。

⑩布衣韦带：布衣为粗布衣服，韦带是没有装饰物的皮带。这两种服饰均为古代贫寒人士所常用，这里借喻贫贱之士。

⑪解冠徒跣（xiǎn）：摘掉帽子，光着脚。徒，光着。跣，光脚，赤足。

⑫颡（sǎng）：本义为额头。这里用作动词，犹言"叩头"。

⑬专诸刺王僚：春秋末期吴国公子光欲杀吴王僚而自立，伍子胥把专诸推荐给公子光。前515年，公子光乘吴内部空虚，与专诸密谋，以宴请吴王僚为名，藏匕首于鱼腹之中进献，专诸当场刺杀了吴王僚，但自己也被其侍卫所杀，史称"专诸刺僚"。此后公子光自立为王，是为吴王阖闾。专诸，春秋时吴国勇士，为公子光刺杀吴王僚而死。王僚（？—前515），名僚，一名州于，吴王夷昧之子。春秋时吴国君主，前526—前515年在位。前527年，吴王夷昧去世，吴王僚继位。前515年，吴王僚被其堂兄弟公子光的刺客专诸刺杀。

⑭奔星：流星。

⑮要离刺王子庆忌：事见《吴越春秋·阖闾内传》。吴王阖闾前既杀王僚，又忧其子庆忌之还在邻国，恐合诸侯来伐。于是与伍子胥密谋派刺客要离以苦肉计获得庆忌的信任，后将其刺杀。要离，春秋时吴国刺客，曾向公子光（即吴王阖闾）献苦肉计谋刺王子庆忌，事成后伏剑自尽。庆忌，吴王僚之子，王僚被杀，庆忌出逃。他勇武有力，吴王阖闾设计派要离刺杀了他。

⑯苍隼(sǔn):鸟名。凶猛善飞。要离刺杀庆忌的时候苍鹰扑到宫殿上。庆忌是吴王僚的儿子。公子光杀死王僚以后庆忌逃到卫国,公子光派要离去把他杀死。

⑰聂政刺韩王之季父:战国时韩国大夫严仲子因与韩相韩王之季父韩傀廷争结仇,潜逃濮阳,闻聂政侠名,献巨金为其母庆寿,与聂政结为好友,求其为己报仇。聂政母死姐出嫁后,只身一人刺杀了韩傀,因逃脱无望,便毁容,剜双眼,而后破腹自杀。事见《史记·刺客列传》。聂政(?—前397),战国时侠客,韩国轵(今河南济源东南)人,以任侠著称,为春秋战国四大刺客之一。韩王之季父,韩烈侯的叔父韩傀(?—前397),字侠累。战国初期韩国贵族。

⑱白虹贯日:一道白气直冲太阳。与上文"彗星袭月、奔星昼出、苍隼击于台上"均为古人附会为预示君主遇害的天象异兆。

⑲撍厉于天:激愤之气震动至天。撍,震动。厉,同"励"。激愤。

⑳长跪:古人席地而坐,坐时两膝据地,以臀部着足跟。跪则伸直腰股,以示庄敬。

㉑徒用:只是因为。徒,只,仅仅。用,以,因为。

㉒天海按:此文见于《战国策·魏策四》。此外《战国策·魏策四》还记载了唐雎年九十余说秦昭王救魏之事。唐雎"不辱使命"与"说秦昭王救魏"二事同出《魏策四》,然而在秦昭王时已经九十多岁的唐雎,经过秦孝文王、秦庄襄王,到秦王政时还能拔剑与秦王相抗衡,这明显是不合事理的。两事前后矛盾,其中一记载必有虚构成分,不能视为真实的史料记录,并且《史记》中根本就没有唐雎这个人。正如游国恩所说:"《战国策》最长于说事,但记述事件的后果不尽可靠。"因此,唐雎劫秦王之事极有可能是文学作品的艺术夸张,也可能是传闻异说。

【译文】

秦王要用五百里土地交换鄢陵,鄢陵君推辞而不接受,派了唐且前去向秦王致歉。秦王说:"秦国破韩灭魏,鄢陵君能独自保存这五十里的地方,我难道会畏惧他的威势吗?我是赞赏他的仁义!如今我用十倍的土地来交换鄢陵,鄢陵君竟然拒不接受,这是小看我。"唐且离开座位回答说:"并不是这样的!能够不以利害为取向的人,就是鄢陵君。鄢陵君从先王那里接受封地并保有它,即使又有千里之地也不能相抵,难道会看重五百里土地吗?"秦王生气地变了脸色,大怒说:"你也曾见过天子的发怒吗?"唐且说:"惶恐得很,未曾见过。"秦王说:"天子一发怒,就会死人百万,血流千里。"唐且说:"大王也曾见过贫贱之士发怒吗?"秦王说:"贫贱之士发怒,不过是摘掉帽子光着脚,用头来撞地罢了。这有什么难知的!"唐且说:"这只不过是村夫愚人的发怒罢了,并不是贫贱之士的发怒。专诸刺杀吴王僚,彗星扫过月亮,流星白天出现;要离刺杀王子庆忌,苍鹰扑在高台上;聂政刺杀韩王的叔父侠累,一道白气直冲太阳。这三个人都是贫贱之士的发怒,与我将成为四人。贫士满含怒气没有发泄,激愤震动上至云天。贫士不发怒则罢,一发怒,两人尸体倒地,血流眼前五步。"说完立即手握匕首,站起来注视着秦王说:"现在就会出现这样的局面!"秦王大惊失色,挺直身子说:"先生请坐下,我明白了:秦国破韩灭魏,鄢陵君却只凭五十里土地保存下来,只是因为先生的缘故罢了。"

12.5 齐攻鲁①,子贡见哀公②,请求救于吴。公曰:"奚先君宝之用③?"子贡曰:"使吴贵吾宝而与我师④,是不可恃也⑤。"于是以杨杆麻筋之弓六往⑥。子贡谓吴王曰⑦:"齐为无道,欲使周公之后不血食⑧。且鲁赋五百⑨,邾赋三百⑩,不识以此益齐,吴之利与,非与?"吴王惧,乃兴师救鲁。诸侯曰:"齐伐周公之后,而吴救之。"遂朝于吴。

【注释】

①齐攻鲁:前484年,鲁哀公十一年,齐国攻打鲁国。

②哀公:即鲁哀公(?—前467),姬姓,名将。春秋时鲁国国君,前494—前467年在位。

③奚先君宝之用:先君的什么宝物可以用上。宝,宝物。指下文的"杨杆麻筋之弓"。

④使吴贵吾宝而与我师:假使吴国看重我国的宝物而为我国出兵。使,假使。贵,看重。与我师,为我国出兵。

⑤是不可恃也:这是不可依靠的。恃,仗恃,依靠。恃,原文误作"时",此据明钞本改。

⑥杨杆麻筋之弓:向宗鲁《校证》引诸说,以为当作"杨杆麋筋之弓"。即用杨木与麋鹿筋制成的强弓。译文从之。

⑦吴王:即吴王夫差。

⑧不血食:后嗣无人或国家灭亡而断绝祭祀。血食,古代杀牲取血,用以祭祀祖先。

⑨赋五百:指军赋的数量。《春秋·成公元年》:"三月,作丘甲。"杜预注:"《周礼》:九夫为井,四井为邑,四邑为丘。丘十六井,出戎马一匹,牛三头。四丘为甸,甸六十四井,出长毂一乘,戎马四匹,牛十二头,甲士三人,步卒七十二人。此甸所赋,今鲁使丘出之,讥重敛。"顾炎武补正:"要之,其实为益兵,向之四丘共出三甲者,今使每丘出一甲尔。"范文澜《中国通史简编》云:"就是一丘出一定数量的军赋,丘中人各按所耕田数分摊,不同于公田制度农夫出同等的军赋。"

⑩邾:即邹,鲁国境内附庸国名。周武王时封颛顼之后在邾,即邾国,后改称邹,曹姓,地在今山东邹城一带。到了邾文公所处的

时代,大国争霸,邾国夹在齐、楚、宋、鲁之间,因北边与鲁国接壤,长期为鲁国附庸。战国时被楚宣王所灭。

【译文】

齐国攻打鲁国,子贡谒见鲁哀公,请求向吴国求救。鲁哀公说:"先王留下的什么宝物可用呢?"子贡说:"假若吴国看重我国宝物才为我国出兵,这就不可依恃。"于是子贡就带上六张杨木麋筋强弓前往吴国。子贡对吴王说:"齐国做出无理的事,想要使周公的后代不能再祭祀祖先。再说鲁国军赋五百,邾国军赋三百,不知道用这些来补益齐国,是对吴国有利呢,还是不利?"吴王感到惊惧,于是就发兵援救鲁国。诸侯说:"齐国攻打周公的后代,吴国却救助它。"于是都到吴国朝拜。

12.6 魏文侯封太子击于中山①,三年,使不往来。舍人赵仓唐进称曰②:"为人子,三年不闻父问③,不可谓孝;为人父,三年不问子,不可谓慈。君何不遣人使大国乎④?"太子曰:"愿之久矣,未可得使者。"仓唐曰:"臣愿奉使。侯何嗜好?"太子曰:"侯嗜晨凫⑤,好北犬。"于是乃遣仓唐缧北犬、奉晨凫⑥,献于文侯。仓唐至,上谒曰:"孽子击之使者⑦,不敢当大夫之朝,请以燕闲⑧,奉晨凫敬献庖厨,缧北犬敬上涓人⑨。"文侯悦曰:"击爱我,知吾所嗜,知吾所好。"召仓唐而见之,曰:"击无恙乎?"仓唐曰:"唯,唯⑩!"如是者三,乃曰:"君出太子而封之国,君名之⑪,非礼也。"文侯怵然为之变容⑫,问曰:"子之君无恙乎?"仓唐曰:"臣来时拜送书于庭。"文侯顾指左右,曰:"子之君长孰与是⑬?"仓唐曰:"《礼》,拟人必于其伦⑭。诸侯无偶⑮,无所拟之。"曰:"长大孰与寡人⑯?"仓唐曰:"君赐之外府之裘⑰,则能胜之;赐之斥带⑱,

则不更其造⑲。"文侯曰:"子之君何业⑳?"仓唐曰:"业《诗》。"文侯曰:"于《诗》何好?"仓唐曰:"好《晨风》《黍离》㉑。"文侯自读《晨风》曰:"鴥彼晨风,郁彼北林㉒;未见君子,忧心钦钦㉓。如何如何,忘我实多。"文侯曰:"子之君以我忘之乎?"仓唐曰:"不敢,时思耳。"文侯复读《黍离》曰:"彼黍离离,彼稷之苗㉔;行迈靡靡,中心摇摇㉕。知我者谓我心忧,不知我者谓我何求。悠悠苍天,此何人哉!"文侯曰:"子之君怨乎?"仓唐曰:"不敢,时思耳。"文侯于是遣仓唐赐太子衣一袭㉖,敕仓唐以鸡鸣时至㉗。太子迎拜受赐㉘,发箧,视衣,尽颠倒。太子曰:"趣早驾,君侯召击进。"仓唐曰:"臣来时不受命。"太子曰:"君侯赐击衣,不以为寒也。欲召击,无谁与谋,故敕子以鸡鸣时至。《诗》曰㉙:'东方未明,颠倒衣裳㉚;颠之倒之,自公召之㉛。'"遂西至谒文侯。大喜,乃置酒而称曰:"夫远贤而近所爱,非社稷之长策也。"乃出少子挚㉜,封中山,而复太子击。故曰:"欲知其子视其友,欲知其君视其所使㉝。"赵仓唐一使,而文侯为慈父,而击为孝子。太子乃称《诗》曰㉞:"'凤皇于飞,哕哕其羽,亦集爰止㉟;蔼蔼王多吉士㊱,维君子使,媚于天子㊲。'舍人之谓也。"㊳

【注释】

①魏文侯(? —前396):姬姓,魏氏,名斯,一名都,安邑(今山西夏县)人,魏桓子之孙。战国时魏国开国君主,前445—前396年在位。太子击:魏文侯之子,名击,立为太子,前395年继位,是为魏武侯。中山:古国名,春秋白狄支族所建,在今河北正定东北,前406年被魏国消灭。

②舍人：春秋时左右亲信或门客的通称。赵仓唐：生平不详，《史记·魏世家》称他为魏武侯（即太子击）之傅。

③问：音讯，信息。

④大国：即大都。这里指魏都。

⑤晨凫：野鸭。常在早晨飞翔，故名。

⑥緤（xiè）：系牲畜的绳子。这里用作动词，当拴系讲。北犬：北方猎犬。

⑦孽子：本义为庶子，非嫡妻所生之子。此指不孝之子。

⑧燕闲：安闲。这里指退朝后休息。

⑨涓人：官中洒扫清洁的人，也泛指内侍。

⑩唯，唯：是，是。答应之声。

⑪君名之：您称呼他的名字。

⑫怵（chù）然：惊惧的样子。

⑬长孰与是：身高与谁一样。长，身高。

⑭拟人必于其伦：必须拿同类的人或事物相比。出自《礼记·曲礼下》。

⑮诸侯无偶：诸侯无法对比。

⑯长大孰与寡人：与我相比，谁更高大。长大，高大。

⑰外府：外库。春秋时与君主的仓库内府相对而言。

⑱斥带：大带。古人用丝制大带围于腰间，结在前面，两头垂下，又称为"绅带"。

⑲不更其造：不用再制作。

⑳何业：以何为学业。业，学习，学业。

㉑《晨风》：《诗经·秦风》篇名。《黍离》：《诗经·王风》篇名。

㉒鴥（yù）彼晨风，郁彼北林：那疾飞的鹯鹰，飞往茂密的北林。鴥，鸟疾飞貌。晨风，鹯鹰。郁，茂密貌。

㉓忧心钦钦：满腹忧思难忍。钦钦，忧思难禁貌。

㉔彼黍离离,彼稷之苗:黍子穗累累下垂,粟子苗尚未吐穗。黍、稷,两种小米,煮熟黏者为黍米,不黏者为粟米。《本草纲目》:"黏者为黍,不黏者为稷。"离离,累累下垂貌。

㉕行迈靡靡,中心摇摇:行走迈步迟缓,内心惶惶不宁。靡靡,缓慢。摇摇,惴惴不安的样子。

㉖衣一袭:衣服一套。袭,作量词指成套的衣服。

㉗敕(chì):国君的诏命。

㉘迎拜:迎,原文作"起",此据向宗鲁《校证》引《太平御览》改。

㉙《诗》曰:以下引诗见《诗经·齐风·东方未明》。

㉚颠倒衣裳:把上衣和下衣穿颠倒了。

㉛自公召之:因为主公召见我。自,缘自,因为。

㉜少子挚:魏文侯次子,名挚。余事未详。

㉝欲知其子视其友,欲知其君视其所使:《荀子·性恶》:"《传》曰:'不知其子视其友,不知其君视其左右。'"

㉞《诗》曰:以下引诗见《诗经·大雅·卷阿》。

㉟凤皇于飞,哕哕(huì)其羽,亦集爰止:凤凰在飞翔,翅膀哕哕作响,栖息在停下的地方。哕哕,鸟飞的声音。亦集爰止,它们栖息在停下来的地方。爰,犹"所"。

㊱蔼蔼王多吉士:王朝贤士济济满堂。蔼蔼,犹"济济",众多貌。吉士,贤士。

㊲维君子使,媚于天子:只有君子出使,才能被天子宠爱。媚,宠爱。

㊳天海按:此文又见《韩诗外传》卷八,但文字多不同。

【译文】

魏文侯封太子击到中山国。过了三年,没有派使臣往来。舍人赵仓唐进见太子说:"作为儿子,三年听不到父亲的信息,不能算孝顺;作为父亲,三年不过问儿子,不能说是慈爱。您为何不派人出使魏都呢?"

太子说："希望能够这样已经很久了，但还未能找到可以出使的人。"仓唐说："我愿意奉命出使。不知君侯有什么嗜好？"太子说："君侯嗜好晨飞的野鸭，喜好北方的猎犬。"于是就派仓唐拴上北方的猎犬，捧着晨飞的野鸭，去进献给魏文侯。仓唐到了魏都，上书求见说："不孝子击的使者，不敢当作大夫朝见，请求在空闲时，让我奉上晨飞的野鸭敬献给厨房，牵来北方的猎犬敬献给内侍。"魏文侯高兴地说："击爱我，知道我的嗜好，也知道我喜好什么。"于是召见仓唐，问他："击一向安然无恙？"仓唐说："哦，哦！"像这样回答了几次，仓唐才说："君侯让太子出外并封他中山国，您还称呼他的名字，这不符合礼制。"魏文侯感到吃惊并因此变得严肃起来，又问他说："你的君主没有什么病痛吗？"仓唐说："我来的时候他还在堂上拜送这封书信。"魏文侯又回头指着左右的人问他："你的君主与他们相比，身高与哪个一样？"仓唐说："按照《礼》，'拿人相比一定要与他同类'。诸侯不可以相对比，没有谁能拿来比他。"魏文侯又问："他与我相比身高怎么样？"仓唐说："您赏给他外库的皮衣，都能穿上了；赏赐给他的大带，也不用再改作它。"魏文侯又问："你的君主学业是什么？"仓唐说："学习《诗》。"魏文侯问："对《诗》喜好什么？"仓唐说："喜好《晨风》《黍离》。"魏文侯自己诵读《晨风》："那疾飞的鹯鹰，飞往茂密的北林；没有见到君子，满腹忧思难忍。怎么办呢该如何？他忘记我的实在多。"魏文侯说："你的君主认为我忘了他吗？"仓唐说："不敢，只不过时常思念您罢了。"魏文侯又诵读《黍离》："黍子穗累累下垂，粟子苗尚未吐穗；行走迈步迟缓，内心惶惶惴惴。懂我的知我心忧，不懂我的以为我有追求。悠悠苍天呀！这是思念何人呢？"魏文侯说："你的君主怨恨我吗？"仓唐说："不敢，只不过时时思念您罢了。"魏文侯于是派遣仓唐赏赐太子衣服一套，命仓唐在鸡叫时送到。太子迎接，跪拜领受赏赐，打开箱子，看见衣服，上衣下裳完全颠倒。太子说："赶快趁早驾车，君侯要召我进见。"仓唐说："我回来时没有接受这样的命令。"太子说："君侯赏赐衣服给我，并不是认为我受寒了。想要召见我，又没有谁和他商量，所以命你在鸡叫时赶回来。《诗》说：'东方天还未亮，倒穿上衣下裳；穿倒了上衣，穿反了下裳，因为主人召唤忙。'"于是太子便西去谒见魏文侯。魏文侯大喜，便置办酒宴并宣称说："疏远贤人而亲近所爱的人，不是国家长治久安的策略。"于是就派出小儿子挚，封他到中山国，并恢复太子击的地位。所以说："想要了解儿子就要看他交的朋友，想要了解君主就要看他所派遣的使者。"赵仓唐一出使，就使魏文侯变成慈父，并使击变成孝子。太子于是引《诗》说："'凤凰在飞翔，翅膀哕哕作响，栖息在停下的地方；王朝贤士济济满堂，为了供君子驱使，他们为天子宠爱。'说的就是舍人赵仓唐这样的人。"

12.7 楚庄王欲伐晋①，使豚尹观焉②。反，曰："不可伐也。其忧在上，其乐在下。且贤臣在焉，曰沈驹③。"明年，又使豚尹观。反，曰："可矣。初之贤人死矣，谄谀多在君之庐者。其君好乐而无礼，其下危处以怨上④。上下离心，兴师伐之，其民必先反。"庄王从之，果如其言矣。

【注释】

①楚庄王(？—前591)：芈(mǐ)姓，熊氏，名旅(一作侣、吕)，谥庄。春秋时楚国国君，前613—前591年在位。前597年，楚庄王大败晋国后称霸，为春秋时代五霸之一。

②豚尹：据《左传·襄公十八年》载楚官有扬豚尹宜。杜预注："扬豚邑大夫名宜。"故知扬豚为邑名，尹为官名，其人名宜，又称豚尹。余事未详。

③沈驹：生平不详。

④危处：即处危，处境艰难危险。

【译文】

楚庄王想要攻打晋国,派豚尹去观察晋国的情况。豚尹回来说:"还不能攻打。晋国在上层的人忧劳,在下层的人安乐。况且还有贤臣在那里,名叫沈驹。"第二年,楚庄王又派豚尹前去观察晋国的情况。豚尹回来说:"现在可以攻打了。当初的贤人已经死了,阿谀奉迎的小人大多在国君的宫廷中。晋君好作乐而无礼节,下层的人处境艰难而怨恨上层的人。上下不一条心,兴兵攻打它,晋国的百姓一定首先反叛。"楚庄王听从了他的意见,后来果真像他说的那样。

12.8 梁王赘其群臣而议其过①。任座进谏曰②:"主君国广以大,民坚而众,国中无贤人辩士,奈何?"王曰:"寡人国小以狭,民弱臣少,寡人独治之,安所用贤人辩士乎?"任座曰:"不然!昔者齐无故起兵攻鲁,鲁君患之,召其相曰:'为之奈何?'相对曰:'夫柳下惠少好学③,长而嘉智④,主君试召使于齐。'鲁君曰:'吾千乘主也,身自使于齐,齐不听。夫柳下惠特布衣韦带之士也⑤,使之又何益乎?'相对曰:'臣闻之:乞火不得,不望其炮矣⑥。今使柳下惠于齐,纵不解于齐兵,终不愈益攻于鲁矣。'鲁君乃曰:'然乎。'相即使人召柳下惠来,入门,祛衣不趋⑦。鲁君避席而立曰:'寡人所谓饥而求黍稷、渴而穿井者,未尝能以欢喜见子。今国事急,百姓恐惧,愿藉大夫使齐⑧。'柳下惠曰:'诺。'乃东见齐侯。齐侯曰:'鲁君将惧乎?'柳下惠曰:'臣君不惧。'齐侯忿然怒曰:'吾望而鲁城芒若类夫亡国⑨,百姓发屋伐木以救城郭⑩;吾视若鲁君类吾国子⑪,曰不惧,何也?'柳下惠曰:'臣之君所以不惧者,以其先人出周,封于鲁;君之先人亦出周,封于齐。相与出周南门,刳羊而约曰⑫:"自后子孙敢有相攻者,令其罪若此刳羊矣。"臣之君固以刳羊不惧矣;不然,百姓非不急也。'齐侯乃解兵三百里⑬。夫柳下惠特布衣韦带之士,至解齐释鲁之难,奈何无贤士圣人乎?"⑭

【注释】

① 梁王:即魏王。赘(zhuì):聚集。
② 任座:战国时魏人,余事不详。
③ 柳下惠:即展禽,又名获,字禽(一字季)。谥惠,因其封地在柳下(今属山东曲阜吴村镇柳庄村),后人尊称其为"柳下惠"或"和圣柳下惠"。春秋时鲁国大夫。柳下惠是中国传统道德典范,成语"坐怀不乱"的故事即源自柳下惠。
④ 嘉智:美好的智慧。
⑤ 布衣韦带之士:布衣为粗布衣服,韦带是没有装饰物的皮带。这两种服饰均为古代贫寒人士所常用,这里借喻贫贱之士。
⑥ 炮(páo):烧烤。
⑦ 袪衣不趋:撩衣不急走。袪衣,举起,撩起。不趋,不以小步急走来表示敬意。
⑧ 藉(jiè):凭借。原文"藉"后衍"子"字,据明钞本删。
⑨ 芒若:同"茫然"。夫:原文作"失",此据向宗鲁《校证》改。
⑩ 发屋伐木:拆房砍树。
⑪ 吾国子:我国子民。
⑫ 刳(kū)羊而约:古代结盟杀羊立誓。刳羊,剖羊。
⑬ 解兵:退兵,撤军。
⑭ 天海按:本文所载柳下惠事,《左传·僖公二十六年》以为是展喜所说的话,不是展禽自己所为。

【译文】

魏王召集群臣议论他的过失。任座进谏说:"主君国土广大,百姓强悍而众多,国中没有贤人辩士,该怎么办?"魏王说:"我的国家小而且土地狭窄,百姓软弱臣子又少,我一个人就能治理它,要用那些贤人辩士干什么?"任座说:"不对!从前齐国无故起兵攻打鲁国,鲁君担忧这件事,召见他的国相说:'对这件事怎么办?'国相回答说:'柳下惠年少就好学,长大后聪明多智,主君不妨试一试召他出使齐国。'鲁君说:'我是千乘之国的君主,就是亲自出使到齐国,齐国也不会听的。柳下惠只不过是一个穿布衣束皮带的寒士,让他出使齐国又有何益呢?'国相回答说:'我听说:求不到火种,不能指望烧烤。如果让柳下惠出使到齐国,纵然不能解除齐军之患,终究不会使齐国加紧攻打鲁国吧!'鲁君这才说:'就这样吧。'国相立即派人召见柳下惠,柳下惠进来后撩衣缓行。鲁君离开座位站起身说:'我是所谓饿了才找粮食,渴了才挖井的人,未曾能在高兴的时候接见你。如今国事紧急,百姓恐惧,希望借重大夫出使齐国。'柳下惠说:'好吧!'于是就往东去谒见齐侯。齐侯问:'鲁君已经害怕了吧?'柳下惠说:'我的国君不害怕!'齐侯十分生气地说:'我远看你们鲁国城邑茫茫然跟那即将灭亡的国家一样,百姓拆房砍树来抢修城墙;我看你们国君像我国的子民一样,还说不怕,这是为什么?'柳下惠说:'我的国君之所以不害怕,是因为他的祖先出自周室,封在鲁国;你的先君也出自周室,封在齐国。他们一起走出周国都的南门,剖羊盟誓说:"今后子孙中敢有互相攻伐的人,让他受死罪像这剖开的羊一样。"我的国君当然因为有剖羊的盟约而不害怕;要不然,百姓不会不紧张。'齐侯于是就撤兵三百里。柳下惠只不过是穿布衣束皮带的贫士,一到便使齐军解围免除了鲁国的危难,怎么能没有贤士圣人呢?"

12.9 陆贾从高祖定天下①,名为有口辩士,居左右,常使诸侯。及高祖时,中国初定②,尉佗平南越③,因王之。高祖使陆贾赐尉佗印,为南越王。陆生至,尉佗椎结箕踞见陆生④。陆生因说佗曰:"足下中国人,亲戚昆弟坟墓在真定⑤,今足下弃反天性,捐冠带,欲以区区之越与天子抗衡为敌国,祸且及身矣!且夫秦失其政,诸侯豪杰并起,惟汉王先入关,据咸阳⑥。项籍倍约⑦,自立为西楚霸王,诸侯皆属,可谓至强。然汉王起巴蜀,鞭笞天下⑧,劫诸侯⑨,遂诛项羽灭之。五年之间,海内平定,此非人力,天之所建也。天子闻君王王南越,不助天下诛暴逆,将相欲移兵而诛王。天子怜百姓新劳苦,且休之,遣臣授君王印,剖符通使⑩。君王宜郊迎北面称臣,乃欲以新造未集之越,屈强于此⑪。汉诚闻之,掘烧君王先人冢墓,夷灭宗族⑫,使一偏将将十万众临越,越则杀王以降汉,如反覆手耳。"于是尉佗乃蹶然起坐⑬,谢陆生曰:"居蛮夷中久,殊失礼义。"因问陆生曰:"我孰与萧何、曹参、韩信贤⑭?"陆生曰:"王似贤。"复问:"我孰与皇帝贤?"陆生曰:"皇帝起丰沛⑮,讨暴秦,诛强楚,为天下兴利除害,继五帝三皇之业⑯,统理中国。中国之人以亿计,地方万里,居天下之膏腴,人众车舆⑰,万物殷富,政由一家,自天地剖判⑱,未尝有也。今王众不过数十万,皆蛮夷,崎岖山海之间,譬若汉一郡,何可乃比于汉王?"尉佗大笑曰:"吾不起中国,故王此;使我居中国,何遽不若汉⑲!"乃大悦陆生,留与饮数月⑳。曰:"越中无足与语,至生来,令我日闻所不闻。"赐陆生橐中装直千金㉑,佗送亦千金。陆生拜尉佗为南越王,令称臣奉汉约。归报,高祖大悦,拜为太中大夫㉒。㉓

【注释】

①陆贾(约前240—前170):汉初楚国人,楚汉相争时以幕僚的身份追随高祖刘邦,因能言善辩常出使游说诸侯,深得刘邦赏识,被誉为"有口辩士"。高祖和文帝时,陆贾两次出使南越,说服赵佗臣服汉朝,对安定汉初局势做出极大的贡献。吕后时,说服陈平、周勃等同力诛吕,立汉文帝。著有《新语》十二篇。高祖:即汉高祖刘邦。汉朝的创立者,前202—前195年在位。

②中国:指中原。

③尉佗:本名赵佗(前240—前137),恒山郡真定县(今河北正定)人,原为秦朝将领,与任嚣南下攻打百越,为秦朝南海郡龙川令。南海尉死,代行南海尉职,故名尉佗。秦末大乱时,赵佗割据岭南,后自立为南越武帝。前204—前137年在位。南越:我国古代南方越人一支,也作南粤。属地在今广东、广西、海南及越南北部。

④椎结箕踞:头发扎成椎髻,伸腿按膝而坐。椎结,头发结为椎状发髻。箕踞,伸腿按膝而坐,形状似箕,为傲慢不敬的表示。

⑤真定:战国时属中山国东垣邑,汉高祖时改名真定,在今河北正定境内。

⑥咸阳:秦朝国都,在今陕西长安东渭城旧址。咸阳位于九嵕(zōng)山之南、渭河之北,山水俱阳,故称咸阳。

⑦项籍倍约:项籍违背了当初的盟约。项籍(前232—前202),项氏,名籍,字羽,楚国下相(今江苏宿迁)人,楚国名将项燕之孙,字羽,曾响应陈胜起义反秦,破咸阳,自立为西楚霸王,后与刘邦争夺天下。前202年,项羽兵败垓下(今安徽灵璧南)。突围至乌江(今安徽和县乌江镇)边自刎而死。倍约,违背盟约。指举兵反秦时楚怀王与刘邦、项羽立下"先入咸阳者王"之约。项羽攻下咸阳后却背信弃约自立为西楚霸王。倍,同"背"。违背。

⑧鞭笞:鞭打,这里指征伐。

⑨劫诸侯:攻打诸侯。劫,攻掠。

⑩剖符通使:分授符信,遣使通问。

⑪屈强:同"倔强"。不顺从。

⑫夷灭:消灭,杀尽。原文作"夷种",此据《史记·郦生陆贾列传》径改。

⑬蹶(jué)然:疾起貌。

⑭萧何(?—前193):西汉沛丰(今江苏沛县)人,早年任秦沛县县吏,秦末辅佐刘邦起义。楚汉战争时,他留守关中,使关中成为汉军的巩固后方,不断地输送士卒粮饷支援作战,对刘邦战胜项羽、建立汉朝起了重要作用。汉朝建立后,拜相国,史称萧相国。萧何采摭秦六法,重新制定律令制度,作为《九章律》。刘邦死后,他辅佐汉惠帝。惠帝二年(前193)七月辛未去世,谥文终。曹参(?—前190):字敬伯,西汉沛(今江苏沛县)人,前209年,跟随刘邦在沛县起兵反秦,刘邦称帝后,曹参功居第二,赐爵平阳侯,汉惠帝时官至相国,史称曹相国。他一遵萧何约束,有"萧规曹随"之称。韩信(?—前196):西汉淮阴(今江苏淮安淮阴区)人,初从项羽,后归刘邦,拜为大将,多立战功,佐刘邦建汉。与萧何、张良并列为汉初三杰,与彭越、英布并称为汉初三大名将。汉朝建立后被解除兵权,徙为楚王。又被人诬告谋反,贬为淮阴侯。吕后与相国萧何合谋,将其骗入长乐宫中,斩于钟室,夷其三族。

⑮丰沛:沛县丰邑,刘邦故乡。地在今江苏沛县境内。

⑯五帝三皇:五帝,指上古时代中国传说中的五位部落首领,主要有三种说法:一说指黄帝、颛顼(zhuān xū)、帝喾(kù)、尧、舜;第二种说法指大(太)皞(hào)伏羲、炎帝、黄帝、少皞(少昊)、颛顼;第三种说法指少皞(少昊)、颛顼、高辛(帝喾)、尧、舜。三皇,即

指燧人、伏羲、神农,此说出自《尚书大传》。一般也概指历史时期,即"三皇五帝时代",又称"上古时代""远古时代"或"神话时代";也可以简称为"三皇五帝"。近现代考古发现了大量与这一时期相对应的龙山文化遗址,证明三皇五帝时期确实存在。

⑰舆:众。《左传·僖公二十八年》:"听舆人之谋。"杜预注:"舆,众也。"

⑱天地剖判:天地分离,犹言开天辟地。比喻自古以来没有过的。古人认为天地原为混沌一体。

⑲何遽:亦作"何渠""何讵"。表示反问,同"如何""怎么就"。

⑳留与:原文作"与留",今据向宗鲁《校证》乙正。

㉑橐(tuó)中装:行囊中所装裹之物,指珠宝财物。橐,盛物的袋子。

㉒太中大夫:官名。秦时置,汉沿秦制,掌议论。

㉓天海按:此文又见《史记·郦生陆贾列传》,《汉书·陆贾传》也与此文略同。

【译文】

陆贾跟随汉高祖平定天下,被称为有口才的辩士,总在高祖身边,经常出使诸侯。到汉高祖称帝时,中原刚刚安定,尉佗平定了南越,便在那里自立为王。高祖派陆贾赐给尉佗印信,封他为南越王。陆贾到了南越,尉佗把头发结成椎状,伸腿按膝坐着接见陆贾。陆贾便劝说尉佗道:"您是中原人,亲戚兄弟的坟墓都在真定,现在您却违反本性,抛弃衣帽,想要凭着小小的南越与天子对抗,成为敌国,灾祸将很快降临到您的身上!再说那秦朝丧失了它的政权,诸侯豪杰同时起兵,只有汉王先入关中,占据了咸阳。项羽违背了先前的盟约,自立为西楚霸王,诸侯都服从他,可说得上强盛到极点。但是汉王从巴蜀起兵,征伐天下,攻掠诸侯,终于诛灭了项羽。五年之内,海内平安,这并不是靠人的力量,是上天要树立汉朝。天子听说您在南越称王,不帮助天下诛除强暴叛逆,将相们都想要调兵来诛灭您。天子怜惜百姓刚受劳乏困苦,要让他们休养生息,派遣我来授给您印玺,分剖符信沟通往来。您应该出城迎接向北称臣,竟想凭着刚刚缔造还未集中的南越在这里逞强。汉朝如果知道您这样,就会挖掘焚烧您祖先的坟墓,夷灭您的宗族,派一副将率领十万军队来到南越,南越人就会杀死您而后归降汉朝,这如同覆手翻掌一样的容易。"于是尉佗就即刻站起身来,向陆贾道歉说:"我住在蛮夷地区很久了,太有失礼仪了。"便又问陆贾说:"我与萧何、曹参、韩信相比,谁更贤能?"陆贾说:"大王您好像更贤能。"尉佗又问:"我与皇帝相比,谁更贤明?"陆贾说:"皇帝从沛县丰邑起兵,讨伐暴秦,诛灭强大的楚霸王,替天下兴利除害,继承了五帝三王的事业,统治中国。中国的人以亿万来计算,土地方圆上万里,据有天下肥沃的地方,人多车多,万物丰盛富饶,政权由一家掌握,从天地开辟以来,从未有过这样盛世。如今大王您人众不过几十万,都是蛮夷,盘踞在崎岖的高山大海之间,如同汉朝的一个郡,怎么能够与汉王相比呢?"尉佗大笑说:"因为我不从中原起兵,所以在这里称王;假若我也处在中原,难道就比不上汉王!"于是尉佗十分赏识陆贾,挽留他,与他在一起宴饮达数月之久。尉佗说:"南越国中没人值得交谈,直到你来,才让我每天都能听到过去不曾听到过的话。"尉佗赏赐给陆贾行囊中装有价值千金的珠宝,另外又赠送了千金。陆贾便拜尉佗为南越王,命他称臣遵守汉朝的约束。陆贾回朝报告了这一切,汉高祖十分高兴,任命他为太中大夫。

12.10 晋、楚之君相与为好,会于宛丘之上①,宋使人往之。晋、楚大夫曰:"趣以见天子礼见于吾君②,我为见子焉③。"使者曰:"冠虽敝,宜加其上;履虽新,宜居其下。周室虽微,诸侯未之能易也④。师升宋城⑤,臣犹不更臣之服也⑥。"揖而去之。诸大夫瞿然⑦,遂以诸侯之礼见之。

【注释】

①宛丘：地名。四周高中间低的一座土山，春秋时在宋国境内。地在今河南淮阳东南。

②趣(cù)：赶快。

③我为见子焉：我为你引见晋、楚国君。

④诸侯未之能易也：以上数语，又见《穀梁传·文公八年》《韩非子·外储说左下》《六韬》《贾子·阶级》《史记·儒林列传》及《汉书》等，文略异。

⑤师升宋城：军队登上宋国城墙。意指进军宋国。升，登。

⑥臣犹不更臣之服：我还是不会改变我的服饰。意指不改变对周王室称臣的尊重态度。

⑦瞿(qú)然：吃惊的样子。

【译文】

晋、楚两国的国君相互结为友好，在宛丘山上会盟，宋国派人前往。晋、楚两国的大夫说："你赶快以拜见天子的礼节去拜见我们的国君，我们才为你引见。"宋国使者说："帽子虽然破旧，也应该戴在头上；鞋子虽然是新的，也应该穿在脚下。周王室虽然衰微，诸侯谁也不能取代它。即使军队登上宋国城墙，我也不会改变向周王称臣。"说完拱拱手就离开了他们。这些大夫感到吃惊，终于按见诸侯的礼节使他进见。

12.11 越使诸发执一枝梅遗梁王①，梁王之臣曰韩子②，顾谓左右曰："恶有以一枝梅以遗列国之君者乎③？请为二三子惭之④。"出谓诸发曰："大王有命：客冠，则以礼见；不冠，则否。"诸发曰："彼越亦天子之封也，不得冀、兖之州⑤，乃处海垂之际，屏外蕃以为居⑥，而蛟龙又与我争焉，是以剪发文身，烂然成章⑦，以像龙子者，将避水神也。今大国其命冠则见以礼,不冠则否。假令大国之使,时过弊邑⑧,弊邑之君亦有命矣,曰:'客必剪发文身,然后见之。'于大国何如?意而安之⑨,愿假冠以见;意如不安,愿无变国俗。"梁王闻之,被衣出以见诸发,令逐韩子。《诗》曰:"维君子使,媚于天子⑩。"若此之谓也。⑪

【注释】

①诸发:战国时越国大夫,事如本文。遗(wèi):赠送。

②韩子:生平不详。

③恶(wū)有:哪里有。

④惭之:羞辱他,使他感到惭愧。

⑤冀、兖之州:冀州地在今河北、山西以及河南黄河以北,辽宁辽河以西一片地区。兖州地在今山东、河南黄河以南一带。

⑥屏(bǐng):排斥。外蕃:指九州之外的蕃国。

⑦烂然成章:斑斓多彩。章,彩色。

⑧弊邑:谦辞,偏僻的小城。或者古代对自己的国家以及出生或出守之地的谦称。还用于称臣于他国时自称。

⑨意而安之:如能对此心安理得。而,如果。

⑩维君子使,媚于天子:出自《诗经·大雅·卷阿》。意为只有君子出使,才能被天子宠爱。媚,宠爱。

⑪天海按:此文又见《韩诗外传》卷八,与此文略同。

【译文】

越国派遣诸发带一枝梅花送给魏王。魏王有个臣子名叫韩子,他看看左右的人说:"哪有用一枝梅花来赠送诸侯国君的呢?请让我替你们几个人羞辱他。"于是他出宫对诸发说:"大王有命令:来客要戴上帽子才能以礼相见;不戴上帽子,就不能以礼相见。"诸发说:"越国也是天子所封,不能住在中原地区,只好住在近海一带,赶走了外族人来作为自己居住的地方,但蛟龙又在那里与我相争,因此剪除毛发彩绘身体,斑斓多彩,来模仿龙王子孙,为的是使水神逃避。如今贵国君主却命令我戴上帽子才以礼相见,不戴帽子就不以礼相见。假如贵国的使者,有机会经过我国,我国的君主也会下命令说:'来客必须剪除毛发,彩绘身体,然后才接见他。'贵国对此将会如何?如果对此心安理得,我愿借顶帽子戴上,来拜见贵国君主;如果不能心安理得,请不要改变我国的习俗。"魏王听到了这番话,披衣出宫来接见诸发,命令赶走韩子。《诗经》说:"只有君子出使,才能受到天子的宠爱。"就像说的是诸发这人。

12.12 晏子使吴,吴王谓行人曰①:"吾闻晏婴盖北方之辩于辞、习于礼者也。"命傧者②:"客见,则称天子请见③。"明日,晏子有事,行人曰:"天子请见。"晏子愀然者三④,曰:"臣受命弊邑之君,将使于吴王之所,不佞而迷惑⑤,入于天子之朝,敢问吴王恶乎存⑥?"然后吴王曰:"夫差请见⑦。"见以诸侯之礼。⑧

【注释】

①吴王:据下文,此为吴王夫差。行人:古代官名。掌朝觐聘问。

②傧者:引见宾客的人。

③请见:二字原文脱,此据向宗鲁《校证》引《晏子春秋》补。

④愀(cù)然:不高兴的样子。

⑤不佞:无才,古代自谦、自称之词。

⑥恶(wū)乎存:在哪里。恶乎,犹"于何"。

⑦夫差(约前528—前473):姬姓,名夫差。春秋时吴国末代国君,

前495—前473年在位。

⑧天海按:此文又见《晏子春秋·内篇杂下》,但人物时代似有舛误。夫差前495年立为吴王,而晏子于前500年离世,两人无缘见面。

【译文】

晏子出使吴国,吴王对掌管朝觐的官员说:"我听说晏子是北方善于辞辩、熟习礼仪的人。"又命引见宾客的官吏说:"有宾客求见,就宣称天子请见。"第二天,晏子有事求见,掌管朝觐的官员说:"天子有请。"晏子再三显出不满的神色说:"我奉了本国君主的命令,将要出使到吴王所在之地,但我愚昧迷乱,进入到天子的朝廷,请问吴王在哪里呢?"这之后吴王只好说:"夫差请先生进见。"晏子按拜见诸侯的礼仪进见吴王。

12.13 晏子使吴,吴王曰:"寡人得寄僻陋蛮夷之乡,希见教君子之行①,请私而毋为罪②。"晏子愀然避位③。吴王曰④:"吾闻齐君盖贼以慢⑤,野以暴,吾子容焉,何甚也!"晏子逡巡而对曰⑥:"臣闻之:微事不通,粗事不能者,必劳;大事不得,小事不为者,必贫;大者不能致人⑦,小者不能至人之门者⑧,必困。此臣之所以仕也。如臣,岂能以道食人者哉⑨?"晏子出。王笑曰:"今日吾讥晏子也,犹倮而訾高撅者⑩。"⑪

【注释】

①希见教君子之行:很少受教过君子的德行。见教,受教。自谦之辞。

②请私而毋为罪:请让我去小便而不要怪罪。私,排尿,小便。《左传·襄公十五年》:"师慧过宋朝,将私焉。"杜预注:"私,小便。"

③愀(cù)然避位：不高兴改变了脸色起身离开座位。
④吴王：原文误作"矣王"，此据向宗鲁《校证》引《晏子春秋》改。
⑤贼以慢：狠毒而傲慢。贼，残暴，狠毒。以，同"而"。慢，傲慢。
⑥逡巡：从容，不慌不忙。《庄子·秋水》："东海之鳖，左足未入，而右膝已絷矣，于是逡巡而却。"成玄英疏："逡巡，从容也。"
⑦致人：招致人才。
⑧至人之门：上门求人。
⑨食(sì)人：以食与人。这里喻指教诲别人，用《诗经·小雅·绵蛮》"饮之食之，教之诲之"之意。
⑩倮：同"裸"。訾：讥笑。高撅者：把衣服掀得很高的人。撅，揭衣。
⑪天海按：此文又见《晏子春秋·外篇》，文略同。

【译文】

晏子出使吴国，吴王说："我寄居住在僻远简陋的蛮夷之乡，很少受教过君子的德行，请让我去小便而不要怪罪。"晏子不高兴地离开座位。吴王说："我听说齐君狠毒而傲慢，野蛮而残暴，你竟能容忍他，这太过分了吧？"晏子从容回答说："我听说：细微的事情不懂，粗笨的事情不能做的人，必定会劳苦；大事不能做，小事又不愿做的人，必定会贫困；大的方面不能招致人才，小的方面又不能上门求助的，必定会遭困顿。这就是我做官的原因。像我这样的人，难道能够用道义来教诲别人吗？"晏子出宫。吴王笑着说："今天我讥讽晏子，就像裸体的人嘲笑那衣服掀得很高的人一样。"

12.14 景公使晏子使于楚，楚王进橘置削①，晏子不剖而并食之。楚王曰："橘当去剖②。"晏子对曰："臣闻之：赐人主前者，瓜桃不削，橘柚不剖。今万乘无教③，臣不敢剖。不然④，臣非不知也。"⑤

【注释】

①削:水果刀。

②去剖:去皮剖开。

③万乘:这里指楚王,说他是拥有万乘兵车的国君。无教:表面上是说没有下令,实际上是讥讽楚王没有受过教化。

④不然:原文脱"然"字,此依向宗鲁《校证》据《晏子春秋》补。

⑤天海按:此文又见《晏子春秋·内篇杂下》,文略异。

【译文】

齐景公派晏子出使到了楚国,楚王命人送上橘子并放有水果刀,晏子没有削皮剖开就连皮一起吃了。楚王说:"橘子应当去皮剖开再吃。"晏子回答说:"我听说:在君主面前受赐的,瓜果桃李不削皮,橘子柚子不剖开。现在大王事先没有下令,我就不敢剖开。不然的话,我并非不懂得。"

12.15 晏子将使荆,荆王闻之,谓左右曰:"晏子,贤人也,今方来,欲辱之,何以也?"左右对曰:"为其来也,臣请缚一人过王而行,王曰:'何为者也?'对曰:'齐人也。'王曰:'何坐①?'曰:'坐盗②。'"于是荆王与晏子立语,有缚一人过王而行,王曰:"何为者也?"对曰:"齐人也。"王曰:"何坐?"对曰:"坐盗。"王曰:"齐人固盗乎?"晏子反顾之曰:"江南有橘,齐王使人取之而树之于江北,生不为橘乃为枳③。所以然者何?其土地使之然也。今齐人居齐不盗④,来之荆而盗,得无土地使之然乎⑤?"荆王曰:"吾欲伤子,而反自中也。"⑥

【注释】

①何坐:犯了什么罪。坐,犯罪。

②坐盗:"王曰"至此十八字原文无,依向宗鲁《校证》引《晏子春秋》增。
③枳:树名。似橘子树而矮小,果小味酸不能食,可入药。
④今:这。指代词。
⑤得无:表示反问或推测,意为"莫不是""该不会""怎能不"。
⑥天海按:此文又见《晏子春秋·内篇杂下》。《韩诗外传》卷十亦载此事,文字大多不同。

【译文】
晏子将要出使楚国,楚王听说这件事,就对左右的人说:"晏子是个贤人,现在就要来我国,我想要羞辱他,用什么办法呢?"左右有人回答说:"在他来了以后,我请求捆绑一个人从大王面前走过,大王问:'这是什么人?'我就回答说:'是齐国人。'大王又问:'犯了什么罪?'我就说:'犯了盗窃罪。'"当晏子来后,楚王与晏子站着谈话,就有一个人被绑着从楚王面前走过,楚王问:"这是什么人?"回答说:"是齐国人。"楚王问:"犯了什么罪?"回答说:"犯了盗窃罪。"楚王说:"齐国人原本就盗窃吗?"晏子回头看着楚王说:"江南有橘树,齐王派人取来栽在江北,长不成橘树却变成了枳树。为什么会这样呢?是那土地使它变成这样的。这个齐国人在齐国不会盗窃,来到楚国就盗窃,该不是土地使他这样的吧!"楚王说:"我想要伤害你,反而中伤了自己。"

12.16 晏子使楚。晏子短,楚人为小门于大门之侧而延晏子①。晏子不入,曰:"使至狗国者,从狗门入。今臣使楚,不当从此门入。"傧者更道从大门入②。见楚王,王曰:"齐无人耶?"晏子对曰:"齐之临淄三百闾③,张袂成帷④,挥汗成雨,比肩继踵而在⑤,何为无人?"王曰:"然则何为使子?"晏子对曰:"齐命使各有所主,其贤者使贤主,不肖者使不肖主。婴最不贤,故宜使楚耳。"⑥

【注释】

①延：引进，接待。

②道：同"导"。引导。此字原文脱，据向宗鲁《校证》引《晏子春秋》补。

③临淄：齐国都城，在今山东临淄北。三百间：七千五百户。间，古代以二十五家为一间。此概言齐国都城人烟繁盛。

④张袂（mèi）成帷：张开衣袖就能连成帷幕。袂，衣袖。

⑤比肩继踵：肩靠着肩脚跟着脚。形容人多拥挤。

⑥天海按：此文又见《晏子春秋·内篇杂下》，文略同。

【译文】

晏子出使楚国。晏子身材矮小，楚国人在大门的旁边开了一道小门来接待晏子。晏子不从小门入，说道："出使到狗国，才从狗门进入。现在我出使楚国，不应当从此门进入。"接待宾客的官吏便重新引导晏子从大门入宫。拜见楚王后，楚王问晏子："齐国没有人吗？"晏子回答说："齐国的临淄有七千五百户，张开衣袖就能连成帷幕，挥洒汗水如同下雨，人多得肩靠肩脚挨脚，怎么会没有人？"楚王又问："既然这样，那又为什么要派你当使臣呢？"晏子回答说："齐国委派使臣各有特定的君主，贤能的人就出使贤明的君主，不贤的人就出使不贤的君主。我是最不贤的了，所以适宜出使楚国。"

12.17 秦楚毂兵①，秦王使人使楚。楚王使人戏之曰："子来亦卜之乎？"对曰："然。""卜之谓何？"对曰："吉。"楚人曰："噫！甚矣，子之国无良龟也！王方杀子以衅钟②，其吉如何！"使者曰："秦楚毂兵，吾王使我先窥。我死而不还，则吾王知警戒整齐兵以备楚，是吾所谓吉也。且使死者而无知也，又何衅于钟？死者而有知也，吾岂错秦相楚哉③？我将使楚之钟鼓无声,钟鼓无声,则将无以整齐其士卒而理君军。夫杀人之使,绝人之谋,非古之通议也④,子大夫试孰计之。"使者以报楚王,楚王赦之。此之谓造命⑤。⑥

【注释】

①秦楚:据《左传·昭公五年》与《韩非子·说林下》所载之事,当为"吴楚"。说见注释⑥。毂(gǔ)兵:即"构兵",指两军交战。卢文弨曰:"毂,当与'构'同。"又,毂为古代战车车轴突出部分,两军交战车毂撞击,故毂兵即构兵。屈原《九歌·国殇》:"车错毂兮兵相接。"

②衅钟:古代杀牲以血涂钟行祭。《孟子·梁惠王上》:"王坐于堂上,有牵牛而过堂下者,王见之,曰:'牛何之?'对曰:'将以衅钟。'"赵岐注:"新铸钟,杀牲以血涂其衅郤,因以祭之曰衅。"

③错秦相楚:放弃秦国来帮助楚国。错,同"措"。放置,放弃。

④通议:通行的道理。议,同"义"。原则,道理。

⑤造命:掌握命运。

⑥天海按:《左传·昭公五年》与《韩非子·说林下》所记之事与此略同,但交战双方是吴、楚两国,"衅钟"皆为"衅鼓"。

【译文】

秦楚两国交战,秦王派人出使楚国。楚王派人戏弄秦国使者说:"你这次来也占卜过吗?"秦国使者回答说:"占卜过。"楚人问:"占卜的结果是什么?"秦使回答说:"吉利。"楚人说:"唉! 错得太严重了,你们国家竟没有占卜的良龟! 楚王正要杀你来祭钟,哪有什么吉利可言!"秦使说:"秦楚两国交战,我的大王派我先来察看情况。如果我死了不能回去,那么我们大王就知道警惕戒备,整顿统一军队来防备楚军,这就是我所说的吉利。再说如果死人没有知觉,又何必用来祭钟? 如果死者有知觉,我难道会放弃秦国来帮助楚国吗? 我将会使楚国的钟鼓发不出声响，钟鼓没有声音，那么楚国就将无法整齐统一它的士卒并指挥君主的军队。杀死别国使臣，灭绝别国谋士，不是自古以来通行的道理，大夫你不妨仔细想想这个道理。"楚国的使者将此情况报告楚王，楚王就赦免了秦国的使者。这样的事就叫掌握命运。

12.18 楚使使聘于齐，齐王飨之梧宫①。使者曰："大哉梧乎！"王曰："江汉之鱼吞舟，大国之树必巨②，使何怪焉？"使者曰："昔燕攻齐，遵洛路，渡济桥③，焚雍门④，击齐左而虚其右，王歜绝颈而死于杜山⑤，公孙差格死于龙门⑥，饮马乎淄、渑⑦，定获乎琅邪⑧，王与太后奔于莒⑨，逃于城阳之山⑩。当此之时，则梧之大何如乎？"王曰："陈先生对之。"陈子曰⑪："臣不如刁敎⑫。"王曰："刁先生应之。"刁敎曰："使者问梧之年耶⑬？昔者，荆平王为无道，加诸申氏⑭，杀子胥父与其兄，子胥被发乞食于吴，阖闾以为将相⑮。三年，将吴兵，复仇乎楚，战胜乎柏举⑯，级头百万⑰，囊瓦奔郑⑱，王保于随⑲。引师入郢⑳，军云行乎郢之都㉑。子胥亲射宫门，掘平王冢，笞其坟，数以其罪，曰：'吾先人无罪而子杀之！'士卒人加百焉㉒，然后止。当若此时，梧可以为其柎矣㉓！"

【注释】

①飨：设宴款待。梧宫：齐国的行宫。梧，原文作"椿"，据下文及明钞本改。

②树：建树，建筑。

③燕攻齐，遵洛路，渡济桥：前284年，燕乐毅率燕、赵、韩、魏、楚五国联军进攻齐国。遵，依循，沿着。洛路，此指燕、赵等国联军从

洛阳渡黄河南下。济桥,应是齐国境内济水之桥。

④雍门:齐国都城的城门。《左传·襄公十八年》:"十二月戊戌,及秦周,伐雍门之荻。"杜预注:"雍门,齐城门。"

⑤王歜(chù)绝颈而死于杜山:其人、其事参见本书4.21则。

⑥公孙差:生平不详。龙门:地名。齐国都城临淄附近的龙门峪。在今山东临淄附近。

⑦淄、渑(shéng):二河名。淄水源出山东莱芜东北,流经临淄城东。渑水,古时一名汉溱水,也流经临淄东。

⑧定获:攻克获胜。琅邪(láng yá):一作瑯邪,齐国邑名。在山东诸城东南一百五十里处。

⑨莒(jǔ):春秋时期为莒国。前431年莒国曾为楚国所灭,莒国的全境后来为齐国所有。

⑩城阳:地名。在莒邑境内,古代以其城以南,即城之阳而得名。商、周时期,城阳属莱夷地。前567年,齐侯灭莱,城阳归属齐。如今城阳区是青岛市七个市辖区之一,东依崂山区,南接李沧区,西临胶州湾与胶州市相邻,北与即墨区毗连。

⑪陈子:齐国大夫,事迹不详。

⑫刁敄(bó):齐国大夫,事迹不详。

⑬梧之年:梧官的年寿。年,寿年,即能延续之年。

⑭申氏:即伍氏。《国语·吴语》韦昭解云:"鲁昭二十年,奢诛于楚,员奔吴,吴子与之申地,故曰申胥。"《越绝书》亦称伍子胥为"申胥"。

⑮阖间:即阖庐(?—前496),姬姓,名光,又称公子光,吴王诸樊之子(《左传》《世本》作吴王馀眛之子)。前515年,阖庐派专诸刺杀吴王僚,夺取吴国王位,是为吴王阖庐,前514—前496年在位。吴王阖庐执政时期,以楚国旧臣伍子胥为相,以齐人孙武为将军,强兵兴国,两度败楚,威震东南。

⑯柏举:古地名。亦作"柏莒"。春秋时楚地。前506年,楚围蔡,

吴救之,大败楚师于此。故址在今湖北麻城境内。

⑰级头:斩首。

⑱囊瓦:字子常。囊瓦是楚国王族,楚平王时为令尹。平王卒后拥立昭王,后吴伐楚,三战不胜,逃奔郑国。

⑲随:春秋时期诸侯国名。位于今湖北随州,前680年左右被楚成王所灭,成为楚邑。

⑳郢:地名。古代楚国的都城,在今湖北江陵东南。

㉑云行:云集,聚集。

㉒人加百焉:每人对楚平王坟墓上施加一百鞭。

㉓柎(fū):花托或草木子房,这里比喻为可以避难的处所。

【译文】

楚国派遣使者到齐国作友好访问,齐王在梧宫设宴款待楚国使者。楚使说:"梧宫真大啊!"齐王说:"长江、汉水的鱼可以吞下船只,大国的建筑必然规模宏大,使者何必对此感到惊奇呢?"楚使说:"从前燕国进攻齐国,沿着洛阳路,渡过济水桥,焚烧雍门,攻击齐国左翼而让开齐国右翼,王歜在杜山断颈而死,公孙差在龙门格斗而死,燕军在淄水、渑水饮马,在琅邪大获全胜,齐王与太后逃奔到莒邑,又逃到城阳山上。在那个时候,梧宫的宏大又如何呢?"齐王说:"陈先生回答他。"陈子说:"我不如刁教的口才。"齐王说:"那刁先生就回答使者。"刁教说:"使者问的是梧宫的年寿吗?从前,楚平王做了些昏庸无道的事,施加到申胥身上,杀死子胥的父亲和他的兄长,子胥披发讨饭到了吴国,阖闾让他做了将相。过了三年,子胥率领吴军,向楚国复仇,在柏举取胜,斩首百万,楚国令尹囊瓦逃奔郑国,楚王退保随邑。伍子胥引军进入郢都,吴军云集在郢都。子胥亲自放箭射向楚王宫门,挖掘楚平王的墓地,鞭打他的坟墓,数说他的罪过,说:'我的先人无罪却被你杀死!'士卒每人在楚平王的坟上加抽一百鞭,然后才罢休。在那个时候,梧宫就可以作为楚王的避难所。"

12.19 蔡使师强、王坚使于楚①,楚王闻之曰:"人名多章章者②,独为师强、王坚乎? 趣见之,无以次③。"视其人状,疑其名,而丑其声,又恶其形。楚王大怒曰:"今蔡无人乎? 国可伐也;有人不遣乎? 国可伐也;端以此人试寡人乎④? 国可伐也。"故发二使见三谋伐者,蔡也。⑤

【注释】

①蔡:周列国名。周武王同母弟叔度的封地。故地在今河南上蔡西南。前447年为楚国所灭。师强、王坚:二人生平不详。

②章章:鲜明美好貌。《吕氏春秋·本生》:"万物章章,以害一生,生无不伤。"高诱注:"章章,明美貌。"

③次:先后次序。

④端:专一,特地。试:原文作"诚",此据向宗鲁《校证》依卢文弨校改。

⑤天海按:《吕氏春秋·遇合》载陈国有丑人敦洽、讐糜出使楚王,事与此略同。

【译文】

蔡国派遣师强、王坚出使到楚国,楚王听到使者的姓名便说:"人的姓名大多是能显明自己美好品格的,单单要叫师强、王坚的吗? 立即召见他们,不要按照先后次序。"召见后,细看那二人的形状,怀疑他们的姓名,并觉得他们的声音难听,又厌恶他们的容貌。楚王大怒说:"这个蔡国没有人了吗? 那它的国家就该被攻伐了;是有人不派遣吗? 它的国家也该被攻伐;特地要用这两人来试探我吗? 那它的国家也该被攻伐。"那派出两个使者却被三次谋图攻伐的,就是蔡国。

12.20 赵简子将袭卫,使史黯往视之①,期以一月,六月而后反②。简子曰:"何其久也?"黯曰:"谋利而得害,由不察也。今蘧伯玉为相③,史鲥佐焉④;孔子为客,子贡使令于君前,甚听。《易》曰⑤:'涣其群,元吉⑥。'涣者,贤也;群者,众也⑦;元者,吉之始也。'涣其群元吉'者,其佐多贤矣。"简子按兵而不动耳。⑧

【注释】

① 史黯:姓蔡,名墨,字黯。春秋时晋国史官,故称史墨。或作"史厭""蔡墨"。长于天文星象、五行术数与筮占,熟悉各诸侯国内政。
② 六月:原文作"六日",依卢文弨引《北堂书钞》改。
③ 蘧(qú)伯玉:姓蘧,名瑗(yuàn),字伯玉,谥成子。春秋时卫国(今河南长垣孟岗镇伯玉村)人,卫国大夫,但不被卫灵公重用。后世封内黄侯。
④ 史鲥:春秋时卫国大夫,字子鱼,亦称史鱼。曾以尸谏卫灵公用蘧伯玉。
⑤ 《易》曰:以下引自《周易·涣卦·六四》爻辞。
⑥ 涣其群,元吉:盛大君王的群体,大吉。涣,冲散,亦有盛大义。《周易·涣卦》象辞:"涣其群元吉,光大也。"
⑦ 众:原文误作"象",此据向宗鲁《校证》改。
⑧ 天海按:此文又见《吕氏春秋·召类》《淮南子·主术训》,所记与此略同。

【译文】

赵简子将要袭击卫国,派史黯前去窥探卫国的情况,史黯预计要一个月,结果六个月后才返回。赵简子问他:"为什么要用那么长的时间?"史黯说:"谋划利益却受到损害,这是因为不明瞭情况。现在蘧伯玉做了卫相，史鳅辅佐卫君；孔子在那里做宾客，子贡在卫君跟前受使唤，很是言听计从。《周易》上说：'涣其群，元吉。''涣'的意思就是贤能，'群'的意思就是人多，'元'的意思就是吉利的开始。'涣其群元吉'的意思，讲的就是他的辅佐中有很多贤人。"赵简子于是就按兵不动了。

12.21 魏文侯使舍人毋择献鹄于齐侯①，毋择行道失之，徒献空笼。见齐侯曰："寡君使臣毋择献鹄，道饥渴，臣出而饮食之，而鹄飞冲天，遂不复反。念思非无钱以买鹄也，恶有为其君使轻易其币者乎②？念思非不能拔剑刎颈，腐肉暴骨于中野也，为吾君贵鹄而贱士也；念思非不敢走陈、蔡之间也③，恶绝两君之使。故不敢爱身逃死，来献空笼，唯主君斧质之诛。"齐侯大悦曰："寡人今者得兹言三，贤于鹄远矣。寡人有都郊地百里，愿献子大夫以为汤沐邑④。"毋择对曰："恶有为其君使而轻易其币，而利诸侯之地乎⑤？"遂出不反。⑥

【注释】

①毋择：生平不详。鹄(hú)：天鹅。

②轻易其币：轻率地改变国君的礼物。

③陈、蔡：春秋战国时诸侯国陈国和蔡国。前478年陈湣公被楚惠王所杀，陈亡后，陈国公子陈完为齐国大夫，其后裔于前386年代齐国姜姓为齐侯，史称田氏代齐。蔡国，周朝封国，建都蔡（今河南上蔡）。前447年，蔡国被楚国所灭。

④汤沐邑：周代的制度，是指诸侯朝见天子，天子赐以王畿以内供住宿和斋戒沐浴的封邑。后指国君、皇后、公主等受封者收取赋

税的私邑。而贵族受封的汤沐邑，则是一种食邑制度。

⑤利：贪图利益。

⑥天海按：又见《韩诗外传》卷十、褚先生补《史记·滑稽列传》《鲁连子》均载此事，但使者姓名各异，文有不同。

【译文】

魏文侯派遣舍人毋择献天鹅给齐侯，毋择走在路上丢失了天鹅，只好去献上空笼。他见到齐侯说："我的国君派我来敬献天鹅，在路上天鹅饥渴，我放它出来饮水喂食，天鹅却一飞冲天，终于不再返回。仔细想来并非无钱再买天鹅，但哪有为自己君主出使却轻率地改变他的礼物呢？仔细想来并非不能拔剑自刎，在荒野抛尸露骨，但这样别人会认为我的君主看重天鹅而轻贱士人；仔细想来并非不敢逃跑到陈、蔡两国去，但担心断绝了两国的往来。所以我不敢爱惜生命而逃避死罪，只好来献上空笼，任凭君主刀砍斧劈。"齐侯十分高兴地说："我今天能得到你这三句话，比得到天鹅强多了。我在都城郊外有土地百里，愿奉送给你作为生活供养的封邑。"毋择回答说："哪有为自己君主出使，却轻率地改变他的礼物，贪图私利而接受诸侯土地的呢？"于是走出齐宫再也不返回。

卷十三

权谋

【题解】

权谋,指权衡时势随机应变,分别轻重、趋利避害的谋略。

本卷共48则,除第二十则"孝宣皇帝之时,霍氏奢靡"为西汉宣帝时轶事外,均为春秋战国时轶事。

第一则可以看作本卷的序言,也是作者思想意识的体现。在此则,作者指出权谋的重要作用在于"万举而无遗筹失策",即只要谋虑周全,无论做什么事都可以稳操胜券,立于不败之地。实现权谋的重要方法是集中众人的智慧然后个人决断,即"兼听独断"。这多少还有一点"集思广益、兼听则明"与"民主集中"意味。作者还把权谋分为"知命"和"知事"两种。他认为能预见存亡祸福、盛衰废兴、防患于未然的就是"上谋知命",能预见事物的得失成败及最后结局的便是居其次的"下谋知事"。权谋从道义上则可分为"正""邪"两类。作者认为"君子之谋正,小人之谋邪"。出自公心,为百姓忠诚尽力是正义的;出自私心,为私利而欺诈百姓就是邪恶的。正义的必定胜利兴隆,邪恶的必定失败灭亡。最后作者引用荀子的话,重申谋虑时必须察知事物的正反两面,方能做到"百举而不陷"。

其后的47则轶事都是以上观点的例证,按照作者在第一则中的思路,大致可以分为这样两个部分:

一是从权谋层次上可以分为"上谋知命,其次知事"两个层次。

所谓"上谋知命",其实只有前面4则(13.2—13.5则),标举了三个人物为代表。晏子是"知命不惑者",虽然没有具体事例,但晏子的轶事在本书中已经多次反复出现,作者无疑是要读者自己去体味。孔子的两件轶事是他"知己命、知天命"的充分体现。孔子应聘赵简子,至黄河临水而叹:"丘之不济于此,命也夫!"由此摆脱了赵简子企图杀害他的阴谋;孔子为齐景公预测周庙火灾,强调"天之与人,必报有德"的天命观,难怪齐景公赞叹说:"圣人之智,岂不大乎!"特别可贵的是13.5则,东郭垂只是一个执杆服劳役的下人,因为"不以耳听",能够察言观色测知齐桓公与管仲密谋伐莒之事,就被盛赞为"听于无声,视于无形"的圣人,由此可见作者以贤论人的先进思想。

关于"其次知事"的轶事有23则,内容包含比较广泛。其中预知亡国之事的有7则(13.6—13.12则),预知人事的有8则,知己自警的只有2则,预知国事战端的有6则。

在预知亡国的7则轶事中,13.11则白奎关于"国有五尽"的说法,就是对亡国原因的归纳分析。这"五尽"是:言尽(噤若寒蝉),名尽(声名狼藉),亲尽(众叛亲离),财尽(国困民穷),功尽(前功尽弃)。这"五尽"应该是古今治国者时时悬在耳边的警钟。13.12则写蔡威公虽能预知国家将亡,却不能及早行动摆脱困境,正所谓"能言者未必能行,能行者未必能言",这是知行不能合一的典型。

至于预知人事、知己自警、预知国事战端的16则,则从知人知己、预测战事等方面来决定个人与国家的命运的取向,很有时代特色与现实借鉴意义。

二是从权谋性质上可以分为"正谋"与"邪谋"。

所谓"正""邪",既有时代标准,也有历史意义。作者刘向认为:"君子之权谋正,小人之权谋邪。夫正者其权谋公,故其为百姓尽心也诚;彼邪者好私尚利,故其为百姓也诈。夫诈则乱,诚则平。"这就是说:为了公益,对百姓忠诚尽心的是正谋;为了利私,对百姓伪善欺诈的是邪谋。这种正邪区分的标准,不仅是儒家民本思想的体现,也是我国传统文化精华的智慧结晶。

涉及"正谋"的轶事有13则,其中11则是关于战争攻伐、成败得失,为了国家利益而准确预测、未雨绸缪的故事。如13.30则写周武王伐纣、13.32则晋文公城濮之战,皆以大无畏的精神迎逆风顶狂澜,最终取得胜利,就是对天妖灾异的直接否定。只有13.47则"郑桓公东会封于郑",讲的是把握时机,捷足先登;13.48则公子虑以"臣之妻亦有送之者"的谏言阻止了晋文公伐卫,无疑是对"己所不欲勿施于人""螳螂捕蝉黄雀在后"的诙谐诠释。

涉及"邪谋"的轶事有7则。其中诈谋用兵有4则(13.31—34、13.40则)。常言说"兵不厌诈""春秋无义战",为了取得战争的胜利,使用诡诈之计也无可非议。但从作者的立场看,仍然有正邪之分,以诡道取胜者,"一时之权也",并非"百世之谋也"。至于13.43则"叔向之杀苌弘"设谋陷害、置人死地,13.46则"郑桓公将欲袭郐"诈谋取国,则是阴险狡诈的典型邪谋,值得世人引以为训。13.39则江乙为安陵缠邀宠楚共王所设殉死之谋,可以说是最令人鄙弃的邪谋,由此可以窥见人性中最丑恶的一面。

本卷题名曰《权谋》,但实际上大多是当时贤臣良佐对国家存亡祸福、盛衰兴亡的预言。这些事例和论述含有一定的朴素辩证法因素,值得后人继承和借鉴。

13.1 圣王之举事,必先谛之于谋虑①,而后考之于蓍龟②。白屋之士,皆关其谋③;刍荛之役④,咸尽其心。故万举而无遗筹失策。《传》曰⑤:"众人之智,可以测天。兼听独断,惟在一人。"此大谋之术也。谋有二端:上谋知命,其次知事⑥。知命者,预见存亡祸福之原,早知盛衰废兴之始,防事之未萌,避难于无形。若此人者,居乱世则不害于其身,在乎太平之世则必得天下之权。彼知事者亦尚矣,见事而知得失成败之分,而究其所终极,故无败业废功。孔子曰:"可与适道,未可与权也⑦。"夫非知命知事者,孰能行权谋之术?夫权谋有正有邪,君子之权谋正,小人之权谋邪。夫正者其权谋公,故其为百姓尽心也诚;彼邪者好私尚利,故其为百姓也诈。夫诈则乱,诚则平。是故尧之九臣诚而兴于朝⑧,其四臣诈而诛于野⑨。诚者隆至后世,诈者当身而灭。知命知事而能于权谋者,必察诚诈之原,而以处身焉,则是亦权谋之术也。夫知者举事也⑩,满则虑溢,平则虑险,安则虑危,曲则虑直。由重其豫⑪,惟恐不及,是以百举而不陷也⑫。⑬

【注释】

①谛:细察,详审。

②考:考察,求证。蓍(shī)龟:指卜筮。蓍,蓍草。龟,龟甲。二者皆为古代占卜所用工具。古人以蓍草、龟甲占卜吉凶,因此以"蓍龟"指代占卜。

③白屋之士,皆关其谋:白屋贫士都可采纳他们的谋略。古代平民住房不彩绘,故称白屋。关,采纳。《尚书大传》:"虽禽兽之声,犹悉关于律。"郑玄注:"关,犹入也。"《荀子·臣道》"时关内之",王念孙《读书杂志》:"关与纳义近,入,亦纳也。"

④刍荛之役:割草打柴的奴仆。

⑤《传》曰:此指古书传记,具体未详。

⑥上谋知命,其次知事:上等的谋略就是懂得自然规律,次一等的

懂得变化的原理。孔子说："不知命，无以为君子也。"(《论语·尧曰》)《荀子·大略》："主道知人，臣道知事。"

⑦可与适道，未可与权也：可以与他追求道，未必可以与他权谋。适，往。这里是志于道、追求道的意思。参见《论语·子罕》："子曰：可与共学，未可与适道；可与适道，未可与立；可与立，未可与权。"此文有删节。

⑧尧之九臣：唐尧的九个臣子，舜、契、大禹、后稷、夔、倕、伯夷、皋陶和益九人。

⑨四臣诈而诛：尧舜时四个恶人奸诈而被处罚。四臣，又称为"四凶"。舜流共工于幽州，放讙兜于崇山，窜三苗于三危，殛鲧于羽山。又一说，如《左传·文公十八年》："舜臣尧，宾于四门，流四凶族浑敦、穷奇、梼杌、饕餮，投诸四裔，以御螭魅。"

⑩知：同"智"。

⑪由重其豫：尤其重视事先预防。由，通"尤"。豫，事先防备。

⑫百举而不陷：做什么事情都不会失误。百举，概指所有的行为。陷，过失，挫折。

⑬天海按：此文从"夫知者举事"以下。参见《荀子·仲尼》。

【译文】

圣明的君主做事情，一定首先要深谋远虑，然后通过占卜来考察吉凶。凡是白屋贫士，都可采纳他们的谋划；割草砍柴的奴仆，都能尽心竭力。所以做任何事情都不会失算失策。古书记载说："众人的智慧，能够预测上天的旨意。应多听取众人的意见，独立地判断则全在一人。"这就是谋划大事的方法。智谋有两种：上等的智谋就是懂得自然规律，次一等的懂得事物变化的原理。懂得自然规律的人，能预见存亡祸福的本原，预知盛衰废兴的起始，坏事在未萌生时就预防它，灾难在未形成时就设法避免。像这样的人，处在乱世就不会损害他自身，处在太平盛世就一定能掌握天下的权柄。懂得事物变化的人也算高明的了,遇事能知道得失成败的区别,并追寻它最终的结果,所以不会使事业荒废和失败。孔子说:"可以与他追求道,未必可以与他共权谋。"如果不是懂得自然规律,知道事物的变化原理,哪能实行权变谋略的方法呢?权变谋略有正派的也有邪恶的,君子的权谋是正派的,小人的权谋就是邪恶的。正派人的权谋是为了公众,所以他为百姓尽心是忠诚的;邪恶的人好谋私利,所以他对百姓进行欺诈。欺诈,世道就会混乱;忠诚,世道就会太平。因此尧的九个臣子忠诚就能在朝廷兴旺,舜的四个恶臣奸诈就被处罚到荒野。忠诚的人兴隆并延续到后代,奸诈的人在他自身就会遭毁灭。懂得自然规律和事物变化原理又能权谋的人,一定要详察忠诚与奸诈的本原,并以此立身处世,这也是权变谋略的方法。有智慧的人做事情,盈满时就想到会溢出,平坦处就想到险阻,安定时就想到危亡,曲折处就想到端直。尤其注重预先防备,唯恐考虑不周到,因此做什么事情也不会受挫折。

13.2 杨子曰①:"事之可以之贫②,可以之富者,其伤行者也③;事之可以之生,可以之死者,其伤勇者也④。"仆子曰⑤:"杨子智而不知命,故其知多疑。"语曰⑥:"知命者不惑,晏婴是也。"

【注释】

① 杨子:名朱,字子居,战国时魏人,后于墨翟,前于孟轲。他的学说重在爱己,不拔一毛以利天下,与墨"兼爱"正好相反。同时被当时儒家斥为异端,著述不传,散见诸子所引。《孟子·滕文公下》:"杨氏为我,是无君也;墨氏兼爱,是无父也。"

② 之贫:即"致贫",使人致贫。"之",犹"致"也,使动用法。下文"之富""之生""之死"同此。《左传·成公十三年》:"能者养以之

福。"杜预注:"养威仪以致福。"

③伤行:伤害人的品行。

④其伤勇者也:以上数语参见《孟子·离娄下》:"可以取,可以无取,取伤廉;可以与,可以无与,与伤惠;可以死,可以无死,死伤勇。"

⑤仆子:生平不详。向宗鲁《校证》以为:《汉书·艺文志》儒家有《俟子》一篇,《广韵》引《风俗通》云:"古贤人。"此"仆"疑"俟"之误。

⑥语:古语,古话。

【译文】

杨子说:"做事能够使人致贫,也能使人致富,那会伤害人的品行;做事能够使人生存,也能够使人致死,那会妨害人的勇气。"仆子说:"杨子虽然有智慧,却不懂得天命,所以他的智慧多使人困惑。"古语说:"懂得天命而不困惑的人,就是晏婴。"

13.3 赵简子曰:"晋有泽鸣、犊犫①,鲁有孔丘,吾杀此三人,则天下可图也。"于是乃召泽鸣、犊犫,任之以政而杀之。使人聘孔子于鲁。孔子至河②,临水而观,曰:"美哉水,洋洋乎③!丘之不济于此④,命也夫!"子路趋进,曰:"敢问奚谓也?"孔子曰:"夫泽鸣、犊犫⑤,晋国之贤大夫也。赵简子之未得志也,与之同闻见⑥;及其得志也,杀之而后从政。故丘闻之:刳胎焚夭⑦,则麒麟不至;干泽而渔,则蛟龙不游⑧;覆巢毁卵,则凤凰不翔。丘闻之:君子重伤其类者也⑨。"⑩

【注释】

①泽鸣、犊犫(chōu):生平未详。卢文弨校云:"《新序》作'赵有犊犫,晋有铎鸣。'各不相同。此'泽'字亦疑'铎'之讹。"向宗鲁《校

证》引《史记》《汉书》则认为即"鸣犊、窦犨",此二人皆为晋国贤大夫。

②河:古代专指黄河。

③洋洋:水势浩大之貌。

④不济于此:不从此处渡河。不济,不渡河,不成功。

⑤泽鸣、犊犨:《史记·孔子世家》作"窦鸣犊、舜华"。

⑥同闻见:见识相同。《史记·孔子世家》作"须此二人而后从政"。

⑦刳(kū)胎焚夭:剖腹取胎、烧烤幼禽幼畜。《礼记·月令》:"毋杀孩虫、胎、夭、飞鸟。"孔颖达疏:"胎,谓在腹中未出;夭,为生而已出者。"

⑧则:此字原文脱,据向宗鲁《校证》依文例补。

⑨重伤其类:特别感伤自己的同类。

⑩天海按:事见《史记·孔子世家》《孔子家语·困誓》《孔丛子·记问》《琴操》,又见《三国志·魏书·刘广传》注所引《新序》,而记载较本文更详。

【译文】

赵简子说:"晋国有泽鸣、犊犨二人,鲁国有孔丘,我杀掉这三个人,那么天下就可以图谋了。"于是他就召见泽鸣、犊犨二人,将政事委任给他俩而后又杀死了他们。他又派人到鲁国聘请孔子。孔子到了黄河边,站在水边观看,说:"浩浩荡荡的河水真美呀!我不从这里渡过,是命运的安排啊!"子路立即上前,问道:"可以请问先生说的是什么意思吗?"孔子说:"泽鸣、犊犨是晋国的贤大夫。赵简子还未掌权时,与他二人见识相同;到赵简子得志时,就杀掉他们再执掌国政。我听说:剖腹取胎烧烤幼畜,麒麟就不会到来;弄干大泽捕鱼,蛟龙就不会游来;捣翻鸟巢毁坏鸟蛋,凤凰就不会飞来。我还听说:君子对同类的不幸遭遇特别伤感。"

13.4 孔子与齐景公坐。左右白曰:"周使来,言周庙燔①。"齐景公出,问曰:"何庙也?"孔子曰:"是釐王庙也②。"景公曰:"何以知之?"孔子曰:"《诗》云③:'皇皇上帝,其命不忒④。天之与人,必报有德⑤。'祸亦如之。夫釐王变文、武之制而作玄黄⑥,宫室舆马奢侈,不可振也⑦,故天殃其庙,是以知之。"景公曰:"天何以不殃其身?"曰:"天以文王之故也。若殃其身,文王之祀无乃绝乎? 故殃其庙,以章其过也⑧。"左右入报曰:"周釐王庙也。"景公大惊,起,再拜曰:"善哉!圣人之智,岂不大乎!"⑨

【注释】

①周庙燔(fán):周室宗庙被火烧了。

②釐(xī)王:即周僖王(? —前677),姬姓,名胡齐,谥釐(与"僖"通)。前681—前677年在位。

③《诗》云:此所引不见于今本《诗经》,《孔子家语》注云:"此逸诗也。"

④皇皇上帝,其命不忒(tè):伟大的天帝,它的命令不会有差错。皇皇,盛大。忒,差错。

⑤天之与人,必报有德:上天要帮助人,一定回报有德的人。

⑥玄黄:黑色与黄色。古代以金、木、水、火、土五行相生相克的道理来附会王朝的命运,称为五德。并以金色白、木色青、水色黑、火色赤、土色黄之五色来配五德。比如周为火德,那就该崇尚赤色。文中说周釐王改变了周文王崇尚赤色的制度,而代之以黑色和黄色,是指他改变了周朝的德运。

⑦振:挽救,阻止。

⑧章:同"彰"。显明,暴露。

⑨天海按：此文又见《孔子家语·六本》，文略同。又，《左传·哀公三年》："夏五月辛卯，司铎火。火逾公宫，桓、僖灾……孔子在陈，闻火，曰：'其桓、僖乎！'"与此类似。

【译文】

孔子与齐景公闲坐。左右的人报告说："周王派了使者来，说周庙被火烧了。"齐景公出去问道："是哪一个的庙？"孔子说："是周釐王的庙。"景公问："你凭什么知道是周釐王的庙被烧？"孔子说："《诗》说：'伟大的天帝，它的旨意不会有差错。上天要帮助人，一定回报有德行的人。'灾祸也是这样。周釐王改变文王的制度而大兴黑色和黄色服饰，宫室车马极其奢侈，不可挽救，所以上天降灾给他的祭庙，因此知道他的祭庙被烧。"齐景公问："上天为什么不降灾给他本身呢？"孔子说，上天是因为文王的缘故。假若降灾给他身上，文王的后代岂不是就断绝了吗？因此降灾给他的祭庙，来彰显他的过错。"左右的人进来报告说："烧的是周釐王的庙。"齐景公大惊，起身对孔子拜了两拜说："好啊！圣人的智慧，哪有不博大的呢！"

13.5 齐桓公与管仲谋伐莒①，谋未发而闻于国②。桓公怪之，以问管仲。管仲曰："国必有圣人也。"桓公叹曰："嘻③！日之役者，有执柘杵而上视者④，意其是邪？"乃令复役，无得相代。少焉，东郭垂至⑤。管仲曰："此必是也。"乃令傧者延而进之，分级而立⑥。管仲曰："子言伐莒者也？"对曰："然。"管仲曰："我不言伐莒，子何故言伐莒？"对曰："臣闻君子善谋，小人善意⑦。臣窃意之也。"管仲曰："我不言伐莒，子何以意之？"对曰："臣闻君子有三色：优然喜乐者⑧，钟鼓之色；愀然清静者，缞绖之色⑨；勃然充满者，此兵革之色也⑩。日者，臣望君之在台上也，勃然充满，此兵革之色。君吁而不吟⑪,所言者'莒'也;君举臂而指,所当者莒也。臣窃虑小诸侯之未服者,其惟莒乎? 臣故言之。"君子曰:"凡耳之闻以声也。今不闻其声,而以其容与臂,是东郭垂不以耳听而闻也。桓公、管仲虽善谋,不能隐。圣人之听于无声,视于无形⑫,东郭垂有之矣。"故桓公乃尊禄而礼之。⑬

【注释】

①莒:周代诸侯国名。己姓,武王封兹舆期于莒,地在今山东莒县。春秋时期为莒国,前431年莒国为楚国所灭,后来莒国全境为齐国占领。

②闻于国:传到国都中。闻,传闻。国,都城。

③歖:同"嘻"。表示惊讶的叹词。

④柘杵(zhè chǔ):用柘木做成夯土用的杵。

⑤东郭垂:春秋时齐国处士,事如本文。《管子·小问》作"东郭邮",《吕氏春秋·重言》作"东郭牙"。

⑥分级而立:在台阶中间站立。分,半。级,石阶。

⑦善意:善于揣测。意,臆想,揣测。

⑧优然:同"悠然"。安闲自得貌。

⑨缞绖(cuī dié):古代丧服。缞,披在胸前的麻布条。绖,扎在头上或腰间的麻带。

⑩兵革:兵器和盔甲,这里借指战争。

⑪吁而不吟(jìn):嘴上是发"吁"音的口形,但不见闭口。吟,通"噤"。闭口。

⑫听于无声,视于无形:《吕氏春秋·重言》:"圣人听于无声,视于无形……老聃是也。"

⑬天海按:此文又见《管子·小问》及《吕氏春秋·重言》《韩诗外

传》卷四,文略同。

【译文】

齐桓公与管仲谋划攻打莒国的事,谋略尚未发布便传遍了都城。齐桓公对此感到奇怪,便询问管仲。管仲说:"都城中一定有圣人。"齐桓公惊叹说:"噫!那天服劳役的人当中,有一个人拿着木杵向上看,想来该是他吧?"齐桓公于是命令那天服役的人重新服役,不能互相替代。不一会,东郭垂就到了。管仲说:"这一定是那个人。"于是就命令接待宾客的小吏引他进宫,在台阶的中间站立。管仲问他:"你就是说要攻打莒国的人吗?"东郭垂答说:"正是。"管仲又问:"我没有说过要攻打莒国,你为什么说要攻打莒国?"东郭垂回答说:"我听说君子善于谋划,小人善于猜测。我个人私下这样猜测的。"管仲说:"我没有说要攻打莒国,你凭什么这样猜测呢?"东郭垂回答说:"我听说君子有三种脸色:安闲自乐的时候,就显出如同听到敲钟击鼓的脸色;凄凉冷清孤寂的时候,就显出如同居丧时哀愁的脸色;兴致勃勃的时候,就显出激战时奋勇的脸色。前些天,我远看您在高台上,兴致勃勃,这就是激战时的脸色。您嘴上似乎发出'吁'音但未闭口,所说的应该是莒国的事;您抬起手臂所指的方向,正对着莒国。我私下想到小诸侯国还未归服的,那就只有莒国吧?所以我说将要攻打莒国。"君子说:"大凡耳朵是凭声音来听知的。如果没有听到声音,而是凭借面容与手臂,这说明东郭垂可以不用耳听就能闻知事情。齐桓公、管仲虽然善于谋划,却不能保密。圣明的人能在无声中听到声音,能在无形中看见事物,东郭垂就有这样的能力。"所以齐桓公便给他优厚的俸禄,并且礼待他。

13.6 晋太史屠馀见晋国之乱①,见晋平公之骄而无德义也②,以其图法归周③。周威公见而问焉④,曰:"天下之国,其孰先亡?"对曰:"晋先亡。"威公问其说,对曰:"臣不敢直言,示晋公以天妖、日月星辰之行多不当,曰:'是何能然?'

示以人事多不义、百姓多怨,曰:'是何伤?'示以邻国不服、贤良不兴,曰:'是何害?'是不知所以存,所以亡,故臣曰晋先亡。"居三年,晋果亡。威公又见屠馀而问焉,曰:"孰次之?"对曰:"中山次之。"威公问其故,对曰:"天生民,令有辨。有辨,人之义也,所以异于禽兽麋鹿也,君臣上下所以立也。中山之俗,以昼为夜,以夜继日,男女切踦⑤,固无休息。淫昏康乐,歌讴好悲,其主弗知恶,此亡国之风也,臣故曰中山次之。"居二年,中山果亡。威公又见屠馀而问曰:"孰次之?"屠馀不对,威公固请,屠馀曰:"君次之。"威公惧,求国之长者,得锜畴、田邑而礼之⑥,又得史理、赵巽以为谏臣⑦,去苛令三十九物⑧。以告屠馀,屠馀曰:"其尚终君之身。臣闻国之兴也,天遗之贤人,与之极谏之士;国之亡也,天与之乱人与善谀者。"威公薨,九月不得葬,周乃分为二⑨。故有道者言⑩,不可不重也。⑪

【注释】

① 太史:官名。商、周时为史官之长。屠馀:春秋时晋国人,晋幽公时太史。见幽公淫乱无德义,国将有灾,乃以其图归周。一说系晋平公时太史,事如本文。《吕氏春秋·先识篇》作"屠黍"。

② 晋平公:春秋时晋国国君。本则所记人物、年代,与史实多不相合,日人关嘉曰:"本文之'平公',恐'出公'之误。"

③ 图法:图册和历法。"图"原文误作"国",此据向宗鲁《校证》依《吕氏春秋》改。周:东周王室。

④ 周威公(?—前367):姬姓,名灶。周桓公之子。周考王元年(前440),考王封其弟姬揭于河南,是为西周桓公,形成西周小国。

《史记·周本纪》:"考王封其弟于河南,是为桓公,以续周公之官职。桓公卒,子威公代立。"

⑤切踦:亲密地依偎在一起。切,亲近。踦,偏向一边。亦作"切倚",厮磨偎倚。形容十分亲昵。《吕氏春秋·先识》:"中山之俗,以昼为夜,以夜继日,男女切倚,固无休息。"高诱注:"切,磨;倚,近也。"《淮南子·齐俗训》:"今之国都,男女切踦,肩摩于道。"

⑥锜畤、田邑:均周威公时贤士,事如本文。

⑦史理、赵巽(xùn):均为周威公时谏官,事如本文。

⑧物:事。

⑨周乃分为二:前367年,周威公死,公子根争位,得韩、赵两国支持,其封国分裂成为西周、东周两个小国。东周都巩(今河南巩义)。

⑩有道者言:有道德的人说的话。《吕氏春秋》作"有道者之言"。

⑪天海按:此文又见《吕氏春秋·先识》,文略异。

【译文】

晋国太史屠馀看见晋国政治混乱,又见晋平公骄横不讲仁义道德,就带上晋国的图册历法回到周王室。周威公看见他,就问道:"天下的国家哪一个先灭亡?"屠馀回答说:"晋国先亡。"周威公问他理由,他回答说:"我不敢直说,就用天降灾、日月星辰的运行很不正常来暗示。晋平公却说:'这又能怎么样?'我又用国内许多事情不合道义、百姓怨声载道来提示他,他却说:'这有什么妨害?'又用邻国不信服、贤才良士不兴盛来提示他,他却说:'这有什么损害?'这人不知道国家为什么能生存,为什么会灭亡,所以我说晋国会先灭亡。"过了三年,晋国果真灭亡了。周威公又见到屠馀并问他,说:"哪一国在晋国之后灭亡?"屠馀回答说:"中山国在晋国之后灭亡。"周威公问他缘由,他说:"上天降生了人,让他们互相有区别。有区别,是做人的原则,这也是人不同于禽兽麋鹿的地方,是建立君臣上下关系的依据。中山国的习俗,把白天当黑夜,以夜晚继续白天,男女依偎亲近,当然就不能休养生息。在欢乐中放荡淫乱,喜好歌唱悲哀的音乐,他们的君主却不知道痛恨,这就是亡国的风俗,所以我说中山国将在晋国之后灭亡。"过了两年,中山国果然灭亡了。周威公又去见屠馀并问他说:"哪一国又在中山国之后灭亡?"屠馀不回答,周威公坚持请他回答,屠馀这才说:"您的国家将在中山国之后灭亡。"周威公感到恐惧,寻求国内年高德重的人,得到錡畴、田邑并礼待他们,又得到史理、赵巽二人让他们做谏臣,废除苛刻的法令三十九件。然后周威公将此告诉屠馀,屠馀说:"这样还能维持到您终身。我听说国家若要兴盛,上天会送给他贤人,并给他直言极谏的人;国家将要灭亡时,上天给他捣乱的人和善于阿谀奉迎的人。"周威公死后,九个月不能下葬,他所在的西周就分为东周和西周两个小国。所以有道德的人所说的话,不能不重视。

13.7 齐侯问于晏子曰①:"当今之时,诸侯孰危?"对曰:"莒其亡乎②!"公曰:"奚故?"对曰:"地侵于齐,货竭于晋③,是以亡也。"④

【注释】

①齐侯:齐国国君,据《晏子春秋·内篇问下》当为"齐景公"。
②其:大概,将要。
③货竭于晋:财物被晋国勒索枯竭。
③天海按:此文又见《晏子春秋·内篇问下》,文略同。

【译文】

齐侯问晏子说:"在当今的形势下,哪一个诸侯国最危险?"晏子回答说:"莒国快要亡了吧!"齐侯又问:"什么缘故呢?"晏子回答说:"它的土地被齐国侵占,财物被晋国榨尽,因此它快要灭亡了。"

13.8 智伯从韩、魏之兵以攻赵①,围晋阳之城而溉之②,城不没者三板③。缔疵谓智伯曰④:"韩、魏之君必反矣。"智伯曰:"何以知之?"对曰:"夫胜赵而三分其地。今城未没者三板,臼灶生蛙⑤,人为相食,城降有日矣,而韩、魏之君无喜志而有忧色,是非反何也?"明日,智伯谓韩、魏之君曰:"疵言君之反也。"韩、魏之君曰:"必胜赵而三分其地,今城将胜矣,夫二家虽愚,不弃美利而背约为难,不可成之事,其势可见也。是疵必为赵说君,且使君疑二主之心,而解于攻赵也。今君听谗臣之言,而离二主之交,为君惜之。"智伯出,欲杀缔疵,缔疵逃。韩、魏之君果反。⑥

【注释】

① 智伯(? —前453):名瑶,又称知瑶、荀瑶。谥襄,史称智襄子。春秋时晋国执政大夫。智氏在春秋末晋国势力最大,曾联合韩、魏两家攻赵,兵败被杀,韩、魏、赵三家瓜分智氏封邑。智氏亡而三晋分,从此进入战国时代。从:使……跟从,使动用法。意即率领。此则原文连上,现依明钞本另起。

② 溉之:引水灌城。

③ 三板:六尺高。板,古代筑墙用的框板,每板高二尺。

④ 缔(chī)疵:智伯家臣,生平未详。据《姓氏急就篇》,周有缔邑,"缔"是以邑为氏,余事未详。

⑤ 臼灶生蛙:碓臼与锅灶没于水中,长出青蛙。形容水患之甚。臼,原文讹作"曰",据明钞本改。

⑥ 天海按:此文又见《战国策·赵策》《韩非子·十过》,文略同。

【译文】

智伯率领韩、魏两家的军队跟从他攻打赵氏,围困晋阳城后又用水灌城,城墙还有六尺高未被淹没。缔疵对智伯说:"韩、魏的君主一定会反叛。"智伯问:"你凭什么知道他们会反叛我?"缔疵回答说:"如果战胜赵氏就可以三家平分他们的土地。现在城墙只有六尺高未被淹没,城内春白锅灶长出了青蛙,人们互相为食,城池不日就要投降了,但是韩、魏两家的君主没有高兴的表现反而面带忧色,这不是将要反叛又是什么呢?"第二天,智伯对韩、魏的君主说:"缔疵说你们将要反叛。"韩、魏的君主说:"这次必定会战胜赵氏并且三家平分他的土地,如今攻城将要胜利了,我们两家虽然愚蠢,但也不会放弃优厚的利益而背弃盟约发难,那不能办到的事情,这形势是显而易见的。这缔疵一定是替赵氏来游说你的,并且要使你怀疑我们两家君主的忠心,而松懈对赵氏的进攻。如果你听信了谗臣的话,而离间了与我们两家的交情,我们为你感到惋惜。"智伯出来后,想要杀死缔疵,缔疵逃走了。韩、魏两家的君主后来真的反叛了智伯。

13.9 鲁公索氏将祭而亡其牲①。孔子闻之,曰:"公索氏比及三年,必亡矣。"后一年而亡。弟子问曰:"昔公索氏亡牲,夫子曰:'比及三年必亡矣。'今期年而亡。夫子何以知其将亡也?"孔子曰:"祭之为言,索也②。索也者,尽也③,乃孝子所以自尽于亲也。至祭而亡其牲,则余所亡者多矣④。吾以此知其将亡也。"⑤

【注释】

①公索氏:复姓。春秋时鲁国有公索氏,鲁国大夫。又见《孔子家语·好生》。

②祭之为言,索也:"祭"的意思就是索取。"祭"字是以酒肉祭祀祖先神灵,以此求取祖先神灵的庇佑。

③索也者,尽也:"索"的另一意思就是"尽"。《尚书·牧誓》:"牝鸡

无晨,牝鸡之晨,惟家之索。"索,即尽。

④余:《孔子家语·好生》作"其余"。

⑤天海按:此文又见《孔子家语·好生》,文略同。

【译文】

鲁国公索氏将要祭祀时,却丢失了供祭祀用的牺牲。孔子听说这件事,便说:"公索氏等到三年,就一定会灭亡了。"之后一年就灭亡了。弟子问孔子说:"从前公索氏丢失了祭牲,先生说:'等到三年他就一定会灭亡。'现在刚满一年就灭亡了。先生凭什么知道那公索氏将要灭亡呢?"孔子说:"祭祀先祖是为了索求。'索'的另一含义就是'尽',就是说孝子将尽自己所能孝敬先祖亲人。到祭祀时却丢失了祭牲,那么其他丢失的东西就更多了。我因此知道公索氏将要灭亡了。"

13.10 蔡侯、宋公、郑伯朝于晋。蔡侯谓叔向曰①:"子亦奚以语我?"对曰:"蔡支地计众②,不若宋、郑。其车马衣裳,侈于二国。诸侯其有图蔡者乎?"处期年,荆伐蔡而残之③。

【注释】

①叔向:复姓羊舌,名肸(xī),字叔向,又称叔肸。春秋时期晋国著名贤大夫,与郑国的子产、齐国的晏婴齐名。

②支地计众:丈量土地、统计人口。《大戴礼记·保傅》:"燕支地计众,不与齐均也,然如所以能申意至于此者,由得士也。"卢辩注:"支,犹计也。"支,原文作"言",此据卢文弨校说,径改。

③残之:灭掉了它。前447年,楚惠王灭蔡。

【译文】

蔡侯、宋公、郑伯到晋国朝拜。蔡侯对叔向说:"你也有什么话要告诉我吗?"叔向回答说:"蔡国论土地计人口,都不如宋国和郑国。但君主的车马和服饰,却比这两国奢侈得多。诸侯当中也许有人会图谋蔡国的吧?"过了一年,楚国攻打蔡国,并灭掉了它。

13.11 白圭之中山①,中山王欲留之,固辞而去。又之齐,齐王欲留之,又辞而去。人问其辞,白圭曰:"二国将亡矣!所学者国有五尽:故莫之必忠②,则言尽矣;莫之必誉,则名尽矣;莫之必爱,则亲尽矣;行者无粮,居则无食,则财尽矣;不能用人,又不能自用,则功尽矣。国有此五者,毋幸必亡③。中山与齐皆当此。"若使中山之与齐也,闻五尽而更之,则必不亡也。其患在不闻也,虽闻又不信。然则人主之务在乎善听而已矣。④

【注释】

①白圭(前370—前300):名丹,字圭。战国时东周洛阳人,梁(魏)惠王时在魏国做官,后来到过齐国、秦国。《史记·货殖列传》中说:"盖天下言治生祖白圭。"据此,人们称其为"天下治生祖"。白圭强调善于经商的人要有丰富的学识,要像"伊尹、吕尚之谋,孙吴用兵,商鞅行法"那样精于运筹和制断。此条原文连上,此据明钞本另起。

②莫之必忠:没有人坚定地效忠它。以下文例同此。必,坚定,果决。

③毋幸:没有希望。

④天海按:此文又见《吕氏春秋·先识》,文略同。

【译文】

白圭到了中山国,中山国的君主想要挽留他,他坚决地拒绝后离开了。他又到了齐国,齐国君主也想要挽留他,他又拒辞后离开了。有人问他拒绝的原因,白圭说:"这两个国家将要灭亡了。从我所学的知识知道,国家有五种情况就会完结:那就是没有人坚定地效忠它,那么进言的人就没有了;没有人坚定地称赞它,那么它的名声就完结了;没有人坚定地爱戴它,那么它就没有亲近的人了;出行的人没有干粮,住家的人没有食物,那就是财物枯竭了;不能任用人,又不能发挥自己的作用,那功业就完结了。国家有这五种情况的,就没有什么希望,一定会灭亡。中山国与齐国都面临这五种情况。"假若中山国与齐国听说这"五尽",并且努力改变它,就一定不会灭亡。它们的祸患在于没有听说这"五尽",即使听说了也不相信。这样看来,作为君主的当务之急,就在于善于听取别人的意见罢了。

13.12 下蔡威公闭门而哭①,三日三夜,泣尽而继以血。旁邻窥墙而问之曰:"子何故而哭,悲若此乎?"对曰:"吾国且亡。"曰:"何以知也?"应之曰:"吾闻病之将死也,不可为良医;国之将亡也,不可为计谋②。吾数谏吾君,吾君不用,是以知国之将亡也。"于是窥墙者闻其言,则举宗而去之楚③。居数年,楚王果举兵伐蔡。窥墙者为司马,将兵而往,束房甚众④,问曰:"得无有昆弟故人乎⑤?"见威公缚在房中,问曰:"若何以至于此⑥?"应曰:"吾何以不至于此?且吾闻之也:言之者,行之役也;行之者,言之主也。汝能行,我能言;汝为主,我为役。吾亦何以不至于此哉?"窥墙者乃言之于楚王,遂解其缚,与俱之楚。故曰:"能言者未必能行,能行者未必能言。"⑦

【注释】

①下蔡:地名。春秋时名州来,战国时蔡邑,后归楚。地在今安徽凤台。威公:非蔡国国君,生平不详。

②"病之将死也"四句：《淮南子·说林训》有："与死者同病,难为良医；与亡国同道,难与为谋。"与此意同。

③举宗：带领整个宗族的人。

④束：原文作"来",此据向宗鲁《校证》引《太平御览》改。

⑤昆弟故人：亲戚友好。

⑥若：你,人称代词。

⑦天海按：向宗鲁《校证》云："任本《尸子》有此文。"

【译文】

下蔡的威公关上门哭泣,哭了三天三夜,泪流干了又继而流出血来。旁邻从墙上窥探并问他说："你为什么哭得这样悲哀呢？"威公回答说："我们国家即将灭亡。"邻人问："凭什么知道呢？"威公回答他说："我听说害病将要死的人,不能为他请良医；国家将要灭亡时,不能为它出谋献计。我多次劝谏国君,国君不愿听从,因此知道国家将要灭亡了。"从墙上探看的邻人听了这番话,于是就带领整个家族的人离开蔡国而前往楚国。过了好几年,楚王果真领兵攻打蔡国。那个从墙上探看威公的邻人做了司马,领兵前往,捉了很多俘虏,他问道："有没有我的亲戚友好呢？"他看见威公也在俘虏中被绑缚着,便问威公："你为什么会到了这种地步？"威公回答说："我为什么不会到这种地步？况且我听说：能说话的人,是能行动者的仆役；能行动的人,是能说话者的主人。你能行动,我只能说；你为主人,我为仆役。我为什么不会到这种地步呢？"从墙上探看威公的人就向楚王禀告了威公的情况,于是就为威公解除捆绑,与他一起到了楚国。所以说："能说的人不一定能够行动,能够行动的人不一定能说出道理。"

13.13 管仲有疾,桓公往问之曰："仲父若弃寡人,竖刁可使从政乎①？"对曰："不可！竖刁自刑以求入君②,其身之忍,将何有于君？"公曰："然则易牙可乎③？"对曰："易牙解其子以食君④,其子之忍,将何有于君?君用之必为诸侯笑。"及桓公殁,竖刁、易牙乃作难⑤,桓公死六十日,虫出于户而不收⑥。⑦

【注释】

①竖刁:又称竖貂、竖刀,是春秋时齐桓公奸佞之臣,负责掌管内侍及女官的戒令。桓公病危时作乱,最终被埋伏的甲兵杀死。
②自刑:自己施了宫刑。此指阉割自己生殖器以作宦官。
③易牙:一作狄牙,他是齐桓公宠幸的近臣,用为厨师主管。易牙"杀子以适君",齐桓公死后,与竖刁一起参与发动政变被杀。
④解其子:肢解自己的儿子。
⑤作难:发难,此指发动宫廷政变。
⑥桓公死六十日,虫出于户而不收:《韩非子·十过》:"三月不收,虫出于户。"《史记·齐太公世家》:"桓公尸在床上六十七日,尸虫出于户。"收,收殓,埋葬。
⑦天海按:此文所记之事先秦文献多载,文大同小异。

【译文】

管仲有重病,齐桓公前去探望并问他说:"你假若离开了我,能让竖刁执政吗?"管仲回答说:"不能!竖刁阉割自己请求入宫服侍君主,他对自己的身体都如此残忍,对您又将有什么不能忍心的?"齐桓公又问:"那么易牙行吗?"管仲回答说:"易牙肢解自己的儿子来给君主吃,对他的儿子都如此残忍,对您又将有什么不能忍心的?您如果任用他们,一定会被诸侯耻笑。"到齐桓公死后,竖刁、易牙就制造祸乱,桓公死了六十天,尸虫爬出门外,尸体还没有收殓埋葬。

13.14 石乞侍坐于屈建①。屈建曰:"白公其为乱乎②?"

石乞曰:"是何言也! 白公至于室无营,所下士者三人,与己相若臣者五人,所与同衣食者千人③。白公之行若此,何故为乱?"屈建曰:"此建之所谓乱也。以君子行则可,于国家行过礼则国家疑之④。且苟不难下其臣⑤,必不难高其君矣⑥。建是以知夫子将为乱也。"处十月,白公果为乱。⑦

【注释】

① 石乞:春秋时有二人。卫国有石乞,见《史记·仲尼弟子列传》,子路前480年死于卫国国乱,其中有关于石乞的记载。又见《史记·伍子胥列传》中"白公胜与石乞袭杀楚令尹子西、司马綦于朝",时间应在前478年。此文之"石乞"应是楚国人。屈建:春秋时楚国人,字子木,曾为楚国令尹。

② 白公:即白公胜(? —前479)。春秋时楚国太子建之子,名胜,幼时长在吴国,返国后封白公。后作乱失败,自缢而死。

③ 千人:孙诒让《札迻》曰:"'千人'数太多,《渚宫旧事》二作'十人',近是。"译文从此说。

④ 行过礼:行为超过礼节的规定。

⑤ 下其臣:甘居臣下。下,作动词。

⑥ 高其君:自居君主高位。高,作动词。

⑦ 天海按:此文又见《淮南子·人间训》,文略同。

【译文】

石乞在屈建身旁陪坐。屈建说:"白公将要作乱了吧?"石乞说:"这是什么话! 白公在宫室方面没有什么营建,礼贤下士的有三人,与自己才能相同而称臣的有五人,与他衣食同样的有十人。像白公这样的行为,为什么会作乱呢?"屈建说:"这正是我所说的作乱的征兆。以君子的行为来看那是可以的,对国家来说行为超过礼节的规定,那么国家就应该怀疑他。况且如果不以甘居臣下为难事,那么也一定不以高居君主之位为难事了。我因此知道他即将作乱。"过了十个月,白公真的发起祸乱。

13.15 韩昭侯造作高门①。屈宜咎曰②:"昭侯不出此门。"曰:"何也?"曰:"不时③。吾所谓不时者,非时日也。人固有利不利,韩昭侯尝利矣,不作高门。往年秦拔宜阳④,明年大旱民饥⑤,不以此时恤民之急也,而顾反益奢⑥。此所谓福不重至,祸必重来者也。⑦"高门成,昭侯卒,竟不出此门。⑧

【注释】

① 韩昭侯(?—前333):亦称韩釐侯、韩昭釐侯、韩昭僖侯,姬姓,韩氏,名武,谥昭。战国时韩国君主,前362—前333年在位。
② 屈宜咎:一作屈宜臼,战国时楚国大臣。曾反对楚悼王、吴起变法,以为"阴谋逆德,好用兵器",是"逆天道"。前334年,韩国大旱,韩昭侯作高门,他斥之为"时绌举赢",是不恤民力,时衰耗而作奢侈,预言昭侯不出此门。余事未详。《史记·韩世家》注引许慎曰:"屈宜臼,楚大夫在魏也。"
③ 不时:不合时宜。
④ 往年:前年。宜阳:战国时韩邑,在今河南宜阳西。
⑤ 明年:第二年,此指去年。
⑥ 顾反:反而。
⑦ 福不重至,祸必重来:此为后世成语典故"福不双降,祸不单行"出处。
⑧ 天海按:此文又见《史记·韩世家》,文略异。

【译文】

韩昭侯建造了高大的宫门。屈宜咎说:"韩昭侯不能走出此门。"有人问:"为什么呢?"屈宜咎说:"不合时宜。我所说的不合时宜,不是指建造的时日。人本来就有顺利或不顺利的时候,韩昭侯曾经有顺利的时候,却没有建造高大的宫门。前年秦国攻占了宜阳,去年遭受大旱百姓受饥荒,不在这个时候体恤百姓最关心的急事,却反而更加奢侈。这就是所谓福运不会双至,灾祸却一定要双降。"高大的宫门修成后,韩昭侯去世了,终于没有走出此门。

13.16 田子颜自大术至乎平陵城下①,见人子问其父,见人父问其子。田子方曰②:"其以平陵反乎?吾闻行于内然后施于外③,子颜欲使其众甚矣。"后果以平陵叛。

【注释】

①田子颜:生平未详。大术:地名。未详所在。平陵:春秋时齐邑,故址在今山东历城东。
②田子方:姓田,名无择,字子方。魏国人。以端木赐(字子贡)为师,道德学问闻名诸侯。传言魏文侯曾慕名聘他为师,执礼甚恭。
③行于内:在内心形成。行,同"形"。

【译文】

田子颜从大术来到平陵城下,看见做儿子的就问候他的父亲,看见做父亲的就问候他的儿子。田子方说:"他也许要凭借平陵反叛吧?我听说谋划形成在内心然后才表现在外表,田子颜想要役使那里的民众很明显了。"后来田子颜真的凭借平陵反叛齐国。

13.17 晋人已胜智氏①,归而缮甲砥兵②。楚王恐,召梁公弘曰③:"晋人已胜智氏矣,归而缮甲砥兵④,其以我为事乎?"梁公曰:"不患⑤。害其在吴乎?夫吴君恤民而同其劳,使其民重上之令,而人轻其死以从上使。如虏之战⑥,臣登山以望之,见其用百姓之信必也⑦。勿已乎⑧,其备之若何?"不听。明年,阖庐袭郢⑨。

【注释】

①晋人已胜智氏:此指韩、魏联手灭智氏之事。参见本卷第八则。日人关嘉引《考古质疑》曰:"大庆按:'杜氏注《左传》晋人胜智氏事,在春秋后二十七年。所谓春秋后者,自哀公十七年始。而阖庐入郢乃定公四年,相去五十四年;况智伯亡而吴灭已久。此事误矣。'"智氏,即智伯(?—前453),又称知瑶、荀瑶。谥襄,史称智襄子。春秋时晋国执政大夫。

②缮甲砥兵:修缮铠甲磨砺兵器。

③梁公弘:春秋末楚国大夫,生平未详,事如本文。

④缮甲砥兵:"砥"字原文脱,据上文补。

⑤不患:不用担心晋人进犯。

⑥如虏:疑为地名。未详所在。

⑦信必:犹诚必。谓诚实不欺,必定做到。或"信赏必罚"之缩语。

⑧勿已乎:犹无已。不得已,不能止。不要停止戒备。

⑨阖庐袭郢:前506年,吴王阖庐九年,吴与蔡、唐攻楚,于柏举大破楚军,乘胜攻入楚国郢都。阖庐(?—前496),姬姓,名光,又称公子光,吴王诸樊之子(《左传》《世本》作吴王馀眜之子)。前515年,阖庐派专诸刺杀吴王僚,夺取吴国王位,是为吴王阖庐,一作阖闾,前514—前496年在位。吴王阖庐执政时期,以楚国

旧臣伍子胥为相,以齐人孙武为将军,强兵兴国,两度败楚,威震东南。

【译文】

晋国人已战胜了智伯,回去后就修缮盔甲磨砺兵器。楚王感到恐慌,召见梁公弘说,晋人已经战胜智伯,回去后就修缮盔甲磨砺兵器,大概是针对我国在做准备吧?"梁公说:"不必担心晋人。祸害恐怕在吴国吧?吴君体恤百姓并与民众一起劳作,使他的人民尊重君主的命令,而人人看轻自己的生命,来服从君主的驱使。在如房战役中,我登山从远处观望,看见吴君使用百姓信赏必罚。不要停止戒备的话,那还是防备吴国怎么样?"楚王不听他的。第二年,吴王阖庐攻入了楚国的郢都。

13.18 楚庄王欲伐陈①,使人视之。使者曰:"陈不可伐也。"庄王曰:"何故?"对曰:"其城郭高,沟壑深②,蓄积多,其国宁也。"王曰:"陈可伐也。夫陈,小国也,而蓄积多。蓄积多则赋敛重,赋敛重则民怨上矣;城郭高,沟壑深,则民力罢矣③。"兴兵伐之,遂取陈。④

【注释】

①楚庄王欲伐陈:事在前598年。陈灵公与夏姬私通,夏姬之子夏徵舒不堪其辱,弑杀陈灵公自立为国君。楚庄王伐陈杀夏徵舒。楚庄王(?—前591),芈(mǐ)姓,熊氏,名旅(一作侣、吕),谥庄。春秋时楚国国君,前613—前591年在位。前597年,楚庄王大败晋国后称霸,为春秋时代五霸之一。陈,是西周至春秋时期的周朝诸侯国,国君妫姓,是虞舜后裔。前478年陈湣公被楚惠王所杀,陈亡。陈国公子陈完在前472年奔齐,齐桓公让其为齐国

大夫,其后裔于前386年代齐国姜姓为齐侯,史称田氏代齐。
②沟壑:此指护城河。
③罢:同"疲"。
④天海按:此文又见《吕氏春秋·似顺》,文略同。

【译文】

楚庄王想要攻打陈国,派人前去察看陈国的情况。出使的人回来说:"陈国不能攻打。"楚庄王问:"什么缘故?"出使的人回答说:"陈国的城墙高峻,护城河很深,粮草储备多,国内安宁。"楚庄王说:"陈国可以攻打。陈国只是一个小国,但储备却很多。储备多就说明赋税很重,赋税重就会使百姓怨恨君主;城墙高峻,护城河很深,民力就会疲困。"于是,楚庄王领兵攻陈,终于攻取了陈国。

13.19 石益谓孙伯曰①:"吴将亡矣,吾子亦知之乎?"孙伯曰:"晚矣,子之知之也!吾何为不知?"石益曰:"然则子何不以谏?"孙伯曰:"昔桀罪谏者;纣焚圣人,剖王子比干之心②;袁氏之妇③,络而失其纪④,其妾告之,怒,弃之。夫亡者,岂斯人知其过哉⑤!"

【注释】

①石益:生平未详。孙伯:生平未详。
②"昔桀罪谏者"三句:从前夏桀降罪进谏的关龙逄,商纣烧死了圣人,挖出了王子比干的心。王子比干,比干,帝辛(商纣王)的叔父(一说为纣王庶兄)。纣王淫乱,比干犯颜强谏,纣王怒,剖其心,遂死。事见《史记·宋微子世家》。
③袁氏之妇:出处未详。
④络而失其纪:缠丝而乱了头绪。络,缠丝线。纪,散丝的头绪。

⑤斯人:这样的人。

【译文】

石益对孙伯说:"吴国将要灭亡了,你也知道这件事吗?"孙伯说:"你知道这事已太晚了!我为什么会不知道?"石益说:"那你为何不以此去劝谏吴王呢?"孙伯说:"从前夏桀降罪进谏的人;商纣王烧死圣人,挖出王子比干的心;袁氏的主妇,缫丝乱了头绪,小妾告诉了她,她大怒,反而丢弃了丝线。亡国的事,难道这种人会知道自己的过失吗?"

13.20 孝宣皇帝之时①,霍氏奢靡②。茂陵徐先生曰③:"霍氏必亡!夫在人之右而奢④,亡之道也。孔子曰:'奢则不逊⑤。'夫不逊者必侮上,侮上者,逆之道也。出人之右,人必害之。今霍氏秉权,天下之人,疾害之者多矣。夫天下害之,而又以逆道行之,不亡何待?"乃上书言:"霍氏奢靡,陛下即爱之,宜以时抑制,无使至于亡。"书三上,辄报闻。其后霍氏果灭,董忠等以其功封⑥。人有为徐先生上书者,曰:"臣闻客有过主人者⑦,见灶直突⑧,旁有积薪。客谓主人曰:'曲其突,远其积薪;不者⑨,将有火患。'主人默然不应。居无几何,家果失火。乡聚里中人哀而救之,火幸息。于是杀牛置酒,燔发灼烂者在上行⑩,余各用功次坐⑪,而反不录言曲突者⑫。向使主人听客之言,不费牛酒,终无火患。今茂陵徐福数上书言霍氏且有变,宜防绝之。向使福说得行,则无裂地出爵之费⑬,而国安平自如。今往事既已,而福独不得与其功。惟陛下察客徙薪曲突之策,而使居燔发灼烂之右。"书奏上,使人赐徐福帛十匹,拜为郎⑭。⑮

【注释】

① 孝宣皇帝：即汉宣帝刘询(前91—前49)，原名刘病已，字次卿，汉武帝刘彻曾孙，戾太子刘据之孙。汉昭帝死，他为霍光所立。前74—前49年在位。刘询是中国历史上有名的贤君，在位期间，全国政治清明、社会和谐、经济繁荣、四夷宾服，史称"孝宣之治"，又称"孝宣中兴"。

② 霍氏奢靡：霍氏宗族生活奢侈糜烂。霍氏，指霍光宗族。霍光(？—前68)，字子孟，河东平阳(今山西临汾)人。汉大将军霍去病异母弟，汉昭帝皇后上官氏的外祖父、汉宣帝皇后霍成君之父。汉武帝时为奉车都尉，后为大司马、大将军，受遗诏辅幼主。汉昭帝死，先立昌邑王刘贺，又以刘贺荒淫无道而将其废掉，迎立宣帝。前68年，霍光去世，谥宣成。两年后，霍家因谋反被族诛。霍光为麒麟阁十一功臣之首，常被人与伊尹相提并论，称为"伊霍"。后世往往以"行伊霍之事"代指权臣摄政废立皇帝。

③ 茂陵：县名。本为汉武帝陵地，汉宣帝时置县。徐先生：即下文的徐福，事如本文。

④ 右：古代以右方为尊位，此指为人之上。下文同此。

⑤ 奢则不逊：奢侈就会不恭顺。《论语·述而》："子曰：'奢则不孙，俭则固。与其不孙也，宁固。'"

⑥ 董忠等以其功封：前66年，汉宣帝诛灭霍氏集团后，诏封告发霍氏集团谋反阴谋的张章、董忠、杨恽、金安上、史高等为列侯。董忠，汉时颍川阳翟(今河南禹州)人，有材力，能骑射，后因告发霍禹谋反，封高昌侯。

⑦ 过：拜访。

⑧ 灶直突(tū)：灶上砌了直烟囱。突，同"窗"。灶上的烟囱。

⑨ 不者：音义同"否则"。

⑩ 燔发灼烂者在上行：因救火而烧焦头发、灼烂皮肤的人坐在上

席。上行,尊位。

⑪用功次坐:以功排座次。

⑫不录:不取,不邀。

⑬裂地出爵:分封土地,分出爵位。此指分封董忠五人侯爵之事。

⑭郎:官名。战国始置,秦汉时值宿卫,属郎中令,有侍郎、郎中等,均为侍从之职。

⑮天海按:又见《汉书·霍光传》。"曲埃徙薪"之事,《淮南子·说山训》《群书治要》引桓谭《新论》皆属之齐人淳于髡。

【译文】

汉宣帝的时候,霍氏宗族生活奢侈糜烂。茂陵人徐先生说:"霍氏一定会灭亡!那高居人上而又奢侈的,走的是灭亡的道路。孔子说:'奢侈就会不恭顺。'不恭顺的人一定会欺侮君上,欺侮君上的人,走的是叛逆的道路。高居于别人之上,别人一定会忌害他。如今霍氏掌权,天下痛恨他的人就更多了。天下的人都忌恨他,他又去走叛逆的道路,不灭亡还等待什么呢?"于是上书说:"霍氏奢侈糜烂,陛下即便宠爱他,也应该在一定的时候加以抑制,不要使他走向灭亡。"上了三次书,才回答说知道了。后来霍氏果真被灭掉了,董忠等人因有功而受封赏。有人为徐先生上书说:"我听说有个客人拜访主人,看见灶上砌的是直烟囱,旁边还堆有柴草。那客人对主人说:'应该把烟囱砌成弯曲的,把柴草搬远一些,否则将有火灾发生。'主人默不作声。过了没有多久,这户人家果然失火。乡中聚集同里的人,出于同情而救火,幸亏大火被扑灭。主人于是杀牛办酒席,请救火时烧得焦头烂额的人坐上席,其余的人各自以功排座次,反而没有邀请建议烟囱改弯的人。假若主人能听客人的话,不会耗费牛和酒,最终也不会有火灾。如今茂陵人徐福多次上书说霍氏将有变乱,应该防备杜绝它。假如徐福的话能实行,就不会有割地封爵的耗费,并且国家也会平安自如。如今过去的事情已经结束,但是唯独不能推举徐福的功劳。希望皇上详察客人'建议搬走积薪改弯烟囱'的建议,并使他居于'焦头烂额者'之上。"书上奏给皇帝,皇帝派人赏赐徐福帛十匹,任命他为郎官。

13.21 齐桓公将伐山戎、孤竹①,使人请助于鲁。鲁君进群臣而谋,皆曰:"师行数千里,入蛮夷之地,必不反矣。"于是鲁许助之而不行。齐已伐山戎、孤竹,而欲移兵于鲁。管仲曰:"不可!诸侯未亲,今又伐远而还诛近邻②,邻国不亲,非霸王之道。君之所得山戎之宝器者,中国之所鲜也,不可以不进周公之庙乎?"桓公乃分山戎之宝,献之周公之庙。明年,起兵伐莒,鲁下令丁男悉发③,五尺童子皆至④。孔子曰:"圣人转祸为福,报怨以德⑤。"此之谓也。

【注释】

① 山戎:亦称北戎,北方少数民族部落之一,居地在今河北迁安一带。见《春秋·庄公三十年》《汉书·匈奴传上》。据史书记载,山戎部族以"射猎禽兽为生","随畜牧而转移",经常联合其他部族侵犯中原,成为燕、齐诸国之边患。前664年齐桓公兴兵救燕伐山戎,灭掉令支、孤竹等山戎部族,约战国晚期,山戎逐渐销声匿迹。孤竹:商周时国名。国都在今河北滦南,居地在今河北卢龙至辽宁朝阳一带。孤竹国始于商朝初年,是滦河下游渤海之阳(海阳)最早的诸侯国。孤竹国兴于殷商,衰于西周,亡于春秋。《国语·齐语六》:"遂北伐山戎,刜令支、斩孤竹而南归。"韦昭注:"二国,山戎之与也。令支,今为县,属辽西,孤竹之城存焉。"

② 诛:剿灭,铲除。

③ 丁男:成年男子。也指已达服役年龄的男子。

④五尺:古代尺短,五尺约今市尺三尺半。春秋战国时每尺约今23.1厘米。所以以五尺指儿童的身高。也泛指儿童。

⑤报怨以德:用恩惠回报别人的怨恨。《论语·宪问》:"或曰:'以德报怨如何?'子曰:'何以报德?以直报怨,以德报德。'"又见《老子》六十三章:"大小多少,报怨以德。"此应为老子语。

【译文】

齐桓公将要攻打山戎、孤竹两国,派人向鲁国请求援助。鲁君召进群臣一起商量,都说:"行军数千里,深入到蛮夷的地方,必然一去不返。"于是鲁国答应援助齐国却不见行动。齐国已经攻打山戎、孤竹以后,就想转移军队对付鲁国。管仲说:"不能这样!诸侯还未亲附,现在攻打远国又回师诛灭近邻,邻国不亲附,不是建立霸王之业的道路。大王从山戎国得到的宝物,是中原少见的,难道不可以进献周公庙吗?"齐桓公就从得自山戎的宝物中分出一部分,进献给周公庙。第二年,齐国兴兵攻打莒国,鲁国下令征发所有的成年男子,三尺多高的小孩都来了。孔子说:"圣人能转祸为福,用恩惠来回报仇怨。"说的就是这样的事。

13.22 中行文子出亡至边①,从者曰:"为此啬夫者,君人也②,胡不休焉,且待后车者③?"文子曰:"异日吾好音,此子遗吾琴;吾好佩,又遗吾玉。是不非吾过者也,自容于我者也④,吾恐其以我求容也⑤。"遂不入。后车入门,文子问啬夫之所在,执而杀之⑥。仲尼闻之曰:"中行文子背道失义以亡其国,然后得之,犹活其身⑦。"道不可遗也若此。⑧

【注释】

①中行文子出亡至边:中行文子失败后出逃到了晋国边境。前497年,赵简子杀了邯郸大夫赵午,而赵午是中行寅的外甥。于是中

行氏、范氏和邯郸赵氏一同攻打赵氏于晋阳。智氏、魏氏、韩氏也与中行氏和范氏不和，于是这三家取得晋定公的命令，率兵帮赵氏解了围。中行氏和范氏战败，逃奔朝歌。事见《左传·定公十八年》。中行文子，即中行寅，又称荀寅，晋国贵族，中行氏卿族的最后一人，晋顷公时为下卿，统领中行军。晋定公时与范吉射伐赵鞅，后败奔朝歌。赵鞅围朝歌，两人奔邯郸。次年赵鞅围邯郸，两人奔鲜虞，旋入柏人（今河北隆尧西南），再次年晋人围柏人，两人奔齐。其地为其他四卿瓜分。

② 为此啬夫者，君人也：做此地啬夫的人，是君主的人。啬夫，古代官名。检束群吏百姓的官员。《管子·君臣上》："吏啬夫任事，人啬夫任教。"尹知章注："吏啬夫谓检束群吏之官，若督邮之比也。人啬夫亦谓检束百姓之官。"日人关嘉以为"典田官"无据。

③ 后车者："者"字，《韩非子·说林下》无。

④ 自容：自求容身。天海按，据下文"求容"与《韩非子·说林下》，此亦当作"求容"，译文从之。

⑤ 求容：取悦。《左传·定公九年》："夫阳虎有宠于季氏，而将杀季孙，以不利鲁国，而求容焉。"杨伯峻注："求容，谓博取喜悦。"《韩非子·说林下》："以求容于我者，吾恐其以我求容于人也。"

⑥ "后车入门"三句：向宗鲁《校证》认为文有脱误，或当作"后车入门，问文子之所在，啬夫执而杀之"，所杀者应为"后车之人"。译文从此说。

⑦ 然后得之，犹活其身：然后明白这个道理，还能保存自己。

⑧ 天海按：此文又见《韩非子·说林下》。

【译文】

中行寅出逃到了晋国边境，跟从他的人说："在这里做啬夫的，是您手下人，为何不在此地休息，且等待后面车上的人？"中行寅说："从前我喜好音乐，这人就送给我琴；我喜好佩饰，又送给我美玉。这人从不指责我的过失,是为了取悦于我,我恐怕他这次会以我取悦于人。"于是不进入房内。后面的车子入门后,问中行文子在什么地方,啬夫捉住后杀了他。孔子知道这件事后说:"中行寅背离正道丧失仁义,因此从晋国逃亡,然后明白了这个道理,还能使自身活命。"道义不能丢失的原因就像这件事。

13.23 卫灵公襜被以与妇人游①。子贡见公,公曰:"卫其亡乎?"对曰:"昔者夏桀、殷纣不任其过②,故亡;成汤、文、武知任其过,故兴。卫奚其亡也!"

【注释】

①卫灵公(? —前492):名元。春秋时卫国君,前534—前492年在位。襜(chān)被:裹着围裙。襜,围裙。被,覆裹。

②不任其过:不承担自己的过错。

【译文】

卫灵公围着围裙与妇女在一起游乐。子贡拜见卫灵公,卫灵公问他:"卫国将会灭亡吗?"子贡回答说:"从前夏桀、殷纣不承担自己的过错,所以灭亡;成汤、周文王、武王知道承担自己的过错,所以兴盛。卫国将在什么时候灭亡呢!"

13.24 智伯请地于魏宣子①,宣子不予。任增曰②:"何为不予?"宣子曰:"彼无故而请地,吾是以不予。"任增曰:"彼无故而请地者,无故而与之,是重欲无厌也。彼喜,必又请地于诸侯,诸侯不与,必怒而伐之。"宣子曰:"善!"遂与地。智伯喜,又请地于赵,赵不与,智伯怒,围晋阳③。韩魏合赵而反智氏,智氏遂灭。④

【注释】

①魏宣子：即魏桓子，名驹，春秋末晋国六大氏族之一。后与韩虎（康子）、赵无恤（襄子）共灭智氏，三分其地。

②任增：一作任章，魏宣子家臣。

③围晋阳：前453年，赵襄子使家臣张孟谈游说韩、魏与赵联合，决水灌智伯军，擒杀智伯，三分其地，形成三家分晋之势。

④天海按：事见《韩非子·十过》《说林上》《难三》，《战国策·魏策》《赵策》，《淮南子·人间训》，文各有不同。

【译文】

智伯向魏宣子要求割让土地，魏宣子不给他。任增说："为什么不给呢？"宣子说："他无故索取土地，我因此不给他。"任增说："他无故索地，你就无故给他，这就加重了他的贪得无厌的欲望。他一高兴，必定又向其他诸侯索取土地，诸侯不给他，他必定大怒并攻伐诸侯。"魏宣子说："好主意！"于是就给了智伯土地。智伯心中大喜，又向赵氏索取土地，赵氏不给他，智伯大怒，包围了晋阳。后来韩、魏与赵联合反攻智氏，智氏终于灭亡。

13.25 楚庄王与晋战，胜之①。惧诸侯之畏己也，乃筑为五仞之台②。台成而觞诸侯③。诸侯请约④，庄王曰："我薄德之人也。"诸侯请为觞，乃仰而曰："将将之台⑤，窅窅其谋⑥。我言而不当，诸侯伐之。"于是远者来朝，近者入宾。

【注释】

①楚庄王与晋战，胜之：前597年，楚国围攻郑国，晋国派荀林父率三军救郑，双方在邲地（今河南武陟东南）展开争夺战，楚军战胜对手，从而一洗城濮之战中失败的耻辱，楚庄王也由于此役的胜

利而一举奠定了"春秋五霸"的地位。因为泜水入荥阳称"蒗荡渠",故又作"两棠",所以此战又称为"两棠之役"。如《吕氏春秋·至忠》和贾谊《新书·先醒》都写作"战于两棠"。上海博物馆藏战国楚简有《两棠之役》多种。

②五仞:三十五尺高。古代一仞七尺。

③觞:请人饮酒。

④请约:请楚庄王主持盟约。

⑤将将:高大宏伟貌。

⑥窅窅(yǎo):同"杳杳"。潜藏隐晦貌。

【译文】

楚庄王与晋国交战,战胜了晋国。他担心诸侯因此畏惧自己,就建筑了一个三十五尺的高台。高台修成后就请诸侯来饮酒。诸侯请楚庄王主持盟约,楚庄王说:"我是德行浅薄的人。"诸侯又向他敬酒,他仰面一饮而尽说:"高大宏伟的盟台,深不可测的谋略。我的话如果说得不妥当,诸侯可以讨伐我。"于是远方的人前来朝拜,近处的人前来做宾客。

13.26 吴王夫差破越,又伐陈①。楚大夫皆惧,曰:"昔阖庐能用其众,故破我于柏举②。今闻夫差又甚焉。"子西曰③:"二三子恤不相睦也④,无患吴矣。昔阖庐食不贰味,处不重席,择不取费⑤。在国,天有灾,亲巡乏困而供之⑥;在军,食熟者半而后食;其所尝者,卒乘必与焉⑦。是以民不罢劳,死知不旷⑧。今夫差,次有台榭陂池焉⑨,宿有妃嫱嫔御焉⑩;一日之行,所欲必成;玩好必从,珍异是聚。夫差先自败己,焉能败我!"⑪

【注释】

①又伐陈:原文作"又将伐陈",据《左传·哀公元年》,吴王破越之时,军队已经在陈国,不得言"将",径删。

②柏举:古地名。春秋时楚地。前506年,楚围蔡,吴救之,大败楚师于此。故址在今湖北麻城境内。

③子西:即楚公子申,楚平王庶长子,字子西。楚败于吴后,他与子期收聚残兵合秦师打败吴军,迎还楚昭王,为令尹。楚惠王时死于白公之乱。

④恤:忧虑。《说文解字》:"恤,忧也。"《左传》作"患"。

⑤择不取费:《左传·哀公元年》年作"衣服财用,择不取费"。意即穿着用品不选择那耗费大的。

⑥亲巡乏困:"亲巡"原文作"亲戚"。《左传·哀公元年》作"亲巡孤寡,而供其乏困",于义为长,径改。

⑦卒乘:士兵。步兵为卒,战车之兵为乘。焉:原文讹作"为",据明钞本改。

⑧不旷:不会丢弃在荒野。

⑨次:止,停留,住下。

⑩妃嫱嫔御:语出《左传·哀公元年》,统称君主之妾。嫱是古代中国宫廷女官名,其中妃嫱地位较嫔御高。嫔嫱和嫔一字单用,一般都是作为君主之妾的代称之词。

⑪天海按:此文又见《左传·哀公元年》,文略同。《国语·楚语》所载事与此略同,而对话者为蓝尹亹(wěi)。

【译文】

吴王夫差攻破越国,又攻打陈国。楚国大夫都感到恐惧,说:"从前阖庐能任用他的民众,所以在柏举一战打败我国。现在听说夫差又比他还厉害。"子西说:"你们几个人应该担心的是互相不和睦,不必害怕吴国。从前阖庐吃饭不用两道菜,睡的地方不铺两层席,穿着用品不选择耗费大的。在国内遇上天灾,亲自巡查断粮缺食的就供给他们;在军队中有一半以上的人吃上熟食然后他才吃;他能吃到的东西,所有的士卒都一定能与他分享。因此百姓不怕疲劳,战死也知道不会抛尸荒野。现在的夫差,居住的地方有亭台楼阁水池,睡觉有宫娥嫔妃陪伴他;一旦出行,想干什么就一定要办到;喜爱的玩赏物品一定要带上,奇珍异宝都聚集在他那里。夫差首先自己打败了自己,又怎么能够打败我国呢!"

13.27 越破吴,请师于楚以伐晋。楚王与大夫皆惧,将许之。左史倚相曰①:"此恐吾攻己,故示我不病②。请为长毂千乘③,卒三万,与分吴地也。"楚王听之④,遂取东国⑤。⑥

【注释】

① 左史倚相:春秋时楚国史官倚相。左史,系周代史官名,相传"右史"记言,"左史"记事。据《左传·昭公十二年》《国语·楚语》《韩非子·说林下》以及马王堆汉墓出土的帛书《缪和》第十八章等文献记载,倚相最早见于鲁昭公十二年(前530),担任楚国左史,被楚灵王称为"良史"。
② 不病:没有损害,未伤元气。
③ 长毂(gǔ):兵车。毂,本指车轮中心较长的承轴圆木,此指战车。
④ 楚王:原文作"庄王"。《史记·楚世家》《韩非子·说林下》,此当为楚惠王,上文"楚王"亦为"楚惠王"。此径改。
⑤ 东国:指楚国东部地区。《史记·楚世家》:"楚惠王四十四年……越已灭吴,而不能正江、淮北;楚东侵广地至泗上。"
⑥ 天海按:此文所记之事又见《史记·楚世家》《韩非子·说林下》。

【译文】

越国攻破吴国,向楚国请求援军以讨伐晋国。楚王与大夫们都感到惊惧,准备答应越国。左史倚相说:"越国这样做是害怕我国要攻打它,故意向我国显示它未伤元气。准备兵车千辆,步兵三万,与越国一起分割吴国土地。"楚王听从了他的计谋,于是攻取了东部邻近地区。

13.28 阳虎为难于鲁①,走之齐,请师攻鲁,齐侯许之。鲍文子曰②:"不可也!阳虎欲齐师破。齐师破,大臣必多死,于是欲奋其诈谋。夫虎有宠于季氏③,而将杀季孙④,以不利鲁国,而其求容焉⑤。今君富于季氏,而大于鲁国,兹阳虎所欲倾覆也⑥。鲁免其疾⑦,而君又收之,毋乃害乎?"齐君乃执之,免而奔晋。⑧

【注释】

①阳虎:姬姓,阳氏,名虎,一名货,或字货。春秋时鲁国人,为季氏家臣,事季平子。季平子卒,阳虎执政,欲除三桓,叛鲁。后鲁师讨伐他,先奔齐,后奔晋依赵氏。此则原文连上,现依明钞本另起。

②鲍文子:姒姓,鲍氏,名国,谥文子。春秋时齐国大夫,鲍叔牙曾孙,大约生于齐顷公五年(前594)之前,卒于齐景公四十七年(前501)之后。鲍国早年生活在鲁国,为鲁国施孝叔的家宰。

③有宠于季氏:前517年,鲁昭公欲驱除季孙氏,这时,三桓中的孟孙氏与叔孙氏出兵协助季孙氏共渡难关,三桓兵合一处,打败了鲁侯,鲁昭公兵败逃亡齐国,被齐景公接纳。三桓拥立昭公之弟公子宋为鲁侯,是为鲁定公。在征战中,阳虎执掌着季孙氏的军机大权。

④季孙:即鲁国正卿季孙氏,这里指的是季平子。

⑤而其求容焉:原文作"而容其求焉",《左传·定公九年》作"而求

容焉",于义较顺,径改。

⑥兹:原文作"滋",据明钞本改。

⑦鲁免其疾:鲁国免除了他的祸害。

⑧天海按:此文又见《左传·定公九年》,略见《韩非子·难四》。

【译文】

　　阳虎在鲁国制造祸难,逃亡到齐国,请求派兵攻打鲁国,齐侯答应了他。鲍文子说:"不可以的!阳虎是想要使齐军失败。齐军失败,大臣一定会死去很多,这样他就能施展他的奸诈权谋。阳虎曾经受到季氏的宠信,却要想杀死季平子并对鲁国造成不利,来谋求容身之地。如今国君比季氏富有,而且国家比鲁国大,这就是阳虎想要倾覆齐国的动机。鲁国刚免除了他的危害,但您又收容了他,恐怕会害了自己吧?"齐君于是捉住阳虎,后来放了他,阳虎逃奔到晋国。

　　13.29 汤欲伐桀。伊尹曰:"请阻乏贡职①,以观其动。"桀怒,起九夷之师以伐之②。伊尹曰:"未可!彼尚犹能起九夷之师,是罪在我也。"汤乃谢罪请服,复入贡职。明年,又不供贡职。桀怒,起九夷之师,九夷之师不起。伊尹曰:"可矣!"汤乃兴师伐而残之③,迁桀南巢氏焉④。

【注释】

①阻乏贡职:断绝进贡的职事。

②九夷之师:各个部族的军队。九夷,先秦时对居于今山东东部、淮河中下游江苏、安徽一带的部族的泛称,古时谓东夷有九种。《论语·子罕》:"子欲居九夷。"疏:"东有九夷:一玄菟、二乐浪、三高丽、四满饰、五凫更、六索家、七东屠、八倭人、九天鄙。"

③残之:消灭之。残,《战国策·秦策五》"昔智伯瑶残范、中行"注:

"灭也。"

④迁：放逐。南巢氏：南巢，地名。在安徽巢湖西南。周时为巢柏国，后灭于吴。焉：原文作"为"，据明钞本改。

【译文】

商汤想要讨伐夏桀。伊尹说："最好先中断进贡的职事，来观察夏朝的动静。"夏桀因此大怒，发动各部族的军队来讨伐商汤。伊尹说："还不行！他还能调动各部族的军队，这说明罪过在我们一方。"商汤就向夏桀认罪请求归服，又重新入朝进贡。第二年，商汤又不履行供奉职事。夏桀大怒，征调各部族的军队，各部族的军队都不动。伊尹说："现在可以进攻了！"商汤就领兵攻打夏桀并灭了夏朝，将夏桀放逐到南巢。

13.30 武王伐纣，过隧斩岸①，过水折舟②，过谷发梁③，过山焚莱④，示民无返志也。至于有戎之隧⑤，大风折旆⑥，散宜生谏曰⑦："此其妖欤⑧？"武王曰："非也！天落兵也⑨。"风霁而乘以大雨，水平地而啬⑩，散宜生又谏曰："此其妖欤？"武王曰："非也，天洒兵也⑪。"卜而龟熸⑫，散宜生又谏曰："此其妖欤？"武王曰："不利以祷祠⑬，利以击众，是熸之已。"故武王顺天地，犯三妖，而禽纣于牧野⑭，其所独见者精也。

【注释】

①过隧斩岸：经过的道路截断高岸。隧，道路。斩，断。

②折舟：毁掉船只。

③发梁：摧毁或撤去桥梁。

④焚莱：放火烧山。莱，草名。即藜草，这里泛指杂草。

⑤有戎：有，词头。戎，传说中北方部落。《韩非子·十过》："昔者

桀为有戎之会而有缗叛之,纣为黎丘之蒐而戎狄叛之,由无礼也。"陈奇猷集释:"旧注:'有戎、有缗,皆国名。'卢文弨曰:'戎,《左》昭四年《传》作仍。'"

⑥旆(pèi):旗帜的通称。

⑦散宜生:周文王大臣。西周开国功臣,是"文王四友"之一,与闳夭、太颠等同救西伯姬昌。

⑧妖:怪异,鬼神作怪。

⑨落兵:降下兵器。

⑩瘖:闭塞不通。

⑪洒兵:同"洗兵"。洗涤兵器。

⑫龟燋(jiān):占卜时龟板灼毁,龟兆不成。燋,原指火灭,引申为迹象的消失、消灭。

⑬祷祠:祭祀,祈祷。

⑭禽:同"擒"。牧野:商朝首都朝歌南郊地名。其地在今河南新乡北部,《尔雅·释地》:"邑外谓之郊,郊外谓之牧,牧外谓之野,野外谓之林。"

【译文】

周武王讨伐商纣,过了通道就封闭道路,过了河就拆毁船只,过了山谷就摧毁桥梁,过了山坡就放火烧山,以此来向民众表示决不返回的决心。军队抵达有戎国的通道时,大风折断了军旗,散宜生劝谏说:"这大约是鬼神作怪吧?"武王说:"不是,这是上天降落兵器。"风停后又降下大雨,大水遍地道路不通,散宜生又进谏说:"这大约是鬼神作怪吧?"武王说:"不是的,这是上天洗刷兵器。"占卜时龟甲破裂兆痕灭失,散宜生又劝谏说:"这大约是鬼神作怪吧?"武王说:"这虽然不利于祈祷,却有利于击败众多的敌军,这是消灭他们的征兆。"因此周武王顺应天地,冒着三种鬼神作怪的迹象,在牧野捉住了商纣。他独到的见解是很精明的。

13.31 晋文公与荆人战于城濮①,君问于咎犯②。咎犯对曰:"服义之君,不足于信③;服战之君,不足于诈。君其诈之而已矣④。"君问于雍季⑤。雍季对曰:"焚林而田⑥,得兽虽多,而明年无复也;干泽而渔⑦,得鱼虽多,而明年无复也;诈犹可以偷利⑧,而后无报。"遂与荆君战,大败之。及赏,先雍季而后咎犯。侍者曰:"城濮之战,咎犯之谋也。"君曰:"雍季之言,百世之谋也;咎犯之言,一时之权也⑨。寡人既行之矣⑩。"⑪

【注释】

①晋文公与荆人战于城濮:前632年,晋、楚两国在卫国城濮地区争夺中原霸权的首次大战。晋文公为兑现当年流亡楚国许下"退避三舍"的诺言,令晋军后退,避楚军锋芒。子玉不顾楚成王告诫,率军冒进,被晋军歼灭两翼,楚军大败。城濮,古地名。在今山东鄄城西南临濮集。

②咎犯:狐偃,姬姓,狐氏,字子犯。是晋文公的舅舅,又称舅犯、白犯。

③不足:犹"不厌",即嫌恶,憎恶,排斥。

④君其:此二字原文脱,依向宗鲁《校证》据《韩非子》《淮南子》补。

⑤雍季:楚有雍子,后为晋臣,但为桓、庄时人,与此时代不相合。

⑥田:同"畋"。打猎。《吕氏春秋·义赏》作"焚薮而畋"。

⑦干泽而渔:《吕氏春秋·义赏》作"竭泽而渔",《淮南子·本经训》作"焚林而畋,竭泽而渔",《淮南子·主述训》作"涸泽而渔,焚林而猎"。

⑧偷利:苟且得利。

⑨一时之权:暂时的权宜之计。

⑩既:完全,全部。

⑪天海按：此文与《吕氏春秋·义赏》《韩非子·难一》《淮南子·人间训》所载略同，而与《左传·僖公二十八年》抵牾。

【译文】

晋文公与楚国人在城濮交战，晋文公向咎犯问计，咎犯回答说："信服道义的君主，不会厌弃诚信；信服战争的君主，不会厌弃用诈。您对付楚君用诈伪的方法就行了。"晋文公又向雍季问计。雍季回答说："焚烧山林来打猎，获得的野兽虽多，但第二年就不会再有了；弄干沼泽捕鱼，获得的鱼虽多，但第二年就不会再有了；诈伪只能苟且得利，以后就得不到回报。"于是晋文公与楚君交战，大败楚军。到论功行赏时，雍季在前而咎犯在后。侍从有人说："城濮之战，是用了咎犯的计谋。"晋文公说："雍季的话，是百代的深谋远虑；咎犯的话，是暂时的权宜之计。我全都实行了。"

13.32 城濮之战，文公谓咎犯曰："吾卜战而龟熸①；我迎岁②，彼背岁；彗星见③，彼操其柄，我操其标④；吾又梦与楚王搏，彼在上，我在下。吾欲无战，子以为何如？"咎犯对曰："卜战龟熸，是荆人也；我迎岁，彼背岁，彼去我从之也；彗星见，彼操其柄，我操其标，以扫则彼利，以击则我利；君梦与荆王搏，彼在上，君在下，则君见天而荆王伏其罪也。且吾以宋、卫为主，齐、秦辅我，我合天道⑤，独以人事⑥，固将胜之矣。"文公从之，荆人大败。⑦

【注释】

①龟熸(jiān)：占卜的龟甲破裂，兆纹消失。
②岁：岁星，又名木星，一年一现。杨泉《物理论》："岁行一次谓之岁星。"

③彗星：俗称扫帚星，古人认为见之不祥。彗星分为彗核、彗发、彗尾三部分。彗星的形状像扫帚，所以俗称扫帚星。

④标：末梢，事物的枝节或表面。

⑤天道：上天的意旨。

⑥独：不只，不仅。

⑦天海按：参见《左传·僖公二十八年》。

【译文】

城濮战役中，晋文公对咎犯说："我为这次战争占卜，但龟甲兆纹消失；我军对着岁星，楚军背着岁星；彗星出现，楚人拿着柄把，我们拿着末梢；我又梦见与楚王搏斗，他在上面，我被压在下面。我不想再战了，你认为怎么？"咎犯说："占卜龟甲兆纹消失，这说明楚人将失败；我军面对岁星，敌军背对岁星，说明他们将逃走，我军将追赶他们；彗星出现，楚人拿着柄把，我们拿着末梢，如果用于扫除那么敌军有利，用于进击那就对我军有利；国君梦见与楚王搏斗，他在上，你在下，那么你能见到天日而楚王就是低头服罪。况且我军以宋、卫两国军队为主力，齐、秦两国又辅助我们，我军符合上天的意旨，不单只凭仗人事，肯定将会战胜楚国。"晋文公听从了咎犯的这番话，楚人被打得大败。

13.33 越饥，勾践惧。四水进谏曰①："夫饥，越之福也，而吴之祸也。夫吴国甚富而财有余，其君好名而不思后患。若我卑辞重币以请籴于吴②，吴必与我。与我，则吴可取也。"越王从之。吴将与之，子胥谏曰："不可！夫吴、越接地邻境，道易通，仇雠敌战之国也。非吴有越，越必有吴矣。夫齐、晋不能越三江五湖以亡吴、越。不如因而攻之，是吾先王阖庐之所以霸也。且夫饥，何哉？亦犹渊也。败伐之事，谁国无有？君若不攻而输之籴，则利去而凶至，财匮而民怨,悔无及也。"吴王曰:"吾闻义兵不攻服③,仁人不以饥饿而攻之。今服而攻之④,虽得十越,吾不为也。"遂与籴。三年,吴亦饥,请籴于越,越王不与而攻之,遂破吴。⑤

【注释】

①四水:越王勾践臣,事如本文。《吕氏春秋·长攻》《史记》标注均作"范蠡",而《史记·越王勾践世家》又作"大夫种曰"。

②卑辞重币:言辞谦恭礼物厚重。籴(dí):买谷米。

③攻服:"攻"字原文脱,此依向宗鲁《校证》据《吕氏春秋》及元刊本补。

④今服而攻之:此句原文无,今依向宗鲁《校证》据《吕氏春秋》及元刊本补。

⑤天海按:此文又见《吕氏春秋·长攻》《史记·越王勾践世家》,文略异。

【译文】

越国发生饥荒,勾践十分恐慌。四水进谏说:"这饥荒,是越国的福运,吴国的灾祸。吴国很富足而且财物有余,它的君主喜好虚名而不考虑后患。假若我们言语谦恭多送礼物,以此去向吴国请求买粮食,吴国一定会给我们。只要它给了我们粮食,那吴国就可以攻取。"越王勾践听从了他的计谋。吴国准备给越国粮食,伍子胥劝谏说:"不可以!吴、越两国土地相连,边境相邻,道路易通,本是积有仇怨势均力敌的交战国。若不是吴国占有越国,越国必定要占有吴国。齐、晋两国是不能越过三江五湖来灭亡吴国与越国的。不如乘机进攻越国,这是我们先王阖庐能够称霸的原因。再说饥荒好比什么呢?它好比深渊。进攻失败的事,哪一个国家没有?大王若不乘机进攻,反而运送谷米给他们,那就会失去有利的时机使恶运到来,财物匮乏百姓怨恨,后悔也来不及了。"吴王说:"我听说正义的军队不攻打归服了的人,仁慈的人不会趁别国发生饥荒而去攻打。如今越国归服了又去攻打它,这样即使能获得十个越国,我是不会去做的。"于是吴王便给了越国谷米。过了三年,吴国也发生了饥荒,向越国请求买谷米,越王不给反而攻打吴国,终于灭了吴国。

13.34 赵简子使成何、涉他与卫灵公盟于邹泽①。灵公未喋血②,成何、涉他捘灵公之手而撙之③。灵公怒,欲反赵。王孙商曰④:"君欲反赵,不如与百姓同恶之。"公曰:"若何?"对曰:"请命臣令于国曰:'有姑姊妹女者⑤,家一人质于赵⑥。'百姓必怨,君因反之矣。"君曰:"善!"乃令之。三日遂征之,五日而令毕,国人巷哭⑦。君乃召国大夫而谋曰:"赵为无道,反之可乎?"大夫皆曰:"可。"乃出西门,闭东门。赵氏闻之,缚涉他而斩之⑧,以谢于卫。成何走燕。子贡曰:"王孙商可谓善谋矣!憎人而能害之,有患而能处之,欲用民而能附之。一举而三物俱至,可谓善谋矣!"⑨

【注释】

①赵简子使成何、涉他与卫灵公盟于邹(zhuān)泽:《左传·定公八年》:"晋师将盟卫侯于邹泽。"晋国赵简子派成何、涉他二人出使。赵简子,晋国上卿赵鞅,谥简子。自晋昭公时,公族弱,赵简子为大夫,专国事。成何、涉他,均为晋臣。涉他,《左传》作"涉佗"。邹泽,春秋末卫地,具体未详。
②喋血:古人盟会时,嘴唇上涂上牲血表示诚意,叫"歃(shà)血",也作"喋血"。"血"原文作"盟",此依卢文弨校说改。
③捘(zùn):推。原文误作"梭",形近讹字,径改。撙(zǔn):压,按。
④王孙商:卫国大夫,周顷王时王孙满之后,《左传》作"王孙贾"。

⑤姑:原文误作"如",形近讹字,径改。
⑥质:作人质。
⑦巷哭:指在里巷中相聚而哭。
⑧缚:原文误作"縳",形近讹字,径改。
⑨天海按:此文所记之事见《左传·定公八年》,内容略有不同。

【译文】

赵简子派成何、涉他与卫灵公在邬泽会盟。卫灵公未将牲血涂在嘴唇上,成何、涉他推着卫灵公,并将他的手按在牲血上。卫灵公大怒,想要反叛赵氏。王孙商说:"主君要想反赵,不如与百姓一同来仇视他。"卫灵公说:"怎么办呢?"王孙商回答说:"请让我在国内下令说:'凡有姑姊妹女子的人家,每家出一女子到赵氏作人质。'百姓一定会怨恨赵氏,主君便可乘机反赵了。"卫灵公说:"好主意!"就命令他这样做。三日内就征召到每家每户,五日完成命令,都城的人在里巷中相聚而哭。卫灵公就召集国中大夫谋划说:"赵氏做出不道义的事,反叛他行吗?"大夫们都说:"行!"于是就从西门出,关闭东门。赵简子知道了这件事,捆起涉他并杀了他,以此向卫国道歉。成何逃到燕国。子贡说:"王孙商可算是善于谋划了!憎恨某人就能陷害他,有祸难又能对付它,想利用百姓便能使百姓归附他。做一件事能使三种目的都达到,可称得上善于谋划了。"

13.35 楚成王赘属诸侯①,使鲁君为仆②。鲁君致大夫而谋曰:"我虽小,亦周之建国也。今成王以我为仆,可乎?"大夫皆曰:"不可!"公仪休曰③:"不可不听,楚王身死国亡,君之臣,乃君之有也,为民君也。"鲁君遂为仆。

【注释】

①楚成王赘(zhuì)属诸侯：原文作"楚成王赞诸属诸侯"，意不可通。此据向宗鲁《校证》引孙诒让《札迻》改。楚成王，名熊恽。前671—前626年在位。后为太子商臣所杀。下文有公仪休进言，然而二人相去近二百年，故向宗鲁《校证》怀疑此"楚成王"为"楚威王"之误。赘属，聚集，同义复词。

②仆：仆从。这里指让鲁国做附庸国。

③公仪休：亦称公仪子，鲁缪公时为相，但他与楚成王相距二百多年。

【译文】

楚成王聚集诸侯，让鲁君做楚国的附庸国。鲁君招致大夫商议说："我国虽小，也是周朝所建立的列国。如今楚成王要我国做他的附庸国，行吗？"大夫们都说："不行！"公仪休说："不能不听从，楚王一死楚国灭亡，您的臣子还属您所有，您还是百姓的君主。"鲁君于是让鲁国做了楚国的附庸国。

13.36 齐景公以其子妻阖庐①，送诸郊，泣曰："余死不汝见矣！"高梦子曰②："齐负海而县山③，纵不能全收天下，谁干我君④？爱则勿行。"公曰："余有齐国之固，不能以令诸侯，又不能听⑤，是生乱也。寡人闻之，不能令则莫若从。且夫吴若蜂虿然⑥，不弃毒于人则不静，余恐弃毒于我也。"遂遣之。⑦

【注释】

①齐景公：齐国国君。子：女儿。妻：嫁与人为妻，作动词。阖庐：吴国国君。《吴越春秋·阖庐内传》以为妻吴太子波；陆广微《吴地记》以为妻吴太子终累。

②高梦子:此人未详。
③负海而县山:背靠大海连接高山。县,后写作"悬",这里指系联、连属。
④干:犯。
⑤听:听从他人。
⑥虿:原文误作"具",据明钞本改。虿(chài):蝎子一类毒虫。
⑦天海按:《孟子·离娄上》《吴越春秋·阖庐内传》《越绝书·吴地传》等均载此事,文字各有异同。

【译文】
齐景公将自己的女儿嫁给阖庐,送她到郊外,哭着说:"我到死也见不到你了!"高梦子说:"齐国背靠大海连接高山,纵然不能完全得到天下,谁敢冒犯我们国君?您心疼女儿就不要让她去。"齐景公说:"我虽然有坚固的齐国,但不能凭它号令诸侯,又不能听命别人,这就会产生变乱。我听说,不能号令别人就不如听从别人。再说吴国好像黄蜂毒虿一样,不施毒在人的身上它就不会安静,我恐怕它会施毒在我的身上。"终于将他女儿送到吴国。

13.37 齐欲妻郑太子忽①,太子忽辞。人问其故,太子曰:"人各有偶,齐大,非吾偶也。《诗》云②:'自求多福。'在我而已矣。"后戎伐齐,齐请师于郑,郑太子忽率师而救齐,大败戎师。齐又欲妻之,太子固辞。人问其故,对曰:"无事于齐,吾犹不敢。今以君命救齐之急,受室以归③,人其以我为师婚乎④?"终辞之。⑤

【注释】
①太子忽(? —前695):姬姓,郑氏,名忽。郑庄公死,祭仲立太子

忽,是为郑昭公。事见《左传·桓公十一年》。

②《诗》云:下句引自《诗经·大雅·文王》。

③受室以归:接受家室而回。受室,男子娶妻成婚。

④师婚:出师为了成婚。

⑤天海按:此文所记之事,见《左传》桓公六年、十年、十一年。

【译文】

齐君打算将女儿嫁给郑国太子忽为妻,太子忽推辞了。有人问他为什么,太子忽说:"人各自都有适合自己的配偶,齐国是大国,齐君的女儿不适合做我的配偶。《诗》说:'自己祈求多福。'全在我自己罢了。"后来戎人攻伐齐国,齐国向郑国请求派援军,郑国太子忽率领军队援救齐国,大败戎人军队。齐君又想要把女儿嫁给他做妻子,太子忽坚决地推辞了。别人问他为什么,他回答说:"就是对齐国没有军事援助时,我尚且不敢答应这门亲事。现在我奉国君之命援救齐国的危急,却接受家室回国,人们大概会认为我出师是为了求婚吧?"最终还是推辞了这门亲事。

13.38 孔子问漆雕马人曰①:"子事臧文仲、武仲、孺子容②,三大夫者孰为贤?"漆雕马人对曰:"臧氏家有龟焉,名曰蔡③。文仲立,三年为一兆焉④;武仲立,三年为二兆焉;孺子容立,三年为三兆焉;马人见之矣。若夫三大夫之贤不贤,马人不识也。"孔子曰:"君子哉,漆雕氏之子!其言人之美也,隐而显;其言人之过也,微而著。故智不能及,明不能见,得无数卜乎?"⑤

【注释】

①漆雕马人:复姓漆雕,名马人。向宗鲁《校证》引卢文弨说,"马

人"二字疑为"冯"字之讹。《孔子家语·好生》作"漆雕凭",《左传·襄公二十三年》正义引《孔子家语》作"平"。

②臧文仲(? —前617):姬姓,臧氏,名辰,谓臧孙辰,谥文,故死后又称臧文仲。春秋时鲁大夫,世袭司寇,执礼以护公室。武仲:臧文仲之孙,又称臧孙、臧纥(hé),谥武,鲁国大夫,封邑在防(今山东费县东北)。被立为臧氏的继承人,曾任司寇,但终不能见容于鲁国,先逃到邾国后又逃到齐国。孺子容:事迹不详,日人关嘉引太宰德夫曰:"孺子容无考,意者武仲之子。"天海按,据文意此三人至少为祖孙四辈,漆雕马人焉能事奉臧氏一门祖孙四代?且漆雕凭为孔子弟子,与臧文仲非同时代人,又如何事之?故疑之。

③蔡:即蔡龟。蔡龟,新蔡(今湖北黄梅)特产。东汉何晏《论语集解》:"蔡,国君之守龟,出蔡地,因以为名焉。长尺有二寸。"《通典》载:"蔡山出大龟。"蔡山自古产大龟。古人迷信用龟卜卦,认为所用之龟越大越灵,故有"大蔡神龟"之说。

④兆:古代占卜,在龟板或兽骨上钻刻,再用火灼,看裂纹定吉凶。预示吉凶的裂纹就叫"兆"。后多引申为事情发生的征候或迹象。

⑤天海按:此文所记之事又见《左传·襄公二十三年》《孔子家语·好生》。

【译文】

孔子问漆雕马人说:"你事奉过臧文仲、武仲、孺子容,这三个大夫哪一个是贤人?"漆雕马人回答说:"臧氏家有一个大龟,名叫蔡龟。文仲立为大夫时,三年才占卜一次;武仲继立,三年占卜两次;孺子容继立,三年占卜了三次;这是我所见到的。若问那三个大夫贤与不贤,我不知道。"孔子说:"漆雕氏这人真是君子啊!他说别人的好处,含蓄却很明显;他说别人的过失,微妙却很显著。那智慧达不到,眼光又看不远的人,能不多次占卜吗?"

13.39 安陵缠以颜色美壮①,得幸于楚共王②。江乙往见安陵缠曰③:"子之先人,岂有矢石之功于王乎④?"曰:"无有。"江乙曰:"子之身亦有乎?"曰:"无有。"江乙曰:"子之贵何以至于此乎?"曰:"仆不知所以。"江乙曰:"吾闻之,以财事人者,财尽而交疏;以色事人者,华落而爱衰⑤。今子之华,有时而落,子何以长幸无解于王乎⑥?"安陵缠曰:"臣年少愚陋,愿委质于先生⑦。"江乙曰:"独从为殉可耳⑧。"安陵缠曰:"敬闻命矣。"江乙去。居期年,逢安陵缠,谓曰:"前日所谕子者,通之于王乎?"曰:"未可也。"居期年。江乙复见安陵缠曰:"子岂谕王乎?"安陵缠曰:"臣未得王之间也⑨。"江乙曰:"子出与王同车,入与王同坐,居三年,言未得王之间,子以吾之说未可耳⑩!"不悦而去。其年,共王猎江渚之野⑪,野火之起若云蜺⑫,虎狼之嗥若雷霆。有狂兕从南方来⑬,正触王左骖⑭,王举旌旄⑮,而使善射者射之,一发,兕死车下。王大喜,拊手而笑,顾谓安陵缠曰:"吾万岁之后⑯,子将谁与斯乐乎?"安陵缠乃逡遁而却⑰,泣下沾衿,抱王曰:"万岁之后,臣将从为殉,安知乐此者谁?"于是共王乃封安陵缠于车下三百户。故曰:"江乙善谋,安陵缠知时。"⑱

【注释】

①安陵缠:战国时楚王幸臣,余事未详。安陵,以国名为复姓。缠,或作"嬗""坛",音近字通。颜色美壮:姿色美好,身体健壮。

②楚共王:《战国策·楚策》记江乙与荆宣王有对答语,且楚共王在江乙前二百年,故向宗鲁《校证》以为"共"字必有误。

③江乙:又作"江一"。魏国人,仕于楚国,活动于楚宣王期间,事迹

见于《战国策·楚策》。
④矢石之功：泛指战功。矢，箭。石，滚石之类。以此常用武器指代战争。
⑤华落：姿色衰退。华，同"花"。这里比喻如花的容颜。
⑥长幸无解：长久受宠信而不懈怠。解，通"懈"。懈怠，松懈。
⑦委质：委身事人，即拜人为师。原文作"委智"，疑音近致误，此径改。
⑧独从为殉可耳：只说跟从君主殉死就可以了。
⑨间：同"闲"。即合适的时机。
⑩子：原文作"乎"，属上句。此据别本改。
⑪江渚：江中小洲，亦指江边等地方。
⑫云蜺：即云霓，彩虹。
⑬狂兕：疯狂的雌犀牛。
⑭左骖：车驾左边的马。
⑮旌旄：旗杆用牦牛尾装饰。
⑯万岁之后：死亡的委婉语。
⑰逡遁而却：恭顺而退。逡遁，恭顺貌。却，退却。《管子·戒》："桓公蹴然逡遁。"《汉书·隽不疑薛广德等传赞》："薛广德保县车之荣，平当逡遁有耻，彭宣见险而止，异乎'苟患失之'者矣。"颜师古注："遁，读与巡同。"
⑱天海按：此文所记之事又见《战国策·楚策》，文字多异。

【译文】

安陵缠因为姿色美好，身体健壮，受到楚共王的宠信。江乙前去会见安陵缠说："你的祖先难道对楚王有战功吗？"安陵缠说："没有。"江乙又问："你自己也有战功吗？"安陵缠说："也没有。"江乙又问："那你凭什么尊贵到如此地步呢？"安陵缠说："我不知道为什么。"江乙说："我听说，用财物去结交人的，财物用尽交情便疏远；用姿色去事奉人的，花颜凋落宠爱便会衰减。如今你美色如花,到时候也会凋落,你凭什么来长久受宠信并使楚王不懈息呢?"安陵缠说:"我年轻愚昧鄙陋,愿委身向先生求教。"江乙说:"只要你能跟从楚王为他殉死就行了。"安陵缠说:"恭敬地接受您的教诲。"江乙离去。过了一年,江乙遇见安陵缠,问他说:"先前我告诉你的话,你对楚王说了吗?"安陵缠说:"还没有。"又过了一年,江乙遇见安陵缠时又问:"你难道没有告诉楚王吗?"安陵缠说:"我还没有找到合适的机会对楚王说。"江乙说:"你出外与楚王同车,入宫与楚王同坐,过了三年,还说未找到与楚王说话的机会,你是认为我的说法不行吧!"说完不高兴地离开了。那一年,楚共王在野外江边打猎,野火烧起来好像天上的彩虹,虎狼的嗥叫声像雷霆一样。有一只疯狂的雌犀牛从南边冲来,正好撞着楚王车驾左边的马。楚王举起用旄牛尾装饰的旗,命令优秀的射手射那犀牛,只发一箭,雌犀牛便死在车下。楚王高兴得拍着手笑,回头对安陵缠说:"我死之后,你还会和谁一起享受这样的欢乐呢?"安陵缠于是恭顺地后退,流下的眼泪打湿了衣裳,抱住楚王说:"您死之后,我将跟着去为您殉葬,怎么知道享受这种欢乐的人是谁呢?"于是楚共王就在车前封赏安陵缠食邑三百户。所以说:"江乙善于出谋划策,安陵缠懂得掌握时机。"

13.40 太子商臣怨令尹子上也①。楚攻陈,晋救之,夹泜水而军②。阳处父知商臣之怨子上也③,因谓子上曰:"少却,吾涉而从子④。"子上却。因令晋军曰:"楚遁矣!"使人告商臣曰:"子上受晋赂而去之。"商臣诉之成王,成王遂杀之。⑤

【注释】

①太子商臣(? —前614):芈姓,熊氏,名商臣,楚成王长子。楚成王在位时,立商臣为太子。前626年,商臣得知其父楚成王想改

立公子职为太子,于是带兵包围王宫,逼迫楚成王上吊而死,自立为君,是为楚穆王。前625—前614年在位。子上:即斗勃,芈姓,斗氏,名勃,字子上。若敖氏之后裔,是楚成王时的令尹。曾劝阻成王立商臣为太子,因此与商臣结怨。

②夹泜(zhī)水而军:两国军队紧靠泜水两岸驻扎。泜水,一名滍水,即今河南鲁山、叶县一带的沙河。前627年冬,阳处父带兵攻打蔡国,楚国令尹子上领兵救蔡,晋、楚两军在泜水相遇,对峙了一个多月,后皆撤军。

③阳处父(？—前621):春秋时晋国大夫,因封邑于阳地(今山西太谷阳邑村),遂以阳为氏。晋文公九年(前628),楚国派斗章出使晋国,晋国派阳处父到楚国回访,晋、楚两国恢复正常外交关系。后被晋中军帅贾季所杀。

④少却,吾涉而从子:稍稍后退,我军渡河后再与您交战。

⑤天海按:事亦见《左传·僖公三十三年》,文字略有不同。

【译文】

楚太子商臣怨恨令尹子上。楚国进攻陈国,晋国援救陈国,两国军队紧靠泜水两岸驻扎。阳处父知道商臣怨恨子上,便对子上说:"你稍稍后退一些,我渡过河与你交战。"子上向后撤退。阳处父便下令晋军高喊:"楚军逃跑了!"他又派人告诉商臣说:"子上接受了晋国的贿赂而撤离。"商臣便向楚成王报告了这件事,成王于是杀了子上。

13.41 智伯欲袭卫,故遗之乘马①,先之一璧②。卫君大悦,酌酒诸大夫,皆喜,南文子独不喜③,有忧色。卫君曰:"大国礼寡人,寡人故酌诸大夫酒。诸大夫皆喜,而子独不喜,有忧色者,何也?"南文子曰:"无方之礼④,无功之赏,祸之先也。我未有往,彼有以来,是以忧也。"于是卫君乃修津梁而拟边城⑤。智伯闻卫兵在境上,乃还。⑥

【注释】

①乘马:四匹马。古代车用四匹马拉,因此一乘为四匹。
②先:先行,先送。
③南文子:即公孙弥牟,姬姓,名弥牟,字子之。一说名木,字弥牟。谥文,也称为南文子、子南弥车。春秋时卫国大夫。
④无方之礼:没有理由的礼物。
⑤拟:设计、筹划,这里指筹划防务。
⑥天海按:此文又见《战国策·卫策》,文略异。

【译文】

智伯想要袭击卫国,便送给卫国四匹马,先送去一块玉璧。卫君大喜,宴请众大夫饮酒,大家都高兴,只有南文子不高兴,面带忧容。卫君问他:"大国送礼物给我,所以请大夫们饮酒。大夫们都很高兴,但只有你不高兴,脸上有忧愁的神色,这是为什么?"南文子说:"无缘无故的礼物,没有功劳的封赏,是灾祸的先兆。我国没有送给他们什么,他们送礼物来是有缘由的,我因此担忧。"于是卫君就修好渡口桥梁并筹划边城的防务。智伯听说卫国军队驻守在边境上,就撤军返还。

13.42 智伯欲袭卫,乃佯亡其太子颜①,使奔卫。南文子曰:"太子颜之为其君子也,甚爱。非有大罪也,而亡之,必有故。然人亡而不受②,不祥。"使吏逆之③,曰:"车过五乘,慎勿内也④。"智伯闻之,乃止。⑤

【注释】

①太子颜:智伯长子,名颜。

②然：原文作"故"，据明钞本改。
③逆：迎。
④内：同"纳"。使入内。
⑤天海按：此文可参见《战国策·卫策》。

【译文】

智伯想袭击卫国，就让他的长子颜伪装出逃，命他逃奔卫国。南文子说："太子颜他作为君主的儿子，很受宠爱。并没有什么大罪却出逃，一定有缘故。但别人逃亡而不接待，也不吉利。"于是派官吏迎接太子颜，吩咐说："车超过五辆，切不可接纳。"智伯听说后，就停止了这个计划。

13.43 叔向之杀苌弘也①，数见苌弘于周，因佯遗书曰："苌弘谓叔向曰：'子起晋国之兵以攻周，吾废刘氏而立单氏②。'"刘氏请之君曰："此苌弘也。"乃杀之。③

【注释】

①叔向之杀苌弘：前493—491年，晋国发生了"六卿之乱"事件，由于苌弘出面帮助范氏和中行氏，对赵氏不利，因此赵简子派遣大夫叔向对周敬王施反间计，苌弘由此被生性多疑的周敬王杀害。叔向，即羊舌肸(xī)，复姓羊舌，名肸，字叔向，又称叔肸、杨肸。春秋时晋国大夫，与郑国的子产、齐国的晏婴齐名。苌弘（？—前492），亦作苌宏。字叔，又称苌叔。春秋周敬王时为大夫。因参与晋国范、中行氏之难，赵鞅迫使周人杀了他。

②刘氏：即周王卿士刘文公姬卷。刘国是春秋时期的一个姬姓诸侯国。刘文公姬卷是刘献公之子。单氏：周敬王另一卿大夫，事迹不详。

③天海按：叔向与苌弘的时代相去很远。又，苌弘死事秦汉文献记载繁多，文字各异。

【译文】

叔向设计杀苌弘的时候,他在周王处多次见过苌弘,便伪装遗失了书信,那信上说:"苌弘告诉叔向说:'你带领晋国的军队来攻打周王,我将废除刘氏而立单氏。'"刘氏便向周王报告说:"写这封信的人是苌弘。"周王就杀了苌弘。

13.44 楚公子午使于秦①,秦囚之。其弟献三百金于叔向。叔向谓平公曰:"何不城壶丘②?秦、楚患壶丘之城。若秦恐而归公子午,以止吾城也,君乃止,难亦未构③,楚必德君④。"平公曰:"善!"乃城之。秦恐,遂归公子午,使之晋。晋人辍城⑤。楚献晋赋三百车。⑥

【注释】

①公子午:春秋时楚庄王之子,芈姓,字子庚,亦称王子午、司马子庚。其后以名为氏。
②城壶丘:在壶丘筑城。壶丘,春秋时陈邑,在今河南新蔡东南。《左传·文公九年》"楚侵陈,克壶丘",即此。
③难亦未构:也不会构成祸患。
④楚必德君:楚国一定会对君主感恩。
⑤辍城:停止筑城。
⑥天海按:此文又见《韩非子·说林下》。

【译文】

楚国公子午出使到秦,秦国囚禁了他。楚公子午的弟弟送了三百金给叔向。叔向对晋平公说:"何不在壶丘筑城?秦、楚两国害怕我们在壶丘筑城。假若秦国因此害怕而归还公子午,以此阻止我们筑城,您就可以停止,也造不成祸难,楚国一定感激您。"晋平公说:"好主意!"于是就在壶丘筑城。秦国惶恐不安,于是归还了公子午,让他到了晋国。晋国人便停止筑城。楚国献给晋国赋税三百车。

13.45 赵简子使人以明月之乘六①,先以一璧,为遗于卫。卫叔文子曰②:"见不意可以生故③,此小之所以事大也。今我未以往,而简子先以来,必有故。"于是斩林除围④,聚敛蓄积,而后遣使者。简子曰:"吾举也,为不可知也。今既已知之矣,乃辍围卫也。"⑤

【注释】

①明月之乘:"明月"为宝马名。乘,即马。原文"月"误作"白",此据向宗鲁《校证》改。
②卫叔文子:生平未详,疑即本卷第四十一则中的"南文子"。
③不意:不可预料,意料之外的事。
④斩林除围:砍伐树林,撤除屏障。
⑤天海按:此文与本卷第四十一则"智伯欲袭卫"大同小异,则一事异传之。

【译文】

赵简子派人将"明月"宝马六匹,作为礼物送给卫国,先送去一块玉璧。卫叔文子说:"看见意外的事情知道会发生变故,这是小国事奉大国的办法。现在我们没有送礼物去,赵简子却先送礼物来,一定有缘故。"于是卫国就砍伐郊外的树林,清除能掩蔽的屏障,聚集财物,积蓄粮草,然后派出使者。赵简子说:"我这次的举动,认为卫国不能警觉,现在他们既然知道了,就停止围攻卫国吧。"

13.46 郑桓公将欲袭郐①,先问郐之辩智果敢之士,书其名姓,择郐之良田而与之②,为官爵之名而书之,因为设坛于门外而埋之,衅之以猳③,若盟状。郐君以为内难也,尽杀其良臣。桓公因袭之,遂取郐。④

【注释】

①郑桓公(？—前771):姬姓,郑氏,名友(受封前称王子友),周厉王姬胡少子,周宣王姬静异母弟,周宣王封他于郑,前806—前771年在位。郐(kuài):古国名。妘(yún)姓,祝融之后。周初亦为封国,前769年为郑武公所灭。故地在今河南新郑。
②良田:原文作"良臣",据文意,作"良田"是,《韩非子·内储说下》正作"择郐之良田赂之",此径改。
③衅之以猳(jiā):用猪血祭坛。猳,同"豭"。猪。
④天海按:《水经注·洧水》引《竹书记年》"晋文侯二年"之事与此略同。

【译文】

郑桓公想要袭击郐国,先询问了郐国有才辩智谋果决勇敢的士人,书写了他们的姓名,又选择郐国的良田赐予他们,并将封赏他们的官职爵位的名号也写上,便在城门外设下祭坛掩埋了这个名单,又用猪血来祭坛,好像歃血盟誓一样。郐君因此认为将有内乱,就将他的那些优秀臣子全部杀光。郑桓公乘机偷袭,终于攻取了郐国。

13.47 郑桓公东会封于郑①,暮舍于宋东之逆旅②。逆旅之叟从外来,曰:"客将焉之③?"曰:"会封于郑。"逆旅之叟曰:"吾闻之,时难得而易失也。今客之寝安,殆非会封者也④?"郑桓公闻之,援辔自驾,其仆接淅而载之⑤,行十日夜而至。釐何与之争封⑥。以郑桓公之贤,微逆旅之叟,几不会封也。⑦

【注释】

①会封于郑：到郑地受封。会封，受封。

②逆旅：客舍，旅店。

③焉之：即"之焉"，去哪里。

④会封者："会""者"二字原文脱，据向宗鲁《校证》引卢文弨说补。

⑤接淅：指接取已淘的米，来不及炊煮便继续赶路（见《孟子·万章下》朱熹注）。后喻指行色匆忙。载：原文作"戬"，据明钞本改。

⑥釐何：或以为系"莱侯"二字的音变，但"莱侯"与此文时代不合，恐非。

⑦天海按：《史记·齐太公世家》载周武王封尚父，莱侯与之争营丘事略同。

【译文】

郑桓公往东去郑地受封，傍晚时住在宋国城东的旅舍里。管旅舍的老人从外回来，问他："客人要去哪里？"郑桓公回答说："到郑地去受封。"旅舍的老人说："我听说，时机难得却又容易失去。现在客人睡得这样安稳，怕不是去受封的人吧？"郑桓公一听此话，挽起缰绳，亲自驾车，他的仆人将已淘的米从水中捞起装在车上，一连走了十天十夜才赶到。当时釐何要与郑桓公争封郑地。凭郑桓公的贤能，要不是旅舍老人的提醒，几乎不能受封。

13.48 晋文公伐卫，入郭①，坐士令食②，曰："今日必傅大垣③。"公子虑俯而笑之④。文公曰："奚笑？"对曰："臣之妻归⑤，臣送之，反见桑者而助之。顾臣之妻，则亦有送之者矣。"文公惧，还师而归。至国，而貉人攻其地⑥。⑦

【注释】

①郭:外城。

②坐士:让兵士坐下。

③傅大垣:攀附大墙,指攻入内城。傅,同"附"。

④公子虑:其人不详。《列子·说符》作"公子鉏"。

⑤归:出嫁妇女回娘家叫归,或曰归宁。

⑥貉(mò)人:古代泛指北方的部族。《山海经·海内西经》中有"貊国在辽水东北,地近于燕,灭之"的记载。

⑦天海按:此文与本书9.14则赵简子欲攻齐,公卢进谏之语;《列子·说符》中晋文公欲伐卫,公子鉏进谏之语皆大同小异。

【译文】

晋文公攻打卫国,进入外城,命令兵士坐下吃饭,说:"今天一定要攻上大墙。"公子虑低下头笑他。晋文公说:"你笑什么?"公子虑说:"我的妻子回娘家,我去送她。回来的路上看见采桑的女子我去帮助她。想来我的妻子也会有送她的人了吧!"晋文公恐惧,退兵回国。一到国内,就有貉人进攻他的国土。

卷十四

至公

【题解】

《礼记·礼运》:"孔子曰:大道之行也,天下为公,选贤与能,讲信修睦。"孔子所云"天下为公",只有在"大同社会"才有可能实现。要使人类社会走上幸福和谐的康庄大道,没有"天下为公"的思想指导与每个人的诚信实践,就只能说是一个遥不可及的梦想。自古以来,大公无私、公而忘私、公正廉明、因公废私、秉公执法等优良品行一直是中华民族世代传承的美德。

所谓"至公",意指最大限度的公正,即大公无私。本卷共22则,同本书大多数卷次的体例一样,第一则仍然是作者对全卷提纲挈领的序言。它引用了《尚书》《周易》《诗经》和孔子的言论来诠释"至公"的概念并阐明作者的观点。

首先,"不偏不党,王道荡荡"就是"至公"。王道是儒家的社会理想,和谐、平等、前途坦荡,没有偏私没有朋党,这就是"天下为公"的大同世界。要实现这样的社会理想,必须由上层统治集团的每一个人以身作则,率民之先。所以本则就以尧让天下作为人君"至公"的最高典范,以伊尹、吕尚奉公事君、不谋私利作为人臣"至公"的榜样。由此可见,作者所谓的"至公",是专就君臣上下而言的,是"君道""臣术"具体行为的准则。然而作者却忽略了为治洪水,"居外十三年","三过家门而不入"的大禹(《史记·夏本纪》)。他才是我国历史上真正身体力行的第一位公而忘私的君主。

其后21则周初至秦的轶事,都是围绕上述观点所采记的事例。

其中有关人君让位让贤、择地迁居、居心仁厚,不以天下为私的有6则(14.2—6、14.11则)。平心而论,这6则实在与"至公"之名不太贴切。如果说"古公亶父迁居岐山"是为了部族的发展而强调"惟民足用保民"、晏子谏齐景公"推而与百姓同乐"两则与卷名《至公》略有联系外,那么"周公卜居曲阜"则是告诫子孙"贤则茂昌,不贤则速亡"以保有封地;吴季子"让位弃国"只不过是"伯夷叔齐采薇"的重演;秦始皇禅贤不成而"家天下"3则,未免离题较远;特别是"秦晋战,交敌"一则,讲赵盾作战不乘人之危而错失良机,更是与"至公"主旨风马牛不相及。

其中关于孔子言行的有5则(14.7—10、14.21则)。14.7则以孔子"人遗弓,人得之"对比楚共王"楚弓楚得",充分体现了孔子"至公"思想的廓大境界。之下3则则以孔子求仕的坎坷经历,集中凸显其"言行于君,泽加于民,然后仕;言不行于君,泽不加于民,则处"的为民情怀。14.21则"孔子为鲁司寇,听狱必师断"的司法民主精神更是难能可贵,这在我国法制史上应该是最具现实借鉴意义的光彩之笔。

其中有关秉公执法的有8则(14.13—14.19、14.22则),前3则讲楚令尹虞丘子让位孙叔敖,赵宣子举荐韩献子,郤犯举贤不避仇,皆举贤为公、不以私害公;后5则写楚王与令尹不避亲属严于执法,也许是后世所谓"王子犯法,与民同罪"的源头。

14.12则写申包胥为拯救国家危亡,"立于秦廷,昼夜哭,七日七夜不绝声。"秦王为之感动出兵救楚。楚昭王复国后,申包胥坚决辞去一切封赏的言行,千载之下,感人至深。此与14.20则写伍子胥奔吴后不因私仇而举兵,正好两相映衬。

本卷最后一则(14.22则)写"子羔为卫政,刖人之足",后来卫国内乱,被子羔处刑砍脚的守门人反而"以德报怨",帮助子羔成功逃脱。突出的是子羔以公心、仁心执法而得善报。正如孔子的评价:"善为吏者树德,不善为吏者树怨。"

应当指出,所谓"公正",不同时代、不同阶级所赋予的内容是不同的。在封建社会里,要求封建帝王、臣僚以天下为公,这只是一种理想或空想。尽管有时最高统治者打出"天下为公"的旗号,而实质上却是把天下视为一己的私有。但是我们也应该看到,作为人类文明所共有的精神遗产——"大公无私""公正廉明"等美德,在中华民族长期的历史积淀中同样闪烁着它不灭的光辉。它不仅为古代某些优秀的人物所身体力行,也为后世的人们树立了一种崇高的道德规范。

14.1《书》曰①:"不偏不党,王道荡荡②。"言至公也。古有行大公者,帝尧是也。贵为天子,富有天下,得舜而传之,不私于其子孙也,去天下若遗蹝③。于天下犹然,况其细于天下乎?非帝尧孰能行之?孔子曰:"巍巍乎!惟天为大,惟尧则之④。"《易》曰⑤:"无首吉⑥。"此盖人君之公也!夫以公与天下⑦,其德大矣。推之于此,刑之于彼⑧,万姓之所载⑨,后世之所则也⑩。彼人臣之公,治官事则不营私家,在公门则不言货利;当公法则不阿亲戚,奉公举贤则不避仇雠;忠于事君,仁于利下;推之以恕道⑪,行之以不党;伊、吕是也⑫。故显名存于今,是之谓公。《诗》云⑬:"周道如砥⑭,其直如矢;君子所履,小人所视⑮。"此之谓也。夫公生明,偏生暗;端悫生达⑯,诈伪生塞;诚信生神,夸诞生惑。此六者,君子之所慎也,而禹、桀之所以分也⑰。《诗》云⑱:"疾威上帝,其命多僻⑲。"言不公也。

【注释】

① 《书》曰:以下引自《尚书·洪范》。

② 不偏不党,王道荡荡:不偏私不结党,帝王的道路平坦宽广。"偏"和"党"均作动词。今本《尚书·洪范》又作"无偏无党"。

③ 去天下若遗蹝(xǐ):放弃天下的权利就像丢掉鞋子一样。蹝,同"屣"。鞋。《孟子·尽心上》:"舜视弃天下,犹弃敝蹝(屣)也。"天海按,此语及成语"视若敝屣""弃若敝屣""去如敝屣""如弃敝屣"等皆出于《孟子》。

④ 惟尧则之:只有尧才能效法天。则,以为法则。以上三句引自《论语·泰伯》。

⑤ 《易》曰:下句见《周易·乾卦》。

⑥ 无首吉:《周易·乾卦》原文作:"见群龙无首,吉。"此处断章取义,意谓不自居首位就吉利。

⑦ 与天下:治理天下。与,参与,干预,此处指治理。

⑧ 刑:同"形"。形成,彰显。

⑨ 载:同"戴"。爱戴,拥戴。

⑩ 所则:效法的榜样。则,以为法则。

⑪ 恕道:宽容的品德。

⑫ 伊、吕:伊尹、吕尚。伊尹,伊姓,名挚。夏朝末年人。伊尹辅助商汤灭夏朝,历事商朝成汤、外丙、仲壬、太甲、沃丁五代君主五十余年,为商朝强盛立下大功。吕尚,又称姜尚。西周初年为"师"(武官名),辅佐文王、武王灭商有功,封于齐,为西周齐国的始祖。

⑬ 《诗》云:以下四句见《诗经·小雅·大东》。

⑭ 砥:磨刀石。这里喻指政治平坦。

⑮ 小人所视:百姓亲眼所见的。小人,这里泛指百姓。

⑯ 端悫(què):正直诚实。

⑰禹、桀之所以分也：此句上至"夫公生明"，又见于《荀子·不苟》，文略异。

⑱《诗》云：所引二句见《诗经·大雅·荡》。

⑲疾威上帝，其命多僻：暴虐的上天，他的本性太邪僻。这里以上帝比喻残暴的桀、纣。疾威，暴虐。《诗经·小雅·雨无正》："旻天疾威，弗虑弗图。"朱熹《诗集传》："疾威，犹暴虐也。"命，本性。

【译文】

《尚书》上说："不偏私不结党，帝王的道路平坦宽广。"讲的就是最大的公道。古代有能实行最大公道的人，就是帝尧。帝尧贵为天子，富有天下，发现舜并传位给他，并不把天下私传给自己的子孙，放弃天下的权利如同脱掉鞋子一样。对于天下都能这样，何况那比天下细小的事物呢？除了帝尧谁能做到这样？孔子说："巍巍峨峨呀！只有天最高大，只有尧才能效法天。"《周易》上说："不自居首位就吉利。"这大约就是人君应有的公正吧！凭着公正之心来治理天下，他的恩德就很广大。在这里推行恩德，在那里就会彰显，万民都会拥戴他，后世也会效法他。做臣子的公正在于：处理官府之事不经营私家利益，在国家部门就不计较财利；面对公法就不能袒护亲戚，奉行公事推举贤能就不排斥仇敌；用忠诚来事奉君主，用仁德来使民众得利；以宽容的品德推己及人，以不结朋党行事做人；伊尹、吕尚就是这样的人。所以他们显赫的名声能流传到现在，这样的人做事就叫公正。《诗经》说："周王的道路平坦如磨石，周王的道路端直如箭杆。君子在上面履行，百姓都在亲眼看。"说的也就是这个道理。公正滋生贤明，偏私滋生昏暗，正直诚实就能通达，奸诈虚伪就会闭塞，忠诚守信就会通灵，浮夸荒诞就会迷惑。这六种情况，是君子应该谨慎的，也是区分大禹和夏桀的标准。《诗经》上说："暴虐的上帝，他的本性太邪僻。"讲的就是那不公正的君主。

14.2 吴王寿梦有四子①：长曰谒②；次曰馀祭③；次曰夷

昧④;次曰季札,号曰延陵季子⑤,最贤,三兄皆知之。于是王寿梦薨,谒以位让季子,季子终不肯当。谒乃为约曰:"季子贤,使国及季子,则吴可以兴。乃兄弟相继。"饮食必祝曰⑥:"使吾早死,令国及季子。"谒死,馀祭立;馀祭死,夷昧立;夷昧死,次及季子。季子时使行,不在。庶兄僚曰⑦:"我亦兄也。"乃自立为吴王。季子使还,复事如故。谒子光曰⑧:"以吾父之意,则国当归季子;以继嗣之法,则我适也,当代之君。僚何为也!"于是乃使专诸刺僚⑨,杀之,以位让季子。季子曰:"尔杀吾君,吾受尔国,则吾与尔为共篡也。尔杀吾兄,吾又杀汝,则是昆弟父子相杀无已时也。"卒去之延陵,终身不入吴。君子以其不杀为仁,以其不取国为义。夫不以国私身,捐千乘而不恨,弃尊位而无怨,可以庶几矣⑩!⑪

【注释】

①寿梦:吴王寿梦(？—前561),姬姓,名寿梦(一名乘)。或说即熟姑,春秋时吴国国君,前585—前561年在位。

②谒:吴王诸樊(？—前548),姬姓,名遏(一作谒),吴王寿梦长子。春秋时吴国国君,前560—前548年在位。前548年,吴王诸樊在攻打楚国附庸国巢国时,中箭身亡,时年48岁。

③馀祭:吴王馀祭(前587—前544),姬姓,名馀祭,吴王寿梦之子,诸樊之弟。春秋时吴国国君,前547—前531年在位。

④夷昧:吴王夷昧(约前580—前527),春秋时吴国君主,为寿梦之子,诸樊、馀祭之弟,季札之兄。前530—前527年在位。《史记》与《公羊传》均作"馀眛"。

⑤延陵季子:季札,名札,又称公子札、延陵季子、延州来季子、季子,《汉书》中称为吴札。春秋时吴王寿梦第四子,先封于延陵(今江

苏常州)，后又封州来(今安徽凤台)，死后葬于上湖(今江苏江阴申港)。传说碑铭"呜呼有吴延陵公子之墓"十个古篆是孔子所书。因他在四兄弟中最小最贤，寿梦想立他为吴王，他始终不受，被封于延陵，故又号"延陵季子"。

⑥祝：祷告。

⑦庶兄僚：吴王僚(？—前515)，名僚，号州于，吴王寿梦庶子(《史记》和《吴越春秋》则认为他是夷昧之子)，非正妻所生，但比季札年长，故称庶兄。吴王夷昧去世，吴王僚继位。前526—前515年在位。前515年，吴王僚被其堂兄弟公子光的刺客专诸刺杀。

⑧谒子光：吴王诸樊之子，故又称公子光(？—前496)。前515年，公子光以庆贺吴王僚伐楚班师设宴招待。勇士专诸将剑藏在鱼腹中，趁机刺杀了吴王僚，这就是历史上著名的"专诸刺王僚"的故事。公子光夺得吴国王位，更名阖闾，史称吴王阖闾。前514—前496年在位。

⑨专诸：吴国堂邑(今江苏南京六合区西北)人，公子光指使专诸刺杀吴王僚后，专诸当场也被杀死。专诸是中国古代"四大刺客"之一，鱼肠剑出于"专诸刺王僚"。

⑩庶几：相近，差不多。

⑪天海按：此文又见《新序·节士》，事又见《公羊传·襄公二十九年》《左传·昭公二十七年》《史记·吴太伯世家》《刺客列传》《吴越春秋·吴王僚公子光传》。

【译文】

吴王寿梦有四个儿子：长子叫谒；次子叫馀祭；三子叫夷昧；少子叫季札，号称延陵季子，在兄弟中数他最贤，三个兄长都知道这一点。在吴王寿梦死后，长子谒要将王位让给季子，季子始终不肯承受。谒便作誓约说："季子贤能，让国家传到季子，那么吴国就能够兴盛。我们就按兄弟次序继承王位。"他每当吃饭时便一定祈祷说："但愿我能早死，让国家传到季子。"谒死后,馀祭继位;馀祭死后,夷昧继位;夷昧死后,就轮到季子。季子当时正出使在外,不在国内。他的庶兄僚说:"我也是兄长。"于是就自立为吴王。季子出使回国,又事奉吴王僚跟从前臣事吴王一样。谒的儿子公子光说:"按照我父亲的意愿,国家应当属于季子;按照继承王位的礼法,我是嫡子,应是这一代国君。僚算什么人呢!"于是就指使专诸刺杀吴王僚,杀死吴王僚之后,将王位让与季子。季子说:"你杀死我的国君,我再接受你的国家,那么我就是与你共谋篡夺的人;你杀死我的兄长,我又杀死你,那么兄弟父子就会互相残杀没有罢休的时候。"他最后离开吴国去到延陵,终身不再进入吴国。君子认为他不行杀戮是仁慈,不获取国君地位是正义。不把国家作为自身的私产,抛弃千乘君主之位毫不遗憾,放弃君主的高位毫不愤恨,可以接近"至公"的境界吧!

14.3 诸侯之义死社稷①,太王委国而去何也②?夫圣人不欲强暴侵陵百姓,故使诸侯死国,守其民。太王有至仁之恩,不忍战百姓③,故事勋育、戎氏④,以犬马珍币,而伐不止。问其所欲者,土地也。于是属其群臣耆老而告之曰:"土地者,所以养人也。不以所以养而害其养也,吾将去之。"遂居岐山之下⑤。邠人负幼扶老从之⑥,如归父母。三迁而民五倍其初者,皆兴仁义,趣上之事⑦。君子守国安民,非特斗兵,罢杀士众而已⑧。不私其身,惟民足用保民,盖所以去国之义也,是谓至公耳。⑨

【注释】
①死社稷:为国家而死。下文"死国"同此。
②太王:周文王之祖古公亶父的尊号,亦称"周太王",相传为后稷

第十二代孙。周人本居豳,因戎、狄侵逼,自古公亶父始迁居岐山之下,定国号曰周,自此兴盛。他是周人历史上上承后稷、公刘,下启文王、武王的关键人物。其曾孙周武王姬发建立周朝时,追谥他为"太王"。"太",原文作"大",二字古代可通。

③战百姓:使百姓打仗。

④勋育、戎氏:我国古代西北部族名。勋育,在夏称为獯鬻,周时称为猃狁,汉时称为匈奴。戎氏,我国古代西部戎人部族。

⑤岐山:山名。在今陕西岐山县东北。商末,周部族由今陕西彬州、旬邑一带迁至岐山,岐地就成了周部族的故居。

⑥邠:古代诸侯国名。本作"豳(bīn)",在今陕西旬邑、彬州一带,原为周族祖先公刘创建。

⑦趣(qū)上之事:趋附君主做事。趣,趋时,趋附。

⑧罢(pí)杀士众:使士人、民众疲困和遭受残杀。罢,同"疲"。与"杀"同作使动用法。

⑨天海按:周太王迁岐事,先秦文献《孟子》《庄子》《吕氏春秋》等书多有记载,均与此大同小异。

【译文】

诸侯国君为国家而死就是正义的,周太王却放弃了自己的国家而迁走,是为什么呢?那是因为圣人不愿意让强暴的势力欺凌百姓,所以让诸侯国君为国而死,保住他的百姓。周太王有最仁慈的恩德,他不忍心让百姓遭受战乱,所以宁肯臣事勋育、戎氏部族,并献上狗马珍宝等礼物,但他们仍攻伐不止。问他们想要什么,回答说要土地。周太王于是召集他的群臣和年高德重的人,告诉他们说:"土地是用来养育人的,不能因为这养育人的东西来害了所要养育的民众,我打算离开这里。"周太王于是迁到岐山之下居住。邠地的人背上小孩扶着老人跟随他,像归顺父母一样。他搬迁了三次,百姓竟是当初的五倍,这都是由于他施行仁义,百姓愿意趋附为他做事。君子要保有国家,安定民众,不能只凭战争,使士人和民众疲困并遭到残杀。周太王不为自己的私利,只希望百姓丰衣足食保护百姓,这大概就是他放弃原来国家的用意吧!这才称得上是最大的公正。

14.4 辛栎见鲁穆公曰①:"周公不如太公之贤也②。"穆公曰:"子何以言之?"辛栎对曰:"周公择地而封曲阜③,太公择地而封营丘④。爵土等,其地不若营丘之美,人民不如营丘之众。不徒若是,营丘又有天固⑤。"穆公心惭,不能应也。辛栎趋而出,南宫边子入⑥,穆公具以辛栎之言语南宫边子。南宫边子曰:"昔周成王之卜居成周也⑦,其命龟曰⑧:'予一人兼有天下,辟就百姓,敢无中土乎⑨?使予有罪,则四方伐之,无难得也。'周公卜居曲阜,其命龟曰:'作邑乎山之阳,贤则茂昌,不贤则速亡。'季孙行父之戒其子也⑩,曰:'吾欲室之侠于两社之间也⑪,使吾后世有不能事上者,使其替之益速⑫。'如是,则曰'贤则茂昌,不贤则速亡',安在择地而封哉?或示有天固也?辛栎之言,小人也,子无复道也!"⑬

【注释】

①辛栎:战国时鲁人,生平未详,事如本文。《吕氏春秋·长利》作"辛宽"。鲁穆公:姬显,司马贞《史记索隐》作"不衍",谥穆。战国初期鲁国国君,前410—前377年在位。他在位时注重礼贤下士,曾隆重礼拜孔伋(子思),咨以国事;容许墨翟在鲁授徒传道,组织学派,使鲁国一度出现安定局面。

②周公:姓姬名旦,周文王第四子,周武王之弟。武王死后,成王年幼,由他摄政当国。《尚书大传》称:"周公摄政:一年救乱,二年克殷,三年践奄,四年建侯卫,五年营成周,六年制礼作乐,七年

致政成王。"太公：姜姓，吕氏，名尚，一名望，字子牙，有太公之称，亦称太公望。因其先祖辅佐大禹平水土有功被封于吕，故以吕为氏，也称吕尚、又称姜尚。西周初年为"师"（武官名），辅佐文王、武王灭商有功，封于齐，为西周齐国的始祖。

③曲阜：鲁国都城。故地在今山东曲阜。

④营丘：齐国都城。故地在今山东临淄。

⑤天固：天险之固，亦即坚固的天险。

⑥南宫边子：鲁国人，字子容，亦称南容，《吕氏春秋·长利》作"南宫括"。余事未详。

⑦成周：西周都城，后改称洛阳。故址在今河南洛阳东北二十里。

⑧命龟：古人占凶吉，必将所卜之事告卜人以龟占之，称为命龟。亦泛指灼龟问卜。《周礼·春官·大卜》："大祭祀则眂高命龟。"郑玄注："命龟，告龟以所卜之事。"《诗经·鄘风·定之方中》"卜云其吉"，毛传："建国必卜之，故建邦能命龟……可谓有德音，可以为大夫。"孔颖达疏："建邦能命龟者，命龟以迁，取吉之意。"

⑨辟就百姓，敢无中土乎：依法治理百姓，能够没有中原之地吗？辟，法，依法。就，面临，治理。中土，中原大地。

⑩季孙行父（？—前568）：即季孙友，姬姓，季氏，谥文，史称季文子。春秋时鲁国大夫，历仕宣、成、襄三君，执掌鲁国朝政三十多年，以清廉忠直著称。

⑪室之侠于两社之间：宫室修在两社之间。侠，通"挟"。两社之间，鲁君所居宫室的中门之外右有周社，左有亳社，两社之间是朝廷执政所在，是很显眼的地方。参见《左传·闵公二年》注疏。

⑫替：废弃。

⑬天海按：此文与《吕氏春秋·长利》同记一事，但文字多异。

【译文】

辛栎谒见鲁穆公说："周公不如太公贤明。"鲁穆公问："你凭什么说这样的话?"辛栎回答说:"周公挑选地方以曲阜作封邑,太公挑选地方以营丘作封邑。爵位和封地相等,但曲阜的土地不如营丘肥美,人口不如营丘众多。不只是这样,营丘还有坚固的天险。"鲁穆公内心也感到惭愧,不能回答。辛栎急步走出,南宫边子进来,鲁穆公把辛栎说的话全部告诉了南宫边子。南宫边子说:"从前周成王占卜定居成周时,让卜人灼龟占卜说:'我一人兼有天下,君临百姓,怎能不居于中原呢?假如我有了罪过,那么天下四方的人都可以讨伐我,这不难做到。'周公占卜定居曲阜,他让卜人灼龟占卜说:'建城邑在山的南边,贤明就会繁茂昌盛,不贤就会很快灭亡。'季孙行父告诫他的儿子说:'我要在周社和亳社之间修建住所,假若我的后代中有不能事奉君主的人,让他很快地被废掉。'像这些事例,说的就是君主贤明就会兴旺昌盛,君主不贤就会很快灭亡,哪在于选择地方作封国,或显示有坚固的天险呢?辛栎的这些话,都是无知小人的话,您不要再提它了!"

14.5 秦始皇帝既吞天下,乃召群臣而议曰:"古者五帝禅贤①,三王世继②,孰是?将为之。"博士七十人未对③。鲍白令之对曰④:"天下官⑤,则禅贤是也⑥;天下家⑦,则世继是也。故五帝以天下为官,三王以天下为家。"秦始皇帝仰天而叹曰:"吾德出自五帝⑧,吾将官天下,谁可使代我后者?"鲍白令之对曰:"陛下行桀、纣之道,欲为五帝之禅,非陛下所能行也。"秦始皇帝大怒曰:"令之前!若何以言我行桀、纣之道也?趣说之,不解则死。"令之对曰:"臣请说之。陛下筑台干云,宫殿五里,建千石之钟⑨,立万石之簴⑩。妇女连百,倡优累千。兴作骊山宫室⑪,至雍相继不绝⑫。所以自奉者⑬,殚天下⑭,竭民力。偏驳自私⑮,不能以及人,陛下所谓自营仅存之主也,何暇比德五帝、欲官天下哉?"始皇暗然无以应之,面有惭色,久之,曰:"令之之言,乃令众丑我。"遂罢谋,无禅意也。

【注释】

①五帝禅贤:古代五帝将天下让给贤能的人。五帝,传说中远古五个帝王,说法不一。《史记》以黄帝、颛顼、帝喾、尧、舜为五帝。禅贤,禅让贤能之人。禅让是指统治者把首领之位让给别人,"禅"的意思是"在祖宗面前大力推荐","让"指"让出帝位"。

②三王:指夏禹、商汤、周文王。世继:世代继承。

③博士:古为官名。战国至秦汉时是掌管书籍文典、通晓史事的官职,后成为学术上专通一经或精通一艺、从事教授生徒的官职。

④鲍白令之:仅此一见,生平未详。

⑤天下官:天下属于公有。官,为公众所有。

⑥禅:原文作"让",此依向宗鲁《校证》据卢文弨从《太平御览》改。

⑦天下家:天下属于私家所有。

⑧德出自五帝:国运出自五帝。秦姓嬴氏,为少昊氏(帝喾之子)后代,故云。德的本意是七曜(日、月及金、木、水、火、土五星)的运行。后来引申为国家的命运,朝代更替的规律。

⑨石(dàn):古代量器名。重百二十斤。

⑩立:此字原文脱,依向宗鲁《校证》据《太平御览》及《上林赋》补。簴(jù):亦作"虡",安放钟鼓的立柱,多用金属浇注成猛兽形。《释名》:"所以悬鼓者,横曰簨,纵曰虡。虡,举也。"

⑪骊山:山名。位于今陕西西安临潼区城南。

⑫雍:地名。指雍门,在秦都城咸阳之南。

⑬自奉:谓自身的生活享受。

⑭殚(dān):尽。

⑮偏驳:偏颇,不公正。

【译文】

秦始皇已经吞并了天下,便召集群臣商议说:"古代五帝传位让贤,夏、商、周三王世袭,哪一种做法对?我将采用它。"七十多个博士官没有一人回答。鲍白令之对他说:"天下公有,那么禅让贤人就对;天下私有,那么世袭就对。五帝是以天下为公有,三王是以天下为私有。"秦始皇仰天长叹说:"我的国运出自五帝,我将以天下为公有,谁人可以在我之后接替天下呢?"鲍白令之回答说:"陛下走的是桀、纣一样的道路,想要像五帝那样禅让天下,不是陛下所能做到的。"秦始皇大怒说:"你上前来!凭什么说我走的是桀、纣一样的道路?赶快解释清楚,不能解释就处死罪。"鲍白令之回答说:"我请求解释这样说的道理。陛下修筑楼台上接云霄,宫殿连绵五里,建造重达千石的大钟,树立重达万石的钟鼓架。嫔妃上百,歌舞杂技艺人上千。兴建骊山宫室,到咸阳雍门接连不断。为了自己的享乐,耗尽天下的资财,竭尽全国民力。这样偏颇自私而不顾及他人,陛下是所谓自己立业仅能保存的君主,岂能与五帝比道德、想要以天下为公有呢?"秦始皇默不作声,没有什么话可回答他,面带羞惭的表情。过了好一阵,他才说:"令之这番话,就是使众人憎恶我。"于是放弃了这个计划,再也没有禅让天下的意思了。

14.6 齐景公尝赏赐及后宫,文绣被台榭,菽粟食凫雁①。出而见殍②,谓晏子曰:"此何为死?"晏子对曰:"此馁而死③。"公曰:"嘻!寡人之无德也何甚矣!"晏子对曰:"君之德著而彰,何为无德也?"景公曰:"何谓也?"对曰:"君之德及后宫与台榭;君之玩物,衣以文绣;君之凫雁,食以菽粟;君之营内自乐④,延及后宫之族,何为其无德也!顾臣愿有请于君:由君之意,自乐之心,推而与百姓同之,则何殍之有?君不推此,而苟营内好私,使财货偏有所聚,菽粟币帛,腐于囷府⑤，惠不遍加于百姓，公心不周乎万国⑥，则桀、纣之所以亡也。夫士民之所以叛，由偏之也。君如察臣婴之言，推君之盛德，公布之于天下，则汤、武可为之，一殣何足恤哉！"⑦

【注释】

①凫雁：泛指野鸭水鸟。

②殣（jǐn）：饿死的人。原文作"僅"，据明钞本改。

③馁：同饥饿。

④营内：经营内宫。

⑤囷（qūn）府：粮仓和府库。囷，圆形的粮仓。

⑥万国："万"字原文脱，此据向宗鲁《校证》引《太平御览》补。

⑦天海按：此文又见《晏子春秋·外篇》，文略异。

【译文】

齐景公曾经赏赐遍及后宫，将彩色斑斓的锦绣覆盖到水阁凉亭上，豆子和粟米用来喂养池中的水鸟。齐景公出宫看见一个饿死的人，问晏子说："这人是为什么死的？"晏子回答说："这人是因饥饿而死的。"齐景公说："唉！我为什么这样特别没有恩德啊！"晏子对他说："国君的恩德显著彰明，为什么说没有恩德呢？"齐景公问："这话什么意思？"晏子回答说："君主的恩德遍及后宫与亭台水榭；国君的玩物，披上彩绣；国君的水鸟，用豆、粟喂养；国君经营内廷自己享乐，还延及后宫众多的人，为什么说国君没有恩德呢！不过我还想向国君请求：请国君把自己享乐的心意，推广到与百姓共同享乐，那怎么会有饿死的人呢？国君不推广这种恩德，却任意经营宫内个人喜好，使资财货物聚集偏多，粮食钱财在仓库中腐烂，恩惠不能普遍地施加给百姓，公平的心意不能传遍所有的国家。这就是夏桀、商纣灭亡的原因。士人百姓之所以会反叛，都是由于偏私造成的。君主如果能考察我说的这些话，推广国君的盛德,公布到天下,那么商汤、周武王的事业也能做到,何止是体恤一个饿死的人呢!"

14.7 楚共王出猎①,而遗其弓,左右请求之。共王曰:"止,楚人遗弓,楚人得之,又何求焉?"仲尼闻之曰:"惜乎其不大②,亦曰'人遗弓,人得之'而已,何必楚也?"仲尼所谓大公也。③

【注释】

①楚共王(前600—前560):芈姓,熊氏,名审。春秋时楚国国君,前590—前560年在位。
②惜乎其不大:可惜啊,楚王的心胸不大。其,指楚共王的心胸。
③天海按:此文所记之事见于《公孙龙子·迹府》《吕氏春秋·贵公》《孔丛子·公孙龙》等多种古籍,此文与《吕氏春秋·贵公》略同。成语典故"楚弓楚得""人弓人得"出于此文。

【译文】

楚共王外出打猎,丢失了他的弓,左右的侍从请求去找回来。楚共王说:"算了吧!楚国人丢了弓,楚国人拾到它,又何必去寻找它呢?"孔子知道这件事后,说:"可惜啊,他的心胸还不算大,也可以说'有人丢了弓,有人会得到它'罢了,为何要说楚国呢?"孔子所说的就是大公。

14.8 万章问曰①:"孔子于卫主痈疽②,于齐主寺人脊环③,有诸?"孟子曰:"否!不然。好事者为之也。于卫主颜雠由④。弥子之妻与子路之妻⑤,兄弟也⑥。弥子谓子路曰:'孔子主我,卫卿可得也。'子路以告。孔子曰:'有命⑦!'孔子进之以礼,退之以义,得之不得,曰有命;而主痈疽与寺人脊环,是无命也⑧。孔子不说于鲁、卫⑨,将适宋,遭桓司马⑩,将要而杀之⑪,微服过宋⑫,是孔子当厄⑬,主司城贞子⑭,为陈侯周臣⑮。吾闻之:观近臣,以其所为之主;观远臣,以其所主⑯。如孔子主雍雎与寺人脊环,何以为孔子乎!"⑰

【注释】

①万章:战国时齐人,孟子弟子。《孟子》七篇中有"万章章句"凡十八章,万章名字出现22次之多;对孟子有"尧以天下与舜""伊尹以割烹要汤""敢问友""敢问交际"之问等达38次之多。

②主雍雎:以雍雎为主人。指住在雍雎家做客。雍雎,《人物考》云:"雍姓,雎名,又名渠,卫灵公之嬖臣。"《史记·孔子世家》《报任安书》中皆有"雍渠",为春秋时卫灵公的宦臣。主,以……为主人。《孟子·万章上》作"痈疽",音误。

③寺人脊环:寺人,宦官。脊,或作"瘠",姓脊名环,齐君的近侍。《孟子·万章上》作"侍人瘠环",朱熹《四书章句集注》:"侍人,奄人也。"侍,与"寺"同。

④颜雠由:《史记·孔子世家》作"颜浊邹",卫灵公时贤大夫,为子路妻子之兄。

⑤弥子:又作"弥子瑕",姓弥,名牟,字子瑕。卫灵公时宠臣,后色衰爱弛而被黜。《韩非子·说难》《左传·定公六年》《新序·杂事一》皆有提及。

⑥兄弟:这里指姊妹。

⑦有命:意谓官位是天命所归。《论语·颜渊》:"死生有命,富贵在天。"

⑧无命:没有天命佑助。

⑨不说:不喜欢,不受欢迎。
⑩桓司马:即桓魋(tuí),又称"向魋"。春秋时宋国的司马,掌控宋国兵权。他是宋桓公的后代,深受宋景公宠爱,他的弟弟司马牛是孔子的弟子。前492年孔子由卫去陈,路经宋国,在树下与弟子习礼,桓魋拔掉这棵树,企图谋杀孔子。
⑪要:拦劫。
⑫微服:改换便装。
⑬当厄:处在困厄之中。
⑭司城贞子:陈国大夫。杨伯峻《孟子译注》引朱亦栋之《孟子札记》以为即《左传·哀公十五年》中的公孙贞子。
⑮陈侯周:日人关嘉引《史记·孔子世家》以为陈闵公。赵岐注《孟子》以为陈怀公之子。
⑯近臣、远臣:朱熹《四书章句集注》:"近臣,在朝之臣;远臣,远方来仕者。"
⑰天海按:此文又见《孟子·万章上》,文略异。

【译文】

万章问孟子说:"孔子在卫国时住在雍雎家,在齐国时住在寺人脊环家,有这样的事吗?"孟子说:"没有!不是这样。那是好事的人编造出来的。孔子在卫国时住在颜雠由的家里。弥子的妻子与子路的妻子是姊妹,弥子对子路说:'孔子住在我家,可以得到卫国卿大夫的位置。'子路将此话告诉孔子。孔子说:'听天由命!'孔子按照礼法进取,按照道义退身,能得到与不能得到,都说由天命决定;如果住在雍雎和寺人脊环家中,这就不会有天命佑助。孔子在鲁、卫两国不受欢迎,便前往宋国,遇见桓司马想要中途劫杀他,孔子便改换衣装经过宋国,那时孔子正受困厄,住在司城贞子家,做了陈侯周的家臣。我听说:观察在朝的臣子,要看他接待的是什么客人;观察远来的臣子,要看他所寄居的主人。如果孔子以雍雎和寺人脊环为主人,他凭什么能够成为孔子呢？"

14.9 夫子行说七十诸侯①，无定处，意欲使天下之民各得其所，而道不行，退而修《春秋》。采毫毛之善，贬纤介之恶②，人事浃③，王道备，精和圣制④，上通于天而麟至⑤，此天之知夫子也。于是喟然而叹曰："天以至明为不可蔽乎？日何为而食⑥？地以至安为不可危乎？地何为而动？天地而尚有动蔽，是故贤圣说于世而不得行其道，故灾异并作也。"夫子曰⑦："不怨天，不尤人⑧，下学而上达⑨，知我者其天乎？"⑩

【注释】

①夫子行说七十诸侯：孔子游说七十诸侯。夫子，此指孔子。行说，四处游说。天海按，据《史记·孔子世家》载，孔子从55岁到68岁周游列国，带着他的亲近弟子，用了十几年的时间在鲁国周边游历。孔子当时周游的诸侯国只有卫、曹、宋、郑、陈、蔡、楚七国，而且大多是春秋时期的蕞尔小国。楚国算是大国，但孔子只到了楚国的边境。孔子还打算西去晋国，但由于时局不好，只是在黄河边上发出感慨："美哉水！洋洋乎，丘之不济，命也夫！"最终连黄河也没过。"行说七十诸侯"之说，夸大之词也。《庄子·天运》《淮南子·泰族训》《史记·十二诸侯年表》《史记·儒林列传》等皆言孔子游说七十余君无所遇，而《吕氏春秋·遇合》独言"所见八十余君"，故《论衡·儒增》曰："案《论语》之篇，诸子之书，孔子自卫返鲁，在陈绝粮，削迹于卫，忘味于齐，伐树于宋，并费与顿牟，至不能十国。传言七十国，非其实也。"

②纤介：一作"纤芥"。比喻极细小的事物。

③人事浹(jiā)：人事透彻。《公羊传·哀公十四年》注作"人道浹"。浹，通达，透彻。

④圣制：古代圣人的法制，圣王的礼制。

⑤麟至：传说鲁哀公十四年（前481）在西方打猎获麟，孔子作《春秋》至此而止。中国古代用麒麟象征祥瑞。相传只在太平盛世，或世有圣人时此兽才会出现。孔子与麒麟密切相关，相传孔子出生之前和去世之前都出现了麒麟，据传孔子出生前，有麒麟在他家的院子里"口吐玉书"，书上写道"水精之子，系衰周而素王"，孔子在《春秋》哀公十四年春天，提到"西狩获麟"，孔子为此落泪，并表示"吾道穷矣"。孔子曾写歌："唐虞世兮麒麟游，今非其时来何求？麟兮麟兮我心忧。"不久孔子去世。事亦参见《春秋》。

⑥食：同"蚀"。

⑦夫子曰：以下所引见于《论语·宪问》。

⑧不尤人：不责怪人，不归咎于人。

⑨下学而上达：在下学习经术，进而上通王道。《论语》孔疏："仲尼悼礼乐废崩，追修经术，以达王道。此上达之义也欤？"

⑩天海按：此文之事又见《史记·孔子世家》，文略异。

【译文】

孔子游说七十个诸侯国君，没有固定的居处，他想要使天下的百姓都有各自的归宿，但他的学说行不通，只好隐退修订《春秋》。他采记了很细微的好事，也贬斥了很细小的坏事，人事通达，王道完备，精心调合圣王的礼制，上与天相感应，因而麒麟来到，这是上天了解孔子。孔子于是长叹一声说："以为上天最光明不能被掩蔽吧，为什么会出现日食？以为大地最安稳不可动摇吧，为什么会发生地震？天地都还有被掩蔽和震动的时候，因此圣贤的学说在世上不能推行，所以就会有灾祸和异常的现象同时发生。"孔子说："不怨恨上天，不责怪世人。人在世上学习也会通达于王道，了解我的大概是上天吧？"

14.10 孔子生于乱世,莫之能容也,故言行于君,泽加于民,然后仕;言不行于君,泽不加于民,则处①。孔子怀天覆之心②,挟仁圣之德;悯时俗之污泥,伤纪纲之废坏;服重历远,周流应聘③;乃俟幸施道,以子百姓④,而当世诸侯,莫能任用。是以德积而不肆⑤,大道屈而不伸,海内不蒙其化,群生不被其恩⑥。故喟然叹曰:"而有用我者⑦,则吾其为东周乎⑧?"故孔子行说,非欲私身运德于一城⑨,将欲舒之于天下⑩,而建之于群生者耳。

【注释】

①处:止,隐退。
②天覆之心:像上天覆盖大地万物一样的胸襟。
③服重历远,周流应聘:犹言任重道远,周游应聘。服,任也。流,与"游"同。
④俟幸施道,以子百姓:等待有机会施行他的主张,以此爱抚百姓。俟,等待。幸,有幸。有机会。子百姓,把百姓当作子女。子,犹言抚爱,用作动词。
⑤肆:显明。《周易·系辞下》:"其言曲而中,其事肆而隐。"
⑥群生:众生。
⑦而:古字相当于"如"。如果。《论语·阳货》正作"如"。
⑧吾其为东周乎:我大概会复兴东周吧。为东周,复兴东周王朝。指在东方复兴文、武之道。以上二句出自《论语·阳货》。
⑨一城:泛指一个地方。或说此城指鲁国费邑。日人关嘉曰:"一城,为费;公山弗扰以叛之所。"
⑩舒:舒张,推广。

【译文】

孔子生活在战乱的时代,没有谁能容纳他,所以他认为自己的主张被君主施行,恩泽施加到百姓身上,然后才去做官;如果自己的主张不被君主采用,恩泽不能施加给百姓,他就隐退安居。孔子怀着上天覆盖大地万物一样的胸襟,具有仁慈圣明的品德;惋惜当时世俗的污浊,哀伤礼法制度的废弃败坏;肩负重任,游历远方,周游应聘;想要等待机会施行他的主张,来爱抚百姓,但当时的诸侯没有谁能任用他。因此德泽积蓄却不显明,重大的政治主张被扭曲而不能伸张,海内不能蒙受他的教化,万民不能承受他的恩惠。所以孔子长叹道:"如果有人能用我,我将可以在东方复兴文、武之道吧?"因此孔子周游列国,并不是想要在一个地方运用他自己的才德,而是想要把他的学说推广到天下,并建立在万民之中。

14.11 秦、晋战,交敌①。秦使人谓晋将军曰:"三军之士皆未息,明日,请复战。"臾骈曰②:"使者目动而言肆③,惧我,将遁矣。迫之河,必败之。"赵盾曰④:"死伤未收而弃之,不惠也;不待期而迫人于险,无勇也。请待。"秦人夜遁。⑤

【注释】

①秦、晋战,交敌:此次秦晋交战,事见《左传·文公十二年》。此年(前615)冬秦国出兵进攻晋国,晋国赵盾率大军拒秦军于河曲(今山西芮城西风陵渡一带)。晋国谋士臾骈认为,秦军远来,不能持久,建议晋军深垒固守,以待敌变。赵盾采纳了他的建议,严令军士坚守。交敌,两军彼此势均力敌。

②臾骈:春秋时晋国大夫,在此次秦、晋交战中任晋国的上军佐。为人有贤名。

③目动而言肆:眼珠转动而言语放肆。

④赵盾:即赵宣子(前655—前601),嬴姓,赵氏,名盾,谥宣,故称赵宣子。春秋时晋国大夫,曾任中军主帅,后为国相。天海按,"赵盾曰"以下之语《左传》记为赵穿所言,向宗鲁《校证》认为,《左传》所载极言赵穿之骄纵,与本书《至公》之目不当,疑刘向采此别有所据。

⑤天海按:此文又见《左传·文公十二年》记此事,文略异。

【译文】

秦、晋两国交战,两军彼此势均力敌。秦国派使者对晋国将军说:"三军的士卒都未得到休息,请求明天再战。"史骈说:"使者的眼珠乱转并且言语放肆,说明敌军惧怕我们,将会逃跑了。如把敌军逼迫到河边,一定能打败他们。"赵盾说:"我军死伤的士卒还未收容掩埋,如果抛弃他们,这不仁慈;不到约定时间就逼人至险境,这不算勇敢。还是再等一等。"秦军当天夜里就逃走了。

14.12 子胥将之吴,辞其友申包胥曰①:"后三年,楚不亡,吾不见子矣。"申包胥曰:"子其勉之!吾未可以助子,助子是伐宗庙也,止子是无以为友②。虽然,子亡之,我存之。"于是乎观楚一存一亡也。后三年,吴师伐楚,昭王出走③。申包胥不受命,西见秦伯曰:"吴无道,兵强人众,将征天下,始于楚。寡君出走,居云梦,使下臣告急。"哀公曰④:"诺,固将图之。"申包胥不罢朝,立于秦廷,昼夜哭,七日七夜不绝声。哀公曰:"有臣如此,可不救乎?"兴师救楚。吴人闻之,引兵而还。昭王反复⑤,欲封申包胥。申包胥辞曰:"救亡,非为名也。功成受赐,是卖勇也。"辞不受。遂退隐,终身不见。《诗》云⑥:"凡民有丧⑦,匍匐救之⑧。"⑨

【注释】

①申包胥:姓公孙,春秋时楚国大夫,因封于申,故又称申包胥。
②止:原文作"二",据明钞本改。
③吴师伐楚,昭王出走:前506年,吴王阖闾率军深入楚国,在柏举(今湖北麻城境内)击败楚军,继而占领楚都。楚昭王出逃到云梦,再逃到郧国,流亡到随国。
④哀公:即秦哀公。春秋时秦国国君,前536—前501年在位。
⑤反复:返国复位。反,同"返"。复,此指复位。
⑥《诗》云:所引二句见《诗经·邶风·谷风》。
⑦丧:凶祸,灾难。
⑧匍匐:本意是手足并用爬行,这里形容全力以赴。
⑨天海按:此文所记之事又见《左传·定公四年》《战国策·楚策》《史记·伍子胥列传》《吴越春秋·阖庐内传》《淮南子·修务训》《新序·节士》,本书《立节》等,文皆大同小异。

【译文】

伍子胥将要出奔吴国,向他的朋友申包胥告辞说:"三年以后,楚国不亡,我不再见您了。"申包胥说:"您努力去做吧!我不能够帮助您,帮助您就是攻伐自己的国家,制止您这就是不把您当朋友。尽管这样,您如能灭亡楚国,我就要保存它。"于是人们就观察楚国是存是亡。三年后,吴军伐楚,楚昭王出逃。申包胥没有接受君命,便西去拜见秦国君主说:"吴国无道,军队强大人马众多,将要征讨天下,现从楚国开始。我国主君出走,住在云梦,派我前来告急。"秦哀公说:"好吧!我一定会考虑这件事。"申包胥不退朝,站立在秦国朝廷上,昼夜哭泣,七天七夜哭声不断。秦哀公说:"有这样的臣子,怎能不援救呢?"于是就出兵救楚。吴军知道这个消息,就率领军队撤退回国。楚昭王返国复位,想要封赏申包胥。申包胥辞谢说:"拯救国家危亡,不是为了虚名。成功了接受赏赐,这就是炫耀自己的勇敢。"推辞不受。于是他退身隐居,终身不再露面。《诗经》说:"凡是百姓有灾祸,都要尽全力去拯救。"

14.13 楚令尹虞丘子①,复于庄王曰:"臣闻奉公行法,可以得荣;能浅行薄,无望上位;不名仁智,无求显荣;才之所不著,无当其处。臣为令尹十年矣,国不加治,狱讼不息,处士不升,淫祸不讨②;久践高位,妨群贤路;尸禄素餐,食欲无厌;臣之罪当稽于理③。臣窃选国俊下里之士曰孙叔敖④,秀赢多能⑤,其性无欲。君举而授之政,则国可使治,而士民可使附。"庄王曰:"子辅寡人,寡人得以长于中国⑥,令行于绝域,遂霸诸侯,非子如何?"虞丘子曰:"久固禄位者,贪也;不进贤达能者,诬也;不让以位者,不廉也。不能三者,不忠也。为人臣不忠,君王又何以为忠?臣愿固辞。"庄王从之,赐虞丘子采地三百⑦,号曰国老⑧。以孙叔敖为令尹。少焉,虞丘子家干法⑨,孙叔敖执而戮之。虞丘子喜,入见于王曰:"臣言孙叔敖,果可使持国政。奉国法而不党,施刑戮而不骫⑩,可谓公平。"庄王曰:"夫子之赐也已。"

【注释】

①虞丘子:楚穆王之子。《吕氏春秋·赞能》作"沈尹茎"。向宗鲁《校证》引诸说,认为即沈尹茎,楚庄王时任令尹,荐孙叔敖代己。

②淫祸不讨:大祸乱不处治。淫祸,大祸乱。讨,查究,处治。

③稽于理:受到法官的审查。稽,查考。理,指狱官、法官。

④俊:原文误作"浚",形近而讹,径改。下里之士:乡野的士人。孙叔敖:春秋时楚人,芈姓,蒍(wéi)氏,名敖,字孙叔,一字艾猎。

楚庄王时任令尹。

⑤秀羸(léi)多能：秀雅瘦弱多才能。卢文弨引《太平御览》作"秀才"。孙诒让《札迻》案："《渚宫旧事》二载此事作'秃羸多能'，注云：'荀卿子曰：叔敖突秃长左。'余知古盖以'秃羸'之文与《荀子》'突秃'正同，故引以相证，则秃不当作秀，明矣。'秃羸'言叔敖之形，首无发而羸瘦，与'多能'二字不相蒙。《御览》作'秀才'，乃后人妄改，不足据也。"

⑥长(zhǎng)于中国：在中原做霸主。长，做盟主。

⑦采地：古代诸侯分封给卿大夫的田地。

⑧国老：古代为告老退职的卿大夫所加尊号。

⑨家干法：家族的人违法。干，犯。

⑩骫(wěi)：枉法。骫，同"委"。枉曲。

【译文】

楚国令尹虞丘子，向楚庄王回报说："我听说奉公执法，能够得到荣耀；才能品德浅薄，就不要指望得到高位；不具备仁义智慧，不要追求显赫尊荣；才能不显著的人，就不要承担他所处的职位。我做令尹十年了，国家没有更好地治理，案件争讼不停；隐士未得进升，大祸乱没有处置；久居高位，妨碍了群贤的进升之路；尸位素餐，贪得无厌；我的罪过应当受到法官的查处。我私下选中了一个国内杰出的人才，是乡下的士人名叫孙叔敖。他虽然文雅瘦弱，但十分能干，他的本性恬淡无欲。主君举拔他并授给他国政，那么就能使国家得到治理，并且能使士人百姓归附。"楚庄王说："你辅佐我，我才能在中原做盟主，号令施行到极边远的地方，终于称霸诸侯，没有你怎么办？"虞丘子说："长久巩固自己官位的人，是贪鄙的；不举贤进能的人，是欺骗国君；不能以职位相让的人，不是正直的人。有这三不能的人，就是不忠。作为人臣不忠，主君又为什么要把他当作忠臣呢？我坚决请求辞职。"楚庄王依从了他，并赏赐他食邑三百户，号称国老。楚庄王让孙叔敖做了令尹。不久，虞丘子家族中有人犯了法,孙叔敖抓来杀了。虞丘子很高兴,入宫拜见楚庄王说:"我推荐的孙叔敖,果真能让他操持国政。奉行国法而不结朋党,施行刑法而不枉曲,可以称得上是公正平直。"楚庄王说:"这也是先生的赐予啊。"

14.14 赵宣子言韩献子于晋侯曰①:"其为人不党,治众不乱,临死不恐②。"晋侯以为中军尉③。河曲之役④,赵宣子之车干行⑤,韩献子戮其仆。人皆曰:"韩献子必死矣⑥,其主朝升之,而暮戮其仆,谁能待之?"役罢,赵宣子觞大夫,爵三行⑦,曰:"二三子可以贺我。"二三子对曰:"不知所贺。"宣子曰:"我言韩厥于君,言之而不当,必受其刑。今吾车失次而戮之仆,可谓不党矣,是吾言当也。"二三子再拜稽首曰:"不惟晋国适享之,乃唐叔是赖之⑧,敢不再拜稽首乎?"⑨

【注释】

①韩献子:即韩厥。姬姓,韩氏,名厥,因其谥献,故亦称韩献子。春秋时晋人,韩厥始为晋国赵氏家臣,后位列八卿之一,至晋悼公时,升任晋国执政,成为晋国的正卿,他一生侍奉晋灵公、晋成公、晋景公、晋厉公、晋悼公五朝。晋侯:《国语·晋语》作"晋灵公"。

②恐:原文作"怨",据明钞本改。

③中军尉:官名。春秋时晋国军队分为上、中、下三军,各军设尉,职掌是发众使民。

④河曲之役:前615年,晋、秦两国在河曲(今山西芮城西风陵渡一带)交战。

⑤干行:冲撞了军队的行列。

⑥韩献子:此为韩厥卒后谥号,当时人不能在其未死前预称其谥,疑行文有误。或后人追记而行文。

⑦觞大夫,爵三行:请大夫饮酒,酒过三巡。爵,古代饮酒器。行,通"巡"。

⑧唐叔:姬姓,名虞,周武王姬发之子,周成王姬诵同母弟,亦称叔虞、太叔。因封在唐国,史称唐叔虞。唐叔虞为西周诸侯国晋国始祖。

⑨天海按:此文又见《国语·晋语》,文字各有详略。

【译文】

赵宣子向晋侯推荐韩献子说:"韩厥为人不结朋党,治理众人有条不紊,面对死亡毫不畏惧。"晋侯就让韩厥做了中军尉。在河曲的战斗中,赵宣子的车驾冲撞了军队的行列,韩献子杀了他的车夫。人们都说:"韩厥这次死定了!他的主子早上提拔了他,到傍晚就杀了主子的车夫,谁能容忍这样的事呢?"战斗结束后,赵宣子请大夫饮酒,酒过三巡,他说:"你们几个人应该祝贺我。"那几个大夫说:"不知道该祝贺什么。"赵宣子说:"我曾向君主举荐韩厥,如果举荐不当,一定会受到处罚。这次我的车驾乱了次序,韩厥杀了我的车夫,可谓是不结朋党了。这证明我的举荐是正确的。"这几个大夫拜了两拜叩头至地说:"不仅晋国能够安享这个福分,就是先祖唐叔也要依仗这样的人。能不再拜叩头吗?"

14.15 晋文公问于咎犯曰:"谁可使为西河守者①?"咎犯对曰:"虞子羔可也②。"公曰:"非汝之仇也?"对曰:"君问可为守者,非问臣之仇也。"子羔见咎犯而谢之曰③:"幸赦臣之过,荐之于君,得为西河守。"咎犯曰:"荐子者,公也;怨子者,私也。吾不以私事害公义,子其去矣,顾吾射子也④!"⑤

【注释】

①西河守：西河长官。西河，战国时属魏地，在今河南安阳。古时黄河流经安阳之东，故称安阳之西为西河。守，春秋时为一地之长。西河郡指今陕西东部邻近黄河的大荔、澄城、韩城一带地区，当时属魏。

②虞子羔：其人生平未详。

③子：此字原文脱，据明钞本补。

④顾：不然。

⑤天海按：本文所记与《左传·襄公三年》《国语·晋语》《吕氏春秋·去私》《韩诗外传》卷九，《史记·晋世家》《新序·杂事一》等各有异同。

【译文】

晋文公向咎犯问道："谁人可以派去做西河守？"咎犯回答说："虞子羔可以。"晋文公问："子羔不是你的仇人吗？"咎犯回答说："主君问的是可以做西河守的人，并没有问我的仇人是谁。"子羔拜见咎犯并致歉说："幸亏您赦免了我的过错，向主君推荐了我，使我能做西河守。"咎犯说："我举荐你，是为了公事；我怨恨你，是因为私事。我不能因为私事而损害公理，你赶快走吧！不然我就要用箭射杀你了！"

14.16 楚文王伐邓①，使王子革、王子灵共捃菜②。二子出采，见老丈人载畚③，乞焉，不与，搏而夺之。王闻之，令皆拘二子，将杀之。大夫辞曰："取畚信有罪，然杀之非其罪也，君若何杀之？"言卒，丈人造军而言曰④："邓为无道，故伐之。今君公子搏而夺吾畚⑤，无道甚于邓。"呼天而号。君闻之，群臣恐。君见之，曰："讨有罪而横夺，非所以禁暴也；恃力虐老，非所以教幼也；爱子弃法，非所以保国也；私二子，灭三行⑥,非所以从政也。丈人舍之矣⑦,谢之军门之外耳⑧。"⑨

【注释】

① 楚文王伐邓:前688年冬天,楚文王北上讨伐申国(故址在今河南南阳)。楚灭申后,次年春天,楚师在自申返楚的途中伐邓。楚文王(?—前677),芈姓,熊氏,名赀。春秋时楚国国君,前689—前677年在位。邓,周列国名。曼姓,地在今河南邓州。前678年为楚文王所灭。

② 王子革、王子灵:楚文王二子名革、名灵。捃(jùn):采集,拾取。

③ 载畚(běn):挎着一个藤筐。畚,古代用草绳或树藤编成的筐子,后以编竹为之,即畚箕。

④ 造军:到军营大帐来。造,到。

⑤ 今君公子搏而夺吾畚:此句原文:"今君公之子之搏而夺吾畚",两"之"字为衍文,此径删。

⑥ 私二子,灭三行:私爱二子,毁灭三种行为。三行,此指上文"讨有罪、教幼、保国"三种行为。

⑦ 舍之:赦免我。舍,通"赦"。舍,于此亦有"宽恕"的意思。

⑧ 谢之军门之外耳:将在军门之外向您赔罪。意指在军门外斩杀二子,以此来赔罪。

⑨ 天海按:《太平御览》卷九百七十六引此文,同此。《艺文类聚》卷十八,《太平御览》卷三百八十三引文与此全异,向宗鲁《校证》以为或旧有二本。

【译文】

楚文王攻打邓国,命王子革、王子灵一起去采摘野菜。这二人出外采摘野菜,看见有个老人挎着一个藤筐,便向老人乞讨,老人不给他们,于是就殴打老人夺下藤筐。楚文王知道了这件事,命令将二人都拘押起来,将要杀掉他们。大夫进言说:"夺取老人的藤筐确实有罪,但杀死他们却不是他们该承当的罪。主君为什么要杀死他们呢?"话刚说完,那老人就来到军营门外说:"邓国干出些没有道义的事,所以你们才攻打它。现在君王的儿子殴打我,还抢夺了我的筐子,这比邓国还要不讲道义。"说完就呼天抢地号哭。楚文王听到了这些话,群臣也感到惶恐不安。楚文王召见那位老人说:"讨伐有罪的人,自己却要蛮横地抢夺,这不是禁止暴行的办法;仗恃力气虐待老人,这不是教育年轻人的办法;爱自己的儿子却放弃法令,这不是保住国家的办法;对这两个儿子徇私情,毁灭以上三种德行,这不是治理国政的办法。请老丈宽恕我,我将在军门外斩杀二子,来向您赔罪。"

14.17 楚令尹子文之族有干法者①,廷理拘之②,闻其令尹之族也,而释之。子文召廷理而责之曰:"凡立廷理者,将以司犯王令③,而察触国法也。夫直士持法,柔而不挠,刚而不折。今弃法而背令,而释犯法者,是为理不端,怀心不公也。岂吾有营私之意也④?何廷理之驳于法也⑤?吾在上位,以率士民,士民或怨,而吾不能免之于法。今吾族犯法甚明,而使廷理因缘吾心而释之⑥,是吾不公之心,明著于国也。执一国之柄,而以私闻,与吾生不以义,不若吾死也。"遂致其族人于廷理。曰:"不是刑也⑦,吾将死。"廷理惧,遂刑其族人。成王闻之⑧,不及履而至于子文之室⑨,曰:"寡人幼少,置理失其人,以违夫子之意。"于是黜廷理而尊子文,使及内政⑩。国人闻之曰:"若令尹之公也,吾党何忧乎?"乃相与作歌曰:"子文之族,犯国法程。廷理释之,子文不听。恤顾怨萌⑪,方正公平。"

【注释】

①子文:姓斗,名谷於菟(gòu wū tù),芈姓,字子文,斗邑(今湖北郧西,一说为梦泽)人。春秋时期著名的楚国令尹。其父斗伯比与邧国女子私通而生子文,弃于云梦。传说由虎喂乳,后收养成人。楚人称乳为"谷",称虎为"於菟",故以此为名。前664—前637年为楚令尹。干法:违法。

②廷理:春秋时楚国官名。掌刑法、狱政。

③司:同"伺"。侦察,查办。

④吾有:"有"字原文无,此据向宗鲁《校证》补。

⑤驳:不一样,相反,违背。

⑥因缘:同"夤缘"。这里有迎合之意。

⑦不是刑:即"不刑是",宾语前置。

⑧成王:即楚成王(?—前626),芈姓,熊氏,名恽。春秋时楚国国君,前671—前626年在位。

⑨不及履:来不及穿上鞋。

⑩内政:宗族内部事务。

⑪恤顾怨萌:体恤顾及心怀怨恨的百姓。萌,通"氓"。即民众。

【译文】

楚国令尹子文的宗族中,有违犯了国法的人,刑狱官拘押了他,但听说他是令尹子文的族人,又释放了他。子文召见刑狱官并责备他说:"大凡设立刑狱官这个职务,就是靠他来侦察违犯君主命令,查处触犯国法的人。正直的人执法,虽柔和但不枉曲,虽刚正但不会折断。现在你放弃国法并违背律令,又释放了犯法的人,这样做刑狱官不正直,心怀不公。难道我有营私的意图吗?为什么刑狱官执行国法这样的不同呢?我身居高位,应作士民的表率,士民有了怨恨,而我也不能豁免于国法之外。如今我的族人犯法很明显,如果刑狱官迎合我的心意而释放了他,这就使我不公正的心明显地暴露在国人面前。执掌一国的权柄,却以私心闻名,与其让我不守正义地活着,不如让我去死吧。"于是他便送他的族人到刑狱官那里,并说:"不对此人惩处,我将赴死。"刑狱官害怕了,于是对他的族人执法施刑。楚成王知道了这件事,来不及穿上鞋就赶到子文的家中,说:"我太年轻,任命刑狱官用人失当,违背了先生的心愿。"于是楚成王罢黜了刑狱官使子文地位更尊崇,让他管理王室内部事务。都城的人知道这件事后说:"像令尹这样的公正,我们这些人还担心什么?"于是就作歌互相传唱:"子文的族人,违犯国法章程。刑狱官放了他,子文不答应。顾惜百姓的怨恨,多么正直公平!"

14.18 楚庄王有茅门者法曰①:"群臣大夫、诸公子入朝,马蹄踩溜者②,斩其辀而戮其御③。"太子入朝,马蹄踩溜,廷理斩其辀而戮其御。太子大怒,入为王泣曰:"为我诛廷理。"王曰:"法者,所以敬宗庙、尊社稷。故能立法从令、尊敬社稷者,社稷之臣也,安可以加诛? 夫犯法废令,不尊敬社稷,是臣弃君,下陵上也。臣弃君则主失威,下陵上则上位危。社稷不守,吾何以遗子?"太子乃还走避舍④,再拜请死。⑤

【注释】

①楚庄王(? —前591):芈(mǐ)姓,熊氏,名旅(一作侣、吕),谥庄。春秋时楚国国君,前613—前591年在位。前597年,楚庄王大败晋国后称霸,为春秋五霸之一。茅门者法:犹茅门之法。茅门,即雉门,诸侯三宫门之一,南门的中门。

②踩溜(liù):践踏到屋檐之下。溜,屋檐下滴水之处。

③斩其辀(zhōu)而戮其御:砍断车辕杀死车夫。辀,车辕。

④还(xuán)走避舍:急忙退下很远。还,迅速。舍,行军三十里为一舍,这里形容退避很远的意思。

⑤天海按：此文又见于《韩非子·外储说右上》，文略同。

【译文】

楚庄王有关于茅门的法令："群臣大夫、众公子入朝时，有马蹄践踏到茅门房檐下的人，砍断他的车辕并杀死他的车夫。"太子入朝时，马蹄踩到了茅门房檐下，刑狱官砍断了他的车辕并杀了他的车夫。太子大怒，入宫对庄王哭泣说："为我杀掉刑狱官。"楚庄王说："国法是靠它来敬事宗庙、尊奉国家的。所以能够确立国法服从律令、尊敬国家的人，那就是国家的大臣，为什么要对他加以诛杀？如果违犯国法废弃律令，不尊敬国家，这就是臣下背弃君主，以下犯上。臣子背弃君主，就会使国君丧失权威；以下犯上，就会使国君的地位危殆。保不住国家，我用什么来遗传给你？"太子于是立即退避很远，拜了又拜请求治他死罪。

14.19 楚庄王之时，太子车立于茅门之内，少师庆逐之①。太子怒，入谒王曰："少师庆逐臣之车。"王曰："舍之。老君在前而不逾②，少君在后而不豫③，是国之宝臣也。"④

【注释】

①少师庆：少师，官名。周置少师、少傅、少保以辅佐天子，诸侯国沿置。庆，人名。《韩非子·外储说右上》作"廷理"。向宗鲁《校正》认为，少师非执法之官，疑为"士师"；《新序·杂事二》有士庆谏庄王事，疑即一人。天海按，士庆，楚共王时大夫，后赐相。楚庄王是楚共王的父亲，在位二十三年，两王相距不远，故士庆可事二主。

②不逾：不逾越法度。逾，超越。这里指违犯法令。

③不豫：不给自己留后路。豫，事先准备。

④天海按：此文又见于《韩非子·外储说右上》，文详于此。

【译文】

楚庄王的时候，太子的车驾停留在茅门之内，少师庆驱走了它。太子大怒，入宫谒见庄王说："少师庆赶走了我的车子。"楚庄王说："宽恕他吧。老国君在眼前却不违犯他的法令，年轻的国君在后继位却不给自己留后路，这是国家最可宝贵的臣子。"

14.20 吴王阖庐为伍子胥兴师①，复仇于楚。子胥谏曰："诸侯不为匹夫兴师。且事君犹事父也，亏君之义，复父之仇，臣不为也。"于是止。其后因事而后复其父仇也②。如子胥可谓不以公事趋私矣③。④

【注释】

①吴王阖庐为伍子胥兴师：事并见于《公羊传·定公四年》《穀梁传》。阖庐（？—前496），姬姓，名光，又称公子光，吴王诸樊之子（《左传》《世本》作吴王徐眛之子）。前515年，阖庐派专诸刺杀吴王僚，夺取吴国王位，是为吴王阖庐，一作阖闾，前514—前496年在位。吴王阖庐执政时期，以楚国旧臣伍子胥为相，以齐人孙武为将军，强兵兴国，两度败楚，威震东南。伍子胥（前559—前484），名员，字子胥，楚国（今湖北监利黄歇口镇）人，春秋末期吴国大夫、军事家。以封于申，也称申胥。伍子胥之父伍奢为楚平王子建太傅，因受费无极谗害，和其长子伍尚一同被楚平王杀害。伍子胥从楚国逃到吴国，成为吴王阖闾重臣，他建造了姑苏城（苏州城），至今苏州有胥门。前506年，伍子胥协同孙武带兵攻入楚国郢都，伍子胥掘楚平王墓，鞭尸三百，以报父兄之仇。吴国倚重伍子胥等人之谋，西破强楚，北败徐、鲁、齐，成为诸侯一霸。伍子胥曾多次劝谏吴王夫差杀勾践，夫差不听，反而听信

太宰伯嚭谗言，令其自杀。伍子胥死后九年，吴国为越国偷袭所灭。

②其后因事而后复其父仇：据《公羊传·定公四年》载，伍子胥奔吴王阖庐后，阖庐欲为之伐楚复仇，伍子胥有此文之言而止。数年后，楚伐蔡，蔡求救于吴，吴乃出兵伐楚，为伍子胥复仇。

③趋：趋向，引申为追逐、谋求。

④天海按：此文与《公羊传》《穀梁传》所记略同。

【译文】

吴王阖庐要为伍子胥兴兵，向楚国复仇。伍子胥进谏说："诸侯不应为了个人而兴兵。再说事奉国君如同事奉父亲一样，损害国君的道义，来报父亲的仇，我是不做的。"吴王于是放弃了这次行动。在那之后又因别的事伍子胥才报了他父亲的仇。像伍子胥这样，可称得上是不以公事来谋私的人了。

14.21 孔子为鲁司寇①，听狱必师断②，敦敦然皆立③，然后君子进曰④："某子以为何若？"某子以为云云⑤。又曰："某子以为何若？"某子曰云云。辩矣⑥，然后君子曰⑦："几当从某子云云乎⑧？"以君子之知，岂必待某子之云云，然后知所以断狱哉？君子之敬让也。文辞有可与人共之者，君子不独有也⑨。⑩

【注释】

①司寇：西周官名。主管刑狱，为六卿之一，春秋时诸侯国沿用。据《左传》和铜器铭文所记，周王室和鲁、宋、晋、齐、郑、卫、虞等国都置有司寇之官。其职责是驱捕盗贼和据法诛戮大臣等。楚名司寇为司败，战国时不少国家仍名刑官为司寇。

②师断:众人裁断。师,众也。《公羊传·僖公二十八年》解诂:"宋称人者,明听讼必师断与众共之,不敢自专。"
③敦敦然:忠谨诚恳貌。敦,通"屯"。"屯"与"肫""纯"并同。刘文典《说苑斠补》云:"《春秋繁露·五行相生篇》:'为鲁司寇,断狱屯屯,与众共之,不敢自专。'屯屯,即敦敦也。"
④君子:指孔子,下文同此。卢文弨校曰:"君子,即孔子。"
⑤云云:如此这般。此用为表示省略之词。
⑥辩:同"遍"。周遍。
⑦君子曰:原文脱"曰"字。《孔子家语》作"孔子曰",此径补。
⑧几:读若"其"。或者。
⑨文辞有可与人共之者,君子不独有也:此二句《史记·孔子世家》作:"孔子在位听讼,文辞有可与人共者,弗独有也。"文辞,此指断案的文书。
⑩天海按:此又见《春秋繁露·五行相生》,《孔子家语·好生》亦有此文而较略。

【译文】

孔子做了鲁国的司寇,审理案件时一定要让众人裁断,大家都忠谨诚恳地在一起站立着。然后孔子上前说:"某人认为该怎么样?"某人便说该如此如此。孔子又问:"某人认为该怎么样?"某人又说该如此如此。都问遍了,然后孔子又说:"或者应当依从某人说的吧?"凭着孔子的智慧,难道一定要等待某人说如此这般,然后才知道怎样断案吗?这是孔子对别人的尊敬礼让。司法文书凡能与别人共同拟定的,孔子不独自一人去占有这种权力。

14.22 子羔为卫政①,刖人之足②。卫之君臣乱③,子羔走郭门,郭门闭,刖者守门,曰:"于彼有缺。"子羔曰:"君子不逾。"曰:"于彼有窦④。"子羔曰:"君子不遂⑤。"曰:"于此有室。"子羔入,追者罢。子羔将去,谓刖者曰:"吾不能亏损主之法令,而亲刖子之足。吾在难中,此乃子之报怨时也,何故逃我⑥?"刖者曰:"断足固我罪也,无可奈何。君之治臣也,倾侧法令⑦,先后臣以法⑧,欲臣之免于法也,臣知之。狱决罪定,临当论刑,君愀然不乐,见于颜色,臣又知之。君岂私臣哉,天生仁人之心,其固然也。此臣之所以脱君也。"孔子闻之曰:"善为吏者树德,不善为吏者树怨。公行之也,其子羔之谓欤?"⑨

【注释】

①子羔为卫政:子羔主持卫国狱政。子羔,春秋时卫国人,一作齐人。姓高,名柴,字子羔,也作子皋、子高、季高,孔子弟子,性仁孝。子路在季氏那里任职,举派高柴去做费邑宰。前480年,卫国政变,高柴逃离卫国,并劝子路不要回宫里去,子路拒绝他的劝阻,结果回宫遇害。他以尊老孝亲著称,任卫国狱吏时,不徇私舞弊,按法规办事,为官清廉,执法公平,有仁爱之心,受到孔子的称赞。为卫政,据《韩非子·外储说左下》"孔子相卫,弟子子皋为狱吏",《孔子家语·致思》"季羔为卫之士师",可见子羔未曾在卫主持国政,此当指其为狱政。

②刖:古代酷刑之一,砍去犯人双脚。

③卫之君臣乱:此指卫国蒯聩之乱。蒯聩为卫灵公之子,做太子时欲杀灵公夫人南子,未成奔晋。后与其姊伯姬串通逼迫孔悝(伯姬之子,卫国大夫)赶走卫侯辄(蒯聩之子卫出公),自立为君,是为卫庄公。卫庄公继位后背晋,又驱逐孔悝,晋人围卫,卫庄公被杀,在位仅三年。《孔子家语·致思》:"俄而卫有蒯聩之乱。"

④窦:墙壁所开小洞。

⑤遂:通"隧"。从洞中钻出去,用作动词。

⑥逃:使……逃,使动用法。

⑦倾侧法令:反复推敲斟酌法令。倾侧,偏侧。这里为仔细斟酌的意思。

⑧先后臣以法:依法对我反复衡量。先后,反复衡量。

⑨天海按:此文又见《韩非子·外储说左下》《孔子家语·致思》,文略异。

【译文】

子羔职掌卫国狱政,砍过犯人的脚。卫国的君臣内乱,子羔逃到外城门,外城门已关闭,正是那个被砍了脚的人在守城门,那守门人对他说:"在那里有一个缺口。"子羔说:"君子不翻墙。"守门人又说:"在那里有一个小洞。"子羔说:"君子不从洞中钻出。"守门人说:"在这里有间房子。"子羔躲入房中,追赶的人才罢休。子羔将要离开时,对砍过脚的人说:"我不能损害君主的法令,亲自砍了你的脚。我在灾难中,这正是你报仇的时机,为什么要使我逃脱呢?"那砍过脚的人说:"被砍断脚本来是我罪有应得,这是没有办法的事。您在审理我的时候,仔细斟酌法令,用法令反复衡量我的罪过,想使我能够免受刑法惩治,这些我都知道。案件审决罪名确定,正当依罪执刑时,您凄然不乐,表现在脸色上,我也知道这些。您难道是对我有私情吗?仁慈的人天生的本性,那当然会这样。这就是我要帮您逃脱的原因。"孔子知道此事后说:"善于做狱吏的人树立恩德,不善于做狱吏的人树立怨恨。公正地为人处事,说的就是子羔这样的人吧?"

卷十五

指武

【题解】

指武,即阐明有关军事与武力问题的要旨。本卷记载了周初至汉武帝时有关对外兴师征伐、对内武力除奸的轶事共28则。大致可以分为以下三个方面的内容:

首先,关于武力之道的普遍原则。

第一则引用《司马法》和《周易》揭示了武力征战利与弊的双重性,即"好战必亡,忘战必危",进而以吴王夫差好战而亡,徐偃王无武而灭的史实,说明英明的君主应该既不好战,又不废武,即"上不玩兵,下不废武",才能安身保国的道理。第二则秦昭王以"楚剑利,倡优拙"告诫自己,应该长远考虑,做到"存不忘亡"。第三则以徐偃王轻武备,第四则以吴起"好用凶器"为实例,从正反两个方面证实"好战必亡,忘战必危"的观点。

第六则强调"内治未得,不可以正外;本惠未袭,不可以制末",讲的是国内未能治理就不能对外用兵,没有对民众和士卒实施普遍的利益,就不能做好其他事情。这是在国内外使用武力的最基本的条件。

第二十四则"圣人之治天下也,先文德而后武力",是儒家一贯倡导的"文武之道""先礼后兵"的主张。第十二则以"鲁石公剑"反衬"汤、武之兵,兵不血刃"的主张,虽然是夸饰之词,但"施惠百万之民"的出发点,亦是儒家民本思想在军事领域的体现。第十三则孔子借颜渊之口说出"使天下千岁无战斗之患"的愿望,表达了孔子对社会和平的渴求,也体现了正义战争"以战去战"的最高境界。

以上这8则应该是本卷的思想核心,也表现了作者刘向关于国家对外用兵、对内用武的立场与观点。

其次,关于战争胜负的具体策略。

这一方面涉及内容较广,共有16则。在对外使用武力的问题上,作者认为:"强弱成败之要,在乎附士卒,教习之而已"(15.5则);王者之师要"令行禁止"(15.7则);对士卒要"致慈爱之心,立威武之战",将帅应该"身先士卒"(15.8—15.10则);争取民心,讨伐无道;以逸待劳,不伐有备;乘胜追击,权衡利弊;总之,讨伐无道要有利于百姓,用兵要军纪严明,以智勇取胜。特别是15.11则胡建以智勇斩杀监军御史,对军中权贵滥权经商的劣行确实起到了"立武以威众,诛恶以禁邪"的实效。这在今天仍然具有强烈的现实意义。

最后,关于对内用武力诛恶除奸的重要性。

本卷最后4则专讲以武力诛杀邪恶,强调内治,把握赏罚权势,必须严肃法纪,防止内乱。所谓"佞贼之人而不诛,乱之道也",对内使用武力就是为了社会安定,巩固政权。就连后世儒家所讳言的"孔子为鲁司寇,七日而诛少正卯"的史实也毫不避讳,可见对内用武力诛恶除奸的重要性。

"好战必亡,忘战必危"的警钟长鸣,对于国家的安全至今令人警醒;而使用武力总的原则是"先文德后武力",最终目的是使天下永远消除战患。距今两千多年前的刘向,在对战争和武力的认识上,具有这样清醒的见解,不仅是难能可贵的,也为后人用兵治武提供了有益的借鉴。

15.1《司马法》曰①:"国虽大,好战必亡;天下虽安,忘战必危②。"《易》曰③:"君子以除戎器,戒不虞④。"夫兵不可玩⑤,玩则无威;兵不可废,废则召寇。昔吴王夫差好战而亡⑥,徐偃王无武亦灭⑦。故明王之制国也,上不玩兵,下不废武。《易》曰⑧:"存不忘亡,是以身安而国家可保也⑨。"

【注释】

①《司马法》:古代兵书,《史记·太史公自序》:"自古王者而有《司马法》。""《司马法》所从来尚矣,太公、孙、吴、王子(成父)能绍而明之。""司马"作为职官名,在殷墟的甲骨刻辞中还未出现,而起于周代。所以,《司马法》应是周代的兵法著作,李靖曾对唐太宗说《司马法》出自姜太公之手,陈师道说:"所谓古者《司马兵法》,周之政典也。"王应麟说:"古者《司马法》,即周之政典也。"说明它不只是专门的军事理论著作,而包括军法、军礼、军事条例、条令等典章制度,具有军事教典的性质。因为它由"司马之法"而来,故称《司马法》。《司马法》到战国初已经失传,齐威王"使大夫追论古者《司马兵法》",把司马穰苴的著作也附在其中,编成《司马穰苴兵法》。因此,《司马穰苴兵法》既包括古代《司马法》的内容,又有司马穰苴对《司马法》的诠释和自己的著作。《司马穰苴兵法》至汉代已简称为《司马兵法》。司马迁说:"余读《司马兵法》,闳廓深远,虽三代征伐,未能竟其义。"刘歆著《七略》,把《司马兵法》归入《兵书略》,而班固作《汉书·艺文志》则把《司马兵法》归入《礼》书一类,作《军礼司马法》,内容有一百五十五篇之多。至唐代,《司马法》的篇章已亡佚很多,由一百五十五篇减至数十篇。入宋以后,更减至五篇,即今传本《司马法》。

②"国虽大"四句:出自《司马法·仁本》。

③《易》曰:以下引自《周易·萃卦》。

④除戎器,戒不虞:修整武器,防备预料之外的事发生。除,修治。

⑤玩:玩忽,轻视。

⑥夫差(约前528—前473):姬姓,名夫差,吴王阖庐之子。春秋时吴国末代国君,前495—前473年在位。

⑦徐偃王:嬴姓,徐氏,名诞,是西周时徐国国君。徐国统辖今淮、泗一带,建都下邳(今江苏睢宁古邳镇)。相传徐偃王以仁义治国,江淮诸侯顺从他的有三十六国。前512年吴王阖庐进攻徐国,偃王爱民而不战,为吴国所灭。

⑧《易》曰:以下引自《周易·系辞下》。

⑨存不忘亡,是以身安而国家可保也:天海按,以上所引今传本《司马法》作:"存而不忘亡,治而不忘乱,是以身安而国家可保也。"

【译文】

《司马法》记载说:"国家虽然强大,好战就一定会灭亡;天下虽然安定,忘记战备就一定危险。"《周易》上说:"君子要修整武器,防备不测。"武力是不能随意玩弄的,随意玩弄就没有威力;武力也不能废除,废除了就会招来敌寇。从前吴王夫差好战遭到灭亡,徐偃王没有武备也被消灭。所以英明的君主裁断国政,在上的统帅不玩弄武力,在下的臣民不废弃武备。《周易》上说:"生存的时候不要忘记危亡,这样就会使自身安全并保住国家。"

15.2 秦昭王中朝而叹曰①:"夫楚剑利,倡优拙②。夫剑利,则士多悍;倡优拙,则思虑远也。吾恐楚之谋秦也。"此谓当吉念凶,而存不忘亡也,卒以成霸焉。③

【注释】

①秦昭王(前325—前251):即秦昭襄王,嬴姓,赵氏,名则,又名稷,秦惠文王之子,秦武王异母弟。战国时秦国国君,前306—前251年在位,为中国历史上在位时间最长的国君之一。中朝:君王临朝之时。

②倡优拙:歌舞杂技艺人演技笨拙。拙,拙劣,笨拙。

③天海按:此文所载之事又见《史记·范雎蔡泽列传》,文字较详。

【译文】

秦昭王在临朝时叹息说:"楚国剑器锋利,歌舞杂技艺人演技拙劣。剑器锋利,武士大多都很强悍;歌舞杂技艺人演技拙劣,就说明他的国君有深谋远虑。我恐怕楚国会图谋秦国。"这就是在平安时想到凶险,在生存时不忘危亡,最终能够因此成就霸业。

15.3 王孙厉谓楚文王曰①:"徐偃王好行仁义之道②,汉东诸侯三十二国尽服矣③。王若不伐,楚必事徐。"王曰:"若信有道,不可伐也。"对曰:"大之伐小,强之伐弱,犹大鱼之吞小鱼也,若虎之食豚也④。恶有其不得理?"文王遂兴师伐徐,残之⑤。徐偃王将死,曰:"吾赖于文德⑥,而不明武备;好行仁义之道,而不知诈人之心,以至于此。"夫古之王者,其有备乎⑦!⑧

【注释】

①王孙厉:为楚臣,生平未详。楚文王(?—前675):芈(mǐ)姓,熊氏,名赀(zī)。春秋时楚国国君,前689—前677年在位。文王,《新序》作"共王"。

②徐偃王:嬴姓,徐氏,名诞,是西周时徐国国君。前512年吴王阖庐进攻徐国,偃王爱民而不战,为吴国所灭。

③三十二国:《韩非子·五蠹》作"三十六国"。

④豚(tún):小猪,也泛指猪。

⑤残之:灭掉了徐国。天海按,关于徐偃王与徐国被灭之事,文献记载多有不同。《韩非子》谓楚文王,《淮南子》谓楚庄王,《史

记·秦本纪》谓周穆王,混《韩非子》《史记》成一说为《后汉书·东夷传》。故钱穆曰:"余疑徐偃王即宋王偃,其见灭时,惟《淮南》楚庄王之说得之。"然据《左传·昭公三十年》:"吴子怒,冬十一月,吴子执钟吾子,遂伐徐,防山以水之。己卯,灭徐。"可见灭徐国者为吴王阖庐,时间是鲁昭公三十年(前512)冬十一月廿三日。因此诸说未确。

⑥文德:指以礼乐教化进行统治,常与"武功"相对而言。

⑦其有备乎:应该都有武备吧。其,大概,应该。语气词。

⑧天海按:此文又见《淮南子·人间训》,《韩非子·五蠹》亦记此事,文字稍异。

【译文】

王孙厉对楚文王说:"徐偃王喜好实行仁义的主张,汉水以东诸侯三十二国都归服了他。大王如不攻打他,楚国势必会臣事徐国。"楚文王说:"他如果真有仁义之道,那是不能攻打的。"王孙厉说:"大国攻打小国,强国攻打弱国,好比大鱼吞食小鱼,像老虎吃小猪一样。哪会有不得手的道理呢?"楚文王于是带领军队攻打徐国,灭了徐国。徐偃王在快死时说:"我依赖礼乐教化,而不明白武备的重要;好奉行仁义的主张,却不了解奸诈人的心思,因此而落到这一步。"古代的君王,应该都有武备吧!

15.4 吴起为苑守①,行县,适息②,问屈宜臼曰③:"王不知起不肖,以为苑守,先生将何以教之?"屈公不对。居一年,王以为令尹,行县,适息,问屈宜臼曰:"起问先生,先生不教。今王不知起不肖,以为令尹,先生试观起为之也。"屈公曰:"子将奈何?"吴起曰:"将均楚国之爵,而平其禄;损其有余,而继其不足;厉甲兵,以时争于天下④。"屈公曰:"吾闻昔善治国家者，不变故⑤，不易常。今子将均楚国之爵而平其禄，损其有余而继其不足，是变其故而易其常也。且吾闻兵者，凶器也；争者，逆德也。今子阴谋逆德⑥，好用凶器，殆人所弃⑦，逆之至也。淫泆之事也⑧，行者不利。且子用鲁兵，不宜得志于齐，而得志焉⑨；子用魏兵，不宜得志于秦，而得志焉⑩。吾闻之曰：'非祸人不能成祸⑪。'吾固怪吾王之数逆天道，至今无祸，嘻！且待夫子也。"吴起惕然曰："尚可更乎？"屈公曰："不可！"吴起曰："起之为人谋。"屈公曰："成刑之徒⑫，不可更已。子不如敦处而笃行之⑬，楚国无贵于举贤。"⑭

【注释】

①吴起(？—前381)：战国时卫人。先仕于魏，后逃奔楚国，助楚悼王变法。楚悼王死，变法失败，被贵族杀害。他是战国初期著名的政治家和军事家，世传《吴子》一书继承和发展了《孙子》的有关思想，在历史上曾与《孙子》齐名，并称为"孙吴兵法"，为历代兵家所重视。苑：同"宛"。春秋时楚邑，后改称南阳，故地在今河南南阳。守：一郡之长。

②行县，适息：巡视各县，到了息县。息，原为周姬姓侯国，前680年为楚所灭。故地在今河南信阳境内。

③屈宜白：一作屈宜咎。战国时楚国大臣，曾反对楚悼王、吴起变法，以为"阴谋逆德，好用兵器"，是"逆天道"。前334年韩国大旱，韩昭侯作高门，他斥之为"时绌举赢"，是不恤民力，时衰耗而作奢侈，预言昭侯不出此门。余事未详。《史记·韩世家》注引许慎曰："屈宜白，楚大夫在魏也。"

④以时争于天下：寻找时机在天下争霸。

⑤不变故:不改变过去的成法。
⑥阴谋:兵谋,策划战争。《国语·越语下》:"阴谋逆德,好用凶器。"韦昭注:"阴谋,兵谋也。"逆德:古代指争、战等违背仁爱道德之事。《国语·越语下》:"范蠡进谏曰:'夫勇者,逆德也;兵者,凶器也;争者,事之末也。'"韦昭注:"德尚礼让,勇则攻夺。"
⑦殆:副词,相当于"当然""必定"。
⑧淫泆:过分放纵。
⑨"子用鲁兵"三句:事见《史记·孙子吴起列传》:"吴起为鲁将而攻齐,大破之。"
⑩"子用魏兵"三句:事见《史记·孙子吴起列传》:"吴起为魏将而击秦,拔五城。"
⑪非祸人不能成祸:此语又见《淮南子·道应训》《文子·下德》。
⑫成刑之徒:已经固定成型的那一类人。刑,同"型"。徒,同类之人。一说已经在众人中形成灾祸。《淮南子·道应训》引许慎注:"成刑之徒,指刑祸已成于众。"
⑬敦处:恭敬勤勉地处事。笃行:忠厚做人。
⑭天海按:此文又见《淮南子·道应训》,文略异。

【译文】

吴起做了宛邑守,他巡视各县,到了息县,他问屈宜臼说:"楚王不知道我不贤,让我做了宛邑守,先生打算用什么来教诲我呢?"屈公没有回答。过了一年,楚王让吴起做了楚国令尹,吴起巡视各县,到了息县,他又问屈宜臼说:"我曾请教先生,先生不教诲我。如今大王不知道我不才,又让我做了令尹,请先生试看我怎么做令尹吧。"屈宜臼问他:"你准备怎么做?"吴起说:"我准备均平楚国的爵位,使它的俸禄公平;减损那富余的人来补充那不足的人;修缮武器装备,等待时机以争夺天下。"屈公说:"我听说从前善于治理国家的人,不改变成法,不变换常规。现在你打算均平楚国的爵位来使俸禄公平,减损那富余的人来补充那不足的人,这就是改变成法并变换常规。况且我听说武器是凶器,战争是违背道德的。现在你策划战争违背道德,好用武力,必定被人们所唾弃,倒行逆施到了极点。过分放纵的事情,做了的人都会不利。再说你曾使用鲁国的军队,不应在攻打齐国时取胜,但仍在齐国取胜了;你曾使用过魏国的军队,不应在攻打秦国时取胜,但你仍在秦国取胜了。我听说过:'不是祸乱的人不能造成灾祸。'我本来就奇怪我们大王多次违背上天的意旨,到现在未发生灾祸,咦!原来将等待你啊!"吴起吃惊地问:"还可以更改吗?"屈公说:"不能了!"吴起说:"我将通过人力谋划而改变。"屈公说:"你是属于已经定型的那一类人,是不可更改的了。你不如勤勉地处事,忠厚地做人,楚国没有比推举贤能更重要的了。"

15.5《春秋》记国家存亡,以察来世①。虽有广土众民,坚甲利兵,威猛之将,士卒不亲附,不可以战胜取功。晋侯获于韩②。楚子玉得臣败于城濮③,蔡不待敌而众溃④。故语曰:"文王不能使不附之民,先轸不能战不教之卒⑤,造父、王良不能以弊车不作之马趋疾而致远⑥,羿、逢蒙不能以枉矢弱弓射远中微⑦。故强弱成败之要,在乎附士卒,教习之而已。"⑧

【注释】

①来世:后世,后代。

②晋侯获于韩:前645年,秦穆公攻晋,战于韩原(今山西稷山),大败晋军,擒晋惠公,后又放了他。韩,地名。春秋时属晋,名韩原。

③楚子玉得臣败于城濮:前632年,晋楚大战于城濮(今山东鄄城西南),楚军大败,楚成王责令子玉自杀。子玉得臣,姓成名得

臣,字子玉,楚成王时为令尹。

④蔡不待敌而众溃:前656年,齐桓公会诸侯各国之师攻蔡,蔡军不待敌军进攻便溃逃。

⑤先轸(?—前627):春秋时晋国卿大夫。因采邑在原(今河南济源西北),又称原轸。他是晋国勇猛善战的将军,以谋略见称。曾辅佐晋文公、晋襄公两位霸主。晋楚城濮大战,他将中军,大败楚军。后又在殽大败秦军。后狄人伐晋,他冲入狄军中战死。

⑥造父:嬴姓。其祖先伯益为少昊裔孙,被舜赐姓嬴,造父为伯益的九世孙。是周穆王时善于驾车的人。据《史记》载:"缪王使造父御,西巡狩,见西王母,乐之忘归。而徐偃王反,缪王日驰千里马,攻徐偃王,大破之。乃赐造父以赵城,由此为赵氏。"王良:一说即邮无恤,春秋时晋人,也是高明的驭手。不作之马:不能行动的马,劣马。《礼记·乐记》:"暴民不作,诸侯宾服。"孔颖达疏:"不作,谓不动作也。"

⑦羿(yì):古代传说中善射的人。说法不一,《左传》认为是夏有穷氏国君,《楚辞·天问》《淮南子》认为是唐尧时人,《说文解字》认为是帝喾时射师。逢蒙:又作"逄蒙",传说他曾向羿学射,学会羿的射法后杀羿。《汉书·艺文志》有《逢门射法》二篇,颜师古注:"逢门即逢蒙。"

⑧天海按:此文可与《荀子·议兵》文相参阅。

【译文】

《春秋》这本书记载了国家的存亡,可以用来考察后世的事。它说明即使有广阔的土地,众多的百姓,有精良的武器装备,勇猛的战将,但士卒不亲近归附,就不能够打胜仗取得成功。晋侯在韩原被俘获,楚国成得臣在城濮大败自杀,蔡国不等敌军进攻就全军溃逃。所以有这样的话:"文王不能驱使不愿归附的百姓,先轸不能使没有经过训练的士卒作战,造父、王良不能让破车劣马快跑并到达远方,羿、逢蒙不能用弯曲的箭和无力的弓射中远处微小的东西。所以强弱成败的关键,在于使士卒亲附,训练好他们罢了。"

15.6 内治未得,不可以正外①;本惠未袭②,不可以制末。是以《春秋》先京师而后诸夏③,先诸华而后夷、狄④。及周惠王⑤,以遭乱世,继先王之体⑥,而强楚称王⑦,诸侯背叛。欲申先王之命,一统天下,不先广养京师以及诸夏,诸夏以及夷狄;内治未得,忿则不料力,权得失,兴兵而征强楚⑧,师大败,撙辱不行⑨,大为天下戮笑。幸逢齐桓公以得安尊。故内治未得,不可以正外;本惠未袭,不可以制末。

【注释】

①正外:征伐外国。正,通"征"。
②本惠未袭:对百姓的恩惠还未遍及。本,指百姓,《尚书·五子之歌》:"民惟邦本。"袭,意同"洽"。遍及。
③诸夏:指周代分封的中原各诸侯国。
④诸华:即诸夏。夷、狄:古代称东方部族为夷,北方部族为狄。常用以泛称除华夏族以外的各部族。也泛指边远地区的少数民族部落。
⑤周惠王(? —前652):姬姓,名阆。前676—前652年在位。
⑥先王之体:先王的体制。体,体制,事物的法式、规矩。
⑦强楚称王:指楚武王要挟周王升其爵位,周王不听,遂在前704年自立,称武王。事见《史记·楚世家》。
⑧征强楚:周惠王伐楚事未详所出。
⑨撙(zǔn)辱:屈辱。

【译文】

　　国内未治理好,就不能对外征伐;百姓是国家的根本,对他们的恩惠还不普遍,就不能够控制枝末。因此《春秋》先治理都城然后治理中原诸侯国,先治理中原诸侯国然后治理夷、狄等部落。到周惠王时,正碰上乱世,他想要继承先王的体制,但强大的楚国自称为王,诸侯都背叛了周王室。周惠王想要申张先王的教令,统一天下,却不首先广泛地教养国都百姓并推广到诸侯国,再由诸侯国推广到夷、狄部落。国内没有治理好,一怒之下就自不量力,不权衡得失,兴兵去征伐强大的楚国,结果军队大败,受尽屈辱目的又达不到,大大地被天下人所耻笑。幸亏遇上齐桓公,使周王室能够得到安稳和尊崇。所以说国内未能得到治理,是不能对外征伐的;对百姓这一国本的恩惠未普及,是不能够控制枝末的。

　　15.7 将师受命者①:将率入②,军吏毕入,皆北面再拜稽首受命;天子南面而授之钺③,东行西面而揖之,示弗御也④。故受命而出,忘其国;即戎,忘其家;闻枹鼓之声⑤,唯恐不胜,忘其身,故必死。必死不如乐死,乐死不如甘死,甘死不如义死,义死不视死如归,此之谓也。故一人必死,十人弗能待也;十人必死,百人弗能待也;百人必死,千人不能待也;千人必死,万人弗能待也;万人必死,横行乎天下⑥;令行禁止⑦,王者之师也。⑧

【注释】

①将师:率领军队。将,率领。
②将率入:将军率先进入。
③钺(yuè):古代兵器,形如大斧,安装长柄。古代天子出征以钺作仪仗,这里指授予将军征伐的兵权。

④东行西面而揖之,示弗御也:向东行面向西行拱手礼,表示不以君御臣。古代位次主人在东,宾客在西,这里施宾主之礼,表示不以君御臣。御,驾驭,控制。
⑤枹鼓:击鼓,战鼓。枹,同"桴"。本为鼓槌,这里用作动词。
⑥"横行乎天下":"一人必死"至此,又见《白虎通义·三军》引《传》曰。
⑦令行禁止:有令则行,有禁则止。成语"令行禁止"出自《管子·立政》:"令则行,禁则止,宪之所及,俗之所被。如百体之从心,政之所期也。"
⑧天海按:此文内容又见《六韬·龙韬·立将》《淮南子·兵略训》《孔丛子·问军礼》及《白虎通义·三军》所引《传》义略同。

【译文】

率领军队接受君命的时候:将军首先入宫,军吏再全部进入,都面向北拜两拜再叩头接受命令;天子面向南授予将军斧钺,然后往东行,面向西行拱手礼,表示对将军出征在外不再控制。所以接受命令出征后,就忘记了他的国君的存在;到交战时就忘记了自己的家室;听到战鼓声,唯恐不能取胜,就忘记了自己的存在,所以抱定必死的信念。必死不如乐于献身,乐于献身不如甘愿赴死,甘愿赴死不如为正义牺牲,为正义牺牲不如视死如归,说的就是这种情况。因此,一个人抱定必死的信念,十个人也不能对抗他;十个人抱定必死的信念,百人也不能对抗;百人抱定必死的信念,千人也不能对抗;千人抱定必死之心,万人也不能对抗;万人抱定必死之心,就能横行于天下;有命令就能执行,有禁令就能停止,这就是圣王的军队。

15.8 田单为齐上将军①,兴师十万,将以攻翟②。往见鲁仲连子③。仲连子曰:"将军之攻翟,必不能下矣。"田将军曰:"单以五里之城,十里之郭,复齐之国,何为攻翟不能下?"去,上车,不与言,决攻翟。三月而不能下。齐婴儿谣之曰:"大冠如箕,长剑柱颐④;攻翟不下⑤,垒于梧丘⑥。"于是田将军恐骇,往见仲连子曰:"先生何以知单之攻翟不能下也?"仲连子曰:"夫将军在即墨之时⑦,坐则织蒉⑧,立则杖臿⑨,为士卒倡⑩,曰:'宗庙亡矣,魂魄丧矣,归何党矣⑪!'故将有死之心,士卒无生之气⑫。今将军东有掖邑之封⑬,西有淄上之宝⑭,黄金横带⑮,驰骋乎淄、渑之间⑯,是以乐生而恶死也。"田将军明日结发径立矢石之所,乃引枹而鼓之,翟人下之。故将者,士之心也;士者,将之枝体也。心犹与则枝体不用⑰,田将军之谓乎?⑱

【注释】

①田单:妫姓,田氏,名单,临淄(今属山东)人。战国时田齐宗室远房的亲属,先任齐都临淄的市掾(管理市场的小官),不被重用。齐国危亡之际,田单逃到即墨,即墨人推举田单为将军拒燕,行反间计除乐毅,以火牛阵击破燕军,收复七十余城,迎立齐襄王,因功被任为相国,后封为安平君。上将军:古代军队官名。古代天子将兵称上将军,前633年,晋文公"作三军,谋元帅",以郤縠将中军,狐偃将上军,栾枝将下军,当为"将军"名之始出。其后燕乐毅、齐田单都称上将军,犹言全军最高统帅。

②翟:通"狄"。我国古代北方地区部族。据《元和姓纂》及《通志·氏族略》所载,上古时候,北方有翟国。翟国是远古时黄帝的后裔所建,后为周朝的诸侯国。传到春秋时期,翟国灭于晋国。

③鲁仲连子:亦称鲁连,尊称"鲁仲连子"或"鲁连子"。战国时齐人,高蹈不仕,喜为人排难解纷,最后归隐于东海。事见《史记·鲁仲

连邹阳列传》。

④柱颐:撑着下巴。

⑤攻翟不下:原文作"攻翟不能下","能"字衍文,径删。

⑥垒:筑营垒。梧丘:地名。未详所在。

⑦即墨:古地名。商、周时,即墨属莱夷地。前567年,齐侯灭莱,莱共公奔棠。齐灭莱后,即墨属齐。故地在今山东青岛即墨区。

⑧织蒉(kuì):编织土筐。蒉,盛土的竹筐。

⑨杖臿(chā):手持木锹。臿,农具名。类似现代的木锹。

⑩为士卒倡:为士兵做榜样。倡,先行,带头。

⑪党:乡里,乡党,处所。

⑫无生之气:没有求生之意。指必死的气概。

⑬掖邑:《战国策·齐策六》作"夜邑"。齐襄王封田单为安平君,食采夜邑万户。故地在今山东莱州。

⑭淄上之宝:淄水流域的财宝。淄,即流经齐国都城临淄的淄水。

⑮黄金横带:束着黄金装饰的腰带。四字原文作"金银黄带",于文未安,此依向宗鲁《校证》据卢文弨校本引《太平御览》改。

⑯淄、渑(shéng)之间:淄水、渑水两河流域之间。泛指齐国都城周围一带。

⑰犹与:与"犹豫"同。

⑱天海按:此文又见《战国策·齐策六》,文略同。向宗鲁《校证》疑出自《鲁连子》。

【译文】

田单做了齐国上将军,领兵十万,将要攻打狄国。他前去会见鲁仲连。仲连子说:"将军这次攻打狄国,一定不能攻下。"田单说:"我曾凭借五里的小城,十里的外城,恢复了齐国的都城,为什么不能攻下狄国?"说完就上车离去,不再与鲁仲连说什么,决意攻打狄国。但他攻打了三个月未能攻下。齐国小儿的童谣唱道:"大官帽如簸箕,长剑撑着下巴;久攻不下狄国,在梧丘筑营盘。"这时田单感到惊恐,前去拜见鲁仲连说:"先生为什么知道我不能攻下狄国呢?"鲁仲连说:"将军当初据守在即墨城的时候,坐下时编织土筐,站起时拿着木锹,作为士卒的榜样,并说:'国家亡了,魂魄失落了,我们归向何处呢!'因此将领有必死的信念,士卒无还生的念头。现在将军在东边有掖邑的封地,西边有淄水一带的财宝,束着黄金腰带,在淄、渑两河之间驰骋,因此贪恋生存而厌恶死亡。"田单第二天便扎起头发,直接站在箭矢、飞石交集的阵地上,拿起鼓槌击鼓进军,狄人终于被攻下。所以做主将的,是士卒的主心;做士卒的,是主将的肢体。心中犹豫不决,肢体就不能发挥作用。说的就是田单将军这样的情况吧?

15.9 晋智伯伐郑①,齐田恒救之②。有登盖③,必身立焉;车徒有不进者④,必令助之。垒合而后敢处⑤,井灶成而后敢食⑥。智伯曰:"吾闻田恒新得国而爱其民,内同其财,外同其勤劳,治军若此,其得众也,不可待也⑦。"乃去之耳⑧。⑨

【注释】

①智伯伐郑:前468年智伯伐郑,齐陈成子救郑,晋军闻之退兵。智伯,即智瑶(？—前453),智氏,名瑶,又称荀瑶,谥襄,故又称智襄子。

②田恒:即田成子,因其家族出自陈国,也称为陈恒,为避汉文帝刘恒讳,又称"田常"。春秋时齐国大夫,后主齐政,谥成,故又称"陈成子"。

③登盖:即笠盖。古代车顶有柄的笠,类似现在的伞。孙诒让疑"登"与"簦(dēng)"同。《说文解字·竹部》:"簦,笠盖也。"

④车徒:兵车与步卒。

⑤垒合:营垒合围。

⑥井灶:打井埋灶。

⑦待:对抗。

⑧乃去之耳:卢文弨校曰:"'耳'字衍。"

⑨天海按:《左传·哀公二十七年》载此事,内容与此不同。

【译文】

晋国的智伯攻打郑国,齐国的田恒去援救郑国。兵车上有高盖时,田恒一定亲自站在那里指挥;兵车和步卒有不能前进的,一定下命令帮助他们。营垒修成后才能休息,水井挖成、炊灶砌好后才去吃饭。智伯说:"我听说田恒新近得主国政就爱护齐国的百姓,在国内同百姓分享财物,对外作战时与士兵一起勤劳,像这样治军,将会很得众人之心,不能同他对抗。"于是撤离了郑国。

15.10《太公兵法》曰①:"致慈爱之心,立威武之战,以毕其众②;练其精锐,砥砺其节,以高其气;分为五选③,异其旗章④,勿使冒乱⑤;坚其行阵,连其什伍⑥,以禁淫非⑦。"垒陈之次⑧,车骑之处,勒兵之势⑨,军之法令,赏罚之数⑩,使士赴火蹈刃、陷阵取将,死不旋踵者⑪,多异于今之将者也。

【注释】

①《太公兵法》:又称《六韬》《太公六韬》,先秦时期著名的黄老道家典籍《太公》的兵法部分。《汉书·艺文志》道家类著录曰:"《太公》二百三十七篇,其中《谋》八十一篇,《言》七十一篇,《兵》八十五篇。"班固注:"吕望为周师尚父,本有道者。"清沈钦韩认为:《谋》者即太公之《阴谋》,《言》者即太公之《金匮》,《兵》者即《太

公兵法》。但最早收录此书的是《隋书·经籍志》，题为"周文王师姜望撰"，姜望即姜太公吕望。全书有六卷，共六十篇。以太公与文王、武王对话的方式编成。《六韬》的内容十分广泛，对有关战争各方面问题，几乎都涉及了。其中最精彩的部分是它的战略论和战术论。现在大致可以断定《六韬》是战国时期黄老道家典籍，但以下所引不见于今存《六韬》中。

② 以毕其众：以使他的部众尽其全力。毕，尽也。这里是使之尽。毕，一本作"卑"字。日人关嘉曰："卑，谓服之不使骄。"

③ 分为五选：十人一队，分为五队。选，十人曰选。《左传·宣公十五年》"鄏舒有三儁才"，孔颖达疏引《辨名记》，《白虎通义·圣人》引《礼别名记》皆云："十人曰选。"

④ 旗章：旌旗和名号。古代用不同样式的旗帜和服饰作为区别部队的标志。《礼记·月令》："命妇官染采……以为旗章，以别贵贱等给之度。"郑玄注："旗章，旌旗及章识也。"

⑤ 冒乱：混杂，混乱。"冒"与"眊"通，义为不明、不清楚。

⑥ 什伍：古代军队基层编制，五人为伍，十人为什，称什伍。犹今班与组。

⑦ 淫非：亦作"淫匪"。邪乱，过错。

⑧ 垒陈之次：垒营布阵的序列。陈，同"阵"。

⑨ 勒兵之势：控制指挥军队的形势。

⑩ 赏罚之数：赏罚的技巧。数，策略，权术。

⑪ 死不旋踵：至死也不后退。旋踵，回转足后跟，即后退。

【译文】

《太公兵法》上说："将领要表现出慈爱的心肠，建立威武的战功，以使他的部众竭尽全力；要训练部队的精神和锐气，磨炼将士的节操，提高全军的士气；军队分为五队，使旌旗番号互相区别，不要造成混乱；行军布阵要坚不可摧，班与组要彼此连接呼应，禁止一切为非作歹的事。"

书中关于筑垒布阵的序列，战车骑兵的处置，部署兵力的形势，军内的法令，奖惩的技巧，使士卒上刀山入火海、冲锋陷阵擒取敌将，至死而不退缩的策略，多与现在的将领有所不同。

15.11 孝昭皇帝时①，北军监御史为奸②，穿北门垣以为贾区③。胡建守北军④，贫无车马，常步与走卒起居，所以慰爱走卒甚厚。建欲诛监御史，乃约其走卒曰："我欲与公有所诛，吾言取之则取之，斩之则斩之。"于是当选士马日⑤，护军诸校列坐堂皇上⑥，监御史亦坐。建从走卒趋至堂下拜谒⑦，因上堂，走卒皆上，建跪指监御史曰："取彼。"走卒前拽下堂。建曰："斩之。"遂斩监御史。护军及诸校皆愕惊，不知所以。建亦已有成奏在其怀，遂上奏以闻曰："臣闻军法，立武以威众，诛恶以禁邪。今北军监御史，公穿军垣以求贾利，私买卖以与士市⑧，不立刚武之心、勇猛之意，以率先士大夫，尤失理不公。臣闻黄帝《理法》曰⑨：'垒壁已具，行不由路⑩，谓之奸人，奸人者杀。'臣谨以斩之，昧死以闻。"制曰⑪："《司马法》曰：'国容不入军，军容不入国也⑫。'建有何疑焉⑬？"建由是名兴。后至渭城令死⑭，至今渭城有其祠也。⑮

【注释】

①孝昭皇帝：即汉昭帝刘弗陵（前94—前74），汉武帝刘彻少子，赵婕妤（钩弋夫人）所生。前86—前74年在位。谥孝昭皇帝，葬于平陵。据《汉书·胡建传》，胡建先事汉武帝，后事汉昭帝，此处应作"孝武皇帝"。孝武皇帝，汉武帝刘彻（前156—前87），在各

个领域均有建树,但后期穷兵黩武,制造了巫蛊之祸,引起宫廷内乱。征和四年(前89),汉武帝下罪己诏。后元二年(前87),汉武帝崩,享年70岁,谥孝武皇帝,庙号世宗,葬于茂陵。

②北军监御史:汉武帝时禁卫军分为北军和南军,分置监军使者,称"监军御史"。

③贾(gǔ)区:囤售货物的栈房。区,小屋。指买卖物品的小屋。《汉书·胡建传》:"时监军御史为奸,穿北军垒垣以为贾区。"颜师古注:"坐卖曰贾,为卖物之区也。区者,小室之名。若今小庵屋之类耳。"

④守:汉代官吏试任某一职务。北军尉:北军校尉,军中执法官。校尉是秦汉时期重要的武官官职,为部队长之意。战国末当已有此官。秦朝为中级军官。汉朝时其地位仅次于各将军。

⑤选士马:检练军队。选,检练。士马,兵马,引申指军队。

⑥护军:护军是我国秦汉时高级军事长官官名,其中中护军、中领军、中都护等职位掌管禁军、主持选拔武官、监督管制诸武将。汉武帝时,有护军都尉之官,隶属于大司马。堂皇:四面无壁的厅堂。此特指官吏治事的厅堂。《汉书·胡建传》:"当选士马日,监御史与护军诸校列坐堂皇上。"颜师古注:"室无四壁曰皇。"

⑦趋(qū):同"趋"。小步快走。

⑧私:此字原文脱,此据《汉书》及《四库全书》本补。

⑨黄帝《理法》:托名黄帝所撰的古代兵书,也称《李法》。《李法》是1972年在山东临沂银雀山一号汉墓发现的汉简《守法守令等十三篇》中的一篇,为战国时齐国的一部法律史料。"李"字的含义在古代就是狱官,即主管刑狱的官员,而"李法"的含义就应当是"狱官法"。《汉书·胡建传》:"《黄帝李法》曰:'壁垒已定,穿窬不由路,是谓奸人,奸人者杀。'"颜师古注:"李者,法官之号也,总主征伐刑戮之事也,故称其书曰《李法》。"

⑩垒壁已具,行不由路:营垒已经完备,行动不由规定路线。垒壁,军营的围墙。

⑪制:古代帝王的命令称制。

⑫国容不入军,军容不入国也:引自《司马法·天子之义》。国容,国家的礼制仪节。军容,军队的仪容,即军队的礼节、风纪和装备。

⑬有:同"又"。

⑭渭城:汉时置渭城县,故地在今陕西咸阳东。

⑮天海按:此文与《汉书·胡建传》略同。

【译文】

汉昭帝时,北军监军御史为非作歹,他打穿军营北门墙来修建货栈。胡建当时代行北军校尉,贫穷没有车马,经常步行与士兵同起同住,因此关心爱护士兵很周到。胡建想要诛杀监军御史,就和那些步卒相约说:"我想要和你们去杀个人,我说拿下,你们就拿下他;我说杀掉,你们就杀掉他。"于是就在检练军队的那天,护军与众校尉列坐在厅堂上,监军御史也在座。胡建带领步卒急走到堂下参拜谒见,乘机走上厅堂,那些步卒也都上了厅堂,胡建跪在地下挺直身躯指着监军御史说:"拿下他。"步卒便上前将监军御史拽下堂。胡建说:"杀了他。"于是就杀了监军御史。护军及众校尉都很惊愕,不知道为了什么。胡建早已有写好的奏章装在怀中,于是上奏皇帝禀告说:"我听说军法是树立武德来威慑众人的,诛杀坏人是为了禁止邪恶。如今北军监军御史,公然打穿军营墙垣来经商谋利,私自做买卖与将士交易,不树立刚武的思想、勇猛的信念,来做士大夫的表率,尤其失理不公。我听说黄帝《理法》上讲:'军营围墙已修好,行动不走规定路线的人,叫奸人,是奸人就要杀掉。'我依照此理杀了监军御史,冒着死罪来禀告。"皇上下令说:"《司马法》讲:'国家的礼仪不适用于军队,军队的礼仪不适用于国家。'胡建又何必对此疑虑呢?"胡建因此名声大振。后来胡建在渭城令任上去世,到现在渭城还有祭祀他的祠堂。

15.12 鲁石公剑①,迫则能应,感则能动,眒穆无穷②,变无形像,优柔委从③,如影与响④,如龙之守户⑤,如轮之逐马,响之应声,影之像形也。闛不及鞈⑥,呼不及吸,足举不及集⑦,相离若蝉翼⑧,尚在肱北眉睫之微⑨,曾不可以大息小,以小况大。用兵之道,其犹然乎! 此善当敌者也,未及夫折冲于未形之前者⑩,揖让乎庙堂之上⑪,而施惠乎百万之民。故居则无变动,战则不血刃,其汤、武之兵与⑫!⑬

【注释】

①鲁石公:此人生平未详,疑为古代剑客之流。

②眒(wù)穆:同"沕穆"。渺茫深微貌。《史记·屈原贾生列传》:"沕穆无穷兮,胡可胜言!"司马贞索隐:"沕穆,深微之貌。"张守节正义:"沕,音勿。"

③优柔委从:即从容自得,随心所欲。原文作"复柔委从",此据孙诒让说径改。向宗鲁《校证》引诸说,亦认为当作"优柔委纵"。

④如:原文作"知",形近而讹,径改。

⑤龙:古同"龙"字。

⑥闛(tāng)不及鞈(tá):鼓声跟不上回声。闛,"鏜"的借字,鼓声。鞈,鼓的回声。

⑦足举不及集:抬脚跟不上步伐,形容脚步乱了。

⑧相离若蝉翼:比喻剑势之间若即若离,像蝉翼那样微薄可见。

⑨肱北眉睫:手肩与背部,眉毛与睫毛。肱,手臂。北,同"背"。背部。

⑩折冲:使敌人战车后退,即击退敌军。冲,冲车,战车的一种。

⑪揖让:宾主相见的礼节。此处比喻文德。庙堂:宗庙明堂。这里

指朝廷。
⑫战则不血刃：交战不用杀人见血。《荀子·议兵》："……武王伐纣，皆以仁义之兵行于天下也。"
⑬汤、武之兵：商汤与周武王的用兵之道。

【译文】
　　鲁石公舞剑，迫近时就能产生感应，感受到就能令人心动，它深奥无穷，变化无形，从容随意，好像影子和回声，又像蛟龙守护门户，像车轮追逐奔马，像回音与原声应和，像影子和形体相伴。鼓声跟不上回响，呼气赶不上吸气，抬脚跟不上步伐，相距如同蝉翼那样微薄，相连又像肩与背、眉与睫之间那样细微，竟不能用大来止小，用小来与大相比。用兵的道理，那也该像这样吧！这就是善于抵挡敌人的方法，在形势未分明之前还不能反击敌人时，在朝廷上仍要作外交上的周旋，并广施恩惠给百万的民众。所以安居时就不会有变乱，战时就会兵不血刃。这就是商汤、周武王的用兵之道吧！

15.13　孔子北游，东上农山①，子路、子贡、颜渊从焉。孔子喟然叹曰："登高望下，使人心悲。二三子者，各言尔志，丘将听之。"子路曰："愿得白羽若月，赤羽若日；钟鼓之音，上闻于天；旌旗翻翻②，下蟠于地③。由且举兵而击之，必也攘地千里④，独由能耳，使夫二子者为我从焉。"孔子曰："勇哉，士乎！愤愤者乎⑤！"子贡曰："赐也愿齐、楚合战于莽洋之野⑥，两垒相当，旌旗相望，尘埃相接，接战搆兵。赐愿著缟衣白冠⑦，陈说白刃之间，解两国之患，独赐能耳，使夫二子者为我从焉。"孔子曰："辩哉，士乎！仙仙者乎⑧！"颜渊独不言。孔子曰："回来，若独何不愿乎⑨？"颜渊曰："文武之事，二子已言之，回何敢与焉！"孔子曰："若鄙心不与焉⑩，弟言之⑪。"颜渊曰:"回闻鲍鱼、兰芷不同箧而藏,尧舜桀纣不同国而治。二子之言,与回言异。回愿得明王圣主而相之,使城郭不修,沟池不越,锻剑戟以为农器,使天下千岁无战斗之患。如此,则由何愤愤而击,赐又何仙仙而使乎?"孔子曰:"美哉,德乎!姚姚者乎⑫!"子路举手问曰:"愿闻夫子之意。"孔子曰:"吾所愿者,颜氏之计。吾愿负衣冠而从颜氏子也。"⑬

【注释】

① 农山:《汉书·地理志》作"峱",战国时齐国山名。峱(náo),同"猱"。古山名。在今山东青州邵庄镇境内,与淄博临淄区相邻。
② 翩翻:飘忽摇曳貌。
③ 下蟠于地:往下遍及于地。蟠,遍及。语出《庄子·刻意》:"精神四达并流,无所不极,上际于天,下蟠于地,化育万物,不可为象,其名为同帝。"
④ 攘地:开拓疆土。
⑤ 愤愤:激愤昂扬貌。
⑥ 莽洋:《孔子家语》作"漭瀁",王肃注:"广大之类。"
⑦ 缟(gǎo)衣白冠:白衣白帽,即丧服。《孔子家语》王肃注:"兵,凶事,故白冠服也。"
⑧ 仙仙:起舞时飞扬貌,这里喻指雄辩时神采飞扬的情态。
⑨ 若独何不愿乎:为何只有你不愿说说呢?若,你。下文同此。
⑩ 鄙心:犹言己心,浅陋的心思。古人自谦之辞,这里是孔子说颜渊自认为自己的想法浅陋。
⑪ 弟:同"第"。尽管,只管。
⑫ 姚姚:美好盛大貌。

⑬天海按：此文又见《韩诗外传》卷九，《孔子家语·致思》亦有此文。

【译文】

孔子到北方游历，向东登上了峨山，弟子子路、子贡和颜渊跟随着他。孔子长叹一声说："登高望下，使人心情悲凉。你们两三个人，各自说说自己的志向，我将听听你们怎么说。"子路说："我希望得到像月亮一样洁白的羽毛，像太阳一样火红的羽毛；撞击钟鼓的声音，上传到天上；旌旗飞扬，向下遍及于地。我将领兵去攻击敌国，必定会开拓千里疆土，只有我能做到罢了，让他们两人做我的随从。"孔子说："真是勇士啊！看你那激愤的样子！"子贡说："我希望齐、楚两国在广阔的原野上交战，两阵相对，旌旗相望，尘埃连成一片，接战交兵。我愿穿戴白衣白帽，在两军兵刃相交之间陈说我的主张，解除两国的战祸，只有我能做到这些，让他们二人做我的随从。"孔子说："真是雄辩之士啊！看你那神采飞扬的样子！"只有颜渊不说什么。孔子问他："颜回，你来，为什么只有你不愿说说呢？"颜渊说："文辩武功的事情，他们两人已说过了，我怎么敢参与其中呢？"孔子说："如果你认为自己内心与他们不一样，也只管说说看。"颜渊说："我听说鲍鱼和兰芷不能同在一个箱子里收藏，尧舜桀纣不能同时治理一个国家。他二人所说的，与我所说的不同。我希望能遇到明王圣主并辅佐他们，使城池不用加固，使军队不逾越沟池，把刀剑戈戟全部熔铸成农具，使天下千年无战争的祸患。如果能够这样，那仲由又何必奋勇地对外出击，子贡又何必神采飞扬地出使游说呢？"孔子说："真是美好的品德啊！你的志向远大美好！"子路举手向孔子问道："希望知道先生的意愿。"孔子说："我所希望的，也正是颜渊的心计。我愿意背上衣帽行李跟从颜渊。"

15.14 鲁哀公问于仲尼曰："吾欲小则守，大则攻①，其道若何？"仲尼曰："若朝廷有礼，上下有亲，民众皆君之畜也②，君将谁攻？若朝廷无礼，上下无亲，民众皆君之仇也，君将谁与守？"于是废泽梁之禁③，弛关市之征④，以为民惠也。⑤

【注释】

①吾欲小则守，大则攻：此二句又见《孔子家语·五仪解》，作："寡人欲吾国小而能守，大则攻。"大，原文作"夫"，据明钞本改。

②民众：原文作"民之众"，此据下文文例径删"之"字。畜：养育。

③废泽梁之禁：废除在河流中捕鱼的禁令。泽，水聚会处，即水域、池塘、河流。梁，筑在水中的堰，像桥梁，但较低，作用是拦水捕鱼。《孟子·梁惠王下》："昔者文王之治岐也，耕者九一，仕者世禄，关市讥而不征，泽梁无禁，罪人不孥。"

④弛关市之征：放松关口集市的征税。

⑤天海按：此文又见《孔子家语·五仪解》，文略异。

【译文】

鲁哀公向孔子问道："我想在力量小的时候就防守，力量强大时就取攻势，那办法是什么？"孔子说："如果朝廷有礼法，全国上下相亲，民众都是国君养育的子民，您将去攻打谁呢？如果朝廷没有礼法，全国上下互不亲近，百姓都是国君的仇人，您又同谁一起守卫国家呢？"鲁哀公于是废除了在沼泽河流中捕鱼的禁令，放松了对关卡集市的征税，以此给百姓恩惠。

15.15 文王曰："吾欲用兵，谁可伐？"太公望曰①："密须氏疑于我②，可先往伐。"管叔曰③："不可，其君天下之明君也，伐之不义。"太公望曰："臣闻之④：先王伐枉不伐顺，伐崄不伐易，伐过不伐不及。"文王曰："善。"遂伐密须氏，灭之也。⑤

【注释】

①太公望曰：此四字原文脱，此据下文与《帝王世纪》补。
②密须氏疑于我：密须氏对我们有疑心。密须氏，即密须国，黄帝的后裔姞姓密须氏所建，是商纣时泾水流域强盛一时的方国，故城在今甘肃灵台西。周文王为了伐商，剪除自己的敌对势力，以"密人不恭，敢拒大邦"和"吊民伐罪"为由，整军誓师出征，一举攻灭密须国，并将密人迁于程邑（今陕西咸阳附近）。
③管叔：姬姓，名鲜，文王之子，武王之弟。周朝诸侯国管国（今河南郑州）国君。因受封管国，故称管叔或管叔鲜。后与纣王子武庚作乱，周公东征杀管叔而放逐蔡叔。
④臣闻之：此下数语又见《管子·霸言》，作："是故先王之伐也，伐逆不伐顺，伐险不伐易，伐过不伐不及。"
⑤天海按：此文又见《帝王世纪》，文略异。

【译文】

周文王说："我打算用兵，谁可以讨伐？"太公望说："密须国对我们有疑心，可以先去讨伐它。"管叔说："不行！密须的国君是天下英明的君主，讨伐他是不义的行为。"太公望说："我听说：先王讨伐邪恶不正的国家，不讨伐顺从的国家；讨伐地势险峻的国家，不讨伐容易攻取的国家；讨伐行为过当的国家，不讨伐做事未越界限的国家。"周文王说："好。"于是就攻打密须国，灭掉了它。

15.16 武王将伐纣，召太公望而问之，曰："吾欲不战而知胜，不卜而知吉，使非其人①，为之有道乎？"太公对曰："有道。王得众人之心以图不道②，则不战而知胜矣；以贤伐不肖，则不卜而知吉矣；彼害之，我利之，虽非吾民可得而使也。"武王曰："善。"乃召周公而问焉，曰："天下之图事者，皆以殷为天子,以周为诸侯。以诸侯攻天子,胜之有道乎?"周公对曰:"殷信天子,周信诸侯③,则无胜之道矣,何可攻乎?"武王忿然曰:"汝言有说乎?"周公对曰:"臣闻之:攻礼者为贼,攻义者为残,失其民制为匹夫④。王攻其失民者也,何攻天子乎?"武王曰:"善。"乃起众举师,与殷战于牧之野⑤,大败殷人。上堂见玉,曰:"谁之玉也?"曰:"诸侯之玉。"即取而归之于诸侯。天下闻之,曰:"武王廉于财矣。"入室见女,曰:"谁之女也?"曰:"诸侯之女也。"即取而归之于诸侯。天下闻之,曰:"武王廉于色也。"于是发巨桥之粟⑥,散鹿台之金钱⑦,以与士民;黜其战车而不乘,弛其甲兵而弗用;纵马华山⑧,放牛桃林⑨,示不复用。天下闻者,咸谓武王行义于天下,岂不大哉!⑩

【注释】

①使非其人:驱使不属于自己的百姓。

②以图不道:以谋图无道之商纣。

③信:真的,确实,并含假设语气。

④制:号称。此依日人关嘉引《太室》曰:"制,犹号。"

⑤牧之野:即牧野,殷纣都城朝歌南郊,在今河南淇县南。

⑥巨桥:即钜桥,商纣时大粮仓名。在今河北曲周东北。

⑦鹿台:地名。商纣王的行宫,在今河南淇县境内。金钱:二字上原文衍"财"字,此据向宗鲁《校证》删。

⑧华山:又名太华山,在陕西华阴南。

⑨桃林:又名桃林塞、桃原、桃园。其地约在今河南灵宝以西、陕西潼关以东一带地区。

⑩天海按:此文所记之事又见《六韬》,后半部分为《帝王世纪》所袭用。

【译文】

周武王将要攻打商纣,召见太公望并问他,说:"我想在未战斗前就知道能否取胜,未占卜前就知道是否吉利,我将驱使不属于自己的百姓,这样做有办法吗?"太公回答说:"有办法。大王深得民心以讨伐无道昏君,那在战前就知道会取胜的;以大王的贤明讨伐不贤的纣王,那未占卜就知道是吉利的;商纣王残害百姓,我们为百姓谋利,即使不是我们的百姓也能被我们驱使。"武王说:"好。"他又召见周公并问讨伐纣王的事,说:"天下谋图大事的人,都把殷纣当作天子,把周看作诸侯。以诸侯的身份来攻打天子,战胜他有办法吗?"周公回答说:"殷纣王如果真是天子,周王如果真是诸侯,那就没有战胜他的办法了,怎能去攻打他呢?"武王生气地说:"你的话有什么理由吗?"周公回答说:"我听说:攻伐守礼法的人是坏人,攻伐仁义的人是暴徒,失去民心的人号称独夫。大王攻打的是那失掉民心的人,为什么是攻打天子呢?"武王说:"讲得好。"于是就兴兵出师,与殷纣王在牧野决战,大败殷人。周武王走上朝堂看见宝玉,问:"这是谁的宝玉?"有人说:"是诸侯的宝玉。"便立即取来归还给诸侯。天下的人知道这件事,便说:"武王在财物上很廉洁。"武王进入宫室看见妇女,便问:"这些是谁家的女子?"有人说:"是诸侯的女子。"武王便将她们归还给各国诸侯。天下的人知道了这件事,便说:"武王不贪女色。"周武王于是打开巨桥粮仓,散发粮食;把鹿台的金钱拿来分发给士人和百姓;他废除战车不再驾乘,放弃武器盔甲不再使用;放战马到华山,放驮牛到桃林,表示不再使用它们。天下知道的人都说周武王在天下推行仁义,这难道不伟大吗!

15.17 文王欲伐崇①,先宣言曰:"余闻崇侯虎蔑侮父兄②,不敬长老,听狱不中③,分财不均,百姓力尽,不得衣食。余将来征之,唯为民。"乃伐崇,令毋杀人,毋坏室,毋填井,毋伐树木,毋动六畜④;有不如令者,死无赦。崇人闻之,因请降。⑤

【注释】

① 崇:夏、商、周都有崇国,所说地理皆有不同。《史记·周本纪》"崇侯虎"下张守节正义引皇甫谧说:"虞、夏、商、周皆有崇国,崇国盖在丰、镐之间。"顾颉刚、刘起釪《〈尚书·西伯戡黎〉校释译论》(《中国历史文献研究集刊》)载:"'崇'就是后代的'嵩',亦即现在河南登封附近的嵩山一带,现在的嵩县显然也是沿其旧称的地境之一。"(湖南人民出版社,1980 年)

② 崇侯虎:为有崇氏国君,侯爵,名虎,纣王臣,崇国诸侯。是纣王的重要羽翼。曾在纣王面前进谗言,囚周文王于羑里。文王逃脱后,首先攻伐他。

③ 听狱不中:断案不公正。

④ 六畜:指马、牛、羊、鸡、犬、猪等家畜。

⑤ 天海按:此文又见《韩非子·外储说左上》,文略异;《吕氏春秋·怀宠》《淮南子·兵略训》亦有类似之文。

【译文】

周文王想要讨伐崇国,先发布宣言说:"我听说崇侯虎蔑视侮辱父兄,不尊敬年长德高的人,断案不公正,分配财物不公平,百姓筋疲力尽,还得不到衣食。我将要前来征讨他,只是为了百姓。"于是就讨伐崇国,命令不准乱杀人,不准毁坏房屋,不准填平水井,不准砍伐树木,不准动人家畜;如有不服从命令的,处死罪绝不赦免。崇人听到这个消息,便自动请求归降。

15.18 楚庄王伐陈①,吴救之,雨十日十夜,晴。左史倚相曰②:"吴必夜至,甲列垒坏③,彼必薄我,何不行列鼓出待之④?"吴师至楚,见成陈而还⑤。左史倚相曰:"追之,吴行六十里而无功,王罢卒寝⑥。"果击之,大败吴师。⑦

【注释】

①楚庄王伐陈:天海按,文中的左史倚相曾被楚灵王称为"良史",而楚灵王于前540—前529年在位,距楚庄王时期(前613—前591)甚远,左史倚相不可能又与楚庄王同时。故本则时代有误,《韩非子·说林下》仅作"荆伐陈"。陈,周侯国名。妫姓,舜的后代,侯爵,周武王时受封,春秋末灭于楚惠王。地在今河南开封以东。

②左史倚相:春秋时楚国史官倚相。左史,系周代史官名,相传"右史"记言,"左史"记事。据《左传·昭公十二年》《国语·楚语》《韩非子·说林下》以及马王堆汉墓出土的帛书《缪和·第十八章》等文献记载,倚相最早见于鲁昭公十二年(前530),担任楚国左史,被楚灵王称为"良史"。

③甲列垒坏:铠甲破裂,营垒毁坏。列,同"裂"。

④行列鼓出:整队击鼓出阵。

⑤陈:同"阵"。

⑥王罢卒寝:吴王疲困,士卒困乏。罢,同"疲"。寝,原指病卧,这里与"罢"义同。"王"字,日人关嘉引太室曰:"王,当作士。"此可备一说。

⑦天海按:此文又见《韩非子·说林下》,文略异。

【译文】

楚庄王攻打陈国,吴国前来援救,雨下了十天十夜才放晴。左史倚相说:"吴军一定会夜里来偷袭,我军盔甲破裂,营垒毁坏,他们必然会逼近我军,何不整队击鼓出阵等待他们?"吴军到了楚军阵地,看见楚军已摆成阵势就退回去了。左史倚相说:"赶快追击他们。吴军行军六十里而无战功,吴王疲惫,士卒困乏。"结果追击吴军,大败吴军。

15.19 齐桓公之时,霖雨十旬①。桓公欲伐澡陵②,其城之值雨也未合③。管仲、隰朋以卒徒造于门④。桓公曰:"徒众何以为?"管仲对曰:"臣闻之:雨则有事。夫濮陵不能雨⑤,臣请攻之。"公曰:"善。"遂兴师伐之。既至,大卒间外⑥,士在内矣。桓公曰:"其有圣人乎?"乃还旗而去之⑦。

【注释】

①霖雨:连绵大雨。
②濮陵:即巢陵,因巢父之墓而得名,地在今山东聊城东北十五里。巢父是中国古代名士。他生活在尧舜之时,"山居不营世利",以树筑巢,居于其中,故称其为巢父。相传,尧曾"以天下让之",他不肯接受。他死后葬于此地,人称其坟墓曰"巢陵"。旧《聊城县志》说:"今城东南有巢陵城,巢父陵在城十字街东南角。"在今山东聊城东南的许营乡大石槽村西,俗称"旧州坡",或"旧州洼"。
③其城之值雨也未合:巢陵城正值大雨也还未合拢。
④隰(xí)朋:谥成子,齐国桓公时大夫。多智善辩,与管仲、鲍叔牙等辅佐齐桓公,助齐桓公成就霸业。管仲病重时荐他自代,与管仲同年死。以卒徒造于门:率领兵众到了宫门。卒徒,徒众,兵众。造,到。
⑤不能雨:经不住大雨。能,音义于此同"耐"。
⑥大卒间外:大批士卒隐蔽在城外。大卒,本义为王之士卒。这里应该是指大批士卒。《国语·楚语上》:"榭不过讲军实,台不过望氛祥,故榭度于大卒之居,台度于临观之高。"韦昭注:"大卒,王士卒也。"间,本义为阻隔,此引申为隐蔽。
⑦还旗:掉转军旗,指撤军。

【译文】

齐桓公的时候,连绵大雨下了一百天。齐桓公想要攻打巢陵,巢陵城墙正值下雨还未合拢。管仲、隰朋率领士卒兵众抵达宫门。齐桓公问:"来这么多人干什么?"管仲回答说:"我听说:下雨就会有事发生。巢陵城经不住雨患,我请求攻打他们。"齐桓公说:"好吧!"于是就领兵攻打巢陵。到达巢陵之后,看见大批步兵隐蔽在城外,甲士埋伏在城内。齐桓公说:"他们当中该有圣人吧?"于是就掉转军旗撤离了巢陵。

15.20 宋围曹①,不拔。司马子鱼谓君曰②:"文王伐崇,军其城③,三旬不降,退而修教。复伐之,因垒而降④。今君德无乃有所阙乎⑤?胡不退修德,无阙而后动?"⑥

【注释】

①宋:周诸侯国,国都商丘。子姓,公爵。前286年灭于齐。曹:周诸侯国,姬姓,伯爵。周武王封其弟振铎于此,建都陶丘(今山东菏泽定陶区),疆域约辖今山东菏泽,兼及聊城、河南濮阳南部地区。前487年宋景公出兵进攻曹国,灭于宋。

②司马子鱼:子姓,名目夷,字子鱼,因担任司马,故称司马子鱼。春秋时宋国宗室、大臣。目夷是宋桓公庶长子,宋襄公异母兄,为鱼姓始祖。

③军其城:在崇国城外围成营垒。军,围成营垒。原文"军"上衍"崇"字,今据向宗鲁《校证》依卢文弨校删。

④因垒而降:刚进营垒崇人就投降了。因,就,到。黄现璠云《古书解读初探》:"古语'因'与'就'相通,《说文解字》:'因,就也,从口、大。'古训'因、就'同义。"

⑤阙:也作"缺"。欠缺。

⑥天海按:此文所记之事见《左传·僖公十九年》,文略异。

【译文】

宋国包围了曹国,没有攻下。司马子鱼对国君说:"文王攻打崇国,军队包围了崇人城,三十天崇人都未投降,于是撤退回去修治礼教。又再来攻打崇国,刚住进营垒,崇人就投降了。现在主君的德行上恐怕有什么缺失吧?为什么不撤回去培养德行,等德行没有欠缺之后再采取行动呢?"

15.21 吴王阖庐与荆人战于柏举,大胜之,至于郢郊,五败荆人①。阖庐之臣五人进谏曰:"夫深入远报,非王之利也,王其返乎!"五人将锲头②,阖庐未之应,五人之头坠于马前。阖庐惧,召伍子胥而问焉。子胥曰:"五臣者,惧也。夫五败之人者,其惧甚矣,王姑少进③。"遂入郢。南至江,北至方城④,方三千里⑤,皆服于吴矣。

【注释】

①五败荆人:柏举之战是前506年,由吴王阖闾率领的三万军队深入楚国,在柏举(今湖北麻城境内)击败楚军二十万主力,继而占领楚郢都的远程进攻战。事参见《左传·定公四年》《史记·吴太伯世家》《吴越春秋·阖闾内传》。

②五人将锲头:五人要割头自尽。锲头,割头。"五"下,原文脱"人"字,此据卢文弨校补。

③王姑少进:大王姑且稍微推进。姑,姑且,不妨。

④方城:春秋时楚国北边的长城,为我国古代九塞之一。起自河南方城,北至邓州。

⑤方:方圆,此指占地面积。

【译文】

吴王阖庐与楚军往柏举交战,大胜楚军,一直打到楚国郢都郊外,五次打败楚人。阖庐的臣子有五人上前劝谏说:"深入敌国到远方报仇,不会对大王有利,大王该返回了吧!"这五人将要割头自尽,阖庐还未回答他们,这五人的头颅已坠落在马前。阖庐害怕了,他召见伍子胥并问这件事。子胥说:"这五个臣子是害怕了。那五次吃败仗的楚人,会害怕得更厉害,大王不妨向前推进一些。"于是进入郢都,南至长江,北至方城,方圆三千里,都归服了吴国。

15.22 田成子常与宰我争①。宰我夜伏卒,将以攻田成子,令于卒中曰:"不见旍节毋起②。"鸱夷子皮闻之③,告田成子。田成子因为旍节④,以起宰我之卒以攻之,遂残之也。

【注释】

① 田成子:即田恒。因其家族出自陈国,也称为陈恒,为避汉文帝刘恒讳,又称"田常"。春秋时齐国大夫,后主齐政,谥成,故又称"陈成子"。宰我:即阚止。字子我,春秋时齐悼公家臣,有宠于齐简公。齐简公继位后宰我当政,与田常有隙争权,后被田常所杀。
② 旍节:古代使者所持信物,在竹节上装饰牛尾而成。《周礼·地官·掌节》:"货贿用玺节,道路用旍节。"郑玄注:"旍节,今使者所拥节是也。"
③ 鸱(chī)夷子皮:此人必非范蠡,乃属田常一党,其事未详。同此名者不止一人。
④ 因为旍节:因此制作了旍节。

【译文】

田成子与宰我争权。宰我在夜里埋伏了士卒,准备攻杀田成子,他在士兵中下令说:"不见到我的旍节不要行动。"鸱夷子皮知道了这个情况,便告知田成子。田成子便制作了旍节,以此来调动宰我的士卒攻打宰我,终于消灭了宰我。

15.23 齐桓公北伐山戎氏①,请兵于鲁,鲁不与,桓公怒,将攻之。管仲曰:"不可! 我已刑北方诸侯矣②,今又攻鲁,无乃不可乎? 鲁必事楚,是我一举而失两也。"桓公曰:"善!"乃辍攻鲁矣。③

【注释】

①齐桓公北伐山戎氏:此事参见本书13.21则:"齐桓公将伐山戎、孤竹,使人请助于鲁。"

②刑:杀,这里指用兵攻杀。

③天海按:本书13.21则记此事更详,可参阅。

【译文】

齐桓公北上攻打山戎国,向鲁国请求援兵,鲁国不派兵,齐桓公大怒,准备攻打鲁国。管仲说:"不行! 我们已经攻杀北方的诸侯了,现在又攻打鲁国,恐怕不行吧? 鲁国势必会臣事楚国,这就会使我们一举而两处受损。"齐桓公说:"好吧!"于是就停止攻打鲁国。

15.24 圣人之治天下也,先文德而后武力①。凡武之兴,为不服也,文化不改②,然后加诛。夫下愚不移③,纯德之所不能化④,而后武力加焉。

【注释】

①文德:礼乐教化。

②文化:文治教化。

③下愚不移:下等的愚人,绝不可能有所改变。《论语·阳货》子曰:"唯上知下愚不移。"

④纯德:纯粹的德行。《国语·郑语》:"建九纪以立纯德,合十数以

训百体。"韦昭注:"纯,纯一不驳也。"

【译文】

圣王治理天下,先用礼乐教化然后才用武力。凡是使用武力,都是因为有人不肯归服,文治教化又不能改变他,然后才施加诛罚。对那最愚顽不可挽救,最纯正的美德都不能感化的人,然后才对他们施加武力。

15.25 昔尧诛四凶以惩恶①,周公杀管、蔡以弭乱②,子产杀邓析以威侈③,孔子斩少正卯以变众④。佞贼之人而不诛⑤,乱之道也。《易》曰⑥:"不威小,不惩大,此小人之福也。"

【注释】

① 四凶:传说尧时的四个恶人。"四凶"见《尚书·尧典》:"流共工于幽州,放驩兜于崇山,窜三苗于三危,殛鲧于羽山,四罪而天下咸服。"而《左传·文公十八年》与《史记·五帝本纪》中说法则有不同。所记为:混沌、穷奇、梼杌、饕餮。

② 管、蔡:即管叔姬鲜、蔡叔姬度,均为周武王之弟。后扶持殷纣子武庚作乱,周公东征,杀管而放蔡。弭乱:消除祸乱。事见《左传·定公四年》《史记·周本纪》等。

③ 邓析(前545—前501):春秋时郑国大夫,"名辨之学"倡始人。与子产同时,名家学派的先驱人物。他第一个提出反对"礼治"思想。他的主要思想倾向是"不法先王,不是礼义"。曾作《竹刑》改变郑国原有的鼎铸《刑书》,能言善辩。《左传·定公九年》称他为驷歂所杀。今存《邓析子》两卷,分为《无厚》与《转辞》两篇,相传为邓析所作,但是有人也指出内容掺杂其他家说法,很大可能为后人伪托。《四库全书》将其归入子部法家类。威侈:威慑

那些爱说大话的人。

④少正卯(？—前496)：名卯，春秋时鲁国大夫，官至少正，能言善辩，是鲁国的著名人物，被称为"闻人"。少正卯和孔丘都开办私学，招收学生。卯多次把孔丘的学生都吸引过去听讲。鲁定公十四年(前499)，孔丘任鲁国大司寇，上任后七日就以"五恶乱政"的罪名杀了少正卯。《荀子·宥坐》："夫少正卯，鲁之闻人也，夫子为政而始诛之，得无失乎？"参见下文15.27则"孔子为鲁司寇，七日而诛少正卯于东观之下"。

⑤佞贼：奸恶小人。

⑥《易》曰：所引语句意欠明确，非《周易》原文。《周易·系辞下》："小惩而大诫，此小人之福也。"

【译文】

从前帝尧流放四凶是为了惩戒恶人，周公诛杀管、蔡是为了平息叛乱，子产杀了邓析是为了威慑夸诞的人，孔子斩杀少正卯是为了改变民众。奸恶小人不受惩罚，就是通向祸乱的道路。《周易》上说："不威慑小害，就不能惩戒大恶，这就是小民的福运。"

15.26 五帝三王教以仁义，而天下变也；孔子亦教以仁义，而天下不从者，何也？昔明王有绂冕以尊贤①，有斧钺以诛恶②，故其赏至重而刑至深，而天下变。孔子贤颜渊③，无以赏之；贱孺悲④，无以罚之，故天下不从。是故道非权不立，非势不行，是道尊然后行。

【注释】

①绂(fú)冕：古代礼服，这里喻指高官显位。

②斧钺：古代两种杀人的刑具，此指代刑罚。

③贤颜渊：认为颜渊贤能，意动用法。
④贱孺悲：看不起孺悲。贱，轻视，看不起。孺悲，鲁国人，生平事不详。鲁哀公曾派他向孔子学礼，被孔子拒之门外。《论语·阳货》："孺悲欲见孔子，孔子辞以疾，将命者出户，取瑟而歌，使之闻之。"

【译文】
　　五帝三王用仁义教化，就能使天下改变；孔子也用仁义教化，但天下却没人听从，这是为什么呢？从前英明的帝王有高官显位来尊重贤人，有刀斧刑罚来诛杀恶人，因为他的封赏最优厚并且刑罚又最严峻，才能使天下有所改变。孔子认为颜渊最贤能，却没有什么来奖赏他；孔子看不起孺悲，却没有什么来惩罚他，因此天下没人听从。这说明主张离开权力是不能树立的，没有地位是不能推行的，必须使主张受到尊崇，然后才能推行。

　　15.27　孔子为鲁司寇，七日而诛少正卯于东观之下①。门人闻之，趋而进，至者不言，其意皆一也。子贡后至，趋而进曰："夫少正卯者，鲁国之闻人矣②。夫子始为政，何以先诛之？"孔子曰："赐也，非尔所及也。夫王者之诛有五③，而盗窃不与焉。一曰心辨而险，二曰言伪而辨，三曰行辟而坚，四曰志愚而博，五曰顺非而泽④。此五者，皆有辨知聪达之名⑤，而非其真也。苟行以伪，则其知足以移众⑥，强足以独立，此奸人之雄也，不可不诛。夫有五者之一则不免于诛，今少正卯兼之，是以先诛也。昔者，汤诛蠋沐⑦，太公诛潘阯⑧，管仲诛史附里⑨，子产诛邓析，此五子未有不诛也⑩。所谓诛之者，非谓其昼则攻盗⑪，暮则穿窬也⑫，皆倾覆之徒也。此固君子之所疑，愚者之所惑也。《诗》云⑬：'忧心悄悄⑭,愠于群小⑮。'此之谓矣⑯!"⑰

【注释】

①东观(guàn):宫门东面的望楼。观,城门上或宫门前左右的望楼叫"观"。《荀子·宥坐》:"孔子为鲁摄相,朝七日而诛少正卯。"

②闻人:闻名于世之人。在古代,"闻人"就是专指众所崇敬的名人,世称"闻人"者,在中国历史文献上不多见。矣:《荀子》《尹文子》等书作"也"。

③王者之诛有五:君王要诛罚的人有五种。以下所列亦见《礼记·王制》。

④"一曰心辨而险"五句:《荀子·宥坐》作:"一曰心达而险,二曰行辟而坚,三曰言伪而辩,四曰记丑而博,五曰顺非而泽。"志愚而博,记住愚昧的学说而且广博。志,同"誌"。识(zhì),本义是区分、辨别事物的形状、大小、发展和变化,并作"标记"或者"作记号"。在古代,"志"与"誌"就有记载的含义,并且"识"与"帜"通用,所以此四字皆可互为通用。此处"志"引申为记忆。顺非而泽,依循错误的思想而自得其乐。《释名》:"顺,循也。"泽,通"怿"。怡然自乐。

⑤辨知聪达:才辩、智谋、聪敏、通达。

⑥知:同"智"。智慧。

⑦蠋(zhú)沐:事迹不详。

⑧潘阯:事迹不详。

⑨史附里:《荀子》作"付里乙",事迹不详。

⑩此五子:此文实列四子,少一人。《荀子·宥坐》作:"是以汤诛尹谐,文王诛潘止,周公诛管叔,太公诛华仕,管仲诛付里乙,子产诛邓析、史付。此七子者,皆异世同心,不可不诛也。"《孔子家语》同《荀子》,《尹文子》作"六子",少"周公诛管叔"。

⑪攻盗：暴力抢劫。
⑫穿窬（yú）：挖墙洞和爬墙头，指偷窃行为。《论语·阳货》："色厉而内荏，譬诸小人，其犹穿窬之盗也欤！"何晏集解："穿，穿壁；窬，窬墙。"
⑬《诗》云：所引二句见《诗经·邶风·柏舟》。
⑭悄悄：忧愁貌。
⑮愠（yùn）：怨恨。
⑯此之谓矣：此句《孔子家语·始诛》作"小人成群，斯足忧矣"。
⑰天海按：此文本《荀子·宥坐》，又见《尹文子·大道下》《孔子家语·始诛》《淮南子·氾论训》《史记·孔子世家》亦记此事，文皆大同而小异。

【译文】

孔子做了鲁国的司寇，第七天就在宫门东边的望楼下杀了少正卯。他的弟子听说这件事，急忙赶到那里，到的人虽然没有说什么，但他们的看法都是一致的。子贡后到，小步急行上前说："少正卯这个人，是鲁国有名望的人。先生刚开始从政，为什么要诛杀他呢？"孔子说："赐啊！这不是你所能了解的。帝王要诛罚的有五种人，但偷盗不在其中。一是内心狡诈而阴险的人，二是言论虚假善于巧辩的人，三是行为邪僻而又坚持不改的人，四是专记愚昧怪异的事而且广博的人，五是依循错误学说而又自得其乐的人。这五种人，都有才辩、智谋、聪敏、通达的名声，但并非真有其实。如果他们把行为加以伪装，那他们的智谋就能够改变民心，力量就强到能独立自主，这种人就是邪恶人中的奸雄，不能不诛杀。只要有上面五种行为之一的就不能免去诛杀，现在少正卯全都占有了，因此要先杀他。从前，商汤杀了蜀沐，太公望杀了潘阯，管仲杀了史附里，子产杀了邓析，这五个人没有不该杀的。所谓该诛杀的人，不是那种白天打劫、晚上偷盗的人，而是一帮倾覆国家的人。这当然是君子所感到担忧，愚人所感到困惑的。《诗》说：'我内心多么忧愁啊,却被那众多的小人怨恨。'说的就是这种情况!"

15.28 齐人王满生见周公①,周公出见之,曰:"先生远辱②,何以教之?"王满生曰:"言内事者于内,言外事者于外。今言内事乎?言外事乎?"周公导入,王满生曰:"敬从布席。"周公不导坐。王满生曰:"言大事者坐,言小事者倚③。今言大事乎?言小事乎?"周公导坐,王满生坐。周公曰:"先生何以教之?"王满生曰:"臣闻圣人不言而知,非圣人者,虽言不知。今欲言乎?无言乎?"周公俯念有顷不对④。王满生藉笔牍书之曰⑤:"社稷且危。"傅之于膺⑥。周公仰视见书,曰:"唯唯,谨闻命矣。"明日诛管、蔡⑦。⑧

【注释】

①王满生:《吕氏春秋·精谕》作"胜书",事如本文。
②远辱:古代外交辞令,犹言"有劳远来"。
③倚:靠着门或墙站立。
④俯念有顷:低头想了好一会。
⑤藉笔牍书:用笔在木简上书写。藉,凭借。牍,书版,木简。
⑥傅之于膺:贴近在胸前。傅,通"附"。贴近。
⑦诛管、蔡:周武王去世,成王年幼,周公旦摄政。霍叔处和管叔鲜、蔡叔度怀疑周公旦要篡夺王位,周成王二年,三人扶持纣王子武庚一起叛乱,史称"三监之乱"。周成王四年,周公旦以周成王的名义东征叛军,诛杀管叔鲜和武庚,流放蔡叔度,将霍叔处降为庶民,三年不许录用。事见《史记·管蔡世家》。
⑧天海按:事又见《吕氏春秋·精谕》《韩诗外传》卷四,文字各有异同。

【译文】

齐国人王满生求见周公,周公出宫接见他,说:"有劳先生远来,想以什么来指教我呢?"王满生说:"谈国内的事要在宫内,谈国外的事在宫外。现在是谈国内的事呢,还是谈国外的事?"周公引导他入宫,王满生说:"我恭敬地遵从您安排的座席。"周公没有引导他就座。王满生说:"谈大事的坐着,谈小事的站着。今天是谈大事呢,还是谈小事?"周公便引导他入座,王满生就座。周公问:"先生用什么来指教我?"王满生说:"我听说圣人不用别人说什么就能先知,如果不是圣人,即使说了他也不明白。现在您想要我说呢,还是不说?"周公低头想了好一会没有回答。王满生便用笔在木简上写上"国家将危"四个字,然后贴近在自己的胸前。周公抬头看见所写的字,便说:"好好!我恭敬地接受指教了。"第二天便诛杀了管叔、蔡叔。

卷十六

谈丛

【题解】

谈丛，即言论的汇集。或以为当作"丛谈"，那只是组词不同而意思未变。本卷在全书中可谓独具一格，其他十九卷均以采记历史上的传闻轶事为主，也间有记言的，但本卷所采全属记言，没有掺入一则传闻轶事。由于本卷是从古代文献、诸子语录、民间谚语中采集名言警句汇编而成，各个段落、章节、条目的划分不可能整齐划一，所以各种版本所分列的章节数目因人而异。笔者以国家图书馆影印宋本《说苑》为主，参以明钞本、卢文弨校本，分为85则。

这85则在形式上几乎都是片言只语的语录体，在内容上则包含广泛。它采集最多的是先秦诸子，尤以孔孟、老庄、荀况、韩非的言论为主，其次就是《礼记》《诗经》《周易》《左传》《战国策》《吕氏春秋》等书。汉初的《韩诗外传》《淮南子》《史记》等书，也是作者采集的主要对象。下面仅从思想内容与语言形式两方面对本卷进行简要介绍。

本卷所采格言名句在思想内容方面比较庞杂，既重申了前十五卷所阐明的主张，也蕴含了后四卷所要论述的观点。概言之，即以儒家的道德仁义、忠孝诚信为体，以老、庄、名、法诸家为用，目的仍在阐明并强调应该如何修身治国。

一、思想内容大致可以分为三类

1.有关治国理政的有 25 则

这一类主要是针对君主对天下的治理。首先,作为国家的最高统治者,必须清醒地认识治理天下"不一而一"的辩证关系,即"天下不可一,圣王临天下而能一之"。要统一天下,本卷有一系列的格言作为警示和策略。如"大政不险",是指美政和谐而不险峻;"和亲教育,礼乐节制"是儒家德政的治国方略;"道术御臣、强化吏治","赏重罚轻、进贤使能","把握形势、平衡制约",是儒道融合的帝王安国之术;"谋先事则昌,事先谋则亡",讲究谋略与方法,则为提高君主高瞻远瞩的理政智慧开出了良方。由于儒家历来歧视妇女,甚至视女子为"红颜祸水",所以对 16.13 则"妇人之口,可以出走;妇人之喙,可以死败",应该一分为二地理解,不可一概论之。

2.有关人生哲理的有 16 则

有关人生哲理的格言名句,具有经久不衰的普世价值。不论是帝王将相还是平民百姓,不论是太平治世还是昏君当道,不论是往古还是今朝;这些至理名言都对世人有着晨钟暮鼓般的警示作用。值得特别注意的是,这些格言大多源自道家学说,比如"无为无欲""归璞养生"的处世态度,事物"盛衰取予、贵贱高下"的转化,"祸福治乱""极反满损"的相互依存关系等,无不明显地打上了老子思想的烙印。这也表明,在西汉年间,不仅是儒术独尊,黄老思想以及各家学说同样承先启后得到继承与发扬。

3.有关个人修养的有 44 则

儒家历来注重个人修养,所谓"修身齐家治国平天下"的最高理想,修身是摆在第一位的;所谓"穷则独善其身,达则兼济天下"的处世之道,也是以修身为基础的。所以本卷所采集的有关个人修养的格言名句就占了二分之一以上的篇幅。

在这一部分,专以君子小人对比而论的有 13 则。"君子乐得其志,小人乐得其事"是君子与小人的根本区别。由此,君子时时不忘博学好问、修身积智以提高自身学问与智慧。光明磊落、仁义取舍、知耻不辱、君子固穷、不忘根本等优秀道德品行,不仅是那个时代君子个人修养的固守与追求,也最终形成中华民族世代传承的美德。

此外,单纯着眼于个人修养的格言有 31 则,其中强调"慎言谨行"的就有 8 则,这不仅是在复杂险恶环境中避祸防患的警言,也突出了言谈的重要作用是"百行之本":"一言而适,可以却敌;一言而得,可以保国。"曾子是孔子之后儒家思想主要传承者,他的修齐治平的政治观,内省、慎独的修养观,一直被后世奉为圭臬。故本卷特地选了他的 3 则语录(16.54—16.56 则),分别从节欲、交往、从政三方面给人以告诫。还有 20 则是从积善积德、节欲修身、知命知己、贤师良友、诗书礼乐、改恶向善等方面规范人们的道德行为。

二、关于本卷的语言形式

1.关于条目的分列

前面讲过,本卷条目的分列是因人而异,并无严格的标准与界限。笔者在依从宋本的基础上分列为 85 则,其中 84 则皆为语录体的格言名句,只有"枭逢鸠"一则(16.52 则)是以寓言形式出现在关于个人修养的条目中。本卷大多数条目格言的文字不多,但都是以一个完整的意义单列一则。其中字数最少的 3 则,每则只有十六个字(16.13、16.19、16.36 则),但也都能独立表达一个完整的意义。本卷还有部分条目文字较多,明显是多层意义糅合为一则的。比如 16.18 则"义士不欺心,仁人不害生",只有一百个字,但内容杂多,包含了八层意思;其中字数最多的一则有三百六十字(16.34 则),即"谤道己者,心之罪也"则,涉及文献十二种以上,就包含了十五层意思。如果按照卢文弨校补的意见,这一则就应该分列为 20 则格言,即二十层意思。这也未免太过细碎,所以笔者仍然依照宋本之旧,不予分列。读者也不难理解其各层所包含的意义。

2.多种句式综合运用

因为本卷是以语录体为主的格言名句,句子当然多以四字、五字的形式出现。但是句式的多样化同样贯穿全卷,不仅增加了文章的参差错落之美,也能运用自如地表现其思想内容。仍然以 16.18 则"义士不欺心,仁人不害生"为例,本则虽然只有一百个字,所用的句式分别有三、四、五、六、七字句这五种;字数最多的 16.34 则,也是以四字、五字句式为主,间以三、六、七字的句式。这种参差错落、相互对称的文章句式,上承先秦诗经、荀赋屈骚之渊源,下开魏晋骈文之先河,对我国韵文的发展具有承上启下的重要作用。

3. 修辞手法灵活多样

作为语录体的格言名句,主要是以它所蕴含的哲理给人警示与启迪,从而达到教化的作用。如果文字枯燥乏味、生硬死板,晦涩难读,一味地空洞说教,那也会适得其反。本卷的文字既没有华美绚丽的辞藻,亦无夸诞恣肆的文风,而是将相应的修辞手法灵活巧妙而适当地运用在质朴谨严的文句中。像"对称、排比、正反对比"这三种是贯穿全卷的主要修辞手法,而"层递、层降、比喻、反衬"等也不时穿插运用。比如 16.1 则"王者知所以临下而治众",就连用四个排比句以突出说明"道术以御其臣下"的道理。又如 16.2 则就用了"吏胜其职"—"不胜其职"、"事治"—"事乱"、"利生"—"害成"这三组正反相对的词语强调吏治的重要。再如 16.9 则,用"一围之木""五寸之键"贴切比喻人才的使用与所居的重要。此外,本卷的格言名句也讲究声律的和谐与美感,读来朗朗上口,令人过目不忘。比如 16.14 则"不修其身,求之于人,是谓失伦;不治其内,而修其外,是谓大废。重载而危之,操策而随之,非所以为全也","身""人""伦"叶韵,"废""危""随"叶韵。这种韵律自然随意,并无雕琢痕迹,真可谓巧韵天成。

总之,本卷内容丰富,蕴含哲理,文字精练,形式独特,是人生经验与智慧的高度结合,也是中华传统文化中值得传承的宝贵的精神财富。

16.1 王者知所以临下而治众①,则群臣畏服矣;知所以听言受事,则不蔽欺矣;知所以安利万民,则海内必定矣;知所以忠孝事上②,则臣子之行备矣。凡所以劫杀者,不知道术以御其臣下也③。

【注释】
①临下:驾驭臣下。
②事上:侍奉父母长辈。
③道术:方术,指办法和手段。

【译文】
做君主的懂得用什么来驾驭臣下和治理众人,群臣就会害怕和折服;懂得怎样采纳别人的意见处理事情,就不会受蒙蔽和欺骗;懂得用什么来安定和施惠万民,那么国内就一定会平安了;懂得怎样以忠孝来事奉父母长辈,那么臣子的德行就具备了。凡是被劫持和杀害的君主,都是因为他们不懂得用方法和手段来驾驭他们的臣下。

16.2 凡吏胜其职则事治,事治则利生;不胜其职则事乱,事乱则害成也。①

【注释】
①天海按:此则原文连上,现依卢文弨校另起一则。

【译文】
凡是官吏能胜任他的职务的就会使事情得到治理,事情治理好了一切才会顺利;不能胜任他的职务的就会把事情搞乱,事情搞乱了就会造成祸害。

16.3 百方之事,万变锋出①。或欲持虚②,或欲持实;或好浮游③,或好诚必④;或行安舒⑤,或为飘疾⑥。从此观之,天下不可一⑦,圣王临天下而能一之⑧。

【注释】

①锋出:用同"蜂出"。形容事情繁多,蜂拥而出。
②持虚:保持虚静。与下文"持实"保持务实相对而言,喻指两种不同的处世治国的态度与方法。
③浮游:虚浮不实。与下文"诚必"即诚信相对而言,是同义复词,指某一方面的品格。
④诚必:诚实守信。
⑤安舒:安详舒缓。
⑥飘疾:飞扬疾迅。与上"安舒"皆喻指临事处世的态度。
⑦一:指齐一,整齐划一。
⑧一:指统一。

【译文】

天下的各种事情,千变万化如蜂出巢。有的要保持虚静,有的要保持务实;有的喜好浮夸,有的喜好诚信;有的行动安详纡缓,有的做事飞扬迅疾。由此看来,天下的事情不能同一,圣王驾驭天下才能统一它们。

16.4 意不并锐①,事不两隆②。盛于彼者必衰于此,长于左者必短于右,喜夜卧者不能蚤起也③。

【注释】

①并锐:同时急进。《孟子·尽心上》:"其进锐者,其退速。"

②两隆:始终兴盛。

③蚤:通"早"。

【译文】

心意不能同时锐进,事物不能始终兴盛。在那时兴盛的一定会在此时衰落,擅长用左手的右手一定不大灵便,喜欢晚睡的人往往不能早起。

16.5 鸾设于镳①,和设于轼②。马动而鸾鸣,鸾鸣而和应,行之节也。③

【注释】

①鸾:同"銮",即铃。镳:马嚼子,即马口中所衔铁具露出两侧的部分。

②和:车铃。《诗经·小雅·蓼萧》"和鸾雝雝",毛传:"在轼曰和,在镳曰鸾",孔疏:"和,亦铃也,以其与鸾相应和,故载见曰'和铃央央'是也。"

③天海按:语又见《大戴礼记·保傅》,文略异。

【译文】

鸾铃设在马嚼子上,车铃安在车厢横木上。马一走动鸾铃就响,鸾铃发出声响车铃就会应和,这就是行动的节奏。

16.6 不富无以为人①,不予无以合亲②。亲疏则害,失众则败。不教而诛谓之虐,不戒责成谓之暴也③。④

【注释】

①人:通"仁"。字原文作"大",此据向宗鲁《校证》引《六韬》改。

②合亲:融洽亲族,和睦亲族。

③责成:限定时间、标准要求完成。
④天海按:前四句见《太平御览》卷四百七十二引《六韬》,后二句又见《论语·尧曰》。

【译文】
不富有就不能做仁慈的事,不会给予就不能和睦亲族。亲族疏远了就有危害,失去了众人就会失败。不经教化就惩罚叫暴虐,不告诫就要求成功叫残暴。

16.7 夫水出于山而入于海,稼生于田而藏于廪。圣人见所生,则知其所归矣。①

【注释】
①天海按:此文又见《淮南子·缪称训》《泰族训》及《吕氏春秋·审己》。

【译文】
那水从山中流出而流入大海,粮食由田地里生长而收进仓库。圣人只要看见事物从什么地方生长,就知道它们的归宿在什么地方了。

16.8 天道布顺①,人事取予②;多藏不用,是谓怨府③。故物不可聚也。

【注释】
①天道布顺:即自然规律是分发颁赏。布顺,向宗鲁《校证》疑"顺"为"颁",据文意应是,译文从之。
②人事:人情事理是有取得也有给予。
③怨府:众怨归聚之所。《左传·昭公十二年》:"昭子命吏谓小待

政于朝,曰:'吾不为怨府。'"杜预注:"言不能为季氏逐小,生怨祸之聚。"《史记·赵世家》:"毋为怨府,毋为祸梯。"

【译文】

上天的规律是分发颁赏,人情事理是有取得也有给予;喜好收藏而不使用,这就是所谓众怨所归。所以财物不能聚敛。

16.9 一围之木①,持千钧之屋②;五寸之键③,而制开阖④。岂材足任哉⑤,盖所居要也。⑥

【注释】

①一围:量词,两手环抱。
②千钧:古代三十斤为一钧,千钧即三万斤。这里用来形容极大的重量。
③键:竖着插的门闩。《字书》:"横曰关,竖曰键。"
④开阖:开关。
⑤岂材足任哉:难道是那材料能够负重吗?
⑥天海按:此文又见《淮南子·主术训》及《文子·上义》。

【译文】

一抱粗的圆木,能够支撑千钧重的房屋;五寸大小的门闩,就能控制门户的开关。难道是这木材能够承担重任吗?那是因为它处于重要的地位。

16.10 夫小快害义,小慧害道①;小辨害治,苟心伤德②。大政不险③。④

【注释】

① 小快害义，小慧害道：小快，一时的快意。小慧，小恩小惠。《淮南子·泰族训》与此文同，《文子·微明》作"小德害义，小善害道"。
② 小辨害治，苟心伤德：小辨，犹小察，在小事上辨别是非。苟心，向宗鲁《校证》认为当作"苛小"。天海按，此说可从，译文从此。苛小，犹"苛削"，亦即"苛刻"。《文子·微明》作"小辩害治，苛削伤德"，《淮南子·泰族训》与《文子》同。
③ 大政：犹善政。《国语·晋语八》："以君之明，子为大政，其何厉之有？"韦昭注："大政，美大之政。"险：险峻。此指严峻。
④ 天海按：此文又见《淮南子·泰族训》《文子·微明》，文略异。

【译文】

一时快意会损害仁义，小恩小惠会危害道义；察辨小事会妨害治理，苛刻会损害德行。善政不在于严峻。

16.11 蛟龙虽神①，不能以白日去其伦②；飘风虽疾③，不能以阴雨扬其尘。④

【注释】

① 蛟龙虽神：此则原文连上，现依卢文弨校另起。
② 不能以白日去其伦：不能在白日升天脱离同类。伦，同类。
③ 飘风：指旋风，暴风。
④ 天海按：《艺文类聚》卷九十七引张敞书曰："夫苍龙非不神，不能白日升天；飘风虽疾，不以霖雨，不能扬尘。"

【译文】

蛟龙虽然神灵，但不能够在白日升天脱离同类；旋风虽然迅猛，但不能够在阴雨天卷起灰尘。

16.12 邑名胜母,曾子不入①;水名盗泉,孔子不饮②。丑其声也③。

【注释】

①邑名胜母,曾子不入:《史记·鲁仲连邹阳列传》:"故县名胜母,而曾子不入。"《新序·杂事三》同《史记》。胜母,古代传说中的地名。所在未详。
②水名盗泉,孔子不饮:《淮南子·说山训》:"孔子立廉,不饮盗泉。"盗泉,古代泉水名。故址在今山东泗水东北。据说县内共有泉水87处,唯有盗泉不流,其余都汇入泗河。
③丑其声:厌恶它们的名声太丑陋。

【译文】

地名叫胜母,曾子不会进入;水名叫盗泉,孔子不会去饮用。是因为厌恶那丑陋的名声。

16.13 妇人之口①,可以出走;妇人之喙②,可以死败。③

【注释】

①妇人之口:此指妇人口出谗言,与"妇人之喙"意同。
②喙(huì):口,嘴。
③天海按:《史记·孔子世家》《孔子家语·子路初见》,有类似之语。

【译文】

妇人的口,能够使人出逃;妇人的嘴,能够使人亡事败。

16.14 不修其身,求之于人,是谓失伦①;不治其内,而修其外,是谓大废②。重载而危之③,操策而随之,非所以为全也。

【注释】
①失伦:失序,失去应有的条理次序。
②大废:败坏大事。
③危之:使之危险。

【译文】
不加强自身修养,却向别人提要求,这就叫丧失了伦次;不治理好自己内部,却要想整治外表,这就是败坏大事。车子装载很重又使它濒于危险,只是拿着鞭子跟在后面,不是使它安全的办法。

16.15 士横道而偃①,四支不掩②,非士之过,有土之羞也③。④

【注释】
①横道而偃:横躺在道上仰面而卧。偃,仰卧。
②四支不掩:四肢不能遮掩。意即衣衫破烂。
③有土:有国者,指君主。
④天海按:《大戴礼记·曾子制言》有类似之语。

【译文】
士人横卧在路上仰面躺着,四肢都不能遮掩,这不是士人的过错,而是国君的羞耻。

16.16 邦君将昌①,天遗其道②;大夫将昌,天遗之士;庶人将昌,必有良子。

【注释】

①邦君:国君,指诸侯国君主。邦,国家。
②遗(wèi):给予,馈赠。

【译文】

诸侯将要兴盛,上天会传给他方法;大夫将要兴盛,上天会送给他贤士;平民将要兴盛,一定会有贤能善良的子弟。

16.17 贤师良友在其侧,诗书礼乐陈于前,弃而为不善者,鲜矣。①

【注释】

①天海按:此文《文子·上仁》作:"贤良师友,舍而为非者寡矣。"

【译文】

贤明的老师优秀的朋友在自己的身旁,诗书礼乐等经典陈列在面前,抛弃这些去做坏事的人,恐怕很少吧。

16.18 义士不欺心①,仁人不害生。谋泄则无功,计不设则事不成。贤士不事所非,不非所事。愚者行间而益固②,鄙人饰诈而益野③。声无细而不闻,行无隐而不明④。至神无不化也⑤,至贤无不移也。上不信,下不忠;上下不和,虽安必危。求以其道,则无不得;为以其时,则无不成。⑥

【注释】

①欺心:自己欺骗自己,昧心。此则原文连上,现依卢文弨校另起。
②行间:即为非作歹。间,非也。《论语·先进》"人不间于其父母昆弟之言",皇侃疏:"间,非也。"固:鄙陋。

③饰诈:矫饰诈伪。
④声无细而不闻,行无隐而不明:《荀子·劝学》:"故声无小而不闻,行无隐而不形。"
⑤至神:最为神奇玄妙。
⑥天海按:原文连上,现依向宗鲁《校证》另起。其中"声无"二句见《荀子·劝学》,"上不信"二句见《管子·形势》。

【译文】

守正义的人不会昧良心,仁慈的人不会危害生灵。密谋泄露了就没有功效,计划不设定事情就不会成功。贤士不做自己认为不对的事,也不反对自己认为该做的事。愚蠢的人为非作歹却更加鄙陋,鄙陋的人矫饰诈伪却更加粗野。声音无论多细微没有听不到的,行动无论多隐蔽没有不被发现的。最神灵的事没有什么不能变化,最贤能的人没有什么不能改变。在上的君主不真诚,在下的臣子就不忠实;上下不和睦,即使暂时安定也一定很危险。按照一定的规律寻求事物,就没有什么不能得到;按照一定的时机去行动,就没有什么事情不会成功。

16.19 时不至,不可强生也;事不究①,不可强成也。②

【注释】

①究:谋划,研究,探求。
②天海按:《国语·越语下》:"范蠡对曰……时不至,不可强生;事不究,不可强成之。"韦昭注:"究,穷也。穷则变生,可因而成也。"

【译文】

时机不到,不能强求发生;事情不谋划,不能强求成功。

16.20 贞良而亡,先人余殃①;猖蹶而活,先人余烈②。权取重,度取长③。才贤任轻则有名;不肖任大,身死名废。

【注释】

①贞良而亡,先人余殃:贞良,忠正诚信。余殃,余留的灾祸。此则原文连上,现依卢文弨校另起。
②猖蹶而活,先人余烈:猖蹶,也作"猖獗",任意横行。余烈,余威,残留的影响。
③权取重,度取长:秤杆是称重量的,尺度是测长短的。权,即秤杆与秤锤,测定物体重量的器具。引申为权衡,比较。度,原文作"泽",向宗鲁《校证》疑为"择"。天海按:"权"当与"度"对,径改。《孟子·梁惠王上》:"权,然后知轻重;度,然后知长短。"《文选》李善注引《尸子》:"圣人权福则取重,权祸则取轻。"

【译文】

因忠正诚信而死,那是先人遗留下的灾祸;任意横行还能活着,那是先人残留的影响。秤杆是称重量的,尺度是测长短的。贤才担负的责任虽轻却会有名声;不贤的人虽担大任,却身死名灭。

16.21 士不以利移,不为患改,孝敬忠信之事立,虽死而不悔。智而用私,不如愚而用公,故曰巧伪不如拙诚①。学问不倦,所以治己也②;教诲不厌,所以治人也③。所以贵虚无者④,得以应变而合时也。冠虽故,必加于首;履虽新,必关于足⑤。上下有分,不可相倍⑥。一心可以事百君,百心不可事一君⑦。故曰:正而心又少而言⑧。

【注释】

①拙诚:虽愚钝但朴实真诚。《韩非子·说林上》:"'巧诈不如拙

诚。'乐羊以有功见疑,秦西巴以有罪益信,由仁与不仁也。"此语又见本书5.29则"乐羊为魏将以攻中山"。
②治己:修炼自己。治,修炼。下文"治人"亦同。
③所以治人也:以上四句本《尸子·劝学》,又见《文子·上仁》载老子语:"学而不厌,所以治身也;教而不倦,所以治民也。"
④虚无:道家指"道"的本体。道无所不在,但又无形可见,所以称为虚无。
⑤"冠虽故"四句:又见《史记·儒林列传》。参见本书12.10则"晋、楚之君相与为好"。关,与"贯"通,即穿。
⑥倍:通"背"。违背。
⑦一心可以事百君,百心不可事一君:又见《晏子春秋·内篇问下》《意林》卷一引《子思子》,文小异。
⑧而:你。

【译文】

士人不以利益为转移,不因为祸患而改变,孝敬忠信的事确立了,即使死了也不会后悔。有智慧却用在私利上,不如愚笨而把心思用在公事上,所以说奸诈虚伪不如笨拙诚朴。求学不懈怠,是为了磨炼自己;教诲不厌倦,是为了培养人才。崇尚虚无的原因,是因为能够顺应变化而又符合时宜。帽子虽旧,但必须戴在头上;鞋子虽新,但只能穿在脚下。上下有别,不能相违背。一心一意能够事奉上百个君主,心眼太多就不能事奉一个君主。所以说:你的心要端正,你又要少说活。

16.22 万物得其本者生,百事得其道者成。道之所在,天下归之;德之所在,天下贵之;仁之所在,天下爱之;义之所在,天下畏之。屋漏者,民去之;水浅者,鱼逃之;树高者,鸟宿之;德厚者,士趋之;有礼者,民畏之;忠信者,士死之①。

衣虽弊,行必修;头虽乱,言必治。时在应之,为在因之。所伐而当②,其福五之③;所伐不当,其祸十之。

【注释】

①士死之:以上语出《六韬·文韬·文师》《荀子·致士》《吕氏春秋·功名》等篇,而文各有异。士死之,士人愿意为他而死。
②伐:本义为攻伐,此引申为从事的事功。
③五之:五倍于事功。下文"十之"用法同此。

【译文】

万物能保持它的根本就能生存,各种事情能掌握它的规律就能成功。真理在什么地方,天下的人都归向它;道德在谁身上,天下的人都尊崇他;仁爱在谁那里,天下的人都爱戴他;正义在谁那里,天下的人都敬畏他。房屋破漏,人们就会离开;河水太浅,鱼儿就会逃走;树木高大,鸟儿就会栖息;品德宽厚的人,士人都奔向他;持守礼义的人,人们都敬畏他;忠诚守信的人,士人愿为他而死。衣服虽然破旧,行为一定要整饬;头绪虽乱,言论一定要有条理。要顺应时机,凭借它而行动。所进行的事功如果恰当,那福运就是事功的五倍;所进行的事功如果不适当,那祸害就是事功的十倍。

16.23 贵必以贱为本,高必以下为基①。天将与之,必先苦之;天将毁之,必先累之②。孝于父母,信于交友。十步之泽,必有香草;十室之邑,必有忠士③。草木秋死,松柏独在;水浮万物,玉石留止。饥渴得食,谁能不喜?赈穷救急,何患无有?视其所以④,观其所使,斯可知已。乘舆马不劳致千里,乘船楫不游绝江海⑤。智莫大于阙疑,行莫大于无悔也⑥。制宅名子,足以观士⑦。利不兼,赏不倍⑧。忽忽之谋⑨，不可为也；惕惕之心⑩，不可长也⑪。

【注释】

①贵必以贱为本，高必以下为基：二"必"字原文在"贵""高"之上，向宗鲁《校证》引《老子》《战国策·齐策》《淮南子·原道训》《文子》诸书，以为当在"贵""高"二字之下。此径乙。

②累：拖累，过失。天海按，"必先累之"以上四句，《老子·道经》《吕氏春秋·行论》《战国策·魏策》引《周书》，《史记·苏秦列传》等皆有类似之文。

③"十步之泽"四句：《潜夫论·实贡》作："十步之间，必有茂草；十室之邑，必有俊士。"

④所以：同"所与"。所结交的朋友。

⑤乘舆马不劳致千里，乘船楫不游绝江海：又见《荀子·劝学》《淮南子·主术训》《大戴礼记·劝学》《文子·上仁》等书，皆有类似之语，而文有异同。

⑥智莫大于阙疑，行莫大于无悔也：又见《荀子·议兵》，作"知莫大乎弃疑，行莫大乎无过，事莫大乎无悔"。阙疑，存疑，对疑难不妄加解释。

⑦制宅名子，足以观士：制宅名子，裁断家政教诲子孙。名，与"命"通，即教诲。宅，住宅，借指家政。此二句又见《史记·日者列传》："故曰：制宅名子，足以观士。"

⑧利不兼，赏不倍：左松超《说苑集证》案："《帛书》称：'利不兼，赏不倍。'"

⑨忽忽之谋：模糊不清的计划。

⑩惕惕（dàng）：原文作"惕惕"，向宗鲁《校证》以为当作"惕惕"。惕，放荡。此径改。

⑪长：滋长。

【译文】

尊贵的必须以卑贱为根本,高大的必须以低下作基础。上天将要给予他,必定首先使他劳苦;上天将要毁灭他,一定先使他犯错误。对待父母孝敬,结交朋友讲诚信。十步大小的洼地,一定会有香草生长;十户人家的地方,一定会有忠实可靠的士人。草木到秋天就枯死了,只有松柏长青;水能飘浮万物,只有玉石能够独立不移。饥渴时得到饮食,谁能不高兴?赈济穷困,救助危急,何必担心自己没有衣食?看他所结交的朋友,观察他任用的人,就能了解这人了。利用车马,不劳累就能达到千里之远;利用舟船,不游泳就能横渡江海。没有比存疑而不妄解的人更加聪明,没有比做事不后悔的人有更大的德行。主持家政教诲子孙,能够以此观察士人。利益不能兼有,奖赏不能加倍。草率的计划,不能付诸实行;放荡的心思,不能让它滋长。

16.24 天与不取,反受其咎;时至不迎,反受其殃①。天道无亲,常与善人②。天道有常,不为尧存,不为桀亡③。积善之家,必有余庆;积恶之家,必有余殃④。一噎之故,绝谷不食;一蹶之故⑤,却足不行⑥。心如天地者明,行如绳墨者章⑦。

【注释】

①"天与不取"四句:又见《意林》卷一引《太公金匮》,为太公对武王所言。唯"迎"字作"行"。迎,迎合,利用。

②天道无亲,常与善人:天道,自然规律。道,原文作"地",此据向宗鲁《校证》引诸书径改。与,援助。

③"天道有常"三句:又见《荀子·天论》,"天道"作"天行"。天行,即天道。

④"积善之家"四句：又见《周易·坤卦·文言》，"积恶之家"作"积不善之家"。余庆，丰饶的幸福。余殃，多余的灾祸。

⑤蹶：跌倒。

⑥却足：止步。

⑦绳墨：匠人用绳蘸墨作打直线的工具，这里喻指正直的行为。章：同"彰"。显明。

【译文】

上天赐予而不领受，反而会受到灾祸；时机到了而不利用，反而会受到祸害。上天的规律是无论亲疏的，但经常援助好人。上天的规律有自己的常轨，不会因为尧就存在，也不会因为桀而消亡。积累善行的人家，一定会有丰饶的幸福；积累恶行的人家，一定会有多余的祸殃。因为一次被噎住，就断粮绝食；因为跌倒一次，就止步不前。心胸像天地一样宽广的人，眼睛就明亮；行为像墨线一样正直的人，名声就显著。

16.25 位高道大者从①，事大道小者凶。言疑者无犯②，行疑者无从。蠹蝝仆柱梁③，蚊䗈走牛羊④。⑤

【注释】

①从：顺。

②犯：使用。《孙子·九地》："犯三军之众，若使一人。"曹操注："犯，用也，言明赏罚，虽用众若使一人也。"

③蠹蝝（dù yuán）：蛀虫。《说文解字》："蠹，木中虫。"蝝，未生翅的蝗子。仆：使……倒伏。

④䗈：同"虻（méng）"。昆虫名。常吸食植物液体或牛羊等动物血为生。俗称"牛蝇"者即其一种。走：跑，使之奔跑。

⑤天海按：首尾二句又见《淮南子·泰族训》及《人间训》，文略异。

【译文】

地位高道路宽大的人顺利,事情大道路窄小的人凶险。言语可疑的人不要使用,行为可疑的人不要跟从。蛀虫、蝗子能使柱梁倒仆,蚊虫虻蝇能使牛羊奔跑。

16.26 谒问析辞勿应①,怪言虚说勿称。谋先事则昌,事先谋则亡②。

【注释】

① 谒问:向宗鲁《校证》疑当作"楛问"。《荀子·劝学》:"问楛者,无告也。"杨倞注:"楛与苦同,谓恶也,粗也。"译文从此说。析辞:玩弄言辞。
② 谋先事则昌,事先谋则亡:又见《意林》卷一引《太公金匮》,作"先谋后事则昌,先事后谋则亡",为太公对武王所言。

【译文】

对于提问粗鲁玩弄言辞的,不要回答;对于怪诞虚妄的言论,不要称道。先谋划后做事就会顺利,先做事后谋划就会败亡。

16.27 无以淫泆弃业①,无以贫贱自轻,无以所好害身,无以嗜欲妨生,无以奢侈为名,无以贵富骄盈②。

【注释】

① 淫泆:纵欲放荡,也作"淫佚""淫逸"。
② 骄盈:骄傲自满。

【译文】

不要因为纵欲放荡而抛弃正业,不要因为贫穷低贱而看轻自己,不要因为喜好的事物而危害身体,不要因为嗜好和欲望而妨害生命,不要用奢侈来张扬名声,不要因为尊贵富有而骄傲自满。

16.28 喜怒不当,是谓不明;暴虐不得,反受其贼。怨生不报,祸生于福。

【译文】

喜怒不适当,这就是不明智;对别人施暴虐不成,会反受其害。怨恨由不报恩而产生,灾祸从福运中产生。

16.29 一言而非,四马不能追;一言而急①,四马不能及。雁顺风而飞②,以助气力;衔葭而翔③,以备矰弋④。

【注释】

①而急:原文作"不急",此据《邓析子·转辞》径改。天海按,此段前四句又见今本《邓析子》。
②雁:此字原文无,向宗鲁《校证》引《淮南子·修务训》以为"顺风"上应有"雁"字,此径补。
③葭(jiā):初生的芦苇。
④矰弋(yì):系有丝绳用来射鸟的短箭。天海按,"以备矰弋"以上四句《淮南子·修务训》作:"夫雁顺风而飞,以爱气力;衔芦而翔,以备矰弋。"

【译文】

一句话说错了,四匹马也不能追回;一句话说得急,四匹马也不能赶上。大雁顺着风向飞,是为了补助气力;嘴里衔着芦草滑翔,是为了防备箭矢射中。

16.30 镜以精明，美恶自服①；衡平无私②，轻重自得。蓬生枲中③，不扶自直；白沙入泥，与之皆黑④。

【注释】

①精明：精细光亮。

②衡：秤。天海按，此段前四句，《群书治要》引《申子》有略似之文。

③蓬：草名。蓬蒿。枲(xǐ)：不结子的大麻。也作麻的统称。

④与之皆黑：以上四句，《荀子·劝学》《孟子》赵岐注引谚曰，《大戴礼记·劝学》《大戴礼记·曾子制言》等，皆有类似之语。

【译文】

镜子因为精细光亮，照出美丑自然信服；秤公平无私，称出轻重自然适当。蓬蒿长在大麻中，不用扶它自然会直立；白沙混入污泥中，与污泥一样都成了黑色。

16.31 时乎时乎，间不及谋①。至时之极，间不容息②。劳而不休，亦将自息；有而不施③，亦将自得。

【注释】

①时乎时乎，间不及谋：见《史记·李斯列传》记赵高语。间，本指空隙，这里喻时间短暂。

②间不容息：形容时间急迫，不容喘息。

③有而不施：犹言"为而不舍"。有，犹"为"。裴学海《古书虚字集释》："训见《经传释词》。"施，通"弛"。放松。天海按，以下二句又见《淮南子·原道训》。

【译文】

时间啊，时间啊！短暂得使人来不及思索。时间快到了极点，短暂得不容人喘息。劳作而不休息,将会自动停止;做事而不放松,也将自有所得。

16.32 无不为者①,无不能成也;无不欲者,无不能得也。众正之积②,福无不及也;众邪之积③,祸无不逮也④。

【注释】

①无不为者:顺物之性,因物而为的人。《淮南子·原道训》:"所谓无为者,不先物为也;所谓无不为者,因物之所为。"高诱注:"顺物之性也。"

②众正:众多正人君子。《汉书·刘向传》:"杜闭群枉之门,广开众正之路。"

③众邪:众多奸邪之臣。《韩非子·有度》:"威制共则众邪彰矣,法不信则君行危矣。"陈奇猷集释:"众邪,众奸邪之臣。"

④逮:及,到。天海按,"祸无不逮也"以上四句又见《吕氏春秋·明理》,文略异。

【译文】

顺物之性因物而为的人,没有什么不能成功;没有什么欲望的人,没有什么不能得到。众多的正人君子聚集在一起,福佑没有不来到的;众多的邪恶小人聚集在一起,灾祸没有不来到的。

16.33 力胜贫,谨胜祸①;慎胜害,戒胜灾。为善者天报以德②,为不善者天报以祸③。君子得时如水④,小人得时如火。

【注释】

①力胜贫,谨胜祸:努力能战胜贫困,恭谨能战胜灾祸。力,勤力。此二句又见《论衡·命禄》及《齐民要术·序》,文略同。
②德:幸福。《礼记·哀公问》:"孔子愀然作色而对曰:'君之及此言也,百姓之德也。'"郑玄注:"德,福也。"
③天海按:此上二句又见本书10.8则。
④得时如水:得到时运如水一样平静。时,时机,时运。

【译文】

努力能战胜贫困,恭谨能战胜灾祸;谨慎能战胜危害,戒备能战胜灾难。做好事的人,上天将用福佑来回报;做坏事的人,上天将用灾祸来回报。君子得到时运,像水一样平静;小人得到时运,像火一样暴烈。

16.34 谤道己者,心之罪也①;尊贤己者,心之力也②。心之得,万物不足为也;心之失,独心不能守也。子不孝,非吾子也;交不信,非吾友也。食其口而百节肥,灌其本而枝叶茂③。本伤者枝槁,根深者末厚④。为善者得道,为恶者失道。恶语不出口,苟言不留耳⑤。务伪不长,喜虚不久⑥。义士不欺心,廉士不妄取。以财为草,以身为宝。慈仁少小,恭敬耆老⑦。犬吠不惊,命曰金城⑧。常避危殆,命曰不悔。富必念贫,壮必念老。年虽幼少,虑之必早。夫有礼者相为死,无礼者亦相为死。贵不与骄期,骄自来;骄不与亡期,亡自至⑨。跛人日夜愿一起,盲人不忘视⑩。知者始于悟,终于谐;愚者始于乐,终于哀⑪。高山仰止,景行行止⑫。力虽不能,心必务为。慎终如始,常以为戒⑬。战战慄慄,日慎其事⑭。圣人之正⑮,莫如安静;贤者之治,故与众异。

【注释】

① 谤道己者,心之罪也:诽谤非议自己,是因为内心的过错。谤道,诽谤非议。

② 尊贤己者,心之力也:推重自己贤能,是因为内心的努力。天海按,"心之力也"以上四句《淮南子·人间训》作:"使人高贤称誉己者,心之力也;使人卑下诽谤己者,心之罪也。"又见《文子·微明》,"罪"作"过"。

③ 食其口而百节肥,灌其本而枝叶茂:百节,身体的各部分。此二句《淮南子·泰族训》作:"故食其口而百节肥,灌其本而枝叶美。"

④ 本伤者枝槁,根深者末厚:此二句《淮南子·泰族训》作:"根深则本固,基美则上宁。"

⑤ 恶语不出口,苟言不留耳:《邓析子·转辞》作:"恶言不出口,苟语不留耳。"苟言,随便、不实的语言。苟,随便。

⑥ 务伪不长,喜虚不久:此二句《管子·小称》作:"务伪不久,盖虚不长。"《韩非子·难一》引《管子》作:"矜伪不久,盖虚不长。"

⑦ 耆老:概称老人。古代人年六十为耆,七十为老。

⑧ 犬吠不惊,命曰金城:此二句《文子·符言》作:"狗吠不惊,自信其情,诚无非分。"据此可知,所谓"金城"是比喻自信而内心坚定。金城,铜筑的城,喻坚固。《后汉书·班固传上》:"建金城其万雉,呀周池而成渊。"李贤注:"金城,言坚固也。"

⑨ "贵不与骄期"四句:期,约会,约定。《说文解字》:"期,会也。"段注:"会者,合也;期者,邀约之意,所以为会合也。"天海按,"亡自至"以上四句语本《尚书·周官》:"位不期骄,禄不期侈。"孔传:"贵不与骄期,而骄自至;富不与侈期,而侈自来;骄侈以行己,所以速亡。"

⑩ 跛人日夜愿一起,盲人不忘视:跛人,肢体不能活动的病人,即偏

瘫者。跛,同"痿"。此二句又见《史记·韩信卢绾列传》,作:"痿人不忘起,盲者不忘视。"
⑪"知者始于悟"四句:《淮南子·主术训》作:"智者先忤而后合,愚者始于乐终于哀。"
⑫高山仰止,景行(háng)行(xíng)止:高山使人仰慕,大道让人行走。意指品德像高山一样崇高的人使人敬仰,行为光明正大的人让人效法。止,通"之"。景行,大道。此二句见《诗经·小雅·车辖》。
⑬慎终如始,常以为戒:《老子》六十四章作:"慎终如始,则无败事。"
⑭战战栗栗,日慎其事:此二句《淮南子·人间训》引《尧戒》云:"战战栗栗,日慎一日。"
⑮正:同"政"。

【译文】

有诽谤非议自己的,那是因为内心的过错;有推重赞誉自己的,那是因为内心的努力。心有所得,上万件事都不够做;心有所失,就一个信念也坚守不住。儿子不孝,就不当作我的儿子;朋友不真诚,就不当作我的朋友。食物进入口中,能使全身强壮;灌溉树木根本,能使枝叶繁茂。树干受损伤,树枝就干枯;根须入土深,末梢就肥厚。做善事的获得道义,做恶事的丧失道义。恶言不从自己口中说出,秽语不让它留在耳边。竭力作伪长不了,喜好虚假不能长久。正义的人不欺骗自己的良心,廉洁的人不随便获取。把财物看成草,把身体看作宝。对幼小者仁慈,对老年人恭敬。犬吠心也不惊,这就叫"金城"。常能避开危险,这就叫"不悔"。富有时一定要想到贫穷,壮年时一定要想到老年。年纪虽然还幼小,考虑将来必须趁早。有礼义的人能相互替死,无礼义的人也能相互替死。显贵不与骄横相约,骄横自会到来;骄横不与败亡相约,败亡也会自行到来。偏瘫病人日夜希望一朝能站起,盲人不忘记能够看见东西。聪慧的人从领悟开始,到和谐告终;愚蠢的人从欢乐开始,以悲哀告终。高山使人敬仰,大道让人行走。力量即使不能达到,内心一定要努力去做。事情到最后也要像开始时一样慎重,要经常以此为戒。战战兢兢,每天都慎重地处理事情。圣人的政事,不如安定平静;贤人的治国,所以与一般人不同。

16.35 好称人恶,人亦道其恶;好憎人者,亦为人所憎①。衣食足,知荣辱;仓廪实,知礼节②。江河之溢,不过三日;飘风暴雨,须臾而毕③。

【注释】

①亦:原文作"而",据明钞本改。
②"衣食足"四句:又见《管子·牧民》、本书 3.26 则。实,充实,装满。
③"江河之溢"四句:又见《吕氏春秋·慎大》《淮南子·道应训》,文略异。《老子》有"飘风不终朝,骤雨不终日"。溢,涨洪水。飘,旋风。

【译文】

喜好说别人坏话,别人也会说他坏;喜好憎恶别人,也被别人所憎恶。衣食富足了,才懂得光荣和耻辱;仓库充实了,才懂得礼义节操。江河涨水,超不过三天;旋风暴雨,很快就会过去。

16.36 福生于微,祸生于忽①。日夜恐惧,唯恐不卒②。

【注释】

①忽:古代极小的度量单位,十忽为一丝。此形容极细微。
②卒:终,善终。

【译文】

  幸福从微小的事情中产生,灾祸由极细微的事情中产生。日夜小心谨慎,只怕不能善终。

  16.37 已雕已琢,还反于朴①。物之相反,复归于本。循流而下易以至,倍风而驰易以远②。兵不豫定,无以待敌;计不先虑,无以应卒③。中不方,名不章④;外不圆,祸之门⑤。直而不能柱,不可与大任⑥;方而不能圆,不可与长存。慎之于身,无曰云云⑦。狂夫之言,圣人择焉⑧。能忍耻者安,能忍辱者存,唇亡而齿寒⑨。河水崩,其怀在山⑩。毒智者莫甚于酒,留事者莫甚于乐,毁廉者莫甚于色,摧刚者反己于弱⑪。富在知足,贵在求退。先忧事者后乐,先慠事者后忧⑫。福在受谏,存之所由也。恭敬逊让,精廉无谤;慈仁爱人,必受其赏。谏之不听,后无与争。举事不当,为百姓谤。悔在于妄,患在于唱⑬。

【注释】

①已雕已琢,还反于朴:已,制止,免除。朴,同"璞"。未经雕琢的玉。此二句又见《淮南子·原道训》,《韩非子·外储说左上》引《尚书》曰:"既雕既琢,还归其朴。"《文子·道原》作:"已雕已琢,还复于朴。"《庄子·山木》作:"既雕既琢,复归于朴。"

②循流而下易以至,倍风而驰易以远:倍风,背负着风,意指凭借风力。倍,同"背"。此二句又见《淮南子·主术训》,"倍"正作"背"。

③"兵不豫定"四句:又见《邓析子·无厚》《史记·仲尼弟子列传》《吴越春秋·夫差内传》等,文各略异。应卒(cù),应付突然的变

故。卒,突然。
④中不方,名不章:内心不方正,名声不显著。中,内心。章,彰显。
⑤外不圜,祸之门:对外不圆滑,是灾祸之门。此以下之文,原文另起一则,此依明钞本合之。
⑥大任:重任。向宗鲁《校证》改"任"作"往",非也。"大任"与下文"长存"相对而言,且"任"与"存"正叶韵,非与"枉"为韵。此处如果没有"大"字,改作"枉"字也还差强人意,都是如果改作"大往"则令人费解。故《校证》以它文律此,泥也。
⑦无曰云云:不要说是太多。云云,同纭纭。
⑧狂夫之言,圣人择焉:此二句又见《史记·淮阴侯列传》李左军语,《汉书·晁错传》引《传》曰,略同。
⑨唇亡而齿寒:此成语出自《左传·僖公五年》:"晋侯复假道于虞以伐虢。宫之奇谏曰:虢,虞之表也;虢亡,虞必从之……谚所谓'辅车相依,唇亡齿寒'者,其虞、虢之谓也。"《左传·哀公八年》:"夫鲁,齐晋之唇,唇亡齿寒,君所知也。"
⑩河水崩,其怀在山:黄河奔腾,环绕在山间。崩,奔腾。怀,包围,环绕。
⑪反己于弱:使自己回到柔弱。
⑫先忧事者后乐,先傲(ào)事者后忧:傲,同"傲"。骄傲。此二句又见《大戴礼记·曾子立事》。
⑬患在于唱:唱,同"倡"。倡导。这里指领头。"唱"之上原文有"先"字,此依向宗鲁《校证》据文例删。

【译文】

止雕止琢,让它返还到质朴的状态。事物相互对立,将复归它本来的面貌。顺流而下容易到达,凭借风力奔跑容易抵达远方。用兵不事先定计,就不能对付敌人;计谋不事先考虑,就不能应付突然的变故。内心不方正,名声就不显著;处世不圆熟,就是灾祸的门户。刚直而不能弯曲,不能予以重任;方正而不圆熟,不能长期共存。对于自身谨慎,不要说这是多余。狂放的人所说的话,圣人可以从中选择。能忍受羞耻的人安全,能忍受屈辱的人生存;没有嘴唇,牙齿会受寒。黄河奔腾,环绕在山间。毒害智慧没有比酒更厉害的了,延误大事没有比游乐更厉害的了,毁坏廉洁没有比美色更厉害的了,摧毁坚物的人要使自己返回柔弱。富有贵在知足,尊贵在于早求隐退。事先忧虑的人事后会欢乐,事先就骄傲的人事后会忧愁。福佑在于接受劝谏,这是保国存身的必由之路。恭敬谦让,真诚廉洁,不会受诽谤;仁慈爱人,一定会受到人们的赞赏。不听从劝谏,以后就无人争辩。办事情不妥当,要被百姓指责。后悔来自非分的妄想,祸患在于凡事领先。

16.38 蒲且修缴①,凫雁悲噪②;逢蒙抚弓③,虎豹晨嗥。河以委蛇故能远④,山以陵迟故能高⑤,道以优游故能化⑥,德以纯厚故能豪⑦。言人之善,泽于膏沐⑧;言人之恶,痛于矛戟⑨。为善不直,必终其曲;为丑不释,必终其恶。一死一生,乃知交情;一贫一富,乃知交态;一贵一贱,交情乃见⑩;一浮一没,交情乃出⑪。德义在前,用兵在后。初沐者必拭冠,新浴者必振衣⑫。败军之将,不可言勇;亡国之臣,不可言智⑬。

【注释】

①蒲且(jū):相传春秋时楚国善于射鸟的人。见于《列子·汤问》《淮南子·览冥训》。修缴(zhuó):整治弓箭。缴,箭上所系的丝绳。

②悲噪(jiào):悲鸣。噪,同"叫"。鸣叫。原文作"悲鸣",孙诒让《札迻》认为"鸣"不与"噪"叶韵,乃"噪"字脱误。此说可从,径改。

③逢蒙:又作"逄蒙",传说他曾向羿学射,学会羿的射法后杀羿。

《汉书·艺文志》有《逢门射法》二篇,颜师古注:"逢门即逢蒙。"

④委蛇(wēi yí):蜿蜒曲折貌。

⑤陵迟:缓的斜坡。

⑥优游:宽容,宽广。《礼记·儒行》:"礼之以和为贵,忠信之美,优游之法,慕贤而容众,毁方而瓦合,其宽裕有如此者。"郑玄注:"优游之法,法和柔者也。"《孔子家语·儒行解》:"礼必以和,优游以法。"

⑦纯厚:淳朴,忠厚。豪:气魄阔大。天海按,"德以纯厚故能豪"以上四句见于《淮南子·泰族训》,文略同。

⑧泽:原文作"择",据明钞本改。膏沐:古代妇女润发的油脂。此处借喻恩泽。

⑨痛于矛戟:以上四句,《荀子·荣辱》作:"与人善言,暖于布帛;伤人以言,深于矛戟。"

⑩见:同"现"。

⑪一浮一没,交情乃出:浮、没,升、沉。这里指宦途的升降。"一死一生"至此八句,又见《史记·汲郑列传赞》,文略异。

⑫初沐者必拭冠,新浴者必振衣:又见《荀子·不苟》:"故新浴者振其衣,新沐者弹其冠。人之情也。"

⑬"败军之将"四句:又见《史记·淮阴侯列传》,文略同。

【译文】

蒲且修整射鸟的箭绳,野鸭和大雁就会哀鸣;逢蒙抚摸弓箭,虎豹就会清晨吼叫。黄河因为蜿蜒曲折所以能够长远,大山因为有舒缓的斜坡所以能够高大,大道因为宽广所以能够化育无穷,道德因为深厚纯朴所以能够气魄宏大。宣扬别人的好处,比发油还要滋润人心;宣扬别人的坏处,比矛戟还要刺痛人心。做好事不行直道,最终一定会枉曲;做坏事不罢手,最终一定会成为坏人。经过生死考验,才知道朋友交情;经过穷富变迁,才知道人情世态;经过贵贱易位,友谊才能显现;经过仕途升降,友情才会突出。道德仁义施行在前,武力用兵使用在后。刚洗过头一定要擦净帽子,才洗过澡一定要抖去衣上尘土。败军的将领,不可侈谈勇敢;亡国的臣子,不可侈谈智谋。

16.39 坎井无鼋鼍者①,隘也②;园中无修林者③,小也④。小忠,大忠之贼也;小利,大利之残也⑤。自请绝易⑥,请人绝难。水激则悍,矢激则远⑦。人激于名,亦毁为声⑧。下士得官以死⑨,上士得官以生。祸福非从地中出,非从天上来,己自生之⑩。

【注释】

①坎井:坏井,废井。鼋鼍(yuán tuó):大鳖和鳄鱼。

②隘:狭窄。原文作"益",据明钞本改。

③修林:高大的树林。

④小也:以上四句,又见《淮南子·主术训》,作:"坎井之无鼋鼍,隘也;园中之无修木,小也。"

⑤"小忠"四句:贼、残,本义为残害、伤害。也指残暴、凶狠的人。天海按,此文见《韩非子·十过》及《饰邪》篇、《吕氏春秋·权勋》《淮南子·人间训》;又见《左传·成公十六年》《国语·楚语》《史记·晋世家》《史记·楚世家》,文字均简略。

⑥请绝:求死。绝,绝命,死亡。

⑦水激则悍,矢激则远:激,急速。悍,猛烈。此二句又见《吕氏春秋·去宥》《淮南子·兵略训》《鹖冠子·世兵》《史记·屈原贾生列传》等。

⑧亦毁为声:也毁于名声。"为"同"于"。原文作"不毁为声",义费解。卢文弨认为"不"字有误,疑为"亦"字。此径改。

⑨下士：智力低下的人，与下文"上士"相对而言。
⑩"祸福非从地中出"三句：见《淮南子·人间训》《文子·微明》，文略同。

【译文】
废井里没有大鳖和鳄鱼，是因为太狭窄；花园里没有高大的树林，是因为场地太小。小忠是大忠的祸害，小利会使大利受到损害。自己求死容易，求人处死自己困难。水流迅急来势就猛烈，箭矢劲急就能射到远处。人被功名激励，也会被名声毁灭。下士为得官不惜性命，上士得官却为了生存。祸福不会从地里冒出，也不会从天上降来，两者都是由自己造成的。

16.40 穷乡多曲学，小辩害大知①，巧言使信废，小惠妨大义。不困在于早虑，不穷在于早豫②。欲人勿知，莫若勿为；欲人勿闻，莫如勿言③。

【注释】
①穷乡多曲学，小辩害大知：曲学，偏颇狭隘的学说，囿于一隅之学，也指学识浅陋的人。《新序·善谋上》："穷乡多怪，曲学多辨。"《商君书·更法》："穷巷多怪，曲学多辨。"
②早豫：及早预防。《邓析子·转辞》："不困在早图，不穷在早豫。"
③"欲人勿知"四句：参见本书9.23则"孝景皇帝时"枚乘上书语。

【译文】
僻陋的乡间多偏颇狭隘的学说，小辩才会损害大智慧，巧伪的言辞使诚信废弃，小恩惠将妨害大原则。不受困厄在于事先思虑，不陷绝境在于及早预防。想要别人不知道，不如自己不做；想要别人不听到，不如自己不说。

16.41 非所言勿言,以避其患;非所为勿为,以避其危;非所取勿取,以避其诡①;非所争勿争,以避其声②。明者视于冥冥③,智者谋于未形④,聪者听于无声⑤,虑者戒于未成⑥。世之溷浊而我独清,众人皆醉而我独醒⑦。

【注释】

①诡:指责。《说文解字》:"诡,责也。"

②以避其声:以避免不好的名声。以上八句又见《邓析子·转辞》,文略同。

③冥冥:晦暗,黑夜。

④智者谋于未形:智者,二字原文脱,此依向宗鲁《校证》据《太公金匮》及文意补。未形,事情尚未显出迹象、征兆。

⑤聪:耳力敏锐。《庄子·知北游》:"视之无形,听之无声。"

⑥虑者戒于未成:以上四句,《邓析子·无厚》有类似之文而详于此。

⑦世之溷(hùn)浊而我独清,众人皆醉而我独醒:又见《史记·屈原贾生列传》《楚辞·渔父》《新序·节士》,文略异,皆屈原对渔父所言。溷浊,污浊。溷,污秽。

【译文】

不该说的话不要说,以避免祸患;不该做的事不要做,以避免危害;不该获取的不要去获取,以避免别人指责;不该争执的不要去争执,以避免好争的名声。眼睛明亮的人能看到那晦暗的地方,智慧出众的人能在事物未显出征兆之前谋划,听力敏锐的人能从无声无息中听到声音,善于思考的人能防患于未成。世上这样污浊但我独自清白,众人都昏昏沉醉但我独自清醒。

16.42 乖离之咎①,无不生也;毁败之端,从此兴也。江河大溃从蚁穴②,山以小阤而大崩③。淫乱之渐④,其变为兴⑤,水火金木转相胜⑥。卑而正者可增,高而倚者且崩⑦;直如矢者死,直如绳者称⑧。

【注释】

①乖离之咎:背离抵触的灾祸。
②江河大溃从蚁穴:《韩非子·喻老》:"千丈之堤,以蝼蚁之穴溃。"
③阤(zhì):崩塌。
④渐:渐进,逐步发展。
⑤兴:盛大,剧烈。
⑥转相胜:转而相互制约。我国古代五行相生相克之说,即金、木、水、火、土五行彼此之间存在相生相克的关系。具体如下:木生火,火生土,土生金,金生水,水生木;木克土,土克水,水克火,火克金,金克木。
⑦倚:歪斜,倾斜。
⑧直如矢者死,直如绳者称:直如箭杆而刚硬的会招致死亡,直如绳索而柔软的被称誉。天海按,此二句与《后汉书·五行志一》"顺帝之末,京都童谣曰:'直如弦,死道边。曲如钩,反封侯。'"之旨同。

【译文】

背离抵触的灾祸,无处不发生;毁坏败亡的开端,就是由此兴起的。江河大堤崩溃是从蚂蚁洞穴开始,高山大崩溃是由小塌方造成。淫乱逐渐发展,就会变得剧烈,水火金木转而相互制约。低矮而端正的可以增高,高大而倾斜的将会崩塌;直如箭杆而刚硬的会招致死亡,直如绳索而柔软的会被称誉。

16.43 祸生于欲得,福生于自禁①。圣人以心导耳目②,小人以耳目导心③。

【注释】

①自禁:自我抑制。
②导:引导。这里有指挥,控制的意思。耳目:喻声色之乐。
③天海按:此上二句见《意林》卷一引《子思子》,又见《孔子家语·好生》,文略同。

【译文】

灾祸从欲求中产生,福运从自我抑制中产生。圣人用心来引导耳目,小人用耳目来引导心。

16.44 为人上者,患在不明;为人下者,患在不忠。人知粪田,莫知粪心①。端身正行,全以至今②。见亡知存,见霜知冰。

【注释】

①人知粪田,莫知粪心:粪田,施肥养田。粪心,读书养心。此二语或为《孟子》逸文,又见本书 3.12 则"孟子曰"。
②全:保全,指身心两方面而言。

【译文】

做君主的祸患在不英明,做臣下的祸患在不忠诚。人们知道施粪养田,却不知道读书养心。挺直身躯走正路,能始终保全身心。看见败亡就知道怎样生存,看见严霜就知道天寒冰冻。

16.45 广大在好利①,恭敬在事亲。因时易以为仁②,因道易以达人③。营利者多患④,轻诺者寡信⑤。

【注释】

①广大在好利:"广大"语意未明,且补"财源"二字作译文。
②因时:依循时机。
③因道:因循正道。达人:使人通达。
④营利:二字间原文衍"于"字,此依向宗鲁《校证》据文例删。
⑤轻诺者寡信:此语又见《老子》六十三章:"轻诺必寡信。"

【译文】

财源广大在于好利,为人恭敬在于事亲。凭借时机容易做仁爱的事,凭借大道容易使人通达。营求私利的人多忧患,轻易许诺的人少信用。

16.46 欲贤者莫如下人①,贪财者莫如全身。财不如义高,势不如德尊②。父不能爱无益之子,君不能爱不轨之民。君不能赏无功之臣,臣不能死无德之君③。问善御者莫如马④,问善治者莫如民⑤。以卑为尊,以屈为伸。圣人所因⑥,上法于天。

【注释】

①下人:居于人下,即谦恭的意思。
②财不如义高,势不如德尊:又见《淮南子·修务训》魏文侯语。
③"父不能爱无益之子"四句:死无德之君,为无德之君而死。此四句又见《墨子·亲士》《淮南子·主术训》,文略有不同。
④问:这里是"了解"的意思。莫如马:不如了解马的状况,意即没有比被驾驭的马更清楚的。
⑤莫如民:不如了解百姓,意即没有什么人比百姓更了解谁善于治国。
⑥所因:依据的法则。

【译文】

要想成为贤人不如甘居人下,贪恋财物不如保全生命。钱财不如道义高尚,权势不如德行尊崇。父亲不能爱没有长进的儿子,君主不能爱不守法的百姓。君主不能赏赐无功的臣子,臣子也不能为缺德的君主去死。要了解善于驾车的人,不如了解被驾驭的马;要了解善于治国的人,不如了解被治理的百姓。把卑贱当作尊贵的起点,把屈曲当作伸直的开端。圣人所依据的,就是效法上天。

16.47 君子行德以全其身,小人行贪以亡其身。相劝以礼,相强以仁①。得道于身②,得誉于人。

【注释】

①相强:互相勉励。
②得道:明白事理。

【译文】

君子施行恩惠而保全自身,小人竭力贪财而失去性命。用礼法来互相劝诫,用仁爱来互相勉励。从自身能懂得道理,从别人获得声誉。

16.48 知命者不怨天,知己者不怨人①。人而不爱,则不能仁;佞而不巧②,则不能信。言善毋及身,言恶毋及人。上清而无欲③,则下正而民朴③。来事可追也,往事不可及④。无思虑之心则不达,无谈说之辞则不乐⑤。

【注释】

①知命者不怨天,知己者不怨人:又见《荀子·荣辱》作:"自知者不怨人,知命者不怨天。"《淮南子·缪称训》亦有此二语。语出《论

语·宪问》:"不怨天,不尤人,下学而上达。"
②佞而不巧:有才能而不精巧。佞,才能。
③上清而无欲,则下正而民朴:清,内心清净。此二句又见《老子》五十七章:"我无欲而民自朴。"与此意同。
④来事可追也,往事不可及:又见《论语·微子》:"接舆歌曰:往者不可谏,来者犹可追。"
⑤无思虑之心则不达,无谈说之辞则不乐:又见《庄子·徐无鬼》:"智士无思虑之变则不乐,辩士无谈说之序则不乐。"

【译文】

懂得天命的人不埋怨上天,了解自己的人不责怪别人。做人而不慈爱,就不能成为仁人;有才能而不精巧,就不能使人信服。说好处不要提到自己,说坏事不要连及他人。在上的君主内心清静而无私欲,那么在下的臣子就正直,百姓就纯朴。未来的事情能够抓紧去做,过去的事情却不能挽回。没有深思熟虑的心就不能通达事理,没有谈说的辞令就不会和乐。

16.49 善不可以伪来①,恶不可以辞去②。近市无贾,在田无野,善不逆旅③。非仁义刚武,无以定天下。

【注释】

①以伪来:用虚伪招来。
②恶不可以辞去:恶行不能用言辞除去。天海按,以上二句又见《群书治要》引《新序》:"子贡曰:'善不可以为求,恶不可以乱去。'"向宗鲁《校证》认为"为求"当作"伪来","乱"当作"辞"。
③"近市无贾"三句:无贾,无虚价。无野,无荒废。善不逆旅,向宗鲁《校证》以为此句由《大戴礼记·曾子制言上》"行无据旅"化出。"行无据旅",即"行无旅距"。旅距,为抗拒、违抗之意。天

海按,以上三句《大戴礼记·曾子制言上》作:"近市无贾,在田无野,行无据旅。"卢辩注:"守直道,无所私。"

【译文】

善良不能用虚伪招来,恶行不能凭言辞除去。靠近集市无虚价,在田耕作无荒废,善行不会受到抗拒。没有仁义刚武,就不能安定天下。

16.50 水倍源则川竭,人倍信则名不达①。义胜患则吉,患胜义则灭②。五圣之谋③,不如逢时;辩智明慧,不如遇世。有鄙心者,不可授便势④;有愚质者,不可予利器⑤。多易多败,多言多失⑥。

【注释】

①倍:同"背"。背离。

②义胜患则吉,患胜义则灭:《六韬·文韬·明传》作:"义胜欲则昌,欲胜义则亡;敬胜怠则吉,怠胜敬则灭。"《荀子·议兵》作:"敬胜怠则吉,怠胜敬则灭;计胜欲则从,欲胜计则凶。"

③五圣:指神农、尧、舜、禹、汤。《淮南子·修务训》:"若夫神农、尧、舜、禹、汤,可谓圣人乎?有论者必不能废。以五圣观之,则莫得无为,明矣。"

④便势:便于谋利的权势。《淮南子·主术训》:"故有野心者,不可借便势;有愚质者,不可与利器。"

⑤利器:此喻指兵权。

⑥多易多败,多言多失:参见本书10.24则"孔子之周"。

【译文】

水背离了源头河流就会枯竭,人背离了信义名声就不能显达。正义胜过祸患就吉祥,祸患胜过正义就会灭亡。有五个圣王的智谋,不如遇上好时运；有辩才多智慧，不如遇上好世道。有贪鄙之心的人，不能授予他便利的权势；有愚昧本性的人，不能交给他国家兵权。政令多改变就会多失败，多说话就会多失误。

16.51 冠履不同藏，贤不肖不同位。官尊者忧深，禄多者责大。积德无细①，积怨无大②；多少必报，固其势也③。

【注释】

①无细：无论细小。

②无大：无论大小。

③固其势也：《文子·符言》："老子曰：其施厚者其报美，其怨大者其祸深。"意同此上四句。

【译文】

鞋与帽不能收藏在一起，贤与不贤的人不能居于同等职位。官位高的人忧虑深，俸禄优厚的人责任大。积德不论细小，积怨不论大小；恩怨不论多少必有回报，这是固有的趋势。

16.52 枭逢鸠①，鸠曰："子将安之②？"枭曰："我将东徙。"鸠曰："何故？"枭曰："乡人皆恶我鸣，以故东徙。"鸠曰："子能更鸣可矣。不能更鸣，东徙，犹恶子之声。"③

【注释】

①枭（xiāo）：猫头鹰。古人认为它的鸣叫声是不祥之兆。鸠：斑鸠。

②安之：去哪里。安，哪里，宾语前置。

③天海按：曹植《令禽恶鸟论》本此文。

【译文】

猫头鹰遇见斑鸠,斑鸠问:"你打算去哪里?"猫头鹰说:"我准备往东迁移。"斑鸠问:"什么缘故?"猫头鹰说:"乡里人都厌恶我的叫声,因此往东迁移。"斑鸠说:"你只要能改变叫声就行了,不能改变叫声,往东迁徙,人们仍然厌恶你的声音。"

16.53 圣人之衣也,便体以安身;其食也,安于腹。适衣节食①,不听口目②。③

【注释】

①适衣节食:量体穿衣节制饮食。
②不听口目:不听任食色的欲望。
③天海按:《老子》十二章:"圣人为腹不为目。"《淮南子·俶真训》亦有类似语句。

【译文】

圣人的衣服,使身体方便安适就行;圣人的饮食,使肚子感到满足就行。他们量体穿衣,节制饮食,不听任口福目欲。

16.54 曾子曰:"鹰鹫以山为卑①,而增巢其上;鼋鼍鱼鳖,以渊为浅,而穿穴其中。卒其所以得者②,饵也。君子苟不求利禄③,则不害其身。④

【注释】

①鹰鹫:苍鹰和大雕。
②卒:最终。
③苟:如果,假如。

④天海按:参见本书 10.9 则"曾子有疾"。
【译文】
曾子说:"苍鹰和大雕认为山低矮,就在山巅添窠筑巢;鳄鱼和大鳖认为池水很浅,就在池中打洞穿穴。最终它们被擒获,是由于诱饵。君子假若不追求功名利禄,就不会危害自身。"

16.55 曾子曰:"狎甚则相简也①,庄甚则不亲。是故君子之狎,足以交欢②;庄,足以成礼而已③。"④

【注释】
①狎:亲近,亲密。简:怠慢。
②交欢:结交而彼此欢悦。
③成礼:使礼节完备。
④天海按:此文又见《孔子家语·好生》,文略异。
【译文】
曾子说:"过分亲近就会互相怠慢,过分庄重彼此就不会亲近。因此君子的亲近,能够交好并彼此欢悦就行;君子的庄重,能够使礼节完备就行。"

16.56 曾子曰:"入是国也,言信乎群臣,则留可也;忠行乎群臣,则仕可也;泽施乎百姓,则安可也。"①

【注释】
①天海按:此文又见《孔子家语·致思》,文略异。
【译文】
曾子说:"进入这个国家,言论被群臣信用,就可以留下;忠诚能推行到群臣,就可以做官;恩泽能施加到百姓,就可以安身。"

16.57 口者关也①,舌者机也②;出言不当,四马不能追也③。口者关也,舌者兵也;出言不当,反自伤也。言出于己,不可止于人;行发于迩,不可止于远④。夫言行者,君子之枢机⑤;枢机之发,荣辱之本也,可不慎乎! 故蒯子羽曰⑥:"言犹射也;栝既离弦⑦,虽有所悔焉,不可从而追已⑧。"《诗》曰⑨:"白珪之玷⑩,尚可磨也;斯言之玷,不可为也⑪。"

【注释】

①关:闭门的横木,即门闩。

②机:弩机,弓上发箭的装置。

③四马不能追也:以上四句,《文子·微明》作:"言者祸也,舌者机也;出言不当,驷马不追。"

④"言出于己"四句:《文子·微明》作:"言出于口,不可止于人;行发于近,不可禁于远。"《淮南子·人间训》与此同。

⑤枢机:门臼和弩机。喻指要害和关键。《周易·系辞上》:"言行,君子之枢机。枢机之发,荣辱之主也。"王弼注:"枢机,制动之主。"孔颖达疏:"枢谓户枢,机谓弩牙。"

⑥蒯子羽:生平未详。

⑦栝:箭的尾部扣弦处。

⑧不可从而追已:以上数语又见《刘子·慎言》,作:"言出患入,语失身亡。身亡不可复存,言出不可复追。其犹射也:悬机未发,则犹可止;矢一离弦,虽欲返之,弗可得也。"

⑨《诗》曰:以下引诗见《诗经·大雅·抑》。

⑩白珪(guī):白玉之珪。珪,古代一种玉制礼器,天子、诸侯在举行

隆重仪式时使用。玷：白玉上的斑点，引喻为污点。

⑪为：改变。

【译文】

口好比开关，舌好比弩机；说出的话不妥当，四匹快马也不能追回。口好比关隘，舌好比兵器；说出的话不恰当，反而会伤害自己。言语从自己口中发出，不能由别人制止；行为从近处开始，不能在远处停止。言语和行为是君子的关键，关键的启动是荣辱的本源，能不慎重吗！因此蒯子羽说："言语好比射箭，箭尾已离开弓弦，即使这时有所后悔，也不能跟上去追回来。"《诗经》说："白玉珪上的斑点，还可以磨去；这语言上的污点，是不能改变的。"

16.58 蠋欲类蚕，鳝欲类蛇①。人见蛇蠋，莫不身洒然②。女工修蚕，渔者持鳝，不恶，何也？欲得钱也③。逐渔者濡④，逐兽者趋⑤，非乐之也⑥，事之权也⑦。⑧

【注释】

①蠋（zhú）：蛾子类的幼虫，即蛾蛹。欲类：类似，同义复词。

②洒（xiǎn）然：寒慄貌。

③欲得钱也：以上之文，《韩非子·说林下》有类似之文，详于此。

④濡（rú）：浸湿。

⑤趋：追逐。

⑥非乐之也：此上三句，又见《吕氏春秋·精谕》《列子·说符》，文略同。

⑦事之权：事情权且这样。此指他们谋生需要这样做。

⑧天海按：此文《淮南子·道应训》作孔子语，《文子·微明》作老子语。

【译文】

蛾蛹类似蚕,鳝鱼类似蛇。人看见蛇和蛾蛹,没有不打寒战的。妇女养蚕,渔夫捉鳝,为什么不厌恶它们呢?是想换得钱财。捕鱼的人身上打湿,打猎的人不停奔跑,不是他们乐意这样,是他们谋生的需要。

16.59 登高使人欲望,临渊使人欲窥,何也?处地然也。御者使人恭①,射者使人端②,何也?其形便也。③

【注释】

①御者:驾车的事。恭:肃敬。
②端:身体端正。
③天海按:此文本《淮南子·说山训》,《贾谊新书·审微》亦有类似之文。

【译文】

登上高处使人想要远望,面临深渊使人想要探身下看,为什么呢?是因为所处的地势使人这样。驾车使人严肃,射箭使人端正,为什么呢?因为这样的形态才便利。

16.60 民有五死,圣人能去其三,不能除其二。饥渴死者,可去也;冻寒死者,可去也;罹五兵死者①,可去也;寿命死者,不可去也;痈疽死者,不可去也。饥渴死者,中不充也②;冻寒死者,外胜中也③;罹五兵死者,德不忠也;寿命死者,岁数终也;痈疽死者,血气穷也。故曰:中不正,外淫作④;外淫作者多怨怪,多怨怪者疾病生。故清净无为,血气乃平。

【注释】

①罹(lí)五兵死:此指遭受刑罚而死。罹,遭受。五兵,五种兵器。一般指矛、戟、弓、剑、戈。也是古代执行刑罚的刑具。

②中不充:体内不充实。中,身体内。

③外胜中:外寒战胜体内的机能。

④外淫:体外的邪气。

【译文】

人有五种死因,圣人能去掉其中三种,其中有两种不能去掉。因饥渴而死的,可以避免;因冻寒而死的,可以避免;遭刑罚而死的,可以避免;因寿命而死的,不能避免;因恶疮而死的,不能避免。因饥渴而死的人,是因为体内不充实;因冻寒而死的,是因为外寒战胜了体内机能;遭受刑罚而死的,是因为德行不忠厚;短寿而死的,是因为年岁到了终点;害恶疮而死的人,是因为气血已枯竭了。所以说:体内没有正气,体外的邪气就发作;体外邪气发作的人又经常怨恨生气,经常怨恨生气的人疾病就容易发生。所以内心纯净,任其自然,血气才会平和。

16.61 百行之本①,一言也。一言而适,可以却敌;一言而得②,可以保国。响不能独为声,影不能倍曲为直③。物必以其类及,故君子慎言出己。负石赴渊,行之难者也,然申屠狄为之④,君子不贵之也。盗跖凶贪⑤,名如日月,与舜禹并传而不息,而君子不贵。⑥

【注释】

①百行:各种品德行为。《诗经·卫风·氓》"士之耽兮,犹可说也",郑玄笺:"士有百行,可以功过相除。"

②得:得当。

③倍:同"背"。离,这里有矫正的意思。

④申屠狄:一作申徒狄。殷商时贤人,相传谏殷纣王不听而抱石投河。《庄子·盗跖》:"申徒狄谏而不听,负石自投于河。"

⑤盗跖:名跖,相传为春秋末期大盗。原名展雄,姬姓,展氏,名跖,一作蹠,又名柳下跖、柳展雄,在先秦古籍中被称为"盗跖"和"桀跖"。为当时鲁国贤臣柳下惠(柳下季)之弟,为鲁孝公的儿子公子展的后裔,因以展为氏。

⑥天海按:"负石赴渊"以下见《荀子·不苟》,又见《韩诗外传》卷三,文皆大同而小异。

【译文】

各种行为的根本,全在一句话。一句话合适了,能够使敌人退却;一句话妥当了,能够保全国家。回响不能独自成声,影子不能离曲形变为直。事物一定因为是同类而在一起,所以君子要谨慎自己口中说出的话。背上石头跳入深潭,做这样的事是很难的,但是申屠狄就做了,君子却不推重他的行为。盗跖凶残贪婪,名声却像日月一样,与舜禹一起流传不衰,但君子并不看重他。

16.62 君子有五耻:朝不坐,燕不与①,君子耻之;居其位,无其言,君子耻之;有其言,无其行,君子耻之;既得之,又失之,君子耻之;地有余而民不足,君子耻之。②

【注释】

①朝(cháo)不坐,燕不与:上朝不能入座,宴饮不能参与。燕,同"宴"。"与"原文作"议"。《礼记·檀弓下》此二语作"朝不坐,燕不与",此径改。

②天海按:《礼记·杂记下》有"五耻"之文,与此略异。

【译文】

君子有五种耻辱：上朝时不能入座，宴饮时不能参与，君子对此感到耻辱；处于职位上，不发表自己应该说的话，君子对此感到耻辱；有言论，却没有行动，君子对此感到耻辱；已经得到的东西，又失去了它，君子对此感到耻辱；土地有富余但百姓衣食不足，君子对此感到耻辱。

16.63 君子虽穷①，不处亡国之势；虽贫，不受乱君之禄②。尊乎乱世，同乎暴君，君子之耻也。众人以毁形为耻，君子以毁义为辱③。众人重利，廉士重名④。

【注释】

①穷：困厄。

②乱君：昏庸无道的君主，暴君。以上之文又见本书卷十七《杂言》。

③众人以毁形为耻，君子以毁义为辱：毁形，毁坏身体容貌。毁义，损害道义。此二句又见《文选·江文通〈上建平王书〉》注引《尸子》："众人以亏形为辱，君子以亏义为辱。"

④众人重利，廉士重名：又见《庄子·刻意》："野语有之曰：众人重利，廉士重名。"

【译文】

君子即使遭困厄，也不在亡国的形势下做官；虽然贫穷，也不接受昏君的俸禄。在乱世受到尊崇，与暴君一样，君子对此感到耻辱。众人把毁伤形体当作耻辱，君子把毁伤正义看作耻辱。众人看重利益，廉洁的人看重名声。

16.64 明君之制：赏从重，罚从轻①；食人以壮为量②，事人以老为程③。

【注释】

①赏从重,罚从轻:《尚书·大禹谟》:"罪疑惟轻,功疑惟重。"
②食人:养人,供给人食物。壮:使人强健。
③事人:驱使人,用人。老:告老退职。程:度量的总名,这里指限度。《礼记·王制》:"凡使民,任老者之事,食壮者之食。"与此同义。

【译文】

英明君主的制度:奖赏要从重,处罚要从轻;养人以强壮者为量,用人以告老退休为度。

16.65 君子之言寡而实,小人之言多而虚。君子之学也,入于耳,藏于心,行之以身①。君子之治也,始于不足见,终于不可及也②。君子虑福不及,虑祸百之③。君子择人而取,不择人而与。君子实如虚,有如无④。

【注释】

①"君子之学也"四句:又见《荀子·劝学》:"君子之学也,入乎耳,著乎心,布乎四体,形乎动静。"
②"君子之治也"三句:又见《文子·精诚》:"圣人之法,始于不可见,终于不可及。"
③虑祸百之:思虑祸患百倍于思考幸福。《吕氏春秋·原乱》:"虑福不及,虑祸过之。"《淮南子·人间训》:"计福勿及,虑祸过之。"又见《文子·微明》同此。
④实如虚,有如无:又见《论语·泰伯》:"曾子曰……有若无,实若

虚。"《淮南子·精神训》:"有而若无,实而若虚。"

【译文】

君子的话少而真实,小人的话多而虚假。君子的学习,传入耳中,记在心里,从自身做起。君子的治事,从不被重视的地方开始,最终使人不能赶上。君子考虑幸福往往不能周全,但思考祸患却百倍于思考幸福。君子在领取财物时要选择对象,施与财物时却不选择对象。君子的充实如同空虚一样,有如同没有一样。

16.66 君子有其备则无事。君子不以愧食,不以辱得。君子乐得其志,小人乐得其事①。君子不以其所不爱,及其所爱也②。

【注释】

① 君子乐得其志,小人乐得其事:又见《六韬·文韬·文师》,《礼记·乐记》作:"君子乐得其道,小人乐得其欲。"
② 君子不以其所不爱,及其所爱也:又见《孟子·尽心下》,作:"仁者以其所爱,及其所不爱;不仁者以其所不爱,及其所爱。"

【译文】

君子有所防备就没有意外的事。君子不为了求食而蒙羞,不为了获取而受辱。君子高兴的是实现他的志向,小人高兴的是办成他的事情。君子不把他不喜爱的东西,施加给他所喜爱的人。

16.67 君子有终身之忧,而无一朝之患①。顺道而行,循理而言②;喜不加易③,怒不加难④。

【注释】

①君子有终身之忧,而无一朝之患:又见《孟子·离娄下》:"是故君子有终身之忧,无一朝之患也。"
②顺道而行,循理而言:又见《韩诗外传》卷七:"正直者顺道而行,顺理而言。"
③加易:更易,改变。
④加难:为难。

【译文】

君子有终身忧虑的事情,但没有一时的忧患。顺从正道做事,依循真理说话;高兴时不会改变自己,生气时不会为难别人。

16.68 君子之过,犹日月之蚀也,何害于明?小人可也①,犹狗之吠盗,狸之夜见②,何益于善?夫智者不妄为,勇者不妄杀。③

【注释】

①小人可也:小人的赞许。可,认可,赞成。
②狸之夜见:狸猫在夜里出现。见,同"现"。
③天海按:此文又见《淮南子·泰族训》,文略异。

【译文】

君子的过失,好像日食、月食一样,对光明有什么妨害?小人的赞许,像狗对着小偷叫,狸猫在夜里出现,对善行有什么益处?聪明的人不任意胡为,勇敢的人不随便杀人。

16.69 君子比义,农夫比谷①。事君不得进其言,则辞其爵;不得行其义,则辞其禄。人皆知取之为取也,不知与之为取之②。政有招寇,行有招耻③。弗为而自至,天下未有。猛兽狐疑④,不若蜂虿之致毒也⑤;高议而不可及,不若卑论之有功也⑥。

【注释】

①比:乐。《庄子·徐无鬼》:"农夫无草莱之事则不比。"奚侗补注:"《广雅》:'比,乐也。'"《尸子·劝学》:"农夫比粟,商贾比财,烈士比义。"

②人皆知取之为取也,不知与之为取之:当本《老子》三十六章:"将欲夺之,必固与之。"

③政有招寇,行有招耻:《荀子·劝学》作:"言有招祸,行有招辱。"《文子·微明》作:"行有招寇,言有致祸。"

④狐疑:指狐性多疑,每渡冰河,且听且渡。后指遇事犹豫不决。

⑤蜂虿(chài):蜂与蝎,毒虫泛称。《史记·淮阴侯列传》:"故曰猛虎之犹豫,不若蜂虿之致螫。"

⑥高议而不可及,不若卑论之有功也:高议,高深的言论,高谈阔论。卑论,普通平常的言论。《潜夫论·实贡》:"高论而相欺,不如卑论而诚实。"

【译文】

君子乐的是正义,农民乐的是谷物。事奉君主不能进献自己的言论,就辞去爵位;不能实行自己的原则,就辞去俸禄。人们都知道获得叫取,不知道给予也是获取。政令有的会招致敌寇,行为有的会招来耻辱。不做什么就自行到来的,天下没有这样的事。猛兽犹豫不决,不如毒虫给人的毒害;高深的议论不能做到,不如普通的言论能取得成效。

16.70 秦信同姓以王①,至其衰也,非易同姓也,而身死国亡。故王者之治天下,在于行法②,不在于信同姓。

【注释】

①秦:向宗鲁《校证》疑为"周"之误。信:信用,依靠。同姓:指同姓诸侯。
②行法:推行法治。

【译文】

秦朝依靠同姓而称王,到衰败时,并没有改变君主的姓氏,但君主身死国亡。因此帝王对天下的治理,在于推行法治,不在于依靠同姓。

16.71 高山之巅无美木①,伤于多阳也;大树之下无美草②,伤于多阴也。③

【注释】

①美木:高大的树木。
②美草:丰盛的青草。
③天海按:参见本书卷五《贵德》,与此文有类似之语。《盐铁论·轻重》中亦有意思相类的语句。

【译文】

高山的顶峰上没有高大的树木,是因为多受阳光的伤害;大树底下没有丰盛的青草,是因为多受阴湿的伤害。

16.72 锺子期死,而伯牙绝弦破琴①,知世莫可为鼓也②;惠施卒③,而庄子深瞑不言④,见世莫可与语也。⑤

【注释】

①锺子期死,而伯牙绝弦破琴:人与事迹均参见本书8.9则。

②鼓:奏琴。

③惠施:战国时宋人,庄子的好友。名家代表人物之一,曾做过魏国国相。主张"合同异"说,因夸大事物的同一性而流于诡辩。

④深瞑(mián):熟睡。瞑,同"眠"。

⑤天海按:此文又见《淮南子·修务训》,文略异。

【译文】

锺子期死后,伯牙就断弦毁琴,知道世上没有谁值得他为之弹琴;惠施死后,庄子就熟睡不说话,表明世上没有谁能与他交谈。

16.73 修身者,智之府也;爱施者,仁之端也;取予者,义之符也①;耻辱者②,勇之决也;立名者,行之极也。③

【注释】

①符:喻指凭证。

②耻辱:以受辱为羞耻,"耻"意动用法。

③天海按:参见《汉书·司马迁传〈报任安书〉》:"仆闻之:修身者,智之府也;爱施者,仁之端也;取予者,义之符也;耻辱者,勇之决也;立名者,行之极也。"

【译文】

修身是聚集智慧的府库,好施与是仁爱的开端;受取和给予,是正义的凭证;对侮辱感到羞耻,是勇敢的决断;树立名声,是操行的顶点。

16.74 进贤受上赏,蔽贤蒙显戮①,古之通义也②。爵人于朝③,论人于市④,古之通法也⑤。

【注释】

①显戮：明正典刑，处决示众。
②通义：通行的道理。《汉书·武帝纪》："元年诏书云：进贤受上赏，蔽贤蒙显戮，古之道也。"
③爵：封赏爵位，用如动词。
④论：定罪论刑。
⑤天海按：以上三句见《礼记·王制》："爵人于朝，与士共之；刑人于市，与众弃之。"

【译文】

引进贤人的应受到重赏，埋没贤才的应被公开处决，这是自古以来通行的道理。在朝廷上封人爵位，在集市上给人定罪用刑，这是自古以来通行的法制。

16.75 道微而明①，淡而有功②。非道而得，非时而生，是谓妄成③。得而失之，定而复倾。

【注释】

①微：微妙，幽深。
②淡：平淡，浅显。功：成效。
③"非道而得"三句：妄成，非分的成功。此三句又见《意林》引《太公金匮》。

【译文】

道理微妙而显明，平淡而有成效。不按道理取得，不按时宜发生，这叫非分的成功。得到的也会失去，安定的也会倾覆。

16.76 福者，祸之门也；是者，非之尊也①；治者，乱之先也。事无终始而患不及者,未之闻也。②

【注释】

①非之尊:错误的酒杯。尊,《说文解字》:"尊,酒器也。"
②天海按:此文讲"福、是、治"皆可转化为"祸、非、乱",故"是"(正确)忘乎所以,必成为"非"(错误)的酒杯。

【译文】

福是祸的门户,正确是错误的酒杯,治理是混乱的先导。做事不论始终患难都不殃及的,从来没听说过这样的事。

16.77 枝无忘其根,德无忘其报①,见利必念害身。故君子留精神寄心于三者,吉祥及子孙矣。

【注释】

①德:恩惠,恩德。

【译文】

树枝不能忘记根本,受恩不能忘记回报,看见有利的事一定要想到是否会危害自身。所以君子留神专心在这三件事上,吉祥就会传到子孙。

16.78 两高不可重,两大不可容,两势不可同,两贵不可双①。夫重、容、同、双,必争其功。故君子节嗜欲,各守其足②,乃能长久。夫节欲而听谏,敬贤而勿慢③,使能而勿贱④。为人君能行此三者,其国必强大,而民不去散矣。

【注释】

①"两高不可重"四句:又见《意林》引《尹文子》作:"两智不能相使,

两贵不能相临,两辨不能相屈,力均势敌故也。"

②足:满足,知足。

③慢:怠慢。

④贱:轻视,看不起。

【译文】

两者同高不能并重,两者同大不能相容,两方势力不能等同,两者尊贵不能双显。如果并重、相容、等同、双显,一定会各自争功。因此君子节制嗜好欲望,各自知足,就能长久。能节制欲望,又听从劝谏,尊敬贤人而不怠慢,使用能人不能轻视。当君主的人能做到这三件事,他的国家必定强大,百姓也不会离散。

16.79 默无过言,愨无过事①。木马不能行②,亦不费食;骐骥日驰千里,鞭棰不去其背③。

【注释】

①愨(què):朴实谨慎。

②木马:古代用来练习骑术的木制马。

③鞭棰(chuí):马鞭。

【译文】

沉默便不会有错话,朴实谨慎不会有错事。木马不能行走,也不耗费食料;良马日行千里,马鞭不离开它的脊背。

16.80 寸而度之①,至丈必差;铢而称之②,至石必过③。石称、丈量,径而寡失;简丝数米④,烦而不察。故大较易为智⑤,曲辩难为慧⑥。⑦

【注释】

①寸而度之:一寸一寸地测量长度。

②铢而称之:一铢一铢地称重量。铢,古代衡制单位,一两的二十四分之一。

③石(dàn):同"担"。重量单位,每石重一百二十斤。过:错。

④简丝数米:查检丝缕清数米粒。

⑤大较:此处为大略、抓大放小之意。

⑥曲辩:歪曲事理的辩才,即诡辩。

⑦天海按:此文又见《淮南子·泰族训》《文子·上仁》,文略同。

【译文】

一寸一寸地量长短,到一丈时必定会出差错;一铢一铢地称重量,到一石时一定会有过错。用石来称,用丈来量,简便而又很少失误;查检丝缕清点米粒,繁难而又不能查清。所以抓大放小的人容易成为智者,诡辩很难成为聪慧的人。

16.81 吞舟之鱼,荡而失水①,制于蝼蚁者②,离其居也;猿猴失木,禽于狐貉者③,非其处也。腾蛇游雾而升④,腾龙乘云而举⑤,猿得木而挺⑥,鱼得水而骛⑦,处地宜也。⑧

【注释】

①荡:来回摇动,这里指翻腾震荡。

②蝼蚁:蝼蛄和蚂蚁,这里泛指小昆虫。

③禽:同"擒"。狐貉:狐狸。

④腾蛇:传说中能飞的蛇。

⑤腾龙:传说中能飞的龙。

⑥挺:挺拔,矫捷。《淮南子》作"捷"。

⑦骛:奔驰,这里喻指任意游动。

⑧天海按:此文本《淮南子·主术训》,文略异。

【译文】

能吞掉船只的大鱼,翻腾振荡而离开水,就被蝼蚁所制服,是因为脱离了它的居所;猿猴失去树木,就被狐狸所擒获,也是因为它不在自己的住处。飞蛇驾雾升天,飞龙腾云升天,猿猴在树上就很矫捷,鱼儿得水就能畅游,是因为它们所处的地方很适宜。

16.82 君子博学,患其不习。既习之,患其不能行之。既能行之,患其不能以让也①。②

【注释】

①让:推贤尚善。《尚书·尧典》:"允恭克让。"郑玄注:"推贤尚善曰让。"
②天海按:此文本《大戴礼记·曾子立事》。

【译文】

君子学问广博,担心自己不能经常复习。已经复习了所学的东西,又担心自己不能实行它。已经实行了它,又担心自己不能因此推贤尚善。

16.83 君子不羞学,不羞问。问讯者,知之本①;念虑者②,知之道也③。此言贵因人知而知之④,不贵独自用其知而知之。

【注释】

①知之本:智慧的本源。
②念虑:思虑,思索。
③知之道也:以上四句,参见本书 3.10 则:"讯问者,智之本;思虑

者,智之道也。"

④贵因人知而知之:原文"而"下衍"加"字,据向宗鲁《校证》删。贵,注重。因人知,通过别人的智慧。知之,了解事物。

【译文】

君子不以求学为羞耻,不以向人请教为羞耻。请教别人,是智慧的本源;思考问题,是智慧的通道。这就是说要注重通过别人的智慧来了解事物,不专重独自用自己的智慧来了解事物。

16.84 天地之道,极则反,满则损。五采曜眼①,有时而渝②;茂木丰草,有时而落。物有盛衰,安得自若③?④

【注释】

①五采曜眼:五彩耀人眼目。五采,青、赤、白、黑、黄五种颜色,也指多种颜色。曜,同"耀"。

②渝:变更。

③自若:自如,保持原状。

④天海按:此文本《淮南子·泰族训》,又见《韩诗外传》卷五,文略异。

【译文】

天地的规律,到了尽头就会反复,盈满了就会亏损。五彩耀人眼目,到一定时候就会改变;繁盛的树木丰茂的青草,到一定时候就会衰落。事物有盛有衰,怎能保持原貌?

16.85 民苦则不仁①,劳则诈生。安平则教,危则谋,极则反,满则损。故君子弗满弗极也。②

【注释】

①不仁:麻木不仁,麻痹愚钝。

②天海按:此文又见《吕氏春秋·博志》,文略异。

【译文】

百姓困苦就会麻痹愚钝,劳累就会产生欺诈。在安定太平时就要施行教化,危难时就要事先谋划,事物到了极端就会反复,盈满后就会亏损。因此君子不要自满、不要走极端。

卷十七

杂言

【题解】

杂言，内容驳杂的言论。揣摩编撰者的本意，"杂言"之"杂"可能有两层含义：一是不拘一格，凡在以上十六卷内容之外的都归入本卷；二是不主一家，对先秦汉初的各派学说都兼收并蓄。然而综观本卷内容，则是集中阐述了君子品行修养这个问题。从取材的重点看，全卷记述孔子及其弟子言行的多达38则，其余各则也大都反映了孔孟关于修身的思想。因此不论从哪个方面看，本卷的内容并不算驳杂，实际上体现的是相当纯正的儒家思想。

本卷共收录秦以前遗文佚事57则，其中与孔子及其弟子相关的就有38则，其中讲"君臣际遇"的6则，讲"物（人）各有短长"的5则，讲"君子与小人"的有8则。

第一则"贤人君子者，通乎盛衰之时，明乎成败之端，察乎治乱之纪，审乎人情，知所去就"，大旨在于阐明君子应审时势、知去就、明进退、能屈伸，用孔子的话来说，就是要"修身端行，以须其时"，"穷则独善其身，达则兼善天下"。接下来的17.2—17.5、17.8则都是围绕这个思想，突出"圣君贤臣际遇"是贤人君子共同追求的理想。但是贤人君子并非万能，所以17.7、17.9—17.12则讲"物（人）各有短长"。姜太公、晋文公、曾子、孙叔敖乃贤人中杰出者，他们尚有不能之处，何况其他；惠子、西闾过、甘茂乃大智慧者,能说诸侯相大国,然渡河中流溺水,却需船夫接而出之。

17.13、17.14、17.51—17.56则,专讲贤与不肖、君子与小人的区别。其中吸取老子思想,以突出"君正则百姓治,父母正则子孙孝慈"的儒家主张。孔子把"仁"作为最高的道德原则、道德标准和道德境界。他把整体的道德规范集于一体,形成了以"仁"为核心的伦理思想结构,包括孝、弟(悌)、忠、信、礼、义、廉、耻、仁、爱、和等内容,所以他说"仁者好合人,不仁者好离人"。时至今日,仁爱仍然是构成和谐社会的核心要素。

本卷大部分内容是关于孔子及其弟子的言行轶事。这些内容本来已散见于《建本》《立节》《贵德》《尊贤》《敬慎》等卷,不过在本卷更加凸显。特别是孔子以山水、美玉之德比喻君子的操行,对于人们加强自我修养,至今都有深刻的启发作用。"君子乐山,智者乐水","玉有六美,君子贵之"。以孔子学说为代表的儒家思想,深入渗透到我国传统的山水文化以及玉文化之中,千百年来陶冶着中华民族的人文精神不断趋向真美善的境界。由此可见,本卷着重于君子的修身与行藏,卷名《杂言》未免不当,如果名为《修身》,反倒名副其实。

17.1 贤人君子者,通乎盛衰之时,明乎成败之端,察乎治乱之纪①,审乎人情,知所去就。故虽穷不赴亡国之势,虽贫不受污君之禄②。是以太公年七十而不自达,孙叔敖三去相而不自悔③。何则？不强合非其人也。太公一合于周而侯七百岁④,孙叔敖一合于楚而封十世⑤。大夫种存亡越而霸勾践,赐死于前⑥;李斯积功于秦,而卒被五刑⑦。尽忠忧君,危身安国,其功一也。或以封侯而不绝,或以赐死而被刑,所慕所由异也。故箕子弃国而佯狂⑧,范蠡去越而易名⑨,智过去君弟而更姓⑩,皆见远识微,而仁能去富势,以避萌生之祸者也。夫暴乱之君,孰能离絷以役其身⑪,而与于患乎哉?故贤者非畏死避害而已也,为杀身无益,而明主之暴也。比干死纣而不能正其行⑫,子胥死吴而不能存其国⑬。二子者强谏而死,适足以明主之暴耳,未尝有益如秋毫之端也⑭。是以贤人闭其智、塞其能,待得其人然后合。故言无不听,行无见疑,君臣两与⑮,终身无患。今非得其时,又无其人,直私意不能已。闵世之乱,忧主之危,以无赀之身涉蔽塞之路⑯;经乎谗人之前,造无量之主⑰,犯不测之罪,伤其天性,岂不惑哉?故文信侯、李斯⑱,天下所谓贤也。为国计,揣微射隐⑲,所谓无过策也;战胜攻取,所谓无强敌也;积功甚大,势利甚高;贤人不用,谗人用事;自知不用,其仁不能去。制敌积功,不失秋毫;避患去害,不见丘山。积其所欲,以至其所恶,岂不为势利惑哉?《诗》云⑳:"人知其一,莫知其他。"此之谓也。

【注释】

①纪:头绪。

②污君:昏暗荒淫的君主。屈守元案:"《谈丛篇》亦有此二语,'污君'作'乱君'。"天海按,此上二句已见本书16.63则。

③孙叔敖三去相而不自悔:《史记·循吏列传》列孙叔敖为第一人,传云:"故三得相而不喜,知其材自得之也;三去相而不悔,知非己之罪也。"事又见《庄子·田子方》《荀子·尧问》《吕氏春秋·知分》《淮南子·道应训》等。

④侯七百岁:太公吕尚在周武王时(前十一世纪)封于齐,传至齐康公(前379)止,首尾共七百多年。

⑤封十世：《史记·滑稽列传》中优孟讽楚王纳谏曰："楚相孙叔敖持廉至死，方今妻子穷困负薪而食，不足为也！""于是庄王谢优孟，乃召孙叔敖子，封之寝丘四百户，以奉其祀。后十世不绝。"
⑥大夫种存亡越而霸勾践，赐死于前：大夫种，即文种（？—前472），和范蠡一起为越王勾践最终打败吴王夫差立下大功。灭吴后，自恃功高，不听从范蠡劝告急流勇退。尔后，为勾践所不容而赐死。
⑦李斯积功于秦，而卒被五刑：李斯，战国末期楚国上蔡（今属河南）人，荀子的学生，入秦佐秦始皇统一天下，为丞相。始皇死，与赵高共立秦二世胡亥。赵高专权，诬李斯谋反，腰斩于咸阳。五刑，古代以墨、劓、剕、宫、大辟为五刑，这里只是酷刑的意思。《史记·李斯列传》："二世二年七月，具斯五刑，论腰斩咸阳市。"
⑧箕子弃国而佯狂：事见《史记·宋微子世家》："纣为淫泆，箕子谏，不听。人或曰：'可以去矣。'箕子曰：'为人臣谏不听而去，是彰君之恶而自说于民，吾不忍为也。'乃被发佯狂而为奴。遂隐而鼓琴以自悲，故传之曰《箕子操》。"
⑨范蠡去越而易名：事见《史记·越王勾践世家》："范蠡浮海出齐，变姓名，自谓鸱夷子皮。"
⑩智过去君弟而更姓：智过，即知过，或作"知果""智果"。据《战国策·赵策一》，他曾劝谏智伯巩固与韩、魏的联盟以攻灭赵氏，但未被采纳，于是改姓辅氏，以避其难。但并未明言他是智伯之弟。
⑪离絷（zhí）：被拘禁。离，通"罹"。遭受。絷，囚禁。
⑫比干死纣：比干为商王太丁（文丁）之子，故称王子。商代帝王帝乙的弟弟，帝辛（商纣王）的叔叔。纣王暴虐荒淫，横征暴敛，滥用重刑，比干强谏而死。
⑬子胥死吴：子胥，即伍子胥，名员，以封于申，也称申胥。本楚国

人(今湖北监利黄歇口镇),春秋末期吴国大夫、军事家。伍子胥之父伍奢为楚平王太子建太傅,因受费无极谗害,和其长子伍尚一同被楚平王杀害。伍子胥从楚国逃到吴国,成为吴王阖闾重臣。前506年,伍子胥与孙武带兵攻入楚都,伍子胥掘楚平王墓,鞭尸三百,以报父兄之仇。吴国倚重伍子胥等人之谋,西破强楚,北败徐、鲁、齐,成为春秋后期诸侯一霸。

⑭秋毫之端:犹秋毫之末。鸟兽秋天换毛,毫毛的末端更细更尖,喻极微小。

⑮两与:互相赞许,彼此志投意合。

⑯无赀(zī):无可估价,十分珍贵的。

⑰造:到,往,投奔。无量:不可估量,无法预计。

⑱文信侯:即吕不韦。《史记·吕不韦列传》:"庄襄王元年,以吕不韦为丞相,封为文信侯,食河南洛阳十万户。"吕不韦(？—前235),卫国濮阳(今河南滑县)人。战国末年著名商人、政治家、思想家。前249年吕不韦为相国,封文信侯。庄襄王去世后,年幼的太子嬴政立为王,吕不韦为相邦,号称"仲父",权倾天下。吕不韦主持编纂《吕氏春秋》,汇合了先秦各派学说,"兼儒墨,合名法",故史称"杂家"。执政时曾攻取周、赵、卫的土地,立三川、太原、东郡,对秦王政兼并六国的事业有重大贡献。后因嫪毐集团叛乱事受牵连,被免除国相之职,出居河南封地。不久,秦王政复命让其举家迁蜀,吕不韦饮鸩自尽。

⑲揣微射隐:揣摩预测极细微隐秘的事。射,猜测。

⑳《诗》云:所引二句见《诗经·小雅·小旻》。

【译文】

贤人君子通达盛衰的时势,明白成败的缘由,了解治乱的头绪,审察人们的常情,知道去留的时机。所以即使困厄也不处于亡国之势,即使贫穷也不接受昏君的俸禄。因此姜太公七十岁而不能自求显达,孙叔敖三次离开相位也不后悔。为什么呢？因为他们不愿勉强与不合适的君主结合。姜太公一旦在周朝遇合，子孙就世袭侯爵七百多年；孙叔敖一旦在楚国遇合，子孙世袭封爵也有十代。大夫文种保存了危亡的越国并使勾践称霸，却被赐死在君主面前；李斯在秦朝积下了很多功劳，最终遭受腰斩。竭尽忠诚，为君主担忧，宁愿身处危难也要使国家安定，他们的功劳是同样的。有的能封侯并世袭不断，有的却被赐死或受酷刑，这是因为他们追求理想和达到理想的途径不一样。所以箕子抛弃封国而装疯弄傻，范蠡离开越国并改名换姓，智过不要国君兄弟的名分而改换姓氏，都是看得远见得深，并且天性仁厚能够抛弃富贵权势，以便躲避萌生的灾祸的人。对于残暴昏乱的君主，谁又能在遭到拘囚的情况下役使自己，与他共度患难呢？所以贤人不是怕死才躲避祸害的，是因为死也无益，反倒显明了国君的残暴。比干为纣王而死也不能纠正纣王的行为，伍子胥为吴国而死也保存不住吴国。这两个人都是强行劝谏而死，恰好宣明了君主的残暴罢了，未曾有秋毫之末的好处。因此贤人往往关闭心智，掩盖才能，等遇上恰当的人然后与他结合。这样就能进言无不听从，做事不被怀疑，君臣志意投合，终身没有祸患。如果不遇适当的时机，又没有恰当的君主，只是个人心愿不能罢休；哀伤世道混乱，担忧君主的危亡，拿自己宝贵的生命，去走蔽贤忌能的路；从谗人面前经过，拜谒不可估量的君主，冒着不可预测的罪名，伤害自己本性，难道不是昏乱吗？所以文信侯和李斯，是天下所谓的贤人。他们为国家着想，能够揣测细微隐秘的事情，所谓没有错误的决策；战胜攻取，所谓没有强劲的对手；积累的功劳很大，权势地位很高；但贤才不被用，坏人专权；自己明知不受信用，可是仁厚的天性又使他们不愿离开。他们制服敌人积累功业，不会有丝毫失误；躲避患难远离灾害，连山丘一般大的危险也看不见。积下多年的愿望，却获得自己憎恶的结果，这难道不是被权势利禄所迷惑吗？《诗经》说："有的人只知道某一方面，却不了解其他方面。"说的就是这种情况。

17.2 子石登吴山而四望①,喟然而叹曰②:"呜呼,悲哉!世有明于事情,不合于人心者;有合于人心,不明于事情者。"弟子问曰:"何谓也?"子石曰:"昔者,吴王夫差不听伍子胥尽忠极谏,抉目而辜③。太宰嚭、公孙雒偷合苟容以顺夫差之志而伐齐④,二子沉身江湖,头悬越旗⑤。昔者,费仲、恶来革、飞廉、长鼻决耳崇侯虎⑥,顺纣之心,欲以合于意。武王伐纣,四子身死牧之野,头足异所。比干尽忠,剖心而死。今欲明事情,恐有抉目剖心之祸;欲合人心,恐有头足异所之患。由是观之,君子道狭耳。诚不逢其明主,狭道之中,又将险危闭塞,无可从出者。"

【注释】

①子石:春秋时楚人,复姓公孙,名龙,字子苍,孔子弟子。与战国时名家赵人公孙龙名同实异。吴山:春秋时为吴国南界山,又名胥山,上有子胥祠。在今杭州西湖东南。

②喟然而叹:原文"叹"字下衍"息"字,据明钞本删。

③抉目而辜:挖眼裂肢而死。辜,分裂肢体,古代一种酷刑。

④太宰嚭(pǐ):本名伯嚭,系春秋时楚伯州犁之孙。楚诛伯州犁,伯嚭奔吴,吴以为大夫,后任太宰,故称太宰嚭。吴破越后,他受越贿赂,许越媾和,并屡进谗言,谮杀伍子胥。吴亡后,降越为臣。一说他被越王勾践所杀。公孙雒:生平与事迹皆未详。伐齐:原文误作"伐吴",据卢文弨校说改。

⑤头悬越旗:斩首后头颅悬挂在越国旗杆上。

⑥费仲:亦作费中,商纣王佞臣。《史记·殷本纪》:"费中善谀,好利,殷人弗亲。"恶来革:一作恶来,商纣王的大臣,飞廉之子,以勇力而闻名。武王伐纣之时,他被周武王处死。飞廉:此二字原文无,

据下文"武王伐纣,四子身死牧之野"与卢文弨校说补。《史记·秦本纪》:"蜚廉生恶来。恶来有力,蜚廉善走,父子俱以材力事殷纣。周武王之伐纣,并杀恶来。"蜚廉即飞廉。长鼻决耳:此形容崇侯虎的长相。《金楼子·兴王》:"纣谓西伯曰:'谮汝者,长鼻决耳也。'"决,通"缺"。

【译文】

子石登上吴山四面观望,长声叹息说:"唉,可悲啊!世上有明于事理实情,而不能合乎人心的;有合乎人心的,而又有不明于事理实情的。"弟子问:"为什么呢?"子石说:"从前,吴王夫差不听伍子胥竭尽忠诚的极力劝谏,挖了他的眼睛,分裂他的肢体。太宰嚭、公孙雒苟且迎合以求容身,顺从夫差的心愿去讨伐齐国。结果这两人被沉入江湖,头颅悬挂在越国旗杆上。从前,费仲、恶来革、飞廉,还有长鼻缺耳的崇侯虎,顺从纣王的心思,想要迎合纣王的意愿。周武王讨伐商纣,这四人被杀死在牧野,头足都不在一处。比干尽忠被挖心而死。如果想要使事理清楚明白,恐怕有挖眼剖心的灾祸;如果要迎合君主的心意,恐怕有身首分离的祸患。由此看来,君子的路是太狭窄了。如果碰不上那英明的君主,又将会有危险堵塞,没有什么出路可走。"

17.3 祁射子见秦惠王[①],惠王说之,于是唐姑谗之[②]。复见惠王,怀怒以待之。非其说异也,所听者易也。故以徵为羽[③],非弦之罪也;以甘为苦,非味之过也。[④]

【注释】

①祁射子:即《吕氏春秋》《淮南子》中的"谢子",是墨家学派的人物。秦惠王:即秦惠文王(前356—前311),嬴姓,名驷。战国时秦国国君,前337—前311年在位。秦惠文王年十九即位,以宗室多怨,诛杀商鞅。前325年改"公"称"王",成为秦国第一个称

王的国君。

②唐姑：即《吕氏春秋》中的"唐姑果"，《淮南子》中的"唐姑梁"，秦国的墨家学者。

③徵(zhǐ)、羽：古代五音为宫、商、角、徵、羽。

④天海按：此事又见《吕氏春秋·去宥》及《淮南子·修务训》，文略异。

【译文】

祁射子谒见秦惠王，秦惠王很赏识他，于是唐姑便在惠王面前进谗言诋毁他。祁射子再次谒见秦惠王时，秦惠王满怀怒气地对待他。并不是他的学说前后不一，而是听话的人改变了态度。所以把徵音当作羽音，不是琴弦的过错；把甜的当成苦的，不是味道的过错。

17.4 弥子瑕爱于卫君①。卫国之法，窃驾君车罪刖②。弥子瑕之母疾，人闻，夜往告之。弥子瑕擅驾君车而出③。君闻之，贤之④，曰："孝哉！为母之故犯刖罪哉！"君游果园，弥子瑕食桃而甘，不尽而奉君。君曰："爱我而忘其口味⑤。"及弥子瑕色衰而爱弛，得罪于君。君曰："是故尝矫驾吾车⑥，又尝食我以余桃。"故子瑕之行，未必变初也，前见贤后获罪者，爱憎之生变也。⑦

【注释】

①弥子瑕：春秋时卫灵公的幸臣。《韩非子·说难》："昔者弥子瑕有宠于卫君。"

②罪刖：处以砍脚之罪。刖，古代酷刑，砍人之脚。刖，同"跀"。段玉裁《说文解字注》："跀，断足之刑也。"

③擅驾：《韩非子》《史记》皆作"矫驾"。

④君闻之,贤之:卫君听说此事,认为弥子瑕是贤人。《韩非子》作"闻而贤之"。

⑤忘其口味:忘记自己用口尝过。

⑥矫驾:假托君命而驾车。此"矫"字下原文脱"驾"字,此据《四库全书》本补。

⑦天海按:此文本《韩非子·说难》,又见《史记·老子韩非列传》。

【译文】

弥子瑕受到卫君宠爱。卫国法令规定,私自驾国君的车要处以砍脚的罪。弥子瑕的母亲生了病,有人知道后连夜去告诉他。弥子瑕就私自驾上国君的车出宫去了。卫君知道了这件事,认为他贤德,就说:"真孝顺啊!为了母亲的缘故而犯砍脚的罪!"卫君游览果园,弥子瑕吃桃子觉得甘甜,没吃完就奉献给卫君。卫君说:"爱我而忘记了他自己用口尝过。"到弥子瑕姿色衰退并且宠爱不在时,有一次得罪了卫君。卫君说:"这个人曾经假借我的名义用我的车,又曾经把吃剩的桃子给我吃。"弥子瑕的行为,未必与当初有什么改变,但先前被认为是贤德,后来却因此获罪,那是因为卫君的爱憎发生了变化。

17.5 舜耕之时,不能利其邻人;及为天子,天下戴之。故君子穷则善其身,达则利于天下①。

【注释】

①穷则善其身,达则利于天下:此语源出《孟子·尽心上》:"穷则独善其身,达则兼善天下。"

【译文】

虞舜在家耕作的时候,不能施利给他的邻居;到他做了天子,天下的人都拥戴他。因此君子在困厄时就要完善自身,显达时就要有利于天下人。

17.6 孔子曰:"自季孙之赐我千钟,而友益亲①;自南宫颀叔之乘我车也②,而道加行③。故道有时而后重,有势而后行。微乎二子之赐,丘之道几于废也。"④

【注释】

①自季孙之赐我千钟,而友益亲:季孙,即季孙氏,春秋时鲁国掌权的贵族,"三桓"之一。鲁桓公少子季友的后裔。千钟,《孔子家语·致思》作"粟千钟"。钟,古代量器,容六斛四斗。而友益亲,《孔子家语》作"而交益亲"。

②南宫颀叔:鲁臣,《孔子家语》作"南宫敬叔"。复姓南宫,名说,字叔,谥敬。孟僖子之子,孔子弟子。乘我车:使我有车乘坐。乘,使……乘坐。

③道:此指主张、学说,下同此。

④天海按:此文又见《孔子家语·致思》,文略异。

【译文】

孔子说:"自从季孙氏赐给我千钟粮食,朋友更加亲近;自从南宫敬叔送车给我乘坐,我的主张就能加快实行。因此一种主张要遇上时机然后才被重视,有了权势然后才能实行。没有这两人的赐予,我的主张几乎要被废弃了。"

17.7 太公田不足以偿种①,渔不足以偿网②,治天下有余智。文公种米;曾子架羊③;孙叔敖相楚三年,不知轭在衡后④。务大者固忘小⑤。智伯厨人亡炙箑而知之⑥,韩、魏反而不知⑦;邯郸子阳园人亡桃而知之⑧,其亡也不知。务小者亦忘大也。⑨

【注释】

①太公田:姜太公种田。偿种:即收回种子的成本。

②偿网:收回渔网的成本。

③文公种米;曾子架羊:晋文公种米,曾子驾羊。架,用同"驾"。

④軶(è):套车时驾在牲口颈上的曲木,系在车辕前端的横木后。

衡:车辕前端横木。

⑤忘:原文作"恐",据明钞本改。

⑥炙筅(xuǎn):一种厨房内用来漉米或烘烤东西的竹筐。匧,孙诒让《札迻》曰:"筅,则'匧'之俗也。"

⑦韩、魏反而不知:韩与赵联手反叛智伯。事参见本书10.18则。

⑧邯郸子阳:复姓邯郸,名子阳。余事未详。

⑨天海按:《刘子新论·观量》曾引用此文。

【译文】

姜太公种田不能够收回种子,打渔不能够抵偿渔网,治理天下却智谋有余。晋文公拿米下种;曾子木枷驾羊;孙叔敖做了三年楚国国相,不知车軶在衡木的后面。致力于大事的人当然就忘了小事。智伯的厨师丢了烘烤竹筐他都知道,韩、魏要反叛他却不知道;邯郸子阳的园丁丢了桃子他知道,但他将要败亡却不知道。专心在小事上的人自然会忘了大事。

17.8 淳于髡谓孟子曰①:"先名实者,为人者也;后名实者,自为者也②。夫子在三卿之中③,名实未加上下而去之④,仁者固如此乎⑤?"孟子曰:"居下位不以贤事不肖者,伯夷也⑥;五就汤五就桀者,伊尹也⑦;不恶污君,不辞小官者,柳下惠也⑧。三子者不同道,其趣一也⑨。一者何也?仁也。君子亦仁而已,何必同?"曰:"鲁穆公之时⑩,公仪子为政⑪,

子思、子庚为臣⑫,鲁之削也滋甚。若是乎,贤者之无益于国也。"曰:"虞不用百里奚而亡⑬,秦穆公用之而霸。故不用贤则亡,削何可得也?"曰:"昔者王豹处于淇⑭,而河西善讴⑮;绵驹处于高唐⑯,而齐右善歌;华舟、杞梁之妻善哭其夫⑰,而变国俗。有诸内必形于外。为其事,无其功,髡未睹也。是故无贤者也,有则髡必识之矣。"曰:"孔子为鲁司寇而不用,从祭膰肉不至⑱,不脱冕而行⑲。其不善者以为为肉也,其善者以为为礼也。乃孔子欲以微罪行,不欲为苟去。故君子之所为,众人固不得识也。"⑳

【注释】

① 淳于髡(约前386—前310):复姓淳于,名髡,齐国赘婿,齐威王用为客卿。他学无所主,博闻强识,能言善辩。多次用隐言微语的方式讽谏威王,居安思危,革新朝政。还多次以特使身份,周旋诸侯之间,不辱国格,不负君命。《史记·滑稽列传》记载:"淳于髡者,齐之赘婿也,长不满七尺。"

② "先名实者"四句:《孟子》赵岐注:"名,声誉也;实,事功也。言以名实为先而为之者,是有志于救民也;以名实为后而不为者,是欲独善其身者也。"先名实者,把名誉和功业放在前面的人。

③ 三卿:春秋时指司徒、司马、司空。《礼记·王制》:"大国三卿,皆命于天子。"孔颖达疏:"崔氏云:三卿者,依周制而言,谓立司徒,兼冢宰之事;立司马,兼宗伯之事;立司空,兼司寇之事。故《春秋左传》云:季孙为司徒,叔孙为司马,孟孙为司空,此是三卿也。"

④ 名实未加上下:名声和功劳没有体现在君主和百姓身上。《孟子》赵岐注:"言上未能正其君,下未能济其民也。"上下,此指君主和百姓。

⑤仁者:《孟子》赵岐注:"仁者,无私心而合天理之谓。"
⑥伯夷:商纣王末期孤竹国君长子。初,孤竹君欲立三子叔齐,叔齐让位于伯夷。二人互让去国,隐于首阳山。天下归周,伯夷、叔齐耻食周粟,饿死于首阳山。此言伯夷"居下位不以贤事不肖者",未详所出。
⑦五就汤五就桀者,伊尹也:据《史记·殷本纪》引或说,称伊尹本为处士,商汤派专人礼聘他,"五反然后肯往"。商汤将国政交传给他,伊尹又"去汤适夏",看到夏桀倒行逆施,又才回到商汤处。伊尹,伊姓,名挚。夏朝末年人。伊尹辅助商汤灭夏朝,历事商朝成汤、外丙、仲壬、太甲、沃丁五代君主五十余年,为商朝强盛立下大功。
⑧柳下惠(前720—前621):本名展获,字子禽(一字季),谥惠,因其封地在柳下(今山东曲阜吴村镇柳庄村),后人尊称为"柳下惠"。柳下惠"坐怀不乱"的故事广为传颂。此言柳下惠"不恶污君,不辞小官",未详所出。
⑨趣:趋向,志趣,意趣。
⑩鲁穆公:姬姓,名显,司马贞《史记索隐》作"不衍",战国初期鲁国国君,前410—前377年在位。他注重礼贤下士,曾隆重礼拜孔伋(jí,子思),咨以国事;容许墨翟在鲁授徒传道,组织学派,使鲁国一度出现安定局面。
⑪公仪子:即公仪休,春秋时鲁国人,鲁穆公时做国相,有贤名。因为廉政守法被流传后世。其事迹载于司马迁《史记·循吏列传》。
⑫子思:即孔伋,字子思。孔鲤之子,孔子之孙。子庚:《孟子》作"子柳",一作泄柳,战国时鲁国贤人,鲁穆公想见他,他闭门不见。
⑬百里奚:一名傒,春秋虞国大夫。晋献公灭亡虢国后俘获百里奚用他做秦穆公夫人出嫁时陪嫁的奴隶,百里奚逃到楚国宛邑。秦穆公以五张羊皮买下他以为大夫,授之国政,为当时贤臣。

⑭王豹:春秋时卫国善于歌唱的人。淇:春秋时齐邑,在今河南辉县。
⑮河西:黄河之西,即今山西与陕西相邻地区。善讴:善于讴歌。
⑯绵驹:春秋时齐人,也擅长歌唱。高唐:春秋时齐邑,地处齐国西部,故地在今山东禹城西南。
⑰华舟、杞梁:二人事参见本书4.15则。善:原文作"吾",据明钞本改。
⑱膰(fán)肉:宗庙里祭祀用的熟肉。
⑲脱冕:犹言挂冠,指官吏辞职弃官。
⑳天海按:此文本《孟子·告子下》,事亦见《韩诗外传》卷六,文字略有不同。

【译文】

淳于髡对孟子说:"看重名声和功业的人,是有志于救民的人;看轻名声和功业的人,是独善其身的人。先生居于三卿的高位上,上辅君主下济臣民的名誉和功业都没有建立,您就离开齐国,仁德的人本来是这样的吗?"孟子说:"处在下位时,不以贤人的身份去事奉不贤的人,是伯夷;五次投奔商汤又五次投奔夏桀的,是伊尹;不厌恶昏君、不嫌弃小官的,是柳下惠。这三个人走的路不同,但他们的旨趣是一样的。这一样的东西是什么呢?回答说:这是仁爱。君子只要做到仁爱就行了,行为何必完全相同呢?"淳于髡说:"鲁穆公的时候,公仪休执政,子思、子庚做辅臣,鲁国的土地受侵夺越来越严重。像这样看来,贤人对国家并没有什么益处。"孟子说:"虞国不用百里奚而灭亡,秦穆公用了他就称霸。因此不用贤人就会灭亡,要想土地被侵夺还办不到呢。"淳于髡说:"从前王豹住在淇地,河西地区的人就善于唱歌;绵驹住在高唐,齐国西部的人也善于唱歌;华舟、杞梁的妻子善于哀哭她们的丈夫,就使国家的习俗改变。内心里有什么一定会表现在外表上。做了事事情没有功效,我还没有见过,因此说没有贤人;如果有,我一定会认识他们。"孟子说:"孔子做鲁国司寇却不受信用,陪从国君郊祭,祭肉也不送到,于是等不及辞官便离开了鲁国。认为孔子不好的人以为孔子是为了祭肉，认为孔子好的人认为孔子是为了礼仪。但是孔子是想要以微小的罪过出行，不愿意做苟且离开的事情。所以君子的作为，一般人当然不能了解。"

17.9 梁相死，惠子欲之梁①。渡河而遽②，堕水中，船人救之。船人曰："子欲何之而遽也？"曰："梁无相，吾欲往相之。"船人曰："子居船楫之间而困，无我则子死矣。子何能相梁乎？"惠子曰："子居船楫之间，则吾不如子；至于安国家、全社稷，子之比我，蒙蒙如未视之狗耳③！"

【注释】

①惠子：即惠施，宋人，是战国时名家代表人物，与庄子友好。他曾做魏国相国，后来魏国被迫改用张仪为相国，惠施被驱逐到楚国，楚国又把他送到宋国。前319年，张仪离去，惠施重回魏国。梁：战国时魏国迁都大梁（今河南开封）后又称梁。

②遽(jù)：急促，匆忙。

③蒙蒙：昏暗不明貌。

【译文】

梁国国相死了，惠施想去梁国。渡黄河时仓促间掉进水中，船夫救起了他。船夫问："你想去哪里？这样匆忙？"惠施说："梁国国相死了，我想前去做国相。"船夫说："你在舟楫之间都要受困，没有我在你就会死去。你怎么能做梁国国相呢？"惠施说："处在舟楫之间，那我不如你；至于使国家安定、社稷保全，你与我比，就像昏昏蒙蒙还未能睁开眼睛的狗一样！"

17.10 西闾过东渡河①,中流而溺,船人接而出之。问曰:"今者子欲安之?"西闾过曰:"欲东说诸侯王。"船人掩口而笑,曰:"子渡河中流而溺,不能自救,安能说诸侯乎?"西闾过曰:"无以子之所能相伤为也。子独不闻和氏之璧乎②?价重千金,然以之间纺,曾不如瓦砖③;随侯之珠④,国之宝也,然用之弹鹊⑤,曾不如泥丸;骐骥騄駬⑥,倚衡负轭而趋⑦,一日千里,此至疾也,然使捕鼠,曾不如百钱之狸⑧;干将镆铘⑨,拂钟不铮⑩,试物不知,扬刃离金,斩羽契铁斧⑪,此至利也,然以之补履,曾不如两钱之锥。今子持楫乘扁舟⑫,处广水之中,当阳侯之波而临渊流⑬,适子所能耳。若试与子东说诸侯王,见一国之主,子之蒙蒙,无异夫未视之狗耳!"⑭

【注释】

①西闾过:复姓西闾,名过,事如本文。
②和氏之璧:据《韩非子》载:楚国人卞和在荆山(今湖北襄阳南漳县历山)中获得一块璞玉,把它献给楚厉王。厉王让雕琢玉器的人鉴别它,雕琢玉器的人说:"这是石头。"厉王认为卞和说谎,就砍去了他的左足。厉王死后,楚武王即位,卞和又把璞玉献给武王。武王让雕琢玉器的人鉴别它,又说:"这是石头。"武王认为卞和在说谎,又砍去了他的右足。武王死后文王即位,卞和抱着他的璞玉在荆山下哭泣,三天三夜,泪尽以血。文王知道后,派人问他原因,说:"天下受到刖刑的人很多,你为什么哭得这么伤心?"卞和说:"我不是为被刖足伤心,是因为宝玉而被当作石头,忠贞的人被看作说谎的人。"文王于是派雕琢玉器的人剖开璞玉,果然得到举世无双的美玉,于是命名为"和氏璧"。

③瓦砖：古代的纺锤。

④随侯之珠：传说古代随国姬姓诸侯见一大蛇伤断，以药敷之而愈；后蛇于江中衔明月珠以报德，因曰随侯珠，又称灵蛇珠。《水经注》："楚武王伐随。令尹斗祁、莫敖屈重，除道梁溠，军临于随，谓此水也。水侧有断蛇丘，随侯出而见大蛇中断，因举而药之，故谓之断蛇丘。后蛇衔明珠报德，世谓之随侯珠，亦曰灵蛇珠。"

⑤弹鹊：原文脱"鹊"字，此据向宗鲁《校证》补。《庄子·让王》："今且有人于此，以隋侯之珠，弹千仞之雀，世必笑之。"

⑥骐骥騄駬：古代两种骏马名。这里泛指宝马。

⑦倚衡负轭而趋：驾车赶路。衡，车辕。轭，驾车时套在牲口脖子上的曲木。

⑧百钱之狸：价值百钱的黄鼠狼。

⑨干将（jiāng）镆铘：古代两种宝剑名。这里泛指利剑。《吴越春秋》卷四记载：吴国人干将善作剑，越王献吴王三把宝剑，吴王命干将改制为二把，一名干将，一名莫邪（yé，干将之妻名）。后世即以"干将莫邪"泛称宝剑。莫邪也作"镆铘"。

⑩拂钟不铮：砍击铜钟一点响声都没有。拂钟，击钟。不铮，没有声响。

⑪契：切割。

⑫扁（piān）舟：小船。扁，原文作"偏"，据明钞本改。

⑬阳侯：古代传说中的波涛之神。

⑭天海按：此则原文连上，现依明钞本另起。

【译文】

西闾过向东渡过黄河，在河中流掉进水里，船夫把他从水里救出来。问他："现在你要去哪里？"西闾过说："想要向东去游说诸侯国君。"船夫掩着口笑，说："你渡河掉进水中连自己都救不了，怎么能游说诸侯呢?"西闾过说:"不要拿你能做的事来中伤别人。你难道没听说和氏璧吗？它价值千金,但用来纺线,却不如陶土纺锤；隋侯珠也是国宝,但用它弹射鹊鸟,还不如泥弹子；骐骥騄駬这样的良马,驾车赶路能一日千里,这是跑得最快的了,但让它捕捉老鼠,还不如一百文钱买来的黄鼠狼；干将镆铘这样的宝剑,砍钟时没有声响,拭物时没有知觉,挥起剑刃就能断金,斩羽毛切铁斧,这是最锋利的了,但拿它补鞋,还不如两文钱买的锥子。现在你拿起桨驾着小船,处在广阔的水面上,迎着波神,下临深水,这正适合你的才能。如果试图同你东去游说诸侯国王,谒见一国的君主,你这样昏暗蒙昧,无异于那没有睁开眼的狗罢了!"

17.11 甘戊使于齐①,渡大河。船人曰:"河水间耳②,君不能自渡,能为王者之说乎?"甘戊曰:"不然,汝不知也。物各有短长。谨愿敦厚③,可事主,不施用兵；骐骥騄駬,足及千里,置之宫室,使之捕鼠,曾不如小狸；干将为利,名闻天下,匠以治木,不如斤斧。今持楫而上下随流,吾不如子；说千乘之君、万乘之主,子亦不如戊矣。"

【注释】

①甘戊:即甘茂,姬姓,甘氏,名茂。战国时秦国下蔡(今安徽颍上甘罗乡)人,秦武王时为左相,秦昭王时逃奔齐国,在齐国任上卿。前305年,为齐国出使楚国。秦王想让楚国送还甘茂,为楚所拒。后卒于魏国。
②间:同"涧"。
③谨愿敦厚:诚实厚道。

【译文】

甘茂出使齐国,渡过黄河。船夫说:"河水就像条小山涧罢了,你不能自己渡过去,能做君主的说客吗?"甘茂说:"不是这样,你不懂。事物各有长处和短处。诚实厚道的人,能事奉君主,却不能用兵;骐骥骒骍这样的良马,可以到达千里,把它放在屋子里,让它捉老鼠,还不如小猫;干将是利剑,天下闻名,木工用来做木活,还不如斧子。现在你拿着船桨随着流水上下,我的确不如你;但游说千乘国君、万乘霸主,你就不如我了。"

17.12 今夫世异则事变,事变则时移,时移则俗易。是以君子先相其土地而裁其器①,观其俗而和其风,总众议而定其教。愚人有学远射者,参天而发②;已射五步之内,又复参天而发。世以易矣,不更其仪③,譬如愚人之学远射。目察秋毫之末者,视不能见太山④;耳听清浊之调者,不闻雷霆之声。何也?唯其意有所移也。百人操觹⑤,不可为固结⑥;千人谤狱⑦,不可为直辞⑧;万人比非⑨,不可为显士⑩。

【注释】

①裁其器:制造器具。裁,制作。
②参天:原文作"参矢",此据向宗鲁《校证》径改,下同此。《淮南子·说山训》亦作"参天",意即"指天"。
③仪:法度,标准,原则。
④太山:同"泰山"。
⑤觹(xī):古代用来解绳结的角锥。
⑥固结:死结。
⑦谤狱:诋毁讼案。
⑧直辞:公正的判词。
⑨比非:联合起来诽谤。非,通"诽"。

⑩显士:名士,名流。

【译文】

世道不同了事情就有变化,事情的变化又随着时间而推移,时间的推移又会使习俗改变。因此君子首先观察一方的土地再铸造农具,观察当地的习俗再调和民风,归纳众人的意见再决定如何施行教化。有个愚蠢的人学射远,对着天放箭;箭已掉在五步的范围之内,又重新对天放箭。世道已经改变,不改变自己的处世原则,就像学远射的愚人一样。有的人眼睛能看清秋毫的末端,却不能看见泰山;有的人耳朵能听出清浊的音调,却听不见雷霆的声响。为什么呢?是因为他心思转移到别的地方。有上百人拿着角锥,就不能打成死结;有上千人诋毁讼案,就不能写出公正的判词;有上万人联合起来诽谤某个人,那人就不能成为显赫的名士。

17.13 麋鹿成群,虎豹避之;飞鸟成列,鹰鹫不击;众人成聚,圣人不犯。腾蛇游于雾露①,乘于风雨而行,非千里不止,然则暮托宿于鳅鳝之穴。所以然者何也?用心不一也。夫蚯蚓内无筋骨之强,外无爪牙之利,然下饮黄泉,上垦晞土②。所以然何也?用心一也。③

【注释】

①腾蛇:一名螣蛇,也叫飞蛇,是一种会腾云驾雾的蛇,是一种仙兽。
②上垦晞(xī)土:《荀子》《大戴礼记》作"上食埃土",《淮南子》作"上食晞堁"。晞土,干土。晞,干燥。
③天海按:《荀子·劝学》《淮南子·说山训》《文子·上德》等皆有类似之文。

【译文】

　　成群的麋鹿在一起,虎豹也要避开;成队的飞鸟在一起,鹰鹫也不敢攻击;众多的人聚集在一起,圣人也不冒犯他们。腾蛇在云雾中游弋,乘着风雨飞行,不到千里不停,但夜里还要寄身在泥鳅和黄鳝的洞穴。之所以如此,原因是什么呢?是用心不专一。蚯蚓体内没有强劲的筋骨,体外又没有锋利的爪牙,但是向下去能喝到地下的泉水,往上来可以翻松地面的干土。之所以如此,原因是什么呢?是用心专一。

　　17.14 聪者耳闻,明者目见。聪明形则仁爱著①,廉耻分矣。故非其道而行之,虽劳不至;非其有而求之,虽强不得。智者不为非其事,廉者不求非其有,是以远害而名章也②。《诗》曰③:"不忮不求,何用不臧④?"此之谓也。⑤

【注释】

①聪明形:聪明显现。
②远害:原文作"远容",《韩诗外传》作"远害","害"与"容"形近易误。此径改。
③《诗》曰:以下引诗见《诗经·邶风·雄雉》。
④不忮(zhì)不求,何用不臧(zāng):不嫉妒不贪求,做什么能不吉利呢。忮,嫉妒。用,做。臧,善,好,吉。
⑤天海按:此文又见《韩诗外传》卷一,文略异。此则原文连上,现依向宗鲁《校证》另起。

【译文】

　　听力好的人靠耳朵听,视力好的人靠眼睛看。聪明显现仁爱之心就会显著,廉正与耻辱就会分明。所以不是正道却要去走,即使劳累也到不了目的地;非自己应当所有的却要去追求它,即使强力也得不到。

聪明的人不做自己不该做的事,廉洁公正的人不求取不是自己应该有的,因此能够远离祸害而名声显著。《诗经》说:"不嫉恨也不贪求,做什么会不吉利呢?"说的就是这个意思。

17.15 楚昭王召孔子①,将使执政,而封以书社七百里②。子西谓楚王曰③:"王之臣用兵有如子路者乎?使诸侯有如宰予者乎④?长官五官有如子贡者乎⑤?昔文王处丰,武王处镐,丰镐之间⑥,百乘之地⑦,伐上杀主⑧,立为天子,世皆曰圣王。今以孔子之贤,而有书社七百里之地,而三子佐之,非楚之利也。"楚王遂止。夫善恶之难分也,圣人独见疑⑨,而况于贤者乎?是以圣贤罕合,谄谀常兴也。故有千岁之乱,而无百岁之治。孔子之见疑,岂不痛哉!⑩

【注释】

①楚昭王(约前523—前489):芈姓,熊氏,名壬,又名轸(珍)。春秋时楚国国君,前516—前489年在位。楚昭王是楚国的一位中兴之主。

②书社七百里:古制二十五家为里立社,把社内人口土地登记造册,称为书社。七百里:原文无"里"字,此据下文与《史记·孔子世家》补。

③子西:楚国公子申,字子西,楚平王庶子,楚昭王时为令尹,死于白公胜之乱。

④使诸侯:出使诸侯。宰予(前522—前458):字子我,亦称宰我,春秋末鲁国人,孔子著名弟子,"言语"科之首(排名在子贡前)。

⑤长官:掌管。五官:西周以司徒、宗伯、司马、司寇、司空为五官,也泛指百官。子贡:端木赐(前520—前456),复姓端木,字子贡

（子赣），以字行。春秋末年卫国（今河南浚县）人。孔子的得意门生，孔子曾称其为"瑚琏之器"。
⑥丰镐：丰京和镐京，一起并称为"丰镐"，是西周王朝的国都。丰镐遗址位于西安长安区马王镇、斗门镇一带的沣河两岸，丰在河西，镐在河东。
⑦百乘之地：能供给百乘兵车所需军赋的土地。
⑧伐上杀主：此指周武王伐纣，推翻殷商建立周朝之事。
⑨独：通"犹"。还，尚且。
⑩天海按："楚王遂止"以上，本《史记·孔子世家》。此则原文连上，现依明钞本另起。

【译文】
　　楚昭王召见孔子，准备让他执掌国政，并将封给他书社土地七百里。子西对楚王说："大王的臣子中用兵有像子路的吗？出使诸侯有像宰予的吗？掌管百官有像子贡的吗？从前文王住在丰地，武王住在镐京，丰镐之间，只有供给百乘兵车所需军赋的土地，攻伐君主杀死纣王，自立为天子，世上的人都称为圣王。现在凭着孔子的贤明，又有书社七百里的土地，还有三个弟子辅佐他，对楚国将会不利。"楚王于是打消了这个念头。善和恶很难区分，圣人尚且被怀疑，又何况贤人呢？因此圣君贤臣很少能遇合，谄媚阿谀常常很兴盛。所以有千年的动乱，却无百年的太平。孔子被怀疑，岂不很令人痛心吗！

　　17.16 鲁哀公问于孔子曰①："有智者寿乎？"孔子曰："然。人有三死而非命也者②，人自取之。夫寝处不时，饮食不节，佚劳过度者，疾共杀之；居下位而上忤其君，嗜欲无厌，而求不止者，刑共杀之；少以犯众，弱以侮强，忿怒不量力者，兵共杀之。此三死者非命也，人自取之。"《诗》云③：

"人而无仪④,不死何为?"此之谓也。⑤

【注释】

①鲁哀公(前521—前468):姬姓,名将。春秋时鲁国君主,前494—前468年在位。

②非命:因意外的灾祸而死。

③《诗》云:所引二句见《诗经·鄘风·相鼠》。

④仪:礼仪,威仪。

⑤天海按:此文又见《韩诗外传》卷一,文略异。

【译文】

鲁哀公问孔子:"有智慧的人长寿吗?"孔子说:"当然。人有三种死法不是因意外的灾祸而死,而是自己找的。起居不按时,饮食不节制,佚乐与劳累过度,各种疾病会一起杀死他;身居下位却忤逆他在上的君主,嗜好欲望没有满足,贪求不止的,各种刑罚会一起杀死他;以少数冒犯多数,以弱者欺侮强者,愤怒起来自不量力的,各种兵器会一起杀死他。这三种死法都不是因意外的灾祸而死的,是人自己找的。"《诗经》说:"做人没有礼仪,为什么会不死?"就是这个意思。

17.17 孔子遭难陈、蔡之境①,绝粮。弟子皆有饥色。孔子歌两柱之间②,子路入见曰:"夫子之歌礼乎?"孔子不应,曲终而曰:"由,君子好乐为无骄也,小人好乐为无慑也。其谁知之子不我知而从我者乎?"子路不悦,援干而舞③,三终而出④。及至七日,孔子修乐不休。子路愠见曰⑤:"夫子之修乐时乎?"孔子不应,乐终而曰:"由,昔者,齐桓公霸心生于莒⑥,勾践霸心生于会稽⑦,晋文公霸心生于骊氏⑧。故居不幽则思不远,身不约则智不广。庸知而不遇之?"于是兴⑨,明日免于厄。子贡执辔曰:"二三子从夫子而遇此难也,其不可忘已。"孔子曰:"恶⑩,是何言也⑪?语不云乎:三折肱而成良医⑫。夫陈、蔡之间,丘之幸也。二三子从丘者,皆幸人也。吾闻人君不困不成王,列士不困不成行⑬。昔者,汤困于吕⑭,文王困于羑里⑮,秦穆公困于殽⑯,齐桓困于长勺⑰,勾践困于会稽,晋文困于骊氏。夫困之为道,从寒之及暖,暖之及寒也。唯贤者独知,而难言之也。"《易》曰⑱:"困,亨,贞,大人吉,无咎。有言不信⑲。"圣人所与人难言,信也。⑳

【注释】

①孔子遭难陈、蔡之境:此指孔子及其弟子从陈国到蔡国的途中被围困,断绝粮食的事。

②两柱之间:亦作"两楹之间"。房屋正厅当中的两根柱子。两楹之间是房屋正中所在,为举行重大仪式和重要活动的地方。

③援干:拿起盾牌。援,原文误作"授",此据向宗鲁《校证》引卢文弨校改。干,盾牌。

④三终:奏毕三章之乐。

⑤愠(yùn)见:面带怒气地去见。愠,心中不快而生气。

⑥齐桓公霸心生于莒:齐襄公时,国政混乱。鲍叔牙与公子小白逃到莒国。前686年,齐国一时无君,鲍叔牙保护小白从莒国秘密回国继位,是为齐桓公。

⑦勾践霸心生于会稽:前494年,吴国于夫椒之战大败越国,越王勾践退守在会稽山,降服称臣。《史记·越王勾践世家》:"勾践之困会稽也,喟然叹曰:'吾终于此乎?'种曰:'汤系夏台,文王囚羑里,晋重耳奔翟,齐小白奔莒,其卒王霸。由是观之,何遽不为

福乎?'"

⑧骊氏:指骊姬。晋献公伐骊戎,取骊姬立为夫人。骊姬向献公进谗言,害死太子申生,又逐出公子重耳(文公),后被里克所杀。

⑨兴:起身。

⑩恶(wū):叹词,犹"唉""呀"。

⑪何言:"言"字原文脱,此据卢文弨校补。

⑫三折肱(gōng)而成良医:多次折断手臂就成了良医。语出《左传·定公十三年》:"三折肱,知为良医。"

⑬列士:同"烈士"。坚贞刚强的士人。

⑭汤困于吕:事与地均未详。据《史记·夏本纪》载,夏桀曾把商汤囚禁在夏台(在今河南禹州)。

⑮文王困于羑(yǒu)里:因崇侯虎向纣王进谗言,文王被囚于羑里,后得释归。羑里,地名。故址在今河南汤阴北。

⑯秦穆公困于殽(yáo):前628年,晋文公、郑文公相继去世。秦穆公想发兵袭郑,晋乘机在崤山伏击秦军,秦军大败,三帅被虏。这就是著名的"秦晋殽之战",以秦败晋胜而结束。殽,山名。崤山,在今河南新安至陕西潼关一带。参见《左传·僖公三十三年》。

⑰齐桓困于长勺:前684年,齐、鲁两个诸侯国交战于长勺,曹刿献策,最后以鲁国胜利齐国失败而告终,此即"长勺之战"。长勺,地名。春秋时属鲁国。鲁在此大败齐军。地在今山东莱芜东北。

⑱《易》曰:以下所引数句见《周易·困卦》。

⑲"困"六句:困,困卦。亨,顺利。贞,卜卦。大人吉,无咎,大人物吉利,无所怪罪。有言不信,不要听信流言蜚语。

⑳天海按:孔子绝粮于陈、蔡事,《墨子·非儒下》《孟子·尽心下》《庄子·山木》《让王》《荀子·宥坐》《吕氏春秋·任数》《史记·

孔子世家》等文献皆有记载,而文各有异同。

【译文】

　　孔子在陈、蔡两国境内遇难,断了粮。弟子们都面带饥容。孔子在厅堂两柱间唱歌,子路进屋见孔子说:"先生这时唱歌符合礼的要求吗?"孔子不回答,唱完那支曲子之后才说:"仲由,君子喜好音乐为的是不要骄傲,小人喜好音乐为的是不要畏惧。谁知道你们这些人不理解我却要跟随我呢?"子路不高兴,拿起盾牌跳舞,舞完三遍乐曲才退出。到了第七天,孔子仍然练习音乐不停。子路带着怨气进见说:"先生,现在练习音乐时机适当吗?"孔子不回答,练完了乐曲才说:"仲由,从前齐桓公在莒邑萌生了称霸之心,勾践在会稽萌生了称霸之心,晋文公因骊姬的迫害萌生了称霸之心。所以,人不处困境思考就不能长远,自身不受拘束智谋不会广博。怎么知道就一定不遇时机呢?"于是站起身来,第二天就摆脱了困境。子贡挽着缰绳说:"我们几个人跟随先生遭遇这场磨难,那是不该忘记的。"孔子说:"唉,这是什么话?古语不是说吗?多次折断手臂才能成为良医。这次受困于陈、蔡两国之间,是我的幸运。你们这几个跟随我的人,也都是幸运的人。我听说君主不受困厄不能成就王业,正直刚强的人不受困厄不能成就品行。从前商汤在吕地被困,文王在羑里被困,秦穆公在殽山被困,齐桓公在长勺被困,勾践在会稽被困,晋文公被骊姬所困。这困厄作为一条道路,好比从寒到暖,又从暖到寒。只有贤人自己了解,但难以说明。"《周易》说:"处困境一定能亨通,正直高尚的人最终吉祥,无灾祸。在困境中用言辞辩解别人也不会相信。"圣人与人们有难言之处,这是确实的啊。

　　17.18 孔子困于陈、蔡之间,居环堵之内①,席三经之席②,七日不食,藜羹不糁③,弟子皆有饥色。读《诗》《书》,治《礼》不休。子路进谏曰:"凡人为善者,天报以福;为不善者,天报以祸。今先生积德行,为善久矣,意者尚有遗行乎④？奚居之隐也⑤？"孔子曰："由，来！汝不知，坐，吾语汝。子以夫知者为无不知乎，则王子比干何为剖心而死？以谏者为必听耶，伍子胥何为抉目于吴东门？子以廉者为必用乎，伯夷、叔齐何为饿死于首阳山之下？子以忠者为必用乎，则鲍庄何为而肉枯⑥？荆公子高终身不显⑦，鲍焦抱木而立枯⑧，介子推登山焚死⑨？故夫君子博学深谋，不遇时者众矣，岂独丘哉？贤、不肖者，才也；为、不为者，人也；遇、不遇者，时也；死、生者，命也。有其才不遇其时，虽才不用。苟遇其时，何难之有？故舜耕历山，而陶于河畔⑩，立为天子，则其遇尧也。傅说负壤土，释板筑⑪，而佐天子⑫，则其遇武丁也⑬。伊尹，有莘氏媵臣也⑭，负鼎俎，调五味⑮，而佐天子，则其遇成汤也。吕望行年五十，卖食于棘津⑯，行年七十，屠牛朝歌⑰，行年九十，为天子师，则其遇文王也。管夷吾束缚胶目，居槛车中⑱，自车中起为仲父，则其遇齐桓公也。百里奚自卖取五羊皮，伯氏牧羊⑲，以为卿大夫，则其遇秦穆公也。沈尹名闻天下⑳，以为令尹，而让孙叔敖，则其遇楚庄王也。伍子胥前多功，后戮死，非其智益衰也，前遇阖庐，后遇夫差也。夫骥厄罢盐车㉑，非无骥状也，夫世莫能知也。使骥行王良、造父㉒，骥无千里之足乎？芝兰生深林，非为无人而不香。故学者非为通也，为穷而不困也，忧而志不衰也㉓，先知祸福之始而心不惑也㉔。圣人之深念，独知独见。舜亦贤圣矣，南面治天下，唯其遇尧也。使舜居桀纣之世，能自免刑戮固可也，又何官得治乎㉕？夫桀杀关龙逢㉖，而纣杀王子比干，当是时，岂关龙逢无知而比干无惠哉㉗？

此桀纣无道之世然也。故君子疾学㉘,修身端行,以须其时也㉙。"㉚

【注释】

①环堵:四周土墙一丈见方的小屋。

②席三经之席:坐卧在由《周易》《诗经》《礼记》等经典铺成的座席上。

③藜羹不糁(sǎn):野菜汤里没有米粒。糁,古时为调合羹汤所加的米粒。

④遗行:失检之行为,品德有缺点。

⑤奚居之隐也:为什么处境这样穷困。句中"之"字原文脱,此据卢文弨校本补。隐,穷困,不得志,不显达。

⑥鲍庄肉枯:事迹不详。《韩诗外传》卷七作"鲍叔何为而不用"。

⑦荆公子高:春秋时楚人,本姓沈,名诸梁,字子高,先为叶县尹,自称公,故又名叶公子高,《韩诗外传》卷七正作"叶公子高终身不仕"。事又见《左传·哀公十六年》。

⑧鲍焦:古代廉士,耕田而食,凿井而饮,不是妻子所织的布不穿。子贡讥讽他,他便抱着一棵树死去。《庄子·盗跖》:"鲍焦饰行非世,抱木而死。"

⑨介子推登山焚死:介子推(?—前636),又名介之推,后人尊为介子,春秋时晋国人。因随从公子重耳出亡,途中断粮,他"割股奉君"。重耳回国继位后,他隐居绵山不出。晋文公为逼其下山,便放火烧山。介子推抱树而死。晋文公深为愧疚,遂改绵山为介山,并立庙祭祀,后世传说"寒食节"就是为了纪念他而产生。事始见《庄子·盗跖》,又见《韩诗外传》,本书6.4则。

⑩舜耕历山,而陶于河畔:句中"陶"字原文误作"逃",《史记·五帝本纪》:"舜耕历山,渔雷泽,陶河滨,作什器于寿丘,就时于负

夏。"此据以径改。历山,山东、河南等地有多处历山,大都附会有舜耕作的遗迹。陶,制作陶器。

⑪傅说负壤土,释板筑:傅说,古代虞国(今山西平陆)人,殷商时期著名贤臣,先秦史传为商王武丁宰相。据典籍记载:傅说本为刑徒,无姓,名说,在傅岩筑城。武丁求贤臣良佐,派人寻找,最终在傅岩找到傅说,举以为相,国乃大治,遂以傅为姓。释板筑,放下筑墙用的木框和木杵。

⑫而佐天子:原文"而"下有"立"字,此由上文"立为天子"之"立"而衍,下文"而佐天子"正无"立",此据删。

⑬武丁:子姓,名昭,夏商周断代工程将武丁在位时间定为前1250—前1192年。

⑭伊尹,有莘氏媵臣也:伊尹,伊姓,名挚。夏朝末年生于空桑,因其母居伊水之上,故以伊为氏。伊尹辅助商汤灭夏朝,建立商朝后,"以鼎调羹""调和五味"的理论治理天下,也就是后来老子所说的"治大国若烹小鲜"。伊尹历事商朝成汤、外丙、仲壬、太甲、沃丁五代君主五十余年,对商朝的建立与强盛功不可没。有莘氏,河南伊川大莘店,古有莘国,为殷商属国,伊尹耕于此,伊水流经于此。媵臣,古代随嫁的臣仆。《史记·殷本纪》:"伊尹名阿衡。阿衡欲奸汤而无由,乃为有莘氏媵臣,负鼎俎,以滋味说汤,致于王道。"奸(gān),请求,求取。

⑮负鼎俎,调五味:鼎俎,鼎锅和砧板,这里概指炊具。调五味,调和酸、苦、甘、辛、咸,指做菜当厨师。

⑯棘津:地名。古代黄河津渡名。地在今河南延津东北,现已湮没。相传周文王师姜尚(吕尚)未遇时曾卖食于此。

⑰屠牛朝歌:《史记·齐太公世家》:"吕尚盖尝穷困,年老矣,以渔钓奸周西伯。"司马贞《史记索隐》:"谯周曰:'吕望尝屠牛于朝歌,卖饮于孟津。'"朝歌,商王盘庚时期,将商的国都迁到了沬

邑。商纣王执政时期将沫改为朝歌。朝歌位于今河南鹤壁南部淇河边。

⑱管夷吾束缚胶目,居槛车中:管夷吾(? —前645),即管仲,名夷吾,字仲,谥敬。春秋时期颍上人(今安徽颍上)。曾辅助齐桓公称霸,是我国古代著名的经济学家、哲学家、政治家、军事家。胶目,蒙住眼睛。槛车,囚车。

⑲百里奚自卖取五羊皮,为伯氏牧羊:百里奚,一名傒。春秋时虞国大夫,后被秦穆公用五张黑羊皮换回,入秦做大夫。故又称"五羖大夫",是一代名相。为伯氏牧羊,原文脱"为"字,于文义未安,此据卢文弨校本引《韩诗外传》补。伯氏,此指秦伯,即秦穆公。

⑳沈尹:《吕氏春秋·赞能》作"沈尹茎",《韩诗外传》卷二作"虞丘子",本书14.13则亦作"虞丘子",均同人同事仅名氏不同而已。沈尹为楚国令尹,后让贤推荐孙叔敖自代。

㉑骥厄罢盐车:千里马拉盐车而疲困。《战国策·楚策四》:"夫骥之齿至矣,服盐车而上太行。蹄申膝折,尾湛胕溃,漉汁洒地,白汗交流,中阪迁延,负辕不能上。"

㉒王良、造父:均为古代善于御马驾车的人。王良为春秋时晋人,造父相传为周穆王时人。

㉓忧而志不衰也:"而志"二字原文脱,此依卢文弨校据《韩诗外传》补。

㉔先:原文作"此",此据卢文弨依《韩诗外传》校改。

㉕官:通"管(guǎn)"。管制,管理。

㉖关龙逢:夏桀时大臣,因忠谏而被桀所杀。

㉗惠:同"慧"。与上句"知(智)"互文见义。

㉘疾学:努力学习,勤奋学习。

㉙须:等待。

㉚天海按:此文又见《韩诗外传》卷七,文详于此。

【译文】

孔子在陈、蔡两国之间受困,住在四面土墙的斗室内,坐在用经典铺成的座席上,七天没有粮食,野菜汤里不见米粒,弟子们都面带饥色。孔子仍然读《诗》《书》,研究《礼》不停止。子路上前劝谏说:"凡是人做了好事的,上天要用福运作回报;做了坏事的,上天要用灾祸作回报。如今先生积德行做好事很久了,想来还有过失的行为吧?不然为什么老是处于穷困呢?"孔子说:"仲由,来!你不明白,坐下,我告诉你。你认为有智慧的人是无所不知吗,那王子比干为什么剖心而死?你认为进谏的话是必然会被听取吗,那伍子胥为什么眼睛会被挖出挂在吴国国都东门?你认为廉正的人是一定会被信用吗,那伯夷、叔齐为什么会饿死在首阳山下?你认为忠诚的人一定会被任用吗,那鲍庄为什么会肉枯?楚公子高为什么终身没有显达,鲍焦抱着树枯槁而死,介子推登山自焚身亡?因此那学问广博、智谋深远的君子,不遇时机的是太多了,难道只是我孔丘吗?贤与不贤在于才能,作与不作在于人为,遇合不遇合在于时机,死与生在于命运。有才能却不遇时机,即使有才能也无用。如果遇上时机,施展又有什么困难?虞舜曾在历山耕作,并在黄河边制作陶器,被拥立做了天子,那是他遇上了唐尧。傅说曾背土筑墙,后来解除了筑墙的劳役,能辅佐天子,那是他遇上了武丁。伊尹原是有莘氏陪嫁的奴隶,背上炊具,当厨师调和五味,后来辅佐天子,那是他遇上了成汤。吕望年满五十,在棘津卖食品,到七十岁,在朝歌宰牛,九十岁时做天子的老师,那是他遇上了周文王。管仲被捆起来蒙上眼睛,关在囚车里,从囚车中被举为仲父,那是他遇上了齐桓公。百里奚以五张羊皮的代价出售自己,为秦伯放羊,被用作卿大夫,那是他遇上了秦穆公。沈尹天下闻名,已经做了令尹,却让位给孙叔敖,那是因为他们遇上了楚庄王。伍子胥先前立下许多功劳,后来被杀死,不是他的智谋越来越衰退,而是因为先前遇上阖庐,后来遇上夫差。千里马拉盐车受疲困,不是没有良马的形状,是世人不能识别它。如果良马遇上王良、造父,难道会没有奔驰千里之蹄吗?芝草兰花长在幽深的树林里,不因为没人欣赏就不香。因此求学的人不是为了显达,而是为了在逆境中不困顿,在忧患中志向不减退,预知祸福的开始而内心不惑乱。圣人深思熟虑,能有独自的见解。舜也是圣贤,他南面称帝而治理天下,只是因为他遇上了尧。如果让他处在夏桀、商纣的时代,能使自己免受刑戮那就不错了,又何能管理并治好天下呢?夏桀杀死关龙逢,商纣杀死王子比干,在那时,难道是关龙逢没有智慧、比干生性愚蠢吗?这是夏桀、商纣昏暗无道的时代所造成的。所以君子应努力学习,加强自身修养,端正品行,等待适当的时机。"

17.19 孔子之宋,匡简子将杀阳虎①,孔子似之,甲士以围孔子之舍。子路怒,奋戟将下斗。孔子止之,曰:"何仁义之不免俗也?夫《诗》《书》之不习,《礼》《乐》之不修也②,是丘之过也。若似阳虎,则非丘之罪也。命也夫!由歌,予和汝③。"子路歌,孔子和之,三终而甲罢④。⑤

【注释】

① 匡:春秋时地名。《孔子家语》《庄子》说为宋地,在今河南睢县西;《史记·孔子世家》说为卫地,在今河南长垣西南。简子:生平事未详,疑为匡人首领。阳虎:字货,春秋时鲁国季平子家臣,后专权,伐三桓,叛鲁。鲁派兵讨伐他,先逃到齐国,后投奔晋国。因阳虎曾对匡人施行暴虐,故匡人要向他复仇。

② 《礼》:即《周礼》,六经之一。《乐》:即《乐经》,六经之一,已佚。

③ 和(hè):应和,跟着唱。

④ 三终而甲罢:奏毕三章之乐后甲士罢兵,解围而去。三终,奏毕三章之乐,谓之"三终"。

⑤天海按:此文见《韩诗外传》卷六,又见《孔子家语·困誓》《史记·孔子世家》,文各不同,详略有异。

【译文】

孔子到宋国去,匡人简子将要杀阳虎,孔子很像阳虎,带甲士兵因此包围了孔子的住宅。子路发怒,奋勇地拿起长戟准备下去拼斗。孔子制止他说:"为什么仁义之人这样不能免俗呢?不学习《诗》《书》,不研究《礼》《乐》,这是我的过错。至于相貌像阳虎,却不是我的过错。听天由命吧!仲由唱歌,我应和你。"子路唱歌,孔子应和他,乐曲唱完了三遍,士兵就解围而去。

17.20 孔子曰:"不观于高岸,何以知颠坠之患?不临于深渊,何以知没溺之患?不观于海上,何以知风波之患?失之者其不在此乎?士慎三者,无累于人①。"②

【注释】

①士慎三者,无累于人:《孔子家语·困誓》作:"士慎此三者,则无累于身矣。"
②天海按:此文又见《孔子家语·困誓》,文略异。

【译文】

孔子说:"不在高岸上往下看,怎么知道倒着掉下去的祸患?不面临深渊,怎么知道淹没沉溺的灾祸?不在海面上观看,怎么知道风波的祸患?造成过失的原因不正在这里吗?士人谨慎地对待这三种情况,就不会累及他人了。"

17.21 曾子曰:"响不辞声,鉴不辞形①。君子正一②,而万物皆成。夫形非为影也③,而影随之。呼非为响也,而响和之。故君子功先成而名随之。"

【注释】

①鉴：铜镜。原本是古代用来盛水或冰的青铜大盆。《说文解字》："鉴，大盆也，一曰鉴诸，可以取明水于月。"徐灏曰："鉴，古只作坚，从皿以盛水也。其后范铜为之，而用以照形者，亦谓之鉴，声转为镜。"《广雅》："鉴，谓之镜。"

②正一：纯正不杂。

③形：原文误作"行"，乃音误，径改。

【译文】

曾子说："回响离不开声音，镜子离不开形体。君子纯正不杂，就使万事皆能成功。形体不是为了影子，但影子总跟随它。呼喊不是为了有回响，但回响总是应和它。因此君子先成就功业，而后就有名声伴随他。"

17.22 子夏问仲尼曰："颜渊之为人也，何若？"曰："回之信①，贤于丘也。"曰："子贡之为人也，何若？"曰："赐之敏，贤于丘也。"曰："子路之为人也，何若？"曰："由之勇，贤于丘也。"曰："子张之为人也②，何若？"曰："师之庄③，贤于丘也。"于是子夏避席而问曰："然则四子者何为事先生④？"曰："坐，吾语汝。回能信，而不能反⑤；赐能敏，而不能屈；由能勇，而不能怯；师能庄，而不能同⑥。兼此四子者⑦，丘不为也⑧。"夫所谓至圣之士，必见进退之利、屈伸之用者也。⑨

【注释】

①信：诚实，守信。

②子张：复姓颛（zhuān）孙，名师，字子张，春秋战国时陈国人，孔子

弟子。颛孙师主张"士见危致命,见得思义,祭思敬,丧思哀",重视修养自己庄重的德行。
③庄:端庄,严肃。
④四子者:原文作"四者",此据下文径改。《列子·仲尼》正作"四子者"。
⑤反:同"返"。反转,迂回,处世能够婉转回环。
⑥同:和众,合群。
⑦兼此四子者:此句《列子·仲尼》作"兼此四子者之有以易吾"。兼,同时具备。
⑧不为:不做,不干,含有尚不满足的意思。
⑨天海按:此文又见《列子·仲尼》《孔子家语·六本》《淮南子·人间训》。

【译文】

子夏问孔子道:"颜渊为人怎么样?"孔子说:"颜回为人诚信,这比我强。"子夏问:"子贡为人怎么样?"孔子说:"端木赐为人机敏,这比我强。"子夏问:"子路为人怎么样?"孔子说:"仲由为人勇敢,这比我强。"子夏问:"子张为人怎么样?"孔子说:"颛孙师为人庄重,这比我强。"于是子夏离座起身问道:"但这四个人为什么要向先生学习呢?"孔子说:"坐下,我告诉你。颜回虽然诚信却不会转弯子,端木赐虽然机敏却不能受屈,仲由虽然勇敢却不能退缩,颛孙师虽然庄重但不能合群。同时兼有这四个人的特长,我还不满足呢。"所谓最圣明的人,一定能预见进和退哪样有利,屈和伸哪样有效。

17.23 东郭子惠问于子贡曰①:"夫子之门,何其杂也?"子贡曰:"夫隐括之旁多枉木②,良医之门多疾人,砥砺之旁多顽钝③。夫子修道以俟天下,来者不止,是以杂也。"《诗》云④:"菀彼柳斯,鸣蜩嘒嘒⑤。有漼者渊,莞苇淠淠⑥。"言大者之旁无所不容。⑦

【注释】

①东郭子惠：生平事不详。《荀子·法行》作"南郭惠子"。向宗鲁《校证》称："南郭惠子，见《墨子·非儒篇》，正与孔子同时，疑即此人。"

②隐括：矫正弯曲竹木的工具。

③顽钝：不锋利的器物。

④《诗》云：以下四句引自《诗经·小雅·小弁》。

⑤菀(wǎn)彼柳斯，鸣蜩(tiáo)嘒嘒(huì)：郁郁的柳树上，鸣蝉嘒嘒叫。毛传："蜩，蝉也。嘒嘒，声也。"菀，茂盛貌。斯，句末语气词。蜩，蝉。嘒嘒，象声词。

⑥有漼(cuǐ)者渊，萑(guǎn)苇淠淠(pì)：深深的池水边，芦苇茂盛一大片。毛传："淠淠，众也。"马瑞辰《毛诗传笺通释》引《尔雅》："淠淠，茂也。"漼，水深貌。萑，《毛诗》作"雈(huán)"，长穗的芦苇。淠淠，众多茂盛貌。

⑦天海按：此文本《尚书大传·略说》《荀子·法行》，文略异。

【译文】

东郭子惠问子贡道："孔子的门人为什么那样杂呢？"子贡说："隐括旁边弯木多，良医门内病人多，磨石旁边钝器多。孔子修治自己的学说等待天下的人，来的人不停止，因此门下杂。"《诗经》说："郁郁的柳树上，鸣蝉嘒嘒叫。深深的池水边，芦苇茂盛一大片。"说的是大事物旁边没有什么不能容纳的。

17.24 昔者南瑕子过程本子①，本子为烹鲵鱼②。南瑕子曰："吾闻君子不食鲵鱼。"程本子曰："乃君子否③，子何事焉?"南瑕子曰:"吾闻君子上比,所以广德也④;下比,所以狭行也⑤。比于善,自进之阶也;比于恶,自退之原也⑥。《诗》云⑦:'高山仰止,景行行止⑧。'吾岂敢以自为君子哉?志向之而已。"孔子曰:"见贤思齐焉,见不贤而内自省⑨。"⑩

【注释】

①南瑕子:人名。程本子:姓程名本,字子华。春秋时晋(今河北内丘)人,博学善辩,聚徒著书,自号程子。赵简子想要用他,他辞而去齐,更称子华子。程本学识渊博,善于持论,聚徒著书,名闻诸侯。赵襄子立,程本年老归晋,隐居不复仕。著有《子华子》,在程本死后,编离简断,弟子门人缀连残简,并加写当时见闻,共二十四篇,经刘向校定,流传至今。程本思想以道家为主,兼以儒家的内容,不哗众取宠。唯孔子知程本贤能,晏婴与他长久为友。"本"原文误作"太",此据《韩诗外传》与卢文弨校改。下二"本"字与此同。

②鲵(ní)鱼:又名人鱼,俗称娃娃鱼。

③乃君子否:乃是君子不食。《太平御览》正作"乃君子不食",《韩诗外传》卷七作"此乃君子食也"。

④广德:德行广大。

⑤狭行:品行狭隘。

⑥比于善,自进之阶也;比:原文脱此九字,此据向宗鲁《校证》依卢文弨校引《韩诗外传》补。

⑦《诗》云:以下引二句引自《诗经·小雅·车辖》。

⑧高山仰止,景行(yǐng háng)行(xíng)止:高山使人敬仰,大道使人直行。此比喻人的德行如高山使人景仰,品德如大道让人遵循。景行,大路。

⑨见贤思齐焉,见不贤而内自省:出自《论语·里仁》:"见贤思齐

焉,见不贤而内自省也。"

⑩天海按:此文又见《韩诗外传》卷七,文略异。

【译文】

从前南瑕子去拜访程本子,程本子为他烹鲵鱼。南瑕子说:"我听说君子不吃鲵鱼。"程本子说:"乃是君子不赞成吃,你何必向他们学呢?"南瑕子说:"我听说君子向上比,因此德行广大;如向下比,会因此品行狭邪。向好的比,是使自己进步的阶梯;向坏的比,是使自己落后的根源。《诗》说:'高山使人敬仰,大道使人直行。'我怎么敢自认为是君子呢?是有志学习他们罢了。"孔子说:"看见贤人就想和他们一样,看到不贤的人就内心反省。"

17.25 孔子观于吕梁①,悬水四十仞②,环流九十里,鱼鳖不能过,鼋鼍不敢居③。有一丈夫方将涉之。孔子使人并崖而止之曰④:"此悬水四十仞,环流九十里,鱼鳖不敢过,鼋鼍不敢居,意者难可济也?"丈夫不以错意⑤,遂渡而出。孔子问:"子巧乎?且有道术乎?所以能入而出者何也?"丈夫对曰:"始吾入,先以忠信;吾之出也,又从以忠信。忠信错吾躯于波流⑥,而吾不敢用私⑦。吾所以能入而复出也。"孔子谓弟子曰:"水而尚可以忠信义久而身亲之⑧,况于人乎?"⑨

【注释】

①吕梁:水名。又名吕梁洪,位置即在今江苏徐州铜山区伊庄镇吕梁村。见宋代王应麟所著《通鉴地理通释》:"泗水至吕县,积石为梁,故号吕梁。"历史上,黄河改道流经徐州,著名险滩吕梁洪便在吕梁山下。《庄子·达生》:"孔子观于吕梁,县水三十仞,流沫四十里,鼋鼍鱼鳖之所不能游也。"

②悬水:瀑布。

③鼋鼍(yuán tuó):巨鳖和猪婆龙(扬子鳄)。

④并:音义同"傍"。

⑤错意:在意,注意。错,通"措"。

⑥错:通"措"。安置。

⑦用私:存私心。

⑧义久:此二字疑为衍文,义不可通。

⑨天海按:《列子·说符》《黄帝》《庄子·达生》及《孔子家语·致思》等篇均载此事,但文字各异。

【译文】

孔子在吕梁洪观赏,瀑布悬挂四十仞,河水周流回环九十里。鱼鳖不能游过,巨鳖和鳄鱼也不敢停留。有一个男子正要踩水过去。孔子叫人靠着悬崖劝阻他说:"这瀑布高悬四十仞,环流九十里,鱼鳖不敢游过,巨鳖和鳄鱼都不敢停留,想来是很难渡过的。"那男子毫不在意,终于渡水而出。孔子问他:"你有技巧吗?或者有道术吗?能够在水中出入的原因是什么呢?"男子回答说:"我开始入水时,先凭着忠信;我出出水时,仍继续依靠忠信。忠信使我置身在波涛水流中,我不敢怀有私心。所以我能入水又能出来。"孔子对弟子说:"在水中尚且能够凭着忠信正义长时间地亲近它,何况人呢?"

17.26 子路盛服而见孔子①,孔子曰:"由,是襜襜者何也②?昔者江水出于岷山③,其始也,大足以滥觞④。及至江之津也,不方舟⑤,不避风,不可渡也。非唯下流众川之多乎?今若衣服甚盛⑥,颜色充盈,天下谁肯加若者哉⑦?"子路趋而出,改服而入,盖自如也⑧。孔子曰:"由,记之,吾语若:贲于言者⑨,华也;奋于行者,伐也⑩;夫色智而有能者⑪,小人也。故君子知之为知之，不知为不知，言之要也。能之为能之⑫，不能为不能，行之要也⑬。言要则知，行要则仁。既知且仁，夫有何加矣哉？"《诗》云⑭："汤降不迟，圣敬日跻⑮。"此之谓也。⑯

【注释】

①盛服：衣冠华美整齐。

②襜襜（chān）：衣衫飘动、摇摆貌。

③岷山：在四川松潘北，绵延四川、甘肃两省，为长江与黄河的分水岭，岷江、嘉陵江的发源地。

④滥觞：浮起酒杯。本谓江河发源之处水极浅小，仅能浮起酒杯。滥，泛、浮之义。觞，酒器。后比喻事物的起源、发端。《孔子家语·三恕》："夫江始出于岷山，其源可以滥觞。"

⑤方舟：两船相并。

⑥若：你。下文"吾语若"同此。

⑦加：益处，好处。《孟子·告子上》："万钟则不辨礼义而受之，万钟于我何加焉？"

⑧自如：活动或动作灵活自然，同过去一样。

⑨贲（bì）：装饰，美饰。《周易·贲卦·上九》爻辞："白贲，无咎。"孔疏："以自为饰而无忧患。"

⑩伐：自夸。

⑪色智：因有才智而流露出骄矜神色。

⑫能之为能之：后一"之"字原脱，依向宗鲁《校证》与文例及《韩诗外传》补。

⑬行之要：原文作"行之至"，卢文弨以为当依下文例及《韩诗外传》作"行之要"。此径改。

⑭《诗》云：所引二句见《诗经·商颂·长发》。"诗"上原文有"由"

字,向宗鲁《校证》以为衍文,其说可从,此径删。

⑮汤降不迟,圣敬日跻(jī):商汤谦恭不懈怠,圣明恭谨的品德日益增进。迟,懈怠。跻,升,上进。

⑯天海按:此文又见《荀子·子道》《韩诗外传》卷三,《孔子家语·三恕》曾加以引用。

【译文】

子路衣着华美整齐去见孔子,孔子说:"仲由,这样摇摇摆摆为了什么?往古时长江发源于岷山,它开始的水流只能浮起酒杯。到了下游渡口,不并船,不避风,是不能渡过的。不只是因为它下游汇集了众多河流吗?现在你衣着华美,脸色丰润满足,天下的人谁肯增益于你呢?"子路急步走出,换了服装再进来,行动自如。孔子说:"仲由,记住!我告诉你:在言语上装饰的,是浮华;在行为上骄傲的,是自夸;在容色上显出有智慧有才干的,是小人。所以,君子对事物了解就是了解,不了解就是不了解,这是言辞的要领。能做就是能做,不能做就是不能做,这是行动的要领。言辞有要领就是明智,行动有要领就是仁爱。既明智又仁爱,那还有什么增益的呢?"《诗经》说:"商汤谦恭不懈怠,圣明恭谨的品德日益增进。"说的就是这个意思。

17.27 子路问孔子曰:"君子亦有忧乎?"孔子曰:"无也。君子之修其行,未得①,则乐其意;既已得,又乐其知②。是以有终身之乐,无一日之忧。小人则不然,其未之得,则忧不得;既已得之,又恐失之③。是以有终身之忧,无一日之乐。"④

【注释】

①得:指得官。

②又乐其知：《荀子·子道》作"又乐其治"。刘文典《说苑斠补》云："古书多言乐其治，罕言乐其知。此文之得失乃指名位而言，作'知'则义不可通矣。'知'疑当为'治'，声之误也。"《荀子·子道》："君子，其未得也，则乐其意；既已得之，又乐其治。"即此文所本，《孔子家语·在厄》同，是其证。译文从此说。

③"其未之得"四句：源出《论语·阳货》："子曰：'鄙夫可与事君也与哉？其未得之也，患得之。既得之，患失之。苟患失之，无所不至矣。'"成语"患得患失"亦出自此。

④天海按：此文本《荀子·子道》，又见《孔子家语·在厄》，文略异。

【译文】

子路问孔子道："君子也有忧愁吗？"孔子说："没有。君子修养自己的品行，没有获得名位，就为实践自己的意愿而高兴；已经获得名位，就为自己能施行治理而高兴。因此有终身的欢乐，没有一天忧愁。小人就不是这样，他未获得名位，就忧愁得不到；已经获得名位，又恐怕失去它。因此有终身的忧愁，没有一天欢乐。"

17.28 孔子见荣启期①，衣鹿皮裘，鼓瑟而歌。孔子问曰："先生何乐也？"对曰："吾乐甚多：天生万物，唯人为贵，吾既已得为人，是一乐也；人以男为贵，吾既已得为男，是二乐也；人生有不免襁褓者②，吾年已九十五，是三乐也③。夫贫者，士之常也；死者，民之终也。处常待终，当何忧乎？"④

【注释】

①荣启期：春秋时高士，字昌伯。春秋时郕国（今河南范县、山东宁阳东北一带）人。事又见《慎子·外篇》《列子·天瑞》《孔子家语·六本》。

②人生有不免襁褓(qiǎng bǎo)者：原文作"人生不免襁褓"，此据刘文典《说苑斠补》并《列子》《孔子家语》补。意即"有的人刚生下没有脱离襁褓便死去"。襁褓，背婴幼儿的背带和布兜。

③三乐：此"三乐"参见《孟子·尽心上》："孟子曰：'君子有三乐，而王天下不与存焉。父母俱存，兄弟无故，一乐也；仰不愧于天，俯不怍于人，二乐也；得天下英才而教育之，三乐也。'"

④天海按：事亦见《列子·天瑞》《慎子·外篇》《孔子家语·六本》，文略异。

【译文】

孔子拜见荣启期，看见他穿着粗劣的鹿皮袍，正弹瑟唱歌。孔子问："先生为什么高兴呢？"回答说："我高兴的事很多：上天创造万物，只有人最可贵，我已经做了人，这是一件高兴的事；人以男子最可贵，我已经做了男子，这是第二件高兴的事；有的人在婴幼儿时便死去，我已活了九十五岁，这是第三件高兴的事。贫困，是士人的常情；死亡，是人们的归宿。处在常情中等待归宿，还忧愁什么呢？"

17.29 曾子曰："吾闻夫子之三言①，未之能行也。夫子见人之一善，而忘其百非，是夫子之易事也②。夫子见人有善，若己有之，是夫子之不争也。闻善必躬亲行之，然后道之③，是夫子之能劳也。夫子之能劳也，夫子之不争也，夫子之易事也，吾学夫子之三言而未能行。"④

【注释】

①三言：从本文所述内容看，"三言"当作"三事"，下"三言"同此。日人冈本保孝亦认为"言"字可疑，恐为"事"字。译文以"三事"为解。

②易事:容易侍奉,容易向人学习。
③道:同"导"。引导。
④天海按:本则与下3则均见《孔子家语·六本》,文略异。

【译文】
　　曾子说:"我听说过先生有三件事,但我未能实行。先生看见别人有一种长处,就忘了那人的很多毛病,这说明先生容易向人学习;先生看到别人有长处,就像自己有了这种长处,这说明先生不与人竞争;先生听到一个好道理一定要亲身实践它,然后引导别人,这说明先生能耐劳苦。先生的吃苦耐劳,先生的不与人争竞,先生的善于学习,我学习先生的这三件事却没能实践。"

　　17.30 孔子曰:"回①,若有君子之道四②:强于行己,弱于受谏③,怵于待禄④,慎于持身。"⑤

【注释】
① 回:颜回,字子渊,春秋末期鲁国人。十四岁拜孔子为师,终生师事之,是孔子最得意的门生。孔子对颜回称赞最多,赞其好学、仁人。
② 若:你。道:品德,品行。
③ 弱于受谏:接受劝谏时柔顺。
④ 怵(chù)于待禄:得到官禄时戒惧。怵,恐惧。待,《孔子家语》王肃注云:"待,宜为'得'。"译文从此说。
⑤ 天海按:《论语·公冶长》:"子谓子产有君子之道四焉:其行己也恭,其事上也敬,其养民也惠,其使民也义。"文意与此略同。

【译文】
　　孔子说:"颜回,你有君子的四种品行:对自己要求很严格,在接受劝谏时很柔顺,对做官感到恐惧,对立身处世很谨慎。"

17.31 仲尼曰:"史鲥有君子之道三①:不仕而敬上,不祀而敬鬼,直能曲于人。"

【注释】

①史鲥(qiū):字子鱼,春秋时卫国大夫。为官忠诚、正直,立志为国家进贤除奸,活着的时候没能说服国君,死后还以尸谏卫灵公。

【译文】

孔子说:"史鲥有君子的三种品行:不做官却能敬奉居上位者,不祭祀却能敬事鬼神,正直又能受人委屈。"

17.32 孔子曰:"丘死之后,商也日益①,赐也日损②。商也好与贤己者处,赐也好说不如己者③。"

【注释】

①商也日益:卜(bǔ)商一天比一天有进步。商,卜商(前507—?),字子夏,尊称"卜子"或"子夏"。春秋末年晋国温地人,一说卫国人,孔子弟子,以文学见称。
②赐也日损:端木赐一天比一天会退步。赐,即端木赐(前520—前456),字子贡(子赣),以字行。春秋末年卫国人。孔子的得意门生,孔子曾称其为"瑚琏之器"。
③好说:同"好悦"。即喜好。说,同"悦"。

【译文】

孔子说:"我死以后,卜商一天比一天都会有进步,端木赐一天比一天都会有退步。卜商喜欢与比自己贤能的人相处,端木赐喜欢那不如自己的人。"

17.33 孔子将行,无盖①。弟子曰:"子夏有盖,可以行。"孔子曰:"商之为人也,甚短于财②。吾闻与人交者,推其长者,违其短者,故能久长矣。"③

【注释】
①无盖:车上没有伞盖。盖,古代大车上一种长柄圆顶的伞盖。《孔子家语》作"雨而无盖"。
②甚短于财:对财物很吝啬。短,《孔子家语》作"悋",与"吝"同。
③天海按:此文又见《孔子家语·致思》,文略异。

【译文】
孔子将要出行,车上没有伞盖。弟子说:"子夏的车上有伞盖,可以出行。"孔子说:"卜商的为人,对财物很吝惜。我知道与人结交要推崇他的长处,回避他的短处,这样才能长久。"

17.34 子路将行①,辞于仲尼,曰:"敢问新交取亲若何②?言寡可行若何?长为善士而无犯若何?"仲尼曰:"新交取亲,其忠乎?言寡可行,其信乎?长为善士而无犯,其礼乎?"③

【注释】
①将行:"将"字原文脱,此据《孔子家语·子路初见》径补。
②新交取亲:新结交朋友选择获得信任的。
③天海按:本则与下则均见于《孔子家语·子路初见》,文略异。

【译文】
子路将要出行,向孔子辞行,说:"请问新结交朋友选择获得信任的怎么样?说话少而能实行的怎么样?长时间做好人而无所冒犯的怎么样?"

孔子说："新结交朋友选择获得信任的,他忠于友谊吗?说得很少却能实行的,他诚实可靠吗?长时间做好人而无所冒犯,他合乎礼仪吗?"

17.35 子路将行,辞于仲尼。曰①:"赠汝以车乎?以言乎?"子路曰:"请以言。"仲尼曰:"不强不远②,不劳无功,不忠无亲,不信无复,不恭无礼。慎此五者,可以长久矣。"③

【注释】
①曰:当作"仲尼曰",《孔子家语》正作"子曰"。译文从之。
②不远:《孔子家语》作"不达"。
③天海按:此则原文连上,现依明钞本另起。

【译文】
子路将要动身,向孔子辞行。孔子说:"赠给你车呢,还是赠言呢?"子路说:"请赠言。"孔子说:"不坚强就不能致远,不劳苦不会有成功,不忠诚就没有亲近的朋友,不诚信就不会有回报,不恭敬就是无礼的表现。谨慎对待这五件事,就可以长久了。"

17.36 曾子从孔子于齐,齐景公以下卿礼聘曾子①,曾子固辞,将行,晏子送之,曰:"吾闻君子赠人以财,不若以言。今夫兰本三年②,湛之以鹿醢③,既成,则易以匹马。非兰本美也,愿子详其所湛,既得所湛,亦求所湛④。吾闻君子居必择处,游必择士⑤。居必择处,所以求士也;游必择士,所以修道也。吾闻反常移性者,欲也,故不可不慎也⑥。"⑦

【注释】
①齐景公(?—前490):姜姓,吕氏,名杵白。春秋时齐国君主,前

547—490 年在位。

②兰本：兰草的根。

③湛(jìn)：浸渍。鹿醢(hǎi)：用鹿肉做成的肉酱。

④"详其所湛"三句：所湛，犹"所以湛"。第一个"所湛"犹言"用什么湛"，第二个"所湛"犹言"用什么浸渍后"，第三个"所湛"是指"怎么浸渍的"。

⑤游必择士：《荀子·劝学》作"游必就士"。

⑥不慎：原文误作"不惟"，径改。

⑦天海按：事见《晏子春秋·内篇杂上》及《荀子·劝学》《荀子·大略》《孔子家语·六本》。此文所记之事，杨倞注《荀子》、孙星衍《晏子音义》皆辩其诬，谓人与事不合。

【译文】

曾子跟从孔子到齐国，齐景公用下卿的礼仪来聘用曾子，曾子坚决推辞，将要动身时，晏子为他送行，说："我听说：君子用财物赠人，还不如用言语赠人。有块三年的兰草根，用鹿肉酱浸渍它，浸渍成功之后，就能换一匹马。不是兰草根美，希望你能明白它是用什么浸渍的，已经知道它用什么浸渍后，再寻求它是怎么浸渍的。我听说君子居住一定要选择地方，交游一定要选择贤士。居住一定要选择地方是为了寻求贤士，交游一定要选择贤士是为了道德修养。我听说违反常情改变本性的是贪欲，因此不能不谨慎。"

17.37 孔子曰："中人之情①，有余则侈，不足则俭；无禁则淫，无度则失②，纵欲则败。饮食有量，衣服有节，宫室有度，畜聚有数③，车器有限，以防乱之源也。故夫度量不可不明也④，善教不可不听也⑤。"⑥

【注释】

①中人:一般人。

②失:同"佚"。放纵。

③畜聚:即"蓄积",聚集财物。

④度量:法度。《韩非子·难二》:"以刑名收臣,以度量准下。"

⑤善教:原文作"善欲",语意不明。日人关嘉引太室曰:"善欲当作善教。"此说可从,径改。

⑥天海按:从本则至17.46则,《孔子家语·六本》都曾引用。

【译文】

孔子说:"一般人的常情是,财物有余就奢侈,不足就节俭;没有禁令便淫乱,没有法度便放纵,放纵贪欲就败亡。因此,饮食要有定量,衣服要有节制,宫室要有标准,聚敛要有定数,车辆器物要有限制,以便杜绝祸乱的根源。所以法度不能不明确,好的教诲不能不听从。"

17.38 孔子曰:"巧而好度必工①,勇而好同必胜②,知而好谋必成。愚者反是。夫处重擅宠③,专事妒贤,愚者之情也,志骄傲而轻旧怨。是以位尊则必危④,任重则必崩,擅宠则必辱。"⑤

【注释】

①好度:善于计算。

②好同:善于合众。

③处重擅宠:身居要位独受宠信。

④位尊:二字原文倒,此据《荀子·仲尼》乙正。

⑤天海按:此文本《荀子·仲尼》,又见《孔子家语·六本》,文略异。

【译文】

孔子说:"灵巧又善于计算的人一定精工,勇敢又善于合众的人一定胜利,明智又善于谋划的人一定成功。愚蠢的人与此相反。身处要位独受宠信,专权揽事嫉妒贤能,是愚人的本性,他们往往内心骄傲而轻视前嫌旧优。因此地位高必定危险,负荷重必定崩塌,独受宠信必定遭受屈辱。"

17.39 孔子曰:"鞭扑之子[①],不从父之教;刑戮之民,不从君之政。言疾之难行[②]。故君子不急断,不意使,以为乱源。"

【注释】

①鞭扑:古代两种刑具,也指较轻的刑罚。
②疾之难行:操之过急难于行得通。疾,急速。

【译文】

孔子说:"受过鞭打的儿子,往往不听父亲的教训;受过刑戮的百姓,往往不顺从君主的政令。是说操之过急难于行得通。所以君子不急于决断,不随意驱使百姓,以免造成祸乱的根源。"

17.40 孔子曰:"终日言,不遗己之忧;终日行,不遗己之患。唯智者有之。故恐惧所以除患也,恭敬所以越难也。终身为之。一言败之,可不慎乎?"[①]

【注释】

①天海按:此则原文连上,现依明钞本另起。

【译文】

孔子说:"整天的言谈,不给自己留下忧虑;整天的做事,不给自己留下祸患。只有明智的人才会这样。所以心存恐惧就可以排除祸患,为人恭敬就可以渡过危难。终身在做的事情,一句话可以使它失败,能不谨慎吗?"

17.41 孔子曰:"以富贵为人下者,何人不与①?以富贵敬爱人者,何人不亲?众言不逆,可谓知言矣。言而众向之②,可谓知时矣。"

【注释】

①与:结交。
②言而众向之:"言而"二字原文脱,现依《孔子家语·六本》径补。

【译文】

孔子说:"凭着富贵却甘居人下的人,何人不与他结交?凭着富贵却敬爱别人的人,何人不亲近他?不违反众人的言论,可算是懂得言说了。自己的言论众人能响应,可算是懂得时宜了。"

17.42 孔子曰:"夫富而能富人者①,欲贫而不可得也。贵而能贵人者,欲贱而不可得也。达而能达人者,欲穷而不可得也。"

【注释】

①富人:使人富。下"贵人""达人"同此用法。

【译文】

孔子说:"自己富有又能使别人富有的人,想贫穷也不可能。自己尊贵又能使别人尊贵的人,想卑贱也不可能。自己显达又能使别人显达的人,想处困境也不可能。"

17.43 仲尼曰:"非其地而树之①,不生也;非其人而语之,弗听也。得其人,如聚沙而雨之;非其人,如聚聋而鼓之。"

【注释】

①非其地:不是合适的土地。下"非其人"用法同此。

【译文】

孔子说:"不是适合的土地而去植树,是不能生长的;不是合适的人却与他交谈,是不会听从的。遇到合适的人,就像把沙子聚拢来给它淋雨;不是合适的人,就像把聋子集中起来敲鼓给他们听。"

17.44 孔子曰:"船非水不可行,水入船中则其没也,故曰君子不可不严也,小人不可不闲也①。"

【注释】

①闲:防闲,防备。此字原文作"闭",依向宗鲁《校证》据程荣本改。

【译文】

孔子说:"船没有水不能航行,水进入船中船就会沉没。所以说君子不能不威严,对小人不可不防备。"

17.45 孔子曰:"依贤固不困,依富固不穷。马趼斩而复行者何①?以辅足众也。"

【注释】

①马蚈(qiān)斩:马陆被斩断。马蚈,虫名。又作马蚿、马蚭,即马陆,又名百足虫、刀环虫。一种节肢动物,有很多对足。形状如蚯蚓,黑紫色。蚈,向宗鲁《校证》引卢文弨校曰:"蚈、蚿同。"刘文典《说苑斠补》曰:"蚈"当作"蚿"。形近而误也。斩,各本作"折",卢文弨校曰:"疑当为古断字。"左松超《说苑集注》引《鲁连子》:"谚曰:百足之虫至断而不蹶者,持之者众也。"

【译文】

孔子说:"依靠贤人当然不会困厄,依靠富人当然不会贫穷。马陆被斩断还能爬行的原因是什么?是因为它辅助的脚很多。"

17.46 孔子曰:"不知其子,视其所友;不知其君,视其所使①。"又曰②:"与善人居,如入兰芷之室,久而不闻其香,则与之化矣③。与恶人居,如入鲍鱼之肆④,久而不闻其臭,亦与之化矣。故曰丹之所藏者赤⑤,乌之所藏者黑⑥。君子慎所藏。"

【注释】

①"不知其子"四句:又见《荀子·性恶》。视其所使,看他使用什么人。

②又曰:此以下,又见《大戴礼记·曾子疾病》。

③化:同化、受熏染而变化。矣:原文脱,据明钞本补。

④鲍鱼:盐渍鱼,气味腥臭。肆:商铺。

⑤丹:朱砂。

⑥乌:这里指煤。

【译文】

孔子说:"不了解某人,就看他结交的朋友;不了解某个君主,就看他使用的人。"又说:"与好人相处,如进入有兰草白芷的房间,时间长了闻不到它的香气,就与它同化了。与坏人相处,如进入卖鲍鱼的店铺,时间长了闻不到它的臭味,也与它同化了。因此朱砂埋藏的地方是红的,煤埋藏的地方是黑的。君子应该慎重对待自己所处的环境。"

17.47 子贡问曰:"君子见大水必观焉,何也?"孔子曰:"夫水者,君子比德焉:遍予而无私,似德;所及者生,似仁;其流卑下,句倨皆循其理①,似义;浅者流行,深者不测,似智;其赴百仞之谷不疑,似勇;绰弱而微达②,似察;受恶不让③,似贞④;包蒙不清以入⑤,鲜洁以出,似善化;主量必平⑥,似正;盈不求概⑦,似度;其万折必东,似意⑧。是以君子见大水观焉尔也。"⑨

【注释】

①句(gōu)倨:曲直。

②绰弱:柔弱。"绰"原文误作"绵",此依卢文弨校语改。

③恶(wū):污秽。让:辞拒。

④贞:此字原文脱,此依向宗鲁《校证》据《大戴礼记》补。

⑤包蒙:容纳。

⑥主:同"注"。原文作"至",此从卢文弨校改。

⑦概:量粮食时用来刮平斗斛的器具。用作动词则是刮平的意思。

⑧意:意志。

⑨天海按:此文本《大戴礼记·劝学》,又见《荀子·宥坐》,《孔子家语·三恕》曾加引用。

【译文】

子贡问道:"君子看见大水一定要观赏它,是什么原因?"孔子说:

"水,君子用它来比喻人的品德:水普遍地给予人们而没有偏私,像德泽;它所到之处就有生命,像仁爱;它流向低处,曲直都依循一定规矩,像正义;浅的时候流动,深的时候不可测度,像智慧;它奔赴百仞深谷毫不迟疑,像勇敢;生性柔弱而无微不达,像明察;接受污秽而不辞拒,像正直;容纳不清洁的东西进入,又把新鲜干净的送出,像善于教化;注入量器一定持平,像公正;盈满而无须刮平,像有法度;它曲折万端一定流向东方,像意志坚定。因此君子看见大水就要观赏它。"

17.48 夫智者何以乐水也?曰:泉源溃溃,不释昼夜①,其似力者;循理而行,不遗小间②,其似持平者;动而之下,其似有礼者;赴千仞之壑而不疑,其似勇者;障防而清③,其似知命者;不清以入,鲜洁而出,其似善化者;众人取平,品类以正,万物得之则生,失之则死,其似有德者;淑淑渊渊④,深不可测,其似圣者;通润天地之间,国家以成。是知者之所以乐水也⑤。《诗》云⑥:"思乐泮水,薄采其茆⑦。鲁侯戾止,在泮饮酒⑧。"乐水之谓也。夫仁者何以乐山也?曰:夫山岿岿嵬嵬⑨,万民之所观仰。草木生焉,众物立焉,飞禽萃焉,走兽休焉,宝藏殖焉,奇夫息焉⑩;育群物而不倦焉,四方并取而不限焉;出云风,通气于天地之间,国家以成。是仁者之所以乐山也。《诗》曰⑪:"太山岩岩,鲁侯是瞻⑫。"乐山之谓矣⑬。⑭

【注释】

①泉源溃溃,不释昼夜:溃溃,潺潺流水貌。不释,犹不舍,不停。《论语·子罕》:"子在川上曰:逝者如斯夫,不舍昼夜。"《孟子·

离娄下》:"原泉混混,不舍昼夜。"
②小间:细小间隙,细小空隙。
③障防:堤防,堤坝。
④淑淑渊渊:清澈深邃貌。
⑤知者:原文脱"者"字,据本文上下文例,此径补。
⑥《诗》云:所引四句见《诗经·鲁颂·泮水》。
⑦思乐泮水,薄采其茆(mǎo):这可爱的泮水,正好采摘莼菜。泮水,水名。戴震《毛郑诗考证》:"泮水出曲阜县治,西流至兖州府城,东入泗。《通典》云:'兖州泗水县有泮水。'是也。"薄,句首语气词。茆,莼菜。
⑧鲁侯戾止,在泮饮酒:鲁君来到了,在泮水旁饮酒。侯,原文作"后",据明钞本改。戾,到。止,语尾助词。
⑨巃嵷崫崒(lóng zōng lèi zuì):山高险峻貌。
⑩奇夫:才能出众的人。
⑪《诗》曰:以下引诗见《诗经·鲁颂·閟宫》。
⑫太山岩岩,鲁侯是瞻:泰山高峻,鲁君仰望它。太山,即泰山。岩岩,高峻貌。是,指代太山,宾语前置。
⑬乐山之谓矣:此句"乐"字原文脱,据文例径补。
⑭天海按:此文兼用《韩诗外传》卷三与《春秋繁露·山川颂》,文各有异。

【译文】

有智慧的人为什么喜爱水呢?回答是:源流濿濿,昼夜不停,好像努力向前的人;顺一定规律流动,不遗漏细小的空隙,好像主持公平的人;一流动就向下,好像有礼节的人;奔赴千仞深谷毫不迟疑,好像勇敢的人;有堤防就会澄清,好像懂得天命的人;不干净的东西进入其中,又以新鲜清洁的面貌送出,好像善于教化的人;人们用它作为平的标准,能使各类事物平正;万物得到它便能生存,失去它便会死亡,好像有德泽的人；清澈幽深，不可测度，好像圣人似的；普遍地滋润天地万物，国家得以构成。这就是有智慧的人喜爱水的原因。《诗经》说："这可爱的泮水，正好采摘莼菜。鲁君来到了，在泮水旁饮酒。"讲的就是爱水的事例。仁爱的人为什么喜爱山呢？回答是：高山险峻连绵，是万民观赏仰慕的对象。草木在上面生长，万物在上面立足，飞鸟聚集在那里，走兽栖息在那里，宝藏繁殖在那里，有奇才的人隐居在那里；养育万物却从不厌倦，四方的人都各取所需从不受限；生出风云，沟通天地间的大气，国家得以构成。这就是仁人爱山的原因。《诗经》说："泰山高峻，鲁君仰望它。"讲的就是爱山的道理。

17.49 玉有六美，君子贵之。望之温润，近之栗理①；声近徐而闻远；折而不挠②，阙而不荏③；廉而不刿④；有瑕必示之于外，是以贵之。望之温润者，君子比德焉；近之栗理者，君子比智焉；声近徐而远闻者，君子比义焉；折而不挠，阙而不荏者，君子比勇焉；廉而不刿者，君子比仁焉；有瑕必见之于外者，君子比情焉⑤。⑥

【注释】

①栗理：严密的纹理。

②挠：弯曲。

③阙(jué)：毁伤。荏：软弱。

④廉：棱角分明。刿(guì)：割伤。

⑤情：真实不虚。《淮南子·缪称训》高诱注："情，诚也。"

⑥天海按：赞美玉德的文字又见《管子·水地》《荀子·法行》《礼记·聘义》《说文解字》《孔子家语·问玉》等，内容大同小异。

【译文】

玉有六种美德,君子看重它。远看它温和滋润,近看它纹理严密;敲出的响声近处舒缓,远处也能听到;折断它也不会弯曲,毁伤它也不会柔软;棱角分明但不伤人;有瑕疵一定表现在外表,因此君子看重它。远看它温和滋润,君子比作品德;近看纹理严密,君子比作智慧;声音近处舒缓远处能听到,君子比作道义;宁折不弯,毁伤也不柔软,君子比作勇敢;棱角分明但不伤人,君子比作仁爱;有瑕疵显露在外表,君子比作诚实。

17.50 道吾问之夫子①:"多所知,无所知,其身孰善者乎?"对曰:"无知者死人属也②,虽不死,累人者必众甚矣。然多所知者,好其用心也。多所知者出于利人即善矣,出于害人即不善也。"道吾曰:"善哉!"

【注释】

①道吾:生平未详。问:原文作"闻",形近而误,此据向宗鲁《校证》及《四库全书》本改。夫子:此指孔子。

②属:类。

【译文】

道吾向孔子问道:"知道很多和什么也不知道,对于自身来说哪种情况好呢?"孔子回答说:"无知的人属于死人一类,虽然没有死,连累别人必定又多又严重。但知识很多的人喜欢使用心计。知识多出于利人的目的,就是好的;出于害人的目的,就是不好的。"道吾说:"讲得好啊!"

17.51 越石父曰①:"不肖人自贤也②,愚者自多也③,佞人者皆莫相其心④。口以出之,又谓人勿言也。譬之犹渴而穿井,临难而后铸兵⑤,虽疾从而不及也。"⑥

【注释】

①越石父:春秋时齐人,有贤名。齐相晏婴解左骖赎之于缧绁之中,归而久未延见,越石父以为辱己,要求绝交,晏婴谢过,延为上客。见《晏子春秋·内篇杂上》。
②自贤:自认为是贤才。
③自多:自认为了不起。
④佞人:善于花言巧语、阿谀奉承的人。相:观察,了解。
⑤渴而穿井,临难而后铸兵:此二语出自《素问·四气调神大论》:"夫病已成而后药之,乱已成而后治之,譬犹渴而穿井,斗而铸锥,不亦晚乎!"
⑥天海按:此文又见《晏子春秋·内篇杂上》,记为晏子对齐景公语。

【译文】

越石父说:"不贤的人自以为贤,愚蠢的人往往自负,阿谀逢迎的人谁都不能察知他们的心思。从口里已经说出的话,又叫别人不要说,就好比口渴才去打井,面临危难才铸造兵器,即使努力从事也赶不及了。"

17.52 夫临财忘贫,临生忘死,可以远罪矣。夫君子爱口①,孔雀爱羽,虎豹爱爪,此皆所以治身法也②。上交者不失其禄,下交者不离于患③。是以君子择人与交④,农人择田而田⑤。君子树人,农夫树田⑥。田者择种而种之,丰年必得粟;士择人而树之,丰时必得禄矣⑦。

【注释】

①爱口:惜口慎言,慎于开口。
②治:治理,引申为保护的意思。
③离:通"罹"。遭到。
④与:用同"而"。连词。
⑤择田而田:选田耕种。第一个"田"指田地,第二个"田"指种田。
⑥树:此二字皆指培养。
⑦丰时:盛世,时运亨通时。

【译文】

面对财物忘记贫穷,面临生存忘记死亡,可以远避罪罚。君子吝于开口,孔雀爱惜羽毛,虎豹爱惜利爪,这都是用来保护自身的方法。结交上位的人不会丢失俸禄,结交下位的人不会遭遇患难。因此君子选择人结交,农夫选择田地耕种。君子培养人,农夫培养田。种田的选择种子下种,丰年一定获得粮食;士人选择人才加以培养,盛世时一定会获得俸禄。

17.53 天下失道①,而后仁义生焉;国家不治,而后孝子生焉;民争不分②,而后慈惠生焉;道逆时反,而后权谋生焉。③

【注释】

①失道:失去正轨。
②不分:不均。
③天海按:此文本《老子》十八章、三十八章。

【译文】

天下失去正道,然后产生仁义;国家不太平,然后产生孝子;百姓因不均而争夺,然后产生慈惠;正道逆乱时势反覆,然后产生权谋。

17.54 凡善之生也,皆学之所由①。一室之中,必有主道焉②,父母之谓也。故君正则百姓治,父母正则子孙孝慈③。是以孔子家儿不知骂,曾子家儿不知怒④。所以然者,生而善教也。

【注释】
①由:缘由,经由。此字原文误作"里",此据明钞本径改。
②主道:主持家政的人。原文误作"王道",此据明钞本改。
③孝慈:对上孝敬,对下慈爱。
④怒:原文误作"路",此据吴勉学校本与《万有文库》本改。

【译文】
凡是好品行的养成,都是学习的缘故。一家之中,必定有主持家政的人,父母亲就是。所以国君正派,百姓就能治理好;父母正派,子孙就会对上孝敬对下慈爱。因此孔子家小孩不会骂人,曾子家小孩不会发怒。之所以会这样,是因为生来就有好的教育。

17.55 夫仁者好合人①,不仁者好离人②。故君子居人间则治③,小人居人间则乱。君子欲和人,譬犹水火不相能然也④,而鼎在其间,水火不乱,乃和百味。是以君子不可不慎择人在其间。

【注释】
①合人:使人融洽。下文"和人"义同。又本则原与上连,现依向宗鲁《校证》据卢文弨说另起一则。
②离人:使人分离。
③居人间:处于人与人的关系中。间,间隙。

④譬犹水火不相能然：好比水火不能相亲似的。相能，相亲。然，情态助词。

【译文】

仁爱的人喜欢使人融洽，不仁的人喜欢使人分离。所以君子处在人们中间就能治理，小人处在人们中间就会混乱。君子想要使人融洽，好比水火不能相亲似的，可是鼎锅隔在它们之间，水火就不会互相扰乱，就能调和百味。因此君子在人们中间选择人不可不慎重。

17.56 齐景公问晏子曰："寡人自以坐地①，二三子皆坐地，吾子独搴草而坐之②，何也？"晏子对曰："婴闻之，唯丧与狱坐于地③。今不敢以丧狱之事侍于君矣。"④

【注释】

①以：通"已"。
②搴（qiān）：拔。
③丧与狱：丧事与狱讼之事。
④天海按：事见《晏子春秋·内篇谏下》，文详于此。

【译文】

齐景公问晏子说："我自己已经坐在地上，这几个人都坐在地上，你一个人却拔草来垫在上面坐，这是为什么？"晏子回答说："我听说，只有办理丧事和犯了罪才坐在地上。我不敢用办理丧事和犯罪的样子来侍奉君主。"

17.57 齐高廷问于孔子曰①："廷不旷山②，不直地③，衣蓑提，执精气④，以问事君子之道⑤，愿夫子告之。"孔子曰："贞以干之⑥，敬以辅之，待人无倦。见君子则举之，见小人则退之。去尔恶心,而忠与之。敏其行,修其礼⑦,千里之外,亲如兄弟。若行不敏,礼不合,对门不通矣。"⑧

【注释】

①高廷:《孔子家语》作"高庭",生平事未详。
②不旷山:不以山为阻隔。《孔子家语·六本》王肃注:"旷,隔也。不以山为隔,逾山而来。"
③不直地:不以地为直路,意即不怕道路迂回曲折。
④衣襃提,执精气:身穿厚厚的襃衣,打起精神。提,通"禔(tí)"。衣服厚的样子。精气,精诚的心意。
⑤君子:原文脱"子"字,此据卢文弨校与《孔子家语》补。
⑥贞以干之:以正直的态度去干事。《周易·乾卦》:"贞者,事之干也。"孔颖达疏:"言天能以中正之气,成就万物,使物皆得干济。"
⑦敏其行,修其礼:使自己行为勤勉,学习好礼仪。敏,勤勉,使动用法。
⑧天海按:此文又见《孔子家语·六本》,文略异。

【译文】

齐国高廷向孔子问道:"我不怕高山阻隔,不怕路途遥远,穿上厚厚的襃衣,怀着精诚的心意,来请教事奉君子的道理,希望先生告诉我。"孔子说:"用正直的态度办好事情,用恭敬的态度辅佐君主,待人不要厌倦,发现君子就推举他,发现小人就斥退他。去掉你邪恶的念头,忠实地与人共事。使自己的行为勤勉,努力研习礼仪,千里之外的人也会亲如兄弟。如果行动不勤勉,遇事不合礼仪,就是住在对门内心也不能相通。"

卷十八

辨物

【题解】

辨物，意即辨别天地万物。本卷采录了西周至秦时文献轶事32则，名为"辨物"，实际上是通过对天地万物的认识来影射、附会人世的祸福、国家的兴亡盛衰。内容涉及天文地理、飞禽走兽、鬼神怪异、梦兆祀卜等方面。

本卷内容虽然驳杂，但大致可以分为以下三类。

一是关于人事。这一部分有6则（18.1、18.12、18.28、18.29、18.31、18.32则）。第一则应该是全卷的总纲，以颜渊与孔子的问答，说明只有"成人"（完人）才能通达人情人性的道理，通晓各类事物的变化，懂得有形与无形物象的成因，看到风云变幻的根源。像这样就能称为完人。他不仅懂得自然界的规律，而且亲身用仁义来实行它，用礼乐来端正自身。这仁义礼乐，就是完人的德行。也就是说只有完人才能准确无误地识别天地万物，用仁义礼乐来为世人做表率。18.12则讲述人的生长发育、恋爱婚姻过程，很具启发意义。18.28则记述我国古老的传统医术，描绘了不仅医术高明，而且医德超人的扁鹊救治赵王太子的经过，被人誉为"起死回生"的神医。但扁鹊却说："予非能生死人也，特使夫当生者活耳。"作者最后的画龙点睛之笔还在于感叹"乱君之治不可药而息也"。

18.32则以楚王子建与成公乾的对话说明：一个人如果五谷不分，不知稼穑，即使做了储君，也不能继位主持国政。18.29、18.31记载孔子及其弟子的对话，一是表现颜回悲天悯人的仁慈情怀，二是孔子对子贡所问"死人有知无知"的回答，真是妙绝古今的通识。

二是关于天文地理、度量权衡与方物。这一部分有9则（18.2—8、18.13、18.19则）。18.2—18.8则是先秦、两汉那个时代人们对天象与大地、江河的认识，其中以人事比附山川没有什么积极意义。18.13则介绍度量衡的知识也很简略。18.19则对"肃慎氏之矢"的讲述，从一个侧面表现了孔子对远古历史的博闻强记。

三是关于怪异、灾异与灵异。这一部分共有17则（18.9—18.11、18.14—18.18、18.20—18.27、18.30则），其中讲怪异之事12则、灾异3则、灵异2则。其内容占了本卷二分之一以上。实际上作者的目的不外乎要以自然界的各种异常之象来警戒国君，使之改恶从善，实行德政，求得国家的长治久安。这是汉初董仲舒"天人感应"说和当时已经开始流行的谶纬迷信思想的反映。18.25则"师旷劝谏晋平公"最具代表性。愚昧昏聩的晋平公一而再再而三地自欺欺人，以怪异为祥瑞，还以恶作剧的方式对忠心进谏的师旷进行报复性的戏弄，结果自己死于非命，被师旷的预言不幸而言中。尽管这些所谓祥瑞灾异出自虚构与比附，但也曲折地反映了秦汉之际人们对自然现象的观察和认识。其中不少则着重强调"人事"的作用，有的还对某些怪异现象做出了比较科学的解释，这些都是本卷中较有认识价值的部分。

18.1 颜渊问于仲尼曰："成人之行何若①？"子曰："成人之行，达乎情性之理，通乎物类之变，知幽明之故②，睹游气之源③。若此而可谓成人。既知天道，行躬以仁义，饬身以礼乐④。夫仁义礼乐，成人之行也。穷神知化⑤，德之盛也"。⑥

【注释】

① 成人:德才兼备的完人。《论语·宪问》:"子路问成人,子曰:'若臧武仲之知,公绰之不欲,卞庄子之勇,冉求之艺,文之以礼乐,亦可以为成人矣。'"

② 幽明:泛指有形与无形的物象。《周易·系辞上》:"仰以观于天文,俯以察于地理,是故知幽明之故。"韩康伯注:"幽明者,有形无形之象。"

③ 游气:浮动的云气。

④ 伤(chì)身:端正自身。警戒整饬自己,使自己的思想言行谨严合礼。礼乐:礼,是指各种礼节规范;乐,包括音乐和舞蹈。《礼记·乐记》:"乐者敦和,率神而从天;礼者别宜,居鬼而从地。故圣人作乐以应天,制礼以配地。"古人认为"乐"是"礼"的外在表现,故二者并称。

⑤ 穷神知化:穷究事物之神妙,了解事物之变化。《周易·系辞下》:"穷神知化,德之盛也。"

⑥ 天海按:此文又见《孔子家语·颜回》,文略同。

【译文】

颜渊问孔子道:"完人的德行怎么样?"孔子说:"完人的德行,能通达人情人性的道理,通晓各类事物的变化,懂得有形与无形物象的成因,看到风云变幻的根源。像这样就能称为完人。已经懂得自然界的规律之后,亲身用仁义来实行它,用礼乐来端正自身。这仁义礼乐,就是完人的德行。穷究事物的神奇变化,是德行盛大的标志。"

18.2《易》曰①:"仰以观于天文,俯以察于地理,是故知幽明之故②。"夫天文、地理、人情之效存于心,则圣智之府③。

是故古者圣王既临天下,必变四时④,定律历,考天文,揆时变⑤,登灵台以望气氛⑥。故尧曰⑦:"咨尔舜,天之历数在尔躬,允执其中⑧。四海困穷,天禄永终⑨。"《书》曰⑩:"在璇机玉衡,以齐七政⑪。"璇玑,谓北辰、勾陈、枢星也⑫,以其魁杓之所指二十八宿为吉凶祸福⑬。天文列舍,盈缩之占⑭,各以类为验。夫占变之道⑮,二而已矣;二者,阴阳之数也⑯。故《易》曰⑰:"一阴一阳之谓道。"道也者,物之动莫不由道也。是故发于一,成于二,备于三,周于四,行于五。是故玄象著明⑱,莫大于日月;察变之动,莫著于五星⑲。天之五星,运气于五行⑳。其初犹发于阴阳,而化极万一千五百二十㉑。所谓二十八星者:东方曰角、亢、氐、房、心、尾、箕㉒,北方曰斗、牛、须女、虚、危、营室、东壁㉓,西方曰奎、娄、胃、昴、毕、觜、参㉔,南方曰东井、舆鬼、柳、七星、张、翼、轸㉕。所谓宿者,日月五星之所宿也。其在宿运外内者,以官名别㉖。其根荄皆发于地㉗,而华形于天㉘。所谓五星者:一曰岁星,二曰荧惑,三曰镇星,四曰太白,五曰辰星。欃枪、彗孛、旬始、枉矢、蚩尤之旗㉙,皆五星盈缩之所生也。五星之所犯,各以金、木、水、火、土为占。

【注释】

①《易》曰:此下三句引自《周易·系辞上》。
②幽明:此指有形和无形的事物。
③圣智:亦作"圣知"。谓之无上的智慧。亦指具有非凡的道德智慧者。《荀子·宥坐》:"聪明圣知,守之以愚。"《文子》:"文子问圣智。老子曰:'闻而知之,圣也;见而知之,智也。'圣人常闻祸

福所生而择其道,智者常见祸福成形而择其行;圣人知天道吉凶,故知祸福所生;智者先见成形,故知祸福之门。闻未生,圣也;先见成形,智也;无闻见者愚迷。"

④必变四时:必定会改变四季历法。夏、商、周三代历法不同,春、夏、秋、冬四季的起讫也不一样,故云。

⑤揆(kuí)时变:推测四季的变化。时变,四时季节的变化。《周易·贲卦》:"观乎天文,以察时变。"孔颖达疏:"以察四时变化。"

⑥灵台:我国最早的国家天文台,西周初年周文王在丰京(今陕西西安)所筑。汉亦有灵台在长安西北,为观测天象之台。气氛:气数和凶兆,显示吉凶的云气。

⑦故尧曰:此下几句引自《论语·尧曰》。下面还有"天禄永终"四字,加上意义才完整。

⑧"咨尔舜"三句:啧啧,舜啊!按天意帝位应轮到你身上了,要真正做到不偏不倚。咨,感叹词,犹"啧啧",咂嘴表示赞叹、赞美。天之历数,天命的规律。这里指帝王更替的一定次序。尔躬,你身上。允,诚信,公平。执,掌握,保持,执守。中,正,不偏不倚。

⑨天禄永终:天赐禄位永远终结。此四字原文脱,此据《论语·尧曰》径补。

⑩《书》曰:此下二句引自《尚书·舜典》。

⑪在璇(xuán)机玉衡,以齐七政:观察北斗七星,以它来统一日月五星的运行。在,省视,观察。璇机玉衡,亦作"琁机玉衡"。这里指北斗七星。一至四星名魁,为璇玑;五至七星名杓,为玉衡。参阅《史记·天官书》《晋书·天文志上》。七政,古代天文术语,亦称"七曜""七纬",其内容说法不一:一说日月和金木水火土五星为七政。《尚书·舜典》:"在璇玑玉衡,以齐七政。"孔安国传:"七政,日月五星各异政。"孔颖达疏:"七政,其政有七,于玑衡察之,必在天者,知七政谓日月与五星也。木曰岁星,火曰荧惑星,

土曰镇星,金曰太白星,水曰辰星。"一说为北斗七星。《史记·天官书》:"北斗七星,所谓'旋玑玉衡以齐七政'。"裴骃集解引马融注《尚书》云:"七政者,北斗七星,各有所主。"又见《尚书大传》卷一:"七政者,谓春、秋、冬、夏、天文、地理、人道,所以为政也。"此用孔安国之说。

⑫北辰:北极星。勾陈:星座名。共六星,在紫微垣内。勾陈亦即北极星。枢星:北斗七星的第一星,也叫天枢星。

⑬魁杓:北斗七星中首尾两星的合称。《史记·天官书》:"衡殷南斗,魁枕参首,用昏建者杓;杓,自华以西南。"张守节正义:"魁,斗第一星也;杓,东北第七星也。"北斗七星,以第一星天枢为首,称"魁",以第七星摇光为末,称"杓"。二十八宿:先秦天文学家把天空中可见的星分成二十八个星座,东南西北四方各七宿,叫二十八宿。详见下文。

⑭天文列舍,盈缩之占:列舍,即列星。盈缩,满亏,消长,有余与不足。

⑮占变之道:占卜灾异变化的规律。

⑯阴阳:古人认为万物都由对立的双方构成,这对立的双方称为"阴阳"。

⑰故《易》曰:下所引之句见《周易·系辞上》。

⑱玄象:天象,日月星辰在天所成之象。《老子》三十五章:"执大象,天下往。"王弼注:"大象,天象之母也。"

⑲五星:即下文所列岁星(木星)、荧惑(火星)、镇星(土星)、太白(金星)、辰星(水星)。

⑳运气:古人有"五运六气"之说,五运即金、木、水、火、土五行,六气指风、寒、湿、暑、燥、火。气,古代哲学家又认为是构成万物的基本物质。五行:金、木、水、火、土五种元素。

㉑化极:此语见《周易·系辞上》:"二篇之策,万有一千五百二十,

当万物之数也。""万有一千五百二十"是指乾坤阴阳可变化的总数,这与世间事物的总数相当。"二篇之策","二篇"指的是《周易》的上下两篇,各32卦,共64卦。每一卦是6爻,就是384爻。在这384爻中,阳爻占一半192,阴爻占一半192。阳爻每一爻策数是36,因此36×192,得出的策数就是6912策;阴爻是24,即24×192,得出的是4608策,这两个数据加起来就是11520策。因此,这里说64卦384爻的策数加起来是一万一千五百二十,故笼统说"万物之数"。

㉒角、亢、氐(dī)、房、心、尾、箕:这是东方青龙七宿。

㉓斗、牛、须女、虚、危、营室、东壁:这是北方玄武七宿。

㉔奎、娄、胃、昴(mǎo)、毕、觜(zī)、参(shēn):这是西方白虎七宿。

㉕东井、舆鬼、柳、七星、张、翼、轸(zhěn):这是南方朱雀七宿。

㉖其在宿运外内者,以官名别:大意谓,那在二十八宿区域内外运行的星,就以宿名来表示它们位置的区别。官名,即宿名,因二十八宿古又称二十八星官,故云。

㉗根荄(gāi):亦作"根垓""根核"。本指植物的根。比喻事物的根本,植根。

㉘华形:即"光华之形"。向宗鲁《校证》认为:"'华'字不可通,当从《书钞》引作'著'。"天海按,华,即星宿的"光华"。故向说不可从。

㉙欃枪(chán chēng):彗星的别名。彗孛(bèi):彗星。《公羊传·文公十四年》:"孛者何?彗星也。"旬始:星名。在北斗星旁,形状如雄鸡。《楚辞·远游》:"集重阳入帝宫兮,造旬始而观清都。"王逸注:"旬始,星名。《春秋考异邮》曰:太白,名旬始,如雄鸡也。"洪兴祖补注:"旬始,气如雄鸡,见北斗旁。"枉矢:星名。如大流星。《史记·天官书》:"枉矢,类大流星,蛇行而仓黑,望之如有毛羽然。"蚩尤之旗:彗星的一种,尾部弯曲如旗,故名。

《吕氏春秋·明理》：“有其状若众植华以长，黄上白下，其名蚩尤之旗。”《晋书·天文志》：“（妖星）六曰蚩尤旗，类彗而后曲，象旗。”

【译文】

《周易》说："抬头观察天象，低头观察地理，这样就能知道无形与有形事物形成的原因。"天文、地理与人世情况的效验贮存在心中，就是圣明、智慧的府库。因此古代圣王即位之后，必定要变换四时，制定历法，考察天象，推测时令的变化，登上灵台观望云气预示的吉凶。所以尧说："啧啧，舜啊！按天意帝位应轮到你身上了，要真正做到不偏不倚。如果天下民众都陷于穷困，那么上天赐给你的禄位也就永远完结了。"《尚书》说："观察北斗星座，靠它来统一日月五星的运行。"璇机，就是北极星及整个勾陈星座和天枢星，用它的斗魁和斗杓所指向的二十八宿来确定吉凶祸福。天象排列星座，可占卜消长的变化，分别以事类为验证。占卜灾异的途径，就只有"二"罢了，这"二"就是阴和阳。所以《周易》说："一阴一阳就叫道。"所谓"道"，就是事物变化不能不遵循它。因此，万物从一产生，由阴、阳二气构成，大备于天、地、人三才，四季循环不已，五行相克相生。因此天象中最显明昭著的，没有什么能比得上日月；考察变化和运动，没有什么能比五星更显著。天上的五星，运气给金、木、水、火、土五种元素。开始还是从阴、阳二气发生，变化到极点时事物总数可达一万一千五百二十种。所谓二十八星宿：东方叫角、亢、氐、房、心、尾、箕，北方叫斗、牛、须女、虚、危、营室、东壁，西方叫奎、娄、胃、昴、毕、觜、参，南方叫东井、舆鬼、柳、七星、张、翼、轸。之所以叫宿，由于它是日月五星停留的处所。那些在星座区域内外运行的星，就用宿名来表示位置的区别。星的根基都发生在地上，而光华在天上形成。所谓五星：一是岁星，二是荧惑，三是镇星，四是太白，五是辰星。欃枪、彗孛、旬始、枉矢、蚩尤旗这些彗星都是五星在有余或不足状态下派生出来的。五星所触犯的，分别以金、木、水、火、土五行来占卜。

春秋冬夏，伏见有时。失其常，离其时，则为变异；得其时，居其常，是谓吉祥。古者有主四时者：主春者，张昏而中，可以种谷①。上告于天子，下布之民。主夏者，大火昏而中，可以种黍菽②。上告于天子，下布之民。主秋者，虚昏而中，可以种麦③。上告于天子，下布之民。主冬者，昴昏而中，可以斩伐、田猎、盖藏④。上告之天子，下布之民。故天子南面视四星之中⑤，知民之缓急⑥。急则不赋藉⑦，不举力役。《书》曰⑧："敬授民时⑨。"《诗》曰⑩："物其有矣，维其时矣⑪。"物之所以有而不绝者，以其动之时也。⑫

【注释】

① 张昏而中，可以种谷：《齐民要术》卷一："昏，张中，则务树谷。（'三月昏，张星中于南方，朱鸟之宿。'）"张昏而中，张宿，南方第五宿，黄昏时在天空正中。

② 大火昏而中，可以种黍菽：《齐民要术》卷一："大火中，即种黍、菽。（'大火昏中，六月。'）"大火，心宿中央的红色大星，又名商星。

③ 虚昏而中，可以种麦：《齐民要术》卷一："虚中，即种宿麦。（'虚昏中，九月。'）"虚，虚宿，北方第四宿，又名天节。

④ 昴（mǎo）昏而中，可以斩伐、田猎、盖藏：《齐民要术》卷一："昴星中，则收敛蓄积，伐薪木。"昴，昴宿，西方第四宿，即金牛星座。盖藏：储藏。

⑤ 四星之中：指上文四时当空之星所切合的时令。

⑥ 缓急：指农事的缓急。

⑦ 赋藉：按册征税。

⑧ 《书》曰：下句引自《尚书·尧典》。

⑨敬授民时:指制定历法,教导人民按时令耕作。
⑩《诗》曰:以下引诗见《诗经·小雅·鱼丽》。
⑪物其有矣,维其时矣:意谓万物常有,是因它按一定的时间生长。
⑫天海按:从开头至"是谓吉祥"本《淮南子·天文训》,自此以下,略见《尚书大传》《淮南子·主术训》《大戴礼记·夏小正》等。

【译文】

春秋冬夏四季,各个星的隐伏和显现有一定的时间。它们失去常轨,背离时令,就会形成变异;它们符合时令,处于常轨,这就叫吉祥。古代有主管四时的星宿:主管春季的张宿,黄昏时在天空当中,就可以种谷子。史官向上报告给天子,向下公布给百姓。主管夏季的大火星,黄昏时在天空当中,就可种小米和豆类。史官向上报告给天子,向下公布给百姓。主管秋季的虚宿,黄昏时出现在天空当中,就可以种麦。史官向上报告给天子,向下公布给百姓。主管冬季的昴宿,黄昏时出现在天空当中,就可以砍伐、打猎和储藏。史官向上报告给天子,向下公布给百姓。因此天子即位后观察张、火、虚、昴四宿所切合的时令,知道农民耕作的缓急。农事繁迫时就不去挨户征税,不大兴力役。《尚书》说:"制定历法,教导百姓按时耕作。"《诗经》说:"物资常有,是因为它们按时生长。"物资之所以常有而不会断绝,是因为它们按时地生长变化。

18.3《易》曰①:"天垂象,见吉凶,圣人则之②。"昔者高宗、成王感于雊雉、暴风之变③,修身自改,而享丰昌之福也。逮秦皇帝即位,彗星四见,蝗虫蔽天,冬雷夏冻,石陨东郡④,大人出临洮⑤,妖孽并见,荧惑守心⑥,星茀大角⑦,大角以亡,终不能改。二世立,又重其恶。及即位,日月薄蚀⑧,山林沦亡,辰星出于四孟⑨;太白经天而行,无云而雷;枉矢夜光⑩,荧惑袭月⑪;蘖火烧宫⑫,野禽戏庭,都门内崩。天变动于上，群臣昏于朝，百姓乱于下。遂不察⑬，是以亡也。

【注释】

①《易》曰：以下引文见《周易·系辞上》。

②"天垂象"三句：天垂象，上天对下显示征兆。见，同"现"。则之，以它为法则。

③高宗、成王感于雊雉（gòu zhì）、暴风之变：殷高宗武丁在祭先祖成汤时，有一只野鸡飞来祭鼎的耳环上啼叫。武丁认为是灾异，于是饬身修德，终于使商朝中兴（见《尚书·高宗肜日》）。周公去世时，"暴风雷雨，禾尽偃，大木尽拔"。成王开读周公遗书，了解到周公心迹，小心谨慎地守国秉政，使周朝得以繁荣昌盛（见《史记·鲁周公世家》）。雊雉，犹雉雊。野鸡鸣叫。此指变异之兆。雊，野鸡叫。

④东郡：秦取魏地，置东郡，治所在今河南濮阳南。

⑤大人：巨人。《汉书·五行志下》："史记秦始皇帝二十六年，有大人长五丈，足履六尺，皆夷狄服，凡十二人，见于临洮。"临洮：县名。在今甘肃岷县。秦献公元年（前384），灭西戎部族狄，设置狄道县，为临洮建县之始。

⑥荧惑守心：火星在心宿内发生"逗留"的现象称为"荧惑守心"。古人认为这是上天示惩（见《论衡·变虚》）。

⑦星茀（bèi）大角：彗星扫过大角星。星茀，即茀星，彗星的一种，这里兼作动词，含"扫过"的意思。大角，星名。《史记》认为它是人君的象征。"大"原文作"太"，此据《史记·天官书》与卢文弨校改。

⑧日月薄蚀：日食、月食接连发生。《吕氏春秋·明理》："其月有薄蚀。"高诱注："薄，迫也。日月激会相掩，名为薄蚀。"

⑨辰星出于四孟：古代称水星为"辰星"或"昏星"。《史记·天官书》："刑失者，罚出辰星。"四孟，一年四季每季三个月分别称孟、

仲、季,如孟春为正月,仲春二月,季春三月。"四孟"为每季第一月的合称,即正月、四月、七月、十月。
⑩枉矢:星名。《史记·天官书》:"枉矢,类大流星,蛇行而仓黑,望之如有毛羽然。"
⑪荧惑:火星别名。王充《论衡·变虚》:"子韦曰:'荧惑,天罚也。'"
⑫孽火:野火,邪火。
⑬遂不察:始终不醒悟。

【译文】

《周易》说:"上天出现征兆,显示吉凶,圣人以此作为准则。"从前殷商高宗、周成王有感于雉鸣和暴风的灾异,加强修养,改正自身,就享有富饶昌盛的福佑。到秦始皇登位,彗星出现四次,蝗虫蔽天,冬天响雷,夏季出现冰冻,陨石落在东郡,巨人出现在临洮,妖孽一起显现,火星居于心宿,彗星扫过大角星,大角星因此消失,始皇终究不能改过。秦二世胡亥立为皇帝,又加重了秦王朝的罪恶。到二世登位时,日食、月食连续不断,山林陷没,水星在每季的第一个月出现,太白金星运行经过天空,天上无云就响雷;大流星每夜划过天空,火星逼近月亮;妖火焚烧宫室,野鸟在朝廷嬉戏,都城城门从内侧崩塌。天象在上空显示灾异,群臣在朝廷昏暗不堪,百姓在下面动乱。秦二世始终不能醒悟,秦朝因此灭亡。

18.4 八荒之内有四海①,四海之内有九州②。天子处中州而治八方耳③。两河间曰冀州④,河南曰豫州,河西曰雍州⑤,汉南曰荆州⑥,江南曰扬州⑦,济、河间曰兖州⑧,济东曰徐州⑨,燕曰幽州⑩,齐曰青州⑪。山川汙泽⑫,陵陆丘阜,五土之宜⑬,圣王就其势,因其便,不失其性。高者黍,中者稷,下者秔⑭。蒲苇菅蒯之用不乏⑮,麻麦黍粱亦不尽,山林禽兽、川泽鱼鳖滋殖,王者京师四通而致之。

【注释】

①八荒:四面八方遥远的地方,犹称"天下"。四海:犹言天下,也指五湖四海,全国各地。《尚书·大禹谟》:"文命敷于四海,祗承于帝。"贾谊《过秦论》:"囊括四海之意,并吞八荒之心。"

②九州:又名神州、十二州,最早出现先于《尚书·禹贡》中,是我国汉族先民自古以来对中原地域的概念。自战国以来九州即成为古代中国的代称。下文九州的名称见《尔雅·释地》。

③中州:即中原。狭义的中州指今河南一带,为古豫州地,居九州之中。广义的中州指黄河流域或整个中国。

④两河:战国秦汉时,黄河在陕、晋交界处及冀、鲁交界处形成两段南北流向,这两段又东西遥遥相对,古人称为两河。冀州:包括今山西全省、河北西北部、河南北部、辽宁西部。

⑤河西:泛指黄河以西之地。雍州:地在今陕西、甘肃及青海一部分。

⑥汉南:汉水以南地区。荆州:地在今湖北、湖南一带。

⑦扬州:地在今长江下游以南地区。

⑧济:济水,源出河南济源王屋山,故道过黄河南流,与黄河并行至山东入海,后下游为黄河所夺。兖(yǎn)州:地在今山东。

⑨徐州:地跨今山东、江苏、安徽的部分地区。

⑩燕(yān):西周诸侯国名。召公奭之后。幽州:地在今河北北部及辽宁一带。

⑪青州:今山东东北临渤海西南至泰山一带地区。

⑫汙泽:沼泽。"汙"亦作"污",不流动的水。

⑬五土:指山林、川泽、丘陵、水边平地、低洼地。《孔子家语·相鲁》:"乃别五土之性,而物各得其所生之宜。"王肃注:"五土,一

曰山林,二曰川泽,三曰丘陵,四曰坟衍,五曰原隰。"

⑭秔(jīng):不粘的稻。也作"粳"。

⑮蒲苇菅(jiān)蒯(kuǎi):菖蒲、芦苇、菅茅、蒯草等有用的草类。

【译文】

八方极远之地以内有四海,四海之内有九州。天子处于中州控制八方。两河之间叫冀州,黄河以南叫豫州,黄河以西叫雍州,汉水以南叫荆州,长江以南叫扬州,济水、黄河之间叫兖州,济水以东叫徐州,古燕地叫幽州,古齐地叫青州。山川水泽、丘陵平地,五种土地各有所宜,圣王依随地势,按照各类土地能提供的最大便利,不使它们丧失自身的特性。高地种黍,不高不低的种稷,低下处种秔。菖蒲、芦苇、菅茅、蒯草等使用不会缺乏,大麻、麦、黍、高粱等不会穷尽,山林里的禽兽、河流湖泊里的鱼鳖滋长繁殖,帝王的京城四通八达,可以使这些物资送到。

18.5 周幽王二年①,西周三川皆震②。伯阳父曰③:"周将亡矣!夫天地之气,不失其序。若过其序,民乱之也。阳伏而不能出,阴迫而不能烝④,于是有地震。今三川震,是阳失其所而填阴也⑤。阳溢而壮阴,源必塞,国必亡。夫水土演而民用足也⑥。土无所演,民乏财用,不亡何待?昔伊雒竭而夏亡⑦,河竭而商亡,今周德如二代之季矣⑧。其川源塞,塞必竭。夫国必依山川,山崩川竭,亡之征也。川竭山必崩,若国亡不过十年,数之纪也⑨。天之所弃不过纪。"是岁也,三川竭,岐山崩⑩。十一年,幽王乃灭,周乃东迁⑪。⑫

【注释】

①周幽王二年:前 780 年。周幽王(?—前 771),姬姓,名宫湦(shēng),一作宫生,谥幽。前 781—前 771 年在位。前 771 年,

犬戎攻入西周都城镐京,杀死幽王,西周灭亡。诸侯拥立其子姬宜臼继位,是为周平王,史称东周。

②三川:泾水、渭水、汭(ruì)水,均源自岐山。

③伯阳父:西周宣王、幽王时的太史。

④阴迫而不能烝:阴气受压而不能上升。迫,压迫,不顺畅。烝,升。

⑤填:《国语·周语上》作"镇",为镇压、抑制义,二字古通。

⑥演:水土气通,滋润。

⑦伊雒:伊水和洛水。雒,同"洛"。

⑧季:最小的意思,也有末了之意。

⑨纪:十二年为一纪。

⑩岐山:在陕西岐山县东北,为周朝发祥地。岐,底本作"歧",径改。

⑪东迁:前770年,周平王东迁洛邑(今洛阳),西周亡,东周开始。

⑫天海按:此文本《国语·周语上》《史记·周本纪》,又见《汉书·五行志》。

【译文】

周幽王二年,西周泾水、渭水、汭水一带都发生地震。伯阳父说:"周朝快要灭亡了!天地间的气候,不会错乱次序的。如果越过次序,是人搞乱它的。阳气隐伏不能外泄,阴气受压不能上升,于是发生地震。现在泾、渭、汭三川发生地震,这是阳气失去了它应有的位置而去镇压阴气。阳气外溢使得阴气强盛,水源一定堵塞,国家必定灭亡。水土肥美百姓生活所需才会充足。土地无水滋润,百姓财物和所需缺乏,国家不亡还等什么?从前伊水、洛水枯竭,夏朝就灭亡了,黄河枯竭商朝就灭亡了,现在周朝的气运也像夏商两代的末世。河流的源头堵塞,水一定会枯竭。国家必须依赖山河,山崩河枯,是亡国的征兆。河水枯竭山必崩塌,像这样亡国也不会超过十年,数字中'纪'正是十二年。上天要抛弃谁,不会超过一纪。"这一年,泾、渭、汭三条河枯竭,岐山崩塌。

周幽王十一年,幽王就灭亡了,周王朝东迁。

18.6 五岳者,何谓也^①?泰山,东岳也;霍山^②,南岳也;华山,西岳也;常山^③,北岳也;嵩高山^④,中岳也。五岳何以视三公^⑤?能大布云雨焉,能大敛云雨焉。云触石而出,肤寸而合^⑥,不崇朝而雨天下^⑦。施德博大,故视三公也。

【注释】

①五岳:我国五大名山的总称,是古代民间山神崇拜的五座大山,具体详下文。《尔雅·释山》:"泰山为东岳,华山为西岳,霍山为南岳,恒山为北岳,嵩山为中岳。"

②霍山:一说为衡山别名。一说为天柱山。南岳本在衡山,因汉武帝而迁移至霍山。郝懿行《尔雅义疏》:"霍山在今庐江灊(qián)县,潜水出焉。别名天柱山。汉武帝以衡山辽旷,故移其神于此。今其土俗人皆呼之为南岳……以霍山即南柱,亦止得为汉武之南岳,而不得为《尔雅》之南岳矣。"

③常山:即恒山,汉人避文帝刘恒讳改。古代恒山多指在今河北曲阳北者,上有北岳庙。今山西浑源南之北岳恒山在明末始被确定。

④嵩高山:即嵩山,在今河南登封北部,以其崇高而大,故名。《国语·周语上》:"昔夏之兴也,融降崇山。"后改称崇高、嵩高山。

⑤视:比照,看待。三公:是我国先秦地位最尊显的三个官职的合称,秦朝以后多为虚职,地位上略低于宰相。文献说法不一,周代以太师、太傅、太保为三公,《尚书大传》《礼记》等书以为三公指司马、司徒、司空。

⑥肤寸:又作"扶寸",古长度单位。一指宽为寸,四指宽为肤。此

处形容下雨前逐渐汇集的云气。出自《公羊传・僖公三十一年》:"触石而出,肤寸而合,不崇朝而遍雨乎天下者,唯泰山尔。"
⑦崇朝:从拂晓到早饭的一段时间。以上之文又见《尚书大传》卷二:"五岳皆触石而出云,扶寸而合,不崇朝而雨天下。"

【译文】

五岳,是指什么?泰山,是东岳;霍山,是南岳;华山,是西岳;恒山,是北岳;嵩山,是中岳。为什么把五岳比作三公?因为它们能广施云雨,也能收敛云雨。云接触山石而产生水气,水气很快就能汇集成团,不到一个早上就能降雨遍天下。它们布施德泽广大,所以比作三公。

18.7 四渎者何谓也①?江、河、淮、济也。四渎何以视诸侯?能涤荡垢浊焉,能通百川于海焉,能出云雨千里焉。为施甚大②,故视诸侯也。

【注释】

①四渎:我国古代对四条独流入海的大河的称呼,即"江、河、淮、济"(长江、黄河、淮河、济水)。其中淮河、济水古时候也独流入海,故得与江、河并列。《史记・殷本纪》:"东为江,北为济,西为河,南为淮,四渎已修,万民乃有居。"
②施:施予恩惠。

【译文】

四渎是指什么?指的是长江、黄河、淮河、济水。四渎为什么比作诸侯?因为它能荡涤污浊,能沟通所有河流通向大海,能生出千里云雨。给予的恩惠很大,所以比作诸侯。

18.8 山川,何以视子、男也①?能出物焉,能润泽物焉,能生云雨。为恩多,然品类以百数,故视子、男也。《书》曰②:"禋于六宗,望秩于山川③,遍于群神矣。"

【注释】

①子、男:古代封爵名称。《礼记·王制》则将天子除外,子、男分列,即所谓的公、侯、伯、子、男五等爵位。
②《书》曰:下所引三句见《尚书·舜典》。
③禋(yīn)于六宗,望秩于山川:祭祀天地、四时神灵,依次祭祀大小山河。禋,祭祀。六宗,马融以为天地、四时之神。望秩,依等级而祭。望,祭名。《尚书·舜典》:"岁二月,东巡守,至于岱宗,柴,望秩于山川。"孔传:"东岳诸侯竟内名山大川,如其秩次望祭之。谓五岳牲礼视三公,四渎视诸侯,其余视伯、子、男。"

【译文】

为什么把山川比作子爵、男爵?因为它能提供物品,能润泽万物,能生出云雨。它施予的恩惠多,但名称种类数以百计,所以比作子爵、男爵。《尚书》说:"祭祀天地、四时,按等级祭祀大小山川,并遍祭群神。"

18.9 齐景公为露寝之台①,成而不通焉②。柏常骞曰③:"为台甚急,台成君何为不通焉?"公曰:"然。枭昔者鸣④,其声无不为也⑤。吾恶之甚,是以不通焉。"柏常骞曰:"臣请禳而去之⑥。"公曰:"何具?"对曰:"筑新室为置白茅焉⑦。"公使为室,成,置白茅焉。柏常骞夜用事⑧。明日,问公曰:"今昔闻枭声乎?"公曰:"一鸣而不复闻。"使人往视之,枭当陛布翼,伏地而死。公曰:"子之道若此其明也,亦能益寡人寿乎?"对曰:"能。"公曰:"能益几何?"对曰:"天子九,诸侯七,大夫五。"公曰:"亦有征兆之见乎?"对曰:"得寿,地且动。"公喜,令百官趣具骞之所求。柏常骞出,遭晏子于涂,拜马前,辞曰:"骞为君禳枭而杀之。君谓骞曰:'子之道若此其明也,亦能益寡人寿乎?'骞曰:'能。'今且大祭,为君请寿,故将往以闻。"晏子曰:"嘻,亦善矣,能为君请寿也。虽然,吾闻之,惟以政与德顺乎神,为可以益寿。今徒祭可以益寿乎?然则福兆有见乎⑨?"对曰:"得寿,地将动。"晏子曰:"骞,昔吾见维星绝⑩,枢星散⑪,地其动,汝以是乎?"柏常骞俯有间,仰而对曰:"然。"晏子曰:"为之无益,不为无损也。薄赋敛,无费民。且令君知之。"⑫

【注释】

①露寝之台:是帝王正殿前的高台。露寝,又作"路寝",天子、诸侯的正室。

②不通:《晏子春秋·内篇杂下》作"不踊(yǒng)",不上,不登的意思。下文与此同。

③柏常骞:又作"伯常骞"。春秋时周太史,齐景公时,离周去齐为太卜。

④枭(xiāo):同"鸮",一种与鸱鸺相似的鸟。又名猫头鹰。昔者:夜里。

⑤其声无不为:那声音没有什么可以比拟。意指太难听。

⑥禳(ráng):祭名。指祈祷消除灾殃、去邪除恶之祭。

⑦白茅:多年生草本植物,秆直立,高可达80厘米,节无毛。古代常用来包裹供祭祀的物品。

⑧用事:指行祭祀之事。《周礼·春官·大祝》:"过大山川,则用事焉。"郑玄注:"用事,亦用祭事告行也。"

⑨福兆:原文作"福名",此据卢文弨校语改。
⑩维星:《汉书·天文志》:"斗杓后有三星,名曰维星。"
⑪枢星:即北斗七星。
⑫天海按:此文又见《晏子春秋·内篇杂下》,文略同。

【译文】

齐景公在正殿前建造高台,修成后又不登台。柏常骞说:"造台时很急迫,台修成后主君为什么不登上去呢?"齐景公说:"是这样。猫头鹰夜里鸣叫,那声音叫人难以忍受。我特别厌恶它的叫声,因此没有登台。"柏常骞说:"请让我禳祭除掉它。"齐景公问:"要准备什么?"柏常骞回答说:"修建新房,为我准备好祭祀用的白茅。"齐景公命令造房,修成后,准备了白茅放在里面。柏常骞夜里进行禳祭。第二天,他问齐景公说:"现在夜里还听到猫头鹰的叫声吗?"齐景公说:"叫了一声就不再听到了。"他又派人前去察看,猫头鹰在台阶上张开翅膀,伏在地上死了。齐景公说:"你的道术像这样高明,也能增加我的寿命吗?"柏常骞说:"能。"齐景公问:"能增加多少?"柏常骞回答说:"天子九年,诸侯七年,大夫五年。"齐景公问:"也有征兆显现吗?"柏常骞说:"能延寿,将会地震。"齐景公很高兴,命令有关官吏赶快准备柏常骞需要的东西。柏常骞出宫,在路上遇见晏子,在晏子马前拜见,致辞说:"我禳祭猫头鹰并杀了它。主君对我说:'你的道术像这样高明,也能增加我的寿命吗?'我说:'能。'现在将要大祭天地,为国君祈寿,所以打算来把这些告诉你。"晏子说:"嘻,能为国君祈寿也是好事呀!即使这样,我听说,只能用政事和德行去顺应神灵,是可以延寿的。现在只凭祭祀就可以延寿吗?这样做有福兆显示吗?"柏常骞说:"能延寿,将会有地震。"晏子说:"骞,夜里我看见维星消失,北斗七星散乱,将会有地震,你是凭这个吧?"柏常骞低下头好一会,才抬头回答说:"是的。"晏子说:"做这样的事没有好处,不做也没有损害。减少赋税,不要耗费民力,并且要让国君知道应该这样做。"

18.10 夫水旱俱天地阴阳所为也①。大旱则雩祭而请雨②,大水则鸣鼓而劫社③。何也?曰:阳者,阴之长也。其在鸟,则雄为阳,雌为阴;其在兽,则牡为阳,而牝为阴;其在民,则夫为阳,而妇为阴;其在家,则父为阳,子为阴;其在国,则君为阳,而臣为阴④。故阳贵而阴贱,阳尊而阴卑,天之道也。今大旱者⑤,阳气太盛,以厌于阴⑥。阴厌阳固⑦,阳其填也⑧。惟填厌之太甚⑨,使阴不能起也⑩,亦雩祭拜请而已,无敢加也⑪。至于大水及日蚀者,皆阴气太盛,而上减阳精。以贱乘贵,以卑陵尊,大逆不义,故鸣鼓而懾之,朱丝萦而劫之。由此观之,《春秋》乃正天地之位⑫,征阴阳之失。直责逆者,不避其难。是亦《春秋》之不畏强御也⑬。故劫严社而不为惊灵⑭,出天王而不为不尊上⑮;辞蒯聩之命而不为不听其父⑯,绝文姜之属而不为不爱其母⑰。其义之尽耶?其义之尽耶?⑱

【注释】

①天地:原文作"天下",此据卢文弨校与《春秋繁露》径改。

②雩(yú)祭:我国古代求雨的祭祀。

③劫社:我国古代当日食和大水时都要击鼓献牲于社神(土地神),并用朱丝缠绕它,称为劫社。"劫"或作"胁",都是胁迫的意思。参见《公羊传·庄公二十五年》。

④而臣为阴:以上九句,《春秋繁露·基义》作:"君为阳,臣为阴;父为阳,子为阴;夫为阳,妻为阴。"

⑤大旱:原文作"泰旱"。泰,同"太"。太,同"大"。此径改。

⑥厌:同"压"。镇压,抑制。

⑦阴厌阳固：阴气受压阳气坚固。

⑧填：通"镇"。镇压，抑制。

⑨填厌：同镇压。

⑩使阴不能起也：此六字疑为衍文，《春秋繁露》无。

⑪无敢加也：以上之文，《春秋繁露》作："虽大甚，拜请之而已，敢有加也。"

⑫天地：原文作"天下"，此据《春秋繁露》径改。

⑬强御：横暴，有势力者。

⑭劫严社：胁迫土地神。严社，对土地神的尊称。

⑮出天王：使周天子出奔。《公羊传·僖公二十四年》载，周襄王废隗后，狄人攻周，立太叔带。周襄王出奔郑，向诸侯求救。

⑯辞蒯聩之命而不为不听其父：《公羊传·定公三年》载，卫灵公逐太子蒯聩而立聩子辄为卫出公。出公拒绝其父返国，故云。辞，拒绝。蒯聩，卫灵公之子，卫出公之父。后蒯聩立，是为卫庄公。前477年，卫庄公被驱赶，出公从齐国返回卫国复位。

⑰绝文姜之属：文姜为鲁桓公夫人，与其兄齐襄公私通。桓公怒，齐襄公使公子彭生杀死桓公。文姜之子鲁庄公即位，不认文姜为母，文姜出奔齐国，母子关系断绝。属，亲属关系。

⑱天海按：此文又见《春秋繁露·精华》。

【译文】

水灾和旱灾都是天地间阴阳二气所造成的。大旱时就举行雩祭来求雨，洪水时就击鼓而胁迫土地神。为什么这样做呢？回答是：阳是阴的尊长。在鸟类，雄的是阳，雌的是阴；在兽类，公的是阳，母的是阴；在人类，男子是阳，女子是阴；在家庭，父亲是阳，子女是阴；在国家，国君是阳，臣子是阴。因此，阳贵阴贱，阳尊阴卑，这是自然的规律。发生大旱，是因为阳气太盛而抑制了阴气。阴气受压抑而阳气坚固，阳气将一直压抑下去。只是压抑太过分了，使得阴气不能升起，就只有举行雩祭来拜求罢了,不能再增加阳气。至于大水灾和日食,都是因为阴气太盛,向上使阳气的精华亏损。以贱欺贵,以卑侮尊,大逆不道,所以击鼓来威慑土地神,用红丝绳缠绕来胁迫它。由此看来,《春秋》能肃正天地的位次,验证阴阳的差失,直接斥责叛逆者,不回避危难。这也是《春秋》不畏强权的表现。因此威迫尊严的社神不算是惊动神灵,使周襄王出奔不算是不敬君长;卫出公拒绝蒯聩不算是不听从父命,鲁庄公断绝与文姜的母子关系不算是不爱母亲。应该是恩义已完结了吧?应该是恩义已完结了吧?

18.11 齐大旱之时,景公召群臣问曰:"天不雨久矣,民且有饥色。吾使人卜之,祟在高山广水①。寡人欲少赋敛以祠灵山②,可乎?"群臣莫对。晏子进曰:"不可,祠此无益也。夫灵山固以石为身,以草木为发,天久不雨,发将焦,身将热,彼独不欲雨乎？祠之无益。"景公曰:"不然,吾欲祠河伯,可乎?"晏子曰:"不可,祠此无益也。夫河伯以水为国,以鱼鳖为民,天久不雨,水泉将下,百川将竭③,国将亡,民将灭矣,彼独不用雨乎？祠之何益?"景公曰:"今为之奈何?"晏子曰:"君诚避宫殿暴露④,与灵山、河伯共忧,其幸而雨乎⑤?"于是景公出野暴露,三日,天果大雨,民尽得种树⑥。景公曰:"善哉！晏子之言,可无用乎？其惟有德也。"⑦

【注释】

①祟在高山广水:是高山大河在作怪。祟,有鬼魅出来作怪。
②灵山:即山灵、山神。
③将:原文此字脱,据文例与卢文弨校补。
④诚避宫殿暴露:真心诚意离开宫殿露宿野外。暴露,露宿在外

面,无所遮蔽。

⑤幸:希望。

⑥种树:种植、栽种,同义复词。

⑦天海按:此文又见《晏子春秋·内篇谏上》,文略同。

【译文】

齐国大旱的时候,齐景公召集群臣问道:"天不下雨很久了,人民已经面带饥色。我命人占卜,说是高山大河作怪。我想减少赋税来祭祀山神,行吗?"群臣没人回答。晏子上前说:"不行,祈求它没用。山神本来以石头为身子,以草木作毛发,天很久不下雨,毛发将枯焦,身子将燥热,它难道不想降雨吗?祈求它是没用的。"齐景公说:"不然的话,那我想祭祀河伯,行吗?"晏子说:"不行,祈求它没有用。河伯靠水建立国家,把鱼鳖作为百姓,天久不降雨,水位降低,所有的河流都将枯竭,国家将覆亡,百姓将灭绝,它难道不需要降雨吗?祈求它没有用。"齐景公说:"那现在该怎么办呢?"晏子说:"主君真能离开宫殿到野外露天居住,与山神、河伯共忧患,或许有降雨的希望。"于是齐景公到野外去住在露天里,过了三天,真的降了大雨,百姓都能种上庄稼了。齐景公说:"晏子的话真好啊!能不采用吗?那是因为他有德啊。"

18.12 夫天地有德合①,则生气有精矣;阴阳消息②,则变化有时矣。时得而治矣,时得而化矣③,时失而乱矣。是故人生而不具者五:目无见,不能食,不能行,不能言,不能施化④。故三月达眼⑤,而后能见;七月生齿⑥,而后能食;期年生膑,而后能行;三年囟合⑦,而后能言;十六精通,而后能施化。阴穷反阳,阳穷反阴,故阴以阳变,阳以阴变。故男八月而生齿,八岁而毁齿⑧,二八十六而精化小通⑨。女七月而生齿,七岁而毁齿,二七十四而精化小通⑩。不肖者精化始至矣,而生气感动⑪,触情纵欲,故反施乱化⑫。故《诗》云⑬:"乃如之人⑭,怀婚姻也⑮,大无信也,不知命也⑯。"贤者不然,精化填盈,后伤时之不遇也⑰。不见道端⑱,乃陈情欲以歌。《诗》曰⑲:"静女其姝,俟我乎城隅⑳。爱而不见,搔首踟蹰㉑。""瞻彼日月,遥遥我思。道之云远,曷云能来㉒?"急时之辞也㉓。甚焉,故称日月也。㉔

【注释】

①德:此字《韩诗外传》无,向宗鲁《校证》引卢文弨说,以此字为衍文。译文从之。

②消息:消长。

③时得而化矣:此句《韩诗外传》无,卢文弨说此句为衍文。

④施化:施行生化,指生育、造化,男女交合以传宗接代。

⑤达眼:精气达于眼,眼睛转动。

⑥七月:卢文弨依《大戴礼记》《孔子家语》校作"八月",《韩诗外传》仍作"七月"。向宗鲁《校证》认为:"此男子言,当据下文作'八'。"

⑦囟(xìn):婴儿头顶骨。

⑧毁齿:指儿童乳齿脱落,更生恒齿。

⑨二八十六:十六岁。精化小通:精气化育稍通。原文脱"化"字,此据《韩诗外传》与本文文例径补。

⑩二七十四:十四岁。

⑪生气感动:元气触动人的感情。

⑫故反施乱化:此下《韩诗外传》有"是以年寿极夭,而性不长"二句。

⑬《诗》云:以下所引见《诗经·鄘风·蝃蝀》。

⑭乃如之人：像这样的人。
⑮怀婚姻：败坏婚姻。怀，古与"坏"通，败坏，破坏。
⑯大无信也，不知命也：太无贞信，不尊天命。大，同"太"。命，天命。
⑰后伤时之不遇也：此句《韩诗外传》作"而后伤时之不过也"。"不遇"，原文作"不可遇"，据明钞本改。
⑱道端：事理的头绪。
⑲《诗》云：以下所引见《诗经·邶风·静女》。
⑳静女其姝(shū)，俟(sì)我乎城隅：娴静美好的姑娘，在城墙角楼等我。静女，贞静娴雅之女。马瑞辰《毛诗传笺通释》："静当读靖，谓善女，犹云淑女、硕女也。"姝，美好。俟，等待。城隅，城上角楼。
㉑爱而不见，搔首踟蹰：躲藏何处不见人，来回漫步总搔头。爱，"薆"的假借字。薆，隐蔽，躲藏。
㉒"瞻彼日月"四句：见《诗经·邶风·雄雉》。曷，同"何"。怎样。
㉓急时：急切地等待。
㉔天海按：此文又见《韩诗外传》卷一，文略同。中间"人生而不具者五"一节，又见于《大戴礼记·本命》《孔子家语·本命》。

【译文】

天地有交合，就能产生精气；阴阳消长，事物变化就有一定时间。得时就能治理，得时就能变化，失时就会混乱。因此人初生时不具备五种功能：眼不能看，嘴不能吃，腿不能走，口不能说，不能生育繁衍。所以要三个月眼睛通神，然后才能看。七个月长出牙齿，然后才能吃。一年长成髌骨，然后才能走。三年头顶囟门合拢，然后才能说话。十六岁精气通畅，然后才能生育繁衍。阴盛到极点就转化为阳，阳盛到极点就转化为阴，所以阴靠阳变，阳靠阴变。所以男孩八个月长出牙齿，八岁掉牙换齿，十六岁精气生成情欲初通。女孩七个月长出牙齿，七岁掉牙换齿,十四岁精气生成情欲初通。不贤的人刚到精气生成时,就使生发元气触动情感,放纵情欲,这就是倒行逆施,扰乱正常的生育繁衍。所以《诗经》说:"像这样的人,破坏了婚配,太不讲贞信,也不尊天命。"贤人不是这样,精气变得充盈后才去泄减它,因为时机不可错过。当他还看不清事理的头绪时,就用歌咏抒发情欲。《诗经》说:"贞静的姑娘多美好,约好在墙角等待我。她藏起来不见我,我只好搔着头四下徘徊。""仰望太阳和月亮,我的思绪漫长。归路这样悠远,如何来与你相见?"这些都是急切盼望的言辞,思念得特别厉害,所以呼唤太阳和月亮。

18.13 度量权衡,以黍生之。一黍为一分①,十分为一寸,十寸为一尺,十尺为一丈。十六黍为一豆②,六豆为一铢③,二十四铢重一两,十六两为一斤,三十斤为一钧,四钧重一石。千二百黍为一龠④,十龠为一合⑤,十合为一升,十升为一斗,十斗为一斛⑥。⑦

【注释】

① 一黍为一分:原文脱"一黍"二字,此据《汉书·律历志》"一黍为一分",径补。

② 豆:古代量器。又用为量词。《左传·昭公三年》:"齐旧四量:豆、区、釜、钟。四升为豆。"

③ 铢:古代重量单位,二十四铢为一两。《说文解字》:"铢,权十分黍之重也。"

④ 龠(yuè):量词,古代容量单位。等于半合(gě)。《汉书·律历志》:"量者,龠、合、升、斗、斛也。所以量多少也。本起于黄钟之龠……二龠为合,十合为升,十升为斗,十斗为斛。"又为量器名。

⑤ 合(gě):古代量粮食的容器,木或竹制,方形或圆筒形。也作量

词。容量单位,一升的十分之一。

⑥斛:容量单位,一斛本为十斗。原文误作"石",此据《汉书·律历志》径改。

⑦天海按:此文与《汉书·律历志》所载略同。

【译文】

度量衡的单位都由黍产生。一粒黍为一分,十分为一寸,十寸为一尺,十尺为一丈。十六粒黍为一豆,六豆为一铢,二十四铢为一两,十六两为一斤,三十斤为一钧,四钧重一石。一千二百粒黍为一龠,十龠为一合,十合为一升,十升为一斗,十斗为一斛。

18.14 凡六经帝王之所著①,莫不致四灵焉②。德盛则以为畜,治平则时气至矣。故麒麟麕身牛尾③,圆顶一角。含仁怀义,音中律吕④。行步中规,折旋中矩。择土而践,位平然后处。不群居,不旅行⑤,纷兮其有质文也⑥。幽闲则循循如也⑦,动则有容仪⑧。黄帝即位,惟圣恩承天,明道一修⑨,惟仁是行,宇内和平。未见凤凰,维思影像,夙寐晨兴⑩。于是乃问天老曰⑪:"凤像何如?"天老曰:"夫凤,鸿前麟后⑫,蛇颈鱼尾,鹳植鸳思⑬,丽化枯折所志⑭,龙文龟身,燕喙鸡喙⑮,骈翼而中注⑯。首戴德,顶揭义,背负仁,心信智。食则有质⑰,饮则有仪。往则有文,来则有嘉⑱。晨鸣曰'发明'⑲,昼鸣曰'保长',飞鸣曰'上翔',集鸣曰'归昌'。翼挟义,衷抱忠⑳,足履正,尾系武。小声合金㉑,大音合鼓。延颈奋翼,五色备举㉒。光兴八风㉓,气降时雨。此谓凤像。夫惟凤为能究万物,通天祉㉔,象百状,达于道。去则有灾,见则有福。览九州,观八极㉕,备文武,正王国,严照四方㉖,仁圣皆伏。故得凤之像一者,凤过之;得二者,凤下之;得三者,则春秋下之;得四者,则四时下之;得五者,则终身居之。"黄帝曰:"於戏㉗,盛哉!"

【注释】

①六经:《诗经》《尚书》《礼记》《周易》《乐经》《春秋》六部儒家经典的合称。始见于《庄子·天运》:"孔子谓老聃曰:'丘治《诗》《书》《礼》《乐》《易》《春秋》六经,自以为久矣,孰知其故矣。'"

②四灵:即下文所述麒麟、凤凰、龟、龙,古人认为是四种灵兽,能带来祥瑞。《礼记·礼运》:"麟、凤、龟、龙谓之四灵。"注:"麟为百兽之长,凤为百禽之长,龟为百介之长,龙为百鳞之长。"

③麕(jūn):兽名。即獐子。

④音中律吕:叫声符合乐律。

⑤旅行:结伴远行。

⑥纷兮其有质文:文质彬彬,具有文德。纷兮,当作"份份",即"彬彬",文质兼备的样子。质文,资质具有文德。

⑦幽闲则循循如也:清幽闲适时就恭顺有序的样子。循循如,恭顺有序的样子。

⑧容仪:容貌举止符合礼仪。此以上之文皆言麒麟。

⑨圣恩承天,明道一修:申明道义,统一教化。此二句《韩诗外传》卷八作"施惠承天,一道修德"。

⑩凤寐晨兴:晚睡早起。原文"寐"误作"夜",此依卢文弨据《韩诗外传》径改。

⑪天老:相传为黄帝时七位辅臣之一,著有《杂子阴道》二十五卷。

⑫鸿前麟后:前面如鸿鹄,后面如麒麟。《尔雅翼》:"鸿前者,轩也。麟后者,丰也。蛇颈者,宛也。鱼尾者,岐也。鹳嗓声,椎也。鸳思者,张也。龙纹者,文也。龟背者,隆也。燕颔者,方也。"

⑬鹤植鸳思：腿如鹤直立，鬓须如鸳鸯。原文作"鹤植鸳鸯思"，"鸯"字衍文，径删。植，直立，即为立着的腿。思，通"鳃（sāi）"。鬓须。

⑭丽化枯折所志：义不可解。向宗鲁《校证》引卢文弨校，以此六字为衍文。译文从此说。

⑮燕喙鸡噣（zhōu）：燕嘴鸡嘴。

⑯骈翼：两翅相对。中注：在中间聚合。

⑰质：选择一定的对象。

⑱嘉：吉庆，幸福，嘉祥。

⑲发明：模拟凤凰的叫声，意为"天已明"。下文"保长"，意为"保久长"；"上翔"，意为"高飞翔"；"归昌"，意为"归昌盛"。

⑳衷：内心。

㉑金：指钲、铙之类的金属乐器。

㉒五色：青、黄、赤、白、黑五色，也泛指各种色彩。古代以此五者为正色。原文作"五光"，此据向宗鲁《校证》径改。

㉓八风：统指四面八方之风。

㉔天祉：天赐福佑。

㉕八极：八方极远之地。指东、西、南、北、东南、西南、西北、东北八个方向。

㉖严照：威严地审视。

㉗於戏（wū hū）：同"呜呼"，亦作"於熙"。犹"於乎"，感叹词。

【译文】

凡六经所载著名的帝王，没有不招致四灵的。德行盛大时就能把它们作为家畜养着，国家太平安定时它们就会按时令节气来到。麒麟是獐身牛尾，圆顶一角。蕴含仁义，叫声符合乐律。行走与回旋都符合规矩。要选择地方才迈步，要位置平稳的地方才居处。不群居，不结伴而行，美好的本质和文采兼备。悠闲自在时就恭顺有序，行动时很有仪态。黄帝即位,秉承上天的圣明恩德,申明大道,统一教化,施行仁政,天下和平。他未曾见过凤凰,思念它的形象,不论日夜早晚。于是就问天老说:"凤凰的形象怎样?"天老说:"凤凰前面看去像鸿鹄,后面看去像麒麟,颈像蛇,尾像鱼,腿像白鹤,鬓须像鸳鸯,文彩像龙,身子像龟,嘴像燕也像鸡,两翅对称在中间聚合。头戴德行,顶举道义,背负仁爱,心怀智慧。吃东西有特定对象,饮水时有仪态。离去时有礼仪,飞来时有祥瑞。早晨的叫声是'发明',白天的叫声是'保长',飞行时叫声是'上翔',聚集时叫声是'归昌'。翅膀挟带仁义,内心怀抱忠诚,脚踏正路,尾系威武。小声鸣叫合钲铙,大声鸣叫合鼓声。伸颈振翅,五色羽毛全部张开。光彩可兴起八面的风,煽动的云气可降下时雨。这就是凤凰的形象。只有凤凰才能推究万物,带来上天的赐福,仿效各种形状,通达大道。它离开时会有灾异,出现时便有福佑。它游历九州,观察八方极远之地,具备文治武功,整饬王国,威严照耀四方,仁人圣人都将慑服。因此,能获得凤凰形象之一的,凤凰会经过他那里;获得凤凰形象两个侧面的,凤凰会降落在他那里;获得凤凰形象三个侧面的,就会在春秋两季降临;获得凤凰形象四个侧面的,就会一年四季降临;获得凤凰形象五个侧面的,就会终身栖息在他那里。"黄帝说:"哎呀,真盛大啊!"

于是乃备黄冕,带黄绅①,斋于中宫。凤乃蔽日而降。黄帝降自东阶,西面启首曰②:"皇天降兹,敢不承命?"于是凤乃遂集东囿,食帝竹实,栖帝梧树,终身不去。《诗》云③:"凤凰鸣矣,于彼高岗。梧桐生矣,于彼朝阳。菶菶萋萋④,雍雍喈喈⑤。"此之谓也。灵龟文五色⑥,似玉似金,背阴向阳。上隆象天,下平法地,槃衍象山⑦。四趾转运应四时,文著象二十八宿。蛇头龙翅,左精象日⑧,右精象月。千岁之化,下气上通,能知存亡吉凶之变。宁则信信如也⑨,动则著矣。神龙能为高,能为下,能为大,能为小,能为幽,能为明,能为短,能为长。昭乎其高也,渊乎其下也,薄乎天光⑩,高乎其著也。一有一亡,忽微哉⑪,斐然成章⑫。虚无则精以和,动作则灵以化。於戏,允哉⑬! 君子辟神也⑭。观彼威仪游燕幽间⑮,有似凤也。《书》曰⑯:"鸟兽𬸣𬸣,凤凰来仪⑱。"此之谓也。

【注释】

①黄绅:古代官员束腰的黄色大带。

②启首:即"稽首",古人跪拜叩头的礼节。

③《诗》云:以下所引六句,见《诗经·大雅·卷阿》。

④莑莑(běng)萋萋:均为草木茂盛之貌。

⑤雍雍喈喈:形容凤凰鸣声和谐。

⑥灵龟:亦称神龟,古与龙、凤、麒麟并称为四灵。

⑦槃衍:盘旋延展之貌。

⑧精:眼睛。

⑨信信(shēn)如也:舒展自如的样子。

⑩天光:指日光、天空的光辉。见《庄子·庚桑楚》:"宇泰定者,发乎天光。"

⑪忽微:这里是精巧微妙的意思。

⑫斐(fěi)然成章:五色相错形成文章。斐,五色相错。

⑬允:真实。

⑭辟神:譬如神一样。辟,通"譬"。

⑮游燕:同"游宴"。游乐。燕,通"宴"。乐。幽闲:同"悠闲"。悠闲自在。

⑯《书》曰:下引二句见《尚书·皋陶谟》。
⑰锵锵(qiāng):象声词。金属撞击声。今本《尚书·益稷》作"跄跄"。跳舞的样子。
⑱来仪:双双飞来。

【译文】
　　于是就准备黄色王冠,系上黄色大带,在宫中斋戒。凤凰遮天蔽日地降落下来。黄帝从东阶走下,面向西叩头说:"上天降下这些凤凰,怎敢不禀承天命?"于是凤凰就聚集在东苑,吃黄帝园中的竹实,栖息在园中的梧桐树上,终身都不离去。《诗经》说:"凤凰在那高高的山岗上鸣叫,梧桐树长在东面向阳的山坡。蓬蓬郁郁的梧桐树,凤凰雍雍喈喈地唱歌。"说的就是这件事。灵龟有五色文采,似金似玉,背阴向阳。背上隆起像天,腹下平坦像地,盘旋而下像山。四脚转动与四季相应,龟纹显露像二十八宿。蛇一样的头,龙一样的翅,左边眼睛像日,右边眼睛像月。千年的变化,禀受的地气可以通天,能预知存亡吉凶的变化。安静时舒展自如,行动时全身显露。神龙能升高,能下降,能变大,能变小,能隐形,能显身,能变短,能变长。它升高时就显明,下降时便沉入深渊,能迫近日光,高高地显身现形。一显一隐,极其精微巧妙,五色相错形成文章。它无形时精明而随和,行动时灵巧而变化多端。哎呀,真的啊!君子譬如神灵。看他仪态威严,遨游玩乐,悠闲自在,就好像凤凰。《尚书》说:"鸟兽翩翩起舞,凤凰双双飞来。"就是这个意思。

　　18.15 成王时,有三苗贯桑而生,同为一秀①,大几盈车。民得而上之成王。成王问周公:"此何也?"周公曰:"三苗同秀为一,意天下其和而为一乎?"后三年,则越裳氏重译而朝②,曰:"道路悠远,山川阻深,恐一使之不通,故重三译而来朝也③。"周公曰:"德泽不加,则君子不享其质④;政令不施,则君子不臣其人⑤。"译曰:"吾受命于吾国之黄发⑥:'久矣,天之无烈风淫雨,意中国有圣人耶?有则盍朝之⑦?'"然后周公敬受其所以来矣。⑧

【注释】

①秀:谷类抽穗开花,抽出的穗也叫"秀"。
②越裳氏:古代南海国名。又作"越常氏",位于今越南、老挝一带。
　重译:辗转翻译。《尚书大传》郑玄注:"重译,欲其转相晓也。"
③重三译:将一种语言辗转译成另一种语言。与"重译"同。
④质:通"贽"。聘问的礼物。
⑤不臣其人:不使那些人称臣。
⑥黄发:老人。人老白发转黄,故云。
⑦盍:何不。
⑧天海按:此文本《韩诗外传》卷五及《尚书大传·嘉禾》。

【译文】

周成王的时候,有三棵禾苗贯穿桑树生长,共同结成一穗,大得几乎要装满一车。有百姓获得它奉献给成王。成王问周公:"这是什么?"周公说:"三棵禾苗长成一穗,想来天下该和平并成为一统吧?"三年后,有越裳国通过辗转翻译前来朝贡,说:"道路遥远,山河阻隔,恐怕一个使者出使不能到达,所以经过多次使者翻译前来朝贡。"周公说:"没有施加仁德恩泽,君子不会享用那礼物;不曾施行政令,君子不会使别人称臣。"译使说:"我接受了我国长老的吩咐:'上天没有降给我们狂风暴雨很久了,想来中国会有圣人吧?有圣人何不前去朝贡呢!'"这样周公才恭敬地接受前来朝拜的使者和贡品。

18.16 周惠王十五年①,有神降于莘②。王问于内史过曰③："是何故？有之乎？"对曰："有之。国将兴，其君斋明中正④，精洁惠和⑤。其德足以昭其馨香⑥，其惠足以同其民人。神飨而民听⑦，民神无怨，故明神降焉，观其政德而均布福焉。国将亡，其君贪冒淫僻⑧，邪佚荒怠，芜秽暴虐。其政腥臊⑨，馨香不登。其刑矫诬⑩，百姓携贰⑪。明神不蠲⑫，而民有远意。民神痛怨，无所依怀，故神亦往焉，观其苛慝而降之祸⑬。是以或见神而兴，亦有以亡。昔夏之兴也，祝融降于崇山⑭；其亡也，回禄信于耹隧⑮。商之兴也，梼杌次于丕山⑯；其亡也，夷羊在牧⑰。周之兴也，鸑鷟鸣于岐山⑱；其衰也，杜伯射宣王于镐⑲。是皆明神之纪者也⑳。"王曰："今是何神也？"对曰："昔昭王娶于房㉑，曰房后，是有爽德㉒，协于丹朱，丹朱冯身以仪之㉓，生穆王焉㉔。是监烛周之子孙而祸福之㉕。夫一神不远徙迁㉖，若由是观之，其丹朱耶？"王曰："其谁受之？"对曰："在虢。"王曰："然则何为？"对曰："臣闻之，道而得神，是谓丰福㉗；淫而得神，是谓贪祸㉘。今虢少荒㉙，其亡也？"王曰："吾其奈何？"对曰："使太宰以祝史率狸姓㉚，奉牺牲粢盛玉帛往献焉㉛，无有祈也。"王曰："虢其几何？"对曰："昔尧临民以五㉜，今其胄见㉝。鬼神之见也，不失其物㉞。若由是观之，不过五年。"王使太宰己父率傅氏及祝㉟，奉牺牲玉鬯往献焉。内史过从至虢，虢公亦使祝史请土焉。内史过归告王曰："虢必亡矣。不禋于神㊱，而求福焉，神必祸之；不亲于民，而求用焉，民必违之。精意以享，禋也；慈保庶民，亲也。今虢公动匮百姓㊲，以盈其违㊳。离民怒神怨㊴，而求利焉，不亦难乎？"十九年，晋取虢也㊵。㊶

【注释】

①周惠王十五年：即前662年。周惠王，姬姓，名阆，前676—前652年在位，谥惠。

②莘(shēn)：先秦古国名。夏禹之有莘氏。春秋时为虢国邑名，在今陕西合阳洽川乡（原称东王乡）。

③内史：官名。中央官制，西周时设置，又称作册内史、作命内史，协助天子管理爵禄、废置等事务。过：时任内史，故称内史过，生平未详。

④斋明中正：当以《国语·周语上》作"齐明衷正"。齐明，敏捷明智。中正，内心端正。《荀子·修身》："齐明而不竭，圣人也。"

⑤精洁惠和：精诚纯洁，宽厚温和。

⑥馨香：散布很远的芳香、香气。此比喻可流传后代的好名声。《国语·周语上》："其德足以昭其馨香，其惠足以同其民人。"韦昭注："馨香，芳馨之升闻者也。"下文"馨香不登"，是指有贤名的人不被进用。

⑦神飨：神灵享用祭品。民听：民众听从。《左传·桓公二年》："政以正民，是以政成而民听。"

⑧贪冒：贪婪，贪图财利。"冒"也是"贪"，同义复词。

⑨腥臊：恶臭。比喻政治腐败秽恶。

⑩矫诬：虚假不实。

⑪携贰：怀有二心，离心离德。

⑫不蠲(juān)：不以为洁。《国语·周语上》："明神不蠲而民有远志。"韦昭注："蠲，洁也。"

⑬苛慝(tè)：暴虐邪恶。

⑭祝融：相传为颛顼之孙，名重黎，高辛氏时火正，死后成为火神。崇山：即嵩山。

⑮回禄：相传为火神之名，引申指火灾。又说为祝融后代，也是传

说中的火神。信:连住两晚。《左传·庄公三年》:"一宿为舍,再宿为信。"《国语·周语上》韦昭注:"回禄,火神。再宿为信。"亭隧:古代地名。所在未详。

⑯梼杌(táo wù):古代传说中的凶兽。别名傲狠,神话中上古时期的四凶之一。据《神异经》记载,梼杌是生活在偏远西方的怪物,它体格像老虎而毛类犬,毛很长,脸有点像人,腿有点像老虎,嘴巴长,有像野猪一样的獠牙,尾长丈八尺,在西方称霸,能斗不退。丕山:古代山名。文献记载古代商族兴起于丕山周围。丕山应位于今河南荥阳的大伾山。

⑰夷羊:神兽,一说为土神。《国语·周语上》:"商之兴也,梼杌次于丕山;其亡也,夷羊在牧。"韦昭注:"夷羊,神兽。牧,商郊牧野。"《史记·周本纪》"麋鹿在牧",裴骃集解引晋徐广曰:"此事出《周书》及《随巢子》,云'夷羊在牧'。牧,郊也,夷羊,怪物也。"一说,土神。《淮南子·本经训》:"江、河、三川,绝而不流,夷羊在牧,飞蛩满野。"高诱注:"夷羊,土神。殷之将亡,见于商郊牧野之地。"

⑱鹓鶵(yuè zhuó):凤凰的别名。古代民间传说中的五凤之一,身为黑色或紫色。《国语·周语上》:"周之兴也,鹓鶵鸣于岐山。"韦昭注:"三君云:鹓鶵,凤之别名也。"

⑲杜伯射宣王于镐:周大夫杜伯为周宣王枉杀,杜伯死后乘白马素车在镐京射杀宣王。事见《国语·周语上》,并参见本书4.2则。

⑳纪:《国语·周语上》作"志",韦昭注:"志,记也。见记录在史籍者也。"

㉑昭王娶于房:周昭王从房邑侯娶妻。昭王(?—前977),姬姓,名瑕。前966—948年在位。周昭王在位十九年,南征荆蛮时被船民设计淹死,葬于少室山(今河南登封嵩山中的少室山)。房,尧之子朱始封于丹水,故称丹朱,舜继位以后,改封丹朱于房(今河

南遂平),为房邑侯,房在西周时为列国之一,子爵。

㉒是有爽德:确实有失德。是,《国语·周语上》作"实"。爽德,失德。

㉓丹朱冯身以仪之:丹朱的神灵附身房后匹配昭王。冯,通"凭"。依托。仪,匹配。《国语·周语上》韦昭注:"仪,匹也。"

㉔穆王:即周穆王,姬姓,名满。在位五十五年,是西周在位时间最长的周王。

㉕监烛:犹言鉴照、鉴察。《国语·周语上》作"临照",朱季海《说苑校理》以为"监、临"二字形近致误。

㉖一神:《国语·周语上》作"神壹"。韦昭注:"神一心依冯于人。"

㉗丰福:迎福。卢文弨校曰:"丰,《周语》作'逢'。"韦昭注:"逢,迎也。"向宗鲁《校证》曰:"丰、逢,古通。"

㉘贪祸:自取其祸,喜作祸乱。贪,通"探"。求取。《国语·周语上》:"道而得神,是谓逢福;淫而得神,是谓贪祸。"俞樾《群经平议·国语一》:"贪与探声近而义通……探祸犹言取祸也。"

㉙少荒:渐趋荒淫。少,用同"稍"。日渐。

㉚太宰:官名。相传殷商始置,周名冢宰,为天官之长,辅佐帝王治理国家。祝史:史官。狸姓:丹朱的后代。《国语·周语上》韦昭注:"狸姓,丹朱之后。"

㉛粢盛(zī chéng):祭祀时所用的黍稷。

㉜临民以五:以土德治理百姓。五,土在五行中的序数。参见王肃《孔子家语·序》:"《春秋外传》曰:'昔尧临民以五。'……孔子曰:'尧以火德旺天下,而色尚黄。'黄,土德(德,当为色);五,土之数。故曰:'临民以五。'此其义也。"

㉝胄见:显灵在帝王的后代子孙。

㉞不失其物:不会抛弃它们所凭依的东西。即上文所说的"土德"。

㉟己父:生平未详,《国语·周语上》作"忌父"。傅氏:即狸姓。《国

语·周语上》韦昭注:"傅氏,狸姓也,在周为傅氏。"

㊱不禋(yīn)于神:不向神灵祭祀。禋,祭祀的一种,升烟祭天以求福。这里泛指祭祀。

㊲动匮:用尽。意即使民力匮乏。

㊳以盈其违:来满足自己的邪欲。违,邪恶,过失。

㊴离:假借为"罹"。遭受,遭到。

㊵晋取虢:前658年,晋用荀息计,借道于虞伐虢,灭下阳。后四年,又借道于虞伐虢,灭虢后回师灭虞。

㊶天海按:此文本《国语·周语上》,事又见《左传·庄公三十二年》。

【译文】

周惠王十五年,有神灵降临到虢国莘地。惠王问内史过说:"这是什么缘故,从前有过这样的事吗?"内史过回答说:"有这样的事。国家将要兴盛时,它的国君敏捷明智,内心端正,精诚纯洁宽厚温和。他的德行可以显示他美好的名声,他的恩惠可以团结他的民众。神灵享受祭祀并且百姓顺从,人和神没有怨恨,所以神灵降临,观察他的政事德行并普遍地布施福运。国家将要灭亡时,它的国君贪图财利,邪恶放纵,淫逸荒怠,污浊暴虐。它的政治秽恶腐败,贤人不被进用。它的刑律虚假不实,百姓怀有二心。神灵认为它的祭祀不洁,百姓有远离之心,人神痛恨,没有什么值得依恋,所以神灵也会降临,观察他的残暴邪恶并降给他灾祸。因此有的看见神灵会兴盛,有的就会因此灭亡。从前夏朝兴盛时,祝融降临在嵩山;夏朝灭亡时,回禄在亭隧住宿了两夜。商朝兴盛时,梼杌停留在丕山;它灭亡时,夷羊出现在牧野。周朝兴盛时,凤凰在岐山鸣叫;它衰落时,杜伯的鬼魂在镐京射死宣王。这些都是史籍上记载的神灵。"周惠王说:"现在是什么神灵呢?"内史过回答说:"从前周昭王从房国娶妻,叫房后,她确实有失德处,被丹朱的神灵胁迫,丹朱的神灵附在身上与昭王匹配,生下了周穆王。这是为了监察周朝子孙并降福或降祸给他们。神灵一心附人不愿迁徙到远方,由此看来,那神灵该是丹朱吧?"惠王问:"那谁来承受灾祸呢?"内史过回答说:"在虢国。"惠王问:"那为什么呢?"内史过回答说:"我听说,有道而遇神灵,这就就叫迎福;荒淫而遇神灵,这就是自取祸殃。现在虢国渐趋荒淫,它将会灭亡吧?"惠王问:"我该怎么办?"内史过说:"派太宰和祝史率领狸姓的人奉上牺牲、黍稷、瑞玉、绢帛去献给神灵,不要祈求什么。"惠王问:"虢国还有几年?"内史过说:"从前尧治民靠属五的土德,现在是他的后代显灵。鬼神显灵,不会抛弃它所凭依的物数。像这样看来,虢国灭亡不超过五年。"惠王派太宰己父,率领傅氏族人及祝史,捧上牺牲、玉器前去祭献神灵。内史过跟随到了虢国,虢国国君也派祝史祈求田土。内史过回周报告惠王说:"虢国必定会灭亡了。不向神灵举行禋祭,反而向神灵祈求福佑,神灵一定会降祸给他;对百姓不亲,却想役使他们,百姓一定会背离他。神灵诚心享用的,就是禋祭;慈爱并保护百姓,就是亲民。现在虢公使百姓劳苦匮乏,来满足自己的邪欲,引起百姓愤怒和神灵怨恨,却要向神灵祈求利益,岂不是太难了吗?"周惠王十九年,晋国攻取了虢国。

18.17 齐桓公北征孤竹①,未至卑耳溪中十里②,阘然而止③,瞠然而视④,有顷,奉矢未敢发也,喟然叹曰:"事其不济乎?有人长尺,冠冕,大人物具焉⑤,左袪衣⑥,走马前者。"管仲曰:"事必济,此人,知道之神也⑦。走马前者,导也。左袪衣者⑧,前有水也,从左方渡。"行十里,果有水,曰辽水⑨。表之⑩,从左方渡至踝,从右方渡至膝。已渡,事果济。桓公再拜管仲马前,曰:"仲父之圣至如是,寡人得罪久矣。"管仲曰:"夷吾闻之,圣人先知无形。今已有形乃知之,是夷吾善承教,非圣也⑪。"⑫

【注释】

①齐桓公北征孤竹:《水经注·濡水》:"《管子》:'齐桓公二十年征孤竹。'"向宗鲁《校证》曰:"今本《管子》无'二十年'字。"

②卑耳:溪谷名。《管子·小问》:"至卑耳之溪。"一说为山名。《史记·封禅书》作"上卑耳之山",《国语·齐语》作"辟耳"。

③阒(xī)然:忽然,突然。

④瞠(chēng)然:张目直视貌。

⑤大人物具焉:完全具备正常人的形状。《管子·小问》作:"寡人见人长尺,而人物具焉。"孙诒让《札迻》曰:"大,疑'而'之误。"

⑥左袪(qū)衣:撩起左边衣襟。袪,撩起。左,《管子》《金楼子》《水经注》皆作"右"。

⑦知道之神:知道路径的神,即道路神。

⑧左袪衣者:《管子》《金楼子》《水经注》有此文,然全文"左右"皆与此不同。

⑨辽水:卑耳溪谷不当有辽水,辽水亦不见于《管子》。

⑩表之:测量水深浅并做上标记。

⑪是夷吾善承教,非圣也:《管子》作"臣非圣也,善承教也"。

⑫天海按:此文本《管子·小问》,文略同。

【译文】

齐桓公北征孤竹国,距卑耳山谷不到十里,突然站立停止不前,睁大眼睛直视前方,好一阵,捧着箭矢不敢发射,长叹一声说:"事情大概不成吧?有个人只有一尺高,戴着帽子,完全具备正常人的形状,撩起左边衣襟在马前跑。"管仲说:"事情一定能成,这个人就是道路神。跑在马前,是做向导。左边衣襟撩起,表明前方有水,要从左方渡过。"前进十里,果然有河名叫辽水。测量水深并做上标记,从左方渡水深只齐脚踝,从右方渡水深至膝盖。渡水后,征讨果然成功。桓公在管仲马前拜了两拜,说:"仲父的圣明竟达到这种地步,我对您失礼很久了。"管仲说:"我听说,圣人能从无形兆中预知吉凶。现在我是有形兆后才知道,这是我善于接受前人教诲,不是我圣明。"

18.18 吴伐越,隳会稽①,得骨节专车②,使使问孔子曰:"骨何者最大?"孔子曰:"禹致群臣会稽山,防风氏后至③,禹杀而戮之,其骨节专车,此为大矣。"使者曰:"谁为神?"孔子曰:"山川之灵足以纪纲天下者④,其守为神。社稷为公侯,山川之祀为诸侯,皆属于王者。"曰:"防风氏何守?"孔子曰:"汪芒氏之君守封嵎之山者也⑤,其神为釐姓⑥。在虞夏为防风氏,商为汪芒氏,于周为长狄氏⑦,今谓之大人⑧。"使者曰:"人长几何?"孔子曰:"僬侥氏三尺⑨,短之至也;长者不过十,数之极也。"使者曰:"善哉!圣人也!"⑩

【注释】

①隳(huī)会稽:攻占会稽城。隳,毁坏,攻占,崩毁。会稽,本为山名。在浙江曹娥江、浦阳江之间,主峰在今绍兴东南。相传夏禹至苗山大会诸侯,计功封爵,始名会稽。春秋时会稽为越国都城。

②得骨节专车:获得一节骨殖可以装满一车。原文脱"节",此据下文径补。《国语·鲁语下》:"昔禹致群神于会稽之山,防风后至,禹杀而戮之,其骨节专车。"

③防风氏:防风氏是古代部落领袖,和大禹同时。也是上古时期神话中人物,传说他是巨人族,有三丈三尺高。是远古防风国(地在今浙江德清)的创始人,又称汪芒氏。

④纪纲:网罟的纲绳,引申为纲领、法度。此指治理。

⑤汪芒氏:防风氏在商朝的后裔。封嵎(yú):山名。在吴楚之间,属汪芒国。

⑥釐(xī)姓：防风氏的后代。
⑦长狄氏：春秋时狄族的一支，形体高大，因侵犯鲁、卫诸国而灭种。
⑧大人：巨人。
⑨僬侥(jiāo yáo)氏：古代传说中的矮人国。《列子·汤问》："从中州以东四十万里，得僬侥国，人长一尺五寸。"
⑩天海按：此文本《史记·孔子世家》，又见《国语·鲁语下》及《孔子世家·辨物》。

【译文】

吴国攻打越国，摧毁了会稽城，发现有一个骨节能装满一车，派使者去问孔子道："什么骨节最大？"孔子说："大禹召集群臣到会稽山，防风氏后到，大禹杀了他并陈尸示众，他的骨节能装载一车，这就是大的了。"使者问："谁能成为神？"孔子说："山川之灵能够管理天下的，那掌管者就是神。土神谷神等于公侯，祭祀的山神河伯等于诸侯，都隶属于帝王。"使者问："防风氏主管什么？"孔子说："防风氏后裔汪芒氏的君主主管封嵎山，那神灵姓釐。在虞夏称防风氏，在殷商是汪芒氏，在周朝是长狄氏，现在称作巨人。"使者问："那人有多高？"孔子说："僬侥国的人只有三尺高，是矮到极点了；最高的人也不过十尺，这是身高数的极限。"使者说："讲得好啊！真是圣人！"

18.19 仲尼在陈①，有隼集于陈侯之廷而死②，楛矢贯之③，石砮④，矢长尺有咫⑤。陈侯使问孔子⑥。孔子曰："隼之来也远矣，此肃慎氏之矢也⑦。昔武王克商，通道九夷百蛮，使各以其方贿来贡⑧，思无忘职业⑨。于是肃慎氏贡楛矢、石砮，长尺有咫。先王欲昭其令德之致远也⑩，故铭其栝曰⑪：'肃慎氏贡楛矢。'以劳大姬⑫，配虞胡公⑬，而封诸陈。

分同姓以珍玉,展亲也⑭;分别姓以远方职贡⑮,使无忘服也⑯。故分陈以肃慎氏之矢⑰。"试求之故府⑱,果得焉。⑲

【注释】

①仲尼在陈:《史记·陈杞世家》云:"湣公六年,孔子适陈。"又,此句下《孔子家语》有"陈惠公宾之于上馆"一句。

②隼(sǔn):即鹫鸟,一种凶猛善飞的鸟。日人关嘉曰:"韦昭曰:隼,鹫鸟,今之鹗也。"集:本指群鸟栖息,此指停留的意思。

③楛(hù)矢:用楛木做杆的箭。

④石砮(nǔ):石制的箭头。

⑤尺有咫:一尺又八寸。《国语·鲁语下》:"肃慎氏贡楛矢石砮,其长尺有咫。先王欲昭其令德之致远也,以示后人,使永监焉,故铭其栝曰:'肃慎氏之贡矢。'"

⑥陈侯:当据《史记》作"陈湣公"。陈湣公(?—前478),也作陈闵公,本名妫越。前501—前478年在位。前501年其父陈怀公被吴王阖闾杀死,陈国人共同拥立他即位。

⑦肃慎氏:古部族名。大体分布在我国长白山以北,西至松嫩平原,北至黑龙江中下游和松花江流域。周武王时,肃慎人入贡楛矢、石砮。肃慎氏来朝,成王命大臣荣伯作"贿息慎之命"。康王时,肃慎氏复至。周人在列举其疆土四至时称:"肃慎、燕、亳,吾北土也。"可见远在春秋以前,肃慎人已臣服于中原王朝。

⑧方贿:地方特产。《国语·晋语六》:"夫王者成其德,而远人以其方贿归之,故无忧。"韦昭注:"方,所在之方。贿,财也。"

⑨思:用同"使"。《国语·鲁语下》《史记》《孔子家语》皆作"使"。职业:职分内应作之事。《国语·鲁语下》:"使各以其方贿来贡,使无忘职业。"

⑩令德之致远也:原文脱"远也"二字,此据《国语·鲁语下》径补。

令德,美德。
⑪栝(guā):箭的尾部。
⑫劳:犒劳。大姬:即太姬,周武王的长女。陈国开国君主陈胡公妫满之妻。大,同"太"。
⑬虞胡公:亦称陈胡公,胡公满,妫姓,有虞氏,名满,舜帝之后,陶正遏父之子。周武王灭商建周后,将长女大姬嫁给他为妻,封于陈地,建立陈国,奉祀舜帝。
⑭展亲:谓重视亲族的情分。《国语·鲁语上》:"古者分同姓以珍玉,展亲也。"韦昭注:"展,重也。"
⑮别姓:异姓。职贡:古代称藩属或外国对于朝廷按时的贡纳。
⑯服:顺从归服。
⑰氏:原文脱,此据明钞本补。矢:《国语·鲁语下》《孔子家语》皆作"贡"。
⑱故府:从前的仓库。韦昭注:"故府,旧府也。"
⑲天海按:此文本《史记·孔子世家》,又见《国语·鲁语下》《汉书·五行志》《孔子家语·辨物》,文各有异同。

【译文】

孔子在陈国时,有鹫鸟停留在陈侯的宫廷里死去,楛箭贯穿了它,石制的箭头,箭杆长一尺八寸。陈侯派人请教孔子。孔子说:"鹫鸟来自远方,这是肃慎氏用的箭。从前周武王攻克殷商,沟通九夷百蛮的道路,命他们各自以当地的土特产进贡,使他们不要忘记自己分内的事。于是肃慎氏贡献了楛箭、石制箭头,箭长一尺八寸。武王想要显示他的美德能达到远方,所以就在箭尾铭刻上'肃慎氏贡楛箭'的字样,并以此赐给长女太姬,把她许配给虞胡公,而封虞胡公在陈国。把珍宝美玉分赐给同姓,以增进亲属情谊;把远方的贡品分赐异姓诸侯,让他们不要忘记顺服。所以把肃慎氏的楛矢分给了陈国。"陈侯试着从旧仓库中去找,果然找到了楛箭。

18.20 季桓子穿井得土缶①,中有羊②。以问孔子,言得狗。孔子曰:"以吾所闻,非狗,乃羊也,木石之怪夔罔两③,水之怪龙罔象④,土之怪羵羊也⑤,非狗也。"桓子曰:"善哉!"⑥

【注释】

①季桓子:姬姓,季氏,名斯。春秋时鲁国卿大夫。谥桓,史称季桓子。土缶(fǒu):土罐。
②中有羊:《汉书·五行志》引《史记》作"得虫若羊"。向宗鲁《校证》曰:"今本《史记》脱'得虫'二字。"
③木石:原文脱"石",此据卢文弨校补。夔(kuí):是古代神话传说中一条腿的怪物。罔两:是古代神话传说中的一种精怪。《左传·宣公三年》:"故民入川泽山林,不逢不若;螭魅罔两,莫能逢之。"杜预注:"罔两,水神。"此二者均为山林中的精怪。
④龙罔象:传说中水怪名。《国语·鲁语下》:"仲尼曰:'水之怪曰龙罔象。'"韦昭注云:"龙,神兽也。或曰罔象,食人,一名沐肿。"
⑤羵(fén)羊:羊形土怪,据说雌雄同体。
⑥天海按:此文亦见《国语·鲁语下》《史记·孔子世家》等书,文略异。

【译文】

季桓子打井得到一个土罐,罐中有羊。以此请教孔子,谎说得到的是狗。孔子说:"凭我所知,不是狗,乃是羊。山林中的精怪叫夔罔两,水中的精怪叫龙罔象,土中的精怪叫羵羊,不是狗。"桓子说:"讲得好啊!"

18.21 楚昭王渡江①,有物大如斗②,直触王舟,止于舟中。昭王大怪之,使聘问孔子③。孔子曰:"此名萍实④,令剖而食之⑤,惟霸者能获之,此吉祥也。"其后齐有飞鸟,一足,来下,止于殿前,舒翅而跳。齐侯大怪之⑥,又使聘问孔子。孔子曰:"此名商羊⑦,急告民,趣治沟渠,天将大雨。"于是如之,天果大雨。诸国皆水,齐独以安。孔子归,弟子请问。孔子曰:"异时小儿谣曰:'楚王渡江,得萍实大如拳⑧,赤如日,剖而食之,美如蜜。'此楚之应也⑨。儿又有两两相牵,屈一足而跳,曰⑩:'天将大雨,商羊起舞。'今齐获之,亦其应也。"夫谣之后,未尝不有应随者也。故圣人非独守道而已也,睹物记也,即得其应矣。⑪

【注释】

①楚昭王(约前523—前489):芈姓,熊氏,名壬,又名轸(珍)。春秋时楚国国君,前515—前489年在位。楚昭王是楚国的一位中兴之主。
②斗:此字下,《孔子家语》有"圆而赤"三字。
③聘问:国与国或各个方面之间遣使访问。这里是拜访请教的意思。
④萍实:萍蓬草的果实。此指吉祥之物。
⑤令:当从《孔子家语》作"可"。
⑥齐侯:春秋时齐国国君,具体何人未明。
⑦商羊:古代神话传说中的神兽,每当大雨到来之前,会屈着一只脚在田间飞舞。王充《论衡·变动》:"商羊者,知雨之物也;天且雨,屈其一足起舞矣。"此文之下《孔子家语》有"水祥也"三字。
⑧拳:依上文当作"斗",《孔子家语》正作"斗"。译文从之。
⑨楚:《孔子家语》作"楚王"。
⑩曰:《孔子家语》作"且谣曰"。

⑪天海按：此文"萍实"之事见《孔子家语·致思》，"商羊"之事见《孔子家语·辨政》，文各有异。

【译文】

楚昭王渡江，有个东西如斗大，直接撞上昭王的船，停在船的中部。楚昭王十分谅异，派人请教孔子。孔子说："这东西名叫萍实，可以剖开来吃，只有称霸的国君才能获得它，这是吉祥物。"此后，齐国有飞鸟，只有一只脚，飞下来停留在宫殿前，展开翅膀跳跃。齐侯对此十分惊异，也派人请教孔子。孔子说："这鸟名叫商羊，立即告诉百姓，赶快整治沟渠，天将下大雨。"于是照此办理，天果真下了大雨。其他国家都遭受水灾，只有齐国因此安全。孔子回来，弟子们都来询问。孔子说："以前小儿唱的歌谣说：'楚王渡江，获得萍实，大小如斗，鲜红如朝日，剖开吃它，甜美如蜜。'这歌谣在楚国应验了。又有儿童一对对地手拉着手，弯曲一只脚跳着唱：'天要下大雨，商羊先跳舞。'现在齐国得到它，也应验了。"凡是歌谣之后，还没有过无应验伴随的。因此圣人不只是坚守正道罢了，看到的事物还要能记下它，很快会得到应验的。

18.22 郑简公使公孙成子来聘于晋①。平公有疾②，韩宣子赞③，授馆客④。客问君疾，对曰："君之疾久矣，上下神祇⑤，无不遍谕也，而无除。今梦黄熊入于寝门，不知人鬼耶⑥？意厉鬼也⑦？"子产曰："君之明⑧，子为政，其何厉之有？侨闻之，昔鲧违帝命⑨，殛之于羽山⑩，化为黄熊，以入于羽渊⑪。是为夏郊⑫，三代举之⑬。夫鬼神之所及，非其族类，则绍其同位⑭。是故天子祠上帝，公侯祠百神⑮，自卿以下，不过其族。今周室少卑，晋实继之。其或者未举夏郊也？"宣子以告，祀夏郊，董伯为尸⑯，五日瘳⑰。公见子产，赐之莒鼎⑱。⑲

【注释】

①郑简公(前570—前530):姬姓,郑氏,名嘉;郑僖公子。春秋时郑国国君,前565—前530年在位。简公十二年,诛子孔,任子产为卿,郑赖以存,在位三十六年。公孙成子:名侨,字子产,谥成。《国语·晋语八》韦昭注:"成子,子产之谥。"

②平公:晋平公。

③韩宣子(?—前514):姬姓,韩氏,名起,谥宣,史称韩宣子。春秋时晋国卿大夫,晋平公时执政。赞:引导。

④授馆客:为宾客安排行馆住宿。

⑤上下神祇(qí):天地之神。

⑥人鬼:《国语·晋语八》作"人杀",即"人煞",主杀人。

⑦厉鬼:恶鬼,鬼怪。为自杀或者暴死的人怨气所致的鬼。

⑧君之明:此上《左传》《国语·晋语八》皆作"以君之明"。译文从之。

⑨鲧(gǔn):亦作"鮌",是我国原始时代的部落首领,号崇伯。又说为姓姒,字熙,有崇氏,帝颛顼之子。鲧是大禹的父亲,曾经治理洪水长达九年。因鲧与尧之子丹朱、舜争部落联盟共主之位失败而被尧流放至羽山;一说是治水不成,"尧令祝融杀鲧于羽山",总之,鲧葬身于羽山,是一个具有悲剧色彩的治水英雄。

⑩羽山:山名。在今连云港境内的东海。《尚书·舜典》载,舜"殛鲧于羽山"。《国语·晋语八》:"昔者鲧违帝命,殛之于羽山。化为黄熊,以入羽渊,寔为夏郊,三代举之。"

⑪羽渊:水泽名。在今江苏东海西北。《隆庆海州志》:"羽潭,在羽山下。"《左传》"鲧化为黄熊,入于羽渊"即此。渊为深潭,潭为深渊。羽渊、羽潭是一个地方。

⑫夏郊:夏朝祭天地的祭祀。

⑬三代举之:夏、商、周三代都举行祭祀。《国语·晋语八》韦昭注:

"禹有天下，而郊祀之。举，谓不废其祀。"

⑭绍其同位：承继与他身份相同的灵位。

⑮祠：此上二"祠"字，《国语·晋语八》皆作"祀"。

⑯董伯为尸：董伯做尸主神像。董伯，晋大夫，韦昭《国语》注疑为姒姓。《水经注·河水》：" 《汲冢竹书纪年》曰：'晋武公元年，尚一军。芮人乘京，荀人董伯皆叛。'"尸，祭祀时代表死者受祭的人；祭祀的神像，以臣下或死者的晚辈装扮。

⑰瘳（chōu）：病愈。

⑱莒鼎：莒国方鼎。《左传·昭公七年》："韩子祀夏郊，晋侯有间，赐子产莒之二方鼎。"现藏南京大学考古与艺术博物馆的"莒太史申鼎"，可能是春秋早期的莒鼎，是莒国和莒文化研究中的重器。

⑲天海按：此文本《国语·晋语八》，事又见《左传·昭公七年》，文略异。

【译文】

郑简公派子产到晋国聘问。晋平公有病，韩宣子接待客人安排馆舍。客人问候国君的疾病，韩宣子说："国君的病很久了，上下天地神灵，没有不求告的，但病没有除掉。现在梦见黄熊爬进寝宫门内，不知是人煞呢，还是恶鬼呢？"子产说："以国君的英明，又有你执政，难道还有什么恶鬼吗？我听说，从前鲧违抗舜的命令，在羽山被诛罚，变化成黄熊，进入羽渊。这就是夏朝郊祭的来由，夏、商、周三代都举行祭祀。鬼神所到的地方，不是它的同族类，就承继与他身份相同的灵位。因此天子祭上帝，公侯祭百神，从卿以下，祭祀不超过本族。现在周王室逐渐卑弱，晋国实际上继承了它。大概是未举行夏朝的郊祭吧？"韩宣子将这番话转告晋平公，于是举行了夏朝的郊祭，董伯扮神像。过了五天，平公的病就痊愈了。晋平公接见子产，并赐给他莒鼎。

18.23 虢公梦在庙①，有神人面白毛、虎爪，执钺立在西阿②。公惧而走。神曰："无走！帝令曰使晋袭于尔门③。"公拜顿首。觉，召史嚚占之④。嚚曰："如君之言，则蓐收也⑤。天之罚神也，天事官成⑥。"公使囚之，且使国人贺梦。舟之侨告其诸族曰⑦："虢不久矣，吾乃今知之。君不度而嘉大国之袭于己也⑧，何瘳⑨？吾闻之曰⑩：'大国道，小国袭焉⑪，曰服；小国傲，大国袭焉⑫，曰诛。'民疾君之侈也，是以由于逆命⑬。今嘉其梦，侈必展⑭。是天夺之鉴，而益其疾也。民疾其态⑮，天又诳之⑯，大国来诛，出令而逆，宗国既卑⑰，诸侯远己，外内无亲，其谁云救之⑱？吾不忍俟⑲，将行。"以其族适晋。三年⑳，虢乃亡。㉑

【注释】

① 虢公梦在庙：虢公梦见自己在宗庙。虢公，虢公丑，虢国的亡国之君。？—前655年在位。《国语·晋语二》韦昭注："虢公，王季之子，文王之弟虢仲之后虢公丑也。庙，宗庙。西阿，西荣也。"

② 钺（yuè）：古代兵器，如大斧，有孔，安装长柄。西阿：正屋西边的廊檐。

③ 帝令曰：此三字原文作"帝今曰"，《国语·晋语二》作"帝命曰"，此据向宗鲁《校证》径改。袭于尔门：进入你的国门。韦昭注曰："帝，天也。袭，入也。"

④ 史嚚（yín）：春秋时虢国太史，名嚚。

⑤ 蓐（rù）收：古代中国神话传说中的秋神，又称金神。

⑥ 天事：上天主管人事。官成：在天上职掌人间善恶祸福的簿籍。官成，本指官府考核官吏的簿书文字。此系引申义。《周礼·天官·大宰》："以八法治官府……五曰官成，以经邦治。"郑玄注："官成，谓官府之成事品式也。"孙诒让《周礼正义》："云'官成，谓

官府之成事品式也'者,谓各官府所掌之事已成,则案其簿书文字,考其品数法式,即治会之事。"

⑦舟之侨(? —前632):原为虢国大夫,在晋国"假虞伐虢"之战中遇见虢国将亡,遂由虢国入晋,成为晋国大夫。在城濮之战中为晋文公戎右,因擅离职守被杀。诸族:原文误作"诸侯",此依卢文弨校,据《晋语》改。

⑧君不度而嘉大国之袭于己也:国君不考虑后果反而认为大国入侵自己是好事。度,考虑,打算。嘉,赞美,称道、颂扬事物的美好。

⑨何瘳(chōu):有什么好处?瘳,本义为疾病好转,此引申为好处、益处。

⑩吾:原文脱此字,此据明钞本补。

⑪大国道,小国袭焉:大国有道,小国跟随它。大国道,原文作"大国无道",依卢文弨校,据《晋语》删"无"字。袭,因袭,跟随。

⑫袭:侵入。

⑬逆命:韦昭注:"逆命,距违君命也。"

⑭嘉其梦,侈必展:认为自己做了好梦,必定会更加奢侈。展,加重。

⑮态:现状,状态。

⑯诳:欺骗。韦昭注:"诳,犹惑也。"

⑰宗国既卑:虢国公室已经削弱。宗国,同姓诸侯国,因与天子同宗,为其支庶,故称。

⑱云:回环,旋转。此指"还来"之意。

⑲吾不忍俟(sì):我不忍心等待(虢国灭亡)。俟,等待。

⑲三年:《国语·晋语二》作"六年"。韦昭注:"适晋在鲁闵二年也,后六年,鲁僖五年也。"左松超《说苑集证》曰:"又案《左·僖五年传》:'冬十二月丙子朔,晋灭虢。'上距闵公二年舟之侨奔晋,恰为六年,此谓三年,非也。'三'当依《国语》作'六'。"

㉑天海按:此文本《国语·晋语二》,文略同。

【译文】

虢公梦见自己在宗庙,有个神人脸长白毛,手如虎爪,握着大钺站在西边屋檐下。虢公吓得回头就跑。那神人说:"不要跑!天帝命令说'要让晋国来袭击你的国门'。"虢公跪地叩拜。醒来后,召唤太史嚚占梦。太史嚚说:"如果像您说的那样,那就是金神,是天帝的执法神,在天上掌管人间祸福的记录。"虢公把太史嚚囚禁起来,并让国都的民众都来祝贺他的梦。舟之侨告诉他的众亲族说:"虢国不长久了,我现在才明白。国君不反省自己,反而认为大国来袭击自己是好事,这对自己有什么益处?我听说:'大国有道,小国归附,叫顺服;小国傲慢,大国袭取,叫诛罚。'百姓痛恨国君的奢侈,因此会违背他的命令。现在又认为自己做了好梦,奢侈必定加剧。这是上天夺走他的借鉴来加重他的过失。百姓恨他以上情状,上天又迷惑他,大国来诛罚,他发出的命令又受到违抗,公室已经卑弱,诸侯又疏远自己,内外无人亲近,那谁还会来挽救虢国呢?我不忍心再等待下去,准备离开这里。"他带着他的族人前往晋国。三年后,虢国就灭亡了。

18.24 晋平公作虒祁之室①,石有言者。平公问于师旷曰:"石何故言?"对曰:"石不能言,有神冯焉②。不然,民听之滥也③。臣闻之,作事不时,怨讟动于民④,则有非言之物而言。今宫室崇侈,民力屈尽⑤,百姓疾怨,莫安其性,石言不亦可乎?"⑥

【注释】

①虒(sī)祁:宫殿名。故址在今山西侯马附近。春秋时晋国国君晋平公于前534年建造的一座宫殿,是晋国三大宫殿(虒祁宫、铜

虒宫、灵公台)之一,与同时期楚国楚灵王建造的章华宫齐名。
虒,是古代传说中似虎而带角之兽,水路两栖,虒比虎还要凶猛;
祁,是大的意思。晋平公以此命名是想以盟主称霸中原、虎视天
下的意思。

②冯:凭借,依附。

③滥:泛滥,不加选择。

④怨谤(dú):是指怨恨、毁谤。

⑤屈尽:竭尽。

⑥天海按:此文本《左传·昭公八年》,又见《汉书·五行志》,
文略异。

【译文】

晋平公修建虒祁宫,有会说话的石头。晋平公问师旷:"石头为什么说话?"师旷回答说:"石头不能说话,有神灵依附它说话。否则,人们就会滥听而没有选择。我听说,做事不按时令,怨恨毁谤从百姓中产生,就有不会说话的东西会说话。现在宫殿高大奢侈,民力穷尽,百姓痛恨,没有谁能安定他们的本性,石头会说话不也是可以的吗?"

18.25 晋平公出畋,见乳虎伏而不动,顾谓师旷曰:"吾闻之也,霸王之主出,则猛兽伏不敢起。今者寡人出,见乳虎伏而不动,此其猛兽乎?"师旷曰:"鹊食猬,猬食骏猊①,骏猊食豹,豹食驳②,驳食虎。夫驳之状有似驳马③。今者君之出,必骖驳马而出畋乎④?"公曰:"然。"师旷曰:"臣闻之,一自诬者穷,再自诬者辱,三自诬者死⑤。今夫虎所以不动者,为驳马也,固非主君之德义也。君奈何一自诬乎?"平公异日出朝,有鸟环平公不去⑥。平公顾谓师旷曰:"吾闻之也,霸王之主凤下之。今者出朝,有鸟环寡人,终

朝不去。是其凤鸟乎?"师旷曰:"东方有鸟名谏珂⑦,其为鸟也,文身而朱足,憎鸟而爱狐。今者吾君必衣狐裘以出朝乎?"平公曰:"然。"师旷曰:"臣已尝言之矣,一自诬者穷,再自诬者辱,三自诬者死。今鸟为狐裘之故,非吾君之德义也,君奈何而再自诬乎?"平公不说。异日,置酒虒祁之台⑧,使郎中马章布蒺藜于阶上⑨,令人召师旷。师旷至,履而上堂。平公曰:"安有人臣履而上人主堂者乎?"师旷解履刺足,伏刺膝⑩,仰天而叹。公起引之,曰:"今者与叟戏,叟遽忧乎?"对曰:"忧。夫肉自生虫,而还自食也⑪;木自生蠹,而还自刻也⑫;人自兴妖,而还自贼也。五鼎之具⑬,不当生藜藿。人主堂庙,不当生蒺藜。"平公曰:"今为之奈何?"师旷曰:"妖已在前,无可奈何。入来月八日⑭,修百官⑮,立太子,君将死矣。"至来月八日平旦,谓师旷曰:"叟以今日为期,寡人如何?"师旷不乐,谒归。归未几,而平公死。乃知师旷神明矣。

【注释】

①鹊食猬,猥食骏鹐(jùn yì):《史记·龟策列传》:"猬辱于鹊。"裴骃集解引《淮南万毕术》曰:"鹊令猬反腹者,猬憎其意而心恶之也。"骏鹐,应是文彩绚丽的山鸡。传说骏鹐能吐人言,见者大不祥。有学者说是玄鸟或金鸟,还有学者说"鹫鹫"亦称"骏鹐"。《说文解字·鸟部》:"骏,骏鹐,鹫也。"《玉篇·鸟部》:"骏鹐,凤属。"《汉书·佞幸传序》:"故孝惠时,郎、侍中皆冠骏鹐,贝带。"颜师古注:"以骏鹐羽毛饰冠,海贝饰带。骏鹐,即鹫鸟也。"由此注解推论,骏鹐就是鹫鸟,鹫鸟就是鹫雉,即鸟名。锦鸡,似山鸡

而小,冠羽优美。《尔雅·释鸟》:"鷩雉。"郭璞注:"似山鸡而小冠,背毛黄,腹下赤,项绿,色鲜明。"天海按,所谓"猬食骏駃"当系传说之词。

②驳(bó):《山海经·西山经》中的猛兽名。形状如马,白身黑尾,一角,爪牙似虎,吼声如鼓。

③驳马:毛色黑白相杂的马,与驳相似,故称。

④骖:古代指驾在车辕两旁的马。

⑤诬者死:"死"字及以下15字原文脱,此据下文与明钞本补。

⑥环:环绕,盘旋。

⑦谏珂:上古神兽之一,文身朱足,喜狐。

⑧虒祁之台:虒祁宫中之台,非虒祁宫。虒祁宫是春秋时晋国国君晋平公于前534年建造的一座宫殿,是晋国三大宫殿(虒祁宫、铜鞮宫、灵公台)之一,与同时期楚国楚灵王建造的章华宫齐名。

⑨郎中:官名。始于战国。掌管门户、车骑等事;内充侍卫,外从作战。秦汉沿置。马章:生平未详。蒺藜:同"蒺藜"。野生荆棘类,有刺扎人。

⑩刺:原文作"别",据明钞本改。

⑪还(xuán):随即,很快地。下二句"还"字义同此。

⑫刻:削减,这里意指蛀蚀。

⑬五鼎之具:五鼎祭祀之器。五鼎,古代祭礼,诸侯用五鼎盛羊、豕、肤(切细的肉)、色、腊(干肉)以祭。颜师古注引张晏曰:"五鼎食,牛、羊、豕、鱼、麋也。诸侯五,卿大夫三。"

⑭入来:进入,来到。

⑮修:整饬,整顿。

【译文】

晋平公外出打猎,看见幼虎伏在地上不动,回头对师旷说:"我听说,建立霸业的君主外出,就会使猛兽伏地不敢起身。今天我出门看见幼虎伏地不动,这不正是猛兽吗?"师旷说:"喜鹊啄食刺猬,刺猬吃鵔䴇,鵔䴇吃豹,豹吃驳,驳吃老虎。那驳的形状好像驳马。今天国君外出,一定是以驳马为骖马驾车外去打猎的吧?"平公说:"是的。"师旷说:"我听说,一次自欺的人会遭困厄,两次自欺的人会受屈辱,三次自欺的人会死亡。今天那虎之所以不动,是因为惧怕驳马,原本不是因为君主的德义。您怎么开始自欺呢?"过了些日子平公出朝,有只鸟环绕平公不离开。平公回头对师旷说:"我听说,建立霸业的君主凤凰会降临。今天出朝,有只鸟环绕我,整个早上都不离去,这不正是凤凰吗?"师旷说:"东方有种鸟名叫谏珂,这种鸟身上有文采,脚爪是红的,它厌恶鸟类却喜欢狐狸。今天国君一定是穿了狐皮袍出朝吧?"平公说:"是的。"师旷说:"我已经说过,一次自欺的人会遭困厄,两次自欺的人会受屈辱,三次自欺的人会死亡。今天鸟儿因为狐皮袍的缘故,并不是因为国君的德义,您怎么还要再次自欺呢?"晋平公很不高兴。过了些日子,晋平公在虒祁宫的高台上置办了酒宴,命郎中马章在台阶上铺设荆刺,派人召见师旷。师旷到了,穿着鞋要上厅堂。晋平公说:"哪有做臣子的穿着鞋走上国君厅堂的呢?"师旷脱下鞋,荆刺扎了脚,伏下身来,荆刺又扎膝盖,他仰天叹息。晋平公起身拉起他说:"今天与老头开个玩笑,老头就这样心忧吗?"师旷说:"心忧。肉上自己长出虫子,虫子很快便吃掉肉;木头自己长出蠹虫,蠹虫很快便朽蚀木头;人自己作怪,会很快害了自己。五鼎这样的祭器,不应当长出野菜;国君的朝堂,不应当长出蒺藜。"晋平公说:"事已如此,如今怎么办呢?"师旷说:"妖祸已在眼前,没有什么办法。到下月八日,最好整饬百官,扶立太子,您将会死去的。"到了下月八日早上,晋平公对师旷说:"老头把今天定为我的死期,现在我怎么样?"师旷闷闷不乐,请求回家。回去不久,晋平公就死了。人们这才知道师旷神明。

18.26 赵简子问于翟封荼曰^①:"吾闻翟雨谷三日^②,信乎?"曰:"信。""又闻雨血三日,信乎?"曰:"信。""又闻马生牛、牛生马,信乎?"曰:"信。"简子曰:"大哉!妖亦足以亡国矣。"对曰:"雨谷三日,䖟风之所飘也③。雨血三日,鸷鸟击于上也④。马生牛、牛生马,杂牧也⑤。此非翟之妖也。"简子曰:"然则翟之妖奚也⑥?"对曰:"其国数散⑦,其君幼弱,其诸卿货⑧,其大夫比党以求禄爵,其百官肆断而无告⑨,其政令不竟而数化⑩,其士巧贪而有怨⑪,此其妖也。"

【注释】

① 赵简子(?—前476):原名赵鞅,亦称赵孟,赵武之孙。他是春秋时晋国赵氏的首领,为赵氏宗主约六十年。原为晋国大夫,韩、魏、赵三家分晋之后,被赵国定为开国君主。翟封荼:翟人,名封荼,生平未详。《太平御览》作"封馀",荼、馀二字古通。

② 翟(dí):或作"狄",古代北方部族之一,这里指他们建立的国家。雨谷:即下谷雨。天上下谷如雨。

③ 䖟风:即盲风,疾风。䖟,通"盲"。《礼记·月令》:"(仲秋之月)盲风至。"郑玄注:"盲风,疾风也。"孔颖达疏:"秦人谓疾风为盲风。"

④ 鸷鸟:凶猛的鸟,如鹰鹯之类。《楚辞·离骚》:"鸷鸟之不群兮,自前世而固然。"

⑤ 杂牧:混杂放牧,因此产生杂交。

⑥ 然则:连词。连接句子,表示连贯关系。犹言"如此,那么"或"那么"。

⑦ 数散:屡次分裂。

⑧ 货:贿赂。

⑨ 肆断:肆意决断。无告:《太平御览》引作"无常"。

⑩ 其政令不竟而数化:《太平御览》引作"其政令不常而数改"。不竟,不能贯彻到底。数化,多次改变。

⑪巧贪:奸诈贪婪。

【译文】

赵简子问翟封荼道:"我听说翟国一连三天从天上降下谷雨,是真的吗?"回答说:"是真的。"又问:"又听说一连三天降下血雨,是真的吗?"回答说:"是真的。"又问:"还听说马生牛、牛生马,是真的吗?"回答说:"是真的。"赵简子说:"妖异真大啊,完全可以使国家灭亡了!"回答说:"天上降谷三天,是疾风吹来的。下血雨三天,是鸷鸟在天空搏击造成的。马生牛、牛生马,是因为混杂放牧而生。这些不是翟国的妖祸。"赵简子问:"那么翟国的妖祸是什么呢?"回答说:"翟国屡次分裂,它的国君幼弱,它的众卿贪图贿赂,它的大夫结党追求禄位,百官任意决断而不禀告上司,它的政令不能贯彻始终而经常更改,它的士人奸诈贪鄙还心怀怨怼,这些才是它的妖祸。"

18.27 哀公射而中稷①,其口疾,不肉食。祠稷而善②,卜之巫官。巫官变曰③:"稷负五种④,托株而从天下,未至于地而株绝,猎谷之老人张衽而受之⑤。何不告祀之?"公从之而疾去。⑥

【注释】

①哀公:诸侯国君,未详所指。稷:谷神。
②祠稷而善:祭祀谷神病情就好一些。
③变:通"辨"。辨别卜兆。
④五种:五类谷物。《周礼·夏官·职方》注以黍、稷、菽、麦、稻为五种。
⑤猎谷之老人:此人未详。张衽:张开衣襟。
⑥天海按:日人关嘉引太室曰:"此章不经之语,不可强说。"

【译文】

哀公射猎射中了谷神,他的口里长了疮,不能吃肉。祭祀谷神病情就好一些,巫官为他占卜。巫官辨认卜兆后说:"谷神背负五种谷物,手托禾苗从天上降临,还未到地面禾苗就断了,猎谷老人张开衣襟接住了它。为何不向他告祭呢?"哀公照此办理,口中的疮就好了。

18.28 扁鹊过赵①,赵王太子暴疾而死②。鹊造宫门曰:"吾闻国中卒有壤土之事③,得无有急乎?"中庶子之好方者应之曰④:"然。王太子暴疾而死。"扁鹊曰:"入言郑医秦越人能活太子。"中庶子难之曰:"吾闻上古之为医者曰苗父⑤。苗父之为医也,以菅为席,以刍为狗⑥,北面而祝,发十言耳,诸扶而来者、轝而来者⑦,皆平复如故。子之方能如此乎?"扁鹊曰:"不能。"又曰:"吾闻中古之为医者曰俞柎⑧。俞柎之为医也,搦脑髓⑨,束肓莫⑩,炊灼九窍⑪,而定经络⑫,死人复为生人,故曰俞柎。子之方能若是乎?"扁鹊曰:"不能。"中庶子曰:"子之方如此,譬若以管窥天,以锥刺地,所窥者甚大,所见者甚少⑬。钧若子之方,岂足以变骇童子哉⑭?"扁鹊曰:"不然。物故有昧掫而中蚊头⑮,掩目而别白黑者。太子之疾,所谓尸厥者也⑯。以为不然,入诊之⑰,太子股阴当温,耳中焦焦如有啸者声⑱,然者皆可治也。"中庶子入报赵王。赵王跣而趋出门⑲,曰:"先生远辱幸临寡人,先生幸而有之⑳,则粪土之息㉑,得蒙天覆地㉒,而长为人矣。先生不有之,则先犬马填沟壑矣㉓。"言未已,涕泣沾襟。扁鹊遂为诊之。先造轩光之灶㉔,八成之汤㉕。砥针砺石㉖,取三阳五输㉗。子容捣药㉘,子明吹耳,阳仪反神㉙,子越扶形㉚,子游矫摩㉛。太子遂得复生。天下闻之，皆曰："扁鹊能生死人㉜。"鹊辞曰："予非能生死人也，特使夫当生者活耳。"夫死者犹不可药而生也，悲夫！乱君之治不可药而息也。《诗》曰㉝："多将熇熇，不可救药㉞。"甚之之辞也。㉟

【注释】

①扁鹊：战国时名医，原名秦越人，勃海郡鄚（今河北任丘）人。家于卢国，又称卢医，受禁方于长桑君，游历齐、赵，入秦，因秦太医令忌恨被杀害。

②赵王：向宗鲁《校证》引梁玉绳以为赵简子之子桓子。又曰："《鹖冠子·世贤篇》言魏文侯问扁鹊。魏文与赵桓并世，可以为验。"

③壤土之事：人死，破土造坟的避讳说法。

④中庶子：官名。春秋战国时，赵、魏、秦等国置"中庶子"。掌诸侯卿大夫庶子的教育管理。方：药方，这里指医术。

⑤苗父：传说中的上古神医。《韩诗外传》作"弟父"。

⑥以菅（jiān）为席，以刍为狗：用茅草做席子，用稻草做祭祀之狗。菅，茅草，为禾本科草本植物。刍，稻草，喂牛的草。

⑦辇：古时用人拉或推的车，也指乘车，载运，运送。原文作"举"，此据卢文弨校语改。

⑧俞柎：传说黄帝时良医，治病不用汤药，只给人割皮解肌，洗涤内脏。此下原文脱"俞柎"二字，此据明钞本补。

⑨搦（nuò）：用力按压。

⑩束肓（huāng）莫：收紧脏腑间的隔膜。肓，心脏与横膈膜之间的部位。原文误作"盲"，此依向宗鲁《校证》据卢文弨校改。莫，即"膜"。

⑪炊灼：点燃药物烧炙穴位，古代体外疗法的一种。九窍：《周礼·天官·疾医》注以眼、耳、口、鼻为阳窍七，大小便处为阴窍二，共

九窍。

⑫经络:经脉和络脉。前者为纵行的干线,后者为横行的分支。经络是内属脏腑、外络支节、联系全身、运行气血的通路。

⑬所见者甚少:以下似有脱文。《韩诗外传》卷十作:"所窥者大,所见者小,所刺者巨,所中者少。"译文从之。

⑭岂:大概,也许。变骇:惊骇而变色。《史记·扁鹊仓公列传》作"曾不可以告咳婴之儿"。

⑮昧挦:向宗鲁《校证》引卢文弨说,应从《韩诗外传》作"昧投",即暗投的意思。蚊:原文作"蛟",此据卢文弨校改。

⑯尸厥:病症名。厥症之一,病人状如死尸。

⑰入诊之:《韩诗外传》作"试入诊之"。

⑱焦焦:象声词。细微的啼声。啸:长声鸣叫。原文作"肃",此据明钞本改。

⑲跣(xiǎn):光脚。

⑳幸而有之:幸而有救治之心。有,《韩诗外传》作"治",下文"先生不有之"作"先生弗治"。

㉑粪土之息:对自己儿子的谦称,犹言卑贱的小子。息,子孙后代。

㉒得蒙天覆地:向宗鲁《校证》曰:"当作'得蒙天覆地载'。"覆,原文误作"履",此据向宗鲁《校证》改。

㉓先犬马填沟壑:在我之前死去。犬马,赵王自谦之辞。

㉔为轩光之灶:义未详。屈守元案:"《外传》元刻本作'为轩先之灶',明刻以下诸本则作'为先轩之灶'。"天海按,轩光,指轩辕星的光辉。轩光之灶,此比喻灶头熬药烧火的火光。

㉕八成之汤:卢文弨校曰:"《史记》作'八减之汤'。"即经过八次加减的汤剂。

㉖砥针砺石:打磨金针、砭石。二者均为古代医疗器械。

㉗三阳:中医术语,指太阳、少阳、阳明。五输:即"五腧(shù)",人

体五脏反映在体表的五大穴位。
㉘子容捣药：以下五句中"子容、子明、阳仪、子越、子游"均为扁鹊弟子。但《史记·扁鹊仓公列传》所载弟子仅子阳、子豹二人。
㉙反神：使精神复原。反，同"返"。
㉚扶形：扶正形体。
㉛挢摩：按摩。
㉜生死人：使死人复活。
㉝《诗》曰：以下引诗见《诗经·大雅·板》。
㉞多将熇熇(hè)，不可救药：原意是说周厉王多行酷烈暴政，就像病重的人一样，不能再医治了。后泛指病重到无药可治。也比喻人或事物已经坏到不能挽救的地步。这里语意双关，兼指病情与政局。熇熇，火势炽盛貌。
㉟天海按：此文本《韩诗外传》卷十，事又见《史记·扁鹊仓公列传》，文略异。

【译文】

扁鹊经过赵国，赵王的太子突发暴病死去。扁鹊到王宫门前说："我听说都城内突然有挖动土壤的事，该不是有急难吧？"有个喜好医术的中庶子回答他说："是的。赵王太子突发暴病死去。"扁鹊说："进去禀告，说郑国医生秦越人能救活太子。"中庶子诘难他说："我听说上古有行医的叫苗父。他行医时，用菅草做垫席，用刍草扎成草狗，面向北祷告，只说十个字罢了，那些搀扶而来的病人，人力车拉来的病人，都平愈复原跟好人一样。你的医术能像这样吗？"扁鹊说："不能。"中庶子又说："我听说中古时做医师的叫俞柎。俞柎行医时，按压病人的脑髓，收紧脏腑内的隔膜，灸烤九窍，安定经络，死人又变为活人，所以叫俞柎。你的医术能像这样吗？"扁鹊说："不能。"中庶子说："你的医术既然如此，好比以管窥天，用锥刺地，所看的对象大，所看到的却很少；所扎刺的部位多，扎中的却很少。都像你这样的医术，也许只能哄吓小孩吧？"

扁鹊说："不对。事情原本有暗中投掷而击中蚊子脑袋的,也有掩上眼睛却能辨别黑白的。太子的疾病,是所谓尸厥症。如果认为不对,可先进去诊视,太子大腿内侧应当是温暖的,耳内有'焦焦'的鸣啸声,像这样的病都可以医治。"中庶子入宫报告赵王。赵王光着脚急步出宫门,说:"先生远来受屈,有幸光临敝国,先生幸而有救治之心,那我这卑贱的小子就能活在天地间长久做人了。先生如无心救治,他一定会先我而死去的。"话未说完,泪水沾湿了衣襟。扁鹊于是为太子诊病。先造名为"轩光"的灶,用加减八次的汤剂。磨快金针砭石,取三阳五腧的穴位。子容捣药,子明吹病人耳朵,阳仪使病人精神复原,子越扶正病人形体,子游按摩。太子终于复活。天下的人听说此事,都说:"扁鹊能使死人复生。"扁鹊解释说:"我并不能使死人复生,只是使那应当活着的人活过来罢了。"死人尚且不能用药救治,可悲啊!昏君的乱政也是不能用药来救治的。《诗经》说:"病患像熊熊烈火,已经不可救治了。"确是感慨很深的话。

18.29 孔子晨立堂上,闻哭者声音甚悲。孔子援瑟而鼓之,其音同也。孔子出,而弟子有吒者①。问:"谁也?"曰:"回也②。"孔子曰:"回何为而吒?"回曰:"今者有哭者,其音甚悲,非独哭死,又哭生离者。"孔子曰:"何以知之?"回曰:"似完山之鸟③。"孔子曰:"何如?"回曰:"完山之鸟生四子,羽翼已成,乃离四海④,哀鸣送之,为是往而不复返也。"孔子使人问哭者,哭者曰:"父死家贫,卖子以葬之,将与其别也。"孔子曰:"善哉,圣人也⑤!"⑥

【注释】

①吒(zhà):痛惜,叹息声。

②回：颜回（前521—前481），尊称颜子，字子渊，春秋末期鲁国人。十四岁拜孔子为师，终生师事之，是孔子最得意的门生。孔子对颜回称赞最多，赞其好学、仁人。历代帝王封赠有加，称为"复圣"，以配享孔子、祀以太牢。

③完山：山名。《孔子家语》作"桓山"，所在未详。

④乃离四海：就要分散到四方。

⑤善哉，圣人也：此句《孔子家语》作"回也，善于识音矣"。

⑥天海按：此文又见《孔子家语·颜回》，文略异。

【译文】

孔子早晨站立在厅堂上，听到有人哭泣声音很悲哀。孔子拿起瑟来弹奏，音调与哭声相同。孔子走出厅堂，弟子中有人在叹息。孔子问："这是谁？"回答说："是颜回。"孔子问："颜回为什么叹息？"颜回说："今天有个哭泣的人，他的哭声很悲哀，不只哭死去的人，又哭将要生离的人。"孔子问："凭什么知道是这样？"颜回说："哭声像完山的鸟。"孔子问："为什么呢？"颜回说："完山的鸟生下四只小鸟，羽毛翅膀长成，就要分散到四方，它哀叫着送别小鸟，因为这一去就不再返回了。"孔子让人去问那哭泣的人，哭泣的人说："我父亲去世，家里贫穷，只得卖子葬父，将与儿子分别。"孔子说："讲得对啊，颜回真是圣人！"

18.30 景公畋于梧丘①，夜犹蚤②，公姑坐睡③，而梦有五丈夫④，北面偟卢⑤，称无罪焉。公觉，召晏子而告其所梦。公曰："我其尝杀不辜而诛无罪耶？"晏子对曰："昔者先君灵公畋⑥，五丈夫罟而骇兽⑦，故杀之。断其首而葬之，曰'五丈夫之丘'。其此耶？"公令人掘而求之，则五头同穴而存焉。公曰："嘻！"令吏葬之。国人不知其梦也，曰："君悯白骨，而况于生者乎？"不遗余力矣，不释余智矣。故曰：人君之为善易矣。⑧

【注释】

①景公:齐景公。梧丘:当道的高地。《晏子春秋·内篇杂下》:"景公畋于梧丘。"吴则虞《晏子春秋集释》引《释名》:"当涂曰梧丘。"
②蚤:通"早"。
③姑坐睡:暂且坐着打瞌睡。
④丈夫:成年男子。
⑤倖卢:义不可解。《晏子春秋·内篇杂下》作"韦卢";孙星衍《晏子春秋音义》谓《说苑》作"倚庐",不知所据何本。倚庐,指居父母丧时所住的房子。译文且依此译出。
⑥灵公:齐景公之父齐灵公(？—前554),姜姓,吕氏,名环,前581—前554年在位。
⑦罟(gǔ):网的通称,这里用如动词"布网"。
⑧天海按:此文本《晏子春秋·内篇杂下》,文略异。

【译文】

齐景公在梧丘打猎,夜里离天明还早,景公暂且坐着打瞌睡,梦见有五个男子,面向北靠着居丧时住的房子,声称自己无罪。景公醒来,召见晏子告诉他所做的梦。景公说:"我难道曾经诛杀过无辜无罪的人吗?"晏子回答说:"从前先王灵公打猎时,有五个男子布网时吓跑了野兽,所以杀了他们。砍下他们的头葬在一起,名为'五丈夫之坟'。大概是这件事吧?"齐景公命人掘坟找寻那五人的头骨,发现五颗头颅还在同一墓穴里。景公说:"唉!"叫官吏安葬了他们。国都的人不知道齐景公做了这个梦,说:"国君怜悯死人白骨,何况对活着的人呢?"于是为国事用尽全力,为国事用尽心思。所以说:国君要做好事是容易的。

18.31 子贡问孔子:"死人有知无知也①?"孔子曰:"吾欲

言死者有知也,恐孝子顺孙妨生以送死也②;欲言无知,恐不孝子孙弃不葬也。赐欲知死人有知将无知也③,死徐自知之,犹未晚也。"④

【注释】

①死人:《孔子家语·致思》作"死者"。
②妨生:妨害自己的生命。
③赐:端木赐(前520—?),复姓端木,字子贡(古同子赣),以字行。
　将:抑或,还是。
④天海按:此文又见《孔子家语·致思》,文略异。

【译文】

子贡问孔子:"死了的人有知觉还是无知觉?"孔子说:"我想要说死者有知觉,恐怕孝子贤孙不爱惜生命去殉死;我要说死了的人无知觉,又恐怕不孝的子孙丢弃亲人遗体不安葬。赐啊,你要想知道死人有知觉还是无知觉,死后自己慢慢就知道了,到那时也还不晚。"

18.32 王子建出守于城父①,与成公乾遇于畴中②。问曰:"是何也?"成公乾曰:"畴也。""畴也者,何也?"曰:"所以为麻也。""麻也者,何也?"曰:"所以为衣也。"成公乾曰:"昔者庄王伐陈③,舍于有萧氏④,谓路室之人曰⑤:'巷其不善乎⑥?何沟之不浚也⑦?'庄王犹知巷之不善,沟之不浚,今吾子不知畴之为麻,麻之为衣。吾子其不主社稷乎⑧?"王子果不立。⑨

【注释】

①王子建:楚平王太子,因少师无忌谮毁,出守城父。费无忌又诬太子谋反,建出奔齐、郑等国。城父:春秋时楚邑,故址在今河南

平顶山北。

②成公乾：生平未详。一说成公为复姓，卫成公之后，以谥为姓。畴：麻田。

③庄王伐陈：据《左传》载，楚庄王于宣公元年（前608）和八年（前601）两次伐陈，但记载都极简略。

④有萧氏：或为卿大夫，具体未详。

⑤路室：客舍，宾馆。《周礼·地官·遗人》："凡国野之道，十里有庐，庐有饮食，三十里有宿，宿有路室，路室有委。"贾公彦疏："路室，候迎宾客之处。"

⑥巷：里巷中的道路，胡同。此指人们共同使用的道路。

⑦浚（jùn）：疏通沟渠。

⑧不主社稷：不能掌管国政，意即不能立为国君。

⑨天海按：太子建奔宋之事，参见本书4.11则"楚平王使奋扬杀太子建"。

【译文】

楚平王太子建出任城父邑守，在麻田中与成公乾相遇。他问道："这是什么？"成公乾说："是麻田。"又问："麻田是干什么的？"回答说："是用来种麻的。"太子建又问："麻是干什么用的？"回答说："是用来做衣服的。"成公乾说："从前庄王讨伐陈国，住在有萧氏那里，对客舍中的人说：'里巷的道路大概不好吧？为什么不疏通水沟呢？'庄王还知道里巷道路不好是因为水沟没有疏通，现在你竟然不知道麻田用来种麻，麻能做成衣服。你大概主持不了国政吧？"太子建果然没有立为国君。

卷十九

修文

【题解】

修文，意谓兴修礼乐教化，推行文治。《国语·周语上》："有不享则修文。"韦昭注："文，典法也。"修文，主要指修治典章制度，提倡礼乐教化等。本卷采记了夏商周至战国时期有关礼乐教化的轶事和相关制度共44则。与其他各卷不同的是，本卷采记轶事只有13则，另外31则则是采集古代文献或传记言论而成。本卷各则依内容大体排列有序，可以分为三部分。

第一部分专讲修治礼乐的重要性(19.1—19.6则)。

第一则可以说是总纲。强调的是："礼乐征伐自天子出。夫功成制礼，治定作乐。礼乐者，行化之大者也。"指明修文的条件是"功成治定"，即在大功告成、国家安定时才能进行。修文的内容是制礼作乐，手段是"设庠序""陈钟鼓"，其目的是孔子所说："移风易俗，莫善于乐；安上治民，莫善于礼。"故其推行教化作用最大。

第二则以周文王为最高典范，阐明修文必须以"恩爱仁德"为基础。第三则讲文与质的关系，两者往复相生，不可偏废才能并美。19.4—6则则强调上至天子，下至庶民百姓都必须按照礼仪来规范自己。

第二部分有关重要的礼仪制度(19.7—19.34则)。

这一部分内容多而杂，但也可以分为三个方面。具体涉及巡狩述职、朝觐祭祀、婚丧赠吊、宫室器物、服饰言行等各个方面的礼制,上起天子,下至庶民,均有论及。

1.有关仪礼制度14则(19.7—19.20则)

其中19.7—19.11则是关于冠礼与服饰仪表礼制的重要性。特别是成人加冠之礼,"所以别成人也。修德束躬,以自申饬,所以检其邪心,守其正意也"。这对青年人的成长,至今仍然具有很大的借鉴意义。其后有昏礼中的亲迎之礼、帝王寝宫之礼、古人见面之礼、进贤奖民之礼、天子、诸侯巡守、射猎之礼,这些虽然对今天并无多大实际意义,但也有很高的历史认识价值。

2.有关丧礼、祭祀之礼10则(19.21—19.30则)

这其中又以丧礼居多,占了7则(19.21—19.27则),可见孔孟"以孝治天下"的主张在作者心目中的重要地位。如19.26则"齐宣王谓田过曰:'吾闻儒者丧亲三年,丧君三年,君与父孰重?'"田过的回答是"殆不如父重","凡事君,所以为亲也。"这当然使齐宣王不仅是愤怒,而且"邑邑而无以应"。为什么要侍奉君主?"所以报父母之恩也"。敢于当面直言父母之丧比君主之丧更重要,可见孝亲之道在我国世代相传的风尚。还有3则是讲祭祀之礼(19.28—19.30则)。在古代,戎与祀是国家大事,"国之大事,在祀与戎"(《左传·成公十三年》)。所以斋戒必诚,祭祀必恭敬。

3.君子修礼的原则4则(19.31—19.34则)

这4则是针对前面所述礼仪制度,要求君子必须修礼。修礼首先要心诚,而不仅仅在于外表。所以19.31则孔子说:"无体之礼,敬也;无服之丧,忧也;无声之乐,欢也。"君子修礼的原则应该是"三不":即"不厉、不争、不自以为是";还有"三要":即"要立志,要修身、要讲仁义"。最后,以孔子的轶事再次强调文与质必须相辅相成,"文质修者,谓之君子;有质而无文,谓之易野"。直接与前面19.3则讲文与质的关系相呼应。

第三部分专论音乐有10则(19.35—19.44则)

本卷这一部分的主要内容采自《荀子·乐论》《礼记·乐记》《吕氏春秋》(有关音乐的篇章)《史记·乐书》等文献。

首先以"孔子至彼闻《韶》,三月不知肉味"(19.35 则)的著名典故,说明美好的音乐感人至深。音乐不仅是为了自乐,而且是为了乐人;不仅是为了自正,而且还可以正人。这就表明了音乐的作用不仅是娱乐人,而且能潜移默化地改变人。

其次阐明音乐的产生直接与人的情感有关,还能反映出国家的治乱兴衰与社会政治现状。"凡音生人心者也。情动于中,而形于声,声成文谓之音。"(19.41 则)音乐是人情感的表现,情感能影响音乐,音乐能影响情感,所以不同的情感可以从不同的音乐中表现出来。并认为音乐所表达的思想感情与人们所处的社会政治状况是紧密相连的。所谓"治世之音安以乐,其政和;乱世之音怨以怒,其政乖;亡国之音哀以思,其民困。声音之道,与政通矣。"(19.41 则)阐明了音乐与人性、社会相通的道理。

最后,强调音乐的政治教育与教化功能:乐教能促使政治清明,社会秩序稳定。"乐者,圣人之所乐也,而可以善民心,其感人深,其移风易俗易,故先王著其教焉。"(19.39 则)音乐可以使民心向善,又能移风易俗,所以统治者必须重视其教化作用。

总之,礼和乐不仅是统治者实行"文治"的具体内容,也是巩固和维护政权的重要手段。所以礼与乐二者是相辅相成、互相补充的。"礼以定其意,乐以和其性,政以一其行,刑以防其奸。礼乐刑政,其极一也。所以同民心而立治道也。""乐"与"礼"的分工是"礼正外,乐正内";礼乐刑政同为一体,目标一致,都是为了"同民心,立治道"。这些论述,也进一步说明音乐对治国理政、维护社会稳定所起的特殊作用。

19.1 天下有道,则礼乐征伐自天子出①。夫功成制礼,治定作乐②。礼乐者,行化之大者也。孔子曰③:"移风易俗,莫善于乐;安上治民,莫善于礼。"是故圣王修礼文,设庠序④,陈钟鼓。天子辟雍⑤,诸侯泮宫⑥,所以行德化。《诗》云⑦:"镐京辟雍⑧,自西自东,自南自北,无思不服⑨。"此之谓也。

【注释】

① 天下有道,则礼乐征伐自天子出:见《论语·季氏》:"孔子曰:天下有道,则礼乐征伐自天子出;天下无道,则礼乐征伐自诸侯出。"又见《老子》四十六章:"天下有道,却走马以粪。天下无道,戎马生于郊。"

② 夫功成制礼,治定作乐:治定作乐,社会政治安定制作音乐。以上二句《礼记·乐记》作"王者功成作乐,治定制礼"。

③ 孔子曰:以下四句见《孝经·广要道》。

④ 庠(xiáng)序:古代地方设立的学校。《孟子·滕文公上》:"夏曰校,殷曰序,周曰庠。"

⑤ 辟(bì)雍:亦作"璧雍"。本为西周天子为教育贵族子弟设立的大学。取四周有水,形如环璧为名。

⑥ 泮(pàn)宫:诸侯泮宫等级逊于辟雍,仅有三面环水(半圆环)。形如半璧,如辟雍的一半,故名。如郑玄所说:"泮之言半也,半水者,盖东西门以南通水,北无也。"《礼记·王制》:"大学在郊,天子曰辟雍,诸侯曰泮宫。"

⑦ 《诗》云:以下引自《诗经·大雅·文王有声》。

⑧ 镐京:西周京城,故址在今陕西西安西南,丰水东南。

⑨ 无思不服:即"无不思服",没有不想归服的。

【译文】

天下走上正轨,那么制礼作乐出兵征伐都由天子决定。大功告成就制礼,国家安定就作乐。礼乐,是推行教化的头等大事。孔子说:"移风易俗,没有比音乐更好的;稳定政权、治理民众,没有比礼仪更好的。"因此,圣王确定礼仪,完善制度,设立学校,陈列钟鼓。天子的学宫叫辟雍,诸侯的学宫叫泮宫,靠它来推行德政教化。《诗经》说:"镐京建了辟雍,从西到东,从南到北,天下没有人不心悦诚服。"说的就是这样的事。

19.2 积恩为爱,积爱为仁,积仁为灵①。灵台之所以为灵者②,积仁也。神灵者,天地之本,而为万物之始也。是故文王始接民以仁,而天下莫不仁焉,文德之至也③。德不至,则不能文。

【注释】

①灵:神灵,指思想道德修养的最高境界。下文"神灵"义同。《意林》引此,三"为"字皆作"曰";"灵"作"灵台"。
②灵台:西周台名。文王所筑。《诗经·大雅·灵台》:"经始灵台,经之营之,庶民攻之,不日成之。"《毛诗序》说:"《灵台》民始附也。文王受命,而民乐其有灵德以及鸟兽昆虫焉。"《孟子·梁惠王上》:"文王以民力为台为沼,而民欢乐之,谓其台曰灵台,谓其沼曰灵沼,乐其有麋鹿鱼鳖。古之人与民偕乐,故能乐也。"
③文德:文治与德政,广施仁爱并用礼乐教化进行统治。

【译文】

积聚恩惠就成为爱,积聚爱就成为仁,积聚仁就成为神灵。灵台之所以称"灵",就是因为积聚了仁。神灵是天地的根本,又是万物的开始。因此周文王从开始就以仁爱对待百姓,因而天下没有不仁爱的,这就是文治与德政的最高境界。德政达不到最高境界时,就不能实行文治。

19.3 商者,常也①。常者,质;质主天②。夏者,大也。大者,文也;文主地。故王者一商一夏,一质一文,文质再而复者也③。正色,三而复者也④。味尚甘,声尚宫⑤,一而复者⑥。故三王术如循环⑦。故夏后氏教以忠⑧,而君子忠矣,小人之失野⑨。救野莫如敬,故殷人教以敬,而君子敬矣,小人之失鬼⑩。救鬼莫如文,故周人教以文,而君子文矣,小人之失薄⑪。救薄莫如忠⑫,故圣人之与圣也,如矩之三杂⑬,规之三杂。周则又始,穷则反本也⑭。《诗》曰⑮:"雕琢其章,金玉其相⑯。"言文质美也。

【注释】

① 商者,常也:商的意思就是经常。这是古代以"声训"解释词义的一种方法,从两个词的语音关系去探求它们之间的意义联系。下文同此。又,此则原文与上则相连,现依文意与卢文弨校另起。

② 主:这里是效法的意思。《白虎通义·三正》:"质法天、文法地而已,故天为质,地受而化之,养而成之,故为文。"并引《尚书大传》曰:"王者一质一文,据天地之道。"又引《礼三正记》曰:"质法天,文法地也。"

③ "一商一夏"三句:向宗鲁《校证》疑"一商一夏"四字后脱"一质一文"四字,"再"上脱"文质"二字。此据补。再而复者也,《白虎通义·三正》:"质文再而复,正朔三而改。"

④ 正色,三而复者也:正色犹言"正朔"。"正朔"本指一年的第一天和一月的开始,后也通称帝王即位新颁的历法。《白虎通义·三正》引《尚书大传》曰:"夏以十三月为正,色尚黑,以平旦为朔;殷以十二月为正,色尚白,以鸡鸣为朔;周以十一月为正,色尚赤,以夜半为朔。"

⑤ 宫:古代五音宫、商、角、徵、羽,宫为首。

⑥一而复者：此句难解，疑有脱误，向宗鲁《校证》以为当作"一而不复者也"。译文姑从此说。

⑦术如循环：治国之术如同循环。

⑧夏后氏：指大禹建立的夏朝。

⑨失野：有失野蛮粗鲁。

⑩失鬼：有失诡诈、阴险。鬼，狡诈。

⑪失薄：有失轻薄、薄幸。

⑫救薄莫如忠：《白虎通义·三教》："夏人之王教以忠，其失野，救野之失莫如敬。殷人之王教以敬，其失鬼，救鬼之失莫如文。周人之王教以文，其失薄，救薄之失莫如忠。继周尚黑，制与夏同。三者如顺连环，周而复始，穷则反本。"

⑬杂：通"匝(zā)"。一周。《墨子·号令》："守宫三杂，外环，隅为之楼。"

⑭周则又始，穷则反本也：《白虎通义·三教》："周而复始，穷则反本。"

⑮《诗》曰：以下引诗见《诗经·大雅·棫朴》。

⑯雕琢其章，金玉其相：章，文采。相，资质，本质。《诗经·大雅·棫朴》："追琢其章，金玉其相。"毛传："追，雕也。金曰雕，玉曰琢。"追，通"雕"。

【译文】

商，就是经常。经常，体现的是本质，本质效法天。夏，就是广大。广大体现文饰，文饰效法地。因此帝王一商一夏，一质一文，两次变易就返本还原。正朔三次变易就返本还原。滋味推崇甘甜，声律崇尚宫音，一次变易就无所谓返本还原。因此夏、商、周三代帝王的治理方法像循环，周而复始。夏朝以忠诚进行教化，君子忠诚了，小人却失之粗野。救治粗野没有什么比得上恭敬，因此殷人以恭敬进行教化，君子恭敬了，小人却失之狡诈。救治狡诈没有什么比得上礼乐，因此周朝用礼乐进行教化,君子守礼了,小人却失之轻薄。救治轻薄没有什么比得上忠诚,所以圣人与圣人,如同矩尺画多方,圆规画几圈,循环一周又从头开始,到了终点又会返回原处。《诗经》说:"雕琢外在的文采,用金玉作他的本质。"说的就是文质兼美。

19.4 传曰:"触情从欲①,谓之禽兽。苟可而行②,谓之野人③。安故重迁④,谓之众庶⑤。辨然否⑥,通古今之道,谓之士。进贤达能,谓之大夫。敬上爱下,谓之诸侯。天覆地载⑦,谓之天子。是故士服黼⑧,大夫黻⑨,诸侯火⑩,天子山龙⑪。德弥盛者文弥缛⑫,中弥理者文弥章也⑬。"

【注释】

①从:同"纵"。

②苟可:苟且随便,不拘小节。

③野人:乡野之人,粗野之人。

④安故重迁:安于旧俗,不轻易改变。比喻守旧。

⑤众庶:一般平民。

⑥然否:对与不对。"否"字原文脱,此依向宗鲁《校证》据卢文弨校补。

⑦天覆地载:天所覆盖,地所承载,比喻德泽广大。

⑧黼(fú):古代绣有黑白两色如斧形花纹的礼服。

⑨黻(fú):古代绣有黑青两色相间略如"亚"字形花纹的礼服。

⑩火:绣有火焰花纹的礼服。

⑪山龙:绣有山形与龙形图纹的衮服。

⑫缛:繁密。

⑬中:指内心。章:同"彰"。显明。

【译文】

古书上说:"触动感情便放纵淫欲,称作禽兽。苟且随便不拘小节,叫野人。安于旧俗,不轻易改变,是一般平民。能辨别是非,通晓古今道理,是士人。使贤者进用能者显达,是大夫。尊敬天子,爱护臣民,是诸侯。德泽充满天地之间,是天子。因此士穿绣有黑白两色如斧形花纹的礼服,大夫穿绣有黑青两色相间略如'亚'字形花纹的礼服,诸侯穿有火焰图纹的礼服,天子穿有山形龙形图纹的衮服。德泽越盛大文采越繁密,内心越有修养文采越显明。"

19.5《诗》曰①:"左之左之,君子宜之。右之右之,君子有之②。"《传》曰③:"君子者,无所不宜也。"是故韠冕厉戒④,立于庙堂之上,有司执事⑤,无不敬者;斩衰裳苴绖杖⑥,立于丧次⑦,宾客吊唁,无不哀者;被甲缨胄⑧,立于枹鼓之间⑨,士卒莫不勇者。故仁足以怀百姓,勇足以安危国,信足以结诸侯,强足以拒患难,威足以率三军。故曰⑩:"为左亦宜,为右亦宜,为君子无不宜者。"此之谓也。

【注释】

①《诗》曰:以下引诗见《诗经·小雅·裳裳者华》。
②"左之左之"四句:毛传:"左,阳道,朝祀之事;右,阴道,丧戎之事。"此四句是以驾车比喻君子才德兼备,无所不宜。从左右两方面写君子无所不宜的品性和才能。有,指具有才干。
③《传》曰:陈乔枞《鲁诗遗说考》云:"此所引《传》,即《鲁诗传》之文也。"
④韠(bì)冕厉戒:此指古代朝觐或祭祀时的服饰。韠,遮蔽在膝盖前面的一种皮制服饰。《诗经·桧风·素冠》:"庶见素韠兮。"朱

熹《诗集传》:"韠,蔽膝也,以韦为之。冕服谓之韍,其余曰韠。"冕,礼冠。厉,下垂的腰带。戒,戒具,古代朝觐或祭祀时陈设的器具。按以上四字均用作动词,指穿戴。

⑤有司执事:各类主管官员。

⑥斩衰(cuī):古代五种丧服中最重的一种,用粗麻布做成,左右和下边都不缝。臣对君、子和未嫁女对父母、妻对夫等情况都要服斩衰。苴绖(jū dié):古代服重丧时束在头上和腰间的麻带。杖:服重丧所持竹杖。

⑦丧次:治丧的位次。

⑧被甲缨胄:此指穿甲戴盔的服饰。缨胄,系上头盔。

⑨枹(fú)鼓:战鼓。枹,鼓槌。

⑩故曰:古书上说。

【译文】

《诗经》说:"驾车向左向左,君子无所不可。驾车向右向右,君子无所不有。"《传》上说:"君子没有什么事不能适宜的。"所以当他穿上官服、戴上礼帽、垂着腰带、拿着礼器,站立在宗庙或朝堂上,各级官员没有不敬畏的;当他穿着重丧丧服、腰束麻带、手持丧杖,站立在治丧的位次上,来吊唁的宾客,没有不悲伤的;当他披甲戴盔,站立在战鼓之间,士卒没有不奋勇的。因此,他的仁爱能够怀柔百姓,勇敢能够安定危亡的国家,诚信能够结交诸侯,强干能够抵挡患难,威武能够统率三军。古书上说:"向左也适宜,向右也适宜,作为君子没有什么不适宜的。"说的就是这种情况。

19.6 齐景公登射①,晏子修礼而待。公曰:"选射之礼,寡人厌之矣。吾欲得天下勇士,与之图国。"晏子对曰:"君子无礼,是庶人也;庶人无礼,是禽兽也。夫臣勇多则弑其君,子力多则弑其长,然而不敢者,惟礼之谓也②。礼者,所以御民也；辔者，所以御马也。无礼而能治国家者，婴未之闻也。"景公曰："善。"乃饬射更席③，以为上客，终日问礼。④

【注释】

① 登射：选射。登，选用，进用。古代贵族男子重武习射，天子诸侯常以射箭从诸侯、卿、大夫、士中选出优胜者，称作射礼或选射之礼。
② 惟礼之谓：等于说"惟礼为之"，只是礼造成的。谓，通"为"。
③ 饬射：整饬射礼。更席：改变座位。
④ 天海按：此文又见《晏子春秋·内篇谏下》，文略异。

【译文】

齐景公举行选射，晏子准备好礼仪等着他。齐景公说："选射的礼仪，我已经厌烦了。我想得到天下的勇士，和他们一起谋划国事。"晏子回答说："君子不讲礼仪，就是平民；平民不讲礼仪，就是禽兽。臣子勇力多就会杀害国君，儿子力气大就会杀害长辈，然而又不敢这样做，只是因为礼仪的约束。礼仪，是用来驾驭民众的；络头，是用来驾驭马的。没有礼仪却能治理国家，我从来不曾听说过这样的事。"齐景公说："好。"于是整饬射礼，变换座位，让晏子做上客，整天向他请教礼仪。

19.7《书》曰①："五事，一曰貌②。"貌者，男子之所以恭敬，妇人之所以姣好也。行步中矩，折旋中规，立则磬折，拱则抱鼓③。其以入君朝，尊以严；其以入宗庙，敬以忠；其以入乡曲④，和以顺；其以入州里族党之中⑤，和以亲。《诗》曰⑥："温温恭人，惟德之基⑦。"孔子曰⑧："恭近于礼，远耻辱也。"

【注释】

①《书》曰：下所引见《尚书·洪范》。

②五事，一曰貌：《尚书·洪范》："初一曰五行，次二曰敬用五事。""五事：一曰貌，二曰言，三曰视，四曰听，五曰思。貌曰恭，言曰从，视曰明，听曰聪，思曰睿。恭作肃，从作乂，明作哲，聪作谋，睿作圣。"貌，主要指仪态，不仅是容貌。

③"行步中矩"四句：折旋，曲行。古代行礼时的动作。磬折，弯腰。表示谦恭。《礼记·曲礼下》："立则磬折垂佩。"《后汉书·马援传》："述鸾旗旄骑，警跸就车，磬折而入。"李贤注："磬折者，屈身如磬之曲折，敬也。"此四句《韩诗外传》卷一作："立则磬折，拱则抱鼓，行步中规，折旋中矩。"

④乡曲：指乡间、乡里，亦指穷乡僻壤。

⑤州里族党：故乡聚居的同族亲属。古代两千五百家为州，二十五家为里。后用以泛指故土乡里。

⑥《诗》曰：以下引诗见《诗经·大雅·抑》。

⑦温温恭人，惟德之基：宽柔恭敬地对待人，是德行的根本。毛传："温温，宽柔也。"

⑧孔子曰：下引二句见《论语·学而》。

【译文】

《尚书》说："人生处世五件事，第一是仪态。"男子以它来表示恭敬，女子以它来显示貌美。行走符合矩尺，旋转符合圆规，站立弯腰像石磬，拱手像抱鼓。如用这种仪态进入君主的朝廷，就显得庄重而严肃；如用这种仪态进入宗庙，就显得恭敬而忠诚；如用这种仪态到乡里，就显得温和而柔顺；如用这种仪态到故乡亲族中，就显得和睦而亲近。《诗经》说："宽柔恭敬地对待人，是德行的根本。"孔子说："恭敬接近礼的要求，可以远离耻辱。"

19.8 衣服容貌者,所以悦目也。声音应对者,所以悦耳也。嗜欲好恶者①,所以悦心也。君子衣服中,容貌得,则民之目悦矣。言语顺②,应对给③,则民之耳悦矣。就仁去不仁,则民之心悦矣。三者存乎心,畅乎体,形乎动静,虽不在位,谓之素行④。故忠心好善,而日新之。独居乐德,内悦而形⑤。《诗》曰⑥:"何其处也?必有与也。何其久也?必有以也⑦。"惟有以者为能长生久视⑧,而无累于物也。⑨

【注释】

① 嗜欲好恶:好恶,偏义复词,只取"好"义。《韩诗外传》卷一、《春秋繁露》皆作"好恶去就"。审之下文作"好恶去就"为是。
② 顺:《韩诗外传》作"逊"。
③ 给:言语便捷。
④ 素行:素王的品行。素王,有帝王德行而无帝王名位的人。《庄子·天道》:"以此处下,玄圣、素王之道也。"郭象注:"有其道为天下所归,而无其爵者,所谓素王自贵也。"
⑤ 独居乐德,内悦而形:向宗鲁《校证》以为当依《韩诗外传》作"则独居而乐,德充而形",译文从此。
⑥ 《诗》曰:以下引诗见《诗经·邶风·旄丘》。
⑦ 以:原因,缘故。
⑧ 有以者:有上述品格的人。视:活。《吕氏春秋·重己》:"无贤不肖,莫不欲长生久视。"高诱注:"视,活也。"
⑨ 天海按:此文又见《韩诗外传》卷一、《春秋繁露·五行对》,文略异。

【译文】

衣服容貌,是要用它来悦目的。声音应答,是要用它来悦耳的。嗜欲喜好,是要用它来使内心欢悦的。君子衣服合身、容貌得体,百姓就会看着就顺眼。言语和顺,应对敏捷,百姓就会听着就顺耳。趋向仁爱、除去不仁,百姓就会心里欢悦。这三件事君子放在心上,畅行到全身,表现在行动举止上,即使不在王位,也可称作素王的品行。因此忠心好善,每天必有新收获。独居时愉快地修养品德,德行就会充实形体。《诗经》说:"为什么在那里安居?一定是有人相与。为什么那样长久?一定是有道理。"只有具备以上品行的人才能活得长久,而不致受外物的牵累。

19.9 知天道者冠鈢①,知地道者履蹻②,能治烦决乱者佩觿③,能射御者佩韘④,能正三军者搢笏⑤。衣必荷规而承矩⑥,负绳而准下⑦。故君子衣服中而容貌得,接其服而象其德。故望五貌而行能有所定矣⑧。《诗》曰⑨:"芃兰之枝⑩,童子佩觿。"说行能者也。

【注释】

①鈢:与"鹬(yù)"通。毛传:"鹬、述也。古音同也。"《说文解字·鸟部》:"鹬,知天将雨鸟也。《礼记》曰:'知天文者冠鹬。'"这里指绣有鹬鸟图形的帽子,即所谓"术氏冠"。术氏冠,即鹬冠,古代掌天文者所戴的帽子。章炳麟《原儒》:"鹬冠者,亦曰术氏冠,又曰圜冠。"

②履蹻(jué):穿草鞋。《庄子·田子方》:"儒者冠圜冠者,知天时;履句屦者,知地形。"

③觿(xī):又名角觿。古代用象骨做的角锥,用来解绳结。一般象征能够解决烦难。

④韘(shè):古代用象骨做的射决,射者戴在右手大拇指上用以钩

开弓弦的工具,俗称"扳指"。《说文解字》:"韘,射决也,所以钩弦。以象骨、韦系著右巨指。从韦枼声。"原文误作"韄(xiè)",此依明钞本径改。

⑤搢笏(hù):把笏版插在腰带上。又称插笏,也指朝见;后引申为官吏、大臣。笏,古代君臣朝会时用以记事的手版。

⑥荷规承矩:符合一定的方圆尺寸。

⑦负绳而准下:依粉线标准下料。绳,剪裁衣服时划线的粉线。

⑧五貌:五官容貌。行能:品行才能。

⑨《诗》曰:以下引诗见《诗经·卫风·芄兰》。

⑩芄兰:草名。也叫萝摩,蔓生,叶有长柄;结荚实,两两相对成叉形,如同古人所佩角锥。

【译文】

懂天文的人戴有鹬鸟图形的帽子,懂地理的人穿草鞋,能处理决断繁乱事务的人佩带角锥,能射箭驾驭车马的人佩带扳指,能肃正三军的人腰插笏版。衣服一定要符合方圆尺寸,依照粉线标准下料。所以君子就衣服合身容貌得体,穿着这样的衣服就能象征他的品德,观看五官容貌便能确定他的品行才能。《诗经》说:"芄兰蔓生的嫩枝,像儿童佩带的角锥。"说的就是有品行才能的人。

19.10 冠者①,所以别成人也。修德束躬②,以自申饬③,所以检其邪心,守其正意也。君子始冠必祝,成礼加冠,以厉其心。故君子成人必冠带以行事,弃幼少嬉戏惰慢之心,而衎衎于进德修业之志④。是故服不成象⑤,而内心不变。内心修德,外被礼文,所以成显令之名也⑥。是故皮弁素积⑦,百王不易。既以修德,又以正容。孔子曰⑧:"正其衣冠,尊其瞻视⑨,俨然人望而畏之⑩,不亦威而不猛乎?"

【注释】

① 冠(guàn)：加冠，古代男子二十岁行成人礼，结发戴冠。
② 束躬：检点约束自身。
③ 申饬：检点，整肃。
④ 衎衎(kàn)：坚强执着貌。《汉书·赵广汉尹翁归等传赞》："张敞衎衎，履忠进言。"颜师古注："衎衎，强敏之貌也，音口翰反。"进德修业：增进品德，钻研学业。语本《周易·乾卦》。《仪礼·士冠礼》："令月吉日，始加元服，弃尔幼志，顺尔成德，寿考惟祺，介尔景福。"
⑤ 服不成象：服饰不成图像。古代贵族以各种图像装饰衣服，以区别尊卑等级。
⑥ 显令：显著美好。
⑦ 皮弁(biàn)：古冠名。用白鹿皮制成，为上朝的常服。素积：亦作"素裳"。腰间有褶裥的素裳。是古代的一种礼服。素积在汉朝也被称为短衣大绔，而在南朝以后则被称为袴褶。《礼记·郊特牲》："周弁、殷冔(xǔ)、夏收，三王共皮弁素积。"(《仪礼·士冠礼》亦有此文)孙希旦集解："素积，以素缯为裳而襞积之也。素言其色，积言其制。"
⑧ 孔子曰：下所引数句见《论语·尧曰》。
⑨ 瞻视：目光。
⑩ 俨然：形容矜持庄重。

【译文】

加冠礼，是用来区别成人的。修养品德约束自身，自我检点整肃，以此检束自己歪邪的思想，坚守端正的意念。君子开始加冠时一定要祷告，行礼完毕才加冠，以此激励自己的心志。所以君子到成年一定要加冠束带才能去做事，抛弃年幼时嬉戏懈惰简慢的习气，坚强执着地立志于增进品德、钻研学业。衣服不成图像，内心就不会改变。内心修养品德,外表才能显出礼仪,以此成就显著美好的名声。因此白色鹿皮帽、细褶白布衫,这样的装束历代帝王都不会改变。既能用来修养德行,又能用它端正仪表。孔子说:"衣冠端正,目不斜视,严肃庄重使人望而生敬意,岂不是威严却不凶恶可怕吗?"

19.11 成王将冠,周公使祝雍祝王①,曰:"达而勿多也②。"祝雍曰:"使王近于民,远于佞,啬于时③,惠于财,任贤使能。"于此始成之时,祝辞四加而后退④。公冠⑤,自以为主,卿为宾,飨之以三献之礼⑥,公始加玄端与皮弁⑦,皆必朝服玄冕⑧,四加。诸侯太子、庶子冠⑨,公为主,其礼与士同⑩。冠于祖庙,曰:"令月吉日,加子元服⑪。去尔幼志,顺尔成德⑫。"冠礼:十九见正而冠⑬,古之通礼也。⑭

【注释】

①祝雍:名雍的祝官。祝,此指掌祭祀祈祷之官。
②达而勿多:意谓祝词要通达简练。
③啬:爱惜。
④四加:朗诵四次。
⑤公:此指诸侯国君。
⑥三献之礼:古代祭祀仪式之一,陈列祭品后要三次献酒,分初献、亚献、终献。
⑦玄端:黑色礼服,可用于祭祀,也可用于冠礼、婚礼。
⑧玄冕:天子举行较小祭祀时所著的黑色冕服,大夫助祭也可服用。
⑨庶子:非正妻所生之子。又,正妻所生除嫡子外,也称庶子。
⑩其礼与士同:"士"原作"上",于情理不合,依卢文弨据《大戴礼记·公冠》校改。

⑪元服：帽子。元，指头。
⑫成德：成年人应有的品德。
⑬见正(zhēng)：逢正月。这里"十九"指实岁。
⑭天海按：此文略见《大戴礼记·公冠》《孔子家语·冠颂》。

【译文】

成王将要举行加冠礼，周公命祝雍为成王致祝词，说："祝词要通达简练。"祝雍致祝词说："让君王接近民众，远离小人，爱惜时间，惠施财物，任用贤能。"在刚成礼的时候，祝词朗诵四次后祝雍退下。诸侯国君举行加冠礼，自己做主持人，卿大夫做宾相，享用三献的祭礼，然后国君才穿上礼服戴上皮弁，都必须穿朝服用黑色冠冕，祝告四次。诸侯太子、庶子举行加冠礼，由国君主持，礼节仪式与列士相同。加冠礼在祖庙举行，祝词说："吉月吉日，给你加冠。去掉你幼稚的想法，成就你成人应有的品德。"冠礼规定：十九岁逢正月就可举行，这是古代通行的礼仪。

19.12 "夏，公如齐逆女①。""何以书？亲迎②，礼也。"其礼奈何？曰：诸侯以屦二两加琮③，大夫、士、庶人以屦二两加束脩二④。曰："某国寡小君⑤，使寡人奉不珍之琮、不珍之屦⑥，礼夫人贞女⑦。"夫人曰："有幽室数辱之产⑧，未谕于傅母之教⑨，得承执衣裳之事⑩，敢不敬拜祝⑪。"祝答拜。夫人受琮，取一两屦以履女、正笄、衣裳⑫，而命之曰："往矣，善事尔舅姑⑬，以顺为宫室⑭，无二尔心，无敢回也。"女拜，乃亲引其手，授夫乎户。夫引手出户。夫行，女从。拜辞父于堂，拜诸母于大门⑮。夫先升舆执辔，女乃升舆。毂三转⑯，然后夫下，先行。大夫、士、庶人，称其父⑰，曰："某之父，某之师友，使某执不珍之屦、不珍之束脩，敢不敬礼某氏贞女。"母曰："有草茅之产⑱，未习于织纴纺绩之事，得奉执箕帚之事⑲,敢不敬拜。"⑳

【注释】

①公如齐逆女:鲁庄王到齐国迎娶女子。此事见载《春秋·庄公二十四年》。此为《春秋》经文。

②亲迎:又称迎亲。中国古代婚姻礼仪六礼中第六礼。是新郎亲自迎娶新娘回家的礼仪。以上句子见《公羊传·庄公二十四年》。

③屦(jù)二两:麻鞋两双。两,双,对,量词。琮(cóng):古代玉质礼器,柱形或长筒形,中有圆孔。《周礼·春官·大宗伯》:"以黄琮礼地。"郑玄注:"琮之言宗,八方所宗,故外八方,象地之形。中虚圆,以应无穷,象地之德,故以祭地。"《说文解字》:"瑞玉。大八寸,似车釭。从玉,宗声。"

④士:此字原文脱,据卢文弨校补。束脩:十条干肉。

⑤寡小君:古代臣下对外称呼本国国君夫人的谦辞。《论语·季氏》:"邦君之妻,君称之曰夫人,夫人自称曰小童,邦人称之曰君夫人,称诸异邦曰寡小君。"又,为君夫人对诸侯自称的谦辞。《礼记·曲礼下》:"夫人自称于天子,曰老妇;自称于诸侯,曰寡小君。"日人关嘉曰:"寡小君,婿之母也。"

⑥使寡人奉不珍之琮:卢文弨校云:"'使寡人'当作'使某',此讹。'奉不珍之琮',《昏礼》辞无。'不腆',此云'不珍',非礼。"天海按,卢说"'使寡人'当作'使某'"是,译文从此说。"不珍",即不贵重,菲薄。亦送礼时自谦之辞。虽然不在《昏礼》辞中,但行文亦通。

⑦礼夫人贞女:作为夫人贞静的女儿的聘礼。贞女,未嫁女子的美称。

⑧有幽室数辱之产:有个长在深闺、承蒙男方多次眷顾(实指求亲)

⑨傅母：古时抚育教导贵族子女的老年保姆。

⑩得承执衣裳之事：得到承担做妻子的义务。

⑪敢不敬拜祝：岂敢不恭敬拜谢来使。祝，这里指下聘的使者。以上数语皆为女方母亲对男方下聘使者的礼敬之词。

⑫履女、正笄(jī)、衣裳：给女儿穿鞋、插正发髻、穿好嫁衣。笄，女子年十五而笄，表示可以嫁人成婚，如同男子的加冠礼。

⑬舅姑：古代称男方父母，即今"公婆"。

⑭以顺为宫室：以柔顺成家。宫室，家室。此指做人妻子。

⑮诸母：众庶母。《礼记·曲礼上》"诸母不漱裳"，孔疏："诸母，谓父之诸妾有子者。"大门：卢文弨校曰："当作'祭门'，见《穀梁·桓三年传》。"《穀梁传·桓公三年》："礼，送女，父不下堂，母不出祭门，诸母兄弟不出阙门。"范宁注："祭门，庙门也。阙门，两观也，在祭门之外。"

⑯毂(gǔ)三转：车轮转动三周。毂，本指车轮中心的圆木，周围与车辐的一端相接，中有圆孔，可以插轴，此借指车轮或车。

⑰称其父：自称代表男方的父亲。

⑱草茅之产：出生于乡野的女儿，谦辞。

⑲执箕帚之事：做洒扫之类的事，实指嫁人为妻。

⑳天海按：向宗鲁《校证》以为本则当出自佚《礼》。

【译文】

"二十四年夏季，鲁庄公到齐国迎娶女子。""为什么要记载？亲自迎亲，符合礼仪。""迎亲的礼仪怎么样？"回答是：诸侯用麻鞋两双加上玉琮，大夫、士人和平民用麻鞋两双加上十条一捆的干肉两捆。聘使说："我国国君夫人让我奉上菲薄的玉琮和麻鞋，作为对夫人贞女的聘礼。"女方夫人便回答说："我有养在深闺屡承眷顾的女儿，未曾受到傅母很好的教导，得以受聘承担洗衣之类的事，怎能不恭敬地拜谢聘使呢。"聘使回拜。夫人接受玉琮,取一双鞋给女儿穿上,插正发簪,穿好衣裙,并对她嘱咐说:"去吧,好好地侍奉你的公婆,要柔顺成家,不要怀二心,不要被遣回。"女儿拜辞夫人,夫人亲自拉着她的手,在门内交给她的丈夫。丈夫拉着她的手出门。丈夫在前面走,女子在后面跟着。到厅堂上拜辞父亲,在大门口拜辞庶母。丈夫先上车拿起马缰绳,女子再上车。车轮转动三圈,然后丈夫下车,在前面走。大夫、士人、平民等声称受男方父亲的请托,说:"男方的父亲和师友,让我带来菲薄的麻鞋和干肉,怎敢不敬献给您家的贞女呢。"女子的母亲说:"我这生长在乡野的女儿,对缝衣纺线的事还不熟练,能受聘做洒扫之类的事,怎能不恭敬地回拜呢。"

19.13《春秋》曰①:"壬申②,公薨于高寝③。"《传》曰④:"高寝者何?正寝也⑤。曷为或言高寝,或言路寝?曰:诸侯正寝三:一曰高寝,二曰左路寝,三曰右路寝⑥。高寝者,始封君之寝也。二路寝者,继体之君寝也⑦。其二何?曰:子不居父之寝,故二寝。继体君世世不可居高祖之寝,故有路寝名也。高寝、路寝其立奈何⑧?高寝立中,路寝立左右⑨。"《春秋》曰:"天王入于成周⑩。"《传》曰:"成周者何?东周也⑪。"然则天子之寝奈何?曰:亦三。受命之天子之寝曰承明⑫,继体守文之君之寝曰左右之路寝⑬。谓之承明何?曰:承乎明堂之后者也⑭。故天子诸侯三寝立而名实正⑮,父子之义章,尊卑之事别,大小之德异矣。

【注释】

①《春秋》曰:屈守元案:"见《定公十五年》。"

②壬申:这是以干支纪日。据张汝舟《春秋经朔谱》,这一天当为鲁

定公十五年五月二十二日。

③薨(hōng):诸侯死称薨。高寝:古代最初受封君王的寝宫。杜预注曰:"高寝,宫名;不于路寝,失其所也。"以上引文见《春秋·定公十五年》。

④《传》曰:此指《公羊传》之文。

⑤高寝者何? 正寝也:正寝,正中的居室。《公羊传》曰:"路寝者何? 正寝也。"注曰:"公之正居也。"日人关嘉曰:"此传指《公羊》鲁庄公三十二年:'公薨于路寝。'"并按曰:"按此'高寝'当作'路寝'。"

⑥三曰右路寝:以上之文《公羊传·庄公三十二年》何休注云:"天子诸侯皆有三寝:一曰高寝,二曰路寝,三曰小寝。父居高寝;子居路寝;孙从王父母,妻从夫寝;夫人居小寝。"

⑦继体之君:继位之君。

⑧"故有路寝名也"三句:此文原作:"故有高寝,名曰高也。路寝其立奈何?"文意不达,此从卢文弨、左松超之说及下文径改。

⑨路寝立左右:"《传》曰"以下至此之引文,均不见于《春秋》三传,疑为《公羊传》佚文。

⑩天王:此指周敬王。前516年,晋国出兵送敬王入王城洛阳。成周:东周都城,故址在今洛阳东北二十里。以上引文见《春秋·昭公二十六年》。

⑪东周:周平王京城迁洛阳后,史称东周。以上引文见《公羊传·昭公二十六年》。"《春秋》曰"至此十八字,卢文弨认为:"非此处语,疑脱误。"

⑫受命之天子之寝曰承明:"承明"之上八字,据左松超说径补。承明,古代天子左右路寝称承明,因承接明堂之后,故称。

⑬守文:遵守成法。《史记·外戚世家》司马贞索隐:"守文,犹守法也。谓非受命创制之君,但守先帝法度为之主耳。"

⑭明堂:古代帝王宣明政教、举行大典的地方。据《吕氏春秋通诠》载,明堂中方外圆,通达四出,各有左右房。

⑮名实正:名实确定。正,定也。

【译文】

《春秋》载:"五月二十二日这天,鲁定公死于高寝。"《传》书上说:"高寝是什么?就是正寝。为什么有的称高寝,有的称路寝?回答是:诸侯的正寝有三种:一叫高寝,二叫左路寝,三叫右路寝。高寝,是初封国君的正室。两种路寝,是后来继位国君的正室。那为什么有两个路寝?回答是:儿子不能住父亲的寝室,因此有二寝。继位国君世世代代都不能住高祖的正室,所以有路寝。高寝、路寝怎样设立?高寝设在当中,路寝分设左右。"《春秋》载:"天王进入成周。"《公羊传》说:"成周是什么?就是东周。"那么天子的正室又怎么样?回答是:也有三种。受上天之命的天子之寝叫承明,继位守法的国君的正室,也叫左右路寝。称为"承明"是什么意思?回答是:因为承接在明堂的后面。这样天子诸侯设立三种寝室就会名分与实际确定,父子间关系的准则显明,尊卑的不同情况有辨别,德行的大小有不同。

19.14 天子以鬯为贽①。鬯者,香草之本也②。上畅于天,下畅于地,无所不畅,故天子以鬯为贽。诸侯以圭为贽③。圭者,玉也。薄而不挠④,廉而不刿⑤。有瑕于中,必见于外,故诸侯以玉为贽。卿以羔为贽。羔者,羊也。羊群而不党⑥,故卿以为贽。大夫以雁为贽⑦。雁者,行列有长幼之礼,故大夫以为贽。士以雉为贽。雉者,不可指食笼狎而服之⑧,故士以雉为贽。庶人以鹜为贽⑨。鹜者,鹜鹜也⑩,鹜鹜无他心,故庶人以鹜为贽。贽者,所以质也⑪。⑫

【注释】

① 鬯（chàng）：古代一种香酒，用郁金草合用黑黍酿制而成。主要用于祭祀。贽：古时初次求见人时所送的礼物，即见面礼。《左传·成公十二年》："交贽往来。"

② 香草："香"原文作"百"，下注"一作香"。作"香"是，径改。

③ 圭（guī）：又作"珪"，古代玉制礼器，长条形，上圆（或剑头形）下方。我国古代贵族朝聘、祭祀、丧葬时以为礼器。依其大小，以别尊卑。

④ 薄而不挠：轻薄脆而不弯曲。比喻为人坚强宁折不弯。

⑤ 廉而不刿（guì）：棱角锋利却不伤人。比喻为人正直宽厚。刿，刺伤。

⑥ 羊群而不党：羊善于合群而不结党。

⑦ 鸬：家鹅。王引之《经义述闻》认为古时大夫所挚之鸬即家畜之鹅，以为鸿雁则非是。黄侃《尔雅音训》："舒鸬，鹅；舒鸟，鹜。《说文》：'雁，鸟也，从佳，厂声，读若鸬；鸬，鹅也，厂声。'绎此文雁为鸟名，鸬则鹅也。然本同类，故字通。惟二生之挚及昏礼所用，宜皆家畜。《仪礼》注以阳鸟之雁当之，于义疑也。"王光汉《词典问题研究》中《辞书编纂与食古之泥古》一文的考辨，亦认为雁有"雁""鸬"之分。"雁"指候鸟大雁，"鸬"指家禽鹅。

⑧ 雉（zhì）者，不可指食笼狎而服之：野鸡不能用美食引诱、不能关在笼中玩弄使它驯服。雉，野鸡。又名山鸡、锦鸡。《春秋繁露·执贽》："士以雉为贽者，取其不可诱之以食，慑之以威，必死不可生畜。""指食"即"诱之以食"，"笼狎"即"生畜"，养于笼中。

⑨ 鹜（wù）：指家鸭，也指野鸭。古人送见面礼为家鸭。家鸭性朴，飞行迟钝。

⑩ 鹜鹜：家鸭飞行迟钝、行走舒缓貌。

⑪ 质：朴实的本性，质朴的心意。

⑫天海按：此文内容略见《春秋繁露·执贽》《白虎通义·瑞贽》。又参见《公羊传·庄公二十四年》何休注："凡贽，天子用鬯，诸侯用玉，卿用羔，大夫用雁，士用雉。雉取其耿介；雁取其在人上，有先后行列；羔取其执之不鸣，杀之不号，乳必跪而受之，类死义知礼者也；玉取其至清，而不自蔽其恶，洁白而不受污，内坚刚而外温润，有似乎备德之君子；鬯取其芬芳在上，臭达于天，而醇粹无择，有似乎圣人，故视其所执而知其所任矣。"

【译文】

天子用香酒作见面礼。香酒，由香草的根酿制而成，上能畅通到天上，下能畅通到地下，无处不能畅通，所以天子用香酒作为见面礼。诸侯用玉圭作见面礼，圭是玉做成的。玉轻薄而不弯曲，棱角分明却不伤人，里面有瑕疵，一定会表现在外面，所以诸侯用玉圭作见面礼。卿用羊羔作见面礼。羊羔是小羊。羊能合群但不结党，所以卿用羊羔作见面礼。大夫用鹅作见面礼。鹅的行列有长幼的礼节，所以大夫用鹅作见面礼。士人用野鸡作见面礼。野鸡不能用美食引诱它，也不能关在笼子里玩赏使它驯服，所以士人用野鸡作见面礼。平民用家鸭作见面礼。家鸭迟钝舒缓，迟钝舒缓就没有异心，所以平民用家鸭作见面礼。见面礼，是用来表示自己质朴心意的。

19.15 诸侯三年一贡士①。一适谓之好德②，再适谓之尊贤，三适谓之有功。有功者天子一赐以舆服弓矢③，再赐以鬯④，三赐以虎贲百人⑤，号曰命诸侯⑥。命诸侯者⑦，邻国有臣弑其君、孽弑其宗⑧，虽不请乎天子，而征之可也。已征而归其地于天子。诸侯贡士，一不适谓之过，再不适谓之傲⑨，三不适谓之诬⑩。诬者，天子黜之⑪。一黜以爵，再黜以地，三黜而地毕⑫。诸侯有不贡士，谓之不率正⑬。不率正者，天子黜之。一黜以爵,再黜以地,三黜而地毕。然后天子比年秩官之无文者而黜之⑭,以诸侯之所贡士代之。《诗》云⑮:"济济多士⑯,文王以宁⑰。"此之谓也。⑱

【注释】

① 贡士:诸侯岁献,贡士于天子。《礼记·射义》孔颖达疏:"诸侯三年一贡士于天子也。"原文"士"下多一"士"字,卢文弨《校补》以为衍文;左松超《集证》认为"无义、当删"。今考之下文并《尚书大传》《汉书·武帝纪》《潜夫论·考绩》诸书,皆不多"士"字,故删。

② 适:《尚书大传》郑玄注:"适,犹得也。"《汉书》注引服虔云:"适,得其人。"

③ 舆服:车辆衣冠章服。古代车舆与冠服都有定式,以表尊卑等级与其地位。

④ 鬯(chàng):古代一种香酒,用郁金草合用黑黍酿制而成。主要用于祭祀。《尚书大传》作"秬鬯"。陆德明《经典释文》:"以黑黍米捣郁金草取汁而煮之和酿其酒,其气芬芳调畅,故谓之秬鬯。"

⑤ 虎贲(bēn):勇士。虎贲为九锡中的一种赏赐,守门之军,虎贲卫士若干人,或谓三百人。

⑥ 命诸侯:古代因贡士之功而受天子赐命得以专征的诸侯。

⑦ 命诸侯者:《尚书大传》作"命诸侯得专征者"。

⑧ 孽弑其宗:庶出之子弑杀宗子(嫡子)。孽,庶子。《尚书大传》注曰:"庶,支子也;宗,嫡子也。"

⑨ 傲(ào):不逊。《尚书大传》作"敖",二字通。《礼记·曲礼》:"凡视上于面则敖。"

⑩ 诬:欺骗。"过、傲、诬"句下,《尚书大传》分别注曰:"谓三年时也","谓六年时也","谓九年时也"。

⑪黜(chù):贬抑,废免。

⑫地毕:《尚书大传》作"爵地毕",《初学记》《汉书》所引皆作"爵地毕"。

⑬不率(lǜ)正:意思是不服从,不遵循正统。实指不服从嫡长周天子。《左传·宣公十二年》:"今郑不率,寡君使群臣问诸郑,岂敢辱候人?"杜预注:"率,遵也。"

⑭比年秩官:考核享有年俸的官吏。比,考核。秩官,常设之官。《商君书·修权》:"夫废法度而好私议,则奸臣鬻权以约禄,秩官之吏,隐下而渔民。"高亨注:"《尔雅·释诂》:'秩,常也。'秩官,常设的官。"无文:卢文弨校疑"文"当作"效",译文从此说。

⑮《诗》云:以下二句见《诗经·大雅·文王》。

⑯济济:此形容人才众多的样子。

⑰文王:周文王。

⑱天海按:此文又见《尚书大传·虞夏传》《汉书·武帝纪》,又略见《初学记》卷二十引《大戴礼记》,《潜夫论·考绩》亦有此文,而文有不同。

【译文】

诸侯三年一次向周天子贡士。一次贡士得当,叫好德;两次得当,叫尊贤;三次得当,叫有功。有功的诸侯天子第一次赏赐给他车辆衣服弓箭,第二次赏赐给他香酒,第三次赏赐给他勇士百人,称为"命诸侯"。所谓"命诸侯",如果邻国有臣子杀害国君的,庶子杀害宗子的,即使不向天子请示,也可以征伐他们。征伐后将这些国家的土地归还给天子。凡诸侯贡士,一次不当叫过失,两次不当叫不逊,三次不当叫欺骗。欺骗天子的人,天子要废免他。第一次免去他的爵位,第二次削减他的封地,第三次将全部封地收回。诸侯如有不贡士的,叫不服从正统。不服从正统的人,天子要废免他。第一次免去他的爵位,第二次削减他的封地,第三次收回全部封地。然后天子考核享有年俸的官吏,其中没有功效的人也要废免他,并用诸侯所贡的士人来代替他们。《诗经》说:"贤士济济一堂,文王因此安宁。"说的就是这种情况。

19.16 古者必有命民①。民能敬长怜孤②,取舍好让,居事力者③,命于其君。命然后得乘饰舆骈马④。未得命者不得乘,乘者皆有罚。故其民虽有余财侈物,而无仁义功德,则无所用其余财侈物。故其民皆兴仁义而贱财利。贱财利则不争,不争则强不凌弱,众不暴寡。是唐、虞所以兴象刑⑤,而民莫敢犯法,而乱斯止矣⑥。《诗》云⑦:"告尔民人,谨尔侯度,用戒不虞⑧。"此之谓也。⑨

【注释】

①命民:古代平民受帝王赐爵者。此则原文连上,现依卢文弨校另起。
②民:此字上原文有"命"字,向宗鲁《校证》以为衍文,《尚书大传》《韩诗外传》亦无,据文意亦不当有,径删。
③居事力者:做事努力的人。居,《尚书大传》作"举"。
④饰舆骈马:两匹马拉的有文饰的车,《周礼》规定大夫以上方能乘坐此车。
⑤唐、虞:唐尧、虞舜二人并称。象刑:相传尧、舜时代无肉刑,以特异的服饰代替身体接受象征的刑罚。《尚书·尧典》:"象以典刑。"《尚书大传》曰:"唐虞象刑:犯墨者蒙皂巾,犯劓者赭其衣,犯膑者以墨幪其膑处而画之,犯大辟者布衣无领。"
⑥斯:尽,完全。
⑦《诗》云:以下二句见《诗经·大雅·抑》。
⑧谨尔侯度,用戒不虞:谨守你国君的法度,以此戒备意料不到的

事发生。《诗经·大雅·抑》郑玄笺:"平女万民之事,慎女为君之法度,用备不亿度而至之事。"

⑨天海按:此文又见《尚书大传·唐传》《韩诗外传》卷六,《潜夫论·浮侈》,文各有不同。

【译文】
　　古时候必定有受国君赐命的平民。凡有人能尊敬长辈怜悯孤儿,取舍尽量谦让,做事竭尽全力,就会受到国君的赐命。受到赐命后就能乘坐有文饰的双马拉的车。未得赐命的不能乘坐,乘坐了都要受罚。因此那时的人即使有多余财物,但没有仁义功德,就没有地方使用那多余的财物。所以那时的人都盛行仁义而看轻财利。看轻财利就不会争夺;不争夺,强者就不会欺凌弱者;人多的就不会欺侮人少的。这就是尧、舜采用象征性的刑罚却没有人敢犯法,使得动乱完全停止的原因。《诗经》说:"告诉你的人民,要谨守国君的法度,以防备不可预料的事变发生。"说的就是这个意思。

　　19.17 天子曰巡狩①,诸侯曰述职②。巡狩者,巡其所守也。述职者,述其所职也。春省耕,助不给也③;秋省敛,助不足也④。天子五年一巡狩。岁二月,东巡狩,至于东岳⑤,柴而望祀山川⑥,见诸侯,问百年者⑦;命太师陈诗以观民风⑧;命市纳贾以观民之所好恶,志淫好僻者⑨;命典礼考时月、定日⑩,同律、礼乐制度、衣服⑪,正之;山川神祇有不举者为不敬⑫,不敬者君黜以爵⑬;宗庙有不顺者为不孝⑭,不孝者君削其地⑮;有功泽于民者,然后加地⑯。入其境,土地辟除⑰,敬老尊贤,俊杰在位⑱,则有庆,益其地⑲;入其境,土地荒秽⑳,遗老失贤,掊克在位㉑,则有让,削其地㉒。一不朝者黜其爵,再不朝者黜其地,三不朝者以六师移之㉓。岁五月,南巡狩,至于南岳㉔,如东巡狩之礼;岁八月,西巡狩,至于西岳㉕,如南巡狩之礼;岁十一月,北巡狩,至于北岳㉖,如西巡狩之礼。归,格于祖祢,用特㉗。㉘

【注释】

① 曰:犹"有",下同此。见裴学海《古书虚字集释》卷一。巡狩(shòu):《尧典》作"巡守",即巡行视察诸侯为天子所守的疆土。《孟子·告子下》:"天子适诸侯,曰巡狩。巡狩者,巡所守也。"

② 述职:古时诸侯向天子陈述职守。《孟子·梁惠王下》:"诸侯朝于天子曰述职。述职者,述所职也。"

③ 春省(xǐng)耕,助不给也:春季视察耕种,帮助物质匮乏的。省,省视,察看。不给,供给不足,物质匮乏。

④ 秋省敛,助不足也:秋季巡视秋收,帮助劳力不足的。敛,收敛,收获。《孟子·梁惠王下》:"春省耕而补不足,秋省敛而助不给。"以上之文见于《孟子·梁惠王下》《管子·戒》《晏子春秋·内篇问下》。

⑤ 东岳:东岳泰山。

⑥ 柴:烧柴祭天,后又写作"祡"。《尚书·舜典》:"岁二月,东巡守,至于岱宗,柴。""柴,望秩于山川。"望祀:遥望祭祀。亦作"望秩"。《周礼·地官·牧人》:"望祀,各以其方之色牲毛之。"郑玄注:"望祀五岳、四镇、四渎也。"

⑦ 见诸侯,问百年者:接见诸侯,慰问长寿的老人。《礼记·王制》作:"觐诸侯,问百年者,就见之。"百年,此指长寿老人。《尚书大传》注曰:"百年,老成人,见尊之至也。"

⑧ 太师:古代乐官之长。陈诗:采集并进献当地民间诗歌。《礼记·王制》:"命大师陈诗,以观民风。"郑玄注:"陈诗,谓采其诗而视之。"孔颖达疏:"此谓王巡守见诸侯毕,乃命其方诸侯太师,

是掌乐之官,各陈其国风之诗,以观其政令之善恶。"
⑨命市纳贾(jià)以观民之所好恶,志淫好僻者:命令市吏献上商品物价之书,以了解人们的喜好和厌恶,以及喜好放纵邪僻的人。市,此指管理集市的官吏。贾,同"价"。此指商品物价之书。《礼记·王制》孔颖达疏:"命典市之官,进纳物贾之书也。"
⑩典礼:古代掌管礼仪及历法制度的官。考时月、定日:考订四季、大小月份、确定日历。《礼记·王制》:"命典礼考时月,定日,同律,礼乐、制度、衣服正之。"孔颖达疏:"典礼之官,于周则太史也。考校四时及十二月之大小,时有节气早晚,月有弦望晦朔,考之使各当其节,又正定甲乙之日。"
⑪同律:即律吕。律吕,古代汉族乐律的统称。同,为阴律,见《礼记》郑玄注。律,指阳律。礼乐制度、衣服:孔颖达疏:"阴管之同,阳关之律,玉帛之礼,钟鼓之乐,及制度衣服,皆王者所定。天下一君,不容有异,异则非正矣。故因巡守所至,而正其不同者,使皆同也。"
⑫神祇(qí):泛指神。神,指天神。祇,指地神。《论语·述而》:"祷尔于上下神祇。"不举者:不举行祭祀的。
⑬君黜以爵:《礼记·王制》作"君削以地"。
⑭不顺者:昭穆不顺,指宗庙里所供祖先灵位次序有颠倒。
⑮君削其地:《礼记·王制》作"君黜以爵"。
⑯有功泽于民者,然后加地:《礼记·王制》作:"有功德于民者,加地进律。"以上之文见于《礼记·王制》。
⑰入其境,土地辟除:《孟子·告子下》作:"入其疆,土地辟,田野治。"辟除,开垦整治。
⑱俊杰在位:此四字原文无,此据下文之例与《孟子·告子下》径补。
⑲则有庆,益其地:此六字《孟子·告子下》作"则有庆,庆以地"。

⑳入其境，土地荒秽：《孟子·告子下》作"入其疆，土地荒芜"。

㉑掊（póu）克：聚敛、搜刮民财的人。

㉒则有让，削其地：让，谴责。《小尔雅》："诘责以辞谓之让。"《孟子·告子下》无"削其地"三字。

㉓以六师移之：用军队驱逐他。六师，即六军。周制，天子有六军。以上之文见于《孟子·告子下》。

㉔南岳：衡山。

㉕西岳：华山。

㉖北岳：恒山。

㉗格于祖祢（nǐ）：来到祖庙祭祖先。格，至也。祖祢，古代对在祖庙中立牌位的亡父的称谓。《公羊传·隐公元年》注："生称父，死称考，入庙称祢。"《史记·五帝本纪》："十一月，北巡狩；皆如初。归，至于祖祢庙，用特牛礼。"祢，父死后在祖庙供奉的牌位。用特：用一头牛作祭品。以上之文见于《礼记·王制》。特，本指公牛，也泛指牛。《玉篇》："特，牡牛也。"

㉘天海按：此文杂合《孟子》与《礼记·王制》之文。

【译文】

天子有巡狩，诸侯有述职。巡狩，就是巡视诸侯所管辖的境内各地。述职，就是诸侯陈述自己的职守。春季视察耕作，补助缺乏衣食的人；秋季巡视收获，帮助劳力不足的人。天子每五年巡狩一次。那一年的二月，向东巡视，到达东岳泰山，烧柴祭天，并遥祭山川，接见诸侯，慰问长寿的老人；命令诸侯乐官采集纳献当地民间诗歌，以了解风土人情；命令集市官吏进献商品价目，以了解人们喜好和厌恶，以及喜好放纵邪僻的人。又命令典礼官考核四时和月份大小，确定日历，考核阴阳音律、礼仪、钟鼓乐律、制度、衣着服饰，使之统一正轨；诸侯有不对山川神灵举行祭祀的，叫不敬，对不敬的诸侯，天子要黜免他的爵位；宗庙中如有昭穆牌位不顺的就是不孝，对不孝的诸侯，天子要削减他的封地；

对百姓有功劳德泽的人,事后要给他增加封地。天子进入某诸侯国境,看到土地开垦整治,敬老尊贤,贤能在位,就会表示庆贺,增加他的封地;进入某诸侯国境,看到土地荒芜,遗弃老人,不用贤人,搜括财物的人身居高位,就会责备他,削减他的封地。凡一次不朝见天子的,就黜免他的爵位;两次不朝见的,就减少他的封地;三次不朝见的,就动用军队加以驱逐。当年五月,去南方巡视,到达南岳衡山,如同巡视东方一样的礼仪;当年八月,去西方巡视,到达西岳华山,如同巡视南方一样的礼仪;当年十一月,去北方巡视,到达北岳恒山,如同巡视西方一样的礼仪。回到都城后,要到祖庙祭拜祖先,用一头牛作祭品。

19.18《春秋》曰①:"正月,公狩于郎②。"《传》曰③:"春曰苗,秋曰蒐,冬曰狩④。"苗者奈何?曰:苗者,毛也⑤。取之不围泽,不掩群⑥。取禽不麛卵⑦,不杀孕重者⑧。秋蒐者⑨,不杀小麛及孕重者,冬狩皆取之。百姓皆出,不失其驰⑩。不抵禽,不诡遇⑪,逐不出防⑫,此苗、蒐、狩之义也⑬。故苗、蒐、狩之礼,简其戎事也⑭。故苗者,毛取之;蒐者,搜索之;狩者,守留之。夏不田何也?曰:天地阴阳盛长之时,猛兽不攫,鸷鸟不搏,蝮虿不螫⑮,鸟、兽、虫、蛇且知应天,而况人乎哉?是以古者必有豢牢⑯。其谓之田何⑰?圣人举事必反本。五谷者,以奉宗庙,养万民也。去禽兽害稼穑者,故以田言之。圣人作名号而事义可知也。⑱

【注释】

①《春秋》曰:下所引见《春秋·桓公四年》经文。

②郎:地名。春秋时鲁都近郊地,境内有郁郎亭。在今山东滋阳西北。《说文解字》:"鲁亭。"《左传·隐公元年》:"费伯帅师城郎。"

注:"鲁地。"
③《传》曰:下所引三句见《公羊传·桓公四年》。
④"春曰苗"三句:原文本作"春曰蒐,夏曰苗,秋曰狝(xiǎn),冬曰狩",与《公羊传》原文不合,与下文"夏不田"抵触,当系后人误据《周礼》《左传》妄改此文,现依向宗鲁《校证》引卢文弨校说删改。
⑤毛:同"覒(mào)"。有所选择的意思。段玉裁《说文解字注》:"毛,择也。《玉篇》引诗'左右覒之'。按《毛诗》作'芼,择也'。盖《三家诗》有作'覒'者。"
⑥掩群:围捕聚在一起的禽兽。掩,捕捉。
⑦麛(mí)卵:泛指鸟兽未长成者。麛,幼鹿。
⑧孕重:怀孕身重,怀胎,多指兽类。
⑨秋:原作"春",此据卢文弨校改。
⑩不失其驰:指驾车的驭手不错过驱车奔驰的时机。
⑪不抵禽,不诡遇:不抵禽,向宗鲁《校证》引卢文弨说以为意即"不伤禽之面",不当面迎击鸟类。抵,正对,当面。不诡遇,指打猎时不按规定横射禽兽之侧面。日人关嘉曰:"诡遇,亦谓不正面与禽遇也。"
⑫逐不出防:追逐禽兽不出猎场范围。防,此指猎场范围。《穀梁传·昭公八年》:"艾兰以为防","过防弗逐,不从奔之道也。面伤不献,不成禽不献。"可见"防"是指用艾蒿与兰草设为猎场的范围界限。范宁注:"防,为田之大限。""田之大限",即大田塍,与《穀梁传·昭公八年》正文不符,不可盲从。
⑬此苗、蒐、狩之义:原文"苗"下有"狝"字,此据卢文弨校删。下文同此。
⑭简其戎事:简约军事。简,简阅,检阅。
⑮蝮虿(chài)不螫(shì):蝮蛇毒虫不咬人、刺人。虿,毒虫。螫,刺,扎。
⑯豢牢:关养牲畜的栏圈。

⑰田：原文作"畋"，据文意当作"田"。此据卢文弨校改。
⑱天海按：此文本《公羊传·桓公四年》《穀梁传·昭公八年》，又略见《春秋繁露·深察名号》。

【译文】

《春秋》载："正月，鲁桓公在郎地狩猎。"《公羊传》说："春季打猎叫苗，秋季打猎叫蒐，冬季打猎叫狩。"苗，该怎样进行？回答是：苗，就是有所选择。获取禽兽时不围沼泽，不捕杀群聚的禽兽。捕禽兽不取幼小未长成的，不杀怀有胎儿的。秋季打猎，不杀幼鹿与怀孕在身的鹿；冬季打猎则一切禽兽都可捕取。打猎时百姓一齐出动，驾车者不违反驱车奔驰的规矩。不迎面击杀禽兽，不从侧面横射禽兽，追逐禽兽不出猎场范围，这就是苗、蒐、狩的原则。所以苗、蒐、狩的典礼，也是为了检阅国家的军事武备。所以苗的意义，是择取禽兽；蒐的意义，是搜索禽兽；狩的意义，是关养禽兽。夏季不打猎是什么原因？回答是：因为夏季是天地阴阳旺盛生长的季节，猛兽不攫取，鸷鸟不搏击，蛇蝎不蜇人，鸟、兽、虫、蛇都知道顺应天时，何况人呢？因此古时候一定得有关养禽兽的栏圈。打猎为什么称作"田"呢？圣人做事一定要追寻本源。五谷是用来奉献给祖先，并养育百姓的。打猎可除去对庄稼有害的禽兽，所以用"田"来指称它。圣人拟定名称使得事物的意义明白可知。

19.19 天子、诸侯无事①，则岁三田②：一为干豆③，二为宾客，三为充君之庖④。无事而不田曰不敬，田不以礼曰暴天物⑤。天子不合围，诸侯不掩群。天子杀则下大绥⑥，诸侯杀则下小绥，大夫杀则止佐舆⑦，佐舆止则百姓畋猎。獭祭鱼⑧，然后渔人入泽梁⑨；鸠化为鹰⑩，然后设罻罗⑪；草木零落，然后入山林。昆虫不蛰，不以火田⑫。不麛，不卵，不殀夭⑬，不覆巢。此皆圣人在上，君子在位，能者在职，大德之发者也⑭。是故皋陶为大理⑮,平民各服得其实;伯夷主礼⑯,上下皆让;倕为工师⑰,百工致功;益主虞,山泽辟成⑱;弃主稷⑲,百谷时茂⑳;契主司徒㉑,百姓亲和;龙主宾客㉒,远人至。十二牧行㉓,而九州莫敢僻违㉔。禹陂九泽,通九道,定九州㉕,各以其职来贡㉖,不失厥宜㉗。方五千里,至于荒服㉘。南抚交趾、大发㉙,西析支、渠搜、氐、羌㉚,北至山戎、肃慎㉛,东至长夷、岛夷㉜。四海之内,皆戴帝舜之功。于是禹乃兴《九韶》之乐㉝,致异物,凤凰来翔,天下明德也㉞。㉟

【注释】

①无事:没有变故。多指没有战事、灾异等。《礼记·王制》:"天子无事,与诸侯相见,曰朝。"郑玄注:"事谓征伐。"

②岁三田:每年狩猎三次田。田,同"畋"。

③干豆:也叫乾豆,是古代放在祭器中供祭祀用的干肉。也指祭品。干为干肉,豆为祭器,形似高足盘,古代祭祀常把干肉放在豆里祭祀天地祖先。《礼记·王制》:"天子诸侯无事,则岁三田,一为乾豆,二为宾客,三为充君之庖。"郑玄注:"乾豆,谓腊之以为祭祀豆实也。"

④充君之庖:充实国君的厨房。向宗鲁《校证》案:"桓四年《公羊传》《穀梁传》《诗经·车攻》毛传、《广雅·释天》,并有此语。"

⑤暴天物:意即暴殄天物,任意残害糟蹋天生万物。

⑥大绥(ruí):古代旌旗的一种。即绥旌,垂疏舒展的旗幡。大绥为天子所用,小绥为诸侯所用。

⑦佐舆:同"佐车"。追逐禽兽入猎场的副车。《礼记·王制》作"佐车",郑玄注:"佐车,驱逆之车。"《礼记·少仪》:"乘贰车则式,佐车则否。"郑玄注:"贰车佐车,皆副车也。朝祀之副曰贰,戎猎之

副曰佐。"

⑧獭祭鱼：水獭捕到鱼往往陈列在水边，犹如陈列供品祭祀，故称。这里代指孟春。《礼记·月令·孟春之月》："鱼上冰，獭祭鱼，鸿雁来。"

⑨泽梁：在沼泽河流中拦水捕鱼的装置。

⑩鸠化为鹰：此指秋季。《礼记·王制》曰："鸠化为鹰，秋时也。"郑玄注："以生育肃杀气盛，故鸷鸟感之而变耳。"

⑪尉(wèi)罗：捕鸟的网。

⑫不以火田：不用火烧山林的办法驱赶野兽来畋猎。

⑬殀夭：杀害稍大而尚未长成的动物。夭，短命、早死，未成年而死。原文作"夭殀"，此据卢文弨校依《礼记·王制》互乙。

⑭大德：大功大德。以上之文皆见于《礼记·王制》，文略异。

⑮皋陶(gāo yáo)为大理：皋陶，偃姓，也称咎繇。皋陶出生地有两个说法，一说为山西洪洞皋陶村人，一说为山东曲阜人。皋陶姓氏也有两个说法，文献记载皋陶为偃姓，一说可能为嬴姓。传说在舜、禹时期任士师、大理官，负责氏族政权的刑罚、监狱、法治。皋陶被聘任为掌握刑法的官后，又被大禹选为继承人，并协助禹处理部落事务。据传其封地为皋城(今安徽六安)，所以皋陶卒后葬之于六(lù)。大理，主管刑罚与监狱的官。

⑯伯夷主礼：伯夷主管礼乐。伯夷，尧时礼官，非周武王时的伯夷。《尚书·尧典》："帝曰：'俞，咨伯，汝作秩宗。'"《国语·郑语》说他是"礼于神以佐尧"的人。彼处作"伯夷为秩宗"。

⑰倕为工师：倕做百工之长。倕，又名垂。传说中尧舜时巧匠。工师，古代官名。相传帝尧时置。春秋战国时沿置之，为掌管百工及手工业之官。上受司空领导，下为百工之长。专掌营建工程和管教百工等事。

⑱益主虞，山泽辟成：伯益掌管山泽，山林湖泊开辟成功。益，即伯

益。又作"伯翳""柏翳"。嬴姓,称大费。大业的儿子,颛顼曾孙(另一种说法为玄孙)。嬴姓各族的祖先,善于畜牧和狩猎。虞,掌管山泽的官。辟成,开辟成功。

⑲弃主稷:弃主管农事。即后稷,姬姓,名弃,传说中周族的始祖,传说其母姜嫄踩踏巨人足迹而生。《史记·周本纪》作帝喾之子。尧舜时为农师,周族人认为他是开始种稷和麦的人。彼处作"后稷为田畴"。稷,农官。

⑳百谷时茂:各种粮食作物四季茂盛。

㉑契(xiè)主司徒:契,子姓,名契,又作"卨"。传说其母吞玄鸟卵而生。被帝尧封于商(今河南商丘)主管火正,其部族以地为号称"商族",契成为商族始祖,是商朝建立者商汤的先祖。后世尊称其为"商祖""火神"。彼处作"契为司马",与此不同。司徒,掌教化的官,一说掌土地和人民。

㉒龙:相传出自舜时纳言龙之后,据《通志·氏族略》所载:"龙氏,舜臣也,龙也纳言。"所谓纳言,是当时一种专司出纳帝命的官职。宾客:接待宾客的官名。

㉓十二牧:十二州的长官。《尚书·舜典》:"咨十有二牧。"蔡沈《书经集传》:"十二牧,十二州之牧也。"《尚书·舜典》:"肇十有二州。"未列出州名。谷永、班固都解作"尧遭洪水,天下分绝为十二州",在禹置九州之前。而东汉马融则认为舜在禹治水后,就禹所置九州分置幽、并、营三州,合为"十二州"。

㉔僻违:乖僻不合,邪恶不正。

㉕"禹陂(bēi)九泽"三句:大禹以九州湖泊为池塘,开通九州道路,划定九州区域。陂,池塘。此处用作动词。《史记·五帝本纪》作:"唯禹之功为大,披九山,通九泽,定九州。"《史记·夏本纪》:"以开九州,通九道,陂九泽,度九山。"

㉖职:职方,所掌管的一方。

㉗不失厥宜：不要错失其时宜。

㉘荒服：古代王畿之外，每五百里为一服，由近及远分为侯、甸、绥、要、荒五服。荒服最远，距王畿两千五百里。

㉙交趾：又名"交阯"，中国古代地名。先秦时为百越支下骆越的分部，初期范围为今越南北部红河流域一带。秦朝以后，设"交趾郡"，为今越南北部。大发：今广西、云南一带。《史记》作"北发"。

㉚析支：亦作"析枝"。古代西戎族名之一。又称鲜支、赐支、河曲羌。分布在今青海积石山至贵德河曲一带。渠搜：古西戎国名。分布于今甘肃酒泉迤西至鄯善一带。氐：中国古族名。又称西戎。原在中国北部和西部的广大地区游牧。羌：羌族，原是古代人们对居住在我国西部游牧部落的一个泛称。在今甘肃、青海、四川西部一带。

㉛山戎：也称北戎，匈奴的一支。活动地区在今河北燕山一带，以林中狩猎和放牧为主的游牧民族。肃慎：古国名。亦作"息慎""稷慎"。故地在今黑龙江、松花江一带。是我国古代东北民族，现代满族的祖先。传说舜、禹时代，已与中原有了联系。舜时，息慎氏朝，贡弓矢；禹定九州，周边各族"各职来贡"的东北夷即有肃慎。

㉜长夷、岛夷：东方部族名。地未详，或以为在海中。

㉝《九韶》：又作《九招》，古代乐舞名。已佚。乐舞由九段组成，故名《九韶》，也简称《韶》。传为舜时的所作，另一说为营时所作。《庄子·至乐》："奏《九韶》以为乐，具太牢以为膳。"

㉞明德：彰明德行。

㉟天海按：此文又见于《礼记·王制》《史记·五帝本纪》《大戴礼记·五帝德》，杂合而成。

【译文】

天子、诸侯太平无事时就每年狩猎三次，一是为了祭祀天地祖先，二是为了接待宾客,三是为了充实国君的厨房。太平无事却不狩猎,叫不敬;狩猎不按礼仪规定,叫暴殄天物。天子狩猎不能四面合围,诸侯不能捕杀群聚的野兽。天子捕杀禽兽时要降下大旗,诸侯捕杀时要降下小旗,大夫捕杀时猎车停止;猎车停止后,百姓就可以狩猎了。孟春时獭祭鱼,然后捕鱼人才能在湖泊河流中下泽梁;鸠长大变成鹰,然后才能布设罗网;草木凋零后,然后才能进入山林打猎。昆虫未蛰伏时,不能用火烧山林的办法来狩猎。不杀幼兽,不毁禽卵,不捕杀幼小而尚未长大的禽兽,不捣翻鸟巢。这些都是由于圣人在上、君子在位、能者在职,所发挥的广大功德。因此,皋陶作刑官,平民各自心服能得到案件实情;伯夷主管礼仪,上下都能谦让;倕作工师,百工都获得功效;伯益主管山林沼泽,山林沼泽得到开辟;弃主管农事,各种庄稼按时茂盛成长;契作司徒,百姓亲善和睦;龙主管接待宾客,远方的客人来到。十二牧守出行,天下没有人敢做邪恶不正的事。大禹治理九州湖泊,开通九州大道,划定九州区域,各自按其职守方物前来进贡,不失时宜。疆域方圆五千里,到达最荒远的地方。南接交趾、大发,西至析支、渠搜、氐、羌,北至山戎、肃慎,东至长夷、岛夷。四海之内,都拥戴帝舜的功劳。于是大禹作《九韶》乐舞,招来奇异事物,凤凰也飞来了,天下德泽显明。

19.20 射者必心平体正,持弓矢,审固①,然后射者能以中。《诗》云②:"大侯既抗,弓矢斯张③。射夫既同,献尔发功④。"此之谓也。射之为言,豫也⑤;豫者,豫吾意也。故古者儿生三日,桑弧蓬矢六⑥,射天地四方。天地四方者,男子之所有事也⑦。必有意其所有事,然后敢食谷。故曰:"不素飧兮⑧。"此之谓也。⑨

【注释】

①审固:瞄准固定目标。审,审视。固,固定目标。
②《诗》云:所引四句,见《诗经·小雅·宾之初宴》。
③大侯既抗,弓矢斯张:大靶已经竖起,弓已拉开箭已上弦。大侯,大靶子。古代贵族的一种箭靶。郑笺:"天子、诸侯之射,皆张三侯。故君侯谓之大侯。"抗,以手举物。斯张,已经张弓上弦。
④射夫既同,献尔发功:射手已排列整齐,呈献你们发射的功夫吧。抗,以手举物。斯张,已经张弓上弦。《淮南子·说山训》:"百人抗浮,不若一人挈而趋。"
⑤射之为言,豫也:射的象征意义是说,要事先预备。豫,预备。以"豫"释"射"属于声训。射,原文作"弧"。向宗鲁《校证》以为当作"射",是,据此径改。
⑥桑弧蓬矢六:桑木弓与蓬蒿箭六枝。古时男子出生,以桑木作弓,蓬蒿为矢,射天地四方,象征男儿应有志于天下四方。
⑦所有事:有事之所,有干事业的处所。
⑧不素飧(cān):不能白吃饭。句见《诗经·魏风·伐檀》。
⑨天海按:此文与《礼记·射义》内容略同。

【译文】

射箭的人一定要心平气和身体端正,凡拿起弓箭,瞄准固定目标,然后才发射的,都能以此射中。《诗经》说:"大靶已经竖起,弓拉开箭上弦。射手们排列整齐,呈献你们发射的功夫吧。"讲的就是这个意思。射的意思就是预备,预备就是自己心里做好准备。所以古时候生下儿子三天,要用桑木弓和蓬蒿箭六支,射向天地四方。天地四方,是男子所有事业的处所。一定要有意于他所有的一切事业,然后才有粮食吃。所以《诗经》说:"不要白吃饭啊!"就是这个意思。

19.21 生而相与交通①,故曰留宾②。自天子至士各有次。赠死不及柩尸③,吊生不及悲哀,非礼也。故古者吉行五十里,奔丧百里④。赠赙及事之谓时⑤。时,礼之大者也。《春秋》曰⑥:"天王使宰咺来归惠公、仲子之赗⑦。"赗者,何?丧事有赗者,盖以乘马束帛⑧。舆马曰赗,货财曰赙⑨,衣被曰襚⑩,口实曰晗⑪,玩好曰赠⑫。知生者赙、赗,知死者赠、襚。赠、襚所以送死也,赙、赗所以佐生也⑬。舆马、束帛、货财、衣被、玩好,其数奈何?曰:天子乘马六匹,诸侯四匹,大夫三匹,元士二匹⑭,下士一匹。天子束帛五匹,玄三,纁二⑮,各五十尺;诸侯玄三,纁二,各四十尺⑯;大夫玄一,纁二,各三十尺;元士玄一,纁一,各二丈;下士彩、缦各一匹⑰;庶人布、帛各一匹。天子之赗,乘马六匹,乘车;诸侯四匹,乘舆⑱;大夫曰参舆⑲;元士、下士不用舆。天子文绣衣各一袭,到地;诸侯覆跗⑳;大夫到踝,士到骭㉑。天子晗实以珠,诸侯以玉,大夫以玑㉒,士以贝,庶人以谷实。位尊德厚及亲者,赙、赗、晗、襚厚,贫富亦有差。二三四五之数,本之天地而制奇偶,度人情而出节文㉓,谓之有因,礼之大宗也㉔。

【注释】

①相与交通:相好交往的人。

②留宾:应在灵柩前停留尽哀的宾客。

③赠死:《荀子·大略》作"送死"。柩尸:此指灵柩。死者在棺叫柩,在床叫尸。

④吉行五十里,奔丧百里:为喜庆之事赶路日行五十里,奔丧则日行百里。奔丧,指从外地急忙赶回去处理长辈亲属的丧事。《礼记·奔丧》:"日行百里,不以夜行。"

⑤赗赙(fèng)及事之谓时:送车马等财物给死者家属助葬,赶上办丧事叫及时。赙,送给死者家属车马等财物助其办丧事。

⑥《春秋》曰:下所引见《左传·隐公元年》:"秋,七月,天王使宰咺来归惠公、仲子之赗。"

⑦天王:周平王。宰咺(xuǎn):宰,官名。咺,余事未详。归:通"馈"。赠送。惠公:鲁惠公,名弗湟,前768—前723年在位。仲子:鲁惠公之妾,鲁桓公之母。事见《春秋·隐公元年》。天海按,"仲子"的身份,历来就有争论,《左传》及《公羊》派认为仲子是桓公之母,《穀梁》派则认为仲子是孝公之妾、惠公之母。

⑧乘马束帛:四匹马和五匹一捆的帛。此指车马与布帛。《诗经·大雅·崧高》:"路车乘马,我图尔居。"毛传:"乘马,四马也。"束帛,捆为一束的五匹帛。《周礼·春官·大宗伯》:"孤执皮帛",郑玄注:"皮帛者,束帛而表以皮为之。"贾公彦疏:"束者十端,每端丈八尺,皆两端合卷,总为五匹,故云束帛也。"

⑨赙(fù):以钱财帮助别人办理丧事。

⑩襚(suì):送给死者的衣服被褥。《公羊传·隐公元年》:"车马曰赗,货财曰赙,衣被曰襚。"

⑪晗(hàn):古代殡葬时放在死者口中的珠、玉等随葬物。

⑫玩好曰赠:《说文解字》:"赠,玩好相送也。"

⑬佐生:帮助活着的人。

⑭元士:周代称天子之士为元士。《礼记·王制》:"天子之三公之田视公侯,天子之卿视伯,天子之大夫视子男,天子之元士视附庸。"孔颖达疏:"天子之士所以称元者,异于诸侯之士也。"

⑮玄三,纁(xūn)二:黑色的三匹,浅红色的二匹。

⑯各四十尺:原文作"各三十尺",此据卢文弨校与向宗鲁《校证》改。

⑰彩、缦:彩色帛和白色的素帛。

⑱乘舆：供乘坐的小车。舆，有箱的车。

⑲参舆：三匹马拉的小车。参，同"三"。

⑳跗(fū)：脚背。

㉑髀(bì)：大腿。

㉒玑：小珠，不圆的珠子。

㉓节文：礼节的有关规定。即制定礼仪，使行之有度。

㉔大宗：事物的本源。《庄子·天道》："夫明白于天地之德者，此之谓大本大宗。"

【译文】

死者生前曾相好交往的，叫"留宾"。从天子到士人各有等级。赠送死者财物不到灵柩前，慰问死者家属没有悲哀的，都不符合礼的要求。所以古时候贺喜庆事日行五十里，奔丧则日行百里。赠送车马束帛等赶上丧事的叫及时。及时，是礼仪中的大事。《春秋》载："周天子派宰臣咺来馈赠惠公、仲子车马束帛等助丧财物。"助丧财物是什么？丧事赠物有称"赗"的，大致是送车马束帛。送车马叫赗，送财物叫赙，送衣被叫禭，送含在口中的随葬品叫唅，送玩赏物品叫赠。要知道帮助生者就送车马束帛财物，知道伴送死者就送玩赏物品和衣服被褥。玩赏物品和衣服被褥是用来伴送死者的，车马束帛财物是用来帮助生者的。送车马、束帛、财物、衣被、玩好，那数量应是多少？回答是：天子送乘马六四，诸侯四四，大夫三四，元士二四，下士一四。天子束帛五四：黑色的三匹，红色的两匹，每匹各五十尺；诸侯黑色帛三四，红色帛二四，每匹各四十尺；大夫黑色帛一四，红色帛二四，每匹各三十尺；元士黑色帛一四，红色帛一四，每匹各长二丈；下士彩帛、素帛各一四；平民布、帛各一四。天子的助丧礼物，是六四马拉的大车；诸侯是四四马拉的小车；大夫是三匹马拉的小车；元士、下士不用车。天子送丧衣物有彩衣绣衣各一套，长拖到地；诸侯所送丧衣服长度盖过脚背，大夫送丧衣服长到脚踝，士送衣服长到大腿。天子口含的随葬品用宝珠，诸侯用瑞玉，大夫用小珠，士人用贝壳，平民用谷物。位高德重和亲近的人，送助丧的财物、车马、束帛、口含随葬品、衣被等，可以丰厚些，但贫富间也有差别。二三四五这些数字，是本于天地而制定奇数偶数的，揣度人情而制定出礼节条文，说起来是有缘由的，这也是礼的本源。

19.22《春秋》曰①："庚戌②，天王崩③。"《传》曰④："天王何以不书葬？天子记崩，不记葬，必其时也⑤。诸侯记卒，记葬，有天子在，不得必其时也⑥。"必其时奈何？天子七日而殡⑦，七月而葬。诸侯五日而殡，五月而葬。大夫三日而殡，三月而葬。士庶人二日而殡，二月而葬。皆何以然？曰：礼不豫凶事⑧，死而后治凶服⑨。衣衰饰⑩，修棺椁，作穿窆宅兆⑪，然后丧文成⑫，外亲毕至⑬，葬坟集⑭。孝子忠臣之恩厚备尽矣。故天子七月而葬，同轨毕至⑮；诸侯五月而葬，同会毕至⑯；大夫三月而葬，同朝毕至⑰；士庶人二月而葬，外姻毕至也。⑱

【注释】

①《春秋》曰：以下引自《春秋·隐公三年》经文。
②庚戌：我国历法干支记日，即隐公三年（前720）三月十三日。
③天王崩：周平王去世。崩，我国古代称帝王死曰崩，驾崩。《春秋·隐公三年》："三月，庚戌，天王崩。"
④《传》曰：引文见《公羊传·隐公三年》。
⑤必其时：固定丧礼的时间。
⑥不得：原文脱"得"字，此据卢文弨校依《公羊传·隐公三年》补。
⑦殡：此指停棺待葬。
⑧凶事：此指丧事。

⑨凶服：此指丧服，又称孝服。

⑩衣衰（cuī）饰：穿着丧服。衰，同"缞"。古代用粗麻布制成的毛边丧服。

⑪穿窆（biǎn）：确定坟墓区域，挖掘墓穴埋棺木。又引申为埋葬、墓穴等义。窆，穿土下棺。宅兆：风水学术语。指坟墓的四界。

⑫丧文成：丧礼完成。

⑬外亲：外亲又称女亲、外姻、外族，是指女系血亲相联系的亲戚，包括与母亲（多指嫡母）有关的亲戚和与出嫁女儿相联系的亲戚。

⑭葬坟集：在下葬的坟前聚集。

⑮同轨：车轨宽窄相同，喻指华夏同姓同文国家。引申为同一、一统。《汉书·韦玄成传》："四方同轨，蛮貊贡职。"颜师古注："同轨，言车辙皆同，示法制齐也。"

⑯同会：一起参与盟会的诸侯国君。

⑰同朝：同朝廷为官的僚友。

⑱天海按：此文见《公羊传·隐公三年》，又略见《礼记·王制》。

【译文】

《春秋·隐公三年》载："三月十三日这天，周天子去世。"《公羊传》说："天子为什么不记载下葬？天子只记载去世，不记载下葬，因丧礼有固定的时间。诸侯记载死亡，也记载下葬，因有天子在，不得固定丧礼的时间。"固定丧礼的时间是怎样的？天子停柩七天，七个月后下葬；诸侯停柩五天，五个月后下葬；大夫停柩三天，三个月后下葬；士与平民停柩两天，两个月后下葬。为什么都要这样？回答是：礼仪不事先预备丧事，死后才能治办丧服。穿上丧服，制好内棺外椁，确定坟墓区域，挖掘墓穴埋棺木，然后丧礼完成。姻亲全部到齐，下葬时在坟前聚集，孝子忠臣的恩情厚意完全尽到了。因此天子七个月下葬，同姓同文邦国都来祭奠；诸侯五个月下葬，共同参与盟会的诸侯国君都来吊唁；大夫三个月下葬,同朝僚友都来悼念;士与平民二个月下葬,女系亲戚也要到齐。

19.23 延陵季子适齐①,于其反也,其长子死于嬴、博之间②,因葬焉。孔子闻之,曰:"延陵季子,吴之习于礼者也。"使子贡往而观之③。其穿深不至泉④,其敛以时服⑤;既葬而封圹坟掩坎⑥,其高可隐也⑦;既封,左袒右旋其封⑧,且号者三⑨。言曰:"骨肉归复于土,命也。若魂气则无不之也⑩,无不之也!"而遂行。孔子曰:"延陵季子于礼其合矣。"⑪

【注释】

①延陵季子:春秋时吴王寿梦第四子,名季札,亦称"公子札",是古代一位能让王位的贤人。季札受封于延陵(今江苏常州),史称延陵季子。

②嬴、博:均春秋时齐邑,两者故址分别在今山东莱芜西北及泰安南。因延陵季子长子死后葬于此地,故后世用为死葬异乡之典。

③使子贡往而观之:此句《礼记·檀弓下》作:"往而观其葬焉。"乃孔子亲往,不言"使子贡"之事。

④穿深不至泉:挖掘墓穴深度不到地下泉水。

⑤其敛以时服:入殓用当时的服饰。敛,殡敛,给死者穿衣并入棺。

⑥而封圹(kuàng)坟掩坎:并培土垒坟掩埋墓穴。"而"字原文脱,此据卢文弨校与《礼记·檀弓下》径补。

⑦其高可隐:坟头高可用两手据按,意谓不高。隐,据按,参见《礼记》郑玄注。

⑧左袒右旋其封:袒露左臂围绕所封坟垒向右旋转。

⑨且号者三:并且大声号哭三次。

⑩无不之:无所不到。之,往,到。

⑪天海按:此文又见《礼记·檀弓下》,文略异。

【译文】

延陵季子到齐国去,在他返回的时候,他的长子死在嬴、博二地之间的路上,便就地安葬。孔子知道了这件事,说:"延陵季子是吴国熟习礼仪的人。"便派子贡前去观看他的葬礼。季子挖掘墓穴,深度不到地下水泉;给死者装殓,用当时的服饰;下葬后封土,掩埋墓穴垒坟,坟头的高度可用两手据按;封土之后,季子便袒露左臂,向右环绕坟堆,并大声号哭三次。说道:"你的骨肉回到土中,这是天命。你的灵魂却可无处不到啊,无处不到啊!"然后离开。孔子说:"延陵季子的做法符合礼仪。"

19.24 子生三年,然后免于父母之怀,故制丧三年,所以报父母之恩也。期年之丧通乎诸侯①,三年之丧通乎天子。礼之经也②。③

【注释】

①期年:周年,一年。
②经:常道,常规。
③天海按:此文内容又见《论语·阳货》《礼记·中庸》,大意略同。

【译文】

子女生下来三年,然后才脱离父母的怀抱,因此规定为父母守丧三年,是为了报答父母的养育之恩。守一年丧对诸侯通行,守三年丧对天子通行。这是礼的常规。

19.25 子夏三年之丧毕,见于孔子。孔子与之琴,使之弦①。援琴而弦,衎衎而乐②。作而曰:"先王制礼,不敢不及也。"子曰："君子也。"闵子骞三年之丧毕③，见于孔子。孔子与之琴，使之弦。援琴而弦，切切而悲④。作而曰："先王制礼，不敢过也。"孔子曰："君子也。"子贡问曰："闵子哀不尽，子曰'君子也'；子夏哀已尽，子曰'君子也'。赐也惑，敢问何谓？"孔子曰："闵子哀未尽，能断之以礼，故曰君子也；子夏哀已尽，能引而致之于礼⑤，故曰君子也。夫三年之丧，固优者之所屈⑥，劣者之所勉。"⑦

【注释】

①使之弦：让他抚弦，即弹琴。
②衎衎（kàn）而乐：愉快欢悦，和乐之貌。《周易·渐卦》："鸿渐于磐，饮食衎衎，吉。"尚秉和注："衎衎，和乐也。"
③闵子骞（qiān，前536—前487）：名损，字子骞，春秋末期鲁国人，孔子高徒，在孔门中以德行与颜回并称，为七十二贤人之一。他为人纯孝，在元朝编撰的《二十四孝图》中，闵子骞排在第三。
④切切而悲：凄切而悲伤。
⑤于礼：此二字原文无，此依刘文典《说苑斠补》据诸书补。
⑥屈：此指抑制自己。
⑦天海按：此文所记之事与《诗经·桧风·素冠》毛传合，又见《礼记·檀弓上》《淮南子·缪称训》注及《孔子家语·六本》，文略异。

【译文】

子夏三年的丧期结束了，来见孔子。孔子给他琴，让他弹奏。子夏拿起琴弹奏，愉快而欢悦。起身说："先王制定的礼仪，不敢不达到要求。"孔子说："真是君子。"闵子骞三年的丧期结束了，来见孔子。孔子给他琴，让他弹奏。他拿起琴弹奏，凄切而悲伤。起身说："先王制定的礼仪,不敢超过界限。"孔子说:"真是君子。"子贡问道:"闵子骞悲哀未尽,您说'真是君子';子夏悲哀已尽,您说'真是君子'。我感到迷惑,能请教是什么意思吗?"孔子说:"闵子骞悲哀未尽,能用礼来抑制它,所以说他是君子;子夏悲哀已尽,能引导它趋向礼,所以说他是君子。三年的丧期,本来是对优秀人物的一种抑制,对顽劣人物的一种勉励。"

19.26 齐宣王谓田过曰①:"吾闻儒者丧亲三年,丧君三年,君与父孰重?"田过对曰:"殆不如父重②。"王忿然怒曰:"然则何为去亲而事君?"田过对曰:"非君之土地,无以处吾亲;非君之禄,无以养吾亲;非君之爵位,无以尊显吾亲。受之君,致之亲。凡事君,所以为亲也。"宣王邑邑而无以应③。④

【注释】

①齐宣王(? —前301):妫姓,田氏,名辟疆。战国时齐国国君,前319—前301年在位。田过:战国时田齐大夫,余事未详。

②殆:大概,应该。

③邑邑:通"悒悒"。忧郁不乐貌。

④天海按:此文又见《韩诗外传》卷七,文略异。

【译文】

齐宣王对田过说:"我听说儒者为父母守丧三年,为国君守丧也是三年,国君与父母哪一个重要?"田过回答说:"应该不如父母重要。"齐宣王生气地说:"既然这样,为什么要离开父母去事奉国君呢?"田过回答说:"没有国君的土地,不能使我父母安居;没有国君的俸禄,不能奉养父母;没有国君的爵位,不能使父母尊荣显贵。从国君这里接受爵禄,又奉献给父母。凡是事奉国君的人,都是借此为父母的。"齐宣王郁郁不乐,不能答对。

19.27 古者有菑者谓之厉①。君一时素服②,使有司吊死问疾,忧以巫医③。匍匐以救之④,汤粥以方之⑤,善者必先乎矜寡孤独⑥,及病不能相养。死无以葬埋,则葬埋之。有亲丧者,不呼其门⑦。有齐衰、大功、五月⑧,不服力役之征⑨。有小功之丧者⑩,未葬,不服力役之征。其有重尸多死者,急则有聚众童子,击鼓苣火⑪,入官宫里用之⑫;各击鼓苣火,逐官宫里。家之主人,冠,立于阼⑬。事毕,出乎里门,出乎邑门,至野外。此匍匐救厉之道也。师大败亦然。

【注释】

① 菑:同"灾"。厉:同"疠"。瘟疫。
② 一时素服:一段时间要穿上白色衣服。素服,指居丧或遭到灾祸凶事时所穿的白色衣服。《礼记·郊特牲》:"皮弁素服而祭,素服以送终也。"郑玄注:"素服,衣裳皆素。"
③ 忧以巫医:让巫医给人治病。忧,疾病,治病。
④ 匍匐:尽力。《诗经·邶风·谷风》:"凡民有丧,匍匐救之。"
⑤ 方之:普遍地施予他们。方,周遍。《尚书·立政》:"方行天下,至于海表。"曾运乾正读:"方,旁也,普也。"
⑥ 矜(guān):古同"鳏"。《诗经·小雅·鸿雁》毛序:"至于矜寡,无不得其所焉。"郑玄笺:"老而无妻曰矜,老而无夫曰寡。"《礼记·王制》:"老而无妻者谓之矜。"
⑦ 不呼其门:不上门传唤。《公羊传·宣公元年》:"古者臣有大丧,则君三年不呼其门。"
⑧ 齐衰(zī cuī):次于斩衰一等的丧服,粗麻齐边缝成。服丧期限则

因亲疏尊卑而有所不同。大功：丧服之一，熟麻布做成，期限九个月。五月：即小功，次于大功一等丧服，粗麻布做成、期限五个月。

⑨力役之征：因服劳役而远行。

⑩小功：旧时丧服名。五服之第四等。其服以熟麻布制成，视大功为细，较缌麻为粗。服期五月。《仪礼·丧服》："小功者，兄弟之服也。"

⑪苣（jù）火：用苇秆扎成的火炬。此据卢文弨说。

⑫入官官里用之：进入公族房宅举行襘祭。官宫里，公族房宅。用，特指举行襘祭。

⑬阼（zuò）：大堂东面的台阶。古代礼节，主人站在大堂东阶迎客。

【译文】

古时候有一种灾祸叫瘟疫。国君一个时期要身穿素服，派有关官吏吊唁死者慰问病人，让巫医给人治病。尽力拯救病人，汤药、稀粥普遍施予，好的一定先施给鳏寡孤独，以及患病不能供养之家。凡死了无力埋葬的，就埋葬他们。有为父母守丧的，不能在他门前呼叫。有齐衰、大功、小功丧事的人，不服劳役远行。如有小功丧事还未安葬的，也不服劳役远行。如有尸体重重死者很多的时候，情况紧急就聚集众多儿童，敲起鼓，燃起苇秆扎成的火炬，进入公族房宅里进行襘祭；其他各自敲鼓燃火炬，追到公族房宅里。病人家的主人要戴上帽子，站在东阶。等襘灾的事情做完，人们便走出里门，走出城门，直到野外。这就是竭尽全力阻止瘟疫的办法。军队打了败仗也这样做。

19.28 斋者①，思其居处也，思其笑语也，思其所为也。斋三日乃见其所为斋者。祭之日，将入户，僾然若有见乎其容②，盘旋出户，喟然若有闻乎叹息之声。先人之色不绝于目，声音咳唾不绝于耳③；嗜欲好恶，不忘于心。是则孝子之斋也。④

【注释】

①斋：即斋戒，古代祭祀前整洁身体，表示虔诚。《说文解字》："斋，戒洁也。"

②僾(ài)然：仿佛，隐约貌。《礼记·祭义》："祭之日，入室，僾然必有见乎其位。"陆德明《经典释文》："僾，微见貌。"

③咳唾：本指咳嗽和吐唾液。此指言语、说话。

④天海按：此文本《礼记·祭义》，但有脱文，故不完整。

【译文】

斋戒，要思念先人生前居处的情况，思念他生前的音容笑貌，思念他生前的所作所为。斋戒三天就能见到自己为之斋戒的先人。祭祀的那天，将要进门时，会仿佛见到先人的容貌。在屋内盘桓一阵出门，好像听到如有长长的叹息声。先人的面容不断地呈现在眼前，声音言语不断地在耳边响起；嗜好爱憎在心中一直不忘。这就是孝子的斋戒。

19.29 春祭曰祠，夏祭曰禴，秋祭曰尝，冬祭曰蒸①；春荐韭卵②，夏荐麦鱼，秋荐黍豚③，冬荐稻雁④。三岁一袷，五年一禘⑤。袷者，合也。禘者，谛也⑥。袷者，大合祭于祖庙也。禘者，谛其德而差优劣也⑦。圣主将祭⑧，必洁斋精思，若亲之在。方兴未登⑨，偶偶憧憧⑩，专一想亲之容貌仿佛⑪，此孝子之诚也。四方之助祭⑫，空而来者满而反，虚而至者实而还⑬。皆取法则焉⑭。

【注释】

① "春祭曰祠"四句：见《公羊传·桓公八年》："烝者何？冬祭也。春曰祠，夏曰礿，秋曰尝，冬曰烝。"又见《礼记·王制》："天子诸侯宗庙之祭，春曰礿，夏曰禘，秋曰尝，冬曰烝。"郑玄注："此盖夏、殷之祭名，周则改之，春曰祠，夏曰礿。"《春秋繁露·四祭》："古者岁四祭。四祭者，因四时之所生熟，而祭其先祖父母也。故春曰祠，夏曰礿，秋曰尝，冬曰蒸。此言不失其时，以奉祀先祖也。"春祭曰祠，《说文解字》："春祭曰祠，品物少，多文辞也。"夏祭曰禴（yuè），禴，同礿"（yuè）"。《周易·萃卦》："孚，乃利用禴。"疏："四时之祭最薄者也。"秋祭曰尝，《尔雅·释天》："秋祭曰尝。"注："尝新谷。"冬祭曰蒸，《国语·鲁语下》："社而赋事，蒸而献功。"韦昭注："冬祭曰蒸，蒸而献五谷、布帛之属。"

② 荐：进献，祭献。韭卵：韭菜与禽蛋。

③ 黍豚（shǔ tún）：黍子和小猪。

④ 稻鴈（yàn）：当年新稻与鹅。《礼记·王制》："庶人春荐韭，夏荐麦，秋荐黍，冬荐稻。韭以卵，麦以鱼，黍以豚，稻以鴈。"蔡邕《独断》卷上："春荐韭卵，夏荐麦鱼，秋荐黍豚，冬荐稻鴈。制无常牲，取与新物相宜而已。"

⑤ 三岁一祫（xiá），五年一禘（dì）：祫，祭名。集合远近祖先的神主于太祖庙大合祭。三年丧毕时举行一次，次年又举行一次，以后每五年一次。禘，祭名。与祫同为大祭，五年一次。

⑥ 禘者，谛也：此为古代声训，即因声求义之法。谛，审视，细察。

⑦ 差优劣：区别优劣。

⑧ 圣主：卢文弨校作"圣王"。

⑨ 方兴未登：正在举行祭祀而未献上祭品时。登，古代祭器名。这里指献上祭品。《诗经·大雅·生民》："卬盛于豆，于豆于登。"

⑩ 偶偶（yóng）憧憧（chōng）：卢文弨校曰："偶，当与'颙'同。"颙颙，

仰慕貌。《周易·观卦》："有孚颙若。"孔疏："颙，严正之貌。"《诗经·大雅》："颙颙卬卬。"毛传："颙颙，温貌。"郑笺："体貌则颙颙然敬顺。"憧憧，向往貌。

⑪仿佛：隐隐约约，形容看得不真切的样子。

⑫助祭：古代谓臣属出资、陪位或献乐佐君主祭祀。

⑬空而来者满而反，虚而至者实而还：内心空虚而来的人，返回时都能感到充实。

⑭法则：规则，效法。

【译文】

春季祭祀叫祠，夏季祭祀叫禴，秋季祭祀叫尝，冬季祭祀叫蒸。春祭进献韭菜和禽蛋，夏祭进献麦和鱼，秋祭进献谷子和小猪，冬祭进献稻和鹅。三年一次祫祭，五年一次禘祭。祫，就是聚合。禘，就是细察。祫祭是在祖庙大合祭。禘祭就是细察子孙的德行并区别优劣。圣王将要祭祀时，必定整洁身心、精诚思念，像亲人在世一样。正当举行祭祀而尚未上献祭品时，心中仰慕向往，专心想象父母亲生前容貌依稀，这就是孝子的精诚。四方前来助祭的人，来时一无所知的，回去时可满怀收获；来时内心空虚的，回去时能感到充实。都能从这里学到祭祀的规则。

19.30 韩褐子济于河①，津人告曰②："夫人过于此者，未有不快用者也③，而子不用乎？"韩褐子曰："天子祭海内之神，诸侯祭封域之内，大夫祭其亲，士祭其祖祢④。褐也，未得事河伯也⑤。"津人申楫⑥，舟中水而运⑦。津人曰："向也，役人固已告矣⑧，夫子不听役人之言也。今舟中水而运，甚殆。治装衣而下游乎⑨？"韩子曰："吾不为人之恶我而改吾志，不为我将死而改吾义。"言未已，舟泆然行⑩。韩褐子曰：

"《诗》云⑪:'莫莫葛藟,施于条枚⑫。恺悌君子⑬,求福不回⑭。'鬼神且不回,况于人乎?"

【注释】

①韩褐子:晋韩厥之后有韩褐氏,余事未详。

②津人:摆渡的船夫。

③快用:犹"袚(guì)祭"。卢文弨校曰:"快,当与'袚'同。会福祭也。"袚,祈福除灾的祭祀。用,举行祭祀。

④祖祢(nǐ):先祖和先父。亦泛指祖先。

⑤河伯:黄河之神。中国神话中的黄河水神,原名冯夷,也作"冰夷"。

⑥申楫:伸展船桨。意指摇桨。

⑦中水而运:到河中而打旋转。

⑧役人:供役使的人,船夫自称。

⑨治装衣:收拾行装衣物。

⑩泆(yì)然:舒缓安稳貌。

⑪《诗》云:以下四句见《诗经·大雅·旱麓》。

⑫莫莫葛藟(léi),施(yì)于条枚:繁茂无边的葛藤,蔓延到树枝和树干。莫莫,同"漠漠"。众多而没有边际的样子。葛藟,葛藤。郑笺:"葛也,藟也,延蔓于木之本而茂盛。喻子孙依缘先人之功而起。"施,伸展绵延。条枚,树枝和树干。

⑬恺悌:和乐平易。亦作"岂弟",或作"恺弟"。

⑭不回:不邪僻。回,邪僻。

【译文】

韩褐子要渡过黄河,船夫告诉他说:"人们从这里过渡没有不举行袚祭的,你不举行袚祭吗?"韩褐子说:"天子祭天下的神灵,诸侯祭封地内的神灵,大夫祭父母亲族,士人祭祖先。我不能祭河神。"船夫摇桨,船到河中旋转起来。船夫说:"刚才我本来已经告诉你了,你不听我的话。现在船到河中间就旋转起来,很是危险。你整理行装衣物下水游泳吧?"韩褐子说:"我不会因为有人厌恶我就改变我的志向,不会因为我快要死亡就改变我的原则。"话未说完,船就安稳地前行。韩褐子说:"《诗》说:'茂盛无边的葛藤,蔓延到树干枝条。和乐平易的君子,求福也不会邪僻。'鬼神都不喜欢邪僻,何况人呢?"

19.31 孔子曰:"无体之礼[1],敬也;无服之丧,忧也;无声之乐,欢也。不言而信,不动而威,不施而仁,志也[2]。钟鼓之声,怒而击之则武,忧而击之则悲,喜而击之则乐。其志变,其声亦变。其志诚,通乎金石[3],而况人乎?"[4]

【注释】

① 无体之礼:没有一定的动作仪式的行礼。即不表现在形体上的礼节。《礼记·孔子闲居》:"孔子曰:'无声之乐,无体之礼,无服之丧,此之谓三无。'"孔颖达疏:"非有升降揖让之礼,故为无体之礼也。"

② 志:志向,心之所向。《毛诗序》:"在心为志。"

③ 金石:指钟磬之类乐器。也指钟磬发出的乐声。

④ 天海按:此本《礼记·孔子闲居》,又见《孔子家语·六本》,文略异。"钟鼓之声"以下之文又见《太平御览》引《尸子》。

【译文】

孔子说:"没有一定形体动作的礼节,是内心的恭敬;没有穿戴丧服的服丧,是内心的悲伤;没有声音的快乐,是内心的欢畅。不说话就有信用,不行动就有威仪,不施予就有仁爱,这是出于心志。钟鼓的声音,发怒时敲击它,就高亢威武;忧伤时敲击它,就低沉悲哀;高兴时敲击它,就轻快和悦。心志改变了,声音也会改变。如果心志真诚,就能通达到金石之声,何况人呢?"

19.32 公孟子高见颛孙子莫曰①:"敢问君子之礼何如?"颛孙子莫曰:"去尔外厉②,与尔色胜③,而心自取之④,去三者而可矣。"公孟不知,以告曾子。曾子愀然逡巡曰⑤:"大哉,言乎! 夫外厉者必内折⑥;色胜而心自取之者,必为人役。是故君子德行成而容不知⑦,闻识博而辞不争⑧,知虑微达而能不愚⑨。"

【注释】

① 公孟子高:即公明高。春秋时人,源于姬姓,为曾子弟子,公孟子高属于以先祖名号为氏。在《孟子·万章上》中有公明高与长息问答的记录。赵岐注:"公明高,曾子弟子;长息,公明高弟子。"颛孙子莫:罗根泽《诸子考索》以为即《孟子·尽心上》与杨朱、墨子相提并论的子莫。赵岐注:"鲁之贤人也。"
② 外厉:外表严厉。
③ 色胜:原文作"内色胜",向宗鲁《校证》以为"内胜"与"外厉"相对成文,"色"字衍,但依下文曾子"色胜"句,似衍"内"字,据删。色胜,神色上争强好胜。
④ 而心自取之:并自认为某事某物可取,含有自以为是的意思。
⑤ 愀然逡巡:形容神色变得严肃而慎重。
⑥ 内折:内心受挫折。
⑦ 不知:不理智。知,同"智"。
⑧ 不争:不与人争高下。《老子》七十七章:"天之道,不争而善胜。"
⑨ 微达:通达于细微之处。不愚:不被人所愚弄。

【译文】

公孟子高见颛孙子莫说:"请问君子应守的礼仪是什么?"颛孙子莫说:"去掉你外表的严厉,与你神色上的争胜,以及你的自以为是,去掉这三样就行了。"公孟不理解,把这些话告诉曾子。曾子容色严肃而慎重地说:"这话很重要啊!外表严厉的人必定内心受挫;神色上争强好胜并自以为是的人必定被别人驱使利用。因此君子道德品行修养成功能包容不理智的人,见闻广博而言辞能不与人相争,智谋思虑洞达幽微能不为人所愚弄。"

19.33 曾子有疾,孟仪往问之①。曾子曰:"鸟之将死,必有悲声。君子集大辟②,必有顺辞③。礼有三,仪知之乎?"对曰:"不识也。"曾子曰:"坐,吾语汝。君子修礼以立志,则贪欲之心不来;君子思礼以修身,则怠惰慢易之节不至;君子修礼以仁义,则忿争暴乱之辞远。若夫置尊俎④,列笾豆⑤,此有司之事也⑥,君子虽勿能可也。"⑦

【注释】

① 孟仪:《论语》作"孟敬子",何晏《论语集解》:"孟敬子,鲁大夫仲孙捷。"
② 集大辟:面对死刑。集,会,遇。大辟,死刑。这里是比喻说法。
③ 顺辞:逊顺的言辞。《后汉书·循吏传》:"(刘矩)顺辞默谏,多见省用。"李贤注:"顺辞,不忤旨。"
④ 尊俎:古代祭祀或宴会所用盛酒肴的两种器物。
⑤ 笾(biān)豆:祭祀用的两种礼器,可借指祭祀。
⑥ 有司:主管某部门的官吏。古代设官分职,各有专司,故称有司。
⑦ 天海按:此文本《论语·泰伯》,内容有所不同。

【译文】

曾子生了病,孟仪前去问候。曾子说:"鸟将死时,一定有悲鸣声。君子面临死刑,一定有逊顺的言辞。礼的作用有三种,你知道吗?"孟仪回答说:"不知道。"曾子说:"坐下,我告诉你。君子学礼是为了立志,这样贪欲的念头就不会产生;君子想着礼是为了修身,这样懈怠懒惰简慢轻忽的品节就不会产生;君子学礼是为了实行仁义,这样愤怒争斗粗暴放肆的言辞就会远离。至于安排酒宴用具,陈列祭祀礼器,那是主管官员的职事,君子即使不会做也是可以的。"

19.34 孔子曰:"可也,简。"简者,易野也①。易野者,无礼文也②。孔子见子桑伯子③,子桑伯子不衣冠而处④。弟子曰:"夫子何为见此人乎?"曰:"其质美而无文,吾欲说而文之⑤。"孔子去,子桑伯子门人不说⑥,曰:"何为见孔子乎?"曰:"其质美而文繁,吾欲说而去其文。"故曰:文质修者,谓之君子;有质而无文,谓之易野。子桑伯子易野,欲同人道于牛马⑦,故仲弓曰"太简"⑧。上无明天子,下无贤方伯⑨,天下为无道。臣弑其君,子弑其父,力能讨之,讨之可也。当孔子之时,上无明天子也,故言"雍也,可使南面"⑩。南面者,天子也。雍之所以得称南面者,问子桑伯子于孔子,孔子曰:"可也,简。"仲弓曰:"居敬而行简⑪,以道民⑫,不亦可乎?居简而行简,无乃太简乎?"子曰:"雍之言然。"仲弓通于化术⑬,孔子明于王道⑭,而无以加仲弓之言⑮。⑯

【注释】

①易野:简易粗野。

②礼文:礼乐制度,礼仪文饰。
③子桑伯子:又名子桑户,鲁人,古代的隐士。刘宝楠《论语正义·雍也篇》以为即《庄子·大宗师》中的桑户,《楚辞·涉江》中的桑扈。《庄子·大宗师》:"子桑户死,未葬。孔子闻之,使子贡往侍事焉。"
④不衣冠而处:意即不穿衣帽,裸身而居。《楚辞·涉江》:"桑扈裸行。"王逸注:"去衣裸裎,效夷狄也。"
⑤说(shuì)而文之:说服他使他能够文饰。
⑥不说(yuè):不高兴。说,同"悦"。
⑦同人道于牛马:将人道混同于牛马。人道,指做人的道理,社会的伦理关系。
⑧仲弓:姓冉,名雍,字仲弓,孔子弟子。冉雍与冉耕(伯牛)、冉求(子有)皆在孔门十哲之列,世称"一门三贤"。《论语注疏》卷五引马融曰:"雍,(孔门)弟子,仲弓名,姓冉。"
⑨方伯:周代天子在所分封的诸侯国中,委任王室功臣、懿亲为诸侯之长,代表王室镇抚一方,称为"方伯"。
⑩雍也,可使南面:冉雍,可以南面为君主。《论语·雍也》:"子曰:雍也可使南面。"南面,古代以坐北朝南为尊位,故天子、诸侯见群臣,或卿大夫见僚属,皆面南而坐。帝位面朝南,故代称帝位。《周易·说卦》:"圣人南面而听天下。"
⑪居敬行简:平时居处严肃恭敬而行事简易。
⑫道:同"导"。
⑬化术:教化之道。
⑭王道:孔子认为以仁义统治天下就是王道。
⑮无以加:不能再增加,比不上。
⑯天海按:此文本《论语·雍也》,文略异。

【译文】

孔子说:"简易是可以的。"简,就是简易粗野。简易粗野,就是没有礼仪文饰。孔子去见子桑伯子,子桑伯子不穿戴衣帽而居。弟子说:"先生为什么要见这个人呢?"孔子说:"他本质美却没有文饰,我想劝说他懂得礼仪文饰。"孔子离开后,子桑伯子的门人不高兴,说:"为什么要见孔子呢?"子桑伯子说:"他本质美却文饰繁缛,我想劝说他去掉文饰。"所以说:文饰与本质都好的人,才能称作君子;有美的本质却无文饰就是简易粗野。子桑伯子简易粗野,想使人的行为同牛马一样,因此冉雍说太简易粗野了。上无英明的天子,下无贤能的诸侯盟主,天下就是昏暗无道。臣子杀害君主,儿子杀害父亲,如果有力量讨伐他们,那就该去讨伐。当孔子的时代,上无英明的天子,所以他说"冉雍,可以让他南面"。所谓"南面",就是天子。冉雍之所以能够被称可以南面的人,是因为他向孔子问过子桑伯子,孔子说:"还可以,这人简易。"冉雍说:"平时为人严肃恭谨而且处事简易,以此引导百姓,不也可以吗?如果平时为人简易而且处事也简易,那不是太简易了吗?"孔子说:"冉雍的话对。"冉雍通晓教化之术,孔子深明先王的正道,却不能给冉雍的话再增添点什么。

19.35 孔子至齐郭门之外①,遇一婴儿②,挈一壶相与俱行。其视精,其心正,其行端。孔子谓御曰③:"趣驱之,趣驱之,《韶》乐方作④。"孔子至彼闻《韶》,三月不知肉味⑤。故乐非独以自乐也,又以乐人;非独以自正也,又以正人矣哉!于此乐者,不图为乐至于此。⑥

【注释】

①郭门:外城之门。

②婴儿:此指儿童,非周岁以下乳儿。

③御:车夫,驾驶车马的人。

④《韶(sháo)》乐:相传为虞舜时的音乐。是中国古代传统宫廷音乐,起源于五千多年前,是一种集诗、乐、舞为一体的综合古典艺术。《竹书纪年》载:"有虞氏舜作《大韶》之乐。"周武王定天下,封赏功臣,姜太公以首功封营丘建齐国,《韶》乐传入齐国。

⑤三月不知肉味:意谓回味优美的音乐,事后很久连肉的滋味都忘了。语出《论语·述而》:"子在齐闻《韶》,三月不知肉味;曰:'不图为乐之至于斯也!'"朱熹《论语集注》:"盖心一于是,而不及乎他也。"

【译文】

孔子来到齐国都城的外城门外,遇到一个小孩,提着一只壶与他一起走。那小孩目光精锐,内心纯正,行走端正。孔子对车夫说:"快赶车,快赶车!《韶》乐正在演奏。"孔子到那里听到《韶》乐,之后三个月连肉味都忘记了。因此音乐不只是娱乐自己,又能娱乐他人;不仅能矫正自己,又能矫正他人啊!对于这样的音乐,想不到使人欢乐会至于这种程度。

19.36 黄帝诏泠伦作为音律①。泠伦自大夏之西②,乃之昆仑之阴③,取竹于解谷④。以生窍厚薄均者,断两节间,其长九寸而吹之,以为黄钟之宫⑤,曰"含少"⑥。次制十二管,以昆仑之下,听凤之鸣,以别十二律⑦。其雄鸣为六,雌鸣亦六,以比黄钟之宫。适合黄钟之宫,皆可生之,而律之本也。故曰:黄钟微而均,鲜全而不伤⑧,其为宫独尊,象大圣之德,可以明至贤之功,故奉而荐之于宗庙,以歌迎功德,世世不忘。是故黄钟生林钟,林钟生大吕,大吕生夷则,夷则生太簇,太簇生南吕,南吕生夹钟,夹钟生无射,无射生沽洗,沽洗生应钟,应钟生蕤宾。三分所生,益之一分以上生;三分所生，去其一分以下生⑨。黄钟、大吕、太簇、夹钟、沽洗、仲吕、蕤宾为上生⑩，林钟、夷则、南吕、无射、应钟为下生⑪。大圣至治之世，天地之气合以生风。日至则日行其风⑫，以生十二律。故仲冬短至，则生黄钟，季冬生大吕，孟春生太簇，仲春生夹钟，季春生沽洗，孟夏生仲吕，仲夏生蕤宾，季夏生林钟，孟秋生夷则，仲秋生南吕，季秋生无射，孟冬生应钟。天地之风气正⑬，十二律至也⑭。

【注释】

①泠伦：又称伶伦，是我国古代民间传说中的人物，相传为黄帝时代的乐官。音律：音乐的律吕、宫调等。即五音十二律。

②大夏：湖泽名。《淮南子•地形训》："西北方曰大夏，曰海泽。"地约当今青海湖一带。

③阴：山的北面称阴。

④解（xiè）谷：山谷名。一名嶰谷。在昆仑山之北。《汉书•律历志》："黄帝使伶伦取竹之解谷。"注："解，脱也。谷，沟也。取竹之无谷节者。一说解谷，昆仑之北谷名也。"

⑤黄钟之宫：又作黄钟宫。黄钟为古代十二律之第一律，声音最为洪大响亮。古代用十二乐律代表十二个月，黄钟宫代表仲冬之月，即十一月。

⑥曰"含少"：意义未晓。《吕氏春秋•古乐》作"吹曰舍少"，或比拟其声音而言。

⑦十二律：古代确定音高的方法，依次为黄钟、大吕、太簇、夹钟、沽洗（xiǎn）、仲吕、蕤（ruí）宾、林钟、夷则、南吕、无射（yè）、应钟。又称"律吕"，逢单为律，逢双为吕。

⑧黄钟微而均，鲜全而不伤：黄钟宫的音调悠扬而平稳，洪亮纯正

而不哀伤。

⑨"是故黄钟生林钟"十四句：此处讲的是我国古代音乐理论中确定十二律在弦上音位的一种方法。即"三分损益"和"隔八相生"法。制律者先以黄钟为元声，余声则依十二律的次序循环计算，每隔八位，按黄钟管之长或加或减三分之一而求得。如自黄钟算到第八位为林钟，黄钟管长九寸，三分减一得六寸，即为林钟管长度，自林钟隔八位为太蔟，林钟管长六寸，三分增一得八寸，即为太蔟管长度。其余可类推。又十二律顺序这里所列与《吕氏春秋·古乐》《吕氏春秋·音律》略有不同，且似脱"仲吕"一律。

⑩上生：即增长三分之一所得的音律，"生"字原文脱，此依上文之例与向宗鲁《校证》引《太平御览》增。下文"下生"之"生"字同此。

⑪下生：即减短三分之一所得的音律。

⑫日至：此指冬至、夏至。古人认为，天行赤道，日行赤道南北，于夏至运行到极北之处，于冬至运行到极南之处，故称日至。夏至日照最长，称长至；冬至日照最短，称短至。《左传·庄公二十九年》："凡土功……日至而毕。"杨伯峻注："日至，冬至。"《孟子·告子上》："今夫䂄麦，播种而耰之……浡然而生，至于日至之时，皆熟矣。"杨伯峻注："日至，此指夏至。"日行：《吕氏春秋》作"月钟"。

⑬风气：风向气候。

⑭至：《吕氏春秋·古乐》《吕氏春秋·音律》作"定"，于义较胜。

【译文】

黄帝命令泠伦制作音律。泠伦从大夏泽的西边，来到昆仑山的北面，从解谷中取得竹子。选用竹管厚薄均匀的，取两节之间的部分，长度为九寸，并吹它作为黄钟的宫调，叫"含少"。在昆仑山下倾听凤凰的叫声，以此区别十二律。雄凤鸣叫了六声，雌凤也鸣叫了六声，以此比照黄钟宫调。只要符合黄钟这一宫调，都可以产生另一音律来，这就是音律的本源。所以说:黄钟宫的音调悠扬而平稳,洪亮纯正而不哀伤,它作为宫调最尊贵,象征着大圣人的德行,能显明大贤人的功劳,所以奉献给祖庙,用来歌功颂德,世代不忘。因此,黄钟产生林钟,林钟产生大吕,大吕产生夷则,夷则产生太簇,太簇产生南吕,南吕产生夹钟,夹钟产生无射,无射产生沽洗,沽洗产生应钟,应钟产生蕤宾。律管依次增长三分之一者生出上一音律,依次减去三分之一者生出下一音律。黄钟、大吕、太簇、夹钟、沽洗、仲吕、蕤宾为上生,林钟、夷则、南吕、无射、应钟为下生。大圣人把天下治理得最好的时代,天地间的云气汇合成风。冬至、夏至时太阳在风中运行,由此产生十二律。所以仲冬冬至日短,就产生黄钟,季冬产生大吕,孟春产生太簇,仲春产生夹钟,季春产生沽洗,孟夏产生仲吕,仲夏产生蕤宾,季夏产生林钟,孟秋产生夷则,仲秋产生南吕,季秋产生无射,孟冬产生应钟。天地间的风向气候正常,十二音律就完全确定了。

19.37 圣人作为鞉、鼓、椌、楬、埙、篪①,此六者德音之音②。然后钟、磬、竽、瑟以和之③,然后干戚旄狄以舞之④。此所以祭先王之庙也,此所以献酢酳酬也⑤,所以官序贵贱各得其宜也⑥,此可以示后世有尊卑长幼之序也⑦。⑧

【注释】

①鞉(táo):古代一种有长柄的手摇鼓,俗称拨浪鼓,多用于祭祀时演奏。《诗经·周颂·有瞽》:"鞉磬柷圉。"毛传:"鞉,小鼓也。"椌(qiāng):又名"柷(zhù)",古代一种木制的打击乐器,像方匣子,敲击时表示奏乐开始。《尚书·益稷》:"合止柷敔(yǔ)。"郑玄注:"柷,状如漆桶而有椎,合乐之时投椎其中而撞之。""椌"原文作"控",此据《礼记·乐记》改。楬(qià):又名"敔",古代一种

木制打击乐器，形如伏虎，奏乐将终，击敔使演奏停止。《说文解字》："敔，禁也。一曰乐器，椌楬也，形如木虎。""楬"，原文作"揭"，此据《礼记·乐记》改。埙(xūn)：古代用陶土烧制的一种吹奏乐器，大小如鹅蛋，六孔，顶端为吹口。又叫"陶埙"。《说文解字》："埙，乐器也。以土为之，六孔。"箎(chí)：我国古代一种竹管乐器，横吹，形状如笛。也就是所谓的竹埙，是一种低音吹奏乐器。据《礼记·乐记》郑玄注："箎，如管，六孔。"

②德音：指朝廷所定的歌功颂德的正统音乐。《礼记·乐记》："天下大定，然后正六律，和五声，弦歌诗颂，此之谓德音，德音之谓乐。"

③钟、磬：两种打击乐器，钟多为铜制，磬多为石制。竽：簧管乐器，竹制，有三十六管。瑟：弹拨乐器，形状似琴，有二十五弦。

④干戚：《诗经·大雅·公刘》："弓矢斯张，干戈戚扬，爰方启行。"毛传："戚，斧也。"郑笺："干，盾也。"古代武舞，舞者手执干(盾)、戚(斧)，故名。旄狄：牦牛尾和雉羽。孔疏："狄，羽也。"古代文舞，舞者手执牛尾或羽毛。

⑤献酢(zuò)：主人向客人敬酒叫"献"，客人回敬主人叫"酢"。《诗经·大雅·行苇》："或献或酢，洗爵奠斝。"郑笺："进酒于客曰献，客答之曰酢。"酳(yìn)酬：主客互相劝酒。

⑥官序：官职级别。

⑦可以：《礼记·乐记》《史记·乐书》皆作"所以"。

⑧天海按：此文本《礼记·乐记》，又见《史记·乐书》，文略同。

【译文】

　　圣人制作鞉、鼓、椌、楬、埙、箎，这六种乐器演奏歌颂功德的音乐。然后用钟、磬、竽、瑟等乐器伴和它们，然后再配上干戚、旄羽等舞蹈。这是用来在宗庙里祭祀先王，也是为了在宴会上主客互相敬酒彼此应酬，为了使官阶级别高低各得其宜，这也可以指示后世要有尊卑长幼的次序。

19.38 钟声铿①,铿以立号②,号以立横③,横以立武④。君子听钟声则思武臣。石声磬⑤,磬以立辩⑥,辩以致死⑦。君子听磬声则思死封疆之臣。丝声哀⑧,哀以立廉⑨,廉以立志。君子听琴瑟之声则思志义之臣。竹声滥⑩,滥以立会⑪,会以聚众。君子听竽笙箫管之声则思畜聚之臣⑫。鼓鼙之声欢⑬,欢以立动,动以进众⑭。君子听鼓鼙之声则思将帅之臣。君子之听音,非听其铿锵而已⑮,彼亦有所合之也。⑯

【注释】

①铿(kēng):象声词。

②立号:树立号令。

③立横:鼓舞、振作士气。横,充满,遮盖。《礼记·乐记》郑玄注:"横,充也,谓气作充满也。"《礼记·孔子闲居》:"以横于天下。"郑玄注:"横,充也。"

④立武:树立威武、军威。

⑤石声磬:石声,磬石之声硁硁。《礼记·乐记》孔颖达疏:"石声磬者,石磬也。"磬,郑玄以为当作"罄";《史记·乐书》"磬"作"硁(kēng)",击石的声音。裴骃《史记集解》引王肃曰:"声果劲。"参见《礼记·乐记》郑玄注。

⑥磬以立辩:石声果劲确立节义。辩,同"辨",区别,判断。这里指节义分明。《礼记·乐记》作"辨",郑玄注:"谓分明于节义。"

⑦辩以致死:节义分明能够为国效死。

⑧丝声哀:琴瑟之声悲哀。丝声,指琴、瑟、琵琶等丝弦乐器演奏的音乐。

⑨哀以立廉:悲哀声能使人正直不阿。廉,本指有棱有角,此喻人的品行端正不苟。

⑩竹声滥:管乐声音聚合诸音。竹声,指竹管所制作的竽笙箫笛之类演奏的音乐。滥,《史记·乐书》集解引王肃曰:"滥,会诸音。"
⑪滥以立会:聚合能够会同。
⑫畜聚:谓节用爱人,容民畜众。《礼记·乐记》:"君子听竽笙箫管之声,则思畜聚之臣。"陈澔《礼记集说》:"畜聚之臣,谓节用爱人、容民畜众者,非谓聚敛之臣也。"
⑬鼓鼙:大鼓和小鼓。鼙,同"鼙(pí)",军鼓。鼙鼓,孔颖达疏:"鼙鼓者,则《周礼》鼓人职掌六鼓,雷鼓鼓神祀之属是也。"
⑭进众:激励众人。《礼记·乐记》:"鼓鼙之声谨,谨以立动,动以进众。"孔颖达疏:"动以进众者,以动作故能进发其众也。"
⑮铿锵:形容乐器声音响亮,节奏分明,形容有节奏而响亮的声音。
⑯天海按:此文本《礼记·乐记》,又见《史记·乐书》,文略同。

【译文】

钟声铿铿,铿铿声能树立号令,号令能使士气充盈,士气充盈能树立军威。国君听到钟声就想到武臣。石声硁硁,硁硁声能树立节义,节义分明就能为国牺牲。国君听到磬声就想到死于封疆的大臣。弦乐声悲哀,悲哀声能使人正直不阿,正直不阿就能立志。国君听到琴瑟之声就想到有节义的大臣。管乐声悠扬,悠扬能够聚合,聚合便能会同。国君听到竽笙箫管声就想到节用爱人、容民养众的大臣。鼓声欢快,欢快能够使人鼓动,鼓动便能激励众人。国君听到鼓鼙声就想到将帅大臣。国君听音乐,不只是听那声音铿锵悦耳,那也是想到它与自己心志相合的地方。

19.39 乐者,圣人之所乐也,而可以善民心,其感人深,其移风易俗易①,故先王著其教焉②。夫民有血气心知之性,而无哀乐喜怒之常。应感起物而动,然后心术刑焉③。是故感激憔悴之音作④,而民思忧⑤;啴奔慢易繁文简节之音作⑥,而民康乐;粗厉猛奋广贲之音作⑦,而民刚毅;廉直劲正庄诚之音作,而民肃敬;宽裕肉好顺成和动之音作⑧,而民慈爱;流僻邪散狄成涤滥之音作⑨,而民淫乱。是故先王本之情性,稽之度数⑩,制之礼义。含生气之和⑪,道五常之行⑫。使阳而不散,阴而不密⑬,刚气不怒,柔气不慑。四畅交于中⑭,而发作于外,皆安其位,不相夺也。然后立之学等⑮,广其节奏,省其文彩,以绳德厚⑯,律小大之称⑰,比终始之序,以象事行⑱。使亲疏贵贱长幼男女之理,皆形见于乐。故曰:"乐,观其深矣⑲。"土弊则草木不长⑳,水烦则鱼鳖不大㉑,气衰则生物不遂㉒,世乱则礼慝而乐淫㉓。是故其声哀而不庄,乐而不安,慢易以犯节,流漫以忘本㉔。广则容奸,狭则思欲。感涤荡之气㉕,而灭平和之德,是以君子贱之也。凡奸声感人,而逆气应之,逆气成象,而淫乐兴焉。正声感人,而顺气应之。顺气成象,而和乐兴焉。唱和有应,回邪曲直㉖,各归其分,而万物之理,以类相动也。

【注释】

①其移风易俗易:后一"易"字原文无,此据王念孙《经义述闻》说径补。

②著其教:重视音乐的教化作用。

③心术:指心意的动向和性质。刑:通"形"。《礼记·乐记》郑玄注:"形,犹见也。"

④感激:感奋激发。憔悴:忧戚,烦恼。

⑤思忧:悲伤忧愁。思忧,二字同义连用,"思"也是"忧"。《礼记·乐记》:"是故志微噍杀之音作,而民思忧。"孔颖达疏:"而民感之

则悲思忧愁也。"

⑥啴(chǎn)奔：宽广奔放。《礼记·乐记》："其乐心感者,其声啴以缓。"郑玄注："啴,宽绰貌。"慢易：舒缓平易。繁文简节：声音繁富,节奏简单。

⑦粗厉：粗犷。广贲：高亢激愤。郑玄注："贲,读为愤。愤,怒气充实也。"

⑧宽裕肉好：比喻音域宽广、乐音洪润悦耳。顺成和动：流利和谐起伏跃动。

⑨流僻邪散：放荡邪僻,散乱不正。狄成涤滥：乐声往来疾速,如水之涤荡泛滥貌。

⑩稽之度数：核定乐律的度数。当时定律以律管的长短为准,长短需要度量,故云。

⑪生气：元气、阴阳二气。

⑫五常：即五行,金、木、水、火、土。

⑬密：闭。参见《礼记·乐记》郑玄注。

⑭四畅交于中：阴、阳、刚、柔四气畅通交汇于身体之中。《礼记·乐记》："四畅交于中,而发作于外,皆安其位而不相夺也。"孔颖达疏："四畅谓阴阳刚柔也,四者通畅交在身中而发见动作于身外也。"

⑮学等：学习的顺序等差。《礼记·乐记》郑玄注："等,差也,各用其才之差学之。"孔颖达疏："使依其才艺等级而教学之。"

⑯以绳德厚：衡量德行厚薄。

⑰律：《史记·乐书》作"类",于义较胜。

⑱以象事行：《礼记·乐记》郑玄注："以象事行,宫为君,商为臣。"孔颖达疏："以象事行者,谓使人法象五声,是事行也；若宫象君,商象臣,角象民,徵象事,羽象物,是以象事行也。"事行,此指社会伦理关系。

⑲乐,观其深矣：音乐,能够观察到深奥的道理啊！《吕氏春秋·音

初》作:"故曰:乐之为观也,深矣!"
⑳土弊:土地贫瘠。
㉑水烦:水流湍急。
㉒不遂:不能生长,不顺利。
㉓礼慝(tè):礼仪有差失。《国语·周语下》:"有过慝之度。"
㉔流漫:流连缠绵。
㉕涤荡:急促不顺貌。《礼记·乐记》作"条畅",王引之《经义述闻·礼记中》:"家大人曰:条畅,读为'涤荡'。涤荡之气,谓逆气也……涤荡、条畅、慆荡声相近,故字相通。"
㉖回邪:邪僻不正,二字同义连用。

【译文】

音乐,是圣人所喜爱的,可以使人心向善,感人至深,转移风气改变习俗很容易,因此先王十分重视乐教。人都有感情理智的本能,没有固定不变的喜怒哀乐。因受外物的影响而激动,然后表现为心意的动向和性质。因此,感慨激动、忧戚烦恼的音乐兴起,人们就感到悲思忧愁;舒展奔放、缓慢平易、音调繁富而节奏简单的音乐兴起,人们就感到康乐;粗犷振奋、昂扬激越的音乐兴起,人们就会坚强刚毅;正直刚劲、庄重真诚的音乐兴起,人们就会严肃恭敬;宽畅圆润、流利和谐、起伏波动的音乐兴起,人们就能慈爱;放荡邪僻、散乱不正、往来疾速泛滥的音乐兴起,人们就会淫乱。因此,先王根据人的性情来核定乐律度数,制作礼仪。汇合元气使它调和,引导五行的运转。使气质属阳的人不致散漫,气质属阴的人不故步自封,气质刚强的人不流于粗暴,气质柔和的人不致萎缩。这阴、阳、刚、柔四种气质通畅无阻地交汇在人体内部,表现在外部,都能安守适当的位置,不会互相篡夺。然后确定学习的高下顺序,扩大音乐的节奏,研究它的旋律修饰,以此衡量德行的厚薄。分别大小的名称,排比先后顺序,来象征社会伦理关系。让亲疏贵贱长幼男女的伦理,都能从音乐中表现出来。所以说:"音乐,可以观察深奥的道理。"土质低劣,草木就不能生长;水流湍急,鱼鳖就长不大;气质衰弱,生物就不能顺利成长;社会动乱,礼仪就错乱而音乐就放纵无节制。这样,乐声就哀伤而不庄重,快乐而不安定,散漫多变而节奏紊乱,流连缠绵而脱离根本。乐音宽缓就会容纳邪恶,乐音狭促就会挑动欲念。引起人们逆乱的风气,灭绝人们宁静温和的品德,因此君子厌弃这样的音乐。凡是邪恶不正的声音影响着人们,就有逆乱的风气应和它。逆乱的风气形成一种气象,荒淫的音乐就兴起来了。凡是纯正的音乐影响着人们,就有和顺的风气应和他,和顺的风气形成一种气象,和谐的音乐就兴起了。正如唱与和互相响应,邪曲与正直各归本分一样,各种事物的道理都是同类相应的。

是故君子反情以和其志,比类以成其行。奸声乱色,不习于听①;淫乐慝礼,不接心术;惰慢邪僻之气,不设于身体。使耳目鼻口心知百体,皆由顺正,以行其义。然后发以声音,文以琴瑟,动以干戚,饰以羽旄②,从以箫管,奋至德之光,动四气之和③,以著万物之理。是故清明象天,广大象地,终始象四时,周旋象风雨。五色成文而不乱④,八风从律而不奸⑤,百度得数而有常⑥。小大相成,终始相生。唱和清浊,代相为经⑦。故乐行而伦清⑧。耳目聪明,血气和平,移风易俗,天下皆宁。故曰:"乐者,乐也。"君子乐得其道,小人乐得其欲。以道制欲,则乐而不乱;以欲忘道,则惑而不乐。是故君子反情以和其意,广乐以成其教。故乐行而民向方⑨,可以观德矣⑩。德者,性之端也。乐者,德之华也。金石丝竹,乐之器也。诗言其志,歌咏其声,舞动其容。三者本于心,然后乐气从之。是故情深而文明⑪,气盛而化神⑫。和顺积中，而英华发外。惟乐不可以为伪。乐者，心之动也；声者，乐之象也；文彩节奏，声之饰也。君子之动本，乐其象也，后治其饰。是故先鼓以警戒，三步以见方⑬，再始以著往⑭，复乱以饰归⑮。奋疾而不拔，极幽而不隐⑯。独乐其志，不厌其道；备举其道，不私其欲。是故情见而义立，乐终而德尊。君子以好善，小人以饬听过⑰。故曰：生民之道⑱，乐为大焉。⑲

【注释】

①不习于听：不常闻于耳。《史记·乐书》作"不留于聪明"，意即不留在耳目。

②羽旄：乐舞时所执的雉羽和旄牛尾。《礼记·乐记》："比音而乐之，及干戚羽旄，谓之乐。"郑玄注："羽，翟羽；旄，旄牛尾。文舞所执。"

③四气：指春、夏、秋、冬四时的温、热、冷、寒之气。汉儒附会天人相应之说以喜、怒、乐、哀应四时为四气。

④五色：青、赤、白、黑、黄五种颜色。古代以此五者为正色。《尚书·益稷》："以五采彰施于五色，作服，汝明。"孙星衍疏："五色：东方谓之青，南方谓之赤，西方谓之白，北方谓之黑，天谓之玄，地谓之黄，玄出于黑，故六者有黄无玄为五也。"

⑤八风：八风之音。意即八音生八风。古代八音为金、石、丝、竹、匏、土、革、木八种不同质材所制乐器。《吕氏春秋·孝行》："杂八音，养耳之道也。"高诱注："八音，八卦之音。"陈奇猷校释："八音，八风之音……阴阳家以八风分属八卦，故高谓八卦之音。"一说为八方之风。《左传·隐公五年》："夫舞所以节八音，而行八风。"陆德明《经典释文》："八方之风：谓东方谷风，东南清明风，

南方凯风,西南凉风,西方阊阖风,西北不周风,北方广莫风,东北融风。"奸(gān):干犯,混乱。

⑥百度:古代计时,一昼夜为一百刻度。

⑦代相为经:彼此错综形成一定规律。

⑧伦清:伦理清晰,人伦关系清楚。

⑨向方:趋于方正之道。《文子·符言》:"开道之于善,而民向方矣。"徐灵府注:"正道而可以诱民。"

⑩观德:观察德行。《尚书·咸有一德》:"七世之庙,可以观德。万夫之长,可以观政。"《史记·乐书》:"是故君子反情以和其志,广乐以成其教,乐行而民乡方,可以观德矣。"张守节正义:"结乐使人知上之事,故观知其德也。"

⑪文明:文采光明。《周易·乾卦·文言》:"见龙在田,天下文明。"孔颖达疏:"天下文明者,阳气在田,始生万物,故天下有文章而光明也。"

⑫气盛而化神:血气旺盛,精力充沛,化为圣明。

⑬先鼓以警戒,三步以见方:《史记·乐书》张守节正义:"见,胡练反。三步,足三步也。见方谓方战也。武王伐纣,未战之前,兵士乐奋其勇,出军阵前三步,示勇气方将战也,今作乐象之。"

⑭著往:表现先前情景。

⑮复乱以饬归:乐曲再次结束时鸣铙而班师。乱,古代乐曲的最后一章。饬归,"谓鸣铙而退",参见《礼记·乐记》郑玄注。以上数句皆是说明《武乐》如何表现武王伐纣功绩的。

⑯奋疾而不拔,极幽而不隐:《礼记·乐记》郑玄注:"奋疾谓舞者。"孔颖达疏:"拔,疾也。谓舞者奋迅疾速,而不至大疾也。"

⑰以饬听过:向宗鲁《校证》引卢文弨校语,以"听"字为衍文。其说可从。饬过,改正过失。

⑱生民:养民。

⑲天海按：此文本《礼记·乐记》《史记·乐书》，又散见于《吕氏春秋·音初》《荀子·乐论》《汉书·礼乐志》，但文字各有不同。

【译文】

因此，君子回归人的性情使它和顺志趣，比照同类事物来养成人们的品行。淫邪的乐声和杂乱的色彩，不让它停留在耳边眼前；荒淫的音乐和悖乱的礼仪，不让它侵入内心世界；惰慢邪僻的习气，不让它影响自身。要使五官仪表、内心形体都出于和谐端正，行为举止都符合正义。然后用声音表达出来，用琴瑟演奏，用干戚舞蹈，用羽毛牛尾装饰，用箫管伴奏，发扬最高德行的光辉，调度四时气候使之协和，以显明万物的发展规律。因此，清明的乐声象征天宇，洪大的钟鼓象征大地，周而复始的乐章象征四时往来，反复回旋的舞姿象征风雨。五色形成文章而不杂乱，八音之风符合十二律而不互犯，昼夜百刻按定数而有常规。大小相辅相成，终始往来相生。唱与和、清音与浊音，叠相更代形成规律。所以这样的音乐推行开来，人伦关系就清楚了。人们都耳聪目明，心平气和，进而转移风气，改变习俗，天下都会太平安宁。所以说："音乐，就是欢乐。"君子以得到正道而欢乐，小人以满足欲望而欢乐。能用正道来抑制欲求，就能欢乐而不惑乱；为了欲求而忘记正道，就会惑乱而不欢乐。因此，君子回归性情来和顺自己的心志，推广和谐的音乐来完成教化。所以和谐的音乐推行开来，人们就趋向正路，便可以由此来考察社会道德了。道德，是人性的表露；音乐，是道德的光华。金石丝竹，是奏乐的工具。诗表达人的志向，歌唱咏叹人的心声，舞蹈能感动人的容貌。诗、歌、舞三者都出自内心，然后乐声来伴和它们。这样，感情越深乐章就越明快，气势越盛就变化得越神妙。和顺的感情聚积在内心，英姿神采就显现在外表。只有音乐不可能弄虚作假。欢乐，是内心的活动；声音，是音乐的形象；文采节奏，是声音的组织形式。君子内心有所感动，用音乐来表现形象，然后才创造组织形式。因此《武》乐先击鼓以引起警觉，顿三次脚表示舞蹈将开始，第二次顿脚才正式起舞,表示武王伐纣是第二次才正式出兵的,响起铙铃舞蹈者就后退,表示伐纣胜利后整装凯旋。舞蹈的速度极快却不失去节制,乐声十分含蓄却不隐晦。只是使人们喜爱它所表现的志趣,而不厌弃它表现的意义;如果完全体现它要表现的意义,就不会偏向个人的欲望。这样,感情得到表现,道义原则也就树立。乐舞结束之后,道德更受尊重。君子通过音乐更加好善,小人通过音乐也能改过。所以说:养育百姓的途径,音乐是最重要的。

19.40 乐之可密者①,琴最宜焉。君子以其可修德,故近之②。凡音之起,由人心生也。人心之动,物使之然也。感于物而后动,故形于声。声相应,故生变,变成方③,谓之音。比音而乐之,及干戚羽旄,谓之乐。乐者,音之所由生也。其本在人心之感于物。是故其哀心感者,其声噍以杀④;其乐心感者,其声啴以缓⑤;其喜心感者,其声发以散;其怒心感者,其声壮以厉;其敬心感者,其声直以廉;其爱心感者,其声和以调。人之善恶,非性也⑥,感于物而后动。是故先王慎所以感之。故礼以定其意⑦,乐以和其性,政以一其行,刑以防其奸。礼乐刑政,其极一也⑧。所以同民心而立治道也。⑨

【注释】

① 乐之可密者:乐器中可亲近的。《风俗通义·声音》:"君子所常用者,琴最亲密。"

② 故近之:以上四句,卢文弨校曰:"四句《礼记》所无,间杂其中,颇不伦。"

③ 方:犹言文章,即音乐的旋律结构。参见《礼记·乐记》郑玄注。《毛诗序》:"声成文谓之音。"

④噍(jiāo)以杀(shài)：即"噍杀"，声音急促、不舒缓。《礼记·乐记》："是故志微，噍杀之音作，而民思忧。"孔颖达疏："噍杀，谓乐声噍麎杀小。"《史记·乐书》作"焦衰"，张守节正义："其乐音噍戚、杀急，不舒缓也。"

⑤啴(chǎn)以缓：即"啴缓"，声音宽绰舒缓。《文选·王褒〈四子讲德论〉》："啴缓舒绎，曲折不失节。"吕延济注："啴缓舒绎，柔和之声也。"

⑥人之善恶，非性也："人之善恶"四字，《礼记·乐记》《史记·乐书》皆作"六者"，于义为长，译文从之。

⑦定其意：端正其意志。《韵会》："古通正，亦作奠。"

⑧其极一也：那最终目标是一致的。

⑨天海按：此文本《礼记·乐记》《史记·乐书》，文略异。

【译文】

乐器中可亲近的，琴最适宜了。君子用它能够修养品德，所以亲近它。大凡音乐的兴起，都是由人心产生的。人内心的变化，是外物使它这样的。人感受外物而内心有所触动，因而表现在声音上。声音互相应和，就显出变化来，变化中形成一定的旋律结构，就叫"音律"。依照音律而演奏，以及手执干戚羽旄的舞蹈，称为"乐"。乐是由音所产生的。它的本源在于人心受到外物的感动。因此，凡触动悲哀心情的，声音迅急短促；激起欢乐心情的，声音宽畅舒缓；激起喜悦心情的，声音开朗轻快；激起愤怒心情的，声音粗壮尖厉；激起敬仰心情的，声音正直端庄；激起喜爱心情的，声音柔和缠绵。这六种心情并不是出自人的本性，而是受到外物的感动而发生的变化。因此先王格外谨慎地对待人们所感受的外物。用礼仪端正人的意志，用音乐调和人的心性，用政令统一人的行为，用刑罚防范人的邪恶。礼乐刑政，最终目的是一致的，就是用来使人心统一并确立统治的秩序。

19.41 凡音生人心者也①。情动于中,而形于声,声成文谓之音②。是故治世之音安以乐,其政和;乱世之音怨以怒,其政乖③;亡国之音哀以思④,其民困。声音之道,与政通矣。宫为君,商为臣,角为民,徵为事,羽为物。五音乱则无法,无法之音⑤:宫乱则荒⑥,其君骄;商乱则陂⑦,其官坏;角乱则忧,其民怨;徵乱则哀,其事勤⑧;羽乱则危,其财匮。五者皆乱,代相凌⑨,谓之慢⑩。如此,则国之灭亡无日矣。郑、卫之音⑪,乱世之音也,比于慢矣。桑间濮上之音⑫,亡国之音也,其政散,其民流⑬,诬上行私而不可止也。⑭

【注释】

①生人心:从人心中产生。

②声成文谓之音:声音组成一定的旋律结构形式就叫音乐。此句又见《毛诗序》。

③其政乖:政治反常,意即政治上倒行逆施。乖,背离,违背,不和谐。《诗经·周南·关雎》毛序:"乱世之音怨以怒,其政乖。"

④哀以思:哀怨,哀愁。思,忧愁。又见《礼记·乐记》:"亡国之音哀以思,其民困。"《史记·乐书》同此。

⑤五音乱则无法,无法之音:《礼记·乐记》作:"五者不乱,则无怗懘之音矣。"《史记·乐书》同,仅"怗懘"作"滞滞"。

⑥荒:散漫无节。

⑦陂(pō):邪僻不正。《玉篇》:"倾也,邪也。"《洪武正韵》:"不平曰险,不正曰陂。"《周易·泰卦》:"无平不陂,无往不复。"

⑧其事勤:指百姓力役之事劳苦。

⑨代相凌:相互侵凌。

⑩慢:怠惰放纵。

⑪郑、卫之音：本是春秋时代郑、卫两国描写爱情的民间音乐。《论语·卫灵公》："子曰：'放郑声，远佞人；郑声淫，佞人殆。'"自孔子"放郑声"之论后，"郑卫之音"便成了淫邪不正音乐的代词。
⑫桑间濮上之音：与"郑卫之音"意同。因卫国濮水之滨有个地名叫桑间，那是当时青年男女歌唱游乐谈情说爱的地方。《汉书·地理志下》："卫地有桑间濮上之阻，男女亦亟聚会，声色生焉。"
⑬其政散，其民流：国家政治分裂，人民流离失所。
⑭天海按：此文本《礼记·乐记》第二段、《史记·乐书》，又略见《吕氏春秋·适音》《毛诗序》，文略异。

【译文】

凡音乐都是从人心中产生的。情感在内心触动，就表现为声音；声音经过美化修饰，就称之为音乐。因此，太平盛世的音乐安详和乐，它的政治清明和谐；动乱时代的音乐怨恨愤怒，它的政治反常逆乱；亡国的音乐哀怨忧伤，它的人民困苦不堪。声音的道理，和政治是相通的。宫音象征国君，商音象征臣子，角音象征百姓，徵音象征国事，羽音象征财物。五音混乱就没有法度，没有法度的音乐是：宫音乱了就散漫无节，象征着国君骄奢；商音乱了就偏邪不正，象征着官吏腐朽；角音乱了就忧伤，象征着百姓怨恨；徵音乱了就悲哀，象征着服役劳苦；羽音乱了就危急，象征着财物匮乏。五音错乱，互相侵犯，叫怠惰放纵。像这样，国家灭亡的日子就不远了。郑国卫国的音乐，是乱世的音乐，属于怠惰放纵一类。桑间濮上的音乐，是亡国的音乐，国家政治分裂，人民流离失所，欺骗君上谋取私利的风气就不能制止了。

19.42 凡人之有患祸者，生于淫泆暴慢①。淫泆暴慢之本，生于饮酒，故古者慎其饮酒之礼②。使耳听雅音③，目视正仪④，足行正容，心论正道⑤，故终日饮酒而无过失。近者数日，远者数月，皆人有德焉⑥，以益善。《诗》云⑦："既醉以酒,既饱以德⑧。"此之谓也。

【注释】

①淫泆暴慢:恣纵逸乐、凶暴傲慢。《管子·明法解》:"暴慢之人,诛之以刑,则祸不起。"《国语·越语下》:"淫佚之事,上帝之禁也。"淫泆,同"淫佚"。
②饮酒之礼:《仪礼》有《乡饮酒礼》,是周代流行的宴饮风俗。主要目的是为了向国家推荐贤者,由乡大夫做主人设宴。
③雅音:正音,有益于风教的诗歌和音乐。
④正仪:端庄的仪态。
⑤正容:端庄严肃的容颜。《庄子·田子方》:"物无道,正容以悟之,使人之意也消。"心论正道:内心确立正道。
⑥有德:有德行。《礼记·礼器》:"是故昔先王尚有德,尊有道,任有能。"孙希旦集解:"有德,谓有德行者。"
⑦《诗》云:以下二句见《诗经·大雅·既醉》。
⑧饱以德:饱享恩惠。

【译文】

凡人有灾祸和患难的,都是由恣纵逸乐、凶暴傲慢产生的。恣纵逸乐、凶暴傲慢的根源,又由饮酒产生,因此古人对饮酒的礼节十分慎重。如果耳听纯正的音乐,眼看端正的仪态,脚行肃正的步法,内心确立正道,就会整天饮酒都没有过失。近的几天,远的几个月,人人都能有德行,能够增加好处。《诗经》说:"既使我醉于醇酒,又使我饱享恩惠。"讲的就是这个意思。

19.43 凡从外入者①,莫深于声音,变人最极②。故圣人因而成之以德,曰乐。乐者,德之风③。《诗》曰④:"威仪抑抑,德音秩秩⑤。"谓礼乐也。故君子以礼正外,以乐正内。内须臾离乐,则邪气生矣;外须臾离礼,则慢行起矣⑥。故古者天子、诸侯听钟声未尝离于庭,卿大夫听琴瑟未尝离于前,所以养正心而灭淫气也。乐之动于内,使人易道而好良⑦;乐之动于外,使人温恭而文雅。雅颂之声动人⑧,而正气应之;和成容好之声动人⑨,而和气应之;粗厉猛贲之声动人⑩,而怒气应之;郑卫之声动人,而淫气应之。是以君子慎其所以动人也。

【注释】

①凡从外入者:此则原文连上,现依卢文弨校另起。

②极:通"亟"。急,快。《荀子·赋》:"出入甚极,莫知其门。"

③德之风:音乐是道德风俗的体现。风,这里有外在表现或象征的意思。《礼记·乐记》:"乐者,所以象德也。""乐者,德之华也。"

④《诗》曰:以下引诗见《诗经·大雅·假乐》。

⑤威仪抑抑,德音秩秩:威仪,古代祭享等典礼中的动作仪节及待人接物的礼仪。《礼记·中庸》:"礼仪三百,威仪三千。"孔颖达疏:"威仪三千者,即《仪礼》中行事之威仪。"抑抑,借为"懿懿",美好貌、轩昂貌。《诗经·大雅·假乐》:"威仪抑抑,德音秩秩。"毛传:"抑抑,美也。"马瑞辰《毛诗传笺通释》:"抑,通作'懿'。"德音秩秩,郑玄笺:"教令清明也。"德音,指朝廷所定的正统音乐。《礼记·乐记》:"天下大定,然后正六律,和五声,弦歌诗颂,此之谓德音,德音之谓乐。"秩秩,《尔雅·释训》:"秩秩,清也。"注:"德音清泠。"

⑥慢行:怠慢、懈惰的行为。

⑦易道而好良:易于引导而好善。道,同"导"。

⑧雅颂：即正乐。指盛世之乐、庙堂之乐。《礼记·乐记》："故听其雅颂之声，志意得广焉。"孔颖达疏："雅以施正道，颂以赞成功，若听其声，则淫邪不入，故志意得广焉。"

⑨和成容好之声：和谐流畅圆润悦耳的乐声。

⑩粗厉猛贲：粗犷激越高亢愤慨的乐声。

【译文】

凡是从体外进入人心的，没有什么比声音更深刻，声音改变人最快。所以圣人凭借它来助成德教，就叫音乐。音乐是德行的外在表现。《诗经》说："仪表威严美好，德音教化清明。"讲的就是礼仪与音乐。所以君子用礼端正外表，用乐端正内心。如果内心片刻离开音乐，邪气就会产生；外表片刻离开礼仪，怠惰行为就会产生。因此古时天子、诸侯听钟声未曾使它离开朝廷；卿大夫听琴瑟未曾让它离开眼前。这是为了培养端正的思想并息灭邪气。音乐触动人的内心，使人易于引导而好善；音乐也改变人的外表，使人温和恭敬、文质彬彬。雅颂正乐触动人，正气就应和它；和谐流畅圆润悦耳的音乐触动人，和气就应和它；粗犷激越高亢愤慨的音乐触动人，怒气就应和它；郑卫两地的音乐触动人，淫邪之气就应和它。因此君子要慎重地对待那能触动人心的音乐。

19.44 子路鼓瑟，有北鄙之声①。孔子闻之曰："信矣，由之不才也。"冉有侍②，孔子曰："求，来，尔奚不谓由：夫先王之制音也，奏中声为中节③。流入于南，不归于北。南者，生育之乡；北者，杀伐之域。故君子执中以为本④，务生以为基⑤。故其音温和而居中，以象生育之气⑥。忧哀悲痛之感不加乎心，暴厉淫荒之动不存乎体⑦。夫然者，乃治存之风⑧，安乐之为也。彼小人则不然，执末以论本，务刚以为基⑨。故其音湫厉而微末⑩，以象杀伐之气。和节中正之感不加乎心,温俨恭庄之动不存乎体。夫杀者,乃乱亡之风,奔北之为也⑪。昔舜造《南风》之声⑫,其兴也勃焉⑬,至今王公述而不释⑭。纣为北鄙之声,其废也忽焉⑮,至今王公以为笑⑯。彼舜以匹夫积正合仁⑰,履中行善⑱,而卒以兴。纣以天子,好慢淫荒,刚厉暴贼⑲,而卒以灭。今由也,匹夫之徒、布衣之丑也⑳。既无意乎先王之制,而又有亡国之声,岂能保七尺之身哉㉑?"冉有以告子路。子路曰:"由之罪也,小人不能,自陷而入于斯㉒。宜矣,夫子之言也。"遂自悔,不食,七日而骨立焉㉓。孔子曰:"由之改,进矣㉔。"㉕

【注释】

①北鄙之声:此指殷纣时的音乐,后世视为亡国之声。北鄙,北部边远地区。

②冉有侍:冉有陪侍孔子。冉有(前522—?),名求,字子有,通称"冉有",又称"冉子"。春秋时鲁国人。孔子弟子,受儒教祭祀。以政事见称。多才多艺,尤擅长理财,曾担任季氏宰臣。冉,原文讹作"毋",径改。

③中(zhōng)声:中正和谐的音乐。《国语·周语下》:"古之神瞽,考中声而量之以制。"韦昭注:"考,合也,谓合中和之声。"中(zhòng)节:符合节奏。

④执中:保持中和之道,无过无不及。《孟子·尽心上》:"子莫执中,执中为近之,执中无权,犹执一也。"赵岐注:"执中和近圣人之道。"

⑤务生:致力于生存,犹言养生。

⑥象:象征。《孔子家语·辨乐》作"养"。

⑦暴厉淫荒:凶暴乖戾、荒淫放荡。

⑧治存之风：犹言"治世之音"。

⑨务刚以为基：务必以刚暴作为基础。

⑩湫厉(qiū lì)：意思是凄厉。《孔子家语》作"亢厉"，高亢尖厉。微末：微细，微小。

⑪奔北：败北，败退。

⑫《南风》：乐章名。相传舜作五弦琴，歌《南风》之诗："南风之薰兮，可以解吾民之愠兮。南风之时兮，可以阜吾民之财兮。"

⑬勃：突然，忽然。

⑭王公：天子诸侯。述而不释：称述不已。不释，《孔子家语》作"不忘"。

⑮忽：迅速。

⑯以为笑：作为笑料。《孔子家语》作"举以为戒"。

⑰匹夫：平民，平常人。积正合仁：聚积正气汇合仁义。

⑱履中：践行中庸之道。

⑲刚厉暴贼：威猛暴厉、凶狠残暴。

⑳布衣之丑：百姓之类。丑，同"侪"，类，辈。

㉑七尺之身：堂堂男儿身躯。《荀子·劝学》："口耳之间，则四寸耳，曷足以美七尺之躯哉？"

㉒自：原文作"耳"，屈守元案："耳，疑'自'字之讹。"此说可从，译文从之。

㉓骨立：形容人极度消瘦。

㉔由之改，进矣：此句明钞本作"由之改过矣"，《孔子家语》作："夫子曰：过而能改，其进矣乎！"

㉕天海按：此文又见《孔子家语·辨乐》，文略异。

【译文】

子路弹瑟，有北方边远地区的声调。孔子听到说："仲由真是不才呀！"冉有在一旁侍立，孔子对他说："冉求，你来，你何不对仲由说：先王制乐的时候,要奏出中和的乐声才算符合音乐节奏。音乐流传到南方,不归向北方。南方是生育的地方,北方是主杀伐的区域。因此君子保持中和之道作为根本,把努力养生作为基础。所以那种音乐温和而居中平,以象征生育之气。忧愁悲痛的感情不会放在心上,粗暴荒淫的举动不会表现在身上。之所以如此,是由于治世的音乐安详和乐所造成的。小人却不是这样,他抓住枝末来讨论根本,务必以刚暴作为基础。因此那音乐凄厉而又微细,以象征杀伐之气。和谐有节、纯正适中的感情不会来到心上,温厚恭敬庄重的举动不会表现在身上。杀伐之气是乱世亡国的音乐,会造成战争的溃败。从前虞舜制作《南风》的乐章,他就很快地兴盛起来,至今天子、诸侯还不断地称述它。商纣制作北方边远地区的音乐,他很快便灭亡了,至今天子诸侯还传为笑柄。虞舜以一个平民的身份,积聚正气汇合仁义,践行中和之道而行善,最后终于兴盛。商纣以天子的地位,喜好懈惰荒淫、严酷残暴,最后终于灭亡。现在仲由属于平民百姓一类的人,既不留心先王的制作,弹起琴来又有亡国之音,怎能保住那七尺身躯呢?"冉有把这些话告诉了子路。子路说:"这是我的罪过,我确实不才,自己陷溺到这里面。先生这番话对我是完全适宜的。"于是自己悔过,不吃东西,七天后消瘦得像立着的骨架。孔子说:"仲由这样悔改,有进步了。"

卷二十

反质

【题解】

　　反质,意即使事物回归本质,保持它质朴的本性。这里的"质"是和文饰、奢靡等相对而言的,要使事物恢复本性,就必须防止过分讲究表面排场,力戒奢侈、淫靡。因此本卷采录先秦至汉初的轶事、诗传、论说26则,其轶事的中心人物都是处于统治阶级上层的帝王、诸侯、卿大夫等,内容则主要是反对奢侈、淫靡,提倡质实简朴。作者还把这个问题提到关系国家兴亡的高度,兼用儒、道、墨诸家求实、尚朴、节用的思想来加以强调。

　　在上卷《修文》里,作者已经说明了"文"与"质"的关系,并着重讲了"修文"的重要作用与主要内容。为了避免"修文"过度而流向注重形式与外表的奢华糜烂,本卷则着重以"反质"为标榜,从而确立儒家"文质彬彬"的治国理念。

　　20.1—20.5则是全卷的纲要,强调注重质朴、抑制文饰的意义在于"守国",即掌管国政,治理国家。第一则,以孔子之言"丹漆不文,白玉不雕,宝珠不饰",说明美好的东西是不必加以文饰的,是它们真实的本质所决定。反言之,凡是注重修饰美化的,难免不是由于它自身的虚假与缺陷。第二则,首先反对滥行祭祀。明确提出"信鬼神者失谋,信日者失时"的先进思想,只有"敬法令,贵功劳,不卜筮而身吉。谨仁义,顺道理,不祷祠而福",才是正道。所以"圣人见人之文,必考其质","重礼不贵物也,敬实而不贵华"。第三则,以虞舜耕历山、打渔雷泽与制陶东夷之事,说明圣人亲身实践是为了拯救社会颓败的风气。即"圣人抑其文而抗其质",天下就会返璞归真了。第四则,引用《诗》传,说明要反质就必须诚实专一,专一就是本质。君子即使有外在的仪表文饰,也一定不能离开内在的本质。这就突显了儒家"文质彬彬"的一贯主张。第五则,以"卫之五丈夫负缶灌韭"之事,表面是反对"机智之巧",而实质上是反对"机巧、机诈之心"。这与《庄子》中所记汉阴丈人灌园之事的主旨一般无二。只有这样毫无机心的灌园之人才能"守国",即掌管国政,治理国家。

要"反质"就必须反对奢侈,而且要从自身做起。20.7—20.25则所采,皆为宣扬帝王、诸侯勤俭禁奢,从自身开始的轶事。值得注意的是第七则,秦始皇纳谏释放方士侯生之事。尽管侯生指斥秦始皇"今陛下之淫,万丹朱而千昆吾、桀、纣",但秦始皇并未因此动怒而惩罚他,只是默然无语释放了他。这与儒家一贯恶评秦始皇大不一致,也许反倒是秦始皇真实品行的另一个方面。第十三则,管仲对齐桓公所言:"君尝之,臣食之;君好之,臣服之。"讲的是统治者应当以身作则,才会上行下效,真正勤俭戒奢。以第十四则"季文子相鲁,妾不衣帛,马不食粟"、第十九则晏子请景公饮酒,拒绝夜里举火昼夜宴乐之事,使后人见到古代的"国家总理"严于律己、高风亮节的品质。第二十二则记晏子病重将死前,在厅柱中给儿子留下遗书,告知三不可穷:"布帛不穷""牛马不穷""士不可穷",强调的是衣、食、人才是立国之本,万万不可使之穷乏。第二十四、二十五两则,以"子贡问子石""公明宣学于曾子"二事,巧妙地说明学习不仅仅是学《诗经》、读书而已,其本质在于实行。即以实际行动来践行诗、书、礼乐中儒家的道德规范,即忠孝仁义、恭谨诚信、严己恕人的优良传统。

墨子是非儒的。他特别反对儒家的繁文缛节,故《墨子》中就有《非乐》《节葬》《节用》等篇章。墨子的节俭克己正好为"反质"的意旨张目。所以,刘向虽然是地道的儒家,但他并无狭隘的门户偏见,本卷就采有墨家之言两则(20.6、20.15 则),突出先质而后文、君子小人之别、节葬归真的意义。第六则,借墨子之口说明"先质而后文,此圣人之务";第十五则以"赵简子乘敝车腹马"说明君子与小人对物质享受的不同态度("君子服善则益恭,细人服善则益倨")。

本卷最后一则,"鲁人身善织屦,妻善织缟,而徙于越"似与"反质"之意难于联系。如果"反质"要像越人一样"徒跣剪发"、"茹毛饮血",岂不也是返璞归真了吗?

总之,"反质"与"修文"一样,都是封建统治者维护政权、治理臣民的手段,但它主张俭朴、反对奢侈的思想,对于后人治国持家以及兴办一切事业,无疑仍有一定的借鉴作用。

20.1 孔子卦得《贲》①,喟然仰而叹息,意不平。子张进②,举手而问曰:"师闻《贲》者吉卦③,而叹之乎④?"孔子曰:"《贲》非正色也⑤,是以叹之。吾思夫质素,白当正白,黑当正黑,夫质又何好也⑥? 吾亦闻之:丹漆不文⑦,白玉不雕,宝珠不饰。何也? 质有余者,不受饰也。"⑧

【注释】

① 卦得《贲(bì)》:占得《贲》卦。《贲》,卦名。《贲》卦是《周易》六十四卦第二十二卦。贲字的本义是文饰,修饰。《序卦传》:"贲者,饰也。"《贲》卦论述文与质的关系,以质为主,以文调节。

② 子张:即颛孙师(前 503—?),字子张,孔门弟子之一。春秋末陈国阳城(今河南登封)人。出身微贱,且犯过罪行,受学孔子后成为"显士"。虽学干禄,未尝从政,以教授终。孔子死后,他独立

招收弟子,宣扬儒家学说,是"子张之儒"的创始人。《吕氏春秋·壹行》作"子贡"。
③师:子张姓颛孙,名师,此处用以自称。
④而:同"何",疑问代词。参见裴学海《古书虚字集释》卷七。
⑤《贲》非正色:《周易·贲卦》象辞曰:"山下有火,贲。"《孔子家语·好生》记孔子的话说:"在《周易》,山下有火谓之《贲》,非正色之卦也。"以为火的颜色不红不黄,颜色不纯,因此这样说。
⑥夫质又何好也:原文脱"好"字,含义费解。《吕氏春秋·壹行》作"夫贲又何好乎",此据向宗鲁《校证》说径补。
⑦丹漆不文:红色的漆不需要文饰。
⑧天海按:此文本《吕氏春秋·壹行》,又见《孔子家语·好生》,文略异。

【译文】

孔子占卜得到《贲》卦,抬起头长长地叹息,内心有所不满。子张上前举手提问道:"我听说《贲》是吉卦,先生为什么叹息呢?"孔子说:"《贲》卦不是纯正的颜色,我因此叹息。我想那本质素洁的,白色应当纯白,黑色应当纯黑,那《贲》卦又有什么好呢?我又听说:红色的漆不用文饰,白玉不用雕琢,宝珠不必装饰。为什么呢?因为它们本质有余,不受任何雕饰。"

20.2 信鬼神者失谋,信日者失时①。何以知其然?夫圣贤周知②,能不时日而事利③。敬法令,贵功劳,不卜筮而身吉④。谨仁义,顺道理,不祷祠而福⑤。故卜数择日⑥,洁斋戒,肥牺牲,饰珪璧⑦,精祠祀⑧,而终不能除悖逆之祸。以神明有知而事之,乃欲背道妄行,而以祠祀求福,神明必违之矣。天子祭天地、五岳、四渎⑨,诸侯祭社稷⑩,大夫祭五祀⑪，士祭门户⑫，庶人祭其先祖。圣王承天心，制礼分也。凡古之卜日者，将以辅道稽疑⑬，示有所先，而不敢自专也⑭。非欲以其颠倒之恶，而幸安全之⑮。孔子曰⑯："非其鬼而祭之，谄也⑰。"是以泰山终不享季氏之旅⑱。《易》称"东邻杀牛，不如西邻之禴祭⑲。"盖重礼不贵物也，敬实而不贵华。诚有其德而推之，则安往而不可？是以圣人见人之文⑳，必考其质。

【注释】

① 日者：古代观察天象的人，叫天官，观天象以究人事的人，则被称为"日者"。在古人看来，天象的变幻与世事的变迁息息相关，因此日者不仅要通天文、通历法，更要通吉凶、通世事变迁。《史记·日者列传》司马贞索隐："卜筮占候时日，通名日者。"

② 周知：遍知，无所不知。

③ 时日：时辰和日子。古人以为时日有吉凶，常以卜筮决之。《礼记·曲礼上》："卜筮者，先圣王之所以使民信时日、敬鬼神、畏法令也。"

④ 卜筮：古时卜用龟甲，筮用蓍草。《礼记·曲礼上》曰："龟为卜，策为筮。"

⑤ 祷祠：向神求福及得福而后报赛以祭。《周礼·春官·丧祝》："掌胜国邑之社稷之祝号，以祭祀祷祠焉。"贾公彦疏："祷祠，谓国有故祈请，求福曰祷，得福报赛曰祠。"

⑥ 卜数：占卜多次。

⑦ 珪璧：古代祭祀朝聘等所用的玉器。珪，长条形，上端作三角形，下端正方。古代贵族朝聘、祭祀、丧葬时以为礼器。璧，扁圆形，正中有孔。古代用于祭祀的玉质环状物，凡半径是孔半径的三

倍的环状玉器称为璧。《尔雅·释器》云："肉倍好谓之璧,好倍肉谓之瑗,肉好若一谓之环。"所谓肉,是指边。好,是指孔。

⑧祠祀:祭祀,立祠祭神或祭祖。

⑨五岳:我国五大名山的总称,具体详下文。《尔雅·释山》:"泰山为东岳,华山为西岳,霍山为南岳,恒山为北岳,嵩山为中岳。"四渎:我国古代对四条独流入海的大河的称呼,即江、河、淮、济(长江、黄河、淮河、济水)。其中淮河、济水古时候也独流入海,故得与江、河并列。《史记·殷本纪》:"东为江,北为济,西为河,南为淮,四渎已修,万民乃有居。"

⑩社稷:土神和谷神的总称。分言之,社为土神,稷为谷神。

⑪五祀:关于"五祀"的等级与对象的规定,文献中有不同的说法:一说,从天子到庶人,所祀对象有等级差别:天子七祀,诸侯五祀,大夫三祀,士二祀,庶人一祀。其说见于《礼记·祭法》;一说,从天子至于大夫,所祭之"五祀"相同,没有等级差别。其说见于《礼记·曲礼下》。《礼记·王制》:"天子祭天地,诸侯祭社稷,大夫祭五祀。"郑玄注:"五祀,户、灶、中溜、门、行也。"据《白虎通义·五祀》,五祀又指"门、户、井、灶、中溜(宅基)"。

⑫门户:原意是指正门、出入房屋庭院的大门。后泛指门神。古代双扇称门,单扇者称户,在宅院为门,在堂室为户。

⑬辅道稽疑:补益正道,考察决断疑难。

⑭自专:原文作"专自",此据向宗鲁《校证》及《万有文库》本乙正。

⑮安全之:原文作"安之全",此据卢文弨校说乙正。

⑯孔子曰:下所引见《论语·为政》。

⑰非其鬼而祭之,谄也:不是自己应祭的鬼神,你却去祭它,这就是谄媚。

⑱季氏之旅:季孙氏的祭祀。季氏,春秋时鲁桓公之子季友的后代,后专鲁国政,因家臣阳虎擅权而衰微。这里指季康子,即季

孙肥。旅,祭山川的祭名。

⑲东邻杀牛,不如西邻之禴(yuè)祭:东邻殷人杀牛举行盛大的祭祀,不如西邻周人举行俭朴的祭祀。禴祭,四时祭祀。天海按,此二句见《周易·既济卦》九五爻辞:"东邻杀牛,不如西邻之禴祭,实受其福。"

⑳文:此指礼节仪式,文辞修饰。

【译文】

相信鬼神的人会谋略失算,相信占卜日辰的人会错过时机。凭什么知道会是这样呢?圣贤无所不知,能不择时日办事却很顺利。恪守法令,推崇功劳,不用占卜自身也会吉祥。谨行仁义,顺应道理,不用祈祷也有福佑。因此,反复占卜选择吉日,整洁斋戒,供祭的牲畜肥美,又有经过雕饰的圭璧,精心祭祀,到最后仍不能免除违乱忤逆的灾祸。认为神灵有知而敬事它,却又要违背正道胡作非为,又用祭祀去求福,神灵一定会违反他的意愿。天子祭祀天地、五岳、四渎,诸侯祭祀土神、谷神,大夫祭祀门、户、井、灶、宅五神,士人祭祀门神,平民祭祀祖先。圣王秉承上天的旨意,制定礼仪的等级。古时凡是占卜日辰的,都借此补益正道、决断疑难,指示有例在先,而不敢独自专断。并不是想要用倒行逆施的行径,来希求安全。孔子说:"不该祭祀的鬼神却要去祭,这是谄媚。"因此,泰山之神始终不享受季氏的旅祭。《周易》说:"东邻杀牛,不如西邻之禴祭。"就是注重礼仪而不看重财物,看重实质而不看重浮华。如果真有德行并推广它,无论到哪里都会行得通。因此圣人看见别人的礼节仪式、文辞修饰,一定要考究他的实质。

20.3 历山之田者善侵畔①,而舜耕焉。雷泽之渔者善争陂②,而舜渔焉。东夷之陶器窳③,而舜陶焉。故耕、渔与陶,非舜之事而舜为之,以救败也④。民之性皆不胜其欲,去其实而归之华,是以苦窳之器、争斗之患起。争斗之患起,则所以偷也⑤。所以然者何也？由离诚就诈，弃朴而取伪也，追逐其末而无所休止。圣人抑其文而抗其质⑥，则天下反矣⑦。⑧

【注释】

①历山：山名。山东历城、河南范县、山西翼城、安徽等地均有历山，大多附会为舜耕作处。田者：种田的人，即农夫。侵畔：侵越田界。
②雷泽：古泽名。又名雷夏泽。地在今山东菏泽与河南范县交界处，已淤。《尚书·禹贡》"雷夏既泽"，《史记·五帝本纪》"舜耕历山，渔雷泽"，皆指此。争陂(bēi)：争夺水面的所有权。陂，原指池塘，此泛指雷泽水域。
③东夷：古代东方部族。窳(yǔ)：粗劣，不结实。下文"苦"字，是粗劣义，与"窳"连用为同义复词。
④救败：拯救败坏的风气。
⑤偷：苟且，懈怠。《荀子·王制》："使百吏免尽，而众庶不偷。"
⑥抑其文而抗其质：抑制奢华不实而推崇质朴。抗，高举，推崇。
⑦反：同"返"。意即返璞归真。
⑧天海按：舜耕、渔、陶之事，《韩非子》《吕氏春秋》《管子》《墨子》《淮南子》《尸子》《列子》《史记》《列女传》《新序》等文献皆有记载，而文各不同。

【译文】

历山耕田的人好侵犯田界，而舜却在那里耕作；雷泽的渔夫好争夺水面，舜却在那里打渔；东夷的陶器粗劣，舜却在那里制作陶器。耕田、打渔与做陶器，并不是舜的职事，但舜要去做，这是为了拯救风气的败坏。人的本性都不能克制自己的欲求，往往背离质朴而趋向浮华，因此粗劣的陶器、争斗的祸患便出现了。争斗的祸患出现，就会造成苟且懈惰。之所以会这样,是什么原因呢?是由于背离诚实而趋向狡诈,抛弃质朴而选择虚假,追逐枝末之利而无休无止。圣人抑制奢华不实而推崇质朴,天下就会返璞归真了。

20.4《诗》云①:"尸鸠在桑,其子七兮。淑人君子,其仪一兮②。"《传》曰③:"尸鸠之所以养七子者,一心也。君子之所以理万物者,一仪也。以一仪理物,天心也④。五者不离⑤,合而为一,谓之天心。在我能因自深结其意于一,故一心可以事百君,百心不可以事一君⑥。是故诚不远也。夫诚者,一也;一者,质也。君子虽有外文,必不离内质矣⑦。"⑧

【注释】

①《诗》云:以下四句见《诗经·曹风·尸鸠》。此则原文连上,现依卢文弨校另起一则。

②"尸鸠在桑"四句:尸鸠,布谷鸟。今本《诗经·曹风·鸤鸠》作"鸤鸠"。淑人,善人,贤人。毛苌注曰:"尸鸠之养其子,旦从上下,暮从下上,平均如一。言善人君子执义亦如此。"其仪一,坚守礼仪始终如一。仪,礼仪,容貌举止。

③《传》曰:以下引文未详所出,疑为三家诗佚文。

④天心:此指天意。《尚书·咸有一德》:"克享天心,受天明命。"

⑤五者不离:指代不明,疑文有脱讹。五者,或指仁、义、礼、智、信。译文从此。

⑥一心可以事百君,百心不可以事一君:又见《晏子春秋·内篇问下》:"晏子曰:一心可以事百君,百心不可以事一君。"

⑦君子虽有外文,必不离内质矣:参见《论语·雍也》:"质胜文则野,文胜质则史,文质彬彬,然后君子。"

⑧天海按:此文内容略见《荀子·劝学》及《列女传·母仪》。

【译文】

《诗经》说:"布谷鸟栖息在桑树上,它养了七只小鸟。贤人君子,他坚守礼仪始终如一。"解释《诗经》的传文说:"布谷鸟之所以能喂养七只小鸟,是因为一心一意。君子之所以能治理万物,是因为礼义制度统一。用统一的礼义治理万物,就是上天的旨意。仁、义、礼、智、信五者不分离,合成统一的整体,就叫上天的旨意。在自己便能够将内心的意念深深凝结为一体,这凝为一体的心意就可以事奉所有的君主,而三心二意就不能事奉一个君主。因此就不会远离诚实。诚实就是专一,专一就是本质。君子即使有外在的仪表文饰,也一定不能离开内在的本质。"

20.5 卫有五丈夫,俱负缶而入井①,灌韭,终日一区②。邓析过③,下车为教之曰:"为机,重其后,轻其前,命曰桥④。终日灌韭百区,不倦。"五丈夫曰:"吾师言曰:'有机知之巧,必有机知之败⑤。'我非不知也,不欲为也。子其往矣,我一心溉之,不知改已。"邓析去,行数十里,颜色不悦怿⑥,自病⑦。弟子曰:"是何人也?而恨我君⑧,请为君杀之。"邓析曰:"释之。是所谓真人者也⑨,可令守国⑩。"⑪

【注释】

①缶(fǒu):瓦器,圆腹、小口、有盖,古时用以汲水或盛液体。

②一区:一块地。区,即用田埂隔开的一块一块的田地。后也作"丘",畦。

③邓析:春秋时郑国大夫,属名家,曾改郑国所铸刑书,别造竹刑。后为驷颛所杀。一说为子产所杀。有《邓析子》二篇传世。

④桥:即桔槔,井上用来取水的器械。《庄子·天地》作"槔",陆德明《经典释文》云:"本又作'桥'。"《初学记》引作"桔槔"。

⑤机知之败:据《庄子·天地》"有机械者必有机事,有机事者必有机心",成玄英疏:"有机动之务者,必有机变之心。"故当以"机知之心"译文。

⑥悦怿:欢乐,愉快。

⑦自病:犹自责。

⑧而恨我君:如此使我老师感到遗憾。恨,使……感到遗憾。

⑨真人:道家称修养本性而得道的人。《庄子·大宗师》:"古之真人,其寝不梦,其觉无忧,其食不甘,其息深深……古之真人,不知说生,不知恶死,其出不欣,其入不距;翛然而往,翛然而来而已矣。"

⑩守国:掌管国政,治理国家。《管子·牧民》:"守国之度,在饰四维。"

⑪天海按:此文内容与《庄子·天地》所载汉阴丈人事相类。

【译文】

卫国有五个男子,一起背着瓦罐深入井下取水灌溉韭菜地,一整天只能灌溉一畦地。邓析经过这里,下车教给他们方法说:"制作一种机械,后重前轻,名叫桔槔。一天能灌韭菜地上百畦,又不疲倦。"那五个男子说:"我们老师说过:'有机巧的心思,必定有机诈的心机。'我们并非不懂得这样做,而是不想这样做。你走吧,我们专心灌园,不会改变的。"邓析离开后,走了几十里路,脸上还一直有不高兴的神色,像在自责似的。弟子们说:"这是些什么人?竟使老师感到遗憾,让我们为老师杀了他们。"邓析说:"算了吧。这些人就是所谓的'真人',可以让他们掌管国政。"

20.6 禽滑釐问于墨子曰①:"锦绣䋺纻②,将安用之?"墨子曰："恶③！是非吾用务也④。古有无文者,得之矣。夏禹是也。卑小宫室,损薄饮食⑤,土阶三等,衣裳细布。当此之时,黼黻无所用⑥,而务在于完坚。殷之盘庚⑦,大其先王之室,而改迁于殷⑧。茅茨不剪⑨,采椽不斫⑩,以变天下之视。当此之时,文采之帛,将安所施？夫品庶非有心也⑪,以人主为心。苟上不为,下恶用之⑫？二王者以身先于天下⑬,故化隆于其时⑭,成名于今世也⑮。且夫锦绣𫄧纻,乱君之所造也,其本皆兴于齐。景公喜奢而忘俭,幸有晏子,以俭镌之⑯,然犹几不能胜。夫奢安可穷哉？纣为鹿台、糟丘、酒池、肉林⑰,宫墙文画,雕琢刻镂,锦绣被堂,金玉珍玮⑱,妇女倡优⑲,钟鼓管弦,流漫不禁⑳,而天下愈竭,故卒身死国亡,为天下戮㉑。非惟锦绣𫄧纻之用耶？今当凶年㉒,有欲予子隋侯之珠者㉓,曰㉔：'不得卖也,珍宝而以为饰。'又欲予子一钟粟者㉕,曰㉖：'得珠者不得粟,得粟者不得珠。'子将何择？"禽滑釐曰："吾取粟耳,可以救穷。"墨子曰："诚然,则恶在事夫奢也㉗。长无用㉘,好末淫㉙,非圣人之所急也。故食必常饱,然后求美；衣必常暖,然后求丽；居必常安,然后求乐。为可长,行可久,先质而后文,此圣人之务。"禽滑釐曰："善。"㉚

【注释】

①禽滑釐(qín gǔ xī)：春秋时魏国人,传说是墨子的首席弟子,字"慎子"。(非慎到。此禽滑釐是魏国人,墨子的弟子；而慎到是赵国人,乃学老子学说。)此禽滑釐先是儒门弟子,学于子夏,后转投墨子,便潜心墨学。墨子：名翟,春秋末期战国初期宋国人,

一说鲁阳人,一说滕国人。墨子是宋国贵族目夷的后代,生前担任过宋国大夫。墨子创立了墨家学说,墨家在先秦时期影响很大,与儒家并称"显学"。有《墨子》一书传世。

②绨纻(chī zhù):细葛布和苎麻布。

③恶(wū):叹词,犹"唉""呀"。

④是非吾用务也:这些不是我辈所需求的物品。

⑤损薄饮食:减少并降低饮食标准。

⑥黼黻(fǔ fú):古代绣有黑白或黑青相间花纹的礼服,多为官服。"黼"字原文脱,此据向宗鲁《校证》引卢文弨校增补。

⑦盘庚:甲骨文作"般庚",子姓,名旬。殷商第十九代帝王,在位二十八年。

⑧殷:此为地名。为盘庚新建都城,故址在今河南安阳小屯村。

⑨茅茨不翦:用茅草覆盖的房屋不修葺。《韩非子·五蠹》:"尧之王天下也,茅茨不翦,采椽不斫。"

⑩采椽不斫:栎木做椽子不加砍削。采,栎木。天海按,此上二句皆形容住房质朴简陋。

⑪品庶:众人,百姓。贾谊《鹏鸟赋》:"夸者死权兮,品庶冯生。"

⑫苟上不为,下恶(wū)用之:如果在上的君主不去追求,在下的百姓哪会去使用它? 恶,同"乌",文言疑问词,哪能,怎么。

⑬身先于天下:自己先为天下人做表率。原文"身"上有"化"字,卢文弨校以为衍文,此据删。

⑭化隆:教化兴隆,盛行。

⑮成名:指盛名,美名。《荀子·非十二子》:"成名况乎诸侯,莫不愿以为臣。"王先谦集解引俞樾曰:"成与盛通……成名,犹盛名也。"

⑯镌(juān):本义刻凿,此引申为督责、规劝。

⑰鹿台:台名。故址在今河南汤阴朝歌镇南,相传为商纣所筑,后

纣王兵败，登台自焚而死。一说在河南淇县城西十五里太行山东麓，殷纣王所建，"其大三里，高千尺"。是殷纣积财处。糟丘：酒糟堆积成山。极言酿酒之多，沉湎之甚。《韩诗外传》卷四："桀为酒池，可以运舟，糟丘足以望十里，一鼓而牛饮者三千人。"肉林：悬挂肉食如林。形容穷奢极欲。《史记·殷本纪》："以酒为池，县肉为林。"

⑱珍玮（wěi）：美玉珍宝。

⑲倡优：古代称以音乐歌舞或杂技戏娱人的艺人。《管子·小匡》："倡优侏儒在前，而贤大夫在后。"

⑳流漫不禁：放纵散漫，不受约束。

㉑为天下戮：被天下人耻笑。戮，耻笑。

㉒凶年：灾荒之年。

㉓隋侯之珠：相传隋国国君出行，见大蛇受伤，便亲自给它上药治伤。后大蛇从江中衔来一大珠相报，故名隋侯之珠。

㉔曰：此字原文无，此据向宗鲁《校证》依《太平御览》《事类赋注》所引补。

㉕钟：古代容量名。《左传·襄公二十九年》："饩国人粟，户一钟。"杜预注："六斛四斗曰钟。"

㉖曰：此字原文亦无，此据上文例补。

㉗恶在事夫奢：哪在于对奢华的追求。

㉘长无用：看重无用之物。长，以……为长，意动用法。

㉙好末淫：喜好微末奇巧。

㉚天海按：向宗鲁《校证》引万希槐《困学纪闻集证》卷十："疑此为《墨子·节用》中、下两篇佚文。"

【译文】

禽滑釐问墨子道："锦绣丝绸，要怎么使用呢？"墨子说："唉！这些不是我们所需求的物品。古时候有不讲文饰的人，就懂得这个道理。

夏禹就是一个。他住的房屋矮小，节省饮食，堂前土台阶只有三级，衣裳只用细布。在那个时候，绘图绣花的礼服没有用处，而力求衣服的完整结实。殷商的盘庚，扩大先王的居室，就改都迁到殷地。茅草屋顶不修葺，栎木房椽不砍削，以此改变天下人的看法。在那时，彩绣的丝绸又有什么用呢？众人没有主见，以君主的意志为主见。假如在上的君主不这样做，在下的臣民怎么会使用它们？夏禹、盘庚两代君主先以自身给天下人做表率，所以在那时教化兴隆，美名传到今天。再说锦绣绸缎是昏君时代制造的，本来都从齐国兴起。齐景公喜好奢侈而忘记节俭，幸亏有晏子常以节俭来规劝他，但仍然几乎制止不了。奢侈哪能有尽头呢？商纣修筑鹿台、酒糟堆成山、美酒为池、肉食如林，彩绘宫墙，雕花镂文，锦绣绸缎覆盖厅堂，金玉珍宝，歌妓艺人，钟鼓管弦，放纵散漫不受制约，因而天下资源更加枯竭，所以最后身死国亡，被天下的人耻笑。这难道不是因为滥用锦绣绸缎的原因吗？如果正碰上荒年，有人要给你隋侯宝珠，并说：'不能出售，要珍惜它，只能用作装饰。'又有人要给你一钟粮食，并说：'但得了宝珠就不能得粮食，得了粮食就不能得宝珠。'你将如何选择呢？"禽滑釐说："我选择粮食，可以用来解救穷困。"墨子说："真的如此，那有什么必要去追求奢侈呢？看重无用的东西，喜爱淫巧的事物，这绝不是圣人的急务。所以饮食必须平常能吃饱，然后才求精美；衣服必须平常能暖身，然后才求华丽；居处必须平常能安定，然后才求欢乐。做事要考虑长久，应先注重本质，然后才是文饰，这是圣人所追求的。"禽滑釐说："好。"

20.7 秦始皇既兼天下①，大侈靡②。即位三十五年，犹不息。治大驰道③，从九原抵云阳④，堑山堙谷⑤，直通之。厌先王宫室之小，乃于丰、镐之间，文、武之处⑥，营作朝宫渭南上林苑中⑦，作前殿阿房⑧，东西五百步，南北五十丈⑨，上可以坐万人,下可建五丈旗。周为阁道⑩,自殿直抵南山之岭⑪。以为阙,为复道⑫,自阿房渡渭水,属咸阳⑬,以象天极⑭,阁道绝汉抵营室也⑮。又兴骊山之役⑯,锢三泉之底⑰。关中离宫三百所⑱,关外四百所,皆有钟磬帷帐,妇女倡优。立石阙东海上朐山界中⑲,以为秦东门。于是有方士韩客侯生、齐客卢生相与谋曰⑳:"当今时不可以居。上乐以刑杀为威,下畏罪持禄㉑,莫敢尽忠。上不闻过而日骄,下慑伏以慢欺而取容㉒。谏者不用,而失道滋甚。吾党久居,且为所害。"乃相与亡去。始皇闻之,大怒曰:"吾异日厚卢生,尊爵而事之,今乃诽谤我。吾闻诸生多为妖言以乱黔首㉓。"乃使御史悉上诸生㉔。诸生传相告㉕,犯法者四百六十余人,皆坑之。卢生不得,而侯生后得。始皇闻之,召而见之。升东阿之台㉖,临四通之街,将数而车裂之。始皇望见侯生,大怒曰:"老虏不良㉗,诽谤而主,乃敢复见我㉘!"

【注释】

①秦始皇:《群书治要》引作"秦始皇帝"。

②大侈靡:过分奢侈浪费。《群书治要》引作"侈靡奢泰"。

③大驰道:我国历史上最早的"国道",又名"直道"。前221年,秦始皇统一六国,第二年(前220),就下令修筑以咸阳为中心的、通往全国各地的驰道。秦直道长1800里(合今1400余里),南起云阳秦林光宫(汉之甘泉宫),北到河套九原郡治(今内蒙古包头西)。《史记·秦始皇本纪》:"三十五年,除道,道九原,抵云阳,堑山堙谷,直通之。"

④九原:郡名。前214年,秦取匈奴河南地后置。治九原(今内蒙

古包头九原区麻池乡),秦末为匈奴所占。云阳:地名。秦云阳县在今天陕西淳化西北方向。

⑤堑(qiàn)山堙谷:开山填谷。堑,本义为壕沟,这里用为动词,犹言挖掘。堙,填塞。

⑥丰、镐之间,文、武之处:丰、镐,丰京和镐京,并称为"丰镐",为西周王朝的国都。丰京为周文王所建,地在今陕西西安丰水西。镐京为周武王所建,在丰水东。故又称"文、武之处"。

⑦朝宫:秦始皇上朝的宫殿。《史记·秦始皇本纪》:"乃营作朝宫渭南上林苑中。"渭南:地名。秦朝前221—前207年,渭河以南属骊邑,渭河以北属下邽。上林苑:为皇帝射猎游乐的园林。据《汉书·旧仪》载:"苑中养百兽,天子春秋射猎苑中,取兽无数。其中离宫七十所,容千乘万骑。"原文作"山林苑",此据《史记·秦始皇本纪》径改。

⑧前殿阿房(ē páng):正殿阿房宫。《史记·秦始皇本纪》:"乃营作朝宫渭南上林苑中。先作前殿阿房。"阿房,秦宫殿名。位于今陕西西安西郊15公里处,咸阳东南15公里处,始建于前212年,后被项羽所焚。

⑨五十丈:原文作"五千丈",笔误,此据《史记》径改。

⑩阁道:楼阁间有上下两重通道架空相连,亦称"复道",又名"天桥"。

⑪岭:《史记·秦始皇本纪》作"颠"。

⑫以为阙,为复道:阙,皇宫门口的阙,也叫象魏,古代用于颁布法令之地,是古代宫廷大型建筑入口处竖立的高台。东阙叫苍龙阙,北阙叫玄武阙。复道,楼阁间架空的通道。也称阁道。《史记·秦始皇本纪》:"秦每破诸侯,写放其宫室,作之咸阳北阪上,南临渭,自雍门以东至泾渭,殿屋复道周阁相属。"

⑬属:连接,连续。《史记·魏公子列传》:"平原君使者,冠盖相属

于魏。"

⑭天极:星名。即北极星。《史记·天官书》:"中宫天极星,其一明者,太一常居也。"《史记·秦始皇本纪》:"二十七年,始皇巡陇西、北地,出鸡头山,过回中。焉作信宫渭南,已更命信宫为极庙,象天极。"

⑮阁道绝汉抵营室:阁道六星穿过天河直达营室星。阁道,星名。属室宿,与上文"阁道"含义不同。《史记·天官书》:"紫宫左三星曰天枪,右五星曰天棓,后六星绝汉抵营室,曰阁道。"张守节正义:"阁道六星在王良北,飞阁之道。"绝,横渡。汉,天河。营室,星名。即室宿。全句大意是说,建筑的整体设计是模仿天象:阿房宫象阁道,渭水是天河,隔河的咸阳是一颗灿烂的营室星。

⑯骊山之役:在骊山为秦始皇修建陵墓的劳役。骊山,秦始皇在山北营造陵墓,地在今陕西临潼东南。《史记·秦始皇本纪》:"始皇初即位,穿治骊山,及并天下,天下徒送诣七十余万人,穿三泉,下铜而致椁,宫观、百官、奇器、珍怪,徙臧满之。"

⑰锢三泉之底:浇铸铜铁溶液堵塞地下多重泉眼。锢,将金属熔化以浇灌堵塞空隙。三泉,非实指,形容地宫开凿之深,穿透了多层地下泉水。《说文解字》:"锢,铸塞也。"徐锴曰:"铸铜铁以塞隙也。"

⑱离宫:古代帝王在都城之外的宫殿。也泛指皇帝出巡时的临时住所。

⑲立石阙东海上朐(qú)山界中:《史记·秦始皇本纪》:"于是立石东海上朐界中,以为秦东门。"郦道元《水经注·淮水》:"北为游水,历朐县与沭合。又迳朐山西,山侧有朐县故城,秦始皇三十五年,于朐县立石海上,以为秦之东门。"东海,县名。即今江苏东海。朐山,山名。在东海南四里。

⑳方士:古代从事修道炼丹以求长生不老的术士。韩客侯生:原韩

国人姓侯的术士。齐客卢生：原齐国人姓卢的术士。《史记》称卢生为燕人。

㉑下：原文此字上有"天"字，现据向宗鲁《校证》依《群书治要》所引删。

㉒慴伏：因畏惧而屈服。慢欺：轻慢欺诈。取容：曲从讨好，取悦于人。《管子·形势》："小人者，枉道而取容。"

㉓黔首：秦代对百姓的称谓。秦始皇自以为得水德，衣服旄旌节旗皆尚黑。平民以黑巾裹头，故名。

㉔御史：秦置御史大夫，地位相当于副丞相，掌弹劾纠察等职。御史是御史大夫的属官。胡三省曰："掌讨奸猾，治大狱。"悉上：《史记》作"悉案问"，犹言全部进行审问。

㉕传相告：辗转告发。

㉖东阿之台：台名。具体未详。或是在阿房宫东所建之台。

㉗老虏：骂人之词。犹老奴。

㉘乃：竟然。

【译文】

秦始皇已经兼并天下，便大肆奢侈淫靡。登皇帝位三十五年，仍不停息。他修直道，从九原郡直抵云阳，开山填谷，直通无阻。又不满于先王宫室太小，就在丰、镐二京之间，周文王、武王住过的地方，渭河以南的上林苑内营建朝廷宫殿，先修建前殿阿房宫，东西长五百步，南北宽五十丈，上面可容纳上万人，下面可竖立五丈高的旌旗。四周都有天桥式的通道，从殿下直达终南山的顶峰。又在上面建造双阙，修建复道，从阿房宫渡过渭水，连接咸阳，仿照从北极星经中阁道星横渡天河直达营室星座的天象。又大兴修筑骊山陵墓的劳役，熔化铜铁浇铸堵塞多重地下水的泉眼。关中有行宫三百所，关外有四百所，都备有钟磬帷帐，侍姬歌伎舞女。又在东海郡的朐山上修建石阙，作为秦朝的东大门。这时有方士韩人侯生、齐人卢生在一起商量说："当今的时势不能再处下去了。皇上喜欢用刑杀树立威严,臣下怕得罪且为了保持俸禄,没有人敢尽忠。皇上听不到自己的过失而一天比一天骄横,臣下畏惧屈从用怠慢欺骗来讨好皇上。进谏的人不被信用,因而背离正道越来越严重。我们如果久住这里,将被皇上杀害。"于是就一起逃亡离开。秦始皇听说后大怒,说:"我从前厚待卢生,给他很高的爵位并敬事他,现在他却诽谤我。我听说这帮士人大多制造妖言,扰乱百姓的思想。"于是命令御史将士人全部拘禁审问。众士人辗转告发,犯法的有四百六十多人,统统都活埋了。卢生没有抓到,后来捕到了侯生。秦始皇听说,便召见侯生。他登上东阿台,台正面临十字街口,准备数说侯生的罪过后便车裂他。秦始皇望见侯生,大怒说:"老奴居心不良,诽谤你的君主,还敢再来见我!"

侯生至,仰台而言曰:"臣闻知死必勇,陛下肯听臣一言乎?"始皇曰:"若欲何言①?言之。"侯生曰:"臣闻禹立诽谤之木②,欲以知过也。今陛下奢侈失本,淫泆趋末。宫室台阁,连属增累;珠玉重宝,积袭成山;锦绣文彩,满府有余;妇女倡优,数巨万人③;钟鼓之乐,流漫无穷④;酒食珍味,盘错于前;衣服轻暖,舆马文饰,所以自奉,丽靡烂漫⑤,不可胜极。黔首匮竭,民力单尽⑥,尚不自知。又急诽谤⑦,严威克下。下暗上聋⑧,臣等故去。臣等不惜臣之身,惜陛下国之亡耳。闻古之明王,食足以饱,衣足以暖,宫室足以处,舆马足以行。故上不见弃于天,下不见弃于黔首。尧茅茨不剪,采椽不斫,土阶三等,而乐终身者,以其文采之少,而质素之多也。丹朱傲虐⑨,好慢淫⑩,不修理化⑪,遂以不升⑫。今陛下之淫,万丹朱而千昆吾、桀、纣⑬,臣恐陛下之十亡也,而曾不一存。"始皇默然久之,曰:"汝何不早言?"侯生曰:"陛下之意,方乘青云⑭,飘摇于文章之观⑮。自贤自健⑯,上侮五帝⑰,下凌三王⑱,弃素朴⑲,就末技⑳。陛下亡征见久矣。臣等恐言之无益也,而自取死,故逃而不敢言。今臣必死,故为陛下陈之。虽不能使陛下不亡,欲使陛下自知也。"始皇曰:"吾可以变乎?"侯生曰:"形已成矣,陛下坐而待亡耳。若陛下欲更之,能若尧与禹乎? 不然,无冀也㉑。陛下之佐又非也,臣恐变之不能存也。"始皇喟然而叹,遂释不诛。后三年,始皇崩,二世即位,三年而秦亡㉒。㉓

【注释】

①若欲何言:你想要说什么?

②诽谤之木:供百姓书写政治缺失、提出意见的木牌。《吕氏春秋·自知》:"尧有欲谏之鼓,舜有诽谤之木,汤有司过之士,武王有戒慎之鞀,犹恐不能自知。"高诱注:"欲谏者击其鼓也,书其过失以表木也。"

③巨万:极言数目之多。

④流漫无穷:弥漫飘散没有止境。

⑤丽靡烂漫:华丽而绚烂多彩。《史记·司马相如列传》:"所以娱耳目而乐心意者,丽靡烂漫于前,靡曼美色于后。"

⑥单尽:穷尽。单,通"殚"。也是"尽"的意思。

⑦又急诽谤:又因诽谤而焦躁。

⑧下喑(yīn)上聋:在下的臣民不敢说话,皇上就跟聋人一样。喑,《六书故》:"失声不能言谓之喑。"

⑨丹朱傲虐:丹朱遨游嬉戏,残害百姓。丹朱,帝尧之子,不贤。《尚书·逸篇》记载:"尧子不肖,舜使居丹渊为诸侯,故号曰丹

朱。"傲虐,阮元《尚书注疏校勘记》卷五:"'傲虐是作',岳本'傲'作'敖'。按'傲',倨也,五报反;敖,游也,五羔反。《传》释'傲虐'云'傲戏而为虐'。"

⑩慢淫:浪荡遨游。

⑪理化:治理与教化。

⑫升:登,这里指登位、继位。

⑬万丹朱而千昆吾、桀、纣:万倍于丹朱而千倍于昆吾、夏桀、商纣。昆吾,黄帝时的陶正,作陶器。夏末商初的一个部落,初封于河南濮阳。夏衰,迁于许,后为商汤所灭。据王晓明《吕氏春秋通诠·君守》:"昆吾,颛顼之后,吴回之孙,陆终之长子,己姓。"

⑭青云:本指高空的云,此指高高在上。

⑮飘摇:洋洋自得貌。文章:文饰章服。这里指车马服饰、旌旗等仪仗排场。

⑯自贤自健:自以为贤明,自以为强盛。

⑰五帝:说法不一,一般指伏羲、神农、黄帝、尧、舜。"帝"字原文误作"常",此据向宗鲁《校证》及《四库全书》本、《万有文库》本改。

⑱三王:说法不一,一般用于夏、商、周三朝的开国帝王大禹、商汤、周武王及周文王的合称。

⑲素朴:指朴实,质朴无华。《庄子·马蹄》:"同乎无知,其德不离;同乎无欲,是谓素朴;素朴而民性得矣。"

⑳末技:微不足道的技艺、数术。此指求长生不老之类的道术。

㉑无冀:没有希望。《楚辞·九辩》:"心摇悦而日幸兮,然怊怅而无冀。"朱熹集注:"冀,望也。"

㉒三年而秦亡:秦二世三年(前207)秦朝灭亡。

㉓天海按:本则前半部分略见《史记·秦始皇本纪》,后半部分侯生历数始皇过失、始皇释而不诛等情节与《史记》大异。

【译文】

侯生来到台下,仰望台上说:"我听说,懂得怎样死的人必定勇敢,陛下肯听我一句话吗?"秦始皇说:"你想要说什么?说吧!"侯生说:"我听说大禹设立过接受意见的木牌,想要知道自己的过失。现在陛下奢侈而丧失根本,淫逸而追求枝末。宫室台阁,接连增修重建;珍珠美玉等贵重宝物,堆聚成山;锦绣彩帛,装满府库还有余;侍姬歌伎舞女,人数众多以万计;钟鼓之类的音乐,放纵弥漫而无休止;美酒丰食、奇珍异味,交错地陈列在面前;衣裘轻便温暖,车马彩绘装饰;各种用来自己享受的东西,华丽奢靡,五彩缤纷,不能全部列举。百姓资财困竭,民力已经用尽,自己还不知道。又因有人指责而焦躁,以苛峻与威严制服臣下。下哑上聋,我们因此离去。我们不吝惜自己的性命,只惋惜陛下的国家将会灭亡。听说古时候英明的帝王,食物以能饱为满足,衣服以温暖为满足,宫室以能居住为满足,车马以能出行为满足。因此上不被天帝唾弃,下不被百姓抛弃。尧茅草屋顶不修葺,栎木房椽不砍削,堂前土阶只有三级,却能欢乐终身,这是因为他文采装饰少,而质朴本色多。丹朱遨游嬉戏、残害百姓,喜好浪荡遨游,不进行治理教化,终于因此不能登位。现在陛下这样淫逸,是丹朱的万倍,昆吾、夏桀、商纣的千倍,我恐怕陛下将有十次败亡的结局,却没有一次生存的机会。"秦始皇沉默了很久,才开口道:"你为什么不早说呢?"侯生说:"当时陛下的心思,正像驾着青云,飘飘然地沉醉在车马服饰、旌旗等物的观赏中。自认为贤明,自认为强盛,上对五帝轻慢,下对三王不敬,抛弃朴素的本性,追求微末技艺。陛下败亡的征兆已经出现很久了。我们怕说出来未必有益处,只会自寻死路,因而逃走不敢陈说。现在我必死无疑,所以向陛下陈述这番话。即使不能使陛下不遭败亡,也要使陛下自己明白。"秦始皇说:"我还能改变吗?"侯生说:"形势已经造成,陛下只有坐等灭亡罢了。如果陛下想改变这种形势,能像唐尧与夏禹那样吗?不然是没有希望的。陛下的佐臣又用非其人,我恐怕即使改变形势也不能保存国家了。"秦始皇长长地叹了一口气,终于释放了侯生没有杀他。三年后,秦始皇去世,秦二世胡亥即位。又过三年,秦朝就灭亡了。

20.8 魏文侯问李克曰①:"刑罚之源安生?"李克曰:"生于奸邪淫泆之行②。凡奸邪之心,饥寒而起;淫泆者,久饥之诡也③。雕文刻镂,害农事者也;锦绣纂组④,伤女工者也⑤。农事害,则饥之本也;女工伤,则寒之原也。饥寒并至,而能不为奸邪者,未之有也。男女饰美以相矜⑥,而能无淫泆者,未尝有也。故上不禁技巧⑦,则国贫民侈;国贫民侈,则贫穷者为奸邪⑧;而富足者为淫泆,则驱民而为邪也。民以为邪⑨,因以法随而诛之⑩,不赦其罪,则是为民设陷也。刑罚之起有原,人主不塞其本而督其末⑪,伤国之道乎?"文侯曰:"善。以为法服也⑫。"⑬

【注释】

①魏文侯(?—前396):姬姓,魏氏,名斯。战国时魏国开国君主。前445—前396年在位。韩、赵、魏三家分晋,周威烈王正式承认其为诸侯,成为封建国家。李克:即李悝(kuī),战国时期的政治改革家,曾任魏文侯相,主持变法,编有《法经》一书。

②淫泆:又作"淫佚",即恣纵逸乐。《国语·越语下》:"淫佚之事,上帝之禁也。"

③久饥之诡:文义不明。《群书治要》引作"文饰之耗",译文从之。文饰之耗,意谓耗神在美化装饰。

④纂组:多指精美的织物。《管子·轻重甲》:"伊尹以薄之游女工文绣纂组,一纯得粟百钟于桀之国。"

⑤女工:指从事纺织、刺绣、缝纫等工作的妇女。《群书治要》引作

"女功"。《墨子·辞过》:"女工作文采,男工作刻镂。"

⑥相矜:互相夸耀。

⑦技巧:此指奇技淫巧。即谓过于奇巧而无益的技艺与制品。《尚书·泰誓下》:"(商王)作奇技淫巧,以悦妇人。"孔颖达疏:"奇技,谓奇异技能;淫巧,谓过度工巧。二者大同,但技据人身,巧指器物为异耳。"

⑧国贫民侈,则贫穷者为奸邪:原"国贫"二字后脱"民侈则贫"四字,此据向宗鲁《校证》依《群书治要》补。

⑨以:通"已"。《群书治要》引作"已"。

⑩而:原文脱此字,此据《群书治要》所引径补。

⑪督其末:督责那枝末小事。督,原文作"替",文义不明。此据《群书治要》所引径改。

⑫以为法服:可以作为法则使用。服,用也。

⑬天海按:向宗鲁《校证》疑本则为《李克书》佚文。其内容又略见《汉书·景帝纪》《淮南子·齐俗训》《新论·贵农篇》。

【译文】

魏文侯问李克道:"刑罚产生的根源在哪里?"李克说:"产生在邪恶不正淫逸放纵的行为。凡是邪恶不正的念头,都由饥寒引起;淫逸放纵的行为,是由于耗费精力于美化修饰。雕花镂文,会伤害农事;锦绣纺织,会伤害女工。农事受到伤害,是饥饿的本源;女工受到伤害,是寒冷的本源。饥寒一起到来,却能不做邪恶的事,还没有过这样的情形。男女修饰华美的外表以互相夸耀,却能没有淫逸放荡的行为,也没有过这样的事。因此君主不禁止奇技淫巧,就会使国家贫弱百姓奢侈;国家贫弱百姓奢侈,那贫穷的人就会干出奸诈邪恶的事,富足的人就会干出荒淫放荡的事。这等于驱赶百姓去做坏事。人已经做了坏事,于是用法令随即惩罚他,不赦免他的罪过,这就等于为百姓设下陷阱。刑罚的起始有本源,君主不堵塞那犯罪的本源却去督责那些枝末小事,不正是有害于国家的道路吗?"魏文侯说:"讲得好。可以作为法则使用。"

20.9 秦穆公问由余曰①:"古者明王圣帝,得国失国,常何以也②?"由余曰:"臣闻之,当以俭得之,以奢失之。"穆公曰:"愿闻奢俭之节③。"由余曰:"臣闻尧有天下,饭于土簋④,啜于土铏⑤。其地南至交阯⑥,北至幽都⑦,东西至日所出入,莫不宾服⑧。尧释天下⑨,舜受之。作为食器,斩木而裁之。销铜铁,修其刃,犹漆黑之以为器⑩。诸侯侈⑪,国之不服者十有三。舜释天下,而禹受之。作为祭器,漆其外而朱画其内⑫。缯帛为茵褥,觞勺有彩,为饰弥侈⑬。而国之不服者三十有二。夏后氏以没,殷人受之⑭。作为大辂⑮,而建九旒⑯。食器雕琢,觞勺刻镂。四壁四帷,茵席雕文。此弥侈矣,而国之不服者五十有二。君好文章,而服者弥侈⑰。故曰:侈其道也。"由余出,穆公召内史廖而告之⑱,曰:"寡人闻邻国有圣人,敌国之忧也。今由余圣人也,寡人患之。吾将奈何?"内史廖曰:"夫戎辟陋而辽远⑲,未闻中国之声也。君其遗之女乐⑳,以乱其政,而厚为由余请期㉑,以疏其间㉒。彼君臣有间,然后可图。"君曰:"诺。"乃以女乐三九遗戎王㉓,因为由余请期。戎王果见女乐而好之,设酒听乐,终年不迁㉔,马牛羊半死。由余归谏,谏不听,遂去入秦。穆公迎而拜为上卿,问其兵势与其地利,既以得之矣,举兵而伐之,兼国十二,开地千里。穆公奢主,能听贤纳谏,故霸西戎。西戎淫于乐,诱于利,以亡其国,由离质朴也。㉕

【注释】

①秦穆公(？—前621)：一作秦缪公，嬴姓，名任好。春秋时秦国国君，前659—前621年在位。被《史记索隐》等书定为春秋五霸之一。由余：春秋时晋人，逃亡西戎，后降秦，秦穆公拜其为上卿。由余为之出谋划策，帮助秦国攻伐西戎，并国十二，开地千里，称霸西戎，使秦穆公位列春秋五霸之一。"问"字原文作"闲问"，卢文弨校以为衍文，此据删。《韩非子·十过》第十："昔者戎王使由余聘于秦，穆公问之曰：'寡人尝闻道而未得目见之也，愿闻古之明主得国失国常何以？'"《史记·秦本纪》亦载有"戎王使由余于秦"之事。

②常何以也：一般是为什么呢？常，原文误作"当"，上引《韩非子·十过》作"常"。此据改，下文同此。

③奢俭之节：奢侈与节俭的界限。节，关节，界限。

④饭于土簋(guǐ)：吃饭用土碗。土簋，盛饭的瓦器，犹言土碗。

⑤啜(chuò)于土铏：喝汤用土锅。啜，饮。土铏，土陶鼎锅，盛汤用。土铏，原文作"土瓶"，现依卢文弨校与向宗鲁《校证》引诸书改。

⑥交阯：交趾，我国古代地名。位于今越南北部。交趾见于《礼记·王制》曰："南方曰蛮，雕题交趾。"雕题是纹额，交趾就是盘腿。前111年，汉武帝灭南越国，并在今越南北部地方设立交趾、九真、日南三郡。

⑦幽都：指北方极边远的地方。《淮南子·修务训》："北抚幽都，南道交趾。"高诱注："阴气所聚，故曰幽都，今雁门以北是。"

⑧宾服：服从，臣服。《庄子·说剑》："无不宾服而听从君命者。"

⑨释：放弃，这里指禅让。《韩非子·十过》作"禅"，下同。

⑩犹漆黑之以为器："作为食器"至此句之文，《韩非子·十过》作："斩山木而财之，削锯修其迹，流漆墨其上，输之于宫以为食器。"

⑪诸侯侈：诸侯认为奢侈。侈，以为奢侈，意动用法。《韩非子·十

过》作"诸侯以为益侈"。

⑫漆其外而朱画其内:《韩非子·十过》作:"墨染其外,而朱画其内。"

⑬"缯帛为茵褥"三句:丝绸做垫褥,酒杯酒杓有彩绘,所做装饰更加奢侈。《韩非子·十过》作:"缦帛为茵,蒋席颇缘,觞酌有采,而樽俎有饰。此弥侈矣。"

⑭夏后氏以没,殷人受之:夏朝已经没落,殷商接受了政权。"殷人",原文作"殷周",此据《韩非子》改。

⑮大辂:古时天子所乘之车。《尚书·顾命》:"大辂在宾阶面。"《礼记·乐记》:"所谓大辂者天子之车也。"

⑯九旒:古代旌旗上的九条丝织垂饰。《礼记·乐记》:"龙旗九旒,天子之旌也。"

⑰君好文章,而服者弥侈:《韩非子·十过》作:"君子皆知文章矣,而欲服者弥少。"

⑱内史廖:内史,先秦官名。治理京师。廖,即王子廖。春秋时人,善领兵。名将兼兵法家。《吕氏春秋·不二》:"王廖贵先,倪良贵后。"

⑲辟陋:边远偏小。《左传·昭公十九年》:"晋之伯也,迩于诸夏,而楚辟陋,故弗能与争。"辟,同"僻"。偏远。陋,原文脱,此据《韩非子·十过》补。

⑳女乐:成套的歌伎舞女。

㉑厚:同"后"。《韩非子》正作"后"。请期:约定日期。

㉒以疏其间:以此离间戎王与由余。间,挑拨使人不和。

㉓三九:二十七人。《史记·秦本纪》《韩非子·十过》《吕氏春秋》均作"二八"。古乐舞一般以八人为列,二八即两列十六人。译文依诸书。戎王:西戎国王,人名未详。

㉔终年不迁:整年都不随水草而迁徙。西戎部落以放牧牛羊为生,

应随时逐水草而居。

㉕天海按：此文本《韩非子·十过》与《史记·秦本纪》。

【译文】

秦穆公问由余说："古时候圣明的帝王，得到国家和失去国家，一般是因为什么呢？"由余说："我听说，一般是由于节俭得国，由于奢侈失国。"秦穆公说："我想知道奢侈和节俭的界限。"由余说："我听说唐尧有天下时，吃饭用土碗，喝汤用土锅。他的国土南至交阯，北至极远的边境，东起日出之地，西到日落之处，没有不臣服的。唐尧禅让天下，虞舜继承他。制作食具，砍树木栽制而成。销铸铜铁，制作刀具，还要漆成黑色来使用。诸侯认为这太奢侈，不肯臣服的国家有十三个。虞舜禅让天下，大禹继承他。制作祭器，漆了外表还要用来朱红色描绘内壁。用丝绸做垫褥，酒器杯勺都有彩饰，追求美饰更加奢侈。因而不服从的国家有三十二个。夏朝灭亡后，殷商接替了它。制作金玉装饰的大车，树立天子旌旗。食具精雕细琢，酒器杯勺刻镂花纹。四壁挂上帷帐，坐垫卧席也雕绘纹彩。这更加奢侈，因而不臣服的国家有五十二个。国君如果喜好纹彩修饰，服用的人就会更加奢侈。所以说：节俭才是正道。"由余出宫后，秦穆公招来内史廖并告诉他这件事，说："我听说邻国有圣人，是敌对国家的忧患。这由余就个圣人，我很担心。我该怎么办呢？"内史廖说："西戎荒僻辽远，从未听过中原的音乐。国君何不送他一班歌伎舞女，来扰乱他的政事，然后替由余约定出使的期限，以疏远他们君臣之间的关系。他们君臣之间有了嫌隙，然后可以谋划大事。"秦穆公说："好。"于是就把歌伎舞女两队十六人送给西戎国王，乘机为由余请求延期回国。西戎国王见到歌伎舞女果然喜好，终日摆酒宴听音乐，整年也不随水草搬迁一次，马牛羊死去一半。由余回国后劝谏西戎国王，西戎国王不听谏言，于是他便离开西戎到了秦国。秦穆公迎接他并拜他为上卿，向他了解西戎的军事形势与地形便利，全部掌握后，就兴兵讨伐西戎，兼并西戎十二国，开拓疆域千里。秦穆公是个奢侈的君主，但能听从贤人计谋并接受劝谏,所以称霸西戎。西戎国王沉溺在乐舞中,受小利诱惑,因此亡掉了自己的国家。这都是由于背离了质朴的缘故。

20.10 经侯往适魏太子①,左带羽玉具剑②,右带环佩③。左光照右,右光照左。坐有顷,太子不视也,又不问也。经侯曰:"魏国亦有宝乎?"太子曰:"有。"经侯曰:"其宝何如?"太子曰:"主信臣忠,百姓戴上④,此魏之宝也。"经侯曰:"吾所问者,非是之谓也,乃问其器而已。"太子曰:"有徒师沼治魏,而市无豫贾⑤;郄辛治阳⑥,而道不拾遗;芒卯在朝⑦,而四邻贤士无不相因而见⑧。此三大夫,乃魏国之大宝。"于是经侯默然不应,左解玉具,右解环佩,委之坐⑨,愆然而起⑩,默然不谢,趋而出,上车驱去。魏太子使骑操剑、佩逐与经侯,使告经侯曰:"吾无德所宝⑪,不能为珠玉所守。此寒不可衣,饥不可食,无为遗我贼⑫。"于是经侯杜门不出,愧死⑬。

【注释】

①经侯:此人及下文"徒师沼、郄(qiè)辛"二人均不详其生平事。魏太子:魏国太子,具体何人未详。向宗鲁《校证》案:"伪《亢仓子·训道篇》袭此文,'经侯'作'燕庄侯他','魏太子'作'齐太子'。"

②羽玉具剑:向宗鲁《校证》据《艺文类聚》《北堂书钞》《太平御览》所引,以"羽"字为衍文。玉具剑是剑首和剑柄等部分用玉石制成的剑,有玉首、玉格、玉璲、玉珌四部分,是古代佩剑中装饰最为隆重豪华高贵的装饰剑,帝王官员平时或上朝佩带以显示尊贵。"玉具剑"的名称屡见《史记》《汉书》。

③环佩:古人所系的佩玉。《礼记·经解》:"行步则有环佩之声,升车则有鸾和之音。"郑玄注:"环佩,佩环、佩玉也。"

④戴上：拥戴君主。原文误作"上戴"，此据卢文弨引《太平御览》乙正。
⑤无预贾（yù jià）：不虚高定价以欺骗顾客。预贾，又作"豫贾"。《荀子·儒效》："鲁之粥牛马者不豫贾。"杨倞注："豫贾，定为高价也。"王念孙《读书杂志·荀子二》："引之曰：'杨说非也。豫犹诳也。'《周官·司市》注曰：'使定物价防诳豫是也。'"
⑥阳：战国时魏邑，地在今山西太原西北四十五里处。
⑦芒卯：战国时齐人，一作孟卯，曾为魏相，有贤名。魏昭王六年（前290），芒卯以诈术开始受到魏昭王的重用。《史记·魏世家》："以孟尝、芒卯之贤，率强韩、魏以攻秦，犹无奈寡人何也。"
⑧相因而见：互相荐举引见。
⑨委之坐：丢弃在座位上。
⑩愆（qiān）然：自责悔过貌。
⑪无德：不用感恩。《管子·明法解》："以法诛罪，则民就死而不怨；以法量功，则民受赏而无德也。"
⑫遗我贼：留下祸害给我。
⑬愧死：原文作"传死"，卢文弨校以为衍文，向宗鲁《校证》案谓范本作"愧死"。据向说改。

【译文】

经侯前去拜访魏太子，左边带着玉饰佩剑，右边挂着玉环玉佩。左右宝玉的光彩互相辉耀。坐了好一会儿，魏太子既不看他，又不问他。经侯说："魏国也有宝物吗？"太子说："有。"经侯问："那宝物是什么样？"太子说："君主诚信，臣子忠实，百姓拥戴君主，这就是魏国的宝物。"经侯说："我所问的宝物，不是您说的这些，而是问那些器物。"太子说："魏国有徒师沼治理，市场上就没人敢于欺价；郈辛治理阳邑，百姓就道不拾遗；芒卯在朝，四周邻国的贤士没有不互相荐举引见的。这三位大夫就是魏国的大宝。"于是经侯默不作声，解下左边的玉饰剑，解下右边的玉环玉佩,丢弃在座位上,自愧自责地站起来,沉默着也不告辞,急步走出,上车赶马离去。魏太子派骑使带着玉剑环佩追上去交还经侯,并让使者告诉经候说:"我不会感谢你的宝物,也不能守护你的珠玉。这些东西冷了不能当衣服穿,饿了不能当饭吃,不要为我留下祸害。"于是经侯闭门不出,不久惭愧而死。

20.11 晋平公为驰逐之车①,龙旌众色②,挂之以犀象③,错之以羽芝④。车成,题金千镒⑤,立之于殿下,令群臣得观焉。田差三过而不一顾⑥。平公作色大怒,问田差:"尔三过而不一顾,何为也?"田差对曰:"臣闻说天子者以天下⑦,说诸侯者以国,说大夫者以官,说士者以事,说农夫者以食,说妇姑者以织。桀以奢亡,纣以淫败。是以不敢顾也。"平公曰:"善。"乃命左右曰:"去车!"⑧

【注释】

① 晋平公(?—前532):姬姓,名彪。春秋时晋国国君,前557—前532年在位。前552年,同宋、卫等国结盟,再度恢复晋国的霸业。驰逐之车:竞马之车。《史记·孙子吴起列传》:"忌(田忌)数与齐诸公子驰逐重射。"

② 龙旌众色:龙旗上绘饰各种色彩。龙旌,绘有龙形图案的旗子,帝王仪仗之一。

③ 犀象:犀角和象牙。

④ 错:通"措"。此指装饰。羽芝:即"羽盖",以翠鸟羽毛装饰的车盖。芝,菌类,形状像盖,故以为名。

⑤ 题金千镒(yì):立标注明价值千金。题,标帜,用为动词。镒,古代重量单位,二十两,一说二十四两。一镒即一金。

⑥田差:生平事未详。

⑦说天子者以天下:以天下事与天子谈论。说,谈论。以下句式同此。

⑧天海按:《太平御览》《事类赋注》《春秋别典》《渊鉴古文》皆引用此文,略异。

【译文】

晋平公制作了一辆赛马的车,插上各种颜色彩绘的龙旗,挂着犀角象牙饰品,装上翠羽装饰的车盖。车造成后,立标注明价值千金,立在殿下,命令群臣都得观赏。田差三次经过车前都不看一眼。晋平公变了脸色大发脾气,问田差:"你三次经过车前都不看一眼,是为什么?"田差回答说:"我听说与天子交谈的是天下的事,与诸侯交谈的是国家的事;与大夫交谈的是官府的事,与士人交谈的是职务上的事,与农夫交谈的是粮食的事,与妇女交谈的是纺织的事。夏桀因为奢侈灭亡,商纣因为荒淫失败。因此不敢看它。"晋平公说:"讲得好。"于是命令左右的人说:"把车撤掉!"

20.12 魏文侯御廪灾①。文侯素服辟正殿五日②。群臣皆素服而吊③,公子成父独不吊④。文侯复殿⑤,公子成父趋而入贺,曰:"甚大善矣,夫御廪之灾也。"文侯作色不悦,曰:"夫御廪者,寡人宝之所藏也。今火灾,寡人素服辟正殿,群臣皆素服而吊,至于子大夫而不吊。今已复辟矣⑥,犹入贺,何为?"公子成父曰:"臣闻之:天子藏于四海之内,诸侯藏于境内,大夫藏于其家⑦,士庶人藏于箧椟⑧。非其所藏者,不有天灾,必有人患。今幸无人患,乃有天灾,不亦善乎?"文侯喟然叹曰:"善。"⑨

【注释】

①御廪(lǐn):天子、诸侯藏宝的府库。

②素服:本色或白色的衣服。居丧或遭遇凶事时所穿。辟正殿:不居正殿。辟,通"避"。

③吊:慰问遭遇凶丧之事者。

④公子成父:生平未详。参见《韩非子·外储说左下》:"三军既成阵,使士视死如归,臣不如公子成父。"

⑤复殿:返回正殿。

⑥复辟:指恢复原位,仍在正殿上朝议事。

⑦家:春秋战国时期卿大夫的采地食邑。

⑧箧椟(qiè dú):箱子和匣子。

⑨天海按:本文所记内容与《韩诗外传》卷十载晋平公与公子晏子对话之事相类似。

【译文】

魏文侯的府库发生火灾。文侯穿上白色衣服避开正殿五天。群臣都穿上白色衣服前来慰问,只有公子成父一人不来慰问。魏文侯回到正殿,公子成父快步入殿祝贺,说:"主君的府库遭灾,这是特大的好事。"魏文侯变了脸色不高兴地说:"那府库是我收藏宝物的地方。如今发生火灾,我穿上白色衣服避开正殿,众大臣都穿上白衣前来慰问,轮到你却不来慰问。现在我已在正殿复位了,你却来祝贺,这是为什么?"公子成父说:"我听说:天子的收藏在四海之内,诸侯的收藏在国境之内,大夫的收藏在自己的采邑中,士人平民的收藏在箱子匣子中。不是该他收藏的东西,即使没有天灾,也必定有人祸。现在幸好没有人祸,只有天灾,岂不是好事吗?"魏文侯感慨地说:"讲得好。"

20.13 齐桓公谓管仲曰:"吾国甚小,而财用甚少,而群臣衣服舆马甚汰①。吾欲禁之,可乎?"管仲曰:"臣闻之:君尝之，臣食之；君好之，臣服之②。今君之食也，必桂之浆③；衣练紫之衣、狐白之裘④。此群臣之所奢大也⑤。《诗》云⑥：'不躬不亲，庶民不信⑦。'君欲禁之，胡不自亲乎？"桓公曰："善。"于是更制练帛之衣、大白之冠朝⑧。一年，而齐国俭也。

【注释】

①汰：奢侈。
②"君尝之"四句：见《管子·牧民》。
③桂之浆：肉桂、丹桂做成的汤，本为补药，此喻饮食珍贵。
④练紫之衣：紫色丝绸衣服。狐白之裘：又作"狐白裘"。以狐狸腋下白毛部分制成的皮衣。《史记·孟尝君列传》："此时孟尝君有一狐白裘，直千金，天下无双。"
⑤奢大：同"奢太"，即奢侈。
⑥《诗》云：所引二句见《诗经·小雅·节南山》。
⑦不躬不亲，庶民不信：凡事不亲自实行，就不能取信于民。
⑧练帛之衣：白色丝绸衣服。大白之冠：白色丝绸帽子。白，通"帛"。衣冠都用未经染色的素帛，是为了表示节俭朴素。

【译文】

齐桓公对管仲说："我的国家很小，财物用品很少，但群臣的服饰车马十分奢侈。我想禁止这种风气，行吗？"管仲说："我听说：君主品尝过的东西，臣子们就爱吃它；君主喜好的服饰，臣子们就爱穿它用它。现在主君的饮食，一定要是丹桂肉桂汤；穿的一定是紫色绸衣、白狐皮袍。这就是群臣之所以奢侈的原因。《诗》说：'不从自身做起，百姓不会相信。'您想要禁止这种风气，为何不从自己开始呢？"桓公说："好。"于是就改制了白绸衣帽穿戴上朝。一年之后，齐国就节俭成风了。

20.14 季文子相鲁①,妾不衣帛,马不食粟。仲孙它谏曰②:"子为鲁上卿,妾不衣帛,马不食粟,人其以子为爱③,且不华国也④。"文子曰:"然乎？吾观国人之父母衣粗食蔬⑤,吾是以不敢。且吾闻君子以德华国,不闻以妾与马。夫德者,得于我,又得于彼,故可行。若淫于奢侈,沉于文章⑥,不能自反⑦,何以守国⑧？"仲孙它惭而退。⑨

【注释】

① 季文子(？—前568)：姬姓,季氏,即季孙行父。春秋时鲁国的正卿,前601—前568年执政。历相鲁宣公、成公、襄公三君,以廉洁著名,谥文。史称季文子。
② 仲孙它：又名子服。春秋时鲁大夫。此文末句自注："它,它本皆作'忌'。"
③ 爱：舍不得,吝啬。
④ 不华国：使国家不光彩。
⑤ 衣粗食蔬：穿粗布衣吃野菜。
⑥ 文章：文饰章服。
⑦ 自反：反躬自省。
⑧ 守国：掌管国政,治理国家。《管子·牧民》："守国之度,在饰四维。"
⑨ 天海按：此文本《国语·鲁语》,而文更简略。

【译文】

季文子做鲁国国相,妾不穿丝绸,马不吃粮食。仲孙它劝谏说："您是鲁国上卿,妾不穿丝绸,马不吃粮食,别人将会认为你是吝啬,并且使国家也不光彩。"季文子说："是这样吗？我看国都居民的父母都还穿粗衣吃蔬食,我因此不敢那样做。再说我听到的是君子靠德行使国家光彩,没听说靠妾和马。所谓德,是既能由我获得,也能由他人获得的东西,所以能够推行。如果放纵自己尽情奢侈,沉迷于车马衣服旌旗之类的文饰,不能反躬自省,凭什么掌管国家呢?"仲孙它惭愧地退出。

20.15 赵简子乘敝车瘦马①,衣羖羊裘②。其宰进谏曰③:"车新则安,马肥则往来疾,狐白之裘温且轻。"简子曰:"吾非不知也。吾闻之:君子服善则益恭,细人服善则益倨④。我以自备,恐有细人之心也。传曰⑤:'周公位尊愈卑,胜敌愈惧,家富愈俭。'故周氏八百余年,此之谓也。"

【注释】

①赵简子(? —前476):原名赵鞅,亦称赵孟,赵武之孙。他是春秋时晋国赵氏的首领,为赵氏宗主约六十年。原为晋国大夫,韩、魏、赵三家分晋之后,被赵国定为开国君主。《渚宫旧事》卷一载此事,"赵简子"作"孙叔敖"。瘦(shòu)马:即瘦马。瘦,同"瘦"。

②羖(gǔ)羊:黑色公羊。

③宰:大夫家主管家臣。

④君子服善则益恭,细人服善则益倨:服善,衣饰车马服用美好。细人,小人。倨,傲慢。此二句《意林》卷一引《墨子》作"君子服美则益敬,小人服美则益骄"。今本《墨子》无此语,向宗鲁《校证》认为此文似出《墨子》。

⑤传曰:古代传书,未知具体何种文献。

【译文】

赵简子乘坐破车瘦马,穿黑公羊皮衣。他的主管家臣劝谏说:"车要新的才安全,马要肥壮的才往来快捷,狐白皮袍温暖轻便。"赵简子说:"我并不是不知道这些。我听说:君子服饰美好就更加恭谨,小人服饰美好却更加傲慢。我因此自己戒备,怕有了小人的心思。古书上说:'周公地位越高态度越谦卑,战胜敌人后更加小心谨慎,家室富有就更加节俭。'所以周朝能享国八百多年,讲的就是这个道理。"

20.16 鲁筑郎囿①,季平子欲速成②。叔孙昭子曰③:"安用其速成也?以虐其民,其可乎?无囿尚可乎?恶闻嬉戏之游④,罢其所治之民乎⑤?"⑥

【注释】

① 郎囿:郎地的园囿。郎,古地名。春秋时鲁都近郊鲁邑,在今山东曲阜附近,微山湖水域。囿,供游猎的场地。毛传:"囿,所以域养禽兽也。"
② 季平子(? —前505):即季孙意如。姬姓,季氏,谥平,史称季平子。春秋时鲁国大夫,鲁昭公二十三年(前519)执鲁政,定公五年(前505)去世。
③ 叔孙昭子(? —前517):姬姓,叔孙氏,名婼(chuò)。春秋时鲁国大夫,谥昭,史称叔孙昭子。
④ 恶(wū):哪里,疑问代词。
⑤ 罢:同"疲",此用作使之疲。
⑥ 天海按:此文所记之事见于《左传·昭公九年》,事同而文异。

【译文】

鲁国在郎邑修建园囿,季平子想赶快修成。叔孙昭子说:"怎么能急于求成呢?以此虐害自己的百姓,难道可行吗?没有园囿也可以吧?哪里听说为了嬉戏游乐的事,就使自己治下的百姓疲困呢?"

20.17 卫叔孙文子问于王孙夏曰①:"吾先君之庙小,吾欲更之,可乎?"对曰:"古之君子,以俭为礼。今之君子,以汏易之②。夫卫国虽贫,岂无文履一奇③,以易十稷之绣哉④?以为非礼也。"文子乃止。

【注释】

①卫叔孙文子:姬姓,孙氏,名林父,谥文,故称孙文子。春秋时卫国人,世袭卫卿。叔为排行。根据《世本》,孙氏出于卫武公,至林父,八世。王孙夏:一作王孙贾,春秋时卫国大夫。余事未详。
②汏:奢侈。
③文履一奇(jī):一只绣有文采的鞋。奇,单数。
④十稷之绣:一小块锦绣。稷,今北方称谷子,"十稷"喻很小的数量、面积。

【译文】

卫国叔孙文子问王孙夏道:"我祖先的祭庙太小,我想改建它,行吗?"王孙夏回答说:"古代的君子,把节俭当作礼制;现在的君子,以奢侈来代替它。卫国虽然贫穷,难道没有一只绣花鞋用来换一小块锦绣吗?我是认为改建宗庙不符合礼制。"叔孙文子于是放弃了这个想法。

20.18 晋文公合诸侯而盟曰①:"吾闻国之昏,不由声色,必由奸利②。好乐声色者,淫也;贪奸者,惑也。夫淫惑之国,不亡必残③。自今以来,无以美妾疑妻,无以声乐妨政,无以奸情害公,无以货利示下④。其有之者,是谓伐其根素⑤,流于华叶⑥。若此者,有患无忧,有寇勿弭⑦。不如言者,盟示之。"于是君子闻之曰:"文公其知道乎?其不王者,犹无佐也⑧。"

【注释】

①晋文公(前697—前628):姬姓,名重耳,晋献公子。春秋时晋国国君,前636—前628年在位。城濮之战大胜楚军,是春秋五霸中继齐桓公之后第二位霸主,与齐桓公并称"齐桓晋文"。

②奸利:以不正当的手段获利。《韩非子·奸劫弑臣》:"百官之吏,亦知为奸利之不可以得安也。"

③残:破败。《荀子·荣辱》:"室家立残,亲戚不免于刑戮。"

④货利:货物财利。《尚书·仲虺之诰》:"惟王不迩声色,不殖货利。"孔传:"殖,生也。不生资货财利,言不贪也。"

⑤根素:根本。素,素质,本质。

⑥流于华叶:流连于花和叶。华叶,此比喻表面华美的东西。华,花。

⑦弭(mí):平息,停止,消除。

⑧犹:通"由"。参见裴学海《古书虚字集释》。

【译文】

晋文公聚会诸侯并盟誓说:"我听说国家的昏乱,不是由于贪恋声色,就一定由于非法牟利。喜好声色之乐的,就是荒淫;贪图非法牟利的,就是昏暗。荒淫昏暗的国家,不灭亡也必定残破。从今以后,不要因为美妾而怀疑嫡妻,不要因为声色之乐妨碍政事,不要因为私情而损害公益,不要以财利给臣民做榜样。如果有这样的人,就是砍掉自己的根本,只流连于花和叶。像这样的人,有了祸患不要为他担忧,有了贼寇也不要为他平息。如果不按这番话去做,就拿盟约誓言给他看。"当时君子听到这件事就说:"晋文公大概是懂得王道吧,他不称王的原因,是由于没有辅佐。"

20.19 晏子饮景公酒①。日暮,公呼具火②。晏子辞曰:"《诗》曰③:'侧弁之俄'④,言失德也;'屡舞傞傞'⑤,言失容也;'既醉以酒,既饱以德'⑥,'既醉而出,并受其福'⑦,宾主之礼也;'醉而不出,是谓伐德'⑧,宾主之罪也⑨。婴以卜其日,未卜其夜⑩。"公曰:"善。"举酒而祭之,再拜而出,曰:"岂过我哉⑪?吾托国于晏子也。以其家贫善寡人⑫,不欲其淫佚也,而况与寡人谋国乎?"⑬

【注释】

①饮景公酒:请齐景公饮酒。

②具火:准备火烛。

③《诗》曰:以下引诗见《诗经·小雅·宾之初筵》。

④侧弁之俄:歪戴着便帽。俄,歪斜貌。

⑤屡舞傞傞(suō):醉舞不止貌。

⑥既醉以酒,既饱以德:见《诗经·大雅·既醉》。毛序:"《既醉》,太平也。醉酒饱德,人有士君子之行焉。"王念孙《读书杂志》认为此二句为后人所加,与下文"宾主之礼"不合。本书《反质》有此二句,亦后人依俗本《晏子》加之,断不可信。

⑦既醉而出,并受其福:见《诗经·小雅·宾之初筵》。

⑧醉而不出,是谓伐德:见《诗经·小雅·宾之初筵》。

⑨宾主:《晏子春秋·内篇杂上》无"主"字,于文义通,译文从之。

⑩以卜其日,未卜其夜:只是占卜在白天饮酒,没有占卜在夜里饮酒。以,只是。

⑪岂过我哉:俞樾《诸子平议》卷七认为当作"我岂过哉",译文从此说。

⑫善寡人:善待我。

⑬天海按:此文本《晏子春秋·内篇杂上》。又见《左传·庄公二十二年》作陈完之事,《吕氏春秋·达郁》以为管仲之事。

【译文】

晏子请齐景公饮酒。天到了傍晚,景公叫准备火烛。晏子推辞说:"《诗》说:'头上的帽子歪戴着',讲的是德行有失;'醉舞不停',讲的是仪态有失;'已经饱饮好酒,又饱享恩惠','已经喝醉便离去,宾主共同享福佑',讲的是宾对主人的礼节;'已经烂醉还不走,这就叫有伤德行',讲的是宾客的过错。我只是占卜了白天请您喝酒,没有占卜夜里宴请您。"齐景公说:"好。"举起酒祭天地,拜了两拜就走出晏子家,并说:"我难道有过错吗?我把国政托付给晏子。因为他家贫却善待我,不想使酒宴过于奢侈,何况他与我共谋国事呢?"

20.20 杨王孙病且死①,令其子曰:"吾死欲倮葬②,以反吾真③。必无易吾意。"祁侯闻之④,往谏曰:"窃闻王孙令葬必倮而入地。必若所闻,愚以为不可。令死人无知则已矣;若死有知也,是戮尸于地下也⑤,将何以见先人?愚以为不可。"王孙曰:"吾将以矫世也⑥。夫厚葬诚无益于死者,而世竞以相高,靡财殚币,而腐之于地下。或乃今日入而明日出,此真与暴骸于中野何异⑦?且夫死者,终生之化而物之归者。归者得至,而化者得变,是物各反其真。其真冥冥⑧,视之无形,听之无声,乃合道之情。夫饰外以夸众,厚葬以鬲真⑨,使归者不得至,化者不得变,是使物各失其然也⑩。且吾闻之:精神者,天之有也;形骸者,地之有也。精神离形,而各归其真,故谓之鬼。鬼之为言,归也。其尸块然独处⑪,岂有知哉?厚裹之以布帛⑫,多送之以财货,以夺生者财用。古圣人缘人情不忍其亲,故为之制礼,今则越之。吾是以欲倮葬以矫之也。昔尧之葬者,空木为椟,葛藟为缄⑬。其穿地也,下不乱泉⑭,上不泄臭。故圣人生易尚⑮,死易葬。不加于无用,不损于无益。谓今费财而厚葬死者,不知生者不得用,谬哉! 可谓重惑矣。"祁侯曰:"善。"遂倮葬也。⑯

【注释】

①杨王孙:西汉汉中城固人,治黄老之术,久居长安,家累千金,厚生薄死,亲身提倡简葬。《汉书》有传。
②倮:同"裸"。
③真:事物的本性、本原。
④祁侯:姓缯(zēng),名它,汉开国功臣祁毅侯缯贺之孙,杨王孙的好友。汉高祖六年(前201)六月,刘邦封功臣缯贺为祁侯。国都在今山西祁县东南。传三世:谷侯缯贺、顷侯缯湖、祁侯缯它。武帝元光二年(前133),侯缯它坐随从皇帝大射而擅自罢去,不敬,国除。参见《汉书·杨王孙传》之《报祁侯缯它书》,又见荀悦《汉纪》。
⑤戮尸:本为古代酷刑,斩杀死者尸体。这里指尸体在地下受辱。
⑥矫世:纠正世俗不正之风。
⑦中野:原野之中。《周易·系辞下》:"葬之中野,不封不树。"
⑧冥冥:渺茫、高远貌。《庄子·在宥》:"至道之精,窈窈冥冥。"注:"皆了无也。"
⑨厚葬以鬲真:厚葬以阻隔真情。鬲,通"隔"。隔离。原文作"厚外以矫真",此据《汉书·杨王孙传》改。
⑩然:这里指代处所,犹言归宿。
⑪块然:木然无知貌。《庄子·应帝王》:"于事无与亲,雕琢复朴,块然独以其形立。"成玄英疏:"块然,无情之貌也。"
⑫布帛:衣物丝绸。原文误作"币帛",此据文意径改。
⑬空木为椟,葛藟(lěi)为缄:挖空树木作棺,用葛藤捆缠封束。

⑭乱泉:搅乱地下水源。
⑮生易尚:生前容易尊崇。尚,假借为"上",尊崇。
⑯天海按:此文所记之事又见《汉书·杨王孙传》,文略同。

【译文】

杨王孙病重将要死去,吩咐他的儿子说:"我死了要裸葬,使我返璞归真。一定不要违背我的心愿。"祁侯知道后,前去劝他说:"我听说你吩咐一定要裸葬入土。如果真像我听到的那样,我认为不能这样做。假如死人无知则罢,如果死人有知,这样等于使尸体在地下受辱,将怎样去见祖先呢?我认为这样做不行。"杨王孙说:"我打算以这种行动来矫正世俗之风。厚葬确实对死者无益,但世人却争相以此标榜,耗尽财物使它在地下腐烂。或者还会今天入土明天就被人挖出,这真与抛尸在荒野没有区别。再说死亡是人一生的变化和回归。回归的能到达目的,死去的能变化,这是事物各自返回它的本原。这本原高远渺茫,看来没有形状,听来没有声音,但符合规律情理。装饰外表来向众人夸耀,以厚葬来隔离本真,使回归的不能到达目的,死去的不能变化,这就使事物各自失去了归宿。而且我还听说:精神是上天赋予的,形体是大地赋予的。精神离开形体,分别回归自己的本原,这就称为'鬼'。'鬼'的意思也就是归。尸体木然无知地独自存在,难道会有知觉吗?用重重布帛来包裹它,用很多财物来陪送它,这就掠夺了生者的财物用度。古代圣人因人情不忍离开自己的亲人,所以为人们制定了葬礼,如今却超越了它的规定。我因此要用裸葬来矫正厚葬的风气。从前唐尧下葬,挖空木头做成匣子,用葛藤缠裹封扎。挖墓穴时,向下深度不会横截水泉,向上不致泄露尸臭。圣人生前容易尊崇,死后安葬也简易。不增加无用的事,不破费无益的钱财。我认为现在耗费财物来厚葬死者,不懂得生者不能享用,是太荒谬了,可说是双重的迷惑。"祁侯说:"好。"杨王孙终于裸葬。

20.21 鲁有俭者,瓦鬲煮食①,食之而美,盛之土㿭之器②,以进孔子。孔子受之,欢然而悦,如受太牢之馈③。弟子曰:"瓦甂④,陋器也;煮食,薄膳也。而先生何喜如此乎?"孔子曰:"吾闻好谏者思其君,食美者思其亲。吾非以馔为厚也⑤,以其食美而思我亲也⑥。"⑦

【注释】

①瓦鬲(lì):古代煮食物用的陶制锅。三足,形似鼎而无耳。《孔子家语·致思》:"鲁有俭啬者,瓦鬲煮食。"此则原文连上,现依向宗鲁《校证》另起一则。

②土甂(biān):陶制瓦盆,用来盛食物。扬雄《方言》:"自关而西,盆盎小者曰甂。"《淮南子·说林训》:"狗彘不择甂瓯而食。"

③太牢:古代祭祀时用牛、羊、豕三牲为全备太牢。古代祭祀所用牺牲,行祭前需先饲养于牢,故这类牺牲称为牢。

④瓦甂:古代陶制的扁形盆类器物。这里泛指瓦陶炊具。

⑤馔(zhuàn):食物。

⑥亲:卢文弨疑此字为衍文。译文从此说。

⑦天海按:此文又见《孔子家语·致思》,文略同。

【译文】

鲁国有个节俭的人,用陶罐煮食物,吃起来觉得味道美,就盛在瓦盆里,进献给孔子。孔子接受了食物,十分高兴,好像接受了祭祀后太牢之类的馈赠。弟子说:"瓦盆是粗陋的炊具,煮出的食物是简单的膳食,先生为何高兴成这样?"孔子说:"我听说喜欢进谏的人总想着他的君主,吃到美味的人总想到他的亲人。我并不认为这食物丰美,我高兴的是因为那人吃到美味便想到我。"

20.22 晏子病,将死,斫楹内书焉①。谓其妻曰:"楹语也^②,子壮而视之。"及壮发书,书之言曰:"布帛不穷^③,穷不可饰;牛马不穷,穷不可服^④;士不可穷,穷不可任。穷乎,穷乎,穷也。"^⑤

【注释】

①斫楹内书焉:凿开柱子在其中装入书信。斫,原文作"斷(断)"字,卢文弨疑当为"斫"(繁体为"斲",与"斷"形近)。《晏子春秋·内篇杂下》作"凿",此据改。楹,厅堂的前柱。内,同"纳"。
②楹语也:楹柱内所留遗书之语。原文作"楹也语",《晏子春秋·内篇杂下》作"楹语也",此径改。
③穷:穷尽,匮乏。
④服:使用,驱使。
⑤天海按:此文所记之事又见《晏子春秋·内篇杂下》,文略异。

【译文】

晏子病重,将要死去,凿开厅柱将遗书放在里边。对他的妻子说:"楹柱里的遗言,等儿子长大后给他看。"等到儿子长大后取出遗书,书上的遗言说:"布帛不可穷尽,穷尽了就没有穿的;牛马不可穷尽,穷尽了就没有驱使的;士人不可穷困,穷困了就没有可任用的。要记住这三'穷'啊!"

20.23 仲尼问老聃曰^①:"甚矣,道之于今难行也^②。吾比执道委质以当世之君^③,而不我受也。道之于今难行也。"老子曰:"夫说者流于听,言者乱于辞^④。如此二者,则道不可委矣^⑤。"^⑥

【注释】

①老聃:即老子,姓李名耳,字聃,一字伯阳,或曰谥聃。

②道:孔子所谓"道"含义不一,与老子之道不同。或指道德,或指学术,或指政治主张,或指方法,有时兼含两者、三者。
③比:接连,多次。执道:带着治国之道。委质:向君主献礼,表示献身。古代新事奉某一国君,要在简策上书写自己的名字呈上,表示一定尽忠死节,叫"委质"。《国语·晋语九》:"臣闻之:委质为臣,无有二心,委质而策死,古之法也。"韦昭注:"言委贽于君,书名于册,示必死也。"以,介词,相当于"于"。此字下,《孔子家语·观周》有"求"字。
④说者流于听,言者乱于辞:此二句意义含混。《孔子家语·观周》作"夫说者流于辩,听者乱于辞",译文依此译出。
⑤委:委托,托付。此字《孔子家语·观周》作"忘"。
⑥天海按:此文又见《孔子家语·观周》,文略异。

【译文】

孔子问老子说:"在当今行道真是太难了。我多次带着治国之道向当世的君主献礼尽忠,他们却不接受我。行道在今天太难了。"老子说:"那游说的人流于逞口辩,接受游说的人又为言辞所惑乱。像这样的两种人,都不能把'道'托付给他们。"

20.24 子贡问子石①:"子不学《诗》乎?"子石曰:"吾暇乎哉②?父母求吾孝,兄弟求吾悌③,朋友求吾信。吾暇乎哉?"子贡曰:"请投吾《诗》④,以学于子。"

【注释】

①子石:春秋时楚国人,复姓公孙,名龙,字子石,孔子弟子。《史记·仲尼弟子列传》:"子张、子石请行,孔子弗许。"司马贞索隐:"(子石)公孙龙也。"
②吾暇乎哉:我有空闲吗?

③悌:敬兄爱弟。《说文解字》:"悌,善兄弟也。"
④请投吾《诗》:意即丢掉我学《诗》的方法。

【译文】

子贡问子石:"你不学《诗》吗?"子石说:"我有空闲吗?父母要求我孝顺,弟兄要求我友爱,朋友要求我诚信。我有空闲吗?"子贡说:"让我放下《诗》,来向你学习。"

20.25 公明宣学于曾子①,三年,不读书。曾子曰:"宣,而居参之门②,三年不学,何也?"公明宣曰:"安敢不学?宣见夫子居宫庭③,亲在,叱咤之声未尝至于犬马④;宣说之⑤,学而未能。宣见夫子之应宾客,恭俭而不懈惰;宣说之,学而未能。宣见夫子之居朝廷,严临下而不毁伤;宣说之,学而未能。宣说此三者,学而未能。宣安敢不学,而居夫子之门乎?"曾子避席谢之,曰:"参不及宣,其学而已。"

【注释】

①公明宣:即公明仪。春秋时鲁国人,曾参弟子。《礼记·祭义》:"公明仪问于曾子曰:'夫子可为孝乎?'"郑玄注:"公明仪,曾子弟子。"
②而:代词,相当于"你"。《太平御览》引作"汝"。
③宫庭:室中。此指家中庭院。
④叱咤之声:怒斥声。全句意言曾子事父母十分恭敬,在父母前从不高声吆喝、斥责。
⑤说:同"悦",这里含"敬慕"的意思。

【译文】

公明宣向曾子求学,三年不曾读书。曾子说:"宣呀,你在我门下求学,三年不学习,为什么呢?"公明宣说:"我怎敢不学习呢?我见先生在庭院中,父母亲在,怒斥声从未施加给牛马;我很敬慕,想学却还没学到。我见先生应酬宾客,恭敬俭朴从不懈惰;我很敬慕,想学还没能学到。我见先生在朝廷上,威严地治理下民却从不伤害他们;我很敬慕,想学还没能学到。我敬慕这三种待人处世的态度,但都未能学到。我怎敢不学习而处在先生的门下呢?"曾子离开座位向他道歉说:"我赶不上你,我只是读书罢了。"

20.26 鲁人身善织屦①,妻善织缟②,而徙于越。或谓之曰:"子必穷。"鲁人曰:"何也?"曰:"屦为履,缟为冠也,而越人徒跣剪发③。游不用之国④,欲无穷,可得乎?"⑤

【注释】

①身:本人,自己。屦(jù):麻鞋。用麻、葛等制成的单底鞋。

②缟(gǎo):细白的生绢。古代以曲阜所产尤为轻细,称鲁缟。《尚书·禹贡》:"(徐州,)厥篚玄纤缟。"孔传:"玄,黑缯;缟,白缯。"《韩非子·说林上》:"鲁人身善织屦,妻善织缟。"缟,原文作"纺",此据明钞本改。

③徒跣(xiǎn)剪发:打赤脚剪短发。

④游:这里指前往。

⑤天海按:此文所记之事又见《韩非子·说林上》,文略同。

【译文】

有个鲁国人自己善于织麻鞋,妻子善于织绢,因而要搬迁到越国去。有人对他说:"你一定会穷困。"那鲁国人问:"为什么呢?"那人说:"麻鞋是脚上穿的,绢是用来做帽子的,但越国人打赤脚剪短发。你要去不用这两样东西的国家,想要不穷困,可能吗?"

《说苑》辑佚

天海按：卢文弨《群书拾补·说苑拾补》勾稽《说苑》佚文二十四事，向宗鲁《说苑校证》称"钩而不沈者四焉"，故卢抱经所辑《说苑》佚文实只20条。向宗鲁《校证》在卢文弨所辑《说苑》佚文20条的基础上又增补为44条（中华书局1987年7月第一版《说苑校证》）。赵善诒《说苑疏证》删并卢文弨所辑佚文，增补佚文13条，称"合为三十四条"，实只33条（华东师范大学出版社1985年2月第一版）。左松超《说苑集证·考佚》称"佚文凡六十三条，其中三十八事皆旧辑所无"（台湾台北编译馆1993年修订本）。由此，三家所辑《说苑》佚文数合计143条。现据三家所辑，删去重复，排列次序，订正文字，实得《说苑》佚文72条。每条佚文之后，括号内只注明佚文所采文献。对于三家辑佚中的按语与校勘文字一概不予引用，读者自可参考其原著。

1.闵子骞兄弟二人。母死，其父更娶，复有二子。子骞为其父御车失辔，父持其手，衣甚单。父则归呼其后母儿，持其手，衣甚厚温。即归谓其妇曰："吾我所以娶汝，乃为吾子。今汝欺我，去，无留！"子骞前曰："母在一子单，母去四子寒。"其父默然。故曰："孝哉！闵子骞，一言其母还，再言三子温。"（《艺文类聚》二十引）

2.晋灵公骄奢,造九层之台,费用千亿。谓左右曰:"敢有谏者斩。"孙息闻之,求见。公曰:"子何能?"孙息曰:"臣能累十二博棊,加九鸡子其上。"公曰:"吾少学,未尝见也,子为寡人作之。"孙息即正颜色,定志意,以棊子置下,加九鸡子其上,左右屏息。灵公扶伏,气息不续。公曰:"危哉!危哉!"孙息曰:"臣谓是不危也,复有危于此者。"公曰:"愿复见之。"孙息曰:"公为九层之台,三年不成,男不得耕,女不得织,国用空虚,户口减少,吏民叛亡,邻国谋议,将欲兴兵。社稷一灭,君何所望?"灵公曰:"寡人之过,乃至于此!"即坏九层之台。(《艺文类聚》二四、七四引)

3.晋灵公好学悲歌鼓琴,孙息学悲歌鼓琴,即引琴作郑、卫之音。灵公大感,故作卫公之曲,歌而和之。(《北堂书钞》一〇六、一〇九引)

4.齐王起九重之台,募国中有能画者赐之钱。有敬君居常饥寒,其妻妙色。敬君工画,贪赐画台,去家日久,思忆其妻,遂画其像,向之熹笑。旁人瞻见之,以白王。王召问之,对曰:"有妻如此,去家日久,心常念之,窃画其像,以慰离心,不悟上闻。"王即设酒与敬君相乐,谓敬君曰:"国中献女无好者,以钱百万,请妻可乎?不者杀汝!"敬君憧惶听许。(《艺文类聚》三二引)

5.吕望年七十,钓於渭渚,三日三夜,鱼无食者。望即忿脱其衣冠。上有农人者,古之异人也。谓吕望曰:"子姑复钓,必细其纶,芳其饵,徐徐而投之,无令鱼骇。"望如其言。初下得鲋,次得鲤。刺剖鱼腹得书,书文曰:"吕望封于齐"。望知其异。(《艺文类聚》六六引)

6.齐遣淳于髡到楚,髡为人短小,楚王甚薄之。谓曰:"齐无人耶?而使子来,子何长也?"对曰:"臣无所长,腰中七尺之剑,欲斩无状王。"王曰:"止,吾但戏子耳!"即与髡共饮酒。谓髡曰:"吾有仇在吴国,子宁能为吾报之乎?"对曰:"臣来见道旁野民持一头鱼,上田祝曰:'高得万束,下得千斛。'臣窃笑之,以为礼薄而辞望多也。王今与吾半日之乐而委以吴王,非其计。"楚王嘿然。(《艺文类聚》九十六引)

7.晋文公伐楚,归国行赏,狐偃为首。或曰:"城濮之事,先轸之谋。"文公曰:"城濮之事,偃说我无失信,不背三舍之约;先轸所谋军事,吾用之以胜,然此一时之说,偃言万世之功,奈何以一时之利,而加万世之功乎?是以先之。"众人悦服。(《太平御览》二七九引)

8.梁君出猎,见白雁群。梁君下车,彀弓欲射之。道有行者观,梁君谓行者止,行者不止。雁群骇。梁君怒,欲杀行者。其御公孙龙下车对曰:"昔者齐景公之时,天旱三年,卜之曰:'必以人祠,乃雨。'景公曰:'吾所以求雨者,为吾民也。今以人祠乃雨,寡人将自当之。'言未卒,天大雨,方千里。今主君以白雁故而欲杀之,无异于狼虎。"梁君援其手与上车归,入郭门,呼万岁。曰:"乐哉,今日猎也,独得善言!"(《太平御览》三九〇引)

9.齐遣兵攻鲁,见一妇人将两小儿走,抱小而挈大;顾见大车军且至,抱大而挈小。使者甚怪,问之。妇人曰:"大者,妾夫兄之子;小者,妾之子。夫兄子者,公义也;妾之子者,私爱也。宁济公而废私耶!"使者怅然,贤其辞。即罢军

还，对齐王曰："鲁未可攻也，匹妇之义尚如此，何况朝廷之臣乎！"(《太平御览》四二二引)

10.鲁有贤女，次室之子，年二十，明晓经书，常侍立而吟，涕泣如雨。有识谓之曰："汝欲嫁耶？何悲之甚？"对曰："鲁君年老，太子尚小。忧其奸臣起矣。"(太平御览》四六九引)

11.赵襄子问王离曰："国之所以亡者何也？"对曰："君悇而能忍，是以亡尔。"襄子曰："何以为然也？"曰："悇则不能赏贤，忍则不能罚罪。贤者不赏，罪者不罚，不亡何也？"(《太平御览》六三三引)

12.苏秦至齐，齐王厚待之。诸大夫嫉之，使人刺秦而不死。齐王出珍宝募求贼，不得。苏秦垂死谓齐王曰："王诚能为臣求贼者，臣死后请车裂臣尸于市，徇之曰：'苏秦为燕欲乱齐。今日其死，寡人甚喜，故裂之。若得其杀主，重封赏之。'如此，刺臣者必出矣。"齐王从其言，裂尸而徇之，刺秦者果出求赏。(《太平御览》六三三引)

13.北塞上之人，其马亡入胡中，人皆吊之。其父曰："此何讵知不为福？"居数月，其马将胡骏马而归，人皆贺之。其父曰："此何讵知不为祸？"家富马良，其子好骑，堕而折髀，人皆吊之。其父曰："此何讵知不为福？"居一年，胡夷大出旁，丁壮者皆控弦而战，塞上之人死者十九，此子独以跛故，父子相保。(《御览》八九六引)

14.晋平公问赵武曰："中牟，三国之股肱，邯郸之肩髀也；寡人欲其良令也。其令空，谁使而可？"赵武曰："邢子可。"公曰："邢子非子之仇邪？"对曰："私仇不入公门。"又问

曰:"中府之令空,谁使而可?"赵武曰:"臣子可。"故外举不避仇,内举不避子。(《艺文类聚》五〇)

15.龟千岁,能与人言。(《艺文类聚》九六引)

16.鼓法天,钟法地。(《北堂书钞》一〇八引)

17.楚文侯曰:"邑中豪好蔽善而扬恶,可亲问之。"(《文选·东京赋注》)

18.孟贲水行不避蛟龙,陆行不避虎狼;发怒吐气,声响动天。(《后汉书·郑太列传注》引)

19.声乐易良而合于歌,情尽舞意。(《文选》十七引)

20.声乐之象,瑟易瑟良,而合于乐也。(《北堂书钞》一百九引)

21.子奇年十八,齐君使主东阿,东阿大化。(《后汉书·胡广传注》引)

22.晋平公时,赤地千里。(《后汉书·臧宫传注》引)

23.王国子前母子伯奇,后母子伯封。后母欲其子立为太子,言说王曰:"伯奇爱妾。"王不信,其母曰:"令伯奇于后园,妾过其旁,王上台视之,即可知。"王如其言。伯奇入后园,后母阴取蜂十数置单衣中。往过遇伯奇,边曰:"蜂螫我。"伯奇就衣中取蜂杀之。王遥见,乃逐伯奇也。(《后汉书·黄琼传注》引)

24.樗里子且死。曰:"葬我必于渭南章台东,后百年当有天子宫夹我墓。"及汉兴,长乐宫在其东,未央宫在其西,武库直其上。(《事文类聚》五六引)

25.柳下惠死,人将诔之。妻曰:"将述夫子之德,二三子不若妾之知。"为诔曰:"夫子之不伐,夫子之不谒,谥宜为

惠。"弟子闻而从之。(《北堂书钞》一〇二引)

26.昔随候行,遇大蛇中断,疑其灵,使人以药封之。蛇乃能去。因号其处断蛇丘。岁余,蛇衔明珠,径寸,绝白而有光,因号其随珠。(《史记·李斯列传正义》引)

27.子奇年十八,齐君使治阿。既行,齐君悔之,遣使追。追者返曰:"子奇必能矣,共载者皆白首者也。"子奇至阿,铸库兵以为耕器。魏闻童子为君,库无兵,仓无粟,乃起兵击之。阿人父率子,兄率弟,以私兵战,遂败魏师。(《文选·潘正叔赠河阳诗注》引)

28.高平王遣使者从魏文侯贷粟,文侯曰:"须吾租收,邑粟至,乃可得也。"使者曰:"臣初来时,见渎中有鱼张口,谓臣曰:'吾穷水,鱼命在呼吸,可得灌乎?'臣谓之曰:'待吾南见河堤之君,决江淮之水灌汝口。'鱼曰:'为命在须臾,乃须决江、淮之水,比至君还,必求吾于枯鱼之肆。'今高平贫穷,故遣臣诣君贷粟,乃须租收粟至者,大王必求臣死人之墓。"(《艺文类聚》八五引)

29.子产死,处女泣于室,农夫哭于野。(《北堂书钞》三五引)

30.子产相郑死,妇人舍簪珥,良人弛琴瑟。(《北堂书钞》三五引)

31.殷法:弃灰于街者刑。(《北堂书钞》四三引)

32.法重民恶。(《北堂书钞》四三引)

33.晋文公飧炙而发绕之。宰曰:"佩刀砥砺,利由干将,切肉断而发不绝,臣罪一也;爱诛贯脔而不见发,臣罪二也;炉炭赤红而发不绝,臣罪三也。"文公曰:"噫!此有所在。"

乃召次宰诘之，果服也。(《北堂书钞》五五引)

34. 声乐之象，栱楬象万物。(《书钞》百十一引)

35. 电阴击辉耀。(《北堂书钞》一五二引)

36. 鬻子曰："禹之化天下也，以五声听，门悬磬钟铎以待四海之士。"(《初学记》九引)

37. 十步之泽有芳草。(《后汉书·王符传注》引)

38. 昔邹忌为齐相，稷下先生淳于髡属七十二人，皆轻邹忌。为设妙辞，淳于髡三称，邹忌三知之，如应响，髡等辞屈而去。故所以尚干将莫邪者，贵其立断；所以尚骐骥者，贵其立至；必且历日旷久，丝氂犹能挈石，驽马亦能致远；是以聪明敏捷，人之美材也。(《后汉书·崔骃传注》引)

39. 鲍焦衣木皮，食木实。(《后汉书·崔骃传注》引)

40. 宁戚饭牛于康衢，击车辐而歌硕鼠；傅说代胥靡刑人，筑于傅岩之野，高宗梦得之。(《后汉书·马融传注》引)

41. 无类之说，不戒之行，不赞之辞，君子慎之。(《荀子·正名篇》杨倞注引)

42. 饥马盈厩，饥犬在宫，见刍与骨，动不可禁。(《事类赋》二三引)

43. 臣事仲尼，犹执杯就江海饮，莫知浅深也。(《太平御览》二引)

44. 卫灵公天寒凿池，宛春谏曰："天寒起役，恐怠民也。"公曰："寒乎？"春曰："公衣狐裘，坐熊席，是以不寒，民寒甚矣。"公乃罢役。(《太平御览》二十七)引。

45. 梁上鼠饱闻长者论。(《太平御览》九一一引)

46. 公孙侨相郑，路不拾遗，桃李垂街人不敢取。(《太平

御览》九百六十七引)

47.文公好食昌本菹,本草即菖蒲。(《太平御览》九九九引)

48.魏文侯师李悝著《律书》六篇。(《古今合璧事类备要外集》十七引)

49.田英曰:"义死者不避鈇钺之威,义穷者不受轩冕之赐。无义而生,不如有义而死。"(《记纂渊海》五四引)

50.求利下交,曾无愧色;分铢之利,知而必争。(《记纂渊海》五四引)

51.以徵为羽,非弦之罪也;以甘为苦,非味之罪也。(《记纂渊海》五五引)

52.叶公诸梁问乐王鲋曰:"晋大夫赵文子为人何若?"对曰:"好学而受规谏。"叶公曰:"疑未尽矣。"对曰:"好学者智也,受规谏者仁也。江出汶山,其源若瓮口;至楚国,其广十里。无他,其下流多也。人而好学受规谏,宜哉,其中立也!"(《天中记》九引)

53.武王问太公曰:"贫富岂有命乎?"太公曰:"为之不密,密而不富者,盗在其室。"武王曰:"何为盗也?"公曰:"计之不熟,一盗也;收种不时,二盗也;娶妇无能,三盗也;养女太多,四盗也;弃事就酒,五盗也;衣服过度,六盗也;封藏不谨,七盗也;井灶不利,八盗也;举息就礼,九盗也;无事燃灯,十盗也。取之安得富哉!"武王曰:"善。"(《天中记》三九引)

54.两贵不可同,两势不可双。(杨慎《艺林伐山》十七引)

55.夫两尧不能相王,两桀不能相亡。木虽虫,无疾风不折;墙虽隙,无大雨不坏。(《太平御览》九引)

56.鲁献子聘于晋,宣子觞之,三徙,钟石之悬不移而具。

献子曰:"富哉家!"宣子曰:"子之家孰与我家富?"献子曰:"吾家甚贫,惟有二士曰颜回、兹无灵者,使吾邦家安平,百姓和协。惟此二者耳,吾尽于此矣!"客出,宣子曰:"彼君子也,以养贤为富;我鄙人也,以钟石为富。"孔子曰:"孟献子之富可著于《春秋》。"(《焦氏类林》一下引)

57. 黎侯失国,久寓于卫,卫不救,其臣劝之归,而作中露也。(《渊鉴类函》十引)

58. 桑君出怀中药与扁鹊,饮以上池之水,未至地,承取竹木上露水。(《渊鉴类函》十引)

59. 周成王与幼弟戏,于地得叶,以与弟曰:"以此封唐。"周公曰:"选日。"王曰:"戏耳,不封也。"周公曰:"王者重言,对人而悔者不信。"于是遂封之。(《渊鉴类函》一一八引)

60. 王章为诸生,学长安,独与妻居。章病无被,卧牛衣中,与妻诀,涕泣。其妻呵怒之曰:"仲卿,京师尊贵在朝廷,人谁踰仲卿者。今病困,不自激卬,乃反涕泣,何鄙也!"(《渊鉴类函》二六七引)

61. 朱云年七十余,终于家,病不呼医饮药。遗言以身服敛,棺周于身,土周于椁。(《渊鉴类函》二六七引)

62. 隰斯弥见田成子。田成子与登台四望,三面皆畅,南望,隰子家之树蔽之。田成子亦不言。隰子归,使人伐之,斧离数创,隰子止之。其相室曰:"何变之数也?"隰子曰:"古者有谚曰:'知渊中之鱼者不祥。'夫田子将有事,事大而我示之知微,我必危矣。不伐树,未有罪也;知人所不言,其罪大矣。"乃不伐也。(《渊鉴类函》二七六引)

63.赵简子猎于晋山之阳，抚辔而叹曰："吾有食谷之马数千，多力之士数百，欲以猎兽也，吾恐邻国养贤以猎吾也。"智哉！简子善反其身。(《渊鉴类涵》二七七引)

64.子曰："以容取人，失之子羽；以言取人，失之宰我。"澹台子羽，君子之容也，与之久处，而言不克其貌；宰予之辞，雅而文也，与之久处，而智不克其辩。(《孔子集语•楚昭王篇》引。)

65.辟雍，天子乡饮之处。(《太平御览》五三四引)

66.秦二世立，枉矢夜光。俄而天下大乱，二世被杀。(《御览》八七五引)

67.楚将伐齐，齐王使淳于髡求救于赵，赍金百斤，车马十驷。髡曰："臣之邻人，以一鲋鱼祀田，祝曰：'高得千束，下得万斛。'臣笑其礼薄而望多也。"王乃益赍黄金、白璧，车马百驷。(《事类赋注》二三引)

68.白公胜既杀令尹、司马，欲立王子闾以为王，王子闾不肯，劫之以刃。王子闾曰："见国灭而忘王，不仁；劫白刃而失义，不勇。吾虽死，不子从也。"白公强之不可，遂缢而杀之。(《御览》四二一引)

69.龙阳君钓十条鱼而弃，因泣下。王曰："有所不安乎？"对曰："无。"王曰："然则何为涕出？"对曰："臣始得鱼，甚喜；后得益多，而又欲弃前之所得也。今以臣凶恶而得拂枕席，今爵至人君，走人于庭，避人于途。四海之内，其美人甚多矣，闻臣之得幸于王，毕褰裳而趋王，臣亦曩之所得鱼也，亦将弃矣，安得无涕出乎？"王乃布令，敢言美人者族。(《文选•咏怀诗注》引)

70.石奢,楚人,事亲孝,昭王时为令尹,行道,遥见有杀人者,追之,乃其父也。奢纵父而还,自系狱,使人言于王曰:"夫以父立政,不孝;废法纵罪,不忠。请死赎父。"遂因自刎。(《法苑珠林》六十二引)

71.乡官祭正。(《困学纪闻》八潏水李氏云)

72.或问为学之道,孟子曰:"静然后虚,使良心不汩于欲;领然后会,使良知不诱于物:则道之章微析妙,罕不解矣。此学之道也。"(陈士元《孟子杂记·逸文篇》引)

中华经典名著
全本全注全译丛书
（已出书目）

周易	晏子春秋
尚书	穆天子传
诗经	战国策
周礼	史记
仪礼	吴越春秋
礼记	越绝书
左传	华阳国志
韩诗外传	水经注
春秋公羊传	洛阳伽蓝记
春秋穀梁传	大唐西域记
孝经·忠经	史通
论语·大学·中庸	贞观政要
尔雅	营造法式
孟子	东京梦华录
春秋繁露	唐才子传
说文解字	大明律
释名	廉吏传
国语	徐霞客游记

读通鉴论	新书
宋论	淮南子
文史通义	九章算术（附海岛算经）
老子	新序
道德经	说苑
帛书老子	列仙传
鹖冠子	盐铁论
黄帝四经·关尹子·尸子	法言
孙子兵法	方言
墨子	白虎通义
管子	论衡
孔子家语	潜夫论
吴子·司马法	政论·昌言
商君书	风俗通义
慎子·太白阴经	申鉴·中论
列子	太平经
鬼谷子	伤寒论
庄子	周易参同契
公孙龙子（外三种）	人物志
荀子	博物志
六韬	抱朴子内篇
吕氏春秋	抱朴子外篇
韩非子	西京杂记
山海经	神仙传
黄帝内经	搜神记
素书	拾遗记

世说新语
弘明集
齐民要术
刘子
颜氏家训
中说
帝范·臣轨·庭训格言
坛经
大慈恩寺三藏法师传
长短经
蒙求·童蒙须知
茶经·续茶经
玄怪录·续玄怪录
酉阳杂俎
历代名画记
化书·无能子
梦溪笔谈
北山酒经（外二种）
容斋随笔
近思录
洗冤集录
传习录
焚书
菜根谭
增广贤文
呻吟语

了凡四训
龙文鞭影
长物志
智囊全集
天工开物
溪山琴况·琴声十六法
温疫论
明夷待访录·破邪论
陶庵梦忆
西湖梦寻
幼学琼林
笠翁对韵
声律启蒙
老老恒言
随园食单
阅微草堂笔记
格言联璧
曾国藩家书
曾国藩家训
劝学篇
楚辞
文心雕龙
文选
玉台新咏
二十四诗品·续诗品
词品

闲情偶寄 浮生六记
古文观止 三字经·百家姓·千字
聊斋志异 文·弟子规·千家诗
唐宋八大家文钞 经史百家杂钞